2024

年版

法律法规全书系列

中华人民共和国

# 财税法律法规全书

FINANCE AND TAX LAWS AND REGULATIONS

·含相关政策·

法律出版社法规中心 编

法律出版社
LAW PRESS·CHINA

北京

**图书在版编目(CIP)数据**

中华人民共和国财税法律法规全书：含相关政策/法律出版社法规中心编. --5版. --北京：法律出版社，2024

(法律法规全书系列)

ISBN 978-7-5197-8644-1

Ⅰ. ①中… Ⅱ. ①法… Ⅲ. ①财政法-汇编-中国②税法-汇编-中国 Ⅳ. ①D922.209

中国国家版本馆CIP数据核字(2023)第243534号

**中华人民共和国财税法律法规全书(含相关政策)**
**ZHONGHUA RENMIN GONGHEGUO CAISHUI FALÜ FAGUI QUANSHU (HAN XIANGGUAN ZHENGCE)**

法律出版社法规中心 编

责任编辑 翁潇潇
装帧设计 臧晓飞

**出版发行** 法律出版社
**编辑统筹** 法规出版分社
**责任校对** 董 昱
**责任印制** 耿润瑜
**经　　销** 新华书店

**开本** 787毫米×960毫米 1/16
**印张** 50.75　**字数** 1606千
**版本** 2024年1月第5版
**印次** 2024年1月第1次印刷
**印刷** 永清县金鑫印刷有限公司

地址：北京市丰台区莲花池西里7号(100073)
网址：www.lawpress.com.cn
投稿邮箱：info@lawpress.com.cn
举报盗版邮箱：jbwq@lawpress.com.cn

销售电话：010-83938349
客服电话：010-83938350
咨询电话：010-63939796

书号：ISBN 978-7-5197-8644-1　定价：100.00元

# 编辑出版说明

随着财税改革和财税法治建设的不断发展,财税法的重要性受到世人关注。财税法作为宏观调控之法,是让改革成果惠及更多人民的重要法律。了解财税相关法律法规,不仅能够保护纳税人的合法权益,也能够促进社会更加公平。为此,我们精心编辑出版了这本《中华人民共和国财税法律法规全书(含相关政策)》。本书有以下特点:

**一、收录全面,编排合理**

收录改革开放以来至2023年12月期间公布的现行有效的与财税相关的法律、行政法规、司法解释、部门规章及重要的规范性文件。内容包括财政预算(细分为综合、中央预算、地方预算、预算管理),财政收入(细分为税收、国有资产收益、行政性收费和罚没收入、国债、外国贷款),财政支出(细分为财政拨款、财政补贴、政府采购、政府投资),财政监督,财务管理(细分为现金管理、财务规则),会计管理(细分为一般规定、会计制度、会计师管理、会计师事务所管理)等几个方面。本书具有编排合理、体例清晰、便于查询的特点。

**二、特加条旨和附录,实用性强**

全书对重点法律附加条旨,可指引读者快速找到自己需要的条文。本书针对未收录的政府会计准则、企业会计准则、注册会计师审计准则等相关准则已作整理,其相关目录附在书末,具体内容读者可扫描该目录下方二维码在线查询和下载。

**三、特色服务,动态增补**

为保持本书与新法的同步更新,特结合法律出版社法规中心的资源优势提供动态增补服务。读者可扫描封底二维码,查看、下载免费增补材料。

由于编者水平有限,还望读者在使用过程中不吝赐教,提出您的宝贵意见(邮箱地址:faguizhongxin@163.com),以便本书继续修订完善。

法律出版社法规中心

2024年1月

# 总　目　录

# 目　录

## 一、财政预算



## 二、财政收入



---

① 目录中对有修改的文件,将其第一次公布的时间和最近一次修改的时间一并列出,在正文中收录的是最新修改后的文本。特此说明。

① 加*的文件为重见件,收录在本书其他位置。

**2. 国有资产收益**



**3. 行政性收费和罚没收入**



**4. 国债**



**5. 外国贷款**



## 三、财政支出

**1. 财政拨款**

**2. 财政补贴**



**3. 政府采购**



**4. 政府投资**



## 四、财 政 监 督



## 五、财 务 管 理

**1. 现金管理**

**2. 财务规则**



## 六、会计管理

**1. 一般规定**



**2. 会计制度**



**3. 会计师管理**



**4. 会计师事务所管理**



**附录**

# 一、财政预算

# 资料补充栏

# 1. 综　合

## 中华人民共和国预算法

*1. 1994年3月22日第八届全国人民代表大会第二次会议通过*

*2. 根据2014年8月31日第十二届全国人民代表大会常务委员会第十次会议《关于修改〈中华人民共和国预算法〉的决定》第一次修正*

*3. 根据2018年12月29日第十三届全国人民代表大会常务委员会第七次会议《关于修改〈中华人民共和国产品质量法〉等五部法律的决定》第二次修正*

### 目　　录



### 第一章　总　　则

**第一条　【立法目的】**[①]为了规范政府收支行为，强化预算约束，加强对预算的管理和监督，建立健全全面规范、公开透明的预算制度，保障经济社会的健康发展，根据宪法，制定本法。

**第二条　【适用范围】**预算、决算的编制、审查、批准、监督，以及预算的执行和调整，依照本法规定执行。

**第三条　【预算管理体制、预算组成】**国家实行一级政府一级预算，设立中央，省、自治区、直辖市，设区的市、自治州，县、自治县、不设区的市、市辖区，乡、民族乡、镇五级预算。

全国预算由中央预算和地方预算组成。地方预算由各省、自治区、直辖市总预算组成。

地方各级总预算由本级预算和汇总的下一级总预算组成；下一级只有本级预算的，下一级总预算即指下一级的本级预算。没有下一级预算的，总预算即指本级预算。

**第四条　【预算收入和预算支出】**预算由预算收入和预算支出组成。

政府的全部收入和支出都应当纳入预算。

**第五条　【预算内容】**预算包括一般公共预算、政府性基金预算、国有资本经营预算、社会保险基金预算。

一般公共预算、政府性基金预算、国有资本经营预算、社会保险基金预算应当保持完整、独立。政府性基金预算、国有资本经营预算、社会保险基金预算应当与一般公共预算相衔接。

**第六条　【中央一般公共预算】**一般公共预算是对以税收为主体的财政收入，安排用于保障和改善民生、推动经济社会发展、维护国家安全、维持国家机构正常运转等方面的收支预算。

中央一般公共预算包括中央各部门（含直属单位，下同）的预算和中央对地方的税收返还、转移支付预算。

中央一般公共预算收入包括中央本级收入和地方向中央的上解收入。中央一般公共预算支出包括中央本级支出、中央对地方的税收返还和转移支付。

**第七条　【地方各级一般公共预算】**地方各级一般公共预算包括本级各部门（含直属单位，下同）的预算和税收返还、转移支付预算。

地方各级一般公共预算收入包括地方本级收入、上级政府对本级政府的税收返还和转移支付、下级政府的上解收入。地方各级一般公共预算支出包括地方本级支出、对上级政府的上解支出、对下级政府的税收返还和转移支付。

**第八条　【部门预算组成】**各部门预算由本部门及其所属各单位预算组成。

**第九条　【政府性基金预算】**政府性基金预算是对依照法律、行政法规的规定在一定期限内向特定对象征收、收取或者以其他方式筹集的资金，专项用于特定公共事业发展的收支预算。

政府性基金预算应当根据基金项目收入情况和实际支出需要，按基金项目编制，做到以收定支。

**第十条　【国有资本经营预算】**国有资本经营预算是对国有资本收益作出支出安排的收支预算。

国有资本经营预算应当按照收支平衡的原则编制，不列赤字，并安排资金调入一般公共预算。

---

① 条文主旨为编者所加，下同。

**第十一条 【社会保险基金预算】**社会保险基金预算是对社会保险缴款、一般公共预算安排和其他方式筹集的资金，专项用于社会保险的收支预算。

社会保险基金预算应当按照统筹层次和社会保险项目分别编制，做到收支平衡。

**第十二条 【预算原则】**各级预算应当遵循统筹兼顾、勤俭节约、量力而行、讲求绩效和收支平衡的原则。

各级政府应当建立跨年度预算平衡机制。

**第十三条 【预算调整】**经人民代表大会批准的预算，非经法定程序，不得调整。各级政府、各部门、各单位的支出必须以经批准的预算为依据，未列入预算的不得支出。

**第十四条 【预算公开】**经本级人民代表大会或者本级人民代表大会常务委员会批准的预算、预算调整、决算、预算执行情况的报告及报表，应当在批准后二十日内由本级政府财政部门向社会公开，并对本级政府财政转移支付安排、执行的情况以及举借债务的情况等重要事项作出说明。

经本级政府财政部门批复的部门预算、决算及报表，应当在批复后二十日内由各部门向社会公开，并对部门预算、决算中机关运行经费的安排、使用情况等重要事项作出说明。

各级政府、各部门、各单位应当将政府采购的情况及时向社会公开。

本条前三款规定的公开事项，涉及国家秘密的除外。

**第十五条 【分税制】**国家实行中央和地方分税制。

**第十六条 【财政转移支付制度】**国家实行财政转移支付制度。财政转移支付应当规范、公平、公开，以推进地区间基本公共服务均等化为主要目标。

财政转移支付包括中央对地方的转移支付和地方上级政府对下级政府的转移支付，以为均衡地区间基本财力、由下级政府统筹安排使用的一般性转移支付为主体。

按照法律、行政法规和国务院的规定可以设立专项转移支付，用于办理特定事项。建立健全专项转移支付定期评估和退出机制。市场竞争机制能够有效调节的事项不得设立专项转移支付。

上级政府在安排专项转移支付时，不得要求下级政府承担配套资金。但是，按照国务院的规定应当由上下级政府共同承担的事项除外。

**第十七条 【预算机制】**各级预算的编制、执行应当建立健全相互制约、相互协调的机制。

**第十八条 【预算年度】**预算年度自公历一月一日起，至十二月三十一日止。

**第十九条 【预算单位】**预算收入和预算支出以人民币元为计算单位。

## 第二章 预算管理职权

**第二十条 【全国人大及其常委会预算权】**全国人民代表大会审查中央和地方预算草案及中央和地方预算执行情况的报告；批准中央预算和中央预算执行情况的报告；改变或者撤销全国人民代表大会常务委员会关于预算、决算的不适当的决议。

全国人民代表大会常务委员会监督中央和地方预算的执行；审查和批准中央预算的调整方案；审查和批准中央决算；撤销国务院制定的同宪法、法律相抵触的关于预算、决算的行政法规、决定和命令；撤销省、自治区、直辖市人民代表大会及其常务委员会制定的同宪法、法律和行政法规相抵触的关于预算、决算的地方性法规和决议。

**第二十一条 【地方各级人大及其常委会预算权】**县级以上地方各级人民代表大会审查本级总预算草案及本级总预算执行情况的报告；批准本级预算和本级预算执行情况的报告；改变或者撤销本级人民代表大会常务委员会关于预算、决算的不适当的决议；撤销本级政府关于预算、决算的不适当的决定和命令。

县级以上地方各级人民代表大会常务委员会监督本级总预算的执行；审查和批准本级预算的调整方案；审查和批准本级决算；撤销本级政府和下一级人民代表大会及其常务委员会关于预算、决算的不适当的决定、命令和决议。

乡、民族乡、镇的人民代表大会审查和批准本级预算和本级预算执行情况的报告；监督本级预算的执行；审查和批准本级预算的调整方案；审查和批准本级决算；撤销本级政府关于预算、决算的不适当的决定和命令。

**第二十二条 【各级专门委员会预算权】**全国人民代表大会财政经济委员会对中央预算草案初步方案及上一年预算执行情况、中央预算调整初步方案和中央决算草案进行初步审查，提出初步审查意见。

省、自治区、直辖市人民代表大会有关专门委员会对本级预算草案初步方案及上一年预算执行情况、本级预算调整初步方案和本级决算草案进行初步审查，提出初步审查意见。

设区的市、自治州人民代表大会有关专门委员会对本级预算草案初步方案及上一年预算执行情况、本级预算调整初步方案和本级决算草案进行初步审查，提出初步审查意见，未设立专门委员会的，由本级人民代表大会常务委员会有关工作机构研究提出意见。

县、自治县、不设区的市、市辖区人民代表大会常务委员会对本级预算草案初步方案及上一年预算执行情况进行初步审查，提出初步审查意见。县、自治县、不设区的市、市辖区人民代表大会常务委员会有关工作机构对本级预算调整初步方案和本级决算草案研究提出意见。

设区的市、自治州以上各级人民代表大会有关专门委员会进行初步审查、常务委员会有关工作机构研究提出意见时，应当邀请本级人民代表大会代表参加。

对依照本条第一款至第四款规定提出的意见，本级政府财政部门应当将处理情况及时反馈。

依照本条第一款至第四款规定提出的意见以及本级政府财政部门反馈的处理情况报告，应当印发本级人民代表大会代表。

全国人民代表大会常务委员会和省、自治区、直辖市、设区的市、自治州人民代表大会常务委员会有关工作机构，依照本级人民代表大会常务委员会的决定，协助本级人民代表大会财政经济委员会或者有关专门委员会承担审查预算草案、预算调整方案、决算草案和监督预算执行等方面的具体工作。

**第二十三条　【国务院预算权】**国务院编制中央预算、决算草案；向全国人民代表大会作关于中央和地方预算草案的报告；将省、自治区、直辖市政府报送备案的预算汇总后报全国人民代表大会常务委员会备案；组织中央和地方预算的执行；决定中央预算预备费的动用；编制中央预算调整方案；监督中央各部门和地方政府的预算执行；改变或者撤销中央各部门和地方政府关于预算、决算的不适当的决定、命令；向全国人民代表大会、全国人民代表大会常务委员会报告中央和地方预算的执行情况。

**第二十四条　【地方各级政府预算权】**县级以上地方各级政府编制本级预算、决算草案；向本级人民代表大会作关于本级总预算草案的报告；将下一级政府报送备案的预算汇总后报本级人民代表大会常务委员会备案；组织本级总预算的执行；决定本级预算预备费的动用；编制本级预算的调整方案；监督本级各部门和下级政府的预算执行；改变或者撤销本级各部门和下级政府关于预算、决算的不适当的决定、命令；向本级人民代表大会、本级人民代表大会常务委员会报告本级总预算的执行情况。

乡、民族乡、镇政府编制本级预算、决算草案；向本级人民代表大会作关于本级预算草案的报告；组织本级预算的执行；决定本级预算预备费的动用；编制本级预算的调整方案；向本级人民代表大会报告本级预算的执行情况。

经省、自治区、直辖市政府批准，乡、民族乡、镇本级预算草案、预算调整方案、决算草案，可以由上一级政府代编，并依照本法第二十一条的规定报乡、民族乡、镇的人民代表大会审查和批准。

**第二十五条　【各级政府财政部门预算权责】**国务院财政部门具体编制中央预算、决算草案；具体组织中央和地方预算的执行；提出中央预算预备费动用方案；具体编制中央预算的调整方案；定期向国务院报告中央和地方预算的执行情况。

地方各级政府财政部门具体编制本级预算、决算草案；具体组织本级总预算的执行；提出本级预算预备费动用方案；具体编制本级预算的调整方案；定期向本级政府和上一级政府财政部门报告本级总预算的执行情况。

**第二十六条　【各部门预算权责】**各部门编制本部门预算、决算草案；组织和监督本部门预算的执行；定期向本级政府财政部门报告预算的执行情况。

各单位编制本单位预算、决算草案；按照国家规定上缴预算收入，安排预算支出，并接受国家有关部门的监督。

## 第三章　预算收支范围

**第二十七条　【一般公共预算组成】**一般公共预算收入包括各项税收收入、行政事业性收费收入、国有资源（资产）有偿使用收入、转移性收入和其他收入。

一般公共预算支出按照其功能分类，包括一般公共服务支出，外交、公共安全、国防支出，农业、环境保护支出，教育、科技、文化、卫生、体育支出，社会保障及就业支出和其他支出。

一般公共预算支出按照其经济性质分类，包括工资福利支出、商品和服务支出、资本性支出和其他支出。

**第二十八条　【其他预算收支范围】**政府性基金预算、国有资本经营预算和社会保险基金预算的收支范围，按照法律、行政法规和国务院的规定执行。

**第二十九条　【中央预算与地方预算划分】**中央预算与地方预算有关收入和支出项目的划分、地方向中央上解收入、中央对地方税收返还或者转移支付的具体办法，由国务院规定，报全国人民代表大会常务委员会备案。

**第三十条 【上下级政府预算关系】**上级政府不得在预算之外调用下级政府预算的资金。下级政府不得挤占或者截留属于上级政府预算的资金。

## 第四章 预 算 编 制

**第三十一条 【国务院下达预算草案指示;预算草案编制时间】**国务院应当及时下达关于编制下一年预算草案的通知。编制预算草案的具体事项由国务院财政部门部署。

各级政府、各部门、各单位应当按照国务院规定的时间编制预算草案。

**第三十二条 【预算编制依据】**各级预算应当根据年度经济社会发展目标、国家宏观调控总体要求和跨年度预算平衡的需要,参考上一年预算执行情况、有关支出绩效评价结果和本年度收支预测,按照规定程序征求各方面意见后,进行编制。

各级政府依据法定权限作出决定或者制定行政措施,凡涉及增加或者减少财政收入或者支出的,应当在预算批准前提出并在预算草案中作出相应安排。

各部门、各单位应当按照国务院财政部门制定的政府收支分类科目、预算支出标准和要求,以及绩效目标管理等预算编制规定,根据其依法履行职能和事业发展的需要以及存量资产情况,编制本部门、本单位预算草案。

前款所称政府收支分类科目,收入分为类、款、项、目;支出按其功能分类分为类、款、项,按其经济性质分类分为类、款。

**第三十三条 【地方预算草案报审】**省、自治区、直辖市政府应当按照国务院规定的时间,将本级总预算草案报国务院审核汇总。

**第三十四条 【中央预算赤字】**中央一般公共预算中必需的部分资金,可以通过举借国内和国外债务等方式筹措,举借债务应当控制适当的规模,保持合理的结构。

对中央一般公共预算中举借的债务实行余额管理,余额的规模不得超过全国人民代表大会批准的限额。

国务院财政部门具体负责对中央政府债务的统一管理。

**第三十五条 【地方预算赤字】**地方各级预算按照量入为出、收支平衡的原则编制,除本法另有规定外,不列赤字。

经国务院批准的省、自治区、直辖市的预算中必需的建设投资的部分资金,可以在国务院确定的限额内,通过发行地方政府债券举借债务的方式筹措。举借债务的规模,由国务院报全国人民代表大会或者全国人民代表大会常务委员会批准。省、自治区、直辖市依照国务院下达的限额举借的债务,列入本级预算调整方案,报本级人民代表大会常务委员会批准。举借的债务应当有偿还计划和稳定的偿还资金来源,只能用于公益性资本支出,不得用于经常性支出。

除前款规定外,地方政府及其所属部门不得以任何方式举借债务。

除法律另有规定外,地方政府及其所属部门不得为任何单位和个人的债务以任何方式提供担保。

国务院建立地方政府债务风险评估和预警机制、应急处置机制以及责任追究制度。国务院财政部门对地方政府债务实施监督。

**第三十六条 【预算编制要求】**各级预算收入的编制,应当与经济社会发展水平相适应,与财政政策相衔接。

各级政府、各部门、各单位应当依照本法规定,将所有政府收入全部列入预算,不得隐瞒、少列。

**第三十七条 【预算编制原则】**各级预算支出应当依照本法规定,按其功能和经济性质分类编制。

各级预算支出的编制,应当贯彻勤俭节约的原则,严格控制各部门、各单位的机关运行经费和楼堂馆所等基本建设支出。

各级一般公共预算支出的编制,应当统筹兼顾,在保证基本公共服务合理需要的前提下,优先安排国家确定的重点支出。

**第三十八条 【转移支付的编制】**一般性转移支付应当按照国务院规定的基本标准和计算方法编制。专项转移支付应当分地区、分项目编制。

县级以上各级政府应当将对下级政府的转移支付预计数提前下达下级政府。

地方各级政府应当将上级政府提前下达的转移支付预计数编入本级预算。

**第三十九条 【安排必要的援助资金】**中央预算和有关地方预算中应当安排必要的资金,用于扶助革命老区、民族地区、边疆地区、贫困地区发展经济社会建设事业。

**第四十条 【预备费】**各级一般公共预算应当按照本级一般公共预算支出额的百分之一至百分之三设置预备费,用于当年预算执行中的自然灾害等突发事件处理增加的支出及其他难以预见的开支。

**第四十一条 【预算周转金】**各级一般公共预算按照国务院的规定可以设置预算周转金,用于本级政府调剂预算年度内季节性收支差额。

各级一般公共预算按照国务院的规定可以设置预算稳定调节基金，用于弥补以后年度预算资金的不足。

**第四十二条 【预算余额】**各级政府上一年预算的结转资金，应当在下一年用于结转项目的支出；连续两年未用完的结转资金，应当作为结余资金管理。

各部门、各单位上一年预算的结转、结余资金按照国务院财政部门的规定办理。

## 第五章 预算审查和批准

**第四十三条 【预算的审查与批准】**中央预算由全国人民代表大会审查和批准。

地方各级预算由本级人民代表大会审查和批准。

**第四十四条 【预算草案接受人大财经委初步审查】**国务院财政部门应当在每年全国人民代表大会会议举行的四十五日前，将中央预算草案的初步方案提交全国人民代表大会财政经济委员会进行初步审查。

省、自治区、直辖市政府财政部门应当在本级人民代表大会会议举行的三十日前，将本级预算草案的初步方案提交本级人民代表大会有关专门委员会进行初步审查。

设区的市、自治州政府财政部门应当在本级人民代表大会会议举行的三十日前，将本级预算草案的初步方案提交本级人民代表大会有关专门委员会进行初步审查，或者送交本级人民代表大会常务委员会有关工作机构征求意见。

县、自治县、不设区的市、市辖区政府应当在本级人民代表大会会议举行的三十日前，将本级预算草案的初步方案提交本级人民代表大会常务委员会进行初步审查。

**第四十五条 【人大审查预算草案前听取各界意见】**县、自治县、不设区的市、市辖区、乡、民族乡、镇的人民代表大会举行会议审查预算草案前，应当采用多种形式，组织本级人民代表大会代表，听取选民和社会各界的意见。

**第四十六条 【预算草案的细化】**报送各级人民代表大会审查和批准的预算草案应当细化。本级一般公共预算支出，按其功能分类应当编列到项；按其经济性质分类，基本支出应当编列到款。本级政府性基金预算、国有资本经营预算、社会保险基金预算支出，按其功能分类应当编列到项。

**第四十七条 【报告预算】**国务院在全国人民代表大会举行会议时，向大会作关于中央和地方预算草案以及中央和地方预算执行情况的报告。

地方各级政府在本级人民代表大会举行会议时，向大会作关于总预算草案和总预算执行情况的报告。

**第四十八条 【重点审查内容】**全国人民代表大会和地方各级人民代表大会对预算草案及其报告、预算执行情况的报告重点审查下列内容：

（一）上一年预算执行情况是否符合本级人民代表大会预算决议的要求；

（二）预算安排是否符合本法的规定；

（三）预算安排是否贯彻国民经济和社会发展的方针政策，收支政策是否切实可行；

（四）重点支出和重大投资项目的预算安排是否适当；

（五）预算的编制是否完整，是否符合本法第四十六条的规定；

（六）对下级政府的转移性支出预算是否规范、适当；

（七）预算安排举借的债务是否合法、合理，是否有偿还计划和稳定的偿还资金来源；

（八）与预算有关重要事项的说明是否清晰。

**第四十九条 【审查结果报告】**全国人民代表大会财政经济委员会向全国人民代表大会主席团提出关于中央和地方预算草案及中央和地方预算执行情况的审查结果报告。

省、自治区、直辖市、设区的市、自治州人民代表大会有关专门委员会，县、自治县、不设区的市、市辖区人民代表大会常务委员会，向本级人民代表大会主席团提出关于总预算草案及上一年总预算执行情况的审查结果报告。

审查结果报告应当包括下列内容：

（一）对上一年预算执行和落实本级人民代表大会预算决议的情况作出评价；

（二）对本年度预算草案是否符合本法的规定，是否可行作出评价；

（三）对本级人民代表大会批准预算草案和预算报告提出建议；

（四）对执行年度预算、改进预算管理、提高预算绩效、加强预算监督等提出意见和建议。

**第五十条 【地方预算的批准与备案】**乡、民族乡、镇政府应当及时将经本级人民代表大会批准的本级预算报上一级政府备案。县级以上地方各级政府应当及时将经本级人民代表大会批准的本级预算及下一级政府报送备案的预算汇总，报上一级政府备案。

县级以上地方各级政府将下一级政府依照前款规

定报送备案的预算汇总后,报本级人民代表大会常务委员会备案。国务院将省、自治区、直辖市政府依照前款规定报送备案的预算汇总后,报全国人民代表大会常务委员会备案。

**第五十一条 【预算的撤销】**国务院和县级以上地方各级政府对下一级政府依照本法第五十条规定报送备案的预算,认为有同法律、行政法规相抵触或者有其他不适当之处,需要撤销批准预算的决议的,应当提请本级人民代表大会常务委员会审议决定。

**第五十二条 【财政部门批复预算】**各级预算经本级人民代表大会批准后,本级政府财政部门应当在二十日内向本级各部门批复预算。各部门应当在接到本级政府财政部门批复的本部门预算后十五日内向所属各单位批复预算。

中央对地方的一般性转移支付应当在全国人民代表大会批准预算后三十日内正式下达。中央对地方的专项转移支付应当在全国人民代表大会批准预算后九十日内正式下达。

省、自治区、直辖市政府接到中央一般性转移支付和专项转移支付后,应当在三十日内正式下达到本行政区域县级以上各级政府。

县级以上地方各级预算安排对下级政府的一般性转移支付和专项转移支付,应当分别在本级人民代表大会批准预算后的三十日和六十日内正式下达。

对自然灾害等突发事件处理的转移支付,应当及时下达预算;对据实结算等特殊项目的转移支付,可以分期下达预算,或者先预付后结算。

县级以上各级政府财政部门应当将批复本级各部门的预算和批复下级政府的转移支付预算,抄送本级人民代表大会财政经济委员会、有关专门委员会和常务委员会有关工作机构。

## 第六章 预 算 执 行

**第五十三条 【财政部门负责预算执行】**各级预算由本级政府组织执行,具体工作由本级政府财政部门负责。

各部门、各单位是本部门、本单位的预算执行主体,负责本部门、本单位的预算执行,并对执行结果负责。

**第五十四条 【预算草案批准前后的预算支出】**预算年度开始后,各级预算草案在本级人民代表大会批准前,可以安排下列支出:

(一)上一年度结转的支出;

(二)参照上一年同期的预算支出数额安排必须支付的本年度部门基本支出、项目支出,以及对下级政府的转移性支出;

(三)法律规定必须履行支付义务的支出,以及用于自然灾害等突发事件处理的支出。

根据前款规定安排支出的情况,应当在预算草案的报告中作出说明。

预算经本级人民代表大会批准后,按照批准的预算执行。

**第五十五条 【预算收入征收部门责任】**预算收入征收部门和单位,必须依照法律、行政法规的规定,及时、足额征收应征的预算收入。不得违反法律、行政法规规定,多征、提前征收或者减征、免征、缓征应征的预算收入,不得截留、占用或者挪用预算收入。

各级政府不得向预算收入征收部门和单位下达收入指标。

**第五十六条 【预算收入上缴部门责任】**政府的全部收入应当上缴国家金库(以下简称国库),任何部门、单位和个人不得截留、占用、挪用或者拖欠。

对于法律有明确规定或者经国务院批准的特定专用资金,可以依照国务院的规定设立财政专户。

**第五十七条 【政府财政部门责任】**各级政府财政部门必须依照法律、行政法规和国务院财政部门的规定,及时、足额地拨付预算支出资金,加强对预算支出的管理和监督。

各级政府、各部门、各单位的支出必须按照预算执行,不得虚假列支。

各级政府、各部门、各单位应当对预算支出情况开展绩效评价。

**第五十八条 【各级预算收付实现制】**各级预算的收入和支出实行收付实现制。

特定事项按照国务院的规定实行权责发生制的有关情况,应当向本级人民代表大会常务委员会报告。

**第五十九条 【预算必须设立国库】**县级以上各级预算必须设立国库;具备条件的乡、民族乡、镇也应当设立国库。

中央国库业务由中国人民银行经理,地方国库业务依照国务院的有关规定办理。

各级国库应当按照国家有关规定,及时准确地办理预算收入的收纳、划分、留解、退付和预算支出的拨付。

各级国库库款的支配权属于本级政府财政部门。除法律、行政法规另有规定外,未经本级政府财政部门同意,任何部门、单位和个人都无权冻结、动用国库库款或者以其他方式支配已入国库的库款。

各级政府应当加强对本级国库的管理和监督，按照国务院的规定完善国库现金管理，合理调节国库资金余额。

**第六十条　【资金退库办法】**已经缴入国库的资金，依照法律、行政法规的规定或者国务院的决定需要退付的，各级政府财政部门或者其授权的机构应当及时办理退付。按照规定应当由财政支出安排的事项，不得用退库处理。

**第六十一条　【国库集中收付制度】**国家实行国库集中收缴和集中支付制度，对政府全部收入和支出实行国库集中收付管理。

**第六十二条　【政府与预算收入征收部门关系】**各级政府应当加强对预算执行的领导，支持政府财政、税务、海关等预算收入的征收部门依法组织预算收入，支持政府财政部门严格管理预算支出。

财政、税务、海关等部门在预算执行中，应当加强对预算执行的分析；发现问题时应当及时建议本级政府采取措施予以解决。

**第六十三条　【预算收支管理】**各部门、各单位应当加强对预算收入和支出的管理，不得截留或者动用应当上缴的预算收入，不得擅自改变预算支出的用途。

**第六十四条　【预算预备费动用方案的决定】**各级预算预备费的动用方案，由本级政府财政部门提出，报本级政府决定。

**第六十五条　【预算周转金管理】**各级预算周转金由本级政府财政部门管理，不得挪作他用。

**第六十六条　【预算超收、结余、短收处理办法】**各级一般公共预算年度执行中有超收收入的，只能用于冲减赤字或者补充预算稳定调节基金。

各级一般公共预算的结余资金，应当补充预算稳定调节基金。

省、自治区、直辖市一般公共预算年度执行中出现短收，通过调入预算稳定调节基金、减少支出等方式仍不能实现收支平衡的，省、自治区、直辖市政府报本级人民代表大会或者其常务委员会批准，可以增列赤字，报国务院财政部门备案，并应当在下一年度预算中予以弥补。

## 第七章　预算调整

**第六十七条　【进行预算调整的情况】**经全国人民代表大会批准的中央预算和经地方各级人民代表大会批准的地方各级预算，在执行中出现下列情况之一的，应当进行预算调整：

（一）需要增加或者减少预算总支出的；

（二）需要调入预算稳定调节基金的；

（三）需要调减预算安排的重点支出数额的；

（四）需要增加举借债务数额的。

**第六十八条　【预算调整方案】**在预算执行中，各级政府一般不制定新的增加财政收入或者支出的政策和措施，也不制定减少财政收入的政策和措施；必须作出并需要进行预算调整的，应当在预算调整方案中作出安排。

**第六十九条　【预算调整程序】**在预算执行中，各级政府对于必须进行的预算调整，应当编制预算调整方案。预算调整方案应当说明预算调整的理由、项目和数额。

在预算执行中，由于发生自然灾害等突发事件，必须及时增加预算支出的，应当先动支预备费；预备费不足支出的，各级政府可以先安排支出，属于预算调整的，列入预算调整方案。

国务院财政部门应当在全国人民代表大会常务委员会举行会议审查和批准预算调整方案的三十日前，将预算调整初步方案送交全国人民代表大会财政经济委员会进行初步审查。

省、自治区、直辖市政府财政部门应当在本级人民代表大会常务委员会举行会议审查和批准预算调整方案的三十日前，将预算调整初步方案送交本级人民代表大会有关专门委员会进行初步审查。

设区的市、自治州政府财政部门应当在本级人民代表大会常务委员会举行会议审查和批准预算调整方案的三十日前，将预算调整初步方案送交本级人民代表大会有关专门委员会进行初步审查，或者送交本级人民代表大会常务委员会有关工作机构征求意见。

县、自治县、不设区的市、市辖区政府财政部门应当在本级人民代表大会常务委员会举行会议审查和批准预算调整方案的三十日前，将预算调整初步方案送交本级人民代表大会常务委员会有关工作机构征求意见。

中央预算的调整方案应当提请全国人民代表大会常务委员会审查和批准。县级以上地方各级预算的调整方案应当提请本级人民代表大会常务委员会审查和批准；乡、民族乡、镇预算的调整方案应当提请本级人民代表大会审查和批准。未经批准，不得调整预算。

**第七十条　【未经批准调整预算的撤销】**经批准的预算调整方案，各级政府应当严格执行。未经本法第六十九条规定的程序，各级政府不得作出预算调整的决定。

对违反前款规定作出的决定，本级人民代表大会、本级人民代表大会常务委员会或者上级政府应当责令其改变或者撤销。

**第七十一条　【不属于预算调整的情况】**在预算执行中，地方各级政府因上级政府增加不需要本级政府提供配套资金的专项转移支付而引起的预算支出变化，不属于预算调整。

接受增加专项转移支付的县级以上地方各级政府应当向本级人民代表大会常务委员会报告有关情况；接受增加专项转移支付的乡、民族乡、镇政府应当向本级人民代表大会报告有关情况。

**第七十二条　【预算科目】**各部门、各单位的预算支出应当按照预算科目执行。严格控制不同预算科目、预算级次或者项目间的预算资金的调剂，确需调剂使用的，按照国务院财政部门的规定办理。

**第七十三条　【预算调整方案备案】**地方各级预算的调整方案经批准后，由本级政府报上一级政府备案。

## 第八章　决　　算

**第七十四条　【决算编制单位及时间】**决算草案由各级政府、各部门、各单位，在每一预算年度终了后按照国务院规定的时间编制。

编制决算草案的具体事项，由国务院财政部门部署。

**第七十五条　【编制决算的要求】**编制决算草案，必须符合法律、行政法规，做到收支真实、数额准确、内容完整、报送及时。

决算草案应当与预算相对应，按预算数、调整预算数、决算数分别列出。一般公共预算支出应当按其功能分类编列到项，按其经济性质分类编列到款。

**第七十六条　【各部门决算草案】**各部门对所属各单位的决算草案，应当审核并汇总编制本部门的决算草案，在规定的期限内报本级政府财政部门审核。

各级政府财政部门对本级各部门决算草案审核后发现有不符合法律、行政法规规定的，有权予以纠正。

**第七十七条　【政府决算及批准】**国务院财政部门编制中央决算草案，经国务院审计部门审计后，报国务院审定，由国务院提请全国人民代表大会常务委员会审查和批准。

县级以上地方各级政府财政部门编制本级决算草案，经本级政府审计部门审计后，报本级政府审定，由本级政府提请本级人民代表大会常务委员会审查和批准。

乡、民族乡、镇政府编制本级决算草案，提请本级人民代表大会审查和批准。

**第七十八条　【决算草案接受人大财经委初步审查】**国务院财政部门应当在全国人民代表大会常务委员会举行会议审查和批准中央决算草案的三十日前，将上一年度中央决算草案提交全国人民代表大会财政经济委员会进行初步审查。

省、自治区、直辖市政府财政部门应当在本级人民代表大会常务委员会举行会议审查和批准本级决算草案的三十日前，将上一年度本级决算草案提交本级人民代表大会有关专门委员会进行初步审查。

设区的市、自治州政府财政部门应当在本级人民代表大会常务委员会举行会议审查和批准本级决算草案的三十日前，将上一年度本级决算草案提交本级人民代表大会有关专门委员会进行初步审查，或者送交本级人民代表大会常务委员会有关工作机构征求意见。

县、自治县、不设区的市、市辖区政府财政部门应当在本级人民代表大会常务委员会举行会议审查和批准本级决算草案的三十日前，将上一年度本级决算草案送交本级人民代表大会常务委员会有关工作机构征求意见。

全国人民代表大会财政经济委员会和省、自治区、直辖市、设区的市、自治州人民代表大会有关专门委员会，向本级人民代表大会常务委员会提出关于本级决算草案的审查结果报告。

**第七十九条　【决算草案的重点审查内容】**县级以上各级人民代表大会常务委员会和乡、民族乡、镇人民代表大会对本级决算草案，重点审查下列内容：

（一）预算收入情况；

（二）支出政策实施情况和重点支出、重大投资项目资金的使用及绩效情况；

（三）结转资金的使用情况；

（四）资金结余情况；

（五）本级预算调整及执行情况；

（六）财政转移支付安排执行情况；

（七）经批准举借债务的规模、结构、使用、偿还等情况；

（八）本级预算周转金规模和使用情况；

（九）本级预备费使用情况；

（十）超收收入安排情况，预算稳定调节基金的规模和使用情况；

（十一）本级人民代表大会批准的预算决议落实情况；

（十二）其他与决算有关的重要情况。

县级以上各级人民代表大会常务委员会应当结合

本级政府提出的上一年度预算执行和其他财政收支的审计工作报告,对本级决算草案进行审查。

**第八十条 【各级财政部门批复决算】**各级决算经批准后,财政部门应当在二十日内向本级各部门批复决算。各部门应当在接到本级政府财政部门批复的本部门决算后十五日内向所属单位批复决算。

**第八十一条 【决算备案】**地方各级政府应当将经批准的决算及下一级政府上报备案的决算汇总,报上一级政府备案。

县级以上各级政府应当将下一级政府报送备案的决算汇总后,报本级人民代表大会常务委员会备案。

**第八十二条 【决算的撤销】**国务院和县级以上地方各级政府对下一级政府依照本法第八十一条规定报送备案的决算,认为有同法律、行政法规相抵触或者有其他不适当之处,需要撤销批准该项决算的决议的,应当提请本级人民代表大会常务委员会审议决定;经审议决定撤销的,该下级人民代表大会常务委员会应当责成本级政府依照本法规定重新编制决算草案,提请本级人民代表大会常务委员会审查和批准。

## 第九章 监 督

**第八十三条 【监督机关】**全国人民代表大会及其常务委员会对中央和地方预算、决算进行监督。

县级以上地方各级人民代表大会及其常务委员会对本级和下级预算、决算进行监督。

乡、民族乡、镇人民代表大会对本级预算、决算进行监督。

**第八十四条 【监督机关调查权】**各级人民代表大会和县级以上各级人民代表大会常务委员会有权就预算、决算中的重大事项或者特定问题组织调查,有关的政府、部门、单位和个人应当如实反映情况和提供必要的材料。

**第八十五条 【调查机关质询权】**各级人民代表大会和县级以上各级人民代表大会常务委员会举行会议时,人民代表大会代表或者常务委员会组成人员,依照法律规定程序就预算、决算中的有关问题提出询问或者质询,受询问或者受质询的有关的政府或者财政部门必须及时给予答复。

**第八十六条 【各级政府报告义务】**国务院和县级以上地方各级政府应当在每年六月至九月期间向本级人民代表大会常务委员会报告预算执行情况。

**第八十七条 【上级政府监督下级政府】**各级政府监督下级政府的预算执行;下级政府应当定期向上一级政府报告预算执行情况。

**第八十八条 【财政部门的监督权】**各级政府财政部门负责监督本级各部门及其所属各单位预算管理有关工作,并向本级政府和上一级政府财政部门报告预算执行情况。

**第八十九条 【审计监督】**县级以上政府审计部门依法对预算执行、决算实行审计监督。

对预算执行和其他财政收支的审计工作报告应当向社会公开。

**第九十条 【部门监督】**政府各部门负责监督检查所属各单位的预算执行,及时向本级政府财政部门反映本部门预算执行情况,依法纠正违反预算的行为。

**第九十一条 【社会监督】**公民、法人或者其他组织发现有违反本法的行为,可以依法向有关国家机关进行检举、控告。

接受检举、控告的国家机关应当依法进行处理,并为检举人、控告人保密。任何单位或者个人不得压制和打击报复检举人、控告人。

## 第十章 法 律 责 任

**第九十二条 【违法行为的处分之一】**各级政府及有关部门有下列行为之一的,责令改正,对负有直接责任的主管人员和其他直接责任人员追究行政责任:

(一)未依照本法规定,编制、报送预算草案、预算调整方案、决算草案和部门预算、决算以及批复预算、决算的;

(二)违反本法规定,进行预算调整的;

(三)未依照本法规定对有关预算事项进行公开和说明的;

(四)违反规定设立政府性基金项目和其他财政收入项目的;

(五)违反法律、法规规定使用预算预备费、预算周转金、预算稳定调节基金、超收收入的;

(六)违反本法规定开设财政专户的。

**第九十三条 【违法行为的处分之二】**各级政府及有关部门、单位有下列行为之一的,责令改正,对负有直接责任的主管人员和其他直接责任人员依法给予降级、撤职、开除的处分:

(一)未将所有政府收入和支出列入预算或者虚列收入和支出的;

(二)违反法律、行政法规的规定,多征、提前征收或者减征、免征、缓征应征预算收入的;

(三)截留、占用、挪用或者拖欠应当上缴国库的预算收入的;

(四)违反本法规定,改变预算支出用途的;

（五）擅自改变上级政府专项转移支付资金用途的；

（六）违反本法规定拨付预算支出资金，办理预算收入收纳、划分、留解、退付，或者违反本法规定冻结、动用国库库款或者以其他方式支配已入国库库款的。

**第九十四条　【违法行为的处分之三】**各级政府、各部门、各单位违反本法规定举借债务或者为他人债务提供担保，或者挪用重点支出资金，或者在预算之外及超预算标准建设楼堂馆所的，责令改正，对负有直接责任的主管人员和其他直接责任人员给予撤职、开除的处分。

**第九十五条　【违法行为的处分之四】**各级政府有关部门、单位及其工作人员有下列行为之一的，责令改正，追回骗取、使用的资金，有违法所得的没收违法所得，对单位给予警告或者通报批评；对负有直接责任的主管人员和其他直接责任人员依法给予处分：

（一）违反法律、法规的规定，改变预算收入上缴方式的；

（二）以虚报、冒领等手段骗取预算资金的；

（三）违反规定扩大开支范围、提高开支标准的；

（四）其他违反财政管理规定的行为。

**第九十六条　【违法行为的处分适用其他法律】**本法第九十二条、第九十三条、第九十四条、第九十五条所列违法行为，其他法律对其处理、处罚另有规定的，依照其规定。

违反本法规定，构成犯罪的，依法追究刑事责任。

## 第十一章　附　　则

**第九十七条　【政府综合财务报告】**各级政府财政部门应当按年度编制以权责发生制为基础的政府综合财务报告，报告政府整体财务状况、运行情况和财政中长期可持续性，报本级人民代表大会常务委员会备案。

**第九十八条　【实施条例】**国务院根据本法制定实施条例。

**第九十九条　【民族自治地方的预算管理】**民族自治地方的预算管理，依照民族区域自治法的有关规定执行；民族区域自治法没有规定的，依照本法和国务院的有关规定执行。

**第一百条　【地方性法规】**省、自治区、直辖市人民代表大会或者其常务委员会根据本法，可以制定有关预算审查监督的决定或者地方性法规。

**第一百零一条　【施行日期】**本法自1995年1月1日起施行。1991年10月21日国务院发布的《国家预算管理条例》同时废止。

# 中华人民共和国预算法实施条例

*1. 1995年11月22日国务院令第186号发布*
*2. 2020年8月3日国务院令第729号修订*
*3. 自2020年10月1日起施行*

## 第一章　总　　则

**第一条**　根据《中华人民共和国预算法》（以下简称预算法），制定本条例。

**第二条**　县级以上地方政府的派出机关根据本级政府授权进行预算管理活动，不作为一级预算，其收支纳入本级预算。

**第三条**　社会保险基金预算应当在精算平衡的基础上实现可持续运行，一般公共预算可以根据需要和财力适当安排资金补充社会保险基金预算。

**第四条**　预算法第六条第二款所称各部门，是指与本级政府财政部门直接发生预算缴拨款关系的国家机关、军队、政党组织、事业单位、社会团体和其他单位。

**第五条**　各部门预算应当反映一般公共预算、政府性基金预算、国有资本经营预算安排给本部门及其所属各单位的所有预算资金。

各部门预算收入包括本级财政安排给本部门及其所属各单位的预算拨款收入和其他收入。各部门预算支出为与部门预算收入相对应的支出，包括基本支出和项目支出。

本条第二款所称基本支出，是指各部门、各单位为保障其机构正常运转、完成日常工作任务所发生的支出，包括人员经费和公用经费；所称项目支出，是指各部门、各单位为完成其特定的工作任务和事业发展目标所发生的支出。

各部门及其所属各单位的本级预算拨款收入和其相对应的支出，应当在部门预算中单独反映。

部门预算编制、执行的具体办法，由本级政府财政部门依法作出规定。

**第六条**　一般性转移支付向社会公开应当细化到地区。专项转移支付向社会公开应当细化到地区和项目。

政府债务、机关运行经费、政府采购、财政专户资金等情况，按照有关规定向社会公开。

部门预算、决算应当公开基本支出和项目支出。部门预算、决算支出按其功能分类应当公开到项；按其经济性质分类，基本支出应当公开到款。

各部门所属单位的预算、决算及报表，应当在部门批复后20日内由单位向社会公开。单位预算、决算应当公开基本支出和项目支出。单位预算、决算支出按其功能分类应当公开到项；按其经济性质分类，基本支出应当公开到款。

**第七条**　预算法第十五条所称中央和地方分税制，是指在划分中央与地方事权的基础上，确定中央与地方财政支出范围，并按税种划分中央与地方预算收入的财政管理体制。

分税制财政管理体制的具体内容和实施办法，按照国务院的有关规定执行。

**第八条**　县级以上地方各级政府应当根据中央和地方分税制的原则和上级政府的有关规定，确定本级政府对下级政府的财政管理体制。

**第九条**　预算法第十六条第二款所称一般性转移支付，包括：

（一）均衡性转移支付；

（二）对革命老区、民族地区、边疆地区、贫困地区的财力补助；

（三）其他一般性转移支付。

**第十条**　预算法第十六条第三款所称专项转移支付，是指上级政府为了实现特定的经济和社会发展目标给予下级政府，并由下级政府按照上级政府规定的用途安排使用的预算资金。

县级以上各级政府财政部门应当会同有关部门建立健全专项转移支付定期评估和退出机制。对评估后的专项转移支付，按照下列情形分别予以处理：

（一）符合法律、行政法规和国务院规定，有必要继续执行的，可以继续执行；

（二）设立的有关要求变更，或者实际绩效与目标差距较大、管理不够完善的，应当予以调整；

（三）设立依据失效或者废止的，应当予以取消。

**第十一条**　预算收入和预算支出以人民币元为计算单位。预算收支以人民币以外的货币收纳和支付的，应当折合成人民币计算。

## 第二章　预算收支范围

**第十二条**　预算法第二十七条第一款所称行政事业性收费收入，是指国家机关、事业单位等依照法律法规规定，按照国务院规定的程序批准，在实施社会公共管理以及在向公民、法人和其他组织提供特定公共服务过程中，按照规定标准向特定对象收取费用形成的收入。

预算法第二十七条第一款所称国有资源（资产）有偿使用收入，是指矿藏、水流、海域、无居民海岛以及法律规定属于国家所有的森林、草原等国有资源有偿使用收入，按照规定纳入一般公共预算管理的国有资产收入等。

预算法第二十七条第一款所称转移性收入，是指上级税收返还和转移支付、下级上解收入、调入资金以及按照财政部规定列入转移性收入的无隶属关系政府的无偿援助。

**第十三条**　转移性支出包括上解上级支出、对下级的税收返还和转移支付、调出资金以及按照财政部规定列入转移性支出的给予无隶属关系政府的无偿援助。

**第十四条**　政府性基金预算收入包括政府性基金各项目收入和转移性收入。

政府性基金预算支出包括与政府性基金预算收入相对应的各项目支出和转移性支出。

**第十五条**　国有资本经营预算收入包括依照法律、行政法规和国务院规定应当纳入国有资本经营预算的国有独资企业和国有独资公司按照规定上缴国家的利润收入、从国有资本控股和参股公司获得的股息红利收入、国有产权转让收入、清算收入和其他收入。

国有资本经营预算支出包括资本性支出、费用性支出、向一般公共预算调出资金等转移性支出和其他支出。

**第十六条**　社会保险基金预算收入包括各项社会保险费收入、利息收入、投资收益、一般公共预算补助收入、集体补助收入、转移收入、上级补助收入、下级上解收入和其他收入。

社会保险基金预算支出包括各项社会保险待遇支出、转移支出、补助下级支出、上解上级支出和其他支出。

**第十七条**　地方各级预算上下级之间有关收入和支出项目的划分以及上解、返还或者转移支付的具体办法，由上级地方政府规定，报本级人民代表大会常务委员会备案。

**第十八条**　地方各级社会保险基金预算上下级之间有关收入和支出项目的划分以及上解、补助的具体办法，按照统筹层次由上级地方政府规定，报本级人民代表大会常务委员会备案。

## 第三章　预算编制

**第十九条**　预算法第三十一条所称预算草案，是指各级政府、各部门、各单位编制的未经法定程序审查和批准的预算。

**第二十条**　预算法第三十二条第一款所称绩效评价，是指根据设定的绩效目标，依据规范的程序，对预算资金的投入、使用过程、产出与效果进行系统和客观的评价。

绩效评价结果应当按照规定作为改进管理和编制以后年度预算的依据。

**第二十一条**　预算法第三十二条第三款所称预算支出标准,是指对预算事项合理分类并分别规定的支出预算编制标准,包括基本支出标准和项目支出标准。

地方各级政府财政部门应当根据财政部制定的预算支出标准,结合本地区经济社会发展水平、财力状况等,制定本地区或者本级的预算支出标准。

**第二十二条**　财政部于每年6月15日前部署编制下一年度预算草案的具体事项,规定报表格式、编报方法、报送期限等。

**第二十三条**　中央各部门应当按照国务院的要求和财政部的部署,结合本部门的具体情况,组织编制本部门及其所属各单位的预算草案。

中央各部门负责本部门所属各单位预算草案的审核,并汇总编制本部门的预算草案,按照规定报财政部审核。

**第二十四条**　财政部审核中央各部门的预算草案,具体编制中央预算草案;汇总地方预算草案或者地方预算,汇编中央和地方预算草案。

**第二十五条**　省、自治区、直辖市政府按照国务院的要求和财政部的部署,结合本地区的具体情况,提出本行政区域编制预算草案的要求。

县级以上地方各级政府财政部门应当于每年6月30日前部署本行政区域编制下一年度预算草案的具体事项,规定有关报表格式、编报方法、报送期限等。

**第二十六条**　县级以上地方各级政府各部门应当根据本级政府的要求和本级政府财政部门的部署,结合本部门的具体情况,组织编制本部门及其所属各单位的预算草案,按照规定报本级政府财政部门审核。

**第二十七条**　县级以上地方各级政府财政部门审核本级各部门的预算草案,具体编制本级预算草案,汇编本级总预算草案,经本级政府审定后,按照规定期限报上一级政府财政部门。

省、自治区、直辖市政府财政部门汇总的本级总预算草案或者本级总预算,应当于下一年度1月10日前报财政部。

**第二十八条**　县级以上各级政府财政部门审核本级各部门的预算草案时,发现不符合编制预算要求的,应当予以纠正;汇编本级总预算草案时,发现下级预算草案不符合上级政府或者本级政府编制预算要求的,应当及时向本级政府报告,由本级政府予以纠正。

**第二十九条**　各级政府财政部门编制收入预算草案时,应当征求税务、海关等预算收入征收部门和单位的意见。

预算收入征收部门和单位应当按照财政部门的要求提供下一年度预算收入征收预测情况。

**第三十条**　财政部门会同社会保险行政部门部署编制下一年度社会保险基金预算草案的具体事项。

社会保险经办机构具体编制下一年度社会保险基金预算草案,报本级社会保险行政部门审核汇总。社会保险基金收入预算草案由社会保险经办机构会同社会保险费征收机构具体编制。财政部门负责审核并汇总编制社会保险基金预算草案。

**第三十一条**　各级政府财政部门应当依照预算法和本条例规定,制定本级预算草案编制规程。

**第三十二条**　各部门、各单位在编制预算草案时,应当根据资产配置标准,结合存量资产情况编制相关支出预算。

**第三十三条**　中央一般公共预算收入编制内容包括本级一般公共预算收入、从国有资本经营预算调入资金、地方上解收入、从预算稳定调节基金调入资金、其他调入资金。

中央一般公共预算支出编制内容包括本级一般公共预算支出、对地方的税收返还和转移支付、补充预算稳定调节基金。

中央政府债务余额的限额应当在本级预算中单独列示。

**第三十四条**　地方各级一般公共预算收入编制内容包括本级一般公共预算收入、从国有资本经营预算调入资金、上级税收返还和转移支付、下级上解收入、从预算稳定调节基金调入资金、其他调入资金。

地方各级一般公共预算支出编制内容包括本级一般公共预算支出、上解上级支出、对下级的税收返还和转移支付、补充预算稳定调节基金。

**第三十五条**　中央政府性基金预算收入编制内容包括本级政府性基金各项目收入、上一年度结余、地方上解收入。

中央政府性基金预算支出编制内容包括本级政府性基金各项目支出、对地方的转移支付、调出资金。

**第三十六条**　地方政府性基金预算收入编制内容包括本级政府性基金各项目收入、上一年度结余、下级上解收入、上级转移支付。

地方政府性基金预算支出编制内容包括本级政府性基金各项目支出、上解上级支出、对下级的转移支付、调出资金。

**第三十七条** 中央国有资本经营预算收入编制内容包括本级收入、上一年度结余、地方上解收入。

中央国有资本经营预算支出编制内容包括本级支出、向一般公共预算调出资金、对地方特定事项的转移支付。

**第三十八条** 地方国有资本经营预算收入编制内容包括本级收入、上一年度结余、上级对特定事项的转移支付、下级上解收入。

地方国有资本经营预算支出编制内容包括本级支出、向一般公共预算调出资金、对下级特定事项的转移支付、上解上级支出。

**第三十九条** 中央和地方社会保险基金预算收入、支出编制内容包括本条例第十六条规定的各项收入和支出。

**第四十条** 各部门、各单位预算收入编制内容包括本级预算拨款收入、预算拨款结转和其他收入。

各部门、各单位预算支出编制内容包括基本支出和项目支出。

各部门、各单位的预算支出,按其功能分类应当编列到项,按其经济性质分类应当编列到款。

**第四十一条** 各级政府应当加强项目支出管理。各级政府财政部门应当建立和完善项目支出预算评审制度。各部门、各单位应当按照本级政府财政部门的规定开展预算评审。

项目支出实行项目库管理,并建立健全项目入库评审机制和项目滚动管理机制。

**第四十二条** 预算法第三十四条第二款所称余额管理,是指国务院在全国人民代表大会批准的中央一般公共预算债务的余额限额内,决定发债规模、品种、期限和时点的管理方式;所称余额,是指中央一般公共预算中举借债务未偿还的本金。

**第四十三条** 地方政府债务余额实行限额管理。各省、自治区、直辖市的政府债务限额,由财政部在全国人民代表大会或者其常务委员会批准的总限额内,根据各地区债务风险、财力状况等因素,并考虑国家宏观调控政策等需要,提出方案报国务院批准。

各省、自治区、直辖市的政府债务余额不得突破国务院批准的限额。

**第四十四条** 预算法第三十五条第二款所称举借债务的规模,是指各地方政府债务余额限额的总和,包括一般债务限额和专项债务限额。一般债务是指列入一般公共预算用于公益性事业发展的一般债券、地方政府负有偿还责任的外国政府和国际经济组织贷款转贷债务;专项债务是指列入政府性基金预算用于有收益的公益性事业发展的专项债券。

**第四十五条** 省、自治区、直辖市政府财政部门依照国务院下达的本地区地方政府债务限额,提出本级和转贷给下级政府的债务限额安排方案,报本级政府批准后,将增加举借的债务列入本级预算调整方案,报本级人民代表大会常务委员会批准。

接受转贷并向下级政府转贷的政府应当将转贷债务纳入本级预算管理。使用转贷并负有直接偿还责任的政府,应当将转贷债务列入本级预算调整方案,报本级人民代表大会常务委员会批准。

地方各级政府财政部门负责统一管理本地区政府债务。

**第四十六条** 国务院可以将举借的外国政府和国际经济组织贷款转贷给省、自治区、直辖市政府。

国务院向省、自治区、直辖市政府转贷的外国政府和国际经济组织贷款,省、自治区、直辖市政府负有直接偿还责任的,应当纳入本级预算管理。省、自治区、直辖市政府未能按时履行还款义务的,国务院可以相应抵扣对该地区的税收返还等资金。

省、自治区、直辖市政府可以将国务院转贷的外国政府和国际经济组织贷款再转贷给下级政府。

**第四十七条** 财政部和省、自治区、直辖市政府财政部门应当建立健全地方政府债务风险评估指标体系,组织评估地方政府债务风险状况,对债务高风险地区提出预警,并监督化解债务风险。

**第四十八条** 县级以上各级政府应当按照本年度转移支付预计执行数的一定比例将下一年度转移支付预计数提前下达至下一级政府,具体下达事宜由本级政府财政部门办理。

除据实结算等特殊项目的转移支付外,提前下达的一般性转移支付预计数的比例一般不低于90%;提前下达的专项转移支付预计数的比例一般不低于70%。其中,按照项目法管理分配的专项转移支付,应当一并明确下一年度组织实施的项目。

**第四十九条** 经本级政府批准,各级政府财政部门可以设置预算周转金,额度不得超过本级一般公共预算支出总额的1%。年度终了时,各级政府财政部门可以将预算周转金收回并用于补充预算稳定调节基金。

**第五十条** 预算法第四十二条第一款所称结转资金,是指预算安排项目的支出年度终了时尚未执行完毕,或者因故未执行但下一年度需要按原用途继续使用的资金;连续两年未用完的结转资金,是指预算安排项目的支出在下一年度终了时仍未用完的资金。

预算法第四十二条第一款所称结余资金,是指年度预算执行终了时,预算收入实际完成数扣除预算支出实际完成数和结转资金后剩余的资金。

## 第四章 预算执行

**第五十一条** 预算执行中,政府财政部门的主要职责:

(一)研究和落实财政税收政策措施,支持经济社会健康发展;

(二)制定组织预算收入、管理预算支出以及相关财务、会计、内部控制、监督等制度和办法;

(三)督促各预算收入征收部门和单位依法履行职责,征缴预算收入;

(四)根据年度支出预算和用款计划,合理调度、拨付预算资金,监督各部门、各单位预算资金使用管理情况;

(五)统一管理政府债务的举借、支出与偿还,监督债务资金使用情况;

(六)指导和监督各部门、各单位建立健全财务制度和会计核算体系,规范账户管理,健全内部控制机制,按照规定使用预算资金;

(七)汇总、编报分期的预算执行数据,分析预算执行情况,按照本级人民代表大会常务委员会、本级政府和上一级政府财政部门的要求定期报告预算执行情况,并提出相关政策建议;

(八)组织和指导预算资金绩效监控、绩效评价;

(九)协调预算收入征收部门和单位、国库以及其他有关部门的业务工作。

**第五十二条** 预算法第五十六条第二款所称财政专户,是指财政部门为履行财政管理职能,根据法律规定或者经国务院批准开设的用于管理核算特定专用资金的银行结算账户;所称特定专用资金,包括法律规定可以设立财政专户的资金,外国政府和国际经济组织的贷款、赠款,按照规定存储的人民币以外的货币,财政部会同有关部门报国务院批准的其他特定专用资金。

开设、变更财政专户应当经财政部核准,撤销财政专户应当报财政部备案,中国人民银行应当加强对银行业金融机构开户的核准、管理和监督工作。

财政专户资金由本级政府财政部门管理。除法律另有规定外,未经本级政府财政部门同意,任何部门、单位和个人都无权冻结、动用财政专户资金。

财政专户资金应当由本级政府财政部门纳入统一的会计核算,并在预算执行情况、决算和政府综合财务报告中单独反映。

**第五十三条** 预算执行中,各部门、各单位的主要职责:

(一)制定本部门、本单位预算执行制度,建立健全内部控制机制;

(二)依法组织收入,严格支出管理,实施绩效监控,开展绩效评价,提高资金使用效益;

(三)对单位的各项经济业务进行会计核算;

(四)汇总本部门、本单位的预算执行情况,定期向本级政府财政部门报送预算执行情况报告和绩效评价报告。

**第五十四条** 财政部门会同社会保险行政部门、社会保险费征收机构制定社会保险基金预算的收入、支出以及财务管理的具体办法。

社会保险基金预算由社会保险费征收机构和社会保险经办机构具体执行,并按照规定向本级政府财政部门和社会保险行政部门报告执行情况。

**第五十五条** 各级政府财政部门和税务、海关等预算收入征收部门和单位必须依法组织预算收入,按照财政管理体制、征收管理制度和国库集中收缴制度的规定征收预算收入,除依法缴入财政专户的社会保险基金等预算收入外,应当及时将预算收入缴入国库。

**第五十六条** 除依法缴入财政专户的社会保险基金等预算收入外,一切有预算收入上缴义务的部门和单位,必须将应当上缴的预算收入,按照规定的预算级次、政府收支分类科目、缴库方式和期限缴入国库,任何部门、单位和个人不得截留、占用、挪用或者拖欠。

**第五十七条** 各级政府财政部门应当加强对预算资金拨付的管理,并遵循下列原则:

(一)按照预算拨付,即按照批准的年度预算和用款计划拨付资金。除预算法第五十四条规定的在预算草案批准前可以安排支出的情形外,不得办理无预算、无用款计划、超预算或者超计划的资金拨付,不得擅自改变支出用途;

(二)按照规定的预算级次和程序拨付,即根据用款单位的申请,按照用款单位的预算级次、审定的用款计划和财政部门规定的预算资金拨付程序拨付资金;

(三)按照进度拨付,即根据用款单位的实际用款进度拨付资金。

**第五十八条** 财政部应当根据全国人民代表大会批准的中央政府债务余额限额,合理安排发行国债的品种、结构、期限和时点。

省、自治区、直辖市政府财政部门应当根据国务院批准的本地区政府债务限额，合理安排发行本地区政府债券的结构、期限和时点。

**第五十九条**　转移支付预算下达和资金拨付应当由财政部门办理，其他部门和单位不得对下级政府部门和单位下达转移支付预算或者拨付转移支付资金。

**第六十条**　各级政府、各部门、各单位应当加强对预算支出的管理，严格执行预算，遵守财政制度，强化预算约束，不得擅自扩大支出范围、提高开支标准；严格按照预算规定的支出用途使用资金，合理安排支出进度。

**第六十一条**　财政部负责制定与预算执行有关的财务规则、会计准则和会计制度。各部门、各单位应当按照本级政府财政部门的要求建立健全财务制度，加强会计核算。

**第六十二条**　国库是办理预算收入的收纳、划分、留解、退付和库款支拨的专门机构。国库分为中央国库和地方国库。

中央国库业务由中国人民银行经理。未设中国人民银行分支机构的地区，由中国人民银行商财政部后，委托有关银行业金融机构办理。

地方国库业务由中国人民银行分支机构经理。未设中国人民银行分支机构的地区，由上级中国人民银行分支机构商有关地方政府财政部门后，委托有关银行业金融机构办理。

具备条件的乡、民族乡、镇，应当设立国库。具体条件和标准由省、自治区、直辖市政府财政部门确定。

**第六十三条**　中央国库业务应当接受财政部的指导和监督，对中央财政负责。

地方国库业务应当接受本级政府财政部门的指导和监督，对地方财政负责。

省、自治区、直辖市制定的地方国库业务规程应当报财政部和中国人民银行备案。

**第六十四条**　各级国库应当及时向本级政府财政部门编报预算收入入库、解库、库款拨付以及库款余额情况的日报、旬报、月报和年报。

**第六十五条**　各级国库应当依照有关法律、行政法规、国务院以及财政部、中国人民银行的有关规定，加强对国库业务的管理，及时准确地办理预算收入的收纳、划分、留解、退付和预算支出的拨付。

各级国库和有关银行业金融机构必须遵守国家有关预算收入缴库的规定，不得延解、占压应当缴入国库的预算收入和国库库款。

**第六十六条**　各级国库必须凭本级政府财政部门签发的拨款凭证或者支付清算指令于当日办理资金拨付，并及时将款项转入收款单位的账户或者清算资金。

各级国库和有关银行业金融机构不得占压财政部门拨付的预算资金。

**第六十七条**　各级政府财政部门、预算收入征收部门和单位、国库应当建立健全相互之间的预算收入对账制度，在预算执行中按月、按年核对预算收入的收纳以及库款拨付情况，保证预算收入的征收入库、库款拨付和库存金额准确无误。

**第六十八条**　中央预算收入、中央和地方预算共享收入退库的办法，由财政部制定。地方预算收入退库的办法，由省、自治区、直辖市政府财政部门制定。

各级预算收入退库的审批权属于本级政府财政部门。中央预算收入、中央和地方预算共享收入的退库，由财政部或者财政部授权的机构批准。地方预算收入的退库，由地方政府财政部门或者其授权的机构批准。具体退库程序按照财政部的有关规定办理。

办理预算收入退库，应当直接退给申请单位或者申请个人，按照国家规定用途使用。任何部门、单位和个人不得截留、挪用退库款项。

**第六十九条**　各级政府应当加强对本级国库的管理和监督，各级政府财政部门负责协调本级预算收入征收部门和单位与国库的业务工作。

**第七十条**　国务院各部门制定的规章、文件，凡涉及减免应缴预算收入、设立和改变收入项目和标准、罚没财物处理、经费开支标准和范围、国有资产处置和收益分配以及会计核算等事项的，应当符合国家统一的规定；凡涉及增加或者减少财政收入或者支出的，应当征求财政部意见。

**第七十一条**　地方政府依据法定权限制定的规章和规定的行政措施，不得涉及减免中央预算收入、中央和地方预算共享收入，不得影响中央预算收入、中央和地方预算共享收入的征收；违反规定的，有关预算收入征收部门和单位有权拒绝执行，并应当向上级预算收入征收部门和单位以及财政部报告。

**第七十二条**　各级政府应当加强对预算执行工作的领导，定期听取财政部门有关预算执行情况的汇报，研究解决预算执行中出现的问题。

**第七十三条**　各级政府财政部门有权监督本级各部门及其所属各单位的预算管理有关工作，对各部门的预算执行情况和绩效进行评价、考核。

各级政府财政部门有权对与本级各预算收入相关的征收部门和单位征收本级预算收入的情况进行监

督,对违反法律、行政法规规定多征、提前征收、减征、免征、缓征或者退还预算收入的,责令改正。

**第七十四条**　各级政府财政部门应当每月向本级政府报告预算执行情况,具体报告内容、方式和期限由本级政府规定。

**第七十五条**　地方各级政府财政部门应当定期向上一级政府财政部门报送本行政区域预算执行情况,包括预算执行旬报、月报、季报,政府债务余额统计报告,国库库款报告以及相关文字说明材料。具体报送内容、方式和期限由上一级政府财政部门规定。

**第七十六条**　各级税务、海关等预算收入征收部门和单位应当按照财政部门规定的期限和要求,向财政部门和上级主管部门报送有关预算收入征收情况,并附文字说明材料。

各级税务、海关等预算收入征收部门和单位应当与相关财政部门建立收入征管信息共享机制。

**第七十七条**　各部门应当按照本级政府财政部门规定的期限和要求,向本级政府财政部门报送本部门及其所属各单位的预算收支情况等报表和文字说明材料。

**第七十八条**　预算法第六十六条第一款所称超收收入,是指年度本级一般公共预算收入的实际完成数超过经本级人民代表大会或者其常务委员会批准的预算收入数的部分。

预算法第六十六条第三款所称短收,是指年度本级一般公共预算收入的实际完成数小于经本级人民代表大会或者其常务委员会批准的预算收入数的情形。

前两款所称实际完成数和预算收入数,不包括转移性收入和政府债务收入。

省、自治区、直辖市政府依照预算法第六十六条第三款规定增列的赤字,可以通过在国务院下达的本地区政府债务限额内发行地方政府一般债券予以平衡。

设区的市、自治州以下各级一般公共预算年度执行中出现短收的,应当通过调入预算稳定调节基金或者其他预算资金、减少支出等方式实现收支平衡;采取上述措施仍不能实现收支平衡的,可以通过申请上级政府临时救助平衡当年预算,并在下一年度预算中安排资金归还。

各级一般公共预算年度执行中厉行节约、节约开支,造成本级预算支出实际执行数小于预算总支出的,不属于预算调整的情形。

各级政府性基金预算年度执行中有超收收入的,应当在下一年度安排使用并优先用于偿还相应的专项债务;出现短收的,应当通过减少支出实现收支平衡。国务院另有规定的除外。

各级国有资本经营预算年度执行中有超收收入的,应当在下一年度安排使用;出现短收的,应当通过减少支出实现收支平衡。国务院另有规定的除外。

**第七十九条**　年度预算确定后,部门、单位改变隶属关系引起预算级次或者预算关系变化的,应当在改变财务关系的同时,相应办理预算、资产划转。

## 第五章　决　　算

**第八十条**　预算法第七十四条所称决算草案,是指各级政府、各部门、各单位编制的未经法定程序审查和批准的预算收支和结余的年度执行结果。

**第八十一条**　财政部应当在每年第四季度部署编制决算草案的原则、要求、方法和报送期限,制发中央各部门决算、地方决算以及其他有关决算的报表格式。

省、自治区、直辖市政府按照国务院的要求和财政部的部署,结合本地区的具体情况,提出本行政区域编制决算草案的要求。

县级以上地方政府财政部门根据财政部的部署和省、自治区、直辖市政府的要求,部署编制本级政府各部门和下级政府决算草案的原则、要求、方法和报送期限,制发本级政府各部门决算、下级政府决算以及其他有关决算的报表格式。

**第八十二条**　地方政府财政部门根据上级政府财政部门的部署,制定本行政区域决算草案和本级各部门决算草案的具体编制办法。

各部门根据本级政府财政部门的部署,制定所属各单位决算草案的具体编制办法。

**第八十三条**　各级政府财政部门、各部门、各单位在每一预算年度终了时,应当清理核实全年预算收入、支出数据和往来款项,做好决算数据对账工作。

决算各项数据应当以经核实的各级政府、各部门、各单位会计数据为准,不得以估计数据替代,不得弄虚作假。

各部门、各单位决算应当列示结转、结余资金。

**第八十四条**　各单位应当按照主管部门的布置,认真编制本单位决算草案,在规定期限内上报。

各部门在审核汇总所属各单位决算草案基础上,连同本部门自身的决算收入和支出数据,汇编成本部门决算草案并附详细说明,经部门负责人签章后,在规定期限内报本级政府财政部门审核。

**第八十五条**　各级预算收入征收部门和单位应当按照财

政部门的要求，及时编制收入年报以及有关资料并报送财政部门。

**第八十六条** 各级政府财政部门应当根据本级预算、预算会计核算数据等相关资料编制本级决算草案。

**第八十七条** 年度预算执行终了，对于上下级财政之间按照规定需要清算的事项，应当在决算时办理结算。

县级以上各级政府财政部门编制的决算草案应当及时报送本级政府审计部门审计。

**第八十八条** 县级以上地方各级政府应当自本级决算经批准之日起30日内，将本级决算以及下一级政府上报备案的决算汇总，报上一级政府备案；将下一级政府报送备案的决算汇总，报本级人民代表大会常务委员会备案。

乡、民族乡、镇政府应当自本级决算经批准之日起30日内，将本级决算报上一级政府备案。

### 第六章 监 督

**第八十九条** 县级以上各级政府应当接受本级和上级人民代表大会及其常务委员会对预算执行情况和决算的监督，乡、民族乡、镇政府应当接受本级人民代表大会和上级人民代表大会及其常务委员会对预算执行情况和决算的监督；按照本级人民代表大会或者其常务委员会的要求，报告预算执行情况；认真研究处理本级人民代表大会代表或者其常务委员会组成人员有关改进预算管理的建议、批评和意见，并及时答复。

**第九十条** 各级政府应当加强对下级政府预算执行情况的监督，对下级政府在预算执行中违反预算法、本条例和国家方针政策的行为，依法予以制止和纠正；对本级预算执行中出现的问题，及时采取处理措施。

下级政府应当接受上级政府对预算执行情况的监督；根据上级政府的要求，及时提供资料，如实反映情况，不得隐瞒、虚报；严格执行上级政府作出的有关决定，并将执行结果及时上报。

**第九十一条** 各部门及其所属各单位应当接受本级政府财政部门对预算管理有关工作的监督。

财政部派出机构根据职责和财政部的授权，依法开展工作。

**第九十二条** 各级政府审计部门应当依法对本级预算执行情况和决算草案，本级各部门、各单位和下级政府的预算执行情况和决算，进行审计监督。

### 第七章 法律责任

**第九十三条** 预算法第九十三条第六项所称违反本法规定冻结、动用国库库款或者以其他方式支配已入国库库款，是指：

（一）未经有关政府财政部门同意，冻结、动用国库库款；

（二）预算收入征收部门和单位违反规定将所收税款和其他预算收入存入国库之外的其他账户；

（三）未经有关政府财政部门或者财政部门授权的机构同意，办理资金拨付和退付；

（四）将国库库款挪作他用；

（五）延解、占压国库库款；

（六）占压政府财政部门拨付的预算资金。

**第九十四条** 各级政府、有关部门和单位有下列行为之一的，责令改正；对负有直接责任的主管人员和其他直接责任人员，依法给予处分：

（一）突破一般债务限额或者专项债务限额举借债务；

（二）违反本条例规定下达转移支付预算或者拨付转移支付资金；

（三）擅自开设、变更账户。

### 第八章 附 则

**第九十五条** 预算法第九十七条所称政府综合财务报告，是指以权责发生制为基础编制的反映各级政府整体财务状况、运行情况和财政中长期可持续性的报告。政府综合财务报告包括政府资产负债表、收入费用表等财务报表和报表附注，以及以此为基础进行的综合分析等。

**第九十六条** 政府投资年度计划应当和本级预算相衔接。政府投资决策、项目实施和监督管理按照政府投资有关行政法规执行。

**第九十七条** 本条例自2020年10月1日起施行。

## 全国人民代表大会常务委员会关于设立全国人民代表大会常务委员会预算工作委员会的决定

*1998年12月29日第九届全国人民代表大会常务委员会第六次会议通过*

第九届全国人民代表大会常务委员会第六次会议审议了全国人民代表大会常务委员会委员长会议关于提请审议设立全国人民代表大会常务委员会预算工作委员会的议案，决定：设立全国人民代表大会常务委员会预算工作委员会。

## 全国人民代表大会常务委员会关于加强中央预算审查监督的决定

*1. 1999年12月25日第九届全国人民代表大会常务委员会第十三次会议通过*
*2. 2021年4月29日第十三届全国人民代表大会常务委员会第二十八次会议修订*

为履行宪法法律赋予全国人民代表大会及其常务委员会的预算审查监督职责，贯彻落实党中央关于加强人大预算决算审查监督职能的部署要求，推进全面依法治国，健全完善中国特色社会主义预算审查监督制度，规范预算行为，提高预算绩效，厉行节约，更好地发挥中央预算在推进国家治理体系和治理能力现代化、推动高质量发展、促进社会进步、改善人民生活和全面深化改革开放中的重要作用，必须进一步加强对中央预算的审查监督。为此，特作如下决定：

一、加强全口径审查和全过程监管。全国人民代表大会及其常务委员会对政府预算决算开展全口径审查和全过程监管，坚持党中央集中统一领导，坚持围绕服务党和国家工作大局，坚持以人民为中心，坚持依法审查监督，聚焦重点，注重实效，保障宪法和法律贯彻实施，保障国家方针政策和决策部署贯彻落实。

（一）加强财政政策审查监督。审查监督重点包括：财政政策贯彻落实国家方针政策和决策部署的情况；与经济社会发展目标和宏观调控总体要求相衔接的情况；加强中期财政规划管理工作，对国家重大战略任务保障的情况；财政政策制定过程中充分听取人大代表与社会各界意见建议的情况；财政政策的合理性、可行性、可持续性等情况。

（二）加强一般公共预算审查监督。审查监督一般公共预算支出总量和结构的重点包括：支出总量和结构贯彻落实国家方针政策和决策部署的情况；支出总量及其增减的情况，财政赤字规模及其占年度预计国内生产总值比重的情况；调整优化支出结构，严格控制一般性支出，提高财政资金配置效率和使用绩效等情况。

审查监督重点支出与重大投资项目的重点包括：重点支出预算和支出政策相衔接的情况；重点支出规模变化和结构优化的情况；重点支出决策论证、政策目标和绩效的情况。重大投资项目与国民经济和社会发展规划相衔接的情况；重大投资项目决策论证、投资安排和实施效果的情况。

审查监督部门预算的重点包括：部门各项收支全部纳入预算的情况；部门预算与支出政策、部门职责衔接匹配的情况；项目库建设情况；部门重点项目预算安排和绩效的情况；新增资产配置情况；结转资金使用情况；审计查出问题整改落实等情况。

审查监督中央对地方转移支付的重点包括：各类转移支付保障中央财政承担的财政事权和支出责任的情况；促进地区间财力均衡及增强基层公共服务保障能力的情况；健全规范转移支付制度、优化转移支付结构的情况；专项转移支付定期评估和退出的情况；转移支付预算下达和使用的情况；转移支付绩效的情况。

审查监督一般公共预算收入的重点包括：预算收入安排与经济社会发展目标、国家宏观调控总体要求相适应的情况；各项税收收入与对应税基相协调的情况；预算收入依法依规征收、真实完整的情况；预算收入结构优化、质量提高的情况；依法规范非税收入管理等情况。

（三）加强政府债务审查监督。审查监督中央政府债务重点包括：根据中央财政赤字规模和上年末国债余额限额，科学确定当年国债余额限额，合理控制国债余额与限额之间的差额；评估政府债务风险水平情况，推进实现稳增长和防风险的长期均衡。审查监督地方政府债务重点包括：地方政府债务纳入预算管理的情况；根据债务率、利息支出率等指标评估地方政府债务风险水平，审查地方政府新增一般债务限额和专项债务限额的合理性情况；地方政府专项债务偿还的情况；积极稳妥化解地方政府债务风险等情况。

（四）加强政府性基金预算审查监督。审查监督重点包括：基金项目设立、征收、使用和期限符合法律法规规定的情况；收支政策和预算安排的合理性、可行性、可持续性的情况；政府性基金支出使用情况；政府性基金项目绩效和评估调整等情况。

（五）加强国有资本经营预算审查监督。审查监督重点包括：预算范围完整、制度规范的情况；国有资本足额上缴收益和产权转让等收入的情况；支出使用方向和项目符合法律法规规定和政策的情况；国有资本经营预算调入一般公共预算的情况；政府投资基金管理的情况；发挥优化国有资本布局、与国资国企改革相衔接等情况。

（六）加强社会保险基金预算审查监督。审查监督重点包括：各项基金收支安排、财政补助和预算平衡的情况；预算安排贯彻落实社会保障政策的情况；推进基本养老保险全国统筹的情况；基金绩效和运营投资的情况；中长期收支预测及可持续运行等情况。

（七）进一步推进预算决算公开，提高预算决算透明度。以公开为常态、不公开为例外，监督中央政府及其部门依法及时公开预算决算信息，主动回应社会普遍关注的问题，接受社会监督。

二、加强中央预算编制的监督工作。坚持先有预算、后有支出、严格按预算支出的原则，细化预算和提前编制预算。按预算法规定的时间将中央预算草案全部编制完毕。中央预算应当按照宪法和法律规定，贯彻落实国家方针政策和决策部署，做到政策明确、标准科学、安排合理，增强可读性和可审性。

中央一般公共预算草案，应当列示预算收支情况表、转移支付预算表、基本建设支出表、政府债务情况表等，说明收支预算安排及转移支付绩效目标情况。中央政府性基金预算草案应当按基金项目分别编列、分别说明。政府性基金支出编列到资金使用的具体项目，说明结转结余和绩效目标情况。中央国有资本经营预算草案收入编列到行业或企业，说明纳入预算的企业单位的上年总体经营财务状况；支出编列到使用方向和用途，说明项目安排的依据和绩效目标。中央社会保险基金预算草案应当按保险项目编制，反映基本养老保险全国统筹推进情况，说明社会保险基金可持续运行情况。

三、加强和改善中央预算的初步审查工作。国务院财政部门应当及时向全国人民代表大会财政经济委员会和全国人民代表大会常务委员会预算工作委员会通报有关中央预算编制的情况。预算工作委员会应当结合听取全国人大代表和社会各界意见建议情况，与国务院财政等部门密切沟通，研究提出关于年度预算的分析报告。在全国人民代表大会会议举行的四十五日前，国务院财政部门应当将中央预算草案初步方案提交财政经济委员会，由财政经济委员会对中央预算草案初步方案进行初步审查，并就有关重点问题开展专题审议，提出初步审查意见。

财政经济委员会开展初步审查阶段，全国人民代表大会有关专门委员会围绕国家方针政策和决策部署，对相关领域部门预算初步方案、转移支付资金和政策开展专项审查，提出专项审查意见。专项审查意见中增加相关支出预算的建议，应当与减少其他支出预算的建议同时提出，以保持预算的平衡性、完整性和统一性。有关专门委员会的专项审查意见，送财政经济委员会、预算工作委员会研究处理，必要时作为初步审查意见的附件印发全国人民代表大会会议。

四、加强中央预算执行情况的监督工作。在全国人民代表大会及其常务委员会领导下，财政经济委员会和预算工作委员会应当做好有关工作。国务院有关部门应当及时向财政经济委员会、预算工作委员会提交落实全国人民代表大会关于预算决议的情况。国务院财政部门应当定期提供全国、中央和地方的预算执行报表，反映预算收支、政府债务等相关情况。国务院有关部门应当通过国家电子政务网等平台，定期提供部门预算执行、宏观经济、金融、审计、税务、海关、社会保障、国有资产等方面政策制度和数据信息。

全国人民代表大会常务委员会通过听取和审议专项工作报告、执法检查、专题调研等监督方式，加强对重点收支政策贯彻实施、重点领域财政资金分配和使用、重大财税改革和政策调整、重大投资项目落实情况的监督。国务院在每年八月向全国人民代表大会常务委员会报告当年预算执行情况。国务院财政部门及相关主管部门每季度提供预算执行、有关政策实施和重点项目进展情况。

全国人民代表大会常务委员会利用现代信息技术开展预算联网监督，提高预算审查监督效能，实现预算审查监督的网络化、智能化。对预算联网监督发现的问题，适时向国务院有关部门通报，有关部门应当核实处理并反馈处理情况。

五、加强中央预算调整方案的审查工作。中央预算执行中，农业、教育、科技、社会保障等重点领域支出的调减，新增发行特别国债，增加地方政府举借债务规模，须经全国人民代表大会常务委员会审查和批准。中央预算执行中必须作出预算调整的，国务院应当编制中央预算调整方案，一般于当年六月至十月期间提交全国人民代表大会常务委员会。严格控制预算调剂，各部门、各单位的预算支出应当按照预算执行，因重大事项确需调剂的，严格按照规定程序办理。中央预算执行中出台重要的增加财政收入或者支出的政策措施，调入全国社会保障基金，或者预算收支结构发生重要变化的情况，国务院财政部门应当及时向预算工作委员会通报。预算工作委员会及时将有关情况向财政经济委员会通报，必要时向全国人民代表大会常务委员会报告。

六、加强中央决算的审查工作。中央决算草案应当按照全国人民代表大会批准的预算所列科目编制，按预算数、调整预算数以及决算数分别列出，对重要变化应当作出说明。一般公共预算支出应当按功能分类编列到项,按经济性质分类编列到款。政府性基金预算支出、国有资本经营预算支出、社会保险基金预算支出,应当按功能分类编列到项。按照国务院规定实行权责发生制的特定事项,在审查中央决算草案前向全国人民代表大会常务委员会报告。中央决算草案应当在全国人民代表大会常务委员会举行会议审查和批准的三十日前,提交财政经济委员会,由财政经济委员会结合审计工作报告进行初步审查。

七、加强预算绩效的审查监督工作。各部门、各单位应当实施全面预算绩效管理,强化事前绩效评估,严格绩效目标管理,完善预算绩效指标体系,提升绩效评价质量。加强绩效评价结果运用,促进绩效评价结果与完善政策、安排预算和改进管理相结合,推进预算绩效信息公开,将重要绩效评价结果与决算草案同步报送全国人民代表大会常务委员会审查。全国人民代表大会常务委员会加强对重点支出和重大项目绩效目标、绩效评价结果的审查监督。必要时,召开预算绩效听证会。

八、加强对中央预算执行和决算的审计监督。审计机关应当按照真实、合法和效益的要求,对中央预算执行和其他财政收支情况以及决算草案进行审计监督,为全国人民代表大会常务委员会开展预算执行、决算审查监督提供支持服务。国务院应当在每年六月向全国人民代表大会常务委员会提出对上一年度中央预算执行和其他财政收支的审计工作报告。审计工作报告应当重点报告上一年度中央预算执行和决算草案、重要政策实施、财政资金绩效的审计情况,全面客观反映审计查出的问题,揭示问题产生的原因,提出改进工作的建议。审计查出的问题要依法纠正、处理,加强审计结果运用,强化责任追究,完善审计查出问题整改工作机制,健全整改情况公开机制。必要时,全国人民代表大会常务委员会可以对审计工作报告作出决议。

九、加强审计查出问题整改情况的监督工作。全国人民代表大会常务委员会对审计查出突出问题整改情况开展跟踪监督。综合运用听取和审议专项工作报告、专题询问等方式开展跟踪监督,加大监督力度,增强监督效果,推动建立健全整改长效机制,完善预算管理制度。健全人大预算审查监督与纪检监察监督、审计监督的贯通协调机制,加强信息共享,形成监督合力。

全国人民代表大会常务委员会在每年十二月听取和审议国务院关于审计查出问题整改情况的报告,根据需要可以听取审计查出突出问题相关责任部门单位的单项整改情况报告。有关责任部门单位负责人应当到会听取意见,回答询问。国务院提交的整改情况报告,应当与审计工作报告揭示的问题和提出的建议相对应,重点反映审计查出突出问题的整改情况,并提供审计查出突出问题的单项整改结果和中央部门预算执行审计查出问题整改情况清单。必要时,全国人民代表大会常务委员会可以对审计查出问题整改情况报告作出决议。

十、依法执行备案制度、强化预算法律责任。国务院应当将有关预算的法规及规范性文件,中央预算与地方预算有关收入和支出项目的划分、地方向中央上解收入、中央对地方税收返还或者转移支付的具体办法,省、自治区、直辖市政府报送国务院备案的预算决算的汇总,中央政府综合财务报告,以及其他应当报送的事项,及时报送全国人民代表大会常务委员会备案。

全国人民代表大会常务委员会开展预算决算审查监督工作发现的问题,相关机关、部门单位和地方应当及时研究处理,对违反预算法等法律规定的,依法追究法律责任;需要给予政务处分的,全国人民代表大会常务委员会有关工作机构及时通报监察机关。

十一、更好发挥全国人大代表作用。国务院财政等部门应当通过座谈会、通报会、专题调研、办理议案建议和邀请全国人大代表视察等方式,在编制预算、制定政策、推进改革过程中,认真听取全国人大代表意见建议,主动回应全国人大代表关切。全国人民代表大会有关专门委员会、常务委员会有关工作机构应当加强与全国人大代表的沟通联系,更好发挥代表作用。健全预算审查联系代表工作机制。

十二、预算工作委员会职责。预算工作委员会是全国人民代表大会常务委员会的工作机构,协助财政经济委员会承担全国人民代表大会及其常务委员会审查预算决算、审查预算调整方案和监督预算执行方面的具体工作;承担国有资产管理情况监督、审计查出突出问题整改情况跟踪监督方面的具体工作;承担预算、国有资产联网监督方面的具体工作;受委员长会议委托,承担有关法律草案的起草工作,协助财政经济委员会承担有关法律草案审议方面的具体工作;以及承办本决定规定的和常务委员会、委员长会议交办以及财政经济委员会需要协助办理的其他有关财政预算的具体事项。经委员长会议同意,预算工作委员会可以要求政府有关部门和单位提供预算情况,并获取相关信息资料及说明。经委员长会议批准,可以对各部门、各预算单位、重大建设项目的预算资金使用和专项资金的使用进行调查,政府有关部门和单位应积极协助、配合。

本决定自公布之日起施行。

# 政府和社会资本合作项目财政管理暂行办法

*1. 2016年9月24日财政部印发*
*2. 财金〔2016〕92号*

## 第一章　总　　则

**第一条**　为加强政府和社会资本合作(简称PPP)项目财政管理,明确财政部门在PPP项目全生命周期内的工作要求,规范财政部门履职行为,保障合作各方合法权益,根据《预算法》、《政府采购法》、《企业国有资产法》等法律法规,制定本办法。

**第二条**　本办法适用于中华人民共和国境内能源、交通运输、市政公用、农业、林业、水利、环境保护、保障性安居工程、教育、科技、文化、体育、医疗卫生、养老、旅游等公共服务领域开展的各类PPP项目。

**第三条**　各级财政部门应当会同相关部门,统筹安排财政资金、国有资产等各类公共资产和资源与社会资本开展平等互惠的PPP项目合作,切实履行项目识别论证、政府采购、预算收支与绩效管理、资产负债管理、信息披露与监督检查等职责,保证项目全生命周期规范实施、高效运营。

## 第二章　项目识别论证

**第四条**　各级财政部门应当加强与行业主管部门的协同配合,共同做好项目前期的识别论证工作。

政府发起PPP项目的,应当由行业主管部门提出项目建议,由县级以上人民政府授权的项目实施机构编制项目实施方案,提请同级财政部门开展物有所值评价和财政承受能力论证。

社会资本发起PPP项目的,应当由社会资本向行业主管部门提交项目建议书,经行业主管部门审核同意后,由社会资本编制项目实施方案,由县级以上人民政府授权的项目实施机构提请同级财政部门开展物有所值评价和财政承受能力论证。

**第五条**　新建、改扩建项目的项目实施方案应当依据项目建议书、项目可行性研究报告等前期论证文件编制;存量项目实施方案的编制依据还应包括存量公共资产建设、运营维护的历史资料以及第三方出具的资产评估报告等。

项目实施方案应当包括项目基本情况、风险分配框架、运作方式、交易结构、合同体系、监管架构等内容。

**第六条**　项目实施机构可依法通过政府采购方式委托专家或第三方专业机构,编制项目物有所值评价报告。受托专家或第三方专业机构应独立、客观、科学地进行项目评价、论证,并对报告内容负责。

**第七条**　各级财政部门应当会同同级行业主管部门根据项目实施方案共同对物有所值评价报告进行审核。物有所值评价审核未通过的,项目实施机构可对实施方案进行调整后重新提请本级财政部门和行业主管部门审核。

**第八条**　经审核通过物有所值评价的项目,由同级财政部门依据项目实施方案和物有所值评价报告组织编制财政承受能力论证报告,统筹本级全部已实施和拟实施PPP项目的各年度支出责任,并综合考虑行业均衡性和PPP项目开发计划后,出具财政承受能力论证报告审核意见。

**第九条**　各级财政部门应当建立本地区PPP项目开发目录,将经审核通过物有所值评价和财政承受能力论证的项目纳入PPP项目开发目录管理。

## 第三章　项目政府采购管理

**第十条**　对于纳入PPP项目开发目录的项目,项目实施机构应根据物有所值评价和财政承受能力论证审核结果完善项目实施方案,报本级人民政府审核。本级人民政府审核同意后,由项目实施机构按照政府采购管理相关规定,依法组织开展社会资本方采购工作。

项目实施机构可以依法委托采购代理机构办理采购。

**第十一条**　项目实施机构应当优先采用公开招标、竞争性谈判、竞争性磋商等竞争性方式采购社会资本方,鼓励社会资本积极参与、充分竞争。根据项目需求必须采用单一来源采购方式的,应当严格符合法定条件和程序。

**第十二条**　项目实施机构应当根据项目特点和建设运营需求,综合考虑专业资质、技术能力、管理经验和财务实力等因素合理设置社会资本的资格条件,保证国有企业、民营企业、外资企业平等参与。

**第十三条**　项目实施机构应当综合考虑社会资本竞争者的技术方案、商务报价、融资能力等因素合理设置采购评审标准,确保项目的长期稳定运营和质量效益提升。

**第十四条**　参加采购评审的社会资本所提出的技术方案内容最终被全部或部分采纳,但经采购未中选的,财政部门应会同行业主管部门对其前期投入成本予以合理补偿。

**第十五条** 各级财政部门应当加强对 PPP 项目采购活动的支持服务和监督管理,依托政府采购平台和 PPP 综合信息平台,及时充分向社会公开 PPP 项目采购信息,包括资格预审文件及结果、采购文件、响应文件提交情况及评审结果等,确保采购过程和结果公开、透明。

**第十六条** 采购结果公示结束后、PPP 项目合同正式签订前,项目实施机构应将 PPP 项目合同提交行业主管部门、财政部门、法制部门等相关职能部门审核后,报本级人民政府批准。

**第十七条** PPP 项目合同审核时,应当对照项目实施方案、物有所值评价报告、财政承受能力论证报告及采购文件,检查合同内容是否发生实质性变更,并重点审核合同是否满足以下要求:

(一)合同应当根据实施方案中的风险分配方案,在政府与社会资本双方之间合理分配项目风险,并确保应由社会资本方承担的风险实现了有效转移;

(二)合同应当约定项目具体产出标准和绩效考核指标,明确项目付费与绩效评价结果挂钩;

(三)合同应当综合考虑项目全生命周期内的成本核算范围和成本变动因素,设定项目基准成本;

(四)合同应当根据项目基准成本和项目资本金财务内部收益率,参照工程竣工决算合理测算确定项目的补贴或收费定价基准。项目收入基准以外的运营风险由项目公司承担;

(五)合同应当合理约定项目补贴或收费定价的调整周期、条件和程序,作为项目合作期限内行业主管部门和财政部门执行补贴或收费定价调整的依据。

## 第四章 项目财政预算管理

**第十八条** 行业主管部门应当根据预算管理要求,将 PPP 项目合同中约定的政府跨年度财政支出责任纳入中期财政规划,经财政部门审核汇总后,报本级人民政府审核,保障政府在项目全生命周期内的履约能力。

**第十九条** 本级人民政府同意纳入中期财政规划的 PPP 项目,由行业主管部门按照预算编制程序和要求,将合同中符合预算管理要求的下一年度财政资金收支纳入预算管理,报请财政部门审核后纳入预算草案,经本级政府同意后报本级人民代表大会审议。

**第二十条** 行业主管部门应按照预算编制要求,编报 PPP 项目收支预算:

(一)收支测算。每年 7 月底之前,行业主管部门应按照当年 PPP 项目合同约定,结合本年度预算执行情况、支出绩效评价结果等,测算下一年度应纳入预算的 PPP 项目收支数额。

(二)支出编制。行业主管部门应将需要从预算中安排的 PPP 项目支出责任,按照相关政府收支分类科目、预算支出标准和要求,列入支出预算。

(三)收入编制。行业主管部门应将政府在 PPP 项目中获得的收入列入预算。

(四)报送要求。行业主管部门应将包括所有 PPP 项目全部收支在内的预算,按照统一的时间要求报同级财政部门。

**第二十一条** 财政部门应对行业主管部门报送的 PPP 项目财政收支预算申请进行认真审核,充分考虑绩效评价、价格调整等因素,合理确定预算金额。

**第二十二条** PPP 项目中的政府收入,包括政府在 PPP 项目全生命周期过程中依据法律和合同约定取得的资产权益转让、特许经营权转让、股息、超额收益分成、社会资本违约赔偿和保险索赔等收入,以及上级财政拨付的 PPP 专项奖补资金收入等。

**第二十三条** PPP 项目中的政府支出,包括政府在 PPP 项目全生命周期过程中依据法律和合同约定需要从财政资金中安排的股权投资、运营补贴、配套投入、风险承担,以及上级财政对下级财政安排的 PPP 专项奖补资金支出。

**第二十四条** 行业主管部门应当会同各级财政部门做好项目全生命周期成本监测工作。每年一季度前,项目公司(或社会资本方)应向行业主管部门和财政部门报送上一年度经第三方审计的财务报告及项目建设运营成本说明材料。项目成本信息要通过 PPP 综合信息平台对外公示,接受社会监督。

**第二十五条** 各级财政部门应当会同行业主管部门开展 PPP 项目绩效运行监控,对绩效目标运行情况进行跟踪管理和定期检查,确保阶段性目标与资金支付相匹配,开展中期绩效评估,最终促进实现项目绩效目标。监控中发现绩效运行与原定绩效目标偏离时,应及时采取措施予以纠正。

**第二十六条** 社会资本方违反 PPP 项目合同约定,导致项目运行状况恶化,危及国家安全和重大公共利益,或严重影响公共产品和服务持续稳定供给的,本级人民政府有权指定项目实施机构或其他机构临时接管项目,直至项目恢复正常经营或提前终止。临时接管项目所产生的一切费用,根据合作协议约定,由违约方单独承担或由各责任方分担。

**第二十七条** 各级财政部门应当会同行业主管部门在 PPP 项目全生命周期内,按照事先约定的绩效目标,对项目产出、实际效果、成本收益、可持续性等方面进行绩效评价，也可委托第三方专业机构提出评价意见。

**第二十八条** 各级财政部门应依据绩效评价结果合理安排财政预算资金。

对于绩效评价达标的项目，财政部门应当按照合同约定，向项目公司或社会资本方及时足额安排相关支出。

对于绩效评价不达标的项目，财政部门应当按照合同约定扣减相应费用或补贴支出。

## 第五章 项目资产负债管理

**第二十九条** 各级财政部门应会同相关部门加强 PPP 项目涉及的国有资产管理，督促项目实施机构建立 PPP 项目资产管理台账。政府在 PPP 项目中通过存量国有资产或股权作价入股、现金出资入股或直接投资等方式形成的资产，应作为国有资产在政府综合财务报告中进行反映和管理。

**第三十条** 存量 PPP 项目中涉及存量国有资产、股权转让的，应由项目实施机构会同行业主管部门和财政部门按照国有资产管理相关办法，依法进行资产评估，防止国有资产流失。

**第三十一条** PPP 项目中涉及特许经营权授予或转让的，应由项目实施机构根据特许经营权未来带来的收入状况，参照市场同类标准，通过竞争性程序确定特许经营权的价值，以合理价值折价入股、授予或转让。

**第三十二条** 项目实施机构与社会资本方应当根据法律法规和 PPP 项目合同约定确定项目公司资产权属。对于归属项目公司的资产及权益的所有权和收益权，经行业主管部门和财政部门同意，可以依法设置抵押、质押等担保权益，或进行结构化融资，但应及时在财政部 PPP 综合信息平台上公示。项目建设完成进入稳定运营期后，社会资本方可以通过结构性融资实现部分或全部退出，但影响公共安全及公共服务持续稳定提供的除外。

**第三十三条** 各级财政部门应当会同行业主管部门做好项目资产移交工作。

项目合作期满移交的，政府和社会资本双方应按合同约定共同做好移交工作，确保移交过渡期内公共服务的持续稳定供给。项目合同期满前，项目实施机构或政府指定的其他机构应组建项目移交工作组，对移交资产进行性能测试、资产评估和登记入账，项目资产不符合合同约定移交标准的，社会资本应采取补救措施或赔偿损失。

项目因故提前终止的，除履行上述移交工作外，如因政府原因或不可抗力原因导致提前终止的，应当依据合同约定给予社会资本相应补偿，并妥善处置项目公司存续债务，保障债权人合法权益；如因社会资本原因导致提前终止的，应当依据合同约定要求社会资本承担相应赔偿责任。

**第三十四条** 各级财政部门应当会同行业主管部门加强对 PPP 项目债务的监控。PPP 项目执行过程中形成的负债，属于项目公司的债务，由项目公司独立承担偿付义务。项目期满移交时，项目公司的债务不得移交给政府。

## 第六章 监 督 管 理

**第三十五条** 各级财政部门应当会同行业主管部门加强对 PPP 项目的监督管理，切实保障项目运行质量，严禁以 PPP 项目名义举借政府债务。

财政部门应当会同相关部门加强项目合规性审核，确保项目属于公共服务领域，并按法律法规和相关规定履行相关前期论证审查程序。项目实施不得采用建设—移交方式。

政府与社会资本合资设立项目公司的，应按照《公司法》等法律规定以及 PPP 项目合同约定规范运作，不得在股东协议中约定由政府股东或政府指定的其他机构对社会资本方股东的股权进行回购安排。

财政部门应根据财政承受能力论证结果和 PPP 项目合同约定，严格管控和执行项目支付责任，不得将当期政府购买服务支出代替 PPP 项目中长期的支付责任，规避 PPP 项目相关评价论证程序。

**第三十六条** 各级财政部门应依托 PPP 综合信息平台，建立 PPP 项目库，做好 PPP 项目全生命周期信息公开工作，保障公众知情权，接受社会监督。

项目准备、采购和建设阶段信息公开内容包括 PPP 项目的基础信息和项目采购信息，采购文件，采购成交结果，不涉及国家秘密、商业秘密的项目合同文本，开工及竣工投运日期，政府移交日期等。项目运营阶段信息公开内容包括 PPP 项目的成本监测和绩效评价结果等。

财政部门信息公开内容包括本级 PPP 项目目录、本级人大批准的政府对 PPP 项目的财政预算、执行及决算情况等。

**第三十七条** 财政部驻各地财政监察专员办事处应对 PPP 项目财政管理情况加强全程监督管理，重点关注 PPP 项目物有所值评价和财政承受能力论证、政府采购、预算管理、国有资产管理、债务管理、绩效评价等环节,切实防范财政风险。

**第三十八条** 对违反本办法规定实施 PPP 项目的,依据《预算法》、《政府采购法》及其实施条例、《财政违法行为处罚处分条例》等法律法规追究有关人员责任;涉嫌犯罪的,依法移交司法机关处理。

## 第七章 附 则

**第三十九条** 本办法由财政部负责解释。

**第四十条** 本办法自印发之日起施行。

# 政府和社会资本合作(PPP)项目绩效管理操作指引

*1. 2020年3月16日财政部印发*

*2. 财金〔2020〕13号*

## 第一章 总 则

**第一条** 为规范政府和社会资本合作项目(以下简称 PPP 项目)全生命周期绩效管理工作,提高公共服务供给质量和效率,保障合作各方合法权益,根据《中华人民共和国预算法》、《中共中央 国务院关于全面实施预算绩效管理的意见》、《国务院办公厅转发财政部发展改革委人民银行关于在公共服务领域推广政府和社会资本合作模式指导意见的通知》等有关规定,制定本指引。

**第二条** PPP 项目绩效管理是指在 PPP 项目全生命周期开展的绩效目标和指标管理、绩效监控、绩效评价及结果应用等项目管理活动。

**第三条** 项目实施机构应在项目所属行业主管部门的指导下开展 PPP 项目绩效管理工作,必要时可委托第三方机构协助。

各级财政部门负责 PPP 项目绩效管理制度建设、业务指导及再评价、后评价工作。

**第四条** 本指引适用于所有 PPP 项目,包括政府付费、可行性缺口补助和使用者付费项目。

**第五条** 各参与方应当按照科学规范、公开透明、物有所值、风险分担、诚信履约、按效付费等原则开展 PPP 项目全生命周期绩效管理。

## 第二章 PPP 项目绩效目标与绩效指标管理

**第六条** 项目实施机构负责编制 PPP 项目绩效目标与绩效指标,报项目所属行业主管部门、财政部门审核。

**第七条** PPP 项目绩效目标包括总体绩效目标和年度绩效目标。总体绩效目标是 PPP 项目在全生命周期内预期达到的产出和效果;年度绩效目标是根据总体绩效目标和项目实际确定的具体年度预期达到的产出和效果,应当具体、可衡量、可实现。

PPP 项目绩效目标编制应符合以下要求:

(一)指向明确。绩效目标应符合区域经济、社会与行业发展规划,与当地财政收支状况相适应,以结果为导向,反映项目应当提供的公共服务,体现环境 - 社会 - 公司治理责任(ESG)理念。

(二)细化量化。绩效目标应从产出、效果、管理等方面进行细化,尽量进行定量表述;不能以量化形式表述的,可采用定性表述,但应具有可衡量性。

(三)合理可行。绩效目标应经过调查研究和科学论证,符合客观实际,既具有前瞻性,又有可实现性。

(四)物有所值。绩效目标应符合物有所值的理念,体现成本效益的要求。

**第八条** PPP 项目绩效目标应包括预期产出、预期效果及项目管理等内容。

预期产出是指项目在一定期限内提供公共服务的数量、质量、时效等。

预期效果是指项目可能对经济、社会、生态环境等带来的影响情况,物有所值实现程度,可持续发展能力及各方满意程度等。

项目管理是指项目全生命周期内的预算、监督、组织、财务、制度、档案、信息公开等管理情况。

**第九条** PPP 项目绩效指标是衡量绩效目标实现程度的工具,应按照系统性、重要性、相关性、可比性和经济性的原则,结合预期产出、预期效果和项目管理等绩效目标细化量化后合理设定。

**第十条** PPP 项目绩效指标体系由绩效指标、指标解释、指标权重、数据来源、评价标准与评分方法构成。

指标权重是指标在评价体系中的相对重要程度。确定指标权重的方法通常包括专家调查法、层次分析法、主成分分析法、熵值法等。

数据来源是在具体指标评价过程中获得可靠和真实数据或信息的载体或途径。获取数据的方法通常包括案卷研究、资料收集与数据填报、实地调研、座谈会、问卷调查等。

评价标准是指衡量绩效目标完成程度的尺度。绩效评价标准具体包括计划标准、行业标准、历史标准或其他经相关主管部门确认的标准。

评分方法是结合指标权重,衡量实际绩效值与评价标准值偏离程度，对不同的等级赋予不同分值的方法。

**第十一条** PPP项目绩效目标与绩效指标各阶段管理应符合以下要求：

（一）PPP项目准备阶段，项目实施机构应根据项目立项文件、历史资料，结合PPP模式特点，在项目实施方案中编制总体绩效目标和绩效指标体系并充分征求相关部门、潜在社会资本等相关方面的意见。财政部门应会同相关主管部门从依据充分性、设置合理性和目标实现保障度等方面进行审核。

（二）PPP项目采购阶段，项目实施机构可结合社会资本响应及合同谈判情况对绩效指标体系中非实质性内容进行合理调整。PPP项目绩效目标和指标体系应在项目合同中予以明确。

（三）PPP项目执行阶段，绩效目标和指标体系原则上不予调整。但因项目实施内容、相关政策、行业标准发生变化或突发事件、不可抗力等无法预见的重大变化影响绩效目标实现而确需调整的，由项目实施机构和项目公司（未设立项目公司时为社会资本，下同）协商确定，经财政部门及相关主管部门审核通过后报本级人民政府批准。

PPP项目移交完成后，财政部门应会同有关部门针对项目总体绩效目标实现情况，从全生命周期的项目产出、成本效益、物有所值实现情况、按效付费执行情况及对本地区财政承受能力的影响、监管成效、可持续性、PPP模式应用等方面编制绩效评价（即后评价）指标体系。

**第十二条** 项目公司（社会资本）对绩效目标或指标体系调整结果有异议的，可申请召开评审会，就调整结果的科学性、合理性、可行性等进行评审。双方对评审意见无异议的，按评审意见完善后履行报批程序；仍有异议的，按照合同约定的争议解决机制处理。

**第十三条** 编制政府付费和可行性缺口补助PPP项目年度支出预算时，应将年度绩效目标和指标连同编制的预算申报材料一并报送财政部门审核。使用者付费PPP项目参照执行。

## 第三章 PPP项目绩效监控

**第十四条** 项目实施机构应根据项目合同约定定期开展PPP项目绩效监控，项目公司（社会资本）负责日常绩效监控。

**第十五条** PPP项目绩效监控是对项目日常运行情况及年度绩效目标实现程度进行的跟踪、监测和管理，通常包括目标实现程度、目标保障措施、目标偏差和纠偏情况等。

PPP项目绩效监控应符合以下要求：

（一）严格遵照国家规定、行业标准、项目合同约定，按照科学规范、真实客观、重点突出等原则开展绩效监控。重点关注最能代表和反映项目产出及效果的年度绩效目标与指标，客观反映项目运行情况和执行偏差，及时纠偏，改进绩效。

（二）项目实施机构应根据PPP项目特点，考虑绩效评价和付费时点，合理选择监控时间、设定监控计划，原则上每年至少开展一次绩效监控。

**第十六条** PPP项目绩效监控工作通常按照以下程序进行：

（一）开展绩效监控。项目公司（社会资本）开展PPP项目日常绩效监控，按照项目实施机构要求，定期报送监控结果。项目实施机构应对照绩效监控目标，查找项目绩效运行偏差，分析偏差原因，结合项目实际，提出实施纠偏的路径和方法，并做好信息记录。

（二）反馈、纠偏与报告。项目实施机构应根据绩效监控发现的偏差情况及时向项目公司（社会资本）和相关部门反馈，并督促其纠偏；偏差原因涉及自身的，项目实施机构应及时纠偏；偏差较大的，应撰写《绩效监控报告》报送相关主管部门和财政部门。

## 第四章 PPP项目绩效评价

**第十七条** 项目实施机构应根据项目合同约定，在执行阶段结合年度绩效目标和指标体系开展PPP项目绩效评价。

财政部门应会同相关主管部门、项目实施机构等在项目移交完成后开展PPP项目后评价。

**第十八条** PPP项目绩效评价应符合以下要求：

（一）严格按照规定程序，遵循真实、客观、公正的要求，采用定量与定性分析相结合的方法。

（二）结合PPP项目实施进度及按效付费的需要确定绩效评价时点。原则上项目建设期应结合竣工验收开展一次绩效评价，分期建设的项目应当结合各期子项目竣工验收开展绩效评价；项目运营期每年度应至少开展一次绩效评价，每3－5年应结合年度绩效评价情况对项目开展中期评估；移交完成后应开展一次后评价。

（三）绩效评价结果依法依规公开并接受监督。

**第十九条** PPP项目绩效评价工作通常按照以下程序进行：

（一）下达绩效评价通知。项目实施机构确定绩效评价工作开展时间后，应至少提前5个工作日通知项目公司(社会资本)及相关部门做好准备和配合工作。

(二)制定绩效评价工作方案。项目实施机构应根据政策要求及项目实际组织编制绩效评价工作方案,内容通常包括项目基本情况、绩效目标和指标体系、评价目的和依据、评价对象和范围、评价方法、组织与实施计划、资料收集与调查等。项目实施机构应组织专家对项目建设期、运营期首次及移交完成后绩效评价工作方案进行评审。

(三)组织实施绩效评价。项目实施机构应根据绩效评价工作方案对 PPP 项目绩效情况进行客观、公正的评价。通过综合分析、意见征询,区分责任主体,形成客观、公正、全面的绩效评价结果。对于不属于项目公司或社会资本责任造成的绩效偏差,不应影响项目公司(社会资本)绩效评价结果。

(四)编制绩效评价报告。PPP 项目绩效评价报告应当依据充分、真实完整、数据准确、客观公正,内容通常包括项目基本情况、绩效评价工作情况、评价结论和绩效分析、存在问题及原因分析、相关建议、其他需要说明的问题。

(五)资料归档。项目实施机构应将绩效评价过程中收集的全部有效资料,主要包括绩效评价工作方案、专家论证意见和建议、实地调研和座谈会记录、调查问卷、绩效评价报告等一并归档,并按照有关档案管理规定妥善管理。

(六)评价结果反馈。项目实施机构应及时向项目公司(社会资本)和相关部门反馈绩效评价结果。

**第二十条**　项目公司对绩效评价结果有异议的,应在 5 个工作日内明确提出并提供有效的佐证材料,向项目实施机构解释说明并达成一致意见。无法达成一致的,应组织召开评审会,双方对评审意见无异议的,根据评审意见确定最终评价结果;仍有异议的,按照合同约定的争议解决机制处理。

**第二十一条**　项目实施机构应将 PPP 项目绩效评价报告报送相关主管部门、财政部门复核,复核重点关注绩效评价工作方案是否落实、引用数据是否真实合理、揭示的问题是否客观公正、提出的改进措施是否有针对性和可操作性等。

**第二十二条**　PPP 项目绩效评价结果是按效付费、落实整改、监督问责的重要依据。

(一)按效付费。

政府付费和可行性缺口补助项目,政府承担的年度运营补贴支出应与当年项目公司(社会资本)绩效评价结果完全挂钩。财政部门应按照绩效评价结果安排相应支出,项目实施机构应按照项目合同约定及时支付。

使用者付费项目,项目公司(社会资本)获得的项目收益应与当年项目公司(社会资本)绩效评价结果挂钩。绩效评价结果优于约定标准的,项目实施机构应执行项目合同约定的奖励条款。绩效评价结果未达到约定标准的,项目实施机构应执行项目合同约定的违约条款,可通过设置影响项目收益的违约金、项目展期限制或影响调价机制等方式实现。

绩效评价结果可作为项目期满合同是否展期的考量因素。

(二)落实整改。

项目实施机构应根据绩效评价过程中发现的问题统筹开展整改工作,并将整改结果报送相关主管部门和财政部门。涉及自身问题的,项目实施机构应及时整改;涉及项目公司(社会资本)或其他相关部门问题的,项目实施机构应及时督促整改。

(三)监督问责。

项目实施机构应及时公开绩效评价结果并接受社会监督;项目实施机构绩效评价结果应纳入其工作考核范畴。

## 第五章　组织保障

**第二十三条**　各级财政部门应会同相关部门,建立健全 PPP 项目绩效管理工作相关制度和共性指标框架,加强项目识别论证、政府采购、预算收支与绩效管理及信息披露等业务指导,切实做好项目合规性审查,确保项目全生命周期规范实施、高效运营。

各级财政部门应结合预算绩效管理要求,认真审核 PPP 项目财政收支预算申请及 PPP 项目绩效目标和指标体系,充分考虑本级财政承受能力,合理安排财政预算,加强对财政资金使用合规性和有效性的监督。

各级财政部门可结合每年工作重点,选取重大 PPP 项目开展绩效再评价。

**第二十四条**　各级行业主管部门应按照绩效管理相关制度要求,建立健全本行业、本领域核心绩效指标体系,明确绩效标准;合规履行预算编制、申报和执行程序;加强与财政及其他相关部门的协调配合。

**第二十五条**　项目实施机构、项目公司(社会资本)应严格履行合同约定,确保各项工作合法合规。

项目实施机构应做好 PPP 项目绩效管理具体工作,并对 PPP 项目实施规范性、财政资金使用的合规性和有效性负责。

项目公司(社会资本)应做好项目投资、建设、运营、维护、移交等工作的日常管理和信息记录;积极配合开展PPP项目绩效管理工作,并对所提供资料和信息的真实性、完整性、有效性负责。

**第二十六条** 各级财政部门应会同相关主管部门依托PPP综合信息平台,加强PPP项目信息管理。项目实施机构、项目公司(社会资本)应根据项目实际进展及时提供和更新PPP项目绩效管理相关信息,做好信息公开,接受社会监督。

## 第六章 附 则

**第二十七条** 本指引自印发之日起30日后施行。

本指引施行前已发布中标通知书的项目,沿用采购文件或项目合同中约定的绩效评价指标及结果应用等条款,按照本指引开展绩效监控、绩效评价相关工作,绩效目标与绩效指标体系不完善的,可参照本指引进行补充完善。

附件:(略)

## 2. 中央预算

# 中央预算内投资补助和贴息项目管理办法

*1. 2016年12月5日国家发展改革委令第45号公布*
*2. 根据2023年3月23日国家发展改革委令第1号修订*

### 第一章 总 则

**第一条** 为规范中央预算内投资补助和贴息项目的管理,提高中央预算内投资补助和贴息资金的使用效益,着力推动投资高质量发展,依据《中共中央、国务院关于深化投融资体制改革的意见》《国务院关于投资体制改革的决定》《政府投资条例》《企业投资项目核准和备案管理条例》等,制定本办法。

**第二条** 以投资补助和贴息方式安排中央预算内投资的项目管理,适用本办法。

**第三条** 本办法所称投资补助,是指国家发展改革委对符合条件的地方政府投资项目和企业投资项目给予的投资资金补助。

本办法所称贴息,是指国家发展改革委对符合条件,使用了贷款的投资项目给予的贷款利息补贴。

投资补助和贴息资金均为无偿投入。

**第四条** 投资补助和贴息资金重点用于市场不能有效配置资源,需要政府支持的经济和社会领域。具体包括:

(一)社会公益服务和公共基础设施;

(二)农业和农村;

(三)生态环境保护和修复;

(四)重大科技进步;

(五)社会管理和国家安全;

(六)符合国家有关规定的其他公共领域。

**第五条** 安排投资补助和贴息资金应当贯彻落实国家重大战略、规划和有关重大方针政策,统筹兼顾国民经济社会发展各相关政策目标,争取获得经济和社会发展综合效益。

安排投资补助和贴息资金应当与经济社会发展水平和财政收支状况相适应,并充分发挥引导和撬动作用,带动社会资金投向本办法第四条规定的领域。

**第六条** 国家发展改革委应当按照国家宏观调控的要求和重点,遵循科学决策、规范管理、注重绩效、公开透明的原则,会同相关行业部门统筹安排中央预算内投资资金,平等对待各类投资主体,不得设置歧视性条件。对欠发达地区,特别是革命老区、民族地区、边疆地区和原集中连片特殊困难地区的投资项目应当适当倾斜。

**第七条** 国家发展改革委安排投资补助和贴息项目,应当分专项制定工作方案或管理办法,明确投资补助和贴息的预定目标、实施周期、支持范围、资金安排方式、工作程序、监督管理等主要内容,并针对不同行业、不同地区、不同性质投资项目的具体情况,确定相应的投资补助、贴息标准,作为各专项投资补助和贴息项目管理的具体依据。

工作方案或管理办法应当符合国家有关法律法规、产业政策、专项规划和有关宏观调控政策的要求,凡不涉及保密内容的,均应当公开。

**第八条** 投资补助和贴息资金应当用于计划新开工或续建项目,原则上不得用于已完工项目。

项目的投资补助和贴息金额原则上应当一次性核定,对于已经足额安排的项目,不得重复申请。同一项目原则上不得重复申请不同专项资金。

### 第二章 申报和审核

**第九条** 申请投资补助或者贴息资金的项目,应当列入三年滚动投资计划,并通过投资项目在线审批监管平台(以下简称"在线平台")完成审批、核准或备案程序(地方政府投资项目应完成项目可行性研究报告或者初步设计审批),并提交资金申请报告。

**第十条** 资金申请报告应当包括以下内容:

(一)项目单位的基本情况;

(二)项目的基本情况,包括在线平台生成的项目代码、建设内容、总投资及资金来源、建设条件落实情况等;

(三)项目列入三年滚动投资计划,并通过在线平台完成审批(核准、备案)情况;

(四)申请投资补助或者贴息资金的主要理由和政策依据;

(五)工作方案或管理办法要求提供的其他内容。

项目单位应对所提交的资金申请报告内容的真实性负责。

**第十一条** 资金申请报告由需要申请投资补助或者贴息资金的项目单位提出,按程序报送项目汇总申报单位。项目汇总申报单位应当对资金申请报告提出审核意见,并汇总报送国家发展改革委。资金申请报告可以单独报送,或者与年度投资计划申请合并报送。

各省、自治区、直辖市和计划单列市、新疆生产建设兵团发展改革委(以下简称省级发展改革委)、计划单列企业集团和中央管理企业等为项目汇总申报单位。

**第十二条** 项目汇总申报单位应当对资金申请报告的下列事项进行审核,并对审核结果和申报材料的真实性、合规性负责。

(一)符合本办法规定的资金投向和申请程序;

(二)符合有关专项工作方案或管理办法的要求;

(三)项目的主要建设条件基本落实;

(四)项目已经列入三年滚动投资计划,并通过在线平台完成审批(核准、备案)。

## 第三章 批复和下达

**第十三条** 国家发展改革委受理资金申请报告后,视具体情况对相关事项进行审查,确有必要时可以委托相关单位进行评审。

项目单位被列入联合惩戒合作备忘录黑名单的,国家发展改革委不予受理其资金申请报告。

**第十四条** 对于同意安排投资补助或者贴息资金的项目,国家发展改革委应当批复其资金申请报告。资金申请报告可以单独批复,或者在下达投资计划时合并批复。

**第十五条** 批复资金申请报告应当确定给予项目的投资补助或者贴息金额,并根据项目实施和资金安排情况,一次或者分次下达投资计划。

**第十六条** 采用贴息方式的,贴息资金总额根据项目符合贴息条件的贷款总额、当年贴息率和贴息年限计算确定。贴息率应当不高于当期银行中长期贷款利率的上限。

**第十七条** 对于补助地方的项目,数量多、范围广、单项资金少的和下达年度投资计划时无法明确到具体项目的,国家发展改革委可以打捆或切块下达年度投资计划。

打捆下达的年度投资计划仅下达同意安排的项目数量、投资补助和贴息总额,由省级发展改革委负责分解。切块下达的年度投资计划,应当明确投资目标、建设任务、补助标准和工作要求等,由省级发展改革委负责安排具体项目。

省级发展改革委应当对上述计划分解和安排的合规性负责,并在规定时限内通过在线平台报备相关项目信息。国家发展改革委应当加大监督检查工作力度。

## 第四章 项目实施管理

**第十八条** 使用投资补助和贴息资金的项目,应当严格执行国家有关政策要求,不得擅自改变主要建设内容和建设标准,严禁转移、侵占或者挪用投资补助和贴息资金。

**第十九条** 项目汇总申报单位应当定期组织调度已下达投资补助和贴息项目的下列实施情况,并按时通过在线平台向国家发展改革委报告。

(一)项目实际开竣工时间;

(二)项目资金到位、支付和投资完成情况;

(三)项目的主要建设内容;

(四)项目工程形象进度;

(五)存在的问题。

**第二十条** 因不能开工建设或者建设规模、标准和内容发生较大变化等情况,导致项目不能完成既定建设目标的,项目单位和项目汇总申报单位应当及时报告情况和原因,国家发展改革委可以根据具体情况进行相应调整。打捆和切块下达年度投资计划的项目由省级发展改革委调整,调整结果应当及时通过在线平台报备。

**第二十一条** 国家发展改革委必要时可以对投资补助和贴息有关工作方案和政策等开展中期评估和后评价工作,并根据评估评价情况及时对有关工作方案和政策作出必要调整。

**第二十二条** 投资补助和贴息项目的财务管理,按照财政部门的有关财务管理规定执行。

## 第五章 监督检查和法律责任

**第二十三条** 不涉及保密要求的投资补助和贴息项目,应当按照有关规定公开。

国家发展改革委接受单位、个人对投资补助和贴息项目在审批、建设过程中违法违规行为的举报,并按照有关规定予以查处。

**第二十四条** 各级发展改革部门应当会同有关部门,依据职责分工,采取抽查等方式开展项目监管,并依托投资项目在线审批监管平台(国家重大项目库),对使用投资补助和贴息资金的项目加强监管,防止转移、侵占或者挪用投资补助和贴息资金,保证政府投资资金的合理使用和项目顺利建设实施。

对未履行、不当履行或违法履行监管职责的,要依法依规严肃处理;涉嫌犯罪的,要移送有关机关依法处理。对严格依据抽查事项清单和相关工作要求开展监管,项目出现问题的,应结合执法检查人员工作态度、工作程序方法、客观条件等进行综合分析,该免责的依法依规免予追究相关责任。

**第二十五条** 各级发展改革部门、中央管理企业和项目单位应当自觉接受审计、监察、财政等部门依据职能分工进行的监督检查。

**第二十六条** 国家发展改革委工作人员有下列行为之一的，责令其限期整改，根据实际情况依纪依法追究有关责任人的党纪责任、行政责任；构成犯罪的，由司法机关依法追究刑事责任。

（一）违反《中国共产党纪律处分条例》、《行政机关公务员处分条例》相关规定的；

（二）违反规定受理资金申请报告的；

（三）违反规定的程序和原则安排投资补助和贴息的；

（四）其他违反本办法的行为。

**第二十七条** 项目汇总申报单位和地（市）、县（市）级发展改革部门有下列行为之一的，国家发展改革委可根据情节，在一定时期和范围内不再受理其报送的资金申请报告，或者调减其中央预算内投资安排规模。

（一）指令或授意项目单位提供虚假情况、骗取投资补助和贴息资金的；

（二）审核项目不严、造成投资补助和贴息资金损失的；

（三）对于打捆和切块下达的年度投资计划分解和安排出现严重失误的；

（四）所在地区或所属企业的项目存在较多问题且督促整改不到位的；

（五）未按要求通过在线平台报告相关项目信息的；

（六）其他违反本办法的行为。

**第二十八条** 项目单位有下列行为之一的，国家发展改革委（打捆和切块下达投资计划的项目由省级发展改革委）责令其限期整改；拒不整改或者整改后仍不符合要求的，应当核减、收回或者停止拨付投资补助和贴息资金，暂停其申报中央投资补助和贴息项目，将相关信息纳入全国信用信息共享平台和在“信用中国”网站公开，并可以根据情节轻重提请或者移交有关机关依法追究有关责任人的行政或者法律责任：

（一）提供虚假情况，骗取投资补助和贴息资金的；

（二）转移、侵占或者挪用投资补助和贴息资金的；

（三）擅自改变主要建设内容和建设标准的；

（四）项目建设规模、标准和内容发生较大变化而不及时报告的；

（五）无正当理由未及时建设实施的；

（六）拒不接受依法进行的监督检查的；

（七）未按要求通过在线平台报告相关项目信息的；

（八）其他违反国家法律法规和本办法规定的行为。

### 第六章 附 则

**第二十九条** 地方发展改革部门对于政府投资项目以切块、打捆等方式申请中央预算内投资支持的，参照本办法执行，但在分解投资计划时，地方发展改革部门应当按项目明确具体资金安排方式。

为了应对自然灾害和突发事件等不可预见事项，需要紧急下达投资补助或贴息的项目，不适用本办法。

**第三十条** 本办法由国家发展改革委负责解释。

**第三十一条** 本办法自2017年1月5日起施行。《中央预算内投资补助和贴息项目管理办法》（中华人民共和国国家发展和改革委员会令第3号）同时废止。

## 中央预算内固定资产投资补助资金财政财务管理暂行办法

*1. 2005年7月26日财政部发布*

*2. 财建〔2005〕355号*

### 第一章 总 则

**第一条** 为加强中央预算内固定资产投资补助资金（以下简称“投资补助”）预算管理，提高财政资金使用效益，根据《中华人民共和国预算法》、《中华人民共和国预算法实施条例》、《国务院关于投资体制改革的决定》以及《基本建设财务管理规定》等有关法律、行政法规，制定本办法。

**第二条** 本办法所称投资补助是指由中央预算内固定资产投资（含国债项目资金）安排的，专项对符合条件的固定资产投资项目给予的投资补助资金。

### 第二章 投资补助适用范围

**第三条** 投资补助主要适用于需要政府支持的经济和社会领域。主要包括：

（一）公益性和公共基础设施项目；

（二）保护和改善生态环境项目；

（三）促进欠发达地区的经济和社会发展项目；

（四）推进科技进步和高新技术产业化项目；

（五）符合国家有关规定的其他项目。

**第四条** 投资补助根据国家调控宏观经济的需要和国家

确定的重点进行安排。对具体项目的投资补助,原则上不得超过项目总投资的 50% 。

**第五条** 投资补助可根据项目建设实施进度一次或分次安排。

## 第三章 投资补助项目预算管理

**第六条** 财政部门要加强对投资补助资金的预算管理,实行“先审核,后下达预算”的办法,严把预算下达审核关。并按照预算管理程序,下达投资补助项目预算。

**第七条** 有下列情形之一的,财政部门可以暂缓或停止下达预算:

(一)投资计划不符合国务院确定的投资补助安排原则和重点;

(二)项目已申请其他投资补助的;

(三)项目未履行基本建设程序的;

(四)需要地方财政部门财力配套,地方财政部门未出具意见的;

(五)需要地方财政部门承诺有关事项,地方财政部门没有承诺的;

(六)项目建成后,需同级财政部门安排运营经费而同级财政部门没有出具意见的;

(七)项目单位未按有关规定进行招投标或政府采购的;

(八)审计部门、财政监督机构和评审机构发现项目单位有违反国家法律法规行为的;

(九)项目单位违法违规受到举报的;

(十)其他违反国家法律法规和本办法规定的行为。

**第八条** 投资补助项目预算下达后,必须严格执行,除特殊情况外一律不得调整。对确需调整的项目,应严格按照调整预算的相关规定执行。

**第九条** 中央对地方项目投资补助要纳入地方同级财政预算管理。

## 第四章 投资补助资金拨付和财务管理

**第十条** 财政部门要坚持按照投资补助项目预算、国库集中支付管理规定、基本建设程序等要求拨付资金。

**第十一条** 投资补助资金实行与地方配套资金、银行贷款和其他资金同比例拨付的原则。财政部门拨付投资补助资金,要根据项目单位的申请,按照投资补助项目预算,综合考虑项目建设进度以及相关建设资金拨付进度等因素。

**第十二条** 对中央项目的投资补助,由财政部拨付到主管部门(含中央企业),各主管部门应及时将资金拨付到项目单位;对地方项目的投资补助,通过中央财政补助地方财政部门,由地方财政部门拨付到项目单位。实行国库集中支付管理的项目按有关规定执行。

**第十三条** 有下列情形之一的,财政部门要责令其限期整改,逾期不改正的,要核减、停止拨付或收回补助资金:

(一)提供虚假情况,骗取投资补助的;

(二)转移、侵占或者挪用投资补助的;

(三)配套资金没有落实或长期不能到位的;

(四)未按要求完成项目前期工作或未按规定建设实施的;

(五)擅自改变主要建设内容和建设标准,存在超概算、超规模、超标准等情况的;

(六)项目单位未按有关规定进行招投标和政府采购的;

(七)项目单位违法违规受到举报的;

(八)其他违反国家法律法规和本办法规定的行为。

**第十四条** 项目单位收到投资补助后,必须专款专用,单独建账核算,并分别按如下情况进行财务处理:

(一)对非经营性建设项目的投资补助按财政拨款有关规定执行。

(二)对经营性建设项目的投资补助作为资本公积管理,项目单位同意增资扩股的情况下,可以作为国家资本金管理。

中央对地方项目的投资补助,比照本办法执行;如地方政府有另行规定的,可从其规定。

## 第五章 监督检查

**第十五条** 国务院有关主管部门和省级财政主管部门要加强对投资补助安排使用的监督和检查,每年要不定期组成检查组或委托财政部驻当地财政监察专员办事处等机构抽查使用投资补助的项目单位,确保投资补助按规定安排使用。使用投资补助的项目单位,应在每年年底前向同级财政部门报告投资补助的使用情况,并抄送财政部驻当地财政监察专员办事处。

**第十六条** 各单位要对以下内容进行重点审核,并按照有关规定做出检查结论,对不属于本部门职权范围的事项依法移送,并将相关情况上报财政部。对于应缴回资金,由财政部驻当地财政监察专员办事处负责以“其他收入”科目就地监缴入库。

(一)核定项目是否按规定实施,项目单位是否按规定使用投资补助。对项目单位擅自改变主要建设内容和建设标准或未按规定安排使用投资补助的,要将拨付的投资补助资金收缴国库。

（二）项目单位是否按有关规定进行招投标和政府采购。

（三）投资补助资金是否按规定进行财务处理，对未按规定处理的要及时予以纠正。

（四）项目竣工后，核定项目投资补助总额及项目概算中其他资金来源实际到位额。对投资补助总额占项目总投资的比例超过50%的，转作直接投资或资本金注入方式管理，并根据有关规定和各投资主体资金实际到位额重新确定项目各方出资比例，由同级财政部门指定有关机构依法代表国家行使所有者或出资人权利。

**第十七条**　各有关部门及项目单位要严格按照国家规定管理和使用投资补助，并自觉接受财政、审计部门的监督检查。

**第十八条**　凡违反规定，弄虚作假，骗取、截留、挪用投资补助或项目未按规定实施的，除将已拨付资金全额收缴国库外，各级财政部门要立即停止对项目单位所在主管部门或省、自治区、直辖市及计划单列市投资补助拨付，并进行全面核查，直至纠正。对有关人员根据《财政违法行为处罚处分条例》（国务院令第427号）及国家有关规定追究责任，触犯法律的要追究相应的法律责任。

### 第六章　附　　则

**第十九条**　本办法自发布之日起30日后施行。

**第二十条**　本办法由财政部负责解释。

## 中央固定资产投资项目预算调整管理暂行办法

*1. 2007年6月12日财政部印发*

*2. 财建〔2007〕216号*

### 第一章　总　　则

**第一条**　为了规范中央固定资产投资项目预算调整，严格财政预算管理，提高资金使用效益，根据《中华人民共和国预算法》、《中华人民共和国预算法实施条例》等有关法律、行政法规，制定本办法。

**第二条**　本办法所称中央固定资产投资项目（以下简称投资项目）是指由中央财政预算内基本建设投资（含国债项目资金）安排的基本建设和改造项目。

**第三条**　中央固定资产投资项目预算调整包括中央各部门（含直属单位，下同）固定资产投资项目预算调整和中央对地方固定资产投资项目补助预算调整。

### 第二章　投资项目预算调整适用范围

**第四条**　投资项目预算调整由财政部负责审核。

**第五条**　已下达预算的投资项目，有以下情形之一的，可申请办理预算文件调整：

（一）预算额度发生增、减变化；

（二）项目名称发生变更；

（三）项目预算科目发生变化；

（四）项目主管部门、隶属关系、预算级次发生变更；

（五）因国家法律、政策变化引起项目变更；

（六）因不可抗力导致项目中止；

（七）其他经财政部门确认的调整。

**第六条**　确需做出预算调整的投资项目，由财政部按有关规定审核同意后，下达投资项目预算调整文件。未经批准，任何部门、单位或个人均不得擅自调整预算、改变资金用途。

### 第三章　投资项目预算调整申请

**第七条**　中央投资项目预算调整由项目主管部门（单位）向国务院投资项目审批部门和财政部提出申请；补助地方投资项目的预算调整由省级政府投资项目审批部门会同省级财政部门向国务院投资项目审批部门和财政部提出申请。

**第八条**　投资项目预算调整申请内容包括：项目名称，调整原因，调整数额，原项目审批、预算批准等文件，至申请调整时的执行情况，以及其他需要说明的事项等。

### 第四章　投资项目预算调整管理

**第九条**　投资项目预算调整原则上实行集中办理。一般集中在每年7月至10月。

**第十条**　有下列情形之一的，财政部将不予办理或暂缓办理投资项目预算调整：

（一）无正当调整理由的；

（二）已下达预算已经财政决算的；

（三）调整不符合国家法律、法规和相关政策规定的；

（四）调整不符合社会公众利益的；

（五）调整将造成重大经济损失的；

（六）申请投资项目预算调整的手续不全；

（七）需要地方财政部门出具意见，地方财政部门没有出具的；

（八）已下达预算，项目单位已全部安排使用的；

（九）审计部门、财政部门发现项目单位有违反国家法律法规行为的；

（十）项目单位违法违规受到举报的；

（十一）调增安排投资已超项目概算的；

（十二）其他被认为不符合调整规定的。

**第十一条**　投资项目预算调整处理方式。

（一）对不予调整的投资项目：除可按已下达预算执行外，不宜执行的部分一律收回中央财政，处理方式按国家有关规定执行，不得自行在项目间调整。

（二）对可调整的投资项目：

1. 对项目预算发生增减变化的，按规定办理追加预算或追减预算。其中调减预算的，调减部分一律收回中央财政，并按国家有关规定执行。

2. 项目预算不变，仅项目名称或预算科目变化的，按规定办理预算文件变更手续。

3. 项目隶属关系、预算级次发生变化的，按财务管理体制办理项目预算划转手续。

4. 撤销或中止的项目，按规定办理预算核减手续，核减部分一律收回中央财政。

## 第五章　投资项目预算调整的执行

**第十二条**　投资项目预算调整经批准后，必须按照调整后的预算执行和管理。

**第十三条**　财政部门拨付资金，要根据项目单位申请，按照调整后的投资项目预算，综合考虑项目建设进度以及相关建设资金拨付进度等因素。实行国库集中支付管理的项目按有关规定执行。

## 第六章　投资项目预算调整的监督

**第十四条**　国务院有关主管部门和省级财政主管部门要加强对调整预算执行情况的监督和检查。各有关部门及项目单位应严格执行本级财政部门批准的调整预算，并自觉接受财政和审计部门的监督检查。

**第十五条**　凡违反规定，未经财政部门批准，自行调整投资项目预算或在申请调整时弄虚作假，骗取、挪用财政资金的，由财政部门停止拨付资金，进行全面核查。对有关人员根据《财政违法行为处罚处分条例》（国务院令第427号）及国家有关规定追究责任，触犯法律的追究相应的法律责任。

## 第七章　附　　则

**第十六条**　本办法自印发之日起30日后施行。

# 中央预算内投资计划实施综合监管暂行办法

*1. 2017年11月10日国家发展改革委发布*

*2. 发改稽察〔2017〕1955号*

## 第一章　总　　则

**第一条**　为推进中央预算内投资监管体制改革，完善监管制度，提升监管能力，强化对中央预算内投资计划实施的监管，提高中央预算内投资使用效益，根据有关法律法规，制定本办法。

**第二条**　本办法适用于国家发展改革委内部中央预算内投资计划下达后的全过程和各环节的监督管理活动。

**第三条**　明确委内司局之间监管职责分工，落实地方发展改革部门和参与中央预算内投资计划管理相关部门的监管职责，建立分工明确、各负其责、纵横联动的投资计划监管体系，形成协同监管机制。

**第四条**　坚持依法行政，事前规范审核、事中强化监督、事后严格考核。明确各管理环节的责任主体，压实责任，建立贯穿中央预算内投资计划实施管理全过程的责任体系。

**第五条**　依托全国投资项目在线审批监管平台和国家重大建设项目库（以下简称重大项目库），将所有中央预算内投资项目纳入监管范围，其中绝密级项目按国家有关规定实施监管。对每个项目计划下达、计划实施的全过程进行在线监测，实现常态化监管。

**第六条**　加强监管成果运用，将稽察检查结果作为制定完善政策、安排投资计划、改进投资管理的重要依据。建立投资监管与投资安排紧密衔接的激励约束机制。

**第七条**　加强中央预算内投资绩效考核，对计划实施情况进行评估评价，提升投资管理水平。

## 第二章　监管机构和职责

**第八条**　重大项目稽察特派员办公室（以下简称稽察办）和负责安排中央预算内投资计划的司局（以下简称各相关司局）共同履行中央预算内投资计划实施的监管职责。

**第九条**　稽察办是中央预算内投资计划实施综合监管的牵头机构，负责组织协调、调度管理、网上监测和监督检查。对计划下达后投资监管实行统筹组织管理，统一规范程序，统一处罚标准，组织实施专项稽察和综合检查。

**第十条** 各相关司局对分管领域中央预算内投资计划实施履行监管职责，制订专项管理办法，开展日常调度，督促有关部门和地方落实日常监管直接责任单位和监管责任人，对计划实施情况开展监督检查。

**第十一条** 建立国家发展改革委投资综合监管工作协调机制，统筹工作部署，研究解决投资监管工作中存在的困难和问题。投资综合监管工作协调机制由分管稽察工作的委领导主持，稽察办负责日常工作，各相关司局共同参与。

## 第三章 主要任务和要求

**第十二条** 稽察办会同各相关司局强化投资计划实施综合监管的顶层设计，结合"放管服"改革要求，健全和完善投资监管配套办法，规范监管流程，夯实管理基础。

**第十三条** 每年度中央预算内投资安排方案确定后，稽察办会同各相关司局研究提出年度重点监管任务清单，经委主任办公会议审定后实施。

**第十四条** 办公厅、投资司、稽察办会同国家信息中心负责重大项目库项目监管模块的建设和运行维护，与全国投资项目在线审批监管平台数据共享，提高日常调度、动态监测和预警防范能力。推进全国公共资源交易平台、招标投标公共服务平台和全国信用信息共享平台相关数据在事中事后监管中的应用。

**第十五条** 稽察办依托重大项目库组织中央预算内投资调度管理，制定调度规则，完善调度流程，开展在线动态监测和问题预警，定期发布月度监测分析报告，发现异常情况及时报送委领导和相关司局。各相关司局及时通过重大项目库加载投资计划，督促数据填报，核查数据质量，对分管领域中央预算内投资计划开展日常调度，掌握计划实施进度、工程建设进展等动态情况，督促落实监测发现问题的整改。

**第十六条** 各相关司局在投资计划文件印发时，同步将所有投资计划电子数据（含涉密项目）加载到内网重大项目库，并发起调度任务；将非涉密项目投资计划电子数据加载到外网重大项目库，并发起调度任务，投资计划文件纸质件同时抄送稽察办。

采用切块（打捆）方式下达投资计划的，有关省级发展改革部门或其他部门应在分解投资计划文件印发的同时，将非涉密分解投资计划电子数据加载到外网重大项目库；使用光盘等保密介质将涉密分解投资计划电子数据送相关司局报备，并由相关司局加载到内网重大项目库。投资计划文件纸质件同时抄送稽察办。

**第十七条** 投资计划直接下达到项目的，应明确每一个项目的日常监管直接责任单位和监管责任人。投资计划采用切块（打捆）方式下达的，有关司局应请省级发展改革部门或其他部门在计划分解时，同步确定具体项目的日常监管直接责任单位和监管责任人。

日常监管直接责任单位原则上是项目直接管理单位（对项目单位财务或人事管理行使管理职责的上一级单位）。没有项目直接管理单位的，则为项目单位行业主管部门。日常监管直接责任单位对项目申报、建设管理、信息报送等履行日常监管直接职责。

监管责任人由日常监管直接责任单位派出，为日常监管直接责任单位的相关工作人员。监管责任人应随时掌握项目建设情况，原则上应做到"三到现场"，即开工到现场、建设到现场、竣工到现场，并及时主动向上级相关部门报告。各相关司局要督促有关地方和部门充分发挥日常监管直接责任单位和监管责任人的作用。

**第十八条** 各相关司局会同稽察办明确每批次年度中央预算内投资计划的监管措施，包括对日常监管直接责任单位和监管责任人的履职要求，进度数据、信息报送审核的要求，监管的重点以及奖惩措施等，作为中央预算内投资计划实施监管的重要依据。

**第十九条** 紧扣重点环节开展中央预算内投资计划实施的监管。从项目审批审核、转发或分解计划、计划执行进度、资金使用与拨付、竣工验收管理等方面入手，加大监督检查力度。进一步加强竣工验收管理，明确验收主体，规范验收程序。

**第二十条** 各相关司局和稽察办应坚持问题导向，根据在线监测发现的倾向性问题和群众信访举报线索，及时开展现场稽察检查，做到线上线下有机结合。现场稽察检查要规范工作程序，优化工作流程。

**第二十一条** 现场稽察检查可以联合部门和地方开展，或协调部门和地方进行交叉检查。涉及项目较多时，可以组织部门和地方先自查，再选择一定比例的项目进行抽查。积极探索发挥第三方专业机构的作用，委托或聘请具备相应资质的专业机构、人员参与现场稽察检查。开展现场稽察检查前，司局间应加强沟通，避免重复。

**第二十二条** 现场稽察检查应依据有关规定和要求，采用"双随机、一公开"方式进行。建立随机抽查工作机制，完善稽察检查项目、稽察检查人员"双名录库"，随机抽取被稽察检查项目和赴现场稽察检查人员，加大稽察检查结果公开力度，确保稽察检查行为的公正性、规范性和有效性。赴现场稽察检查人员与被稽察检查项目有利害关系的，应当回避。

**第二十三条** 完成现场稽察检查工作后，及时提交稽察检查报告，呈报分管委领导。稽察检查发现的重要情况和问题，应报告委主要领导。稽察检查报告须包括稽察检查情况、发现的问题、整改建议等内容。稽察检查报告应情况事实清楚，问题定性准确，提出的建议具有针对性和可操作性。

**第二十四条** 加强司局间协调配合，建立问题整改协调工作机制。稽察办对在线监测和现场稽察发现的问题提出稽察整改意见，征求相关司局意见后报委主要领导和分管领导审定，有关司局要按照整改意见协调督促相关单位落实整改。各相关司局对日常监管和检查发现的问题，依据统一的处罚标准提出处理意见，征求稽察办意见后报委领导，并督促相关单位及时整改。

**第二十五条** 稽察办不定期对整改落实情况进行抽查，公开抽查结果，对整改不到位的有关单位和个人提出处理问责的建议。

## 第四章 处理措施

**第二十六条** 稽察办会同各相关司局根据在线监测和现场稽察检查结果，不定期对各专项的投资计划实施情况进行评价，征求有关司局意见后，将评价结果报委主要领导和分管领导。投资司会同有关司局根据评价结果，结合专项调整依据和原则，研究提出专项调整建议。

**第二十七条** 投资司、稽察办会同各相关司局制定评价指标体系，根据在线监测和现场稽察检查结果，对中央预算内投资计划实施情况进行综合评价。对问题突出的地方和部门，给予通报批评，酌情减少后续资金安排规模。对执行较好的，有关司局在资金安排时给予适当倾斜。

**第二十八条** 对日常监管和稽察检查中发现的具体问题，稽察办和各相关司局按照《中央预算内直接投资项目管理办法》和《中央预算内投资补助和贴息项目管理办法》等有关规定进行处理，督促整改落实，并视情节轻重采取通报批评或扣减、收回、暂停安排中央预算内投资等措施予以警示和惩戒。

**第二十九条** 对中央预算内投资计划下达后超过一年未开工的项目，应进行项目调整。对存在虚假申报、骗取或转移、侵占、挪用中央预算内投资等严重问题的项目，应视情况撤销项目，将中央预算内投资收回用于其他项目，并在一定时期内不再受理有关项目单位的资金申请报告。凡涉及项目调整的，应在异地选择符合条件的项目重新安排。

对存在严重问题的项目，要依照党纪政纪和法律法规的有关规定，严肃追究相关责任人的责任。情节特别严重的要移送纪检监察部门，涉嫌违法犯罪的要移送司法机关。

**第三十条** 省级发展改革部门、中央单位、计划单列企业集团或中央管理企业对项目单位的资金申请报告审查不严、造成中央预算内投资损失的，可根据情节在一定时期和范围内不再受理其资金申请报告；指令或授意项目单位提供虚假情况、骗取中央预算内投资的，五年之内不再受理其报送的资金申请报告。

**第三十一条** 依据政府信息公开有关规定，逐步推进计划实施监管结果公开。建立守信联合激励、失信联合惩戒制度，将存在突出问题的项目单位及有关人员纳入“黑名单”，按规定程序和途径推送至全国信用信息共享平台和国家企业信用信息公示系统，实施联合惩戒。

## 第五章 附则

**第三十二条** 每年1月，各相关司局应对上年度投资项目监管工作进行梳理，形成年度监管工作情况报告报分管委领导，同时抄送稽察办和投资司。

**第三十三条** 本办法自发布之日起施行。

# 中央部门结转和结余资金管理办法

*1. 2016年2月17日财政部发布*

*2. 财预〔2016〕18号*

## 第一章 总则

**第一条** 为加强中央部门结转和结余资金（以下简称结转结余资金）管理，优化财政资源配置，提高资金使用效益，根据《中华人民共和国预算法》、《中华人民共和国预算法实施条例》以及部门预算管理有关规定，制定本办法。

**第二条** 本办法所称结转结余资金，是指与中央财政有缴拨款关系的中央级行政单位、事业单位（含企业化管理的事业单位）、社会团体及企业，按照财政部批复的预算，在年度预算执行结束时，未列支出的一般公共预算和政府性基金预算资金。

**第三条** 结转资金是指预算未全部执行或未执行，下年需按原用途继续使用的预算资金。结余资金是指项目实施周期已结束、项目目标完成或项目提前终止，尚未列支的项目支出预算资金；因项目实施计划调整，不需要继续支出的预算资金；预算批复后连续两年未用完的预算资金。

**第四条**　按照国库集中收付管理制度，结转结余资金包括国库集中支付结余资金和非国库集中支付结余资金。

**第五条**　中央部门核算和统计结转结余资金，应与会计账表相关数字保持一致。

**第六条**　按照本办法管理的结转结余资金应扣除以下两项内容：一是已支付的预付账款；二是已用于购买存货，因存货未领用等原因尚未列支的账面资金。预付账款在以后年度收回资金，或者在以后年度因出售存货收回资金的，收回的资金应按照本办法相关规定管理。

## 第二章　基本支出结转资金管理

**第七条**　年度预算执行结束时，尚未列支的基本支出全部作为结转资金管理，结转下年继续用于基本支出。

**第八条**　基本支出结转资金包括人员经费结转资金和公用经费结转资金。

**第九条**　编制年度预算时，中央部门应充分预计和反映基本支出结转资金，并结合结转资金情况统筹安排以后年度基本支出预算。财政部批复年初预算时一并批复部门上年底基本支出结转资金情况。

**第十条**　部门决算批复后，决算中基本支出结转资金数与年初批复数不一致的，应以决算数据作为结转资金执行依据。

**第十一条**　中央部门在预算执行中因增人增编需增加基本支出的，应首先通过基本支出结转资金安排。

## 第三章　项目支出结转资金管理

**第十二条**　项目实施周期内，年度预算执行结束时，除连续两年未用完的预算资金外，已批复的预算资金尚未列支的部分，作为结转资金管理，结转下年按原用途继续使用。

**第十三条**　基本建设项目竣工之前，均视为在项目实施周期内，年度预算执行结束时，已批复的预算资金尚未列支的部分，作为结转资金管理，结转下年按原用途继续使用。

**第十四条**　编制年度预算时，中央部门应充分预计和反映项目支出结转资金，并结合结转资金情况统筹安排以后年度项目支出预算。财政部批复年初预算时一并批复部门上年底项目支出结转资金情况。

**第十五条**　部门决算批复后，决算中项目支出结转资金数与年初批复数不一致的，应以决算数据作为结转资金执行依据。

## 第四章　项目支出结余资金管理

**第十六条**　项目支出结余资金包括：项目目标完成或项目提前终止，尚未列支的预算资金；实施周期内，因实施计划调整，不需要继续支出的预算资金；实施周期内，连续两年未用完的预算资金；实施周期结束，尚未列支的预算资金；部门机动经费在预算批复当年未动用的部分。项目支出结余资金原则上由财政部收回。

**第十七条**　按照基本建设财务管理的有关规定，基本建设项目竣工后，项目建设单位应抓紧办理工程价款结算和清理项目结余资金，并编报竣工财务决算。财政部和相关主管部门应及时批复竣工财务决算。基本建设项目的结余资金，由财政部收回。

**第十八条**　按照《关于改进加强中央财政科研项目和资金管理的若干意见》（国发〔2014〕11 号）精神，中央财政科研项目结余资金中符合相关条件的，报财政部确认后，可在一定期限内由项目单位统筹安排用于科研活动的直接支出。具体管理办法另行制定。

**第十九条**　年度预算执行结束后，中央部门应在45 日内完成对结余资金的清理，将清理情况区分国库集中支付结余资金和非国库集中支付结余资金报财政部。财政部收到中央部门报送的结余清理情况后，应在30 日内发文收回结余资金。

**第二十条**　部门决算批复后，决算中项目支出结余资金数超出财政部已收回结余资金数的，财政部应根据批复的决算，及时发文将超出部分的结余资金收回；决算中项目支出结余资金数低于财政部已收回结余资金数的，收回的资金不再退回中央部门。

**第二十一条**　年度预算执行中，因项目目标完成、项目提前终止或实施计划调整，不需要继续支出的预算资金，中央部门应及时清理为结余资金并报财政部，由财政部发文收回。

## 第五章　控制结转资金规模

**第二十二条**　中央部门应努力提高预算编制的科学性、准确性，合理安排分年支出计划，根据实际支出需求编制年度预算。

**第二十三条**　预算执行中，中央部门应及时跟踪预算资金使用情况，定期进行统计，分析预算执行中存在的问题及原因，采取措施合理加快执行进度。

**第二十四条**　对当年批复的预算，预计年底将形成结转资金的部分，除基本建设项目外，中央部门按照规定程序报经批准后，可调减当年预算或调剂用于其他急需资金的支出。

**第二十五条** 对结转资金中预计当年难以支出的部分，除基本建设项目外，中央部门按照规定程序报经批准后，可调剂用于其他急需资金的支出。连续两年未用完的结转资金，由财政部收回。

**第二十六条** 中央部门拟调减预算或对结转资金用途进行调剂，应按照规定程序在8月31日前提出申请。财政部收到中央部门申请后，原则上应在9月30日前办理完成。

**第二十七条** 中央部门调减预算或对结转资金用途进行调剂后，相关支出如在以后年度出现经费缺口，应在部门三年支出规划确定的支出总规模内通过调整结构解决。

**第二十八条** 中央部门结转资金规模较大、占年度支出比重较高的，财政部可收回部分结转资金。

**第二十九条** 财政部对中央部门控制结转资金情况应加以考核，并对考核情况予以通报。

**第三十条** 中央部门应对所属单位结转资金规模控制情况进行考核，并建立激励约束机制。

### 第六章 结转结余资金收回

**第三十一条** 中央部门应按照财政部收回结转结余资金的文件，及时将资金上交国库，并区分国库集中支付结余资金和非国库集中支付结余资金，按照相关规定办理。

**第三十二条** 上交国库集中支付结余资金，中央部门应及时调整用款计划，财政部相应调整国库集中支付结余指标。

**第三十三条** 上交非国库集中支付结余资金，中央部门应在财政部发文规定的时限内将资金上交国库，并将缴款单据印送财政部备查。

**第三十四条** 对收回的结转结余资金，财政部应按照《财政总预算会计制度》（财库〔2015〕192号）有关规定进行会计处理。

**第三十五条** 基本建设项目结余资金的收回，按照基本建设项目结余财政资金管理的有关规定执行。

### 第七章 国库集中支付结余资金管理

**第三十六条** 年度预算执行结束后，中央部门与财政部就预算指标、资金支出情况进行核对。根据核对情况，财政部于1月31日前将国库集中支付结余数据发给中央部门。

**第三十七条** 中央部门收到国库集中支付结余数据后，应在15日内将国库集中支付结余资金申报核批表报财政部。财政部收到核批表后，应及时发文批复。申报和批复国库集中支付结余资金时，不得调整支出功能分类科目。

### 第八章 附 则

**第三十八条** 中央部门在结转结余资金管理中违反本办法规定的，财政部应责成其进行纠正。对未及时纠正的，财政部可将有关资金收回。

**第三十九条** 中央部门可以依据本办法规定，结合部门实际情况，制定本部门结转结余资金管理的具体办法。中国人民解放军、武装警察部队参照本办法的原则，另行制定管理规定。

**第四十条** 本办法由财政部负责解释。

**第四十一条** 本办法自发布之日起施行，财政部2010年1月18日发布的《中央部门财政拨款结转和结余资金管理办法》（财预〔2010〕7号）同时废止。

## 中央部门预算绩效目标管理办法

*1. 2015年5月21日财政部印发*
*2. 财预〔2015〕88号*

### 第一章 总 则

**第一条** 为了进一步加强预算绩效管理，提高中央部门预算绩效目标管理的科学性、规范性和有效性，根据《中华人民共和国预算法》、《国务院关于深化预算管理制度改革的决定》（国发〔2014〕45号）等有关规定，制定本办法。

**第二条** 绩效目标是指财政预算资金计划在一定期限内达到的产出和效果。

绩效目标是建设项目库、编制部门预算、实施绩效监控、开展绩效评价等的重要基础和依据。

**第三条** 本办法所称绩效目标：

（一）按照预算支出的范围和内容划分，包括基本支出绩效目标、项目支出绩效目标和部门（单位）整体支出绩效目标。

基本支出绩效目标，是指中央部门预算中安排的基本支出在一定期限内对本部门（单位）正常运转的预期保障程度。一般不单独设定，而是纳入部门（单位）整体支出绩效目标统筹考虑。

项目支出绩效目标是指中央部门依据部门职责和事业发展要求，设立并通过预算安排的项目支出在一定期限内预期达到的产出和效果。

部门(单位)整体支出绩效目标是指中央部门及其所属单位按照确定的职责,利用全部部门预算资金在一定期限内预期达到的总体产出和效果。

(二)按照时效性划分,包括中长期绩效目标和年度绩效目标。

中长期绩效目标是指中央部门预算资金在跨度多年的计划期内预期达到的产出和效果。年度绩效目标是指中央部门预算资金在一个预算年度内预期达到的产出和效果。

**第四条**　绩效目标管理是指财政部和中央部门及其所属单位以绩效目标为对象,以绩效目标的设定、审核、批复等为主要内容所开展的预算管理活动。

**第五条**　财政部和中央部门及其所属单位是绩效目标管理的主体。

**第六条**　绩效目标管理的对象是纳入中央部门预算管理的全部资金。

## 第二章　绩效目标的设定

**第七条**　绩效目标设定是指中央部门或其所属单位按照部门预算管理和绩效目标管理的要求,编制绩效目标并向财政部或中央部门报送绩效目标的过程。

绩效目标是部门预算安排的重要依据。未按要求设定绩效目标的项目支出,不得纳入项目库管理,也不得申请部门预算资金。

**第八条**　按照"谁申请资金,谁设定目标"的原则,绩效目标由中央部门及其所属单位设定。

项目支出绩效目标,在该项目纳入中央部门项目库之前编制,并按要求随同中央部门项目库提交财政部;部门(单位)整体支出绩效目标,在申报部门预算时编制,并按要求提交财政部。

**第九条**　绩效目标要能清晰反映预算资金的预期产出和效果,并以相应的绩效指标予以细化、量化描述。主要包括:

(一)预期产出,是指预算资金在一定期限内预期提供的公共产品和服务情况;

(二)预期效果,是指上述产出可能对经济、社会、环境等带来的影响情况,以及服务对象或项目受益人对该项产出和影响的满意程度等。

**第十条**　绩效指标是绩效目标的细化和量化描述,主要包括产出指标、效益指标和满意度指标等。

(一)产出指标是对预期产出的描述,包括数量指标、质量指标、时效指标、成本指标等。

(二)效益指标是对预期效果的描述,包括经济效益指标、社会效益指标、生态效益指标、可持续影响指标等。

(三)满意度指标是反映服务对象或项目受益人的认可程度的指标。

**第十一条**　绩效标准是设定绩效指标时所依据或参考的标准。一般包括:

(一)历史标准,是指同类指标的历史数据等;

(二)行业标准,是指国家公布的行业指标数据等;

(三)计划标准,是指预先制定的目标、计划、预算、定额等数据;

(四)财政部认可的其他标准。

**第十二条**　绩效目标设定的依据包括:

(一)国家相关法律、法规和规章制度,国民经济和社会发展规划;

(二)部门职能、中长期发展规划、年度工作计划或项目规划;

(三)中央部门中期财政规划;

(四)财政部中期和年度预算管理要求;

(五)相关历史数据、行业标准、计划标准等;

(六)符合财政部要求的其他依据。

**第十三条**　设定的绩效目标应当符合以下要求:

(一)指向明确。绩效目标要符合国民经济和社会发展规划、部门职能及事业发展规划等要求,并与相应的预算支出内容、范围、方向、效果等紧密相关。

(二)细化量化。绩效目标应当从数量、质量、成本、时效以及经济效益、社会效益、生态效益、可持续影响、满意度等方面进行细化,尽量进行定量表述。不能以量化形式表述的,可采用定性表述,但应具有可衡量性。

(三)合理可行。设定绩效目标时要经过调查研究和科学论证,符合客观实际,能够在一定期限内如期实现。

(四)相应匹配。绩效目标要与计划期内的任务数或计划数相对应,与预算确定的投资额或资金量相匹配。

**第十四条**　绩效目标申报表是所设定绩效目标的表现形式。其中,项目支出绩效目标涉及内容的相关信息,纳入项目文本中,通过提取信息的方式以确定格式(详见附1)生成;部门(单位)整体支出绩效目标,按照确定格式和内容(详见附2)填报,纳入部门预算编报说明中。

**第十五条**　绩效目标设定的方法包括:

（一）项目支出绩效目标的设定。

1. 对项目的功能进行梳理，包括资金性质、预期投入、支出范围、实施内容、工作任务、受益对象等，明确项目的功能特性。

2. 依据项目的功能特性，预计项目实施在一定时期内所要达到的总体产出和效果，确定项目所要实现的总体目标，并以定量和定性相结合的方式进行表述。

3. 对项目支出总体目标进行细化分解，从中概括、提炼出最能反映总体目标预期实现程度的关键性指标，并将其确定为相应的绩效指标。

4. 通过收集相关基准数据，确定绩效标准，并结合项目预期进展、预计投入等情况，确定绩效指标的具体数值。

（二）部门（单位）整体支出绩效目标的设定。

1. 对部门（单位）的职能进行梳理，确定部门（单位）的各项具体工作职责。

2. 结合部门（单位）中长期规划和年度工作计划，明确年度主要工作任务，预计部门（单位）在本年度内履职所要达到的总体产出和效果，将其确定为部门（单位）总体目标，并以定量和定性相结合的方式进行表述。

3. 依据部门（单位）总体目标，结合部门（单位）的各项具体工作职责和工作任务，确定每项工作任务预计要达到的产出和效果，从中概括、提炼出最能反映工作任务预期实现程度的关键性指标，并将其确定为相应的绩效指标。

4. 通过收集相关基准数据，确定绩效标准，并结合年度预算安排等情况，确定绩效指标的具体数值。

**第十六条** 绩效目标设定程序为：

（一）基层单位设定绩效目标。申请预算资金的基层单位按照要求设定绩效目标，随同本单位预算提交上级单位；根据上级单位审核意见，对绩效目标进行修改完善，按程序逐级上报。

（二）中央部门设定绩效目标。中央部门按要求设定本级支出绩效目标，审核、汇总所属单位绩效目标，提交财政部；根据财政部审核意见对绩效目标进行修改完善，按程序提交财政部。

## 第三章 绩效目标的审核

**第十七条** 绩效目标审核是指财政部或中央部门对相关部门或单位报送的绩效目标进行审查核实，并将审核意见反馈相关单位，指导其修改完善绩效目标的过程。

**第十八条** 按照“谁分配资金，谁审核目标”的原则，绩效目标由财政部或中央部门按照预算管理级次进行审核。根据工作需要，绩效目标可委托第三方予以审核。

**第十九条** 绩效目标审核是部门预算审核的有机组成部分。绩效目标不符合要求的，财政部或中央部门应要求报送单位及时修改、完善。审核符合要求后，方可进入项目库，并进入下一步预算编审流程。

**第二十条** 中央部门对所属单位报送的项目支出绩效目标和单位整体支出绩效目标进行审核。

有预算分配权的部门应对预算部门提交的有关项目支出绩效目标进行审核，并据此提出资金分配建议。经审核的项目支出绩效目标，报财政部备案。

**第二十一条** 财政部根据部门预算审核的范围和内容，对中央部门报送的项目支出绩效目标和部门（单位）整体支出绩效目标进行审核。对经有预算分配权的部门审核后的横向分配项目的绩效目标，财政部可根据需要进行再审核。

**第二十二条** 绩效目标审核的主要内容：

（一）完整性审核。绩效目标的内容是否完整，绩效目标是否明确、清晰。

（二）相关性审核。绩效目标的设定与部门职能、事业发展规划是否相关，是否对申报的绩效目标设定了相关联的绩效指标，绩效指标是否细化、量化。

（三）适当性审核。资金规模与绩效目标之间是否匹配，在既定资金规模下，绩效目标是否过高或过低；或者要完成既定绩效目标，资金规模是否过大或过小。

（四）可行性审核。绩效目标是否经过充分论证和合理测算；所采取的措施是否切实可行，并能确保绩效目标如期实现。综合考虑成本效益，是否有必要安排财政资金。

**第二十三条** 对一般性项目，由财政部或中央部门结合部门预算管理流程进行审核，提出审核意见。

对社会关注程度高、对经济社会发展具有重要影响、关系重大民生领域或专业技术复杂的重点项目，财政部或中央部门可根据需要将其委托给第三方，组织相关部门、专家学者、科研院所、中介机构、社会公众代表等共同参与审核，提出审核意见。

**第二十四条** 对项目支出绩效目标的审核，采用“项目支出绩效目标审核表”（详见附3）。其中，对一般性项目，采取定性审核的方式；对重点项目，采取定性审核和定量审核相结合的方式。

部门（单位）整体支出绩效目标的审核，可参考项目支出绩效目标的审核工具，提出审核意见。

**第二十五条** 项目支出绩效目标审核结果分为“优”、“良”、“中”、“差”四个等级，作为项目预算安排的重要参考因素。

审核结果为“优”的，直接进入下一步预算安排流程；审核结果为“良”的，可与相关部门或单位进行协商，直接对其绩效目标进行完善后，进入下一步预算安排流程；审核结果为“中”的，由相关部门或单位对其绩效目标进行修改完善，按程序重新报送审核；审核结果为“差”的，不得进入下一步预算安排流程。

**第二十六条**　绩效目标审核程序如下：

（一）中央部门及其所属单位审核。中央部门及其所属单位对下级单位报送的绩效目标进行审核，提出审核意见并反馈给下级单位。下级单位根据审核意见对相关绩效目标进行修改完善，重新提交上级单位审核，审核通过后按程序报送财政部。

（二）财政部审核。财政部对中央部门报送的绩效目标进行审核，提出审核意见并反馈给中央部门。中央部门根据财政部审核意见对相关绩效目标进行修改完善，重新报送财政部审核。财政部根据绩效目标审核情况提出预算安排意见，随预算资金一并下达中央部门。

## 第四章　绩效目标的批复、调整与应用

**第二十七条**　按照“谁批复预算，谁批复目标”的原则，财政部和中央部门在批复年初部门预算或调整预算时，一并批复绩效目标。原则上，中央部门整体支出绩效目标、纳入绩效评价范围的项目支出绩效目标和一级项目绩效目标，由财政部批复；中央部门所属单位整体支出绩效目标和二级项目绩效目标，由中央部门或所属单位按预算管理级次批复。

**第二十八条**　绩效目标确定后，一般不予调整。预算执行中因特殊原因确需调整的，应按照绩效目标管理要求和预算调整流程报批。

**第二十九条**　中央部门及所属单位应按照批复的绩效目标组织预算执行，并根据设定的绩效目标开展绩效监控、绩效自评和绩效评价。

（一）绩效监控。预算执行中，中央部门及所属单位应对资金运行状况和绩效目标预期实现程度开展绩效监控，及时发现并纠正绩效运行中存在的问题，力保绩效目标如期实现。

（二）绩效自评。预算执行结束后，资金使用单位应对照确定的绩效目标开展绩效自评，分别填写“项目支出绩效自评表”（详见附4）和“部门（单位）整体支出绩效自评表”（详见附5），形成相应的自评结果，作为部门（单位）预、决算的组成内容和以后年度预算申请、安排的重要基础。

（三）绩效评价。财政部或中央部门要有针对地选择部分重点项目或部门（单位），在资金使用单位绩效自评的基础上，开展项目支出或部门（单位）整体支出绩效评价，并对部分重大专项资金或财政政策开展中期绩效评价试点，形成相应的评价结果。

**第三十条**　中央部门应按照有关法律、法规要求，逐步将有关绩效目标随同部门预算予以公开。

## 第五章　附　　则

**第三十一条**　各部门可根据本办法，结合实际制定本部门具体绩效目标管理办法和实施细则，报财政部备案。

**第三十二条**　此前关于中央部门预算绩效目标管理的规定与本办法不一致的，适用本办法。

**第三十三条**　本办法由财政部负责解释。

**第三十四条**　本办法自印发之日起施行。

附件：（略）

# 中央部门预算绩效运行监控管理暂行办法

*1. 2019年7月26日财政部印发*
*2. 财预〔2019〕136号*

## 第一章　总　　则

**第一条**　为加强中央部门预算绩效运行监控（以下简称绩效监控）管理，提高预算执行效率和资金使用效益，根据《中共中央、国务院关于全面实施预算绩效管理的意见》的有关规定，制定本办法。

**第二条**　本办法所称绩效监控是指在预算执行过程中，财政部、中央部门及其所属单位依照职责，对预算执行情况和绩效目标实现程度开展的监督、控制和管理活动。

**第三条**　绩效监控按照“全面覆盖、突出重点，权责对等、约束有力，结果运用、及时纠偏”的原则，由财政部统一组织、中央部门分级实施。

## 第二章　职 责 分 工

**第四条**　财政部主要职责包括：

（一）负责对中央部门开展绩效监控的总体组织和指导工作；

（二）研究制定绩效监控管理制度办法；

（三）根据工作需要开展重点绩效监控；

（四）督促绩效监控结果应用；

（五）应当履行的其他绩效监控职责。

**第五条** 中央部门是实施预算绩效监控的主体。中央部门主要职责包括：

（一）牵头负责组织部门本级开展预算绩效监控工作，对所属单位的绩效监控情况进行指导和监督，明确工作要求，加强绩效监控结果应用等。按照要求向财政部报送绩效监控结果。

（二）按照“谁支出，谁负责”的原则，预算执行单位（包括部门本级及所属单位，下同）负责开展预算绩效日常监控，并定期对绩效监控信息进行收集、审核、分析、汇总、填报；分析偏离绩效目标的原因，并及时采取纠偏措施。

（三）应当履行的其他绩效监控职责。

## 第三章 监控范围和内容

**第六条** 中央部门绩效监控范围涵盖中央部门一般公共预算、政府性基金预算和国有资本经营预算所有项目支出。

中央部门应对重点政策和重大项目，以及巡视、审计、有关监督检查、重点绩效评价和日常管理中发现问题较多、绩效水平不高、管理薄弱的项目予以重点监控，并逐步开展中央部门及其所属单位整体预算绩效监控。

**第七条** 绩效监控内容主要包括：

（一）绩效目标完成情况。一是预计产出的完成进度及趋势，包括数量、质量、时效、成本等。二是预计效果的实现进度及趋势，包括经济效益、社会效益、生态效益和可持续影响等。三是跟踪服务对象满意度及趋势。

（二）预算资金执行情况，包括预算资金拨付情况、预算执行单位实际支出情况以及预计结转结余情况。

（三）重点政策和重大项目绩效延伸监控。必要时，可对重点政策和重大项目支出具体工作任务开展、发展趋势、实施计划调整等情况进行延伸监控。具体内容包括：政府采购、工程招标、监理和验收、信息公示、资产管理以及有关预算资金会计核算等。

（四）其他情况。除上述内容外其他需要实施绩效监控的内容。

## 第四章 监控方式和流程

**第八条** 绩效监控采用目标比较法，用定量分析和定性分析相结合的方式，将绩效实现情况与预期绩效目标进行比较，对目标完成、预算执行、组织实施、资金管理等情况进行分析评判。

**第九条** 绩效监控包括及时性、合规性和有效性监控。及时性监控重点关注上年结转资金较大、当年新增预算且前期准备不充分，以及预算执行环境发生重大变化等情况。合规性监控重点关注相关预算管理制度落实情况、项目预算资金使用过程中的无预算开支、超预算开支、挤占挪用预算资金、超标准配置资产等情况。有效性监控重点关注项目执行是否与绩效目标一致、执行效果能否达到预期等。

**第十条** 绩效监控工作是全流程的持续性管理，具体采取中央部门日常监控和财政部定期监控相结合的方式开展。对科研类项目可暂不开展年度中的绩效监控，但应在实施期内结合项目检查等方式强化绩效监控，更加注重项目绩效目标实现程度和可持续性。条件具备时，财政部门对中央部门预算绩效运行情况开展在线监控。

**第十一条** 每年8月，中央部门要集中对1－7月预算执行情况和绩效目标实现程度开展一次绩效监控汇总分析，具体工作程序如下：

（一）收集绩效监控信息。预算执行单位对照批复的绩效目标，以绩效目标执行情况为重点收集绩效监控信息。

（二）分析绩效监控信息。预算执行单位在收集上述绩效信息的基础上，对偏离绩效目标的原因进行分析，对全年绩效目标完成情况进行预计，并对预计年底不能完成目标的原因及拟采取的改进措施做出说明。

（三）填报绩效监控情况表。预算执行单位在分析绩效监控信息的基础上填写《项目支出绩效目标执行监控表》（附后），并作为年度预算执行完成后绩效评价的依据。

（四）报送绩效监控报告。中央部门年度集中绩效监控工作完成后，及时总结经验、发现问题、提出下一步改进措施，形成本部门绩效监控报告，并将所有一级项目《项目支出绩效目标执行监控表》于8月31日前报送财政部对口部门司和预算司。

## 第五章 结果应用

**第十二条** 绩效监控结果作为以后年度预算安排和政策制定的参考，绩效监控工作情况作为中央部门预算绩效管理工作考核的内容。

**第十三条** 中央部门通过绩效监控信息深入分析预算执行进度慢、绩效水平不高的具体原因，对绩效监控中发现的绩效目标执行偏差和管理漏洞，应及时采取分类处置措施予以纠正：

（一）对于因政策变化、突发事件等客观因素导致预算执行进度缓慢或预计无法实现绩效目标的，要本着实事求是的原则，及时按程序调减预算，并同步调整绩效目标。

（二）对于绩效监控中发现严重问题的，如预算执行与绩效目标偏离较大、已经或预计造成重大损失浪费或风险等情况，应暂停项目实施，相应按照有关程序调减预算并停止拨付资金，及时纠偏止损。已开始执行的政府采购项目应当按照相关程序办理。

**第十四条**　财政部要加强绩效监控结果应用。对中央部门绩效监控结果进行审核分析，对发现的问题和风险进行研判，督促相关部门改进管理，确保预算资金安全有效，保障党中央、国务院重大战略部署和政策目标如期实现。

对绩效监控过程中发现的财政违法行为，依照《中华人民共和国预算法》《财政违法行为处罚处分条例》等有关规定追究责任，报送同级政府和有关部门作为行政问责参考依据；发现重大违纪违法问题线索，及时移送纪检监察机关。

## 第六章　附　　则

**第十五条**　各中央部门可根据本办法，结合实际制定预算绩效监控具体管理办法或实施细则，报财政部备案。

**第十六条**　本办法自印发之日起施行。

附件：项目支出绩效目标执行监控表（略）

## 3. 地方预算

### 地方财政预算执行支出进度考核办法

*1. 2018年5月11日财政部发布*
*2. 财预〔2018〕69号*

#### 第一章 总 则

**第一条** 为全面贯彻落实党中央、国务院有关精神和要求，督促地方加快预算执行支出进度，提高财政资金使用效益，更好促进经济社会高质量发展，根据《中华人民共和国预算法》、《国务院关于深化预算管理制度改革的决定》（国发〔2014〕45号）、《国务院办公厅关于进一步做好盘活财政存量资金工作的通知》（国办发〔2014〕70号）等有关规定，制定本办法。

**第二条** 本办法考核对象为省（自治区、直辖市、计划单列市，以下统称省）级财政部门。对地市级、县级财政部门的考核工作，由省级财政部门按照本办法的精神统一部署。

**第三条** 地方财政预算执行支出进度考核为月度考核，考核月份为每年4月至12月。

#### 第二章 考核内容

**第四条** 一般公共预算支出进度考核：

$$\frac{\text{当年截至当月底的一般公共预算支出}}{\text{当年一般公共预算支出目标}}\times 100\%$$

当年一般公共预算支出目标＝当年本级一般公共预算收入＋税收返还收入＋转移支付收入－地方上解支出＋新增地方政府一般债券。

**第五条** 政府性基金预算支出进度考核：

$$\frac{\text{当年截至当月底的政府性基金预算支出}}{\text{当年政府性基金预算支出目标}}\times 100\%$$

当年政府性基金预算支出目标＝当年本级政府性基金预算支出＋新增地方政府专项债券。

**第六条** 盘活一般公共预算结转结余考核：

$$\frac{\text{当年截至当月底的一般公共预算结转结余}+\text{转移支付结转结余}}{\text{上年一般公共预算支出}}\times 100\%$$

**第七条** 盘活政府性基金预算结转结余考核：

$$\frac{\text{当年截至当月底的政府性基金预算结转结余}}{\text{上年政府性基金预算支出}}\times 100\%$$

**第八条** 盘活部门预算结转结余考核：

$$\frac{\text{当年截至当月底的部门预算结转结余}}{\text{上年部门决算财政拨款收入}}\times 100\%$$

**第九条** 地方财政运行分析考核：

$$\frac{\text{某省上报材料数}}{\text{各省上报材料总数}}\times 60\%+\frac{\text{某省被采用材料数}}{\text{各省被采用材料总数}}\times 40\%$$

其中：上报材料数为当年截至当月底上报财政部预算司的地方财政运行分析材料篇数，被采用数为财政部预算司采用上报或作为参考材料的篇数。

**第十条** 一般公共预算支出进度、政府性基金预算支出进度、地方财政运行分析按考核结果从高到低排名，盘活一般公共预算结转结余、盘活政府性基金预算结转结余、盘活部门预算结转结余按考核结果从低到高排名。考核结果将按月向各地财政部门公布，同时抄送省级人民政府和财政部驻当地财政监察专员办事处。

**第十一条** 同一项考核结果连续3次排名居后5位的地区，省级财政部门应于考核结果公布后5个工作日内向财政部提交工作改进方案，并抄送财政部驻当地财政监察专员办事处。对于排名持续靠后的地区，财政部将视情况提出整改要求或约谈。

**第十二条** 按照《财政管理工作绩效考核与激励办法》（财预〔2018〕4号）规定，上述考核结果将作为每年财政管理工作绩效考核相关指标的数据来源和重要依据。

**第十三条** 执行本办法需地方配合提供的数据，由省级财政部门统一汇总、核实，各级财政部门对本级数据准确性负责。财政部采取统一检查或个别抽查等方式进行督查。

**第十四条** 各级财政部门及有关工作人员在地方财政预算执行支出进度考核中存在弄虚作假、徇私舞弊等行为的，应当按照《中华人民共和国预算法》、《中华人民共和国公务员法》、《中华人民共和国监察法》、《财政违法行为处罚处分条例》等国家有关规定追究相应责任。涉嫌犯罪的，移送司法机关处理。

#### 第三章 附 则

**第十五条** 本办法自2018年5月11日起实施，由财政部预算司负责解释。2017年5月12日财政部发布的《地方财政收支考核暂行办法》（财预〔2017〕60号）同时废止。

## 地方预算执行动态监控工作督导考核办法

*1. 2017年9月20日财政部印发*
*2. 财库〔2017〕161号*

**第一条**　为督导地方加快推进预算执行动态监控工作,实现2018年建成地方预算执行动态监控体系的目标,根据《财政部关于进一步推进地方预算执行动态监控工作的指导意见》(财库〔2015〕73号),制定本办法。

**第二条**　本办法适用于对各省、自治区、直辖市、计划单列市财政厅(局)(以下简称省级财政部门)预算执行动态监控工作的督导考核。

**第三条**　督导考核工作遵循客观公正、突出重点、便于操作的原则。

**第四条**　督导考核工作由财政部组织实施。

**第五条**　督导考核年度为前一年10月1日至本年9月30日。

**第六条**　督导考核主要包括以下内容:

(一)管理制度情况。重点督导考核预算执行动态监控管理办法和操作规程的制定情况。

(二)工作机制情况。重点督导考核预算执行动态监控运作机制、工作互动机制、信息报告机制和违规问题处理机制的建立情况。

(三)技术支撑情况。重点督导考核预算执行动态监控系统(或模块)建设情况和功能情况。

(四)工作责任落实情况。重点督导考核省级财政部门对预算执行动态监控工作的组织领导情况和对下级财政部门动态监控工作的督查情况。

(五)省本级动态监控工作情况。重点督导考核已实施国库集中支付改革并纳入动态监控范围的省级预算单位数量情况、纳入动态监控范围的资金类型情况、预警规则的研究制定情况,以及动态监控岗位的设置情况。

(六)省以下工作推进情况。重点督导考核已实施国库集中支付改革并开展动态监控工作的地市和县区的数量情况。

(七)自评报告情况。重点督导考核自评报告的内容完整性和报送及时性等情况。

具体督导考核指标、分值和评分依据详见附件1《地方预算执行动态监控工作督导考核评分表》。

**第七条**　督导考核采取以下步骤:

(一)自查评价。省级财政部门按照本办法对督导考核年度工作进行自评和打分,形成《　　　省(区、市)预算执行动态监控工作自评报告》(具体格式见附件2),连同《地方预算执行动态监控工作督导考核评分表》《　　　省(区、市)预算执行动态监控基本情况表》(具体格式见附件3)及考核证明材料,于每年10月31日前以正式文件形式报送财政部。省级财政部门对自评报告的真实性、准确性负责。

(二)复核审定。财政部成立考核组对省级财政部门报送的自评报告及相关材料进行复核,形成复核意见,与省级财政部门充分交换意见后,确定考核结果。

**第八条**　督导考核采用百分制。考核结束后,财政部按考核得分高低排序,向省级财政部门通报考核结果。

每年11月30日前未报送自评报告及相关材料的,考核得分为零分。

**第九条**　财政部根据考核结果,对综合得分较低或某些方面问题突出的省份,以现场检查、约谈等方式进行跟踪督导。

**第十条**　省级财政部门可参照本办法,结合实际情况,制定本地区督导考核办法。

**第十一条**　财政部工作人员在督导考核过程中存在违反工作原则、程序等问题,依法依纪应当追究责任的,依照《中华人民共和国公务员法》《中华人民共和国行政监察法》等有关规定追究相应责任。

**第十二条**　本办法自印发之日起施行。

附件:(略)

## 地方预算支出进度考核办法

*1. 2014年7月23日财政部印发*
*2. 财预〔2014〕277号*

### 第一部分　总　　则

**第一条**　考核依据。为充分发挥财政职能作用,盘活存量财政资金,提高财政资金使用效益,根据《中华人民共和国预算法》、《财政部关于进一步加强地方财政结余结转资金管理的通知》(财预〔2013〕372号)和《财政部关于进一步加强财政支出预算执行管理的通知》(财预〔2014〕85号)有关规定,制定本办法。

**第二条**　考核对象。本办法考核对象为省(自治区、直辖市、计划单列市,以下简称省)级财政部门。对地市级、县级预算执行进度的考核工作,由省级财政部门按照本办法的精神,统一部署。

**第三条** 考核范围。除社会保险基金预算外,公共财政预算、政府性基金预算和国有资本经营预算均纳入本办法考核范围。

**第四条** 考核安排。地方预算支出进度考核包括月度考核和年度考核两部分。

## 第二部分 月度考核及结果运用

**第五条** 考核公式。月度考核主要分为四个部分:

(一)综合考核。

A = 当年两本预算累计支出 - 当年权责发生制列支累计增加额 + 当年财政专户余额累计减少额当年两本预算支出目标 + 上年底结余结转(不含基金) + 当年实际动用预算稳定调节金余额

其中:

①两本预算指公共财政预算和政府性基金预算。

②财政专户指除非税收入(含教育收费)、社会保险基金、国际金融组织还贷准备金专户外的全部财政专项支出专户。

③当年实际动用预算稳定调节金余额使用上年数据代替。

④当年两本预算支出目标 = 公共财政预算支出目标 + 政府性基金预算支出目标。

公共财政预算支出目标 = 收入预算数 + 税返及转移支付 - 地方上解 + 新发行地方政府债券(不含当年还本部分)

政府性基金预算支出目标在上年支出决算数基础上考虑适当增幅核定 2014 年增幅暂定 10%。

(二)单项考核。

1. 当年公共财政预算支出进度考核。

B = 公共财政预算累计支出公共财政预算支出目标 = b 支出 b 目标

2. 当年政府性基金预算支出进度考核。

C = 政府性基金预算累计支出政府性基金预算支出目标 = c 支出 c 目标

3. 消化存量资金考核。

D = A - b 支出 + c 支出 b 目标 + c 目标

**第六条** 考核结果运用。月度考核结果将按月对各地财政部门公布,同时一并抄送省级政府分管财政工作的领导。考核结果公布后 3 个工作日内,排名倒数 5 名以内的地区财政厅(局)需撰写情况说明,经一把手签字后报财政部。其中,半年内有 2 次或 2 次以上排名倒数 5 名以内的财政厅(局)主管副厅长,需于结果公布后 3 个工作日内到财政部预算司进行当面说明。

## 第三部分 年度考核及结果运用

**第七条** 考核办法。年度终了后,综合考虑月度考核结果、全年三本预算含国有资本经营预算。支出均衡性及暂存款、暂付款、结余结转等存量消化情况根据财预〔2013〕372 号文件要求,2014 年相关考核指标暂定为:①结余结转资金同比压缩 15% 以上,2013 年年底结余结转占公共财政支出比重已低于 9% 的地区要求只减不增;②财政暂付款同比压缩 30% 以上;③财政暂存款要求只减不增,统筹确定各地年终考评得分。

**第八条** 考核结果运用。年度考核结果将于次年年初向地方财政部门公布,同时一并抄送省级政府分管财政工作的领导。考核结果公布后 10 个工作日内,排名倒数 5 名以内的地区财政厅(局)需撰写情况说明,经一把手签字后报财政部。其中,排名倒数 5 名以内的地区财政厅(局)一把手需到财政部进行当面说明。此外,财政部在分配转移支付及税收返还资金时,将结合各地年度考核结果统筹考虑。

## 第四部分 附 则

**第九条** 数据质量。执行本办法需地方配合提供的数据,由省级财政部门统一汇总、核实,并对数据准确性负责。财政部将采取统一检查或个别抽查等方式进行督查。

**第十条** 实施时间。本办法自印发之日起实施,具体条款由财政部预算司负责解释。

# 地方预决算公开操作规程

*1. 2016 年 10 月 27 日财政部印发*

*2. 财预〔2016〕143 号*

## 一、总 则

**第一条** 为贯彻落实党的十八届三中全会关于建立全面规范、公开透明预算制度要求和党中央、国务院有关决策部署,进一步改进地方预决算公开工作,根据《中华人民共和国预算法》、《中华人民共和国政府信息公开条例》等法律法规规定,制定本规程。

**第二条** 本规程所称地方预决算,是指经地方各级人民代表大会或其常务委员会批准的预算、预算调整、决算、预算执行情况的报告及报表(以下简称政府预决算),以及经地方各级政府财政部门批复的部门预算、决算及报表(以下简称部门预决算)。

**第三条** 地方预决算公开的原则是:以公开为常态,不公开为例外，依法依规公开预决算。除涉及国家秘密外，不得少公开、不公开应当公开的事项，保证公开内容全面、真实、完整。通过公开进一步促进财政改革，促进财税政策落实，促进财政管理规范，促进政府效能提高。

**第四条**　地方预决算公开的基本要求是：公开及时，内容准确，形式规范。坚持问题导向，重视公开实效，聚焦社会热点，回应公众关切。方便社会监督，公开内容公众找得着、看得懂、能监督。

## 二、预决算公开职责

**第五条**　地方各级财政部门在本级政府信息公开工作主管部门领导下，组织开展本地区政府预决算公开工作，制定本地区预决算公开的规定，负责向社会公开政府预决算；指导和督促本级各部门和下级财政部门预决算公开工作，向本级政府信息公开工作主管部门和上一级政府财政部门报告本地区预决算公开情况。

**第六条**　地方各部门在本级政府信息公开工作主管部门领导下，组织开展本部门预决算公开工作，制定本部门预决算公开规定，负责向社会公开本部门预决算，向本级政府信息公开工作主管部门和本级政府财政部门报告本部门预决算公开情况。

**第七条**　地方各级财政部门和各部门应当树立依法公开观念，增强主动公开意识，切实履行主动公开责任；加强沟通合作，相互配合，共同推进本地区预决算公开工作。

## 三、预决算公开时间

**第八条**　政府预决算应当在本级人民代表大会或其常务委员会批准后20日内向社会公开。地方各级财政部门必须在法律规定的时限内公开，鼓励公开时间适当提前。

**第九条**　部门预决算应当在本级政府财政部门批复后20日内向社会公开。地方各部门必须在法律规定的时限内公开，鼓励公开时间适当提前，原则上在同一天集中公开。

## 四、政府预决算公开内容

**第十条**　地方各级财政部门应当公开一般公共预算、政府性基金预算、国有资本经营预算、社会保险基金预算四本预算。涉及国家秘密的除外。

**第十一条**　地方一般公共预算原则上至少公开6张报表，包括：①一般公共预算收入表。②一般公共预算支出表。③一般公共预算本级支出表。④一般公共预算本级基本支出表。⑤一般公共预算税收返还和转移支付表。⑥政府一般债务限额和余额情况表。

地方本级汇总的一般公共预算“三公”经费，包括预算总额，以及因公出国（境）费、公务用车购置及运行费（区分公务用车购置费、公务用车运行费两项）、公务接待费分项数额，由地方各级财政部门负责公开，并对增减变化情况进行说明。

**第十二条**　地方政府性基金预算原则上至少公开4张报表，包括：①政府性基金收入表。②政府性基金支出表。③政府性基金转移支付表。④政府专项债务限额和余额情况表。

**第十三条**　地方国有资本经营预算原则上至少公开2张报表，包括：①国有资本经营预算收入表。②国有资本经营预算支出表。对下安排转移支付的应当公开国有资本经营预算转移支付表。

**第十四条**　地方社会保险基金预算原则上至少公开2张报表，包括：①社会保险基金收入表。②社会保险基金支出表。没有数据的表格应当列出空表并说明。

**第十五条**　地方一般公共预算、政府性基金预算、国有资本经营预算和社会保险基金预算报表中涉及本级支出的，应当公开到功能分类项级科目。一般公共预算基本支出应当公开到经济性质分类款级科目，专项转移支付应当分地区、分项目公开。

**第十六条**　地方各级财政部门在公开政府预决算时，应当对财政转移支付安排、举借政府债务、预算绩效工作开展情况等重要事项进行解释、说明。

## 五、部门预决算公开内容

**第十七条**　地方部门预决算公开的内容为地方各级财政部门批复的部门预决算及报表，包括部门收支总体情况和财政拨款收支情况，其中：财政拨款收支情况包括一般公共预算、政府性基金预算、国有资本经营预算拨款收支情况。涉及国家秘密的除外。

**第十八条**　部门收支总体情况原则上至少公开3张报表，包括：①部门收支总体情况表。②部门收入总体情况表。③部门支出总体情况表。

财政拨款收支情况原则上至少公开5张报表，包括：①财政拨款收支总体情况表。②一般公共预算支出情况表。③一般公共预算基本支出情况表。④一般公共预算“三公”经费支出情况表。⑤政府性基金预算支出情况表。没有数据的表格应当列出空表并说明。

**第十九条**　一般公共预算支出情况表公开到功能分类项级科目。一般公共预算基本支出表公开到经济性质分类款级科目。一般公共预算“三公”经费支出表按“因公出国（境）费”、“公务用车购置及运行费”、“公务接待费”公开，其中，“公务用车购置及运行费”应当细化到“公务用车购置费”、“公务用车运行费”两个项目。

**第二十条**　地方各部门公开预决算的同时，应当一并公开本部门的职责、机构设置情况、预决算收支增减变化、机关运行经费安排以及政府采购等情况的说明，并对专业性较强的名词进行解释。

各地区应结合工作进展情况，推动各部门逐步公开国有资产占用、重点项目预算的绩效目标和绩效评价结果等情况。

本条第一款所称机关运行经费，是指各部门的公用经费，包括办公及印刷费、邮电费、差旅费、会议费、福利费、日常维修费、专用材料及一般设备购置费、办公用房水电费、办公用房取暖费、办公用房物业管理费、公务用车运行维护费以及其他费用。

## 六、预决算公开方式

**第二十一条**　地方各级财政部门和各部门建有门户网站的，应当在门户网站公开预决算，并永久保留，其中当年预决算应当公开在网站醒目位置；没有门户网站的，应当采取措施在公开媒体公开预决算，并积极推动门户网站建设。

**第二十二条**　自2017年起，地方各级财政部门应当在本级政府或财政部门门户网站上设立预决算公开统一平台（或专栏），将政府预决算、部门预决算在平台（或专栏）上集中公开。对在统一平台公开政府预决算、部门预决算，应当编制目录，对公开内容进行分类、分级，方便公众查阅和监督。

## 七、涉密事项管理

**第二十三条**　地方各级财政部门和各部门应当建立健全预决算公开保密审查机制，严格依照《中华人民共和国保守国家秘密法》、《中华人民共和国政府信息公开条例》等法律法规规定进行审查。

**第二十四条**　地方各级财政部门和各部门在依法公开政府预决算、部门预决算时，对涉及国家秘密的内容不予公开。部分内容涉及国家秘密的，在确保安全的前提下，按照下列原则处理：

（一）同一功能分类款级科目下，大部分项级科目涉密的，仅公开到该款级科目；

（二）同一功能分类类级科目下，大部分款级科目涉密的，仅公开到该类级科目；

（三）个别功能分类款级科目或项级科目涉密的，除不公开该涉密科目外，同一级次的“其他支出”科目也不公开。

## 八、保 障 措 施

**第二十五条**　地方各级财政部门应当加强对本地区预决算公开工作的指导，及时制定预决算公开规范，明确政府预决算和部门预决算公开时间、内容、程序，选择部分工作基础好的下级财政部门和有关部门制作公开模版，提供下级财政部门、本级各部门参照，提高本地区政府预决算、部门预决算公开的规范化水平。

**第二十六条**　地方各级财政部门要将预决算公开情况纳入地方财政工作考核范围，选择预决算公开的及时性、完整性、准确性、细化程度，以及公开形式是否规范、组织是否切实有效等指标，结合社会公众评价，对本级各部门和下级财政部门预决算公开情况进行考核。各部门要结合实际，将预决算公开纳入绩效考核范围，增强职能部门和相关人员责任。

**第二十七条**　地方各级财政部门应当在本级政府信息公开工作主管部门领导下，开展预决算公开检查。财政部驻各省、自治区、直辖市、计划单列市财政监察专员办事处（以下简称专员办）应当按照国务院要求，将地方预决算公开工作纳入日常监督范围，对地方预决算公开情况进行监督检查。

地方各级财政部门、专员办应当对预决算公开检查结果进行量化评价、排名，排名情况在系统内通报。检查中发现的问题要坚决曝光，监督整改。整改不力的可采取通报、约谈和现场督导等方式，督促整改到位。

**第二十八条**　地方预决算公开检查中发现依法应当追究责任的，应当移送政府信息公开工作主管部门和监察机关，建议其依照《中华人民共和国预算法》、《中华人民共和国政府信息公开条例》等法律法规的规定，对直接负责的主管人员和其他直接责任人员给予处分。

## 九、附　　则

**第二十九条**　本规程自印发之日起执行。地方各级财政部门可结合实际情况制定实施细则。

地方各级财政部门在执行中发现问题，应当及时向财政部报告。

## 4. 预算管理

# 预算评审管理暂行办法

*1. 2023年10月28日财政部发布*
*2. 财预〔2023〕95号*
*3. 自2024年1月1日起施行*

### 第一章　总　　则

**第一条**　为加强部门预算管理，促进预算评审科学化、规范化，提高财政资源配置效率，根据《中华人民共和国预算法》及其实施条例、《国务院关于进一步深化预算管理制度改革的意见》（国发〔2021〕5号）等有关规定，制定本办法。

**第二条**　本办法所称预算评审，是指各级财政部门对部门预算项目资金需求、支出标准等开展的评审活动，为预算编制、预算绩效管理等提供技术支撑。

**第三条**　财政部门开展预算评审工作，应遵循以下原则：

（一）依法依规。依据法律法规、政策文件、预算管理制度等开展预算评审，规范评审行为。

（二）科学合理。统筹兼顾经济社会发展水平和财力可能，科学合理分析、评定项目实施必要性、可行性，分析资金需求方案合理性。

（三）客观公正。推进预算评审程序化、规范化、标准化，公平、公正开展评审工作。

（四）绩效导向。落实全面实施预算绩效管理有关要求，与事前绩效评估、绩效目标管理等有效衔接，落实过紧日子要求，促进优化资源配置，提高资金使用效益。

### 第二章　管理职责

**第四条**　财政部门的主要职责：

（一）制定本级预算评审业务规范、操作规程等工作规定，完善预算评审制度；

（二）明确本级预算评审项目范围，选取项目开展评审；

（三）负责组织、监督预算评审的具体实施，组织运用评审结果；

（四）指导下级财政部门的预算评审工作。

**第五条**　评审项目的主管部门、申报单位应积极配合财政部门完成对本部门本单位项目所开展的预算评审工作。

### 第三章　预算评审范围

**第六条**　财政部组织对中央部门预算项目开展评审。

（一）优先开展评审的项目。符合以下条件之一的项目，按照"即有即评"原则分批开展评审。

1. 项目支出总额较大的项目，指特定目标类项目中资金需求总额在1亿元（含）以上的二级项目。

2. 年度资金需求较大的项目，指专项业务费和运转类项目中年度资金需求在1亿元（含）以上的二级项目。同一部门所属单位的相同性质二级项目合计年度资金需求在1亿元（含）以上的，作为一个项目开展评审。

3. 专业性强的项目，指特定目标类项目中资金需求总额在1亿元以下5000万元（含）以上的新设机构开办类、庆典会展类、维修改造及新建楼堂馆所等二级项目。

4. 技术复杂的项目，指特定目标类项目中资金需求总额在1亿元以下2000万元（含）以上的检验监测类、信息化建设类等二级项目。

（二）随机抽选评审的项目。财政部根据年度预算审核需要，结合预算评审任务情况，从项目库一定范围内随机抽选项目集中评审。对巡视、审计、财会监督、预算绩效管理等发现问题的项目，制定支出标准需要评审的项目和其他确有评审必要性的项目，可以单独安排抽选或提高抽选比例。抽选结果应内部公示。

**第七条**　地方各级财政部门负责组织对本级各部门预算项目开展评审，重点选取项目支出总额及年度资金需求大、专业性强、技术复杂的项目。具体范围和标准可参考中央财政评审，由地方财政部门自行规定。

**第八条**　按照节约高效原则，各级财政部门对以下项目原则上无需开展评审，相应不列入优先评审范围和随机抽选范围：

（一）人员类项目和公用经费项目；

（二）已出台政策或文件中明确资金数额的项目；

（三）已开展过预算评审且项目支出总额或年度资金需求未增加的项目；

（四）按同级财政部门规定或认定的支出标准和任务量可直接测算资金需求的项目；

（五）按规定由项目主管部门（指负责专项资金管理并审核相关单位申报项目的部门）负责评审并批复立项、可行性研究报告、任务书等文件的项目；

（六）项目内容敏感、知悉范围有严格限定的项目；

（七）项目支出总额低于同级财政部门规定金额

标准的项目；

（八）同级财政部门规定不需评审的其他项目。

## 第四章 评审内容和方法

**第九条** 预算评审要将项目的必要性、可行性、完整性、合规性、合理性、经济性以及绩效目标、支出标准等作为重点审核内容，其中延续性项目的评审应当将以前年度的预算执行情况、预算绩效管理情况等作为重要参考。

（一）项目的必要性、可行性、完整性。

1. 必要性。主要是项目立项依据是否充分，项目内容是否与国家有关重大决策部署、法律法规和有关行业政策、发展规划相符；与部门职责衔接是否紧密；与其他项目是否存在交叉重复。

2. 可行性。主要是项目实施方案是否具体可行、任务是否明确、实施条件是否具备，项目预算规模与计划方案、目标任务是否匹配，预期投资进度与预期工作进展是否匹配。

3. 完整性。主要是项目立项是否按规定履行相关程序，内容范围、目标任务、规模标准是否清晰明确，预算申报材料及相关依据资料是否齐全。

（二）预算的合规性、合理性、经济性。

1. 合规性。主要是项目内容是否符合财经法律法规等。

2. 合理性。主要是项目是否与经济社会发展水平、本级财力水平相适应，是否属于本级支出责任，支出内容是否真实，经费测算依据是否充分、方法是否得当等。

3. 经济性。主要是项目实施方案是否落实过紧日子要求，厉行勤俭节约，是否有利于降低成本；资金需求是否按照标准测算，是否精打细算。

（三）绩效目标审核。主要是对绩效目标的完整性、相关性、适当性、可行性、与项目资金需求的匹配性等进行审核。

（四）支出标准审核。主要是对编制预算时使用的支出标准是否适用进行审核。

（五）其他评审侧重点审核。根据项目实施需要，对项目性质、资金来源等情况进行审核。

**第十条** 围绕项目支出预算评审内容，综合运用政策评估、比较分析、工作量计算、成本效益分析、市场询价、专家咨询、现场核实等方法实施评审。

**第十一条** 预算评审的依据包括：

（一）国家相关法律、法规；

（二）国民经济和社会发展政策和规划；

（三）财政部门或财政部门会同相关部门出台的资金管理、预算管理、国有资产管理办法等；

（四）部门职能职责、中长期事业发展规划，以及年度工作计划、重点工作安排；

（五）项目立项依据文件，项目实施方案，合同及相关制度文件等；

（六）相关历史数据、行业标准、计划标准、支出标准等；

（七）以前年度预算绩效管理情况；

（八）其他项目相关的依据材料。

## 第五章 评审组织管理

**第十二条** 各级财政部门根据预算管理权限和预算评审范围规定，综合考虑事前绩效评估、绩效评价、支出标准制定等任务需求，合理确定预算评审任务，并明确相关项目评审的原则、依据、重点、时限等，下达给评审机构。

**第十三条** 各级财政部门要统筹安排事前绩效评估和预算评审工作。事前绩效评估已经对项目资金需求出具明确意见的，视为已开展预算评审。

**第十四条** 开展预算评审的一般程序为：

（一）前期准备。财政部门确定预算评审任务后，通知项目主管部门做好评审准备。项目主管部门和申报单位应当积极配合评审机构，按要求在规定时限内提供相关资料，并对所提供资料的真实性、合法性、完整性负责。

（二）制定方案。评审机构根据评审任务要求制定评审方案。评审方案应包括基本情况、评审重点关注内容、评审方法和依据、评审工作组成员、评审时间及进度安排等。

（三）实施评审。评审机构根据评审方案实施项目评审。评审中加强信息沟通，初步评审结论形成后，应及时反馈给组织评审的财政部门，由财政部门或者财政部门授权评审机构，与项目主管部门或申报单位正式交换意见。评审机构根据有关意见对评审结论进行完善，并出具评审报告。对评审报告存在较大争议或发现评审质量存在严重问题的，由评审机构进行复审或者财政部门选取其他评审机构重新评审。

（四）报告及归档。评审报告应包括基本情况、评审依据、评审结论、问题和建议，如有项目申报单位签署的意见或者需要特殊说明的情况，在报告中一并体现。出具报告后，评审机构应当及时整理评审资料，建立评审档案，将评审要件完整存入档案。

**第十五条** 各级财政部门应当加强预算评审工作的保密

管理，严控涉密项目知悉范围，严格涉密资料使用、保存、复制和销毁管理。

参与涉密项目评审的单位、中介机构、专家需具备国家保密法律法规要求的资质，满足相应场地、人员、设备、档案管理等条件，按照有关规定履行签署保密协议或保密承诺书等保密管理程序。

受委托的中介机构评审人员和评审专家不得对外透露评审工作中涉及的单位和项目相关信息。

## 第六章 评审机构和专家管理

**第十六条** 财政部预算评审中心等作为中央财政评审机构，承担财政部预算司组织确定并下达的评审任务，接受财政部部门预算管理司对评审项目相关政策业务的指导。

中央财政评审机构要聚焦客观公正开展评审工作，提升评审专业能力，提高评审工作效率。评审机构原则上在接到评审任务15个工作日内出具评审报告，对于集中下达的评审任务，在接到评审任务45个工作日内出具评审报告。

中央财政评审机构对评审报告负责，按照要求对评审报告进行解释和提供审计等监督部门。财政部部门预算管理司负责运用评审结果，对利用评审结果形成的预算安排予以解释，不得将预算审核主体责任转交评审机构。

**第十七条** 地方各级财政部门根据机构职能设置情况，可以由财政部门内设机构、具有评审职能的下属单位承担评审任务，或委托有相关资质的中介机构、组织专家等开展评审。地方财政评审机构要提升预算评审能力，严格评审工作纪律，做到客观公正。

**第十八条** 财政部门或评审机构委托中介机构从事评审的，应当严格按照政府采购、政府购买服务的制度和要求，采取公开招标、邀请招标、竞争性谈判、单一来源采购等方式择优选取专业能力突出、机构管理规范、执业信誉较好的中介机构参与评审工作，向中介机构付费应当符合相关规定。

接受委托的中介机构应当在委托方指导下独立开展评审工作。中介机构与项目申报单位有利益关联关系，或评审项目可能影响中介机构利益的，应主动回避，不得参与相关项目评审。中介机构参与相关项目评审后，不得向项目申报单位承揽设计、造价、招标代理、监理、审计等有利益关联关系的业务。同一中介机构不得接受不同主体委托开展对同一项目的论证、评审等工作。

**第十九条** 财政部门或评审机构组织专家评审的，应根据工作需要建立预算评审专家库，原则上应从专家库中随机抽取符合相关专业要求的专家开展评审，明确专家遴选、考评、退出等机制。

加强专家参与评审管理，严肃工作纪律和工作要求，接受委托的专家应当客观公正开展工作，对出具的评审意见负责。专家与项目申报单位存在聘用、合作等可能影响评审公正性关系的，应主动回避，不得参与相关项目评审。同一专家不得接受不同主体委托参与对同一项目的论证、评审等工作。

## 第七章 结果运用

**第二十条** 各级财政部门应当加强预算评审结果运用，结果运用的方式包括：

（一）将评审结果应用于预算安排。财政部门要将评审结果作为审核预算申请的参考。被评审项目预算安排金额一般不应超过评审结果，确需超出评审结果安排预算的，应由相关部门、财政部门严格论证后，在部门、单位预算审核测算过程中作出重点说明。

（二）提高部门预算编报质量。财政部门根据预算评审中发现的问题，向预算申报部门提出改进预算编制的意见建议。对评审中发现虚报基础数据或资金需求的部门、单位，财政部门可酌情核减部门、单位预算。对预算审减率低、预算申报质量较高的部门、单位，财政部门可在预算安排、绩效考核等方面予以激励。

（三）推进支出标准体系建设。各级财政部门应当结合预算评审，强化对评审数据的积累和有效利用，加强对同类项目评审情况的总结分析，逐步建立共性项目的支出标准和规范，推动工作重心由评审资金需求向制定完善支出标准拓展。

（四）支撑预算绩效标准体系建设。各级财政部门应加强共性项目绩效目标的审核分析，发挥预算评审支撑预算绩效标准体系建设的作用。

## 第八章 实施保障

**第二十一条** 预算评审所需经费按照“谁委托谁付费”的原则，由组织评审的财政部门承担。评审机构和专家不得向被评审单位收取任何费用。

**第二十二条** 各级财政部门应当严格按照法律、行政法规和制度规定组织开展预算评审。财政部门内设机构及工作人员不得违规指定评审机构，不得违规干预预算评审结果，不得向评审机构提出审减率等指令性要求，存在违反本办法规定，以及其他滥用职权、玩忽职守、徇私舞弊等违法违规行为的，依法依规追究相应责任。

评审机构及工作人员、参与评审专家、中介机构人员存在玩忽职守、滥用职权、徇私舞弊等违法违规行为的,依法依规追究相应责任。

### 第九章 附 则

**第二十三条** 各省、自治区、直辖市、计划单列市财政部门可根据本办法出台实施细则。

各部门自行开展的预算评审,可参照本办法有关原则,明确评审分工,规范评审程序,强化结果运用。

中国人民解放军、武装警察部队经费的预算评审管理,参照本办法执行。

**第二十四条** 本办法自2024年1月1日起施行。各级财政部门现有规定与本办法不一致的,按照本办法执行。

## 国务院关于进一步完善国有资本经营预算制度的意见

*1. 2024年1月1日发布*
*2. 国发〔2024〕2号*

各省、自治区、直辖市人民政府,国务院各部委、各直属机构:

国有资本经营预算,是国家以所有者身份依法取得国有资本收益并对所得收益进行分配而发生的各项收支预算,是政府预算的重要组成部分,是企业国有资产管理的重要内容,是落实国家战略、增强政府宏观调控能力、推进国有经济布局优化和结构调整的重要力量。为进一步完善国有资本经营预算制度,更好发挥国有资本经营预算的功能作用,现提出以下意见。

**一、总体要求**

以习近平新时代中国特色社会主义思想为指导,全面贯彻落实党的二十大精神,坚持稳中求进工作总基调,完整、准确、全面贯彻新发展理念,加快构建新发展格局,着力推动高质量发展,坚持和加强党的全面领导,坚持和完善社会主义基本经济制度,坚持社会主义市场经济改革方向,按照深化预算管理制度改革以及健全管资本为主的国有资产监管体制的要求,进一步完善国有资本经营预算制度,扩大实施范围,强化功能作用,健全收支管理,提升资金效能,支持国有资本和国有企业做强做优做大,提升企业核心竞争力,建立更加紧密的国有资本经营预算与国有资产报告衔接关系,切实发挥对宏观经济运行、国有经济布局结构的重要调控作用。

——坚持党的领导。将坚持和加强党的全面领导贯穿国有资本经营预算管理的全过程和各方面。坚决落实党中央决策部署,强化国有资本经营预算对落实党和国家重大政策的保障能力。

——推动全面覆盖。有序扩大国有资本经营预算实施范围,逐步实现国有企业应纳尽纳。严格落实预算法及其实施条例、公司法、企业国有资产法等法律法规规定,依法依规收取国有资本收益。

——支持企业发展。强化支持国有企业高质量发展的资本金注入,推动解决国有企业发展中的体制机制性问题,促进更好发挥国有经济战略支撑作用。

——体现全民共享。坚持在发展中保障和改善民生,国有资本经营预算主要用于促进国有企业高质量发展,夯实共同富裕的物质基础。兼顾企业发展和收益分配,分类分档确定国有资本收益上交比例,按规定安排部分资金调入一般公共预算,统筹用于保障和改善民生。

——优化布局结构。聚焦推进国有经济布局优化和结构调整,推动国有资本向关系国家安全、国民经济命脉的重要行业和关键领域集中,向关系国计民生的公共服务、应急能力、公益性领域等集中,向前瞻性战略性新兴产业集中,促进经济高质量发展。

——提升预算绩效。深入落实党中央、国务院关于全面实施预算绩效管理的决策部署,将国有资本经营预算支出纳入绩效管理,推动预算与绩效深度融合,全面提升资金效能。

到"十四五"末,基本形成全面完整、结构优化、运行顺畅、保障有力的国有资本经营预算制度。国有资本经营预算的功能定位更加清晰,对宏观经济运行、优化国有经济布局的调控作用更加有效,收支政策的前瞻性、导向性更加彰显,支持国有企业高质量发展的资本金注入渠道更加畅通稳定。

**二、完善国有资本收益上交机制**

(一)扩大国有资本经营预算覆盖范围。政府授权的机构(部门)等履行出资人职责的企业(即一级企业),应按规定上交国有资本收益,法律法规另有规定的除外。国有资本收益包括国有独资企业和国有独资公司应交利润、国有控股和参股企业国有股股息红利、国有产权转让收入、企业清算收入等。加快推进党政机关和事业单位所办一级企业按规定上交国有资本收益。凭借国家权力和信用支持的金融机构所形成的资本和应享有的权益，纳入国有金融资本管理，法律法规另有规定的除外。

（二）健全国有独资企业和国有独资公司收益上交机制。国有独资企业和国有独资公司以年度归属于母公司所有者的净利润为基础，依法扣除以前年度未弥补亏损、提取的法定公积金等后，按一定比例计算上交收益。各级政府要根据行业、企业类型等，完善国有独资企业和国有独资公司上交收益比例分类分档规则，健全动态调整机制。需要作出调整的，由本级财政部门会同政府授权履行出资人职责的机构（部门）提出建议，报本级政府批准后执行。新增企业适用的分类分档上交收益比例，由本级财政部门商有关单位审核确认。法律法规另有规定的，依其规定执行。

（三）优化国有控股、参股企业国有股收益上交机制。国有控股、参股企业按照市场化、法治化原则建立健全分红机制。政府授权履行出资人职责的机构（部门）以及有关党政机关和事业单位（以下统称出资人单位）研究提出国有控股、参股企业利润分配意见时，应当统筹考虑国有经济布局优化和结构调整总体要求，企业所处行业特点、发展阶段、财务状况、发展规划以及其他股东意见等，所提意见的利润分配原则上不低于同类国有独资企业和国有独资公司收益上交水平。出资人单位应督促国有控股企业依法及时制定利润分配方案，股东（大）会审议决定上年利润分配方案的时间原则上不晚于当年 9 月底，利润分配方案通过后，企业应及时按规定上交国有股股息红利。

（四）加强国有资本经营预算收入管理。收入预算要根据企业年度盈利情况和国有资本收益收取政策等合理测算，上年结余资金应一并纳入收入预算编制范围。纳入国有资本经营预算覆盖范围的企业，要确保利润数据真实可靠，及时足额申报和上交收益，按照政策规定免交收益的应当零申报。规范完善国有资本收益上交渠道和方式。划转充实社保基金的国有资本，其收益不纳入国有资本经营预算管理，按照《国务院关于印发划转部分国有资本充实社保基金实施方案的通知》（国发〔2017〕49 号）等文件规定执行。

## 三、提升国有资本经营预算支出效能

（五）优化支出结构。国有资本经营预算安排要切实贯彻党的路线方针政策，聚焦关键领域和薄弱环节，增强对国家重大战略任务的财力保障，强化资本金注入，提高资金配置效率，更好发挥对重要行业产业发展的引领作用。重点用于落实党中央、国务院决策部署，保障国家战略、安全等需要，支持国有企业高质量发展，推进国有经济布局优化和结构调整，对下级政府特定事项的转移支付等。

（六）加强支出管理。国有企业可根据国有资本经营预算重点支持方向和企业发展需要，向出资人单位申报资金需求。要强化支出预算审核和管理，坚持政策导向，区分轻重缓急，提升资金安排使用的科学性、有效性和精准性。严格预算约束，严禁超预算或者无预算安排支出。资金拨付严格执行国库集中支付制度。资本性支出应及时按程序用于增加资本金，严格执行企业增资有关规定，落实国有资本权益，资金注入后形成国家股权和企业法人财产，由企业按规定方向和用途统筹使用，一般无需层层注资，确需收回的依法履行减资程序。费用性支出要严格按规定使用，结余资金主动交回财政。

（七）推进预算绩效管理。建立对重大支出政策的事前绩效评估机制，强化绩效目标管理，做好绩效运行监控，加强绩效评价和结果应用。探索开展国有资本经营预算整体绩效评价，具备条件的地区要开展整体绩效评价试点，重点关注落实国家战略情况、支出结构、政策效果等，全面提升政策效能和资金效益。

## 四、完善国有资本经营预算管理工作

（八）加强国有企业名录管理。出资人单位应当定期统计所出资企业的数量、资产权益、损益等情况，建立所出资国有企业名录；财政部门汇总建立本级国有企业名录，为收支预算测算提供有效支撑。

（九）完善预算编报。国有资本经营预算应当按照收支平衡的原则编制，不列赤字。各级政府要严格执行预算法及其实施条例等规定，细化完善预算编报，提高国有资本经营预算草案编制质量。提交本级人大审查的预算草案中，收入预算应按行业或企业编列，并说明企业上年总体经营财务状况；支出预算应按使用方向和用途编列，并说明项目安排的依据和绩效目标。

（十）主动接受人大和审计监督。全面落实人大关于加强预算审查监督和国有资产管理情况监督的各项要求，健全预算管理和资产管理相衔接的工作机制，更好配合人大和审计审查监督工作。

## 五、组织实施

（十一）加强组织领导。深入贯彻落实习近平总书记关于健全现代预算制度和发展国有经济的重要指示批示精神，充分认识进一步完善国有资本经营预算制度的重要意义，确保党的领导在国有资本经营预算管理全过程得到充分体现和切实加强。各地区、各有关部门和单位要支持国有企业依法自主经营，依法依规做好国有资本收益收取、国有资本经营预算管理等工作。各国有企业党委(党组)要将完善国有资本经营预算管理纳入党委(党组)重要议事日程。

(十二)切实抓好贯彻落实。财政部门要切实履行国有资本经营预算管理和指导职责，组织做好国有资本经营预决算草案编制、国有资本收益收取等工作。出资人单位作为国有资本经营预算单位，要组织和监督所出资企业上交国有资本收益，向财政部门提出国有资本经营预算建议草案，根据预算管理要求和财政部门下达的预算控制数合理细化预算，加强对其出资企业资金使用、决算的审核监督。

(十三)建立健全保障机制。财政部门、出资人单位等要健全内部工作机制，加强组织保障，提高国有资本经营预算管理科学化、规范化水平。强化信息技术支撑，推进预算管理一体化系统建设，完善国有资本经营预算编制、执行、信息统计等各项功能。加大政策宣传和交流培训力度，提高有关工作人员的业务能力和水平。

## 中共中央、国务院关于全面实施预算绩效管理的意见

*1. 2018年9月1日发布*
*2. 中发〔2018〕34号*

全面实施预算绩效管理是推进国家治理体系和治理能力现代化的内在要求，是深化财税体制改革、建立现代财政制度的重要内容，是优化财政资源配置、提升公共服务质量的关键举措。为解决当前预算绩效管理存在的突出问题，加快建成全方位、全过程、全覆盖的预算绩效管理体系，现提出如下意见。

### 一、全面实施预算绩效管理的必要性

党的十八大以来，在以习近平同志为核心的党中央坚强领导下，各地区各部门认真贯彻落实党中央、国务院决策部署，财税体制改革加快推进，预算管理制度持续完善，财政资金使用绩效不断提升，对我国经济社会发展发挥了重要支持作用。但也要看到，现行预算绩效管理仍然存在一些突出问题，主要是：绩效理念尚未牢固树立，一些地方和部门存在重投入轻管理、重支出轻绩效的意识；绩效管理的广度和深度不足，尚未覆盖所有财政资金，一些领域财政资金低效无效、闲置沉淀、损失浪费的问题较为突出，克扣挪用、截留私分、虚报冒领的问题时有发生；绩效激励约束作用不强，绩效评价结果与预算安排和政策调整的挂钩机制尚未建立。

当前，我国经济已由高速增长阶段转向高质量发展阶段，正处在转变发展方式、优化经济结构、转换增长动力的攻关期，建设现代化经济体系是跨越关口的迫切要求和我国发展的战略目标。发挥好财政职能作用，必须按照全面深化改革的要求，加快建立现代财政制度，建立全面规范透明、标准科学、约束有力的预算制度，以全面实施预算绩效管理为关键点和突破口，解决好绩效管理中存在的突出问题，推动财政资金聚力增效，提高公共服务供给质量，增强政府公信力和执行力。

### 二、总体要求

(一)指导思想。以习近平新时代中国特色社会主义思想为指导，全面贯彻党的十九大和十九届二中、三中全会精神，坚持和加强党的全面领导，坚持稳中求进工作总基调，坚持新发展理念，紧扣我国社会主要矛盾变化，按照高质量发展的要求，紧紧围绕统筹推进"五位一体"总体布局和协调推进"四个全面"战略布局，坚持以供给侧结构性改革为主线，创新预算管理方式，更加注重结果导向、强调成本效益、硬化责任约束，力争用3-5年时间基本建成全方位、全过程、全覆盖的预算绩效管理体系，实现预算和绩效管理一体化，着力提高财政资源配置效率和使用效益，改变预算资金分配的固化格局，提高预算管理水平和政策实施效果，为经济社会发展提供有力保障。

(二)基本原则

——坚持总体设计、统筹兼顾。按照深化财税体制改革和建立现代财政制度的总体要求，统筹谋划全面实施预算绩效管理的路径和制度体系。既聚焦解决当前最紧迫问题，又着眼健全长效机制；既关注预算资金的直接产出和效果，又关注宏观政策目标的实现程度；既关注新出台政策、项目的科学性和精准度，又兼顾延续政策、项目的必要性和有效性。

——坚持全面推进、突出重点。预算绩效管理既要全面推进，将绩效理念和方法深度融入预算编制、执行、监督全过程，构建事前事中事后绩效管理闭环系统，又要突出重点，坚持问题导向，聚焦提升覆盖面广、社会关注度高、持续时间长的重大政策、项目的实施效果。

——坚持科学规范、公开透明。抓紧健全科学规范的管理制度，完善绩效目标、绩效监控、绩效评价、结果应用等管理流程，健全共性的绩效指标框架和分行业领域的绩效指标体系，推动预算绩效管理标准科学、程序规范、方法合理、结果可信。大力推进绩效信息公开透明，主动向同级人大报告、向社会公开，自觉接受人大和社会各界监督。

——坚持权责对等、约束有力。建立责任约束制度，明确各方预算绩效管理职责，清晰界定权责边界。健全激励约束机制，实现绩效评价结果与预算安排和政策调整挂钩。增强预算统筹能力，优化预算管理流程，调动地方和部门的积极性、主动性。

**三、构建全方位预算绩效管理格局**

（三）实施政府预算绩效管理。将各级政府收支预算全面纳入绩效管理。各级政府预算收入要实事求是、积极稳妥、讲求质量，必须与经济社会发展水平相适应，严格落实各项减税降费政策，严禁脱离实际制定增长目标，严禁虚收空转、收取过头税费，严禁超出限额举借政府债务。各级政府预算支出要统筹兼顾、突出重点、量力而行，着力支持国家重大发展战略和重点领域改革，提高保障和改善民生水平，同时不得设定过高民生标准和擅自扩大保障范围，确保财政资源高效配置，增强财政可持续性。

（四）实施部门和单位预算绩效管理。将部门和单位预算收支全面纳入绩效管理，赋予部门和资金使用单位更多的管理自主权，围绕部门和单位职责、行业发展规划，以预算资金管理为主线，统筹考虑资产和业务活动，从运行成本、管理效率、履职效能、社会效应、可持续发展能力和服务对象满意度等方面，衡量部门和单位整体及核心业务实施效果，推动提高部门和单位整体绩效水平。

（五）实施政策和项目预算绩效管理。将政策和项目全面纳入绩效管理，从数量、质量、时效、成本、效益等方面，综合衡量政策和项目预算资金使用效果。对实施期超过一年的重大政策和项目实行全周期跟踪问效，建立动态评价调整机制，政策到期、绩效低下的政策和项目要及时清理退出。

**四、建立全过程预算绩效管理链条**

（六）建立绩效评估机制。各部门各单位要结合预算评审、项目审批等，对新出台重大政策、项目开展事前绩效评估，重点论证立项必要性、投入经济性、绩效目标合理性、实施方案可行性、筹资合规性等，投资主管部门要加强基建投资绩效评估，评估结果作为申请预算的必备要件。各级财政部门要加强新增重大政策和项目预算审核，必要时可以组织第三方机构独立开展绩效评估，审核和评估结果作为预算安排的重要参考依据。

（七）强化绩效目标管理。各地区各部门编制预算时要贯彻落实党中央、国务院各项决策部署，分解细化各项工作要求，结合本地区本部门实际情况，全面设置部门和单位整体绩效目标、政策及项目绩效目标。绩效目标不仅要包括产出、成本，还要包括经济效益、社会效益、生态效益、可持续影响和服务对象满意度等绩效指标。各级财政部门要将绩效目标设置作为预算安排的前置条件，加强绩效目标审核，将绩效目标与预算同步批复下达。

（八）做好绩效运行监控。各级政府和各部门各单位对绩效目标实现程度和预算执行进度实行“双监控”，发现问题要及时纠正，确保绩效目标如期保质保量实现。各级财政部门建立重大政策、项目绩效跟踪机制，对存在严重问题的政策、项目要暂缓或停止预算拨款，督促及时整改落实。各级财政部门要按照预算绩效管理要求，加强国库现金管理，降低资金运行成本。

（九）开展绩效评价和结果应用。通过自评和外部评价相结合的方式，对预算执行情况开展绩效评价。各部门各单位对预算执行情况以及政策、项目实施效果开展绩效自评，评价结果报送本级财政部门。各级财政部门建立重大政策、项目预算绩效评价机制，逐步开展部门整体绩效评价，对下级政府财政运行情况实施综合绩效评价，必要时可以引入第三方机构参与绩效评价。健全绩效评价结果反馈制度和绩效问题整改责任制，加强绩效评价结果应用。

**五、完善全覆盖预算绩效管理体系**

（十）建立一般公共预算绩效管理体系。各级政府要加强一般公共预算绩效管理。收入方面，要重点关注收入结构、征收效率和优惠政策实施效果。支出方面，要重点关注预算资金配置效率、使用效益，特别是重大政策和项目实施效果，其中转移支付预算绩效管理要符合财政事权和支出责任划分规定，重点关注促进地区间财力协调和区域均衡发展。同时，积极开展涉及一般公共预算等财政资金的政府投资基金、主权财富基金、政府和社会资本合作（PPP）、政府采购、政府购买服务、政府债务项目绩效管理。

（十一）建立其他政府预算绩效管理体系。除一般公共预算外，各级政府还要将政府性基金预算、国有资本经营预算、社会保险基金预算全部纳入绩效管理，加强四本预算之间的衔接。政府性基金预算绩效管理，要重点关注基金政策设立延续依据、征收标准、使用效果等情况，地方政府还要关注其对专项债务的支撑能力。国有资本经营预算绩效管理，要重点关注贯彻国家战略、收益上缴、支出结构、使用效果等情况。社会保险基金预算绩效管理，要重点关注各类社会保险基金收支政策效果、基金管理、精算平衡、地区结构、运行风险等情况。

## 六、健全预算绩效管理制度

（十二）完善预算绩效管理流程。围绕预算管理的主要内容和环节，完善涵盖绩效目标管理、绩效运行监控、绩效评价管理、评价结果应用等各环节的管理流程，制定预算绩效管理制度和实施细则。建立专家咨询机制，引导和规范第三方机构参与预算绩效管理，严格执业质量监督管理。加快预算绩效管理信息化建设，打破“信息孤岛”和“数据烟囱”，促进各级政府和各部门各单位的业务、财务、资产等信息互联互通。

（十三）健全预算绩效标准体系。各级财政部门要建立健全定量和定性相结合的共性绩效指标框架。各行业主管部门要加快构建分行业、分领域、分层次的核心绩效指标和标准体系，实现科学合理、细化量化、可比可测、动态调整、共建共享。绩效指标和标准体系要与基本公共服务标准、部门预算项目支出标准等衔接匹配，突出结果导向，重点考核实绩。创新评估评价方法，立足多维视角和多元数据，依托大数据分析技术，运用成本效益分析法、比较法、因素分析法、公众评判法、标杆管理法等，提高绩效评估评价结果的客观性和准确性。

## 七、硬化预算绩效管理约束

（十四）明确绩效管理责任约束。按照党中央、国务院统一部署，财政部要完善绩效管理的责任约束机制，地方各级政府和各部门各单位是预算绩效管理的责任主体。地方各级党委和政府主要负责同志对本地区预算绩效负责，部门和单位主要负责同志对本部门本单位预算绩效负责，项目责任人对项目预算绩效负责，对重大项目的责任人实行绩效终身责任追究制，切实做到花钱必问效、无效必问责。

（十五）强化绩效管理激励约束。各级财政部门要抓紧建立绩效评价结果与预算安排和政策调整挂钩机制，将本级部门整体绩效与部门预算安排挂钩，将下级政府财政运行综合绩效与转移支付分配挂钩。对绩效好的政策和项目原则上优先保障，对绩效一般的政策和项目要督促改进，对交叉重复、碎片化的政策和项目予以调整，对低效无效资金一律削减或取消，对长期沉淀的资金一律收回并按照有关规定统筹用于亟需支持的领域。

## 八、保障措施

（十六）加强绩效管理组织领导。坚持党对全面实施预算绩效管理工作的领导，充分发挥党组织的领导作用，增强把方向、谋大局、定政策、促改革的能力和定力。财政部要加强对全面实施预算绩效管理工作的组织协调。各地区各部门要加强对本地区本部门预算绩效管理的组织领导，切实转变思想观念，牢固树立绩效意识，结合实际制定实施办法，加强预算绩效管理力量，充实预算绩效管理人员，督促指导有关政策措施落实，确保预算绩效管理延伸至基层单位和资金使用终端。

（十七）加强绩效管理监督问责。审计机关要依法对预算绩效管理情况开展审计监督，财政、审计等部门发现违纪违法问题线索，应当及时移送纪检监察机关。各级财政部门要推进绩效信息公开，重要绩效目标、绩效评价结果要与预决算草案同步报送同级人大、同步向社会主动公开，搭建社会公众参与绩效管理的途径和平台，自觉接受人大和社会各界监督。

（十八）加强绩效管理工作考核。各级政府要将预算绩效结果纳入政府绩效和干部政绩考核体系，作为领导干部选拔任用、公务员考核的重要参考，充分调动各地区各部门履职尽责和干事创业的积极性。各级财政部门负责对本级部门和预算单位、下级财政部门预算绩效管理工作情况进行考核。建立考核结果通报制度，对工作成效明显的地区和部门给予表彰，对工作推进不力的进行约谈并责令限期整改。

全面实施预算绩效管理是党中央、国务院作出的重大战略部署，是政府治理和预算管理的深刻变革。各地区各部门要更加紧密地团结在以习近平同志为核心的党中央周围，把思想认识和行动统一到党中央、国务院决策部署上来，增强“四个意识”，坚定“四个自信”，提高政治站位，把全面实施预算绩效管理各项措施落到实处，为决胜全面建成小康社会、夺取新时代中国特色社会主义伟大胜利、实现中华民族伟大复兴的中国梦奠定坚实基础。

## 财政部关于进一步完善中央部门项目支出预算管理的通知

*1. 2017年6月21日发布*
*2. 财预〔2017〕96号*

党中央有关部门，国务院各部委、各直属机构，中央军委后勤保障部，武警各部队，全国人大常委会办公厅，政协全国委员会办公厅，高法院，高检院，各民主党派中央，有关人民团体，有关中央管理企业：

为深化预算管理制度改革，提高中央部门预算管理水平，现就进一步完善项目支出预算管理有关工作通知如下：

**一、完善专用一级项目**

部门应对照“三定”方案，结合业务特点和管理需要，调整完善专用一级项目设置，更加集中、直观反映部门主要职责和工作任务，将一级项目数量控制在合理范围内。部门单项职责涉及支出规模较小的，应将多项职责合并设置一级项目；单项职责涉及支出规模较大的，应对职责适当细化后设置一级项目。

**二、增设通用一级项目**

从编制2018年预算起，增设“资产运行维护”和“信息化运行维护”通用一级项目。部门安排用于房屋、设备设施，以及办公电子设备、信息系统等的运行维护支出原则上通过公用经费解决，对于确需通过项目支出安排的大型专用设备设施、专业信息系统的运行维护支出（教育、科学等归口管理的横向支出除外），应分别纳入“资产运行维护”和“信息化运行维护”项目。原通过公用经费安排的相关运行维护支出，仍通过公用经费解决，不得转列项目支出。部门已设置的专用一级项目与“资产运行维护”和“信息化运行维护”项目内容重叠的，从编制2019年预算起取消，2017年已批复执行的二级项目2017—2018年继续按原项目执行。

**三、整合归并同类支出**

部门要完善项目预算编制，改进项目管理方式，增强预算统筹能力。支出性质相同的预算事项原则上不按照司（局）、处（室）分别编报二级项目，应进行归类整合后合并编制，具体支出事项作为项目的子活动进行管理，避免对同类支出的管理碎片化。

**四、规范委托事项管理**

除自身不具备实施条件外，机关不得将应由自身承担的工作任务或直接提供的服务委托给所属事业单位或本部门以外的其他单位承担，也不得将相关项目支出直接列入所属事业单位预算。对于确因自身不具备实施条件，需要委托其他单位完成的工作任务，应按照政府采购和政府购买服务有关规定实施，通过合同形式委托受托单位完成相关任务，向其支付合理、必要费用。

**五、加强项目评审、评估和绩效评价**

（一）扩大项目预算评审范围。2017年部门开展预算评审的项目支出数额占项目库中应评审项目支出总额的比例要达到50%以上。申报的新增项目属于应评审范围的，原则上全部评审。

（二）建立动态评估清理机制。财政部将每年选择部分中长期支出政策或重大项目进行滚动评估，评估结果作为安排预算和调整支出政策的重要依据。部门也应建立类似的评估清理机制，取消政策目标已实现或不再具备实施条件的项目；调整条件形势变化、未达到预期效果或支出标准不可持续的项目；整合投向趋同、交叉或政策碎片化的项目。

（三）健全项目绩效评价管理。提高项目绩效目标编报质量，全面开展项目绩效目标执行监控，健全项目绩效自评体系，确保绩效自评结果客观、准确。建立完善重大项目支出绩效评价机制，加强项目绩效信息公开。

**六、完善激励约束机制**

（一）绩效评价结果与项目支出预算安排挂钩。财政部开展绩效评价的结果作为调整预算安排或相关支出政策的重要依据。上年绩效自评和重点绩效评价的结果，部门应在预算编制中充分应用。

（二）预算评审情况与部门整体预算安排挂钩。按10%设置预算评审容忍度，财政部开展的项目预算评审，凡整体审减率超出容忍度的部门，要压减部门下一年度预算，并扣减三年支出规划数。

**七、严肃追责问责**

（一）加强内控机制建设。部门入库项目，除必须满足入库的各项必备立项条件外，必须经过项目单位的内部审核和决策程序，项目立项、编报和审核责任要明确到人，落实到位，有效控制项目支出管理风险。

（二）发现问题严肃问责。在项目支出管理过程中，如发现问题，将要求有关部门按规定对项目单位及相关责任人进行追责问责。

# 二、财政收入

## 资料补充栏

# 1. 税　收

## （1）税收征管

### ①一般规定

## 中华人民共和国税收征收管理法

*1. 1992年9月4日第七届全国人民代表大会常务委员会第二十七次会议通过*
*2. 根据1995年2月28日第八届全国人民代表大会常务委员会第十二次会议《关于修改〈中华人民共和国税收征收管理法〉的决定》第一次修正*
*3. 2001年4月28日第九届全国人民代表大会常务委员会第二十一次会议修订*
*4. 根据2013年6月29日第十二届全国人民代表大会常务委员会第三次会议《关于修改〈中华人民共和国文物保护法〉等十二部法律的决定》第二次修正*
*5. 根据2015年4月24日第十二届全国人民代表大会常务委员会第十四次会议《关于修改〈中华人民共和国港口法〉等七部法律的决定》第三次修正*

目　　录



### 第一章　总　　则

**第一条　【立法目的】**为了加强税收征收管理，规范税收征收和缴纳行为，保障国家税收收入，保护纳税人的合法权益，促进经济和社会发展，制定本法。

**第二条　【适用范围】**凡依法由税务机关征收的各种税收的征收管理，均适用本法。

**第三条　【法律适用】**税收的开征、停征以及减税、免税、退税、补税，依照法律的规定执行；法律授权国务院规定的，依照国务院制定的行政法规的规定执行。

任何机关、单位和个人不得违反法律、行政法规的规定，擅自作出税收开征、停征以及减税、免税、退税、补税和其他同税收法律、行政法规相抵触的决定。

**第四条　【纳税人】**法律、行政法规规定负有纳税义务的单位和个人为纳税人。

法律、行政法规规定负有代扣代缴、代收代缴税款义务的单位和个人为扣缴义务人。

纳税人、扣缴义务人必须依照法律、行政法规的规定缴纳税款、代扣代缴、代收代缴税款。

**第五条　【税务主管】**国务院税务主管部门主管全国税收征收管理工作。各地国家税务局和地方税务局应当按照国务院规定的税收征收管理范围分别进行征收管理。

地方各级人民政府应当依法加强对本行政区域内税收征收管理工作的领导或者协调，支持税务机关依法执行职务，依照法定税率计算税额，依法征收税款。

各有关部门和单位应当支持、协助税务机关依法执行职务。

税务机关依法执行职务，任何单位和个人不得阻挠。

**第六条　【信息】**国家有计划地用现代信息技术装备各级税务机关，加强税收征收管理信息系统的现代化建设，建立、健全税务机关与政府其他管理机关的信息共享制度。

纳税人、扣缴义务人和其他有关单位应当按照国家有关规定如实向税务机关提供与纳税和代扣代缴、代收代缴税款有关的信息。

**第七条　【税务宣传与咨询】**税务机关应当广泛宣传税收法律、行政法规，普及纳税知识，无偿地为纳税人提供纳税咨询服务。

**第八条　【纳税人和扣缴义务人的权利】**纳税人、扣缴义务人有权向税务机关了解国家税收法律、行政法规的规定以及与纳税程序有关的情况。

纳税人、扣缴义务人有权要求税务机关为纳税人、扣缴义务人的情况保密。税务机关应当依法为纳税人、扣缴义务人的情况保密。

纳税人依法享有申请减税、免税、退税的权利。

纳税人、扣缴义务人对税务机关所作出的决定，享有陈述权、申辩权；依法享有申请行政复议、提起行政诉讼、请求国家赔偿等权利。

纳税人、扣缴义务人有权控告和检举税务机关、税务人员的违法违纪行为。

**第九条　【税务机关与人员的职责】**税务机关应当加强队伍建设，提高税务人员的政治业务素质。

税务机关、税务人员必须秉公执法，忠于职守，清正廉洁，礼貌待人，文明服务，尊重和保护纳税人、扣缴义务人的权利，依法接受监督。

税务人员不得索贿受贿、徇私舞弊、玩忽职守、不征或者少征应征税款；不得滥用职权多征税款或者故意刁难纳税人和扣缴义务人。

**第十条　【税务机关的管理制度】**各级税务机关应当建立、健全内部制约和监督管理制度。

上级税务机关应当对下级税务机关的执法活动依法进行监督。

各级税务机关应当对其工作人员执行法律、行政法规和廉洁自律准则的情况进行监督检查。

**第十一条　【职责及相互关系】**税务机关负责征收、管理、稽查、行政复议的人员的职责应当明确，并相互分离、相互制约。

**第十二条　【回避】**税务人员征收税款和查处税收违法案件，与纳税人、扣缴义务人或者税收违法案件有利害关系的，应当回避。

**第十三条　【检举】**任何单位和个人都有权检举违反税收法律、行政法规的行为。收到检举的机关和负责查处的机关应当为检举人保密。税务机关应当按照规定对检举人给予奖励。

**第十四条　【税务机关】**本法所称税务机关是指各级税务局、税务分局、税务所和按照国务院规定设立的并向社会公告的税务机构。

## 第二章　税务管理

### 第一节　税务登记

**第十五条　【税务登记】**企业，企业在外地设立的分支机构和从事生产、经营的场所，个体工商户和从事生产、经营的事业单位（以下统称从事生产、经营的纳税人）自领取营业执照之日起三十日内，持有关证件，向税务机关申报办理税务登记。税务机关应当于收到申报的当日办理登记并发给税务登记证件。

工商行政管理机关应当将办理登记注册、核发营业执照的情况，定期向税务机关通报。

本条第一款规定以外的纳税人办理税务登记和扣缴义务人办理扣缴税款登记的范围和办法，由国务院规定。

**第十六条　【变更登记与注销登记】**从事生产、经营的纳税人，税务登记内容发生变化的，自工商行政管理机关办理变更登记之日起三十日内或者在向工商行政管理机关申请办理注销登记之前，持有关证件向税务机关申报办理变更或者注销税务登记。

**第十七条　【帐户帐号】**从事生产、经营的纳税人应当按照国家有关规定，持税务登记证件，在银行或者其他金融机构开立基本存款帐户和其他存款帐户，并将其全部帐号向税务机关报告。

银行和其他金融机构应当在从事生产、经营的纳税人的帐户中登录税务登记证件号码，并在税务登记证件中登录从事生产、经营的纳税人的帐户帐号。

税务机关依法查询从事生产、经营的纳税人开立帐户的情况时，有关银行和其他金融机构应当予以协助。

**第十八条　【税务登记证件】**纳税人按照国务院税务主管部门的规定使用税务登记证件。税务登记证件不得转借、涂改、损毁、买卖或者伪造。

### 第二节　帐簿、凭证管理

**第十九条　【帐簿】**纳税人、扣缴义务人按照有关法律、行政法规和国务院财政、税务主管部门的规定设置帐簿，根据合法、有效凭证记帐，进行核算。

**第二十条　【财务、会计制度或者财务、会计处理办法】**从事生产、经营的纳税人的财务、会计制度或者财务、会计处理办法和会计核算软件，应当报送税务机关备案。

纳税人、扣缴义务人的财务、会计制度或者财务、会计处理办法与国务院或者国务院财政、税务主管部门有关税收的规定抵触的，依照国务院或者国务院财政、税务主管部门有关税收的规定计算应纳税款、代扣代缴和代收代缴税款。

**第二十一条　【发票】**税务机关是发票的主管机关，负责发票印制、领购、开具、取得、保管、缴销的管理和监督。

单位、个人在购销商品、提供或者接受经营服务以及从事其他经营活动中，应当按照规定开具、使用、取得发票。

发票的管理办法由国务院规定。

**第二十二条　【发票的印制】**增值税专用发票由国务院税务主管部门指定的企业印制；其他发票，按照国务院税务主管部门的规定，分别由省、自治区、直辖市国家税务局、地方税务局指定企业印制。

未经前款规定的税务机关指定，不得印制发票。

**第二十三条　【税控装置】**国家根据税收征收管理的需要，积极推广使用税控装置。纳税人应当按照规定安装、使用税控装置，不得损毁或者擅自改动税控装置。

**第二十四条　【资料保管】**从事生产、经营的纳税人、扣缴义务人必须按照国务院财政、税务主管部门规定的保管期限保管帐簿、记帐凭证、完税凭证及其他有关资料。

帐簿、记帐凭证、完税凭证及其他有关资料不得伪造、变造或者擅自损毁。

### 第三节　纳税申报

**第二十五条　【申报】**纳税人必须依照法律、行政法规规定或者税务机关依照法律、行政法规的规定确定的申报期限、申报内容如实办理纳税申报，报送纳税申报表、财务会计报表以及税务机关根据实际需要要求纳税人报送的其他纳税资料。

扣缴义务人必须依照法律、行政法规规定或者税务机关依照法律、行政法规的规定确定的申报期限、申报内容如实报送代扣代缴、代收代缴税款报告表以及税务机关根据实际需要要求扣缴义务人报送的其他有关资料。

**第二十六条　【申报方式】**纳税人、扣缴义务人可以直接到税务机关办理纳税申报或者报送代扣代缴、代收代缴税款报告表，也可以按照规定采取邮寄、数据电文或者其他方式办理上述申报、报送事项。

**第二十七条　【延期申报】**纳税人、扣缴义务人不能按期办理纳税申报或者报送代扣代缴、代收代缴税款报告表的，经税务机关核准，可以延期申报。

经核准延期办理前款规定的申报、报送事项的，应当在纳税期内按照上期实际缴纳的税额或者税务机关核定的税额预缴税款，并在核准的延期内办理税款结算。

## 第三章　税款征收

**第二十八条　【依法征税】**税务机关依照法律、行政法规的规定征收税款，不得违反法律、行政法规的规定开征、停征、多征、少征、提前征收、延缓征收或者摊派税款。

农业税应纳税额按照法律、行政法规的规定核定。

**第二十九条　【税款征收权】**除税务机关、税务人员以及经税务机关依照法律、行政法规委托的单位和人员外，任何单位和个人不得进行税款征收活动。

**第三十条　【扣缴义务人】**扣缴义务人依照法律、行政法规的规定履行代扣、代收税款的义务。对法律、行政法规没有规定负有代扣、代收税款义务的单位和个人，税务机关不得要求其履行代扣、代收税款义务。

扣缴义务人依法履行代扣、代收税款义务时，纳税人不得拒绝。纳税人拒绝的，扣缴义务人应当及时报告税务机关处理。

税务机关按照规定付给扣缴义务人代扣、代收手续费。

**第三十一条　【缴纳与解缴期限】**纳税人、扣缴义务人按照法律、行政法规规定或者税务机关依照法律、行政法规的规定确定的期限，缴纳或者解缴税款。

纳税人因有特殊困难，不能按期缴纳税款的，经省、自治区、直辖市国家税务局、地方税务局批准，可以延期缴纳税款，但是最长不得超过三个月。

**第三十二条　【滞纳税款】**纳税人未按照规定期限缴纳税款的，扣缴义务人未按照规定期限解缴税款的，税务机关除责令限期缴纳外，从滞纳税款之日起，按日加收滞纳税款万分之五的滞纳金。

**第三十三条　【减免税】**纳税人依照法律、行政法规的规定办理减税、免税。

地方各级人民政府、各级人民政府主管部门、单位和个人违反法律、行政法规规定，擅自作出的减税、免税决定无效，税务机关不得执行，并向上级税务机关报告。

**第三十四条　【完税凭证】**税务机关征收税款时，必须给纳税人开具完税凭证。扣缴义务人代扣、代收税款时，纳税人要求扣缴义务人开具代扣、代收税款凭证的，扣缴义务人应当开具。

**第三十五条　【核定税额】**纳税人有下列情形之一的，税务机关有权核定其应纳税额：

（一）依照法律、行政法规的规定可以不设置帐簿的；

（二）依照法律、行政法规的规定应当设置帐簿但未设置的；

（三）擅自销毁帐簿或者拒不提供纳税资料的；

（四）虽设置帐簿，但帐目混乱或者成本资料、收入凭证、费用凭证残缺不全，难以查帐的；

（五）发生纳税义务，未按照规定的期限办理纳税申报，经税务机关责令限期申报，逾期仍不申报的；

（六）纳税人申报的计税依据明显偏低，又无正当理由的。

税务机关核定应纳税额的具体程序和方法由国务院税务主管部门规定。

**第三十六条　【合理调整】**企业或者外国企业在中国境内设立的从事生产、经营的机构、场所与其关联企业之间的业务往来，应当按照独立企业之间的业务往来收取或者支付价款、费用；不按照独立企业之间的业务往来收取或者支付价款、费用，而减少其应纳税的收入或者所得额的，税务机关有权进行合理调整。

**第三十七条 【税务扣押】**对未按照规定办理税务登记的从事生产、经营的纳税人以及临时从事经营的纳税人，由税务机关核定其应纳税额，责令缴纳；不缴纳的，税务机关可以扣押其价值相当于应纳税款的商品、货物。扣押后缴纳应纳税款的，税务机关必须立即解除扣押，并归还所扣押的商品、货物；扣押后仍不缴纳应纳税款的，经县以上税务局（分局）局长批准，依法拍卖或者变卖所扣押的商品、货物，以拍卖或者变卖所得抵缴税款。

**第三十八条 【限期缴纳、纳税担保与税收保全】**税务机关有根据认为从事生产、经营的纳税人有逃避纳税义务行为的，可以在规定的纳税期之前，责令限期缴纳应纳税款；在限期内发现纳税人有明显的转移、隐匿其应纳税的商品、货物以及其他财产或者应纳税的收入的迹象的，税务机关可以责成纳税人提供纳税担保。如果纳税人不能提供纳税担保，经县以上税务局（分局）局长批准，税务机关可以采取下列税收保全措施：

（一）书面通知纳税人开户银行或者其他金融机构冻结纳税人的金额相当于应纳税款的存款；

（二）扣押、查封纳税人的价值相当于应纳税款的商品、货物或者其他财产。

纳税人在前款规定的限期内缴纳税款的，税务机关必须立即解除税收保全措施；限期期满仍未缴纳税款的，经县以上税务局（分局）局长批准，税务机关可以书面通知纳税人开户银行或者其他金融机构从其冻结的存款中扣缴税款，或者依法拍卖或者变卖所扣押、查封的商品、货物或者其他财产，以拍卖或者变卖所得抵缴税款。

个人及其所扶养家属维持生活必需的住房和用品，不在税收保全措施的范围之内。

**第三十九条 【税务赔偿】**纳税人在限期内已缴纳税款，税务机关未立即解除税收保全措施，使纳税人的合法利益遭受损失的，税务机关应当承担赔偿责任。

**第四十条 【强制执行措施】**从事生产、经营的纳税人、扣缴义务人未按照规定的期限缴纳或者解缴税款，纳税担保人未按照规定的期限缴纳所担保的税款，由税务机关责令限期缴纳，逾期仍未缴纳的，经县以上税务局（分局）局长批准，税务机关可以采取下列强制执行措施：

（一）书面通知其开户银行或者其他金融机构从其存款中扣缴税款；

（二）扣押、查封、依法拍卖或者变卖其价值相当于应纳税款的商品、货物或者其他财产，以拍卖或者变卖所得抵缴税款。

税务机关采取强制执行措施时，对前款所列纳税人、扣缴义务人、纳税担保人未缴纳的滞纳金同时强制执行。

个人及其所扶养家属维持生活必需的住房和用品，不在强制执行措施的范围之内。

**第四十一条 【保全措施与强制执行措施权力的行使】**本法第三十七条、第三十八条、第四十条规定的采取税收保全措施、强制执行措施的权力，不得由法定的税务机关以外的单位和个人行使。

**第四十二条 【措施的依法采取】**税务机关采取税收保全措施和强制执行措施必须依照法定权限和法定程序，不得查封、扣押纳税人个人及其所扶养家属维持生活必需的住房和用品。

**第四十三条 【赔偿责任】**税务机关滥用职权违法采取税收保全措施、强制执行措施，或者采取税收保全措施、强制执行措施不当，使纳税人、扣缴义务人或者纳税担保人的合法权益遭受损失的，应当依法承担赔偿责任。

**第四十四条 【阻止出境】**欠缴税款的纳税人或者他的法定代表人需要出境的，应当在出境前向税务机关结清应纳税款、滞纳金或者提供担保。未结清税款、滞纳金，又不提供担保的，税务机关可以通知出境管理机关阻止其出境。

**第四十五条 【税收优先】**税务机关征收税款，税收优先于无担保债权，法律另有规定的除外；纳税人欠缴的税款发生在纳税人以其财产设定抵押、质押或者纳税人的财产被留置之前的，税收应当先于抵押权、质权、留置权执行。

纳税人欠缴税款，同时又被行政机关决定处以罚款、没收违法所得的，税收优先于罚款、没收违法所得。

税务机关应当对纳税人欠缴税款的情况定期予以公告。

**第四十六条 【欠税情况】**纳税人有欠税情形而以其财产设定抵押、质押的，应当向抵押权人、质权人说明其欠税情况。抵押权人、质权人可以请求税务机关提供有关的欠税情况。

**第四十七条 【扣押收据与查封清单】**税务机关扣押商品、货物或者其他财产时，必须开付收据；查封商品、货物或者其他财产时，必须开付清单。

**第四十八条 【纳税人的合并与分立】**纳税人有合并、分立情形的，应当向税务机关报告，并依法缴清税款。纳税人合并时未缴清税款的，应当由合并后的纳税人继续履行未履行的纳税义务；纳税人分立时未缴清税款的，分立后的纳税人对未履行的纳税义务应当承担连带责任。

**第四十九条 【财产处分报告】**欠缴税款数额较大的纳税人在处分其不动产或者大额资产之前，应当向税务机关报告。

**第五十条 【代位权与撤销权】**欠缴税款的纳税人因怠于行使到期债权，或者放弃到期债权，或者无偿转让财产，或者以明显不合理的低价转让财产而受让人知道该情形，对国家税收造成损害的，税务机关可以依照合同法第七十三条、第七十四条的规定行使代位权、撤销权。

税务机关依照前款规定行使代位权、撤销权的，不免除欠缴税款的纳税人尚未履行的纳税义务和应承担的法律责任。

**第五十一条 【税款退还】**纳税人超过应纳税额缴纳的税款，税务机关发现后应当立即退还；纳税人自结算缴纳税款之日起三年内发现的，可以向税务机关要求退还多缴的税款并加算银行同期存款利息，税务机关及时查实后应当立即退还；涉及从国库中退库的，依照法律、行政法规有关国库管理的规定退还。

**第五十二条 【税款的未缴或者少缴】**因税务机关的责任，致使纳税人、扣缴义务人未缴或者少缴税款的，税务机关在三年内可以要求纳税人、扣缴义务人补缴税款，但是不得加收滞纳金。

因纳税人、扣缴义务人计算错误等失误，未缴或者少缴税款的，税务机关在三年内可以追征税款、滞纳金；有特殊情况的，追征期可以延长到五年。

对偷税、抗税、骗税的，税务机关追征其未缴或者少缴的税款、滞纳金或者所骗取的税款，不受前款规定期限的限制。

**第五十三条 【税款的入库】**国家税务局和地方税务局应当按照国家规定的税收征收管理范围和税款入库预算级次，将征收的税款缴入国库。

对审计机关、财政机关依法查出的税收违法行为，税务机关应当根据有关机关的决定、意见书，依法将应收的税款、滞纳金按照税款入库预算级次缴入国库，并将结果及时回复有关机关。

## 第四章 税务检查

**第五十四条 【税务检查的范围】**税务机关有权进行下列税务检查：

（一）检查纳税人的帐簿、记帐凭证、报表和有关资料，检查扣缴义务人代扣代缴、代收代缴税款帐簿、记帐凭证和有关资料；

（二）到纳税人的生产、经营场所和货物存放地检查纳税人应纳税的商品、货物或者其他财产，检查扣缴义务人与代扣代缴、代收代缴税款有关的经营情况；

（三）责成纳税人、扣缴义务人提供与纳税或者代扣代缴、代收代缴税款有关的文件、证明材料和有关资料；

（四）询问纳税人、扣缴义务人与纳税或者代扣代缴、代收代缴税款有关的问题和情况；

（五）到车站、码头、机场、邮政企业及其分支机构检查纳税人托运、邮寄应纳税商品、货物或者其他财产的有关单据、凭证和有关资料；

（六）经县以上税务局（分局）局长批准，凭全国统一格式的检查存款帐户许可证明，查询从事生产、经营的纳税人、扣缴义务人在银行或者其他金融机构的存款帐户。税务机关在调查税收违法案件时，经设区的市、自治州以上税务局（分局）局长批准，可以查询案件涉嫌人员的储蓄存款。税务机关查询所获得的资料，不得用于税收以外的用途。

**第五十五条 【税务检查中的税收保全措施和强制执行措施】**税务机关对从事生产、经营的纳税人以前纳税期的纳税情况依法进行税务检查时，发现纳税人有逃避纳税义务行为，并有明显的转移、隐匿其应纳税的商品、货物以及其他财产或者应纳税的收入的迹象的，可以按照本法规定的批准权限采取税收保全措施或者强制执行措施。

**第五十六条 【接受税务检查】**纳税人、扣缴义务人必须接受税务机关依法进行的税务检查，如实反映情况，提供有关资料，不得拒绝、隐瞒。

**第五十七条 【税务调查】**税务机关依法进行税务检查时，有权向有关单位和个人调查纳税人、扣缴义务人和其他当事人与纳税或者代扣代缴、代收代缴税款有关的情况，有关单位和个人有义务向税务机关如实提供有关资料及证明材料。

**第五十八条 【情况和资料处置】**税务机关调查税务违法案件时，对与案件有关的情况和资料，可以记录、录音、录像、照相和复制。

**第五十九条 【出示证件与通知书】**税务机关派出的人员进行税务检查时，应当出示税务检查证和税务检查通知书，并有责任为被检查人保守秘密；未出示税务检查证和税务检查通知书的，被检查人有权拒绝检查。

## 第五章　法律责任

**第六十条　【纳税人的一般法律责任】**纳税人有下列行为之一的，由税务机关责令限期改正，可以处二千元以下的罚款；情节严重的，处二千元以上一万元以下的罚款：

（一）未按照规定的期限申报办理税务登记、变更或者注销登记的；

（二）未按照规定设置、保管帐簿或者保管记帐凭证和有关资料的；

（三）未按照规定将财务、会计制度或者财务、会计处理办法和会计核算软件报送税务机关备查的；

（四）未按照规定将其全部银行帐号向税务机关报告的；

（五）未按照规定安装、使用税控装置，或者损毁或者擅自改动税控装置的。

纳税人不办理税务登记的，由税务机关责令限期改正；逾期不改正的，经税务机关提请，由工商行政管理机关吊销其营业执照。

纳税人未按照规定使用税务登记证件，或者转借、涂改、损毁、买卖、伪造税务登记证件的，处二千元以上一万元以下的罚款；情节严重的，处一万元以上五万元以下的罚款。

**第六十一条　【扣缴义务人的法律责任】**扣缴义务人未按照规定设置、保管代扣代缴、代收代缴税款帐簿或者保管代扣代缴、代收代缴税款记帐凭证及有关资料的，由税务机关责令限期改正，可以处二千元以下的罚款；情节严重的，处二千元以上五千元以下的罚款。

**第六十二条　【迟延办理纳税申报和迟延报送纳税资料】**纳税人未按照规定的期限办理纳税申报和报送纳税资料的，或者扣缴义务人未按照规定的期限向税务机关报送代扣代缴、代收代缴税款报告表和有关资料的，由税务机关责令限期改正，可以处二千元以下的罚款；情节严重的，可以处二千元以上一万元以下的罚款。

**第六十三条　【偷税】**纳税人伪造、变造、隐匿、擅自销毁帐簿、记帐凭证，或者在帐簿上多列支出或者不列、少列收入，或者经税务机关通知申报而拒不申报或者进行虚假的纳税申报，不缴或者少缴应纳税款的，是偷税。对纳税人偷税的，由税务机关追缴其不缴或者少缴的税款、滞纳金，并处不缴或者少缴的税款百分之五十以上五倍以下的罚款；构成犯罪的，依法追究刑事责任。

扣缴义务人采取前款所列手段，不缴或者少缴已扣、已收税款，由税务机关追缴其不缴或者少缴的税款、滞纳金，并处不缴或者少缴的税款百分之五十以上五倍以下的罚款；构成犯罪的，依法追究刑事责任。

**第六十四条　【编制虚假计税依据与不进行纳税申报等】**纳税人、扣缴义务人编造虚假计税依据的，由税务机关责令限期改正，并处五万元以下的罚款。

纳税人不进行纳税申报，不缴或者少缴应纳税款的，由税务机关追缴其不缴或者少缴的税款、滞纳金，并处不缴或者少缴的税款百分之五十以上五倍以下的罚款。

**第六十五条　【欠税且转移或隐匿财产的责任】**纳税人欠缴应纳税款，采取转移或者隐匿财产的手段，妨碍税务机关追缴欠缴的税款的，由税务机关追缴欠缴的税款、滞纳金，并处欠缴税款百分之五十以上五倍以下的罚款；构成犯罪的，依法追究刑事责任。

**第六十六条　【骗取出口退税款】**以假报出口或者其他欺骗手段，骗取国家出口退税款的，由税务机关追缴其骗取的退税款，并处骗取税款一倍以上五倍以下的罚款；构成犯罪的，依法追究刑事责任。

对骗取国家出口退税款的，税务机关可以在规定期间内停止为其办理出口退税。

**第六十七条　【抗税】**以暴力、威胁方法拒不缴纳税款的，是抗税，除由税务机关追缴其拒缴的税款、滞纳金外，依法追究刑事责任。情节轻微，未构成犯罪的，由税务机关追缴其拒缴的税款、滞纳金，并处拒缴税款一倍以上五倍以下的罚款。

**第六十八条　【逾期缴纳者的责任】**纳税人、扣缴义务人在规定期限内不缴或者少缴应纳或者应解缴的税款，经税务机关责令限期缴纳，逾期仍未缴纳的，税务机关除依照本法第四十条的规定采取强制执行措施追缴其不缴或者少缴的税款外，可以处不缴或者少缴的税款百分之五十以上五倍以下的罚款。

**第六十九条　【扣缴义务人违反义务的责任】**扣缴义务人应扣未扣、应收而不收税款的，由税务机关向纳税人追缴税款，对扣缴义务人处应扣未扣、应收未收税款百分之五十以上三倍以下的罚款。

**第七十条　【阻挠税务检查】**纳税人、扣缴义务人逃避、拒绝或者以其他方式阻挠税务机关检查的，由税务机关责令改正，可以处一万元以下的罚款；情节严重的，处一万元以上五万元以下的罚款。

**第七十一条　【非法印制发票】**违反本法第二十二条规定，非法印制发票的，由税务机关销毁非法印制的发票，没收违法所得和作案工具，并处一万元以上五万元以下的罚款;构成犯罪的,依法追究刑事责任。

**第七十二条 【收缴发票与停止向其发售发票】**从事生产、经营的纳税人、扣缴义务人有本法规定的税收违法行为,拒不接受税务机关处理的,税务机关可以收缴其发票或者停止向其发售发票。

**第七十三条 【金融机构拒绝税务检查】**纳税人、扣缴义务人的开户银行或者其他金融机构拒绝接受税务机关依法检查纳税人、扣缴义务人存款帐户,或者拒绝执行税务机关作出的冻结存款或者扣缴税款的决定,或者在接到税务机关的书面通知后帮助纳税人、扣缴义务人转移存款,造成税款流失的,由税务机关处十万元以上五十万元以下的罚款,对直接负责的主管人员和其他直接责任人员处一千元以上一万元以下的罚款。

**第七十四条 【税务所决定的行政罚款额】**本法规定的行政处罚,罚款额在二千元以下的,可以由税务所决定。

**第七十五条 【罚没收入的入库】**税务机关和司法机关的涉税罚没收入,应当按照税款入库预算级次上缴国库。

**第七十六条 【擅改征税范围和入库预算级次的责任】**税务机关违反规定擅自改变税收征收管理范围和税款入库预算级次的,责令限期改正,对直接负责的主管人员和其他直接责任人员依法给予降级或者撤职的行政处分。

**第七十七条 【涉嫌税务犯罪】**纳税人、扣缴义务人有本法第六十三条、第六十五条、第六十六条、第六十七条、第七十一条规定的行为涉嫌犯罪的,税务机关应当依法移交司法机关追究刑事责任。

税务人员徇私舞弊,对依法应当移交司法机关追究刑事责任的不移交,情节严重的,依法追究刑事责任。

**第七十八条 【未经税务机关依法委托征收税款的责任】**未经税务机关依法委托征收税款的,责令退还收取的财物,依法给予行政处分或者行政处罚;致使他人合法权益受到损失的,依法承担赔偿责任;构成犯罪的,依法追究刑事责任。

**第七十九条 【查封、扣押个人及其所扶养家属维持生活必需的住房和用品者的责任】**税务机关、税务人员查封、扣押纳税人个人及其所扶养家属维持生活必需的住房和用品的,责令退还,依法给予行政处分;构成犯罪的,依法追究刑事责任。

**第八十条 【税务人员与纳税人和扣缴义务人相勾结的违法与犯罪】**税务人员与纳税人、扣缴义务人勾结,唆使或者协助纳税人、扣缴义务人有本法第六十三条、第六十五条、第六十六条规定的行为,构成犯罪的,依法追究刑事责任;尚不构成犯罪的,依法给予行政处分。

**第八十一条 【受贿或索贿】**税务人员利用职务上的便利,收受或者索取纳税人、扣缴义务人财物或者谋取其他不正当利益,构成犯罪的,依法追究刑事责任;尚不构成犯罪的,依法给予行政处分。

**第八十二条 【税务人员的徇私舞弊或玩忽职守等】**税务人员徇私舞弊或者玩忽职守,不征或者少征应征税款,致使国家税收遭受重大损失,构成犯罪的,依法追究刑事责任;尚不构成犯罪的,依法给予行政处分。

税务人员滥用职权,故意刁难纳税人、扣缴义务人的,调离税收工作岗位,并依法给予行政处分。

税务人员对控告、检举税收违法违纪行为的纳税人、扣缴义务人以及其他检举人进行打击报复的,依法给予行政处分;构成犯罪的,依法追究刑事责任。

税务人员违反法律、行政法规的规定,故意高估或者低估农业税计税产量,致使多征或者少征税款,侵犯农民合法权益或者损害国家利益,构成犯罪的,依法追究刑事责任;尚不构成犯罪的,依法给予行政处分。

**第八十三条 【提前征收、延缓征收与摊派税款】**违反法律、行政法规的规定提前征收、延缓征收或者摊派税款的,由其上级机关或者行政监察机关责令改正,对直接负责的主管人员和其他直接责任人员依法给予行政处分。

**第八十四条 【违法的税收决定】**违反法律、行政法规的规定,擅自作出税收的开征、停征或者减税、免税、退税、补税以及其他同税收法律、行政法规相抵触的决定的,除依照本法规定撤销其擅自作出的决定外,补征应征未征税款,退还不应征收而征收的税款,并由上级机关追究直接负责的主管人员和其他直接责任人员的行政责任;构成犯罪的,依法追究刑事责任。

**第八十五条 【未依法回避】**税务人员在征收税款或者查处税收违法案件时,未按照本法规定进行回避的,对直接负责的主管人员和其他直接责任人员,依法给予行政处分。

**第八十六条 【未被发现的应受行政处罚的税收违法行为】**违反税收法律、行政法规应当给予行政处罚的行为,在五年内未被发现的,不再给予行政处罚。

**第八十七条 【违反保密规定的责任】**未按照本法规定为纳税人、扣缴义务人、检举人保密的,对直接负责的主管人员和其他直接责任人员,由所在单位或者有关单位依法给予行政处分。

**第八十八条** 【**纳税争议**】纳税人、扣缴义务人、纳税担保人同税务机关在纳税上发生争议时，必须先依照税务机关的纳税决定缴纳或者解缴税款及滞纳金或者提供相应的担保，然后可以依法申请行政复议；对行政复议决定不服的，可以依法向人民法院起诉。

当事人对税务机关的处罚决定、强制执行措施或者税收保全措施不服的，可以依法申请行政复议，也可以依法向人民法院起诉。

当事人对税务机关的处罚决定逾期不申请行政复议也不向人民法院起诉、又不履行的，作出处罚决定的税务机关可以采取本法第四十条规定的强制执行措施，或者申请人民法院强制执行。

## 第六章 附 则

**第八十九条** 【**代办税务事宜**】纳税人、扣缴义务人可以委托税务代理人代为办理税务事宜。

**第九十条** 【**立法委任**】耕地占用税、契税、农业税、牧业税征收管理的具体办法，由国务院另行制定。

关税及海关代征税收的征收管理，依照法律、行政法规的有关规定执行。

**第九十一条** 【**国际条约优先**】中华人民共和国同外国缔结的有关税收的条约、协定同本法有不同规定的，依照条约、协定的规定办理。

**第九十二条** 【**不同规定的法律适用**】本法施行前颁布的税收法律与本法有不同规定的，适用本法规定。

**第九十三条** 【**实施细则**】国务院根据本法制定实施细则。

**第九十四条** 【**施行日期**】本法自2001年5月1日起施行。

# 中华人民共和国<br>税收征收管理法实施细则

1. *2002年9月7日国务院令第362号公布*
2. *根据2012年11月9日国务院令第628号《关于修改和废止部分行政法规的决定》第一次修订*
3. *根据2013年7月18日国务院令第638号《关于废止和修改部分行政法规的决定》第二次修订*
4. *根据2016年2月6日国务院令第666号《关于修改部分行政法规的决定》第三次修订*

## 第一章 总 则

**第一条** 根据《中华人民共和国税收征收管理法》（以下简称税收征管法）的规定，制定本细则。

**第二条** 凡依法由税务机关征收的各种税收的征收管理，均适用税收征管法及本细则；税收征管法及本细则没有规定的，依照其他有关税收法律、行政法规的规定执行。

**第三条** 任何部门、单位和个人作出的与税收法律、行政法规相抵触的决定一律无效，税务机关不得执行，并应当向上级税务机关报告。

纳税人应当依照税收法律、行政法规的规定履行纳税义务；其签订的合同、协议等与税收法律、行政法规相抵触的，一律无效。

**第四条** 国家税务总局负责制定全国税务系统信息化建设的总体规划、技术标准、技术方案与实施办法；各级税务机关应当按照国家税务总局的总体规划、技术标准、技术方案与实施办法，做好本地区税务系统信息化建设的具体工作。

地方各级人民政府应当积极支持税务系统信息化建设，并组织有关部门实现相关信息的共享。

**第五条** 税收征管法第八条所称为纳税人、扣缴义务人保密的情况，是指纳税人、扣缴义务人的商业秘密及个人隐私。纳税人、扣缴义务人的税收违法行为不属于保密范围。

**第六条** 国家税务总局应当制定税务人员行为准则和服务规范。

上级税务机关发现下级税务机关的税收违法行为，应当及时予以纠正；下级税务机关应当按照上级税务机关的决定及时改正。

下级税务机关发现上级税务机关的税收违法行为，应当向上级税务机关或者有关部门报告。

**第七条** 税务机关根据检举人的贡献大小给予相应的奖励，奖励所需资金列入税务部门年度预算，单项核定。奖励资金具体使用办法以及奖励标准，由国家税务总局会同财政部制定。

**第八条** 税务人员在核定应纳税额、调整税收定额、进行税务检查、实施税务行政处罚、办理税务行政复议时，与纳税人、扣缴义务人或者其法定代表人、直接责任人有下列关系之一的，应当回避：

（一）夫妻关系；

（二）直系血亲关系；

（三）三代以内旁系血亲关系；

（四）近姻亲关系；

（五）可能影响公正执法的其他利害关系。

**第九条** 税收征管法第十四条所称按照国务院规定设立的并向社会公告的税务机构，是指省以下税务局的稽查局。稽查局专司偷税、逃避追缴欠税、骗税、抗税案件的查处。

国家税务总局应当明确划分税务局和稽查局的职责,避免职责交叉。

## 第二章 税务登记

**第十条** 国家税务局、地方税务局对同一纳税人的税务登记应当采用同一代码,信息共享。

税务登记的具体办法由国家税务总局制定。

**第十一条** 各级工商行政管理机关应当向同级国家税务局和地方税务局定期通报办理开业、变更、注销登记以及吊销营业执照的情况。

通报的具体办法由国家税务总局和国家工商行政管理总局联合制定。

**第十二条** 从事生产、经营的纳税人应当自领取营业执照之日起30日内,向生产、经营地或者纳税义务发生地的主管税务机关申报办理税务登记,如实填写税务登记表,并按照税务机关的要求提供有关证件、资料。

前款规定以外的纳税人,除国家机关和个人外,应当自纳税义务发生之日起30日内,持有关证件向所在地的主管税务机关申报办理税务登记。

个人所得税的纳税人办理税务登记的办法由国务院另行规定。

税务登记证件的式样,由国家税务总局制定。

**第十三条** 扣缴义务人应当自扣缴义务发生之日起30日内,向所在地的主管税务机关申报办理扣缴税款登记,领取扣缴税款登记证件;税务机关对已办理税务登记的扣缴义务人,可以只在其税务登记证件上登记扣缴税款事项,不再发给扣缴税款登记证件。

**第十四条** 纳税人税务登记内容发生变化的,应当自工商行政管理机关或者其他机关办理变更登记之日起30日内,持有关证件向原税务登记机关申报办理变更税务登记。

纳税人税务登记内容发生变化,不需要到工商行政管理机关或者其他机关办理变更登记的,应当自发生变化之日起30日内,持有关证件向原税务登记机关申报办理变更税务登记。

**第十五条** 纳税人发生解散、破产、撤销以及其他情形,依法终止纳税义务的,应当在向工商行政管理机关或者其他机关办理注销登记前,持有关证件向原税务登记机关申报办理注销税务登记;按照规定不需要在工商行政管理机关或者其他机关办理注册登记的,应当自有关机关批准或者宣告终止之日起15日内,持有关证件向原税务登记机关申报办理注销税务登记。

纳税人因住所、经营地点变动,涉及改变税务登记机关的,应当在向工商行政管理机关或者其他机关申请办理变更或者注销登记前或者住所、经营地点变动前,向原税务登记机关申报办理注销税务登记,并在30日内向迁达地税务机关申报办理税务登记。

纳税人被工商行政管理机关吊销营业执照或者被其他机关予以撤销登记的,应当自营业执照被吊销或者被撤销登记之日起15日内,向原税务登记机关申报办理注销税务登记。

**第十六条** 纳税人在办理注销税务登记前,应当向税务机关结清应纳税款、滞纳金、罚款,缴销发票、税务登记证件和其他税务证件。

**第十七条** 从事生产、经营的纳税人应当自开立基本存款账户或者其他存款账户之日起15日内,向主管税务机关书面报告其全部账号;发生变化的,应当自变化之日起15日内,向主管税务机关书面报告。

**第十八条** 除按照规定不需要发给税务登记证件的外,纳税人办理下列事项时,必须持税务登记证件:

(一)开立银行账户;

(二)申请减税、免税、退税;

(三)申请办理延期申报、延期缴纳税款;

(四)领购发票;

(五)申请开具外出经营活动税收管理证明;

(六)办理停业、歇业;

(七)其他有关税务事项。

**第十九条** 税务机关对税务登记证件实行定期验证和换证制度。纳税人应当在规定的期限内持有关证件到主管税务机关办理验证或者换证手续。

**第二十条** 纳税人应当将税务登记证件正本在其生产、经营场所或者办公场所公开悬挂,接受税务机关检查。

纳税人遗失税务登记证件的,应当在15日内书面报告主管税务机关,并登报声明作废。

**第二十一条** 从事生产、经营的纳税人到外县(市)临时从事生产、经营活动的,应当持税务登记证副本和所在地税务机关填开的外出经营活动税收管理证明,向营业地税务机关报验登记,接受税务管理。

从事生产、经营的纳税人外出经营,在同一地累计超过180天的,应当在营业地办理税务登记手续。

## 第三章 账簿、凭证管理

**第二十二条** 从事生产、经营的纳税人应当自领取营业执照或者发生纳税义务之日起15日内,按照国家有关规定设置账簿。

前款所称账簿,是指总账、明细账、日记账以及其他辅助性账簿。总账、日记账应当采用订本式。

**第二十三条**　生产、经营规模小又确无建账能力的纳税人，可以聘请经批准从事会计代理记账业务的专业机构或者财会人员代为建账和办理账务。

**第二十四条**　从事生产、经营的纳税人应当自领取税务登记证件之日起15日内，将其财务、会计制度或者财务、会计处理办法报送主管税务机关备案。

纳税人使用计算机记账的，应当在使用前将会计电算化系统的会计核算软件、使用说明书及有关资料报送主管税务机关备案。

纳税人建立的会计电算化系统应当符合国家有关规定，并能正确、完整核算其收入或者所得。

**第二十五条**　扣缴义务人应当自税收法律、行政法规规定的扣缴义务发生之日起10日内，按照所代扣、代收的税种，分别设置代扣代缴、代收代缴税款账簿。

**第二十六条**　纳税人、扣缴义务人会计制度健全，能够通过计算机正确、完整计算其收入和所得或者代扣代缴、代收代缴税款情况的，其计算机输出的完整的书面会计记录，可视同会计账簿。

纳税人、扣缴义务人会计制度不健全，不能通过计算机正确、完整计算其收入和所得或者代扣代缴、代收代缴税款情况的，应当建立总账及与纳税或者代扣代缴、代收代缴税款有关的其他账簿。

**第二十七条**　账簿、会计凭证和报表，应当使用中文。民族自治地方可以同时使用当地通用的一种民族文字。外商投资企业和外国企业可以同时使用一种外国文字。

**第二十八条**　纳税人应当按照税务机关的要求安装、使用税控装置，并按照税务机关的规定报送有关数据和资料。

税控装置推广应用的管理办法由国家税务总局另行制定，报国务院批准后实施。

**第二十九条**　账簿、记账凭证、报表、完税凭证、发票、出口凭证以及其他有关涉税资料应当合法、真实、完整。

账簿、记账凭证、报表、完税凭证、发票、出口凭证以及其他有关涉税资料应当保存10年；但是，法律、行政法规另有规定的除外。

## 第四章　纳 税 申 报

**第三十条**　税务机关应当建立、健全纳税人自行申报纳税制度。纳税人、扣缴义务人可以采取邮寄、数据电文方式办理纳税申报或者报送代扣代缴、代收代缴税款报告表。

数据电文方式，是指税务机关确定的电话语音、电子数据交换和网络传输等电子方式。

**第三十一条**　纳税人采取邮寄方式办理纳税申报的，应当使用统一的纳税申报专用信封，并以邮政部门收据作为申报凭据。邮寄申报以寄出的邮戳日期为实际申报日期。

纳税人采取电子方式办理纳税申报的，应当按照税务机关规定的期限和要求保存有关资料，并定期书面报送主管税务机关。

**第三十二条**　纳税人在纳税期内没有应纳税款的，也应当按照规定办理纳税申报。

纳税人享受减税、免税待遇的，在减税、免税期间应当按照规定办理纳税申报。

**第三十三条**　纳税人、扣缴义务人的纳税申报或者代扣代缴、代收代缴税款报告表的主要内容包括：税种、税目，应纳税项目或者应代扣代缴、代收代缴税款项目，计税依据，扣除项目及标准，适用税率或者单位税额，应退税项目及税额、应减免税项目及税额，应纳税额或者应代扣代缴、代收代缴税额，税款所属期限、延期缴纳税款、欠税、滞纳金等。

**第三十四条**　纳税人办理纳税申报时，应当如实填写纳税申报表，并根据不同的情况相应报送下列有关证件、资料：

（一）财务会计报表及其说明材料；

（二）与纳税有关的合同、协议书及凭证；

（三）税控装置的电子报税资料；

（四）外出经营活动税收管理证明和异地完税凭证；

（五）境内或者境外公证机构出具的有关证明文件；

（六）税务机关规定应当报送的其他有关证件、资料。

**第三十五条**　扣缴义务人办理代扣代缴、代收代缴税款报告时，应当如实填写代扣代缴、代收代缴税款报告表，并报送代扣代缴、代收代缴税款的合法凭证以及税务机关规定的其他有关证件、资料。

**第三十六条**　实行定期定额缴纳税款的纳税人，可以实行简易申报、简并征期等申报纳税方式。

**第三十七条**　纳税人、扣缴义务人按照规定的期限办理纳税申报或者报送代扣代缴、代收代缴税款报告表确有困难，需要延期的，应当在规定的期限内向税务机关提出书面延期申请，经税务机关核准，在核准的期限内办理。

纳税人、扣缴义务人因不可抗力，不能按期办理纳税申报或者报送代扣代缴、代收代缴税款报告表的，可以延期办理；但是，应当在不可抗力情形消除后立即向税务机关报告。税务机关应当查明事实，予以核准。

## 第五章 税款征收

**第三十八条** 税务机关应当加强对税款征收的管理，建立、健全责任制度。

税务机关根据保证国家税款及时足额入库、方便纳税人、降低税收成本的原则，确定税款征收的方式。

税务机关应当加强对纳税人出口退税的管理，具体管理办法由国家税务总局会同国务院有关部门制定。

**第三十九条** 税务机关应当将各种税收的税款、滞纳金、罚款，按照国家规定的预算科目和预算级次及时缴入国库，税务机关不得占压、挪用、截留，不得缴入国库以外或者国家规定的税款账户以外的任何账户。

已缴入国库的税款、滞纳金、罚款，任何单位和个人不得擅自变更预算科目和预算级次。

**第四十条** 税务机关应当根据方便、快捷、安全的原则，积极推广使用支票、银行卡、电子结算方式缴纳税款。

**第四十一条** 纳税人有下列情形之一的，属于税收征管法第三十一条所称特殊困难：

（一）因不可抗力，导致纳税人发生较大损失，正常生产经营活动受到较大影响的；

（二）当期货币资金在扣除应付职工工资、社会保险费后，不足以缴纳税款的。

计划单列市国家税务局、地方税务局可以参照税收征管法第三十一条第二款的批准权限，审批纳税人延期缴纳税款。

**第四十二条** 纳税人需要延期缴纳税款的，应当在缴纳税款期限届满前提出申请，并报送下列材料：申请延期缴纳税款报告，当期货币资金余额情况及所有银行存款账户的对账单，资产负债表，应付职工工资和社会保险费等税务机关要求提供的支出预算。

税务机关应当自收到申请延期缴纳税款报告之日起20日内作出批准或者不予批准的决定；不予批准的，从缴纳税款期限届满之日起加收滞纳金。

**第四十三条** 享受减税、免税优惠的纳税人，减税、免税期满，应当自期满次日起恢复纳税；减税、免税条件发生变化的，应当在纳税申报时向税务机关报告；不再符合减税、免税条件的，应当依法履行纳税义务；未依法纳税的，税务机关应当予以追缴。

**第四十四条** 税务机关根据有利于税收控管和方便纳税的原则，可以按照国家有关规定委托有关单位和人员代征零星分散和异地缴纳的税收，并发给委托代征证书。受托单位和人员按照代征证书的要求，以税务机关的名义依法征收税款，纳税人不得拒绝；纳税人拒绝的，受托代征单位和人员应当及时报告税务机关。

**第四十五条** 税收征管法第三十四条所称完税凭证，是指各种完税证、缴款书、印花税票、扣（收）税凭证以及其他完税证明。

未经税务机关指定，任何单位、个人不得印制完税凭证。完税凭证不得转借、倒卖、变造或者伪造。

完税凭证的式样及管理办法由国家税务总局制定。

**第四十六条** 税务机关收到税款后，应当向纳税人开具完税凭证。纳税人通过银行缴纳税款的，税务机关可以委托银行开具完税凭证。

**第四十七条** 纳税人有税收征管法第三十五条或者第三十七条所列情形之一的，税务机关有权采用下列任何一种方法核定其应纳税额：

（一）参照当地同类行业或者类似行业中经营规模和收入水平相近的纳税人的税负水平核定；

（二）按照营业收入或者成本加合理的费用和利润的方法核定；

（三）按照耗用的原材料、燃料、动力等推算或者测算核定；

（四）按照其他合理方法核定。

采用前款所列一种方法不足以正确核定应纳税额时，可以同时采用两种以上的方法核定。

纳税人对税务机关采取本条规定的方法核定的应纳税额有异议的，应当提供相关证据，经税务机关认定后，调整应纳税额。

**第四十八条** 税务机关负责纳税人纳税信誉等级评定工作。纳税人纳税信誉等级的评定办法由国家税务总局制定。

**第四十九条** 承包人或者承租人有独立的生产经营权，在财务上独立核算，并定期向发包人或者出租人上缴承包费或者租金的，承包人或者承租人应当就其生产、经营收入和所得纳税，并接受税务管理；但是，法律、行政法规另有规定的除外。

发包人或者出租人应当自发包或者出租之日起30日内将承包人或者承租人的有关情况向主管税务机关报告。发包人或者出租人不报告的，发包人或者出租人与承包人或者承租人承担纳税连带责任。

**第五十条** 纳税人有解散、撤销、破产情形的，在清算前应当向其主管税务机关报告；未结清税款的，由其主管税务机关参加清算。

**第五十一条** 税收征管法第三十六条所称关联企业，是指有下列关系之一的公司、企业和其他经济组织：

（一）在资金、经营、购销等方面，存在直接或者间接的拥有或者控制关系；

（二）直接或者间接地同为第三者所拥有或者控制；

（三）在利益上具有相关联的其他关系。

纳税人有义务就其与关联企业之间的业务往来，向当地税务机关提供有关的价格、费用标准等资料。具体办法由国家税务总局制定。

**第五十二条** 税收征管法第三十六条所称独立企业之间的业务往来，是指没有关联关系的企业之间按照公平成交价格和营业常规所进行的业务往来。

**第五十三条** 纳税人可以向主管税务机关提出与其关联企业之间业务往来的定价原则和计算方法，主管税务机关审核、批准后，与纳税人预先约定有关定价事项，监督纳税人执行。

**第五十四条** 纳税人与其关联企业之间的业务往来有下列情形之一的，税务机关可以调整其应纳税额：

（一）购销业务未按照独立企业之间的业务往来作价；

（二）融通资金所支付或者收取的利息超过或者低于没有关联关系的企业之间所能同意的数额，或者利率超过或者低于同类业务的正常利率；

（三）提供劳务，未按照独立企业之间业务往来收取或者支付劳务费用；

（四）转让财产、提供财产使用权等业务往来，未按照独立企业之间业务往来作价或者收取、支付费用；

（五）未按照独立企业之间业务往来作价的其他情形。

**第五十五条** 纳税人有本细则第五十四条所列情形之一的，税务机关可以按照下列方法调整计税收入额或者所得额：

（一）按照独立企业之间进行的相同或者类似业务活动的价格；

（二）按照再销售给无关联关系的第三者的价格所应取得的收入和利润水平；

（三）按照成本加合理的费用和利润；

（四）按照其他合理的方法。

**第五十六条** 纳税人与其关联企业未按照独立企业之间的业务往来支付价款、费用的，税务机关自该业务往来发生的纳税年度起3年内进行调整；有特殊情况的，可以自该业务往来发生的纳税年度起10年内进行调整。

**第五十七条** 税收征管法第三十七条所称未按照规定办理税务登记从事生产、经营的纳税人，包括到外县（市）从事生产、经营而未向营业地税务机关报验登记的纳税人。

**第五十八条** 税务机关依照税收征管法第三十七条的规定，扣押纳税人商品、货物的，纳税人应当自扣押之日起15日内缴纳税款。

对扣押的鲜活、易腐烂变质或者易失效的商品、货物，税务机关根据被扣押物品的保质期，可以缩短前款规定的扣押期限。

**第五十九条** 税收征管法第三十八条、第四十条所称其他财产，包括纳税人的房地产、现金、有价证券等不动产和动产。

机动车辆、金银饰品、古玩字画、豪华住宅或者一处以外的住房不属于税收征管法第三十八条、第四十条、第四十二条所称个人及其所扶养家属维持生活必需的住房和用品。

税务机关对单价5000元以下的其他生活用品，不采取税收保全措施和强制执行措施。

**第六十条** 税收征管法第三十八条、第四十条、第四十二条所称个人所扶养家属，是指与纳税人共同居住生活的配偶、直系亲属以及无生活来源并由纳税人扶养的其他亲属。

**第六十一条** 税收征管法第三十八条、第八十八条所称担保，包括经税务机关认可的纳税保证人为纳税人提供的纳税保证，以及纳税人或者第三人以其未设置或者未全部设置担保物权的财产提供的担保。

纳税保证人，是指在中国境内具有纳税担保能力的自然人、法人或者其他经济组织。

法律、行政法规规定的没有担保资格的单位和个人，不得作为纳税担保人。

**第六十二条** 纳税担保人同意为纳税人提供纳税担保的，应当填写纳税担保书，写明担保对象、担保范围、担保期限和担保责任以及其他有关事项。担保书须经纳税人、纳税担保人签字盖章并经税务机关同意，方为有效。

纳税人或者第三人以其财产提供纳税担保的，应当填写财产清单，并写明财产价值以及其他有关事项。纳税担保财产清单须经纳税人、第三人签字盖章并经税务机关确认，方为有效。

**第六十三条** 税务机关执行扣押、查封商品、货物或者其他财产时，应当由两名以上税务人员执行，并通知被执行人。被执行人是自然人的,应当通知被执行人本人或者其成年家属到场;被执行人是法人或者其他组织的,应当通知其法定代表人或者主要负责人到场;拒不到场的,不影响执行。

**第六十四条** 税务机关执行税收征管法第三十七条、第三十八条、第四十条的规定,扣押、查封价值相当于应纳税款的商品、货物或者其他财产时,参照同类商品的市场价、出厂价或者评估价估算。

税务机关按照前款方法确定应扣押、查封的商品、货物或者其他财产的价值时,还应当包括滞纳金和拍卖、变卖所发生的费用。

**第六十五条** 对价值超过应纳税额且不可分割的商品、货物或者其他财产,税务机关在纳税人、扣缴义务人或者纳税担保人无其他可供强制执行的财产的情况下,可以整体扣押、查封、拍卖。

**第六十六条** 税务机关执行税收征管法第三十七条、第三十八条、第四十条的规定,实施扣押、查封时,对有产权证件的动产或者不动产,税务机关可以责令当事人将产权证件交税务机关保管,同时可以向有关机关发出协助执行通知书,有关机关在扣押、查封期间不再办理该动产或者不动产的过户手续。

**第六十七条** 对查封的商品、货物或者其他财产,税务机关可以指令被执行人负责保管,保管责任由被执行人承担。

继续使用被查封的财产不会减少其价值的,税务机关可以允许被执行人继续使用;因被执行人保管或者使用的过错造成的损失,由被执行人承担。

**第六十八条** 纳税人在税务机关采取税收保全措施后,按照税务机关规定的期限缴纳税款的,税务机关应当自收到税款或者银行转回的完税凭证之日起1日内解除税收保全。

**第六十九条** 税务机关将扣押、查封的商品、货物或者其他财产变价抵缴税款时,应当交由依法成立的拍卖机构拍卖;无法委托拍卖或者不适于拍卖的,可以交由当地商业企业代为销售,也可以责令纳税人限期处理;无法委托商业企业销售,纳税人也无法处理的,可以由税务机关变价处理,具体办法由国家税务总局规定。国家禁止自由买卖的商品,应当交由有关单位按照国家规定的价格收购。

拍卖或者变卖所得抵缴税款、滞纳金、罚款以及拍卖、变卖等费用后,剩余部分应当在3日内退还被执行人。

**第七十条** 税收征管法第三十九条、第四十三条所称损失,是指因税务机关的责任,使纳税人、扣缴义务人或者纳税担保人的合法利益遭受的直接损失。

**第七十一条** 税收征管法所称其他金融机构,是指信托投资公司、信用合作社、邮政储蓄机构以及经中国人民银行、中国证券监督管理委员会等批准设立的其他金融机构。

**第七十二条** 税收征管法所称存款,包括独资企业投资人、合伙企业合伙人、个体工商户的储蓄存款以及股东资金账户中的资金等。

**第七十三条** 从事生产、经营的纳税人、扣缴义务人未按照规定的期限缴纳或者解缴税款的,纳税担保人未按照规定的期限缴纳所担保的税款的,由税务机关发出限期缴纳税款通知书,责令缴纳或者解缴税款的最长期限不得超过15日。

**第七十四条** 欠缴税款的纳税人或者其法定代表人在出境前未按照规定结清应纳税款、滞纳金或者提供纳税担保的,税务机关可以通知出入境管理机关阻止其出境。阻止出境的具体办法,由国家税务总局会同公安部制定。

**第七十五条** 税收征管法第三十二条规定的加收滞纳金的起止时间,为法律、行政法规规定或者税务机关依照法律、行政法规的规定确定的税款缴纳期限届满次日起至纳税人、扣缴义务人实际缴纳或者解缴税款之日止。

**第七十六条** 县级以上各级税务机关应当将纳税人的欠税情况,在办税场所或者广播、电视、报纸、期刊、网络等新闻媒体上定期公告。

对纳税人欠缴税款的情况实行定期公告的办法,由国家税务总局制定。

**第七十七条** 税收征管法第四十九条所称欠缴税款数额较大,是指欠缴税款5万元以上。

**第七十八条** 税务机关发现纳税人多缴税款的,应当自发现之日起10日内办理退还手续;纳税人发现多缴税款,要求退还的,税务机关应当自接到纳税人退还申请之日起30日内查实并办理退还手续。

税收征管法第五十一条规定的加算银行同期存款利息的多缴税款退税,不包括依法预缴税款形成的结算退税、出口退税和各种减免退税。

退税利息按照税务机关办理退税手续当天中国人民银行规定的活期存款利率计算。

**第七十九条** 当纳税人既有应退税款又有欠缴税款的,税务机关可以将应退税款和利息先抵扣欠缴税款;抵扣后有余额的,退还纳税人。

**第八十条**　税收征管法第五十二条所称税务机关的责任，是指税务机关适用税收法律、行政法规不当或者执法行为违法。

**第八十一条**　税收征管法第五十二条所称纳税人、扣缴义务人计算错误等失误，是指非主观故意的计算公式运用错误以及明显的笔误。

**第八十二条**　税收征管法第五十二条所称特殊情况，是指纳税人或者扣缴义务人因计算错误等失误，未缴或者少缴、未扣或者少扣、未收或者少收税款，累计数额在10万元以上的。

**第八十三条**　税收征管法第五十二条规定的补缴和追征税款、滞纳金的期限，自纳税人、扣缴义务人应缴未缴或者少缴税款之日起计算。

**第八十四条**　审计机关、财政机关依法进行审计、检查时，对税务机关的税收违法行为作出的决定，税务机关应当执行；发现被审计、检查单位有税收违法行为的，向被审计、检查单位下达决定、意见书，责成被审计、检查单位向税务机关缴纳应当缴纳的税款、滞纳金。税务机关应当根据有关机关的决定、意见书，依照税收法律、行政法规的规定，将应收的税款、滞纳金按照国家规定的税收征收管理范围和税款入库预算级次缴入国库。

税务机关应当自收到审计机关、财政机关的决定、意见书之日起30日内将执行情况书面回复审计机关、财政机关。

有关机关不得将其履行职责过程中发现的税款、滞纳金自行征收入库或者以其他款项的名义自行处理、占压。

## 第六章　税务检查

**第八十五条**　税务机关应当建立科学的检查制度，统筹安排检查工作，严格控制对纳税人、扣缴义务人的检查次数。

税务机关应当制定合理的税务稽查工作规程，负责选案、检查、审理、执行的人员的职责应当明确，并相互分离、相互制约，规范选案程序和检查行为。

税务检查工作的具体办法，由国家税务总局制定。

**第八十六条**　税务机关行使税收征管法第五十四条第（一）项职权时，可以在纳税人、扣缴义务人的业务场所进行；必要时，经县以上税务局（分局）局长批准，可以将纳税人、扣缴义务人以前会计年度的账簿、记账凭证、报表和其他有关资料调回税务机关检查，但是税务机关必须向纳税人、扣缴义务人开付清单，并在3个月内完整退还；有特殊情况的，经设区的市、自治州以上税务局局长批准，税务机关可以将纳税人、扣缴义务人当年的账簿、记账凭证、报表和其他有关资料调回检查，但是税务机关必须在30日内退还。

**第八十七条**　税务机关行使税收征管法第五十四条第（六）项职权时，应当指定专人负责，凭全国统一格式的检查存款账户许可证明进行，并有责任为被检查人保守秘密。

检查存款账户许可证明，由国家税务总局制定。

税务机关查询的内容，包括纳税人存款账户余额和资金往来情况。

**第八十八条**　依照税收征管法第五十五条规定，税务机关采取税收保全措施的期限一般不得超过6个月；重大案件需要延长的，应当报国家税务总局批准。

**第八十九条**　税务机关和税务人员应当依照税收征管法及本细则的规定行使税务检查职权。

税务人员进行税务检查时，应当出示税务检查证和税务检查通知书；无税务检查证和税务检查通知书的，纳税人、扣缴义务人及其他当事人有权拒绝检查。税务机关对集贸市场及集中经营业户进行检查时，可以使用统一的税务检查通知书。

税务检查证和税务检查通知书的式样、使用和管理的具体办法，由国家税务总局制定。

## 第七章　法律责任

**第九十条**　纳税人未按照规定办理税务登记证件验证或者换证手续的，由税务机关责令限期改正，可以处2000元以下的罚款；情节严重的，处2000元以上1万元以下的罚款。

**第九十一条**　非法印制、转借、倒卖、变造或者伪造完税凭证的，由税务机关责令改正，处2000元以上1万元以下的罚款；情节严重的，处1万元以上5万元以下的罚款；构成犯罪的，依法追究刑事责任。

**第九十二条**　银行和其他金融机构未依照税收征管法的规定在从事生产、经营的纳税人的账户中登录税务登记证件号码，或者未按规定在税务登记证件中登录从事生产、经营的纳税人的账户账号的，由税务机关责令其限期改正，处2000元以上2万元以下的罚款；情节严重的，处2万元以上5万元以下的罚款。

**第九十三条**　为纳税人、扣缴义务人非法提供银行账户、发票、证明或者其他方便，导致未缴、少缴税款或者骗取国家出口退税款的，税务机关除没收其违法所得外，可以处未缴、少缴或者骗取的税款1倍以下的罚款。

**第九十四条**　纳税人拒绝代扣、代收税款的，扣缴义务人应当向税务机关报告，由税务机关直接向纳税人追缴税款、滞纳金；纳税人拒不缴纳的，依照税收征管法第六十八条的规定执行。

**第九十五条**　税务机关依照税收征管法第五十四条第（五）项的规定，到车站、码头、机场、邮政企业及其分支机构检查纳税人有关情况时，有关单位拒绝的，由税务机关责令改正，可以处1万元以下的罚款；情节严重的，处1万元以上5万元以下的罚款。

**第九十六条**　纳税人、扣缴义务人有下列情形之一的，依照税收征管法第七十条的规定处罚：

（一）提供虚假资料，不如实反映情况，或者拒绝提供有关资料的；

（二）拒绝或者阻止税务机关记录、录音、录像、照相和复制与案件有关的情况和资料的；

（三）在检查期间，纳税人、扣缴义务人转移、隐匿、销毁有关资料的；

（四）有不依法接受税务检查的其他情形的。

**第九十七条**　税务人员私分扣押、查封的商品、货物或者其他财产，情节严重，构成犯罪的，依法追究刑事责任；尚不构成犯罪的，依法给予行政处分。

**第九十八条**　税务代理人违反税收法律、行政法规，造成纳税人未缴或者少缴税款的，除由纳税人缴纳或者补缴应纳税款、滞纳金外，对税务代理人处纳税人未缴或者少缴税款50%以上3倍以下的罚款。

**第九十九条**　税务机关对纳税人、扣缴义务人及其他当事人处以罚款或者没收违法所得时，应当开付罚没凭证；未开付罚没凭证的，纳税人、扣缴义务人以及其他当事人有权拒绝给付。

**第一百条**　税收征管法第八十八条规定的纳税争议，是指纳税人、扣缴义务人、纳税担保人对税务机关确定纳税主体、征税对象、征税范围、减税、免税及退税、适用税率、计税依据、纳税环节、纳税期限、纳税地点以及税款征收方式等具体行政行为有异议而发生的争议。

## 第八章　文书送达

**第一百零一条**　税务机关送达税务文书，应当直接送交受送达人。

受送达人是公民的，应当由本人直接签收；本人不在的，交其同住成年家属签收。

受送达人是法人或者其他组织的，应当由法人的法定代表人、其他组织的主要负责人或者该法人、组织的财务负责人、负责收件的人签收。受送达人有代理人的，可以送交其代理人签收。

**第一百零二条**　送达税务文书应当有送达回证，并由受送达人或者本细则规定的其他签收人在送达回证上记明收到日期，签名或者盖章，即为送达。

**第一百零三条**　受送达人或者本细则规定的其他签收人拒绝签收税务文书的，送达人应当在送达回证上记明拒收理由和日期，并由送达人和见证人签名或者盖章，将税务文书留在受送达人处，即视为送达。

**第一百零四条**　直接送达税务文书有困难的，可以委托其他有关机关或者其他单位代为送达，或者邮寄送达。

**第一百零五条**　直接或者委托送达税务文书的，以签收人或者见证人在送达回证上的签收或者注明的收件日期为送达日期；邮寄送达的，以挂号函件回执上注明的收件日期为送达日期，并视为已送达。

**第一百零六条**　有下列情形之一的，税务机关可以公告送达税务文书，自公告之日起满30日，即视为送达：

（一）同一送达事项的受送达人众多；

（二）采用本章规定的其他送达方式无法送达。

**第一百零七条**　税务文书的格式由国家税务总局制定。本细则所称税务文书，包括：

（一）税务事项通知书；

（二）责令限期改正通知书；

（三）税收保全措施决定书；

（四）税收强制执行决定书；

（五）税务检查通知书；

（六）税务处理决定书；

（七）税务行政处罚决定书；

（八）行政复议决定书；

（九）其他税务文书。

## 第九章　附　　则

**第一百零八条**　税收征管法及本细则所称"以上"、"以下"、"日内"、"届满"均含本数。

**第一百零九条**　税收征管法及本细则所规定期限的最后一日是法定休假日的，以休假日期满的次日为期限的最后一日；在期限内有连续3日以上法定休假日的，按休假日天数顺延。

**第一百一十条**　税收征管法第三十条第三款规定的代扣、代收手续费，纳入预算管理，由税务机关依照法律、行政法规的规定付给扣缴义务人。

**第一百一十一条**　纳税人、扣缴义务人委托税务代理人代为办理税务事宜的办法，由国家税务总局规定。

**第一百一十二条**　耕地占用税、契税、农业税、牧业税的征收管理，按照国务院的有关规定执行。

**第一百一十三条**　本细则自2002年10月15日起施行。1993年8月4日国务院发布的《中华人民共和国税收征收管理法实施细则》同时废止。

# 国家税务总局关于贯彻《中华人民共和国税收征收管理法》及其实施细则若干具体问题的通知

*1. 2003年4月23日发布*
*2. 国税发〔2003〕47号*

各省、自治区、直辖市和计划单列市国家税务局、地方税务局：

为了保证《中华人民共和国税收征收管理法》（以下简称征管法）及《中华人民共和国税收征收管理法实施细则》（以下简称实施细则）的贯彻实施，进一步增强征管法及其实施细则的可操作性，现将有关问题规定如下：

**一、关于税务登记代码问题**

实施细则第十条所称“同一代码”是指国家税务局、地方税务局在发放税务登记证件时，对同一个纳税人赋予同一个税务登记代码。为确保税务登记代码的同一性和唯一性，单位纳税人（含个体加油站）的税务登记代码由十五位数组成，其中前六位为区域码，由省、自治区、直辖市国家税务局、地方税务局共同编排联合下发（开发区、新技术园区等未赋予行政区域码的可重新赋码，其他的按行政区域码编排），后九位为国家质量监督检验检疫总局赋予的组织机构统一代码。市（州）以下国家税务局、地方税务局根据省、自治区、直辖市国家税务局、地方税务局制订的编码编制税务登记代码。①

**二、关于扣缴义务人扣缴税款问题**

负有代扣代缴义务的单位和个人，在支付款项时应按照征管法及其实施细则的规定，将取得款项的纳税人应缴纳的税款代为扣缴，对纳税人拒绝扣缴税款的，扣缴义务人应暂停支付相当于纳税人应纳税款的款项，并在一日之内报告主管税务机关。

负有代收代缴义务的单位和个人，在收取款项时应按照征管法及其实施细则的规定，将支付款项的纳税人应缴纳的税款代为收缴，对纳税人拒绝给付的，扣缴义务人应在一日之内报告主管税务机关。

扣缴义务人违反征管法及其实施细则规定应扣未扣、应收未收税款的，税务机关除按征管法及其实施细则的有关规定对其给予处罚外，应当责成扣缴义务人限期将应扣未扣、应收未收的税款补扣或补收。

**三、关于纳税人外出经营活动管理问题**

纳税人离开其办理税务登记所在地到外县（市）从事经营活动、提供应税劳务的，应该在发生外出经营活动以前向其登记所在地的主管税务机关申请办理《外出经营活动税收管理证明》，并向经营地或提供劳务地税务机关报验登记。

实施细则第二十一条所称“从事生产、经营的纳税人外出经营，在同一地累计超过180天的”，应当是以纳税人在同一县（市）实际经营或提供劳务之日起，在连续的12个月内累计超过180天。

**四、关于纳税申报的管理问题**

经税务机关批准，纳税人、扣缴义务人采取数据电文方式办理纳税申报的，其申报日期以税务机关计算机网络系统收到该数据电文的时间为准。采取数据电文方式办理纳税申报的纳税人、扣缴义务人，其与数据电文相对应的纸质申报资料的报送期限由主管税务机关确定。

**五、关于滞纳金的计算期限问题**

对纳税人未按照法律、行政法规规定的期限或者未按照税务机关依照法律、行政法规的规定确定的期限向税务机关缴纳的税款，滞纳金的计算从纳税人应缴纳税款的期限届满之次日起至实际缴纳税款之日止。

**六、关于滞纳金的强制执行问题**

根据征管法第四十条规定“税务机关在采取强制执行措施时，对纳税人未缴纳的滞纳金同时强制执行”的立法精神，对纳税人已缴纳税款，但拒不缴纳滞纳金的，税务机关可以单独对纳税人应缴未缴的滞纳金采取强制执行措施。

**七、关于税款优先的时间确定问题**

征管法第四十五条规定“纳税人欠缴的税款发生在纳税人以其财产设定抵押、质押或者纳税人的财产被留置之前的，税收应当先于抵押权、质权、留置权执行”，欠缴的税款是纳税人发生纳税义务，但未按照法律、行政法规规定的期限或者未按照税务机关依照法律、行政法规的规定确定的期限向税务机关申报缴纳的税款或者少缴的税款，纳税人应缴纳税款的期限届满之次日即是纳税人欠缴税款的发生时间。

---

① 本条已被2018年6月15日国家税务总局公告2018年第33号《关于公布全文失效废止和部分条款失效废止的税收规范性文件目录的公告》废止。——编者注

## 八、关于减免税管理问题

除法律、行政法规规定不需要经税务机关审批的减免税外，纳税人享受减税、免税的应当向主管税务机关提出书面申请，并按照主管税务机关的要求附送有关资料，经税务机关审核，按照减免税的审批程序经由法律、行政法规授权的机关批准后，方可享受减税、免税。

## 九、关于税务登记证件遗失问题

遗失税务登记证件的纳税人应当自遗失税务登记证件之日起15日内，将纳税人的名称、遗失税务登记证件名称、税务登记号码、发证机关名称、发证有效期在税务机关认可的报刊上作遗失声明，凭报刊上刊登的遗失声明向主管税务机关申请补办税务登记证件。

## 十、关于税收违法案件举报奖励问题

在国家税务总局和财政部联合制定的举报奖励办法未出台前，对税收违法案件举报奖励的对象、标准暂按《国家税务总局关于印发〈税务违法案件举报奖励办法〉的通知》（国税发〔1998〕211号）的有关规定执行。

## 十一、关于账簿凭证的检查问题

征管法第五十四条第六款规定："税务机关在调查税收违法案件时，经设区的市、自治州以上税务局（分局）局长批准，可以查询案件涉嫌人员的储蓄存款"；实施细则第八十六条规定："有特殊情况的，经设区的市、自治州以上税务局局长批准，税务机关可以将纳税人、扣缴义务人当年的账簿、记账凭证、报表和其他有关资料调回检查"。这里所称的"经设区的市、自治州以上税务局局长"包括地（市）一级（含直辖市下设区）的税务局局长。这里所称的"特殊情况"是指纳税人有下列情形之一：（一）涉及增值税专用发票检查的；（二）纳税人涉嫌税收违法行为情节严重的；（三）纳税人及其他当事人可能毁灭、藏匿、转移账簿等证据资料的；（四）税务机关认为其他需要调回检查的情况。

## 十二、关于关联企业间业务往来的追溯调整期限问题

实施细则第五十六条规定："有特殊情况的，可以自该业务往来发生的纳税年度起10年内进行调整"。该条所称"特殊情况"是指纳税人有下列情形之一：（一）纳税人在以前年度与其关联企业间的业务往来累计达到或超过10万元人民币的；（二）经税务机关案头审计分析，纳税人在以前年度与其关联企业间的业务往来，预计需调增其应纳税收入或所得额达到或超过50万元人民币的；（三）纳税人在以前年度与设在避税地的关联企业有业务往来的；（四）纳税人在以前年度未按规定进行关联企业间业务往来年度申报，或者经税务机关审查核实，关联企业间业务往来年度申报内容不实，以及不履行提供有关价格、费用标准等资料义务的。

## 十三、简易申报、简并征期问题

实施细则第三十六条规定："实行定期定额缴纳税款的纳税人，可以实行简易申报、简并征期等申报纳税方式"，这里所称"简易申报"是指实行定期定额缴纳税款的纳税人在法律、行政法规规定的期限或者在税务机关依照法律、行政法规的规定确定的期限内缴纳税款的，税务机关可以视同申报；"简并征期"是指实行定期定额缴纳税款的纳税人，经税务机关批准，可以采取将纳税期限合并为按季、半年、年的方式缴纳税款，具体期限由省级税务机关根据具体情况确定。

## 十四、关于税款核定征收条款的适用对象问题

征管法第三十五条、实施细则第四十七条关于核定应纳税款的规定，适用于单位纳税人和个人纳税人。对个人纳税人的核定征收办法，国家税务总局将另行制定。

## 十五、关于外商投资企业、外国企业的会计记录文字问题

会计法第二十二条规定："会计记录的文字应当使用中文。"对于外商投资企业、外国企业的会计记录不使用中文的，按照征管法第六十条第二款"未按照规定设置、保管账簿或者保管记账凭证和有关资料"的规定处理。

## 十六、关于对采用电算化会计系统的纳税人实施电算化税务检查的问题

对采用电算化会计系统的纳税人，税务机关有权对其会计电算化系统进行查验；对纳税人会计电算化系统处理、储存的会计记录以及其他有关的纳税资料，税务机关有权进入其电算化系统进行检查，并可复制与纳税有关的电子数据作为证据。

税务机关进入纳税人电算化系统进行检查时，有责任保证纳税人会计电算化系统的安全性，并保守纳税人的商业秘密。

## 全国人民代表大会常务委员会关于外商投资企业和外国企业适用增值税、消费税、营业税等税收暂行条例的决定

*1. 1993年12月29日第八届全国人民代表大会常务委员会第五次会议通过*

*2. 1993年12月29日中华人民共和国主席令第18号公布*

第八届全国人民代表大会常务委员会第五次会议审议了国务院关于提请审议外商投资企业和外国企业适用增值税、消费税、营业税等税收暂行条例的议案，为了统一税制，公平税负，改善我国的投资环境，适应建立和发展社会主义市场经济的需要，特作如下决定：

一、在有关税收法律制定以前，外商投资企业和外国企业自1994年1月1日起适用国务院发布的增值税暂行条例、消费税暂行条例和营业税暂行条例。1958年9月11日全国人民代表大会常务委员会第一百零一次会议原则通过、1958年9月13日国务院公布试行的《中华人民共和国工商统一税条例（草案）》同时废止。

中外合作开采海洋石油、天然气，按实物征收增值税，其税率和征收办法由国务院另行规定。

二、1993年12月31日前已批准设立的外商投资企业，由于依照本决定第一条的规定改征增值税、消费税、营业税而增加税负的，经企业申请，税务机关批准，在已批准的经营期限内，最长不超过五年，退还其因税负增加而多缴纳的税款；没有经营期限的，经企业申请，税务机关批准，在最长不超过五年的期限内，退还其因税负增加而多缴纳的税款。具体办法由国务院规定。

三、除增值税、消费税、营业税外，其他税种对外商投资企业和外国企业的适用，法律有规定的，依照法律的规定执行；法律未作规定的，依照国务院的规定执行。

本决定所称外商投资企业，是指在中国境内设立的中外合资经营企业、中外合作经营企业和外资企业。

本决定所称外国企业，是指在中国境内设立机构、场所，从事生产、经营和虽未设立机构、场所，而有来源于中国境内所得的外国公司、企业和其他经济组织。

本决定自公布之日起施行。

## 税务登记管理办法

*1. 2003年12月17日国家税务总局令第7号公布*

*2. 根据2014年12月27日国家税务总局令第36号《关于修改〈税务登记管理办法〉的决定》第一次修正*

*3. 根据2018年6月15日国家税务总局令第44号《关于修改部分税务部门规章的决定》第二次修正*

*3. 根据2019年7月24日国家税务总局令第48号《关于公布取消一批税务证明事项以及废止和修改部分规章规范性文件的决定》第三次修正*

### 第一章　总　　则

**第一条**　为了规范税务登记管理，加强税源监控，根据《中华人民共和国税收征收管理法》（以下简称《税收征管法》）以及《中华人民共和国税收征收管理法实施细则》（以下简称《实施细则》）的规定，制定本办法。

**第二条**　企业，企业在外地设立的分支机构和从事生产、经营的场所，个体工商户和从事生产、经营的事业单位，均应当按照《税收征管法》及《实施细则》和本办法的规定办理税务登记。

前款规定以外的纳税人，除国家机关、个人和无固定生产、经营场所的流动性农村小商贩外，也应当按照《税收征管法》及《实施细则》和本办法的规定办理税务登记。

根据税收法律、行政法规的规定负有扣缴税款义务的扣缴义务人（国家机关除外），应当按照《税收征管法》及《实施细则》和本办法的规定办理扣缴税款登记。

**第三条**　县以上（含本级，下同）税务局（分局）是税务登记的主管税务机关，负责税务登记的设立登记、变更登记、注销登记和税务登记证验证、换证以及非正常户处理、报验登记等有关事项。

**第四条**　税务登记证件包括税务登记证及其副本、临时税务登记证及其副本。

扣缴税款登记证件包括扣缴税款登记证及其副本。

**第五条**　县以上税务局（分局）按照国务院规定的税收征收管理范围，实施属地管理。有条件的城市，可以按照“各区分散受理、全市集中处理”的原则办理税务登记。

**第六条**　税务局（分局）执行统一纳税人识别号。纳税人识别号由省、自治区、直辖市和计划单列市税务局按

照纳税人识别号代码行业标准联合编制,统一下发各地执行。

已领取组织机构代码的纳税人,其纳税人识别号共15位,由纳税人登记所在地6位行政区划码+9位组织机构代码组成。以业主身份证件为有效身份证明的组织,即未取得组织机构代码证书的个体工商户以及持回乡证、通行证、护照办理税务登记的纳税人,其纳税人识别号由身份证件号码+2位顺序码组成。

纳税人识别号具有唯一性。

**第七条** 纳税人办理下列事项时,必须提供税务登记证件:

(一)开立银行账户;

(二)领购发票。

纳税人办理其他税务事项时,应当出示税务登记证件,经税务机关核准相关信息后办理手续。

## 第二章 设立登记

**第八条** 企业,企业在外地设立的分支机构和从事生产、经营的场所,个体工商户和从事生产、经营的事业单位(以下统称从事生产、经营的纳税人),向生产、经营所在地税务机关申报办理税务登记:

(一)从事生产、经营的纳税人领取工商营业执照的,应当自领取工商营业执照之日起30日内申报办理税务登记,税务机关发放税务登记证及副本;

(二)从事生产、经营的纳税人未办理工商营业执照但经有关部门批准设立的,应当自有关部门批准设立之日起30日内申报办理税务登记,税务机关发放税务登记证及副本;

(三)从事生产、经营的纳税人未办理工商营业执照也未经有关部门批准设立的,应当自纳税义务发生之日起30日内申报办理税务登记,税务机关发放临时税务登记证及副本;

(四)有独立的生产经营权、在财务上独立核算并定期向发包人或者出租人上交承包费或租金的承包承租人,应当自承包承租合同签订之日起30日内,向其承包承租业务发生地税务机关申报办理税务登记,税务机关发放临时税务登记证及副本;

(五)境外企业在中国境内承包建筑、安装、装配、勘探工程和提供劳务的,应当自项目合同或协议签订之日起30日内,向项目所在地税务机关申报办理税务登记,税务机关发放临时税务登记证及副本。

**第九条** 本办法第八条规定以外的其他纳税人,除国家机关、个人和无固定生产、经营场所的流动性农村小商贩外,均应当自纳税义务发生之日起30日内,向纳税义务发生地税务机关申报办理税务登记,税务机关发放税务登记证及副本。

**第十条** 税务机关对纳税人税务登记地点发生争议的,由其共同的上级税务机关指定管辖。

**第十一条** 纳税人在申报办理税务登记时,应当根据不同情况向税务机关如实提供以下证件和资料:

(一)工商营业执照或其他核准执业证件;

(二)有关合同、章程、协议书;

(三)组织机构统一代码证书;

(四)法定代表人或负责人或业主的居民身份证、护照或者其他合法证件。

其他需要提供的有关证件、资料,由省、自治区、直辖市税务机关确定。

**第十二条** 纳税人在申报办理税务登记时,应当如实填写税务登记表。

税务登记表的主要内容包括:

(一)单位名称、法定代表人或者业主姓名及其居民身份证、护照或者其他合法证件的号码;

(二)住所、经营地点;

(三)登记类型;

(四)核算方式;

(五)生产经营方式;

(六)生产经营范围;

(七)注册资金(资本)、投资总额;

(八)生产经营期限;

(九)财务负责人、联系电话;

(十)国家税务总局确定的其他有关事项。

**第十三条** 纳税人提交的证件和资料齐全且税务登记表的填写内容符合规定的,税务机关应当日办理并发放税务登记证件。纳税人提交的证件和资料不齐全或税务登记表的填写内容不符合规定的,税务机关应当场通知其补正或重新填报。

**第十四条** 税务登记证件的主要内容包括:纳税人名称、税务登记代码、法定代表人或负责人、生产经营地址、登记类型、核算方式、生产经营范围(主营、兼营)、发证日期、证件有效期等。

**第十五条** 已办理税务登记的扣缴义务人应当自扣缴义务发生之日起30日内,向税务登记地税务机关申报办理扣缴税款登记。税务机关在其税务登记证件上登记扣缴税款事项,税务机关不再发放扣缴税款登记证件。

根据税收法律、行政法规的规定可不办理税务登记的扣缴义务人,应当自扣缴义务发生之日起30日内,向机构所在地税务机关申报办理扣缴税款登记。

税务机关发放扣缴税款登记证件。

## 第三章　变更登记

**第十六条**　纳税人税务登记内容发生变化的，应当向原税务登记机关申报办理变更税务登记。

**第十七条**　纳税人已在工商行政管理机关办理变更登记的，应当自工商行政管理机关变更登记之日起30日内，向原税务登记机关如实提供下列证件、资料，申报办理变更税务登记：

（一）工商登记变更表；

（二）纳税人变更登记内容的有关证明文件；

（三）税务机关发放的原税务登记证件（登记证正、副本和登记表等）；

（四）其他有关资料。

**第十八条**　纳税人按照规定不需要在工商行政管理机关办理变更登记，或者其变更登记的内容与工商登记内容无关的，应当自税务登记内容实际发生变化之日起30日内，或者自有关机关批准或者宣布变更之日起30日内，持下列证件到原税务登记机关申报办理变更税务登记：

（一）纳税人变更登记内容的有关证明文件；

（二）税务机关发放的原税务登记证件（登记证正、副本和税务登记表等）；

（三）其他有关资料。

**第十九条**　纳税人提交的有关变更登记的证件、资料齐全的，应如实填写税务登记变更表，符合规定的，税务机关应当日办理；不符合规定的，税务机关应通知其补正。

**第二十条**　税务机关应当于受理当日办理变更税务登记。纳税人税务登记表和税务登记证中的内容都发生变更的，税务机关按变更后的内容重新发放税务登记证件；纳税人税务登记表的内容发生变更而税务登记证中的内容未发生变更的，税务机关不重新发放税务登记证件。

## 第四章　停业、复业登记

**第二十一条**　实行定期定额征收方式的个体工商户需要停业的，应当在停业前向税务机关申报办理停业登记。纳税人的停业期限不得超过一年。

**第二十二条**　纳税人在申报办理停业登记时，应如实填写停业复业报告书，说明停业理由、停业期限、停业前的纳税情况和发票的领、用、存情况，并结清应纳税款、滞纳金、罚款。税务机关应收存其税务登记证件及副本、发票领购簿、未使用完的发票和其他税务证件。

**第二十三条**　纳税人在停业期间发生纳税义务的，应当按照税收法律、行政法规的规定申报缴纳税款。

**第二十四条**　纳税人应当于恢复生产经营之前，向税务机关申报办理复业登记，如实填写《停业复业报告书》，领回并启用税务登记证件、发票领购簿及其停业前领购的发票。

**第二十五条**　纳税人停业期满不能及时恢复生产经营的，应当在停业期满前到税务机关办理延长停业登记，并如实填写《停业复业报告书》。

## 第五章　注销登记

**第二十六条**　纳税人发生解散、破产、撤销以及其他情形，依法终止纳税义务的，应当在向工商行政管理机关或者其他机关办理注销登记前，持有关证件和资料向原税务登记机关申报办理注销税务登记；按规定不需要在工商行政管理机关或者其他机关办理注册登记的，应当自有关机关批准或者宣告终止之日起15日内，持有关证件和资料向原税务登记机关申报办理注销税务登记。

纳税人被工商行政管理机关吊销营业执照或者被其他机关予以撤销登记的，应当自营业执照被吊销或者被撤销登记之日起15日内，向原税务登记机关申报办理注销税务登记。

**第二十七条**　纳税人因住所、经营地点变动，涉及改变税务登记机关的，应当在向工商行政管理机关或者其他机关申请办理变更、注销登记前，或者住所、经营地点变动前，持有关证件和资料，向原税务登记机关申报办理注销税务登记，并自注销税务登记之日起30日内向迁达地税务机关申报办理税务登记。

**第二十八条**　境外企业在中国境内承包建筑、安装、装配、勘探工程和提供劳务的，应当在项目完工、离开中国前15日内，持有关证件和资料，向原税务登记机关申报办理注销税务登记。

**第二十九条**　纳税人办理注销税务登记前，应当向税务机关提交相关证明文件和资料，结清应纳税款、多退（免）税款、滞纳金和罚款，缴销发票、税务登记证件和其他税务证件，经税务机关核准后，办理注销税务登记手续。

## 第六章　外出经营报验登记

**第三十条**　纳税人到外县（市）临时从事生产经营活动的，应当在外出生产经营以前，持税务登记证到主管税务机关开具《外出经营活动税收管理证明》（以下简称《外管证》）。

**第三十一条** 税务机关按照一地一证的原则,发放《外管证》,《外管证》的有效期限一般为30日,最长不得超过180天。

**第三十二条** 纳税人应当在《外管证》注明地进行生产经营前向当地税务机关报验登记,并提交下列证件、资料:

(一)税务登记证件副本;

(二)《外管证》。

纳税人在《外管证》注明地销售货物的,除提交以上证件、资料外,应如实填写《外出经营货物报验单》,申报查验货物。

**第三十三条** 纳税人外出经营活动结束,应当向经营地税务机关填报《外出经营活动情况申报表》,并结清税款、缴销发票。

**第三十四条** 纳税人应当在《外管证》有效期届满后10日内,持《外管证》回原税务登记地税务机关办理《外管证》缴销手续。

### 第七章 证照管理

**第三十五条** 税务机关应当加强税务登记证件的管理,采取实地调查、上门验证等方法进行税务登记证件的管理。

**第三十六条** 税务登记证式样改变,需统一换发税务登记证的,由国家税务总局确定。

**第三十七条** 纳税人、扣缴义务人遗失税务登记证件的,应当自遗失税务登记证件之日起15日内,书面报告主管税务机关,如实填写《税务登记证件遗失报告表》,并将纳税人的名称、税务登记证件名称、税务登记证件号码、税务登记证件有效期、发证机关名称在税务机关认可的报刊上作遗失声明,凭报刊上刊登的遗失声明到主管税务机关补办税务登记证件。

### 第八章 非正常户处理

**第三十八条** 已办理税务登记的纳税人未按照规定的期限申报纳税,在税务机关责令其限期改正后,逾期不改正的,税务机关应当派员实地检查,查无下落并且无法强制其履行纳税义务的,由检查人员制作非正常户认定书,存入纳税人档案,税务机关暂停其税务登记证件、发票领购簿和发票的使用。

**第三十九条** 纳税人被列入非正常户超过三个月的,税务机关可以宣布其税务登记证件失效,其应纳税款的追征仍按《税收征管法》及其《实施细则》的规定执行。

### 第九章 法律责任

**第四十条** 纳税人不办理税务登记的,税务机关应当自发现之日起3日内责令其限期改正;逾期不改正的,依照《税收征管法》第六十条第一款的规定处罚。

**第四十一条** 纳税人通过提供虚假的证明资料等手段,骗取税务登记证的,处2000元以下的罚款;情节严重的,处2000元以上10000元以下的罚款。纳税人涉嫌其他违法行为的,按有关法律、行政法规的规定处理。

**第四十二条** 扣缴义务人未按照规定办理扣缴税款登记的,税务机关应当自发现之日起3日内责令其限期改正,并可处以1000元以下的罚款。

**第四十三条** 纳税人、扣缴义务人违反本办法规定,拒不接受税务机关处理的,税务机关可以收缴其发票或者停止向其发售发票。

**第四十四条** 税务人员徇私舞弊或者玩忽职守,违反本办法规定为纳税人办理税务登记相关手续,或者滥用职权,故意刁难纳税人、扣缴义务人的,调离工作岗位,并依法给予行政处分。

### 第十章 附 则

**第四十五条** 本办法涉及的标识、戳记和文书式样,由国家税务总局确定。

**第四十六条** 本办法由国家税务总局负责解释。各省、自治区、直辖市和计划单列市税务局可根据本办法制定具体的实施办法。

**第四十七条** 本办法自2004年2月1日起施行。

## 税收协定相互协商程序实施办法

1. *2013年9月24日国家税务总局公告2013年第56号公布*
2. *根据2018年6月15日国家税务总局公告2018年第31号《关于修改部分税收规范性文件的公告》修正*

### 第一章 总 则

**第一条** 为正确适用税收协定,避免双重征税,解决国际税收争议,维护中国居民(国民)的合法利益和国家税收权益,规范税务机关的相互协商工作,根据中华人民共和国政府对外签署的避免双重征税协定(含内地与香港、澳门特别行政区签署的税收安排,以下统称税收协定)、《中华人民共和国税收征收管理法》(以下简称税收征管法)及其实施细则以及其他有关法律法规规定,结合中国税收征管工作实际,制定本办法。

**第二条** 本办法所称相互协商程序,是指我国主管当局根据税收协定有关条款规定,与缔约对方主管当局之间,通过协商共同处理涉及税收协定解释和适用问题的过程。

相互协商程序的主要目的在于确保税收协定正确和有效适用，切实避免双重征税，消除缔约双方对税收协定的解释或适用产生的分歧。

**第三条**　相互协商的事项限于税收协定适用范围内的事项，但超出税收协定适用范围，且会造成双重征税后果或对缔约一方或双方利益产生重大影响的事项，经我国主管当局和缔约对方主管当局同意，也可以进行相互协商。

**第四条**　我国负责相互协商工作的主管当局为国家税务总局（以下简称税务总局）；处理相互协商程序事务的税务总局授权代表为税务总局国际税务司司长或副司长，以及税务总局指定的其他人员。

省、自治区、直辖市和计划单列市税务局（以下简称省税务机关）及以下各级税务机关负责协助税务总局处理相互协商程序涉及的本辖区内事务。

**第五条**　各级税务机关应对缔约对方主管当局与相关纳税人、扣缴义务人、代理人等在相互协商程序中提供的资料保密。

**第六条**　本办法所称缔约对方，是指与中国签订税收协定，且该税收协定已经生效执行的国家或地区。

## 第二章　中国居民（国民）申请启动的相互协商程序

**第七条**　如果中国居民（国民）认为，缔约对方所采取的措施，已经或将会导致不符合税收协定所规定的征税行为，可以按本办法的规定向省税务机关提出申请，请求税务总局与缔约对方主管当局通过相互协商程序解决有关问题。

**第八条**　本办法所称中国居民，是指按照《中华人民共和国个人所得税法》和《中华人民共和国企业所得税法》，就来源于中国境内境外的所得在中国负有纳税义务的个人、法人或其他组织。

本办法所称中国国民，是指具有中国国籍的个人，以及依照中国法律成立的法人或其他组织。

**第九条**　中国居民有下列情形之一的，可以申请启动相互协商程序：

（一）对居民身份的认定存有异议，特别是相关税收协定规定双重居民身份情况下需要通过相互协商程序进行最终确认的；

（二）对常设机构的判定，或者常设机构的利润归属和费用扣除存有异议的；

（三）对各项所得或财产的征免税或适用税率存有异议的；

（四）违反税收协定非歧视待遇（无差别待遇）条款的规定，可能或已经形成税收歧视的；

（五）对税收协定其他条款的理解和适用出现争议而不能自行解决的；

（六）其他可能或已经形成不同税收管辖权之间重复征税的。

**第十条**　中国国民认为缔约对方违背了税收协定非歧视待遇（无差别待遇）条款的规定，对其可能或已经形成税收歧视时，可以申请启动相互协商程序。

**第十一条**　申请人应在有关税收协定规定的期限内，以书面形式向省税务机关提出启动相互协商程序的申请（附件1，需提供纸质版和电子版）。

**第十二条**　申请人依本办法第十条申请启动相互协商程序，且未构成我国税收居民的，个人户籍所在地、法人或其他组织设立地的省税务机关为受理申请的税务机关。

**第十三条**　申请人按本章规定提出的相互协商申请符合以下全部条件的，税务机关应当受理：

（一）申请人为按照本办法第九条或第十条规定可以提起相互协商请求的中国居民或中国国民；

（二）提出申请的时间没有超过税收协定规定的时限；

（三）申请协商的事项为缔约对方已经或有可能发生的违反税收协定规定的行为；

（四）申请人提供的事实和证据能够证实或者不能合理排除缔约对方的行为存在违反税收协定规定的嫌疑；

（五）申请相互协商的事项不存在本办法第十八条规定的情形。

对于不符合上款规定全部条件的申请，税务机关认为涉及严重双重征税或损害我国税收权益、有必要进行相互协商的，也可以决定受理。

**第十四条**　受理申请的省税务机关应在十五个工作日内，将申请上报税务总局，并将情况告知申请人，同时通知省以下主管税务机关。

**第十五条**　因申请人提交的信息不全等原因导致申请不具备启动相互协商程序条件的，省税务机关可以要求申请人补充材料。申请人补充材料后仍不具备启动相互协商程序条件的，省税务机关可以拒绝受理，并以书面形式告知申请人。

申请人对省税务机关拒绝受理的决定不服的，可在收到书面告知之日起十五个工作日内向省税务机关或税务总局提出异议申请(附件2,需提供纸质版和电子版)。省税务机关收到异议后,应在五个工作日内将申请人的材料,连同省税务机关的意见和依据上报税务总局。

**第十六条** 税务总局收到省税务机关上报的申请后,应在二十个工作日内按下列情况分别处理:

(一)申请具备启动相互协商程序条件的,决定启动相互协商程序,并将情况告知受理申请的省税务机关,省税务机关应告知申请人;

(二)申请已超过税收协定规定的期限,或申请人的申请明显缺乏事实法律依据,或出现其他不具备相互协商条件情形的,不予启动相互协商程序,并以书面形式告知受理申请的省税务机关,省税务机关应告知申请人;

(三)因申请人提交的信息不全等原因导致申请不具备启动相互协商程序条件的,通过受理申请的省税务机关要求申请人补充材料或说明情况。申请人补充材料或说明情况后,再按前两项规定处理。

**第十七条** 税务总局启动相互协商程序后,可通过受理申请的省税务机关要求申请人进一步补充材料或说明情况,申请人应在规定的时间内提交,并确保材料的真实与全面。

对于紧急案件,税务总局可以直接与申请人联系。

**第十八条** 发生下列情形之一的,税务总局可以决定终止相互协商程序,并以书面形式告知省税务机关,省税务机关应告知申请人:

(一)申请人故意隐瞒重要事实,或在提交的资料中弄虚作假的;

(二)申请人拒绝提供税务机关要求的、与案件有关的必要资料的;

(三)因各种原因,申请人与税务机关均无法取得必要的证据,导致相关事实或申请人立场无法被证明,相互协商程序无法继续进行的;

(四)缔约对方主管当局单方拒绝或终止相互协商程序的;

(五)其他导致相互协商程序无法进行、或相互协商程序无法达到预期目标的。

**第十九条** 在两国主管当局达成一致意见之前,申请人可以以书面方式撤回相互协商申请。申请人撤回申请或者拒绝接受缔约双方主管当局达成一致的相互协商结果的,税务机关不再受理基于同一事实和理由的申请。

**第二十条** 对于相互协商结果,税务总局应以书面形式告知受理申请的省税务机关,省税务机关应告知申请人。

## 第三章 缔约对方主管当局请求启动的相互协商程序

**第二十一条** 税务总局接受缔约对方主管当局的相互协商请求的范围参照本办法第九条、第十条的规定执行。

**第二十二条** 发生下列情形之一的,税务总局可以拒绝缔约对方主管当局启动相互协商程序的请求,或者要求缔约对方主管当局补充材料:

(一)请求相互协商的事项不属于税收协定适用范围的;

(二)纳税人提出相互协商的申请超过了税收协定规定时限的;

(三)缔约对方主管当局的请求明显缺乏事实或法律依据的;

(四)缔约对方主管当局提供的事实和材料不完整、不清楚,使税务机关无法进行调查或核实的;

虽属于上款规定的一种或多种情形,但税务总局认为有利于避免双重征税、维护我国税收权益或促进经济合作的,仍可决定接受缔约对方启动相互协商程序的请求。

**第二十三条** 税务总局在收到缔约对方启动相互协商程序的函后,查清事实,决定是否同意启动相互协商程序,并书面回复对方。在做出是否同意启动相互协商程序决定前,认为需要征求相关省税务机关意见的,可以将相关情况和要求告知省税务机关,省税务机关应在税务总局要求的时间内予以回复。

**第二十四条** 税务总局在收到缔约对方主管当局提出的启动相互协商程序的请求时,相关税务机关的处理决定尚未做出的,税务总局应将对方提起相互协商程序的情况告知相关税务机关。相互协商程序不影响相关税务机关对有关案件的调查与处理,但税务总局认为需要停止调查和处理的除外。

**第二十五条** 相互协商程序进行期间,不停止税务机关已生效决定的执行,税务机关或者税务总局认为需要停止执行的除外。

**第二十六条** 在相互协商过程中,如果缔约对方主管当局撤回相互协商请求,或出现其他情形致使相互协商程序无法进行的,税务总局可以终止相互协商程序。

**第二十七条** 税务总局决定启动相互协商程序后,如有必要,可将缔约对方主管当局提交的相互协商请求所涉及的案件基本情况、主要证据等以书面形式下达给相关省税务机关,要求其在规定期限内完成核查。

**第二十八条** 接受任务的省税务机关应组织专人对案件进行核查,并在税务总局要求的期限内将核查结果以公文形式上报税务总局。对复杂或重大的案件,不能在期限内完成核查的,应在核查期限截止日期前五个工作日内向税务总局提出延期申请,经税务总局同意后,上报核查结果的时间可适当延长,但延长时间不超过一个月。

**第二十九条** 接受任务的省税务机关认为核查缔约对方主管当局提交的案件需要对方补充材料或就某一事项做出进一步说明的,应及时向税务总局提出。税务总局同意向缔约对方主管当局提出补充要求的,等待对方回复的时间不计入核查时间。缔约对方主管当局在回复中改变立场,或提出新的请求的,核查时间重新计算。

**第三十条** 省税务机关上报的核查结果,应包括案件调查的过程、对所涉案件的观点、事实根据和法律依据等内容。

## 第四章 税务总局主动向缔约对方请求启动的相互协商程序

**第三十一条** 税务总局在下列情况下可以主动向缔约对方主管当局提出相互协商请求:

(一)发现过去相互协商达成一致的案件或事项存在错误,或有新情况需要变更处理的;

(二)对税收协定中某一问题的解释及相关适用程序需要达成一致意见的;

(三)税务总局认为有必要与缔约对方主管当局对其他税收协定适用问题进行相互协商的。

**第三十二条** 省以下税务机关在适用税收协定时,发现本办法第三十一条规定的情形,认为有必要向缔约对方主管当局提起相互协商请求的,应层报税务总局。

## 第五章 协议的执行及法律责任

**第三十三条** 双方主管当局经过相互协商达成一致意见的,分别按不同情况处理如下:

(一)双方就协定的某一条文解释或某一事项的理解达成共识的,税务总局应将结果以公告形式发布;

(二)双方就具体案件的处理达成共识,需要涉案税务机关执行的,税务总局应将结果以书面形式通知相关税务机关。

**第三十四条** 经双方主管当局相互协商达成一致的案件,涉及我国税务机关退税或其他处理的,相关税务机关应在收到通知之日起三个月内执行完毕,并将情况报告税务总局。

**第三十五条** 纳税人、扣缴义务人、代理人等在税务机关对相互协商案件的核查中弄虚作假,或有其他违法行为的,税务机关应按税收征管法等有关规定处理。

**第三十六条** 省税务机关在相互协商程序实施过程中存在下列情形之一的,税务总局除发文催办或敦促补充核查、重新核查外,视具体情况予以通报:

(一)未按规定程序受理,或未在规定期限内向税务总局上报我国居民(国民)相互协商请求的;

(二)未按规定时间上报相互协商案件核查报告的;

(三)上报的核查报告内容不全、数据不准,不能满足税务总局对外回复需要的;

(四)未按规定时间执行相互协商达成的协议的。

## 第六章 附 则

**第三十七条** 申请人依照本办法第七条的规定向省税务机关提起相互协商程序申请的,填报或提交的资料应采用中文文本。相关资料原件为外文文本且税务机关根据有关规定要求翻译成中文文本的,申请人应按照税务机关的要求翻译成中文文本。

**第三十八条** 关于特别纳税调整的相互协商程序实施办法,另行规定。

**第三十九条** 本办法由税务总局负责解释。

**第四十条** 本办法自 2013 年 11 月 1 日起施行。《国家税务总局关于印发〈中国居民(国民)申请启动税务相互协商程序暂行办法〉的通知》(国税发〔2005〕115 号)同时废止。

本办法施行前已按国税发〔2005〕115 号受理但尚未处理完毕的相互协商案件,适用本办法的规定。

# 非居民纳税人享受协定待遇管理办法

*1. 2019 年 10 月 14 日国家税务总局公告 2019 年第 35 号公布*

*2. 自 2020 年 1 月 1 日起施行*

## 第一章 总 则

**第一条** 为执行中华人民共和国政府签署的避免双重征税协定(以下简称“税收协定”)和国际运输协定税收条款,规范非居民纳税人享受协定待遇管理,根据《中华人民共和国企业所得税法》(以下简称“企业所得税法”)及其实施条例、《中华人民共和国个人所得税法》及其实施条例、《中华人民共和国税收征收管理法》(以下简称“税收征管法”)及其实施细则(以下统称

"国内税收法律规定")的有关规定,制定本办法。

**第二条**　在中国境内发生纳税义务的非居民纳税人需要享受协定待遇的,适用本办法。

**第三条**　非居民纳税人享受协定待遇,采取"自行判断、申报享受、相关资料留存备查"的方式办理。非居民纳税人自行判断符合享受协定待遇条件的,可在纳税申报时,或通过扣缴义务人在扣缴申报时,自行享受协定待遇,同时按照本办法的规定归集和留存相关资料备查,并接受税务机关后续管理。

**第四条**　本办法所称非居民纳税人,是指按照税收协定居民条款规定应为缔约对方税收居民的纳税人。

本办法所称协定包括税收协定和国际运输协定。国际运输协定包括中华人民共和国政府签署的航空协定、海运协定、道路运输协定、汽车运输协定、互免国际运输收入税收协议或换函以及其他关于国际运输的协定。

本办法所称协定待遇,是指按照协定可以减轻或者免除按照国内税收法律规定应当履行的企业所得税、个人所得税纳税义务。

本办法所称扣缴义务人,是指按国内税收法律规定,对非居民纳税人来源于中国境内的所得负有扣缴税款义务的单位或个人,包括法定扣缴义务人和企业所得税法规定的指定扣缴义务人。

本办法所称主管税务机关,是指按国内税收法律规定,对非居民纳税人在中国的纳税义务负有征管职责的税务机关。

## 第二章　协定适用和纳税申报

**第五条**　非居民纳税人自行申报的,自行判断符合享受协定待遇条件且需要享受协定待遇,应在申报时报送《非居民纳税人享受协定待遇信息报告表》(见附件),并按照本办法第七条的规定归集和留存相关资料备查。

**第六条**　在源泉扣缴和指定扣缴情况下,非居民纳税人自行判断符合享受协定待遇条件且需要享受协定待遇的,应当如实填写《非居民纳税人享受协定待遇信息报告表》,主动提交给扣缴义务人,并按照本办法第七条的规定归集和留存相关资料备查。

扣缴义务人收到《非居民纳税人享受协定待遇信息报告表》后,确认非居民纳税人填报信息完整的,依国内税收法律规定和协定规定扣缴,并如实将《非居民纳税人享受协定待遇信息报告表》作为扣缴申报的附表报送主管税务机关。

非居民纳税人未主动提交《非居民纳税人享受协定待遇信息报告表》给扣缴义务人或填报信息不完整的,扣缴义务人依国内税收法律规定扣缴。

**第七条**　本办法所称留存备查资料包括:

(一)由协定缔约对方税务主管当局开具的证明非居民纳税人取得所得的当年度或上一年度税收居民身份的税收居民身份证明;享受税收协定国际运输条款或国际运输协定待遇的,可用能够证明符合协定规定身份的证明代替税收居民身份证明;

(二)与取得相关所得有关的合同、协议、董事会或股东会决议、支付凭证等权属证明资料;

(三)享受股息、利息、特许权使用费条款协定待遇的,应留存证明"受益所有人"身份的相关资料;

(四)非居民纳税人认为能够证明其符合享受协定待遇条件的其他资料。

**第八条**　非居民纳税人对《非居民纳税人享受协定待遇信息报告表》填报信息和留存备查资料的真实性、准确性、合法性承担法律责任。

**第九条**　非居民纳税人发现不应享受而享受了协定待遇,并少缴或未缴税款的,应当主动向主管税务机关申报补税。

**第十条**　非居民纳税人可享受但未享受协定待遇而多缴税款的,可在税收征管法规定期限内自行或通过扣缴义务人向主管税务机关要求退还多缴税款,同时提交本办法第七条规定的资料。

主管税务机关应当自接到非居民纳税人或扣缴义务人退还多缴税款申请之日起30日内查实,对符合享受协定待遇条件的多缴税款办理退还手续。

**第十一条**　非居民纳税人享受协定待遇留存备查资料应按照税收征管法及其实施细则规定的期限保存。

## 第三章　税务机关后续管理

**第十二条**　各级税务机关应当对非居民纳税人享受协定待遇开展后续管理,准确执行协定,防范协定滥用和逃避税风险。

**第十三条**　主管税务机关在后续管理时,可要求非居民纳税人限期提供留存备查资料。

主管税务机关在后续管理或税款退还查实工作过程中,发现依据本办法第七条规定的资料不足以证明非居民纳税人符合享受协定待遇条件,或非居民纳税人存在逃避税嫌疑的,可要求非居民纳税人或扣缴义务人限期提供相关资料并配合调查。

**第十四条**　本办法规定的资料原件为外文文本的,按照主管税务机关要求提供时,应当附送中文译本,并对中文译本的准确性和完整性负责。

非居民纳税人、扣缴义务人可以向主管税务机关提供资料复印件，但是应当在复印件上标注原件存放处，加盖报告责任人印章或签章。主管税务机关要求报验原件的，应报验原件。

**第十五条** 非居民纳税人、扣缴义务人应配合主管税务机关进行非居民纳税人享受协定待遇的后续管理与调查。非居民纳税人、扣缴义务人均未按照税务机关要求提供相关资料，或逃避、拒绝、阻挠税务机关进行后续调查，主管税务机关无法查实其是否符合享受协定待遇条件的，应视为不符合享受协定待遇条件。

**第十六条** 非居民纳税人不符合享受协定待遇条件而享受了协定待遇且未缴或少缴税款的，除因扣缴义务人未按本办法第六条规定扣缴申报外，视为非居民纳税人未按照规定申报缴纳税款，主管税务机关依法追缴税款并追究非居民纳税人延迟纳税责任。在扣缴情况下，税款延迟缴纳期限自扣缴申报享受协定待遇之日起计算。

**第十七条** 扣缴义务人未按本办法第六条规定扣缴申报，或者未按本办法第十三条规定提供相关资料，发生不符合享受协定待遇条件的非居民纳税人享受协定待遇且未缴或少缴税款情形的，主管税务机关依据有关规定追究扣缴义务人责任，并责令非居民纳税人限期缴纳税款。

**第十八条** 依据企业所得税法第三十九条规定，非居民纳税人未依法缴纳税款的，主管税务机关可以从该非居民纳税人在中国境内其他收入项目的支付人应付的款项中，追缴该非居民纳税人的应纳税款。

**第十九条** 主管税务机关在后续管理或税款退还查实工作过程中，发现不能准确判定非居民纳税人是否可以享受协定待遇的，应当向上级税务机关报告；需要启动相互协商或情报交换程序的，按有关规定启动相应程序。

**第二十条** 本办法第十条所述查实时间不包括非居民纳税人或扣缴义务人补充提供资料、个案请示、相互协商、情报交换的时间。税务机关因上述原因延长查实时间的，应书面通知退税申请人相关决定及理由。

**第二十一条** 主管税务机关在后续管理过程中，发现需要适用税收协定主要目的测试条款或国内税收法律规定中的一般反避税规则的，适用一般反避税相关规定。

**第二十二条** 主管税务机关应当对非居民纳税人不当享受协定待遇情况建立信用档案，并采取相应后续管理措施。

### 第四章 附　　则

**第二十三条** 协定与本办法规定不同的，按协定执行。

**第二十四条** 非居民纳税人需要享受内地与香港、澳门特别行政区签署的避免双重征税安排待遇的，按照本公告执行。

**第二十五条** 本办法自2020年1月1日起施行。《非居民纳税人享受税收协定待遇管理办法》（国家税务总局公告2015年第60号发布，国家税务总局公告2018年第31号修改）同时废止。

## 委托代征管理办法

*1. 2013年5月10日国家税务总局公告2013年第24号公布*

*2. 自2013年7月1日起施行*

### 第一章 总　　则

**第一条** 为加强税收委托代征管理，规范委托代征行为，降低征纳成本，根据《中华人民共和国税收征收管理法》《中华人民共和国税收征收管理法实施细则》《合同法》及《中华人民共和国发票管理办法》的有关规定，制定本办法。

**第二条** 本办法所称委托代征，是指税务机关根据《中华人民共和国税收征收管理法实施细则》有利于税收控管和方便纳税的要求，按照双方自愿、简便征收、强化管理、依法委托的原则和国家有关规定，委托有关单位和人员代征零星、分散和异地缴纳的税收的行为。

**第三条** 本办法所称税务机关，是指县以上（含本级）税务局。

本办法所称代征人，是指依法接受税务机关委托、行使代征税款权利并承担《委托代征协议书》规定义务的单位或人员。

### 第二章 委托代征的范围和条件

**第四条** 委托代征范围由税务机关根据《中华人民共和国税收征收管理法实施细则》关于加强税收控管、方便纳税的规定，结合当地税源管理的实际情况确定。税务机关不得将法律、行政法规已确定的代扣代缴、代收代缴税收，委托他人代征。

**第五条** 税务机关确定的代征人，应当与纳税人有下列关系之一：

（一）与纳税人有管理关系；

（二）与纳税人有经济业务往来；

（三）与纳税人有地缘关系；

（四）有利于税收控管和方便纳税人的其他关系。

**第六条** 代征人为行政、事业、企业单位及其他社会组织

的,应当同时具备下列条件:

(一)有固定的工作场所;

(二)内部管理制度规范,财务制度健全;

(三)有熟悉相关税收法律、法规的工作人员,能依法履行税收代征工作;

(四)税务机关根据委托代征事项和税收管理要求确定的其他条件。

**第七条** 代征税款人员,应当同时具备下列条件:

(一)具备中国国籍,遵纪守法,无严重违法行为及犯罪记录,具有完全民事行为能力;

(二)具备与完成代征税款工作要求相适应的税收业务知识和操作技能;

(三)税务机关根据委托代征管理要求确定的其他条件。

**第八条** 税务机关可以与代征人签订代开发票书面协议并委托代征人代开普通发票。代开发票书面协议的主要内容应当包括代开的普通发票种类、对象、内容和相关责任。

代开发票书面协议由各省、自治区、直辖市和计划单列市自行制定。

**第九条** 代征人不得将其受托代征税款事项再行委托其他单位、组织或人员办理。

## 第三章 委托代征协议的生效和终止

**第十条** 税务机关应当与代征人签订《委托代征协议书》,明确委托代征相关事宜。《委托代征协议书》包括以下内容:

(一)税务机关和代征人的名称、联系电话,代征人为行政、事业、企业单位及其他社会组织的,应包括法定代表人或负责人姓名、居民身份证号码和地址;代征人为自然人的,应包括姓名、居民身份证号码和户口所在地、现居住地址;

(二)委托代征范围和期限;

(三)委托代征的税种及附加、计税依据及税率;

(四)票、款结报缴销期限和额度;

(五)税务机关和代征人双方的权利、义务和责任;

(六)代征手续费标准;

(七)违约责任;

(八)其他有关事项。

代征人为行政、事业、企业单位及其他社会组织的,《委托代征协议书》自双方的法定代表人或法定代理人签字并加盖公章后生效;代征人为自然人的,《委托代征协议书》自代征人及税务机关的法定代表人签字并加盖税务机关公章后生效。

**第十一条** 《委托代征协议书》签订后,税务机关应当向代征人发放《委托代征证书》,并在广播、电视、报纸、期刊、网络等新闻媒体或者代征范围内纳税人相对集中的场所,公告代征人的委托代征资格和《委托代征协议书》中的以下内容:

(一)税务机关和代征人的名称、联系电话,代征人为行政、事业、企业单位及其他社会组织的,应包括法定代表人或负责人姓名和地址;代征人为自然人的,应包括姓名、户口所在地、现居住地址;

(二)委托代征的范围和期限;

(三)委托代征的税种及附加、计税依据及税率;

(四)税务机关确定的其他需要公告的事项。

**第十二条** 《委托代征协议书》有效期最长不得超过3年。有效期满需要继续委托代征的,应当重新签订《委托代征协议书》。

《委托代征协议书》签订后,税务机关应当向代征人提供受托代征税款所需的税收票证、报表。

**第十三条** 有下列情形之一的,税务机关可以向代征人发出《终止委托代征协议通知书》,提前终止委托代征协议:

(一)因国家税收法律、行政法规、规章等规定发生重大变化,需要终止协议的;

(二)税务机关被撤销主体资格的;

(三)因代征人发生合并、分立、解散、破产、撤销或者因不可抗力发生等情形,需要终止协议的;

(四)代征人有弄虚作假、故意不履行义务、严重违反税收法律法规的行为,或者有其他严重违反协议的行为;

(五)税务机关认为需要终止协议的其他情形。

**第十四条** 终止委托代征协议的,代征人应自委托代征协议终止之日起5个工作日内,向税务机关结清代征税款,缴销代征业务所需的税收票证和发票;税务机关应当收回《委托代征证书》,结清代征手续费。

**第十五条** 代征人在委托代征协议期限届满之前提出终止协议的,应当提前20个工作日向税务机关申请,经税务机关确认后按照本办法第十四条的规定办理相关手续。

**第十六条** 税务机关应当自委托代征协议终止之日起10个工作日内,在广播、电视、报纸、期刊、网络等新闻媒体或者代征范围内纳税人相对集中的场所,公告代征人委托代征资格终止和本办法第十一条规定需要公告的《委托代征协议书》主要内容。

## 第四章 委托代征管理职责

**第十七条** 税收委托代征工作中，税务机关应当监督、管理、检查委托代征业务，履行以下职责：

（一）审查代征人资格，确定、登记代征人的相关信息；

（二）填制、发放、收回、缴销《委托代征证书》；

（三）确定委托代征的具体范围、税种及附加、计税依据、税率等；

（四）核定和调整代征人代征的个体工商户定额，并通知纳税人和代征人执行；

（五）定期核查代征人的管户信息，了解代征户籍变化情况；

（六）采集委托代征的征收信息、纳税人欠税信息、税收票证管理情况等信息；

（七）辅导和培训代征人；

（八）在有关规定确定的代征手续费比率范围内，按照手续费与代征人征收成本相匹配的原则，确定具体支付标准，办理手续费支付手续；

（九）督促代征人按时解缴代征税款，并对代征情况进行定期检查；

（十）其他管理职责。

**第十八条** 税收委托代征工作中，代征人应当履行以下职责：

（一）根据税务机关确定的代征范围、核定税额或计税依据、税率代征税款，并按规定及时解缴入库；

（二）按照税务机关有关规定领取、保管、开具、结报缴销税收票证、发票，确保税收票证和发票安全；

（三）代征税款时，向纳税人开具税收票证；

（四）建立代征税款账簿，逐户登记代征税种税目、税款金额及税款所属期等内容；

（五）在税款解缴期内向税务机关报送《代征代扣税款结报单》，以及受托代征税款的纳税人当期已纳税、逾期未纳税、管户变化等相关情况；

（六）对拒绝代征人依法代征税款的纳税人，自其拒绝之时起24小时内报告税务机关；

（七）在代征税款工作中获知纳税人商业秘密和个人隐私的，应当依法为纳税人保密。

**第十九条** 代征人不得对纳税人实施税款核定、税收保全和税收强制执行措施，不得对纳税人进行行政处罚。

**第二十条** 代征人应根据《委托代征协议书》的规定向税务机关申请代征税款手续费，不得从代征税款中直接扣取代征税款手续费。

## 第五章 法律责任

**第二十一条** 代征人在《委托代征协议书》授权范围内的代征税款行为引起纳税人的争议或法律纠纷的，由税务机关解决并承担相应法律责任；税务机关拥有事后向代征人追究法律责任的权利。

**第二十二条** 因代征人责任未征或少征税款的，税务机关应向纳税人追缴税款，并可按《委托代征协议书》的约定向代征人按日加收未征少征税款万分之五的违约金，但代征人将纳税人拒绝缴纳等情况自纳税人拒绝之时起24小时内报告税务机关的除外。代征人违规多征税款的，由税务机关承担相应的法律责任，并责令代征人立即退还，税款已入库的，由税务机关按规定办理退库手续；代征人违规多征税款致使纳税人合法权益受到损失的，由税务机关赔偿，税务机关拥有事后向代征人追偿的权利。

代征人违规多征税款而多取得代征手续费的，应当及时退回。

**第二十三条** 代征人造成印有固定金额的税收票证损失的，应当按照票面金额赔偿，未按规定领取、保管、开具、结报缴销税收票证的，税务机关应当根据情节轻重，适当扣减代征手续费。

**第二十四条** 代征人未按规定期限解缴税款的，由税务机关责令限期解缴，并可从税款滞纳之日起按日加收未解缴税款万分之五的违约金。

**第二十五条** 税务机关工作人员玩忽职守，不按照规定对代征人履行管理职责，给委托代征工作造成损害的，按规定追究相关人员的责任。

**第二十六条** 违反《委托代征协议书》其他有关规定的，按照协议约定处理。

**第二十七条** 纳税人对委托代征行为不服，可依法申请税务行政复议。

## 第六章 附 则

**第二十八条** 各省、自治区、直辖市和计划单列市税务机关根据本地实际情况制定具体实施办法。

**第二十九条** 税务机关可以比照本办法的规定，对代售印花税票者进行管理。

**第三十条** 本办法自2013年7月1日起施行。

附件：（略）

# 纳税评估管理办法(试行)

*1. 2005年3月11日国家税务总局发布*
*2. 国税发〔2005〕43号*
*3. 根据2018年6月15日国家税务总局公告2018年第31号《关于修改部分税收规范性文件的公告》修正*

## 第一章　总　　则

**第一条**　为进一步强化税源管理,降低税收风险,减少税款流失,不断提高税收征管的质量和效率,根据国家有关税收法律、法规,结合税收征管工作实际,制定本办法。

**第二条**　纳税评估是指税务机关运用数据信息对比分析的方法,对纳税人和扣缴义务人(以下简称纳税人)纳税申报(包括减免缓抵退税申请,下同)情况的真实性和准确性作出定性和定量的判断,并采取进一步征管措施的管理行为。纳税评估工作遵循强化管理、优化服务;分类实施、因地制宜;人机结合、简便易行的原则。

**第三条**　纳税评估工作主要由基层税务机关的税源管理部门及其税收管理员负责,重点税源和重大事项的纳税评估也可由上级税务机关负责。

前款所称基层税务机关是指直接面向纳税人负责税收征收管理的税务机关;税源管理部门是指基层税务机关所属的税务分局、税务所或内设的税源管理科(股)。

对汇总合并缴纳企业所得税企业的纳税评估,由其汇总合并纳税企业申报所在地税务机关实施,对汇总合并纳税成员企业的纳税评估,由其监管的当地税务机关实施;对合并申报缴纳外商投资和外国企业所得税企业分支机构的纳税评估,由总机构所在地的主管税务机关实施。

**第四条**　开展纳税评估工作原则上在纳税申报到期之后进行,评估的期限以纳税申报的税款所属当期为主,特殊情况可以延伸到往期或以往年度。

**第五条**　纳税评估主要工作内容包括:根据宏观税收分析和行业税负监控结果以及相关数据设立评估指标及其预警值;综合运用各类对比分析方法筛选评估对象;对所筛选出的异常情况进行深入分析并作出定性和定量的判断;对评估分析中发现的问题分别采取税务约谈、调查核实、处理处罚、提出管理建议、移交稽查部门查处等方法进行处理;维护更新税源管理数据,为税收宏观分析和行业税负监控提供基础信息等。

## 第二章　纳税评估指标

**第六条**　纳税评估指标是税务机关筛选评估对象、进行重点分析时所选用的主要指标,分为通用分析指标和特定分析指标两大类,使用时可结合评估工作实际不断细化和完善。

**第七条**　纳税评估指标的功能、计算公式及其分析使用方法参照《纳税评估通用分析指标及其使用方法》(附件1)、《纳税评估分税种特定分析指标及其使用方法》(附件2)。

**第八条**　纳税评估分析时,要综合运用各类指标,并参照评估指标预警值进行配比分析。评估指标预警值是税务机关根据宏观税收分析、行业税负监控、纳税人生产经营和财务会计核算情况以及内外部相关信息,运用数学方法测算出的算术、加权平均值及其合理变动范围。测算预警值,应综合考虑地区、规模、类型、生产经营季节、税种等因素,考虑同行业、同规模、同类型纳税人各类相关指标的若干年度的平均水平,以使预警值更加真实、准确和具有可比性。纳税评估指标预警值由各地税务机关根据实际情况自行确定。

## 第三章　纳税评估对象

**第九条**　纳税评估的对象为主管税务机关负责管理的所有纳税人及其应纳所有税种。

**第十条**　纳税评估对象可采用计算机自动筛选、人工分析筛选和重点抽样筛选等方法。

**第十一条**　筛选纳税评估对象,要依据税收宏观分析、行业税负监控结果等数据,结合各项评估指标及其预警值和税收管理员掌握的纳税人实际情况,参照纳税人所属行业、经济类型、经营规模、信用等级等因素进行全面、综合的审核对比分析。

**第十二条**　综合审核对比分析中发现有问题或疑点的纳税人要作为重点评估分析对象;重点税源户、特殊行业的重点企业、税负异常变化、长时间零税负和负税负申报、纳税信用等级低下、日常管理和税务检查中发现较多问题的纳税人要列为纳税评估的重点分析对象。

## 第四章　纳税评估方法

**第十三条**　纳税评估工作根据国家税收法律、行政法规、部门规章和其他相关经济法规的规定,按照属地管理原则和管户责任开展;对同一纳税人申报缴纳的各个税种的纳税评估要相互结合、统一进行,避免多头重复评估。

**第十四条**　纳税评估的主要依据及数据来源包括:

"一户式"存储的纳税人各类纳税信息资料,主要包括：纳税人税务登记的基本情况，各项核定、认定、减免缓抵退税审批事项的结果，纳税人申报纳税资料，财务会计报表以及税务机关要求纳税人提供的其他相关资料，增值税交叉稽核系统各类票证比对结果等；

税收管理员通过日常管理所掌握的纳税人生产经营实际情况，主要包括：生产经营规模、产销量、工艺流程、成本、费用、能耗、物耗情况等各类与税收相关的数据信息；

上级税务机关发布的宏观税收分析数据，行业税负的监控数据，各类评估指标的预警值；本地区的主要经济指标、产业和行业的相关指标数据，外部交换信息，以及与纳税人申报纳税相关的其他信息。

**第十五条**　纳税评估可根据所辖税源和纳税人的不同情况采取灵活多样的评估分析方法，主要有：

对纳税人申报纳税资料进行案头的初步审核比对，以确定进一步评估分析的方向和重点；通过各项指标与相关数据的测算，设置相应的预警值，将纳税人的申报数据与预警值相比较；

将纳税人申报数据与财务会计报表数据进行比较、与同行业相关数据或类似行业同期相关数据进行横向比较；

将纳税人申报数据与历史同期相关数据进行纵向比较；

根据不同税种之间的关联性和钩稽关系，参照相关预警值进行税种之间的关联性分析，分析纳税人应纳相关税种的异常变化；

应用税收管理员日常管理中所掌握的情况和积累的经验，将纳税人申报情况与其生产经营实际情况相对照，分析其合理性，以确定纳税人申报纳税中存在的问题及其原因；

通过对纳税人生产经营结构，主要产品能耗、物耗等生产经营要素的当期数据、历史平均数据、同行业平均数据以及其他相关经济指标进行比较，推测纳税人实际纳税能力。

**第十六条**　对纳税人申报纳税资料进行审核分析时，要包括以下重点内容：

纳税人是否按照税法规定的程序、手续和时限履行申报纳税义务，各项纳税申报附送的各类抵扣、列支凭证是否合法、真实、完整；

纳税申报主表、附表及项目、数字之间的逻辑关系是否正确，适用的税目、税率及各项数字计算是否准确，申报数据与税务机关所掌握的相关数据是否相符；

收入、费用、利润及其他有关项目的调整是否符合税法规定，申请减免缓抵退税，亏损结转、获利年度的确定是否符合税法规定并正确履行相关手续；

与上期和同期申报纳税情况有无较大差异；

税务机关和税收管理员认为应进行审核分析的其他内容。

**第十七条**　对实行定期定额（定率）征收税款的纳税人以及未达起征点的个体工商户，可参照其生产经营情况，利用相关评估指标定期进行分析，以判断定额（定率）的合理性和是否已经达到起征点并恢复征税。

## 第五章　评估结果处理

**第十八条**　对纳税评估中发现的计算和填写错误、政策和程序理解偏差等一般性问题，或存在的疑点问题经约谈、举证、调查核实等程序认定事实清楚，不具有偷税等违法嫌疑，无需立案查处的，可提请纳税人自行改正。需要纳税人自行补充的纳税资料，以及需要纳税人自行补正申报、补缴税款、调整账目的，税务机关应督促纳税人按照税法规定逐项落实。

**第十九条**　对纳税评估中发现的需要提请纳税人进行陈述说明、补充提供举证资料等问题，应由主管税务机关约谈纳税人。

税务约谈要经所在税源管理部门批准并事先发出《税务约谈通知书》，提前通知纳税人。税务约谈的对象主要是企业财务会计人员。因评估工作需要，必须约谈企业其他相关人员的，应经税源管理部门批准并通过企业财务部门进行安排。

纳税人因特殊困难不能按时接受税务约谈的，可向税务机关说明情况，经批准后延期进行。

纳税人可以委托具有执业资格的税务代理人进行税务约谈。税务代理人代表纳税人进行税务约谈时，应向税务机关提交纳税人委托代理合法证明。

**第二十条**　对评估分析和税务约谈中发现的必须到生产经营现场了解情况、审核账目凭证的，应经所在税源管理部门批准，由税收管理员进行实地调查核实。对调查核实的情况，要作认真记录。需要处理处罚的，要严格按照规定的权限和程序执行。

**第二十一条**　发现纳税人有偷税、逃避追缴欠税、骗取出口退税、抗税或其他需要立案查处的税收违法行为嫌疑的，要移交税务稽查部门处理。

对税源管理部门移交稽查部门处理的案件，税务稽查部门要将处理结果定期向税源管理部门反馈。

发现外商投资和外国企业与其关联企业之间的业务往来不按照独立企业业务往来收取或支付价款、费用，需要调查、核实的，应移交上级税务机关国际税收管理部门（或有关部门）处理。

**第二十二条** 对纳税评估工作中发现的问题要作出评估分析报告，提出进一步加强征管工作的建议，并将评估工作内容、过程、证据、依据和结论等记入纳税评估工作底稿。纳税评估分析报告和纳税评估工作底稿是税务机关内部资料，不发纳税人，不作为行政复议和诉讼依据。

## 第六章 评估工作管理

**第二十三条** 基层税务机关及其税源管理部门要根据所辖税源的规模、管户的数量等工作实际情况，结合自身纳税评估的工作能力，制定评估工作计划，合理确定纳税评估工作量，对重点税源户，要保证每年至少重点评估分析一次。

**第二十四条** 基层税务机关及其税源管理部门要充分利用现代化信息手段，广泛收集和积累纳税人各类涉税信息，不断提高评估工作水平；要经常对评估结果进行分析研究，提出加强征管工作的建议；要作好评估资料整理工作，本着"简便、实用"的原则，建立纳税评估档案，妥善保管纳税人报送的各类资料，并注重保护纳税人的商业秘密和个人隐私；要建立健全纳税评估工作岗位责任制、岗位轮换制、评估复查制和责任追究制等各项制度，加强对纳税评估工作的日常检查与考核；要加强对从事纳税评估工作人员的培训，不断提高纳税评估工作人员的综合素质和评估能力。

**第二十五条** 各级税务机关的征管部门负责纳税评估工作的组织协调工作，制定纳税评估工作业务规程，建立健全纳税评估规章制度和反馈机制，指导基层税务机关开展纳税评估工作，明确纳税评估工作职责分工并定期对评估工作开展情况进行总结和交流；

各级税务机关的计划统计部门负责对税收完成情况、税收与经济的对应规律、总体税源和税负的增减变化等情况进行定期的宏观分析，为基层税务机关开展纳税评估提供依据和指导；

各级税务机关的专业管理部门（包括各税种、国际税收、出口退税管理部门以及县级税务机关的综合业务部门）负责进行行业税负监控、建立各税种的纳税评估指标体系、测算指标预警值、制定分税种的具体评估方法，为基层税务机关开展纳税评估工作提供依据和指导。

**第二十六条** 从事纳税评估的工作人员，在纳税评估工作中徇私舞弊或者滥用职权，或为有涉嫌税收违法行为的纳税人通风报信致使其逃避查处的，或瞒报评估真实结果、应移交案件不移交的，或致使纳税评估结果失真、给纳税人造成损失的，不构成犯罪的，由税务机关按照有关规定给予行政处分；构成犯罪的，要依法追究刑事责任。

**第二十七条** 各级税务局要加强纳税评估工作的协作，提高相关数据信息的共享程度，简化评估工作程序，提高评估工作实效，最大限度地方便纳税人。

**附件1：**

## 纳税评估通用分析指标及使用方法

### 一、通用指标及功能

（一）收入类评估分析指标及其计算公式和指标功能

主营业务收入变动率＝（本期主营业务收入－基期主营业务收入）÷基期主营业务收入×100%。

如主营业务收入变动率超出预警值范围，可能存在少计收入问题和多列成本等问题，运用其他指标进一步分析。

（二）成本类评估分析指标及其计算公式和功能

单位产成品原材料耗用率＝本期投入原材料÷本期产成品成本×100%。

分析单位产品当期耗用原材料与当期产出的产成品成本比率，判断纳税人是否存在帐外销售问题、是否错误使用存货计价方法、是否人为调整产成品成本或应纳所得额等问题。

主营业务成本变动率＝（本期主营业务成本－基期主营业务成本）÷基期主营业务成本×100%，其中：主营业务成本率＝主营业务成本÷主营业务收入。

主营业务成本变动率超出预警值范围，可能存在销售未计收入、多列成本费用、扩大税前扣除范围等问题。

（三）费用类评估分析指标及其计算公式和指标功能

主营业务费用变动率＝（本期主营业务费用－基期主营业务费用）÷基期主营业务费用×100%，其中：主营业务费用率＝（主营业务费用÷主营业务收入）×100%。

与预警值相比，如相差较大，可能存在多列费用问题。

营业（管理、财务）费用变动率＝〔本期营业（管理、财务）费用－基期营业（管理、财务）费用〕÷基期营业（管理、财务）费用×100%。

如果营业(管理、财务)费用变动率与前期相差较大,可能存在税前多列支营业(管理、财务)费用问题。

成本费用率=(本期营业费用+本期管理费用+本期财务费用)÷本期主营业务成本×100%。

分析纳税人期间费用与销售成本之间关系,与预警值相比较,如相差较大,企业可能存在多列期间费用问题。

成本费用利润率=利润总额÷成本费用总额×100%,其中:成本费用总额=主营业务成本总额+费用总额。

与预警值比较,如果企业本期成本费用利润率异常,可能存在多列成本、费用等问题。税前列支费用评估分析指标:工资扣除限额、"三费"(职工福利费、工会经费、职工教育经费)扣除限额、交际应酬费列支额(业务招待费扣除限额)、公益救济性捐赠扣除限额、开办费摊销额、技术开发费加计扣除额、广告费扣除限额、业务宣传费扣除限额、财产损失扣除限额、呆(坏)账损失扣除限额、总机构管理费扣除限额、社会保险费扣除限额、无形资产摊销额、递延资产摊销额等。

如果申报扣除(摊销)额超过允许扣除(摊销)标准,可能存在未按规定进行纳税调整,擅自扩大扣除(摊销)基数等问题。

(四)利润类评估分析指标及其计算公式和指标功能

主营业务利润变动率=(本期主营业务利润-基期主营业务利润)÷基期主营业务利润×100%。

其他业务利润变动率=(本期其他业务利润-基期其他业务利润)÷基期其他业务利润×100%。

上述指标若与预警值相比相差较大,可能存在多结转成本或不计、少计收入问题。

税前弥补亏损扣除限额。按税法规定审核分析允许弥补的亏损数额。如申报弥补亏损额大于税前弥补亏损扣除限额,可能存在未按规定申报税前弥补等问题。

营业外收支增减额。营业外收入增减额与基期相比减少较多,可能存在隐瞒营业外收入问题。营业外支出增减额与基期相比支出增加较多,可能存在将不符合规定支出列入营业外支出。

(五)资产类评估分析指标及其计算公式和指标功能

净资产收益率=净利润÷平均净资产×100%。

分析纳税人资产综合利用情况。如指标与预警值相差较大,可能存在隐瞒收入,或闲置未用资产计提折旧问题。

总资产周转率=(利润总额+利息支出)÷平均总资产×100%。

存货周转率=主营业务成本÷〔(期初存货成本+期末存货成本)÷2〕×100%。

分析总资产和存货周转情况,推测销售能力。如总资产周转率或存货周转率加快,而应纳税税额减少,可能存在隐瞒收入、虚增成本的问题。

应收(付)账款变动率=(期末应收(付)账款-期初应收(付)账款)÷期初应收(付)账款×100%。

分析纳税人应收(付)账款增减变动情况,判断其销售实现和可能发生坏账情况。如应收(付)账款增长率增高,而销售收入减少,可能存在隐瞒收入、虚增成本的问题。

固定资产综合折旧率=基期固定资产折旧总额÷基期固定资产原值总额×100%。

固定资产综合折旧率高于与基期标准值,可能存在税前多列支固定资产折旧额问题。要求企业提供各类固定资产的折旧计算情况,分析固定资产综合折旧率变化的原因。

资产负债率=负债总额÷资产总额×100%,其中:负债总额=流动负债+长期负债,资产总额是扣除累计折旧后的净额。

分析纳税人经营活力,判断其偿债能力。如果资产负债率与预警值相差较大,则企业偿债能力有问题,要考虑由此对税收收入产生的影响。

## 二、指标的配比分析

(一)主营业务收入变动率与主营业务利润变动率配比分析

正常情况下,二者基本同步增长。(1)当比值<1,且相差较大,二者都为负时,可能存在企业多列成本费用、扩大税前扣除范围问题。(2)当比值>1且相差较大、二者都为正时,可能存在企业多列成本费用、扩大税前扣除范围等题。(3)当比值为负数,且前者为正后者为负时,可能存在企业多列成本费用、扩大税前扣除范围等问题。

对产生疑点的纳税人可从以下三方面进行分析:结合"主营业务利润率"指标进行分析,了解企业历年主营业务利润率的变动情况;对"主营业务利润率"指标也异常的企业,应通过年度申报表及附表分析企业收入构成情况,以判断是否存在少计收入问题;结合《资产负债表》中"应付账款"、"预收账款"和"其他应付款”等科目的期初、期末数进行分析，如出现“应付账款”和“其他应付账款”红字和“预收账款”期末大幅度增长等情况，应判断存在少计收入问题。

（二）主营业务收入变动率与主营业务成本变动率配比分析

正常情况下二者基本同步增长，比值接近1。当比值<1，且相差较大，二者都为负时，可能存在企业多列成本费用、扩大税前扣除范围等问题；当比值>1且相差较大，二者都为正时，可能存在企业多列成本费用、扩大税前扣除范围等问题；当比值为负数，且前者为正后者为负时，可能存在企业多列成本费用、扩大税前扣除范围等问题。

对产生本疑点的纳税人可以从以下三个方面进行分析：结合“主营业务收入变动率”指标，对企业主营业务收入情况进行分析，通过分析企业年度申报表及附表《营业收入表》，了解企业收入的构成情况，判断是否存在少计收入的情况；结合《资产负债表》中“应付账款”、“预收账款”和“其他应付账款”等科目的期初、期末数额进行分析，如“应付账款”和“其他应付账款”出现红字和“预收账款”期末大幅度增长情况，应判断存在少计收入问题；结合主营业务成本率对年度申报表及附表进行分析，了解企业成本的结转情况，分析是否存在改变成本结转方法、少计存货（含产成品、在产品和材料）等问题。

（三）主营业务收入变动率与主营业务费用变动率配比分析

正常情况下，二者基本同步增长。当比值<1且相差较大，二者都为负时，可能存在企业多列成本费用、扩大税前扣除范围等问题；当比值>1且相差较大，二者都为正时，可能企业存在多列成本费用、扩大税前扣除范围等问题；当比值为负数，且前者为正后者为负时，可能存在企业多列成本费用、扩大税前扣除范围等问题。

对产生疑点的纳税人可从以下三个方面进行分析：结合《资产负债表》中“应付账款”、“预收账款”和“其他应付账款”等科目的期初、期末数进行分析。如“应付账款”和“其他应付账款”出现红字和“预收账款”期末大幅度增长等情况，应判断存在少计收入问题；结合主营业务成本，通过年度申报表及附表分析企业成本的结转情况，以判断是否存在改变成本结转方法、少计存货（含产成品、在产品和材料）等问题；结合“主营业务费用率”、“主营业务费用变动率”两项指标进行分析，与同行业的水平比较；通过《损益表》对营业费用、财务费用、管理费用的若干年度数据分析三项费用中增长较多的费用项目，对财务费用增长较多的，结合《资产负债表》中短期借款、长期借款的期初、期末数进行分析，以判断财务费用增长是否合理，是否存在基建贷款利息列入当期财务费用等问题。

（四）主营业务成本变动率与主营业务利润变动率配比分析

当两者比值大于1，都为正时，可能存在多列成本的问题；前者为正，后者为负时，视为异常，可能存在多列成本、扩大税前扣除范围等问题。

（五）资产利润率、总资产周转率、销售利润率配比分析

综合分析本期资产利润率与上年同期资产利润率，本期销售利润率与上年同期销售利润率，本期总资产周转率与上年同期总资产周转率。如本期总资产周转率－上年同期总资产周转率>0，本期销售利润率－上年同期销售利润率≤0，而本期资产利润率－上年同期资产利润率≤0时，说明本期的资产使用效率提高，但收益不足以抵补销售利润率下降造成的损失，可能存在隐匿销售收入、多列成本费用等问题。如本期总资产周转率－上年同期总资产周转率≤0，本期销售利润率－上年同期销售利润率>0，而本期资产利润率－上年同期资产利润率≤0时，说明资产使用效率降低，导致资产利润率降低，可能存在隐匿销售收入问题。

（六）存货变动率、资产利润率、总资产周转率配比分析

比较分析本期资产利润率与上年同期资产利润率，本期总资产周转率与上年同期总资产周转率。若本期存货增加不大，即存货变动率≤0，本期总资产周转率－上年同期总资产周转率≤0，可能存在隐匿销售收入问题。

**附件2：**

## 纳税评估分税种特定分析指标及使用方法

### 一、增值税评估分析指标及使用方法

（一）增值税税收负担率（简称税负率）

税负率＝（本期应纳税额÷本期应税主营业务收入）×100%。

计算分析纳税人税负率，与销售额变动率等指标配合使用，将销售额变动率和税负率与相应的正常峰

值进行比较，销售额变动率高于正常峰值，税负率低于正常峰值的；销售额变动率低于正常峰值，税负率低于正常峰值的和销售额变动率及税负率均高于正常峰值的均可列入疑点范围。运用全国丢失、被盗增值税专用发票查询系统对纳税评估对象的抵扣联进行检查验证。

根据评估对象报送的增值税纳税申报表、资产负债表、损益表和其他有关纳税资料，进行毛益率测算分析、存货、负债、进项税额综合分析和销售额分析指标的分析，对其形成异常申报的原因作出进一步判断。

与预警值对比。销售额变动率高于正常峰值及税负率低于预警值或销售额变动率正常，而税负率低于预警值的，以进项税额为评估重点，查证有无扩大进项抵扣范围、骗抵进项税额、不按规定申报抵扣等问题，对应核实销项税额计算的正确性。

对销项税额的评估，应侧重查证有无账外经营、瞒报、迟报计税销售额、混淆增值税与营业税征税范围、错用税率等问题。

（二）工（商）业增加值分析指标

1. 应纳税额与工（商）业增加值弹性分析

应纳税额与工（商）业增加值弹性系数 = 应纳税额增长率 ÷ 工（商）业增加值增长率。其中：

应纳税额增长率 =（本期应纳税额 − 基期应纳税额）÷ 基期应纳税额 × 100%；

工（商）业增加值增长率 = ｛本期工（商）业增加值 − 基期工（商）业增加值｝÷ 基期工（商）业增加值 × 100%。

应纳税额是指纳税人缴纳的增值税应纳税额；工（商）业增加值是指工资、利润、折旧、税金的合计。弹性系数小于预警值，则企业可能有少缴税金的问题。应通过其他相关纳税评估指标与评估方法，并结合纳税人生产经营的实际情况进一步分析，对其申报真实性进行评估。

2. 工（商）业增加值税负分析

工（商）业增加值税负差异率 =〔本企业工（商）业增加值税负 ÷ 同行业工（商）业增加值税负〕× 100%。其中：

本企业工（商）业增加值税负 = 本企业应纳税额 ÷ 本企业工（商）业增加值；

同行业工（商）业增加值税负 = 同行业应纳税额总额 ÷ 同行业工（商）业增加值。

应用该指标分析本企业工（商）业增加值税负与同行业工（商）业增加值税负的差异，如低于同行业工（商）业增加值平均税负，则企业可能存在隐瞒收入、少缴税款等问题，结合其他相关评估指标和方法进一步分析，对其申报真实性进行评估。

（三）进项税金控制额

本期进项税金控制额 =（期末存货较期初增加额 + 本期销售成本 + 期末应付账款较期初减少额）× 主要外购货物的增值税税率 + 本期运费支出数 × 7%。

将增值税纳税申报表计算的本期进项税额，与纳税人财务会计报表计算的本期进项税额进行比较；与该纳税人历史同期的进项税额控制额进行纵向比较；与同行业、同等规模的纳税人本期进项税额控制额进行横向比较；与税收管理员掌握的本期进项税额实际情况进行比较，查找问题，对评估对象的申报真实性进行评估。

具体分析时，先计算本期进项税金控制额，以进项税金控制额与增值税申报表中的本期进项税额核对，若前者明显小于后者，则可能存在虚抵进项税额和未付款的购进货物提前申报抵扣进项税额的问题。

（四）投入产出评估分析指标

投入产出评估分析指标 = 当期原材料（燃料、动力等）投入量 ÷ 单位产品原材料（燃料、动力等）使用量。

单位产品原材料（燃料、动力等）使用量是指同地区、同行业单位产品原材料（燃料、动力等）使用量的平均值。对投入产出指标进行分析，测算出企业实际产量。根据测算的实际产量与实际库存进行对比，确定实际销量，从而进一步推算出企业销售收入，如测算的销售收入大于其申报的销售收入，则企业可能有隐瞒销售收入的问题。通过其他相关纳税评估指标与评估方法，并与税收管理员根据掌握税负变化的实际情况进行比较，对评估对象的申报真实性进行评估。

## 二、内资企业所得税评估分析指标及使用方法

（一）分析指标

1. 所得税税收负担率（简称税负率）

税负率 = 应纳所得税额 ÷ 利润总额 × 100%。

与当地同行业同期和本企业基期所得税负担率相比，低于标准值可能存在不计或少计销售（营业）收入、多列成本费用、扩大税前扣除范围等问题，运用其它相关指标深入评估分析。

2. 主营业务利润税收负担率（简称利润税负率）

利润税负率 =（本期应纳税额 ÷ 本期主营业务利润）× 100%。

上述指标设定预警值并与预警值对照,与当地同行业同期和本企业基期所得税负担率相比,如果低于预定值,企业可能存在销售未计收入、多列成本费用、扩大税前扣除范围等问题,应作进一步分析。

3. 应纳税所得额变动率

应纳税所得额变动率 =(评估期累计应纳税所得额 - 基期累计应纳税所得额)÷ 基期累计应纳税所得额 ×100%。

关注企业处于税收优惠期前后,该指标如果发生较大变化,可能存在少计收入、多列成本,人为调节利润问题;也可能存在费用配比不合理等问题。

4. 所得税贡献率

所得税贡献率 = 应纳所得税额 ÷ 主营业务收入 ×100%。

将当地同行业同期与本企业基期所得税贡献率相比,低于标准值视为异常,可能存在不计或少计销售(营业)收入、多列成本费用、扩大税前扣除范围等问题,应运用所得税变动率等相关指标作进一步评估分析。

5. 所得税贡献变动率

所得税贡献变动率 =(评估期所得税贡献率 - 基期所得税贡献率)÷ 基期所得税贡献率 ×100%。

与企业基期指标和当地同行业同期指标相比,低于标准值可能存在不计或少计销售(营业)收入、多列成本费用、扩大税前扣除范围等问题。

运用其它相关指标深入详细评估,并结合上述指标评估结果,进一步分析企业销售(营业)收入、成本、费用的变化和异常情况及其原因。

6. 所得税负担变动率

所得税负担变动率 =(评估期所得税负担率 - 基期所得税负担率)÷ 基期所得税负担率 ×100%。

与企业基期和当地同行业同期指标相比,低于标准值可能存在不计或少计销售(营业)收入、多列成本费用、扩大税前扣除范围等问题。

运用其它相关指标深入详细评估,并结合上述指标评估结果,进一步分析企业销售(营业)收入、成本、费用的变化和异常情况及其原因。

(二)评估分析指标的分类与综合运用

1. 企业所得税纳税评估指标的分类

对企业所得税进行评估时,为便于操作,可将通用指标中涉及所得税评估的指标进行分类并综合运用。

一类指标:主营业务收入变动率、所得税税收负担率、所得税贡献率、主营业务利润税收负担率。

二类指标:主营业务成本变动率、主营业务费用变动率、营业(管理、财务)费用变动率、主营业务利润变动率、成本费用率、成本费用利润率、所得税负担变动率、所得税贡献变动率、应纳税所得额变动率及通用指标中的收入、成本、费用、利润配比指标。

三类指标:存货周转率、固定资产综合折旧率、营业外收支增减额、税前弥补亏损扣除限额及税前列支费用评估指标。

2. 企业所得税评估指标的综合运用

各类指标出现异常,应对可能影响异常的收入、成本、费用、利润及各类资产的相关指标进行审核分析:

(1)一类指标出现异常,要运用二类指标中相关指标进行审核分析,并结合原材料、燃料、动力等情况进一步分析异常情况及其原因。

(2)二类指标出现异常,要运用三类指标中影响的相关项目和指标进行深入审核分析,并结合原材料、燃料、动力等情况进一步分析异常情况及其原因。

(3)在运用上述三类指标的同时,对影响企业所得税的其它指标,也应进行审核分析。

## 三、外商投资企业和外国企业所得税评估分析指标及其使用方法

(一)综合对比审核分析

外商投资企业和外国企业所得税纳税评估时,除按《纳税评估管理办法》第十六条的内容审核外,还应包括以下内容:

1. 会计师查帐报告中涉及的税收问题是否在纳税申报中作出了正确的反映或说明;

2. 预提所得税代扣代缴是否完整、及时,所涉及的使用费转让是否有合同,收取比例是否合理;

3. 纳税人存在关联交易的,是否就其关联交易进行申报,与关联企业的业务往来是否有明显异常;

4. 主管税务机关认为应审核分析的其他内容。

在纳税评估审核分析时,应特别关注下列类型的企业:长期亏损企业;由免税期或减税期进入获利年度后,利润陡降或由赢利变亏损的企业;赢利但利润率水平明显低于同行业平均水平或持续低于同行业利润水平的企业等。

(二)分析指标

1. 所得税税收负担率(同内资企业所得税指标,公式及使用方法略,以下简称同略。)

(1)主营业务收入税收负担率 =(本期应纳税额 ÷ 本期应税主营业务收入额)×100%。

(2)主营业务利润税收负担率(同略)。

2. 应纳税所得额变动率(同略)

3. 资本金到位额

不得税前列支的利息支出=按规定而未到位资本×借款利率

如果注册资本金未按照税法规定实际到位,则相应得利息支出不得在税前列支。

4. 境外应补所得税发生额

如果存在境外应补所得税额不实或者有误等问题,应进一步审核、分析。

5. 生产性企业兼营生产性和非生产性经营收入划分额

非生产性经营收入÷全部收入≥50%;

生产性经营收入÷全部收入≥50%。

如果生产性经营收入未超过全部业务收入50%或非生产性经营收入≥50%时,按照税法规定不能享受当年度生产性企业相关的减免税待遇。

6. 借款利息

分析时应考虑:(1)是否存在关联企业间借贷利息支出问题;(2)借款金额是否过大,如果存在关联企业间借款金额过大,考虑借款和权益的比率,分析是否存在资本弱化现象。

7. 出口销售毛利率

出口销售毛利率=(出口收入-出口成本)÷出口收入×100%。

按照公平交易原则,如果该指标明显低于可比对象,可能存在关联企业间交易价格偏低,又转移利润的嫌疑,需提示作进一步反避税调查。

8. 资产(财产)转让利润率

资产(财产)转让利润率=〔资产(财产)转让实际收取的价款-资产(财产)原账面价值-转让费用〕÷资产(财产)原账面价值。

如果该指标小于零,可能存在企业向较低税率的关联企业转让资产(财产)避税的问题。

9. 关联出口销售比例

关联出口销售比例=关联出口收入÷主营业务收入×100%。

如果本指标较大并且可能存在关联交易的,应重点关注。

10. 关联采购比率

关联采购比率=关联采购额÷全部采购额×100%。

本比值重点分析购销价格,如果关联采购占全部采购额的比值较大时,应对相关纳税人重点关注。

11. 无形资产关联交易额

要特别关注特许权使用费,如果数额较大超过预警值时,应对相关纳税人重点关注。

12. 融通资金关联交易额

应特别关注筹资企业的负债与权益比例,如果融通资金数额较大,或者可能存在资本弱化问题,应对相关纳税人重点关注。

13. 关联劳务交易额

如果劳务费数额过高,或劳务费收取标准高于市场水平,应对相关纳税人重点关注。

14. 关联销售比率

关联销售比率=关联销售额÷全部销售额×100%。

如果该比值较大,应作为反避税重点作进一步分析。

15. 关联采购变动率

关联采购变动率=(本期关联采购额-上期关联采购额)÷上期关联采购额×100%。

本指标通过分析关联企业间采购的变动情况,了解企业是否通过转让定价转移利润的问题。如果对比值较大并且可能存在关联交易的,应重点关注。

16. 关联销售变动率

关联销售变动率=(本期关联销售额-上期关联销售额)÷上期关联销售额×100%。

如果对比值较大并且可能存在关联交易的,应重点关注。

(三)关联交易类配比分析

1. 关联销售变动率与销售收入变动率配比分析

重点分析关联销售商品金额占总销售商品金额比例较大的企业,如关联销售变动率<销售收入变动率,则说明企业关联销售商品金额的变化没有带来相应的关联销售收入的变化,销售同样数量商品,关联销售收入小于非关联销售收入,可能存在关联交易定价低于非关联交易定价的问题,存在转让定价避税嫌疑。

2. 关联销售变动率与销售利润变动率配比分析

重点分析关联销售商品金额占总销售商品金额比例较大的企业,如关联销售变动率>销售利润变动率,则说明企业关联销售商品金额的变化没有带来相应的销售利润的变化,销售同样数量商品,关联销售利润小于非关联销售利润,可能存在关联交易定价低于非关联交易定价的问题,存在转让定价避税嫌疑。

3. 关联采购变动率与销售成本变动率配比分析

重点分析关联购进原材料金额占总购进原材料金额比例较大的企业,如关联采购变动率>销售成本变动率,则说明企业关联购进原材料金额的变化导致过大的关联销售成本的变化,采购同样数量原材料,关联采购成本大于非关联采购成本,可能存在关联交易定价高于非关联交易定价的问题,存在转让定价避税嫌疑。

4. 关联采购变动率与销售利润变动率配比分析

重点分析关联购进原材料金额占总购进原材料金额比例较大的企业,如关联采购变动率 > 销售利润变动率,则说明企业关联购进原材料金额的变化导致过大的关联销售成本的变化,影响了销售利润,采购同样数量原材料,关联采购成本大于非关联采购成本,可能存在关联交易定价高于非关联交易定价的问题,存在转让定价避税嫌疑。

5. 无形资产关联购买变动率与销售利润变动率配比分析

重点分析存在无形资产关联交易的企业支付特许权使用费等,如无形资产关联购买变动率 > 销售利润变动率,则说明企业购买的无形资产没有带来相应的收益增长,可能支付了过高的无形资产购买价格或通过购买无形资产的形式转移利润,存在转让定价避税嫌疑。

## 四、印花税评估分析指标及使用方法

(一)印花税税负变动系数

印花税税负变动系数 = 本期印花税负担率 ÷ 上年同期印花税负担率。其中:印花税负担率 =(应纳税额 ÷ 计税收入)× 100%。

本指标用于分析可比口径下印花税额占计税收入的比例及其变化情况。本期印花税负担率与上年同期对比,正常情况下二者的比值应接近1。当比值小于1,可能存在未足额申报印花税问题,进入下一工作环节处理(下同)。

(二)印花税同步增长系数

印花税同步增长系数 = 应纳税额增长率 ÷ 主营业务收入增长率,其中:

应纳税额增长率 =〔(本期累计应纳税额 - 上年同期累计应纳税额)÷ 上年同期累计应纳税额〕× 100%。

主营业务收入增长率 =〔(本期累计主营业务收入额 - 上年同期累计主营业务收入额)÷ 上年同期累计主营业务收入额〕× 100%。

本指标用于分析印花税应纳税额增长率与主营业务收入增长率,评估纳税人申报(贴花)纳税情况真实性。适用于工商、建筑安装等行业应纳税额增长率与主营业务收入增长率对比分析。正常情况下二者应基本同步增长,比值应接近1。当比值小于1,可能存在未足额申报印花税问题。分析中发现高于或低于预警值的,要借助其他指标深入分析并按照总局纳税评估管理办法规定处理。

(三)综合审核分析

1. 审核纳税申报表中本期各税目应纳税额与上期应纳税额、上年同期应纳税额相比有无重大差异,能否合理解释。

2. 是否连续零申报,能否合理解释。

3. 适用税目税率等是否正确;是否有错用税目以适用低税率;有无将按比例税率和按定额税率计征的凭证相互混淆;有无将载有多项不同性质经济业务的经济合同误用税目税率,应税合同计税依据是否正确。

4. 申报单位所属行业所对应的应税凭证是否申报纳税(如工商企业的购销合同是否申报)。

5. 参考同行业的合同签订情况以及其他影响印花税纳税的情况进行调查,评估纳税人印花税的纳税状况。

6. 对于签订时无法确定金额的应税凭证,在最终结算实际金额时是否按规定补贴了印花。

7. 审核《营业税纳税申报表》中申报项目是否有租赁、建筑安装、货物运输、销售不动产、转让无形资产等应税收入,是否申报缴纳了印花税。

8. 实行印花税汇总缴纳的纳税人,其"利润表"中的"主营业务收入"与申报的"购销合同"计税金额或"加工承揽合同"的计税金额是否合理,有无异常现象,能否合理解释。

9. 根据"利润表"中"财务费用"以及"资产负债表"中的"短期借款"和"长期借款"项目的变动情况,确定申报"借款合同"的计税金额是否合理。

10. "资产负债表"中"实收资本"项目和"资本公积"项本期数与上期数相比是否增加,增加数是否申报缴纳印花税。

11. "管理费用"等科目中体现的保险支出与已申报情况进行对比是否有出入。

12. 审核《资产负债表》中的"固定资产"科目中"不动产"项目增加或减少情况,据此检查纳税人书立领受的"产权转移书据"是否缴纳了印花税。

13. 审核《资产负债表》中的"在建工程"科目是否有建筑、设备安装等项目,"委托加工物资"科目是否发生委托加工业务,是否申报缴纳了印花税。

14. 审核其它业务收入和营业外收入项目是否有应税收入。

15. 审核有无查补收入。

16. 其他需要审核、分析的内容。

**五、资源税评估分析指标及使用方法**

（一）资源税税负变动系数

分析纳税人申报缴纳的资源税占应税产品销售收入的比例及其变化情况，评估纳税人申报的真实性。

资源税税负变动系数＝本期资源税税收负担率÷上年同期资源税税收负担率，其中：

资源税税收负担率＝〔应纳税额÷主营业务收入（产品销售收入）〕×100%。

本指标是本期资源税负担率与上年同期资源税负担率的对比分析。一般在产品售价相对稳定的情况下二者的比值应接近1。

当比值小于1，可能存在未足额申报资源税问题，进入下一工作环节处理。当比值大于1，无问题。

（二）资源税同步增长系数

分析资源税应纳税额增长率与主营业务收入（产品销售收入）增长率，评估纳税人申报情况的真实性。

资源税同步增长系数＝应纳税额增长率÷主营业务收入（产品销售收入）增长率。

应纳税额增长率＝〔（本期累计应纳税额－上年同期累计应纳税额）÷上年同期累计应纳税额〕×100%。

主营业务收入（产品销售收入）增长率＝｛〔本期累计主营业务收入（产品销售收入）－上年同期累计主营业务收入（产品销售收入）〕÷上年同期累计主营业务收入（产品销售收入）｝×100%。

本指标是应纳税额增长率与主营业务收入（产品销售收入）增长率的对比分析。正常情况下二者应基本同步增长（在产品销售单价没有较大波动的情况下），比值应接近1。当比值小于1，可能存在未足额申报资源税问题。分析中发现高于或低于预警率指标的要借助其他指标深入分析并按照总局纳税评估管理办法规定处理。

（三）综合审核分析

1. 审核《资源税纳税申报表》中项目、数字填写是否完整，适用税目、单位税额、应纳税额及各项数字计算是否准确。

2. 审核《资源税纳税申报表》、《代扣代缴代收代缴税款报告表》中申报项目是否有收购未税矿产品。

3. 是否连续零申报，能否合理解释。

4. 是否以矿产品的原矿作为课税数量，折算比率是否合理。

5. 纳税人自产自用的产品是否纳税。

6. 纳税人开采或者生产不同税目的产品，是否分别核算纳税，未分别核算的，是否有从低选择税率的问题。

7. 纳税人本期各税目、税额与上期应纳税额、上年同期应纳税额相比有无较大差异，能否合理解释。

8. 减税、免税项目的课税数量是否单独核算，未单独核算或者不能准确提供课税数量的，是否按规定申报缴纳了资源税。

9. 与上期申报表进行比对，审核增减变化情况，并与同期矿产资源补偿费增减变化进行比对。

10. 审核扣缴义务人取得的《资源税管理证明》。

11. 审核《利润表》中的应税矿产品“销售（营业）收入”与企业产品产销存明细表中应税矿产品产量比率增减变化情况，同时与申报表中资源税申报额进行比对，审核增减变化情况。

12. 审核纳税人申报的课税数量与其利润表中的“主营业务收入”或者“其他业务收入”的比率是否合理，以期发现纳税人有无少申报课税数量的情况。

13. 是否有将销售收入直接计入“营业外收入”、“盈余公积”等账户。

14. 是否有将已实现的销售收入挂“应付账款”账户，不结转销售收入。

15. 审核应税产品期初库存量加当期产量减当期销量减当期自用量是否与期末库存量一致。

16. 其他需要审核、分析的内容。

## 纳税信用管理办法（试行）①

*1. 2014年7月4日国家税务总局公告2014年第40号公布*
*2. 自2014年10月1日起施行*

### 第一章　总　　则

**第一条**　为规范纳税信用管理，促进纳税人诚信自律，提高税法遵从度，推进社会信用体系建设，根据《中华人

① 第十七条第二项已被2018年2月1日国家税务总局公告2018年第8号《关于纳税信用评价有关事项的公告》废止；第七条已被2018年6月15日国家税务总局公告2018年第33号《关于公布全文失效废止和部分条款失效废止的税收规范性文件目录的公告》废止；第十五条第二款、第三十二条第七项已被2020年9月13日国家税务总局公告2020年第15号《关于纳税信用管理有关事项的公告》废止。——编者注

民共和国税收征收管理法》及其实施细则、《国务院关于促进市场公平竞争维护市场正常秩序的若干意见》(国发〔2014〕20号)和《国务院关于印发社会信用体系建设规划纲要(2014—2020年)的通知》(国发〔2014〕21号),制定本办法。

**第二条** 本办法所称纳税信用管理,是指税务机关对纳税人的纳税信用信息开展的采集、评价、确定、发布和应用等活动。

**第三条** 本办法适用于已办理税务登记,从事生产、经营并适用查账征收的企业纳税人(以下简称纳税人)。

扣缴义务人、自然人纳税信用管理办法由国家税务总局另行规定。

个体工商户和其他类型纳税人的纳税信用管理办法由省税务机关制定。

**第四条** 国家税务总局主管全国纳税信用管理工作。省以下税务机关负责所辖地区纳税信用管理工作的组织和实施。

**第五条** 纳税信用管理遵循客观公正、标准统一、分级分类、动态调整的原则。

**第六条** 国家税务总局推行纳税信用管理工作的信息化,规范统一纳税信用管理。

**第七条** 国家税务局、地方税务局应联合开展纳税信用评价工作。

**第八条** 税务机关积极参与社会信用体系建设,与相关部门建立信用信息共建共享机制,推动纳税信用与其他社会信用联动管理。

## 第二章 纳税信用信息采集

**第九条** 纳税信用信息采集是指税务机关对纳税人纳税信用信息的记录和收集。

**第十条** 纳税信用信息包括纳税人信用历史信息、税务内部信息、外部信息。

纳税人信用历史信息包括基本信息和评价年度之前的纳税信用记录,以及相关部门评定的优良信用记录和不良信用记录。

税务内部信息包括经常性指标信息和非经常性指标信息。经常性指标信息是指涉税申报信息、税(费)款缴纳信息、发票与税控器具信息、登记与账簿信息等纳税人在评价年度内经常产生的指标信息;非经常性指标信息是指税务检查信息等纳税人在评价年度内不经常产生的指标信息。

外部信息包括外部参考信息和外部评价信息。外部参考信息包括评价年度相关部门评定的优良信用记录和不良信用记录;外部评价信息是指从相关部门取得的影响纳税人纳税信用评价的指标信息。

**第十一条** 纳税信用信息采集工作由国家税务总局和省税务机关组织实施,按月采集。

**第十二条** 本办法第十条第二款纳税人信用历史信息中的基本信息由税务机关从税务管理系统中采集,税务管理系统中暂缺的信息由税务机关通过纳税人申报采集;评价年度之前的纳税信用记录,以及相关部门评定的优良信用记录和不良信用记录,从税收管理记录、国家统一信用信息平台等渠道中采集。

**第十三条** 本办法第十条第三款税务内部信息从税务管理系统中采集。

**第十四条** 本办法第十条第四款外部信息主要通过税务管理系统、国家统一信用信息平台、相关部门官方网站、新闻媒体或者媒介等渠道采集。通过新闻媒体或者媒介采集的信息应核实后使用。

## 第三章 纳税信用评价

**第十五条** 纳税信用评价采取年度评价指标得分和直接判级方式。评价指标包括税务内部信息和外部评价信息。

年度评价指标得分采取扣分方式。纳税人评价年度内经常性指标和非经常性指标信息齐全的,从100分起评;非经常性指标缺失的,从90分起评。

直接判级适用于有严重失信行为的纳税人。

纳税信用评价指标由国家税务总局另行规定。

**第十六条** 外部参考信息在年度纳税信用评价结果中记录,与纳税信用评价信息形成联动机制。

**第十七条** 纳税信用评价周期为一个纳税年度,有下列情形之一的纳税人,不参加本期的评价:

(一)纳入纳税信用管理时间不满一个评价年度的;

(二)本评价年度内无生产经营业务收入的;

(三)因涉嫌税收违法被立案查处尚未结案的;

(四)被审计、财政部门依法查出税收违法行为,税务机关正在依法处理,尚未办结的;

(五)已申请税务行政复议、提起行政诉讼尚未结案的;

(六)其他不应参加本期评价的情形。

**第十八条** 纳税信用级别设A、B、C、D四级。A级纳税信用为年度评价指标得分90分以上的;B级纳税信用为年度评价指标得分70分以上不满90分的;C级纳税信用为年度评价指标得分40分以上不满70分的;D级纳税信用为年度评价指标得分不满40分或者直接判级确定的。

**第十九条**　有下列情形之一的纳税人，本评价年度不能评为A级：

（一）实际生产经营期不满3年的；

（二）上一评价年度纳税信用评价结果为D级的；

（三）非正常原因一个评价年度内增值税或营业税连续3个月或者累计6个月零申报、负申报的；

（四）不能按照国家统一的会计制度规定设置账簿，并根据合法、有效凭证核算，向税务机关提供准确税务资料的。

**第二十条**　有下列情形之一的纳税人，本评价年度直接判为D级：

（一）存在逃避缴纳税款、逃避追缴欠税、骗取出口退税、虚开增值税专用发票等行为，经判决构成涉税犯罪的；

（二）存在前项所列行为，未构成犯罪，但偷税（逃避缴纳税款）金额10万元以上且占各税种应纳税总额10%以上，或者存在逃避追缴欠税、骗取出口退税、虚开增值税专用发票等税收违法行为，已缴纳税款、滞纳金、罚款的；

（三）在规定期限内未按税务机关处理结论缴纳或者足额缴纳税款、滞纳金和罚款的；

（四）以暴力、威胁方法拒不缴纳税款或者拒绝、阻挠税务机关依法实施税务稽查执法行为的；

（五）存在违反增值税发票管理规定或者违反其他发票管理规定的行为，导致其他单位或者个人未缴、少缴或者骗取税款的；

（六）提供虚假申报材料享受税收优惠政策的；

（七）骗取国家出口退税款，被停止出口退（免）税资格未到期的；

（八）有非正常户记录或者由非正常户直接责任人员注册登记或者负责经营的；

（九）由D级纳税人的直接责任人员注册登记或者负责经营的；

（十）存在税务机关依法认定的其他严重失信情形的。

**第二十一条**　纳税人有下列情形的，不影响其纳税信用评价：

（一）由于税务机关原因或者不可抗力，造成纳税人未能及时履行纳税义务的；

（二）非主观故意的计算公式运用错误以及明显的笔误造成未缴或者少缴税款的；

（三）国家税务总局认定的其他不影响纳税信用评价的情形。

## 第四章　纳税信用评价结果的确定和发布

**第二十二条**　纳税信用评价结果的确定和发布遵循谁评价、谁确定、谁发布的原则。

**第二十三条**　税务机关每年4月确定上一年度纳税信用评价结果，并为纳税人提供自我查询服务。

**第二十四条**　纳税人对纳税信用评价结果有异议的，可以书面向作出评价的税务机关申请复评。作出评价的税务机关应按本办法第三章规定进行复核。

**第二十五条**　税务机关对纳税人的纳税信用级别实行动态调整。

因税务检查等发现纳税人以前评价年度需扣减信用评价指标得分或者直接判级的，税务机关应按本办法第三章规定调整其以前年度纳税信用评价结果和记录。

纳税人因第十七条第三、四、五项所列情形解除而向税务机关申请补充纳税信用评价的，税务机关应按本办法第三章规定处理。

**第二十六条**　纳税人信用评价状态变化时，税务机关可采取适当方式通知、提醒纳税人。

**第二十七条**　税务机关对纳税信用评价结果，按分级分类原则，依法有序开放：

（一）主动公开A级纳税人名单及相关信息；

（二）根据社会信用体系建设需要，以及与相关部门信用信息共建共享合作备忘录、协议等规定，逐步开放B、C、D级纳税人名单及相关信息；

（三）定期或者不定期公布重大税收违法案件信息。具体办法由国家税务总局另行规定。

## 第五章　纳税信用评价结果的应用

**第二十八条**　税务机关按照守信激励，失信惩戒的原则，对不同信用级别的纳税人实施分类服务和管理。

**第二十九条**　对纳税信用评价为A级的纳税人，税务机关予以下列激励措施：

（一）主动向社会公告年度A级纳税人名单；

（二）一般纳税人可单次领取3个月的增值税发票用量，需要调整增值税发票用量时即时办理；

（三）普通发票按需领用；

（四）连续3年被评为A级信用级别（简称3连A）的纳税人，除享受以上措施外，还可以由税务机关提供绿色通道或专门人员帮助办理涉税事项；

（五）税务机关与相关部门实施的联合激励措施，以及结合当地实际情况采取的其他激励措施。

**第三十条**　对纳税信用评价为 B 级的纳税人,税务机关实施正常管理,适时进行税收政策和管理规定的辅导,并视信用评价状态变化趋势选择性地提供本办法第二十九条的激励措施。

**第三十一条**　对纳税信用评价为 C 级的纳税人,税务机关应依法从严管理,并视信用评价状态变化趋势选择性地采取本办法第三十二条的管理措施。

**第三十二条**　对纳税信用评价为 D 级的纳税人,税务机关应采取以下措施:

(一)按照本办法第二十七条的规定,公开 D 级纳税人及其直接责任人员名单,对直接责任人员注册登记或者负责经营的其他纳税人纳税信用直接判为 D 级;

(二)增值税专用发票领用按辅导期一般纳税人政策办理,普通发票的领用实行交(验)旧供新、严格限量供应;

(三)加强出口退税审核;

(四)加强纳税评估,严格审核其报送的各种资料;

(五)列入重点监控对象,提高监督检查频次,发现税收违法违规行为的,不得适用规定处罚幅度内的最低标准;

(六)将纳税信用评价结果通报相关部门,建议在经营、投融资、取得政府供应土地、进出口、出入境、注册新公司、工程招投标、政府采购、获得荣誉、安全许可、生产许可、从业任职资格、资质审核等方面予以限制或禁止;

(七)D 级评价保留 2 年,第三年纳税信用不得评价为 A 级;

(八)税务机关与相关部门实施的联合惩戒措施,以及结合实际情况依法采取的其他严格管理措施。

### 第六章　附　　则

**第三十三条**　省税务机关可以根据本办法制定具体实施办法。

**第三十四条**　本办法自 2014 年 10 月 1 日起施行。2003 年 7 月 17 日国家税务总局发布的《纳税信用等级评定管理试行办法》(国税发〔2003〕92 号)同时废止。

## 涉税专业服务监管办法(试行)

*1. 2017 年 5 月 5 日国家税务总局公告 2017 年第 13 号公布*
*2. 根据 2019 年 12 月 27 日国家税务总局公告 2019 年第 43 号《关于进一步完善涉税专业服务监管制度有关事项的公告》修正*

**第一条**　为贯彻落实国务院简政放权、放管结合、优化服务工作要求,维护国家税收利益,保护纳税人合法权益,规范涉税专业服务,依据《中华人民共和国税收征收管理法》及其实施细则和国务院有关决定,制定本办法。

**第二条**　税务机关对涉税专业服务机构在中华人民共和国境内从事涉税专业服务进行监管。

**第三条**　涉税专业服务是指涉税专业服务机构接受委托,利用专业知识和技能,就涉税事项向委托人提供的税务代理等服务。

**第四条**　涉税专业服务机构是指税务师事务所和从事涉税专业服务的会计师事务所、律师事务所、代理记账机构、税务代理公司、财税类咨询公司等机构。

**第五条**　涉税专业服务机构可以从事下列涉税业务:

(一)纳税申报代理。对纳税人、扣缴义务人提供的资料进行归集和专业判断,代理纳税人、扣缴义务人进行纳税申报准备和签署纳税申报表、扣缴税款报告表以及相关文件。

(二)一般税务咨询。对纳税人、扣缴义务人的日常办税事项提供税务咨询服务。

(三)专业税务顾问。对纳税人、扣缴义务人的涉税事项提供长期的专业税务顾问服务。

(四)税收策划。对纳税人、扣缴义务人的经营和投资活动提供符合税收法律法规及相关规定的纳税计划、纳税方案。

(五)涉税鉴证。按照法律、法规以及依据法律、法规制定的相关规定要求,对涉税事项真实性和合法性出具鉴定和证明。

(六)纳税情况审查。接受行政机关、司法机关委托,依法对企业纳税情况进行审查,作出专业结论。

(七)其他税务事项代理。接受纳税人、扣缴义务人的委托,代理建账记账、发票领用、减免退税申请等税务事项。

(八)其他涉税服务。

前款第三项至第六项涉税业务,应当由具有税务师事务所、会计师事务所、律师事务所资质的涉税专业服务机构从事，相关文书应由税务师、注册会计师、律师签字，并承担相应的责任。

**第六条**　涉税专业服务机构从事涉税业务，应当遵守税收法律、法规及相关税收规定，遵循涉税专业服务业务规范。

涉税专业服务机构为委托人出具的各类涉税报告和文书，由双方留存备查，其中，税收法律、法规及国家税务总局规定报送的，应当向税务机关报送。

**第七条**　税务机关应当对税务师事务所实施行政登记管理。未经行政登记不得使用"税务师事务所"名称，不能享有税务师事务所的合法权益。

税务师事务所合伙人或者股东由税务师、注册会计师、律师担任，税务师占比应高于百分之五十，国家税务总局另有规定的除外。

税务师事务所办理商事登记后，应当向省税务机关办理行政登记。省税务机关准予行政登记的，颁发《税务师事务所行政登记证书》，并将相关资料报送国家税务总局，抄送省税务师行业协会。不予行政登记的，书面通知申请人，说明不予行政登记的理由。

税务师事务所行政登记流程（规范）另行制定。

从事涉税专业服务的会计师事务所和律师事务所，依法取得会计师事务所执业证书或律师事务所执业许可证，视同行政登记。

**第八条**　税务机关对涉税专业服务机构及其从事涉税服务人员进行实名制管理。

税务机关依托金税三期应用系统，建立涉税专业服务管理信息库。综合运用从金税三期核心征管系统采集的涉税专业服务机构的基本信息、涉税专业服务机构报送的人员信息和经纳税人（扣缴义务人）确认的实名办税（自有办税人员和涉税专业服务机构代理办税人员）信息，建立对涉税专业服务机构及其从事涉税服务人员的分类管理，确立涉税专业服务机构及其从事涉税服务人员与纳税人（扣缴义务人）的代理关系，区分纳税人自有办税人员和涉税专业服务机构代理办税人员，实现对涉税专业服务机构及其从事涉税服务人员和纳税人（扣缴义务人）的全面动态实名信息管理。

涉税专业服务机构应当向税务机关提供机构和从事涉税服务人员的姓名、身份证号、专业资格证书编号、业务委托协议等实名信息。

**第九条**　税务机关应当建立业务信息采集制度，利用现有的信息化平台分类采集业务信息，加强内部信息共享，提高分析利用水平。

涉税专业服务机构应当以年度报告形式，向税务机关报送从事涉税专业服务的总体情况。

税务师事务所、会计师事务所、律师事务所从事专业税务顾问、税收策划、涉税鉴证、纳税情况审查业务，应当向税务机关单独报送相关业务信息。

**第十条**　税务机关对涉税专业服务机构从事涉税专业服务的执业情况进行检查，根据举报、投诉情况进行调查。

**第十一条**　税务机关应当建立信用评价管理制度，对涉税专业服务机构从事涉税专业服务情况进行信用评价，对其从事涉税服务人员进行信用记录。

税务机关应以涉税专业服务机构的纳税信用为基础，结合委托人纳税信用、纳税人评价、税务机关评价、实名办税、业务规模、服务质量、执业质量检查、业务信息质量等情况，建立科学合理的信用评价指标体系，进行信用等级评价或信用记录，具体办法另行制定。

**第十二条**　税务机关应当加强对税务师行业协会的监督指导，与其他相关行业协会建立工作联系制度。

税务机关可以委托行业协会对涉税专业服务机构从事涉税专业服务的执业质量进行评价。

全国税务师行业协会负责拟制涉税专业服务业务规范（准则、规则），报国家税务总局批准后施行。

**第十三条**　税务机关应当在门户网站、电子税务局和办税服务场所公告纳入监管的涉税专业服务机构名单及其信用情况，同时公告未经行政登记的税务师事务所名单。

**第十四条**　涉税专业服务机构及其涉税服务人员有下列情形之一的，由税务机关责令限期改正或予以约谈；逾期不改正的，由税务机关降低信用等级或纳入信用记录，暂停受理所代理的涉税业务（暂停时间不超过六个月）；情节严重的，由税务机关纳入涉税服务失信名录，予以公告并向社会信用平台推送，其所代理的涉税业务，税务机关不予受理：

（一）使用税务师事务所名称未办理行政登记的；

（二）未按照办税实名制要求提供涉税专业服务机构和从事涉税服务人员实名信息的；

（三）未按照业务信息采集要求报送从事涉税专业服务有关情况的；

（四）报送信息与实际不符的；

（五）拒不配合税务机关检查、调查的；

（六）其他违反税务机关监管规定的行为。

税务师事务所有前款第一项情形且逾期不改正

的，省税务机关应当提请市场监管部门吊销其营业执照。

**第十五条**　涉税专业服务机构及其涉税服务人员有下列情形之一的，由税务机关列为重点监管对象，降低信用等级或纳入信用记录，暂停受理所代理的涉税业务（暂停时间不超过六个月）；情节较重的，由税务机关纳入涉税服务失信名录，予以公告并向社会信用平台推送，其所代理的涉税业务，税务机关不予受理；情节严重的，其中，税务师事务所由省税务机关宣布《税务师事务所行政登记证书》无效，提请市场监管部门吊销其营业执照，提请全国税务师行业协会取消税务师职业资格证书登记、收回其职业资格证书并向社会公告，其他涉税服务机构及其从事涉税服务人员由税务机关提请其他行业主管部门及行业协会予以相应处理：

（一）违反税收法律、行政法规，造成委托人未缴或者少缴税款，按照《中华人民共和国税收征收管理法》及其实施细则相关规定被处罚的；

（二）未按涉税专业服务相关业务规范执业，出具虚假意见的；

（三）采取隐瞒、欺诈、贿赂、串通、回扣等不正当竞争手段承揽业务，损害委托人或他人利益的；

（四）利用服务之便，谋取不正当利益的；

（五）以税务机关和税务人员的名义敲诈纳税人、扣缴义务人的；

（六）向税务机关工作人员行贿或者指使、诱导委托人行贿的；

（七）其他违反税收法律法规的行为。

**第十六条**　税务机关应当为涉税专业服务机构提供便捷的服务，依托信息化平台为信用等级高的涉税专业服务机构开展批量纳税申报、信息报送等业务提供便利化服务。

**第十七条**　税务机关所需的涉税专业服务，应当通过政府采购方式购买。

税务机关和税务人员不得参与或违规干预涉税专业服务机构经营活动。

**第十八条**　税务师行业协会应当加强税务师行业自律管理，提高服务能力、强化培训服务，促进转型升级和行业健康发展。

税务师事务所自愿加入税务师行业协会。从事涉税专业服务的会计师事务所、律师事务所、代理记账机构除加入各自行业协会接受行业自律管理外，可自愿加入税务师行业协会税务代理人分会；鼓励其他没有加入任何行业协会的涉税专业服务机构自愿加入税务师行业协会税务代理人分会。

**第十九条**　各省税务机关依据本办法，结合本地实际，制定涉税专业服务机构从事涉税专业服务的具体实施办法。

**第二十条**　本办法自2017年9月1日起施行。

## 纳税人涉税保密信息管理暂行办法

*1. 2008年10月9日国家税务总局发布*

*2. 国税发〔2008〕93号*

*3. 根据2018年6月15日国家税务总局公告2018年第31号《关于修改部分税收规范性文件的公告》修正*

### 第一章　总　　则

**第一条**　为维护纳税人的合法权益，规范对纳税人涉税保密信息管理工作，根据《中华人民共和国税收征收管理法》和《中华人民共和国税收征收管理法实施细则》及相关法律、法规的规定，制定本办法。

**第二条**　本办法所称纳税人涉税保密信息，是指税务机关在税收征收管理工作中依法制作或者采集的，以一定形式记录、保存的涉及到纳税人商业秘密和个人隐私的信息。主要包括纳税人的技术信息、经营信息和纳税人、主要投资人以及经营者不愿公开的个人事项。

纳税人的税收违法行为信息不属于保密信息范围。

**第三条**　对于纳税人的涉税保密信息，税务机关和税务人员应依法为其保密。除下列情形外，不得向外部门、社会公众或个人提供：

（一）按照法律、法规的规定应予公布的信息；

（二）法定第三方依法查询的信息；

（三）纳税人自身查询的信息；

（四）经纳税人同意公开的信息。

**第四条**　根据法律、法规的要求和履行职责的需要，税务机关可以披露纳税人的有关涉税信息，主要包括：根据纳税人信息汇总的行业性、区域性等综合涉税信息、税收核算分析数据、纳税信用等级以及定期定额户的定额等信息。

**第五条**　各级税务机关应指定专门部门负责纳税人涉税非保密信息的对外披露、纳税人涉税保密信息查询的受理和纳税人涉税保密信息的对外提供工作。要制定严格的信息披露、提供和查询程序，明确工作职责。

### 第二章　涉税保密信息的内部管理

**第六条**　在税收征收管理工作中，税务机关、税务人员应根据有关法律、法规规定和征管工作需要，向纳税人采集涉税信息资料。

**第七条**　税务机关、税务人员在税收征收管理工作各环节采集、接触到纳税人涉税保密信息的，应当为纳税人保密。

**第八条**　税务机关内部各业务部门、各岗位人员必须在职责范围内接收、使用和传递纳税人涉税保密信息。

对涉税保密信息纸质资料，税务机关应明确责任人员，严格按照程序受理、审核、登记、建档、保管和使用。

对涉税保密信息电子数据，应由专门人员负责采集、传输和储存、分级授权查询，避免无关人员接触纳税人的涉税保密信息。

**第九条**　对存储纳税人涉税保密信息的纸质资料或者电子存储介质按规定销毁时，要指定专人负责监督，确保纸质资料全部销毁，电子存储介质所含数据不可恢复。

**第十条**　税务机关在税收征收管理信息系统或者办公用计算机系统的开发建设、安装调试、维护维修过程中，要与协作单位签订保密协议，采取保密措施，防止纳税人涉税保密信息外泄。

**第十一条**　税务机关对纳税人涉税保密资料的存放场所要确保安全，配备必要的防盗设施。

## 第三章　涉税保密信息的外部查询管理

**第十二条**　税务机关对下列单位和个人依照法律、法规规定，申请对纳税人涉税保密信息进行的查询应在职责范围内予以支持。具体包括：

（一）人民法院、人民检察院和公安机关根据法律规定进行的办案查询；

（二）纳税人对自身涉税信息的查询；

（三）抵押权人、质权人请求税务机关提供纳税人欠税有关情况的查询。

**第十三条**　人民法院、人民检察院和公安机关依法查询纳税人涉税保密信息的，应当向被查询纳税人所在地的县级或县级以上税务机关提出查询申请。

**第十四条**　人民法院、人民检察院和公安机关向税务机关提出查询申请时，应当由两名以上工作人员到主管税务机关办理，并提交以下资料：

1.《纳税人、扣缴义务人涉税保密信息查询申请表》（式样见附件）；

2.单位介绍信；

3.有效身份证件原件。

**第十五条**　纳税人通过税务机关网站提供的查询功能查询自身涉税信息的，必须经过身份认证和识别。

直接到税务机关查询自身涉税保密信息的纳税人，应当向主管税务机关提交下列资料：

1.《纳税人、扣缴义务人涉税保密信息查询申请表》；

2.查询人本人有效身份证件原件。

**第十六条**　纳税人授权其他人员代为查询的，除提交第十五条规定资料外，还需提交纳税人本人（法定代表人或财务负责人）签字的委托授权书和代理人的有效身份证件原件。

**第十七条**　抵押权人、质权人申请查询纳税人的欠税有关情况时，除提交本办法第十五条、第十六条规定的资料外，还需提交合法有效的抵押合同或者质押合同的原件。

**第十八条**　税务机关应在本单位职责权限内，向查询申请单位或个人（以下简称“申请人”）提供有关纳税人的涉税保密信息。

**第十九条**　税务机关负责受理查询申请的部门，应对申请人提供的申请资料进行形式审查。对于资料齐全的，依次交由部门负责人和单位负责人分别进行复核和批准；对申请资料不全的，一次性告知申请人补全相关申请资料。

负责核准的人员应对申请查询的事项进行复核，对符合查询条件的，批准交由有关部门按照申请内容提供相关信息；对不符合查询条件的，签署不予批准的意见，退回受理部门，由受理部门告知申请人。

负责提供信息的部门，应根据已批准的查询申请内容，及时检索、整理和制作有关信息，并按规定程序交由查询受理部门。受理部门应在履行相关手续后将有关信息交给申请人。

**第二十条**　税务机关应根据申请人查询信息的内容，本着方便申请人的原则，确定查询信息提供的时间和具体方式。

**第二十一条**　税务机关对申请人申请查询涉税信息的申请资料应专门归档管理，保存期限为3年。

## 第四章　责任追究

**第二十二条**　各级税务机关应强化保密教育，努力增强税务人员的保密意识，采取有效措施，防止泄密、失密。

**第二十三条**　对有下列行为之一的税务人员，按照《中华人民共和国税收征收管理法》第八十七条的规定处理：

（一）在受理、录入、归档、保存纳税人涉税资料过程中，对外泄露纳税人涉税保密信息的；

（二）在日常税收管理、数据统计、报表管理、税源分析、纳税评估过程中，对外泄露纳税人涉税保密信息的；

（三）违规设置查询权限或者违规进行技术操作，使不应知晓纳税人涉税保密信息的税务人员可以查询或者知晓的；

（四）违反规定程序向他人提供纳税人涉税保密信息的。

**第二十四条** 有关查询单位和个人发生泄露纳税人涉税保密信息的，按照有关法律、法规的规定处理。

**第二十五条** 各级税务机关要严格执行泄密汇报制度，及时掌握泄密情况。对延误报告时间或者故意隐瞒、影响及时采取补救措施的，根据造成后果的严重程度，分别追究经办人和有关负责人的责任。

### 第五章 附 则

**第二十六条** 本办法由国家税务总局负责解释。各省、自治区、直辖市和计划单列市税务局可根据本办法，制定具体实施办法。

**第二十七条** 扣缴义务人涉税保密信息的管理适用本办法。

**第二十八条** 按照《国务院办公厅关于社会信用体系建设的若干意见》（国办发〔2007〕17 号）的要求，税务总局与国务院相关部门建立的信息共享制度中涉及的保密规定，另行制定。

**第二十九条** 我国政府与其他国家（地区）政府缔结的税收协定或情报交换协议中涉及纳税人涉税信息保密的，按协定或协议的规定办理。

**第三十条** 本办法自 2009 年 1 月 1 日起施行。

附件：（略）

## 一般反避税管理办法（试行）

*1. 2014 年 12 月 2 日国家税务总局令第 32 号公布*
*2. 自 2015 年 2 月 1 日起施行*

### 第一章 总 则

**第一条** 为规范一般反避税管理，根据《中华人民共和国企业所得税法》（以下简称企业所得税法）及其实施条例、《中华人民共和国税收征收管理法》（以下简称税收征管法）及其实施细则，制定本办法。

**第二条** 本办法适用于税务机关按照企业所得税法第四十七条、企业所得税法实施条例第一百二十条的规定，对企业实施的不具有合理商业目的而获取税收利益的避税安排，实施的特别纳税调整。

下列情况不适用本办法：

（一）与跨境交易或者支付无关的安排；

（二）涉嫌逃避缴纳税款、逃避追缴欠税、骗税、抗税以及虚开发票等税收违法行为。

**第三条** 税收利益是指减少、免除或者推迟缴纳企业所得税应纳税额。

**第四条** 避税安排具有以下特征：

（一）以获取税收利益为唯一目的或者主要目的；

（二）以形式符合税法规定、但与其经济实质不符的方式获取税收利益。

**第五条** 税务机关应当以具有合理商业目的和经济实质的类似安排为基准，按照实质重于形式的原则实施特别纳税调整。调整方法包括：

（一）对安排的全部或者部分交易重新定性；

（二）在税收上否定交易方的存在，或者将该交易方与其他交易方视为同一实体；

（三）对相关所得、扣除、税收优惠、境外税收抵免等重新定性或者在交易各方间重新分配；

（四）其他合理方法。

**第六条** 企业的安排属于转让定价、成本分摊、受控外国企业、资本弱化等其他特别纳税调整范围的，应当首先适用其他特别纳税调整相关规定。

企业的安排属于受益所有人、利益限制等税收协定执行范围的，应当首先适用税收协定执行的相关规定。

### 第二章 立 案

**第七条** 各级税务机关应当结合工作实际，应用各种数据资源，如企业所得税汇算清缴、纳税评估、同期资料管理、对外支付税务管理、股权转让交易管理、税收协定执行等，及时发现一般反避税案源。

**第八条** 主管税务机关发现企业存在避税嫌疑的，层报省、自治区、直辖市和计划单列市（以下简称省）税务机关复核同意后，报税务总局申请立案。

**第九条** 省税务机关应当将税务总局形成的立案申请审核意见转发主管税务机关。税务总局同意立案的，主管税务机关实施一般反避税调查。

### 第三章 调 查

**第十条** 主管税务机关实施一般反避税调查时，应当向被调查企业送达《税务检查通知书》。

**第十一条** 被调查企业认为其安排不属于本办法所称避

税安排的，应当自收到《税务检查通知书》之日起60日内提供下列资料：

（一）安排的背景资料；

（二）安排的商业目的等说明文件；

（三）安排的内部决策和管理资料，如董事会决议、备忘录、电子邮件等；

（四）安排涉及的详细交易资料，如合同、补充协议、收付款凭证等；

（五）与其他交易方的沟通信息；

（六）可以证明其安排不属于避税安排的其他资料；

（七）税务机关认为有必要提供的其他资料。

企业因特殊情况不能按期提供的，可以向主管税务机关提交书面延期申请，经批准可以延期提供，但是最长不得超过30日。主管税务机关应当自收到企业延期申请之日起15日内书面回复。逾期未回复的，视同税务机关同意企业的延期申请。

**第十二条** 企业拒绝提供资料的，主管税务机关可以按照税收征管法第三十五条的规定进行核定。

**第十三条** 主管税务机关实施一般反避税调查时，可以要求为企业筹划安排的单位或者个人（以下简称筹划方）提供有关资料及证明材料。

**第十四条** 一般反避税调查涉及向筹划方、关联方以及与关联业务调查有关的其他企业调查取证的，主管税务机关应当送达《税务事项通知书》。

**第十五条** 主管税务机关审核企业、筹划方、关联方以及与关联业务调查有关的其他企业提供的资料，可以采用现场调查、发函协查和查阅公开信息等方式核实。需取得境外有关资料的，可以按有关规定启动税收情报交换程序，或者通过我驻外机构调查收集有关信息。涉及境外关联方相关资料的，主管税务机关也可以要求企业提供公证机构的证明。

## 第四章 结 案

**第十六条** 主管税务机关根据调查过程中获得的相关资料，自税务总局同意立案之日起9个月内进行审核，综合判断企业是否存在避税安排，形成案件不予调整或者初步调整方案的意见和理由，层报省税务机关复核同意后，报税务总局申请结案。

**第十七条** 主管税务机关应当根据税务总局形成的结案申请审核意见，分别以下情况进行处理：

（一）同意不予调整的，向被调查企业下发《特别纳税调查结论通知书》；

（二）同意初步调整方案的，向被调查企业下发《特别纳税调查初步调整通知书》；

（三）税务总局有不同意见的，按照税务总局的意见修改后再次层报审核。

被调查企业在收到《特别纳税调查初步调整通知书》之日起7日内未提出异议的，主管税务机关应当下发《特别纳税调查调整通知书》。

被调查企业在收到《特别纳税调查初步调整通知书》之日起7日内提出异议，但是主管税务机关经审核后认为不应采纳的，应将被调查企业的异议及不应采纳的意见和理由层报省税务机关复核同意后，报税务总局再次申请结案。

被调查企业在收到《特别纳税调查初步调整通知书》之日起7日内提出异议，主管税务机关经审核后认为确需对调整方案进行修改的，应当将被调查企业的异议及修改后的调整方案层报省税务机关复核同意后，报税务总局再次申请结案。

**第十八条** 主管税务机关应当根据税务总局考虑企业异议形成的结案申请审核意见，分别以下情况进行处理：

（一）同意不应采纳企业所提异议的，向被调查企业下发《特别纳税调查调整通知书》；

（二）同意修改后调整方案的，向被调查企业下发《特别纳税调查调整通知书》；

（三）税务总局有不同意见的，按照税务总局的意见修改后再次层报审核。

## 第五章 争议处理

**第十九条** 被调查企业对主管税务机关作出的一般反避税调整决定不服的，可以按照有关法律法规的规定申请法律救济。

**第二十条** 主管税务机关作出的一般反避税调整方案导致国内双重征税的，由税务总局统一组织协调解决。

**第二十一条** 被调查企业认为我国税务机关作出的一般反避税调整，导致国际双重征税或者不符合税收协定规定征税的，可以按照税收协定及其相关规定申请启动相互协商程序。

## 第六章 附 则

**第二十二条** 本办法自2015年2月1日起施行。2015年2月1日前税务机关尚未结案处理的避税安排适用本办法。

## 国家税务总局关于全面实行税务行政许可事项清单管理的公告

*1. 2022年9月28日国家税务总局公告2022年第19号公布*

*2. 自2022年11月1日起施行*

为进一步落实党中央、国务院关于优化营商环境的决策部署，深入开展“我为纳税人缴费人办实事暨便民办税春风行动”，根据《国务院办公厅关于全面实行行政许可事项清单管理的通知》（国办发〔2022〕2号，以下简称《通知》）精神和要求，现就全面实行税务行政许可事项清单管理有关工作公告如下：

**一、依法编制行政许可事项清单**

（一）统一编制清单。税务总局根据国务院审定的行政许可事项清单，发布全国统一实施的税务行政许可事项清单（以下简称清单），纳入全国行政许可管理系统管理。省及省以下税务机关一律不得在清单外实施税务行政许可。

2022年，税务总局根据《通知》附件《法律、行政法规、国务院决定设定的行政许可事项清单（2022年版）》，发布《税务行政许可事项清单（2022年版）》，编列“增值税防伪税控系统最高开票限额审批”1项税务行政许可事项。《国家税务总局关于进一步简化税务行政许可事项办理程序的公告》（2019年第34号）发布的“对纳税人延期缴纳税款的核准”“对纳税人延期申报的核准”“对纳税人变更纳税定额的核准”“对采取实际利润额预缴以外的其他企业所得税预缴方式的核定”“企业印制发票审批”等5个事项不再作为行政许可事项管理，依照有关法律、行政法规规定实施，具体办理程序另行公告。

（二）及时动态调整清单。税务总局起草的法律、行政法规拟新设或者调整税务行政许可的，承办司局应当充分研究论证并在起草说明中专门作出说明，按规定报送审查。税务行政许可正式实施前，税务总局向国务院审改办提出调整清单的申请，并部署税务行政许可实施机关做好实施前准备。因深化行政审批制度改革需要动态调整清单的，参照上述程序办理。

（三）做好有关清单衔接。市场准入负面清单、政务服务事项基本目录、“互联网＋监管”事项清单等涉及的税务行政许可事项，要严格与清单保持一致并做好衔接。清单调整的，要适时调整有关清单或者及时向有关清单编制牵头部门提出调整意见。

**二、严格依照清单实施税务行政许可**

（一）科学制定行政许可实施规范。税务总局对税务行政许可事项制定全国统一的实施规范，明确许可条件、申请材料、审批程序、审批时限等内容，并向社会公布。同时按照税务行政许可标准化、规范化、便利化要求，持续推动减环节、减材料、减时限，适时优化调整实施规范。

（二）依法依规实施税务行政许可。税务总局根据清单和实施规范编写统一格式的办事指南。各省、自治区、直辖市和计划单列市税务局（以下简称各省税务局）根据审批工作的需要，可以在统一格式办事指南基础上细化编制符合本省实际的办事指南，但须在本省范围内保持统一和规范。办事指南通过办税服务厅、税务网站等向社会公布，一经公布必须严格遵照执行，不得增加许可条件、申请材料、中介服务、审批环节、收费、数量限制等。各省税务局可以在实施规范基础上进一步压缩税务行政许可事项承诺办结时限，并确保税务行政许可事项办结“零超时”。

（三）严肃清查整治变相许可。各级税务机关要严格落实清单之外一律不得违法实施行政许可的要求，大力清理整治变相许可。在清单之外，以备案、证明、目录、计划、规划、指定、认证、年检等名义，要求税务行政相对人经申请获批后方可从事特定活动的，应当认定为变相许可，要通过停止实施、调整实施方式、完善设定依据等予以纠正。

**三、加强事前事中事后全链条监管**

（一）明确监管主体和监管重点。税务行政许可实施机关是税务行政许可事项监管主体，要充分评估税务行政许可事项实际情况和风险隐患，科学划分风险等级，明确监管重点环节，实施有针对性、差异化的监管政策，提升监管的精准性和有效性。与税务行政许可事项对应的监管事项，要纳入“互联网＋监管”平台监管事项动态管理系统。

（二）结合清单完善监管规则标准。税务总局制定并公布全国统一、简明易行、科学合理的税务行政许可事项监管规则和标准，各省税务局可以结合本地实际，进一步细化监管规则和标准。对取消下放的税务行政许可事项，要进一步明确监管层级、监管部门、监管规则和标准，对履职不到位的要问责，坚决杜绝一放了之、只批不管等问题。

**四、做好清单实施保障**

（一）加强组织领导。各级税务机关要高度重视行政许可事项清单管理工作,加强统筹协调,及时研究解决清单管理和行政许可实施中的重大问题,推动工作落地落实。

(二)主动接受监督。加强对清单实施情况的动态评估和全面监督,畅通投诉举报渠道,依托"12366纳税缴费服务热线"、"12345政务服务便民热线"、政务服务"好差评"系统、税务网站等接受社会监督。

(三)探索清单多元化应用。依托全国行政许可管理系统,公布税务行政许可事项的线上线下办理渠道,逐步完善清单事项检索、办事指南查询、网上办理导流、疑难问题咨询、投诉举报留言等服务功能,方便企业群众办理行政许可和开展监督。鼓励各地税务机关创新清单应用场景,提升纳税人缴费人获得感和满意度。

本公告自2022年11月1日起施行,《国家税务总局关于公开行政审批事项等相关工作的公告》(2014年第10号)、《国家税务总局关于公布税务行政许可事项目录的公告》(2015年第87号)、《国家税务总局关于规范行政审批行为改进行政审批有关工作的意见》(税总发〔2015〕142号)、《国家税务总局关于更新税务行政许可事项目录的公告》(2016年第10号发布,2018年第31号修改)、《国家税务总局关于税务行政许可若干问题的公告》(2016年第11号)、《国家税务总局关于简化税务行政许可事项办理程序的公告》(2017年第21号发布,2018年第31号、第67号修改)、《国家税务总局关于进一步简化税务行政许可事项办理程序的公告》(2019年第34号)同时废止。

特此公告。

附件:略

## 国家税务总局关于税收征管若干事项的公告

1. *2019年12月12日国家税务总局公告2019年第48号公布*
2. *自2020年3月1日起施行*

为深入贯彻党的十九届四中全会和中央经济工作会议精神,进一步优化税务执法方式,改善税收营商环境,支持企业发展壮大,现就税收征管若干事项公告如下:

**一、关于欠税滞纳金加收问题**

(一)对纳税人、扣缴义务人、纳税担保人应缴纳的欠税及滞纳金不再要求同时缴纳,可以先行缴纳欠税,再依法缴纳滞纳金。

(二)本条所称欠税,是指依照《欠税公告办法(试行)》(国家税务总局令第9号公布,第44号修改)第三条、第十三条规定认定的,纳税人、扣缴义务人、纳税担保人超过税收法律、行政法规规定的期限或者超过税务机关依照税收法律、行政法规规定确定的纳税期限未缴纳的税款。

**二、关于临时税务登记问题**

从事生产、经营的个人应办而未办营业执照,但发生纳税义务的,可以按规定申请办理临时税务登记。

**三、关于非正常户的认定与解除**

(一)已办理税务登记的纳税人未按照规定的期限进行纳税申报,税务机关依法责令其限期改正。纳税人逾期不改正的,税务机关可以按照《中华人民共和国税收征收管理法》(以下简称税收征管法)第七十二条规定处理。

纳税人负有纳税申报义务,但连续三个月所有税种均未进行纳税申报的,税收征管系统自动将其认定为非正常户,并停止其发票领用簿和发票的使用。

(二)对欠税的非正常户,税务机关依照税收征管法及其实施细则的规定追征税款及滞纳金。

(三)已认定为非正常户的纳税人,就其逾期未申报行为接受处罚、缴纳罚款,并补办纳税申报的,税收征管系统自动解除非正常状态,无需纳税人专门申请解除。

**四、关于企业破产清算程序中的税收征管问题**

(一)税务机关在人民法院公告的债权申报期限内,向管理人申报企业所欠税款(含教育费附加、地方教育附加,下同)、滞纳金及罚款。因特别纳税调整产生的利息,也应一并申报。

企业所欠税款、滞纳金、罚款,以及因特别纳税调整产生的利息,以人民法院裁定受理破产申请之日为截止日计算确定。

(二)在人民法院裁定受理破产申请之日至企业注销之日期间,企业应当接受税务机关的税务管理,履行税法规定的相关义务。破产程序中如发生应税情形,应按规定申报纳税。

从人民法院指定管理人之日起,管理人可以按照《中华人民共和国企业破产法》(以下简称企业破产法)第二十五条规定,以企业名义办理纳税申报等涉税事宜。

企业因继续履行合同、生产经营或处置财产需要开具发票的,管理人可以以企业名义按规定申领开具发票或者代开发票。

(三)企业所欠税款、滞纳金、因特别纳税调整产生的利息,税务机关按照企业破产法相关规定进行申报,其中,企业所欠的滞纳金、因特别纳税调整产生的利息按照普通破产债权申报。

五、本公告自2020年3月1日起施行。《欠缴税金核算管理暂行办法》(国税发〔2000〕193号印发)第十六条、《国家税务总局关于进一步加强欠税管理工作的通知》(国税发〔2004〕66号)第三条第(三)项、《国家税务总局关于进一步完善税务登记管理有关问题的公告》(国家税务总局公告2011年第21号)第二条第一款同时废止。

特此公告。

## 国家税务总局关于纳税信用管理有关事项的公告

*1. 2020年9月13日国家税务总局公告2020年第15号公布*
*2. 自2020年11月1日起施行*

为深入贯彻落实国务院“放管服”改革精神,优化税收营商环境,完善纳税信用体系,根据《中华人民共和国税收征收管理法实施细则》和《国务院关于印发社会信用体系建设规划纲要(2014-2020年)的通知》(国发〔2014〕21号),现就纳税信用管理有关事项公告如下:

一、非独立核算分支机构可自愿参与纳税信用评价。本公告所称非独立核算分支机构是指由企业纳税人设立,已在税务机关完成登记信息确认且核算方式为非独立核算的分支机构。

非独立核算分支机构参评后,2019年度之前的纳税信用级别不再评价,在机构存续期间适用国家税务总局纳税信用管理相关规定。

二、自开展2020年度评价时起,调整纳税信用评价计分方法中的起评分规则。近三个评价年度内存在非经常性指标信息的,从100分起评;近三个评价年度内没有非经常性指标信息的,从90分起评。

三、自开展2019年度评价时起,调整税务机关对D级纳税人采取的信用管理措施。对于因评价指标得分评为D级的纳税人,次年由直接保留D级评价调整为评价时加扣11分;税务机关应按照本条前述规定在2020年11月30日前调整其2019年度纳税信用级别,2019年度以前的纳税信用级别不作追溯调整。对于因直接判级评为D级的纳税人,维持D级评价保留2年、第三年纳税信用不得评价为A级。

四、纳税人对指标评价情况有异议的,可在评价年度次年3月份填写《纳税信用复评(核)申请表》,向主管税务机关提出复核,主管税务机关在开展年度评价时审核调整,并随评价结果向纳税人提供复核情况的自我查询服务。

五、本公告自2020年11月1日起施行。《纳税信用管理办法(试行)》(国家税务总局公告2014年第40号发布)第十五条第二款、第三十二条第七项,《国家税务总局关于明确纳税信用管理若干业务口径的公告》(2015年第85号,2018年第31号修改)第三条第一款、第七条第一项,《国家税务总局关于明确纳税信用补评和复评事项的公告》(2015年第46号,2018年第31号修改)所附《纳税信用复评申请表》同时废止。

特此公告。

附件:纳税信用复评(核)申请表(略)

## 国家税务总局关于纳税信用评价与修复有关事项的公告

*1. 2021年11月15日国家税务总局公告2021年第31号发布*
*2. 自2022年1月1日起施行*

为贯彻落实中办、国办印发的《关于进一步深化税收征管改革的意见》,深入开展2021年“我为纳税人缴费人办实事暨便民办税春风行动”,推进税务领域“放管服”改革,优化税收营商环境,引导纳税人及时纠正违规失信行为、消除不良影响,根据《国务院办公厅关于进一步完善失信约束制度 构建诚信建设长效机制的指导意见》(国办发〔2020〕49号)等文件要求,现就纳税信用评价与修复有关事项公告如下:

一、符合下列条件之一的纳税人,可向主管税务机关申请纳税信用修复:

(一)破产企业或其管理人在重整或和解程序中,已依法缴纳税款、滞纳金、罚款,并纠正相关纳税信用失信行为的。

(二)因确定为重大税收违法失信主体,纳税信用直接判为D级的纳税人,失信主体信息已按照国家税务总局相关规定不予公布或停止公布,申请前连续12个月没有新增纳税信用失信行为记录的。

（三）由纳税信用D级纳税人的直接责任人员注册登记或者负责经营，纳税信用关联评价为D级的纳税人，申请前连续6个月没有新增纳税信用失信行为记录的。

（四）因其他失信行为纳税信用直接判为D级的纳税人，已纠正纳税信用失信行为、履行税收法律责任，申请前连续12个月没有新增纳税信用失信行为记录的。

（五）因上一年度纳税信用直接判为D级，本年度纳税信用保留为D级的纳税人，已纠正纳税信用失信行为、履行税收法律责任或失信主体信息已按照国家税务总局相关规定不予公布或停止公布，申请前连续12个月没有新增纳税信用失信行为记录的。

二、符合《国家税务总局关于纳税信用修复有关事项的公告》（2019年第37号）所列条件的纳税人，其纳税信用级别及失信行为的修复仍从其规定。

三、符合本公告所列条件的纳税人，可填写《纳税信用修复申请表》（附件1），对当前的纳税信用评价结果向主管税务机关申请纳税信用修复。税务机关核实纳税人纳税信用状况，按照《纳税信用修复范围及标准》（附件2）调整相应纳税信用评价指标状态，根据纳税信用评价相关规定，重新评价纳税人的纳税信用级别。

申请破产重整企业纳税信用修复的，应同步提供人民法院批准的重整计划或认可的和解协议，其破产重整前发生的相关失信行为，可按照《纳税信用修复范围及标准》中破产重整企业适用的修复标准开展修复。

四、自2021年度纳税信用评价起，税务机关按照“首违不罚”相关规定对纳税人不予行政处罚的，相关记录不纳入纳税信用评价。

五、本公告自2022年1月1日起施行。《国家税务总局关于明确纳税信用管理若干业务口径的公告》（2015年第85号，2018年第31号修改）第六条第（十）项、《国家税务总局关于纳税信用修复有关事项的公告》（2019年第37号）所附《纳税信用修复申请表》《纳税信用修复范围及标准》同时废止。

特此公告。

附件：（略）

## ②账簿、凭证管理

# 税收票证管理办法

*1. 2013年2月25日国家税务总局令第28号公布*

*2. 根据2019年7月24日国家税务总局令第48号《关于公布取消一批税务证明事项以及废止和修改部分规章规范性文件的决定》修正*

### 第一章　总　　则

**第一条**　为了规范税收票证管理工作，保证国家税收收入的安全完整，维护纳税人合法权益，适应税收信息化发展需要，根据《中华人民共和国税收征收管理法》及其实施细则等法律法规，制定本办法。

**第二条**　税务机关、税务人员、纳税人、扣缴义务人、代征代售人和税收票证印制企业在中华人民共和国境内印制、使用、管理税收票证，适用本办法。

**第三条**　本办法所称税收票证，是指税务机关、扣缴义务人依照法律法规，代征代售人按照委托协议，征收税款、基金、费、滞纳金、罚没款等各项收入（以下统称税款）的过程中，开具的收款、退款和缴库凭证。税收票证是纳税人实际缴纳税款或者收取退还税款的法定证明。

税收票证包括纸质形式和数据电文形式。数据电文税收票证是指通过横向联网电子缴税系统办理税款的征收缴库、退库时，向银行、国库发送的电子缴款、退款信息。

**第四条**　国家积极推广以横向联网电子缴税系统为依托的数据电文税收票证的使用工作。

**第五条**　税务机关、代征代售人征收税款时应当开具税收票证。通过横向联网电子缴税系统完成税款的缴纳或者退还后，纳税人需要纸质税收票证的，税务机关应当开具。

扣缴义务人代扣代收税款时，纳税人要求扣缴义务人开具税收票证的，扣缴义务人应当开具。

**第六条**　税收票证的基本要素包括：税收票证号码、征收单位名称、开具日期、纳税人名称、纳税人识别号、税种（费、基金、罚没款）、金额、所属时期等。

**第七条**　纸质税收票证的基本联次包括收据联、存根联、报查联。收据联交纳税人作完税凭证；存根联由税务机关、扣缴义务人、代征代售人留存；报查联由税务机关做会计凭证或备查。

省、自治区、直辖市和计划单列市（以下简称省）税务机关可以根据税收票证管理情况，确定除收据联以外的税收票证启用联次。

**第八条**　国家税务总局统一负责全国的税收票证管理工作。其职责包括：

（一）设计和确定税收票证的种类、适用范围、联次、内容、式样及规格；

（二）设计和确定税收票证专用章戳的种类、适用范围、式样及规格；

（三）印制、保管、发运需要全国统一印制的税收票证，刻制需要全国统一制发的税收票证专用章戳；

（四）确定税收票证管理的机构、岗位和职责；

（五）组织、指导和推广税收票证信息化工作；

（六）组织全国税收票证检查工作；

（七）其他全国性的税收票证管理工作。

**第九条**　省以下税务机关应当依照本办法做好本行政区域内的税收票证管理工作。其职责包括：

（一）负责本级权限范围内的税收票证印制、领发、保管、开具、作废、结报缴销、停用、交回、损失核销、移交、核算、归档、审核、检查、销毁等工作；

（二）指导和监督下级税务机关、扣缴义务人、代征代售人、自行填开税收票证的纳税人税收票证管理工作；

（三）组织、指导、具体实施税收票证信息化工作；

（四）组织税收票证检查工作；

（五）其他税收票证管理工作。

**第十条**　扣缴义务人和代征代售人在代扣代缴、代收代缴、代征税款以及代售印花税票过程中应当做好税收票证的管理工作。其职责包括：

（一）妥善保管从税务机关领取的税收票证，并按照税务机关要求建立、报送和保管税收票证账簿及有关资料；

（二）为纳税人开具并交付税收票证；

（三）按时解缴税款、结报缴销税收票证；

（四）其他税收票证管理工作。

**第十一条**　各级税务机关的收入规划核算部门主管税收票证管理工作。

国家税务总局收入规划核算司设立主管税收票证管理工作的机构；省、市（不含县级市，下同）、县税务机关收入规划核算部门应当设置税收票证管理岗位并配备专职税收票证管理人员；直接向税务机关税收票证开具人员、扣缴义务人、代征代售人、自行填开税收票证的纳税人发放税收票证并办理结报缴销等工作的征收分局、税务所、办税服务厅等机构（以下简称基层税务机关）应当设置税收票证管理岗位，由税收会计负责税收票证管理工作。税收票证管理岗位和税收票证开具（含印花税票销售）岗位应当分设，不得一人多岗。

扣缴义务人、代征代售人、自行填开税收票证的纳税人应当由专人负责税收票证管理工作。

## 第二章　种类和适用范围

**第十二条**　税收票证包括税收缴款书、税收收入退还书、税收完税证明、出口货物劳务专用税收票证、印花税专用税收票证以及国家税务总局规定的其他税收票证。

**第十三条**　税收缴款书是纳税人据以缴纳税款，税务机关、扣缴义务人以及代征代售人据以征收、汇总税款的税收票证。具体包括：

（一）《税收缴款书（银行经收专用）》。由纳税人、税务机关、扣缴义务人、代征代售人向银行传递，通过银行划缴税款（出口货物劳务增值税、消费税除外）到国库时使用的纸质税收票证。其适用范围是：

1. 纳税人自行填开或税务机关开具，纳税人据以在银行柜面办理缴税（转账或现金），由银行将税款缴入国库；

2. 税务机关收取现金税款、扣缴义务人扣缴税款、代征代售人代征税款后开具，据以在银行柜面办理税款汇总缴入国库；

3. 税务机关开具，据以办理“待缴库税款”账户款项缴入国库。

（二）《税收缴款书（税务收现专用）》。纳税人以现金、刷卡（未通过横向联网电子缴税系统）方式向税务机关缴纳税款时，由税务机关开具并交付纳税人的纸质税收票证。代征人代征税款时，也应开具本缴款书并交付纳税人。为方便流动性零散税收的征收管理，本缴款书可以在票面印有固定金额，具体面额种类由各省税务机关确定，但是，单种面额不得超过一百元。

（三）《税收缴款书（代扣代收专用）》。扣缴义务人依法履行税款代扣代缴、代收代缴义务时开具并交付纳税人的纸质税收票证。扣缴义务人代扣代收税款后，已经向纳税人开具了税法规定或国家税务总局认可的记载完税情况的其他凭证的，可不再开具本缴款书。

（四）《税收电子缴款书》。税务机关将纳税人、扣缴义务人、代征代售人的电子缴款信息通过横向联网电子缴税系统发送给银行，银行据以划缴税款到国库时，由税收征管系统生成的数据电文形式的税收票证。

**第十四条**　税收收入退还书是税务机关依法为纳税人从国库办理退税时使用的税收票证。具体包括：

（一）《税收收入退还书》。税务机关向国库传递，依法为纳税人从国库办理退税时使用的纸质税收票证。

（二）《税收收入电子退还书》。税务机关通过横向联网电子缴税系统依法为纳税人从国库办理退税时，由税收征管系统生成的数据电文形式的税收票证。

税收收入退还书应当由县以上税务机关税收会计开具并向国库传递或发送。

**第十五条**　出口货物劳务专用税收票证是由税务机关开具，专门用于纳税人缴纳出口货物劳务增值税、消费税或者证明该纳税人再销售给其他出口企业的货物已缴纳增值税、消费税的纸质税收票证。具体包括：

（一）《税收缴款书（出口货物劳务专用）》。由税务机关开具，专门用于纳税人缴纳出口货物劳务增值税、消费税时使用的纸质税收票证。纳税人以银行经收方式，税务收现方式，或者通过横向联网电子缴税系统缴纳出口货物劳务增值税、消费税时，均使用本缴款书。纳税人缴纳随出口货物劳务增值税、消费税附征的其他税款时，税务机关应当根据缴款方式，使用其他种类的缴款书，不得使用本缴款书。

（二）《出口货物完税分割单》。已经缴纳出口货物增值税、消费税的纳税人将购进货物再销售给其他出口企业时，为证明所售货物完税情况，便于其他出口企业办理出口退税，到税务机关换开的纸质税收票证。

**第十六条**　印花税专用税收票证是税务机关或印花税票代售人在征收印花税时向纳税人交付、开具的纸质税收票证。具体包括：

（一）印花税票。印有固定金额，专门用于征收印花税的有价证券。纳税人缴纳印花税，可以购买印花税票贴花缴纳，也可以开具税收缴款书缴纳。采用开具税收缴款书缴纳的，应当将纸质税收缴款书或税收完税证明粘贴在应税凭证上，或者由税务机关在应税凭证上加盖印花税收讫专用章。

（二）《印花税票销售凭证》。税务机关和印花税票代售人销售印花税票时一并开具的专供购买方报销的纸质凭证。

**第十七条**　税收完税证明是税务机关为证明纳税人已经缴纳税款或者已经退还纳税人税款而开具的纸质税收票证。其适用范围是：

（一）纳税人、扣缴义务人、代征代售人通过横向联网电子缴税系统划缴税款到国库（经收处）后或收到从国库退还的税款后，当场或事后需要取得税收票证的；

（二）扣缴义务人代扣代收税款后，已经向纳税人开具税法规定或国家税务总局认可的记载完税情况的其他凭证，纳税人需要换开正式完税凭证的；

（三）纳税人遗失已完税的各种税收票证（《出口货物完税分割单》、印花税票和《印花税票销售凭证》除外），需要重新开具的；

（四）对纳税人特定期间完税情况出具证明的；

（五）国家税务总局规定的其他需要为纳税人开具完税凭证情形。

税务机关在确保纳税人缴、退税信息全面、准确、完整的条件下，可以开展前款第四项规定的税收完税证明开具工作，具体开具办法由各省税务机关确定。

**第十八条**　税收票证专用章戳是指税务机关印制税收票证和征、退税款时使用的各种专用章戳，具体包括：

（一）税收票证监制章。套印在税收票证上，用以表明税收票证制定单位和税收票证印制合法性的一种章戳。

（二）征税专用章。税务机关办理税款征收业务，开具税收缴款书、税收完税证明、《印花税销售凭证》等征收凭证时使用的征收业务专用公章。

（三）退库专用章。税务机关办理税款退库业务，开具《税收收入退还书》等退库凭证时使用的，在国库预留印鉴的退库业务专用公章。

（四）印花税收讫专用章。以开具税收缴款书代替贴花缴纳印花税时，加盖在应税凭证上，用以证明应税凭证已完税的专用章戳。

（五）国家税务总局规定的其他税收票证专用章戳。

**第十九条**　《税收缴款书（税务收现专用）》、《税收缴款书（代扣代收专用）》、《税收缴款书（出口货物劳务专用）》、《出口货物完税分割单》、印花税票和税收完税证明应当视同现金进行严格管理。

**第二十条**　税收票证应当按规定的适用范围填开，不得混用。

**第二十一条**　国家税务总局增设或简并税收票证及税收票证专用章戳种类，应当及时向社会公告。

## 第三章　设计和印制

**第二十二条**　税收票证及税收票证专用章戳按照税收征收管理和国家预算管理的基本要求设计，具体式样另行制发。

**第二十三条**　税收票证实行分级印制管理。

《税收缴款书(出口货物劳务专用)》、《出口货物完税分割单》、印花税票以及其他需要全国统一印制的税收票证由国家税务总局确定的企业印制;其他税收票证,按照国家税务总局规定的式样和要求,由各省税务机关确定的企业集中统一印制。

禁止私自印制、倒卖、变造、伪造税收票证。

**第二十四条**　印制税收票证的企业应当具备下列条件:

(一)取得印刷经营许可证和营业执照;

(二)设备、技术水平能够满足印制税收票证的需要;

(三)有健全的财务制度和严格的质量监督、安全管理、保密制度;

(四)有安全、良好的保管场地和设施。

印制税收票证的企业应当按照税务机关提供的式样、数量等要求印制税收票证,建立税收票证印制管理制度。

税收票证印制合同终止后,税收票证的印制企业应当将有关资料交还委托印制的税务机关,不得保留或提供给其他单位及个人。

**第二十五条**　税收票证应当套印税收票证监制章。

税收票证监制章由国家税务总局统一制发各省税务机关。

**第二十六条**　除税收票证监制章外,其他税收票证专用章戳的具体刻制权限由各省税务机关确定。刻制的税收票证专用章戳应当在市以上税务机关留底归档。

**第二十七条**　税收票证应当使用中文印制。民族自治地方的税收票证,可以加印当地一种通用的民族文字。

**第二十八条**　负责税收票证印制的税务机关应当对印制完成的税收票证质量、数量进行查验。查验无误的,办理税收票证的印制入库手续;查验不合格的,对不合格税收票证监督销毁。

## 第四章　使　　用

**第二十九条**　上、下级税务机关之间,税务机关税收票证开具人员、扣缴义务人、代征代售人、自行填开税收票证的纳税人与税收票证管理人员之间,应当建立税收票证及税收票证专用章戳的领发登记制度,办理领发手续,共同清点、确认领发种类、数量和号码。

税收票证的运输应当确保安全、保密。

数据电文税收票证由税收征管系统自动生成税收票证号码,分配给税收票证开具人员,视同发放。数据电文税收票证不得重复发放、重复开具。

**第三十条**　税收票证管理人员向税务机关税收票证开具人员、扣缴义务人和代征代售人发放视同现金管理的税收票证时,应当拆包发放,并且一般不得超过一个月的用量。

视同现金管理的税收票证未按照本办法第三十九条规定办理结报的,不得继续发放同一种类的税收票证。

其他种类的税收票证,应当根据领用人的具体使用情况,适度发放。

**第三十一条**　税务机关、扣缴义务人、代征代售人、自行填开税收票证的纳税人应当妥善保管纸质税收票证及税收票证专用章戳。县以上税务机关应当设置具备安全条件的税收票证专用库房;基层税务机关、扣缴义务人、代征代售人和自行填开税收票证的纳税人应当配备税收票证保险专用箱柜。确有必要外出征收税款的,税收票证及税收票证专用章戳应当随身携带,严防丢失。

**第三十二条**　税务机关对结存的税收票证应当定期进行盘点,发现结存税收票证实物与账簿记录数量不符的,应当及时查明原因并报告上级或所属税务机关。

**第三十三条**　税收收入退还书开具人员不得同时从事退库专用章保管或《税收收入电子退还书》复核授权工作。印花税票销售人员不得同时从事印花税收讫专用章保管工作。外出征收税款的,税收票证开具人员不得同时从事现金收款工作。

**第三十四条**　税收票证应当分纳税人开具;同一份税收票证上,税种(费、基金、罚没款)、税目、预算科目、预算级次、所属时期不同的,应当分行填列。

**第三十五条**　税收票证栏目内容应当填写齐全、清晰、真实、规范,不得漏填、简写、省略、涂改、挖补、编造;多联式税收票证应当一次全份开具。

**第三十六条**　因开具错误作废的纸质税收票证,应当在各联注明"作废"字样、作废原因和重新开具的税收票证字轨及号码。《税收缴款书(税务收现专用)》、《税收缴款书(代扣代收专用)》、税收完税证明应当全份保存;其他税收票证的纳税人所持联次或银行流转联次无法收回的,应当注明原因,并将纳税人出具的情况说明或银行文书代替相关联次一并保存。开具作废的税收票证应当按期与已填用的税收票证一起办理结报缴销手续,不得自行销毁。

税务机关开具税收票证后,纳税人向银行办理缴税前丢失的,税务机关参照前款规定处理。

数据电文税收票证作废的，应当在税收征管系统中予以标识；已经作废的数据电文税收票证号码不得再次使用。

**第三十七条**　纸质税收票证各联次各种章戳应当加盖齐全。

章戳不得套印，国家税务总局另有规定的除外。

**第三十八条**　税务机关税收票证开具人员、扣缴义务人、代征代售人、自行填开税收票证的纳税人与税收票证管理人员之间，基层税务机关与上级或所属税务机关之间，应当办理税收票款结报缴销手续。

税务机关税收票证开具人员、扣缴义务人、代征代售人向税收票证管理人员结报缴销视同现金管理的税收票证时，应当将已开具税收票证的存根联、报查联等联次，连同作废税收票证、需交回的税收票证及未开具的税收票证（含未销售印花税票）一并办理结报缴销手续；已开具税收票证只设一联的，税收票证管理人员应当查验其开具情况的电子记录。

其他各种税收票证结报缴销手续的具体要求，由各省税务机关确定。

**第三十九条**　税收票款应当按照规定的时限办理结报缴销。税务机关税收票证开具人员、代征代售人开具税收票证（含销售印花税票）收取现金税款时，办理结报缴销手续的时限要求是：

（一）当地设有国库经收处的，应于收取税款的当日或次日办理税收票款的结报缴销；

（二）当地未设国库经收处和代征代售人收取现金税款的，由各省税务机关确定办理税收票款结报缴销的期限和额度，并以期限或额度条件先满足之日为准。

扣缴义务人代扣代收税款的，应按税法规定的税款解缴期限一并办理结报缴销。

其他各种税收票证的结报缴销时限、基层税务机关向上级或所属税务机关缴销税收票证的时限，由各省税务机关确定。

**第四十条**　领发、开具税收票证时，发现多出、短少、污损、残破、错号、印刷字迹不清及联数不全等印制质量不合格情况的，应当查明字轨、号码、数量，清点登记，妥善保管。

全包、全本印制质量不合格的，按照本办法第五十一条规定销毁；全份印制质量不合格的，按开具作废处理。

**第四十一条**　由于税收政策变动或式样改变等原因，国家税务总局规定停用的税收票证及税收票证专用章戳，应由县以上税务机关集中清理，核对字轨、号码和数量，造册登记，按照本办法第五十一条规定销毁。

**第四十二条**　未开具税收票证（含未销售印花税票）发生毁损或丢失、被盗、被抢等损失的，受损单位应当及时组织清点核查，并由各级税务机关按照权限进行损失核销审批。《税收缴款书（出口货物劳务专用）》、《出口货物完税分割单》、印花税票发生损失的，由省税务机关审批核销；《税收缴款书（税务收现专用）》、《税收缴款书（代扣代收专用）》、税收完税证明发生损失的，由市税务机关审批核销；其他各种税收票证发生损失的，由县税务机关审批核销。

毁损残票和追回的税收票证按照本办法第五十一条规定销毁。

**第四十三条**　视同现金管理的未开具税收票证（含未销售印花税票）丢失、被盗、被抢的，受损税务机关应当查明损失税收票证的字轨、号码和数量，立即向当地公安机关报案并报告上级或所属税务机关；经查不能追回的税收票证，除印花税票外，应当及时在办税场所和广播、电视、报纸、期刊、网络等新闻媒体上公告作废。

受损单位为扣缴义务人、代征代售人或税收票证印制企业的，扣缴义务人、代征代售人或税收票证印制企业应当立即报告基层税务机关或委托印制的税务机关，由税务机关按前款规定办理。

对丢失印花税票和印有固定金额的《税收缴款书（税务收现专用）》负有责任的相关人员，税务机关应当要求其按照面额赔偿；对丢失其他视同现金管理的税收票证负有责任的相关人员，税务机关应当要求其适当赔偿。

**第四十四条**　税收票证专用章戳丢失、被盗、被抢的，受损税务机关应当立即向当地公安机关报案并逐级报告刻制税收票证专用章戳的税务机关；退库专用章丢失、被盗、被抢的，应当同时通知国库部门。重新刻制的税收票证专用章戳应当及时办理留底归档或预留印鉴手续。

毁损和损失追回的税收票证专用章戳按照本办法第五十一条规定销毁。

**第四十五条**　由于印制质量不合格、停用、毁损、损失追回、领发错误，或者扣缴义务人和代征代售人终止税款征收业务、纳税人停止自行填开税收票证等原因，税收票证及税收票证专用章戳需要交回的，税收票证管理人员应当清点、核对字轨、号码和数量，及时上交至发放或有权销毁税收票证及税收票证专用章戳的税务机关。

**第四十六条** 纳税人遗失已完税税收票证需要税务机关另行提供的,如税款经核实确已缴纳入库或从国库退还,税务机关应当开具税收完税证明或提供原完税税收票证复印件。

## 第五章 监督管理

**第四十七条** 税务机关税收票证开具人员、税收票证管理人员工作变动离岗前,应当办理税收票证、税收票证专用章戳、账簿以及其他税收票证资料的移交。移交时应当有专人监交,监交人、移交人、接管人三方共同签章,票清离岗。

**第四十八条** 税务机关应当按税收票证种类、领用单位设置税收票证账簿,对各种税收票证的印制、领发、用存、作废、结报缴销、停用、损失、销毁的数量、号码进行及时登记和核算,定期结账。

**第四十九条** 基层税务机关的税收票证管理人员应当按日对已结报缴销税收票证的完整性、准确性和税收票证管理的规范性进行审核;基层税务机关的上级或所属税务机关税收票证管理人员对基层税务机关缴销的税收票证,应当定期进行复审。

**第五十条** 税务机关应当及时对已经开具、作废的税收票证、账簿以及其他税收票证资料进行归档保存。

纸质税收票证、账簿以及其他税收票证资料,应当整理装订成册,保存期限五年;作为会计凭证的纸质税收票证保存期限十五年。

数据电文税收票证、账簿以及其他税收票证资料,应当通过光盘等介质进行存储,确保数据电文税收票证信息的安全、完整,保存时间和具体办法另行制定。

**第五十一条** 未填用的《税收缴款书(出口货物劳务专用)》、《出口货物完税分割单》、印花税票需要销毁的,应当由两人以上共同清点,编制销毁清册,逐级上缴省税务机关销毁;未填用的《税收缴款书(税务收现专用)》、《税收缴款书(代扣代收专用)》、税收完税证明需要销毁的,应当由两人以上共同清点,编制销毁清册,报经市税务机关批准,指派专人到县税务机关复核并监督销毁;其他各种税收票证、账簿和税收票证资料需要销毁的,由税收票证主管人员清点并编制销毁清册,报经县或市税务机关批准,由两人以上监督销毁;税收票证专用章戳需要销毁的,由刻制税收票证专用章戳的税务机关销毁。

**第五十二条** 税务机关应当定期对本级及下级税务机关、税收票证印制企业、扣缴义务人、代征代售人、自行填开税收票证的纳税人税收票证及税收票证专用章戳管理工作进行检查。

**第五十三条** 税务机关工作人员违反本办法的,应当根据情节轻重,给予批评教育、责令做出检查、诫勉谈话或调整工作岗位处理;构成违纪的,依照《中华人民共和国公务员法》、《行政机关公务员处分条例》等法律法规给予处分;涉嫌犯罪的,移送司法机关。

**第五十四条** 扣缴义务人未按照本办法及有关规定保管、报送代扣代缴、代收代缴税收票证及有关资料的,按照《中华人民共和国税收征收管理法》及相关规定进行处理。

扣缴义务人未按照本办法开具税收票证的,可以根据情节轻重,处以一千元以下的罚款。

**第五十五条** 税务机关与代征代售人、税收票证印制企业签订代征代售合同、税收票证印制合同时,应当就违反本办法及相关规定的责任进行约定,并按约定及其他有关规定追究责任;涉嫌犯罪的,移送司法机关。

**第五十六条** 自行填开税收票证的纳税人违反本办法及相关规定的,税务机关应当停止其税收票证的领用和自行填开,并限期缴销全部税收票证;情节严重的,可以处以一千元以下的罚款。

**第五十七条** 非法印制、转借、倒卖、变造或者伪造税收票证的,依照《中华人民共和国税收征收管理法实施细则》的规定进行处理;伪造、变造、买卖、盗窃、抢夺、毁灭税收票证专用章戳的,移送司法机关。

## 第六章 附 则

**第五十八条** 各级政府部门委托税务机关征收的各种基金、费可以使用税收票证。

**第五十九条** 本办法第六条、第七条、第二十五条、第三十六条、第三十七条、第四十六条所称税收票证,不包括印花税票。

**第六十条** 本办法所称银行,是指经收预算收入的银行、信用社。

**第六十一条** 各省税务机关应当根据本办法制定具体规定,并报国家税务总局备案。

**第六十二条** 本办法自2014年1月1日起施行。1998年3月10日国家税务总局发布的《税收票证管理办法》(国税发〔1998〕32号)同时废止。

# 中华人民共和国发票管理办法

*1. 1993年12月12日国务院批准*
*2. 1993年12月23日财政部令第6号发布*
*3. 根据2010年12月20日国务院令第587号《关于修改〈中华人民共和国发票管理办法〉的决定》第一次修订*
*4. 根据2019年3月2日国务院令第709号《关于修改部分行政法规的决定》第二次修订*
*5. 根据2023年7月20日国务院令第764号《关于修改和废止部分行政法规的决定》第三次修订*

## 第一章　总　　则

**第一条**　为了加强发票管理和财务监督，保障国家税收收入，维护经济秩序，根据《中华人民共和国税收征收管理法》，制定本办法。

**第二条**　在中华人民共和国境内印制、领用、开具、取得、保管、缴销发票的单位和个人（以下称印制、使用发票的单位和个人），必须遵守本办法。

**第三条**　本办法所称发票，是指在购销商品、提供或者接受服务以及从事其他经营活动中，开具、收取的收付款凭证。

发票包括纸质发票和电子发票。电子发票与纸质发票具有同等法律效力。国家积极推广使用电子发票。

**第四条**　发票管理工作应当坚持和加强党的领导，为经济社会发展服务。

国务院税务主管部门统一负责全国的发票管理工作。省、自治区、直辖市税务机关依据职责做好本行政区域内的发票管理工作。

财政、审计、市场监督管理、公安等有关部门在各自的职责范围内，配合税务机关做好发票管理工作。

**第五条**　发票的种类、联次、内容、编码规则、数据标准、使用范围等具体管理办法由国务院税务主管部门规定。

**第六条**　对违反发票管理法规的行为，任何单位和个人可以举报。税务机关应当为检举人保密，并酌情给予奖励。

## 第二章　发票的印制

**第七条**　增值税专用发票由国务院税务主管部门确定的企业印制；其他发票，按照国务院税务主管部门的规定，由省、自治区、直辖市税务机关确定的企业印制。禁止私自印制、伪造、变造发票。

**第八条**　印制发票的企业应当具备下列条件：

（一）取得印刷经营许可证和营业执照；

（二）设备、技术水平能够满足印制发票的需要；

（三）有健全的财务制度和严格的质量监督、安全管理、保密制度。

税务机关应当按照政府采购有关规定确定印制发票的企业。

**第九条**　印制发票应当使用国务院税务主管部门确定的全国统一的发票防伪专用品。禁止非法制造发票防伪专用品。

**第十条**　发票应当套印全国统一发票监制章。全国统一发票监制章的式样和发票版面印刷的要求，由国务院税务主管部门规定。发票监制章由省、自治区、直辖市税务机关制作。禁止伪造发票监制章。

发票实行不定期换版制度。

**第十一条**　印制发票的企业按照税务机关的统一规定，建立发票印制管理制度和保管措施。

发票监制章和发票防伪专用品的使用和管理实行专人负责制度。

**第十二条**　印制发票的企业必须按照税务机关确定的式样和数量印制发票。

**第十三条**　发票应当使用中文印制。民族自治地方的发票，可以加印当地一种通用的民族文字。有实际需要的，也可以同时使用中外两种文字印制。

**第十四条**　各省、自治区、直辖市内的单位和个人使用的发票，除增值税专用发票外，应当在本省、自治区、直辖市内印制；确有必要到外省、自治区、直辖市印制的，应当由省、自治区、直辖市税务机关商印制地省、自治区、直辖市税务机关同意后确定印制发票的企业。

禁止在境外印制发票。

## 第三章　发票的领用

**第十五条**　需要领用发票的单位和个人，应当持设立登记证件或者税务登记证件，以及经办人身份证明，向主管税务机关办理发票领用手续。领用纸质发票的，还应当提供按照国务院税务主管部门规定式样制作的发票专用章的印模。主管税务机关根据领用单位和个人的经营范围、规模和风险等级，在5个工作日内确认领用发票的种类、数量以及领用方式。

单位和个人领用发票时，应当按照税务机关的规定报告发票使用情况，税务机关应当按照规定进行查验。

**第十六条**　需要临时使用发票的单位和个人，可以凭购销商品、提供或者接受服务以及从事其他经营活动的书面证明、经办人身份证明，直接向经营地税务机关申请代开发票。依照税收法律、行政法规规定应当缴纳税款的，税务机关应当先征收税款，再开具发票。税务机关根据发票管理的需要，可以按照国务院税务主管部门的规定委托其他单位代开发票。

禁止非法代开发票。

**第十七条**　临时到本省、自治区、直辖市以外从事经营活动的单位或者个人，应当凭所在地税务机关的证明，向经营地税务机关领用经营地的发票。

临时在本省、自治区、直辖市以内跨市、县从事经营活动领用发票的办法，由省、自治区、直辖市税务机关规定。

## 第四章　发票的开具和保管

**第十八条**　销售商品、提供服务以及从事其他经营活动的单位和个人，对外发生经营业务收取款项，收款方应当向付款方开具发票；特殊情况下，由付款方向收款方开具发票。

**第十九条**　所有单位和从事生产、经营活动的个人在购买商品、接受服务以及从事其他经营活动支付款项，应当向收款方取得发票。取得发票时，不得要求变更品名和金额。

**第二十条**　不符合规定的发票，不得作为财务报销凭证，任何单位和个人有权拒收。

**第二十一条**　开具发票应当按照规定的时限、顺序、栏目，全部联次一次性如实开具，开具纸质发票应当加盖发票专用章。

任何单位和个人不得有下列虚开发票行为：

（一）为他人、为自己开具与实际经营业务情况不符的发票；

（二）让他人为自己开具与实际经营业务情况不符的发票；

（三）介绍他人开具与实际经营业务情况不符的发票。

**第二十二条**　安装税控装置的单位和个人，应当按照规定使用税控装置开具发票，并按期向主管税务机关报送开具发票的数据。

使用非税控电子器具开具发票的，应当将非税控电子器具使用的软件程序说明资料报主管税务机关备案，并按照规定保存、报送开具发票的数据。

单位和个人开发电子发票信息系统自用或者为他人提供电子发票服务的，应当遵守国务院税务主管部门的规定。

**第二十三条**　任何单位和个人应当按照发票管理规定使用发票，不得有下列行为：

（一）转借、转让、介绍他人转让发票、发票监制章和发票防伪专用品；

（二）知道或者应当知道是私自印制、伪造、变造、非法取得或者废止的发票而受让、开具、存放、携带、邮寄、运输；

（三）拆本使用发票；

（四）扩大发票使用范围；

（五）以其他凭证代替发票使用；

（六）窃取、截留、篡改、出售、泄露发票数据。

税务机关应当提供查询发票真伪的便捷渠道。

**第二十四条**　除国务院税务主管部门规定的特殊情形外，纸质发票限于领用单位和个人在本省、自治区、直辖市内开具。

省、自治区、直辖市税务机关可以规定跨市、县开具纸质发票的办法。

**第二十五条**　除国务院税务主管部门规定的特殊情形外，任何单位和个人不得跨规定的使用区域携带、邮寄、运输空白发票。

禁止携带、邮寄或者运输空白发票出入境。

**第二十六条**　开具发票的单位和个人应当建立发票使用登记制度，配合税务机关进行身份验证，并定期向主管税务机关报告发票使用情况。

**第二十七条**　开具发票的单位和个人应当在办理变更或者注销税务登记的同时，办理发票的变更、缴销手续。

**第二十八条**　开具发票的单位和个人应当按照国家有关规定存放和保管发票，不得擅自损毁。已经开具的发票存根联，应当保存5年。

## 第五章　发票的检查

**第二十九条**　税务机关在发票管理中有权进行下列检查：

（一）检查印制、领用、开具、取得、保管和缴销发票的情况；

（二）调出发票查验；

（三）查阅、复制与发票有关的凭证、资料；

（四）向当事各方询问与发票有关的问题和情况；

（五）在查处发票案件时，对与案件有关的情况和资料，可以记录、录音、录像、照像和复制。

**第三十条**　印制、使用发票的单位和个人，必须接受税务机关依法检查，如实反映情况，提供有关资料，不得拒绝、隐瞒。

税务人员进行检查时，应当出示税务检查证。

**第三十一条** 税务机关需要将已开具的发票调出查验时，应当向被查验的单位和个人开具发票换票证。发票换票证与所调出查验的发票有同等的效力。被调出查验发票的单位和个人不得拒绝接受。

税务机关需要将空白发票调出查验时，应当开具收据；经查无问题的，应当及时返还。

**第三十二条** 单位和个人从中国境外取得的与纳税有关的发票或者凭证，税务机关在纳税审查时有疑义的，可以要求其提供境外公证机构或者注册会计师的确认证明，经税务机关审核认可后，方可作为记账核算的凭证。

## 第六章 罚 则

**第三十三条** 违反本办法的规定，有下列情形之一的，由税务机关责令改正，可以处1万元以下的罚款；有违法所得的予以没收：

（一）应当开具而未开具发票，或者未按照规定的时限、顺序、栏目，全部联次一次性开具发票，或者未加盖发票专用章的；

（二）使用税控装置开具发票，未按期向主管税务机关报送开具发票的数据的；

（三）使用非税控电子器具开具发票，未将非税控电子器具使用的软件程序说明资料报主管税务机关备案，或者未按照规定保存、报送开具发票的数据的；

（四）拆本使用发票的；

（五）扩大发票使用范围的；

（六）以其他凭证代替发票使用的；

（七）跨规定区域开具发票的；

（八）未按照规定缴销发票的；

（九）未按照规定存放和保管发票的。

**第三十四条** 跨规定的使用区域携带、邮寄、运输空白发票，以及携带、邮寄或者运输空白发票出入境的，由税务机关责令改正，可以处1万元以下的罚款；情节严重的，处1万元以上3万元以下的罚款；有违法所得的予以没收。

丢失发票或者擅自损毁发票的，依照前款规定处罚。

**第三十五条** 违反本办法的规定虚开发票的，由税务机关没收违法所得；虚开金额在1万元以下的，可以并处5万元以下的罚款；虚开金额超过1万元的，并处5万元以上50万元以下的罚款；构成犯罪的，依法追究刑事责任。

非法代开发票的，依照前款规定处罚。

**第三十六条** 私自印制、伪造、变造发票，非法制造发票防伪专用品，伪造发票监制章，窃取、截留、篡改、出售、泄露发票数据的，由税务机关没收违法所得，没收、销毁作案工具和非法物品，并处1万元以上5万元以下的罚款；情节严重的，并处5万元以上50万元以下的罚款；构成犯罪的，依法追究刑事责任。

前款规定的处罚，《中华人民共和国税收征收管理法》有规定的，依照其规定执行。

**第三十七条** 有下列情形之一的，由税务机关处1万元以上5万元以下的罚款；情节严重的，处5万元以上50万元以下的罚款；有违法所得的予以没收：

（一）转借、转让、介绍他人转让发票、发票监制章和发票防伪专用品的；

（二）知道或者应当知道是私自印制、伪造、变造、非法取得或者废止的发票而受让、开具、存放、携带、邮寄、运输的。

**第三十八条** 对违反发票管理规定2次以上或者情节严重的单位和个人，税务机关可以向社会公告。

**第三十九条** 违反发票管理法规，导致其他单位或者个人未缴、少缴或者骗取税款的，由税务机关没收违法所得，可以并处未缴、少缴或者骗取的税款1倍以下的罚款。

**第四十条** 当事人对税务机关的处罚决定不服的，可以依法申请行政复议或者向人民法院提起行政诉讼。

**第四十一条** 税务人员利用职权之便，故意刁难印制、使用发票的单位和个人，或者有违反发票管理法规行为的，依照国家有关规定给予处分；构成犯罪的，依法追究刑事责任。

## 第七章 附 则

**第四十二条** 国务院税务主管部门可以根据有关行业特殊的经营方式和业务需求，会同国务院有关主管部门制定该行业的发票管理办法。

国务院税务主管部门可以根据增值税专用发票管理的特殊需要，制定增值税专用发票的具体管理办法。

**第四十三条** 本办法自发布之日起施行。财政部1986年发布的《全国发票管理暂行办法》和原国家税务局1991年发布的《关于对外商投资企业和外国企业发票管理的暂行规定》同时废止。

# 中华人民共和国
# 发票管理办法实施细则

*1. 2011年2月14日国家税务总局令第25号公布*
*2. 根据2014年12月27日国家税务总局令第37号《关于修改〈中华人民共和国发票管理办法实施细则〉的决定》第一次修正*
*3. 根据2018年6月15日国家税务总局令第44号《关于修改部分税务部门规章的决定》第二次修正*
*4. 根据2019年7月24日国家税务总局令第48号《关于公布取消一批税务证明事项以及废止和修改部分规章规范性文件的决定》第三次修正*

## 第一章 总 则

**第一条** 根据《中华人民共和国发票管理办法》(以下简称《办法》)规定,制定本实施细则。

**第二条** 在全国范围内统一式样的发票,由国家税务总局确定。

在省、自治区、直辖市范围内统一式样的发票,由省、自治区、直辖市税务局(以下简称省税务局)确定。

**第三条** 发票的基本联次包括存根联、发票联、记账联。存根联由收款方或开票方留存备查;发票联由付款方或受票方作为付款原始凭证;记账联由收款方或开票方作为记账原始凭证。

省以上税务机关可根据发票管理情况以及纳税人经营业务需要,增减除发票联以外的其他联次,并确定其用途。

**第四条** 发票的基本内容包括:发票的名称、发票代码和号码、联次及用途、客户名称、开户银行及账号、商品名称或经营项目、计量单位、数量、单价、大小写金额、开票人、开票日期、开票单位(个人)名称(章)等。

省以上税务机关可根据经济活动以及发票管理需要,确定发票的具体内容。

**第五条** 用票单位可以书面向税务机关要求使用印有本单位名称的发票,税务机关依据《办法》第十五条的规定,确认印有该单位名称发票的种类和数量。

## 第二章 发票的印制

**第六条** 发票准印证由国家税务总局统一监制,省税务局核发。

税务机关应当对印制发票企业实施监督管理,对不符合条件的,应当取消其印制发票的资格。

**第七条** 全国统一的发票防伪措施由国家税务总局确定,省税务局可以根据需要增加本地区的发票防伪措施,并向国家税务总局备案。

发票防伪专用品应当按照规定专库保管,不得丢失。次品、废品应当在税务机关监督下集中销毁。

**第八条** 全国统一发票监制章是税务机关管理发票的法定标志,其形状、规格、内容、印色由国家税务总局规定。

**第九条** 全国范围内发票换版由国家税务总局确定;省、自治区、直辖市范围内发票换版由省税务局确定。

发票换版时,应当进行公告。

**第十条** 监制发票的税务机关根据需要下达发票印制通知书,被指定的印制企业必须按照要求印制。

发票印制通知书应当载明印制发票企业名称、用票单位名称、发票名称、发票代码、种类、联次、规格、印色、印制数量、起止号码、交货时间、地点等内容。

**第十一条** 印制发票企业印制完毕的成品应当按照规定验收后专库保管,不得丢失。废品应当及时销毁。

## 第三章 发票的领购

**第十二条** 《办法》第十五条所称经办人身份证明是指经办人的居民身份证、护照或者其他能证明经办人身份的证件。

**第十三条** 《办法》第十五条所称发票专用章是指用票单位和个人在其开具发票时加盖的有其名称、税务登记号、发票专用章字样的印章。

发票专用章式样由国家税务总局确定。

**第十四条** 税务机关对领购发票单位和个人提供的发票专用章的印模应当留存备查。

**第十五条** 《办法》第十五条所称领购方式是指批量供应、交旧购新或者验旧购新等方式。

**第十六条** 《办法》第十五条所称发票领购簿的内容应当包括用票单位和个人的名称、所属行业、购票方式、核准购票种类、开票限额、发票名称、领购日期、准购数量、起止号码、违章记录、领购人签字(盖章)、核发税务机关(章)等内容。

**第十七条** 《办法》第十五条所称发票使用情况是指发票领用存情况及相关开票数据。

**第十八条** 税务机关在发售发票时,应当按照核准的收费标准收取工本管理费,并向购票单位和个人开具收据。发票工本费征缴办法按照国家有关规定执行。

**第十九条** 《办法》第十六条所称书面证明是指有关业务合同、协议或者税务机关认可的其他资料。

**第二十条** 税务机关应当与受托代开发票的单位签订协议,明确代开发票的种类、对象、内容和相关责任等内容。

**第二十一条**　《办法》第十八条所称保证人,是指在中国境内具有担保能力的公民、法人或者其他经济组织。

保证人同意为领购发票的单位和个人提供担保的,应当填写担保书。担保书内容包括:担保对象、范围、期限和责任以及其他有关事项。

担保书须经购票人、保证人和税务机关签字盖章后方为有效。

**第二十二条**　《办法》第十八条第二款所称由保证人或者以保证金承担法律责任,是指由保证人缴纳罚款或者以保证金缴纳罚款。

**第二十三条**　提供保证人或者交纳保证金的具体范围由省税务局规定。

## 第四章　发票的开具和保管

**第二十四条**　《办法》第十九条所称特殊情况下,由付款方向收款方开具发票,是指下列情况:

(一)收购单位和扣缴义务人支付个人款项时;

(二)国家税务总局认为其他需要由付款方向收款方开具发票的。

**第二十五条**　向消费者个人零售小额商品或者提供零星服务的,是否可免予逐笔开具发票,由省税务局确定。

**第二十六条**　填开发票的单位和个人必须在发生经营业务确认营业收入时开具发票。未发生经营业务一律不准开具发票。

**第二十七条**　开具发票后,如发生销货退回需开红字发票的,必须收回原发票并注明"作废"字样或取得对方有效证明。

开具发票后,如发生销售折让的,必须在收回原发票并注明"作废"字样后重新开具销售发票或取得对方有效证明后开具红字发票。

**第二十八条**　单位和个人在开具发票时,必须做到按照号码顺序填开,填写项目齐全,内容真实,字迹清楚,全部联次一次打印,内容完全一致,并在发票联和抵扣联加盖发票专用章。

**第二十九条**　开具发票应当使用中文。民族自治地方可以同时使用当地通用的一种民族文字。

**第三十条**　《办法》第二十六条所称规定的使用区域是指国家税务总局和省税务局规定的区域。

**第三十一条**　使用发票的单位和个人应当妥善保管发票。发生发票丢失情形时,应当于发现丢失当日书面报告税务机关。

## 第五章　发票的检查

**第三十二条**　《办法》第三十二条所称发票换票证仅限于在本县(市)范围内使用。需要调出外县(市)的发票查验时,应当提请该县(市)税务机关调取发票。

**第三十三条**　用票单位和个人有权申请税务机关对发票的真伪进行鉴别。收到申请的税务机关应当受理并负责鉴别发票的真伪;鉴别有困难的,可以提请发票监制税务机关协助鉴别。

在伪造、变造现场以及买卖地、存放地查获的发票,由当地税务机关鉴别。

## 第六章　罚　　则

**第三十四条**　税务机关对违反发票管理法规的行为进行处罚,应当将行政处罚决定书面通知当事人;对违反发票管理法规的案件,应当立案查处。

对违反发票管理法规的行政处罚,由县以上税务机关决定;罚款额在2000元以下的,可由税务所决定。

**第三十五条**　《办法》第四十条所称的公告是指,税务机关应当在办税场所或者广播、电视、报纸、期刊、网络等新闻媒体上公告纳税人发票违法的情况。公告内容包括:纳税人名称、纳税人识别号、经营地点、违反发票管理法规的具体情况。

**第三十六条**　对违反发票管理法规情节严重构成犯罪的,税务机关应当依法移送司法机关处理。

## 第七章　附　　则

**第三十七条**　《办法》和本实施细则所称"以上"、"以下"均含本数。

**第三十八条**　本实施细则自2011年2月1日起施行。

# 网络发票管理办法

*1. 2013年2月25日国家税务总局令第30号公布*

*2. 根据2018年6月15日国家税务总局令第44号《关于修改部分税务部门规章的决定》修正*

**第一条**　为加强普通发票管理,保障国家税收收入,规范网络发票的开具和使用,根据《中华人民共和国发票管理办法》规定,制定本办法。

**第二条**　在中华人民共和国境内使用网络发票管理系统开具发票的单位和个人办理网络发票管理系统的开户登记、网上领取发票手续、在线开具、传输、查验和缴销等事项,适用本办法。

**第三条**　本办法所称网络发票是指符合国家税务总局统一标准并通过国家税务总局及省、自治区、直辖市税务局公布的网络发票管理系统开具的发票。

国家积极推广使用网络发票管理系统开具发票。

**第四条**　税务机关应加强网络发票的管理，确保网络发票的安全、唯一、便利，并提供便捷的网络发票信息查询渠道；应通过应用网络发票数据分析，提高信息管税水平。

**第五条**　税务机关应根据开具发票的单位和个人的经营情况，核定其在线开具网络发票的种类、行业类别、开票限额等内容。

开具发票的单位和个人需要变更网络发票核定内容的，可向税务机关提出书面申请，经税务机关确认，予以变更。

**第六条**　开具发票的单位和个人开具网络发票应登录网络发票管理系统，如实完整填写发票的相关内容及数据，确认保存后打印发票。

开具发票的单位和个人在线开具的网络发票，经系统自动保存数据后即完成开票信息的确认、查验。

**第七条**　单位和个人取得网络发票时，应及时查询验证网络发票信息的真实性、完整性，对不符合规定的发票，不得作为财务报销凭证，任何单位和个人有权拒收。

**第八条**　开具发票的单位和个人需要开具红字发票的，必须收回原网络发票全部联次或取得受票方出具的有效证明，通过网络发票管理系统开具金额为负数的红字网络发票。

**第九条**　开具发票的单位和个人作废开具的网络发票，应收回原网络发票全部联次，注明“作废”，并在网络发票管理系统中进行发票作废处理。

**第十条**　开具发票的单位和个人应当在办理变更或者注销税务登记的同时，办理网络发票管理系统的用户变更、注销手续并缴销空白发票。

**第十一条**　税务机关根据发票管理的需要，可以按照国家税务总局的规定委托其他单位通过网络发票管理系统代开网络发票。

税务机关应当与受托代开发票的单位签订协议，明确代开网络发票的种类、对象、内容和相关责任等内容。

**第十二条**　开具发票的单位和个人必须如实在线开具网络发票，不得利用网络发票进行转借、转让、虚开发票及其他违法活动。

**第十三条**　开具发票的单位和个人在网络出现故障，无法在线开具发票时，可离线开具发票。

开具发票后，不得改动开票信息，并于 48 小时内上传开票信息。

**第十四条**　开具发票的单位和个人违反本办法规定的，按照《中华人民共和国发票管理办法》有关规定处理。

**第十五条**　省以上税务机关在确保网络发票电子信息正确生成、可靠存储、查询验证、安全唯一等条件的情况下，可以试行电子发票。

**第十六条**　本办法自 2013 年 4 月 1 日起施行。

## ③税款征收

# 纳税担保试行办法

*1. 2005 年 5 月 24 日国家税务总局令第 11 号发布*
*2. 自 2005 年 7 月 1 日起施行*

### 第一章　总　　则

**第一条**　为规范纳税担保行为，保障国家税收收入，保护纳税人和其他当事人的合法权益，根据《中华人民共和国税收征收管理法》（以下简称《税收征管法》）及其实施细则和其他法律、法规的规定，制定本办法。

**第二条**　本办法所称纳税担保，是指经税务机关同意或确认，纳税人或其他自然人、法人、经济组织以保证、抵押、质押的方式，为纳税人应当缴纳的税款及滞纳金提供担保的行为。

纳税担保人包括以保证方式为纳税人提供纳税担保的纳税保证人和其他以未设置或者未全部设置担保物权的财产为纳税人提供纳税担保的第三人。

**第三条**　纳税人有下列情况之一的，适用纳税担保：

（一）税务机关有根据认为从事生产、经营的纳税人有逃避纳税义务行为，在规定的纳税期之前经责令其限期缴纳应纳税款，在限期内发现纳税人有明显的转移、隐匿其应纳税的商品、货物以及其他财产或者应纳税收入的迹象，责成纳税人提供纳税担保的；

（二）欠缴税款、滞纳金的纳税人或者其法定代表人需要出境的；

（三）纳税人同税务机关在纳税上发生争议而未缴清税款，需要申请行政复议的；

（四）税收法律、行政法规规定可以提供纳税担保的其他情形。

**第四条**　扣缴义务人按照《税收征管法》第八十八条规定需要提供纳税担保的，适用本办法的规定。

纳税担保人按照《税收征管法》第八十八条规定需要提供纳税担保的，应当按照本办法规定的抵押、质押方式，以其财产提供纳税担保；纳税担保人已经以其财产为纳税人向税务机关提供担保的，不再需要提供新的担保。

**第五条**　纳税担保范围包括税款、滞纳金和实现税款、滞纳金的费用。费用包括抵押、质押登记费用，质押保管费用，以及保管、拍卖、变卖担保财产等相关费用支出。

用于纳税担保的财产、权利的价值不得低于应当缴纳的税款、滞纳金，并考虑相关的费用。纳税担保的财产价值不足以抵缴税款、滞纳金的，税务机关应当向提供担保的纳税人或纳税担保人继续追缴。

**第六条**　用于纳税担保的财产、权利的价格估算，除法律、行政法规另有规定外，由税务机关按照税收征管法实施细则第六十四条规定的方式，参照同类商品的市场价、出厂价、或者评估价估算。

## 第二章　纳税保证

**第七条**　纳税保证，是指纳税保证人向税务机关保证，当纳税人未按照税收法律、行政法规规定或者税务机关确定的期限缴清税款、滞纳金时，由纳税保证人按照约定履行缴纳税款及滞纳金的行为。税务机关认可的，保证成立；税务机关不认可的，保证不成立。

本办法所称纳税保证为连带责任保证，纳税人和纳税保证人对所担保的税款及滞纳金承担连带责任。当纳税人在税收法律、行政法规或税务机关确定的期限届满未缴清税款及滞纳金的，税务机关即可要求纳税保证人在其担保范围内承担保证责任，缴纳担保的税款及滞纳金。

**第八条**　纳税保证人，是指在中国境内具有纳税担保能力的自然人、法人或者其他经济组织。法人或其他经济组织财务报表资产净值超过需要担保的税额及滞纳金2倍以上的，自然人、法人或其他经济组织所拥有或者依法可以处分的未设置担保的财产的价值超过需要担保的税额及滞纳金的，为具有纳税担保能力。

**第九条**　国家机关，学校、幼儿园、医院等事业单位、社会团体不得作为纳税保证人。

企业法人的职能部门不得为纳税保证人。企业法人的分支机构有法人书面授权的，可以在授权范围内提供纳税担保。

有以下情形之一的，不得作为纳税保证人：

（一）有偷税、抗税、骗税、逃避追缴欠税行为被税务机关、司法机关追究过法律责任未满2年的；

（二）因有税收违法行为正在被税务机关立案处理或涉嫌刑事犯罪被司法机关立案侦查的；

（三）纳税信誉等级被评为C级以下的；

（四）在主管税务机关所在地的市（地、州）没有住所的自然人或税务登记不在本市（地、州）的企业；

（五）无民事行为能力或限制民事行为能力的自然人；

（六）与纳税人存在担保关联关系的；

（七）有欠税行为的。

**第十条**　纳税保证人同意为纳税人提供纳税担保的，应当填写纳税担保书。纳税担保书应当包括以下内容：

（一）纳税人应缴纳的税款及滞纳金数额、所属期间、税种、税目名称；

（二）纳税人应当履行缴纳税款及滞纳金的期限；

（三）保证担保范围及担保责任；

（四）保证期间和履行保证责任的期限；

（五）保证人的存款账号或者开户银行及其账号；

（六）税务机关认为需要说明的其他事项。

**第十一条**　纳税担保书须经纳税人、纳税保证人签字盖章并经税务机关签字盖章同意方为有效。

纳税担保从税务机关在纳税担保书签字盖章之日起生效。

**第十二条**　保证期间为纳税人应缴纳税款期限届满之日起60日，即税务机关自纳税人应缴纳税款的期限届满之日起60日内有权要求纳税保证人承担保证责任，缴纳税款、滞纳金。

履行保证责任的期限为15日，即纳税保证人应当自收到税务机关的纳税通知书之日起15日内履行保证责任，缴纳税款及滞纳金。

纳税保证期间内税务机关未通知纳税保证人缴纳税款及滞纳金以承担担保责任的，纳税保证人免除担保责任。

**第十三条**　纳税人在规定的期限届满未缴清税款及滞纳金，税务机关在保证期限内书面通知纳税保证人的，纳税保证人应按照纳税担保书约定的范围，自收到纳税通知书之日起15日内缴纳税款及滞纳金，履行担保责任。

纳税保证人未按照规定的履行保证责任的期限缴纳税款及滞纳金的，由税务机关发出责令限期缴纳通知书，责令纳税保证人在限期15日内缴纳；逾期仍未缴纳的，经县以上税务局（分局）局长批准，对纳税保证人采取强制执行措施，通知其开户银行或其他金融机构从其存款中扣缴所担保的纳税人应缴纳的税款、滞纳金，或扣押、查封、拍卖、变卖其价值相当于所担保的纳税人应缴纳的税款、滞纳金的商品、货物或者其他财产，以拍卖、变卖所得抵缴担保的税款、滞纳金。

## 第三章 纳税抵押

**第十四条** 纳税抵押,是指纳税人或纳税担保人不转移对本办法第十五条所列财产的占有,将该财产作为税款及滞纳金的担保。纳税人逾期未缴清税款及滞纳金的,税务机关有权依法处置该财产以抵缴税款及滞纳金。

前款规定的纳税人或者纳税担保人为抵押人,税务机关为抵押权人,提供担保的财产为抵押物。

**第十五条** 下列财产可以抵押:

(一)抵押人所有的房屋和其他地上定着物;

(二)抵押人所有的机器、交通运输工具和其他财产;

(三)抵押人依法有权处分的国有的房屋和其他地上定着物;

(四)抵押人依法有权处分的国有的机器、交通运输工具和其他财产;

(五)经设区的市、自治州以上税务机关确认的其他可以抵押的合法财产。

**第十六条** 以依法取得的国有土地上的房屋抵押的,该房屋占用范围内的国有土地使用权同时抵押。

以乡(镇)、村企业的厂房等建筑物抵押的,其占用范围内的土地使用权同时抵押。

**第十七条** 下列财产不得抵押:

(一)土地所有权;

(二)土地使用权,但本办法第十六条规定的除外;

(三)学校、幼儿园、医院等以公益为目的的事业单位、社会团体、民办非企业单位的教育设施、医疗卫生设施和其他社会公益设施;

(四)所有权、使用权不明或者有争议的财产;

(五)依法被查封、扣押、监管的财产;

(六)依法定程序确认为违法、违章的建筑物;

(七)法律、行政法规规定禁止流通的财产或者不可转让的财产;

(八)经设区的市、自治州以上税务机关确认的其他不予抵押的财产。

**第十八条** 学校、幼儿园、医院等以公益为目的的事业单位、社会团体,可以其教育设施、医疗卫生设施和其他社会公益设施以外的财产为其应缴纳的税款及滞纳金提供抵押。

**第十九条** 纳税人提供抵押担保的,应当填写纳税担保书和纳税担保财产清单。纳税担保书应当包括以下内容:

(一)担保的纳税人应缴纳的税款及滞纳金数额、所属期间、税种名称、税目;

(二)纳税人履行应缴纳税款及滞纳金的期限;

(三)抵押物的名称、数量、质量、状况、所在地、所有权权属或者使用权权属;

(四)抵押担保的范围及担保责任;

(五)税务机关认为需要说明的其他事项。

纳税担保财产清单应当写明财产价值以及相关事项。纳税担保书和纳税担保财产清单须经纳税人签字盖章并经税务机关确认。

**第二十条** 纳税抵押财产应当办理抵押物登记。纳税抵押自抵押物登记之日起生效。纳税人应向税务机关提供由以下部门出具的抵押登记的证明及其复印件(以下简称证明材料):

(一)以城市房地产或者乡(镇)、村企业的厂房等建筑物抵押的,提供县级以上地方人民政府规定部门出具的证明材料;

(二)以船舶、车辆抵押的,提供运输工具的登记部门出具的证明材料;

(三)以企业的设备和其他动产抵押的,提供财产所在地的工商行政管理部门出具的证明材料或者纳税人所在地的公证部门出具的证明材料。

**第二十一条** 抵押期间,经税务机关同意,纳税人可以转让已办理登记的抵押物,并告知受让人转让物已经抵押的情况。

纳税人转让抵押物所得的价款,应当向税务机关提前缴纳所担保的税款、滞纳金。超过部分,归纳税人所有,不足部分由纳税人缴纳或提供相应的担保。

**第二十二条** 在抵押物灭失、毁损或者被征用的情况下,税务机关应该就该抵押物的保险金、赔偿金或者补偿金要求优先受偿,抵缴税款、滞纳金。

抵押物灭失、毁损或者被征用的情况下,抵押权所担保的纳税义务履行期未满的,税务机关可以要求将保险金、赔偿金或补偿金等作为担保财产。

**第二十三条** 纳税人在规定的期限内未缴清税款、滞纳金的,税务机关应当依法拍卖、变卖抵押物,变价抵缴税款、滞纳金。

**第二十四条** 纳税担保人以其财产为纳税人提供纳税抵押担保的,按照纳税人提供抵押担保的规定执行;纳税担保书和纳税担保财产清单须经纳税人、纳税担保人签字盖章并经税务机关确认。

纳税人在规定的期限届满未缴清税款、滞纳金的,税务机关应当在期限届满之日起15日内书面通知纳税担保人自收到纳税通知书之日起15日内缴纳担保的税款、滞纳金。

纳税担保人未按照前款规定的期限缴纳所担保的税款、滞纳金的，由税务机关责令限期在15日内缴纳；逾期仍未缴纳的，经县以上税务局（分局）局长批准，税务机关依法拍卖、变卖抵押物，抵缴税款、滞纳金。

## 第四章　纳税质押

**第二十五条**　纳税质押，是指经税务机关同意，纳税人或纳税担保人将其动产或权利凭证移交税务机关占有，将该动产或权利凭证作为税款及滞纳金的担保。纳税人逾期未缴清税款及滞纳金的，税务机关有权依法处置该动产或权利凭证以抵缴税款及滞纳金。纳税质押分为动产质押和权利质押。

动产质押包括现金以及其他除不动产以外的财产提供的质押。

汇票、支票、本票、债券、存款单等权利凭证可以质押。

对于实际价值波动很大的动产或权利凭证，经设区的市、自治州以上税务机关确认，税务机关可以不接受其作为纳税质押。

**第二十六条**　纳税人提供质押担保的，应当填写纳税担保书和纳税担保财产清单并签字盖章。纳税担保书应当包括以下内容：

（一）担保的税款及滞纳金数额、所属期间、税种名称、税目；

（二）纳税人履行应缴纳税款、滞纳金的期限；

（三）质物的名称、数量、质量、价值、状况、移交前所在地、所有权权属或者使用权权属；

（四）质押担保的范围及担保责任；

（五）纳税担保财产价值；

（六）税务机关认为需要说明的其他事项。

纳税担保财产清单应当写明财产价值及相关事项。

纳税质押自纳税担保书和纳税担保财产清单经税务机关确认和质物移交之日起生效。

**第二十七条**　以汇票、支票、本票、公司债券出质的，税务机关应当与纳税人背书清单记载"质押"字样。以存款单出质的，应由签发的金融机构核押。

**第二十八条**　以载明兑现或者提货日期的汇票、支票、本票、债券、存款单出质的，汇票、支票、本票、债券、存款单兑现日期先于纳税义务履行期或者担保期的，税务机关与纳税人约定将兑现的价款用于缴纳或者抵缴所担保的税款及滞纳金。

**第二十九条**　纳税人在规定的期限内缴清税款及滞纳金的，税务机关应当自纳税人缴清税款及滞纳金之日起3个工作日内返还质物，解除质押关系。

纳税人在规定的期限内未缴清税款、滞纳金的，税务机关应当依法拍卖、变卖质物，抵缴税款、滞纳金。

**第三十条**　纳税担保人以其动产或财产权利为纳税人提供纳税质押担保的，按照纳税人提供质押担保的规定执行；纳税担保书和纳税担保财产清单须经纳税人、纳税担保人签字盖章并经税务机关确认。

纳税人在规定的期限内缴清税款、滞纳金的，税务机关应当在3个工作日内将质物返还给纳税担保人，解除质押关系。

纳税人在规定的期限内未缴清税款、滞纳金的，税务机关应当在期限届满之日起15日内书面通知纳税担保人自收到纳税通知书之日起15日内缴纳担保的税款、滞纳金。

纳税担保人未按照前款规定的期限缴纳所担保的税款、滞纳金，由税务机关责令限期在15日内缴纳；缴清税款、滞纳金的，税务机关自纳税担保人缴清税款及滞纳金之日起3个工作日内返还质物、解除质押关系；逾期仍未缴纳的，经县以上税务局（分局）局长批准，税务机关依法拍卖、变卖质物，抵缴税款、滞纳金。

## 第五章　法律责任

**第三十一条**　纳税人、纳税担保人采取欺骗、隐瞒等手段提供担保的，由税务机关处以1000元以下的罚款；属于经营行为的，处以10000元以下的罚款。

非法为纳税人、纳税担保人实施虚假纳税担保提供方便的，由税务机关处以1000元以下的罚款。

**第三十二条**　纳税人采取欺骗、隐瞒等手段提供担保，造成应缴税款损失的，由税务机关按照《税收征管法》第六十八条规定处以未缴、少缴税款50%以上5倍以下的罚款。

**第三十三条**　税务机关负有妥善保管质物的义务。因保管不善致使质物灭失或者毁损，或未经纳税人同意擅自使用、出租、处分质物而给纳税人造成损失的，税务机关应当对直接损失承担赔偿责任。

纳税义务期限届满或担保期间，纳税人或者纳税担保人请求税务机关及时行使权利，而税务机关怠于行使权利致使质物价格下跌造成损失的，税务机关应当对直接损失承担赔偿责任。

**第三十四条**　税务机关工作人员有下列情形之一的，根据情节轻重给予行政处分：

(一)违反本办法规定，对符合担保条件的纳税担保，不予同意或故意刁难的；

(二)违反本办法规定，对不符合担保条件的纳税担保，予以批准，致使国家税款及滞纳金遭受损失的；

(三)私分、挪用、占用、擅自处分担保财物的；

(四)其他违法情形。

### 第六章 附 则

**第三十五条** 纳税担保文书由国家税务总局统一制定。

**第三十六条** 本办法自2005年7月1日起施行。

附件：1. 责成提供纳税担保通知书(略)
2. 纳税担保财产清单(略)
3. 纳税担保书(略)
4. 解除纳税担保通知书(略)

## 特别纳税调整实施办法(试行)①

*1. 2009年1月8日国家税务总局发布*

*2. 国税发〔2009〕2号*

*3. 自2008年1月1日起施行*

### 第一章 总 则

**第一条** 为了规范特别纳税调整管理，根据《中华人民共和国企业所得税法》(以下简称所得税法)、《中华人民共和国企业所得税法实施条例》(以下简称所得税法实施条例)、《中华人民共和国税收征收管理法》(以下简称征管法)、《中华人民共和国税收征收管理法实施细则》(以下简称征管法实施细则)以及我国政府与有关国家(地区)政府签署的避免双重征税协定(安排)(以下简称税收协定)的有关规定，制定本办法。

**第二条** 本办法适用于税务机关对企业的转让定价、预约定价安排、成本分摊协议、受控外国企业、资本弱化以及一般反避税等特别纳税调整事项的管理。

**第三条** 转让定价管理是指税务机关按照所得税法第六章和征管法第三十六条的有关规定，对企业与其关联方之间的业务往来(以下简称关联交易)是否符合独立交易原则进行审核评估和调查调整等工作的总称。

**第四条** 预约定价安排管理是指税务机关按照所得税法第四十二条和征管法实施细则第五十三条的规定，对企业提出的未来年度关联交易的定价原则和计算方法进行审核评估，并与企业协商达成预约定价安排等工作的总称。

**第五条** 成本分摊协议管理是指税务机关按照所得税法第四十一条第二款的规定，对企业与其关联方签署的成本分摊协议是否符合独立交易原则进行审核评估和调查调整等工作的总称。

**第六条** 受控外国企业管理是指税务机关按照所得税法第四十五条的规定，对受控外国企业不作利润分配或减少分配进行审核评估和调查，并对归属于中国居民企业所得进行调整等工作的总称。

**第七条** 资本弱化管理是指税务机关按照所得税法第四十六条的规定，对企业接受关联方债权性投资与企业接受的权益性投资的比例是否符合规定比例或独立交易原则进行审核评估和调查调整等工作的总称。

**第八条** 一般反避税管理是指税务机关按照所得税法第四十七条的规定，对企业实施其他不具有合理商业目的的安排而减少其应纳税收入或所得额进行审核评估和调查调整等工作的总称。

### 第二章 关联申报

**第九条** 所得税法实施条例第一百零九条及征管法实施细则第五十一条所称关联关系，主要是指企业与其他企业、组织或个人具有下列之一关系：

(一)一方直接或间接持有另一方的股份总和达到25%以上，或者双方直接或间接同为第三方所持有的股份达到25%以上。若一方通过中间方对另一方间接持有股份，只要一方对中间方持股比例达到25%以上，则一方对另一方的持股比例按照中间方对另一方的持股比例计算。

(二)一方与另一方(独立金融机构除外)之间借贷资金占一方实收资本50%以上，或者一方借贷资金总额的10%以上是由另一方(独立金融机构除外)担保。

① 第六十九条已被2015年6月16日国家税务总局公告2015年第45号《关于规范成本分摊协议管理的公告》废止；第二章、第三章、第七十四条和第八十九条已被2016年6月29日国家税务总局公告2016年第42号《关于完善关联申报和同期资料管理有关事项的公告》废止；第六章已被2016年10月11日国家税务总局公告2016年第64号《关于完善预约定价安排管理有关事项的公告》废止；第四章、第五章、第十一章和第十二章已被2017年3月17日国家税务总局公告2017年第6号《关于发布〈特别纳税调查调整及相互协商程序管理办法〉的公告》废止；第一百一十一条已被2018年6月15日国家税务总局公告2018年第33号《关于公布全文失效废止和部分条款失效废止的税收规范性文件目录的公告》废止；第七十八条已被2023年5月26日国家税务总局公告2023年第8号《关于公布全文和部分条款失效废止的税务规范性文件目录的公告》废止。——编者注

（三）一方半数以上的高级管理人员（包括董事会成员和经理）或至少一名可以控制董事会的董事会高级成员是由另一方委派，或者双方半数以上的高级管理人员（包括董事会成员和经理）或至少一名可以控制董事会的董事会高级成员同为第三方委派。

（四）一方半数以上的高级管理人员（包括董事会成员和经理）同时担任另一方的高级管理人员（包括董事会成员和经理），或者一方至少一名可以控制董事会的董事会高级成员同时担任另一方的董事会高级成员。

（五）一方的生产经营活动必须由另一方提供的工业产权、专有技术等特许权才能正常进行。

（六）一方的购买或销售活动主要由另一方控制。

（七）一方接受或提供劳务主要由另一方控制。

（八）一方对另一方的生产经营、交易具有实质控制，或者双方在利益上具有相关联的其他关系，包括虽未达到本条第（一）项持股比例，但一方与另一方的主要持股方享受基本相同的经济利益，以及家族、亲属关系等。

**第十条**　关联交易主要包括以下类型：

（一）有形资产的购销、转让和使用，包括房屋建筑物、交通工具、机器设备、工具、商品、产品等有形资产的购销、转让和租赁业务；

（二）无形资产的转让和使用，包括土地使用权、版权（著作权）、专利、商标、客户名单、营销渠道、牌号、商业秘密和专有技术等特许权，以及工业品外观设计或实用新型等工业产权的所有权转让和使用权的提供业务；

（三）融通资金，包括各类长短期资金拆借和担保以及各类计息预付款和延期付款等业务；

（四）提供劳务，包括市场调查、行销、管理、行政事务、技术服务、维修、设计、咨询、代理、科研、法律、会计事务等服务的提供。

**第十一条**　实行查账征收的居民企业和在中国境内设立机构、场所并据实申报缴纳企业所得税的非居民企业向税务机关报送年度企业所得税纳税申报表时，应附送《中华人民共和国企业年度关联业务往来报告表》，包括《关联关系表》、《关联交易汇总表》、《购销表》、《劳务表》、《无形资产表》、《固定资产表》、《融通资金表》、《对外投资情况表》和《对外支付款项情况表》。

**第十二条**　企业按规定期限报送本办法第十一条规定的报告表确有困难，需要延期的，应按征管法及其实施细则的有关规定办理。

## 第三章　同期资料管理

**第十三条**　企业应根据所得税法实施条例第一百一十四条的规定，按纳税年度准备、保存，并按税务机关要求提供其关联交易的同期资料。

**第十四条**　同期资料主要包括以下内容：

（一）组织结构

1. 企业所属的企业集团相关组织结构及股权结构；

2. 企业关联关系的年度变化情况；

3. 与企业发生交易的关联方信息，包括关联企业的名称、法定代表人、董事和经理等高级管理人员构成情况、注册地址及实际经营地址，以及关联个人的名称、国籍、居住地、家庭成员构成等情况，并注明对企业关联交易定价具有直接影响的关联方；

4. 各关联方适用的具有所得税性质的税种、税率及相应可享受的税收优惠。

（二）生产经营情况

1. 企业的业务概况，包括企业发展变化概况、所处的行业及发展概况、经营策略、产业政策、行业限制等影响企业和行业的主要经济和法律问题，集团产业链以及企业所处地位；

2. 企业的主营业务构成，主营业务收入及其占收入总额的比重，主营业务利润及其占利润总额的比重；

3. 企业所处的行业地位及相关市场竞争环境的分析；

4. 企业内部组织结构，企业及其关联方在关联交易中执行的功能、承担的风险以及使用的资产等相关信息，并参照填写《企业功能风险分析表》；

5. 企业集团合并财务报表，可视企业集团会计年度情况延期准备，但最迟不得超过关联交易发生年度的次年 12 月 31 日。

（三）关联交易情况

1. 关联交易类型、参与方、时间、金额、结算货币、交易条件等；

2. 关联交易所采用的贸易方式、年度变化情况及其理由；

3. 关联交易的业务流程，包括各个环节的信息流、物流和资金流，与非关联交易业务流程的异同；

4. 关联交易所涉及的无形资产及其对定价的影响；

5. 与关联交易相关的合同或协议副本及其履行情况的说明；

6. 对影响关联交易定价的主要经济和法律因素的

分析；

7. 关联交易和非关联交易的收入、成本、费用和利润的划分情况，不能直接划分的，按照合理比例划分，说明确定该划分比例的理由，并参照填写《企业年度关联交易财务状况分析表》。

（四）可比性分析

1. 可比性分析所考虑的因素，包括交易资产或劳务特性、交易各方功能和风险、合同条款、经济环境、经营策略等；

2. 可比企业执行的功能、承担的风险以及使用的资产等相关信息；

3. 可比交易的说明，如：有形资产的物理特性、质量及其效用；融资业务的正常利率水平、金额、币种、期限、担保、融资人的资信、还款方式、计息方法等；劳务的性质与程度；无形资产的类型及交易形式，通过交易获得的使用无形资产的权利，使用无形资产获得的收益；

4. 可比信息来源、选择条件及理由；

5. 可比数据的差异调整及理由。

（五）转让定价方法的选择和使用

1. 转让定价方法的选用及理由，企业选择利润法时，须说明对企业集团整体利润或剩余利润水平所做的贡献；

2. 可比信息如何支持所选用的转让定价方法；

3. 确定可比非关联交易价格或利润的过程中所做的假设和判断；

4. 运用合理的转让定价方法和可比性分析结果，确定可比非关联交易价格或利润，以及遵循独立交易原则的说明；

5. 其他支持所选用转让定价方法的资料。

**第十五条**　属于下列情形之一的企业，可免于准备同期资料：

（一）年度发生的关联购销金额（来料加工业务按年度进出口报关价格计算）在2亿元人民币以下且其他关联交易金额（关联融通资金按利息收付金额计算）在4000万元人民币以下，上述金额不包括企业在年度内执行成本分摊协议或预约定价安排所涉及的关联交易金额；

（二）关联交易属于执行预约定价安排所涉及的范围；

（三）外资股份低于50%且仅与境内关联方发生关联交易。

**第十六条**　除本办法第七章另有规定外，企业应在关联交易发生年度的次年5月31日之前准备完毕该年度同期资料，并自税务机关要求之日起20日内提供。

企业因不可抗力无法按期提供同期资料的，应在不可抗力消除后20日内提供同期资料。

**第十七条**　企业按照税务机关要求提供的同期资料，须加盖公章，并由法定代表人或法定代表人授权的代表签字或盖章。同期资料涉及引用的信息资料，应标明出处来源。

**第十八条**　企业因合并、分立等原因变更或注销税务登记的，应由合并、分立后的企业保存同期资料。

**第十九条**　同期资料应使用中文。如原始资料为外文的，应附送中文副本。

**第二十条**　同期资料应自企业关联交易发生年度的次年6月1日起保存10年。

## 第四章　转让定价方法

**第二十一条**　企业发生关联交易以及税务机关审核、评估关联交易均应遵循独立交易原则，选用合理的转让定价方法。

根据所得税法实施条例第一百一十一条的规定，转让定价方法包括可比非受控价格法、再销售价格法、成本加成法、交易净利润法、利润分割法和其他符合独立交易原则的方法。

**第二十二条**　选用合理的转让定价方法应进行可比性分析。可比性分析因素主要包括以下五个方面：

（一）交易资产或劳务特性，主要包括：有形资产的物理特性、质量、数量等，劳务的性质和范围，无形资产的类型、交易形式、期限、范围、预期收益等；

（二）交易各方功能和风险，功能主要包括：研发、设计，采购，加工、装配、制造，存货管理、分销、售后服务、广告，运输、仓储，融资，财务、会计、法律及人力资源管理等，在比较功能时，应关注企业为发挥功能所使用资产的相似程度；风险主要包括：研发风险，采购风险，生产风险，分销风险，市场推广风险，管理及财务风险等；

（三）合同条款，主要包括：交易标的，交易数量、价格，收付款方式和条件，交货条件，售后服务范围和条件，提供附加劳务的约定，变更、修改合同内容的权利，合同有效期，终止或续签合同的权利；

（四）经济环境，主要包括：行业概况，地理区域，市场规模，市场层级，市场占有率，市场竞争程度，消费者购买力，商品或劳务可替代性，生产要素价格，运输成本，政府管制等；

（五）经营策略，主要包括：创新和开发策略，多元化经营策略，风险规避策略，市场占有策略等。

**第二十三条** 可比非受控价格法以非关联方之间进行的与关联交易相同或类似业务活动所收取的价格作为关联交易的公平成交价格。

可比性分析应特别考察关联交易与非关联交易在交易资产或劳务的特性、合同条款及经济环境上的差异,按照不同交易类型具体包括如下内容:

(一)有形资产的购销或转让

1. 购销或转让过程,包括交易的时间与地点、交货条件、交货手续、支付条件、交易数量、售后服务的时间和地点等;

2. 购销或转让环节,包括出厂环节、批发环节、零售环节、出口环节等;

3. 购销或转让货物,包括品名、品牌、规格、型号、性能、结构、外型、包装等;

4. 购销或转让环境,包括民族风俗、消费者偏好、政局稳定程度以及财政、税收、外汇政策等。

(二)有形资产的使用

1. 资产的性能、规格、型号、结构、类型、折旧方法;

2. 提供使用权的时间、期限、地点;

3. 资产所有者对资产的投资支出、维修费用等。

(三)无形资产的转让和使用

1. 无形资产类别、用途、适用行业、预期收益;

2. 无形资产的开发投资、转让条件、独占程度、受有关国家法律保护的程度及期限、受让成本和费用、功能风险情况、可替代性等。

(四)融通资金:融资的金额、币种、期限、担保、融资人的资信、还款方式、计息方法等。

(五)提供劳务:业务性质、技术要求、专业水准、承担责任、付款条件和方式、直接和间接成本等。

关联交易与非关联交易之间在以上方面存在重大差异的,应就该差异对价格的影响进行合理调整,无法合理调整的,应根据本章规定选择其他合理的转让定价方法。

可比非受控价格法可以适用于所有类型的关联交易。

**第二十四条** 再销售价格法以关联方购进商品再销售给非关联方的价格减去可比非关联交易毛利后的金额作为关联方购进商品的公平成交价格。其计算公式如下:

公平成交价格 = 再销售给非关联方的价格 ×(1 - 可比非关联交易毛利率)

可比非关联交易毛利率 = 可比非关联交易毛利/可比非关联交易收入净额 ×100%

可比性分析应特别考察关联交易与非关联交易在功能风险及合同条款上的差异以及影响毛利率的其他因素,具体包括销售、广告及服务功能,存货风险,机器、设备的价值及使用年限,无形资产的使用及价值,批发或零售环节,商业经验,会计处理及管理效率等。

关联交易与非关联交易之间在以上方面存在重大差异的,应就该差异对毛利率的影响进行合理调整,无法合理调整的,应根据本章规定选择其他合理的转让定价方法。

再销售价格法通常适用于再销售者未对商品进行改变外型、性能、结构或更换商标等实质性增值加工的简单加工或单纯购销业务。

**第二十五条** 成本加成法以关联交易发生的合理成本加上可比非关联交易毛利作为关联交易的公平成交价格。其计算公式如下:

公平成交价格 = 关联交易的合理成本 ×(1 + 可比非关联交易成本加成率)

可比非关联交易成本加成率 = 可比非关联交易毛利/可比非关联交易成本 ×100%

可比性分析应特别考察关联交易与非关联交易在功能风险及合同条款上的差异以及影响成本加成率的其他因素,具体包括制造、加工、安装及测试功能,市场及汇兑风险,机器、设备的价值及使用年限,无形资产的使用及价值,商业经验,会计处理及管理效率等。

关联交易与非关联交易之间在以上方面存在重大差异的,应就该差异对成本加成率的影响进行合理调整,无法合理调整的,应根据本章规定选择其他合理的转让定价方法。

成本加成法通常适用于有形资产的购销、转让和使用,劳务提供或资金融通的关联交易。

**第二十六条** 交易净利润法以可比非关联交易的利润率指标确定关联交易的净利润。利润率指标包括资产收益率、销售利润率、完全成本加成率、贝里比率等。

可比性分析应特别考察关联交易与非关联交易之间在功能风险及经济环境上的差异以及影响营业利润的其他因素,具体包括执行功能、承担风险和使用资产,行业和市场情况,经营规模,经济周期和产品生命周期,成本、费用、所得和资产在各交易间的分摊,会计处理及经营管理效率等。

关联交易与非关联交易之间在以上方面存在重大差异的,应就该差异对营业利润的影响进行合理调整,无法合理调整的,应根据本章规定选择其他合理的转让定价方法。

交易净利润法通常适用于有形资产的购销、转让和使用,无形资产的转让和使用以及劳务提供等关联交易。

**第二十七条**　利润分割法根据企业与其关联方对关联交易合并利润的贡献计算各自应该分配的利润额。利润分割法分为一般利润分割法和剩余利润分割法。

一般利润分割法根据关联交易各参与方所执行的功能、承担的风险以及使用的资产,确定各自应取得的利润。

剩余利润分割法将关联交易各参与方的合并利润减去分配给各方的常规利润的余额作为剩余利润,再根据各方对剩余利润的贡献程度进行分配。

可比性分析应特别考察交易各方执行的功能、承担的风险和使用的资产,成本、费用、所得和资产在各交易方之间的分摊,会计处理,确定交易各方对剩余利润贡献所使用信息和假设条件的可靠性等。

利润分割法通常适用于各参与方关联交易高度整合且难以单独评估各方交易结果的情况。

## 第五章　转让定价调查及调整

**第二十八条**　税务机关有权依据税收征管法及其实施细则有关税务检查的规定,确定调查企业,进行转让定价调查、调整。被调查企业必须据实报告其关联交易情况,并提供相关资料,不得拒绝或隐瞒。

**第二十九条**　转让定价调查应重点选择以下企业:

(一)关联交易数额较大或类型较多的企业;

(二)长期亏损、微利或跳跃性盈利的企业;

(三)低于同行业利润水平的企业;

(四)利润水平与其所承担的功能风险明显不相匹配的企业;

(五)与避税港关联方发生业务往来的企业;

(六)未按规定进行关联申报或准备同期资料的企业;

(七)其他明显违背独立交易原则的企业。

**第三十条**　实际税负相同的境内关联方之间的交易,只要该交易没有直接或间接导致国家总体税收收入的减少,原则上不做转让定价调查、调整。

**第三十一条**　税务机关应结合日常征管工作,开展案头审核,确定调查企业。案头审核应主要根据被调查企业历年报送的年度所得税申报资料及关联业务往来报告表等纳税资料,对企业的生产经营状况、关联交易等情况进行综合评估分析。

企业可以在案头审核阶段向税务机关提供同期资料。

**第三十二条**　税务机关对已确定的调查对象,应根据所得税法第六章、所得税法实施条例第六章、征管法第四章及征管法实施细则第六章的规定,实施现场调查。

(一)现场调查人员须2名以上。

(二)现场调查时调查人员应出示《税务检查证》,并送达《税务检查通知书》。

(三)现场调查可根据需要依照法定程序采取询问、调取账簿资料和实地核查等方式。

(四)询问当事人应有专人记录《询问(调查)笔录》,并告知当事人不如实提供情况应当承担的法律责任。《询问(调查)笔录》应交当事人核对确认。

(五)需调取账簿及有关资料的,应按照征管法实施细则第八十六条的规定,填制《调取账簿资料通知书》、《调取账簿资料清单》,办理有关法定手续,调取的账簿、记账凭证等资料,应妥善保管,并按法定时限如数退还。

(六)实地核查过程中发现的问题和情况,由调查人员填写《询问(调查)笔录》。《询问(调查)笔录》应由2名以上调查人员签字,并根据需要由被调查企业核对确认,若被调查企业拒绝,可由2名以上调查人员签认备案。

(七)可以以记录、录音、录像、照相和复制的方式索取与案件有关的资料,但必须注明原件的保存方及出处,由原件保存或提供方核对签注"与原件核对无误"字样,并盖章或押印。

(八)需要证人作证的,应事先告知证人不如实提供情况应当承担的法律责任。证人的证言材料应由本人签字或押印。

**第三十三条**　根据所得税法第四十三条第二款及所得税法实施条例第一百一十四条的规定,税务机关在实施转让定价调查时,有权要求企业及其关联方,以及与关联业务调查有关的其他企业(以下简称可比企业)提供相关资料,并送达《税务事项通知书》。

(一)企业应在《税务事项通知书》规定的期限内提供相关资料,因特殊情况不能按期提供的,应向税务机关提交书面延期申请,经批准,可以延期提供,但最长不得超过30日。税务机关应自收到企业延期申请之日起15日内函复,逾期未函复的,视同税务机关已同意企业的延期申请。

(二)企业的关联方以及可比企业应在与税务机关约定的期限内提供相关资料,约定期限一般不应超过60日。

企业、关联方及可比企业应按税务机关要求提供真实、完整的相关资料。

**第三十四条** 税务机关应按本办法第二章的有关规定，核实企业申报信息，并要求企业填制《企业可比性因素分析表》。

税务机关在企业关联申报和提供资料的基础上，填制《企业关联关系认定表》、《企业关联交易认定表》和《企业可比性因素分析认定表》，并由被调查企业核对确认。

**第三十五条** 转让定价调查涉及向关联方和可比企业调查取证的，税务机关向企业送达《税务检查通知书》，进行调查取证。

**第三十六条** 税务机关审核企业、关联方及可比企业提供的相关资料，可采用现场调查、发函协查和查阅公开信息等方式核实。需取得境外有关资料的，可按有关规定启动税收协定的情报交换程序，或通过我驻外机构调查收集有关信息。涉及境外关联方的相关资料，税务机关也可要求企业提供公证机构的证明。

**第三十七条** 税务机关应选用本办法第四章规定的转让定价方法分析、评估企业关联交易是否符合独立交易原则，分析评估时可以使用公开信息资料，也可以使用非公开信息资料。

**第三十八条** 税务机关分析、评估企业关联交易时，因企业与可比企业营运资本占用不同而对营业利润产生的差异原则上不做调整。确需调整的，须层报国家税务总局批准。

**第三十九条** 按照关联方订单从事加工制造，不承担经营决策、产品研发、销售等功能的企业，不应承担由于决策失误、开工不足、产品滞销等原因带来的风险和损失，通常应保持一定的利润率水平。对出现亏损的企业，税务机关应在经济分析的基础上，选择适当的可比价格或可比企业，确定企业的利润水平。

**第四十条** 企业与关联方之间收取价款与支付价款的交易相互抵消的，税务机关在可比性分析和纳税调整时，原则上应还原抵消交易。

**第四十一条** 税务机关采用四分位法分析、评估企业利润水平时，企业利润水平低于可比企业利润率区间中位值的，原则上应按照不低于中位值进行调整。

**第四十二条** 经调查，企业关联交易符合独立交易原则的，税务机关应做出转让定价调查结论，并向企业送达《特别纳税调查结论通知书》。

**第四十三条** 经调查，企业关联交易不符合独立交易原则而减少其应纳税收入或者所得额的，税务机关应按以下程序实施转让定价纳税调整：

（一）在测算、论证和可比性分析的基础上，拟定特别纳税调查初步调整方案；

（二）根据初步调整方案与企业协商谈判，税企双方均应指定主谈人，调查人员应做好《协商内容记录》，并由双方主谈人签字确认，若企业拒签，可由2名以上调查人员签认备案；

（三）企业对初步调整方案有异议的，应在税务机关规定的期限内进一步提供相关资料，税务机关收到资料后，应认真审核，并及时做出审议决定；

（四）根据审议决定，向企业送达《特别纳税调查初步调整通知书》，企业对初步调整意见有异议的，应自收到通知书之日起7日内书面提出，税务机关收到企业意见后，应再次协商审议；企业逾期未提出异议的，视为同意初步调整意见；

（五）确定最终调整方案，向企业送达《特别纳税调查调整通知书》。

**第四十四条** 企业收到《特别纳税调查调整通知书》后，应按规定期限缴纳税款及利息。

**第四十五条** 税务机关对企业实施转让定价纳税调整后，应自企业被调整的最后年度的下一年度起5年内实施跟踪管理。在跟踪管理期内，企业应在跟踪年度的次年6月20日之前向税务机关提供跟踪年度的同期资料，税务机关根据同期资料和纳税申报资料重点分析、评估以下内容：

（一）企业投资、经营状况及其变化情况；

（二）企业纳税申报额变化情况；

（三）企业经营成果变化情况；

（四）关联交易变化情况等。

税务机关在跟踪管理期内发现企业转让定价异常等情况，应及时与企业沟通，要求企业自行调整，或按照本章有关规定开展转让定价调查调整。

## 第六章 预约定价安排管理

**第四十六条** 企业可以依据所得税法第四十二条、所得税法实施条例第一百一十三条及征管法实施细则第五十三条的规定，与税务机关就企业未来年度关联交易的定价原则和计算方法达成预约定价安排。预约定价安排的谈签与执行通常经过预备会谈、正式申请、审核评估、磋商、签订安排和监控执行6个阶段。预约定价安排包括单边、双边和多边3种类型。

**第四十七条** 预约定价安排应由设区的市、自治州以上的税务机关受理。

**第四十八条** 预约定价安排一般适用于同时满足以下条件的企业：

（一）年度发生的关联交易金额在 4000 万元人民币以上；

（二）依法履行关联申报义务；

（三）按规定准备、保存和提供同期资料。

**第四十九条**　预约定价安排适用于自企业提交正式书面申请年度的次年起 3 至 5 个连续年度的关联交易。

预约定价安排的谈签不影响税务机关对企业提交预约定价安排正式书面申请当年或以前年度关联交易的转让定价调查调整。

如果企业申请当年或以前年度的关联交易与预约定价安排适用年度相同或类似，经企业申请，税务机关批准，可将预约定价安排确定的定价原则和计算方法适用于申请当年或以前年度关联交易的评估和调整。

**第五十条**　企业正式申请谈签预约定价安排前，应向税务机关书面提出谈签意向，税务机关可以根据企业的书面要求，与企业就预约定价安排的相关内容及达成预约定价安排的可行性开展预备会谈，并填制《预约定价安排会谈记录》。预备会谈可以采用匿名的方式。

（一）企业申请单边预约定价安排的，应向税务机关书面提出谈签意向。在预备会谈期间，企业应就以下内容提供资料，并与税务机关进行讨论：

1. 安排的适用年度；

2. 安排涉及的关联方及关联交易；

3. 企业以前年度生产经营情况；

4. 安排涉及各关联方功能和风险的说明；

5. 是否应用安排确定的方法解决以前年度的转让定价问题；

6. 其他需要说明的情况。

（二）企业申请双边或多边预约定价安排的，应同时向国家税务总局和主管税务机关书面提出谈签意向，国家税务总局组织与企业开展预备会谈，预备会谈的内容除本条第（一）项外，还应特别包括：

1. 向税收协定缔约对方税务主管当局提出预备会谈申请的情况；

2. 安排涉及的关联方以前年度生产经营情况及关联交易情况；

3. 向税收协定缔约对方税务主管当局提出的预约定价安排拟采用的定价原则和计算方法。

（三）预备会谈达成一致意见的，税务机关应自达成一致意见之日起 15 日内书面通知企业，可以就预约定价安排相关事宜进行正式谈判，并向企业送达《预约定价安排正式会谈通知书》；预备会谈不能达成一致意见的，税务机关应自最后一次预备会谈结束之日起 15 日内书面通知企业，向企业送达《拒绝企业申请预约定价安排通知书》，拒绝企业申请预约定价安排，并说明理由。

**第五十一条**　企业应在接到税务机关正式会谈通知之日起 3 个月内，向税务机关提出预约定价安排书面申请报告，并报送《预约定价安排正式申请书》。企业申请双边或多边预约定价安排的，应将《预约定价安排正式申请书》和《启动相互协商程序申请书》同时报送国家税务总局和主管税务机关。

（一）预约定价安排书面申请报告应包括如下内容：

1. 相关的集团组织架构、公司内部结构、关联关系、关联交易情况；

2. 企业近三年财务、会计报表资料，产品功能和资产（包括无形资产和有形资产）的资料；

3. 安排所涉及的关联交易类别和纳税年度；

4. 关联方之间功能和风险划分，包括划分所依据的机构、人员、费用、资产等；

5. 安排适用的转让定价原则和计算方法，以及支持这一原则和方法的功能风险分析、可比性分析和假设条件等；

6. 市场情况的说明，包括行业发展趋势和竞争环境；

7. 安排预约期间的年度经营规模、经营效益预测以及经营规划等；

8. 与安排有关的关联交易、经营安排及利润水平等财务方面的信息；

9. 是否涉及双重征税等问题；

10. 涉及境内、外有关法律、税收协定等相关问题。

（二）企业因下列特殊原因无法按期提交书面申请报告的，可向税务机关提出书面延期申请，并报送《预约定价安排正式申请延期报送申请书》：

1. 需要特别准备某些方面的资料；

2. 需要对资料做技术上的处理，如文字翻译等；

3. 其他非主观原因。

税务机关应自收到企业书面延期申请后 15 日内，对其延期事项做出书面答复，并向企业送达《预约定价安排正式申请延期报送答复书》。逾期未做出答复的，视同税务机关已同意企业的延期申请。

（三）上述申请内容所涉及的文件资料和情况说明，包括能够支持拟选用的定价原则、计算方法和能证实符合预约定价安排条件的所有文件资料，企业和税务机关均应妥善保存。

**第五十二条**　税务机关应自收到企业提交的预约定价安排正式书面申请及所需文件、资料之日起5个月内，进行审核和评估。根据审核和评估的具体情况可要求企业补充提供有关资料，形成审核评估结论。

因特殊情况，需要延长审核评估时间的，税务机关应及时书面通知企业，并向企业送达《预约定价安排审核评估延期通知书》，延长期限不得超过3个月。

税务机关应主要审核和评估以下内容：

（一）历史经营状况，分析、评估企业的经营规划、发展趋势、经营范围等文件资料，重点审核可行性研究报告、投资预（决）算、董事会决议等，综合分析反映经营业绩的有关信息和资料，如财务、会计报表、审计报告等。

（二）功能和风险状况，分析、评估企业与其关联方之间在供货、生产、运输、销售等各环节以及在研究、开发无形资产等方面各自所拥有的份额，执行的功能以及在存货、信贷、外汇、市场等方面所承担的风险。

（三）可比信息，分析、评估企业提供的境内、外可比价格信息，说明可比企业和申请企业之间的实质性差异，并进行调整。若不能确认可比交易或经营活动的合理性，应明确企业须进一步提供的有关文件、资料，以证明其所选用的转让定价原则和计算方法公平地反映了被审核的关联交易和经营现状，并得到相关财务、经营等资料的证实。

（四）假设条件，分析、评估对行业盈利能力和对企业生产经营的影响因素及其影响程度，合理确定预约定价安排适用的假设条件。

（五）转让定价原则和计算方法，分析、评估企业在预约定价安排中选用的转让定价原则和计算方法是否以及如何真实地运用于以前、现在和未来年度的关联交易以及相关财务、经营资料之中，是否符合法律、法规的规定。

（六）预期的公平交易价格或利润区间，通过对确定的可比价格、利润率、可比企业交易等情况的进一步审核和评估，测算出税务机关和企业均可接受的价格或利润区间。

**第五十三条**　税务机关应自单边预约定价安排形成审核评估结论之日起30日内，与企业进行预约定价安排磋商，磋商达成一致的，应将预约定价安排草案和审核评估报告一并层报国家税务总局审定。

国家税务总局与税收协定缔约对方税务主管当局开展双边或多边预约定价安排的磋商，磋商达成一致的，根据磋商备忘录拟定预约定价安排草案。

预约定价安排草案应包括如下内容：

（一）关联方名称、地址等基本信息；

（二）安排涉及的关联交易及适用年度；

（三）安排选定的可比价格或交易、转让定价原则和计算方法、预期经营结果等；

（四）与转让定价方法运用和计算基础相关的术语定义；

（五）假设条件；

（六）企业年度报告、记录保存、假设条件变动通知等义务；

（七）安排的法律效力，文件资料等信息的保密性；

（八）相互责任条款；

（九）安排的修订；

（十）解决争议的方法和途径；

（十一）生效日期；

（十二）附则。

**第五十四条**　税务机关与企业就单边预约定价安排草案内容达成一致后，双方的法定代表人或法定代表人授权的代表正式签订单边预约定价安排。国家税务总局与税收协定缔约对方税务主管当局就双边或多边预约定价安排草案内容达成一致后，双方或多方税务主管当局授权的代表正式签订双边或多边预约定价安排。主管税务机关根据双边或多边预约定价安排与企业签订《双边（多边）预约定价安排执行协议书》。

**第五十五条**　在预约定价安排正式谈判后和预约定价安排签订前，税务机关和企业均可暂停、终止谈判。涉及双边或多边预约定价安排的，经缔约各方税务主管当局协商，可暂停、终止谈判。终止谈判的，双方应将谈判中相互提供的全部资料退还给对方。

**第五十六条**　税务机关应建立监控管理制度，监控预约定价安排的执行情况。

（一）在预约定价安排执行期内，企业应完整保存与安排有关的文件和资料（包括账簿和有关记录等），不得丢失、销毁和转移；并在纳税年度终了后5个月内，向税务机关报送执行预约定价安排情况的年度报告。

年度报告应说明报告期内经营情况以及企业遵守预约定价安排的情况，包括预约定价安排要求的所有事项，以及是否有修订或实质上终止该预约定价安排的要求。如有未决问题或将要发生的问题，企业应在年度报告中予以说明，以便与税务机关协商是否修订或终止安排。

（二）在预约定价安排执行期内，税务机关应定期（一般为半年）检查企业履行安排的情况。检查内容主要包括：企业是否遵守了安排条款及要求；为谈签安排而提供的资料和年度报告是否反映了企业的实际经营情况；转让定价方法所依据的资料和计算方法是否正确；安排所描述的假设条件是否仍然有效；企业对转让定价方法的运用是否与假设条件相一致等。

税务机关如发现企业有违反安排的一般情况，可视情况进行处理，直至终止安排；如发现企业存在隐瞒或拒不执行安排的情况，税务机关应认定预约定价安排自始无效。

（三）在预约定价安排执行期内，如果企业发生实际经营结果不在安排所预期的价格或利润区间之内的情况，税务机关应在报经上一级税务机关核准后，将实际经营结果调整到安排所确定的价格或利润区间内。涉及双边或多边预约定价安排的，应当层报国家税务总局核准。

（四）在预约定价安排执行期内，企业发生影响预约定价安排的实质性变化，应在发生变化后30日内向税务机关书面报告，详细说明该变化对预约定价安排执行的影响，并附相关资料。由于非主观原因而无法按期报告的，可以延期报告，但延长期不得超过30日。

税务机关应在收到企业书面报告之日起60日内，予以审核和处理，包括审查企业变化情况、与企业协商修订预约定价安排条款和相关条件，或根据实质性变化对预约定价安排的影响程度采取修订或终止安排等措施。原预约定价安排终止执行后，税务机关可以和企业按照本章规定的程序和要求，重新谈签新的预约定价安排。

（五）国家税务局和地方税务局与企业共同签订的预约定价安排，在执行期内，企业应分别向国家税务局和地方税务局报送执行预约定价安排情况的年度报告和实质性变化报告。国家税务局和地方税务局应对企业执行安排的情况，实行联合检查和审核。

**第五十七条**　预约定价安排期满后自动失效。如企业需要续签的，应在预约定价安排执行期满前90日内向税务机关提出续签申请，报送《预约定价安排续签申请书》，并提供可靠的证明材料，说明现行预约定价安排所述事实和相关环境没有发生实质性变化，并且一直遵守该预约定价安排中的各项条款和约定。税务机关应自收到企业续签申请之日起15日内做出是否受理的书面答复，向企业送达《预约定价安排申请续签答复书》。税务机关应审核、评估企业的续签申请资料，与企业协商拟定预约定价安排草案，并按双方商定的续签时间、地点等相关事宜，与企业完成续签工作。

**第五十八条**　预约定价安排的谈签或执行同时涉及两个以上省、自治区、直辖市和计划单列市税务机关，或者同时涉及国家税务局和地方税务局的，由国家税务总局统一组织协调。企业可以直接向国家税务总局书面提出谈签意向。

**第五十九条**　税务机关与企业达成的预约定价安排，只要企业遵守了安排的全部条款及其要求，各地国家税务局、地方税务局均应执行。

**第六十条**　税务机关与企业在预约定价安排预备会谈、正式谈签、审核、分析等全过程中所获取或得到的所有信息资料，双方均负有保密义务。税务机关和企业每次会谈，均应对会谈内容进行书面记录，同时载明每次会谈时相互提供资料的份数和内容，并由双方主谈人员签字或盖章。

**第六十一条**　税务机关与企业不能达成预约定价安排的，税务机关在会谈、协商过程中所获取的有关企业的提议、推理、观念和判断等非事实性信息，不得用于以后对该预约定价安排涉及交易行为的税务调查。

**第六十二条**　在预约定价安排执行期间，如果税务机关与企业发生分歧，双方应进行协商。协商不能解决的，可报上一级税务机关协调；涉及双边或多边预约定价安排的，须层报国家税务总局协调。对上一级税务机关或国家税务总局的协调结果或决定，下一级税务机关应当予以执行。但企业仍不能接受的，应当终止安排的执行。

**第六十三条**　税务机关应在与企业正式签订单边预约定价安排或双边或多边预约定价安排执行协议书后10日内，以及预约定价安排执行中发生修订、终止等情况后20日内，将单边预约定价安排正式文本、双边或多边预约定价安排执行协议书以及安排变动情况的说明层报国家税务总局备案。

## 第七章　成本分摊协议管理

**第六十四条**　根据所得税法第四十一条第二款及所得税法实施条例第一百一十二条的规定，企业与其关联方签署成本分摊协议，共同开发、受让无形资产，或者共同提供、接受劳务，应符合本章规定。

**第六十五条**　成本分摊协议的参与方对开发、受让的无形资产或参与的劳务活动享有受益权，并承担相应的活动成本。关联方承担的成本应与非关联方在可比条件下为获得上述受益权而支付的成本相一致。

参与方使用成本分摊协议所开发或受让的无形资产不需另支付特许权使用费。

**第六十六条**　企业对成本分摊协议所涉及无形资产或劳务的受益权应有合理的、可计量的预期收益，且以合理商业假设和营业常规为基础。

**第六十七条**　涉及劳务的成本分摊协议一般适用于集团采购和集团营销策划。

**第六十八条**　成本分摊协议主要包括以下内容：

（一）参与方的名称、所在国家（地区）、关联关系、在协议中的权利和义务；

（二）成本分摊协议所涉及的无形资产或劳务的内容、范围，协议涉及研发或劳务活动的具体承担者及其职责、任务；

（三）协议期限；

（四）参与方预期收益的计算方法和假设；

（五）参与方初始投入和后续成本支付的金额、形式、价值确认的方法以及符合独立交易原则的说明；

（六）参与方会计方法的运用及变更说明；

（七）参与方加入或退出协议的程序及处理规定；

（八）参与方之间补偿支付的条件及处理规定；

（九）协议变更或终止的条件及处理规定；

（十）非参与方使用协议成果的规定。

**第六十九条**　企业应自成本分摊协议达成之日起30日内，层报国家税务总局备案。税务机关判定成本分摊协议是否符合独立交易原则须层报国家税务总局审核。

**第七十条**　已经执行并形成一定资产的成本分摊协议，参与方发生变更或协议终止执行，应根据独立交易原则做如下处理：

（一）加入支付，即新参与方为获得已有协议成果的受益权应做出合理的支付；

（二）退出补偿，即原参与方退出协议安排，将已有协议成果的受益权转让给其他参与方应获得合理的补偿；

（三）参与方变更后，应对各方受益和成本分摊情况做出相应调整；

（四）协议终止时，各参与方应对已有协议成果做出合理分配。

企业不按独立交易原则对上述情况做出处理而减少其应纳税所得额的，税务机关有权做出调整。

**第七十一条**　成本分摊协议执行期间，参与方实际分享的收益与分摊的成本不相配比的，应根据实际情况做出补偿调整。

**第七十二条**　对于符合独立交易原则的成本分摊协议，有关税务处理如下：

（一）企业按照协议分摊的成本，应在协议规定的各年度税前扣除；

（二）涉及补偿调整的，应在补偿调整的年度计入应纳税所得额；

（三）涉及无形资产的成本分摊协议，加入支付、退出补偿或终止协议时对协议成果分配的，应按资产购置或处置的有关规定处理。

**第七十三条**　企业可根据本办法第六章的规定采取预约定价安排的方式达成成本分摊协议。

**第七十四条**　企业执行成本分摊协议期间，除遵照本办法第三章规定外，还应准备和保存以下成本分摊协议的同期资料：

（一）成本分摊协议副本；

（二）成本分摊协议各参与方之间达成的为实施该协议的其他协议；

（三）非参与方使用协议成果的情况、支付的金额及形式；

（四）本年度成本分摊协议的参与方加入或退出的情况，包括加入或退出的参与方名称、所在国家（地区）、关联关系，加入支付或退出补偿的金额及形式；

（五）成本分摊协议的变更或终止情况，包括变更或终止的原因、对已形成协议成果的处理或分配；

（六）本年度按照成本分摊协议发生的成本总额及构成情况；

（七）本年度各参与方成本分摊的情况，包括成本支付的金额、形式、对象，做出或接受补偿支付的金额、形式、对象；

（八）本年度协议预期收益与实际结果的比较及由此做出的调整。

企业执行成本分摊协议期间，无论成本分摊协议是否采取预约定价安排的方式，均应在本年度的次年6月20日之前向税务机关提供成本分摊协议的同期资料。

**第七十五条**　企业与其关联方签署成本分摊协议，有下列情形之一的，其自行分摊的成本不得税前扣除：

（一）不具有合理商业目的和经济实质；

（二）不符合独立交易原则；

（三）没有遵循成本与收益配比原则；

（四）未按本办法有关规定备案或准备、保存和提供有关成本分摊协议的同期资料；

（五）自签署成本分摊协议之日起经营期限少于20年。

## 第八章　受控外国企业管理

**第七十六条**　受控外国企业是指根据所得税法第四十五条的规定，由居民企业，或者由居民企业和居民个人（以下统称中国居民股东，包括中国居民企业股东和中国居民个人股东）控制的设立在实际税负低于所得税法第四条第一款规定税率水平50%的国家（地区），并非出于合理经营需要对利润不作分配或减少分配的外国企业。

**第七十七条**　本办法第七十六条所称控制，是指在股份、资金、经营、购销等方面构成实质控制。其中，股份控制是指由中国居民股东在纳税年度任何一天单层直接或多层间接单一持有外国企业10%以上有表决权股份，且共同持有该外国企业50%以上股份。

中国居民股东多层间接持有股份按各层持股比例相乘计算，中间层持有股份超过50%的，按100%计算。

**第七十八条**　中国居民企业股东应在年度企业所得税纳税申报时提供对外投资信息，附送《对外投资情况表》。

**第七十九条**　税务机关应汇总、审核中国居民企业股东申报的对外投资信息，向受控外国企业的中国居民企业股东送达《受控外国企业中国居民股东确认通知书》。中国居民企业股东符合所得税法第四十五条征税条件的，按照有关规定征税。

**第八十条**　计入中国居民企业股东当期的视同受控外国企业股息分配的所得，应按以下公式计算：

中国居民企业股东当期所得＝视同股息分配额×实际持股天数÷受控外国企业纳税年度天数×股东持股比例

中国居民股东多层间接持有股份的，股东持股比例按各层持股比例相乘计算。

**第八十一条**　受控外国企业与中国居民企业股东纳税年度存在差异的，应将视同股息分配所得计入受控外国企业纳税年度终止日所属的中国居民企业股东的纳税年度。

**第八十二条**　计入中国居民企业股东当期所得已在境外缴纳的企业所得税税款，可按照所得税法或税收协定的有关规定抵免。

**第八十三条**　受控外国企业实际分配的利润已根据所得税法第四十五条规定征税的，不再计入中国居民企业股东的当期所得。

**第八十四条**　中国居民企业股东能够提供资料证明其控制的外国企业满足以下条件之一的，可免于将外国企业不作分配或减少分配的利润视同股息分配额，计入中国居民企业股东的当期所得：

（一）设立在国家税务总局指定的非低税率国家（地区）；

（二）主要取得积极经营活动所得；

（三）年度利润总额低于500万元人民币。

## 第九章　资本弱化管理

**第八十五条**　所得税法第四十六条所称不得在计算应纳税所得额时扣除的利息支出应按以下公式计算：

不得扣除利息支出＝年度实际支付的全部关联方利息×（1－标准比例/关联债资比例）

其中：

标准比例是指《财政部　国家税务总局关于企业关联方利息支出税前扣除标准有关税收政策问题的通知》（财税〔2008〕121号）规定的比例。

关联债资比例是指根据所得税法第四十六条及所得税法实施条例第一百一十九条的规定，企业从其全部关联方接受的债权性投资（以下简称关联债权投资）占企业接受的权益性投资（以下简称权益投资）的比例，关联债权投资包括关联方以各种形式提供担保的债权性投资。

**第八十六条**　关联债资比例的具体计算方法如下：

关联债资比例＝年度各月平均关联债权投资之和/年度各月平均权益投资之和

其中：

各月平均关联债权投资＝（关联债权投资月初账面余额＋月末账面余额）/2

各月平均权益投资＝（权益投资月初账面余额＋月末账面余额）/2

权益投资为企业资产负债表所列示的所有者权益金额。如果所有者权益小于实收资本（股本）与资本公积之和，则权益投资为实收资本（股本）与资本公积之和；如果实收资本（股本）与资本公积之和小于实收资本（股本）金额，则权益投资为实收资本（股本）金额。

**第八十七条**　所得税法第四十六条所称的利息支出包括直接或间接关联债权投资实际支付的利息、担保费、抵押费和其他具有利息性质的费用。

**第八十八条**　所得税法第四十六条规定不得在计算应纳税所得额时扣除的利息支出，不得结转到以后纳税年度；应按照实际支付给各关联方利息占关联方利息总额的比例，在各关联方之间进行分配，其中，分配给实际税负高于企业的境内关联方的利息准予扣除；直接或间接实际支付给境外关联方的利息应视同分配的股息，按照股息和利息分别适用的所得税税率差补征企业所得税，如已扣缴的所得税税款多于按股息计算应征所得税税款，多出的部分不予退税。

**第八十九条**　企业关联债资比例超过标准比例的利息支出，如要在计算应纳税所得额时扣除，除遵照本办法第三章规定外，还应准备、保存、并按税务机关要求提供以下同期资料，证明关联债权投资金额、利率、期限、融资条件以及债资比例等均符合独立交易原则：

（一）企业偿债能力和举债能力分析；

（二）企业集团举债能力及融资结构情况分析；

（三）企业注册资本等权益投资的变动情况说明；

（四）关联债权投资的性质、目的及取得时的市场状况；

（五）关联债权投资的货币种类、金额、利率、期限及融资条件；

（六）企业提供的抵押品情况及条件；

（七）担保人状况及担保条件；

（八）同类同期贷款的利率情况及融资条件；

（九）可转换公司债券的转换条件；

（十）其他能够证明符合独立交易原则的资料。

**第九十条**　企业未按规定准备、保存和提供同期资料证明关联债权投资金额、利率、期限、融资条件以及债资比例等符合独立交易原则的，其超过标准比例的关联方利息支出，不得在计算应纳税所得额时扣除。

**第九十一条**　本章所称"实际支付利息"是指企业按照权责发生制原则计入相关成本、费用的利息。

企业实际支付关联方利息存在转让定价问题的，税务机关应首先按照本办法第五章的有关规定实施转让定价调查调整。

## 第十章　一般反避税管理

**第九十二条**　税务机关可依据所得税法第四十七条及所得税法实施条例第一百二十条的规定对存在以下避税安排的企业，启动一般反避税调查：

（一）滥用税收优惠；

（二）滥用税收协定；

（三）滥用公司组织形式；

（四）利用避税港避税；

（五）其他不具有合理商业目的的安排。

**第九十三条**　税务机关应按照实质重于形式的原则审核企业是否存在避税安排，并综合考虑安排的以下内容：

（一）安排的形式和实质；

（二）安排订立的时间和执行期间；

（三）安排实现的方式；

（四）安排各个步骤或组成部分之间的联系；

（五）安排涉及各方财务状况的变化；

（六）安排的税收结果。

**第九十四条**　税务机关应按照经济实质对企业的避税安排重新定性，取消企业从避税安排获得的税收利益。对于没有经济实质的企业，特别是设在避税港并导致其关联方或非关联方避税的企业，可在税收上否定该企业的存在。

**第九十五条**　税务机关启动一般反避税调查时，应按照征管法及其实施细则的有关规定向企业送达《税务检查通知书》。企业应自收到通知书之日起60日内提供资料证明其安排具有合理的商业目的。企业未在规定期限内提供资料，或提供资料不能证明安排具有合理商业目的的，税务机关可根据已掌握的信息实施纳税调整，并向企业送达《特别纳税调查调整通知书》。

**第九十六条**　税务机关实施一般反避税调查，可按照征管法第五十七条的规定要求避税安排的筹划方如实提供有关资料及证明材料。

**第九十七条**　一般反避税调查及调整须层报国家税务总局批准。

## 第十一章　相应调整及国际磋商

**第九十八条**　关联交易一方被实施转让定价调查调整的，应允许另一方做相应调整，以消除双重征税。相应调整涉及税收协定国家（地区）关联方的，经企业申请，国家税务总局与税收协定缔约对方税务主管当局根据税收协定有关相互协商程序的规定开展磋商谈判。

**第九十九条**　涉及税收协定国家（地区）关联方的转让定价相应调整，企业应同时向国家税务总局和主管税务机关提出书面申请，报送《启动相互协商程序申请书》，并提供企业或其关联方被转让定价调整的通知书复印件等有关资料。

**第一百条**　企业应自企业或其关联方收到转让定价调整通知书之日起三年内提出相应调整的申请，超过三年的，税务机关不予受理。

**第一百零一条**　税务机关对企业实施转让定价调整，涉及企业向境外关联方支付利息、租金、特许权使用费等已扣缴的税款，不再做相应调整。

**第一百零二条**　国家税务总局按照本办法第六章规定接受企业谈签双边或多边预约定价安排申请的，应与税收协定缔约对方税务主管当局根据税收协定相互协商程序的有关规定开展磋商谈判。

**第一百零三条**　相应调整或相互磋商的结果，由国家税务总局以书面形式经主管税务机关送达企业。

**第一百零四条**　本办法第九章所称不得在计算应纳税所得额时扣除的利息支出以及视同股息分配的利息支出，不适用本章相应调整的规定。

## 第十二章　法律责任

**第一百零五条**　企业未按照本办法的规定向税务机关报送企业年度关联业务往来报告表，或者未保存同期资料或其他相关资料的，依照征管法第六十条和第六十二条的规定处理。

**第一百零六条**　企业拒绝提供同期资料等关联交易的相关资料，或者提供虚假、不完整资料，未能真实反映其关联业务往来情况的，依照征管法第七十条、征管法实施细则第九十六条、所得税法第四十四条及所得税法实施条例第一百一十五条的规定处理。

**第一百零七条**　税务机关根据所得税法及其实施条例的规定，对企业做出特别纳税调整的，应对2008年1月1日以后发生交易补征的企业所得税税款，按日加收利息。

（一）计息期间自税款所属纳税年度的次年6月1日起至补缴（预缴）税款入库之日止。

（二）利息率按照税款所属纳税年度12月31日实行的与补税期间同期的中国人民银行人民币贷款基准利率（以下简称“基准利率”）加5个百分点计算，并按一年365天折算日利息率。

（三）企业按照本办法规定提供同期资料和其他相关资料的，或者企业符合本办法第十五条的规定免于准备同期资料但根据税务机关要求提供其他相关资料的，可以只按基准利率计算加收利息。

企业按照本办法第十五条第（一）项的规定免于准备同期资料，但经税务机关调查，其实际关联交易额达到必须准备同期资料的标准的，税务机关对补征税款加收利息，适用本条第（二）项规定。

（四）按照本条规定加收的利息，不得在计算应纳税所得额时扣除。

**第一百零八条**　企业在税务机关做出特别纳税调整决定前预缴税款的，收到调整补税通知书后补缴税款时，按照应补缴税款所属年度的先后顺序确定已预缴税款的所属年度，以预缴入库日为截止日，分别计算应加收的利息额。

**第一百零九条**　企业对特别纳税调整应补征的税款及利息，应在税务机关调整通知书规定的期限内缴纳入库。企业有特殊困难，不能按期缴纳税款的，应依照征管法第三十一条及征管法实施细则第四十一条和第四十二条的有关规定办理延期缴纳税款。逾期不申请延期又不缴纳税款的，税务机关应按照征管法第三十二条及其他有关规定处理。

## 第十三章　附　　则

**第一百一十条**　税务机关对转让定价管理和预约定价安排管理以外的其他特别纳税调整事项实施的调查调整程序可参照适用本办法第五章的有关规定。

**第一百一十一条**　各级国家税务局和地方税务局对企业实施特别纳税调查调整要加强联系，可根据需要组成联合调查组进行调查。

**第一百一十二条**　税务机关及其工作人员应依据《国家税务总局关于纳税人涉税保密信息管理暂行办法》（国税发〔2008〕93号）等有关保密的规定保管、使用企业提供的信息资料。

**第一百一十三条**　本办法所规定期限的最后一日是法定休假日的，以休假日期满的次日为期限的最后一日；在期限内有连续3日以上法定休假日的，按休假日天数顺延。

**第一百一十四条**　本办法所涉及的“以上”、“以下”、“日内”、“之日”、“之前”、“少于”、“低于”、“超过”等均包含本数。

**第一百一十五条**　被调查企业在税务机关实施特别纳税调查调整期间申请变更经营地址或注销税务登记的，税务机关在调查结案前原则上不予办理税务变更、注销手续。

**第一百一十六条**　企业按本办法第三章的规定准备2008纳税年度发生关联交易的同期资料，可延期至2009年12月31日。

**第一百一十七条**　本办法由国家税务总局负责解释和修订。

**第一百一十八条**　本办法自2008年1月1日起施行。《国家税务总局关于关联企业间业务往来税务管理规程（试行）》（国税发〔1998〕59号）、《国家税务总局关于修订〈关联企业间业务往来税务管理规程〉（试行）的通知》（国税发〔2004〕143号）和《国家税务总局关于关联企业间业务往来预约定价实施规则》（国税发〔2004〕118号）同时废止。在本办法发布前实施的有关规定与本办法不一致的，以本办法为准。

## 抵税财物拍卖、变卖试行办法

*1. 2005年5月24日国家税务总局令第12号公布*
*2. 自2005年7月1日起施行*

### 第一章 总 则

**第一条** 为规范税收强制执行中抵税财物的拍卖、变卖行为,保障国家税收收入,保护纳税人合法权益,根据《中华人民共和国税收征收管理法》及其实施细则和有关法律法规规定,制定本办法。

**第二条** 税务机关拍卖、变卖抵税财物,以拍卖、变卖所得抵缴税款、滞纳金的行为,适用本办法。

拍卖是指税务机关将抵税财物依法委托拍卖机构,以公开竞价的形式,将特定财物转让给最高应价者的买卖方式。

变卖是指税务机关将抵税财物委托商业企业代为销售、责令纳税人限期处理或由税务机关变价处理的买卖方式。

抵税财物,是指被税务机关依法实施税收强制执行而扣押、查封或者按照规定应强制执行的已设置纳税担保物权的商品、货物、其他财产或者财产权利。

被执行人是指从事生产经营的纳税人、扣缴义务人或者纳税担保人等税务行政相对人。

**第三条** 拍卖或者变卖抵税财物应依法进行,并遵循公开、公正、公平、效率的原则。

**第四条** 有下列情形之一的,税务机关依法进行拍卖、变卖:

(一)采取税收保全措施后,限期期满仍未缴纳税款的;

(二)设置纳税担保后,限期期满仍未缴纳所担保的税款的;

(三)逾期不按规定履行税务处理决定的;

(四)逾期不按规定履行复议决定的;

(五)逾期不按规定履行税务行政处罚决定的;

(六)其他经责令限期缴纳,逾期仍未缴纳税款的。

对前款(三)至(六)项情形进行强制执行时,在拍卖、变卖之前(或同时)进行扣押、查封,办理扣押、查封手续。

**第五条** 税务机关按照拍卖优先的原则确定抵税财物拍卖、变卖的顺序:

(一)委托依法成立的拍卖机构拍卖;

(二)无法委托拍卖或者不适于拍卖的,可以委托当地商业企业代为销售,或者责令被执行人限期处理;

(三)无法委托商业企业销售,被执行人也无法处理的,由税务机关变价处理。

国家禁止自由买卖的商品、货物、其他财产,应当交由有关单位按照国家规定的价格收购。

**第六条** 税务机关拍卖变卖抵税财物时按下列程序进行:

(一)制作拍卖(变卖)抵税财物决定书,经县以上税务局(分局)局长批准后,对被执行人下达拍卖(变卖)抵税财物决定书。

依照法律法规规定需要经过审批才能转让的物品或财产权利,在拍卖、变卖前,应当依法办理审批手续。

(二)查实需要拍卖或者变卖的商品、货物或者其他财产。在拍卖或者变卖前,应当审查所扣押商品、货物、财产专用收据和所查封商品、货物、财产清单,查实被执行人与抵税财物的权利关系,核对盘点需要拍卖或者变卖的商品、货物或者其他财产是否与收据或清单一致。

(三)按照本办法规定的顺序和程序,委托拍卖、变卖,填写拍卖(变卖)财产清单,与拍卖机构签订委托拍卖合同,与受委托的商业企业签订委托变卖合同,对被执行人下达税务事项通知书,并按规定结算价款。

(四)以拍卖、变卖所得支付应由被执行人依法承担的扣押、查封、保管以及拍卖、变卖过程中的费用。

(五)拍卖、变卖所得支付有关费用后抵缴未缴的税款、滞纳金,并按规定抵缴罚款。

(六)拍卖、变卖所得支付扣押、查封、保管、拍卖、变卖等费用并抵缴税款、滞纳金后,剩余部分应当在3个工作日内退还被执行人。

(七)税务机关应当通知被执行人将拍卖、变卖全部收入计入当期销售收入额并在当期申报缴纳各种应纳税款。

拍卖、变卖所得不足抵缴税款、滞纳金的,税务机关应当继续追缴。

**第七条** 拍卖、变卖抵税财物,由县以上税务局(分局)组织进行。变卖鲜活、易腐烂变质或者易失效的商品、货物时,经县以上税务局(分局)局长批准,可由县以下税务机关进行。

**第八条** 拍卖、变卖抵税财物进行时,应当通知被执行人到场;被执行人未到场的,不影响执行。

**第九条** 税务机关及其工作人员不得参与被拍卖或者变

卖商品、货物或者其他财产的竞买或收购,也不得委托他人为其竞买或收购。

## 第二章　拍　　卖

**第十条**　拍卖由财产所在地的省、自治区、直辖市的人民政府和设区的市的人民政府指定的拍卖机构进行拍卖。

**第十一条**　抵税财物除有市场价或其价格依照通常方法可以确定的外,应当委托依法设立并具有相应资质的评估鉴定机构进行质量鉴定和价格评估,并将鉴定、评估结果通知被执行人。

拍卖抵税财物应当确定保留价,由税务机关与被执行人协商确定,协商不成的,由税务机关参照市场价、出厂价或者评估价确定。

**第十二条**　委托拍卖的文物,在拍卖前,应当经文物行政管理部门依法鉴定、许可。

**第十三条**　被执行人应当向税务机关说明商品、货物或其他财产的瑕疵,税务机关应当向拍卖机构说明拍卖标的的来源和了解到的瑕疵。

**第十四条**　拍卖机构接受委托后,未经委托拍卖的税务机关同意,不得委托其他拍卖机构拍卖。

**第十五条**　税务机关应当在作出拍卖决定后10日内委托拍卖。

**第十六条**　税务机关应当向拍卖机构提供下列材料:

(一)税务机关单位证明及委托拍卖的授权委托书;

(二)拍卖(变卖)抵税财物决定书;

(三)拍卖(变卖)财产清单;

(四)抵税财物质量鉴定与价格评估结果;

(五)与拍卖活动有关的其他资料。

**第十七条**　税务机关应当与拍卖机构签订书面委托拍卖合同。委托拍卖合同应载明以下内容:

(一)税务机关及拍卖机构的名称、住所、法定代表人姓名;

(二)拍卖标的的名称、规格、数量、质量、存放地或者坐落地、新旧程度或者使用年限等;

(三)拍卖的时间、地点,拍卖标的交付或转移的时间、方式,拍卖公告的方式及其费用的承担;

(四)拍卖价款结算方式及价款给付期限;

(五)佣金标准及其支付的方式、期限;

(六)违约责任;

(七)双方约定的其他事项。

**第十八条**　拍卖一次流拍后,税务机关经与被执行人协商同意,可以将抵税财物进行变卖;被执行人不同意变卖的,应当进行第二次拍卖。不动产和文物应当进行第二次拍卖。

第二次拍卖仍然流拍的,税务机关应当将抵税财物进行变卖,以抵缴税款、滞纳金或罚款。

经过流拍再次拍卖的,保留价应当不低于前次拍卖保留价的2/3。

**第十九条**　税务机关可以自行办理委托拍卖手续,也可以由其上级税务机关代为办理拍卖手续。

## 第三章　变　　卖

**第二十条**　下列抵税财物为无法委托拍卖或者不适于拍卖,可以交由当地商业企业代为销售或责令被执行人限期处理,进行变卖:

(一)鲜活、易腐烂变质或者易失效的商品、货物;

(二)经拍卖程序一次或二次流拍的抵税财物;

(三)拍卖机构不接受拍卖的抵税财物。

**第二十一条**　变卖抵税财物的价格,应当参照同类商品的市场价、出厂价遵循公平、合理、合法的原则确定。税务机关应当与被执行人协商是否需要请评估机构进行价格评估,被执行人认为需要的,税务机关应当委托评估机构进行评估,按照评估价确定变卖价格。

对有政府定价的商品、货物或者其他财产,由政府价格主管部门,按照定价权限和范围确定价格。对实行政府指导价的商品、货物或者其他财产,按照定价权限和范围规定的基准价及其浮动幅度确定。

经拍卖流拍的抵税财物,其变卖价格应当不低于最后一次拍卖保留价的2/3。

**第二十二条**　委托商业企业变卖的,受委托的商业企业要经县以上税务机关确认,并与商业企业签订委托变卖合同,按本办法第二十一条规定的核价方式约定变卖价格。委托变卖合同应载明下列内容:

(一)税务机关及商业企业的名称、地址、法定代表人姓名;

(二)变卖商品、货物或其他财产的名称、规格、数量、质量、存放地或坐落地、新旧程度或使用年限等;

(三)变卖商品、货物或其他财产的时间、地点及其费用的承担;

(四)变卖价款结算方式及价款给付期限;

(五)违约责任;

(六)双方约定的其他事项。

**第二十三条**　抵税财物委托商业企业代为销售15日后,无法实现销售的,税务机关应当第二次核定价格,由商业企业继续销售,第二次核定的价格应当不低于首次核定价格的2/3。

**第二十四条**　无法委托商业企业销售,被执行人也无法处理的,税务机关应当进行变价处理。

有下列情形之一的，属于无法委托商业企业代为销售：

（一）税务机关与两家（含两家）以上商业企业联系协商，不能达成委托销售的；

（二）经税务机关在新闻媒体上征求代售单位，自征求公告发出之日起10日内无应征单位或个人，或应征之后未达成代售协议的；

（三）已达成代售协议的商业企业在经第二次核定价格15日内仍无法售出税务机关委托代售的商品、货物或其他财产的。

被执行人无法处理，包括拒绝处理、逾期不处理等情形。

**第二十五条** 税务机关变价处理时，按照本办法第二十一条规定的原则以不低于前两种变卖方式定价的2/3确定价格。

税务机关实施变卖前，应当在办税服务厅、税务机关网站或当地新闻媒体上公告，说明变卖财物的名称、规格、数量、质量、新旧程度或使用年限、变卖价格、变卖时间等事项；登出公告10日后实施变卖。

税务机关实施变卖10日后仍没有实现变卖的，税务机关可以重新核定价格，再次发布变卖公告，组织变卖。再次核定的价格不得低于首次定价的2/3。

经过二次定价变卖仍未实现变卖的，以市场可接受的价格进行变卖。

## 第四章 税款的实现和费用的支付

**第二十六条** 以拍卖、变卖收入抵缴未缴的税款、滞纳金和支付相关费用时按照下列顺序进行：

（一）拍卖、变卖费用。由被执行人承担拍卖变卖所发生的费用，包括扣押、查封活动中和拍卖或者变卖活动中发生的依法应由被执行人承担的费用，具体为：保管费、仓储费、运杂费、评估费、鉴定费、拍卖公告费、支付给变卖企业的手续费以及其他依法应由被执行人承担的费用。

拍卖物品的买受人未按照约定领受拍卖物品的，由买受人支付自应领受拍卖财物之日起的保管费用。

（二）未缴的税款、滞纳金。

（三）罚款。下列情况可以用拍卖、变卖收入抵缴罚款：

1. 被执行人主动用拍卖、变卖收入抵缴罚款的；

2. 对价值超过应纳税额且不可分割的商品、货物或者其他财产进行整体扣押、查封、拍卖，以拍卖收入抵缴未缴的税款、滞纳金时，连同罚款一并抵缴；

3. 从事生产经营的被执行人对税务机关的处罚决定逾期不申请行政复议也不向人民法院起诉、又不履行的，作出处罚决定的税务机关可以强制执行，抵缴罚款。

**第二十七条** 拍卖或者变卖实现后，税务机关在结算并收取价款后3个工作日内，办理税款、滞纳金或者罚款的入库手续。

**第二十八条** 拍卖或者变卖收入抵缴税款、滞纳金、罚款后有余额的，税务机关应当自办理入库手续之日起3个工作日内退还被执行人，并通知被执行人将拍卖、变卖全部收入记入当期销售收入额并在当期申报缴纳各种税款。

**第二十九条** 拍卖变卖结束后，税务机关制作拍卖、变卖结果通知书、拍卖、变卖扣押、查封的商品、货物、财产清单一式两份，一份税务机关留存，一份交被执行人。

**第三十条** 被执行人在拍卖、变卖成交前缴清了税款、滞纳金的，税务机关应当终止拍卖或者变卖活动，税务机关将商品、货物或其他财产退还被执行人，扣押、查封、保管以及拍卖或者变卖已经产生的费用由被执行人承担。

被执行人拒不承担上述相关费用的，继续进行拍卖或者变卖，以拍卖、变卖收入扣除被执行人应承担的扣押、查封、保管、拍卖或者变卖费用后，剩余部分税务机关在3个工作日内返还被执行人。

**第三十一条** 对抵税财物经鉴定、评估为不能或不适于进行拍卖、变卖的，税务机关应当终止拍卖、变卖，并将抵税财物返还被执行人。

对抵税财物经拍卖、变卖程序而无法完成拍卖、变卖实现变价抵税的，税务机关应当将抵税财物返还被执行人。

抵税财物无法或不能返还被执行人的，税务机关应当经专门鉴定机构或公证部门鉴定或公证，报废抵税财物。

被执行人应缴纳的税款、滞纳金和应支付的费用，由税务机关采取其他措施继续追缴。

## 第五章 法律责任

**第三十二条** 拍卖、变卖过程中，严禁向被执行人摊派、索取任何不合法费用。税务人员在拍卖、变卖过程中，向被执行人摊派、索取不合法费用的，依法给予行政处分；税务机关及其工作人员参与被拍卖或者变卖商品、货物或者其他财产的竞买或收购，或者委托他人竞买或收购，依法给予行政处分。

**第三十三条** 税务人员有不依法对抵税财物进行拍卖或者变卖，或者擅自将应该拍卖的改为变卖的，在变卖过程中擅自将应该委托商业企业变卖、责令被执行人自行处理的由税务机关直接变价处理的行为，依法给予行政处分；给被执行人造成损失的，由批准拍卖或者变卖的税务机关赔偿其直接损失。

税务机关可向直接责任人追偿部分或全部直接损失。对有故意或重大过失的责任人员依法给予行政处分。

**第三十四条**　因税务机关违法对扣押、查封的商品、货物、或者其他财产造成损失的，由造成损失的税务机关负责赔偿直接损失，并可向直接责任人追偿部分或全部直接损失。

**第三十五条**　受税务机关委托的拍卖机构或商业企业违反拍卖合同或变卖合同的约定进行拍卖或变卖的，依照合同的约定承担违约责任；合同无约定的，依照法律的规定承担违约责任；其行为构成违法的，依法承担法律责任。

**第三十六条**　抵税财物在被查封、扣押前，已经设置担保物权而被执行人隐瞒的，或者有瑕疵、质量问题而被执行人隐瞒的，由被执行人承担扣押、查封、拍卖、变卖活动产生的费用，并依法承担法律责任。

## 第六章　附　　则

**第三十七条**　税务机关追缴从事生产经营的纳税人骗取国家出口退税的，适用本办法规定。

**第三十八条**　税收强制执行拍卖、变卖文书由国家税务总局统一制定。

**第三十九条**　本办法自2005年7月1日起施行。

附件：1. 拍卖/变卖抵税财物决定书（略）
2. 拍卖/变卖结果通知书（略）
3. 拍卖/变卖商品、货物或者其他财产清单（略）
4. 返还商品、货物或者其他财产通知书（略）
5. 返还商品、货物或者其他财产清单（略）

## ④税务检查

# 税务检查证管理办法

*1. 2018年8月7日国家税务总局公告2018年第44号公布*
*2. 自2019年1月1日起施行*

## 第一章　总　　则

**第一条**　为加强税务检查证管理，规范税务执法行为，保护纳税人、扣缴义务人及其他当事人合法权益，根据《中华人民共和国税收征收管理法》等相关规定，制定本办法。

**第二条**　税务检查证是具有法定执法权限的税务人员，对纳税人、扣缴义务人及其他当事人进行检查时，证明其执法身份、职责权限和执法范围的专用证件。

税务检查证的名称为《中华人民共和国税务检查证》。

**第三条**　国家税务总局负责制定、发布税务检查证式样和技术标准。

**第四条**　国家税务总局负责适用全国范围税务检查证的审批、制作、发放、监督管理工作。

国家税务总局各省、自治区、直辖市、计划单列市税务局（以下简称省税务局）负责适用本辖区税务检查证的审批、制作、发放、监督管理工作。

国家税务总局和省税务局应当严格控制税务检查证的发放。

**第五条**　税务检查证分为稽查部门专用税务检查证和征收管理部门专用税务检查证。

稽查部门专用税务检查证，适用于稽查人员开展稽查工作，由稽查部门归口管理。

征收管理部门专用税务检查证，适用于征收、管理人员开展日常检查工作，由征收管理部门归口管理。

**第六条**　税务检查证实行信息化管理。

省税务局应当在税收征管信息系统中的税务检查证管理模块内及时完善、更新持证人员相关信息，提供税务检查证互联网验证服务。

## 第二章　证件式样

**第七条**　税务检查证由专用皮夹和内卡组成。

**第八条**　税务检查证的皮夹式样如下：

（一）稽查部门专用税务检查证皮夹为竖式黑色皮质，征收管理部门专用税务检查证皮夹为竖式咖啡色皮质；

（二）皮夹外部正面镂刻税徽图案、“中华人民共和国税务检查证”字样，背面镂刻“CHINA TAXATION”字样；

（三）皮夹内部上端镶嵌税徽一枚和“中国税务”四字，下端放置内卡。

**第九条**　税务检查证内卡应当载明下列事项：持证人的姓名、照片、工作单位、证号、二维码、检查范围、检查职责、税务检查证专用印章、有效期限。

内卡需内置芯片，存储持证人员上述信息。

**第十条**　税务检查证的皮夹和内卡文字均使用中文。民族自治区可以同时使用当地通用的一种民族文字。

### 第三章 证件申领和核发

**第十一条** 税务人员因岗位职责需要办理税务检查证时，由其所在单位税务检查证主管部门核实基础信息后，填报税务检查证申请。

首次申领税务检查证的，应当取得税务执法资格。

**第十二条** 国家税务总局及省税务局税务检查证主管部门负责审批办证申请。

**第十三条** 审批通过后，国家税务总局及省税务局税务检查证主管部门印制《中华人民共和国税务检查证》，由申请人员所在单位税务检查证主管部门负责具体发放工作。

**第十四条** 税务人员到所在单位管辖区域以外临时执行检查公务的，由国家税务总局或者执行公务所在地省税务局税务检查证主管部门核发相应有效期限的临时税务检查证。

临时税务检查证有效期限不得超过一年，临时公务执行完毕后应当及时缴销。

### 第四章 证件使用

**第十五条** 税务人员进行检查时，应当出示税务检查证和税务检查通知书，可以以文字或音像形式记录出示情况。

**第十六条** 税务人员出示税务检查证时，可以告知被检查人或其他当事人通过扫描二维码查验持证人身份。

**第十七条** 税务人员应当严格依法行使税务检查职权，并为被检查人或其他当事人保守秘密。

**第十八条** 税务检查证只限于持证人本人使用，不得转借、转让或涂改。

**第十九条** 持证人应当妥善保管税务检查证，防止遗失、损毁。

税务检查证遗失的，持证人应当作出书面情况说明，并在税务检查证所注明的管辖区域内公开发行的报纸或者政府网站、税务机关网站发布公告后，再申请补发。

税务检查证严重损毁、无法使用的，持证人可以申请换发，并在办理换发手续时交回原证件。

### 第五章 监督管理

**第二十条** 税务检查证实行定期审验制度，每两年审验一次。临时税务检查证不在审验范围。

**第二十一条** 国家税务总局及省税务局税务检查证主管部门统一组织审验工作，持证人所在单位税务检查证主管部门负责具体实施，并及时报送审验情况。

**第二十二条** 通过比对内卡芯片信息与税务检查证管理模块中所载持证人信息进行审验，一致的为审验通过。

**第二十三条** 税务检查证审验不通过的，持证人所在单位税务检查证主管部门应当及时变更、清理相关信息。

**第二十四条** 持证人因调动、辞退、辞职、退休或者岗位调整等原因不再从事税务检查工作的，由持证人所在单位税务检查证主管部门在工作变动前收缴其税务检查证。

持证人因涉嫌违法违纪被立案审查、尚未作出结论的，应当暂时收缴其税务检查证。

**第二十五条** 收回的税务检查证应当由发放证件机关定期销毁。

### 第六章 附 则

**第二十六条** 本办法自2019年1月1日起施行。《国家税务总局关于印发〈税务检查证管理暂行办法〉的通知》（国税发〔2005〕154号，国家税务总局公告2018年第31号修改）同时废止。

## 税务稽查案件办理程序规定

*1. 2021年7月12日国家税务总局令第52号公布*
*2. 自2021年8月11日起施行*

### 第一章 总 则

**第一条** 为了贯彻落实中共中央办公厅、国务院办公厅印发的《关于进一步深化税收征管改革的意见》，保障税收法律、行政法规的贯彻实施，规范税务稽查案件办理程序，强化监督制约机制，保护纳税人、扣缴义务人和其他涉税当事人合法权益，根据《中华人民共和国税收征收管理法》（以下简称税收征管法）、《中华人民共和国税收征收管理法实施细则》（以下简称税收征管法实施细则）等法律、行政法规，制定本规定。

**第二条** 稽查局办理税务稽查案件适用本规定。

**第三条** 办理税务稽查案件应当以事实为根据，以法律为准绳，坚持公平、公正、公开、效率的原则。

**第四条** 税务稽查由稽查局依法实施。稽查局主要职责是依法对纳税人、扣缴义务人和其他涉税当事人履行纳税义务、扣缴义务情况及涉税事项进行检查处理，以及围绕检查处理开展的其他相关工作。稽查局具体职责由国家税务总局依照税收征管法、税收征管法实施细则和国家有关规定确定。

**第五条** 稽查局办理税务稽查案件时，实行选案、检查、审理、执行分工制约原则。

**第六条** 稽查局应当在税务局向社会公告的范围内实施税务稽查。上级税务机关可以根据案件办理的需要指定管辖。

税收法律、行政法规和国家税务总局规章对税务稽查管辖另有规定的，从其规定。

**第七条** 税务稽查管辖有争议的，由争议各方本着有利于案件办理的原则逐级协商解决；不能协商一致的，报请共同的上级税务机关决定。

**第八条** 税务稽查人员具有税收征管法实施细则规定回避情形的，应当回避。

被查对象申请税务稽查人员回避或者税务稽查人员自行申请回避的，由稽查局局长依法决定是否回避。稽查局局长发现税务稽查人员具有规定回避情形的，应当要求其回避。稽查局局长的回避，由税务局局长依法审查决定。

**第九条** 税务稽查人员对实施税务稽查过程中知悉的国家秘密、商业秘密或者个人隐私、个人信息，应当依法予以保密。

纳税人、扣缴义务人和其他涉税当事人的税收违法行为不属于保密范围。

**第十条** 税务稽查人员应当遵守工作纪律，恪守职业道德，不得有下列行为：

（一）违反法定程序、超越权限行使职权；

（二）利用职权为自己或者他人牟取利益；

（三）玩忽职守，不履行法定义务；

（四）泄露国家秘密、工作秘密，向被查对象通风报信、泄露案情；

（五）弄虚作假，故意夸大或者隐瞒案情；

（六）接受被查对象的请客送礼等影响公正执行公务的行为；

（七）其他违法违纪行为。

税务稽查人员在执法办案中滥用职权、玩忽职守、徇私舞弊的，依照有关规定严肃处理；涉嫌犯罪的，依法移送司法机关处理。

**第十一条** 税务稽查案件办理应当通过文字、音像等形式，对案件办理的启动、调查取证、审核、决定、送达、执行等进行全过程记录。

## 第二章 选　　案

**第十二条** 稽查局应当加强稽查案源管理，全面收集整理案源信息，合理、准确地选择待查对象。案源管理依照国家税务总局有关规定执行。

**第十三条** 待查对象确定后，经稽查局局长批准实施立案检查。

必要时，依照法律法规的规定，稽查局可以在立案前进行检查。

**第十四条** 稽查局应当统筹安排检查工作，严格控制对纳税人、扣缴义务人的检查次数。

## 第三章 检　　查

**第十五条** 检查前，稽查局应当告知被查对象检查时间、需要准备的资料等，但预先通知有碍检查的除外。

检查应当由两名以上具有执法资格的检查人员共同实施，并向被查对象出示税务检查证件、出示或者送达税务检查通知书，告知其权利和义务。

**第十六条** 检查应当依照法定权限和程序，采取实地检查、调取账簿资料、询问、查询存款账户或者储蓄存款、异地协查等方法。

对采用电子信息系统进行管理和核算的被查对象，检查人员可以要求其打开该电子信息系统，或者提供与原始电子数据、电子信息系统技术资料一致的复制件。被查对象拒不打开或者拒不提供的，经稽查局局长批准，可以采用适当的技术手段对该电子信息系统进行直接检查，或者提取、复制电子数据进行检查，但所采用的技术手段不得破坏该电子信息系统原始电子数据，或者影响该电子信息系统正常运行。

**第十七条** 检查应当依照法定权限和程序收集证据材料。收集的证据必须经查证属实，并与证明事项相关联。

不得以下列方式收集、获取证据材料：

（一）严重违反法定程序收集；

（二）以违反法律强制性规定的手段获取且侵害他人合法权益；

（三）以利诱、欺诈、胁迫、暴力等手段获取。

**第十八条** 调取账簿、记账凭证、报表和其他有关资料时，应当向被查对象出具调取账簿资料通知书，并填写调取账簿资料清单交其核对后签章确认。

调取纳税人、扣缴义务人以前会计年度的账簿、记账凭证、报表和其他有关资料的，应当经县以上税务局局长批准，并在3个月内完整退还；调取纳税人、扣缴义务人当年的账簿、记账凭证、报表和其他有关资料的，应当经设区的市、自治州以上税务局局长批准，并在30日内退还。

退还账簿资料时，应当由被查对象核对调取账簿资料清单，并签章确认。

**第十九条** 需要提取证据材料原件的，应当向当事人出具提取证据专用收据，由当事人核对后签章确认。对需要退还的证据材料原件，检查结束后应当及时退还，并履行相关签收手续。需要将已开具的纸质发票调出查验时，应当向被查验的单位或者个人开具发票换票证；需要将空白纸质发票调出查验时，应当向被查验的单位或者个人开具调验空白发票收据。经查无问题的，应当及时退还，并履行相关签收手续。

提取证据材料复制件的，应当由当事人或者原件保存单位（个人）在复制件上注明“与原件核对无误”及原件存放地点，并签章。

**第二十条** 询问应当由两名以上检查人员实施。除在被查对象生产、经营、办公场所询问外，应当向被询问人送达询问通知书。

询问时应当告知被询问人有关权利义务。询问笔录应当交被询问人核对或者向其宣读；询问笔录有修改的，应当由被询问人在改动处捺指印；核对无误后，由被询问人在尾页结束处写明“以上笔录我看过（或者向我宣读过），与我说的相符”，并逐页签章、捺指印。被询问人拒绝在询问笔录上签章、捺指印的，检查人员应当在笔录上注明。

**第二十一条** 当事人、证人可以采取书面或者口头方式陈述或者提供证言。当事人、证人口头陈述或者提供证言的，检查人员应当以笔录、录音、录像等形式进行记录。笔录可以手写或者使用计算机记录并打印，由当事人或者证人逐页签章、捺指印。

当事人、证人口头提出变更陈述或者证言的，检查人员应当就变更部分重新制作笔录，注明原因，由当事人或者证人逐页签章、捺指印。当事人、证人变更书面陈述或者证言的，变更前的笔录不予退回。

**第二十二条** 制作录音、录像等视听资料的，应当注明制作方法、制作时间、制作人和证明对象等内容。

调取视听资料时，应当调取有关资料的原始载体；难以调取原始载体的，可以调取复制件，但应当说明复制方法、人员、时间和原件存放处等事项。

对声音资料，应当附有该声音内容的文字记录；对图像资料，应当附有必要的文字说明。

**第二十三条** 以电子数据的内容证明案件事实的，检查人员可以要求当事人将电子数据打印成纸质资料，在纸质资料上注明数据出处、打印场所、打印时间或者提供时间，注明“与电子数据核对无误”，并由当事人签章。

需要以有形载体形式固定电子数据的，检查人员应当与提供电子数据的个人、单位的法定代表人或者财务负责人或者经单位授权的其他人员一起将电子数据复制到存储介质上并封存，同时在封存包装物上注明制作方法、制作时间、制作人、文件格式及大小等，注明“与原始载体记载的电子数据核对无误”，并由电子数据提供人签章。

收集、提取电子数据，检查人员应当制作现场笔录，注明电子数据的来源、事由、证明目的或者对象，提取时间、地点、方法、过程，原始存储介质的存放地点以及对电子数据存储介质的签封情况等。进行数据压缩的，应当在笔录中注明压缩方法和完整性校验值。

**第二十四条** 检查人员实地调查取证时，可以制作现场笔录、勘验笔录，对实地调查取证情况予以记录。

制作现场笔录、勘验笔录，应当载明时间、地点和事件等内容，并由检查人员签名和当事人签章。

当事人经通知不到场或者拒绝在现场笔录、勘验笔录上签章的，检查人员应当在笔录上注明原因；如有其他人员在场，可以由其签章证明。

**第二十五条** 检查人员异地调查取证的，当地税务机关应当予以协助；发函委托相关稽查局调查取证的，必要时可以派人参与受托地稽查局的调查取证，受托地稽查局应当根据协查请求，依照法定权限和程序调查。

需要取得境外资料的，稽查局可以提请国际税收管理部门依照有关规定程序获取。

**第二十六条** 查询从事生产、经营的纳税人、扣缴义务人存款账户，应当经县以上税务局局长批准，凭检查存款账户许可证明向相关银行或者其他金融机构查询。

查询案件涉嫌人员储蓄存款的，应当经设区的市、自治州以上税务局局长批准，凭检查存款账户许可证明向相关银行或者其他金融机构查询。

**第二十七条** 被查对象有下列情形之一的，依照税收征管法和税收征管法实施细则有关逃避、拒绝或者以其他方式阻挠税务检查的规定处理：

（一）提供虚假资料，不如实反映情况，或者拒绝提供有关资料的；

（二）拒绝或者阻止税务机关记录、录音、录像、照相和复制与案件有关的情况和资料的；

（三）在检查期间转移、隐匿、销毁有关资料的；

（四）有不依法接受税务检查的其他情形的。

**第二十八条** 税务机关有根据认为从事生产、经营的纳税人有逃避纳税义务行为，可以在规定的纳税期之前，责令限期缴纳应纳税款；在限期内发现纳税人有明显的转移、隐匿其应纳税的商品、货物以及其他财产或者应纳税收入迹象的，可以责成纳税人提供纳税担保。

如果纳税人不能提供纳税担保，经县以上税务局局长批准，可以依法采取税收强制措施。

检查从事生产、经营的纳税人以前纳税期的纳税情况时，发现纳税人有逃避纳税义务行为，并有明显的转移、隐匿其应纳税的商品、货物以及其他财产或者应纳税收入迹象的，经县以上税务局局长批准，可以依法采取税收强制措施。

**第二十九条**　稽查局采取税收强制措施时，应当向纳税人、扣缴义务人、纳税担保人交付税收强制措施决定书，告知其采取税收强制措施的内容、理由、依据以及依法享有的权利、救济途径，并履行法律、法规规定的其他程序。

采取冻结纳税人在开户银行或者其他金融机构的存款措施时，应当向纳税人开户银行或者其他金融机构交付冻结存款通知书，冻结其相当于应纳税款的存款；并于作出冻结决定之日起 3 个工作日内，向纳税人交付冻结决定书。

采取查封、扣押商品、货物或者其他财产措施时，应当向纳税人、扣缴义务人、纳税担保人当场交付查封、扣押决定书，填写查封商品、货物或者其他财产清单或者出具扣押商品、货物或者其他财产专用收据，由当事人核对后签章。查封清单、扣押收据一式二份，由当事人和稽查局分别保存。

采取查封、扣押有产权证件的动产或者不动产措施时，应当依法向有关单位送达税务协助执行通知书，通知其在查封、扣押期间不再办理该动产或者不动产的过户手续。

**第三十条**　按照本规定第二十八条第二款采取查封、扣押措施的，期限一般不得超过 6 个月；重大案件有下列情形之一，需要延长期限的，应当报国家税务总局批准：

（一）案情复杂，在查封、扣押期限内确实难以查明案件事实的；

（二）被查对象转移、隐匿、销毁账簿、记账凭证或者其他证据材料的；

（三）被查对象拒不提供相关情况或者以其他方式拒绝、阻挠检查的；

（四）解除查封、扣押措施可能使纳税人转移、隐匿、损毁或者违法处置财产，从而导致税款无法追缴的。

除前款规定情形外采取查封、扣押、冻结措施的，期限不得超过 30 日；情况复杂的，经县以上税务局局长批准，可以延长，但是延长期限不得超过 30 日。

**第三十一条**　有下列情形之一的，应当依法及时解除税收强制措施：

（一）纳税人已按履行期限缴纳税款、扣缴义务人已按履行期限解缴税款、纳税担保人已按履行期限缴纳所担保税款的；

（二）税收强制措施被复议机关决定撤销的；

（三）税收强制措施被人民法院判决撤销的；

（四）其他法定应当解除税收强制措施的。

**第三十二条**　解除税收强制措施时，应当向纳税人、扣缴义务人、纳税担保人送达解除税收强制措施决定书，告知其解除税收强制措施的时间、内容和依据，并通知其在规定时间内办理解除税收强制措施的有关事宜：

（一）采取冻结存款措施的，应当向冻结存款的纳税人开户银行或者其他金融机构送达解除冻结存款通知书，解除冻结；

（二）采取查封商品、货物或者其他财产措施的，应当解除查封并收回查封商品、货物或者其他财产清单；

（三）采取扣押商品、货物或者其他财产措施的，应当予以返还并收回扣押商品、货物或者其他财产专用收据。

税收强制措施涉及协助执行单位的，应当向协助执行单位送达税务协助执行通知书，通知解除税收强制措施相关事项。

**第三十三条**　有下列情形之一，致使检查暂时无法进行的，经稽查局局长批准后，中止检查：

（一）当事人被有关机关依法限制人身自由的；

（二）账簿、记账凭证及有关资料被其他国家机关依法调取且尚未归还的；

（三）与税收违法行为直接相关的事实需要人民法院或者其他国家机关确认的；

（四）法律、行政法规或者国家税务总局规定的其他可以中止检查的。

中止检查的情形消失，经稽查局局长批准后，恢复检查。

**第三十四条**　有下列情形之一，致使检查确实无法进行的，经稽查局局长批准后，终结检查：

（一）被查对象死亡或者被依法宣告死亡或者依法注销，且有证据表明无财产可抵缴税款或者无法定税收义务承担主体的；

（二）被查对象税收违法行为均已超过法定追究期限的；

（三）法律、行政法规或者国家税务总局规定的其他可以终结检查的。

**第三十五条** 检查结束前，检查人员可以将发现的税收违法事实和依据告知被查对象。

被查对象对违法事实和依据有异议的，应当在限期内提供说明及证据材料。被查对象口头说明的，检查人员应当制作笔录，由当事人签章。

## 第四章 审 理

**第三十六条** 检查结束后，稽查局应当对案件进行审理。符合重大税务案件标准的，稽查局审理后提请税务局重大税务案件审理委员会审理。

重大税务案件审理依照国家税务总局有关规定执行。

**第三十七条** 案件审理应当着重审核以下内容：

（一）执法主体是否正确；

（二）被查对象是否准确；

（三）税收违法事实是否清楚，证据是否充分，数据是否准确，资料是否齐全；

（四）适用法律、行政法规、规章及其他规范性文件是否适当，定性是否正确；

（五）是否符合法定程序；

（六）是否超越或者滥用职权；

（七）税务处理、处罚建议是否适当；

（八）其他应当审核确认的事项或者问题。

**第三十八条** 有下列情形之一的，应当补正或者补充调查：

（一）被查对象认定错误的；

（二）税收违法事实不清、证据不足的；

（三）不符合法定程序的；

（四）税务文书不规范、不完整的；

（五）其他需要补正或者补充调查的。

**第三十九条** 拟对被查对象或者其他涉税当事人作出税务行政处罚的，应当向其送达税务行政处罚事项告知书，告知其依法享有陈述、申辩及要求听证的权利。税务行政处罚事项告知书应当包括以下内容：

（一）被查对象或者其他涉税当事人姓名或者名称、有效身份证件号码或者统一社会信用代码、地址。没有统一社会信用代码的，以税务机关赋予的纳税人识别号代替；

（二）认定的税收违法事实和性质；

（三）适用的法律、行政法规、规章及其他规范性文件；

（四）拟作出的税务行政处罚；

（五）当事人依法享有的权利；

（六）告知书的文号、制作日期、税务机关名称及印章；

（七）其他相关事项。

**第四十条** 被查对象或者其他涉税当事人可以书面或者口头提出陈述、申辩意见。对当事人口头提出陈述、申辩意见，应当制作陈述申辩笔录，如实记录，由陈述人、申辩人签章。

应当充分听取当事人的陈述、申辩意见；经复核，当事人提出的事实、理由或者证据成立的，应当采纳。

**第四十一条** 被查对象或者其他涉税当事人按照法律、法规、规章要求听证的，应当依法组织听证。

听证依照国家税务总局有关规定执行。

**第四十二条** 经审理，区分下列情形分别作出处理：

（一）有税收违法行为，应当作出税务处理决定的，制作税务处理决定书；

（二）有税收违法行为，应当作出税务行政处罚决定的，制作税务行政处罚决定书；

（三）税收违法行为轻微，依法可以不予税务行政处罚的，制作不予税务行政处罚决定书；

（四）没有税收违法行为的，制作税务稽查结论。

税务处理决定书、税务行政处罚决定书、不予税务行政处罚决定书、税务稽查结论引用的法律、行政法规、规章及其他规范性文件，应当注明文件全称、文号和有关条款。

**第四十三条** 税务处理决定书应当包括以下主要内容：

（一）被查对象姓名或者名称、有效身份证件号码或者统一社会信用代码、地址。没有统一社会信用代码的，以税务机关赋予的纳税人识别号代替；

（二）检查范围和内容；

（三）税收违法事实及所属期间；

（四）处理决定及依据；

（五）税款金额、缴纳期限及地点；

（六）税款滞纳时间、滞纳金计算方法、缴纳期限及地点；

（七）被查对象不按期履行处理决定应当承担的责任；

（八）申请行政复议或者提起行政诉讼的途径和期限；

（九）处理决定书的文号、制作日期、税务机关名称及印章。

**第四十四条** 税务行政处罚决定书应当包括以下主要内容：

（一）被查对象或者其他涉税当事人姓名或者名

称、有效身份证件号码或者统一社会信用代码、地址。没有统一社会信用代码的，以税务机关赋予的纳税人识别号代替；

（二）检查范围和内容；

（三）税收违法事实、证据及所属期间；

（四）行政处罚种类和依据；

（五）行政处罚履行方式、期限和地点；

（六）当事人不按期履行行政处罚决定应当承担的责任；

（七）申请行政复议或者提起行政诉讼的途径和期限；

（八）行政处罚决定书的文号、制作日期、税务机关名称及印章。

税务行政处罚决定应当依法公开。公开的行政处罚决定被依法变更、撤销、确认违法或者确认无效的，应当在3个工作日内撤回原行政处罚决定信息并公开说明理由。

**第四十五条**　不予税务行政处罚决定书应当包括以下主要内容：

（一）被查对象或者其他涉税当事人姓名或者名称、有效身份证件号码或者统一社会信用代码、地址。没有统一社会信用代码的，以税务机关赋予的纳税人识别号代替；

（二）检查范围和内容；

（三）税收违法事实及所属期间；

（四）不予税务行政处罚的理由及依据；

（五）申请行政复议或者提起行政诉讼的途径和期限；

（六）不予行政处罚决定书的文号、制作日期、税务机关名称及印章。

**第四十六条**　税务稽查结论应当包括以下主要内容：

（一）被查对象姓名或者名称、有效身份证件号码或者统一社会信用代码、地址。没有统一社会信用代码的，以税务机关赋予的纳税人识别号代替；

（二）检查范围和内容；

（三）检查时间和检查所属期间；

（四）检查结论；

（五）结论的文号、制作日期、税务机关名称及印章。

**第四十七条**　稽查局应当自立案之日起90日内作出行政处理、处罚决定或者无税收违法行为结论。案情复杂需要延期的，经税务局局长批准，可以延长不超过90日；特殊情况或者发生不可抗力需要继续延期的，应当经上一级税务局分管副局长批准，并确定合理的延长期限。但下列时间不计算在内：

（一）中止检查的时间；

（二）请示上级机关或者征求有权机关意见的时间；

（三）提请重大税务案件审理的时间；

（四）因其他方式无法送达，公告送达文书的时间；

（五）组织听证的时间；

（六）纳税人、扣缴义务人超期提供资料的时间；

（七）移送司法机关后，税务机关需根据司法文书决定是否处罚的案件，从司法机关接受移送到司法文书生效的时间。

**第四十八条**　税收违法行为涉嫌犯罪的，填制涉嫌犯罪案件移送书，经税务局局长批准后，依法移送公安机关，并附送以下资料：

（一）涉嫌犯罪案件情况的调查报告；

（二）涉嫌犯罪的主要证据材料复制件；

（三）其他有关涉嫌犯罪的材料。

## 第五章　执　　行

**第四十九条**　稽查局应当依法及时送达税务处理决定书、税务行政处罚决定书、不予税务行政处罚决定书、税务稽查结论等税务文书。

**第五十条**　具有下列情形之一的，经县以上税务局局长批准，稽查局可以依法强制执行，或者依法申请人民法院强制执行：

（一）纳税人、扣缴义务人未按照规定的期限缴纳或者解缴税款、滞纳金，责令限期缴纳逾期仍未缴纳的；

（二）经稽查局确认的纳税担保人未按照规定的期限缴纳所担保的税款、滞纳金，责令限期缴纳逾期仍未缴纳的；

（三）当事人对处罚决定逾期不申请行政复议也不向人民法院起诉、又不履行的；

（四）其他可以依法强制执行的。

**第五十一条**　当事人确有经济困难，需要延期或者分期缴纳罚款的，可向稽查局提出申请，经税务局局长批准后，可以暂缓或者分期缴纳。

**第五十二条**　作出强制执行决定前，应当制作并送达催告文书，催告当事人履行义务，听取当事人陈述、申辩意见。经催告，当事人逾期仍不履行行政决定，且无正当理由的，经县以上税务局局长批准，实施强制执行。

实施强制执行时，应当向被执行人送达强制执行决定书，告知其实施强制执行的内容、理由及依据，并告知其享有依法申请行政复议或者提起行政诉讼的权利。

催告期间，对有证据证明有转移或者隐匿财物迹象的，可以作出立即强制执行决定。

**第五十三条**　稽查局采取从被执行人开户银行或者其他金融机构的存款中扣缴税款、滞纳金、罚款措施时，应当向被执行人开户银行或者其他金融机构送达扣缴税收款项通知书，依法扣缴税款、滞纳金、罚款，并及时将有关凭证送达被执行人。

**第五十四条**　拍卖、变卖被执行人商品、货物或者其他财产，以拍卖、变卖所得抵缴税款、滞纳金、罚款的，在拍卖、变卖前应当依法进行查封、扣押。

稽查局拍卖、变卖被执行人商品、货物或者其他财产前，应当制作拍卖/变卖抵税财物决定书，经县以上税务局局长批准后送达被执行人，予以拍卖或者变卖。

拍卖或者变卖实现后，应当在结算并收取价款后3个工作日内，办理税款、滞纳金、罚款的入库手续，并制作拍卖/变卖结果通知书，附拍卖/变卖查封、扣押的商品、货物或者其他财产清单，经稽查局局长审核后，送达被执行人。

以拍卖或者变卖所得抵缴税款、滞纳金、罚款和拍卖、变卖等费用后，尚有剩余的财产或者无法进行拍卖、变卖的财产的，应当制作返还商品、货物或者其他财产通知书，附返还商品、货物或者其他财产清单，送达被执行人，并自办理税款、滞纳金、罚款入库手续之日起3个工作日内退还被执行人。

**第五十五条**　执行过程中发现涉嫌犯罪的，依照本规定第四十八条处理。

**第五十六条**　执行过程中发现有下列情形之一的，经稽查局局长批准后，中止执行：

（一）当事人死亡或者被依法宣告死亡，尚未确定可执行财产的；

（二）当事人进入破产清算程序尚未终结的；

（三）可执行财产被司法机关或者其他国家机关依法查封、扣押、冻结，致使执行暂时无法进行的；

（四）可供执行的标的物需要人民法院或者仲裁机构确定权属的；

（五）法律、行政法规和国家税务总局规定其他可以中止执行的。

中止执行情形消失后，经稽查局局长批准，恢复执行。

**第五十七条**　当事人确无财产可供抵缴税款、滞纳金、罚款或者依照破产清算程序确实无法清缴税款、滞纳金、罚款，或者有其他法定终结执行情形的，经税务局局长批准后，终结执行。

**第五十八条**　税务处理决定书、税务行政处罚决定书等决定性文书送达后，有下列情形之一的，稽查局可以依法重新作出：

（一）决定性文书被人民法院判决撤销的；

（二）决定性文书被行政复议机关决定撤销的；

（三）税务机关认为需要变更或者撤销原决定性文书的；

（四）其他依法需要变更或者撤销原决定性文书的。

### 第六章　附　　则

**第五十九条**　本规定相关税务文书的式样，由国家税务总局规定。

**第六十条**　本规定所称签章，区分以下情况确定：

（一）属于法人或者其他组织的，由相关人员签名，加盖单位印章并注明日期；

（二）属于个人的，由个人签名并注明日期。

本规定所称“以上”“日内”，均含本数。

**第六十一条**　本规定自2021年8月11日起施行。《税务稽查工作规程》（国税发〔2009〕157号印发，国家税务总局公告2018年第31号修改）同时废止。

## 税收执法督察规则

1. *2013年2月25日国家税务总局令第29号公布*
2. *根据2018年6月15日国家税务总局令第44号《关于修改部分税务部门规章的决定》修正*

### 第一章　总　　则

**第一条**　为了规范税收执法督察工作，促进税务机关依法行政，保证税收法律、行政法规和税收政策的贯彻实施，保护纳税人的合法权益，防范和化解税收执法风险，根据《中华人民共和国税收征收管理法》及其实施细则的有关规定，制定本规则。

**第二条**　各级税务机关开展税收执法督察工作，适用本规则。

**第三条**　本规则所称税收执法督察（以下简称执法督察），是指县以上（含县）各级税务机关对本级税务机关内设机构、直属机构、派出机构或者下级税务机关的税收执法行为实施检查和处理的行政监督。

**第四条**　执法督察应当服从和服务于税收中心工作，坚持依法督察，客观公正，实事求是。

**第五条**　被督察单位及其工作人员应当自觉接受和配合执法督察。

## 第二章　执法督察的组织管理

**第六条**　各级税务机关督察内审部门或者承担税收执法监督检查职责的部门（以下简称督察内审部门），代表本级税务机关组织开展执法督察工作，履行以下职责：

（一）依据上级税务机关执法督察工作制度和计划，制定本级税务机关执法督察工作制度和计划；

（二）组织实施执法督察，向本级税务机关提交税收执法督察报告，并制作《税收执法督察处理决定书》、《税收执法督察处理意见书》或者《税收执法督察结论书》；

（三）组织实施税务系统税收执法责任制工作，牵头推行税收执法责任制考核信息系统，实施执法疑点信息分析监控；

（四）督办执法督察所发现问题的整改和责任追究；

（五）配合外部监督部门对税务机关开展监督检查工作；

（六）向本级和上级税务机关报告执法督察工作情况；

（七）通报执法督察工作情况和执法督察结果；

（八）指导、监督和考核下级税务机关执法督察工作；

（九）其他相关工作。

**第七条**　执法督察实行统筹规划，归口管理。督察内审部门负责执法督察工作的具体组织、协调和落实。税务机关内部相关部门应当树立全局观念，积极参与、支持和配合执法督察工作。

各级税务机关根据工作需要，可以将执法督察与其他具有监督性质的工作协同开展。

**第八条**　各级税务机关应当统一安排专门的执法督察工作经费，根据年度执法督察工作计划和具体执法督察工作的开展情况，做好经费预算，并保障经费的正确合理使用。

**第九条**　上级税务机关对执法督察事项可以直接进行督察，也可以授权或者指定下级税务机关进行督察。

**第十条**　上级税务机关认为下级税务机关作出的执法督察结论不适当的，可以责成下级税务机关予以变更或者撤销，必要时也可以直接作出变更或者撤销的决定。

**第十一条**　各级税务机关可以采取复查、抽查等方式，对执法督察人员在执法督察工作中履行职责、遵守纪律、廉洁自律等情况进行监督检查。

**第十二条**　各级税务机关应当建立税收执法督察人才库，为执法督察储备人才。根据执法督察工作需要，确定执法督察人才库人员基数，实行动态管理，定期组织业务培训。下级税务机关应当向上级税务机关执法督察人才库输送人才。

**第十三条**　执法督察可以由督察内审部门人员独立完成，也可以抽调本级和下级税务机关税务人员实施，优先抽调执法督察人才库成员参加。相关单位和部门应当予以配合。

## 第三章　执法督察的内容和形式

**第十四条**　执法督察的内容包括：

（一）税收法律、行政法规、规章和规范性文件的执行情况；

（二）国务院和上级税务机关有关税收工作重要决策、部署的贯彻落实情况；

（三）税务机关制定或者与其他部门联合制定的涉税文件，以及税务机关以外的单位制定的涉税文件的合法性；

（四）外部监督部门依法查处或者督查、督办的税收执法事项；

（五）上级机关交办、有关部门转办的税收执法事项；

（六）执法督察所发现问题的整改和责任追究情况；

（七）其他需要实施执法督察的税收执法事项。

**第十五条**　执法督察可以通过全面执法督察、重点执法督察、专项执法督察和专案执法督察等形式开展。

**第十六条**　全面执法督察是指税务机关对本级和下级税务机关的税收执法行为进行的广泛、系统的监督检查。

**第十七条**　重点执法督察是指税务机关对本级和下级税务机关某些重点方面、重点环节、重点行业的税收执法行为所进行的监督检查。

**第十八条**　专项执法督察是指税务机关对本级和下级税务机关某项特定内容涉及到的税收执法行为进行的监督检查。

**第十九条**　专案执法督察是指税务机关对上级机关交办、有关部门转办的特定税收执法事项，以及通过信访、举报、媒体等途径反映的重大税收执法问题所涉及到的本级和下级税务机关的税收执法行为进行的监督检查。

**第二十条**　各级税务机关应当积极运用信息化手段，对与税收执法活动有关的各类信息系统执法数据进行分析、筛选、监控和提示,为各种形式的执法督察提供线索。

## 第四章 执法督察实施程序

**第二十一条** 执法督察工作要有计划、有组织、有步骤地开展,主要包括准备、实施、处理、整改、总结等阶段,根据工作需要可以进行复查。

**第二十二条** 督察内审部门应当科学、合理制定年度执法督察工作计划,报本级税务机关批准后统一部署实施。

未纳入年度执法督察工作计划的专案执法督察和其他特殊情况下需要启动的执法督察,应当在实施前报本级税务机关批准。

**第二十三条** 实施执法督察前,督察内审部门应当根据执法督察的对象和内容,制定包括组织领导、工作要求和执法督察的时限、重点、方法、步骤等内容的执法督察方案。

**第二十四条** 实施执法督察的税务机关应当成立执法督察组,负责具体实施执法督察。执法督察组人员不得少于2人,并实行组长负责制。

执法督察组组长应当对执法督察的总体质量负责。当执法督察组组长对被督察单位有关税收执法事项的意见与其他组员的意见不一致时,应当在税收执法督察报告中进行说明。

**第二十五条** 实施执法督察的税务机关应当根据执法督察的对象和内容对执法督察组人员进行查前培训,保证执法督察效率和质量。

**第二十六条** 实施执法督察,应当提前3个工作日向被督察单位下发税收执法督察通知,告知执法督察的时间、内容、方式,需要准备的资料,配合工作的要求等。被督察单位应当将税收执法督察通知在本单位范围内予以公布。

专案执法督察和其他特殊情况下,可以不予提前通知和公布。

**第二十七条** 执法督察可以采取下列工作方式:

(一)听取被督察单位税收执法情况汇报;

(二)调阅被督察单位收发文簿、会议纪要、涉税文件、税收执法卷宗和文书,以及其他相关资料;

(三)查阅、调取与税收执法活动有关的各类信息系统电子文档和数据;

(四)与被督察单位有关人员谈话,了解有关情况;

(五)特殊情况下需要到相关纳税人和有关单位了解情况或者取证时,应当按照法律规定的权限进行,并商请主管税务机关予以配合;

(六)其他方式。

**第二十八条** 执法督察中,被督察单位应当及时提供相关资料,以及与税收执法活动有关的各类信息系统所有数据查询权限。被督察单位主要负责人对本单位所提供的税收执法资料的真实性和完整性负责。

**第二十九条** 实施执法督察应当制作《税收执法督察工作底稿》。

发现税收执法行为存在违法、违规问题的,应当收集相关证据材料,在工作底稿上写明行为的内容、时间、情节、证据的名称和出处,以及违法、违规的文件依据等,由被督察单位盖章或者由有关人员签字。拒不盖章或者拒不签字的,应当说明理由,记录在案。

收集证据材料时无法取得原件的,应当通过复印、照相、摄像、扫描、录音等手段提取或者复制有关资料,由原件保存单位或者个人在复制件上注明"与原件核对无误,原件存于我处",并由有关人员签字。原件由单位保存的,还应当由该单位盖章。

**第三十条** 执法督察组实施执法督察后,应当及时将发现的问题汇总,并向被督察单位反馈情况。

被督察单位或者个人可以对反馈的情况进行陈述和申辩,并提供陈述申辩的书面材料。

**第三十一条** 执法督察组实施执法督察后,应当起草税收执法督察报告,内容包括:

(一)执法督察的时间、内容、方法、步骤;

(二)被督察单位税收执法的基本情况;

(三)执法督察发现的具体问题,认定被督察单位存在违法、违规问题的基本事实和法律依据;

(四)对发现问题的拟处理意见;

(五)加强税收执法监督管理的建议;

(六)执法督察组认为应当报告的其他事项。

**第三十二条** 执法督察组实施执法督察后,应当将税收执法督察报告、工作底稿、证据材料、陈述申辩资料以及与执法督察情况有关的其他资料进行整理,提交督察内审部门。

**第三十三条** 督察内审部门收到税收执法督察报告和其他证据材料后,应当对以下内容进行审理:

(一)执法督察程序是否符合规定;

(二)事实是否清楚,证据是否确实充分,资料是否齐全;

(三)适用的法律、行政法规、规章、规范性文件和有关政策等是否正确;

(四)对被督察单位的评价是否准确,拟定的意见、建议等是否适当。

**第三十四条**　督察内审部门在审理中发现事实不清、证据不足、资料不全的，应当通知执法督察组对证据予以补正，也可以重新组织人员进行核实、检查。

**第三十五条**　督察内审部门在审理中对适用税收法律、行政法规和税收政策有疑义的问题，以及涉嫌违规的涉税文件，应当书面征求本级税务机关法规部门和业务主管部门意见，也可以提交本级税务机关集体研究，并做好会议记录；本级税务机关无法或者无权确定的，应当请示上级税务机关或者请有权机关解释或者确定。

**第三十六条**　督察内审部门根据审理结果修订税收执法督察报告，送被督察单位征求意见。被督察单位应当在15个工作日内提出书面反馈意见。在限期内未提出书面意见的，视同无异议。

督察内审部门应当对被督察单位提出的意见进行研究，对税收执法督察报告作必要修订，连同被督察单位的书面反馈意见一并报送本级税务机关审定。

**第三十七条**　督察内审部门根据本级税务机关审定的税收执法督察报告制作《税收执法督察处理决定书》、《税收执法督察处理意见书》或者《税收执法督察结论书》，经本级税务机关审批后下达被督察单位。

《税收执法督察处理决定书》适用于对被督察单位违反税收法律、行政法规和税收政策的行为进行处理。

《税收执法督察处理意见书》适用于对被督察单位提出自行纠正的事项和改进工作的建议。

《税收执法督察结论书》适用于对未发现违法、违规问题的被督察单位作出评价。

受本级税务机关委托，执法督察组组长可以就执法督察结果与被督察单位主要负责人或者有关人员进行谈话。

**第三十八条**　对违反税收法律、行政法规、规章和上级税收规范性文件的涉税文件，按下列原则作出执法督察决定：

（一）对下级税务机关制定，或者下级税务机关与其他部门联合制定的，责令停止执行，并予以纠正；

（二）对本级税务机关制定的，应当停止执行并提出修改建议；

（三）对地方政府和其他部门制定的，同级税务机关应当停止执行，向发文单位提出修改建议，并报告上级税务机关。

**第三十九条**　除第三十八条规定外，对其他不符合税收法律、行政法规、规章和上级税收规范性文件的税收执法行为，按下列原则作出执法督察处理决定：

（一）执法主体资格不合法的，依法予以撤销；

（二）未履行法定职责的，责令限期履行法定职责；

（三）事实不清、证据不足的，依法予以撤销，并可以责令重新作出执法行为；

（四）未正确适用法律依据的，依法予以变更或者撤销，并可以责令重新作出执法行为；

（五）严重违反法定程序的，依法予以变更或者撤销，并可以责令重新作出执法行为；

（六）超越职权或者滥用职权的，依法予以撤销；

（七）其他不符合税收法律、行政法规、规章和上级税收规范性文件的，依法予以变更或者撤销，并可以责令重新作出执法行为。

**第四十条**　被督察单位收到《税收执法督察处理决定书》和《税收执法督察处理意见书》后，应当在规定的期限内执行，并以书面形式向实施执法督察的税务机关报告下列执行结果：

（一）对违法、违规涉税文件的清理情况和清理结果；

（二）对违法、违规的税收执法行为予以变更、撤销和重新作出执法行为的情况；

（三）对有关责任人的责任追究情况；

（四）要求报送的其他文件和资料。

**第四十一条**　被督察单位对执法督察处理决定有异议的，可以在规定的期限内向实施执法督察的税务机关提出复核申请。实施执法督察的税务机关应当进行复核，并作出答复。

**第四十二条**　实施执法督察的税务机关应当在本单位范围内对执法督察结果和执法督察工作情况予以通报。

执法督察事项应当保密的，可以不予通报。

**第四十三条**　各级税务机关应当建立执法督察结果报告制度。

督察内审部门应当对执法督察所发现的问题进行归纳和分析，提出完善制度、加强管理等工作建议，向本级税务机关专题报告，并作为有关业务部门的工作参考。

发现税收政策或者税收征管制度存在问题的，各级税务机关应当及时向上级税务机关报告。

**第四十四条**　各级税务机关每年应当在规定时间内，向上级税务机关报送年度执法督察工作总结和报表等相关材料。

**第四十五条** 督察内审部门应当按照有关规定做好执法督察工作资料的立卷和归档工作。

执法督察档案应当做到资料齐全、分类清楚，便于质证和查阅。

## 第五章 责任追究及奖惩

**第四十六条** 执法督察中发现税收执法行为存在违法、违规问题的，应当按照有关规定和管理权限，对有关负责人和直接责任人予以责任追究。

**第四十七条** 执法督察中发现纳税人的税收违法行为，实施执法督察的税务机关应当责令主管税务机关调查处理；情节严重的，移交稽查部门处理。

**第四十八条** 执法督察中，被督察单位不如实提供相关资料和查询权限，或者无正当理由拒绝、拖延、阻挠执法督察的，由实施执法督察的税务机关责令限期改正；拒不改正的，对有关负责人和直接责任人予以责任追究。

**第四十九条** 被督察单位未按照《税收执法督察处理决定书》和《税收执法督察处理意见书》的要求执行，由实施执法督察的税务机关责令限期改正，并对其主要负责人和有关责任人予以责任追究。

**第五十条** 执法督察结果及其整改落实情况应当作为各级税务机关考核的重要内容。

各级税务机关应当对执法规范、成绩突出的单位和个人给予表彰和奖励，并予以通报，同时将其先进经验进行推广。存在重大执法问题的单位、部门及其主要负责人和有关责任人，不得参加先进评选。

**第五十一条** 对执法督察人员在执法督察中滥用职权、徇私舞弊、玩忽职守或者违反廉政建设有关规定的，应当按照有关规定追究其责任。

**第五十二条** 对在执法督察工作中业绩突出的执法督察人员，各级税务机关应当给予表扬和奖励，并将其业绩作为在优秀公务员等先进评选活动中的重要依据。

## 第六章 附 则

**第五十三条** 本规则相关文书式样，由国家税务总局另行规定。

**第五十四条** 各省、自治区、直辖市和计划单列市税务局可以依据本规则，结合本地区的具体情况制定具体实施办法。

**第五十五条** 本规则自2013年4月1日起施行，《国家税务总局关于印发〈税收执法检查规则〉的通知》（国税发〔2004〕126号）同时废止。

# 税收违法案件发票协查管理办法（试行）

*1. 2013年6月19日国家税务总局发布*
*2. 税总发〔2013〕66号*

## 第一章 总 则

**第一条** 为了规范税收违法案件发票协查工作，提高协查管理工作效率，根据《中华人民共和国税收征收管理法》、《中华人民共和国发票管理办法》及相关法律法规，制订本办法。

**第二条** 税收违法案件发票协查是指查办税收违法案件的税务局稽查局（以下简称委托方）将需异地调查取证的发票委托有管辖权的税务局稽查局（以下简称受托方），开展调查取证的相关活动。

**第三条** 协查工作遵循合法、真实、相关和效率的原则。

**第四条** 税务局稽查局负责实施税收违法案件发票的协查。

**第五条** 国家税务总局应当逐步推进税收违法案件发票协查信息化，将税收违法案件发票协查全面纳入协查信息管理系统进行管理。

## 第二章 委托协查

**第六条** 委托方对税收违法案件中需调查取证的发票采取发函或者派人参与的方式进行协查。

发函是指委托方向受托方发出《税收违法案件协查函》，包括寄送纸质协查函和通过协查信息管理系统发出协查函。纸质协查函原则上采取同级发函的方式进行。

派人参与是指重大案件或者有特殊要求的案件，委托方可派人参与受托方的调查取证，提出取证要求。

**第七条** 委托方根据案件查办情况，确定协查对象，需要发起委托协查的，向受托方发出《税收违法案件协查函》。

《税收违法案件协查函》内容包括：委托方案件名称、基本案情、涉案发票记载的信息、已掌握的疑点或者线索、作案手法、提出有针对性的取证要求、回复期限、组卷及寄送要求、联系人和联系方式等。

**第八条** 国家税务总局督办案件的发票协查应当按照《重大税收违法案件督办管理暂行办法》有关规定执行，并在协查函中予以说明，注明督办函号。

**第九条** 已确定虚开发票案件的协查，委托方应当按照受托方一户一函的形式出具《已证实虚开通知单》及相关证据资料,并在所附发票清单上逐页加盖公章,随同《税收违法案件协查函》寄送受托方。

通过协查信息管理系统发起已确定虚开发票案件协查函的,委托方应当在发送委托协查信息后5个工作日内寄送《已证实虚开通知单》以及相关证据资料。

**第十条** 委托方收到协查回函后,根据协查回函信息依法对被查对象进行查处。

**第十一条** 委托方派人协查方式进行协查的,应当向受托方通报情况、沟通案情,派出人员需携带加盖本单位公章的《介绍信》和《税收违法案件协查函》、《税务检查证》以及相关身份证明,参与受托方的调查取证,提出取证要求。

**第十二条** 委托方应当及时登记《委托协查台账》,跟踪协查函的发出、回复和处理情况。

《委托协查台账》包括以下内容:

(一)函件发出日期,派人协查日期;

(二)函件名称、编号或者文号、是否督办;

(三)涉及企业名称、资料种类、数量;

(四)是否立案;

(五)负责检查的人员;

(六)协查回函情况、回函日期;

(七)案卷号和归档地;

(八)其他。

## 第三章 受托协查

**第十三条** 受托方收到《税收违法案件协查函》后,应当根据协查请求,依照法定权限和程序调查,并按照要求及期限回函。

**第十四条** 《税收违法案件协查函》涉及的协查对象不属于受托方管辖范围的,受托方应当在收函之日起5个工作日内,出具本辖区县(区)级主管税务机关证明材料,并将《税收违法案件协查函》退回委托方。

**第十五条** 有下列情形之一的,受托方应当按照《税务稽查工作规程》有关规定立案检查:

(一)委托方已开具《已证实虚开通知单》的;

(二)委托方提供的证据资料证明协查对象有税收违法嫌疑的;

(三)受托方检查发现协查对象有税收违法嫌疑的;

(四)上级税务局稽查局要求立案检查的。

**第十六条** 国家税务总局督办的案件,受托方在回函期限前不能完成检查工作的,可以逐级上报国家税务总局申请延期,在得到国家税务总局同意后,在延期期限内给予回复。

申请延期应当说明延期理由、延期期限以及与委托方沟通的情况。

**第十七条** 受托方需要取得协查对象的税务登记、变更、注销、失控或者查无企业、发票领用、发票鉴定、纳税申报、抵扣税款、免税、出口退税等征管资料和证明材料的,应当向其县(区)级主管税务机关提出要求。县(区)级主管税务机关应当在5个工作日内提供相关资料并出具相应的证明材料。

**第十八条** 受托方应当依据调查取证所掌握的情况及所获取的证据材料,向委托方出具《税收违法案件协查回复函》。

《税收违法案件协查回复函》的内容包括:

(一)协查来源;

(二)涉案企业的基本情况及协查发票记载的信息;

(三)协查取证要求的说明;

(四)协查结论或者协查结果;

(五)税务处理和税务行政处罚事项;

(六)其他应予说明的事项。

**第十九条** 受托方应当对取得的证据材料,连同相关文书一并作为协查案卷立卷存档;同时根据委托方协查函委托的事项,将相关证据材料及文书复制,注明“与原件核对无误”,注明原件存放处,并加盖本单位印章后一并寄送委托方。

受托方通过协查信息管理系统收到的协查函,应当通过协查信息管理系统进行函复。经检查有问题的以及委托方要求寄送取证材料的,应当在回复协查结果后5个工作日内将相关证据材料及文书复制,注明“与原件核对无误”,注明原件存放处,并加盖本单位印章后一并寄送委托方。

**第二十条** 受托方应当在收到协查函后60日内回函。

通过协查信息管理系统发出的协查函,受托方应当在收到协查函后30日内回函。

国家税务总局对协查回函期限有特殊要求的,应当按照相关要求办理。

**第二十一条** 受托方应当登记《受托协查台账》,及时掌握协查工作安排、回复、处理情况。

《受托协查台账》包括以下内容:

(一)函件收到日期,来人协查日期;

(二)函件名称、编号或者文号、是否督办;

(三)涉及企业名称、资料种类、数量;

(四)是否立案;

（五）负责检查的人员；
（六）协查复函情况、复函日期；
（七）案卷号和归档地；
（八）其他。

### 第四章 协查管理

**第二十二条** 地市级以上税务局稽查局应当定期对本辖区协查台账进行统计汇总，全面掌握本辖区协查情况，督促指导下级协查工作。

**第二十三条** 上级税务局稽查局对下级税务局稽查局的协查质量和效率进行考核，包括受托方按期回复情况、委托方选票针对性、协查函和回复函的信息完整性等。

**第二十四条** 稽查机构设置发生撤销、合并、增设的，应当及时向上一级税务局稽查局提出与本稽查机构对应的协查信息管理系统节点的变更申请，并逐级上报国家税务总局备案。

**第二十五条** 税务违法案件发票协查资料按照《税务稽查工作规程》的规定归档。

### 第五章 附则

**第二十六条** 本办法适用于各级税务机关。

**第二十七条** 各级税务局可以依据本办法对辖区内税务违法案件发票协查工作制定考核制度和奖惩实施办法。

**第二十八条** 本办法所称以上、日内，包括本数（级）。

**第二十九条** 本办法自发布之日起施行。2008年5月14日印发的《国家税务总局关于印发〈增值税抵扣凭证协查管理办法〉的通知》（国税发〔2008〕51号）同时废止。

## 税务行政复议规则

*1. 2010年2月10日国家税务总局令第21号公布*
*2. 根据2015年12月28日国家税务总局令第39号《关于修改〈税务行政复议规则〉的决定》第一次修正*
*3. 根据2018年6月15日国家税务总局令第44号《关于修改部分税务部门规章的决定》第二次修正*

### 第一章 总则

**第一条** 为了进一步发挥行政复议解决税务行政争议的作用，保护公民、法人和其他组织的合法权益，监督和保障税务机关依法行使职权，根据《中华人民共和国行政复议法》（以下简称行政复议法）、《中华人民共和国税收征收管理法》和《中华人民共和国行政复议法实施条例》（以下简称行政复议法实施条例），结合税收工作实际，制定本规则。

**第二条** 公民、法人和其他组织（以下简称申请人）认为税务机关的具体行政行为侵犯其合法权益，向税务行政复议机关申请行政复议，税务行政复议机关办理行政复议事项，适用本规则。

**第三条** 本规则所称税务行政复议机关（以下简称行政复议机关），指依法受理行政复议申请、对具体行政行为进行审查并作出行政复议决定的税务机关。

**第四条** 行政复议应当遵循合法、公正、公开、及时和便民的原则。

行政复议机关应当树立依法行政观念，强化责任意识和服务意识，认真履行行政复议职责，坚持有错必纠，确保法律正确实施。

**第五条** 行政复议机关在申请人的行政复议请求范围内，不得作出对申请人更为不利的行政复议决定。

**第六条** 申请人对行政复议决定不服的，可以依法向人民法院提起行政诉讼。

**第七条** 行政复议机关受理行政复议申请，不得向申请人收取任何费用。

**第八条** 各级税务机关行政首长是行政复议工作第一责任人，应当切实履行职责，加强对行政复议工作的组织领导。

**第九条** 行政复议机关应当为申请人、第三人查阅案卷资料、接受询问、调解、听证等提供专门场所和其他必要条件。

**第十条** 各级税务机关应当加大对行政复议工作的基础投入，推进行政复议工作信息化建设，配备调查取证所需的照相、录音、录像和办案所需的电脑、扫描、投影、传真、复印等设备，保障办案交通工具和相应经费。

### 第二章 税务行政复议机构和人员

**第十一条** 各级行政复议机关负责法制工作的机构（以下简称行政复议机构）依法办理行政复议事项，履行下列职责：

（一）受理行政复议申请。

（二）向有关组织和人员调查取证，查阅文件和资料。

（三）审查申请行政复议的具体行政行为是否合法和适当，起草行政复议决定。

（四）处理或者转送对本规则第十五条所列有关规定的审查申请。

（五）对被申请人违反行政复议法及其实施条例和本规则规定的行为，依照规定的权限和程序向相关部门提出处理建议。

（六）研究行政复议工作中发现的问题，及时向有关机关或者部门提出改进建议，重大问题及时向行政复议机关报告。

（七）指导和监督下级税务机关的行政复议工作。

（八）办理或者组织办理行政诉讼案件应诉事项。

（九）办理行政复议案件的赔偿事项。

（十）办理行政复议、诉讼、赔偿等案件的统计、报告、归档工作和重大行政复议决定备案事项。

（十一）其他与行政复议工作有关的事项。

**第十二条** 各级行政复议机关可以成立行政复议委员会，研究重大、疑难案件，提出处理建议。

行政复议委员会可以邀请本机关以外的具有相关专业知识的人员参加。

**第十三条** 行政复议工作人员应当具备与履行行政复议职责相适应的品行、专业知识和业务能力。

税务机关中初次从事行政复议的人员，应当通过国家统一法律职业资格考试取得法律职业资格。

## 第三章 税务行政复议范围

**第十四条** 行政复议机关受理申请人对税务机关下列具体行政行为不服提出的行政复议申请：

（一）征税行为，包括确认纳税主体、征税对象、征税范围、减税、免税、退税、抵扣税款、适用税率、计税依据、纳税环节、纳税期限、纳税地点和税款征收方式等具体行政行为，征收税款、加收滞纳金，扣缴义务人、受税务机关委托的单位和个人作出的代扣代缴、代收代缴、代征行为等。

（二）行政许可、行政审批行为。

（三）发票管理行为，包括发售、收缴、代开发票等。

（四）税收保全措施、强制执行措施。

（五）行政处罚行为：

1. 罚款；

2. 没收财物和违法所得；

3. 停止出口退税权。

（六）不依法履行下列职责的行为：

1. 颁发税务登记；

2. 开具、出具完税凭证、外出经营活动税收管理证明；

3. 行政赔偿；

4. 行政奖励；

5. 其他不依法履行职责的行为。

（七）资格认定行为。

（八）不依法确认纳税担保行为。

（九）政府信息公开工作中的具体行政行为。

（十）纳税信用等级评定行为。

（十一）通知出入境管理机关阻止出境行为。

（十二）其他具体行政行为。

**第十五条** 申请人认为税务机关的具体行政行为所依据的下列规定不合法，对具体行政行为申请行政复议时，可以一并向行政复议机关提出对有关规定的审查申请；申请人对具体行政行为提出行政复议申请时不知道该具体行政行为所依据的规定的，可以在行政复议机关作出行政复议决定以前提出对该规定的审查申请：

（一）国家税务总局和国务院其他部门的规定。

（二）其他各级税务机关的规定。

（三）地方各级人民政府的规定。

（四）地方人民政府工作部门的规定。

前款中的规定不包括规章。

## 第四章 税务行政复议管辖

**第十六条** 对各级税务局的具体行政行为不服的，向其上一级税务局申请行政复议。

对计划单列市税务局的具体行政行为不服的，向国家税务总局申请行政复议。

**第十七条** 对税务所（分局）、各级税务局的稽查局的具体行政行为不服的，向其所属税务局申请行政复议。

**第十八条** 对国家税务总局的具体行政行为不服的，向国家税务总局申请行政复议。对行政复议决定不服，申请人可以向人民法院提起行政诉讼，也可以向国务院申请裁决。国务院的裁决为最终裁决。

**第十九条** 对下列税务机关的具体行政行为不服的，按照下列规定申请行政复议：

（一）对两个以上税务机关以共同的名义作出的具体行政行为不服的，向共同上一级税务机关申请行政复议；对税务机关与其他行政机关以共同的名义作出的具体行政行为不服的，向其共同上一级行政机关申请行政复议。

（二）对被撤销的税务机关在撤销以前所作出的具体行政行为不服的，向继续行使其职权的税务机关的上一级税务机关申请行政复议。

（三）对税务机关作出逾期不缴纳罚款加处罚款的决定不服的，向作出行政处罚决定的税务机关申请行政复议。但是对已处罚款和加处罚款都不服的，一并向作出行政处罚决定的税务机关的上一级税务机关申请行政复议。

申请人向具体行政行为发生地的县级地方人民政府提交行政复议申请的，由接受申请的县级地方人民政府依照行政复议法第十五条、第十八条的规定予以转送。

## 第五章　税务行政复议申请人和被申请人

**第二十条**　合伙企业申请行政复议的，应当以核准登记的企业为申请人，由执行合伙事务的合伙人代表该企业参加行政复议；其他合伙组织申请行政复议的，由合伙人共同申请行政复议。

前款规定以外的不具备法人资格的其他组织申请行政复议的，由该组织的主要负责人代表该组织参加行政复议；没有主要负责人的，由共同推选的其他成员代表该组织参加行政复议。

**第二十一条**　股份制企业的股东大会、股东代表大会、董事会认为税务具体行政行为侵犯企业合法权益的，可以以企业的名义申请行政复议。

**第二十二条**　有权申请行政复议的公民死亡的，其近亲属可以申请行政复议；有权申请行政复议的公民为无行为能力人或者限制行为能力人，其法定代理人可以代理申请行政复议。

有权申请行政复议的法人或者其他组织发生合并、分立或终止的，承受其权利义务的法人或者其他组织可以申请行政复议。

**第二十三条**　行政复议期间，行政复议机关认为申请人以外的公民、法人或者其他组织与被审查的具体行政行为有利害关系的，可以通知其作为第三人参加行政复议。

行政复议期间，申请人以外的公民、法人或者其他组织与被审查的税务具体行政行为有利害关系的，可以向行政复议机关申请作为第三人参加行政复议。

第三人不参加行政复议，不影响行政复议案件的审理。

**第二十四条**　非具体行政行为的行政管理相对人，但其权利直接被该具体行政行为所剥夺、限制或者被赋予义务的公民、法人或其他组织，在行政管理相对人没有申请行政复议时，可以单独申请行政复议。

**第二十五条**　同一行政复议案件申请人超过5人的，应当推选1至5名代表参加行政复议。

**第二十六条**　申请人对具体行政行为不服申请行政复议的，作出该具体行政行为的税务机关为被申请人。

**第二十七条**　申请人对扣缴义务人的扣缴税款行为不服的，主管该扣缴义务人的税务机关为被申请人；对税务机关委托的单位和个人的代征行为不服的，委托税务机关为被申请人。

**第二十八条**　税务机关与法律、法规授权的组织以共同的名义作出具体行政行为的，税务机关和法律、法规授权的组织为共同被申请人。

税务机关与其他组织以共同名义作出具体行政行为的，税务机关为被申请人。

**第二十九条**　税务机关依照法律、法规和规章规定，经上级税务机关批准作出具体行政行为的，批准机关为被申请人。

申请人对经重大税务案件审理程序作出的决定不服的，审理委员会所在税务机关为被申请人。

**第三十条**　税务机关设立的派出机构、内设机构或者其他组织，未经法律、法规授权，以自己名义对外作出具体行政行为的，税务机关为被申请人。

**第三十一条**　申请人、第三人可以委托1至2名代理人参加行政复议。申请人、第三人委托代理人的，应当向行政复议机构提交授权委托书。授权委托书应当载明委托事项、权限和期限。公民在特殊情况下无法书面委托的，可以口头委托。口头委托的，行政复议机构应当核实并记录在卷。申请人、第三人解除或者变更委托的，应当书面告知行政复议机构。

被申请人不得委托本机关以外人员参加行政复议。

## 第六章　税务行政复议申请

**第三十二条**　申请人可以在知道税务机关作出具体行政行为之日起60日内提出行政复议申请。

因不可抗力或者被申请人设置障碍等原因耽误法定申请期限的，申请期限的计算应当扣除被耽误时间。

**第三十三条**　申请人对本规则第十四条第(一)项规定的行为不服的，应当先向行政复议机关申请行政复议；对行政复议决定不服的，可以向人民法院提起行政诉讼。

申请人按照前款规定申请行政复议的，必须依照税务机关根据法律、法规确定的税额、期限，先行缴纳或者解缴税款和滞纳金，或者提供相应的担保，才可以在缴清税款和滞纳金以后或者所提供的担保得到作出具体行政行为的税务机关确认之日起60日内提出行政复议申请。

申请人提供担保的方式包括保证、抵押和质押。作出具体行政行为的税务机关应当对保证人的资格、资信进行审查，对不具备法律规定资格或者没有能力保证的，有权拒绝。作出具体行政行为的税务机关应当对抵押人、出质人提供的抵押担保、质押担保进行审查，对不符合法律规定的抵押担保、质押担保，不予确认。

**第三十四条**　申请人对本规则第十四条第（一）项规定以外的其他具体行政行为不服，可以申请行政复议，也可以直接向人民法院提起行政诉讼。

申请人对税务机关作出逾期不缴纳罚款加处罚款的决定不服的，应当先缴纳罚款和加处罚款，再申请行政复议。

**第三十五条**　本规则第三十二条第一款规定的行政复议申请期限的计算，依照下列规定办理：

（一）当场作出具体行政行为的，自具体行政行为作出之日起计算。

（二）载明具体行政行为的法律文书直接送达的，自受送达人签收之日起计算。

（三）载明具体行政行为的法律文书邮寄送达的，自受送达人在邮件签收单上签收之日起计算；没有邮件签收单的，自受送达人在送达回执上签名之日起计算。

（四）具体行政行为依法通过公告形式告知受送达人的，自公告规定的期限届满之日起计算。

（五）税务机关作出具体行政行为时未告知申请人，事后补充告知的，自该申请人收到税务机关补充告知的通知之日起计算。

（六）被申请人能够证明申请人知道具体行政行为的，自证据材料证明其知道具体行政行为之日起计算。

税务机关作出具体行政行为，依法应当向申请人送达法律文书而未送达的，视为该申请人不知道该具体行政行为。

**第三十六条**　申请人依照行政复议法第六条第（八）项、第（九）项、第（十）项的规定申请税务机关履行法定职责，税务机关未履行的，行政复议申请期限依照下列规定计算：

（一）有履行期限规定的，自履行期限届满之日起计算。

（二）没有履行期限规定的，自税务机关收到申请满60日起计算。

**第三十七条**　税务机关作出的具体行政行为对申请人的权利、义务可能产生不利影响的，应当告知其申请行政复议的权利、行政复议机关和行政复议申请期限。

**第三十八条**　申请人书面申请行政复议的，可以采取当面递交、邮寄或者传真等方式提出行政复议申请。

有条件的行政复议机关可以接受以电子邮件形式提出的行政复议申请。

对以传真、电子邮件形式提出行政复议申请的，行政复议机关应当审核确认申请人的身份、复议事项。

**第三十九条**　申请人书面申请行政复议的，应当在行政复议申请书中载明下列事项：

（一）申请人的基本情况，包括公民的姓名、性别、出生年月、身份证件号码、工作单位、住所、邮政编码、联系电话；法人或者其他组织的名称、住所、邮政编码、联系电话和法定代表人或者主要负责人的姓名、职务。

（二）被申请人的名称。

（三）行政复议请求、申请行政复议的主要事实和理由。

（四）申请人的签名或者盖章。

（五）申请行政复议的日期。

**第四十条**　申请人口头申请行政复议的，行政复议机构应当依照本规则第三十九条规定的事项，当场制作行政复议申请笔录，交申请人核对或者向申请人宣读，并由申请人确认。

**第四十一条**　有下列情形之一的，申请人应当提供证明材料：

（一）认为被申请人不履行法定职责的，提供要求被申请人履行法定职责而被申请人未履行的证明材料。

（二）申请行政复议时一并提出行政赔偿请求的，提供受具体行政行为侵害而造成损害的证明材料。

（三）法律、法规规定需要申请人提供证据材料的其他情形。

**第四十二条**　申请人提出行政复议申请时错列被申请人的，行政复议机关应当告知申请人变更被申请人。申请人不变更被申请人的，行政复议机关不予受理，或者驳回行政复议申请。

**第四十三条**　申请人向行政复议机关申请行政复议，行政复议机关已经受理的，在法定行政复议期限内申请人不得向人民法院提起行政诉讼；申请人向人民法院提起行政诉讼，人民法院已经依法受理的，不得申请行政复议。

## 第七章　税务行政复议受理

**第四十四条**　行政复议申请符合下列规定的，行政复议机关应当受理：

（一）属于本规则规定的行政复议范围。

（二）在法定申请期限内提出。

（三）有明确的申请人和符合规定的被申请人。

（四）申请人与具体行政行为有利害关系。

（五）有具体的行政复议请求和理由。

（六）符合本规则第三十三条和第三十四条规定的条件。

（七）属于收到行政复议申请的行政复议机关的职责范围。

（八）其他行政复议机关尚未受理同一行政复议申请，人民法院尚未受理同一主体就同一事实提起的行政诉讼。

**第四十五条**　行政复议机关收到行政复议申请以后，应当在5日内审查，决定是否受理。对不符合本规则规定的行政复议申请，决定不予受理，并书面告知申请人。

对不属于本机关受理的行政复议申请，应当告知申请人向有关行政复议机关提出。

行政复议机关收到行政复议申请以后未按照前款规定期限审查并作出不予受理决定的，视为受理。

**第四十六条**　对符合规定的行政复议申请，自行政复议机构收到之日起即为受理；受理行政复议申请，应当书面告知申请人。

**第四十七条**　行政复议申请材料不齐全、表述不清楚的，行政复议机构可以自收到该行政复议申请之日起5日内书面通知申请人补正。补正通知应当载明需要补正的事项和合理的补正期限。无正当理由逾期不补正的，视为申请人放弃行政复议申请。

补正申请材料所用时间不计入行政复议审理期限。

**第四十八条**　上级税务机关认为行政复议机关不予受理行政复议申请的理由不成立的，可以督促其受理；经督促仍然不受理的，责令其限期受理。

上级税务机关认为行政复议申请不符合法定受理条件的，应当告知申请人。

**第四十九条**　上级税务机关认为有必要的，可以直接受理或者提审由下级税务机关管辖的行政复议案件。

**第五十条**　对应当先向行政复议机关申请行政复议，对行政复议决定不服再向人民法院提起行政诉讼的具体行政行为，行政复议机关决定不予受理或者受理以后超过行政复议期限不作答复的，申请人可以自收到不予受理决定书之日起或者行政复议期满之日起15日内，依法向人民法院提起行政诉讼。

依照本规则第八十三条规定延长行政复议期限的，以延长以后的时间为行政复议期满时间。

**第五十一条**　行政复议期间具体行政行为不停止执行；但是有下列情形之一的，可以停止执行：

（一）被申请人认为需要停止执行的。

（二）行政复议机关认为需要停止执行的。

（三）申请人申请停止执行，行政复议机关认为其要求合理，决定停止执行的。

（四）法律规定停止执行的。

## 第八章　税务行政复议证据

**第五十二条**　行政复议证据包括以下类别：

（一）书证；

（二）物证；

（三）视听资料；

（四）电子数据；

（五）证人证言；

（六）当事人的陈述；

（七）鉴定意见；

（八）勘验笔录、现场笔录。

**第五十三条**　在行政复议中，被申请人对其作出的具体行政行为负有举证责任。

**第五十四条**　行政复议机关应当依法全面审查相关证据。行政复议机关审查行政复议案件，应当以证据证明的案件事实为依据。定案证据应当具有合法性、真实性和关联性。

**第五十五条**　行政复议机关应当根据案件的具体情况，从以下方面审查证据的合法性：

（一）证据是否符合法定形式。

（二）证据的取得是否符合法律、法规、规章和司法解释的规定。

（三）是否有影响证据效力的其他违法情形。

**第五十六条**　行政复议机关应当根据案件的具体情况，从以下方面审查证据的真实性：

（一）证据形成的原因。

（二）发现证据时的环境。

（三）证据是否为原件、原物，复制件、复制品与原件、原物是否相符。

（四）提供证据的人或者证人与行政复议参加人是否具有利害关系。

（五）影响证据真实性的其他因素。

**第五十七条**　行政复议机关应当根据案件的具体情况，从以下方面审查证据的关联性：

（一）证据与待证事实是否具有证明关系。

（二）证据与待证事实的关联程度。

（三）影响证据关联性的其他因素。

**第五十八条**　下列证据材料不得作为定案依据：

（一）违反法定程序收集的证据材料。

（二）以偷拍、偷录和窃听等手段获取侵害他人合法权益的证据材料。

（三）以利诱、欺诈、胁迫和暴力等不正当手段获取的证据材料。

（四）无正当事由超出举证期限提供的证据材料。

（五）无正当理由拒不提供原件、原物，又无其他证据印证，且对方不予认可的证据的复制件、复制品。

（六）无法辨明真伪的证据材料。

（七）不能正确表达意志的证人提供的证言。

（八）不具备合法性、真实性的其他证据材料。

行政复议机构依据本规则第十一条第（二）项规定的职责所取得的有关材料，不得作为支持被申请人具体行政行为的证据。

**第五十九条** 在行政复议过程中，被申请人不得自行向申请人和其他有关组织或者个人收集证据。

**第六十条** 行政复议机构认为必要时，可以调查取证。

行政复议工作人员向有关组织和人员调查取证时，可以查阅、复制和调取有关文件和资料，向有关人员询问。调查取证时，行政复议工作人员不得少于2人，并应当向当事人和有关人员出示证件。被调查单位和人员应当配合行政复议工作人员的工作，不得拒绝、阻挠。

需要现场勘验的，现场勘验所用时间不计入行政复议审理期限。

**第六十一条** 申请人和第三人可以查阅被申请人提出的书面答复、作出具体行政行为的证据、依据和其他有关材料，除涉及国家秘密、商业秘密或者个人隐私外，行政复议机关不得拒绝。

## 第九章 税务行政复议审查和决定

**第六十二条** 行政复议机构应当自受理行政复议申请之日起7日内，将行政复议申请书副本或者行政复议申请笔录复印件发送被申请人。被申请人应当自收到申请书副本或者申请笔录复印件之日起10日内提出书面答复，并提交当初作出具体行政行为的证据、依据和其他有关材料。

对国家税务总局的具体行政行为不服申请行政复议的案件，由原承办具体行政行为的相关机构向行政复议机构提出书面答复，并提交当初作出具体行政行为的证据、依据和其他有关材料。

**第六十三条** 行政复议机构审理行政复议案件，应当由2名以上行政复议工作人员参加。

**第六十四条** 行政复议原则上采用书面审查的办法，但是申请人提出要求或者行政复议机构认为有必要时，应当听取申请人、被申请人和第三人的意见，并可以向有关组织和人员调查了解情况。

**第六十五条** 对重大、复杂的案件，申请人提出要求或者行政复议机构认为必要时，可以采取听证的方式审理。

**第六十六条** 行政复议机构决定举行听证的，应当将举行听证的时间、地点和具体要求等事项通知申请人、被申请人和第三人。

第三人不参加听证的，不影响听证的举行。

**第六十七条** 听证应当公开举行，但是涉及国家秘密、商业秘密或者个人隐私的除外。

**第六十八条** 行政复议听证人员不得少于2人，听证主持人由行政复议机构指定。

**第六十九条** 听证应当制作笔录。申请人、被申请人和第三人应当确认听证笔录内容。

行政复议听证笔录应当附卷，作为行政复议机构审理案件的依据之一。

**第七十条** 行政复议机关应当全面审查被申请人的具体行政行为所依据的事实证据、法律程序、法律依据和设定的权利义务内容的合法性、适当性。

**第七十一条** 申请人在行政复议决定作出以前撤回行政复议申请的，经行政复议机构同意，可以撤回。

申请人撤回行政复议申请的，不得再以同一事实和理由提出行政复议申请。但是，申请人能够证明撤回行政复议申请违背其真实意思表示的除外。

**第七十二条** 行政复议期间被申请人改变原具体行政行为的，不影响行政复议案件的审理。但是，申请人依法撤回行政复议申请的除外。

**第七十三条** 申请人在申请行政复议时，依据本规则第十五条规定一并提出对有关规定的审查申请的，行政复议机关对该规定有权处理的，应当在30日内依法处理；无权处理的，应当在7日内按照法定程序逐级转送有权处理的行政机关依法处理，有权处理的行政机关应当在60日内依法处理。处理期间，中止对具体行政行为的审查。

**第七十四条** 行政复议机关审查被申请人的具体行政行为时，认为其依据不合法，本机关有权处理的，应当在30日内依法处理；无权处理的，应当在7日内按照法定程序逐级转送有权处理的国家机关依法处理。处理期间，中止对具体行政行为的审查。

**第七十五条** 行政复议机构应当对被申请人的具体行政行为提出审查意见，经行政复议机关负责人批准，按照下列规定作出行政复议决定：

（一）具体行政行为认定事实清楚，证据确凿，适用依据正确，程序合法，内容适当的，决定维持。

（二）被申请人不履行法定职责的，决定其在一定期限内履行。

（三）具体行政行为有下列情形之一的，决定撤销、变更或者确认该具体行政行为违法；决定撤销或者确认该具体行政行为违法的，可以责令被申请人在一定期限内重新作出具体行政行为：

1. 主要事实不清、证据不足的；

2. 适用依据错误的；

3. 违反法定程序的；

4. 超越职权或者滥用职权的；

5. 具体行政行为明显不当的。

（四）被申请人不按照本规则第六十二条的规定提出书面答复，提交当初作出具体行政行为的证据、依据和其他有关材料的，视为该具体行政行为没有证据、依据，决定撤销该具体行政行为。

**第七十六条**　行政复议机关责令被申请人重新作出具体行政行为的，被申请人不得以同一事实和理由作出与原具体行政行为相同或者基本相同的具体行政行为；但是行政复议机关以原具体行政行为违反法定程序决定撤销的，被申请人重新作出具体行政行为的除外。

行政复议机关责令被申请人重新作出具体行政行为的，被申请人不得作出对申请人更为不利的决定；但是行政复议机关以原具体行政行为主要事实不清、证据不足或适用依据错误决定撤销的，被申请人重新作出具体行政行为的除外。

**第七十七条**　有下列情形之一的，行政复议机关可以决定变更：

（一）认定事实清楚，证据确凿，程序合法，但是明显不当或者适用依据错误的。

（二）认定事实不清，证据不足，但是经行政复议机关审理查明事实清楚，证据确凿的。

**第七十八条**　有下列情形之一的，行政复议机关应当决定驳回行政复议申请：

（一）申请人认为税务机关不履行法定职责申请行政复议，行政复议机关受理以后发现该税务机关没有相应法定职责或者在受理以前已经履行法定职责的。

（二）受理行政复议申请后，发现该行政复议申请不符合行政复议法及其实施条例和本规则规定的受理条件的。

上级税务机关认为行政复议机关驳回行政复议申请的理由不成立的，应当责令限期恢复受理。行政复议机关审理行政复议申请期限的计算应当扣除因驳回耽误的时间。

**第七十九条**　行政复议期间，有下列情形之一的，行政复议中止：

（一）作为申请人的公民死亡，其近亲属尚未确定是否参加行政复议的。

（二）作为申请人的公民丧失参加行政复议的能力，尚未确定法定代理人参加行政复议的。

（三）作为申请人的法人或者其他组织终止，尚未确定权利义务承受人的。

（四）作为申请人的公民下落不明或者被宣告失踪的。

（五）申请人、被申请人因不可抗力，不能参加行政复议的。

（六）行政复议机关因不可抗力原因暂时不能履行工作职责的。

（七）案件涉及法律适用问题，需要有权机关作出解释或者确认的。

（八）案件审理需要以其他案件的审理结果为依据，而其他案件尚未审结的。

（九）其他需要中止行政复议的情形。

行政复议中止的原因消除以后，应当及时恢复行政复议案件的审理。

行政复议机构中止、恢复行政复议案件的审理，应当告知申请人、被申请人、第三人。

**第八十条**　行政复议期间，有下列情形之一的，行政复议终止：

（一）申请人要求撤回行政复议申请，行政复议机构准予撤回的。

（二）作为申请人的公民死亡，没有近亲属，或者其近亲属放弃行政复议权利的。

（三）作为申请人的法人或者其他组织终止，其权利义务的承受人放弃行政复议权利的。

（四）申请人与被申请人依照本规则第八十七条的规定，经行政复议机构准许达成和解的。

（五）行政复议申请受理以后，发现其他行政复议机关已经先于本机关受理，或者人民法院已经受理的。

依照本规则第七十九条第一款第（一）项、第（二）项、第（三）项规定中止行政复议，满60日行政复议中止的原因未消除的，行政复议终止。

**第八十一条**　行政复议机关责令被申请人重新作出具体行政行为的，被申请人应当在60日内重新作出具体行政行为;情况复杂,不能在规定期限内重新作出具体行政行为的,经行政复议机关批准,可以适当延期,但是延期不得超过30日。

公民、法人或者其他组织对被申请人重新作出的具体行政行为不服,可以依法申请行政复议,或者提起行政诉讼。

**第八十二条** 申请人在申请行政复议时可以一并提出行政赔偿请求,行政复议机关对符合国家赔偿法的规定应当赔偿的,在决定撤销、变更具体行政行为或者确认具体行政行为违法时,应当同时决定被申请人依法赔偿。

申请人在申请行政复议时没有提出行政赔偿请求的,行政复议机关在依法决定撤销、变更原具体行政行为确定的税款、滞纳金、罚款和对财产的扣押、查封等强制措施时,应当同时责令被申请人退还税款、滞纳金和罚款,解除对财产的扣押、查封等强制措施,或者赔偿相应的价款。

**第八十三条** 行政复议机关应当自受理申请之日起60日内作出行政复议决定。情况复杂,不能在规定期限内作出行政复议决定的,经行政复议机关负责人批准,可以适当延期,并告知申请人和被申请人;但是延期不得超过30日。

行政复议机关作出行政复议决定,应当制作行政复议决定书,并加盖行政复议机关印章。

行政复议决定书一经送达,即发生法律效力。

**第八十四条** 被申请人应当履行行政复议决定。

被申请人不履行、无正当理由拖延履行行政复议决定的,行政复议机关或者有关上级税务机关应当责令其限期履行。

**第八十五条** 申请人、第三人逾期不起诉又不履行行政复议决定的,或者不履行最终裁决的行政复议决定的,按照下列规定分别处理:

(一)维持具体行政行为的行政复议决定,由作出具体行政行为的税务机关依法强制执行,或者申请人民法院强制执行。

(二)变更具体行政行为的行政复议决定,由行政复议机关依法强制执行,或者申请人民法院强制执行。

## 第十章 税务行政复议和解与调解

**第八十六条** 对下列行政复议事项,按照自愿、合法的原则,申请人和被申请人在行政复议机关作出行政复议决定以前可以达成和解,行政复议机关也可以调解:

(一)行使自由裁量权作出的具体行政行为,如行政处罚、核定税额、确定应税所得率等。

(二)行政赔偿。

(三)行政奖励。

(四)存在其他合理性问题的具体行政行为。

行政复议审理期限在和解、调解期间中止计算。

**第八十七条** 申请人和被申请人达成和解的,应当向行政复议机构提交书面和解协议。和解内容不损害社会公共利益和他人合法权益的,行政复议机构应当准许。

**第八十八条** 经行政复议机构准许和解终止行政复议的,申请人不得以同一事实和理由再次申请行政复议。

**第八十九条** 调解应当符合下列要求:

(一)尊重申请人和被申请人的意愿。

(二)在查明案件事实的基础上进行。

(三)遵循客观、公正和合理原则。

(四)不得损害社会公共利益和他人合法权益。

**第九十条** 行政复议机关按照下列程序调解:

(一)征得申请人和被申请人同意。

(二)听取申请人和被申请人的意见。

(三)提出调解方案。

(四)达成调解协议。

(五)制作行政复议调解书。

**第九十一条** 行政复议调解书应当载明行政复议请求、事实、理由和调解结果,并加盖行政复议机关印章。行政复议调解书经双方当事人签字,即具有法律效力。

调解未达成协议,或者行政复议调解书不生效的,行政复议机关应当及时作出行政复议决定。

**第九十二条** 申请人不履行行政复议调解书的,由被申请人依法强制执行,或者申请人民法院强制执行。

## 第十一章 税务行政复议指导和监督

**第九十三条** 各级税务复议机关应当加强对履行行政复议职责的监督。行政复议机构负责对行政复议工作进行系统督促、指导。

**第九十四条** 各级税务机关应当建立健全行政复议工作责任制,将行政复议工作纳入本单位目标责任制。

**第九十五条** 各级税务机关应当按照职责权限,通过定期组织检查、抽查等方式,检查下级税务机关的行政复议工作,并及时向有关方面反馈检查结果。

**第九十六条** 行政复议期间行政复议机关发现被申请人和其他下级税务机关的相关行政行为违法或者需要做好善后工作的,可以制作行政复议意见书。有关机关应当自收到行政复议意见书之日起60日内将纠正相关行政违法行为或者做好善后工作的情况报告行政复议机关。

行政复议期间行政复议机构发现法律、法规和规章实施中带有普遍性的问题，可以制作行政复议建议书，向有关机关提出完善制度和改进行政执法的建议。

**第九十七条**　省以下各级税务机关应当定期向上一级税务机关提交行政复议、应诉、赔偿统计表和分析报告，及时将重大行政复议决定报上一级行政复议机关备案。

**第九十八条**　行政复议机构应当按照规定将行政复议案件资料立卷归档。

行政复议案卷应当按照行政复议申请分别装订立卷，一案一卷，统一编号，做到目录清晰、资料齐全、分类规范、装订整齐。

**第九十九条**　行政复议机构应当定期组织行政复议工作人员业务培训和工作交流，提高行政复议工作人员的专业素质。

**第一百条**　行政复议机关应当定期总结行政复议工作。对行政复议工作中做出显著成绩的单位和个人，依照有关规定表彰和奖励。

## 第十二章　附　　则

**第一百零一条**　行政复议机关、行政复议机关工作人员和被申请人在税务行政复议活动中，违反行政复议法及其实施条例和本规则规定的，应当依法处理。

**第一百零二条**　外国人、无国籍人、外国组织在中华人民共和国境内向税务机关申请行政复议，适用本规则。

**第一百零三条**　行政复议机关在行政复议工作中可以使用行政复议专用章。行政复议专用章与行政复议机关印章在行政复议中具有同等效力。

**第一百零四条**　行政复议期间的计算和行政复议文书的送达，依照民事诉讼法关于期间、送达的规定执行。

本规则关于行政复议期间有关“5日”、“7日”的规定指工作日，不包括法定节假日。

**第一百零五条**　本规则自2010年4月1日起施行，2004年2月24日国家税务总局公布的《税务行政复议规则(暂行)》(国家税务总局令第8号)同时废止。

# 系统督查管理办法

*1. 2016年4月5日国家税务总局发布*
*2. 税总发〔2016〕47号*

## 第一章　总　　则

**第一条**　为了规范系统督查工作，科学推进工作落实，根据中共中央办公厅、国务院办公厅有关加强督查工作的规定，结合税收工作实际，制定本办法。

**第二条**　本办法适用于国家税务总局组织的系统督查。

**第三条**　系统督查是指为保证党中央和国务院重大决策部署、税务总局重要工作安排的落实及热点难点问题的解决，采取适当方式，对下级税务机关进行督促检查。

**第四条**　系统督查应当坚持围绕中心、服务大局，组织安排、领导授权，实事求是、客观公正的原则。

**第五条**　系统督查由办公厅负责组织协调。办公厅应当在税务总局监督检查工作联席会议的统筹下，加强与督察内审、巡视、干部监督部门以及相关司局的协调，形成工作合力，避免重复交叉，减轻基层负担。

## 第二章　方式和流程

**第六条**　系统督查流程一般包括：督查立项、实施准备、实地督查、反馈意见、总结汇报、督促整改等环节。

**第七条**　督查立项。每年年初，各司局根据年度税收工作重点任务，向办公厅报送督查工作建议，说明需要督查的事项、对象、时间等。办公厅进行汇总，经税务总局监督检查工作联席会议统筹协调，报局领导审定后形成年度督查计划。

开展督查前，根据年度督查计划和工作推进情况，办公厅拟定督查事项、对象、时间等，报局领导批准立项。

**第八条**　实施准备。办公厅应当组织做好以下准备工作：

（一）拟定方案。会同相关司局制定督查方案，一般包括督查事项、依据、标准、方式、对象和时间安排等。

（二）组建督查组。会商相关司局和省税务机关，抽调人员组成若干督查组，并确定督查组组长、联络员。要充分发挥督查专员库、税务领军人才、专业人才库人员作用。

（三）开展培训。编印督查工作手册，分发全体督查人员；组织开展业务培训，讲解业务政策、督查重点、方式方法、注意事项等。

（四）下发督查通知。一般提前3个工作日向被督查单位下发督查通知(模板见附件1)，告知督查事项、工作安排、督查组成员及有关要求。

（五）发布督查公告。按照督查工作要求，被督查单位应在办公楼、内外网站、办税服务厅等显著位置发布税务总局督查组公告(模板见附件2)，一般包括：督查事项、对象、时间和联系方式等。

**第九条**　实地督查。督查中一般由2位以上督查组成员

参加。督查人员要认真做好记录,填写督查工作底稿(模板见附件3),主要采取以下方式进行:

(一)听取被督查单位关于督查事项的工作汇报。

(二)召开税务干部和纳税人座谈会,围绕督查事项听取意见建议。

(三)查阅相关文件、会议纪要、税收执法卷宗和文书等资料。

(四)查询税收信息系统有关数据、文档。

(五)选择部分市、县税务机关,深入了解基层工作落实情况。

(六)走访纳税人,征求意见建议。

(七)对纳税人通过电话、邮件等途径反映的相关问题进行调查、核实。

(八)督查工作中发现被督查单位存在问题的,必要时可以约谈相关人员,进一步了解情况。

**第十条**　反馈意见。督查组与被督查单位交换意见,对总体情况作出评价,指出存在问题,提出对策建议,推动有关问题的解决。

**第十一条**　总结汇报。各督查组组长负责组织起草,形成内容详实、观点鲜明、建议明确的督查分报告(模板见附件4),办公厅根据各督查组报告汇总形成总报告。

**第十二条**　督促整改。针对督查发现的问题,办公厅向被督查单位分别制发整改通知(模板见附件1),明确需要整改的问题、时限及有关要求。对于普遍性问题,通知全国税务机关进行自查整改。

被督查单位按照整改通知要求,制定整改方案,并以正式公文(××税函)报税务总局办公厅;认真整改到位,并将整改报告以正式公文(××税发)报税务总局。建立整改台账(模板见附件5),坚持对账销号。

办公厅审核汇总被督查单位的整改方案、整改报告,跟踪整改情况,督促整改到位,将整改结果及时汇总报局领导。

**第十三条**　对部分事项,可以采取文件、电话等方式开展案头督查。

(一)立项通知。经局领导或者办公厅领导批准,下发督查通知,布置督查任务。

(二)跟踪催办。对需要落实和整改的事项,进行跟踪催办,督促被督查单位落实整改到位。

(三)情况反馈。被督查单位按要求认真整改到位,并将整改报告以正式公文(××税发)报税务总局。

(四)总结报告。对整改落实情况进行审核分析,报局领导。

**第十四条**　根据工作需要,采取暗访的形式开展督查。对税务机关的暗访,可以通过拍照、录音、录像等留存记录,填写督查工作底稿;必要时暗访人员可以公开身份,进一步核实有关问题。

**第十五条**　开展系统督查过程中,可以邀请第三方机构,对有关政策措施落实情况开展评估,或通过互联网络对落实效果进行评价。

**第十六条**　税务总局适时组织省税务机关开展交叉督查。承担督查任务的省税务机关按照税务总局督查方案,组建督查组对被督查单位实施督查,提交督查报告。

督查组联络员由税务总局指定。

**第十七条**　为确保督查发现的问题整改落实到位,对部分单位组织开展"二次督查"。督查主要内容:

(一)整改通知中指出问题的整改落实情况。

(二)整改落实长效机制建设情况。

(三)尚未整改落实的问题及原因。

(四)需要了解的其他情况。

## 第三章　组织管理

**第十八条**　督查组向税务总局负责,发现重大问题和重大线索要及时报告。督查组实行组长负责制。联络员应当做好与被督查单位、办公厅的沟通联系。

**第十九条**　建立督查专员库。税务总局从省税务机关甄选人员,建立综合素质高、专业能力强、结构合理、数量适度的督查专员库,并根据工作需要不定期进行人员调整。

**第二十条**　开展系统督查过程中,可以邀请税务新闻媒体或其他社会新闻媒体,报道督查工作开展情况,对落实情况好的单位进行宣传,对落实不力的典型情况予以曝光。

**第二十一条**　基层税务机关和纳税人对税务总局提出的意见建议,由办公厅转交相关司局及时研究提出处理意见,报局领导审定后予以答复。

**第二十二条**　督查工作结束后,督查组应及时将被督查单位的汇报材料、电话记录、电子邮件、座谈会记录、工作底稿等资料整理后报办公厅。办公厅按档案管理规定进行整理归档,不需要归档的资料保存2年。

**第二十三条**　办公厅编发《系统督查专报》(模板见附件6),反映税务总局督查工作开展情况和各地督查工作经验、整改落实情况。

**第二十四条**　办公厅采取培训交流、跟班学习、交叉督查、督查调研、绩效考评等方式,推动各地税务机关加强督查工作。

## 第四章 结果运用

**第二十五条** 对督查中发现的先进典型单位和人员、好的经验做法进行通报表扬。

**第二十六条** 对绩效考评排名前三位或督查发现问题少的单位，报局领导批准后在次年实行“免督查”。

**第二十七条** 办公厅将督查结果提交人事司，人事司将督查结果作为评先评优、干部考核和提拔任用的参考。

**第二十八条** 对督查发现的问题，在绩效考评中对被督查单位相应给予减分；办公厅将督查报告转交给相关司局，作为司局考评省税务机关的重要依据。

**第二十九条** 对督查发现的问题，由办公厅转交相关司局研究提出处理意见。涉及问责的，按照干部管理权限和程序，由相应问责主体进行问责处理。

对需要税务总局进行问责的，由驻税务总局纪检组会同相关司局进一步核实情况，提出具体问责意见，报局领导审批后实施问责；对需要省以下税务机关问责的，由省税务机关组织提出问责意见，办公厅汇总提请驻税务总局纪检组审核同意后，按程序实施问责。

## 第五章 工作纪律

**第三十条** 督查人员应当认真履行职责，客观反映督查情况，如实记录问题，公正评价被督查单位，不得放宽督查标准或者隐瞒督查发现的问题。

**第三十一条** 督查人员应当严格遵守中央八项规定精神，认真落实公务接待管理办法，不得违反各项廉政规定。

**第三十二条** 督查人员应当严格遵守保密工作纪律，不得向被督查单位泄露与督查工作有关的保密信息；对被督查单位提供的有关信息负保密责任；对反映问题的人员或单位信息保密。

**第三十三条** 对认真履行职责、忠于职守、坚持原则、取得显著成绩的督查组和督查人员，应给予表彰奖励。

**第三十四条** 督查人员对被督查单位人员或纳税人反映强烈的问题，应核实未核实、应报告未报告的，追究相关责任人的纪律责任。

对滥用职权、徇私舞弊、玩忽职守、泄漏秘密的督查人员，依照规定程序处理。

**第三十五条** 对拒绝督查、不配合督查、拒不提供资料或者提供虚假资料、整改落实不力或者瞒报、虚报整改情况以及报复刁难反映问题人员的，按照有关规定处理。

## 第六章 附　　则

**第三十六条** 各省、自治区、直辖市和计划单列市国家税务局、地方税务局可参照本办法，结合实际，制定本单位系统督查管理办法。

**第三十七条** 本办法由税务总局办公厅负责解释。

**第三十八条** 本办法自印发之日起施行。

附件：（略）

## （2）流转税

### ①增值税

# 全国人民代表大会常务委员会关于惩治虚开、伪造和非法出售增值税专用发票犯罪的决定

*1. 1995年10月30日第八届全国人民代表大会常务委员会第十六次会议通过*

*2. 1995年10月30日中华人民共和国主席令第57号公布*

为了惩治虚开、伪造和非法出售增值税专用发票和其他发票进行偷税、骗税等犯罪活动，保障国家税收，特作如下决定：

一、虚开增值税专用发票的，处三年以下有期徒刑或者拘役，并处二万元以上二十万元以下罚金；虚开的税款数额较大或者有其他严重情节的，处三年以上十年以下有期徒刑，并处五万元以上五十万元以下罚金；虚开的税款数额巨大或者有其他特别严重情节的，处十年以上有期徒刑或者无期徒刑，并处没收财产。

有前款行为骗取国家税款，数额特别巨大、情节特别严重、给国家利益造成特别重大损失的，处无期徒刑或者死刑，并处没收财产。

虚开增值税专用发票的犯罪集团的首要分子，分别依照前两款的规定从重处罚。

虚开增值税专用发票是指有为他人虚开、为自己虚开、让他人为自己虚开、介绍他人虚开增值税专用发票行为之一的。

二、伪造或者出售伪造的增值税专用发票的，处三年以下有期徒刑或者拘役，并处二万元以上二十万元以下罚金；数量较大或者有其他严重情节的，处三年以上十年以下有期徒刑，并处五万元以上五十万元以下罚金；数量巨大或者有其他特别严重情节的，处十年以上有期徒刑或者无期徒刑，并处没收财产。

伪造并出售伪造的增值税专用发票，数量特别巨

大、情节特别严重、严重破坏经济秩序的，处无期徒刑或者死刑，并处没收财产。

伪造、出售伪造的增值税专用发票的犯罪集团的首要分子，分别依照前两款的规定从重处罚。

三、非法出售增值税专用发票的，处三年以下有期徒刑或者拘役，并处二万元以上二十万元以下罚金；数量较大的，处三年以上十年以下有期徒刑，并处五万元以上五十万元以下罚金；数量巨大的，处十年以上有期徒刑或者无期徒刑，并处没收财产。

四、非法购买增值税专用发票或者购买伪造的增值税专用发票的，处五年以下有期徒刑、拘役，并处或者单处二万元以上二十万元以下罚金。

非法购买增值税专用发票或者购买伪造的增值税专用发票又虚开或者出售的，分别依照第一条、第二条、第三条的规定处罚。

五、虚开用于骗取出口退税、抵扣税款的其他发票的，依照本决定第一条的规定处罚。

虚开用于骗取出口退税、抵扣税款的其他发票是指有为他人虚开、为自己虚开、让他人为自己虚开、介绍他人虚开用于骗取出口退税、抵扣税款的其他发票行为之一的。

六、伪造、擅自制造或者出售伪造、擅自制造的可以用于骗取出口退税、抵扣税款的其他发票的，处三年以下有期徒刑或者拘役，并处二万元以上二十万元以下罚金；数量巨大的，处三年以上七年以下有期徒刑，并处五万元以上五十万元以下罚金；数量特别巨大的，处七年以上有期徒刑，并处没收财产。

伪造、擅自制造或者出售伪造、擅自制造的前款规定以外的其他发票的，比照刑法第一百二十四条的规定处罚。

非法出售可以用于骗取出口退税、抵扣税款的其他发票的，依照第一款的规定处罚。

非法出售前款规定以外的其他发票的，比照刑法第一百二十四条的规定处罚。

七、盗窃增值税专用发票或者其他发票的，依照刑法关于盗窃罪的规定处罚。

使用欺骗手段骗取增值税专用发票或者其他发票的，依照刑法关于诈骗罪的规定处罚。

八、税务机关或者其他国家机关的工作人员有下列情形之一的，依照本决定的有关规定从重处罚：

（一）与犯罪分子相勾结，实施本决定规定的犯罪的；

（二）明知是虚开的发票，予以退税或者抵扣税款的；

（三）明知犯罪分子实施本决定规定的犯罪，而提供其他帮助的。

九、税务机关的工作人员违反法律、行政法规的规定，在发售发票、抵扣税款、出口退税工作中玩忽职守，致使国家利益遭受重大损失的，处五年以下有期徒刑或者拘役；致使国家利益遭受特别重大损失的，处五年以上有期徒刑。

十、单位犯本决定第一条、第二条、第三条、第四条、第五条、第六条、第七条第二款规定之罪的，对单位判处罚金，并对直接负责的主管人员和其他直接责任人员依照各该条的规定追究刑事责任。

十一、有本决定第二条、第三条、第四条第一款、第六条规定的行为，情节显著轻微，尚不构成犯罪的，由公安机关处十五日以下拘留、五千元以下罚款。

十二、对追缴犯本决定规定之罪的犯罪分子的非法抵扣和骗取的税款，由税务机关上交国库，其他的违法所得和供犯罪使用的财物一律没收。

供本决定规定的犯罪所使用的发票和伪造的发票一律没收。

十三、本决定自公布之日起施行。

## 中华人民共和国增值税暂行条例

*1. 1993 年 12 月 13 日国务院令第 134 号公布*
*2. 2008 年 11 月 5 日国务院第 34 次常务会议修订通过*
*3. 根据 2016 年 2 月 6 日国务院令第 666 号《关于修改部分行政法规的决定》第一次修订*
*4. 根据 2017 年 11 月 19 日国务院令第 691 号《关于废止〈中华人民共和国营业税暂行条例〉和修改〈中华人民共和国增值税暂行条例〉的决定》第二次修订*

**第一条** 在中华人民共和国境内销售货物或者加工、修理修配劳务（以下简称劳务），销售服务、无形资产、不动产以及进口货物的单位和个人，为增值税的纳税人，应当依照本条例缴纳增值税。

**第二条** 增值税税率：

（一）纳税人销售货物、劳务、有形动产租赁服务或者进口货物，除本条第二项、第四项、第五项另有规定外，税率为 17%。

（二）纳税人销售交通运输、邮政、基础电信、建筑、不动产租赁服务，销售不动产，转让土地使用权，销售或者进口下列货物，税率为 11%：

1. 粮食等农产品、食用植物油、食用盐；

2. 自来水、暖气、冷气、热水、煤气、石油液化气、天然气、二甲醚、沼气、居民用煤炭制品；

3. 图书、报纸、杂志、音像制品、电子出版物；

4. 饲料、化肥、农药、农机、农膜；

5. 国务院规定的其他货物。

（三）纳税人销售服务、无形资产，除本条第一项、第二项、第五项另有规定外，税率为6%。

（四）纳税人出口货物，税率为零；但是，国务院另有规定的除外。

（五）境内单位和个人跨境销售国务院规定范围内的服务、无形资产，税率为零。

税率的调整，由国务院决定。

**第三条**　纳税人兼营不同税率的项目，应当分别核算不同税率项目的销售额；未分别核算销售额的，从高适用税率。

**第四条**　除本条例第十一条规定外，纳税人销售货物、劳务、服务、无形资产、不动产（以下统称应税销售行为），应纳税额为当期销项税额抵扣当期进项税额后的余额。应纳税额计算公式：

应纳税额＝当期销项税额－当期进项税额

当期销项税额小于当期进项税额不足抵扣时，其不足部分可以结转下期继续抵扣。

**第五条**　纳税人发生应税销售行为，按照销售额和本条例第二条规定的税率计算收取的增值税额，为销项税额。销项税额计算公式：

销项税额＝销售额×税率

**第六条**　销售额为纳税人发生应税销售行为收取的全部价款和价外费用，但是不包括收取的销项税额。

销售额以人民币计算。纳税人以人民币以外的货币结算销售额的，应当折合成人民币计算。

**第七条**　纳税人发生应税销售行为的价格明显偏低并无正当理由的，由主管税务机关核定其销售额。

**第八条**　纳税人购进货物、劳务、服务、无形资产、不动产支付或者负担的增值税额，为进项税额。

下列进项税额准予从销项税额中抵扣：

（一）从销售方取得的增值税专用发票上注明的增值税额。

（二）从海关取得的海关进口增值税专用缴款书上注明的增值税额。

（三）购进农产品，除取得增值税专用发票或者海关进口增值税专用缴款书外，按照农产品收购发票或者销售发票上注明的农产品买价和11%的扣除率计算的进项税额，国务院另有规定的除外。进项税额计算公式：

进项税额＝买价×扣除率

（四）自境外单位或者个人购进劳务、服务、无形资产或者境内的不动产，从税务机关或者扣缴义务人取得的代扣代缴税款的完税凭证上注明的增值税额。

准予抵扣的项目和扣除率的调整，由国务院决定。

**第九条**　纳税人购进货物、劳务、服务、无形资产、不动产，取得的增值税扣税凭证不符合法律、行政法规或者国务院税务主管部门有关规定的，其进项税额不得从销项税额中抵扣。

**第十条**　下列项目的进项税额不得从销项税额中抵扣：

（一）用于简易计税方法计税项目、免征增值税项目、集体福利或者个人消费的购进货物、劳务、服务、无形资产和不动产；

（二）非正常损失的购进货物，以及相关的劳务和交通运输服务；

（三）非正常损失的在产品、产成品所耗用的购进货物（不包括固定资产）、劳务和交通运输服务；

（四）国务院规定的其他项目。

**第十一条**　小规模纳税人发生应税销售行为，实行按照销售额和征收率计算应纳税额的简易办法，并不得抵扣进项税额。应纳税额计算公式：

应纳税额＝销售额×征收率

小规模纳税人的标准由国务院财政、税务主管部门规定。

**第十二条**　小规模纳税人增值税征收率为3%，国务院另有规定的除外。

**第十三条**　小规模纳税人以外的纳税人应当向主管税务机关办理登记。具体登记办法由国务院税务主管部门制定。

小规模纳税人会计核算健全，能够提供准确税务资料的，可以向主管税务机关办理登记，不作为小规模纳税人，依照本条例有关规定计算应纳税额。

**第十四条**　纳税人进口货物，按照组成计税价格和本条例第二条规定的税率计算应纳税额。组成计税价格和应纳税额计算公式：

组成计税价格＝关税完税价格＋关税＋消费税

应纳税额＝组成计税价格×税率

**第十五条**　下列项目免征增值税：

（一）农业生产者销售的自产农产品；

（二）避孕药品和用具；

（三）古旧图书；

（四）直接用于科学研究、科学试验和教学的进口仪器、设备；

（五）外国政府、国际组织无偿援助的进口物资和设备；

（六）由残疾人的组织直接进口供残疾人专用的物品；

（七）销售的自己使用过的物品。

除前款规定外，增值税的免税、减税项目由国务院规定。任何地区、部门均不得规定免税、减税项目。

**第十六条** 纳税人兼营免税、减税项目的，应当分别核算免税、减税项目的销售额；未分别核算销售额的，不得免税、减税。

**第十七条** 纳税人销售额未达到国务院财政、税务主管部门规定的增值税起征点的，免征增值税；达到起征点的，依照本条例规定全额计算缴纳增值税。

**第十八条** 中华人民共和国境外的单位或者个人在境内销售劳务，在境内未设有经营机构的，以其境内代理人为扣缴义务人；在境内没有代理人的，以购买方为扣缴义务人。

**第十九条** 增值税纳税义务发生时间：

（一）发生应税销售行为，为收讫销售款项或者取得索取销售款项凭据的当天；先开具发票的，为开具发票的当天。

（二）进口货物，为报关进口的当天。

增值税扣缴义务发生时间为纳税人增值税纳税义务发生的当天。

**第二十条** 增值税由税务机关征收，进口货物的增值税由海关代征。

个人携带或者邮寄进境自用物品的增值税，连同关税一并计征。具体办法由国务院关税税则委员会会同有关部门制定。

**第二十一条** 纳税人发生应税销售行为，应当向索取增值税专用发票的购买方开具增值税专用发票，并在增值税专用发票上分别注明销售额和销项税额。

属于下列情形之一的，不得开具增值税专用发票：

（一）应税销售行为的购买方为消费者个人的；

（二）发生应税销售行为适用免税规定的。

**第二十二条** 增值税纳税地点：

（一）固定业户应当向其机构所在地的主管税务机关申报纳税。总机构和分支机构不在同一县（市）的，应当分别向各自所在地的主管税务机关申报纳税；经国务院财政、税务主管部门或者其授权的财政、税务机关批准，可以由总机构汇总向总机构所在地的主管税务机关申报纳税。

（二）固定业户到外县（市）销售货物或者劳务，应当向其机构所在地的主管税务机关报告外出经营事项，并向其机构所在地的主管税务机关申报纳税；未报告的，应当向销售地或者劳务发生地的主管税务机关申报纳税；未向销售地或者劳务发生地的主管税务机关申报纳税的，由其机构所在地的主管税务机关补征税款。

（三）非固定业户销售货物或者劳务，应当向销售地或者劳务发生地的主管税务机关申报纳税；未向销售地或者劳务发生地的主管税务机关申报纳税的，由其机构所在地或者居住地的主管税务机关补征税款。

（四）进口货物，应当向报关地海关申报纳税。

扣缴义务人应当向其机构所在地或者居住地的主管税务机关申报缴纳其扣缴的税款。

**第二十三条** 增值税的纳税期限分别为 1 日、3 日、5 日、10 日、15 日、1 个月或者 1 个季度。纳税人的具体纳税期限，由主管税务机关根据纳税人应纳税额的大小分别核定；不能按照固定期限纳税的，可以按次纳税。

纳税人以 1 个月或者 1 个季度为 1 个纳税期的，自期满之日起 15 日内申报纳税；以 1 日、3 日、5 日、10 日或者 15 日为 1 个纳税期的，自期满之日起 5 日内预缴税款，于次月 1 日起 15 日内申报纳税并结清上月应纳税款。

扣缴义务人解缴税款的期限，依照前两款规定执行。

**第二十四条** 纳税人进口货物，应当自海关填发海关进口增值税专用缴款书之日起 15 日内缴纳税款。

**第二十五条** 纳税人出口货物适用退（免）税规定的，应当向海关办理出口手续，凭出口报关单等有关凭证，在规定的出口退（免）税申报期内按月向主管税务机关申报办理该项出口货物的退（免）税；境内单位和个人跨境销售服务和无形资产适用退（免）税规定的，应当按期向主管税务机关申报办理退（免）税。具体办法由国务院财政、税务主管部门制定。

出口货物办理退税后发生退货或者退关的，纳税人应当依法补缴已退的税款。

**第二十六条** 增值税的征收管理，依照《中华人民共和国税收征收管理法》及本条例有关规定执行。

**第二十七条**　纳税人缴纳增值税的有关事项，国务院或者国务院财政、税务主管部门经国务院同意另有规定的，依照其规定。

**第二十八条**　本条例自2009年1月1日起施行。

## 中华人民共和国
## 增值税暂行条例实施细则

*1. 2008年12月18日财政部、国家税务总局令第50号公布*
*2. 根据2011年10月28日财政部令第65号《关于修改〈中华人民共和国增值税暂行条例实施细则〉和〈中华人民共和国营业税暂行条例实施细则〉的决定》修订*

**第一条**　根据《中华人民共和国增值税暂行条例》（以下简称条例），制定本细则。

**第二条**　条例第一条所称货物，是指有形动产，包括电力、热力、气体在内。

条例第一条所称加工，是指受托加工货物，即委托方提供原料及主要材料，受托方按照委托方的要求，制造货物并收取加工费的业务。

条例第一条所称修理修配，是指受托对损伤和丧失功能的货物进行修复，使其恢复原状和功能的业务。

**第三条**　条例第一条所称销售货物，是指有偿转让货物的所有权。

条例第一条所称提供加工、修理修配劳务（以下称应税劳务），是指有偿提供加工、修理修配劳务。单位或者个体工商户聘用的员工为本单位或者雇主提供加工、修理修配劳务，不包括在内。

本细则所称有偿，是指从购买方取得货币、货物或者其他经济利益。

**第四条**　单位或者个体工商户的下列行为，视同销售货物：

（一）将货物交付其他单位或者个人代销；

（二）销售代销货物；

（三）设有两个以上机构并实行统一核算的纳税人，将货物从一个机构移送其他机构用于销售，但相关机构设在同一县（市）的除外；

（四）将自产或者委托加工的货物用于非增值税应税项目；

（五）将自产、委托加工的货物用于集体福利或者个人消费；

（六）将自产、委托加工或者购进的货物作为投资，提供给其他单位或者个体工商户；

（七）将自产、委托加工或者购进的货物分配给股东或者投资者；

（八）将自产、委托加工或者购进的货物无偿赠送其他单位或者个人。

**第五条**　一项销售行为如果既涉及货物又涉及非增值税应税劳务，为混合销售行为。除本细则第六条的规定外，从事货物的生产、批发或者零售的企业、企业性单位和个体工商户的混合销售行为，视为销售货物，应当缴纳增值税；其他单位和个人的混合销售行为，视为销售非增值税应税劳务，不缴纳增值税。

本条第一款所称非增值税应税劳务，是指属于应缴营业税的交通运输业、建筑业、金融保险业、邮电通信业、文化体育业、娱乐业、服务业税目征收范围的劳务。

本条第一款所称从事货物的生产、批发或者零售的企业、企业性单位和个体工商户，包括以从事货物的生产、批发或者零售为主，并兼营非增值税应税劳务的单位和个体工商户在内。

**第六条**　纳税人的下列混合销售行为，应当分别核算货物的销售额和非增值税应税劳务的营业额，并根据其销售货物的销售额计算缴纳增值税，非增值税应税劳务的营业额不缴纳增值税；未分别核算的，由主管税务机关核定其货物的销售额：

（一）销售自产货物并同时提供建筑业劳务的行为；

（二）财政部、国家税务总局规定的其他情形。

**第七条**　纳税人兼营非增值税应税项目的，应分别核算货物或者应税劳务的销售额和非增值税应税项目的营业额；未分别核算的，由主管税务机关核定货物或者应税劳务的销售额。

**第八条**　条例第一条所称在中华人民共和国境内（以下简称境内）销售货物或者提供加工、修理修配劳务，是指：

（一）销售货物的起运地或者所在地在境内；

（二）提供的应税劳务发生在境内。

**第九条**　条例第一条所称单位，是指企业、行政单位、事业单位、军事单位、社会团体及其他单位。

条例第一条所称个人，是指个体工商户和其他个人。

**第十条**　单位租赁或者承包给其他单位或者个人经营的，以承租人或者承包人为纳税人。

**第十一条**　小规模纳税人以外的纳税人（以下称一般纳

税人)因销售货物退回或者折让而退还给购买方的增值税额,应从发生销售货物退回或者折让当期的销项税额中扣减;因购进货物退出或者折让而收回的增值税额,应从发生购进货物退出或者折让当期的进项税额中扣减。

一般纳税人销售货物或者应税劳务,开具增值税专用发票后,发生销售货物退回或者折让、开票有误等情形,应按国家税务总局的规定开具红字增值税专用发票。未按规定开具红字增值税专用发票的,增值税额不得从销项税额中扣减。

**第十二条** 条例第六条第一款所称价外费用,包括价外向购买方收取的手续费、补贴、基金、集资费、返还利润、奖励费、违约金、滞纳金、延期付款利息、赔偿金、代收款项、代垫款项、包装费、包装物租金、储备费、优质费、运输装卸费以及其他各种性质的价外收费。但下列项目不包括在内:

(一)受托加工应征消费税的消费品所代收代缴的消费税;

(二)同时符合以下条件的代垫运输费用:

1. 承运部门的运输费用发票开具给购买方的;

2. 纳税人将该项发票转交给购买方的。

(三)同时符合以下条件代为收取的政府性基金或者行政事业性收费:

1. 由国务院或者财政部批准设立的政府性基金,由国务院或者省级人民政府及其财政、价格主管部门批准设立的行政事业性收费;

2. 收取时开具省级以上财政部门印制的财政票据;

3. 所收款项全额上缴财政。

(四)销售货物的同时代办保险等而向购买方收取的保险费,以及向购买方收取的代购买方缴纳的车辆购置税、车辆牌照费。

**第十三条** 混合销售行为依照本细则第五条规定应当缴纳增值税的,其销售额为货物的销售额与非增值税应税劳务营业额的合计。

**第十四条** 一般纳税人销售货物或者应税劳务,采用销售额和销项税额合并定价方法的,按下列公式计算销售额:

销售额 = 含税销售额 ÷ (1 + 税率)

**第十五条** 纳税人按人民币以外的货币结算销售额的,其销售额的人民币折合率可以选择销售额发生的当天或者当月 1 日的人民币汇率中间价。纳税人应在事先确定采用何种折合率,确定后 1 年内不得变更。

**第十六条** 纳税人有条例第七条所称价格明显偏低并无正当理由或者有本细则第四条所列视同销售货物行为而无销售额者,按下列顺序确定销售额:

(一)按纳税人最近时期同类货物的平均销售价格确定;

(二)按其他纳税人最近时期同类货物的平均销售价格确定;

(三)按组成计税价格确定。组成计税价格的公式为:

组成计税价格 = 成本 × (1 + 成本利润率)

属于应征消费税的货物,其组成计税价格中应加计消费税额。

公式中的成本是指:销售自产货物的为实际生产成本,销售外购货物的为实际采购成本。公式中的成本利润率由国家税务总局确定。

**第十七条** 条例第八条第二款第(三)项所称买价,包括纳税人购进农产品在农产品收购发票或者销售发票上注明的价款和按规定缴纳的烟叶税。

**第十八条** 条例第八条第二款第(四)项所称运输费用金额,是指运输费用结算单据上注明的运输费用(包括铁路临管线及铁路专线运输费用)、建设基金,不包括装卸费、保险费等其他杂费。

**第十九条** 条例第九条所称增值税扣税凭证,是指增值税专用发票、海关进口增值税专用缴款书、农产品收购发票和农产品销售发票以及运输费用结算单据。

**第二十条** 混合销售行为依照本细则第五条规定应当缴纳增值税的,该混合销售行为所涉及的非增值税应税劳务所用购进货物的进项税额,符合条例第八条规定的,准予从销项税额中抵扣。

**第二十一条** 条例第十条第(一)项所称购进货物,不包括既用于增值税应税项目(不含免征增值税项目)也用于非增值税应税项目、免征增值税(以下简称免税)项目、集体福利或者个人消费的固定资产。

前款所称固定资产,是指使用期限超过 12 个月的机器、机械、运输工具以及其他与生产经营有关的设备、工具、器具等。

**第二十二条** 条例第十条第(一)项所称个人消费包括纳税人的交际应酬消费。

**第二十三条** 条例第十条第(一)项和本细则所称非增值税应税项目,是指提供非增值税应税劳务、转让无形资产、销售不动产和不动产在建工程。

前款所称不动产是指不能移动或者移动后会引起性质、形状改变的财产,包括建筑物、构筑物和其他土地附着物。

纳税人新建、改建、扩建、修缮、装饰不动产，均属于不动产在建工程。

**第二十四条** 条例第十条第(二)项所称非正常损失，是指因管理不善造成被盗、丢失、霉烂变质的损失。

**第二十五条** 纳税人自用的应征消费税的摩托车、汽车、游艇，其进项税额不得从销项税额中抵扣。

**第二十六条** 一般纳税人兼营免税项目或者非增值税应税劳务而无法划分不得抵扣的进项税额的，按下列公式计算不得抵扣的进项税额：

不得抵扣的进项税额＝当月无法划分的全部进项税额×当月免税项目销售额、非增值税应税劳务营业额合计÷当月全部销售额、营业额合计

**第二十七条** 已抵扣进项税额的购进货物或者应税劳务，发生条例第十条规定的情形的(免税项目、非增值税应税劳务除外)，应当将该项购进货物或者应税劳务的进项税额从当期的进项税额中扣减；无法确定该项进项税额的，按当期实际成本计算应扣减的进项税额。

**第二十八条** 条例第十一条所称小规模纳税人的标准为：

(一)从事货物生产或者提供应税劳务的纳税人，以及以从事货物生产或者提供应税劳务为主，并兼营货物批发或者零售的纳税人，年应征增值税销售额(以下简称应税销售额)在50万元以下(含本数，下同)的；

(二)除本条第一款第(一)项规定以外的纳税人，年应税销售额在80万元以下的。

本条第一款所称以从事货物生产或者提供应税劳务为主，是指纳税人的年货物生产或者提供应税劳务的销售额占年应税销售额的比重在50%以上。

**第二十九条** 年应税销售额超过小规模纳税人标准的其他个人按小规模纳税人纳税；非企业性单位、不经常发生应税行为的企业可选择按小规模纳税人纳税。

**第三十条** 小规模纳税人的销售额不包括其应纳税额。

小规模纳税人销售货物或者应税劳务采用销售额和应纳税额合并定价方法的，按下列公式计算销售额：

销售额＝含税销售额÷(1＋征收率)

**第三十一条** 小规模纳税人因销售货物退回或者折让退还给购买方的销售额，应从发生销售货物退回或者折让当期的销售额中扣减。

**第三十二条** 条例第十三条和本细则所称会计核算健全，是指能够按照国家统一的会计制度规定设置账簿，根据合法、有效凭证核算。

**第三十三条** 除国家税务总局另有规定外，纳税人一经认定为一般纳税人后，不得转为小规模纳税人。

**第三十四条** 有下列情形之一者，应按销售额依照增值税税率计算应纳税额，不得抵扣进项税额，也不得使用增值税专用发票：

(一)一般纳税人会计核算不健全，或者不能够提供准确税务资料的；

(二)除本细则第二十九条规定外，纳税人销售额超过小规模纳税人标准，未申请办理一般纳税人认定手续的。

**第三十五条** 条例第十五条规定的部分免税项目的范围，限定如下：

(一)第一款第(一)项所称农业，是指种植业、养殖业、林业、牧业、水产业。

农业生产者，包括从事农业生产的单位和个人。

农产品，是指初级农产品，具体范围由财政部、国家税务总局确定。

(二)第一款第(三)项所称古旧图书，是指向社会收购的古书和旧书。

(三)第一款第(七)项所称自己使用过的物品，是指其他个人自己使用过的物品。

**第三十六条** 纳税人销售货物或者应税劳务适用免税规定的，可以放弃免税，依照条例的规定缴纳增值税。放弃免税后，36个月内不得再申请免税。

**第三十七条** 增值税起征点的适用范围限于个人。

增值税起征点的幅度规定如下：

(一)销售货物的，为月销售额5000－20000元；

(二)销售应税劳务的，为月销售额5000－20000元；

(三)按次纳税的，为每次(日)销售额300－500元。

前款所称销售额，是指本细则第三十条第一款所称小规模纳税人的销售额。

省、自治区、直辖市财政厅(局)和国家税务局应在规定的幅度内，根据实际情况确定本地区适用的起征点，并报财政部、国家税务总局备案。

**第三十八条** 条例第十九条第一款第(一)项规定的收讫销售款项或者取得索取销售款项凭据的当天，按销售结算方式的不同，具体为：

(一)采取直接收款方式销售货物，不论货物是否发出，均为收到销售款或者取得索取销售款凭据的当天；

(二)采取托收承付和委托银行收款方式销售货

物，为发出货物并办妥托收手续的当天；

（三）采取赊销和分期收款方式销售货物，为书面合同约定的收款日期的当天，无书面合同的或者书面合同没有约定收款日期的，为货物发出的当天；

（四）采取预收货款方式销售货物，为货物发出的当天，但生产销售生产工期超过12个月的大型机械设备、船舶、飞机等货物，为收到预收款或者书面合同约定的收款日期的当天；

（五）委托其他纳税人代销货物，为收到代销单位的代销清单或者收到全部或者部分货款的当天。未收到代销清单及货款的，为发出代销货物满180天的当天；

（六）销售应税劳务，为提供劳务同时收讫销售款或者取得索取销售款的凭据的当天；

（七）纳税人发生本细则第四条第（三）项至第（八）项所列视同销售货物行为，为货物移送的当天。

**第三十九条** 条例第二十三条以1个季度为纳税期限的规定仅适用于小规模纳税人。小规模纳税人的具体纳税期限，由主管税务机关根据其应纳税额的大小分别核定。

**第四十条** 本细则自2009年1月1日起施行。

## 增值税若干具体问题的规定①

*1. 1993年12月28日国家税务总局发布*

*2. 国税发〔1993〕154号*

**一、征税范围**

（一）货物期货（包括商品期货和贵金属期货），应当征收增值税。

（二）银行销售金银的业务，应当征收增值税。

（三）融资租赁业务，无论租赁的货物的所有权是否转让给承租方，均不征收增值税。

（四）基本建设单位和从事建筑安装业务的企业附设的工厂、车间生产的水泥预制构件、其他构件或建筑材料，用于本单位或本企业的建筑工程的，应在移送使用时征收增值税。但对其在建筑现场制造的预制构件，凡直接用于本单位或本企业建筑工程的，不征收增值税。

（五）典当业的死当物品销售业务和寄售业代委托人销售寄售物品的业务，均应征收增值税。

（六）因转让著作所有权而发生的销售电影母片、录像带母带、录音磁带母带的业务，以及因转让专利技术和非专利技术的所有权而发生的销售计算机软件的业务，不征收增值税。

（七）供应或开采未经加工的天然水（如水库供应农业灌溉用水，工厂自采地下水用于生产），不征收增值税。

（八）邮政部门销售集邮邮票、首日封，应当征收增值税。

（九）缝纫，应当征收增值税。

**二、计税依据**

（一）纳税人为销售货物而出租出借包装物收取的押金，单独记账核算的，不并入销售额征税。但对因逾期未收回包装物不再退还的押金，应按所包装货物的适用税率征收增值税。

（二）纳税人采取折扣方式销售货物，如果销售额和折扣额在同一张发票上分别注明的，可按折扣后的销售额征收增值税；如果将折扣额另开发票，不论其在财务上如何处理，均不得从销售额中减除折扣额。

（三）纳税人采取以旧换新方式销售货物，应按新货物的同期销售价格确定销售额。

纳税人采取还本销售方式销售货物，不得从销售额中减除还本支出。

（四）纳税人因销售价格明显偏低或无销售价格等原因，按规定需组成计税价格确定销售额的，其组价公式中的成本利润率为10%。但属于应从价定率征收消费税的货物，其组价公式中的成本利润率，为《消费税若干具体问题的规定》中规定的成本利润率。

**三、小规模纳税人标准**

（一）增值税细则第二十四条关于小规模纳税人标准的规定中所提到的销售额，是指该细则第二十五条所说的小规模纳税人的销售额。

（二）该细则第二十四条所说的以从事货物生产或提供应税劳务为主，并兼营货物的批发或零售的纳税人，是指该类纳税人的全部年应税销售额中货物或应税劳务的销售额超过50%，批发或零售货物的销售额不到50%。

---

① 第一条第（三）项已被2006年4月30日国家税务总局《关于发布已失效或废止的税收规范性文件目录的通知》（国税发〔2006〕62号）废止；第三条已被2009年2月2日国家税务总局《关于发布已失效或废止有关增值税规范性文件清单的通知》（国税发〔2009〕7号）宣布失效或废止；第四条已被2009年2月2日国家税务总局《关于发布已失效或废止有关增值税规范性文件清单的通知》（国税发〔2009〕7号）宣布失效或废止。——编者注

**四、固定业户到外县(市)销售货物,应当向其机构所在地主管税务机关申请开具外出经营活动税收管理证明,回其机构所在地向税务机关申报纳税**

未持有其机构所在地主管税务机关核发的外出经营活动税收管理证明的,销售地主管税务机关一律按6%的征收率征税。其在销售地发生的销售额,回机构所在地后,仍应按规定申报纳税,在销售地缴纳的税款不得从当期应纳税额中扣减。

## 增值税一般纳税人纳税申报办法

*1. 2003年5月13日国家税务局发布*

*2. 国税发〔2003〕53号*

*3. 根据2018年6月15日国家税务总局公告2018年第31号《关于修改部分税收规范性文件的公告》修正*

根据《中华人民共和国税收征收管理法》及其实施细则、《中华人民共和国增值税暂行条例》和《中华人民共和国发票管理办法》的有关规定,制定本办法。

一、凡增值税一般纳税人(以下简称纳税人)均按本办法进行纳税申报。

二、纳税人进行纳税申报必须实行电子信息采集。使用防伪税控系统开具增值税专用发票的纳税人必须在抄报税成功后,方可进行纳税申报。

**三、纳税申报资料**

(一)必报资料

1.《增值税纳税申报表(适用于增值税一般纳税人)》及其《增值税纳税申报表附列资料(表一)、(表二)、(表三)、(表四)》;

2. 使用防伪税控系统的纳税人,必须报送记录当期纳税信息的ic卡(明细数据备份在软盘上的纳税人,还须报送备份数据软盘)、《增值税专用发票存根联明细表》及《增值税专用发票抵扣联明细表》;

3.《资产负债表》和《损益表》;

4.《成品油购销存情况明细表》(发生成品油零售业务的纳税人填报);

5. 主管税务机关规定的其他必报资料。

纳税申报实行电子信息采集的纳税人,除向主管税务机关报送上述必报资料的电子数据外,还需报送纸介的《增值税纳税申报表(适用于一般纳税人)》(主表及附表)。

(二)备查资料

1. 已开具的增值税专用发票和普通发票存根联;

2. 符合抵扣条件并且在本期申报抵扣的增值税专用发票抵扣联;

3. 海关进口货物完税凭证、运输发票、购进农产品普通发票及购进废旧物资普通发票的复印件;

4. 收购凭证的存根联或报查联;

5. 代扣代缴税款凭证存根联;

6. 主管税务机关规定的其他备查资料。

备查资料是否需要在当期报送,由各省税务局确定。

**四、增值税纳税申报资料的管理**

(一)增值税纳税申报必报资料

纳税人在纳税申报期内,应及时将全部必报资料的电子数据报送主管税务机关,并在主管税务机关按照税法规定确定的期限内(具体时间由各省税务局确定),将本办法第三条、第一款要求报送的纸介的必报资料(具体份数由省税务局确定)报送主管税务机关,税务机关签收后,一份退还纳税人,其余留存。

(二)增值税纳税申报备查资料

纳税人在月度终了后,应将备查资料认真整理并装订成册。

1. 属于整本开具的手工版增值税专用发票及普通发票的存根联,按原顺序装订;开具的电脑版增值税专用发票,包括防伪税控系统开具的增值税专用发票的存根联,应按开票顺序号码每25份装订一册,不足25份的按实际开具份数装订。

2. 对属于扣税凭证的单证,根据取得的时间顺序,按单证种类每25份装订一册,不足25份的按实际份数装订。

3. 装订时,必须使用税务机关统一规定的《征税/扣税单证汇总簿封面》(以下简称"《封面》"),并按规定填写封面内容,由办税人员和财务人员审核签章。启用《封面》后,纳税人可不再填写原增值税专用发票的封面内容。

4. 纳税人当月未使用完的手工版增值税专用发票,暂不加装《封面》,两个月仍未使用完的,应在主管税务机关对其剩余部分剪角作废的当月加装《封面》。

纳税人开具的普通发票及收购凭证在其整本使用完毕的当月,加装《封面》。

5.《封面》的内容包括纳税人单位名称、本册单证份数、金额、税额、本月此种单证总册数及本册单证编号、税款所属时间等,具体格式由各省税务局制定。

五、《增值税纳税申报表(适用于增值税一般纳税人)》(主表及附表)由纳税人向主管税务机关购领。

六、申报期限

纳税人应按月进行纳税申报,申报期为次月1日起至10日止,遇最后一日为法定节假日的,顺延1日;在每月1日至10日内有连续3日以上法定休假日的,按休假日天数顺延。

七、罚则

(一)纳税人未按规定期限办理纳税申报和报送纳税资料的,按照《中华人民共和国税收征收管理法》第六十二条的有关规定处罚。

(二)纳税人经税务机关通知申报而拒不申报或者进行虚假的纳税申报,不缴或者少缴应纳税款的,按偷税处理,并按《中华人民共和国税收征收管理法》第六十三条的有关规定处罚。

(三)纳税人不进行纳税申报,不缴或者少缴应纳税款的,按《中华人民共和国税收征收管理法》第六十四条的有关规定处罚。

附件:(略)

## 增值税纳税申报比对管理操作规程(试行)

*1. 2017年10月30日国家税务总局发布*

*2. 税总发〔2017〕124号*

一、为进一步加强和规范增值税纳税申报比对(以下简称"申报比对")管理,提高申报质量,优化纳税服务,根据《中华人民共和国税收征收管理法》和《中华人民共和国增值税暂行条例》等有关税收法律、法规规定,制定本规程。

二、申报比对管理是指税务机关以信息化为依托,通过优化整合现有征管信息资源,对增值税纳税申报信息进行票表税比对,并对比对结果进行相应处理。

三、主管税务机关应设置申报异常处理岗,主要负责异常比对结果的核实及相关处理工作。异常处理岗原则上不设置在办税服务厅前台。

四、申报比对范围及内容

(一)比对信息范围

1. 增值税纳税申报表及其附列资料(以下简称"申报表")信息。

2. 增值税一般纳税人和小规模纳税人开具的增值税发票信息。

3. 增值税一般纳税人取得的进项抵扣凭证信息。

4. 纳税人税款入库信息。

5. 增值税优惠备案信息。

6. 申报比对所需的其他信息。

(二)比对内容

比对内容包括表表比对、票表比对和表税比对。表表比对是指申报表表内、表间逻辑关系比对。票表比对是指各类发票、凭证、备案资格等信息与申报表进行比对。表税比对是指纳税人当期申报的应纳税款与当期的实际入库税款进行比对。

五、申报比对规则

(一)申报表表内、表间逻辑关系比对,按照税务总局制定的申报表填写规则执行。

(二)增值税一般纳税人票表比对规则

1. 销项比对。

当期开具发票(不包含不征税发票)的金额、税额合计数应小于或者等于当期申报的销售额、税额合计数。

纳税人当期申报免税销售额、即征即退销售额的,应当比对其增值税优惠备案信息,按规定不需要办理备案手续的除外。

2. 进项比对。

(1)当期已认证或确认的进项增值税专用发票(以下简称"专用发票")上注明的金额、税额合计数应大于或者等于申报表中本期申报抵扣的专用发票进项金额、税额合计数。

(2)经稽核比对相符的海关进口增值税专用缴款书上注明的税额合计数应大于或者等于申报表中本期申报抵扣的海关进口增值税专用缴款书的税额。

(3)取得的代扣代缴税收缴款凭证上注明的增值税税额合计数应大于或者等于申报表中本期申报抵扣的代扣代缴税收缴款凭证的税额。

(4)取得的《出口货物转内销证明》上注明的进项税额合计数应大于或者等于申报表中本期申报抵扣的外贸企业进项税额抵扣证明的税额。

(5)按照政策规定,依据相关凭证注明的金额计算抵扣进项税额的,计算得出的进项税额应大于或者等于申报表中本期申报抵扣的相应凭证税额。

(6)红字增值税专用发票信息表中注明的应作转出的进项税额应等于申报表中进项税额转出中的红字专用发票信息表注明的进项税额。

(7)申报表中进项税额转出金额不应小于零。

3. 应纳税额减征额比对。当期申报的应纳税额减征额应小于或者等于当期符合政策规定的减征税额。

4. 预缴税款比对。申报表中的预缴税额本期发生额应小于或者等于实际已预缴的税款。

5. 特殊规则。

(1)实行汇总缴纳增值税的总机构和分支机构可以不进行票表比对。

(2)按季申报的纳税人应当对其季度数据进行汇总比对。

(三)增值税小规模纳税人票表比对规则

1. 当期开具的增值税专用发票金额应小于或者等于申报表填报的增值税专用发票销售额。

2. 当期开具的增值税普通发票金额应小于或者等于申报表填报的增值税普通发票销售额。

3. 申报表中的预缴税额应小于或者等于实际已预缴的税款。

4. 纳税人当期申报免税销售额的,应当比对其增值税优惠备案信息,按规定不需要办理备案手续的除外。

(四)表税比对规则

纳税人当期申报的应纳税款应小于或者等于当期实际入库税款。

(五)申报比对其他规则

1. 税务总局可以根据增值税风险管理的需要,对申报表特定项目设置申报比对规则。

2. 各省国税机关可以根据申报比对管理实际,合理设置相关比对项目金额尾差的正负范围。

3. 主管税务机关可以结合申报比对管理实际,将征收方式、发票开具等业务存在特殊情形的纳税人列入白名单管理,并根据实际情况确定所适用的申报比对规则。白名单实行动态管理。

(六)本条第(一)至(三)项比对规则为基本规则,第(四)至(五)项比对规则为可选规则。各省税务机关可以在上述比对规则的基础上,根据申报管理的需要自主增加比对规则。

**六、申报比对操作流程**

申报比对环节可以设置在事中或者事后,由省税务机关根据申报管理需要进行确定。主管税务机关通过征管信息系统或网上申报系统进行申报比对,并根据比对结果分别采取以下处理流程:

(一)申报比对相符

申报比对相符后,主管税务机关对纳税人税控设备进行解锁。

(二)申报比对不相符

申报比对不相符的,向纳税人反馈比对不相符的内容,并按照下列流程进行处理:

1. 申报比对不符的,除符合本项第2点情形外,暂不对其税控设备进行解锁,并将异常比对结果转交申报异常处理岗。

2. 纳税人仅因为相关资格尚未备案,造成比对不符的,应当对税控设备进行解锁。

3. 异常比对结果经申报异常处理岗核实可以解除异常的,对纳税人税控设备进行解锁;核实后仍不能解除异常的,不得对税控设备解锁,由税源管理部门继续核实处理。

4. 异常比对结果经税源管理部门核实可以解除异常的,对纳税人税控设备进行解锁。核实后发现涉嫌虚开发票等严重涉税违法行为,经稽查部门分析判断认为需要稽查立案的,转交稽查部门处理,经处理可以解除异常的,对纳税人税控设备进行解锁。

5. 异常比对结果的处理期限,由主管税务机关根据实际情况确定。

七、由于出现信息系统异常等突发情形,影响正常纳税申报秩序时,省税务机关可以采取应急措施,暂停申报比对。在突发情形消除后,可以根据实际情况重新启动申报比对流程。

## 税务机关代开增值税专用发票管理办法(试行)

*1. 2004年12月22日国家税务总局发布*

*2. 国税发〔2004〕153号*

*3. 根据2018年6月15日国家税务总局公告2018年第31号《关于修改部分税收规范性文件的公告》修正*

**第一条** 为了进一步加强税务机关为增值税纳税人代开增值税专用发票(以下简称专用发票)管理,防范不法分子利用代开专用发票进行偷骗税活动,优化税收服务,特制定本办法。

**第二条** 本办法所称代开专用发票是指主管税务机关为所辖范围内的增值税纳税人代开专用发票,其他单位和个人不得代开。

**第三条** 主管税务机关应设立代开专用发票岗位和税款征收岗位,并分别确定专人负责代开专用发票和税款征收工作。

**第四条** 代开专用发票统一使用增值税防伪税控代开票系统开具。非防伪税控代开票系统开具的代开专用发票不得作为增值税进项税额抵扣凭证。

增值税防伪税控代开票系统由防伪税控企业发行岗位按规定发行。

**第五条** 本办法所称增值税纳税人是指已办理税务登记

的小规模纳税人(包括个体经营者)以及国家税务总局确定的其他可予代开增值税专用发票的纳税人。

**第六条**　增值税纳税人发生增值税应税行为、需要开具专用发票时,可向其主管税务机关申请代开。

**第七条**　增值税纳税人申请代开专用发票时,应填写《代开增值税专用发票缴纳税款申报单》(式样见附件,以下简称《申报单》),连同税务登记证副本,到主管税务机关税款征收岗位按专用发票上注明的税额全额申报缴纳税款,同时缴纳专用发票工本费。

**第八条**　税款征收岗位接到《申报单》后,应对以下事项进行审核:

(一)是否属于本税务机关管辖的增值税纳税人;

(二)《申报单》上增值税征收率填写、税额计算是否正确。

审核无误后,税款征收岗位应通过防伪税控代开票征收子系统录入《申报单》的相关信息,按照《申报单》上注明的税额征收税款,开具税收完税凭证,同时收取专用发票工本费,按照规定开具有关票证,将有关征税电子信息及时传递给代开发票岗位。

在防伪税控代开票征税子系统未使用前暂传递纸质凭证。

税务机关可采取税银联网划款、银行卡(POS机)划款或现金收取三种方式征收税款。

**第九条**　增值税纳税人缴纳税款后,凭《申报单》和税收完税凭证及税务登记证副本,到代开专用发票岗位申请代开专用发票。

代开发票岗位确认税款征收岗位传来的征税电子信息与《申报单》和税收完税凭证上的金额、税额相符后,按照《申报单》、完税凭证和专用发票一一对应即"一单一证一票"原则,为增值税纳税人代开专用发票。

在防伪税控代开票征税子系统未使用前,代开票岗位凭《申报单》和税收完税凭证代开发票。

**第十条**　代开发票岗位应按下列要求填写专用发票的有关项目:

1."单价"栏和"金额"栏分别填写不含增值税税额的单价和销售额;

2."税率"栏填写增值税征收率;

3.销货单位栏填写代开税务机关的统一代码和代开税务机关名称;

4.销方开户银行及账号栏内填写税收完税凭证号码;

5.备注栏内注明增值税纳税人的名称和纳税人识别号。

其他项目按照专用发票填开的有关规定填写。

**第十一条**　增值税纳税人应在代开专用发票的备注栏上,加盖本单位的财务专用章或发票专用章。

**第十二条**　代开专用发票遇有填写错误、销货退回或销售折让等情形的,按照专用发票有关规定处理。

税务机关代开专用发票时填写有误的,应及时在防伪税控代开票系统中作废,重新开具。代开专用发票后发生退票的,税务机关应按照增值税一般纳税人作废或开具负数专用发票的有关规定进行处理。对需要重新开票的,税务机关应同时进行新开票税额与原开票税额的清算,多退少补;对无需重新开票的,按有关规定退还增值税纳税人已缴的税款或抵顶下期正常申报税款。

**第十三条**　为增值税纳税人代开的专用发票应统一使用六联专用发票,第五联代开发票岗位留存,以备发票的扫描补录,第六联交税款征收岗位,用于代开发票税额与征收税款的定期核对,其他联次交增值税纳税人。

**第十四条**　代开专用发票岗位领用专用发票,经发票管理部门负责人批准后,到专用发票发售窗口领取专用发票,并将相应发票的电子信息读入防伪税控代开票系统。

**第十五条**　代开专用发票岗位应在每月纳税申报期的第一个工作日,将上月所开具的代开专用发票数据抄取、传递到防伪税控报税系统。代开专用发票的金税卡等专用设备发生故障的,税务机关应使用留存的专用发票第五联进行扫描补录。

**第十六条**　代开发票岗位应妥善保管代开专用发票数据,及时备份。

**第十七条**　税务机关应按月对代开专用发票进行汇总统计,对代开专用发票数据通过增值税计算机稽核系统比对后属于滞留、缺联、失控、作废、红字缺联等情况,应及时分析,查明原因,按规定处理,确保代开专用发票存根联数据采集的完整性和准确性。

**第十八条**　代开专用发票各岗位人员应严格执行本办法及有关规定。对违反规定的,追究有关人员的责任。

**第十九条**　各省、自治区、直辖市和计划单列市税务局可根据实际在本办法基础上制定实施细则。

**第二十条**　本办法自2005年1月1日起实施,凡与本办法相抵触的规定同时停止执行。

附件:(略)

## 增值税一般纳税人登记管理办法

*1. 2017年12月29日国家税务总局令第43号公布*
*2. 自2018年2月1日起施行*

**第一条** 为了做好增值税一般纳税人(以下简称"一般纳税人")登记管理,根据《中华人民共和国增值税暂行条例》及其实施细则有关规定,制定本办法。

**第二条** 增值税纳税人(以下简称"纳税人"),年应税销售额超过财政部、国家税务总局规定的小规模纳税人标准(以下简称"规定标准")的,除本办法第四条规定外,应当向主管税务机关办理一般纳税人登记。

本办法所称年应税销售额,是指纳税人在连续不超过12个月或四个季度的经营期内累计应征增值税销售额,包括纳税申报销售额、稽查查补销售额、纳税评估调整销售额。

销售服务、无形资产或者不动产(以下简称"应税行为")有扣除项目的纳税人,其应税行为年应税销售额按未扣除之前的销售额计算。纳税人偶然发生的销售无形资产、转让不动产的销售额,不计入应税行为年应税销售额。

**第三条** 年应税销售额未超过规定标准的纳税人,会计核算健全,能够提供准确税务资料的,可以向主管税务机关办理一般纳税人登记。

本办法所称会计核算健全,是指能够按照国家统一的会计制度规定设置账簿,根据合法、有效凭证进行核算。

**第四条** 下列纳税人不办理一般纳税人登记:

(一)按照政策规定,选择按照小规模纳税人纳税的;

(二)年应税销售额超过规定标准的其他个人。

**第五条** 纳税人应当向其机构所在地主管税务机关办理一般纳税人登记手续。

**第六条** 纳税人办理一般纳税人登记的程序如下:

(一)纳税人向主管税务机关填报《增值税一般纳税人登记表》(附件1),如实填写固定生产经营场所等信息,并提供税务登记证件;

(二)纳税人填报内容与税务登记信息一致的,主管税务机关当场登记;

(三)纳税人填报内容与税务登记信息不一致,或者不符合填列要求的,税务机关应当场告知纳税人需要补正的内容。

**第七条** 年应税销售额超过规定标准的纳税人符合本办法第四条第一项规定的,应当向主管税务机关提交书面说明(附件2)。

**第八条** 纳税人在年应税销售额超过规定标准的月份(或季度)的所属申报期结束后15日内按照本办法第六条或者第七条的规定办理相关手续;未按规定时限办理的,主管税务机关应当在规定时限结束后5日内制作《税务事项通知书》,告知纳税人应当在5日内向主管税务机关办理相关手续;逾期仍不办理的,次月起按销售额依照增值税税率计算应纳税额,不得抵扣进项税额,直至纳税人办理相关手续为止。

**第九条** 纳税人自一般纳税人生效之日起,按照增值税一般计税方法计算应纳税额,并可以按照规定领用增值税专用发票,财政部、国家税务总局另有规定的除外。

本办法所称的生效之日,是指纳税人办理登记的当月1日或者次月1日,由纳税人在办理登记手续时自行选择。

**第十条** 纳税人登记为一般纳税人后,不得转为小规模纳税人,国家税务总局另有规定的除外。

**第十一条** 主管税务机关应当加强对税收风险的管理。对税收遵从度低的一般纳税人,主管税务机关可以实行纳税辅导期管理,具体办法由国家税务总局另行制定。

**第十二条** 本办法自2018年2月1日起施行,《增值税一般纳税人资格认定管理办法》(国家税务总局令第22号公布)同时废止。

附件:(略)

## 增值税一般纳税人<br>纳税辅导期管理办法

*1. 2010年4月7日国家税务总局发布*
*2. 国税发〔2010〕40号*
*3. 自2010年3月20日起执行*

**第一条** 为加强增值税一般纳税人纳税辅导期管理,根据《增值税一般纳税人资格认定管理办法》(以下简称认定办法)第十三条规定,制定本办法。

**第二条** 实行纳税辅导期管理的增值税一般纳税人(以下简称辅导期纳税人),适用本办法。

**第三条** 认定办法第十三条第一款所称的"小型商贸批发企业",是指注册资金在80万元(含80万元)以下、职工人数在10人(含10人)以下的批发企业。只从事出口贸易,不需要使用增值税专用发票的企业除外。

批发企业按照国家统计局颁发的《国民经济行业分类》(GB/T 4754－2002)中有关批发业的行业划分方法界定。

**第四条**　认定办法第十三条所称"其他一般纳税人",是指具有下列情形之一的一般纳税人:

(一)增值税偷税数额占应纳税额的10%以上并且偷税数额在10万元以上的;

(二)骗取出口退税的;

(三)虚开增值税扣税凭证的;

(四)国家税务总局规定的其他情形。

**第五条**　新认定为一般纳税人的小型商贸批发企业实行纳税辅导期管理的期限为3个月;其他一般纳税人实行纳税辅导期管理的期限为6个月。

**第六条**　对新办小型商贸批发企业,主管税务机关应在认定办法第九条第(四)款规定的《税务事项通知书》内告知纳税人对其实行纳税辅导期管理,纳税辅导期自主管税务机关制作《税务事项通知书》的当月起执行;对其他一般纳税人,主管税务机关应自稽查部门作出《税务稽查处理决定书》后40个工作日内,制作、送达《税务事项通知书》告知纳税人对其实行纳税辅导期管理,纳税辅导期自主管税务机关制作《税务事项通知书》的次月起执行。

**第七条**　辅导期纳税人取得的增值税专用发票(以下简称专用发票)抵扣联、海关进口增值税专用缴款书以及运输费用结算单据应当在交叉稽核比对无误后,方可抵扣进项税额。

**第八条**　主管税务机关对辅导期纳税人实行限量限额发售专用发票。

(一)实行纳税辅导期管理的小型商贸批发企业,领购专用发票的最高开票限额不得超过十万元;其他一般纳税人专用发票最高开票限额应根据企业实际经营情况重新核定。

(二)辅导期纳税人专用发票的领购实行按次限量控制,主管税务机关可根据纳税人的经营情况核定每次专用发票的供应数量,但每次发售专用发票数量不得超过25份。

辅导期纳税人领购的专用发票未使用完而再次领购的,主管税务机关发售专用发票的份数不得超过核定的每次领购专用发票份数与未使用完的专用发票份数的差额。

**第九条**　辅导期纳税人一个月内多次领购专用发票的,应从当月第二次领购专用发票起,按照上一次已领购并开具的专用发票销售额的3%预缴增值税,未预缴增值税的,主管税务机关不得向其发售专用发票。

预缴增值税时,纳税人应提供已领购并开具的专用发票记账联,主管税务机关根据其提供的专用发票记账联计算应预缴的增值税。

**第十条**　辅导期纳税人按第九条规定预缴的增值税可在本期增值税应纳税额中抵减,抵减后预缴增值税仍有余额的,可抵减下期再次领购专用发票时应当预缴的增值税。

纳税辅导期结束后,纳税人因增购专用发票发生的预缴增值税有余额的,主管税务机关应在纳税辅导期结束后的第一个月内,一次性退还纳税人。

**第十一条**　辅导期纳税人应当在"应交税金"科目下增设"待抵扣进项税额"明细科目,核算尚未交叉稽核比对的专用发票抵扣联、海关进口增值税专用缴款书以及运输费用结算单据(以下简称增值税抵扣凭证)注明或者计算的进项税额。

辅导期纳税人取得增值税抵扣凭证后,借记"应交税金——待抵扣进项税额"明细科目,贷记相关科目。交叉稽核比对无误后,借记"应交税金——应交增值税(进项税额)"科目,贷记"应交税金——待抵扣进项税额"科目。经核实不得抵扣的进项税额,红字借记"应交税金——待抵扣进项税额",红字贷记相关科目。

**第十二条**　主管税务机关定期接收交叉稽核比对结果,通过《稽核结果导出工具》导出发票明细数据及《稽核结果通知书》并告知辅导期纳税人。

辅导期纳税人根据交叉稽核比对结果相符的增值税抵扣凭证本期数据申报抵扣进项税额,未收到交叉稽核比对结果的增值税抵扣凭证留待下期抵扣。

**第十三条**　辅导期纳税人按以下要求填写《增值税纳税申报表附列资料(表二)》。

(一)第2栏填写当月取得认证相符且当月收到《稽核比对结果通知书》及其明细清单注明的稽核相符专用发票、协查结果中允许抵扣的专用发票的份数、金额、税额。

(二)第3栏填写前期取得认证相符且当月收到《稽核比对结果通知书》及其明细清单注明的稽核相符专用发票、协查结果中允许抵扣的专用发票的份数、金额、税额。

(三)第5栏填写税务机关告知的《稽核比对结果通知书》及其明细清单注明的本期稽核相符的海关进口增值税专用缴款书、协查结果中允许抵扣的海关进口增值税专用缴款书的份数、金额、税额。

（四）第7栏“废旧物资发票”不再填写。

（五）第8栏填写税务机关告知的《稽核比对结果通知书》及其明细清单注明的本期稽核相符的运输费用结算单据、协查结果中允许抵扣的运输费用结算单据的份数、金额、税额。

（六）第23栏填写认证相符但未收到稽核比对结果的增值税专用发票月初余额数。

（七）第24栏填写本月已认证相符但未收到稽核比对结果的专用发票数据。

（八）第25栏填写已认证相符但未收到稽核比对结果的专用发票月末余额数。

（九）第28栏填写本月未收到稽核比对结果的海关进口增值税专用缴款书。

（十）第30栏“废旧物资发票”不再填写。

（十一）第31栏填写本月未收到稽核比对结果的运输费用结算单据数据。

**第十四条** 主管税务机关在受理辅导期纳税人纳税申报时，按照以下要求进行“一窗式”票表比对。

（一）审核《增值税纳税申报表》附表二第3栏份数、金额、税额是否等于或小于本期稽核系统比对相符的专用发票抵扣联数据。

（二）审核《增值税纳税申报表》附表二第5栏份数、金额、税额是否等于或小于本期交叉稽核比对相符和协查后允许抵扣的海关进口增值税专用缴款书合计数。

（三）审核《增值税纳税申报表》附表二中第8栏的份数、金额是否等于或小于本期交叉稽核比对相符和协查后允许抵扣的运输费用结算单据合计数。

（四）申报表数据若大于稽核结果数据的，按现行“一窗式”票表比对异常情况处理。

**第十五条** 纳税辅导期内，主管税务机关未发现纳税人存在偷税、逃避追缴欠税、骗取出口退税、抗税或其他需要立案查处的税收违法行为的，从期满的次月起不再实行纳税辅导期管理，主管税务机关应制作、送达《税务事项通知书》，告知纳税人；主管税务机关发现辅导期纳税人存在偷税、逃避追缴欠税、骗取出口退税、抗税或其他需要立案查处的税收违法行为的，从期满的次月起按照本规定重新实行纳税辅导期管理，主管税务机关应制作、送达《税务事项通知书》，告知纳税人。

**第十六条** 本办法自2010年3月20日起执行。《国家税务总局关于加强新办商贸企业增值税征收管理有关问题的紧急通知》（国税发明电〔2004〕37号）、《国家税务总局关于辅导期一般纳税人实施“先比对、后扣税”有关管理问题的通知》（国税发明电〔2004〕51号）、《国家税务总局关于加强新办商贸企业增值税征收管理有关问题的补充通知》（国税发明电〔2004〕62号）、《国家税务总局关于辅导期增值税一般纳税人增值税专用发票预缴增值税有关问题的通知》（国税函〔2005〕1097号）同时废止。

附表：（略）

## 纳税人转让不动产增值税征收管理暂行办法

*1. 2016年3月31日国家税务总局公告2016年第14号公布*

*2. 根据2018年6月15日国家税务总局公告2018年第31号《关于修改部分税收规范性文件的公告》修正*

**第一条** 根据《财政部、国家税务总局关于全面推开营业税改征增值税试点的通知》（财税〔2016〕36号）及现行增值税有关规定，制定本办法。

**第二条** 纳税人转让其取得的不动产，适用本办法。

本办法所称取得的不动产，包括以直接购买、接受捐赠、接受投资入股、自建以及抵债等各种形式取得的不动产。

房地产开发企业销售自行开发的房地产项目不适用本办法。

**第三条** 一般纳税人转让其取得的不动产，按照以下规定缴纳增值税：

（一）一般纳税人转让其2016年4月30日前取得（不含自建）的不动产，可以选择适用简易计税方法计税，以取得的全部价款和价外费用扣除不动产购置原价或者取得不动产时的作价后的余额为销售额，按照5%的征收率计算应纳税额。纳税人应按照上述计税方法向不动产所在地主管税务机关预缴税款，向机构所在地主管税务机关申报纳税。

（二）一般纳税人转让其2016年4月30日前自建的不动产，可以选择适用简易计税方法计税，以取得的全部价款和价外费用为销售额，按照5%的征收率计算应纳税额。纳税人应按照上述计税方法向不动产所在地主管税务机关预缴税款，向机构所在地主管税务机关申报纳税。

（三）一般纳税人转让其2016年4月30日前取得（不含自建）的不动产，选择适用一般计税方法计税的，以取得的全部价款和价外费用为销售额计算应纳税额。纳税人应以取得的全部价款和价外费用扣除不动产购置原价或者取得不动产时的作价后的余额，按照5%的预征率向不动产所在地主管税务机关预缴税款，向机构所在地主管税务机关申报纳税。

（四）一般纳税人转让其2016年4月30日前自建的不动产，选择适用一般计税方法计税的，以取得的全部价款和价外费用为销售额计算应纳税额。纳税人应以取得的全部价款和价外费用，按照5%的预征率向不动产所在地主管税务机关预缴税款，向机构所在地主管税务机关申报纳税。

（五）一般纳税人转让其2016年5月1日后取得（不含自建）的不动产，适用一般计税方法，以取得的全部价款和价外费用为销售额计算应纳税额。纳税人应以取得的全部价款和价外费用扣除不动产购置原价或者取得不动产时的作价后的余额，按照5%的预征率向不动产所在地主管税务机关预缴税款，向机构所在地主管税务机关申报纳税。

（六）一般纳税人转让其2016年5月1日后自建的不动产，适用一般计税方法，以取得的全部价款和价外费用为销售额计算应纳税额。纳税人应以取得的全部价款和价外费用，按照5%的预征率向不动产所在地主管税务机关预缴税款，向机构所在地主管税务机关申报纳税。

**第四条** 小规模纳税人转让其取得的不动产，除个人转让其购买的住房外，按照以下规定缴纳增值税：

（一）小规模纳税人转让其取得（不含自建）的不动产，以取得的全部价款和价外费用扣除不动产购置原价或者取得不动产时的作价后的余额为销售额，按照5%的征收率计算应纳税额。

（二）小规模纳税人转让其自建的不动产，以取得的全部价款和价外费用为销售额，按照5%的征收率计算应纳税额。

除其他个人之外的小规模纳税人，应按照本条规定的计税方法向不动产所在地主管税务机关预缴税款，向机构所在地主管税务机关申报纳税；其他个人按照本条规定的计税方法向不动产所在地主管税务机关申报纳税。

**第五条** 个人转让其购买的住房，按照以下规定缴纳增值税：

（一）个人转让其购买的住房，按照有关规定全额缴纳增值税的，以取得的全部价款和价外费用为销售额，按照5%的征收率计算应纳税额。

（二）个人转让其购买的住房，按照有关规定差额缴纳增值税的，以取得的全部价款和价外费用扣除购买住房价款后的余额为销售额，按照5%的征收率计算应纳税额。

个体工商户应按照本条规定的计税方法向住房所在地主管税务机关预缴税款，向机构所在地主管税务机关申报纳税；其他个人应按照本条规定的计税方法向住房所在地主管税务机关申报纳税。

**第六条** 其他个人以外的纳税人转让其取得的不动产，区分以下情形计算应向不动产所在地主管税务机关预缴的税款：

（一）以转让不动产取得的全部价款和价外费用作为预缴税款计算依据的，计算公式为：

应预缴税款＝全部价款和价外费用÷（1＋5%）×5%

（二）以转让不动产取得的全部价款和价外费用扣除不动产购置原价或者取得不动产时的作价后的余额作为预缴税款计算依据的，计算公式为：

应预缴税款＝（全部价款和价外费用－不动产购置原价或者取得不动产时的作价）÷（1＋5%）×5%

**第七条** 其他个人转让其取得的不动产，按照本办法第六条规定的计算方法计算应纳税额并向不动产所在地主管税务机关申报纳税。

**第八条** 纳税人按规定从取得的全部价款和价外费用中扣除不动产购置原价或者取得不动产时的作价的，应当取得符合法律、行政法规和国家税务总局规定的合法有效凭证。否则，不得扣除。

上述凭证是指：

（一）税务部门监制的发票。

（二）法院判决书、裁定书、调解书，以及仲裁裁决书、公证债权文书。

（三）国家税务总局规定的其他凭证。

**第九条** 纳税人转让其取得的不动产，向不动产所在地主管税务机关预缴的增值税税款，可以在当期增值税应纳税额中抵减，抵减不完的，结转下期继续抵减。

纳税人以预缴税款抵减应纳税额，应以完税凭证作为合法有效凭证。

**第十条** 小规模纳税人转让其取得的不动产，不能自行开具增值税发票的，可向不动产所在地主管税务机关申请代开。

**第十一条** 纳税人向其他个人转让其取得的不动产，不得开具或申请代开增值税专用发票。

**第十二条** 纳税人转让不动产，按照本办法规定应向不动产所在地主管税务机关预缴税款而自应当预缴之月起超过6个月没有预缴税款的，由机构所在地主管税务机关按照《中华人民共和国税收征收管理法》及相关规定进行处理。

纳税人转让不动产，未按照本办法规定缴纳税款的，由主管税务机关按照《中华人民共和国税收征收管理法》及相关规定进行处理。

## 纳税人提供不动产经营租赁服务增值税征收管理暂行办法

*1. 2016年3月31日国家税务总局公告2016年第16号公布*

*2. 根据2018年6月15日国家税务总局公告2018年第31号《关于修改部分税收规范性文件的公告》修正*

**第一条**　根据《财政部、国家税务总局关于全面推开营业税改征增值税试点的通知》（财税〔2016〕36号）及现行增值税有关规定，制定本办法。

**第二条**　纳税人以经营租赁方式出租其取得的不动产（以下简称出租不动产），适用本办法。

取得的不动产，包括以直接购买、接受捐赠、接受投资入股、自建以及抵债等各种形式取得的不动产。

纳税人提供道路通行服务不适用本办法。

**第三条**　一般纳税人出租不动产，按照以下规定缴纳增值税：

（一）一般纳税人出租其2016年4月30日前取得的不动产，可以选择适用简易计税方法，按照5%的征收率计算应纳税额。

不动产所在地与机构所在地不在同一县（市、区）的，纳税人应按照上述计税方法向不动产所在地主管税务机关预缴税款，向机构所在地主管税务机关申报纳税。

不动产所在地与机构所在地在同一县（市、区）的，纳税人向机构所在地主管税务机关申报纳税。

（二）一般纳税人出租其2016年5月1日后取得的不动产，适用一般计税方法计税。

不动产所在地与机构所在地不在同一县（市、区）的，纳税人应按照3%的预征率向不动产所在地主管税务机关预缴税款，向机构所在地主管税务机关申报纳税。

不动产所在地与机构所在地在同一县（市、区）的，纳税人应向机构所在地主管税务机关申报纳税。

一般纳税人出租其2016年4月30日前取得的不动产适用一般计税方法计税的，按照上述规定执行。

**第四条**　小规模纳税人出租不动产，按照以下规定缴纳增值税：

（一）单位和个体工商户出租不动产（不含个体工商户出租住房），按照5%的征收率计算应纳税额。个体工商户出租住房，按照5%的征收率减按1.5%计算应纳税额。

不动产所在地与机构所在地不在同一县（市、区）的，纳税人应按照上述计税方法向不动产所在地主管税务机关预缴税款，向机构所在地主管税务机关申报纳税。

不动产所在地与机构所在地在同一县（市、区）的，纳税人应向机构所在地主管税务机关申报纳税。

（二）其他个人出租不动产（不含住房），按照5%的征收率计算应纳税额，向不动产所在地主管税务机关申报纳税。其他个人出租住房，按照5%的征收率减按1.5%计算应纳税额，向不动产所在地主管税务机关申报纳税。

**第五条**　纳税人出租的不动产所在地与其机构所在地在同一直辖市或计划单列市但不在同一县（市、区）的，由直辖市或计划单列市税务机关决定是否在不动产所在地预缴税款。

**第六条**　纳税人出租不动产，按照本办法规定需要预缴税款的，应在取得租金的次月纳税申报期或不动产所在地主管税务机关核定的纳税期限预缴税款。

**第七条**　预缴税款的计算

（一）纳税人出租不动产适用一般计税方法计税的，按照以下公式计算应预缴税款：

应预缴税款＝含税销售额÷(1＋11%)×3%

（二）纳税人出租不动产适用简易计税方法计税的，除个人出租住房外，按照以下公式计算应预缴税款：

应预缴税款＝含税销售额÷(1＋5%)×5%

（三）个体工商户出租住房，按照以下公式计算应预缴税款：

应预缴税款＝含税销售额÷(1＋5%)×1.5%

**第八条**　其他个人出租不动产，按照以下公式计算应纳税款：

（一）出租住房：

应纳税款＝含税销售额÷(1＋5%)×1.5%

（二）出租非住房：

应纳税款＝含税销售额÷(1＋5%)×5%

**第九条**　单位和个体工商户出租不动产，按照本办法规定向不动产所在地主管税务机关预缴税款时，应填写《增值税预缴税款表》。

**第十条**　单位和个体工商户出租不动产，向不动产所在地主管税务机关预缴的增值税款,可以在当期增值税应纳税额中抵减,抵减不完的,结转下期继续抵减。

纳税人以预缴税款抵减应纳税额,应以完税凭证作为合法有效凭证。

**第十一条** 小规模纳税人中的单位和个体工商户出租不动产,不能自行开具增值税发票的,可向不动产所在地主管税务机关申请代开增值税发票。

其他个人出租不动产,可向不动产所在地主管税务机关申请代开增值税发票。

**第十二条** 纳税人向其他个人出租不动产,不得开具或申请代开增值税专用发票。

**第十三条** 纳税人出租不动产,按照本办法规定应向不动产所在地主管税务机关预缴税款而自应当预缴之月起超过6个月没有预缴税款的,由机构所在地主管税务机关按照《中华人民共和国税收征收管理法》及相关规定进行处理。

纳税人出租不动产,未按照本办法规定缴纳税款的,由主管税务机关按照《中华人民共和国税收征收管理法》及相关规定进行处理。

## 增值税专用发票使用规定[①]

*1. 2006年10月17日国家税务总局发布*

*2. 国税发〔2006〕156号*

*3. 根据2018年6月15日国家税务总局公告2018年第31号《关于修改部分税收规范性文件的公告》修正*

**第一条** 为加强增值税征收管理,规范增值税专用发票(以下简称专用发票)使用行为,根据《中华人民共和国增值税暂行条例》及其实施细则和《中华人民共和国税收征收管理法》及其实施细则,制定本规定。

**第二条** 专用发票,是增值税一般纳税人(以下简称一般纳税人)销售货物或者提供应税劳务开具的发票,是购买方支付增值税额并可按照增值税有关规定据以抵扣增值税进项税额的凭证。

**第三条** 一般纳税人应通过增值税防伪税控系统(以下简称防伪税控系统)使用专用发票。使用,包括领购、开具、缴销、认证纸质专用发票及其相应的数据电文。

本规定所称防伪税控系统,是指经国务院同意推行的,使用专用设备和通用设备、运用数字密码和电子存储技术管理专用发票的计算机管理系统。

本规定所称专用设备,是指金税卡、IC卡、读卡器和其他设备。

本规定所称通用设备,是指计算机、打印机、扫描器具和其他设备。

**第四条** 专用发票由基本联次或者基本联次附加其他联次构成,基本联次为三联:发票联、抵扣联和记账联。发票联,作为购买方核算采购成本和增值税进项税额的记账凭证;抵扣联,作为购买方报送主管税务机关认证和留存备查的凭证;记账联,作为销售方核算销售收入和增值税销项税额的记账凭证。其他联次用途,由一般纳税人自行确定。

**第五条** 专用发票实行最高开票限额管理。最高开票限额,是指单份专用发票开具的销售额合计数不得达到的上限额度。

最高开票限额由一般纳税人申请,税务机关依法审批。最高开票限额为十万元及以下的,由区县级税务机关审批;最高开票限额为一百万元的,由地市级税务机关审批;最高开票限额为一千万元及以上的,由省级税务机关审批。防伪税控系统的具体发行工作由区县级税务机关负责。

税务机关审批最高开票限额应进行实地核查。批准使用最高开票限额为十万元及以下的,由区县级税务机关派人实地核查;批准使用最高开票限额为一百万元的,由地市级税务机关派人实地核查;批准使用最高开票限额为一千万元及以上的,由地市级税务机关派人实地核查后将核查资料报省级税务机关审核。

一般纳税人申请最高开票限额时,需填报《最高开票限额申请表》(附件1)。

**第六条** 一般纳税人领购专用设备后,凭《增值税专用发票最高开票限额申请单》、《发票领购簿》到主管税务机关办理初始发行。

本规定所称初始发行,是指主管税务机关将一般

---

① 第五条已被2013年7月10日国家税务总局公告2013年第39号《关于在全国开展营业税改征增值税试点有关征收管理问题的公告》废止;第二十八条已被2014年3月24日国家税务总局公告2014年第19号《关于简化增值税发票领用和使用程序有关问题的公告》废止;第十四条、第十五条、第十六条、第十七条、第十八条、第十九条已被2014年12月20日国家税务总局公告2014年第73号《关于推行增值税发票系统升级版有关问题的公告》废止;第六条中的"一般纳税人领购专用设备后,凭《最高开票限额申请表》、《发票领购簿》到主管税务机关办理初始发行。"已被2022年12月20日国家税务总局公告2022年第26号《关于部分税务事项实行容缺办理和进一步精简涉税费资料报送的公告》废止。——编者注

纳税人的下列信息载入空白金税卡和IC卡的行为。

（一）企业名称；

（二）税务登记代码；

（三）开票限额；

（四）购票限量；

（五）购票人员姓名、密码；

（六）开票机数量；

（七）国家税务总局规定的其他信息。

一般纳税人发生上列第一、三、四、五、六、七项信息变化，应向主管税务机关申请变更发行；发生第二项信息变化，应向主管税务机关申请注销发行。

**第七条** 一般纳税人凭《发票领购簿》、IC卡和经办人身份证明领购专用发票。

**第八条** 一般纳税人有下列情形之一的，不得领购开具专用发票：

（一）会计核算不健全，不能向税务机关准确提供增值税销项税额、进项税额、应纳税额数据及其他有关增值税税务资料的。

上列其他有关增值税税务资料的内容，由省、自治区、直辖市和计划单列市税务局确定。

（二）有《税收征管法》规定的税收违法行为，拒不接受税务机关处理的。

（三）有下列行为之一，经税务机关责令限期改正而仍未改正的：

1. 虚开增值税专用发票；

2. 私自印制专用发票；

3. 向税务机关以外的单位和个人买取专用发票；

4. 借用他人专用发票；

5. 未按本规定第十一条开具专用发票；

6. 未按规定保管专用发票和专用设备；

7. 未按规定申请办理防伪税控系统变更发行；

8. 未按规定接受税务机关检查。

有上列情形的，如已领购专用发票，主管税务机关应暂扣其结存的专用发票和IC卡。

**第九条** 有下列情形之一的，为本规定第八条所称未按规定保管专用发票和专用设备：

（一）未设专人保管专用发票和专用设备；

（二）未按税务机关要求存放专用发票和专用设备；

（三）未将认证相符的专用发票抵扣联、《认证结果通知书》和《认证结果清单》装订成册；

（四）未经税务机关查验，擅自销毁专用发票基本联次。

**第十条** 一般纳税人销售货物或者提供应税劳务，应向购买方开具专用发票。

商业企业一般纳税人零售的烟、酒、食品、服装、鞋帽（不包括劳保专用部分）、化妆品等消费品不得开具专用发票。

增值税小规模纳税人（以下简称小规模纳税人）需要开具专用发票的，可向主管税务机关申请代开。

销售免税货物不得开具专用发票，法律、法规及国家税务总局另有规定的除外。

**第十一条** 专用发票应按下列要求开具：

（一）项目齐全，与实际交易相符；

（二）字迹清楚，不得压线、错格；

（三）发票联和抵扣联加盖财务专用章或者发票专用章；

（四）按照增值税纳税义务的发生时间开具。

对不符合上列要求的专用发票，购买方有权拒收。

**第十二条** 一般纳税人销售货物或者提供应税劳务可汇总开具专用发票。汇总开具专用发票的，同时使用防伪税控系统开具《销售货物或者提供应税劳务清单》（附件2），并加盖财务专用章或者发票专用章。

**第十三条** 一般纳税人在开具专用发票当月，发生销货退回、开票有误等情形，收到退回的发票联、抵扣联符合作废条件的，按作废处理；开具时发现有误的，可即时作废。

作废专用发票须在防伪税控系统中将相应的数据电文按"作废"处理，在纸质专用发票（含未打印的专用发票）各联次上注明"作废"字样，全联次留存。

**第十四条** 一般纳税人取得专用发票后，发生销货退回、开票有误等情形但不符合作废条件的，或者因销货部分退回及发生销售折让的，购买方应向主管税务机关填报《开具红字增值税专用发票申请单》（以下简称《申请单》，附件3）。

《申请单》所对应的蓝字专用发票应经税务机关认证。

经认证结果为"认证相符"并且已经抵扣增值税进项税额的，一般纳税人在填报《申请单》时不填写相对应的蓝字专用发票信息。

经认证结果为"纳税人识别号认证不符"、"专用发票代码、号码认证不符"的，一般纳税人在填报《申请单》时应填写相对应的蓝字专用发票信息。

**第十五条** 《申请单》一式两联：第一联由购买方留存；第二联由购买方主管税务机关留存。

《申请单》应加盖一般纳税人财务专用章。

**第十六条** 主管税务机关对一般纳税人填报的《申请单》进行审核后，出具《开具红字增值税专用发票通知单》（以下简称《通知单》，附件4）。《通知单》应与《申请单》一一对应。

**第十七条** 《通知单》一式三联：第一联由购买方主管税务机关留存；第二联由购买方送交销售方留存；第三联由购买方留存。

《通知单》应加盖主管税务机关印章。

《通知单》应按月依次装订成册，并比照专用发票保管规定管理。

**第十八条** 购买方必须暂依《通知单》所列增值税税额从当期进项税额中转出，未抵扣增值税进项税额的可列入当期进项税额，待取得销售方开具的红字专用发票后，与留存的《通知单》一并作为记账凭证。属于本规定第十四条第四款所列情形的，不作进项税额转出。

**第十九条** 销售方凭购买方提供的《通知单》开具红字专用发票，在防伪税控系统中以销项负数开具。

红字专用发票应与《通知单》一一对应。

**第二十条** 同时具有下列情形的，为本规定所称作废条件：

（一）收到退回的发票联、抵扣联时间未超过销售方开票当月；

（二）销售方未抄税并且未记账；

（三）购买方未认证或者认证结果为“纳税人识别号认证不符”、“专用发票代码、号码认证不符”。

本规定所称抄税，是报税前用IC卡或者IC卡和软盘抄取开票数据电文。

**第二十一条** 一般纳税人开具专用发票应在增值税纳税申报期内向主管税务机关报税，在申报所属月份内可分次向主管税务机关报税。

本规定所称报税，是纳税人持IC卡或者IC卡和软盘向税务机关报送开票数据电文。

**第二十二条** 因IC卡、软盘质量等问题无法报税的，应更换IC卡、软盘。

因硬盘损坏、更换金税卡等原因不能正常报税的，应提供已开具未向税务机关报税的专用发票记账联原件或者复印件，由主管税务机关补采开票数据。

**第二十三条** 一般纳税人注销税务登记或者转为小规模纳税人，应将专用设备和结存未用的纸质专用发票送交主管税务机关。

主管税务机关应缴销其专用发票，并按有关安全管理的要求处理专用设备。

**第二十四条** 本规定第二十三条所称专用发票的缴销，是指主管税务机关在纸质专用发票监制章处按“V”字剪角作废，同时作废相应的专用发票数据电文。

被缴销的纸质专用发票应退还纳税人。

**第二十五条** 用于抵扣增值税进项税额的专用发票应经税务机关认证相符（国家税务总局另有规定的除外）。认证相符的专用发票应作为购买方的记账凭证，不得退还销售方。

本规定所称认证，是税务机关通过防伪税控系统对专用发票所列数据的识别、确认。

本规定所称认证相符，是指纳税人识别号无误，专用发票所列密文解译后与明文一致。

**第二十六条** 经认证，有下列情形之一的，不得作为增值税进项税额的抵扣凭证，税务机关退还原件，购买方可要求销售方重新开具专用发票。

（一）无法认证。

本规定所称无法认证，是指专用发票所列密文或者明文不能辨认，无法产生认证结果。

（二）纳税人识别号认证不符。

本规定所称纳税人识别号认证不符，是指专用发票所列购买方纳税人识别号有误。

（三）专用发票代码、号码认证不符。

本规定所称专用发票代码、号码认证不符，是指专用发票所列密文解译后与明文的代码或者号码不一致。

**第二十七条** 经认证，有下列情形之一的，暂不得作为增值税进项税额的抵扣凭证，税务机关扣留原件，查明原因，分别情况进行处理。

（一）重复认证。

本规定所称重复认证，是指已经认证相符的同一张专用发票再次认证。

（二）密文有误。

本规定所称密文有误，是指专用发票所列密文无法解译。

（三）认证不符。

本规定所称认证不符，是指纳税人识别号有误，或者专用发票所列密文解译后与明文不一致。

本项所称认证不符不含第二十六条第二项、第三项所列情形。

（四）列为失控专用发票。

本规定所称列为失控专用发票，是指认证时的专用发票已被登记为失控专用发票。

**第二十八条**　一般纳税人丢失已开具专用发票的发票联和抵扣联,如果丢失前已认证相符的,购买方凭销售方提供的相应专用发票记账联复印件及销售方所在地主管税务机关出具的《丢失增值税专用发票已报税证明单》(附件5),经购买方主管税务机关审核同意后,可作为增值税进项税额的抵扣凭证;如果丢失前未认证的,购买方凭销售方提供的相应专用发票记账联复印件到主管税务机关进行认证,认证相符的凭该专用发票记账联复印件及销售方所在地主管税务机关出具的《丢失增值税专用发票已报税证明单》,经购买方主管税务机关审核同意后,可作为增值税进项税额的抵扣凭证。

一般纳税人丢失已开具专用发票的抵扣联,如果丢失前已认证相符的,可使用专用发票发票联复印件留存备查;如果丢失前未认证的,可使用专用发票发票联到主管税务机关认证,专用发票发票联复印件留存备查。

一般纳税人丢失已开具专用发票的发票联,可将专用发票抵扣联作为记账凭证,专用发票抵扣联复印件留存备查。

**第二十九条**　专用发票抵扣联无法认证的,可使用专用发票发票联到主管税务机关认证。专用发票发票联复印件留存备查。

**第三十条**　本规定自2007年1月1日施行,《国家税务总局关于印发〈增值税专用发票使用规定〉的通知》(国税发〔1993〕150号)、《国家税务总局关于增值税专用发票使用问题的补充通知》(国税发〔1994〕056号)、《国家税务总局关于由税务所为小规模企业代开增值税专用发票的通知》(国税发〔1994〕058号)、《国家税务总局关于印发〈关于商业零售企业开具增值税专用发票的通告〉的通知》(国税发〔1994〕081号)、《国家税务总局关于修改〈国家税务总局关于严格控制增值税专用发票使用范围的通知〉的通知》(国税发〔2000〕075号)、《国家税务总局关于加强防伪税控开票系统最高开票限额管理的通知》(国税发明电〔2001〕57号)、《国家税务总局关于增值税一般纳税人丢失防伪税控系统开具的增值税专用发票有关税务处理问题的通知》(国税发〔2002〕010号)、《国家税务总局关于进一步加强防伪税控开票系统最高开票限额管理的通知》(国税发明电〔2002〕33号)同时废止。以前有关政策规定与本规定不一致的,以本规定为准。

附件:(略)

## 国家税务总局关于增值税一般纳税人登记管理若干事项的公告[①]

*1. 2018年1月29日国家税务总局公告2018年第6号公布*
*2. 自2018年2月1日起施行*

为了贯彻实施《增值税一般纳税人登记管理办法》(国家税务总局令第43号,以下简称《办法》),现将有关事项公告如下:

一、《办法》第二条所称"经营期"是指在纳税人存续期内的连续经营期间,含未取得销售收入的月份或季度。

二、《办法》第二条所称"纳税申报销售额"是指纳税人自行申报的全部应征增值税销售额,其中包括免税销售额和税务机关代开发票销售额。"稽查查补销售额"和"纳税评估调整销售额"计入查补税款申报当月(或当季)的销售额,不计入税款所属期销售额。

三、《办法》第四条第二项所称的"其他个人"是指自然人。

四、《办法》第六条第一项所称的"固定生产经营场所"信息是指填写在《增值税一般纳税人登记表》"生产经营地址"栏次中的内容。

五、《办法》第六条第一项所称的"税务登记证件",包括纳税人领取的由工商行政管理部门或者其他主管部门核发的加载法人和其他组织统一社会信用代码的相关证件。

六、《办法》第八条规定主管税务机关制作的《税务事项通知书》中,需告知纳税人的内容应当包括:纳税人年应税销售额已超过规定标准,应在收到《税务事项通知书》后5日内向税务机关办理增值税一般纳税人登记手续或者选择按照小规模纳税人纳税的手续;逾期未办理的,自通知时限期满的次月起按销售额依照增值税税率计算应纳税额,不得抵扣进项税额,直至纳税人办理相关手续为止。

七、纳税人兼有销售货物、提供加工修理修配劳务(以下称"应税货物及劳务")和销售服务、无形资产、不动产(以下称"应税行为")的,应税货物及劳务销售额与应税行为销售额分别计算,分别适用增值税一般纳税人登记标准,其中有一项销售额超过规定标准,就应当按照规定办理增值税一般纳税人登记相关手续。

---

① 第七条已被2018年4月20日国家税务总局公告2018年第18号《关于统一小规模纳税人标准等若干增值税问题的公告》废止。——编者注

八、经税务机关核对后退还纳税人留存的《增值税一般纳税人登记表》,可以作为证明纳税人成为增值税一般纳税人的凭据。

九、《办法》中所规定期限的最后一日是法定休假日的,以休假日期满的次日为期限的最后一日;在期限内有连续3日以上(含3日)法定休假日的,按休假日天数顺延。

十、本公告自2018年2月1日起施行。《国家税务总局关于明确〈增值税一般纳税人资格认定管理办法〉若干条款处理意见的通知》(国税函〔2010〕139号)、《国家税务总局关于调整增值税一般纳税人管理有关事项的公告》(国家税务总局公告2015年第18号)、《国家税务总局关于"三证合一"登记制度改革涉及增值税一般纳税人管理有关事项的公告》(国家税务总局公告2015年第74号)、《国家税务总局关于全面推开营业税改征增值税试点有关税收征收管理事项的公告》(国家税务总局公告2016年第23号)第二条同时废止。

特此公告。

## 国家税务总局关于启用增值税普通发票(卷票)有关事项的公告

*1. 2016年12月13日国家税务总局公告2016年第82号公布*

*2. 自2017年1月1日起施行*

为了满足纳税人发票使用需要,税务总局决定自2017年1月1日起启用增值税普通发票(卷票),现将有关事项公告如下:

**一、增值税普通发票(卷票)规格、联次及防伪措施**

增值税普通发票(卷票)分为两种规格:57mm×177.8mm、76mm×177.8mm,均为单联。增值税普通发票(卷票)的防伪措施为光变油墨防伪(详见附件1)。

**二、增值税普通发票(卷票)代码及号码**

增值税普通发票(卷票)的发票代码为12位,编码规则:第1位为0,第2-5位代表省、自治区、直辖市和计划单列市,第6-7位代表年度,第8-10位代表批次,第11-12位代表票种和规格,其中06代表57mm×177.8mm增值税普通发票(卷票)、07代表76mm×177.8mm增值税普通发票(卷票)。

增值税普通发票(卷票)的发票号码为8位,按年度、分批次编制。

**三、增值税普通发票(卷票)内容**

增值税普通发票(卷票)的基本内容包括:发票名称、发票监制章、发票联、税徽、发票代码、发票号码、机打号码、机器编号、销售方名称及纳税人识别号、开票日期、收款员、购买方名称及纳税人识别号、项目、单价、数量、金额、合计金额(小写)、合计金额(大写)、校验码、二维码码区等。增值税普通发票(卷票)票样见附件2。

**四、其他事项**

(一)增值税普通发票(卷票)由纳税人自愿选择使用,重点在生活性服务业纳税人中推广使用。

(二)增值税普通发票(卷票)的真伪鉴别按照《中华人民共和国发票管理办法实施细则》第三十三条有关规定执行。

本公告自2017年1月1日起实施。

特此公告。

附件:(略)

## 国家税务总局关于使用印有本单位名称的增值税普通发票(卷票)有关问题的公告

*1. 2017年4月14日国家税务总局公告2017年第9号公布*

*2. 根据2018年6月15日国家税务总局公告2018年第31号《关于修改部分税收规范性文件的公告》修正*

为进一步规范增值税发票管理,优化纳税服务,保障全面推开营业税改征增值税试点工作顺利实施,现将使用印有本单位名称的增值税普通发票(卷票)有关问题公告如下:

一、纳税人可按照《中华人民共和国发票管理办法》及其实施细则要求,书面向税务机关要求使用印有本单位名称的增值税普通发票(卷票),税务机关按规定确认印有该单位名称发票的种类和数量。纳税人通过增值税发票管理新系统开具印有本单位名称的增值税普通发票(卷票)。

二、印有本单位名称的增值税普通发票(卷票),由税务总局统一招标采购的增值税普通发票(卷票)中标厂商印制,其式样、规格、联次和防伪措施等与原有增值税普通发票(卷票)一致,并加印企业发票专用章。

三、印有本单位名称的增值税普通发票(卷票)发票代码及号码按照《国家税务总局关于启用增值税普通发票(卷票)有关事项的公告》(国家税务总局公告2016年第82号)规定的编码规则编制。发票代码的第8-10位代表批次,由省税务机关在501-999范围内统一编制。

四、使用印有本单位名称的增值税普通发票(卷票)的企业,按照《国家税务总局、财政部关于冠名发票印制费结算问题的通知》(税总发〔2013〕53号)规定,与发票印制企业直接结算印制费用。

本公告自2017年7月1日起施行。

特此公告。

## 财政部、税务总局关于资管产品增值税有关问题的通知

*1. 2017年6月30日发布*
*2. 财税〔2017〕56号*
*3. 自2018年1月1日起施行*

各省、自治区、直辖市、计划单列市财政厅(局)、国家税务局、地方税务局,新疆生产建设兵团财务局:

现将资管产品增值税有关问题通知如下:

一、资管产品管理人(以下称管理人)运营资管产品过程中发生的增值税应税行为(以下称资管产品运营业务),暂适用简易计税方法,按照3%的征收率缴纳增值税。

资管产品管理人,包括银行、信托公司、公募基金管理公司及其子公司、证券公司及其子公司、期货公司及其子公司、私募基金管理人、保险资产管理公司、专业保险资产管理机构、养老保险公司。

资管产品,包括银行理财产品、资金信托(包括集合资金信托、单一资金信托)、财产权信托、公开募集证券投资基金、特定客户资产管理计划、集合资产管理计划、定向资产管理计划、私募投资基金、债权投资计划、股权投资计划、股债结合型投资计划、资产支持计划、组合类保险资产管理产品、养老保障管理产品。

财政部和税务总局规定的其他资管产品管理人及资管产品。

二、管理人接受投资者委托或信托对受托资产提供的管理服务以及管理人发生的除本通知第一条规定的其他增值税应税行为(以下称其他业务),按照现行规定缴纳增值税。

三、管理人应分别核算资管产品运营业务和其他业务的销售额和增值税应纳税额。未分别核算的,资管产品运营业务不得适用本通知第一条规定。

四、管理人可选择分别或汇总核算资管产品运营业务销售额和增值税应纳税额。

五、管理人应按照规定的纳税期限,汇总申报缴纳资管产品运营业务和其他业务增值税。

六、本通知自2018年1月1日起施行。

对资管产品在2018年1月1日前运营过程中发生的增值税应税行为,未缴纳增值税的,不再缴纳;已缴纳增值税的,已纳税额从资管产品管理人以后月份的增值税应纳税额中抵减。

## 国家税务总局关于逾期增值税扣税凭证抵扣问题的公告

*1. 2011年9月14日国家税务总局公告2011年第50号公布*
*2. 根据2017年10月13日国家税务总局公告2017年第36号《关于进一步优化增值税、消费税有关涉税事项办理程序的公告》第一次修正*
*3. 根据2018年6月15日国家税务总局公告2018年第31号《关于修改部分税收规范性文件的公告》第二次修正*

为保障纳税人合法权益,经国务院批准,现将2007年1月1日以后开具的增值税扣税凭证未能按照规定期限办理认证或者稽核比对(以下简称逾期)抵扣问题公告如下:

一、增值税一般纳税人发生真实交易但由于客观原因造成增值税扣税凭证(包括增值税专用发票、海关进口增值税专用缴款书和机动车销售统一发票)未能按照规定期限办理认证、确认或者稽核比对的,经主管税务机关核实、逐级上报,由省税务局认证并稽核比对后,对比对相符的增值税扣税凭证,允许纳税人继续抵扣其进项税额。

增值税一般纳税人由于除本公告第二条规定以外的其他原因造成增值税扣税凭证逾期的,仍应按照增值税扣税凭证抵扣期限有关规定执行。

二、客观原因包括如下类型:

(一)因自然灾害、社会突发事件等不可抗力因素造成增值税扣税凭证逾期;

(二)增值税扣税凭证被盗、抢,或者因邮寄丢失、误递导致逾期;

(三)有关司法、行政机关在办理业务或者检查中,扣押增值税扣税凭证,纳税人不能正常履行申报义务,或者税务机关信息系统、网络故障,未能及时处理

纳税人网上认证数据等导致增值税扣税凭证逾期；

（四）买卖双方因经济纠纷，未能及时传递增值税扣税凭证，或者纳税人变更纳税地点，注销旧户和重新办理税务登记的时间过长，导致增值税扣税凭证逾期；

（五）由于企业办税人员伤亡、突发危重疾病或者擅自离职，未能办理交接手续，导致增值税扣税凭证逾期；

（六）国家税务总局规定的其他情形。

三、增值税一般纳税人因客观原因造成增值税扣税凭证逾期的，可按照本公告附件《逾期增值税扣税凭证抵扣管理办法》的规定，申请办理逾期抵扣手续。

四、本公告自2011年10月1日起执行。

特此公告。

**附件**

## 逾期增值税扣税凭证抵扣管理办法

一、增值税一般纳税人发生真实交易但由于客观原因造成增值税扣税凭证逾期的，可向主管税务机关申请办理逾期抵扣。

二、纳税人申请办理逾期抵扣时，应报送如下资料：

（一）《逾期增值税扣税凭证抵扣申请单》；

（二）增值税扣税凭证逾期情况说明。纳税人应详细说明未能按期办理认证、确认或者稽核比对的原因，并加盖企业公章。其中，对客观原因不涉及第三方的，纳税人应说明的情况具体为：发生自然灾害、社会突发事件等不可抗力原因的，纳税人应详细说明自然灾害或者社会突发事件发生的时间、影响地区、对纳税人生产经营的实际影响等；纳税人变更纳税地点，注销旧户和重新办理税务登记的时间过长，导致增值税扣税凭证逾期的，纳税人应详细说明办理搬迁时间、注销旧户和注册新户的时间、搬出及搬入地点等；企业办税人员擅自离职，未办理交接手续的，纳税人应详细说明事情经过、办税人员姓名、离职时间等，并提供解除劳动关系合同及企业内部相关处理决定；

（三）客观原因涉及第三方的，应提供第三方证明或说明。具体为：企业办税人员伤亡或者突发危重疾病的，应提供公安机关、交通管理部门或者医院证明；有关司法、行政机关在办理业务或者检查中，扣押增值税扣税凭证，导致纳税人不能正常履行申报义务的，应提供相关司法、行政机关证明；增值税扣税凭证被盗、抢的，应提供公安机关证明；买卖双方因经济纠纷，未能及时传递增值税扣税凭证的，应提供卖方出具的情况说明；邮寄丢失或者误递导致增值税扣税凭证逾期的，应提供邮政单位出具的说明；

（四）逾期增值税扣税凭证电子信息；

（五）逾期增值税扣税凭证复印件（复印件必须整洁、清晰，在凭证备注栏注明“与原件一致”并加盖企业公章，增值税专用发票复印件必须裁剪成与原票大小一致）。

三、由于税务机关自身原因造成纳税人增值税扣税凭证逾期的，主管税务机关应在上报文件中说明相关情况。具体为，税务机关信息系统或者网络故障，未能及时处理纳税人网上认证数据的，主管税务机关应详细说明信息系统或网络故障出现、持续的时间，故障原因及表现等。

四、主管税务机关应认真核实纳税人所报资料，重点核查纳税人所报送资料是否齐全、交易是否真实发生、造成增值税扣税凭证逾期的原因是否属于客观原因、第三方证明或说明所述时间是否具有逻辑性、资料信息是否一致、增值税扣税凭证复印件与原件是否一致等。

主管税务机关核实无误后，应向上级税务机关上报，并将增值税扣税凭证逾期情况说明、第三方证明或说明、逾期增值税扣税凭证电子信息、逾期增值税扣税凭证复印件逐级上报至省税务局。

五、省税务局对上报的资料进行案头复核，并对逾期增值税扣税凭证信息进行认证、稽核比对，对资料符合条件、稽核比对结果相符的，允许纳税人继续抵扣逾期增值税扣税凭证上所注明或计算的税额。

六、主管税务机关可定期或者不定期对已抵扣逾期增值税扣税凭证进项税额的纳税人进行复查，发现纳税人提供虚假信息，存在弄虚作假行为的，应责令纳税人将已抵扣进项税额转出，并按《中华人民共和国税收征收管理法》的有关规定进行处罚。

附表：（略）

# 国家税务总局关于增值税电子普通发票使用有关事项的公告

*2018年7月23日国家税务总局公告2018年第41号公布施行*

为了保障国税地税征管体制改革工作顺利推进，确保改革前后增值税电子普通发票有序衔接、平稳过渡，现将增值税电子普通发票使用有关事项公告如下：

一、新税务机构挂牌后，国家税务总局各省、自治区、直辖市和计划单列市税务局[以下简称“各省（区、市）税务局”]将启用新的发票监制章。增值税电子普通发票（含收费公路通行费增值税电子普通发票，下同）版式文件上的发票监制章，相应修改为各省（区、市）税务局新启用的发票监制章。

二、新启用的发票监制章形状为椭圆型，长轴为3厘米，短轴为2厘米，边宽为0.1厘米，内环加刻一细线，上环刻制“全国统一发票监制章”字样，中间刻制“国家税务总局”字样，下环刻制“××省（区、市）税务局”字样，下环字样例如：“江苏省税务局”、“上海市税务局”、“内蒙古自治区税务局”、“新疆维吾尔自治区税务局”。字体为楷体7磅，印色为大红色。新启用的发票监制章样式见附件。

三、纳税人自建电子发票服务平台和第三方电子发票服务平台，应当于2018年12月31日前完成升级工作。电子发票服务平台升级后，生成的增值税电子普通发票版式文件使用各省（区、市）税务局新启用的发票监制章。电子发票服务平台升级前，生成的增值税电子普通发票版式文件可以继续使用原各省、自治区、直辖市和计划单列市国家税务局的发票监制章。

四、各省（区、市）税务局要利用多种渠道，切实做好增值税电子普通发票使用有关事项的宣传解释工作。要多措并举、扎实推进，将相关政策规定及时、准确告知自建电子发票服务平台的纳税人和第三方电子发票服务平台运营商，并督促其按时完成电子发票服务平台升级工作。

五、《国家税务总局关于推行通过增值税电子发票系统开具的增值税电子普通发票有关问题的公告》（国家税务总局公告2015年第84号发布，国家税务总局公告2018年第31号修改）附件1增值税电子普通发票票样中的发票监制章按照本公告规定调整。

本公告自发布之日起施行。

特此公告。

附件：（略）

## 国家税务总局关于增值税发票管理等有关事项的公告①

*2019年10月9日国家税务总局公告2019年第33号公布*

现将增值税发票管理等有关事项公告如下：

一、符合《财政部、税务总局关于明确生活性服务业增值税加计抵减政策的公告》（财政部、税务总局公告2019年第87号）规定的生活性服务业纳税人，应在年度首次确认适用15%加计抵减政策时，通过电子税务局（或前往办税服务厅）提交《适用15%加计抵减政策的声明》（见附件）。

二、增值税一般纳税人取得海关进口增值税专用缴款书（以下简称“海关缴款书”）后如需申报抵扣或出口退税，按以下方式处理：

（一）增值税一般纳税人取得仅注明一个缴款单位信息的海关缴款书，应当登录本省（区、市）增值税发票选择确认平台（以下简称“选择确认平台”）查询、选择用于申报抵扣或出口退税的海关缴款书信息。通过选择确认平台查询到的海关缴款书信息与实际情况不一致或未查询到对应信息的，应当上传海关缴款书信息，经系统稽核比对相符后，纳税人登录选择确认平台查询、选择用于申报抵扣或出口退税的海关缴款书信息。

（二）增值税一般纳税人取得注明两个缴款单位信息的海关缴款书，应当上传海关缴款书信息，经系统稽核比对相符后，纳税人登录选择确认平台查询、选择用于申报抵扣或出口退税的海关缴款书信息。

三、稽核比对结果为不符、缺联、重号、滞留的异常海关缴款书按以下方式处理：

（一）对于稽核比对结果为不符、缺联的海关缴款书，纳税人应当持海关缴款书原件向主管税务机关申请数据修改或核对。属于纳税人数据采集错误的，数据修改后再次进行稽核比对；不属于数据采集错误的，纳税人可向主管税务机关申请数据核对，主管税务机关会同海关进行核查。经核查，海关缴款书票面信息与纳税人实际进口货物业务一致的，纳税人登录选择确认平台查询、选择用于申报抵扣或出口退税的海关缴款书信息。

（二）对于稽核比对结果为重号的海关缴款书，纳税人可向主管税务机关申请核查。经核查，海关缴款书票面信息与纳税人实际进口货物业务一致的，纳税

① 第四条已被2019年12月31日国家税务总局公告2019年第45号《关于取消增值税扣税凭证认证确认期限等增值税征管问题的公告》废止；第一条及附件《适用15%加计抵减政策的声明》已被2023年1月9日国家税务总局公告2023年第1号《关于增值税小规模纳税人减免增值税等政策有关征管事项的公告》废止。——编者注

人登录选择确认平台查询、选择用于申报抵扣或出口退税的海关缴款书信息。

(三)对于稽核比对结果为滞留的海关缴款书,可继续参与稽核比对,纳税人不需申请数据核对。

四、增值税一般纳税人取得的2017年7月1日及以后开具的海关缴款书,应当自开具之日起360日内通过选择确认平台进行选择确认或申请稽核比对。

五、增值税小规模纳税人(其他个人除外)发生增值税应税行为,需要开具增值税专用发票的,可以自愿使用增值税发票管理系统自行开具。选择自行开具增值税专用发票的小规模纳税人,税务机关不再为其代开增值税专用发票。

增值税小规模纳税人应当就开具增值税专用发票的销售额计算增值税应纳税额,并在规定的纳税申报期内向主管税务机关申报缴纳。在填写增值税纳税申报表时,应当将当期开具增值税专用发票的销售额,按照3%和5%的征收率,分别填写在《增值税纳税申报表》(小规模纳税人适用)第2栏和第5栏“税务机关代开的增值税专用发票不含税销售额”的“本期数”相应栏次中。

六、本公告第一条自2019年10月1日起施行,本公告第二条至第五条自2020年2月1日起施行。《国家税务总局、海关总署关于实行海关进口增值税专用缴款书“先比对后抵扣”管理办法有关问题的公告》(国家税务总局、海关总署公告2013年第31号)第二条和第六条、《国家税务总局关于扩大小规模纳税人自行开具增值税专用发票试点范围等事项的公告》(国家税务总局公告2019年第8号)第一条自2020年2月1日起废止。

特此公告。

附件:(略)

## 财政部、税务总局关于调整增值税税率的通知

*1. 2018年4月4日发布*

*2. 财税〔2018〕32号*

*3. 自2018年5月1日起施行*

各省、自治区、直辖市、计划单列市财政厅(局)、国家税务局、地方税务局,新疆生产建设兵团财政局:

为完善增值税制度,现将调整增值税税率有关政策通知如下:

一、纳税人发生增值税应税销售行为或者进口货物,原适用17%和11%税率的,税率分别调整为16%、10%。

二、纳税人购进农产品,原适用11%扣除率的,扣除率调整为10%。

三、纳税人购进用于生产销售或委托加工16%税率货物的农产品,按照12%的扣除率计算进项税额。

四、原适用17%税率且出口退税率为17%的出口货物,出口退税率调整至16%。原适用11%税率且出口退税率为11%的出口货物、跨境应税行为,出口退税率调整至10%。

五、外贸企业2018年7月31日前出口的第四条所涉货物、销售的第四条所涉跨境应税行为,购进时已按调整前税率征收增值税的,执行调整前的出口退税率;购进时已按调整后税率征收增值税的,执行调整后的出口退税率。生产企业2018年7月31日前出口的第四条所涉货物、销售的第四条所涉跨境应税行为,执行调整前的出口退税率。

调整出口货物退税率的执行时间及出口货物的时间,以出口货物报关单上注明的出口日期为准,调整跨境应税行为退税率的执行时间及销售跨境应税行为的时间,以出口发票的开具日期为准。

六、本通知自2018年5月1日起执行。此前有关规定与本通知规定的增值税税率、扣除率、出口退税率不一致的,以本通知为准。

七、各地要高度重视增值税税率调整工作,做好实施前的各项准备以及实施过程中的监测分析、宣传解释等工作,确保增值税税率调整工作平稳、有序推进。如遇问题,请及时上报财政部和税务总局。

## 国家税务总局关于深化增值税改革有关事项的公告①

*1. 2019年3月21日国家税务总局公告2019年第14号公布*

*2. 自2019年4月1日起施行*

现将深化增值税改革有关事项公告如下:

一、增值税一般纳税人(以下称纳税人)在增值税税率调整前已按原16%、10%适用税率开具的增值税发票,

① 第八条及附件《适用加计抵减政策的声明》已被2023年1月9日国家税务总局公告2023年第1号《关于增值税小规模纳税人减免增值税等政策有关征管事项的公告》废止。——编者注

发生销售折让、中止或者退回等情形需要开具红字发票的，按照原适用税率开具红字发票；开票有误需要重新开具的，先按照原适用税率开具红字发票后，再重新开具正确的蓝字发票。

二、纳税人在增值税税率调整前未开具增值税发票的增值税应税销售行为，需要补开增值税发票的，应当按照原适用税率补开。

三、增值税发票税控开票软件税率栏次默认显示调整后税率，纳税人发生本公告第一条、第二条所列情形的，可以手工选择原适用税率开具增值税发票。

四、税务总局在增值税发票税控开票软件中更新了《商品和服务税收分类编码表》，纳税人应当按照更新后的《商品和服务税收分类编码表》开具增值税发票。

五、纳税人应当及时完成增值税发票税控开票软件升级和自身业务系统调整。

六、已抵扣进项税额的不动产，发生非正常损失，或者改变用途，专用于简易计税方法计税项目、免征增值税项目、集体福利或者个人消费的，按照下列公式计算不得抵扣的进项税额，并从当期进项税额中扣减：

不得抵扣的进项税额＝已抵扣进项税额×不动产净值率

不动产净值率＝（不动产净值÷不动产原值）×100%

七、按照规定不得抵扣进项税额的不动产，发生用途改变，用于允许抵扣进项税额项目的，按照下列公式在改变用途的次月计算可抵扣进项税额。

可抵扣进项税额＝增值税扣税凭证注明或计算的进项税额×不动产净值率

八、按照《财政部、税务总局、海关总署关于深化增值税改革有关政策的公告》（财政部、税务总局、海关总署公告2019年第39号）规定，适用加计抵减政策的生产、生活性服务业纳税人，应在年度首次确认适用加计抵减政策时，通过电子税务局（或前往办税服务厅）提交《适用加计抵减政策的声明》（见附件）。适用加计抵减政策的纳税人，同时兼营邮政服务、电信服务、现代服务、生活服务的，应按照四项服务中收入占比最高的业务在《适用加计抵减政策的声明》中勾选确定所属行业。

九、本公告自2019年4月1日起施行。《不动产进项税额分期抵扣暂行办法》（国家税务总局公告2016年第15号发布）同时废止。

附件：（略）

## 国家税务总局关于调整增值税纳税申报有关事项的公告①

*1. 2019年3月21日国家税务总局公告2019年第15号公布*
*2. 自2019年5月1日起施行*

为贯彻落实党中央、国务院关于减税降费的决策部署，进一步优化纳税服务，减轻纳税人负担，现将调整增值税纳税申报有关事项公告如下：

一、根据国务院关于深化增值税改革的决定，修订并重新发布《增值税纳税申报表（一般纳税人适用）》《增值税纳税申报表附列资料（一）》《增值税纳税申报表附列资料（二）》《增值税纳税申报表附列资料（三）》《增值税纳税申报表附列资料（四）》。

二、截至2019年3月税款所属期，《国家税务总局关于全面推开营业税改征增值税试点后增值税纳税申报有关事项的公告》（国家税务总局公告2016年第13号）附件1中《增值税纳税申报表附列资料（五）》第6栏“期末待抵扣不动产进项税额”的期末余额，可以自本公告施行后结转填入《增值税纳税申报表附列资料（二）》第8b栏“其他”。

三、本公告施行后，纳税人申报适用16%、10%等原增值税税率应税项目时，按照申报表调整前后的对应关系，分别填写相关栏次。

四、修订后的《增值税纳税申报表（一般纳税人适用）》及其附列资料见附件1，相关填写说明见附件2。

五、本公告自2019年5月1日起施行，国家税务总局公告2016年第13号附件1中《增值税纳税申报表附列资料（五）》《国家税务总局关于营业税改征增值税部分试点纳税人增值税纳税申报有关事项调整的公告》（国家税务总局公告2016年第30号）、《国家税务总局关于调整增值税纳税申报有关事项的公告》（国家税务总局公告2017年第19号）、《国家税务总局关于调整增值税纳税申报有关事项的公告》（国家税务总局公告2018年第17号）同时废止。

特此公告。

附件：1.《增值税纳税申报表（一般纳税人适用）》及其附列资料（略）

---

① 附件1、附件2已被2021年7月9日国家税务总局公告2021年第20号《关于增值税、消费税与附加税费申报表整合有关事项的公告》废止。——编者注

2.《增值税纳税申报表(一般纳税人适用)》及其附列资料填写说明(略)

## 财政部、税务总局关于统一增值税小规模纳税人标准的通知

*1. 2018年4月4日发布*
*2. 财税〔2018〕33号*
*3. 自2018年5月1日起施行*

各省、自治区、直辖市、计划单列市财政厅(局)、国家税务局、地方税务局,新疆生产建设兵团财政局:

为完善增值税制度,进一步支持中小微企业发展,现将统一增值税小规模纳税人标准有关事项通知如下:

一、增值税小规模纳税人标准为年应征增值税销售额500万元及以下。

二、按照《中华人民共和国增值税暂行条例实施细则》第二十八条规定已登记为增值税一般纳税人的单位和个人,在2018年12月31日前,可转登记为小规模纳税人,其未抵扣的进项税额作转出处理。

三、本通知自2018年5月1日起执行。

## 关于增值税小规模纳税人减免增值税政策的公告

*2023年8月1日财政部、税务总局公告2023年第19号公布*

为进一步支持小微企业和个体工商户发展,现将延续小规模纳税人增值税减免政策公告如下:

一、对月销售额10万元以下(含本数)的增值税小规模纳税人,免征增值税。

二、增值税小规模纳税人适用3%征收率的应税销售收入,减按1%征收率征收增值税;适用3%预征率的预缴增值税项目,减按1%预征率预缴增值税。

三、本公告执行至2027年12月31日。

特此公告。

## 财政部、税务总局关于出口货物保险增值税政策的公告

*2021年12月22日财政部、税务总局公告2021年第37号公布*

现将出口货物保险有关增值税政策公告如下:

一、自2022年1月1日至2025年12月31日,对境内单位和个人发生的下列跨境应税行为免征增值税:

(一)以出口货物为保险标的的产品责任保险;

(二)以出口货物为保险标的的产品质量保证保险。

二、境内单位和个人发生上述跨境应税行为的增值税征收管理,按照现行跨境应税行为增值税免税管理办法的规定执行。

三、此前已发生未处理的事项,按本公告规定执行;已缴纳的相关税款,不再退还。

特此公告。

### ②消费税

## 中华人民共和国消费税暂行条例

*1. 1993年12月13日国务院令第135号公布*
*2. 2008年11月10日国务院令第539号修订*
*3. 自2009年1月1日起施行*

**第一条** 在中华人民共和国境内生产、委托加工和进口本条例规定的消费品的单位和个人,以及国务院确定的销售本条例规定的消费品的其他单位和个人,为消费税的纳税人,应当依照本条例缴纳消费税。

**第二条** 消费税的税目、税率,依照本条例所附的《消费税税目税率表》执行。

消费税税目、税率的调整,由国务院决定。

**第三条** 纳税人兼营不同税率的应当缴纳消费税的消费品(以下简称应税消费品),应当分别核算不同税率应税消费品的销售额、销售数量;未分别核算销售额、销售数量,或者将不同税率的应税消费品组成成套消费品销售的,从高适用税率。

**第四条** 纳税人生产的应税消费品,于纳税人销售时纳税。纳税人自产自用的应税消费品,用于连续生产应税消费品的,不纳税;用于其他方面的,于移送使用时纳税。

委托加工的应税消费品,除受托方为个人外,由受托方在向委托方交货时代收代缴税款。委托加工的应税消费品,委托方用于连续生产应税消费品的,所纳税款准予按规定抵扣。

进口的应税消费品,于报关进口时纳税。

**第五条** 消费税实行从价定率、从量定额,或者从价定率和从量定额复合计税(以下简称复合计税)的办法计算应纳税额。应纳税额计算公式:

实行从价定率办法计算的应纳税额＝销售额×比例税率

实行从量定额办法计算的应纳税额＝销售数量×定额税率

实行复合计税办法计算的应纳税额＝销售额×比例税率＋销售数量×定额税率

纳税人销售的应税消费品，以人民币计算销售额。纳税人以人民币以外的货币结算销售额的，应当折合成人民币计算。

**第六条** 销售额为纳税人销售应税消费品向购买方收取的全部价款和价外费用。

**第七条** 纳税人自产自用的应税消费品，按照纳税人生产的同类消费品的销售价格计算纳税；没有同类消费品销售价格的，按照组成计税价格计算纳税。

实行从价定率办法计算纳税的组成计税价格计算公式：

组成计税价格＝（成本＋利润）÷（1－比例税率）

实行复合计税办法计算纳税的组成计税价格计算公式：

组成计税价格＝（成本＋利润＋自产自用数量×定额税率）÷（1－比例税率）

**第八条** 委托加工的应税消费品，按照受托方的同类消费品的销售价格计算纳税；没有同类消费品销售价格的，按照组成计税价格计算纳税。

实行从价定率办法计算纳税的组成计税价格计算公式：

组成计税价格＝（材料成本＋加工费）÷（1－比例税率）

实行复合计税办法计算纳税的组成计税价格计算公式：

组成计税价格＝（材料成本＋加工费＋委托加工数量×定额税率）÷（1－比例税率）

**第九条** 进口的应税消费品，按照组成计税价格计算纳税。

实行从价定率办法计算纳税的组成计税价格计算公式：

组成计税价格＝（关税完税价格＋关税）÷（1－消费税比例税率）

实行复合计税办法计算纳税的组成计税价格计算公式：

组成计税价格＝（关税完税价格＋关税＋进口数量×消费税定额税率）÷（1－消费税比例税率）

**第十条** 纳税人应税消费品的计税价格明显偏低并无正当理由的，由主管税务机关核定其计税价格。

**第十一条** 对纳税人出口应税消费品，免征消费税；国务院另有规定的除外。出口应税消费品的免税办法，由国务院财政、税务主管部门规定。

**第十二条** 消费税由税务机关征收，进口的应税消费品的消费税由海关代征。

个人携带或者邮寄进境的应税消费品的消费税，连同关税一并计征。具体办法由国务院关税税则委员会会同有关部门制定。

**第十三条** 纳税人销售的应税消费品，以及自产自用的应税消费品，除国务院财政、税务主管部门另有规定外，应当向纳税人机构所在地或者居住地的主管税务机关申报纳税。

委托加工的应税消费品，除受托方为个人外，由受托方向机构所在地或者居住地的主管税务机关解缴消费税税款。

进口的应税消费品，应当向报关地海关申报纳税。

**第十四条** 消费税的纳税期限分别为1日、3日、5日、10日、15日、1个月或者1个季度。纳税人的具体纳税期限，由主管税务机关根据纳税人应纳税额的大小分别核定；不能按照固定期限纳税的，可以按次纳税。

纳税人以1个月或者1个季度为1个纳税期的，自期满之日起15日内申报纳税；以1日、3日、5日、10日或者15日为1个纳税期的，自期满之日起5日内预缴税款，于次月1日起15日内申报纳税并结清上月应纳税款。

**第十五条** 纳税人进口应税消费品，应当自海关填发海关进口消费税专用缴款书之日起15日内缴纳税款。

**第十六条** 消费税的征收管理，依照《中华人民共和国税收征收管理法》及本条例有关规定执行。

**第十七条** 本条例自2009年1月1日起施行。

**附：**

# 消费税税目税率表

| 税　　目 | 税　　率 |
|---|---|
| 一、烟 | |
| 1. 卷烟 | |
| (1)甲类卷烟 | 45%加0.003元/支 |
| (2)乙类卷烟 | 30%加0.003元/支 |
| 2. 雪茄烟 | 25% |
| 3. 烟丝 | 30% |
| 二、酒及酒精 | |
| 1. 白酒 | 20%加0.5元/500克(或者500毫升) |
| 2. 黄酒 | 240元/吨 |
| 3. 啤酒 | |
| (1)甲类啤酒 | 250元/吨 |
| (2)乙类啤酒 | 220元/吨 |
| 4. 其他酒 | 10% |
| 5. 酒精 | 5% |
| 三、化妆品 | 30% |
| 四、贵重首饰及珠宝玉石 | |
| 1. 金银首饰、铂金首饰和钻石及钻石饰品 | 5% |
| 2. 其他贵重首饰和珠宝玉石 | 10% |
| 五、鞭炮、焰火 | 15% |
| 六、成品油 | |
| 1. 汽油 | |
| (1)含铅汽油 | 0.28元/升 |
| (2)无铅汽油 | 0.20元/升 |
| 2. 柴油 | 0.10元/升 |
| 3. 航空煤油 | 0.10元/升 |
| 4. 石脑油 | 0.20元/升 |
| 5. 溶剂油 | 0.20元/升 |
| 6. 润滑油 | 0.20元/升 |
| 7. 燃料油 | 0.10元/升 |
| 七、汽车轮胎 | 3% |
| 八、摩托车 | |
| 1. 气缸容量(排气量，下同)在250毫升(含250毫升)以下的 | 3% |
| 2. 气缸容量在250毫升以上的 | 10% |
| 九、小汽车 | |
| 1. 乘用车 | |
| (1)气缸容量(排气量，下同)在1.0升(含1.0升)以下的 | 1% |
| (2)气缸容量在1.0升以上至1.5升(含1.5升)的 | 3% |
| (3)气缸容量在1.5升以上至2.0升(含2.0升)的 | 5% |
| (4)气缸容量在2.0升以上至2.5升(含2.5升)的 | 9% |
| (5)气缸容量在2.5升以上至3.0升(含3.0升)的 | 12% |
| (6)气缸容量在3.0升以上至4.0升(含4.0升)的 | 25% |
| (7)气缸容量在4.0升以上的 | 40% |
| 2. 中轻型商用客车 | 5% |

续表

| 税 目 | 税 率 |
|---|---|
| 十、高尔夫球及球具 | 10% |
| 十一、高档手表 | 20% |
| 十二、游艇 | 10% |
| 十三、木制一次性筷子 | 5% |
| 十四、实木地板 | 5% |

## 中华人民共和国<br>消费税暂行条例实施细则

*1. 1993年12月25日财政部发布*
*2. 2008年12月15日财政部、国家税务总局令第51号修订*
*3. 自2009年1月1日起施行*

**第一条** 根据《中华人民共和国消费税暂行条例》(以下简称条例),制定本细则。

**第二条** 条例第一条所称单位,是指企业、行政单位、事业单位、军事单位、社会团体及其他单位。

条例第一条所称个人,是指个体工商户及其他个人。

条例第一条所称在中华人民共和国境内,是指生产、委托加工和进口属于应当缴纳消费税的消费品的起运地或者所在地在境内。

**第三条** 条例所附《消费税税目税率表》中所列应税消费品的具体征税范围,由财政部、国家税务总局确定。

**第四条** 条例第三条所称纳税人兼营不同税率的应当缴纳消费税的消费品,是指纳税人生产销售两种税率以上的应税消费品。

**第五条** 条例第四条第一款所称销售,是指有偿转让应税消费品的所有权。

前款所称有偿,是指从购买方取得货币、货物或者其他经济利益。

**第六条** 条例第四条第一款所称用于连续生产应税消费品,是指纳税人将自产自用的应税消费品作为直接材料生产最终应税消费品,自产自用应税消费品构成最终应税消费品的实体。

条例第四条第一款所称用于其他方面,是指纳税人将自产自用应税消费品用于生产非应税消费品、在建工程、管理部门、非生产机构、提供劳务、馈赠、赞助、集资、广告、样品、职工福利、奖励等方面。

**第七条** 条例第四条第二款所称委托加工的应税消费品,是指由委托方提供原料和主要材料,受托方只收取加工费和代垫部分辅助材料加工的应税消费品。对于由受托方提供原材料生产的应税消费品,或者受托方先将原材料卖给委托方,然后再接受加工的应税消费品,以及由受托方以委托方名义购进原材料生产的应税消费品,不论在财务上是否作销售处理,都不得作为委托加工应税消费品,而应当按照销售自制应税消费品缴纳消费税。

委托加工的应税消费品直接出售的,不再缴纳消费税。

委托个人加工的应税消费品,由委托方收回后缴纳消费税。

**第八条** 消费税纳税义务发生时间,根据条例第四条的规定,分列如下:

(一)纳税人销售应税消费品的,按不同的销售结算方式分别为:

1. 采取赊销和分期收款结算方式的,为书面合同约定的收款日期的当天,书面合同没有约定收款日期或者无书面合同的,为发出应税消费品的当天;

2. 采取预收货款结算方式的,为发出应税消费品的当天;

3. 采取托收承付和委托银行收款方式的,为发出应税消费品并办妥托收手续的当天;

4. 采取其他结算方式的,为收讫销售款或者取得索取销售款凭据的当天。

(二)纳税人自产自用应税消费品的,为移送使用的当天。

(三)纳税人委托加工应税消费品的,为纳税人提货的当天。

(四)纳税人进口应税消费品的,为报关进口的当天。

**第九条** 条例第五条第一款所称销售数量,是指应税消费品的数量。具体为:

(一)销售应税消费品的,为应税消费品的销售数量；

（二）自产自用应税消费品的，为应税消费品的移送使用数量；

（三）委托加工应税消费品的，为纳税人收回的应税消费品数量；

（四）进口应税消费品的，为海关核定的应税消费品进口征税数量。

**第十条** 实行从量定额办法计算应纳税额的应税消费品，计量单位的换算标准如下：

（一）黄酒 1吨=962升

（二）啤酒 1吨=988升

（三）汽油 1吨=1388升

（四）柴油 1吨=1176升

（五）航空煤油 1吨=1246升

（六）石脑油 1吨=1385升

（七）溶剂油 1吨=1282升

（八）润滑油 1吨=1126升

（九）燃料油 1吨=1015升

**第十一条** 纳税人销售的应税消费品，以人民币以外的货币结算销售额的，其销售额的人民币折合率可以选择销售额发生的当天或者当月1日的人民币汇率中间价。纳税人应在事先确定采用何种折合率，确定后1年内不得变更。

**第十二条** 条例第六条所称销售额，不包括应向购货方收取的增值税税款。如果纳税人应税消费品的销售额中未扣除增值税税款或者因不得开具增值税专用发票而发生价款和增值税税款合并收取的，在计算消费税时，应当换算为不含增值税税款的销售额。其换算公式为：

应税消费品的销售额＝含增值税的销售额÷（1＋增值税税率或者征收率）

**第十三条** 应税消费品连同包装物销售的，无论包装物是否单独计价以及在会计上如何核算，均应并入应税消费品的销售额中缴纳消费税。如果包装物不作价随同产品销售，而是收取押金，此项押金则不应并入应税消费品的销售额中征税。但对因逾期未收回的包装物不再退还的或者已收取的时间超过12个月的押金，应并入应税消费品的销售额，按照应税消费品的适用税率缴纳消费税。

对既作价随同应税消费品销售，又另外收取押金的包装物的押金，凡纳税人在规定的期限内没有退还的，均应并入应税消费品的销售额，按照应税消费品的适用税率缴纳消费税。

**第十四条** 条例第六条所称价外费用，是指价外向购买方收取的手续费、补贴、基金、集资费、返还利润、奖励费、违约金、滞纳金、延期付款利息、赔偿金、代收款项、代垫款项、包装费、包装物租金、储备费、优质费、运输装卸费以及其他各种性质的价外收费。但下列项目不包括在内：

（一）同时符合以下条件的代垫运输费用：

1. 承运部门的运输费用发票开具给购买方的；

2. 纳税人将该项发票转交给购买方的。

（二）同时符合以下条件代为收取的政府性基金或者行政事业性收费：

1. 由国务院或者财政部批准设立的政府性基金，由国务院或者省级人民政府及其财政、价格主管部门批准设立的行政事业性收费；

2. 收取时开具省级以上财政部门印制的财政票据；

3. 所收款项全额上缴财政。

**第十五条** 条例第七条第一款所称纳税人自产自用的应税消费品，是指依照条例第四条第一款规定于移送使用时纳税的应税消费品。

条例第七条第一款、第八条第一款所称同类消费品的销售价格，是指纳税人或者代收代缴义务人当月销售的同类消费品的销售价格，如果当月同类消费品各期销售价格高低不同，应按销售数量加权平均计算。但销售的应税消费品有下列情况之一的，不得列入加权平均计算：

（一）销售价格明显偏低并无正当理由的；

（二）无销售价格的。

如果当月无销售或者当月未完结，应按照同类消费品上月或者最近月份的销售价格计算纳税。

**第十六条** 条例第七条所称成本，是指应税消费品的产品生产成本。

**第十七条** 条例第七条所称利润，是指根据应税消费品的全国平均成本利润率计算的利润。应税消费品全国平均成本利润率由国家税务总局确定。

**第十八条** 条例第八条所称材料成本，是指委托方所提供加工材料的实际成本。

委托加工应税消费品的纳税人，必须在委托加工合同上如实注明（或者以其他方式提供）材料成本，凡未提供材料成本的，受托方主管税务机关有权核定其材料成本。

**第十九条** 条例第八条所称加工费，是指受托方加工应税消费品向委托方所收取的全部费用（包括代垫辅助材料的实际成本）。

**第二十条** 条例第九条所称关税完税价格，是指海关核定的关税计税价格。

**第二十一条** 条例第十条所称应税消费品的计税价格的核定权限规定如下：

（一）卷烟、白酒和小汽车的计税价格由国家税务总局核定，送财政部备案；

（二）其他应税消费品的计税价格由省、自治区和直辖市国家税务局核定；

（三）进口的应税消费品的计税价格由海关核定。

**第二十二条** 出口的应税消费品办理退税后，发生退关，或者国外退货进口时予以免税的，报关出口者必须及时向其机构所在地或者居住地主管税务机关申报补缴已退的消费税税款。

纳税人直接出口的应税消费品办理免税后，发生退关或者国外退货，进口时已予以免税的，经机构所在地或者居住地主管税务机关批准，可暂不办理补税，待其转为国内销售时，再申报补缴消费税。

**第二十三条** 纳税人销售的应税消费品，如因质量等原因由购买者退回时，经机构所在地或者居住地主管税务机关审核批准后，可退还已缴纳的消费税税款。

**第二十四条** 纳税人到外县（市）销售或者委托外县（市）代销自产应税消费品的，于应税消费品销售后，向机构所在地或者居住地主管税务机关申报纳税。

纳税人的总机构与分支机构不在同一县（市）的，应当分别向各自机构所在地的主管税务机关申报纳税；经财政部、国家税务总局或者其授权的财政、税务机关批准，可以由总机构汇总向总机构所在地的主管税务机关申报纳税。

委托个人加工的应税消费品，由委托方向其机构所在地或者居住地主管税务机关申报纳税。

进口的应税消费品，由进口人或者其代理人向报关地海关申报纳税。

**第二十五条** 本细则自2009年1月1日起施行。

## 财政部、国家税务总局关于《中华人民共和国消费税暂行条例实施细则》有关条款解释的通知

*1. 2012年7月13日发布*
*2. 财法〔2012〕8号*
*3. 自2012年9月1日起施行*

各省、自治区、直辖市、计划单列市财政厅（局）、国家税务局，新疆生产建设兵团财务局：

《中华人民共和国消费税暂行条例实施细则》（财政部令第51号）第七条第二款规定，“委托加工的应税消费品直接出售的，不再缴纳消费税”。现将这一规定的含义解释如下：

委托方将收回的应税消费品，以不高于受托方的计税价格出售的，为直接出售，不再缴纳消费税；委托方以高于受托方的计税价格出售的，不属于直接出售，需按照规定申报缴纳消费税，在计税时准予扣除受托方已代收代缴的消费税。

本规定自2012年9月1日起施行。

## 国家税务总局关于出口货物劳务增值税和消费税有关问题的公告①

*1. 2013年11月13日国家税务总局公告2013年第65号公布*
*2. 自2014年1月1日起施行*

为进一步规范管理，准确执行出口货物劳务税收政策，现就出口货物劳务增值税和消费税有关问题公告如下：

一、出口企业或其他单位申请注销退（免）税资格认定，如向主管税务机关声明放弃未申报或已申报但尚未办理的出口退（免）税并按规定申报免税的，视同已结清出口退税税款。

因合并、分立、改制重组等原因申请注销退（免）税资格认定的出口企业或其他单位（以下简称注销企业），可向主管税务机关申报《申请注销退（免）税资格认定企业未结清退（免）税确认书》（附件1），提供合并、分立、改制重组企业决议、章程、相关部门批件及承继注销企业权利和义务的企业（以下简称承继企业）在注销企业所在地的开户银行、账号，经主管税务机关确认无误后，可在注销企业结清出口退（免）税款前办理退（免）税资格认定注销手续。注销后，注销企业的应退税款由其主管税务机关退还至承继企业账户，如发生需要追缴多退税款的向承继企业追缴。

二、出口企业或其他单位可以放弃全部适用退（免）税政策出口货物劳务的退（免）税，并选择适用增值税免税政策或征税政策。放弃适用退（免）税政策的出口企

---

① 附件三已被2021年6月3日国家税务总局公告2021年第15号《关于优化整合出口退税信息系统更好服务纳税人有关事项的公告》废止。——编者注

业或其他单位，应向主管税务机关报送《出口货物劳务放弃退（免）税声明》（附件2），办理备案手续。自备案次日起36个月内，其出口的适用增值税退（免）税政策的出口货物劳务，适用增值税免税政策或征税政策。

三、从事进料加工业务的生产企业，因上年度无海关已核销手（账）册不能确定本年度进料加工业务计划分配率的，应使用最近一次确定的“上年度已核销手（账）册综合实际分配率”作为本年度的计划分配率。

生产企业在办理年度进料加工业务核销后，如认为《生产企业进料加工业务免抵退税核销表》中的“上年度已核销手（账）册综合实际分配率”与企业当年度实际情况差别较大的，可在向主管税务机关提供当年度预计的进料加工计划分配率及书面合理理由后，将预计的进料加工计划分配率作为该年度的计划分配率。

四、出口企业将加工贸易进口料件，采取委托加工收回出口的，在申报退（免）税或申请开具《来料加工免税证明》时，如提供的加工费发票不是由加工贸易手（账）册上注明的加工单位开具的，出口企业须向主管税务机关书面说明理由，并提供主管海关出具的书面证明。否则，属于进料加工委托加工业务的，对应的加工费不得抵扣或申报退（免）税；属于来料加工委托加工业务的，不得申请开具《来料加工免税证明》，相应的加工费不得申报免税。

五、出口企业报关进入国家批准的出口加工区、保税物流园区、保税港区、综合保税区、珠澳跨境工业区（珠海园区）、中哈霍尔果斯国际边境合作中心（中方配套区域）、保税物流中心（B型）（以下统称特殊区域）并销售给特殊区域内单位或境外单位、个人的货物，以人民币结算的，可申报出口退（免）税，按有关规定提供收汇资料时，可以提供收取人民币的凭证。

六、出口企业或其他单位申报对外援助出口货物退（免）税时，不需要提供商务部批准使用援外优惠贷款的批文（“援外任务书”）复印件和商务部批准使用援外合资合作项目基金的批文（“援外任务书”）复印件。

七、生产企业外购的不经过本企业加工或组装，出口后能直接与本企业自产货物组合成成套产品的货物，如配套出口给进口本企业自产货物的境外单位或个人，可作为视同自产货物申报退（免）税。生产企业申报出口视同自产的货物退（免）税时，应按《生产企业出口视同自产货物业务类型对照表》（附件3），在《生产企业出口货物免、抵、退税申报明细表》的“业务类型”栏内填写对应标识，主管税务机关如发现企业填报错误的，应及时要求企业改正。

八、出口企业或其他单位出口适用增值税免税政策的货物劳务，在向主管税务机关办理增值税、消费税免税申报时，不再报送《免税出口货物劳务明细表》及其电子数据。出口货物报关单、合法有效的进货凭证等留存企业备查的资料，应按出口日期装订成册。

九、以下出口货物劳务应按照下列规定留存备查合法有效的进货凭证：

（一）出口企业或其他单位从依法拍卖单位购买货物出口的，将与拍卖人签署的成交确认书及有关收据留存备查；

（二）通过合并、分立、重组改制等资产重组方式设立的出口企业或其他单位，出口重组前的企业无偿划转的货物，将资产重组文件、无偿划转的证明材料留存备查。

十、出口企业或其他单位按照《国家税务总局关于〈出口货物劳务增值税和消费税管理办法〉有关问题的公告》（国家税务总局公告2013年第12号）第二条第（十八）项规定申请延期申报退（免）税的，如省级税务机关在免税申报截止之日后批复不予延期，若该出口货物符合其他免税条件，出口企业或其他单位应在批复的次月申报免税。次月未申报免税的，适用增值税征税政策。

十一、委托出口的货物，委托方应自货物报关出口之日起至次年3月15日前，凭委托代理出口协议（复印件）向主管税务机关报送《委托出口货物证明》（附件4）及其电子数据。主管税务机关审核委托代理出口协议后在《委托出口货物证明》签章。

受托方申请开具《代理出口货物证明》时，应提供规定的凭证资料及委托方主管税务机关签章的《委托出口货物证明》。

十二、外贸企业出口视同内销征税的货物，申请开具《出口货物转内销证明》时，需提供规定的凭证资料及计提销项税的记账凭证复印件。

主管税务机关在审核外贸企业《出口货物转内销证明申报表》时，对增值税专用发票交叉稽核信息比对不符，以及发现提供的增值税专用发票或者其他增值税扣税凭证存在以下情形之一的，不得出具《出口货物转内销证明》：

（一）提供的增值税专用发票或海关进口增值税专用缴款书为虚开、伪造或内容不实；

（二）提供的增值税专用发票是在供货企业税务

登记被注销或被认定为非正常户之后开具；

（三）外贸企业出口货物转内销时申报的《出口货物转内销证明申报表》的进货凭证上载明的货物与申报免退税匹配的出口货物报关单上载明的出口货物名称不符。属同一货物的多种零部件合并报关为同一商品名称的除外；

（四）供货企业销售的自产货物，其生产设备、工具不能生产该种货物；

（五）供货企业销售的外购货物，其购进业务为虚假业务；

（六）供货企业销售的委托加工收回货物，其委托加工业务为虚假业务。

主管税务机关在开具《出口货物转内销证明》后，发现外贸企业提供的增值税专用发票或者其他增值税扣税凭证存在以上情形之一的，主管税务机关应通知外贸企业将原取得的《出口货物转内销证明》涉及的进项税额做转出处理。

十三、出口企业按规定向国家商检、海关、外汇管理等对出口货物相关事项实施监管核查部门报送的资料中，属于申报出口退（免）税规定的凭证资料及备案单证的，如果上述部门或主管税务机关发现为虚假或其内容不实的，其对应的出口货物不适用增值税退（免）税和免税政策，适用增值税征税政策。查实属于偷骗税的按照相应的规定处理。

十四、本公告自2014年1月1日起执行。

特此公告。

附件：（略）

## 财政部、国家税务总局<br>关于调整消费税政策的通知

*1. 2014年11月25日发布*

*2. 财税〔2014〕93号*

各省、自治区、直辖市、计划单列市财政厅（局）、国家税务局，新疆生产建设兵团财务局：

经国务院批准，现将消费税政策调整事项通知如下：

一、取消气缸容量250毫升（不含）以下的小排量摩托车消费税。气缸容量250毫升和250毫升（不含）以上的摩托车继续分别按3%和10%的税率征收消费税。

二、取消汽车轮胎税目。

三、取消车用含铅汽油消费税，汽油税目不再划分二级子目，统一按照无铅汽油税率征收消费税。

四、取消酒精消费税。取消酒精消费税后，“酒及酒精”品目相应改为“酒”，并继续按现行消费税政策执行。

五、本通知自2014年12月1日起执行。

## 财政部、海关总署、税务总局<br>关于对电子烟征收消费税的公告

*2022年10月2日财政部、海关总署、税务总局公告2022年第33号公布*

为完善消费税制度，维护税制公平统一，更好发挥消费税引导健康消费的作用，现就对电子烟征收消费税有关事项公告如下：

**一、关于税目和征税对象**

将电子烟纳入消费税征收范围，在烟税目下增设电子烟子目。

电子烟是指用于产生气溶胶供人抽吸等的电子传输系统，包括烟弹、烟具以及烟弹与烟具组合销售的电子烟产品。烟弹是指含有雾化物的电子烟组件。烟具是指将雾化物雾化为可吸入气溶胶的电子装置。

电子烟进出口税则号列及商品名称见附件。

**二、关于纳税人**

在中华人民共和国境内生产（进口）、批发电子烟的单位和个人为消费税纳税人。

电子烟生产环节纳税人，是指取得烟草专卖生产企业许可证，并取得或经许可使用他人电子烟产品注册商标（以下称持有商标）的企业。通过代加工方式生产电子烟的，由持有商标的企业缴纳消费税。电子烟批发环节纳税人，是指取得烟草专卖批发企业许可证并经营电子烟批发业务的企业。电子烟进口环节纳税人，是指进口电子烟的单位和个人。

**三、关于适用税率**

电子烟实行从价定率的办法计算纳税。生产（进口）环节的税率为36%，批发环节的税率为11%。

**四、关于计税价格**

纳税人生产、批发电子烟的，按照生产、批发电子烟的销售额计算纳税。电子烟生产环节纳税人采用代销方式销售电子烟的，按照经销商（代理商）销售给电子烟批发企业的销售额计算纳税。纳税人进口电子烟的，按照组成计税价格计算纳税。

电子烟生产环节纳税人从事电子烟代加工业务的，应当分开核算持有商标电子烟的销售额和代加工

电子烟的销售额;未分开核算的,一并缴纳消费税。

**五、关于进、出口政策**

纳税人出口电子烟,适用出口退(免)税政策。

将电子烟增列至边民互市进口商品不予免税清单并照章征税。

除上述规定外,个人携带或者寄递进境电子烟的消费税征收,按照国务院有关规定执行。电子烟消费税其他事项依照《中华人民共和国消费税暂行条例》和《中华人民共和国消费税暂行条例实施细则》等规定执行。

本公告自2022年11月1日起执行。

特此公告。

附件:电子烟进出口税则号列及商品名称(略)

## 国家税务总局关于电子烟消费税征收管理有关事项的公告

*2022年10月25日国家税务总局公告2022年第22号发布*

根据《财政部 海关总署 税务总局关于对电子烟征收消费税的公告》(2022年第33号,以下简称33号公告)规定,自2022年11月1日起对电子烟征收消费税。现将征收管理有关事项公告如下:

一、税务总局在税控开票软件中更新了《商品和服务税收分类编码表》,纳税人销售电子烟应当选择"电子烟"类编码开具发票。

二、《消费税及附加税费申报表》〔《国家税务总局关于增值税 消费税与附加税费申报表整合有关事项的公告》(2021年第20号)附件7〕附注1《应税消费品名称、税率和计量单位对照表》中新增"电子烟"子目,调整后的表式见附件。

三、符合33号公告第二条规定的纳税人,从事生产、批发电子烟业务应当按规定填报《消费税及附加税费申报表》,办理消费税纳税申报。

四、根据《中华人民共和国消费税暂行条例实施细则》第十七条的规定和我国电子烟行业生产经营的实际情况,电子烟全国平均成本利润率暂定为10%。

五、本公告自2022年11月1日起施行。《国家税务总局关于增值税 消费税与附加税费申报表整合有关事项的公告》(2021年第20号)附件7的附注1同时废止。各级税务机关要根据33号公告和本公告的规定,对相关纳税人做好政策宣传和辅导工作,及时为其办理消费税税种认定。

特此公告。

**附件:**

### 应税消费品名称、税率和计量单位对照表

| 应税消费品名称 | 比例税率 | 定额税率 | 计量单位 |
|---|---|---|---|
| 一、烟 | | | |
| 1. 卷烟 | | | |
| (1)工业 | | | |
| ①甲类卷烟(调拨价70元(不含增值税)/条以上(含70元)) | 56% | 30元/万支 | 万支 |
| ②乙类卷烟(调拨价70元(不含增值税)/条以下) | 36% | 30元/万支 | |
| (2)商业批发 | 11% | 50元/万支 | |
| 2. 雪茄烟 | 36% | —— | 支 |
| 3. 烟丝 | 30% | —— | 千克 |
| 4. 电子烟 | | | |
| (1)工业 | 36% | —— | 盒 |
| (2)商业批发 | 11% | —— | 盒 |

续表

| 应税消费品名称 | 比例税率 | 定额税率 | 计量单位 |
| --- | --- | --- | --- |
| 二、酒 | | | |
| 1. 白酒 | 20% | 0.5元/500克(毫升) | 500克(毫升) |
| 2. 黄酒 | —— | 240元/吨 | 吨 |
| 3. 啤酒 | | | |
| (1)甲类啤酒(出厂价格3000元(不含增值税)/吨以上(含3000元) | —— | 250元/吨 | 吨 |
| (2)乙类啤酒(出厂价格3000元(不含增值税)/吨以下) | —— | 220元/吨 | |
| 4. 其他酒 | 10% | —— | 吨 |
| 三、高档化妆品 | 15% | —— | 实际使用计量单位 |
| 四、贵重首饰及珠宝玉石 | | | |
| 1. 金银首饰、铂金首饰和钻石及钻石饰品 | 5% | —— | 实际使用计量单位 |
| 2. 其他贵重首饰和珠宝玉石 | 10% | —— | |
| 五、鞭炮、焰火 | 15% | —— | 实际使用计量单位 |
| 六、成品油 | | | |
| 1. 汽油 | —— | 1.52元/升 | 升 |
| 2. 柴油 | —— | 1.20元/升 | |
| 3. 航空煤油 | —— | 1.20元/升 | |
| 4. 石脑油 | —— | 1.52元/升 | |
| 5. 溶剂油 | —— | 1.52元/升 | |
| 6. 润滑油 | —— | 1.52元/升 | |
| 7. 燃料油 | —— | 1.20元/升 | |
| 七、摩托车 | | | |
| 1. 气缸容量(排气量,下同)=250毫升 | 3% | —— | 辆 |
| 2. 气缸容量>250毫升 | 10% | —— | |
| 八、小汽车 | | | |
| 1. 乘用车 | | | |
| (1)气缸容量(排气量,下同)≤1.0升 | 1% | —— | 辆 |
| (2)1.0升<气缸容量≤1.5升 | 3% | —— | |
| (3)1.5升<气缸容量≤2.0升 | 5% | —— | |
| (4)2.0升<气缸容量≤2.5升 | 9% | —— | |
| (5)2.5升<气缸容量≤3.0升 | 12% | —— | |
| (6)3.0升<气缸容量≤4.0升 | 25% | —— | |
| (7)气缸容量>4.0升 | 40% | —— | |
| 2. 中轻型商用客车 | 5% | —— | |
| 3. 超豪华小汽车 | 10% | —— | |

续表

| 应税消费品名称 | 比例税率 | 定额税率 | 计量单位 |
|---|---|---|---|
| 九、高尔夫球及球具 | 10% | —— | 实际使用计量单位 |
| 十、高档手表 | 20% | —— | 只 |
| 十一、游艇 | 10% | —— | 艘 |
| 十二、木制一次性筷子 | 5% | —— | 万双 |
| 十三、实木地板 | 5% | —— | 平方米 |
| 十四、电池 | 4% | —— | 只 |
| 十五、涂料 | 4% | —— | 吨 |

### ③关税

## 中华人民共和国海关法(节录)

*1. 1987年1月22日第六届全国人民代表大会常务委员会第十九次会议通过*

*2. 根据2000年7月8日第九届全国人民代表大会常务委员会第十六次会议《关于修改〈中华人民共和国海关法〉的决定》第一次修正*

*3. 根据2013年6月29日第十二届全国人民代表大会常务委员会第三次会议《关于修改〈中华人民共和国文物保护法〉等十二部法律的决定》第二次修正*

*4. 根据2013年12月28日第十二届全国人民代表大会常务委员会第六次会议《关于修改〈中华人民共和国海洋环境保护法〉等七部法律的决定》第三次修正*

*5. 根据2016年11月7日第十二届全国人民代表大会常务委员会第二十四次会议《关于修改〈中华人民共和国对外贸易法〉等十二部法律的决定》第四次修正*

*6. 根据2017年11月4日第十二届全国人民代表大会常务委员会第三十次会议《关于修改〈中华人民共和国会计法〉等十一部法律的决定》第五次修正*

*7. 根据2021年4月29日第十三届全国人民代表大会常务委员会第二十八次会议《关于修改〈中华人民共和国道路交通安全法〉等八部法律的决定》第六次修正*

### 第一章 总 则

**第一条 【立法目的】**为了维护国家的主权和利益,加强海关监督管理,促进对外经济贸易和科技文化交往,保障社会主义现代化建设,特制定本法。

**第二条 【监管机关】**中华人民共和国海关是国家的进出关境(以下简称进出境)监督管理机关。海关依照本法和其他有关法律、行政法规,监管进出境的运输工具、货物、行李物品、邮递物品和其他物品(以下简称进出境运输工具、货物、物品),征收关税和其他税、费,查缉走私,并编制海关统计和办理其他海关业务。

**第三条 【海关设立】**国务院设立海关总署,统一管理全国海关。

国家在对外开放的口岸和海关监管业务集中的地点设立海关。海关的隶属关系,不受行政区划的限制。

海关依法独立行使职权,向海关总署负责。

**第四条 【缉私警察机构】**国家在海关总署设立专门侦查走私犯罪的公安机构,配备专职缉私警察,负责对其管辖的走私犯罪案件的侦查、拘留、执行逮捕、预审。

海关侦查走私犯罪公安机构履行侦查、拘留、执行逮捕、预审职责,应当按照《中华人民共和国刑事诉讼法》的规定办理。

海关侦查走私犯罪公安机构根据国家有关规定,可以设立分支机构。各分支机构办理其管辖的走私犯罪案件,应当依法向有管辖权的人民检察院移送起诉。

地方各级公安机关应当配合海关侦查走私犯罪公安机构依法履行职责。

**第五条 【联合缉私】**国家实行联合缉私、统一处理、综合治理的缉私体制。海关负责组织、协调、管理查缉走私工作。有关规定由国务院另行制定。

各有关行政执法部门查获的走私案件,应当给予行政处罚的,移送海关依法处理;涉嫌犯罪的,应当移送海关侦查走私犯罪公安机构、地方公安机关依据案件管辖分工和法定程序办理。

**第六条 【海关权力】**海关可以行使下列权力:

(一)检查进出境运输工具,查验进出境货物、物品;对违反本法或者其他有关法律、行政法规的,可以扣留。

（二）查阅进出境人员的证件；查问违反本法或者其他有关法律、行政法规的嫌疑人，调查其违法行为。

（三）查阅、复制与进出境运输工具、货物、物品有关的合同、发票、帐册、单据、记录、文件、业务函电、录音录像制品和其他资料；对其中与违反本法或者其他有关法律、行政法规的进出境运输工具、货物、物品有牵连的，可以扣留。

（四）在海关监管区和海关附近沿海沿边规定地区，检查有走私嫌疑的运输工具和有藏匿走私货物、物品嫌疑的场所，检查走私嫌疑人的身体；对有走私嫌疑的运输工具、货物、物品和走私犯罪嫌疑人，经直属海关关长或者其授权的隶属海关关长批准，可以扣留；对走私犯罪嫌疑人，扣留时间不超过二十四小时，在特殊情况下可以延长至四十八小时。

在海关监管区和海关附近沿海沿边规定地区以外，海关在调查走私案件时，对有走私嫌疑的运输工具和除公民住处以外的有藏匿走私货物、物品嫌疑的场所，经直属海关关长或者其授权的隶属海关关长批准，可以进行检查，有关当事人应当到场；当事人未到场的，在有见证人在场的情况下，可以径行检查；对其中有证据证明有走私嫌疑的运输工具、货物、物品，可以扣留。

海关附近沿海沿边规定地区的范围，由海关总署和国务院公安部门会同有关省级人民政府确定。

（五）在调查走私案件时，经直属海关关长或者其授权的隶属海关关长批准，可以查询案件涉嫌单位和涉嫌人员在金融机构、邮政企业的存款、汇款。

（六）进出境运输工具或者个人违抗海关监管逃逸的，海关可以连续追至海关监管区和海关附近沿海沿边规定地区以外，将其带回处理。

（七）海关为履行职责，可以配备武器。海关工作人员佩带和使用武器的规则，由海关总署会同国务院公安部门制定，报国务院批准。

（八）法律、行政法规规定由海关行使的其他权力。

**第七条　【与地方和部门关系】**各地方、各部门应当支持海关依法行使职权，不得非法干预海关的执法活动。

**第八条　【出入境地点】**进出境运输工具、货物、物品，必须通过设立海关的地点进境或者出境。在特殊情况下，需要经过未设立海关的地点临时进境或者出境的，必须经国务院或者国务院授权的机关批准，并依照本法规定办理海关手续。

**第九条　【报关纳税人】**进出口货物，除另有规定的外，可以由进出口货物收发货人自行办理报关纳税手续，也可以由进出口货物收发货人委托报关企业办理报关纳税手续。

进出境物品的所有人可以自行办理报关纳税手续，也可以委托他人办理报关纳税手续。

**第十条　【委托报关】**报关企业接受进出口货物收发货人的委托，以委托人的名义办理报关手续的，应当向海关提交由委托人签署的授权委托书，遵守本法对委托人的各项规定。

报关企业接受进出口货物收发货人的委托，以自己的名义办理报关手续的，应当承担与收发货人相同的法律责任。

委托人委托报关企业办理报关手续的，应当向报关企业提供所委托报关事项的真实情况；报关企业接受委托人的委托办理报关手续的，应当对委托人所提供情况的真实性进行合理审查。

**第十一条　【报关人员资格】**进出口货物收发货人、报关企业办理报关手续，应当依法向海关备案。

报关企业和报关人员不得非法代理他人报关。

**第十二条　【协助和配合】**海关依法执行职务，有关单位和个人应当如实回答询问，并予以配合，任何单位和个人不得阻挠。

海关执行职务受到暴力抗拒时，执行有关任务的公安机关和人民武装警察部队应当予以协助。

**第十三条　【举报制度】**海关建立对违反本法规定逃避海关监管行为的举报制度。

任何单位和个人均有权对违反本法规定逃避海关监管的行为进行举报。

海关对举报或者协助查获违反本法案件的有功单位和个人，应当给予精神的或者物质的奖励。

海关应当为举报人保密。

## 第五章　关　　税

**第五十三条　【纳税对象】**准许进出口的货物、进出境物品，由海关依法征收关税。

**第五十四条　【纳税义务人】**进口货物的收货人、出口货物的发货人、进出境物品的所有人，是关税的纳税义务人。

**第五十五条　【完税价格】**进出口货物的完税价格，由海关以该货物的成交价格为基础审查确定。成交价格不能确定时，完税价格由海关依法估定。

进口货物的完税价格包括货物的货价、货物运抵中华人民共和国境内输入地点起卸前的运输及其相关费用、保险费；出口货物的完税价格包括货物的货价、货物运至中华人民共和国境内输出地点装载前的运输及其相关费用、保险费,但是其中包含的出口关税税额,应当予以扣除。

进出境物品的完税价格,由海关依法确定。

**第五十六条 【减免税货物】**下列进出口货物、进出境物品,减征或者免征关税:

(一)无商业价值的广告品和货样;

(二)外国政府、国际组织无偿赠送的物资;

(三)在海关放行前遭受损坏或者损失的货物;

(四)规定数额以内的物品;

(五)法律规定减征、免征关税的其他货物、物品;

(六)中华人民共和国缔结或者参加的国际条约规定减征、免征关税的货物、物品。

**第五十七条 【特殊货物减免税】**特定地区、特定企业或者有特定用途的进出口货物,可以减征或者免征关税。特定减税或者免税的范围和办法由国务院规定。

依照前款规定减征或者免征关税进口的货物,只能用于特定地区、特定企业或者特定用途,未经海关核准并补缴关税,不得移作他用。

**第五十八条 【减免税决定权】**本法第五十六条、第五十七条第一款规定范围以外的临时减征或者免征关税,由国务院决定。

**第五十九条 【免税担保】**暂时进口或者暂时出口的货物,以及特准进口的保税货物,在货物收发货人向海关缴纳相当于税款的保证金或者提供担保后,准予暂时免纳关税。

**第六十条 【纳税时间及强制措施】**进出口货物的纳税义务人,应当自海关填发税款缴款书之日起十五日内缴纳税款;逾期缴纳的,由海关征收滞纳金。纳税义务人、担保人超过三个月仍未缴纳的,经直属海关关长或者其授权的隶属海关关长批准,海关可以采取下列强制措施:

(一)书面通知其开户银行或者其他金融机构从其存款中扣缴税款;

(二)将应税货物依法变卖,以变卖所得抵缴税款;

(三)扣留并依法变卖其价值相当于应纳税款的货物或者其他财产,以变卖所得抵缴税款。

海关采取强制措施时,对前款所列纳税义务人、担保人未缴纳的滞纳金同时强制执行。

进出境物品的纳税义务人,应当在物品放行前缴纳税款。

**第六十一条 【保全措施】**进出口货物的纳税义务人在规定的纳税期限内有明显的转移、藏匿其应税货物以及其他财产迹象的,海关可以责令纳税义务人提供担保;纳税义务人不能提供纳税担保的,经直属海关关长或者其授权的隶属海关关长批准,海关可以采取下列税收保全措施:

(一)书面通知纳税义务人开户银行或者其他金融机构暂停支付纳税义务人相当于应纳税款的存款;

(二)扣留纳税义务人价值相当于应纳税款的货物或者其他财产。

纳税义务人在规定的纳税期限内缴纳税款的,海关必须立即解除税收保全措施;期限届满仍未缴纳税款的,经直属海关关长或者其授权的隶属海关关长批准,海关可以书面通知纳税义务人开户银行或者其他金融机构从其暂停支付的存款中扣缴税款,或者依法变卖所扣留的货物或者其他财产,以变卖所得抵缴税款。

采取税收保全措施不当,或者纳税义务人在规定期限内已缴纳税款,海关未立即解除税收保全措施,致使纳税义务人的合法权益受到损失的,海关应当依法承担赔偿责任。

**第六十二条 【补征】**进出口货物、进出境物品放行后,海关发现少征或者漏征税款,应当自缴纳税款或者货物、物品放行之日起一年内,向纳税义务人补征。因纳税义务人违反规定而造成的少征或者漏征,海关在三年以内可以追征。

**第六十三条 【税款退还】**海关多征的税款,海关发现后应当立即退还;纳税义务人自缴纳税款之日起一年内,可以要求海关退还。

**第六十四条 【纳税争议】**纳税义务人同海关发生纳税争议时,应当缴纳税款,并可以依法申请行政复议;对复议决定仍不服的,可以依法向人民法院提起诉讼。

**第六十五条 【征管规定适用】**进口环节海关代征税的征收管理,适用关税征收管理的规定。

## 第八章 法律责任

**第八十二条 【走私行为责任】**违反本法及有关法律、行政法规,逃避海关监管,偷逃应纳税款、逃避国家有关进出境的禁止性或者限制性管理,有下列情形之一的,是走私行为:

(一)运输、携带、邮寄国家禁止或者限制进出境货物、物品或者依法应当缴纳税款的货物、物品进出境的;

(二)未经海关许可并且未缴纳应纳税款、交验有关许可证件,擅自将保税货物、特定减免税货物以及其他海关监管货物、物品、进境的境外运输工具,在境内销售的;

(三)有逃避海关监管,构成走私的其他行为的。

有前款所列行为之一，尚不构成犯罪的，由海关没收走私货物、物品及违法所得，可以并处罚款；专门或者多次用于掩护走私的货物、物品，专门或者多次用于走私的运输工具，予以没收，藏匿走私货物、物品的特制设备，责令拆毁或者没收。

有第一款所列行为之一，构成犯罪的，依法追究刑事责任。

**第八十三条 【以走私行为论处】**有下列行为之一的，按走私行为论处，依照本法第八十二条的规定处罚：

（一）直接向走私人非法收购走私进口的货物、物品的；

（二）在内海、领海、界河、界湖，船舶及所载人员运输、收购、贩卖国家禁止或者限制进出境的货物、物品，或者运输、收购、贩卖依法应当缴纳税款的货物，没有合法证明的。

**第八十四条 【协助走私的责任】**伪造、变造、买卖海关单证，与走私人通谋为走私人提供贷款、资金、帐号、发票、证明、海关单证，与走私人通谋为走私人提供运输、保管、邮寄或者其他方便，构成犯罪的，依法追究刑事责任；尚不构成犯罪的，由海关没收违法所得，并处罚款。

**第八十五条 【超量携带物品】**个人携带、邮寄超过合理数量的自用物品进出境，未依法向海关申报的，责令补缴关税，可以处以罚款。

**第八十六条 【其他违反海关监管行为的责任】**违反本法规定有下列行为之一的，可以处以罚款，有违法所得的，没收违法所得：

（一）运输工具不经设立海关的地点进出境的；

（二）不将进出境运输工具到达的时间、停留的地点或者更换的地点通知海关的；

（三）进出口货物、物品或者过境、转运、通运货物向海关申报不实的；

（四）不按照规定接受海关对进出境运输工具、货物、物品进行检查、查验的；

（五）进出境运输工具未经海关同意，擅自装卸进出境货物、物品或者上下进出境旅客的；

（六）在设立海关的地点停留的进出境运输工具未经海关同意，擅自驶离的；

（七）进出境运输工具从一个设立海关的地点驶往另一个设立海关的地点，尚未办结海关手续又未经海关批准，中途擅自改驶境外或者境内未设立海关的地点的；

（八）进出境运输工具，不符合海关监管要求或者未向海关办理手续，擅自兼营或者改营境内运输的；

（九）由于不可抗力的原因，进出境船舶和航空器被迫在未设立海关的地点停泊、降落或者在境内抛掷、起卸货物、物品，无正当理由，不向附近海关报告的；

（十）未经海关许可，擅自将海关监管货物开拆、提取、交付、发运、调换、改装、抵押、质押、留置、转让、更换标记、移作他用或者进行其他处置的；

（十一）擅自开启或者损毁海关封志的；

（十二）经营海关监管货物的运输、储存、加工等业务，有关货物灭失或者有关记录不真实，不能提供正当理由的；

（十三）有违反海关监管规定的其他行为的。

**第八十七条 【从事海关业务企业的责任】**海关准予从事有关业务的企业，违反本法有关规定的，由海关责令改正，可以给予警告，暂停其从事有关业务，直至撤销注册。

**第八十八条 【非法从事报关业务的责任】**未向海关备案从事报关业务的，海关可以处以罚款。

**第八十九条 【违法报关的责任】**报关企业非法代理他人报关的，由海关责令改正，处以罚款；情节严重的，禁止其从事报关活动。

报关人员非法代理他人报关的，由海关责令改正，处以罚款。

**第九十条 【向海关人员行贿的责任】**进出口货物收发货人、报关企业向海关工作人员行贿的，由海关禁止其从事报关活动，并处以罚款；构成犯罪的，依法追究刑事责任。

报关人员向海关工作人员行贿的，处以罚款；构成犯罪的，依法追究刑事责任。

**第九十一条 【侵犯知识产权的货物】**违反本法规定进出口侵犯中华人民共和国法律、行政法规保护的知识产权的货物的，由海关依法没收侵权货物，并处以罚款；构成犯罪的，依法追究刑事责任。

**第九十二条 【走私物品处罚】**海关依法扣留的货物、物品、运输工具，在人民法院判决或者海关处罚决定作出之前，不得处理。但是，危险品或者鲜活、易腐、易失效等不宜长期保存的货物、物品以及所有人申请先行变卖的货物、物品、运输工具，经直属海关关长或者其授权的隶属海关关长批准，可以先行依法变卖，变卖所得价款由海关保存，并通知其所有人。

人民法院判决没收或者海关决定没收的走私货物、物品、违法所得、走私运输工具、特制设备，由海关依法统一处理，所得价款和海关决定处以的罚款，全部上缴中央国库。

**第九十三条 【处罚的执行】**当事人逾期不履行海关的处罚决定又不申请复议或者向人民法院提起诉讼的，作出处罚决定的海关可以将其保证金抵缴或者将其被扣留的货物、物品、运输工具依法变价抵缴，也可以申请人民法院强制执行。

**第九十四条 【海关查验中的赔偿责任】**海关在查验进出境货物、物品时，损坏被查验的货物、物品的，应当赔偿实际损失。

**第九十五条 【违法扣留责任】**海关违法扣留货物、物品、运输工具，致使当事人的合法权益受到损失的，应当依法承担赔偿责任。

**第九十六条 【海关人员违法责任】**海关工作人员有本法第七十二条所列行为之一的，依法给予行政处分；有违法所得的，依法没收违法所得；构成犯罪的，依法追究刑事责任。

**第九十七条 【海关财政收支违法责任】**海关的财政收支违反法律、行政法规规定的，由审计机关以及有关部门依照法律、行政法规的规定作出处理；对直接负责的主管人员和其他直接责任人员，依法给予行政处分；构成犯罪的，依法追究刑事责任。

**第九十八条 【泄露举报人的责任】**未按照本法规定为控告人、检举人、举报人保密的，对直接负责的主管人员和其他直接责任人员，由所在单位或者有关单位依法给予行政处分。

**第九十九条 【未依法回避的责任】**海关工作人员在调查处理违法案件时，未按照本法规定进行回避的，对直接负责的主管人员和其他直接责任人员，依法给予行政处分。

## 中华人民共和国进出口关税条例

1. *2003年11月23日国务院令第392号公布*
2. *根据2011年1月8日国务院令第588号《关于废止和修改部分行政法规的决定》第一次修订*
3. *根据2013年12月7日国务院令第645号《关于修改部分行政法规的决定》第二次修订*
4. *根据2016年2月6日国务院令第666号《关于修改部分行政法规的决定》第三次修订*
5. *根据2017年3月1日国务院令第676号《关于修改和废止部分行政法规的决定》第四次修订*

### 第一章 总 则

**第一条** 为了贯彻对外开放政策，促进对外经济贸易和国民经济的发展，根据《中华人民共和国海关法》（以下简称《海关法》）的有关规定，制定本条例。

**第二条** 中华人民共和国准许进出口的货物、进境物品，除法律、行政法规另有规定外，海关依照本条例规定征收进出口关税。

**第三条** 国务院制定《中华人民共和国进出口税则》（以下简称《税则》）、《中华人民共和国进境物品进口税税率表》（以下简称《进境物品进口税税率表》），规定关税的税目、税则号列和税率，作为本条例的组成部分。

**第四条** 国务院设立关税税则委员会，负责《税则》和《进境物品进口税税率表》的税目、税则号列和税率的调整和解释，报国务院批准后执行；决定实行暂定税率的货物、税率和期限；决定关税配额税率；决定征收反倾销税、反补贴税、保障措施关税、报复性关税以及决定实施其他关税措施；决定特殊情况下税率的适用，以及履行国务院规定的其他职责。

**第五条** 进口货物的收货人、出口货物的发货人、进境物品的所有人，是关税的纳税义务人。

**第六条** 海关及其工作人员应当依照法定职权和法定程序履行关税征管职责，维护国家利益，保护纳税人合法权益，依法接受监督。

**第七条** 纳税义务人有权要求海关对其商业秘密予以保密，海关应当依法为纳税义务人保密。

**第八条** 海关对检举或者协助查获违反本条例行为的单位和个人，应当按照规定给予奖励，并负责保密。

### 第二章 进出口货物关税税率的设置和适用

**第九条** 进口关税设置最惠国税率、协定税率、特惠税率、普通税率、关税配额税率等税率。对进口货物在一定期限内可以实行暂定税率。

出口关税设置出口税率。对出口货物在一定期限内可以实行暂定税率。

**第十条** 原产于共同适用最惠国待遇条款的世界贸易组织成员的进口货物，原产于与中华人民共和国签订含有相互给予最惠国待遇条款的双边贸易协定的国家或者地区的进口货物，以及原产于中华人民共和国境内的进口货物，适用最惠国税率。

原产于与中华人民共和国签订含有关税优惠条款的区域性贸易协定的国家或者地区的进口货物，适用协定税率。

原产于与中华人民共和国签订含有特殊关税优惠条款的贸易协定的国家或者地区的进口货物，适用特惠税率。

原产于本条第一款、第二款和第三款所列以外国家或者地区的进口货物，以及原产地不明的进口货物，适用普通税率。

**第十一条** 适用最惠国税率的进口货物有暂定税率的，应当适用暂定税率；适用协定税率、特惠税率的进口货物有暂定税率的，应当从低适用税率；适用普通税率的进口货物，不适用暂定税率。

适用出口税率的出口货物有暂定税率的，应当适用暂定税率。

**第十二条** 按照国家规定实行关税配额管理的进口货物，关税配额内的，适用关税配额税率；关税配额外的，其税率的适用按照本条例第十条、第十一条的规定执行。

**第十三条** 按照有关法律、行政法规的规定对进口货物采取反倾销、反补贴、保障措施的，其税率的适用按照《中华人民共和国反倾销条例》、《中华人民共和国反补贴条例》和《中华人民共和国保障措施条例》的有关规定执行。

**第十四条** 任何国家或者地区违反与中华人民共和国签订或者共同参加的贸易协定及相关协定，对中华人民共和国在贸易方面采取禁止、限制、加征关税或者其他影响正常贸易的措施的，对原产于该国家或者地区的进口货物可以征收报复性关税，适用报复性关税税率。

征收报复性关税的货物、适用国别、税率、期限和征收办法，由国务院关税税则委员会决定并公布。

**第十五条** 进出口货物，应当适用海关接受该货物申报进口或者出口之日实施的税率。

进口货物到达前，经海关核准先行申报的，应当适用装载该货物的运输工具申报进境之日实施的税率。

转关运输货物税率的适用日期，由海关总署另行规定。

**第十六条** 有下列情形之一，需缴纳税款的，应当适用海关接受申报办理纳税手续之日实施的税率：

（一）保税货物经批准不复运出境的；

（二）减免税货物经批准转让或者移作他用的；

（三）暂时进境货物经批准不复运出境，以及暂时出境货物经批准不复运进境的；

（四）租赁进口货物，分期缴纳税款的。

**第十七条** 补征和退还进出口货物关税，应当按照本条例第十五条或者第十六条的规定确定适用的税率。

因纳税义务人违反规定需要追征税款的，应当适用该行为发生之日实施的税率；行为发生之日不能确定的，适用海关发现该行为之日实施的税率。

## 第三章 进出口货物完税价格的确定

**第十八条** 进口货物的完税价格由海关以符合本条第三款所列条件的成交价格以及该货物运抵中华人民共和国境内输入地点起卸前的运输及其相关费用、保险费为基础审查确定。

进口货物的成交价格，是指卖方向中华人民共和国境内销售该货物时买方为进口该货物向卖方实付、应付的，并按照本条例第十九条、第二十条规定调整后的价款总额，包括直接支付的价款和间接支付的价款。

进口货物的成交价格应当符合下列条件：

（一）对买方处置或者使用该货物不予限制，但法律、行政法规规定实施的限制、对货物转售地域的限制和对货物价格无实质性影响的限制除外；

（二）该货物的成交价格没有因搭售或者其他因素的影响而无法确定；

（三）卖方不得从买方直接或者间接获得因该货物进口后转售、处置或者使用而产生的任何收益，或者虽有收益但能够按照本条例第十九条、第二十条的规定进行调整；

（四）买卖双方没有特殊关系，或者虽有特殊关系但未对成交价格产生影响。

**第十九条** 进口货物的下列费用应当计入完税价格：

（一）由买方负担的购货佣金以外的佣金和经纪费；

（二）由买方负担的在审查确定完税价格时与该货物视为一体的容器的费用；

（三）由买方负担的包装材料费用和包装劳务费用；

（四）与该货物的生产和向中华人民共和国境内销售有关的，由买方以免费或者以低于成本的方式提供并可以按适当比例分摊的料件、工具、模具、消耗材料及类似货物的价款，以及在境外开发、设计等相关服务的费用；

（五）作为该货物向中华人民共和国境内销售的条件，买方必须支付的、与该货物有关的特许权使用费；

（六）卖方直接或者间接从买方获得的该货物进口后转售、处置或者使用的收益。

**第二十条** 进口时在货物的价款中列明的下列税收、费用，不计入该货物的完税价格：

（一）厂房、机械、设备等货物进口后进行建设、安装、装配、维修和技术服务的费用；

（二）进口货物运抵境内输入地点起卸后的运输及其相关费用、保险费；

（三）进口关税及国内税收。

**第二十一条** 进口货物的成交价格不符合本条例第十八条第三款规定条件的，或者成交价格不能确定的，海关经了解有关情况，并与纳税义务人进行价格磋商后，依次以下列价格估定该货物的完税价格：

（一）与该货物同时或者大约同时向中华人民共和国境内销售的相同货物的成交价格。

（二）与该货物同时或者大约同时向中华人民共和国境内销售的类似货物的成交价格。

（三）与该货物进口的同时或者大约同时，将该进口货物、相同或者类似进口货物在第一级销售环节销售给无特殊关系买方最大销售总量的单位价格，但应当扣除本条例第二十二条规定的项目。

（四）按照下列各项总和计算的价格：生产该货物所使用的料件成本和加工费用，向中华人民共和国境内销售同等级或者同种类货物通常的利润和一般费用，该货物运抵境内输入地点起卸前的运输及其相关费用、保险费。

（五）以合理方法估定的价格。

纳税义务人向海关提供有关资料后，可以提出申请，颠倒前款第（三）项和第（四）项的适用次序。

**第二十二条** 按照本条例第二十一条第一款第（三）项规定估定完税价格，应当扣除的项目是指：

（一）同等级或者同种类货物在中华人民共和国境内第一级销售环节销售时通常的利润和一般费用以及通常支付的佣金；

（二）进口货物运抵境内输入地点起卸后的运输及其相关费用、保险费；

（三）进口关税及国内税收。

**第二十三条** 以租赁方式进口的货物，以海关审查确定的该货物的租金作为完税价格。

纳税义务人要求一次性缴纳税款的，纳税义务人可以选择按照本条例第二十一条的规定估定完税价格，或者按照海关审查确定的租金总额作为完税价格。

**第二十四条** 运往境外加工的货物，出境时已向海关报明并在海关规定的期限内复运进境的，应当以境外加工费和料件费以及复运进境的运输及其相关费用和保险费审查确定完税价格。

**第二十五条** 运往境外修理的机械器具、运输工具或者其他货物，出境时已向海关报明并在海关规定的期限内复运进境的，应当以境外修理费和料件费审查确定完税价格。

**第二十六条** 出口货物的完税价格由海关以该货物的成交价格以及该货物运至中华人民共和国境内输出地点装载前的运输及其相关费用、保险费为基础审查确定。

出口货物的成交价格，是指该货物出口时卖方为出口该货物应当向买方直接收取和间接收取的价款总额。

出口关税不计入完税价格。

**第二十七条** 出口货物的成交价格不能确定的，海关经了解有关情况，并与纳税义务人进行价格磋商后，依次以下列价格估定该货物的完税价格：

（一）与该货物同时或者大约同时向同一国家或者地区出口的相同货物的成交价格；

（二）与该货物同时或者大约同时向同一国家或者地区出口的类似货物的成交价格；

（三）按照下列各项总和计算的价格：境内生产相同或者类似货物的料件成本、加工费用，通常的利润和一般费用，境内发生的运输及其相关费用、保险费；

（四）以合理方法估定的价格。

**第二十八条** 按照本条例规定计入或者不计入完税价格的成本、费用、税收，应当以客观、可量化的数据为依据。

## 第四章 进出口货物关税的征收

**第二十九条** 进口货物的纳税义务人应当自运输工具申报进境之日起 14 日内，出口货物的纳税义务人除海关特准的外，应当在货物运抵海关监管区后、装货的 24 小时以前，向货物的进出境地海关申报。进出口货物转关运输的，按照海关总署的规定执行。

进口货物到达前，纳税义务人经海关核准可以先行申报。具体办法由海关总署另行规定。

**第三十条** 纳税义务人应当依法如实向海关申报，并按照海关的规定提供有关确定完税价格、进行商品归类、确定原产地以及采取反倾销、反补贴或者保障措施等所需的资料；必要时，海关可以要求纳税义务人补充申报。

**第三十一条** 纳税义务人应当按照《税则》规定的目录条文和归类总规则、类注、章注、子目注释以及其他归类注释，对其申报的进出口货物进行商品归类，并归入相应的税则号列；海关应当依法审核确定该货物的商品归类。

**第三十二条** 海关可以要求纳税义务人提供确定商品归类所需的有关资料；必要时，海关可以组织化验、检验，并将海关认定的化验、检验结果作为商品归类的依据。

**第三十三条** 海关为审查申报价格的真实性和准确性，可以查阅、复制与进出口货物有关的合同、发票、账册、结付汇凭证、单据、业务函电、录音录像制品和其他反映买卖双方关系及交易活动的资料。

海关对纳税义务人申报的价格有怀疑并且所涉关税数额较大的，经直属海关关长或者其授权的隶属海关关长批准，凭海关总署统一格式的协助查询账户通知书及有关工作人员的工作证件，可以查询纳税义务人在银行或者其他金融机构开立的单位账户的资金往来情况，并向银行业监督管理机构通报有关情况。

**第三十四条** 海关对纳税义务人申报的价格有怀疑的，应当将怀疑的理由书面告知纳税义务人，要求其在规定的期限内书面作出说明、提供有关资料。

纳税义务人在规定的期限内未作说明、未提供有关资料的，或者海关仍有理由怀疑申报价格的真实性和准确性的，海关可以不接受纳税义务人申报的价格，并按照本条例第三章的规定估定完税价格。

**第三十五条** 海关审查确定进出口货物的完税价格后，纳税义务人可以以书面形式要求海关就如何确定其进出口货物的完税价格作出书面说明，海关应当向纳税义务人作出书面说明。

**第三十六条** 进出口货物关税，以从价计征、从量计征或者国家规定的其他方式征收。

从价计征的计算公式为：应纳税额 = 完税价格 × 关税税率

从量计征的计算公式为：应纳税额 = 货物数量 × 单位税额

**第三十七条** 纳税义务人应当自海关填发税款缴款书之日起 15 日内向指定银行缴纳税款。纳税义务人未按期缴纳税款的，从滞纳税款之日起，按日加收滞纳税款万分之五的滞纳金。

海关可以对纳税义务人欠缴税款的情况予以公告。

海关征收关税、滞纳金等，应当制发缴款凭证，缴款凭证格式由海关总署规定。

**第三十八条** 海关征收关税、滞纳金等，应当按人民币计征。

进出口货物的成交价格以及有关费用以外币计价的，以中国人民银行公布的基准汇率折合为人民币计算完税价格；以基准汇率币种以外的外币计价的，按照国家有关规定套算为人民币计算完税价格。适用汇率的日期由海关总署规定。

**第三十九条** 纳税义务人因不可抗力或者在国家税收政策调整的情形下，不能按期缴纳税款的，经依法提供税款担保后，可以延期缴纳税款，但是最长不得超过 6 个月。

**第四十条** 进出口货物的纳税义务人在规定的纳税期限内有明显的转移、藏匿其应税货物以及其他财产迹象的，海关可以责令纳税义务人提供担保；纳税义务人不能提供担保的，海关可以按照《海关法》第六十一条的规定采取税收保全措施。

纳税义务人、担保人自缴纳税款期限届满之日起超过 3 个月仍未缴纳税款的，海关可以按照《海关法》第六十条的规定采取强制措施。

**第四十一条** 加工贸易的进口料件按照国家规定保税进口的，其制成品或者进口料件未在规定的期限内出口的，海关按照规定征收进口关税。

加工贸易的进口料件进境时按照国家规定征收进口关税的，其制成品或者进口料件在规定的期限内出口的，海关按照有关规定退还进境时已征收的关税税款。

**第四十二条** 暂时进境或者暂时出境的下列货物，在进境或者出境时纳税义务人向海关缴纳相当于应纳税款的保证金或者提供其他担保的，可以暂不缴纳关税，并应当自进境或者出境之日起 6 个月内复运出境或者复运进境；需要延长复运出境或者复运进境期限的，纳税义务人应当根据海关总署的规定向海关办理延期手续：

（一）在展览会、交易会、会议及类似活动中展示或者使用的货物；

（二）文化、体育交流活动中使用的表演、比赛用品；

（三）进行新闻报道或者摄制电影、电视节目使用的仪器、设备及用品；

（四）开展科研、教学、医疗活动使用的仪器、设备及用品；

（五）在本款第（一）项至第（四）项所列活动中使用的交通工具及特种车辆；

（六）货样；

（七）供安装、调试、检测设备时使用的仪器、工具；

（八）盛装货物的容器；

（九）其他用于非商业目的的货物。

第一款所列暂时进境货物在规定的期限内未复运出境的，或者暂时出境货物在规定的期限内未复运进境的，海关应当依法征收关税。

第一款所列可以暂时免征关税范围以外的其他暂时进境货物，应当按照该货物的完税价格和其在境内滞留时间与折旧时间的比例计算征收进口关税。具体办法由海关总署规定。

**第四十三条** 因品质或者规格原因，出口货物自出口之日起1年内原状复运进境的，不征收进口关税。

因品质或者规格原因，进口货物自进口之日起1年内原状复运出境的，不征收出口关税。

**第四十四条** 因残损、短少、品质不良或者规格不符原因，由进出口货物的发货人、承运人或者保险公司免费补偿或者更换的相同货物，进出口时不征收关税。被免费更换的原进口货物不退运出境或者原出口货物不退运进境的，海关应当对原进出口货物重新按照规定征收关税。

**第四十五条** 下列进出口货物，免征关税：

（一）关税税额在人民币50元以下的一票货物；

（二）无商业价值的广告品和货样；

（三）外国政府、国际组织无偿赠送的物资；

（四）在海关放行前损失的货物；

（五）进出境运输工具装载的途中必需的燃料、物料和饮食用品。

在海关放行前遭受损坏的货物，可以根据海关认定的受损程度减征关税。

法律规定的其他免征或者减征关税的货物，海关根据规定予以免征或者减征。

**第四十六条** 特定地区、特定企业或者有特定用途的进出口货物减征或者免征关税，以及临时减征或者免征关税，按照国务院的有关规定执行。

**第四十七条** 进口货物减征或者免征进口环节海关代征税，按照有关法律、行政法规的规定执行。

**第四十八条** 纳税义务人进出口减免税货物的，除另有规定外，应当在进出口该货物之前，按照规定持有关文件向海关办理减免税审批手续。经海关审查符合规定的，予以减征或者免征关税。

**第四十九条** 需由海关监管使用的减免税进口货物，在监管年限内转让或者移作他用需要补税的，海关应当根据该货物进口时间折旧估价，补征进口关税。

特定减免税进口货物的监管年限由海关总署规定。

**第五十条** 有下列情形之一的，纳税义务人自缴纳税款之日起1年内，可以申请退还关税，并应当以书面形式向海关说明理由，提供原缴款凭证及相关资料：

（一）已征进口关税的货物，因品质或者规格原因，原状退货复运出境的；

（二）已征出口关税的货物，因品质或者规格原因，原状退货复运进境，并已重新缴纳因出口而退还的国内环节有关税收的；

（三）已征出口关税的货物，因故未装运出口，申报退关的。

海关应当自受理退税申请之日起30日内查实并通知纳税义务人办理退还手续。纳税义务人应当自收到通知之日起3个月内办理有关退税手续。

按照其他有关法律、行政法规规定应当退还关税的，海关应当按照有关法律、行政法规的规定退税。

**第五十一条** 进出口货物放行后，海关发现少征或者漏征税款的，应当自缴纳税款或者货物放行之日起1年内，向纳税义务人补征税款。但因纳税义务人违反规定造成少征或者漏征税款的，海关可以自缴纳税款或者货物放行之日起3年内追征税款，并从缴纳税款或者货物放行之日起按日加收少征或者漏征税款万分之五的滞纳金。

海关发现海关监管货物因纳税义务人违反规定造成少征或者漏征税款的，应当自纳税义务人应缴纳税款之日起3年内追征税款，并从应缴纳税款之日起按日加收少征或者漏征税款万分之五的滞纳金。

**第五十二条** 海关发现多征税款的，应当立即通知纳税义务人办理退还手续。

纳税义务人发现多缴税款的，自缴纳税款之日起1年内，可以以书面形式要求海关退还多缴的税款并加算银行同期活期存款利息；海关应当自受理退税申请之日起30日内查实并通知纳税义务人办理退还手续。

纳税义务人应当自收到通知之日起3个月内办理有关退税手续。

**第五十三条** 按照本条例第五十条、第五十二条的规定退还税款、利息涉及从国库中退库的，按照法律、行政法规有关国库管理的规定执行。

**第五十四条** 报关企业接受纳税义务人的委托，以纳税义务人的名义办理报关纳税手续，因报关企业违反规定而造成海关少征、漏征税款的，报关企业对少征或者漏征的税款、滞纳金与纳税义务人承担纳税的连带责任。

报关企业接受纳税义务人的委托，以报关企业的名义办理报关纳税手续的，报关企业与纳税义务人承担纳税的连带责任。

除不可抗力外，在保管海关监管货物期间，海关监管货物损毁或者灭失的，对海关监管货物负有保管义务的人应当承担相应的纳税责任。

**第五十五条** 欠税的纳税义务人，有合并、分立情形的，在合并、分立前，应当向海关报告，依法缴清税款。纳税义务人合并时未缴清税款的，由合并后的法人或者其他组织继续履行未履行的纳税义务；纳税义务人分立时未缴清税款的，分立后的法人或者其他组织对未履行的纳税义务承担连带责任。

纳税义务人在减免税货物、保税货物监管期间，有合并、分立或者其他资产重组情形的，应当向海关报告。按照规定需要缴税的，应当依法缴清税款；按照规定可以继续享受减免税、保税待遇的，应当到海关办理变更纳税义务人的手续。

纳税义务人欠税或者在减免税货物、保税货物监管期间，有撤销、解散、破产或者其他依法终止经营情形的，应当在清算前向海关报告。海关应当依法对纳税义务人的应缴税款予以清缴。

## 第五章 进境物品进口税的征收

**第五十六条** 进境物品的关税以及进口环节海关代征税合并为进口税，由海关依法征收。

**第五十七条** 海关总署规定数额以内的个人自用进境物品，免征进口税。

超过海关总署规定数额但仍在合理数量以内的个人自用进境物品，由进境物品的纳税义务人在进境物品放行前按照规定缴纳进口税。

超过合理、自用数量的进境物品应当按照进口货物依法办理相关手续。

国务院关税税则委员会规定按货物征税的进境物品，按照本条例第二章至第四章的规定征收关税。

**第五十八条** 进境物品的纳税义务人是指，携带物品进境的入境人员、进境邮递物品的收件人以及以其他方式进口物品的收件人。

**第五十九条** 进境物品的纳税义务人可以自行办理纳税手续，也可以委托他人办理纳税手续。接受委托的人应当遵守本章对纳税义务人的各项规定。

**第六十条** 进口税从价计征。

进口税的计算公式为：进口税税额 = 完税价格 × 进口税税率

**第六十一条** 海关应当按照《进境物品进口税税率表》及海关总署制定的《中华人民共和国进境物品归类表》、《中华人民共和国进境物品完税价格表》对进境物品进行归类、确定完税价格和确定适用税率。

**第六十二条** 进境物品，适用海关填发税款缴款书之日实施的税率和完税价格。

**第六十三条** 进口税的减征、免征、补征、追征、退还以及对暂准进境物品征收进口税参照本条例对货物征收进口关税的有关规定执行。

## 第六章 附 则

**第六十四条** 纳税义务人、担保人对海关确定纳税义务人、确定完税价格、商品归类、确定原产地、适用税率或者汇率、减征或者免征税款、补税、退税、征收滞纳金、确定计征方式以及确定纳税地点有异议的，应当缴纳税款，并可以依法向上一级海关申请复议。对复议决定不服的，可以依法向人民法院提起诉讼。

**第六十五条** 进口环节海关代征税的征收管理，适用关税征收管理的规定。

**第六十六条** 有违反本条例规定行为的，按照《海关法》、《中华人民共和国海关行政处罚实施条例》和其他有关法律、行政法规的规定处罚。

**第六十七条** 本条例自 2004 年 1 月 1 日起施行。1992 年 3 月 18 日国务院修订发布的《中华人民共和国进出口关税条例》同时废止。

# 中华人民共和国<br>海关进出口货物征税管理办法

*1. 2005 年 1 月 4 日海关总署令第 124 号发布*
*2. 根据 2010 年 11 月 26 日海关总署令第 198 号《关于修改部分规章的决定》第一次修正*
*3. 根据 2014 年 3 月 13 日海关总署令第 218 号《关于修改部分规章的决定》第二次修正*
*4. 根据 2017 年 12 月 20 日海关总署令第 235 号《关于修改部分规章的决定》第三次修正*
*5. 根据 2018 年 5 月 29 日海关总署令第 240 号《关于修改部分规章的决定》第四次修正*

## 第一章 总 则

**第一条** 为了保证国家税收政策的贯彻实施，加强海关税收管理，确保依法征税，保障国家税收，维护纳税义务人的合法权益，根据《中华人民共和国海关法》（以下简称《海关法》）、《中华人民共和国进出口关税条例》（以下简称《关税条例》）以及其他有关法律、行政法规的规定，制定本办法。

**第二条** 海关征税工作，应当遵循准确归类、正确估价、依率计征、依法减免、严肃退补、及时入库的原则。

**第三条** 进出口关税、进口环节海关代征税的征收管理适用本办法。

进境物品进口税和船舶吨税的征收管理按照有关法律、行政法规和部门规章的规定执行,有关法律、行政法规、部门规章未作规定的,适用本办法。

**第四条** 海关应当按照国家有关规定承担保密义务,妥善保管纳税义务人提供的涉及商业秘密的资料,除法律、行政法规另有规定外,不得对外提供。

纳税义务人可以书面向海关提出为其保守商业秘密的要求,并且具体列明需要保密的内容,但不得以商业秘密为理由拒绝向海关提供有关资料。

## 第二章 进出口货物税款的征收

### 第一节 申报与审核

**第五条** 纳税义务人进出口货物时应当依法向海关办理申报手续,按照规定提交有关单证。海关认为必要时,纳税义务人还应当提供确定商品归类、完税价格、原产地等所需的相关资料。提供的资料为外文的,海关需要时,纳税义务人应当提供中文译文并且对译文内容负责。

进出口减免税货物的,纳税义务人还应当提交主管海关签发的《进出口货物征免税证明》(以下简称《征免税证明》),但本办法第七十条所列减免税货物除外。

**第六条** 纳税义务人应当按照法律、行政法规和海关规章关于商品归类、审定完税价格和原产地管理的有关规定,如实申报进出口货物的商品名称、税则号列(商品编号)、规格型号、价格、运保费及其他相关费用、原产地、数量等。

**第七条** 为审核确定进出口货物的商品归类、完税价格、原产地等,海关可以要求纳税义务人按照有关规定进行补充申报。纳税义务人认为必要时,也可以主动要求进行补充申报。

**第八条** 海关应当按照法律、行政法规和海关规章的规定,对纳税义务人申报的进出口货物商品名称、规格型号、税则号列、原产地、价格、成交条件、数量等进行审核。

海关可以根据口岸通关和货物进出口的具体情况,在货物通关环节仅对申报内容作程序性审核,在货物放行后再进行申报价格、商品归类、原产地等是否真实、正确的实质性核查。

**第九条** 海关为审核确定进出口货物的商品归类、完税价格及原产地等,可以对进出口货物进行查验,组织化验、检验或者对相关企业进行核查。

经审核,海关发现纳税义务人申报的进出口货物税则号列有误的,应当按照商品归类的有关规则和规定予以重新确定。

经审核,海关发现纳税义务人申报的进出口货物价格不符合成交价格条件,或者成交价格不能确定的,应当按照审定进出口货物完税价格的有关规定另行估价。

经审核,海关发现纳税义务人申报的进出口货物原产地有误的,应当通过审核纳税义务人提供的原产地证明、对货物进行实际查验或者审核其他相关单证等方法,按照海关原产地管理的有关规定予以确定。

经审核,海关发现纳税义务人提交的减免税申请或者所申报的内容不符合有关减免税规定的,应当按照规定计征税款。

纳税义务人违反海关规定,涉嫌伪报、瞒报的,应当按照规定移交海关调查或者缉私部门处理。

**第十条** 纳税义务人在货物实际进出口前,可以按照有关规定向海关申请对进出口货物进行商品预归类、价格预审核或者原产地预确定。海关审核确定后,应当书面通知纳税义务人,并且在货物实际进出口时予以认可。

### 第二节 税款的征收

**第十一条** 海关应当根据进出口货物的税则号列、完税价格、原产地、适用的税率和汇率计征税款。

**第十二条** 海关应当按照《关税条例》有关适用最惠国税率、协定税率、特惠税率、普通税率、出口税率、关税配额税率或者暂定税率,以及实施反倾销措施、反补贴措施、保障措施或者征收报复性关税等适用税率的规定,确定进出口货物适用的税率。

**第十三条** 进出口货物,应当适用海关接受该货物申报进口或者出口之日实施的税率。

进口货物到达前,经海关核准先行申报的,应当适用装载该货物的运输工具申报进境之日实施的税率。

进口转关运输货物,应当适用指运地海关接受该货物申报进口之日实施的税率;货物运抵指运地前,经海关核准先行申报的,应当适用装载该货物的运输工具抵达指运地之日实施的税率。

出口转关运输货物,应当适用启运地海关接受该货物申报出口之日实施的税率。

经海关批准,实行集中申报的进出口货物,应当适用每次货物进出口时海关接受该货物申报之日实施的税率。

因超过规定期限未申报而由海关依法变卖的进口货物,其税款计征应当适用装载该货物的运输工具申报进境之日实施的税率。

因纳税义务人违反规定需要追征税款的进出口货物，应当适用违反规定的行为发生之日实施的税率；行为发生之日不能确定的，适用海关发现该行为之日实施的税率。

**第十四条**　已申报进境并且放行的保税货物、减免税货物、租赁货物或者已申报进出境并且放行的暂时进出境货物，有下列情形之一需缴纳税款的，应当适用海关接受纳税义务人再次填写报关单申报办理纳税及有关手续之日实施的税率：

（一）保税货物经批准不复运出境的；

（二）保税仓储货物转入国内市场销售的；

（三）减免税货物经批准转让或者移作他用的；

（四）可以暂不缴纳税款的暂时进出境货物，不复运出境或者进境的；

（五）租赁进口货物，分期缴纳税款的。

**第十五条**　补征或者退还进出口货物税款，应当按照本办法第十三条和第十四条的规定确定适用的税率。

**第十六条**　进出口货物的价格及有关费用以外币计价的，海关按照该货物适用税率之日所适用的计征汇率折合为人民币计算完税价格。完税价格采用四舍五入法计算至分。

海关每月使用的计征汇率为上一个月第三个星期三（第三个星期三为法定节假日的，顺延采用第四个星期三）中国人民银行公布的外币对人民币的基准汇率；以基准汇率币种以外的外币计价的，采用同一时间中国银行公布的现汇买入价和现汇卖出价的中间值（人民币元后采用四舍五入法保留4位小数）。如果上述汇率发生重大波动，海关总署认为必要时，可以另行规定计征汇率，并且对外公布。

**第十七条**　海关应当按照《关税条例》的规定，以从价、从量或者国家规定的其他方式对进出口货物征收关税。

海关应当按照有关法律、行政法规规定的适用税种、税目、税率和计算公式对进口货物计征进口环节海关代征税。

除另有规定外，关税和进口环节海关代征税按照下述计算公式计征：

从价计征关税的计算公式为：应纳税额＝完税价格×关税税率

从量计征关税的计算公式为：应纳税额＝货物数量×单位关税税额

计征进口环节增值税的计算公式为：应纳税额＝（完税价格＋实征关税税额＋实征消费税税额）×增值税税率

从价计征进口环节消费税的计算公式为：应纳税额＝〔（完税价格＋实征关税税额）/（1－消费税税率）〕×消费税税率

从量计征进口环节消费税的计算公式为：应纳税额＝货物数量×单位消费税税额

**第十八条**　除另有规定外，海关应当在货物实际进境，并且完成海关现场接单审核工作之后及时填发税款缴款书。需要通过对货物进行查验确定商品归类、完税价格、原产地的，应当在查验核实之后填发或者更改税款缴款书。

纳税义务人收到税款缴款书后应当办理签收手续。

**第十九条**　海关税款缴款书一式六联，第一联（收据）由银行收款签章后交缴款单位或者纳税义务人；第二联（付款凭证）由缴款单位开户银行作为付出凭证；第三联（收款凭证）由收款国库作为收入凭证；第四联（回执）由国库盖章后退回海关财务部门；第五联（报查）国库收款后，关税专用缴款书退回海关，海关代征税专用缴款书送当地税务机关；第六联（存根）由填发单位存查。

**第二十条**　纳税义务人应当自海关填发税款缴款书之日起15日内向指定银行缴纳税款。逾期缴纳税款的，由海关自缴款期限届满之日起至缴清税款之日止，按日加收滞纳税款万分之五的滞纳金。纳税义务人应当自海关填发滞纳金缴款书之日起15日内向指定银行缴纳滞纳金。滞纳金缴款书的格式与税款缴款书相同。

缴款期限届满日遇星期六、星期日等休息日或者法定节假日的，应当顺延至休息日或者法定节假日之后的第一个工作日。国务院临时调整休息日与工作日的，海关应当按照调整后的情况计算缴款期限。

**第二十一条**　关税、进口环节海关代征税、滞纳金等，应当按人民币计征，采用四舍五入法计算至分。

滞纳金的起征点为50元。

**第二十二条**　银行收讫税款日为纳税义务人缴清税款之日。纳税义务人向银行缴纳税款后，应当及时将盖有证明银行已收讫税款的业务印章的税款缴款书送交填发海关验核，海关据此办理核注手续。

海关发现银行未按照规定及时将税款足额划转国库的，应当将有关情况通知国库。

**第二十三条**　纳税义务人缴纳税款前不慎遗失税款缴款书的，可以向填发海关提出补发税款缴款书的书面申请。海关应当自接到纳税义务人的申请之日起 2 个工作日内审核确认并且重新予以补发。海关补发的税款缴款书内容应当与原税款缴款书完全一致。

纳税义务人缴纳税款后遗失税款缴款书的，可以自缴纳税款之日起 1 年内向填发海关提出确认其已缴清税款的书面申请，海关经审查核实后，应当予以确认，但不再补发税款缴款书。

**第二十四条** 纳税义务人因不可抗力或者国家税收政策调整不能按期缴纳税款的，依法提供税款担保后，可以向海关办理延期缴纳税款手续。

**第二十五条** 散装进出口货物发生溢短装的，按照以下规定办理：

（一）溢装数量在合同、发票标明数量 3% 以内的，或者短装的，海关应当根据审定的货物单价，按照合同、发票标明数量计征税款。

（二）溢装数量超过合同、发票标明数量 3% 的，海关应当根据审定的货物单价，按照实际进出口数量计征税款。

**第二十六条** 纳税义务人、担保人自缴款期限届满之日起超过 3 个月仍未缴纳税款或者滞纳金的，海关可以按照《海关法》第六十条的规定采取强制措施。

纳税义务人在规定的缴纳税款期限内有明显的转移、藏匿其应税货物以及其他财产迹象的，海关可以责令纳税义务人向海关提供税款担保。纳税义务人不能提供税款担保的，海关可以按照《海关法》第六十一条的规定采取税收保全措施。

采取强制措施和税收保全措施的具体办法另行规定。

## 第三章 特殊进出口货物税款的征收

### 第一节 无代价抵偿货物

**第二十七条** 进口无代价抵偿货物，不征收进口关税和进口环节海关代征税；出口无代价抵偿货物，不征收出口关税。

前款所称无代价抵偿货物是指进出口货物在海关放行后，因残损、短少、品质不良或者规格不符原因，由进出口货物的发货人、承运人或者保险公司免费补偿或者更换的与原货物相同或者与合同规定相符的货物。

**第二十八条** 纳税义务人应当在原进出口合同规定的索赔期内且不超过原货物进出口之日起 3 年，向海关申报办理无代价抵偿货物的进出口手续。

**第二十九条** 纳税义务人申报进口无代价抵偿货物，应当提交买卖双方签订的索赔协议。

海关认为需要时，纳税义务人还应当提交具有资质的商品检验机构出具的原进口货物残损、短少、品质不良或者规格不符的检验证明书或者其他有关证明文件。

**第三十条** 纳税义务人申报出口无代价抵偿货物，应当提交买卖双方签订的索赔协议。

海关认为需要时，纳税义务人还应当提交具有资质的商品检验机构出具的原出口货物残损、短少、品质不良或者规格不符的检验证明书或者其他有关证明文件。

**第三十一条** 纳税义务人申报进出口的无代价抵偿货物，与退运出境或者退运进境的原货物不完全相同或者与合同规定不完全相符的，应当向海关说明原因。

海关经审核认为理由正当，且其税则号列未发生改变的，应当按照审定进出口货物完税价格的有关规定和原进出口货物适用的计征汇率、税率，审核确定其完税价格、计算应征税款。应征税款高于原进出口货物已征税款的，应当补征税款的差额部分。应征税款低于原进出口货物已征税款，且原进出口货物的发货人、承运人或者保险公司同时补偿货款的，海关应当退还补偿货款部分的相应税款；未补偿货款的，税款的差额部分不予退还。

纳税义务人申报进出口的免费补偿或者更换的货物，其税则号列与原货物的税则号列不一致的，不适用无代价抵偿货物的有关规定，海关应当按照一般进出口货物的有关规定征收税款。

**第三十二条** 纳税义务人申报进出口无代价抵偿货物，被更换的原进口货物不退运出境且不放弃交由海关处理的，或者被更换的原出口货物不退运进境的，海关应当按照接受无代价抵偿货物申报进出口之日适用的税率、计征汇率和有关规定对原进出口货物重新估价征税。

**第三十三条** 被更换的原进口货物退运出境时不征收出口关税。

被更换的原出口货物退运进境时不征收进口关税和进口环节海关代征税。

### 第二节 租赁进口货物

**第三十四条** 纳税义务人进口租赁货物，除另有规定外，应当向其所在地海关办理申报进口及申报纳税手续。

纳税义务人申报进口租赁货物，应当向海关提交租赁合同及其他有关文件。海关认为必要时，纳税义务人应当提供税款担保。

**第三十五条**　租赁进口货物自进境之日起至租赁结束办结海关手续之日止，应当接受海关监管。

一次性支付租金的，纳税义务人应当在申报租赁货物进口时办理纳税手续，缴纳税款。

分期支付租金的，纳税义务人应当在申报租赁货物进口时，按照第一期应当支付的租金办理纳税手续，缴纳相应税款；在其后分期支付租金时，纳税义务人向海关申报办理纳税手续应当不迟于每次支付租金后的第15日。纳税义务人未在规定期限内申报纳税的，海关按照纳税义务人每次支付租金后第15日该货物适用的税率、计征汇率征收相应税款，并且自本款规定的申报办理纳税手续期限届满之日起至纳税义务人申报纳税之日止按日加收应缴纳税款万分之五的滞纳金。

**第三十六条**　海关应当对租赁进口货物进行跟踪管理，督促纳税义务人按期向海关申报纳税，确保税款及时足额入库。

**第三十七条**　纳税义务人应当自租赁进口货物租期届满之日起30日内，向海关申请办结监管手续，将租赁进口货物复运出境。需留购、续租租赁进口货物的，纳税义务人向海关申报办理相关手续应当不迟于租赁进口货物租期届满后的第30日。

海关对留购的租赁进口货物，按照审定进口货物完税价格的有关规定和海关接受申报办理留购的相关手续之日该货物适用的计征汇率、税率，审核确定其完税价格、计征应缴纳的税款。

续租租赁进口货物的，纳税义务人应当向海关提交续租合同，并且按照本办法第三十四条和第三十五条的有关规定办理申报纳税手续。

**第三十八条**　纳税义务人未在本办法第三十七条第一款规定的期限内向海关申报办理留购租赁进口货物的相关手续的，海关除按照审定进口货物完税价格的有关规定和租期届满后第30日该货物适用的计征汇率、税率，审核确定其完税价格、计征应缴纳的税款外，还应当自租赁期限届满后30日起至纳税义务人申报纳税之日止按日加收应缴纳税款万分之五的滞纳金。

纳税义务人未在本办法第三十七条第一款规定的期限内向海关申报办理续租租赁进口货物的相关手续的，海关除按照本办法第三十五条的规定征收续租租赁进口货物应缴纳的税款外，还应当自租赁期限届满后30日起至纳税义务人申报纳税之日止按日加收应缴纳税款万分之五的滞纳金。

**第三十九条**　租赁进口货物租赁期未满终止租赁的，其租期届满之日为租赁终止日。

### 第三节　暂时进出境货物

**第四十条**　暂时进境或者暂时出境的货物，海关按照有关规定实施管理。

**第四十一条**　《关税条例》第四十二条第一款所列的暂时进出境货物，在海关规定期限内，可以暂不缴纳税款。

前款所述暂时进出境货物在规定期限届满后不再复运出境或者复运进境的，纳税义务人应当在规定期限届满前向海关申报办理进出口及纳税手续。海关按照有关规定征收税款。

**第四十二条**　《关税条例》第四十二条第一款所列范围以外的其他暂时进出境货物，海关按照审定进出口货物完税价格的有关规定和海关接受该货物申报进出境之日适用的计征汇率、税率，审核确定其完税价格、按月征收税款，或者在规定期限内货物复运出境或者复运进境时征收税款。

计征税款的期限为60个月。不足一个月但超过15天的，按一个月计征；不超过15天的，免予计征。计征税款的期限自货物放行之日起计算。

按月征收税款的计算公式为：

每月关税税额＝关税总额×(1/60)

每月进口环节代征税税额＝进口环节代征税总额×(1/60)

本条第一款所述暂时进出境货物在规定期限届满后不再复运出境或者复运进境的，纳税义务人应当在规定期限届满前向海关申报办理进出口及纳税手续，缴纳剩余税款。

**第四十三条**　暂时进出境货物未在规定期限内复运出境或者复运进境，且纳税义务人未在规定期限届满前向海关申报办理进出口及纳税手续的，海关除按照规定征收应缴纳的税款外，还应当自规定期限届满之日起至纳税义务人申报纳税之日止按日加收应缴纳税款万分之五的滞纳金。

**第四十四条**　本办法第四十一条至第四十三条中所称“规定期限”均包括暂时进出境货物延长复运出境或者复运进境的期限。

### 第四节　进出境修理货物和出境加工货物

**第四十五条**　纳税义务人在办理进境修理货物的进口申报手续时，应当向海关提交该货物的维修合同(或者含有保修条款的原出口合同)，并且向海关提供进口税款担保或者由海关按照保税货物实施管理。进境修理货物应当在海关规定的期限内复运出境。

进境修理货物需要进口原材料、零部件的，纳税义务人在办理原材料、零部件进口申报手续时，应当向海关提供进口税款担保或者由海关按照保税货物实施管理。进口原材料、零部件只限用于进境修理货物的修理，修理剩余的原材料、零部件应当随进境修理货物一同复运出境。

**第四十六条** 进境修理货物及剩余进境原材料、零部件复运出境的，海关应当办理修理货物及原材料、零部件进境时纳税义务人提供的税款担保的退还手续；海关按照保税货物实施管理的，按照有关保税货物的管理规定办理。

因正当理由不能在海关规定期限内将进境修理货物复运出境的，纳税义务人应当在规定期限届满前向海关说明情况，申请延期复运出境。

**第四十七条** 进境修理货物未在海关允许期限（包括延长期，下同）内复运出境的，海关对其按照一般进出口货物的征税管理规定实施管理，将该货物进境时纳税义务人提供的税款担保转为税款。

**第四十八条** 纳税义务人在办理出境修理货物的出口申报手续时，应当向海关提交该货物的维修合同（或者含有保修条款的原进口合同）。出境修理货物应当在海关规定的期限内复运进境。

**第四十九条** 纳税义务人在办理出境修理货物复运进境的进口申报手续时，应当向海关提交该货物的维修发票等相关单证。

海关按照审定进口货物完税价格的有关规定和海关接受该货物申报复运进境之日适用的计征汇率、税率，审核确定其完税价格、计征进口税款。

因正当理由不能在海关规定期限内将出境修理货物复运进境的，纳税义务人应当在规定期限届满前向海关说明情况，申请延期复运进境。

**第五十条** 出境修理货物超过海关允许期限复运进境的，海关对其按照一般进口货物的征税管理规定征收进口税款。

**第五十一条** 纳税义务人在办理出境加工货物的出口申报手续时，应当向海关提交该货物的委托加工合同；出境加工货物属于征收出口关税的商品的，纳税义务人应当向海关提供出口税款担保。出境加工货物应当在海关规定的期限内复运进境。

**第五十二条** 纳税义务人在办理出境加工货物复运进境的进口申报手续时，应当向海关提交该货物的加工发票等相关单证。

海关按照审定进口货物完税价格的有关规定和海关接受该货物申报复运进境之日适用的计征汇率、税率，审核确定其完税价格、计征进口税款，同时办理解除该货物出境时纳税义务人提供税款担保的相关手续。

因正当理由不能在海关规定期限内将出境加工货物复运进境的，纳税义务人应当在规定期限届满前向海关说明情况，申请延期复运进境。

**第五十三条** 出境加工货物未在海关允许期限内复运进境的，海关对其按照一般进出口货物的征税管理规定实施管理，将该货物出境时纳税义务人提供的税款担保转为税款；出境加工货物复运进境时，海关按照一般进口货物的征税管理规定征收进口税款。

**第五十四条** 本办法第四十五条至第五十三条中所称“海关规定期限”和“海关允许期限”，由海关根据进出境修理货物、出境加工货物的有关合同规定以及具体实际情况予以确定。

### 第五节 退运货物

**第五十五条** 因品质或者规格原因，出口货物自出口放行之日起1年内原状退货复运进境的，纳税义务人在办理进口申报手续时，应当按照规定提交有关单证和证明文件。经海关确认后，对复运进境的原出口货物不予征收进口关税和进口环节海关代征税。

**第五十六条** 因品质或者规格原因，进口货物自进口放行之日起1年内原状退货复运出境的，纳税义务人在办理出口申报手续时，应当按照规定提交有关单证和证明文件。经海关确认后，对复运出境的原进口货物不予征收出口关税。

## 第四章 进出口货物税款的退还与补征

**第五十七条** 海关发现多征税款的，应当立即通知纳税义务人办理退税手续。纳税义务人应当自收到海关通知之日起3个月内办理有关退税手续。

**第五十八条** 纳税义务人发现多缴纳税款的，自缴纳税款之日起1年内，可以向海关申请退还多缴的税款并且加算银行同期活期存款利息。

纳税义务人向海关申请退还税款及利息时，应当提交下列材料：

（一）《退税申请书》；

（二）可以证明应予退税的材料。

**第五十九条** 已缴纳税款的进口货物，因品质或者规格原因原状退货复运出境的，纳税义务人自缴纳税款之日起1年内，可以向海关申请退税。

纳税义务人向海关申请退税时，应当提交下列材料：

（一）《退税申请书》；

（二）收发货人双方关于退货的协议。

**第六十条**　已缴纳出口关税的出口货物，因品质或者规格原因原状退货复运进境，并且已重新缴纳因出口而退还的国内环节有关税收的，纳税义务人自缴纳税款之日起1年内，可以向海关申请退税。

纳税义务人向海关申请退税时，应当提交下列材料：

（一）《退税申请书》；

（二）收发货人双方关于退货的协议和税务机关重新征收国内环节税的证明。

**第六十一条**　已缴纳出口关税的货物，因故未装运出口申报退关的，纳税义务人自缴纳税款之日起1年内，可以向海关申请退税，并提交《退税申请书》。

**第六十二条**　散装进出口货物发生短装并且已征税放行的，如果该货物的发货人、承运人或者保险公司已对短装部分退还或者赔偿相应货款，纳税义务人自缴纳税款之日起1年内，可以向海关申请退还进口或者出口短装部分的相应税款。

纳税义务人向海关申请退税时，应当提交下列材料：

（一）《退税申请书》；

（二）具有资质的商品检验机构出具的相关检验证明书；

（三）已经退款或者赔款的证明文件。

**第六十三条**　进出口货物因残损、品质不良、规格不符原因，或者发生本办法第六十二条规定以外的货物短少的情形，由进出口货物的发货人、承运人或者保险公司赔偿相应货款的，纳税义务人自缴纳税款之日起1年内，可以向海关申请退还赔偿货款部分的相应税款。

纳税义务人向海关申请退税时，应当提交下列材料：

（一）《退税申请书》；

（二）已经赔偿货款的证明文件。

**第六十四条**　海关收到纳税义务人的退税申请后应当进行审核。纳税义务人提交的申请材料齐全且符合规定形式的，海关应当予以受理，并且以海关收到申请材料之日作为受理之日；纳税义务人提交的申请材料不全或者不符合规定形式的，海关应当在收到申请材料之日起5个工作日内一次告知纳税义务人需要补正的全部内容，并且以海关收到全部补正申请材料之日为海关受理退税申请之日。

纳税义务人按照本办法第五十九条、第六十条或者第六十四条的规定申请退税的，海关认为需要时，可以要求纳税义务人提供具有资质的商品检验机构出具的原进口或者出口货物品质不良、规格不符或者残损、短少的检验证明书或者其他有关证明文件。

海关应当自受理退税申请之日起30日内查实并且通知纳税义务人办理退税手续或者不予退税的决定。纳税义务人应当自收到海关准予退税的通知之日起3个月内办理有关退税手续。

**第六十五条**　海关办理退税手续时，应当填发收入退还书，并且按照以下规定办理：

（一）按照本办法第五十八条规定应当同时退还多征税款部分所产生的利息的，应退利息按照海关填发收入退还书之日中国人民银行规定的活期储蓄存款利息率计算。计算应退利息的期限自纳税义务人缴纳税款之日起至海关填发收入退还书之日止。

（二）进口环节增值税已予抵扣的，该项增值税不予退还，但国家另有规定的除外。

（三）已征收的滞纳金不予退还。

退还税款、利息涉及从国库中退库的，按照法律、行政法规有关国库管理的规定以及有关规章规定的具体实施办法执行。

**第六十六条**　进出口货物放行后，海关发现少征税款的，应当自缴纳税款之日起1年内，向纳税义务人补征税款；海关发现漏征税款的，应当自货物放行之日起1年内，向纳税义务人补征税款。

**第六十七条**　因纳税义务人违反规定造成少征税款的，海关应当自缴纳税款之日起3年内追征税款；因纳税义务人违反规定造成漏征税款的，海关应当自货物放行之日起3年内追征税款。海关除依法追征税款外，还应当自缴纳税款或者货物放行之日起至海关发现违规行为之日止按日加收少征或者漏征税款万分之五的滞纳金。

因纳税义务人违反规定造成海关监管货物少征或者漏征税款的，海关应当自纳税义务人应缴纳税款之日起3年内追征税款，并且自应缴纳税款之日起至海关发现违规行为之日止按日加收少征或者漏征税款万分之五的滞纳金。

前款所称“应缴纳税款之日”是指纳税义务人违反规定的行为发生之日；该行为发生之日不能确定的，应当以海关发现该行为之日作为应缴纳税款之日。

**第六十八条**　海关补征或者追征税款，应当制发《海关补征税款告知书》。纳税义务人应当自收到《海关补征税款告知书》之日起15日内到海关办理补缴税款的手续。

纳税义务人未在前款规定期限内办理补税手续的，海关应当在规定期限届满之日填发税款缴款书。

**第六十九条** 根据本办法第三十五条、第三十八条、第四十三条、第六十七条的有关规定，因纳税义务人违反规定需在征收税款的同时加收滞纳金的，如果纳税义务人未在规定的15天缴款期限内缴纳税款，海关依照本办法第二十条的规定另行加收自缴款期限届满之日起至缴清税款之日止滞纳税款的滞纳金。

## 第五章 进出口货物税款的减征与免征

**第七十条** 纳税义务人进出口减免税货物，应当在货物进出口前，按照规定凭有关文件向海关办理减免税审核确认手续。下列减免税进出口货物无需办理减免税审核确认手续：

（一）关税、进口环节增值税或者消费税税额在人民币50元以下的一票货物；

（二）无商业价值的广告品和货样；

（三）在海关放行前遭受损坏或者损失的货物；

（四）进出境运输工具装载的途中必需的燃料、物料和饮食用品；

（五）其他无需办理减免税审核确认手续的减征或者免征税款的货物。

**第七十一条** 对于本办法第七十条第（三）项所列货物，纳税义务人应当在申报时或者自海关放行货物之日起15日内书面向海关说明情况，提供相关证明材料。海关认为需要时，可以要求纳税义务人提供具有资质的商品检验机构出具的货物受损程度的检验证明书。海关根据实际受损程度予以减征或者免征税款。

**第七十二条** 除另有规定外，纳税义务人应当向其主管海关申请办理减免税审核确认手续。海关按照有关规定予以审核，并且签发《征免税证明》。

**第七十三条** 特定地区、特定企业或者有特定用途的特定减免税进口货物，应当接受海关监管。

特定减免税进口货物的监管年限为：

（一）船舶、飞机：8年；

（二）机动车辆：6年；

（三）其他货物：3年。

监管年限自货物进口放行之日起计算。

**第七十四条** 在特定减免税进口货物的监管年限内，纳税义务人应当自减免税货物放行之日起每年一次向主管海关报告减免税货物的状况；除经海关批准转让给其他享受同等税收优惠待遇的项目单位外，纳税义务人在补缴税款并且办理解除监管手续后，方可转让或者进行其他处置。

特定减免税进口货物监管年限届满时，自动解除海关监管。纳税义务人需要解除监管证明的，可以自监管年限届满之日起1年内，凭有关单证向海关申请领取解除监管证明。海关应当自接到纳税义务人的申请之日起20日内核实情况，并且填发解除监管证明。

## 第六章 进出口货物的税款担保

**第七十五条** 有下列情形之一，纳税义务人要求海关先放行货物的，应当按照海关初步确定的应缴税款向海关提供足额税款担保：

（一）海关尚未确定商品归类、完税价格、原产地等征税要件的；

（二）正在海关办理减免税审核确认手续的；

（三）正在海关办理延期缴纳税款手续的；

（四）暂时进出境的；

（五）进境修理和出境加工的，按保税货物实施管理的除外；

（六）因残损、品质不良或者规格不符，纳税义务人申报进口或者出口无代价抵偿货物时，原进口货物尚未退运出境或者尚未放弃交由海关处理的，或者原出口货物尚未退运进境的；

（七）其他按照有关规定需要提供税款担保的。

**第七十六条** 除另有规定外，税款担保期限一般不超过6个月，特殊情况需要延期的，应当经主管海关核准。

税款担保一般应当为保证金、银行或者非银行金融机构的保函，但另有规定的除外。

银行或者非银行金融机构的税款保函，其保证方式应当是连带责任保证。税款保函明确规定保证期间的，保证期间应当不短于海关批准的担保期限。

**第七十七条** 在海关批准的担保期限内，纳税义务人履行纳税义务的，海关应当自纳税义务人履行纳税义务之日起5个工作日内办结解除税款担保的相关手续。

在海关批准的担保期限内，纳税义务人未履行纳税义务，对收取税款保证金的，海关应当自担保期限届满之日起5个工作日内完成保证金转为税款的相关手续；对银行或者非银行金融机构提供税款保函的，海关应当自担保期限届满之日起6个月内或者在税款保函规定的保证期间内要求担保人履行相应的纳税义务。

## 第七章 附　　则

**第七十八条** 纳税义务人、担保人对海关确定纳税义务人、确定完税价格、商品归类、确定原产地、适用税率或者计征汇率、减征或者免征税款、补税、退税、征收滞纳金、确定计征方式以及确定纳税地点有异议的,应当按照海关作出的相关行政决定依法缴纳税款,并且可以依照《中华人民共和国行政复议法》和《中华人民共和国海关实施〈行政复议法〉办法》向上一级海关申请复议。对复议决定不服的,可以依法向人民法院提起诉讼。

**第七十九条** 违反本办法规定,构成违反海关监管规定行为、走私行为的,按照《海关法》、《中华人民共和国海关行政处罚实施条例》和其他有关法律、行政法规的规定处罚。构成犯罪的,依法追究刑事责任。

**第八十条** 保税货物和进出保税区、出口加工区、保税仓库及类似的保税监管场所的货物的税收管理,按照本办法规定执行。本办法未作规定的,按照有关法律、行政法规和海关规章的规定执行。

**第八十一条** 通过电子数据交换方式申报纳税和缴纳税款的管理办法,另行制定。

**第八十二条** 本办法所规定的文书由海关总署另行制定并且发布。

**第八十三条** 本办法由海关总署负责解释。

**第八十四条** 本办法自2005年3月1日起施行。1986年9月30日由中华人民共和国海关总署发布的《海关征税管理办法》同时废止。

## 中华人民共和国海关税收保全和强制措施暂行办法

*1. 2009年8月19日海关总署令第184号公布*
*2. 自2009年9月1日起施行*

**第一条** 为了规范海关实施税收保全和强制措施,保障国家税收,维护纳税义务人的合法权益,根据《中华人民共和国海关法》、《中华人民共和国进出口关税条例》,制定本办法。

**第二条** 海关实施税收保全和强制措施,适用本办法。

**第三条** 进出口货物的纳税义务人在规定的纳税期限内有明显的转移、藏匿其应税货物以及其他财产迹象的,海关应当制发《中华人民共和国海关责令提供担保通知书》,要求纳税义务人在海关规定的期限内提供海关认可的担保。

纳税义务人不能在海关规定的期限内按照海关要求提供担保的,经直属海关关长或者其授权的隶属海关关长批准,海关应当采取税收保全措施。

**第四条** 依照本办法第三条规定采取税收保全措施的,海关应当书面通知纳税义务人开户银行或者其他金融机构(以下统称金融机构)暂停支付纳税义务人相当于应纳税款的存款。

因无法查明纳税义务人账户、存款数额等情形不能实施暂停支付措施的,应当扣留纳税义务人价值相当于应纳税款的货物或者其他财产。

纳税义务人的货物或者其他财产本身不可分割,又没有其他财产可以扣留的,被扣留货物或者其他财产的价值可以高于应纳税款。

**第五条** 海关通知金融机构暂停支付纳税义务人存款的,应当向金融机构制发《中华人民共和国海关暂停支付通知书》,列明暂停支付的款项和期限。

海关确认金融机构已暂停支付相应款项的,应当向纳税义务人制发《中华人民共和国海关暂停支付告知书》。

**第六条** 纳税义务人在规定的纳税期限内缴纳税款的,海关应当向金融机构制发《中华人民共和国海关暂停支付解除通知书》,解除对纳税义务人相应存款实施的暂停支付措施。

本条第一款规定情形下,海关还应当向纳税义务人制发《中华人民共和国海关暂停支付解除告知书》。

**第七条** 纳税义务人自海关填发税款缴款书之日起15日内未缴纳税款的,经直属海关关长或者其授权的隶属海关关长批准,海关应当向金融机构制发《中华人民共和国海关扣缴税款通知书》,通知其从暂停支付的款项中扣缴相应税款。

海关确认金融机构已扣缴税款的,应当向纳税义务人制发《中华人民共和国海关扣缴税款告知书》。

**第八条** 海关根据本办法第四条规定扣留纳税义务人价值相当于应纳税款的货物或者其他财产的,应当向纳税义务人制发《中华人民共和国海关扣留通知书》,并随附扣留清单。

扣留清单应当列明被扣留货物或者其他财产的品名、规格、数量、重量等,品名、规格、数量、重量等当场无法确定的,应当尽可能完整地描述其外在特征。扣留清单应当由纳税义务人或者其代理人、保管人确认,并签字或者盖章。

**第九条** 纳税义务人自海关填发税款缴款书之日起15日内缴纳税款的,海关应当解除扣留措施,并向纳税义务人制发《中华人民共和国海关解除扣留通知书》,随附发还清单,将有关货物、财产发还纳税义务人。发还清单应当由纳税义务人或者其代理人确认,并签字或者盖章。

**第十条**　纳税义务人自海关填发税款缴款书之日起15日内未缴纳税款的，海关应当向纳税义务人制发《中华人民共和国海关抵缴税款通知书》，依法变卖被扣留的货物或者其他财产，并以变卖所得抵缴税款。

本条第一款规定情形下，变卖所得不足以抵缴税款的，海关应当继续采取强制措施抵缴税款的差额部分；变卖所得抵缴税款及扣除相关费用后仍有余款的，应当发还纳税义务人。

**第十一条**　进出口货物的纳税义务人、担保人自规定的纳税期限届满之日起超过3个月未缴纳税款的，经直属海关关长或者其授权的隶属海关关长批准，海关可以依次采取下列强制措施：

（一）书面通知金融机构从其存款中扣缴税款；

（二）将应税货物依法变卖，以变卖所得抵缴税款；

（三）扣留并依法变卖其价值相当于应纳税款的货物或者其他财产，以变卖所得抵缴税款。

**第十二条**　有本办法第十一条规定情形，海关通知金融机构扣缴税款的，应当向金融机构制发《中华人民共和国海关扣缴税款通知书》，通知其从纳税义务人、担保人的存款中扣缴相应税款。

金融机构扣缴税款的，海关应当向纳税义务人、担保人制发《中华人民共和国海关扣缴税款告知书》。

**第十三条**　有本办法第十一条规定情形的，滞纳金按照自规定的纳税期限届满之日起至扣缴税款之日计征，并同时扣缴。

**第十四条**　有本办法第十一条规定情形，海关决定以应税货物、被扣留的价值相当于应纳税款的货物或者其他财产变卖并抵缴税款的，应当向纳税义务人、担保人制发《中华人民共和国海关抵缴税款告知书》。

本条第一款规定情形下，变卖所得不足以抵缴税款的，海关应当继续采取强制措施抵缴税款的差额部分；变卖所得抵缴税款及扣除相关费用后仍有余款的，应当发还纳税义务人、担保人。

**第十五条**　依照本办法第八条、第十四条扣留货物或者其他财产的，海关应当妥善保管被扣留的货物或者其他财产，不得擅自使用或者损毁。

**第十六条**　无法采取税收保全措施、强制措施，或者依照本办法规定采取税收保全措施、强制措施仍无法足额征收税款的，海关应当依法向人民法院申请强制执行，并按照法院要求提交相关材料。

**第十七条**　依照本办法第八条、第十四条扣留货物或者其他财产的，实施扣留的海关工作人员不得少于2人，并且应当出示执法证件。

**第十八条**　纳税义务人、担保人对海关采取税收保全措施、强制措施不服的，可以依法申请行政复议或者提起行政诉讼。

**第十九条**　纳税义务人在规定的纳税期限内已缴纳税款，海关未解除税收保全措施，或者采取税收保全措施、强制措施不当，致使纳税义务人、担保人的合法权益受到损失的，海关应当承担赔偿责任。

**第二十条**　送达本办法所列法律文书，应当由纳税义务人或者其代理人、担保人、保管人等签字或者盖章；纳税义务人或者其代理人、担保人、保管人等拒绝签字、盖章的，海关工作人员应当在有关法律文书上注明，并且由见证人签字或者盖章。

**第二十一条**　海关工作人员未依法采取税收保全措施、强制措施，损害国家利益或者纳税义务人、担保人合法权益，造成严重后果的，依法给予处分。构成犯罪的，依法追究刑事责任。

**第二十二条**　纳税义务人、担保人抗拒、阻碍海关依法采取税收保全措施、强制措施的，移交地方公安机关依法处理。构成犯罪的，依法追究刑事责任。

**第二十三条**　本办法所列法律文书由海关总署另行制定并公布。

**第二十四条**　本办法由海关总署负责解释。

**第二十五条**　本办法自2009年9月1日起施行。

## 中华人民共和国海关保税核查办法

*1. 2008年3月31日海关总署令第173号公布*

*2. 根据2018年5月29日海关总署令第240号《关于修改部分规章的决定》修正*

### 第一章　总　　则

**第一条**　为了规范海关保税核查，加强海关对保税业务的监督管理，根据《中华人民共和国海关法》（以下简称《海关法》）以及其他有关法律、行政法规的规定，制定本办法。

**第二条**　本办法所称的保税核查，是指海关依法对监管期限内的保税加工货物、保税物流货物进行验核查证，检查监督保税加工企业、保税物流企业和海关特殊监管区域、保税监管场所内保税业务经营行为真实性、合法性的行为。

**第三条**　保税核查由海关保税监管部门组织实施。

**第四条**　保税核查应当由两名或者两名以上海关核查人

员共同实施。

海关核查人员实施核查时，应当出示海关核查证。海关核查证由海关总署统一制发。

**第五条**　保税加工企业、保税物流企业以及海关特殊监管区域、保税监管场所经营企业（以下简称被核查人）可以书面向海关提出为其保守商业秘密的要求，并具体列明需要保密的内容。

海关应当按照国家有关规定，妥善保管被核查人提供的涉及商业秘密的资料。

**第六条**　被核查人应当对保税货物和非保税货物统一记账、分别核算。

被核查人应当按照《中华人民共和国会计法》及有关法律、行政法规的规定，设置规范的财务账簿、报表，记录保税企业的财务状况和有关保税货物的进出口、存储、转移、销售、使用和损耗等情况，如实填写有关单证、账册，凭合法、有效的凭证记账和核算。

被核查人应当在保税货物海关监管期限以及其后3年内保存上述资料。

**第七条**　海关可以通过数据核实、单证检查、实物盘点、账物核对等形式对被核查人进行实地核查，也可以根据被核查人提交的有关单证材料进行书面核查。

## 第二章　保税核查范围

### 第一节　保税加工业务核查

**第八条**　海关自保税加工企业向海关申请办理保税加工业务备案手续之日起至海关对保税加工手册核销结案之日止，或者自实施联网监管的保税加工企业电子底账核销周期起始之日起至其电子底账核销周期核销结束之日止，可以对保税加工货物以及相关的保税加工企业开展核查。

**第九条**　海关对保税加工企业开展核查的，应当核查以下内容：

（一）保税加工企业的厂房、仓库和主要生产设备以及法定代表人、主要负责人等企业基本情况与备案资料是否相符；

（二）保税加工企业账册设置是否规范、齐全；

（三）保税加工企业出现分立、合并或者破产等情形的，是否依照规定办理海关手续；

（四）保税加工企业开展深加工结转、外发加工业务的，是否符合海关对深加工结转或者外发加工条件和生产能力的有关规定。

**第十条**　海关对保税加工货物开展核查的，应当核查以下内容是否与实际情况相符：

（一）保税加工企业申报的进口料件和出口成品的商品名称、商品编码、规格型号、价格、原产地、数量等情况；

（二）保税加工企业申报的单耗情况；

（三）保税加工企业申报的内销保税货物的商品名称、商品编码、规格型号、价格、数量等情况；

（四）保税加工企业申报的深加工结转以及外发加工货物的商品名称、商品编码、规格型号、数量等情况；

（五）保税加工企业申请放弃的保税货物的商品名称、商品编码、规格型号、数量等情况；

（六）保税加工企业申报的受灾保税货物的商品名称、商品编码、规格型号、数量、破损程度以及价值认定等情况；

（七）保税加工企业的不作价设备的名称、数量等情况。

### 第二节　保税物流业务核查

**第十一条**　海关自保税物流货物运入海关特殊监管区域、保税监管场所之日起至运出海关特殊监管区域、保税监管场所之日止，可以对保税物流货物以及相关保税物流企业开展核查。

**第十二条**　海关对保税物流企业进行核查的，应当核查以下内容：

（一）保税物流企业的厂房、仓库以及法定代表人、主要负责人等企业基本情况与备案资料是否相符；

（二）保税物流企业账册设置是否规范、齐全；

（三）保税物流企业出现分立、合并或者破产等情形的，是否依照规定办理海关手续。

**第十三条**　海关对保税物流货物开展核查的，应当核查以下内容是否与实际情况相符：

（一）保税物流货物的进出、库存、转移、简单加工、使用等情况；

（二）保税物流货物的出售、转让、抵押、质押、留置、移作他用或者进行其他处置情况；

（三）保税物流企业内销保税货物的商品名称、商品编码、规格型号、价格、数量等情况；

（四）保税物流企业申请放弃的保税货物的商品名称、商品编码、规格型号、数量等情况；

（五）保税物流企业申报的受灾保税货物的商品名称、商品编码、规格型号、数量、破损程度以及价值认定等情况。

### 第三节　海关特殊监管区域、保税监管场所核查

**第十四条**　海关自海关特殊监管区域、保税监管场所验收合格之日起至其经营期限结束之日止，可以对海关特殊监管区域、保税监管场所管理和经营情况开展核查。

**第十五条**　海关对海关特殊监管区域开展核查的，应当核查以下内容是否符合有关规定：

（一）海关特殊监管区域隔离设施、监视监控设施情况；

（二）海关特殊监管区域内人员居住和建立商业性消费设施情况；

（三）海关特殊监管区域管理机构建立计算机公共信息平台情况；

（四）海关特殊监管区域内被核查人应用计算机管理系统情况；

（五）海关特殊监管区域经营企业设置账簿、报表情况。

**第十六条**　海关应当对保税监管场所开展下列核查：

（一）海关保税监管场所是否专库专用；

（二）海关保税监管场所内被核查人是否应用符合海关监管要求的计算机管理系统，并与海关实行计算机联网；

（三）海关保税监管场所经营企业是否设置符合海关监管要求的账簿、报表等。

## 第三章　保税核查程序

### 第一节　核查准备

**第十七条**　海关实施核查前，应当根据保税企业、保税货物进出口以及海关特殊监管区域、保税监管场所经营情况，确定被核查人，编制海关核查工作方案。

**第十八条**　海关实施核查前，应当通知被核查人。

特殊情况下，经海关关长批准，海关可以径行核查。

**第十九条**　被核查人提供具备相关资质和能力的专业机构出具的审计报告，并经海关审核认定的，海关可以对被核查人免于实施保税核查；海关认为必要时，可以委托专业机构作出专业结论。

### 第二节　核查实施

**第二十条**　海关核查人员开展核查可以行使下列职权：

（一）查阅、复制被核查人与保税业务有关的合同、发票、单据、账册、业务函电和其他有关资料（以下简称账簿、单证）；

（二）进入被核查人的生产经营场所、货物存放场所，检查与保税业务有关的生产经营情况和货物；

（三）询问被核查人的法定代表人、主要负责人或者其他有关人员与保税业务有关的情况。

**第二十一条**　被核查人应当接受并配合海关实施保税核查，提供必要的工作条件，如实反映情况，提供海关保税核查需要的有关账簿、单证等，不得拒绝、拖延、隐瞒。

海关查阅、复制被核查人的有关资料或者进入被核查人的生产经营场所、货物存放场所核查时，被核查人的有关负责人或者其指定的代表应当到场，并按照海关的要求清点账簿、打开货物存放场所、搬移货物或者开启货物包装。

被核查人委托其他机构、人员记账的，被委托人应当与被核查人共同配合海关查阅有关会计资料。

**第二十二条**　海关在核查过程中提取的有关资料、数据等，应当交由被核查人签字确认。

**第二十三条**　海关核查结束时，核查人员应当填制《海关保税核查工作记录》并签名。

实地核查的，《海关保税核查工作记录》还应当交由被核查人的有关负责人或者其指定的代表签字或者盖章；拒不签字或者盖章的，海关核查人员应当在《海关保税核查工作记录》上注明。

### 第三节　核查处理

**第二十四条**　核查结束后，海关应当对“海关保税核查工作记录”以及相关材料进行归档或者建立电子档案备查。

**第二十五条**　海关应当在保税核查结束后15个工作日内作出保税核查结论，并告知被核查人。

发现保税核查结论有错误的，海关应当予以纠正。

**第二十六条**　海关实施保税核查，发现被核查人存在不符合海关监管要求的，可以采取以下处理方式，并填制《保税核查处理通知书》书面告知被核查人：

（一）责令补办相关手续；

（二）责令限期改正；

（三）责令按照有关规定提供担保。

**第二十七条**　违反本办法，构成走私行为、违反海关监管规定行为或者其他违反《海关法》行为的，由海关依照《海关法》和《中华人民共和国海关行政处罚实施条例》的有关规定予以处理；构成犯罪的，依法追究刑事责任。

## 第四章　附　　则

**第二十八条**　本办法下列用语的含义：

保税企业，是指经海关备案注册登记，按照保税政策，依法从事保税加工业务、保税物流业务或者经营海关特殊监管区域、保税监管场所的企业。

保税加工业务，是指经海关批准，对以来料加工、进料加工或者其他监管方式进出口的保税货物进行研发、加工、装配、制造以及相关配套服务的生产性经营行为。

保税物流业务，是指经海关批准，将未办理进口纳税手续或者已办结出口手续的货物在境内流转的服务性经营行为。

**第二十九条** 本办法所规定的文书由海关总署另行制定并且发布。

**第三十条** 本办法由海关总署负责解释。

**第三十一条** 本办法自2008年6月1日起施行。

## 中华人民共和国<br>海关进出口货物减免税管理办法

*1. 2020年12月21日海关总署令第245号公布*
*2. 自2021年3月1日起施行*

### 第一章 总 则

**第一条** 为了规范海关进出口货物减免税管理工作，保障行政相对人合法权益，优化营商环境，根据《中华人民共和国海关法》（以下简称《海关法》）、《中华人民共和国进出口关税条例》及有关法律和行政法规的规定，制定本办法。

**第二条** 进出口货物减征或者免征关税、进口环节税（以下简称减免税）事务，除法律、行政法规另有规定外，海关依照本办法实施管理。

**第三条** 进出口货物减免税申请人（以下简称减免税申请人）应当向其主管海关申请办理减免税审核确认、减免税货物税款担保、减免税货物后续管理等相关业务。

减免税申请人向主管海关申请办理减免税相关业务，应当按照规定提交齐全、有效、填报规范的申请材料，并对材料的真实性、准确性、完整性和规范性承担相应的法律责任。

### 第二章 减免税审核确认

**第四条** 减免税申请人按照有关进出口税收优惠政策的规定申请减免税进出口相关货物，应当在货物申报进出口前，取得相关政策规定的享受进出口税收优惠政策资格的证明材料，并凭以下材料向主管海关申请办理减免税审核确认手续：

（一）《进出口货物征免税申请表》；

（二）事业单位法人证书或者国家机关设立文件、社会团体法人登记证书、民办非企业单位法人登记证书、基金会法人登记证书等证明材料；

（三）进出口合同、发票以及相关货物的产品情况资料。

**第五条** 主管海关应当自受理减免税审核确认申请之日起10个工作日内，对减免税申请人主体资格、投资项目和进出口货物相关情况是否符合有关进出口税收优惠政策规定等情况进行审核，并出具进出口货物征税、减税或者免税的确认意见，制发《中华人民共和国海关进出口货物征免税确认通知书》（以下简称《征免税确认通知书》）。

有下列情形之一，主管海关不能在本条第一款规定期限内出具确认意见的，应当向减免税申请人说明理由：

（一）有关进出口税收优惠政策规定不明确或者涉及其他部门管理职责，需要与相关部门进一步协商、核实有关情况的；

（二）需要对货物进行化验、鉴定等，以确定其是否符合有关进出口税收优惠政策规定的。

有本条第二款规定情形的，主管海关应当自情形消除之日起10个工作日内，出具进出口货物征税、减税或者免税的确认意见，并制发《征免税确认通知书》。

**第六条** 减免税申请人需要变更或者撤销已出具的《征免税确认通知书》的，应当在《征免税确认通知书》有效期内向主管海关提出申请，并随附相关材料。

经审核符合规定的，主管海关应当予以变更或者撤销。予以变更的，主管海关应当重新制发《征免税确认通知书》。

**第七条** 《征免税确认通知书》有效期限不超过6个月，减免税申请人应当在有效期内向申报地海关办理有关进出口货物申报手续；不能在有效期内办理，需要延期的，应当在有效期内向主管海关申请办理延期手续。《征免税确认通知书》可以延期一次，延长期限不得超过6个月。

《征免税确认通知书》有效期限届满仍未使用的，其效力终止。减免税申请人需要减免税进出口该《征免税确认通知书》所列货物的，应当重新向主管海关申请办理减免税审核确认手续。

**第八条** 除有关进出口税收优惠政策或者其实施措施另有规定外,进出口货物征税放行后,减免税申请人申请补办减免税审核确认手续的,海关不予受理。

## 第三章 减免税货物税款担保

**第九条** 有下列情形之一的,减免税申请人可以向海关申请办理有关货物凭税款担保先予放行手续:

(一)有关进出口税收优惠政策或者其实施措施明确规定的;

(二)主管海关已经受理减免税审核确认申请,尚未办理完毕的;

(三)有关进出口税收优惠政策已经国务院批准,具体实施措施尚未明确,主管海关能够确认减免税申请人属于享受该政策范围的;

(四)其他经海关总署核准的情形。

**第十条** 减免税申请人需要办理有关货物凭税款担保先予放行手续的,应当在货物申报进出口前向主管海关提出申请,并随附相关材料。

主管海关应当自受理申请之日起5个工作日内出具是否准予办理担保的意见。符合本办法第九条规定情形的,主管海关应当制发《中华人民共和国海关准予办理减免税货物税款担保通知书》(以下简称《准予办理担保通知书》),并通知申报地海关;不符合有关规定情形的,制发《中华人民共和国海关不准予办理减免税货物税款担保通知书》。

**第十一条** 申报地海关凭主管海关制发的《准予办理担保通知书》,以及减免税申请人提供的海关依法认可的财产、权利,按照规定办理减免税货物的税款担保手续。

**第十二条** 《准予办理担保通知书》确定的减免税货物税款担保期限不超过6个月,主管海关可以延期1次,延长期限不得超过6个月。特殊情况仍需要延期的,应当经直属海关审核同意。

减免税货物税款担保期限届满,本办法第九条规定的有关情形仍然延续的,主管海关可以根据有关情形可能延续的时间等情况,相应延长税款担保期限,并向减免税申请人告知有关情况,同时通知申报地海关为减免税申请人办理税款担保延期手续。

**第十三条** 减免税申请人在减免税货物税款担保期限届满前取得《征免税确认通知书》,并已向海关办理征税、减税或者免税相关手续的,申报地海关应当解除税款担保。

## 第四章 减免税货物的管理

**第十四条** 除海关总署另有规定外,进口减免税货物的监管年限为:

(一)船舶、飞机:8年;

(二)机动车辆:6年;

(三)其他货物:3年。

监管年限自货物进口放行之日起计算。

除海关总署另有规定外,在海关监管年限内,减免税申请人应当按照海关规定保管、使用进口减免税货物,并依法接受海关监管。

**第十五条** 在海关监管年限内,减免税申请人应当于每年6月30日(含当日)以前向主管海关提交《减免税货物使用状况报告书》,报告减免税货物使用状况。超过规定期限未提交的,海关按照有关规定将其列入信用信息异常名录。

减免税申请人未按照前款规定报告其减免税货物使用状况,向海关申请办理减免税审核确认、减免税货物税款担保、减免税货物后续管理等相关业务的,海关不予受理。减免税申请人补报后,海关可以受理。

**第十六条** 在海关监管年限内,减免税货物应当在主管海关审核同意的地点使用。除有关进口税收优惠政策实施措施另有规定外,减免税货物需要变更使用地点的,减免税申请人应当向主管海关提出申请,并说明理由;经主管海关审核同意的,可以变更使用地点。

减免税货物需要移出主管海关管辖地使用的,减免税申请人应当向主管海关申请办理异地监管手续,并随附相关材料。经主管海关审核同意并通知转入地海关后,减免税申请人可以将减免税货物运至转入地海关管辖地,并接受转入地海关监管。

减免税货物在异地使用结束后,减免税申请人应当及时向转入地海关申请办结异地监管手续。经转入地海关审核同意并通知主管海关后,减免税申请人应当将减免税货物运回主管海关管辖地。

**第十七条** 在海关监管年限内,减免税申请人发生分立、合并、股东变更、改制等主体变更情形的,权利义务承受人应当自变更登记之日起30日内,向原减免税申请人的主管海关报告主体变更情况以及有关减免税货物的情况。

经原减免税申请人主管海关审核,需要补征税款的,权利义务承受人应当向原减免税申请人主管海关办理补税手续;可以继续享受减免税待遇的,权利义务承受人应当按照规定申请办理减免税货物结转等相关手续。

**第十八条** 在海关监管年限内,因破产、撤销、解散、改制或者其他情形导致减免税申请人终止,有权利义务承受人的,参照本办法第十七条的规定办理有关手续;没有权利义务承受人的,原减免税申请人或者其他依法应当承担关税及进口环节税缴纳义务的当事人,应当自资产清算之日起30日内,向原减免税申请人主管海关申请办理减免税货物的补缴税款手续。进口时免予提交许可证件的减免税货物,按照国家有关规定需要补办许可证件的,减免税申请人在办理补缴税款手续时还应当补交有关许可证件。有关减免税货物自办结上述手续之日起,解除海关监管。

**第十九条** 在海关监管年限内,减免税申请人要求将减免税货物退运出境或者出口的,应当经主管海关审核同意,并办理相关手续。

减免税货物自退运出境或者出口之日起,解除海关监管,海关不再对退运出境或者出口的减免税货物补征相关税款。

**第二十条** 减免税货物海关监管年限届满的,自动解除监管。

对海关监管年限内的减免税货物,减免税申请人要求提前解除监管的,应当向主管海关提出申请,并办理补缴税款手续。进口时免予提交许可证件的减免税货物,按照国家有关规定需要补办许可证件的,减免税申请人在办理补缴税款手续时还应当补交有关许可证件。有关减免税货物自办结上述手续之日起,解除海关监管。

减免税申请人可以自减免税货物解除监管之日起1年内,向主管海关申领《中华人民共和国海关进口减免税货物解除监管证明》。

**第二十一条** 在海关监管年限内及其后3年内,海关依照《海关法》《中华人民共和国海关稽查条例》等有关规定,对有关企业、单位进口和使用减免税货物情况实施稽查。

## 第五章 减免税货物的抵押、转让、移作他用

**第二十二条** 在减免税货物的海关监管年限内,经主管海关审核同意,并办理有关手续,减免税申请人可以将减免税货物抵押、转让、移作他用或者进行其他处置。

**第二十三条** 在海关监管年限内,进口时免予提交许可证件的减免税货物,减免税申请人向主管海关申请办理抵押、转让、移作他用或者其他处置手续时,按照国家有关规定需要补办许可证件的,应当补办相关手续。

**第二十四条** 在海关监管年限内,减免税申请人要求以减免税货物向银行或者非银行金融机构办理贷款抵押的,应当向主管海关提出申请,随附相关材料,并以海关依法认可的财产、权利提供税款担保。

主管海关应当对减免税申请人提交的申请材料是否齐全、有效,填报是否规范等进行审核,必要时可以实地了解减免税申请人经营状况、减免税货物使用状况等相关情况。经审核符合规定的,主管海关应当制发《中华人民共和国海关准予办理减免税货物贷款抵押通知书》;不符合规定的,应当制发《中华人民共和国海关不准予办理减免税货物贷款抵押通知书》。

减免税申请人不得以减免税货物向银行或者非银行金融机构以外的自然人、法人或者非法人组织办理贷款抵押。

**第二十五条** 主管海关同意以减免税货物办理贷款抵押的,减免税申请人应当自签订抵押合同、贷款合同之日起30日内,将抵押合同、贷款合同提交主管海关备案。

抵押合同、贷款合同的签订日期不是同一日的,按照后签订的日期计算前款规定的备案时限。

**第二十六条** 减免税货物贷款抵押需要延期的,减免税申请人应当在贷款抵押期限届满前,向主管海关申请办理贷款抵押的延期手续。

经审核符合规定的,主管海关应当制发《中华人民共和国海关准予办理减免税货物贷款抵押延期通知书》;不符合规定的,应当制发《中华人民共和国海关不准予办理减免税货物贷款抵押延期通知书》。

**第二十七条** 在海关监管年限内,减免税申请人需要将减免税货物转让给进口同一货物享受同等减免税优惠待遇的其他单位的,应当按照下列规定办理减免税货物结转手续:

(一)减免税货物的转出申请人向转出地主管海关提出申请,并随附相关材料。转出地主管海关审核同意后,通知转入地主管海关。

(二)减免税货物的转入申请人向转入地主管海关申请办理减免税审核确认手续。转入地主管海关审核同意后,制发《征免税确认通知书》。

(三)结转减免税货物的监管年限应当连续计算,转入地主管海关在剩余监管年限内对结转减免税货物继续实施后续监管。

转入地海关和转出地海关为同一海关的,参照本条第一款规定办理。

**第二十八条** 在海关监管年限内,减免税申请人需要将减免税货物转让给不享受进口税收优惠政策或者进口同一货物不享受同等减免税优惠待遇的其他单位

的,应当事先向主管海关申请办理减免税货物补缴税款手续。进口时免予提交许可证件的减免税货物,按照国家有关规定需要补办许可证件的,减免税申请人在办理补缴税款手续时还应当补交有关许可证件。有关减免税货物自办结上述手续之日起,解除海关监管。

**第二十九条**　减免税货物因转让、提前解除监管以及减免税申请人发生主体变更、依法终止情形或者其他原因需要补征税款的,补税的完税价格以货物原进口时的完税价格为基础,按照减免税货物已进口时间与监管年限的比例进行折旧,其计算公式如下:

补税的完税价格＝减免税货物原进口时的完税价格×减免税货物已进口时间自货物放行之日起按月计算。不足1个月但超过15日的,按1个月计算;不超过15日的,不予计算。

**第三十条**　按照本办法第二十九条规定计算减免税货物补税的完税价格的,应当按以下情形确定货物已进口时间的截止日期:

(一)转让减免税货物的,应当以主管海关接受减免税申请人申请办理补税手续之日作为截止之日;

(二)减免税申请人未经海关批准,擅自转让减免税货物的,应当以货物实际转让之日作为截止之日;实际转让之日不能确定的,应当以海关发现之日作为截止之日;

(三)在海关监管年限内,减免税申请人发生主体变更情形的,应当以变更登记之日作为截止之日;

(四)在海关监管年限内,减免税申请人发生破产、撤销、解散或者其他依法终止经营情形的,应当以人民法院宣告减免税申请人破产之日或者减免税申请人被依法认定终止生产经营活动之日作为截止之日;

(五)减免税货物提前解除监管的,应当以主管海关接受减免税申请人申请办理补缴税款手续之日作为截止之日。

**第三十一条**　在海关监管年限内,减免税申请人需要将减免税货物移作他用的,应当事先向主管海关提出申请。经主管海关审核同意,减免税申请人可以按照海关批准的使用单位、用途、地区将减免税货物移作他用。

本条第一款所称移作他用包括以下情形:

(一)将减免税货物交给减免税申请人以外的其他单位使用;

(二)未按照原定用途使用减免税货物;

(三)未按照原定地区使用减免税货物。

除海关总署另有规定外,按照本条第一款规定将减免税货物移作他用的,减免税申请人应当事先按照移作他用的时间补缴相应税款;移作他用时间不能确定的,应当提供税款担保,税款担保金额不得超过减免税货物剩余监管年限可能需要补缴的最高税款总额。

**第三十二条**　减免税申请人将减免税货物移作他用,需要补缴税款的,补税的完税价格以货物原进口时的完税价格为基础,按照需要补缴税款的时间与监管年限的比例进行折旧,其计算公式如下:

补税的完税价格＝减免税货物原进口时的完税价格×上述计算公式中需要补缴税款的时间为减免税货物移作他用的实际时间,按日计算,每日实际使用不满8小时或者超过8小时的均按1日计算。

**第三十三条**　海关在办理减免税货物贷款抵押、结转、移作他用、异地监管、主体变更、退运出境或者出口、提前解除监管等后续管理业务时,应当自受理减免税申请人的申请之日起10个工作日内作出是否同意的决定。

因特殊情形不能在前款规定期限内作出决定的,海关应当向申请人说明理由,并自特殊情形消除之日起10个工作日内作出是否同意的决定。

## 第六章　附　　则

**第三十四条**　在海关监管年限内,减免税申请人发生分立、合并、股东变更、改制等主体变更情形的,或者因破产、撤销、解散、改制或者其他情形导致其终止的,当事人未按照有关规定,向原减免税申请人的主管海关报告主体变更或者终止情形以及有关减免税货物的情况的,海关予以警告,责令其改正,可以处1万元以下罚款。

**第三十五条**　本办法下列用语的含义:

进出口货物减免税申请人,是指根据有关进出口税收优惠政策和相关法律、行政法规的规定,可以享受进出口税收优惠,并依照本办法向海关申请办理减免税相关业务的具有独立法人资格的企事业单位、社会团体、民办非企业单位、基金会、国家机关;具体实施投资项目,获得投资项目单位授权并经按照本条规定确定为主管海关的投资项目所在地海关同意,可以向其申请办理减免税相关业务的投资项目单位所属非法人分支机构;经海关总署确认的其他组织。

减免税申请人的主管海关,减免税申请人为企业法人的,主管海关是指其办理企业法人登记注册地的海关;减免税申请人为事业单位、社会团体、民办非企业单位、基金会、国家机关等非企业法人组织的,主管海关是指其住所地海关;减免税申请人为投资项目单位所属非法人分支机构的,主管海关是指其办理营业登记地的海关。下列特殊情况除外:

(一)投资项目所在地海关与减免税申请人办理企业法人登记注册地海关或者办理营业登记地海关不是同一海关的,投资项目所在地海关为主管海关;投资项目所在地涉及多个海关的,有关海关的共同上级海关或者共同上级海关指定的海关为主管海关;

(二)有关进出口税收优惠政策实施措施明确规定的情形;

(三)海关总署批准的其他情形。

**第三十六条** 本办法所列文书格式由海关总署另行制定并公告。

**第三十七条** 本办法由海关总署负责解释。

**第三十八条** 本办法自2021年3月1日起施行。2008年12月29日海关总署公布的《中华人民共和国海关进出口货物减免税管理办法》(海关总署令第179号)同时废止。

## (3)所得税

### ①企业所得税

# 中华人民共和国企业所得税法

*1. 2007年3月16日第十届全国人民代表大会第五次会议通过*

*2. 根据2017年2月24日第十二届全国人民代表大会常务委员会第二十六次会议《关于修改〈中华人民共和国企业所得税法〉的决定》第一次修正*

*3. 根据2018年12月29日第十三届全国人民代表大会常务委员会第七次会议《关于修改〈中华人民共和国电力法〉等四部法律的决定》第二次修正*

目　　录



## 第一章　总　　则

**第一条　【纳税对象】**在中华人民共和国境内,企业和其他取得收入的组织(以下统称企业)为企业所得税的纳税人,依照本法的规定缴纳企业所得税。

个人独资企业、合伙企业不适用本法。

**第二条　【企业的分类及其定义】**企业分为居民企业和非居民企业。

本法所称居民企业,是指依法在中国境内成立,或者依照外国(地区)法律成立但实际管理机构在中国境内的企业。

本法所称非居民企业,是指依照外国(地区)法律成立且实际管理机构不在中国境内,但在中国境内设立机构、场所的,或者在中国境内未设立机构、场所,但有来源于中国境内所得的企业。

**第三条　【缴纳范围】**居民企业应当就其来源于中国境内、境外的所得缴纳企业所得税。

非居民企业在中国境内设立机构、场所的,应当就其所设机构、场所取得的来源于中国境内的所得,以及发生在中国境外但与其所设机构、场所有实际联系的所得,缴纳企业所得税。

非居民企业在中国境内未设立机构、场所的,或者虽设立机构、场所但取得的所得与其所设机构、场所没有实际联系的,应当就其来源于中国境内的所得缴纳企业所得税。

**第四条　【税率】**企业所得税的税率为25%。

非居民企业取得本法第三条第三款规定的所得,适用税率为20%。

## 第二章　应纳税所得额

**第五条　【应纳税所得额】**企业每一纳税年度的收入总额,减除不征税收入、免税收入、各项扣除以及允许弥补的以前年度亏损后的余额,为应纳税所得额。

**第六条　【收入总额】**企业以货币形式和非货币形式从各种来源取得的收入,为收入总额。包括:

(一)销售货物收入;

(二)提供劳务收入;

(三)转让财产收入;

(四)股息、红利等权益性投资收益;

(五)利息收入;

(六)租金收入;

（七）特许权使用费收入；
（八）接受捐赠收入；
（九）其他收入。

**第七条　【不征税收入】**收入总额中的下列收入为不征税收入：
（一）财政拨款；
（二）依法收取并纳入财政管理的行政事业性收费、政府性基金；
（三）国务院规定的其他不征税收入。

**第八条　【企业合理支出的扣除标准】**企业实际发生的与取得收入有关的、合理的支出，包括成本、费用、税金、损失和其他支出，准予在计算应纳税所得额时扣除。

**第九条　【企业公益性捐赠支出扣除的标准】**企业发生的公益性捐赠支出，在年度利润总额12%以内的部分，准予在计算应纳税所得额时扣除；超过年度利润总额12%的部分，准予结转以后三年内在计算应纳税所得额时扣除。

**第十条　【不得扣除的支出范围】**在计算应纳税所得额时，下列支出不得扣除：
（一）向投资者支付的股息、红利等权益性投资收益款项；
（二）企业所得税税款；
（三）税收滞纳金；
（四）罚金、罚款和被没收财物的损失；
（五）本法第九条规定以外的捐赠支出；
（六）赞助支出；
（七）未经核定的准备金支出；
（八）与取得收入无关的其他支出。

**第十一条　【固定资产折旧扣除规范】**在计算应纳税所得额时，企业按照规定计算的固定资产折旧，准予扣除。
下列固定资产不得计算折旧扣除：
（一）房屋、建筑物以外未投入使用的固定资产；
（二）以经营租赁方式租入的固定资产；
（三）以融资租赁方式租出的固定资产；
（四）已足额提取折旧仍继续使用的固定资产；
（五）与经营活动无关的固定资产；
（六）单独估价作为固定资产入账的土地；
（七）其他不得计算折旧扣除的固定资产。

**第十二条　【无形资产摊销费用的扣除规范】**在计算应纳税所得额时，企业按照规定计算的无形资产摊销费用，准予扣除。
下列无形资产不得计算摊销费用扣除：
（一）自行开发的支出已在计算应纳税所得额时扣除的无形资产；
（二）自创商誉；
（三）与经营活动无关的无形资产；
（四）其他不得计算摊销费用扣除的无形资产。

**第十三条　【长期待摊费用的扣除规范】**在计算应纳税所得额时，企业发生的下列支出作为长期待摊费用，按照规定摊销的，准予扣除：
（一）已足额提取折旧的固定资产的改建支出；
（二）租入固定资产的改建支出；
（三）固定资产的大修理支出；
（四）其他应当作为长期待摊费用的支出。

**第十四条　【投资资产成本扣除规范】**企业对外投资期间，投资资产的成本在计算应纳税所得额时不得扣除。

**第十五条　【存货扣除规范】**企业使用或者销售存货，按照规定计算的存货成本，准予在计算应纳税所得额时扣除。

**第十六条　【转让资产的净值扣除规范】**企业转让资产，该项资产的净值，准予在计算应纳税所得额时扣除。

**第十七条　【境外亏损不得抵减境内盈利】**企业在汇总计算缴纳企业所得税时，其境外营业机构的亏损不得抵减境内营业机构的盈利。

**第十八条　【结转年限】**企业纳税年度发生的亏损，准予向以后年度结转，用以后年度的所得弥补，但结转年限最长不得超过五年。

**第十九条　【非居民企业应纳税所得额计算方法】**非居民企业取得本法第三条第三款规定的所得，按照下列方法计算其应纳税所得额：
（一）股息、红利等权益性投资收益和利息、租金、特许权使用费所得，以收入全额为应纳税所得额；
（二）转让财产所得，以收入全额减除财产净值后的余额为应纳税所得额；
（三）其他所得，参照前两项规定的方法计算应纳税所得额。

**第二十条　【立法委任】**本章规定的收入、扣除的具体范围、标准和资产的税务处理的具体办法，由国务院财政、税务主管部门规定。

**第二十一条　【计算规定的适用】**在计算应纳税所得额时，企业财务、会计处理办法与税收法律、行政法规的规定不一致的，应当依照税收法律、行政法规的规定计算。

## 第三章　应 纳 税 额

**第二十二条　【应纳税额】**企业的应纳税所得额乘以适用税率，减除依照本法关于税收优惠的规定减免和抵免的税额后的余额，为应纳税额。

**第二十三条　【应纳税额的抵免、抵补】**企业取得的下列所得已在境外缴纳的所得税税额，可以从其当期应纳税额中抵免，抵免限额为该项所得依照本法规定计算的应纳税额；超过抵免限额的部分，可以在以后五个年度内，用每年度抵免限额抵免当年应抵税额后的余额进行抵补：

（一）居民企业来源于中国境外的应税所得；

（二）非居民企业在中国境内设立机构、场所，取得发生在中国境外但与该机构、场所有实际联系的应税所得。

**第二十四条　【境外税额的抵免】**居民企业从其直接或者间接控制的外国企业分得的来源于中国境外的股息、红利等权益性投资收益，外国企业在境外实际缴纳的所得税税额中属于该项所得负担的部分，可以作为该居民企业的可抵免境外所得税税额，在本法第二十三条规定的抵免限额内抵免。

## 第四章　税 收 优 惠

**第二十五条　【税收优惠】**国家对重点扶持和鼓励发展的产业和项目，给予企业所得税优惠。

**第二十六条　【免税收入】**企业的下列收入为免税收入：

（一）国债利息收入；

（二）符合条件的居民企业之间的股息、红利等权益性投资收益；

（三）在中国境内设立机构、场所的非居民企业从居民企业取得与该机构、场所有实际联系的股息、红利等权益性投资收益；

（四）符合条件的非营利组织的收入。

**第二十七条　【企业所得税的免减征范围】**企业的下列所得，可以免征、减征企业所得税：

（一）从事农、林、牧、渔业项目的所得；

（二）从事国家重点扶持的公共基础设施项目投资经营的所得；

（三）从事符合条件的环境保护、节能节水项目的所得；

（四）符合条件的技术转让所得；

（五）本法第三条第三款规定的所得。

**第二十八条　【小型微利企业税收优惠】**符合条件的小型微利企业，减按20%的税率征收企业所得税。

国家需要重点扶持的高新技术企业，减按15%的税率征收企业所得税。

**第二十九条　【自治地方减免税的规定】**民族自治地方的自治机关对本民族自治地方的企业应缴纳的企业所得税中属于地方分享的部分，可以决定减征或者免征。自治州、自治县决定减征或者免征的，须报省、自治区、直辖市人民政府批准。

**第三十条　【对新产品开发费用及福利企业的税收优惠】**企业的下列支出，可以在计算应纳税所得额时加计扣除：

（一）开发新技术、新产品、新工艺发生的研究开发费用；

（二）安置残疾人员及国家鼓励安置的其他就业人员所支付的工资。

**第三十一条　【创业投资企业税收优惠】**创业投资企业从事国家需要重点扶持和鼓励的创业投资，可以按投资额的一定比例抵扣应纳税所得额。

**第三十二条　【加速折旧】**企业的固定资产由于技术进步等原因，确需加速折旧的，可以缩短折旧年限或者采取加速折旧的方法。

**第三十三条　【资源综合利用企业的税收优惠】**企业综合利用资源，生产符合国家产业政策规定的产品所取得的收入，可以在计算应纳税所得额时减计收入。

**第三十四条　【企业投资环保等方面的税收优惠】**企业购置用于环境保护、节能节水、安全生产等专用设备的投资额，可以按一定比例实行税额抵免。

**第三十五条　【税收优惠办法的制定】**本法规定的税收优惠的具体办法，由国务院规定。

**第三十六条　【专项优惠政策】**根据国民经济和社会发展的需要，或者由于突发事件等原因对企业经营活动产生重大影响的，国务院可以制定企业所得税专项优惠政策，报全国人民代表大会常务委员会备案。

## 第五章　源 泉 扣 缴

**第三十七条　【源泉扣缴】**对非居民企业取得本法第三条第三款规定的所得应缴纳的所得税，实行源泉扣缴，以支付人为扣缴义务人。税款由扣缴义务人在每次支付或者到期应支付时，从支付或者到期应支付的款项中扣缴。

**第三十八条　【扣缴义务人】**对非居民企业在中国境内取得工程作业和劳务所得应缴纳的所得税，税务机关可以指定工程价款或者劳务费的支付人为扣缴义务人。

**第三十九条　【税款追缴】**依照本法第三十七条、第三十八条规定应当扣缴的所得税,扣缴义务人未依法扣缴或者无法履行扣缴义务的,由纳税人在所得发生地缴纳。纳税人未依法缴纳的,税务机关可以从该纳税人在中国境内其他收入项目的支付人应付的款项中,追缴该纳税人的应纳税款。

**第四十条 【代扣的期限】**扣缴义务人每次代扣的税款,应当自代扣之日起七日内缴入国库,并向所在地的税务机关报送扣缴企业所得税报告表。

## 第六章 特别纳税调整

**第四十一条 【特别纳税调整】**企业与其关联方之间的业务往来,不符合独立交易原则而减少企业或者其关联方应纳税收入或者所得额的,税务机关有权按照合理方法调整。

企业与其关联方共同开发、受让无形资产,或者共同提供、接受劳务发生的成本,在计算应纳税所得额时应当按照独立交易原则进行分摊。

**第四十二条 【预约定价安排】**企业可以向税务机关提出与其关联方之间业务往来的定价原则和计算方法,税务机关与企业协商、确认后,达成预约定价安排。

**第四十三条 【报送纳税申报表应提供相关资料】**企业向税务机关报送年度企业所得税纳税申报表时,应当就其与关联方之间的业务往来,附送年度关联业务往来报告表。

税务机关在进行关联业务调查时,企业及其关联方,以及与关联业务调查有关的其他企业,应当按照规定提供相关资料。

**第四十四条 【税务机关核定权】**企业不提供与其关联方之间业务往来资料,或者提供虚假、不完整资料,未能真实反映其关联业务往来情况的,税务机关有权依法核定其应纳税所得额。

**第四十五条 【居民企业利润计入】**由居民企业,或者由居民企业和中国居民控制的设立在实际税负明显低于本法第四条第一款规定税率水平的国家(地区)的企业,并非由于合理的经营需要而对利润不作分配或者减少分配的,上述利润中应归属于该居民企业的部分,应当计入该居民企业的当期收入。

**第四十六条 【投资支出扣除规范】**企业从其关联方接受的债权性投资与权益性投资的比例超过规定标准而发生的利息支出,不得在计算应纳税所得额时扣除。

**第四十七条 【税务机关的调整权利】**企业实施其他不具有合理商业目的的安排而减少其应纳税收入或者所得额的,税务机关有权按照合理方法调整。

**第四十八条 【补征税款加收利息】**税务机关依照本章规定作出纳税调整,需要补征税款的,应当补征税款,并按照国务院规定加收利息。

## 第七章 征收管理

**第四十九条 【其他法律规定】**企业所得税的征收管理除本法规定外,依照《中华人民共和国税收征收管理法》的规定执行。

**第五十条 【居民企业纳税地点】**除税收法律、行政法规另有规定外,居民企业以企业登记注册地为纳税地点;但登记注册地在境外的,以实际管理机构所在地为纳税地点。

居民企业在中国境内设立不具有法人资格的营业机构的,应当汇总计算并缴纳企业所得税。

**第五十一条 【非居民企业纳税地点】**非居民企业取得本法第三条第二款规定的所得,以机构、场所所在地为纳税地点。非居民企业在中国境内设立两个或者两个以上机构、场所,符合国务院税务主管部门规定条件的,可以选择由其主要机构、场所汇总缴纳企业所得税。

非居民企业取得本法第三条第三款规定的所得,以扣缴义务人所在地为纳税地点。

**第五十二条 【禁止合并缴纳企业所得税】**除国务院另有规定外,企业之间不得合并缴纳企业所得税。

**第五十三条 【纳税年度计算】**企业所得税按纳税年度计算。纳税年度自公历1月1日起至12月31日止。

企业在一个纳税年度中间开业,或者终止经营活动,使该纳税年度的实际经营期不足十二个月的,应当以其实际经营期为一个纳税年度。

企业依法清算时,应当以清算期间作为一个纳税年度。

**第五十四条 【预缴和清缴】**企业所得税分月或者分季预缴。

企业应当自月份或者季度终了之日起十五日内,向税务机关报送预缴企业所得税纳税申报表,预缴税款。

企业应当自年度终了之日起五个月内,向税务机关报送年度企业所得税纳税申报表,并汇算清缴,结清应缴应退税款。

企业在报送企业所得税纳税申报表时,应当按照规定附送财务会计报告和其他有关资料。

**第五十五条 【清缴日期】**企业在年度中间终止经营活动的,应当自实际经营终止之日起六十日内,向税务机关办理当期企业所得税汇算清缴。

企业应当在办理注销登记前，就其清算所得向税务机关申报并依法缴纳企业所得税。

**第五十六条** 【**计算依据**】依照本法缴纳的企业所得税，以人民币计算。所得以人民币以外的货币计算的，应当折合成人民币计算并缴纳税款。

## 第八章 附 则

**第五十七条** 【**优惠政策**】本法公布前已经批准设立的企业，依照当时的税收法律、行政法规规定，享受低税率优惠的，按照国务院规定，可以在本法施行后五年内，逐步过渡到本法规定的税率；享受定期减免税优惠的，按照国务院规定，可以在本法施行后继续享受到期满为止，但因未获利而尚未享受优惠的，优惠期限从本法施行年度起计算。

法律设置的发展对外经济合作和技术交流的特定地区内，以及国务院已规定执行上述地区特殊政策的地区内新设立的国家需要重点扶持的高新技术企业，可以享受过渡性税收优惠，具体办法由国务院规定。

国家已确定的其他鼓励类企业，可以按照国务院规定享受减免税优惠。

**第五十八条** 【**税收协定**】中华人民共和国政府同外国政府订立的有关税收的协定与本法有不同规定的，依照协定的规定办理。

**第五十九条** 【**立法委任**】国务院根据本法制定实施条例。

**第六十条** 【**施行日期与旧法废止**】本法自2008年1月1日起施行。1991年4月9日第七届全国人民代表大会第四次会议通过的《中华人民共和国外商投资企业和外国企业所得税法》和1993年12月13日国务院发布的《中华人民共和国企业所得税暂行条例》同时废止。

# 中华人民共和国<br>企业所得税法实施条例

*1. 2007年12月6日国务院令第215号公布*

*2. 根据2019年4月23日国务院令第714号《关于修改部分行政法规的决定》修订*

## 第一章 总 则

**第一条** 根据《中华人民共和国企业所得税法》（以下简称企业所得税法）的规定，制定本条例。

**第二条** 企业所得税法第一条所称个人独资企业、合伙企业，是指依照中国法律、行政法规成立的个人独资企业、合伙企业。

**第三条** 企业所得税法第二条所称依法在中国境内成立的企业，包括依照中国法律、行政法规在中国境内成立的企业、事业单位、社会团体以及其他取得收入的组织。

企业所得税法第二条所称依照外国（地区）法律成立的企业，包括依照外国（地区）法律成立的企业和其他取得收入的组织。

**第四条** 企业所得税法第二条所称实际管理机构，是指对企业的生产经营、人员、账务、财产等实施实质性全面管理和控制的机构。

**第五条** 企业所得税法第二条第三款所称机构、场所，是指在中国境内从事生产经营活动的机构、场所，包括：

（一）管理机构、营业机构、办事机构；

（二）工厂、农场、开采自然资源的场所；

（三）提供劳务的场所；

（四）从事建筑、安装、装配、修理、勘探等工程作业的场所；

（五）其他从事生产经营活动的机构、场所。

非居民企业委托营业代理人在中国境内从事生产经营活动的，包括委托单位或者个人经常代其签订合同，或者储存、交付货物等，该营业代理人视为非居民企业在中国境内设立的机构、场所。

**第六条** 企业所得税法第三条所称所得，包括销售货物所得、提供劳务所得、转让财产所得、股息红利等权益性投资所得、利息所得、租金所得、特许权使用费所得、接受捐赠所得和其他所得。

**第七条** 企业所得税法第三条所称来源于中国境内、境外的所得，按照以下原则确定：

（一）销售货物所得，按照交易活动发生地确定；

（二）提供劳务所得，按照劳务发生地确定；

（三）转让财产所得，不动产转让所得按照不动产所在地确定，动产转让所得按照转让动产的企业或者机构、场所所在地确定，权益性投资资产转让所得按照被投资企业所在地确定；

（四）股息、红利等权益性投资所得，按照分配所得的企业所在地确定；

（五）利息所得、租金所得、特许权使用费所得，按照负担、支付所得的企业或者机构、场所所在地确定，或者按照负担、支付所得的个人的住所地确定；

（六）其他所得，由国务院财政、税务主管部门确定。

**第八条**　企业所得税法第三条所称实际联系，是指非居民企业在中国境内设立的机构、场所拥有据以取得所得的股权、债权，以及拥有、管理、控制据以取得所得的财产等。

## 第二章　应纳税所得额

### 第一节　一般规定

**第九条**　企业应纳税所得额的计算，以权责发生制为原则，属于当期的收入和费用，不论款项是否收付，均作为当期的收入和费用；不属于当期的收入和费用，即使款项已经在当期收付，均不作为当期的收入和费用。本条例和国务院财政、税务主管部门另有规定的除外。

**第十条**　企业所得税法第五条所称亏损，是指企业依照企业所得税法和本条例的规定将每一纳税年度的收入总额减除不征税收入、免税收入和各项扣除后小于零的数额。

**第十一条**　企业所得税法第五十五条所称清算所得，是指企业的全部资产可变现价值或者交易价格减除资产净值、清算费用以及相关税费等后的余额。

投资方企业从被清算企业分得的剩余资产，其中相当于从被清算企业累计未分配利润和累计盈余公积中应当分得的部分，应当确认为股息所得；剩余资产减除上述股息所得后的余额，超过或者低于投资成本的部分，应当确认为投资资产转让所得或者损失。

### 第二节　收　　入

**第十二条**　企业所得税法第六条所称企业取得收入的货币形式，包括现金、存款、应收账款、应收票据、准备持有至到期的债券投资以及债务的豁免等。

企业所得税法第六条所称企业取得收入的非货币形式，包括固定资产、生物资产、无形资产、股权投资、存货、不准备持有至到期的债券投资、劳务以及有关权益等。

**第十三条**　企业所得税法第六条所称企业以非货币形式取得的收入，应当按照公允价值确定收入额。

前款所称公允价值，是指按照市场价格确定的价值。

**第十四条**　企业所得税法第六条第（一）项所称销售货物收入，是指企业销售商品、产品、原材料、包装物、低值易耗品以及其他存货取得的收入。

**第十五条**　企业所得税法第六条第（二）项所称提供劳务收入，是指企业从事建筑安装、修理修配、交通运输、仓储租赁、金融保险、邮电通信、咨询经纪、文化体育、科学研究、技术服务、教育培训、餐饮住宿、中介代理、卫生保健、社区服务、旅游、娱乐、加工以及其他劳务服务活动取得的收入。

**第十六条**　企业所得税法第六条第（三）项所称转让财产收入，是指企业转让固定资产、生物资产、无形资产、股权、债权等财产取得的收入。

**第十七条**　企业所得税法第六条第（四）项所称股息、红利等权益性投资收益，是指企业因权益性投资从被投资方取得的收入。

股息、红利等权益性投资收益，除国务院财政、税务主管部门另有规定外，按照被投资方作出利润分配决定的日期确认收入的实现。

**第十八条**　企业所得税法第六条第（五）项所称利息收入，是指企业将资金提供他人使用但不构成权益性投资，或者因他人占用本企业资金取得的收入，包括存款利息、贷款利息、债券利息、欠款利息等收入。

利息收入，按照合同约定的债务人应付利息的日期确认收入的实现。

**第十九条**　企业所得税法第六条第（六）项所称租金收入，是指企业提供固定资产、包装物或者其他有形资产的使用权取得的收入。

租金收入，按照合同约定的承租人应付租金的日期确认收入的实现。

**第二十条**　企业所得税法第六条第（七）项所称特许权使用费收入，是指企业提供专利权、非专利技术、商标权、著作权以及其他特许权的使用权取得的收入。

特许权使用费收入，按照合同约定的特许权使用人应付特许权使用费的日期确认收入的实现。

**第二十一条**　企业所得税法第六条第（八）项所称接受捐赠收入，是指企业接受的来自其他企业、组织或者个人无偿给予的货币性资产、非货币性资产。

接受捐赠收入，按照实际收到捐赠资产的日期确认收入的实现。

**第二十二条**　企业所得税法第六条第（九）项所称其他收入，是指企业取得的除企业所得税法第六条第（一）项至第（八）项规定的收入外的其他收入，包括企业资产溢余收入、逾期未退包装物押金收入、确实无法偿付的应付款项、已作坏账损失处理后又收回的应收款项、债务重组收入、补贴收入、违约金收入、汇兑收益等。

**第二十三条**　企业的下列生产经营业务可以分期确认收入的实现：

（一）以分期收款方式销售货物的，按照合同约定的收款日期确认收入的实现；

（二）企业受托加工制造大型机械设备、船舶、飞机，以及从事建筑、安装、装配工程业务或者提供其他劳务等，持续时间超过12个月的，按照纳税年度内完工进度或者完成的工作量确认收入的实现。

**第二十四条**　采取产品分成方式取得收入的，按照企业分得产品的日期确认收入的实现，其收入额按照产品的公允价值确定。

**第二十五条**　企业发生非货币性资产交换，以及将货物、财产、劳务用于捐赠、偿债、赞助、集资、广告、样品、职工福利或者利润分配等用途的，应当视同销售货物、转让财产或者提供劳务，但国务院财政、税务主管部门另有规定的除外。

**第二十六条**　企业所得税法第七条第（一）项所称财政拨款，是指各级人民政府对纳入预算管理的事业单位、社会团体等组织拨付的财政资金，但国务院和国务院财政、税务主管部门另有规定的除外。

企业所得税法第七条第（二）项所称行政事业性收费，是指依照法律法规等有关规定，按照国务院规定程序批准，在实施社会公共管理，以及在向公民、法人或者其他组织提供特定公共服务过程中，向特定对象收取并纳入财政管理的费用。

企业所得税法第七条第（二）项所称政府性基金，是指企业依照法律、行政法规等有关规定，代政府收取的具有专项用途的财政资金。

企业所得税法第七条第（三）项所称国务院规定的其他不征税收入，是指企业取得的，由国务院财政、税务主管部门规定专项用途并经国务院批准的财政性资金。

### 第三节　扣　　除

**第二十七条**　企业所得税法第八条所称有关的支出，是指与取得收入直接相关的支出。

企业所得税法第八条所称合理的支出，是指符合生产经营活动常规，应当计入当期损益或者有关资产成本的必要和正常的支出。

**第二十八条**　企业发生的支出应当区分收益性支出和资本性支出。收益性支出在发生当期直接扣除；资本性支出应当分期扣除或者计入有关资产成本，不得在发生当期直接扣除。

企业的不征税收入用于支出所形成的费用或者财产，不得扣除或者计算对应的折旧、摊销扣除。

除企业所得税法和本条例另有规定外，企业实际发生的成本、费用、税金、损失和其他支出，不得重复扣除。

**第二十九条**　企业所得税法第八条所称成本，是指企业在生产经营活动中发生的销售成本、销货成本、业务支出以及其他耗费。

**第三十条**　企业所得税法第八条所称费用，是指企业在生产经营活动中发生的销售费用、管理费用和财务费用，已经计入成本的有关费用除外。

**第三十一条**　企业所得税法第八条所称税金，是指企业发生的除企业所得税和允许抵扣的增值税以外的各项税金及其附加。

**第三十二条**　企业所得税法第八条所称损失，是指企业在生产经营活动中发生的固定资产和存货的盘亏、毁损、报废损失，转让财产损失，呆账损失，坏账损失，自然灾害等不可抗力因素造成的损失以及其他损失。

企业发生的损失，减除责任人赔偿和保险赔款后的余额，依照国务院财政、税务主管部门的规定扣除。

企业已经作为损失处理的资产，在以后纳税年度又全部收回或者部分收回时，应当计入当期收入。

**第三十三条**　企业所得税法第八条所称其他支出，是指除成本、费用、税金、损失外，企业在生产经营活动中发生的与生产经营活动有关的、合理的支出。

**第三十四条**　企业发生的合理的工资薪金支出，准予扣除。

前款所称工资薪金，是指企业每一纳税年度支付给在本企业任职或者受雇的员工的所有现金形式或者非现金形式的劳动报酬，包括基本工资、奖金、津贴、补贴、年终加薪、加班工资，以及与员工任职或者受雇有关的其他支出。

**第三十五条**　企业依照国务院有关主管部门或者省级人民政府规定的范围和标准为职工缴纳的基本养老保险费、基本医疗保险费、失业保险费、工伤保险费、生育保险费等基本社会保险费和住房公积金，准予扣除。

企业为投资者或者职工支付的补充养老保险费、补充医疗保险费，在国务院财政、税务主管部门规定的范围和标准内，准予扣除。

**第三十六条**　除企业依照国家有关规定为特殊工种职工支付的人身安全保险费和国务院财政、税务主管部门规定可以扣除的其他商业保险费外，企业为投资者或者职工支付的商业保险费，不得扣除。

**第三十七条**　企业在生产经营活动中发生的合理的不需

要资本化的借款费用,准予扣除。

企业为购置、建造固定资产、无形资产和经过12个月以上的建造才能达到预定可销售状态的存货发生借款的,在有关资产购置、建造期间发生的合理的借款费用,应当作为资本性支出计入有关资产的成本,并依照本条例的规定扣除。

**第三十八条** 企业在生产经营活动中发生的下列利息支出,准予扣除:

(一)非金融企业向金融企业借款的利息支出、金融企业的各项存款利息支出和同业拆借利息支出、企业经批准发行债券的利息支出;

(二)非金融企业向非金融企业借款的利息支出,不超过按照金融企业同期同类贷款利率计算的数额的部分。

**第三十九条** 企业在货币交易中,以及纳税年度终了时将人民币以外的货币性资产、负债按照期末即期人民币汇率中间价折算为人民币时产生的汇兑损失,除已经计入有关资产成本以及与向所有者进行利润分配相关的部分外,准予扣除。

**第四十条** 企业发生的职工福利费支出,不超过工资薪金总额14%的部分,准予扣除。

**第四十一条** 企业拨缴的工会经费,不超过工资薪金总额2%的部分,准予扣除。

**第四十二条** 除国务院财政、税务主管部门另有规定外,企业发生的职工教育经费支出,不超过工资薪金总额2.5%的部分,准予扣除;超过部分,准予在以后纳税年度结转扣除。

**第四十三条** 企业发生的与生产经营活动有关的业务招待费支出,按照发生额的60%扣除,但最高不得超过当年销售(营业)收入的5‰。

**第四十四条** 企业发生的符合条件的广告费和业务宣传费支出,除国务院财政、税务主管部门另有规定外,不超过当年销售(营业)收入15%的部分,准予扣除;超过部分,准予在以后纳税年度结转扣除。

**第四十五条** 企业依照法律、行政法规有关规定提取的用于环境保护、生态恢复等方面的专项资金,准予扣除。上述专项资金提取后改变用途的,不得扣除。

**第四十六条** 企业参加财产保险,按照规定缴纳的保险费,准予扣除。

**第四十七条** 企业根据生产经营活动的需要租入固定资产支付的租赁费,按照以下方法扣除:

(一)以经营租赁方式租入固定资产发生的租赁费支出,按照租赁期限均匀扣除;

(二)以融资租赁方式租入固定资产发生的租赁费支出,按照规定构成融资租入固定资产价值的部分应当提取折旧费用,分期扣除。

**第四十八条** 企业发生的合理的劳动保护支出,准予扣除。

**第四十九条** 企业之间支付的管理费、企业内营业机构之间支付的租金和特许权使用费,以及非银行企业内营业机构之间支付的利息,不得扣除。

**第五十条** 非居民企业在中国境内设立的机构、场所,就其中国境外总机构发生的与该机构、场所生产经营有关的费用,能够提供总机构出具的费用汇集范围、定额、分配依据和方法等证明文件,并合理分摊的,准予扣除。

**第五十一条** 企业所得税法第九条所称公益性捐赠,是指企业通过公益性社会组织或者县级以上人民政府及其部门,用于符合法律规定的慈善活动、公益事业的捐赠。

**第五十二条** 本条例第五十一条所称公益性社会组织,是指同时符合下列条件的慈善组织以及其他社会组织:

(一)依法登记,具有法人资格;

(二)以发展公益事业为宗旨,且不以营利为目的;

(三)全部资产及其增值为该法人所有;

(四)收益和营运结余主要用于符合该法人设立目的的事业;

(五)终止后的剩余财产不归属任何个人或者营利组织;

(六)不经营与其设立目的无关的业务;

(七)有健全的财务会计制度;

(八)捐赠者不以任何形式参与该法人财产的分配;

(九)国务院财政、税务主管部门会同国务院民政部门等登记管理部门规定的其他条件。

**第五十三条** 企业当年发生以及以前年度结转的公益性捐赠支出,不超过年度利润总额12%的部分,准予扣除。

年度利润总额,是指企业依照国家统一会计制度的规定计算的年度会计利润。

**第五十四条** 企业所得税法第十条第(六)项所称赞助支出,是指企业发生的与生产经营活动无关的各种非广告性质支出。

**第五十五条** 企业所得税法第十条第(七)项所称未经

核定的准备金支出，是指不符合国务院财政、税务主管部门规定的各项资产减值准备、风险准备等准备金支出。

## 第四节 资产的税务处理

**第五十六条** 企业的各项资产，包括固定资产、生物资产、无形资产、长期待摊费用、投资资产、存货等，以历史成本为计税基础。

前款所称历史成本，是指企业取得该项资产时实际发生的支出。

企业持有各项资产期间资产增值或者减值，除国务院财政、税务主管部门规定可以确认损益外，不得调整该资产的计税基础。

**第五十七条** 企业所得税法第十一条所称固定资产，是指企业为生产产品、提供劳务、出租或者经营管理而持有的、使用时间超过12个月的非货币性资产，包括房屋、建筑物、机器、机械、运输工具以及其他与生产经营活动有关的设备、器具、工具等。

**第五十八条** 固定资产按照以下方法确定计税基础：

（一）外购的固定资产，以购买价款和支付的相关税费以及直接归属于使该资产达到预定用途发生的其他支出为计税基础；

（二）自行建造的固定资产，以竣工结算前发生的支出为计税基础；

（三）融资租入的固定资产，以租赁合同约定的付款总额和承租人在签订租赁合同过程中发生的相关费用为计税基础，租赁合同未约定付款总额的，以该资产的公允价值和承租人在签订租赁合同过程中发生的相关费用为计税基础；

（四）盘盈的固定资产，以同类固定资产的重置完全价值为计税基础；

（五）通过捐赠、投资、非货币性资产交换、债务重组等方式取得的固定资产，以该资产的公允价值和支付的相关税费为计税基础；

（六）改建的固定资产，除企业所得税法第十三条第（一）项和第（二）项规定的支出外，以改建过程中发生的改建支出增加计税基础。

**第五十九条** 固定资产按照直线法计算的折旧，准予扣除。

企业应当自固定资产投入使用月份的次月起计算折旧；停止使用的固定资产，应当自停止使用月份的次月起停止计算折旧。

企业应当根据固定资产的性质和使用情况，合理确定固定资产的预计净残值。固定资产的预计净残值一经确定，不得变更。

**第六十条** 除国务院财政、税务主管部门另有规定外，固定资产计算折旧的最低年限如下：

（一）房屋、建筑物，为20年；

（二）飞机、火车、轮船、机器、机械和其他生产设备，为10年；

（三）与生产经营活动有关的器具、工具、家具等，为5年；

（四）飞机、火车、轮船以外的运输工具，为4年；

（五）电子设备，为3年。

**第六十一条** 从事开采石油、天然气等矿产资源的企业，在开始商业性生产前发生的费用和有关固定资产的折耗、折旧方法，由国务院财政、税务主管部门另行规定。

**第六十二条** 生产性生物资产按照以下方法确定计税基础：

（一）外购的生产性生物资产，以购买价款和支付的相关税费为计税基础；

（二）通过捐赠、投资、非货币性资产交换、债务重组等方式取得的生产性生物资产，以该资产的公允价值和支付的相关税费为计税基础。

前款所称生产性生物资产，是指企业为生产农产品、提供劳务或者出租等而持有的生物资产，包括经济林、薪炭林、产畜和役畜等。

**第六十三条** 生产性生物资产按照直线法计算的折旧，准予扣除。

企业应当自生产性生物资产投入使用月份的次月起计算折旧；停止使用的生产性生物资产，应当自停止使用月份的次月起停止计算折旧。

企业应当根据生产性生物资产的性质和使用情况，合理确定生产性生物资产的预计净残值。生产性生物资产的预计净残值一经确定，不得变更。

**第六十四条** 生产性生物资产计算折旧的最低年限如下：

（一）林木类生产性生物资产，为10年；

（二）畜类生产性生物资产，为3年。

**第六十五条** 企业所得税法第十二条所称无形资产，是指企业为生产产品、提供劳务、出租或者经营管理而持有的、没有实物形态的非货币性长期资产，包括专利权、商标权、著作权、土地使用权、非专利技术、商誉等。

**第六十六条** 无形资产按照以下方法确定计税基础：

（一）外购的无形资产，以购买价款和支付的相关税费以及直接归属于使该资产达到预定用途发生的其他支出为计税基础；

（二）自行开发的无形资产，以开发过程中该资产符合资本化条件后至达到预定用途前发生的支出为计税基础；

（三）通过捐赠、投资、非货币性资产交换、债务重组等方式取得的无形资产，以该资产的公允价值和支付的相关税费为计税基础。

**第六十七条** 无形资产按照直线法计算的摊销费用，准予扣除。

无形资产的摊销年限不得低于10年。

作为投资或者受让的无形资产，有关法律规定或者合同约定了使用年限的，可以按照规定或者约定的使用年限分期摊销。

外购商誉的支出，在企业整体转让或者清算时，准予扣除。

**第六十八条** 企业所得税法第十三条第（一）项和第（二）项所称固定资产的改建支出，是指改变房屋或者建筑物结构、延长使用年限等发生的支出。

企业所得税法第十三条第（一）项规定的支出，按照固定资产预计尚可使用年限分期摊销；第（二）项规定的支出，按照合同约定的剩余租赁期限分期摊销。

改建的固定资产延长使用年限的，除企业所得税法第十三条第（一）项和第（二）项规定外，应当适当延长折旧年限。

**第六十九条** 企业所得税法第十三条第（三）项所称固定资产的大修理支出，是指同时符合下列条件的支出：

（一）修理支出达到取得固定资产时的计税基础50%以上；

（二）修理后固定资产的使用年限延长2年以上。

企业所得税法第十三条第（三）项规定的支出，按照固定资产尚可使用年限分期摊销。

**第七十条** 企业所得税法第十三条第（四）项所称其他应当作为长期待摊费用的支出，自支出发生月份的次月起，分期摊销，摊销年限不得低于3年。

**第七十一条** 企业所得税法第十四条所称投资资产，是指企业对外进行权益性投资和债权性投资形成的资产。

企业在转让或者处置投资资产时，投资资产的成本，准予扣除。

投资资产按照以下方法确定成本：

（一）通过支付现金方式取得的投资资产，以购买价款为成本；

（二）通过支付现金以外的方式取得的投资资产，以该资产的公允价值和支付的相关税费为成本。

**第七十二条** 企业所得税法第十五条所称存货，是指企业持有以备出售的产品或者商品、处在生产过程中的在产品、在生产或者提供劳务过程中耗用的材料和物料等。

存货按照以下方法确定成本：

（一）通过支付现金方式取得的存货，以购买价款和支付的相关税费为成本；

（二）通过支付现金以外的方式取得的存货，以该存货的公允价值和支付的相关税费为成本；

（三）生产性生物资产收获的农产品，以产出或者采收过程中发生的材料费、人工费和分摊的间接费用等必要支出为成本。

**第七十三条** 企业使用或者销售的存货的成本计算方法，可以在先进先出法、加权平均法、个别计价法中选用一种。计价方法一经选用，不得随意变更。

**第七十四条** 企业所得税法第十六条所称资产的净值和第十九条所称财产净值，是指有关资产、财产的计税基础减除已经按照规定扣除的折旧、折耗、摊销、准备金等后的余额。

**第七十五条** 除国务院财政、税务主管部门另有规定外，企业在重组过程中，应当在交易发生时确认有关资产的转让所得或者损失，相关资产应当按照交易价格重新确定计税基础。

## 第三章 应纳税额

**第七十六条** 企业所得税法第二十二条规定的应纳税额的计算公式为：

应纳税额 = 应纳税所得额 × 适用税率 - 减免税额 - 抵免税额

公式中的减免税额和抵免税额，是指依照企业所得税法和国务院的税收优惠规定减征、免征和抵免的应纳税额。

**第七十七条** 企业所得税法第二十三条所称已在境外缴纳的所得税税额，是指企业来源于中国境外的所得依照中国境外税收法律以及相关规定应当缴纳并已经实际缴纳的企业所得税性质的税款。

**第七十八条** 企业所得税法第二十三条所称抵免限额，是指企业来源于中国境外的所得，依照企业所得税法和本条例的规定计算的应纳税额。除国务院财政、税务主管部门另有规定外，该抵免限额应当分国（地区）不分项计算，计算公式如下：

抵免限额 = 中国境内、境外所得依照企业所得税法和本条例的规定计算的应纳税总额 × 来源于某国

（地区）的应纳税所得额÷中国境内、境外应纳税所得总额

**第七十九条**　企业所得税法第二十三条所称5个年度，是指从企业取得的来源于中国境外的所得，已经在中国境外缴纳的企业所得税性质的税额超过抵免限额的当年的次年起连续5个纳税年度。

**第八十条**　企业所得税法第二十四条所称直接控制，是指居民企业直接持有外国企业20%以上股份。

企业所得税法第二十四条所称间接控制，是指居民企业以间接持股方式持有外国企业20%以上股份，具体认定办法由国务院财政、税务主管部门另行制定。

**第八十一条**　企业依照企业所得税法第二十三条、第二十四条的规定抵免企业所得税税额时，应当提供中国境外税务机关出具的税款所属年度的有关纳税凭证。

## 第四章　税收优惠

**第八十二条**　企业所得税法第二十六条第（一）项所称国债利息收入，是指企业持有国务院财政部门发行的国债取得的利息收入。

**第八十三条**　企业所得税法第二十六条第（二）项所称符合条件的居民企业之间的股息、红利等权益性投资收益，是指居民企业直接投资于其他居民企业取得的投资收益。企业所得税法第二十六条第（二）项和第（三）项所称股息、红利等权益性投资收益，不包括连续持有居民企业公开发行并上市流通的股票不足12个月取得的投资收益。

**第八十四条**　企业所得税法第二十六条第（四）项所称符合条件的非营利组织，是指同时符合下列条件的组织：

（一）依法履行非营利组织登记手续；

（二）从事公益性或者非营利性活动；

（三）取得的收入除用于与该组织有关的、合理的支出外，全部用于登记核定或者章程规定的公益性或者非营利性事业；

（四）财产及其孳息不用于分配；

（五）按照登记核定或者章程规定，该组织注销后的剩余财产用于公益性或者非营利性目的，或者由登记管理机关转赠给与该组织性质、宗旨相同的组织，并向社会公告；

（六）投入人对投入该组织的财产不保留或者享有任何财产权利；

（七）工作人员工资福利开支控制在规定的比例内，不变相分配该组织的财产。

前款规定的非营利组织的认定管理办法由国务院财政、税务主管部门会同国务院有关部门制定。

**第八十五条**　企业所得税法第二十六条第（四）项所称符合条件的非营利组织的收入，不包括非营利组织从事营利性活动取得的收入，但国务院财政、税务主管部门另有规定的除外。

**第八十六条**　企业所得税法第二十七条第（一）项规定的企业从事农、林、牧、渔业项目的所得，可以免征、减征企业所得税，是指：

（一）企业从事下列项目的所得，免征企业所得税：

1. 蔬菜、谷物、薯类、油料、豆类、棉花、麻类、糖料、水果、坚果的种植；

2. 农作物新品种的选育；

3. 中药材的种植；

4. 林木的培育和种植；

5. 牲畜、家禽的饲养；

6. 林产品的采集；

7. 灌溉、农产品初加工、兽医、农技推广、农机作业和维修等农、林、牧、渔服务业项目；

8. 远洋捕捞。

（二）企业从事下列项目的所得，减半征收企业所得税：

1. 花卉、茶以及其他饮料作物和香料作物的种植；

2. 海水养殖、内陆养殖。

企业从事国家限制和禁止发展的项目，不得享受本条规定的企业所得税优惠。

**第八十七条**　企业所得税法第二十七条第（二）项所称国家重点扶持的公共基础设施项目，是指《公共基础设施项目企业所得税优惠目录》规定的港口码头、机场、铁路、公路、城市公共交通、电力、水利等项目。

企业从事前款规定的国家重点扶持的公共基础设施项目的投资经营的所得，自项目取得第一笔生产经营收入所属纳税年度起，第一年至第三年免征企业所得税，第四年至第六年减半征收企业所得税。

企业承包经营、承包建设和内部自建自用本条规定的项目，不得享受本条规定的企业所得税优惠。

**第八十八条**　企业所得税法第二十七条第（三）项所称符合条件的环境保护、节能节水项目，包括公共污水处理、公共垃圾处理、沼气综合开发利用、节能减排技术改造、海水淡化等。项目的具体条件和范围由国务院财政、税务主管部门商国务院有关部门制订，报国务院批准后公布施行。

企业从事前款规定的符合条件的环境保护、节能节水项目的所得,自项目取得第一笔生产经营收入所属纳税年度起,第一年至第三年免征企业所得税,第四年至第六年减半征收企业所得税。

**第八十九条** 依照本条例第八十七条和第八十八条规定享受减免税优惠的项目,在减免税期限内转让的,受让方自受让之日起,可以在剩余期限内享受规定的减免税优惠;减免税期限届满后转让的,受让方不得就该项目重复享受减免税优惠。

**第九十条** 企业所得税法第二十七条第(四)项所称符合条件的技术转让所得免征、减征企业所得税,是指一个纳税年度内,居民企业技术转让所得不超过500万元的部分,免征企业所得税;超过500万元的部分,减半征收企业所得税。

**第九十一条** 非居民企业取得企业所得税法第二十七条第(五)项规定的所得,减按10%的税率征收企业所得税。

下列所得可以免征企业所得税:

(一)外国政府向中国政府提供贷款取得的利息所得;

(二)国际金融组织向中国政府和居民企业提供优惠贷款取得的利息所得;

(三)经国务院批准的其他所得。

**第九十二条** 企业所得税法第二十八条第一款所称符合条件的小型微利企业,是指从事国家非限制和禁止行业,并符合下列条件的企业:

(一)工业企业,年度应纳税所得额不超过30万元,从业人数不超过100人,资产总额不超过3000万元;

(二)其他企业,年度应纳税所得额不超过30万元,从业人数不超过80人,资产总额不超过1000万元。

**第九十三条** 企业所得税法第二十八条第二款所称国家需要重点扶持的高新技术企业,是指拥有核心自主知识产权,并同时符合下列条件的企业:

(一)产品(服务)属于《国家重点支持的高新技术领域》规定的范围;

(二)研究开发费用占销售收入的比例不低于规定比例;

(三)高新技术产品(服务)收入占企业总收入的比例不低于规定比例;

(四)科技人员占企业职工总数的比例不低于规定比例;

(五)高新技术企业认定管理办法规定的其他条件。

《国家重点支持的高新技术领域》和高新技术企业认定管理办法由国务院科技、财政、税务主管部门商国务院有关部门制订,报国务院批准后公布施行。

**第九十四条** 企业所得税法第二十九条所称民族自治地方,是指依照《中华人民共和国民族区域自治法》的规定,实行民族区域自治的自治区、自治州、自治县。

对民族自治地方内国家限制和禁止行业的企业,不得减征或者免征企业所得税。

**第九十五条** 企业所得税法第三十条第(一)项所称研究开发费用的加计扣除,是指企业为开发新技术、新产品、新工艺发生的研究开发费用,未形成无形资产计入当期损益的,在按照规定据实扣除的基础上,按照研究开发费用的50%加计扣除;形成无形资产的,按照无形资产成本的150%摊销。

**第九十六条** 企业所得税法第三十条第(二)项所称企业安置残疾人员所支付的工资的加计扣除,是指企业安置残疾人员的,在按照支付给残疾职工工资据实扣除的基础上,按照支付给残疾职工工资的100%加计扣除。残疾人员的范围适用《中华人民共和国残疾人保障法》的有关规定。

企业所得税法第三十条第(二)项所称企业安置国家鼓励安置的其他就业人员所支付的工资的加计扣除办法,由国务院另行规定。

**第九十七条** 企业所得税法第三十一条所称抵扣应纳税所得额,是指创业投资企业采取股权投资方式投资于未上市的中小高新技术企业2年以上的,可以按照其投资额的70%在股权持有满2年的当年抵扣该创业投资企业的应纳税所得额;当年不足抵扣的,可以在以后纳税年度结转抵扣。

**第九十八条** 企业所得税法第三十二条所称可以采取缩短折旧年限或者采取加速折旧的方法的固定资产,包括:

(一)由于技术进步,产品更新换代较快的固定资产;

(二)常年处于强震动、高腐蚀状态的固定资产。

采取缩短折旧年限方法的,最低折旧年限不得低于本条例第六十条规定折旧年限的60%;采取加速折旧方法的,可以采取双倍余额递减法或者年数总和法。

**第九十九条** 企业所得税法第三十三条所称减计收入,是指企业以《资源综合利用企业所得税优惠目录》规定的资源作为主要原材料，生产国家非限制和禁止并符合国家和行业相关标准的产品取得的收入，减按90%计入收入总额。

前款所称原材料占生产产品材料的比例不得低于《资源综合利用企业所得税优惠目录》规定的标准。

**第一百条**　企业所得税法第三十四条所称税额抵免，是指企业购置并实际使用《环境保护专用设备企业所得税优惠目录》、《节能节水专用设备企业所得税优惠目录》和《安全生产专用设备企业所得税优惠目录》规定的环境保护、节能节水、安全生产等专用设备的，该专用设备的投资额的10%可以从企业当年的应纳税额中抵免；当年不足抵免的，可以在以后5个纳税年度结转抵免。

享受前款规定的企业所得税优惠的企业，应当实际购置并自身实际投入使用前款规定的专用设备；企业购置上述专用设备在5年内转让、出租的，应当停止享受企业所得税优惠，并补缴已经抵免的企业所得税税款。

**第一百零一条**　本章第八十七条、第九十九条、第一百条规定的企业所得税优惠目录，由国务院财政、税务主管部门商国务院有关部门制订，报国务院批准后公布施行。

**第一百零二条**　企业同时从事适用不同企业所得税待遇的项目的，其优惠项目应当单独计算所得，并合理分摊企业的期间费用；没有单独计算的，不得享受企业所得税优惠。

## 第五章　源泉扣缴

**第一百零三条**　依照企业所得税法对非居民企业应当缴纳的企业所得税实行源泉扣缴的，应当依照企业所得税法第十九条的规定计算应纳税所得额。

企业所得税法第十九条所称收入全额，是指非居民企业向支付人收取的全部价款和价外费用。

**第一百零四条**　企业所得税法第三十七条所称支付人，是指依照有关法律规定或者合同约定对非居民企业直接负有支付相关款项义务的单位或者个人。

**第一百零五条**　企业所得税法第三十七条所称支付，包括现金支付、汇拨支付、转账支付和权益兑价支付等货币支付和非货币支付。

企业所得税法第三十七条所称到期应支付的款项，是指支付人按照权责发生制原则应当计入相关成本、费用的应付款项。

**第一百零六条**　企业所得税法第三十八条规定的可以指定扣缴义务人的情形，包括：

（一）预计工程作业或者提供劳务期限不足一个纳税年度，且有证据表明不履行纳税义务的；

（二）没有办理税务登记或者临时税务登记，且未委托中国境内的代理人履行纳税义务的；

（三）未按照规定期限办理企业所得税纳税申报或者预缴申报的。

前款规定的扣缴义务人，由县级以上税务机关指定，并同时告知扣缴义务人所扣税款的计算依据、计算方法、扣缴期限和扣缴方式。

**第一百零七条**　企业所得税法第三十九条所称所得发生地，是指依照本条例第七条规定的原则确定的所得发生地。在中国境内存在多处所得发生地的，由纳税人选择其中之一申报缴纳企业所得税。

**第一百零八条**　企业所得税法第三十九条所称该纳税人在中国境内其他收入，是指该纳税人在中国境内取得的其他各种来源的收入。

税务机关在追缴该纳税人应纳税款时，应当将追缴理由、追缴数额、缴纳期限和缴纳方式等告知该纳税人。

## 第六章　特别纳税调整

**第一百零九条**　企业所得税法第四十一条所称关联方，是指与企业有下列关联关系之一的企业、其他组织或者个人：

（一）在资金、经营、购销等方面存在直接或者间接的控制关系；

（二）直接或者间接地同为第三者控制；

（三）在利益上具有相关联的其他关系。

**第一百一十条**　企业所得税法第四十一条所称独立交易原则，是指没有关联关系的交易各方，按照公平成交价格和营业常规进行业务往来遵循的原则。

**第一百一十一条**　企业所得税法第四十一条所称合理方法，包括：

（一）可比非受控价格法，是指按照没有关联关系的交易各方进行相同或者类似业务往来的价格进行定价的方法；

（二）再销售价格法，是指按照从关联方购进商品再销售给没有关联关系的交易方的价格，减除相同或者类似业务的销售毛利进行定价的方法；

（三）成本加成法，是指按照成本加合理的费用和利润进行定价的方法；

（四）交易净利润法，是指按照没有关联关系的交易各方进行相同或者类似业务往来取得的净利润水平确定利润的方法；

（五）利润分割法，是指将企业与其关联方的合并利润或者亏损在各方之间采用合理标准进行分配的方法；

（六）其他符合独立交易原则的方法。

**第一百一十二条**　企业可以依照企业所得税法第四十一条第二款的规定，按照独立交易原则与其关联方分摊共同发生的成本，达成成本分摊协议。

企业与其关联方分摊成本时，应当按照成本与预期收益相配比的原则进行分摊，并在税务机关规定的期限内，按照税务机关的要求报送有关资料。

企业与其关联方分摊成本时违反本条第一款、第二款规定的，其自行分摊的成本不得在计算应纳税所得额时扣除。

**第一百一十三条**　企业所得税法第四十二条所称预约定价安排，是指企业就其未来年度关联交易的定价原则和计算方法，向税务机关提出申请，与税务机关按照独立交易原则协商、确认后达成的协议。

**第一百一十四条**　企业所得税法第四十三条所称相关资料，包括：

（一）与关联业务往来有关的价格、费用的制定标准、计算方法和说明等同期资料；

（二）关联业务往来所涉及的财产、财产使用权、劳务等的再销售（转让）价格或者最终销售（转让）价格的相关资料；

（三）与关联业务调查有关的其他企业应当提供的与被调查企业可比的产品价格、定价方式以及利润水平等资料；

（四）其他与关联业务往来有关的资料。

企业所得税法第四十三条所称与关联业务调查有关的其他企业，是指与被调查企业在生产经营内容和方式上相类似的企业。

企业应当在税务机关规定的期限内提供与关联业务往来有关的价格、费用的制定标准、计算方法和说明等资料。关联方以及与关联业务调查有关的其他企业应当在税务机关与其约定的期限内提供相关资料。

**第一百一十五条**　税务机关依照企业所得税法第四十四条的规定核定企业的应纳税所得额时，可以采用下列方法：

（一）参照同类或者类似企业的利润率水平核定；

（二）按照企业成本加合理的费用和利润的方法核定；

（三）按照关联企业集团整体利润的合理比例核定；

（四）按照其他合理方法核定。

企业对税务机关按照前款规定的方法核定的应纳税所得额有异议的，应当提供相关证据，经税务机关认定后，调整核定的应纳税所得额。

**第一百一十六条**　企业所得税法第四十五条所称中国居民，是指根据《中华人民共和国个人所得税法》的规定，就其从中国境内、境外取得的所得在中国缴纳个人所得税的个人。

**第一百一十七条**　企业所得税法第四十五条所称控制，包括：

（一）居民企业或者中国居民直接或者间接单一持有外国企业10%以上有表决权股份，且由其共同持有该外国企业50%以上股份；

（二）居民企业，或者居民企业和中国居民持股比例没有达到第（一）项规定的标准，但在股份、资金、经营、购销等方面对该外国企业构成实质控制。

**第一百一十八条**　企业所得税法第四十五条所称实际税负明显低于企业所得税法第四条第一款规定税率水平，是指低于企业所得税法第四条第一款规定税率的50%。

**第一百一十九条**　企业所得税法第四十六条所称债权性投资，是指企业直接或者间接从关联方获得的，需要偿还本金和支付利息或者需要以其他具有支付利息性质的方式予以补偿的融资。

企业间接从关联方获得的债权性投资，包括：

（一）关联方通过无关联第三方提供的债权性投资；

（二）无关联第三方提供的、由关联方担保且负有连带责任的债权性投资；

（三）其他间接从关联方获得的具有负债实质的债权性投资。

企业所得税法第四十六条所称权益性投资，是指企业接受的不需要偿还本金和支付利息，投资人对企业净资产拥有所有权的投资。

企业所得税法第四十六条所称标准，由国务院财政、税务主管部门另行规定。

**第一百二十条**　企业所得税法第四十七条所称不具有合理商业目的，是指以减少、免除或者推迟缴纳税款为主要目的。

**第一百二十一条**　税务机关根据税收法律、行政法规的规定，对企业作出特别纳税调整的，应当对补征的税款，自税款所属纳税年度的次年6月1日起至补缴税款之日止的期间，按日加收利息。

前款规定加收的利息，不得在计算应纳税所得额时扣除。

**第一百二十二条**　企业所得税法第四十八条所称利息，应当按照税款所属纳税年度中国人民银行公布的与补税期间同期的人民币贷款基准利率加5个百分点计算。

企业依照企业所得税法第四十三条和本条例的规定提供有关资料的，可以只按前款规定的人民币贷款基准利率计算利息。

**第一百二十三条**　企业与其关联方之间的业务往来，不符合独立交易原则，或者企业实施其他不具有合理商业目的的安排的，税务机关有权在该业务发生的纳税年度起10年内，进行纳税调整。

## 第七章　征收管理

**第一百二十四条**　企业所得税法第五十条所称企业登记注册地，是指企业依照国家有关规定登记注册的住所地。

**第一百二十五条**　企业汇总计算并缴纳企业所得税时，应当统一核算应纳税所得额，具体办法由国务院财政、税务主管部门另行制定。

**第一百二十六条**　企业所得税法第五十一条所称主要机构、场所，应当同时符合下列条件：

（一）对其他各机构、场所的生产经营活动负有监督管理责任；

（二）设有完整的账簿、凭证，能够准确反映各机构、场所的收入、成本、费用和盈亏情况。

**第一百二十七条**　企业所得税分月或者分季预缴，由税务机关具体核定。

企业根据企业所得税法第五十四条规定分月或者分季预缴企业所得税时，应当按照月度或者季度的实际利润额预缴；按照月度或者季度的实际利润额预缴有困难的，可以按照上一纳税年度应纳税所得额的月度或者季度平均额预缴，或者按照经税务机关认可的其他方法预缴。预缴方法一经确定，该纳税年度内不得随意变更。

**第一百二十八条**　企业在纳税年度内无论盈利或者亏损，都应当依照企业所得税法第五十四条规定的期限，向税务机关报送预缴企业所得税纳税申报表、年度企业所得税纳税申报表、财务会计报告和税务机关规定应当报送的其他有关资料。

**第一百二十九条**　企业所得以人民币以外的货币计算的，预缴企业所得税时，应当按照月度或者季度最后一日的人民币汇率中间价，折合成人民币计算应纳税所得额。年度终了汇算清缴时，对已经按照月度或者季度预缴税款的，不再重新折合计算，只就该纳税年度内未缴纳企业所得税的部分，按照纳税年度最后一日的人民币汇率中间价，折合成人民币计算应纳税所得额。

经税务机关检查确认，企业少计或者多计前款规定的所得的，应当按照检查确认补税或者退税时的上一个月最后一日的人民币汇率中间价，将少计或者多计的所得折合成人民币计算应纳税所得额，再计算应补缴或者应退的税款。

## 第八章　附　　则

**第一百三十条**　企业所得税法第五十七条第一款所称本法公布前已经批准设立的企业，是指企业所得税法公布前已经完成登记注册的企业。

**第一百三十一条**　在香港特别行政区、澳门特别行政区和台湾地区成立的企业，参照适用企业所得税法第二条第二款、第三款的有关规定。

**第一百三十二条**　本条例自2008年1月1日起施行。1991年6月30日国务院发布的《中华人民共和国外商投资企业和外国企业所得税法实施细则》和1994年2月4日财政部发布的《中华人民共和国企业所得税暂行条例实施细则》同时废止。

# 企业所得税汇算清缴管理办法①

1. *2009年4月16日国家税务总局发布*
2. *国税发〔2009〕79号*
3. *根据2018年6月15日国家税务总局公告2018年第31号《关于修改部分税收规范性文件的公告》修正*

**第一条**　为加强企业所得税征收管理，进一步规范企业所得税汇算清缴管理工作，根据《中华人民共和国企业所得税法》及其实施条例（以下简称企业所得税法及其实施条例）和《中华人民共和国税收征收管理法》及其实施细则（以下简称税收征管法及其实施细则）的有关规定，制定本办法。

**第二条**　企业所得税汇算清缴，是指纳税人自纳税年度终了之日起5个月内或实际经营终止之日起60日内，依照税收法律、法规、规章及其他有关企业所得税的规定，自行计算本纳税年度应纳税所得额和应纳所得税

---

① 第十一条中"或者经纳税人同意后抵缴其下一年度应缴企业所得税税款"被2021年12月31日国家税务总局公告2021年第34号《关于企业所得税年度汇算清缴有关事项的公告》废止。——编者注

额,根据月度或季度预缴企业所得税的数额,确定该纳税年度应补或者应退税额,并填写企业所得税年度纳税申报表,向主管税务机关办理企业所得税年度纳税申报、提供税务机关要求提供的有关资料、结清全年企业所得税税款的行为。

**第三条** 凡在纳税年度内从事生产、经营(包括试生产、试经营),或在纳税年度中间终止经营活动的纳税人,无论是否在减税、免税期间,也无论盈利或亏损,均应按照企业所得税法及其实施条例和本办法的有关规定进行企业所得税汇算清缴。

实行核定定额征收企业所得税的纳税人,不进行汇算清缴。

**第四条** 纳税人应当自纳税年度终了之日起5个月内,进行汇算清缴,结清应缴应退企业所得税税款。

纳税人在年度中间发生解散、破产、撤销等终止生产经营情形,需进行企业所得税清算的,应在清算前报告主管税务机关,并自实际经营终止之日起60日内进行汇算清缴,结清应缴应退企业所得税款;纳税人有其他情形依法终止纳税义务的,应当自停止生产、经营之日起60日内,向主管税务机关办理当期企业所得税汇算清缴。

**第五条** 纳税人12月份或者第四季度的企业所得税预缴纳税申报,应在纳税年度终了后15日内完成,预缴申报后进行当年企业所得税汇算清缴。

**第六条** 纳税人需要报经税务机关审批、审核或备案的事项,应按有关程序、时限和要求报送材料等有关规定,在办理企业所得税年度纳税申报前及时办理。

**第七条** 纳税人应当按照企业所得税法及其实施条例和企业所得税的有关规定,正确计算应纳税所得额和应纳所得税额,如实、正确填写企业所得税年度纳税申报表及其附表,完整、及时报送相关资料,并对纳税申报的真实性、准确性和完整性负法律责任。

**第八条** 纳税人办理企业所得税年度纳税申报时,应如实填写和报送下列有关资料:

(一)企业所得税年度纳税申报表及其附表;

(二)财务报表;

(三)备案事项相关资料;

(四)总机构及分支机构基本情况、分支机构征税方式、分支机构的预缴税情况;

(五)委托中介机构代理纳税申报的,应出具双方签订的代理合同,并附送中介机构出具的包括纳税调整的项目、原因、依据、计算过程、调整金额等内容的报告;

(六)涉及关联方业务往来的,同时报送《中华人民共和国企业年度关联业务往来报告表》;

(七)主管税务机关要求报送的其他有关资料。

纳税人采用电子方式办理企业所得税年度纳税申报的,应按照有关规定保存有关资料或附报纸质纳税申报资料。

**第九条** 纳税人因不可抗力,不能在汇算清缴期内办理企业所得税年度纳税申报或备齐企业所得税年度纳税申报资料的,应按照税收征管法及其实施细则的规定,申请办理延期纳税申报。

**第十条** 纳税人在汇算清缴期内发现当年企业所得税申报有误的,可在汇算清缴期内重新办理企业所得税年度纳税申报。

**第十一条** 纳税人在纳税年度内预缴企业所得税税款少于应缴企业所得税税款的,应在汇算清缴期内结清应补缴的企业所得税税款;预缴税款超过应纳税款的,主管税务机关应及时按有关规定办理退税,或者经纳税人同意后抵缴其下一年度应缴企业所得税税款。

**第十二条** 纳税人因有特殊困难,不能在汇算清缴期内补缴企业所得税款的,应按照税收征管法及其实施细则的有关规定,办理申请延期缴纳税款手续。

**第十三条** 实行跨地区经营汇总缴纳企业所得税的纳税人,由统一计算应纳税所得额和应纳所得税额的总机构,按照上述规定,在汇算清缴期内向所在地主管税务机关办理企业所得税年度纳税申报,进行汇算清缴。分支机构不进行汇算清缴,但应将分支机构的营业收支等情况在报总机构统一汇算清缴前报送分支机构所在地主管税务机关。总机构应将分支机构及其所属机构的营业收支纳入总机构汇算清缴等情况报送各分支机构所在地主管税务机关。

**第十四条** 经批准实行合并缴纳企业所得税的企业集团,由集团母公司(以下简称汇缴企业)在汇算清缴期内,向汇缴企业所在地主管税务机关报送汇缴企业及各个成员企业合并计算填写的企业所得税年度纳税申报表,以及本办法第八条规定的有关资料及各个成员企业的企业所得税年度纳税申报表,统一办理汇缴企业及其成员企业的企业所得税汇算清缴。

汇缴企业应根据汇算清缴的期限要求,自行确定其成员企业向汇缴企业报送本办法第八条规定的有关资料的期限。成员企业向汇缴企业报送的上述资料,应经成员企业所在地的主管税务机关审核。

**第十五条** 纳税人未按规定期限进行汇算清缴,或者未报送本办法第八条所列资料的,按照税收征管法及其实施细则的有关规定处理。

**第十六条** 各级税务机关要结合当地实际，对每一纳税年度的汇算清缴工作进行统一安排和组织部署。汇算清缴管理工作由具体负责企业所得税日常管理的部门组织实施。税务机关内部各职能部门应充分协调和配合，共同做好汇算清缴的管理工作。

**第十七条** 各级税务机关应在汇算清缴开始之前和汇算清缴期间，主动为纳税人提供税收服务。

（一）采用多种形式进行宣传，帮助纳税人了解企业所得税政策、征管制度和办税程序。

（二）积极开展纳税辅导，帮助纳税人知晓汇算清缴范围、时间要求、报送资料及其他应注意的事项。

（三）必要时组织纳税培训，帮助纳税人进行企业所得税自核自缴。

**第十八条** 主管税务机关应及时向纳税人发放汇算清缴的表、证、单、书。

**第十九条** 主管税务机关受理纳税人企业所得税年度纳税申报表及有关资料时，如发现企业未按规定报齐有关资料或填报项目不完整的，应及时告知企业在汇算清缴期内补齐补正。

**第二十条** 主管税务机关受理纳税人年度纳税申报后，应对纳税人年度纳税申报表的逻辑性和有关资料的完整性、准确性进行审核。审核重点主要包括：

（一）纳税人企业所得税年度纳税申报表及其附表与企业财务报表有关项目的数字是否相符，各项目之间的逻辑关系是否对应，计算是否正确。

（二）纳税人是否按规定弥补以前年度亏损额和结转以后年度待弥补的亏损额。

（三）纳税人是否符合税收优惠条件、税收优惠的确认和申请是否符合规定程序。

（四）纳税人税前扣除的财产损失是否真实、是否符合有关规定程序。跨地区经营汇总缴纳企业所得税的纳税人，其分支机构税前扣除的财产损失是否由分支机构所在地主管税务机关出具证明。

（五）纳税人有无预缴企业所得税的完税凭证，完税凭证上填列的预缴数额是否真实。跨地区经营汇总缴纳企业所得税的纳税人及其所属分支机构预缴的税款是否与《中华人民共和国企业所得税汇总纳税分支机构分配表》中分配的数额一致。

（六）纳税人企业所得税和其他各税种之间的数据是否相符、逻辑关系是否吻合。

**第二十一条** 主管税务机关应结合纳税人企业所得税预缴情况及日常征管情况，对纳税人报送的企业所得税年度纳税申报表及其附表和其他有关资料进行初步审核后，按规定程序及时办理企业所得税补、退税或抵缴其下一年度应纳所得税款等事项。

**第二十二条** 税务机关应做好跨地区经营汇总纳税企业和合并纳税企业汇算清缴的协同管理。

（一）总机构和汇缴企业所在地主管税务机关在对企业的汇总或合并纳税申报资料审核时，发现其分支机构或成员企业申报内容有疑点需进一步核实的，应向其分支机构或成员企业所在地主管税务机关发出有关税务事项协查函；该分支机构或成员企业所在地主管税务机关应在要求的时限内就协查事项进行调查核实，并将核查结果函复总机构或汇缴企业所在地主管税务机关。

（二）总机构和汇缴企业所在地主管税务机关收到分支机构或成员企业所在地主管税务机关反馈的核查结果后，应对总机构和汇缴企业申报的应纳税所得额及应纳所得税额作相应调整。

**第二十三条** 汇算清缴工作结束后，税务机关应组织开展汇算清缴数据分析、纳税评估和检查。纳税评估和检查的对象、内容、方法、程序等按照国家税务总局的有关规定执行。

**第二十四条** 汇算清缴工作结束后，各级税务机关应认真总结，写出书面总结报告逐级上报。各省、自治区、直辖市和计划单列市税务局应在每年7月底前将汇算清缴工作总结报告、年度企业所得税汇总报表报送国家税务总局（所得税司）。总结报告的内容应包括：

（一）汇算清缴工作的基本情况；

（二）企业所得税税源结构的分布情况；

（三）企业所得税收入增减变化及原因；

（四）企业所得税政策和征管制度贯彻落实中存在的问题和改进建议。

**第二十五条** 本办法适用于企业所得税居民企业纳税人。

**第二十六条** 各省、自治区、直辖市和计划单列市税务局可根据本办法制定具体实施办法。

**第二十七条** 本办法自2009年1月1日起执行。《国家税务总局关于印发〈企业所得税汇算清缴管理办法〉的通知》（国税发〔2005〕200号）、《国家税务总局关于印发新修订的〈外商投资企业和外国企业所得税汇算清缴工作规程〉的通知》（国税发〔2003〕12号）和《国家税务总局关于印发新修订的〈外商投资企业和外国企业所得税汇算清缴管理办法〉的通知》（国税发

〔2003〕13 号)同时废止。

2008 年度企业所得税汇算清缴按本办法执行。

**第二十八条** 本办法由国家税务总局负责解释。

## 企业所得税税前扣除凭证管理办法

*1. 2018 年 6 月 6 日国家税务总局公告 2018 年第 28 号公布*
*2. 自 2018 年 7 月 1 日起施行*

**第一条** 为规范企业所得税税前扣除凭证(以下简称“税前扣除凭证”)管理,根据《中华人民共和国企业所得税法》(以下简称“企业所得税法”)及其实施条例、《中华人民共和国税收征收管理法》及其实施细则、《中华人民共和国发票管理办法》及其实施细则等规定,制定本办法。

**第二条** 本办法所称税前扣除凭证,是指企业在计算企业所得税应纳税所得额时,证明与取得收入有关的、合理的支出实际发生,并据以税前扣除的各类凭证。

**第三条** 本办法所称企业是指企业所得税法及其实施条例规定的居民企业和非居民企业。

**第四条** 税前扣除凭证在管理中遵循真实性、合法性、关联性原则。真实性是指税前扣除凭证反映的经济业务真实,且支出已经实际发生;合法性是指税前扣除凭证的形式、来源符合国家法律、法规等相关规定;关联性是指税前扣除凭证与其反映的支出相关联且有证明力。

**第五条** 企业发生支出,应取得税前扣除凭证,作为计算企业所得税应纳税所得额时扣除相关支出的依据。

**第六条** 企业应在当年度企业所得税法规定的汇算清缴期结束前取得税前扣除凭证。

**第七条** 企业应将与税前扣除凭证相关的资料,包括合同协议、支出依据、付款凭证等留存备查,以证实税前扣除凭证的真实性。

**第八条** 税前扣除凭证按照来源分为内部凭证和外部凭证。

内部凭证是指企业自制用于成本、费用、损失和其他支出核算的会计原始凭证。内部凭证的填制和使用应当符合国家会计法律、法规等相关规定。

外部凭证是指企业发生经营活动和其他事项时,从其他单位、个人取得的用于证明其支出发生的凭证,包括但不限于发票(包括纸质发票和电子发票)、财政票据、完税凭证、收款凭证、分割单等。

**第九条** 企业在境内发生的支出项目属于增值税应税项目(以下简称“应税项目”)的,对方为已办理税务登记的增值税纳税人,其支出以发票(包括按照规定由税务机关代开的发票)作为税前扣除凭证;对方为依法无需办理税务登记的单位或者从事小额零星经营业务的个人,其支出以税务机关代开的发票或者收款凭证及内部凭证作为税前扣除凭证,收款凭证应载明收款单位名称、个人姓名及身份证号、支出项目、收款金额等相关信息。

小额零星经营业务的判断标准是个人从事应税项目经营业务的销售额不超过增值税相关政策规定的起征点。

税务总局对应税项目开具发票另有规定的,以规定的发票或者票据作为税前扣除凭证。

**第十条** 企业在境内发生的支出项目不属于应税项目的,对方为单位的,以对方开具的发票以外的其他外部凭证作为税前扣除凭证;对方为个人的,以内部凭证作为税前扣除凭证。

企业在境内发生的支出项目虽不属于应税项目,但按税务总局规定可以开具发票的,可以发票作为税前扣除凭证。

**第十一条** 企业从境外购进货物或者劳务发生的支出,以对方开具的发票或者具有发票性质的收款凭证、相关税费缴纳凭证作为税前扣除凭证。

**第十二条** 企业取得私自印制、伪造、变造、作废、开票方非法取得、虚开、填写不规范等不符合规定的发票(以下简称“不合规发票”),以及取得不符合国家法律、法规等相关规定的其他外部凭证(以下简称“不合规其他外部凭证”),不得作为税前扣除凭证。

**第十三条** 企业应当取得而未取得发票、其他外部凭证或者取得不合规发票、不合规其他外部凭证的,若支出真实且已实际发生,应当在当年度汇算清缴期结束前,要求对方补开、换开发票、其他外部凭证。补开、换开后的发票、其他外部凭证符合规定的,可以作为税前扣除凭证。

**第十四条** 企业在补开、换开发票、其他外部凭证过程中,因对方注销、撤销、依法被吊销营业执照、被税务机关认定为非正常户等特殊原因无法补开、换开发票、其他外部凭证的,可凭以下资料证实支出真实性后,其支出允许税前扣除:

(一)无法补开、换开发票、其他外部凭证原因的证明资料(包括工商注销、机构撤销、列入非正常经营户、破产公告等证明资料);

(二)相关业务活动的合同或者协议;

（三）采用非现金方式支付的付款凭证；

（四）货物运输的证明资料；

（五）货物入库、出库内部凭证；

（六）企业会计核算记录以及其他资料。

前款第一项至第三项为必备资料。

**第十五条** 汇算清缴期结束后，税务机关发现企业应当取得而未取得发票、其他外部凭证或者取得不合规发票、不合规其他外部凭证并且告知企业的，企业应当自被告知之日起60日内补开、换开符合规定的发票、其他外部凭证。其中，因对方特殊原因无法补开、换开发票、其他外部凭证的，企业应当按照本办法第十四条的规定，自被告知之日起60日内提供可以证实其支出真实性的相关资料。

**第十六条** 企业在规定的期限未能补开、换开符合规定的发票、其他外部凭证，并且未能按照本办法第十四条的规定提供相关资料证实其支出真实性的，相应支出不得在发生年度税前扣除。

**第十七条** 除发生本办法第十五条规定的情形外，企业以前年度应当取得而未取得发票、其他外部凭证，且相应支出在该年度没有税前扣除的，在以后年度取得符合规定的发票、其他外部凭证或者按照本办法第十四条的规定提供可以证实其支出真实性的相关资料，相应支出可以追补至该支出发生年度税前扣除，但追补年限不得超过五年。

**第十八条** 企业与其他企业（包括关联企业）、个人在境内共同接受应纳增值税劳务（以下简称“应税劳务”）发生的支出，采取分摊方式的，应当按照独立交易原则进行分摊，企业以发票和分割单作为税前扣除凭证，共同接受应税劳务的其他企业以企业开具的分割单作为税前扣除凭证。

企业与其他企业、个人在境内共同接受非应税劳务发生的支出，采取分摊方式的，企业以发票外的其他外部凭证和分割单作为税前扣除凭证，共同接受非应税劳务的其他企业以企业开具的分割单作为税前扣除凭证。

**第十九条** 企业租用（包括企业作为单一承租方租用）办公、生产用房等资产发生的水、电、燃气、冷气、暖气、通讯线路、有线电视、网络等费用，出租方作为应税项目开具发票的，企业以发票作为税前扣除凭证；出租方采取分摊方式的，企业以出租方开具的其他外部凭证作为税前扣除凭证。

**第二十条** 本办法自2018年7月1日起施行。

## 企业所得税核定征收办法（试行）

*1. 2008年3月6日国家税务总局发布*

*2. 国税发〔2008〕30号*

*3. 根据2018年6月15日国家税务总局公告2018年第31号《关于修改部分税收规范性文件的公告》修正*

**第一条** 为了加强企业所得税征收管理，规范核定征收企业所得税工作，保障国家税款及时足额入库，维护纳税人合法权益，根据《中华人民共和国企业所得税法》及其实施条例、《中华人民共和国税收征收管理法》及其实施细则的有关规定，制定本办法。

**第二条** 本办法适用于居民企业纳税人。

**第三条** 纳税人具有下列情形之一的，核定征收企业所得税：

（一）依照法律、行政法规的规定可以不设置账簿的；

（二）依照法律、行政法规的规定应当设置但未设置账簿的；

（三）擅自销毁账簿或者拒不提供纳税资料的；

（四）虽设置账簿，但账目混乱或者成本资料、收入凭证、费用凭证残缺不全，难以查账的；

（五）发生纳税义务，未按照规定的期限办理纳税申报，经税务机关责令限期申报，逾期仍不申报的；

（六）申报的计税依据明显偏低，又无正当理由的。

特殊行业、特殊类型的纳税人和一定规模以上的纳税人不适用本办法。上述特定纳税人由国家税务总局另行明确。

**第四条** 税务机关应根据纳税人具体情况，对核定征收企业所得税的纳税人，核定应税所得率或者核定应纳所得税额。

具有下列情形之一的，核定其应税所得率：

（一）能正确核算（查实）收入总额，但不能正确核算（查实）成本费用总额的；

（二）能正确核算（查实）成本费用总额，但不能正确核算（查实）收入总额的；

（三）通过合理方法，能计算和推定纳税人收入总额或成本费用总额的。

纳税人不属于以上情形的，核定其应纳所得税额。

**第五条** 税务机关采用下列方法核定征收企业所得税：

（一）参照当地同类行业或者类似行业中经营规模和收入水平相近的纳税人的税负水平核定；

（二）按照应税收入额或成本费用支出额定率核定；

（三）按照耗用的原材料、燃料、动力等推算或测算核定；

（四）按照其他合理方法核定。

采用前款所列一种方法不足以正确核定应纳税所得额或应纳税额的，可以同时采用两种以上的方法核定。采用两种以上方法测算的应纳税额不一致时，可按测算的应纳税额从高核定。

**第六条** 采用应税所得率方式核定征收企业所得税的，应纳所得税额计算公式如下：

应纳所得税额 = 应纳税所得额 × 适用税率

应纳税所得额 = 应税收入额 × 应税所得率

或：应纳税所得额 = 成本（费用）支出额/（1 - 应税所得率）× 应税所得率

**第七条** 实行应税所得率方式核定征收企业所得税的纳税人，经营多业的，无论其经营项目是否单独核算，均由税务机关根据其主营项目确定适用的应税所得率。

主营项目应为纳税人所有经营项目中，收入总额或者成本（费用）支出额或者耗用原材料、燃料、动力数量所占比重最大的项目。

**第八条** 应税所得率按下表规定的幅度标准确定：

| 行　　业 | 应税所得率（%） |
|---|---|
| 农、林、牧、渔业 | 3—10 |
| 制造业 | 5—15 |
| 批发和零售贸易业 | 4—15 |
| 交通运输业 | 7—15 |
| 建筑业 | 8—20 |
| 饮食业 | 8—25 |
| 娱乐业 | 15—30 |
| 其他行业 | 10—30 |

**第九条** 纳税人的生产经营范围、主营业务发生重大变化，或者应纳税所得额或应纳税额增减变化达到20%的，应及时向税务机关申报调整已确定的应纳税额或应税所得率。

**第十条** 主管税务机关应及时向纳税人送达《企业所得税核定征收鉴定表》（表样附后），及时完成对其核定征收企业所得税的鉴定工作。具体程序如下：

（一）纳税人应在收到《企业所得税核定征收鉴定表》后10个工作日内，填好该表并报送主管税务机关。《企业所得税核定征收鉴定表》一式三联，主管税务机关和县税务机关各执一联，另一联送达纳税人执行。主管税务机关还可根据实际工作需要，适当增加联次备用。

（二）主管税务机关应在受理《企业所得税核定征收鉴定表》后20个工作日内，分类逐户审查核实，提出鉴定意见，并报县税务机关复核、认定。

（三）县税务机关应在收到《企业所得税核定征收鉴定表》后30个工作日内，完成复核、认定工作。

纳税人收到《企业所得税核定征收鉴定表》后，未在规定期限内填列、报送的，税务机关视同纳税人已经报送，按上述程序进行复核认定。

**第十一条** 税务机关应在每年6月底前对上年度实行核定征收企业所得税的纳税人进行重新鉴定。重新鉴定工作完成前，纳税人可暂按上年度的核定征收方式预缴企业所得税；重新鉴定工作完成后，按重新鉴定的结果进行调整。

**第十二条** 主管税务机关应当分类逐户公示核定的应纳所得税额或应税所得率。主管税务机关应当按照便于纳税人及社会各界了解、监督的原则确定公示地点、方式。

纳税人对税务机关确定的企业所得税征收方式、核定的应纳所得税额或应税所得率有异议的，应当提供合法、有效的相关证据，税务机关经核实认定后调整有异议的事项。

**第十三条** 纳税人实行核定应税所得率方式的，按下列规定申报纳税：

（一）主管税务机关根据纳税人应纳税额的大小确定纳税人按月或者按季预缴，年终汇算清缴。预缴方法一经确定，一个纳税年度内不得改变。

（二）纳税人应依照确定的应税所得率计算纳税期间实际应缴纳的税额，进行预缴。按实际数额预缴有困难的，经主管税务机关同意，可按上一年度应纳税额的1/12或1/4预缴，或者按经主管税务机关认可的其他方法预缴。

（三）纳税人预缴税款或年终进行汇算清缴时，应按规定填写《中华人民共和国企业所得税月（季）度预缴纳税申报表（B类）》，在规定的纳税申报时限内报送主管税务机关。

**第十四条** 纳税人实行核定应纳所得税额方式的，按下列规定申报纳税：

（一）纳税人在应纳所得税额尚未确定之前，可暂按上年度应纳所得税额的1/12或1/4预缴，或者按经主管税务机关认可的其他方法，按月或按季分期预缴。

（二）在应纳所得税额确定以后，减除当年已预缴的所得税额，余额按剩余月份或季度均分，以此确定以后各月或各季的应纳税额，由纳税人按月或按季填写《中华人民共和国企业所得税月（季）度预缴纳税申报表（B类）》，在规定的纳税申报期限内进行纳税申报。

（三）纳税人年度终了后，在规定的时限内按照实际经营额或实际应纳税额向税务机关申报纳税。申报额超过核定经营额或应纳税额的，按申报额缴纳税款；申报额低于核定经营额或应纳税额的，按核定经营额或应纳税额缴纳税款。

**第十五条** 对违反本办法规定的行为，按照《中华人民共和国税收征收管理法》及其实施细则的有关规定处理。

**第十六条** 各省、自治区、直辖市和计划单列市税务局，根据本办法的规定制定具体实施办法，并报国家税务总局备案。

**第十七条** 本办法自2008年1月1日起执行。《国家税务总局关于印发〈核定征收企业所得税暂行办法〉的通知》（国税发〔2000〕38号）同时废止。

附件：（略）

## 非居民企业所得税汇算清缴管理办法①

*1. 2009年1月22日国家税务总局发布*
*2. 国税发〔2009〕6号*
*3. 根据2018年6月15日国家税务总局公告2018年第31号《关于修改部分税收规定性文件的公告》修正*

为规范非居民企业所得税汇算清缴工作，根据《中华人民共和国企业所得税法》（以下简称企业所得税法）及其实施条例和《中华人民共和国税收征收管理法》（以下简称税收征管法）及其实施细则的有关规定，制定本办法。

### 一、汇算清缴对象

（一）依照外国（地区）法律成立且实际管理机构不在中国境内，但在中国境内设立机构、场所的非居民企业（以下称为企业），无论盈利或者亏损，均应按照企业所得税法及本办法规定参加所得税汇算清缴。

（二）企业具有下列情形之一的，可不参加当年度的所得税汇算清缴：

1. 临时来华承包工程和提供劳务不足1年，在年度中间终止经营活动，且已经结清税款；

2. 汇算清缴期内已办理注销；

3. 其他经主管税务机关批准可不参加当年度所得税汇算清缴。

### 二、汇算清缴时限

（一）企业应当自年度终了之日起5个月内，向税务机关报送年度企业所得税纳税申报表，并汇算清缴，结清应缴应退税款。

（二）企业在年度中间终止经营活动的，应当自实际经营终止之日起60日内，向税务机关办理当期企业所得税汇算清缴。

### 三、申报纳税

（一）企业办理所得税年度申报时，应当如实填写和报送下列报表、资料：

1. 年度企业所得税纳税申报表及其附表；

2. 年度财务会计报告；

3. 税务机关规定应当报送的其他有关资料。

（二）企业因特殊原因，不能在规定期限内办理年度所得税申报，应当在年度终了之日起5个月内，向主管税务机关提出延期申报申请。主管税务机关批准后，可以适当延长申报期限。

（三）企业采用电子方式办理纳税申报的，应附报纸质纳税申报资料。

（四）企业委托中介机构代理年度企业所得税纳税申报的，应附送委托人签章的委托书原件。

（五）企业申报年度所得税后，经主管税务机关审核，需补缴或退还所得税的，应在收到主管税务机关送达的《非居民企业所得税汇算清缴涉税事宜通知书》（见附件1和附件2）后，按规定时限将税款补缴入库，或按照主管税务机关的要求办理退税手续。

（六）经批准采取汇总申报缴纳所得税的企业，其履行汇总纳税的机构、场所（以下简称汇缴机构），应当于每年5月31日前，向汇缴机构所在地主管税务机关索取《非居民企业汇总申报企业所得税证明》（以下称为《汇总申报纳税证明》，见附件3）；企业其他机构、场所（以下简称其他机构）应当于每年6月30日前将《汇总申报纳税证明》及其财务会计报告送交其所在地主管税务机关。

---

① 第三条第六项已被2019年3月1日国家税务总局、财政部、中国人民银行国家税务总局公告2019年第12号《关于非居民企业机构场所汇总缴纳企业所得税有关问题的公告》废止。——编者注

在上述规定期限内，其他机构未向其所在地主管税务机关提供《汇总申报纳税证明》，且又无汇缴机构延期申报批准文件的，其他机构所在地主管税务机关应负责检查核实或核定该其他机构应纳税所得额，计算征收应补缴税款并实施处罚。

（七）企业补缴税款确因特殊困难需延期缴纳的，按税收征管法及其实施细则的有关规定办理。

（八）企业在所得税汇算清缴期限内，发现当年度所得税申报有误的，应当在年度终了之日起5个月内向主管税务机关重新办理年度所得税申报。

（九）企业报送报表期限的最后一日是法定休假日的，以休假日期满的次日为期限的最后一日；在期限内有连续三日以上法定休假日的，按休假日天数顺延。

**四、法律责任**

（一）企业未按规定期限办理年度所得税申报，且未经主管税务机关批准延期申报，或报送资料不全、不符合要求的，应在收到主管税务机关送达的《责令限期改正通知书》后按规定时限补报。

企业未按规定期限办理年度所得税申报，且未经主管税务机关批准延期申报的，主管税务机关除责令其限期申报外，可按照税收征管法的规定处以2000元以下的罚款，逾期仍不申报的，可处以2000元以上10000元以下的罚款，同时核定其年度应纳税额，责令其限期缴纳。企业在收到主管税务机关送达的《非居民企业所得税应纳税款核定通知书》（见附件4）后，应在规定时限内缴纳税款。

（二）企业未按规定期限办理所得税汇算清缴，主管税务机关除责令其限期办理外，对发生税款滞纳的，按照税收征管法的规定，加收滞纳金。

（三）企业同税务机关在纳税上发生争议时，依照税收征管法相关规定执行。

五、本办法自2008年1月1日起执行。

附件：（略）

## 企业政策性搬迁所得税管理办法[①]

*1. 2012年8月10日国家税务总局公告2012年第40号公布*

*2. 自2012年10月1日起施行*

### 第一章 总 则

**第一条** 为规范企业政策性搬迁的所得税征收管理，根据《中华人民共和国企业所得税法》（以下简称《企业所得税法》）及其实施条例的有关规定，制定本办法。

**第二条** 本办法执行范围仅限于企业政策性搬迁过程中涉及的所得税征收管理事项，不包括企业自行搬迁或商业性搬迁等非政策性搬迁的税务处理事项。

**第三条** 企业政策性搬迁，是指由于社会公共利益的需要，在政府主导下企业进行整体搬迁或部分搬迁。企业由于下列需要之一，提供相关文件证明资料的，属于政策性搬迁：

（一）国防和外交的需要；

（二）由政府组织实施的能源、交通、水利等基础设施的需要；

（三）由政府组织实施的科技、教育、文化、卫生、体育、环境和资源保护、防灾减灾、文物保护、社会福利、市政公用等公共事业的需要；

（四）由政府组织实施的保障性安居工程建设的需要；

（五）由政府依照《中华人民共和国城乡规划法》有关规定组织实施的对危房集中、基础设施落后等地段进行旧城区改建的需要；

（六）法律、行政法规规定的其他公共利益的需要。

**第四条** 企业应按本办法的要求，就政策性搬迁过程中涉及的搬迁收入、搬迁支出、搬迁资产税务处理、搬迁所得等所得税征收管理事项，单独进行税务管理和核算。不能单独进行税务管理和核算的，应视为企业自行搬迁或商业性搬迁等非政策性搬迁进行所得税处理，不得执行本办法规定。

### 第二章 搬 迁 收 入

**第五条** 企业的搬迁收入，包括搬迁过程中从本企业以外（包括政府或其他单位）取得的搬迁补偿收入，以及本企业搬迁资产处置收入等。

**第六条** 企业取得的搬迁补偿收入，是指企业由于搬迁取得的货币性和非货币性补偿收入。具体包括：

（一）对被征用资产价值的补偿；

（二）因搬迁、安置而给予的补偿；

（三）对停产停业形成的损失而给予的补偿；

---

① 第二十六条已被2013年3月12日国家税务总局公告2013年第11号《关于企业政策性搬迁所得税有关问题的公告》废止；第二十五条关于“应同时报送《企业政策性搬迁清算损益表》（表样附后）”的规定和附件《企业政策性搬迁清算损益表》已被2022年12月30日国家税务总局公告2022年第27号《关于企业所得税年度纳税申报有关事项的公告（2022修订）》废止。——编者注

（四）资产搬迁过程中遭到毁损而取得的保险赔款；

（五）其他补偿收入。

**第七条**　企业搬迁资产处置收入，是指企业由于搬迁而处置企业各类资产所取得的收入。

企业由于搬迁处置存货而取得的收入，应按正常经营活动取得的收入进行所得税处理，不作为企业搬迁收入。

## 第三章　搬 迁 支 出

**第八条**　企业的搬迁支出，包括搬迁费用支出以及由于搬迁所发生的企业资产处置支出。

**第九条**　搬迁费用支出，是指企业搬迁期间所发生的各项费用，包括安置职工实际发生的费用、停工期间支付给职工的工资及福利费、临时存放搬迁资产而发生的费用、各类资产搬迁安装费用以及其他与搬迁相关的费用。

**第十条**　资产处置支出，是指企业由于搬迁而处置各类资产所发生的支出，包括变卖及处置各类资产的净值、处置过程中所发生的税费等支出。

企业由于搬迁而报废的资产，如无转让价值，其净值作为企业的资产处置支出。

## 第四章　搬迁资产税务处理

**第十一条**　企业搬迁的资产，简单安装或不需要安装即可继续使用的，在该项资产重新投入使用后，就其净值按《企业所得税法》及其实施条例规定的该资产尚未折旧或摊销的年限，继续计提折旧或摊销。

**第十二条**　企业搬迁的资产，需要进行大修理后才能重新使用的，应就该资产的净值，加上大修理过程所发生的支出，为该资产的计税成本。在该项资产重新投入使用后，按该资产尚可使用的年限，计提折旧或摊销。

**第十三条**　企业搬迁中被征用的土地，采取土地置换的，换入土地的计税成本按被征用土地的净值，以及该换入土地投入使用前所发生的各项费用支出，为该换入土地的计税成本，在该换入土地投入使用后，按《企业所得税法》及其实施条例规定年限摊销。

**第十四条**　企业搬迁期间新购置的各类资产，应按《企业所得税法》及其实施条例等有关规定，计算确定资产的计税成本及折旧或摊销年限。企业发生的购置资产支出，不得从搬迁收入中扣除。

## 第五章　应 税 所 得

**第十五条**　企业在搬迁期间发生的搬迁收入和搬迁支出，可以暂不计入当期应纳税所得额，而在完成搬迁的年度，对搬迁收入和支出进行汇总清算。

**第十六条**　企业的搬迁收入，扣除搬迁支出后的余额，为企业的搬迁所得。

企业应在搬迁完成年度，将搬迁所得计入当年度企业应纳税所得额计算纳税。

**第十七条**　下列情形之一的，为搬迁完成年度，企业应进行搬迁清算，计算搬迁所得：

（一）从搬迁开始，5 年内（包括搬迁当年度）任何一年完成搬迁的。

（二）从搬迁开始，搬迁时间满 5 年（包括搬迁当年度）的年度。

**第十八条**　企业搬迁收入扣除搬迁支出后为负数的，应为搬迁损失。搬迁损失可在下列方法中选择其一进行税务处理：

（一）在搬迁完成年度，一次性作为损失进行扣除。

（二）自搬迁完成年度起分 3 个年度，均匀在税前扣除。

上述方法由企业自行选择，但一经选定，不得改变。

**第十九条**　企业同时符合下列条件的，视为已经完成搬迁：

（一）搬迁规划已基本完成；

（二）当年生产经营收入占规划搬迁前年度生产经营收入 50% 以上。

**第二十条**　企业边搬迁、边生产的，搬迁年度应从实际开始搬迁的年度计算。

**第二十一条**　企业以前年度发生尚未弥补的亏损的，凡企业由于搬迁停止生产经营无所得的，从搬迁年度次年起，至搬迁完成年度前一年度止，可作为停止生产经营活动年度，从法定亏损结转弥补年限中减除；企业边搬迁、边生产的，其亏损结转年度应连续计算。

## 第六章　征 收 管 理

**第二十二条**　企业应当自搬迁开始年度，至次年 5 月 31 日前，向主管税务机关（包括迁出地和迁入地）报送政策性搬迁依据、搬迁规划等相关材料。逾期未报的，除特殊原因并经主管税务机关认可外，按非政策性搬迁处理，不得执行本办法的规定。

**第二十三条**　企业应向主管税务机关报送的政策性搬迁依据、搬迁规划等相关材料，包括：

（一）政府搬迁文件或公告；

（二）搬迁重置总体规划；

（三）拆迁补偿协议；

（四）资产处置计划；

（五）其他与搬迁相关的事项。

**第二十四条** 企业迁出地和迁入地主管税务机关发生变化的，由迁入地主管税务机关负责企业搬迁清算。

**第二十五条** 企业搬迁完成当年，其向主管税务机关报送企业所得税年度纳税申报表时，应同时报送《企业政策性搬迁清算损益表》（表样附后）及相关材料。

**第二十六条** 企业在本办法生效前尚未完成搬迁的，符合本办法规定的搬迁事项，一律按本办法执行。本办法生效年度以前已经完成搬迁且已按原规定进行税务处理的，不再调整。

**第二十七条** 本办法未规定的企业搬迁税务事项，按照《企业所得税法》及其实施条例等相关规定进行税务处理。

**第二十八条** 本办法施行后，《国家税务总局关于企业政策性搬迁或处置收入有关企业所得税处理问题的通知》（国税函〔2009〕118号）同时废止。

附件：中华人民共和国企业政策性搬迁清算损益表（略）

## 非居民企业所得税核定征收管理办法

*1. 2010年2月20日国家税务总局发布*

*2. 国税发〔2010〕19号*

*3. 根据2015年4月17日国家税务总局公告2015年第22号《关于修改〈非居民企业所得税核定征收管理办法〉等文件的公告》第一次修正*

*4. 根据2016年5月5日国家税务总局公告2016年第28号《关于修改按经费支出换算收入方式核定非居民企业应纳税所得额计算公式的公告》第二次修正*

*5. 根据2018年6月15日国家税务总局公告2018年第31号《关于修改部分税收规范性文件的公告》第三次修正*

**第一条** 为了规范非居民企业所得税核定征收工作，根据《中华人民共和国企业所得税法》（以下简称企业所得税法）及其实施条例和《中华人民共和国税收征收管理法》（以下简称税收征管法）及其实施细则，制定本办法。

**第二条** 本办法适用于企业所得税法第三条第二款规定的非居民企业，外国企业常驻代表机构企业所得税核定办法按照有关规定办理。

**第三条** 非居民企业应当按照税收征管法及有关法律法规设置账簿，根据合法、有效凭证记账，进行核算，并应按照其实际履行的功能与承担的风险相匹配的原则，准确计算应纳税所得额，据实申报缴纳企业所得税。

**第四条** 非居民企业因会计账簿不健全，资料残缺难以查账，或者其他原因不能准确计算并据实申报其应纳税所得额的，税务机关有权采取以下方法核定其应纳税所得额。

（一）按收入总额核定应纳税所得额：适用于能够正确核算收入或通过合理方法推定收入总额，但不能正确核算成本费用的非居民企业。计算公式如下：

应纳税所得额＝收入总额×经税务机关核定的利润率

（二）按成本费用核定应纳税所得额：适用于能够正确核算成本费用，但不能正确核算收入总额的非居民企业。计算公式如下：

应纳税所得额＝成本费用总额/（1－经税务机关核定的利润率）×经税务机关核定的利润率

（三）按经费支出换算收入核定应纳税所得额：适用于能够正确核算经费支出总额，但不能正确核算收入总额和成本费用的非居民企业。计算公式：

应纳税所得额＝本期经费支出额/（1－核定利润率）×核定利润率

**第五条** 税务机关可按照以下标准确定非居民企业的利润率：

（一）从事承包工程作业、设计和咨询劳务的，利润率为15%～30%；

（二）从事管理服务的，利润率为30%～50%；

（三）从事其他劳务或劳务以外经营活动的，利润率不低于15%。

税务机关有根据认为非居民企业的实际利润率明显高于上述标准的，可以按照比上述标准更高的利润率核定其应纳税所得额。

**第六条** 非居民企业与中国居民企业签订机器设备或货物销售合同，同时提供设备安装、装配、技术培训、指导、监督服务等劳务，其销售货物合同中未列明提供上述劳务服务收费金额，或者计价不合理的，主管税务机关可以根据实际情况，参照相同或相近业务的计价标准核定劳务收入。无参照标准的，以不低于销售货物合同总价款的10%为原则，确定非居民企业的劳务收入。

**第七条** 非居民企业为中国境内客户提供劳务取得的收入，凡其提供的服务全部发生在中国境内的，应全额在中国境内申报缴纳企业所得税。凡其提供的服务同时发生在中国境内外的，应以劳务发生地为原则划分其境内外收入，并就其在中国境内取得的劳务收入申报缴纳企业所得税。税务机关对其境内外收入划分的合理性和真实性有疑义的，可以要求非居民企业提供真实有效的证明，并根据工作量、工作时间、成本费用等因素合理划分其境内外收入；如非居民企业不能提供真实有效的证明，税务机关可视同其提供的服务全部发生在中国境内，确定其劳务收入并据以征收企业所得税。

**第八条** 采取核定征收方式征收企业所得税的非居民企业，在中国境内从事适用不同核定利润率的经营活动，并取得应税所得的，应分别核算并适用相应的利润率计算缴纳企业所得税；凡不能分别核算的，应从高适用利润率，计算缴纳企业所得税。

**第九条** 主管税务机关应及时向非居民企业送达《非居民企业所得税征收方式鉴定表》（见附件，以下简称《鉴定表》），非居民企业应在收到《鉴定表》后10个工作日内，完成《鉴定表》的填写并送达主管税务机关，主管税务机关在受理《鉴定表》后20个工作日内，完成该项征收方式的确认工作。

**第十条** 税务机关发现非居民企业采用核定征收方式计算申报的应纳税所得额不真实，或者明显与其承担的功能风险不相匹配的，有权予以调整。

**第十一条** 各省、自治区、直辖市和计划单列市税务局可按照本办法第五条规定确定适用的核定利润率幅度，并根据本办法规定制定具体操作规程，报国家税务总局（国际税务司）备案。

**第十二条** 本办法自发布之日起施行。

附件：非居民企业所得税征收方式鉴定表（略）

## 企业资产损失所得税税前扣除管理办法[①]

*1. 2011年3月31日国家税务总局公告2011年第25号公布*

*2. 根据2018年6月15日国家税务总局公告2018年第31号《关于修改部分税收规范性文件的公告》修正*

### 第一章 总　　则

**第一条** 根据《中华人民共和国企业所得税法》（以下简称企业所得税法）及其实施条例、《中华人民共和国税收征收管理法》（以下简称征管法）及其实施细则、《财政部国家税务总局关于企业资产损失税前扣除政策的通知》（财税〔2009〕57号）（以下简称《通知》）的规定，制定本办法。

**第二条** 本办法所称资产是指企业拥有或者控制的、用于经营管理活动相关的资产，包括现金、银行存款、应收及预付款项（包括应收票据、各类垫款、企业之间往来款项）等货币性资产，存货、固定资产、无形资产、在建工程、生产性生物资产等非货币性资产，以及债权性投资和股权（权益）性投资。

**第三条** 准予在企业所得税税前扣除的资产损失，是指企业在实际处置、转让上述资产过程中发生的合理损失（以下简称实际资产损失），以及企业虽未实际处置、转让上述资产，但符合《通知》和本办法规定条件计算确认的损失（以下简称法定资产损失）。

**第四条** 企业实际资产损失，应当在其实际发生且会计上已作损失处理的年度申报扣除；法定资产损失，应当在企业向主管税务机关提供证据资料证明该项资产已符合法定资产损失确认条件，且会计上已作损失处理的年度申报扣除。

**第五条** 企业发生的资产损失，应按规定的程序和要求向主管税务机关申报后方能在税前扣除。未经申报的损失，不得在税前扣除。

**第六条** 企业以前年度发生的资产损失未能在当年税前扣除的，可以按照本办法的规定，向税务机关说明并进行专项申报扣除。其中，属于实际资产损失，准予追补至该项损失发生年度扣除，其追补确认期限一般不得超过五年，但因计划经济体制转轨过程中遗留的资产损失、企业重组上市过程中因权属不清出现争议而未能及时扣除的资产损失、因承担国家政策性任务而形成的资产损失以及政策定性不明确而形成资产损失等特殊原因形成的资产损失，其追补确认期限经国家税务总局批准后可适当延长。属于法定资产损失，应在申报年度扣除。

企业因以前年度实际资产损失未在税前扣除而多缴的企业所得税税款，可在追补确认年度企业所得税应纳税款中予以抵扣，不足抵扣的，向以后年度递延抵扣。

企业实际资产损失发生年度扣除追补确认的损失

---

① 第十二条已被2014年3月17日国家税务总局公告2014年第18号《关于企业因国务院决定事项形成的资产损失税前扣除问题的公告》废止；第四条、第七条、第八条、第十三条有关资产损失证据资料、会计核算资料、纳税资料等相关资料报送的内容已被2018年4月10日国家税务总局公告2018年第15号《关于企业所得税资产损失资料留存备查有关事项的公告》废止。——编者注

后出现亏损的，应先调整资产损失发生年度的亏损额，再按弥补亏损的原则计算以后年度多缴的企业所得税税款，并按前款办法进行税务处理。

## 第二章 申报管理

**第七条** 企业在进行企业所得税年度汇算清缴申报时，可将资产损失申报材料和纳税资料作为企业所得税年度纳税申报表的附件一并向税务机关报送。

**第八条** 企业资产损失按其申报内容和要求的不同，分为清单申报和专项申报两种申报形式。其中，属于清单申报的资产损失，企业可按会计核算科目进行归类、汇总，然后再将汇总清单报送税务机关，有关会计核算资料和纳税资料留存备查；属于专项申报的资产损失，企业应逐项（或逐笔）报送申请报告，同时附送会计核算资料及其他相关的纳税资料。

企业在申报资产损失税前扣除过程中不符合上述要求的，税务机关应当要求其改正，企业拒绝改正的，税务机关有权不予受理。

**第九条** 下列资产损失，应以清单申报的方式向税务机关申报扣除：

（一）企业在正常经营管理活动中，按照公允价格销售、转让、变卖非货币资产的损失；

（二）企业各项存货发生的正常损耗；

（三）企业固定资产达到或超过使用年限而正常报废清理的损失；

（四）企业生产性生物资产达到或超过使用年限而正常死亡发生的资产损失；

（五）企业按照市场公平交易原则，通过各种交易场所、市场等买卖债券、股票、期货、基金以及金融衍生产品等发生的损失。

**第十条** 前条以外的资产损失，应以专项申报的方式向税务机关申报扣除。企业无法准确判别是否属于清单申报扣除的资产损失，可以采取专项申报的形式申报扣除。

**第十一条** 在中国境内跨地区经营的汇总纳税企业发生的资产损失，应按以下规定申报扣除：

（一）总机构及其分支机构发生的资产损失，除应按专项申报和清单申报的有关规定，各自向当地主管税务机关申报外，各分支机构同时还应上报总机构；

（二）总机构对各分支机构上报的资产损失，除税务机关另有规定外，应以清单申报的形式向当地主管税务机关进行申报；

（三）总机构将跨地区分支机构所属资产捆绑打包转让所发生的资产损失，由总机构向当地主管税务机关进行专项申报。

**第十二条** 企业因国务院决定事项形成的资产损失，应向国家税务总局提供有关资料。国家税务总局审核有关情况后，将损失情况通知相关税务机关。企业应按本办法的要求进行专项申报。

**第十三条** 属于专项申报的资产损失，企业因特殊原因不能在规定的时限内报送相关资料的，可以向主管税务机关提出申请，经主管税务机关同意后，可适当延期申报。

**第十四条** 企业应当建立健全资产损失内部核销管理制度，及时收集、整理、编制、审核、申报、保存资产损失税前扣除证据材料，方便税务机关检查。

**第十五条** 税务机关应按分项建档、分级管理的原则，建立企业资产损失税前扣除管理台账和纳税档案，及时进行评估。对资产损失金额较大或经评估后发现不符合资产损失税前扣除规定、或存有疑点、异常情况的资产损失，应及时进行核查。对有证据证明申报扣除的资产损失不真实、不合法的，应依法作出税收处理。

## 第三章 资产损失确认证据

**第十六条** 企业资产损失相关的证据包括具有法律效力的外部证据和特定事项的企业内部证据。

**第十七条** 具有法律效力的外部证据，是指司法机关、行政机关、专业技术鉴定部门等依法出具的与本企业资产损失相关的具有法律效力的书面文件，主要包括：

（一）司法机关的判决或者裁定；

（二）公安机关的立案结案证明、回复；

（三）工商部门出具的注销、吊销及停业证明；

（四）企业的破产清算公告或清偿文件；

（五）行政机关的公文；

（六）专业技术部门的鉴定报告；

（七）具有法定资质的中介机构的经济鉴定证明；

（八）仲裁机构的仲裁文书；

（九）保险公司对投保资产出具的出险调查单、理赔计算单等保险单据；

（十）符合法律规定的其他证据。

**第十八条** 特定事项的企业内部证据，是指会计核算制度健全、内部控制制度完善的企业，对各项资产发生毁损、报废、盘亏、死亡、变质等内部证明或承担责任的声明，主要包括：

（一）有关会计核算资料和原始凭证；

（二）资产盘点表；

（三）相关经济行为的业务合同；

（四）企业内部技术鉴定部门的鉴定文件或资料；

（五）企业内部核批文件及有关情况说明；

（六）对责任人由于经营管理责任造成损失的责任认定及赔偿情况说明；

（七）法定代表人、企业负责人和企业财务负责人对特定事项真实性承担法律责任的声明。

## 第四章 货币资产损失的确认

**第十九条** 企业货币资产损失包括现金损失、银行存款损失和应收及预付款项损失等。

**第二十条** 现金损失应依据以下证据材料确认：

（一）现金保管人确认的现金盘点表（包括倒推至基准日的记录）；

（二）现金保管人对于短缺的说明及相关核准文件；

（三）对责任人由于管理责任造成损失的责任认定及赔偿情况的说明；

（四）涉及刑事犯罪的，应有司法机关出具的相关材料；

（五）金融机构出具的假币收缴证明。

**第二十一条** 企业因金融机构清算而发生的存款类资产损失应依据以下证据材料确认：

（一）企业存款类资产的原始凭据；

（二）金融机构破产、清算的法律文件；

（三）金融机构清算后剩余资产分配情况资料。

金融机构应清算而未清算超过三年的，企业可将该款项确认为资产损失，但应有法院或破产清算管理人出具的未完成清算证明。

**第二十二条** 企业应收及预付款项坏账损失应依据以下相关证据材料确认：

（一）相关事项合同、协议或说明；

（二）属于债务人破产清算的，应有人民法院的破产、清算公告；

（三）属于诉讼案件的，应出具人民法院的判决书或裁决书或仲裁机构的仲裁书，或者被法院裁定终（中）止执行的法律文书；

（四）属于债务人停止营业的，应有工商部门注销、吊销营业执照证明；

（五）属于债务人死亡、失踪的，应有公安机关等有关部门对债务人个人的死亡、失踪证明；

（六）属于债务重组的，应有债务重组协议及其债务人重组收益纳税情况说明；

（七）属于自然灾害、战争等不可抗力而无法收回的，应有债务人受灾情况说明以及放弃债权申明。

**第二十三条** 企业逾期三年以上的应收款项在会计上已作为损失处理的，可以作为坏账损失，但应说明情况，并出具专项报告。

**第二十四条** 企业逾期一年以上，单笔数额不超过五万或者不超过企业年度收入总额万分之一的应收款项，会计上已经作为损失处理的，可以作为坏账损失，但应说明情况，并出具专项报告。

## 第五章 非货币资产损失的确认

**第二十五条** 企业非货币资产损失包括存货损失、固定资产损失、无形资产损失、在建工程损失、生产性生物资产损失等。

**第二十六条** 存货盘亏损失，为其盘亏金额扣除责任人赔偿后的余额，应依据以下证据材料确认：

（一）存货计税成本确定依据；

（二）企业内部有关责任认定、责任人赔偿说明和内部核批文件；

（三）存货盘点表；

（四）存货保管人对于盘亏的情况说明。

**第二十七条** 存货报废、毁损或变质损失，为其计税成本扣除残值及责任人赔偿后的余额，应依据以下证据材料确认：

（一）存货计税成本的确定依据；

（二）企业内部关于存货报废、毁损、变质、残值情况说明及核销资料；

（三）涉及责任人赔偿的，应当有赔偿情况说明；

（四）该项损失数额较大的（指占企业该类资产计税成本10%以上，或减少当年应纳税所得、增加亏损10%以上，下同），应有专业技术鉴定意见或法定资质中介机构出具的专项报告等。

**第二十八条** 存货被盗损失，为其计税成本扣除保险理赔以及责任人赔偿后的余额，应依据以下证据材料确认：

（一）存货计税成本的确定依据；

（二）向公安机关的报案记录；

（三）涉及责任人和保险公司赔偿的，应有赔偿情况说明等。

**第二十九条** 固定资产盘亏、丢失损失，为其账面净值扣除责任人赔偿后的余额，应依据以下证据材料确认：

（一）企业内部有关责任认定和核销资料；

（二）固定资产盘点表；

（三）固定资产的计税基础相关资料；

（四）固定资产盘亏、丢失情况说明；

（五）损失金额较大的，应有专业技术鉴定报告或法定资质中介机构出具的专项报告等。

**第三十条**　固定资产报废、毁损损失，为其账面净值扣除残值和责任人赔偿后的余额，应依据以下证据材料确认：

（一）固定资产的计税基础相关资料；

（二）企业内部有关责任认定和核销资料；

（三）企业内部有关部门出具的鉴定材料；

（四）涉及责任赔偿的，应当有赔偿情况的说明；

（五）损失金额较大的或自然灾害等不可抗力原因造成固定资产毁损、报废的，应有专业技术鉴定意见或法定资质中介机构出具的专项报告等。

**第三十一条**　固定资产被盗损失，为其账面净值扣除责任人赔偿后的余额，应依据以下证据材料确认：

（一）固定资产计税基础相关资料；

（二）公安机关的报案记录，公安机关立案、破案和结案的证明材料；

（三）涉及责任赔偿的，应有赔偿责任的认定及赔偿情况的说明等。

**第三十二条**　在建工程停建、报废损失，为其工程项目投资账面价值扣除残值后的余额，应依据以下证据材料确认：

（一）工程项目投资账面价值确定依据；

（二）工程项目停建原因说明及相关材料；

（三）因质量原因停建、报废的工程项目和因自然灾害和意外事故停建、报废的工程项目，应出具专业技术鉴定意见和责任认定、赔偿情况的说明等。

**第三十三条**　工程物资发生损失，可比照本办法存货损失的规定确认。

**第三十四条**　生产性生物资产盘亏损失，为其账面净值扣除责任人赔偿后的余额，应依据以下证据材料确认：

（一）生产性生物资产盘点表；

（二）生产性生物资产盘亏情况说明；

（三）生产性生物资产损失金额较大的，企业应有专业技术鉴定意见和责任认定、赔偿情况的说明等。

**第三十五条**　因森林病虫害、疫情、死亡而产生的生产性生物资产损失，为其账面净值扣除残值、保险赔偿和责任人赔偿后的余额，应依据以下证据材料确认：

（一）损失情况说明；

（二）责任认定及其赔偿情况的说明；

（三）损失金额较大的，应有专业技术鉴定意见。

**第三十六条**　对被盗伐、被盗、丢失而产生的生产性生物资产损失，为其账面净值扣除保险赔偿以及责任人赔偿后的余额，应依据以下证据材料确认：

（一）生产性生物资产被盗后，向公安机关的报案记录或公安机关立案、破案和结案的证明材料；

（二）责任认定及其赔偿情况的说明。

**第三十七条**　企业由于未能按期赎回抵押资产，使抵押资产被拍卖或变卖，其账面净值大于变卖价值的差额，可认定为资产损失，按以下证据材料确认：

（一）抵押合同或协议书；

（二）拍卖或变卖证明、清单；

（三）会计核算资料等其他相关证据材料。

**第三十八条**　被其他新技术所代替或已经超过法律保护期限，已经丧失使用价值和转让价值，尚未摊销的无形资产损失，应提交以下证据备案：

（一）会计核算资料；

（二）企业内部核批文件及有关情况说明；

（三）技术鉴定意见和企业法定代表人、主要负责人和财务负责人签章证实无形资产已无使用价值或转让价值的书面申明；

（四）无形资产的法律保护期限文件。

## 第六章　投资损失的确认

**第三十九条**　企业投资损失包括债权性投资损失和股权（权益）性投资损失。

**第四十条**　企业债权投资损失应依据投资的原始凭证、合同或协议、会计核算资料等相关证据材料确认。下列情况债权投资损失的，还应出具相关证据材料：

（一）债务人或担保人依法被宣告破产、关闭、被解散或撤销、被吊销营业执照、失踪或者死亡等，应出具资产清偿证明或者遗产清偿证明。无法出具资产清偿证明或者遗产清偿证明，且上述事项超过三年以上的，或债权投资（包括信用卡透支和助学贷款）余额在三百万元以下的，应出具对应的债务人和担保人破产、关闭、解散证明、撤销文件、工商行政管理部门注销证明或查询证明以及追索记录等（包括司法追索、电话追索、信件追索和上门追索等原始记录）；

（二）债务人遭受重大自然灾害或意外事故，企业对其资产进行清偿和对担保人进行追偿后，未能收回的债权，应出具债务人遭受重大自然灾害或意外事故证明、保险赔偿证明、资产清偿证明等；

（三）债务人因承担法律责任，其资产不足归还所借债务，又无其他债务承担者的，应出具法院裁定证明和资产清偿证明；

（四）债务人和担保人不能偿还到期债务，企业提出诉讼或仲裁的，经人民法院对债务人和担保人强制执行，债务人和担保人均无资产可执行，人民法院裁定终结或终止（中止）执行的，应出具人民法院裁定文书；

（五）债务人和担保人不能偿还到期债务，企业提出诉讼后被驳回起诉的、人民法院不予受理或不予支持的，或经仲裁机构裁决免除（或部分免除）债务人责任，经追偿后无法收回的债权，应提交法院驳回起诉的证明，或法院不予受理或不予支持证明，或仲裁机构裁决免除债务人责任的文书；

（六）经国务院专案批准核销的债权，应提供国务院批准文件或经国务院同意后由国务院有关部门批准的文件。

**第四十一条**　企业股权投资损失应依据以下相关证据材料确认：

（一）股权投资计税基础证明材料；

（二）被投资企业破产公告、破产清偿文件；

（三）工商行政管理部门注销、吊销被投资单位营业执照文件；

（四）政府有关部门对被投资单位的行政处理决定文件；

（五）被投资企业终止经营、停止交易的法律或其他证明文件；

（六）被投资企业资产处置方案、成交及入账材料；

（七）企业法定代表人、主要负责人和财务负责人签章证实有关投资（权益）性损失的书面申明；

（八）会计核算资料等其他相关证据材料。

**第四十二条**　被投资企业依法宣告破产、关闭、解散或撤销、吊销营业执照、停止生产经营活动、失踪等，应出具资产清偿证明或者遗产清偿证明。

上述事项超过三年以上且未能完成清算的，应出具被投资企业破产、关闭、解散或撤销、吊销等的证明以及不能清算的原因说明。

**第四十三条**　企业委托金融机构向其他单位贷款，或委托其他经营机构进行理财，到期不能收回贷款或理财款项，按照本办法第六章有关规定进行处理。

**第四十四条**　企业对外提供与本企业生产经营活动有关的担保，因被担保人不能按期偿还债务而承担连带责任，经追索，被担保人无偿还能力，对无法追回的金额，比照本办法规定的应收款项损失进行处理。

与本企业生产经营活动有关的担保是指企业对外提供的与本企业应税收入、投资、融资、材料采购、产品销售等生产经营活动相关的担保。

**第四十五条**　企业按独立交易原则向关联企业转让资产而发生的损失，或向关联企业提供借款、担保而形成的债权损失，准予扣除，但企业应作专项说明，同时出具中介机构出具的专项报告及其相关的证明材料。

**第四十六条**　下列股权和债权不得作为损失在税前扣除：

（一）债务人或者担保人有经济偿还能力，未按期偿还的企业债权；

（二）违反法律、法规的规定，以各种形式、借口逃废或悬空的企业债权；

（三）行政干预逃废或悬空的企业债权；

（四）企业未向债务人和担保人追偿的债权；

（五）企业发生非经营活动的债权；

（六）其他不应当核销的企业债权和股权。

## 第七章　其他资产损失的确认

**第四十七条**　企业将不同类别的资产捆绑（打包），以拍卖、询价、竞争性谈判、招标等市场方式出售，其出售价格低于计税成本的差额，可以作为资产损失并准予在税前申报扣除，但应出具资产处置方案、各类资产作价依据、出售过程的情况说明、出售合同或协议、成交及入账证明、资产计税基础等确定依据。

**第四十八条**　企业正常经营业务因内部控制制度不健全而出现操作不当、不规范或因业务创新但政策不明确、不配套等原因形成的资产损失，应由企业承担的金额，可以作为资产损失并准予在税前申报扣除，但应出具损失原因证明材料或业务监管部门定性证明、损失专项说明。

**第四十九条**　企业因刑事案件原因形成的损失，应由企业承担的金额，或经公安机关立案侦查两年以上仍未追回的金额，可以作为资产损失并准予在税前申报扣除，但应出具公安机关、人民检察院的立案侦查情况或人民法院的判决书等损失原因证明材料。

## 第八章　附　　则

**第五十条**　本办法没有涉及的资产损失事项，只要符合企业所得税法及其实施条例等法律、法规规定的，也可以向税务机关申报扣除。

**第五十一条**　省、自治区、直辖市和计划单列市税务局可以根据本办法制定具体实施办法。

**第五十二条**　本办法自 2011 年 1 月 1 日起施行，《国家税务总局关于印发〈企业资产损失税前扣除管理办法〉的通知》（国税发〔2009〕88 号）、《国家税务总局关于企业以前年度未扣除资产损失企业所得税处理问题的通知》（国税函〔2009〕772 号）、《国家税务总局关于电信企业坏账损失税前扣除问题的通知》（国税函

〔2010〕196号）同时废止。本办法生效之日前尚未进行税务处理的资产损失事项，也应按本办法执行。

## 外国企业常驻代表机构税收管理暂行办法

*1. 2010年2月20日国家税务总局发布*
*2. 国税发〔2010〕18号*
*3. 根据2016年5月5日国家税务总局公告2016年第28号《关于修改按经费支出换算收入方式核定非居民企业应纳税所得额计算公式的公告》第一次修正*
*4. 根据2018年6月15日国家税务总局公告2018年第31号《关于修改部分税收规范性文件的公告》第二次修正*

**第一条**　为规范外国企业常驻代表机构税收管理，根据《中华人民共和国税收征收管理法》（以下简称税收征管法）及其实施细则、《中华人民共和国企业所得税法》及其实施条例、《中华人民共和国营业税暂行条例》及其实施细则、《中华人民共和国增值税暂行条例》及其实施细则，以及相关税收法律法规，制定本办法。

**第二条**　本办法所称外国企业常驻代表机构，是指按照国务院有关规定，在工商行政管理部门登记或经有关部门批准，设立在中国境内的外国企业（包括港澳台企业）及其他组织的常驻代表机构（以下简称代表机构）。

**第三条**　代表机构应当就其归属所得依法申报缴纳企业所得税，就其应税收入依法申报缴纳营业税和增值税。

**第四条**　代表机构应当自领取工商登记证件（或有关部门批准）之日起30日内，持以下资料，向其所在地主管税务机关申报办理税务登记：

（一）工商营业执照副本或主管部门批准文件的原件及复印件；

（二）组织机构代码证书副本原件及复印件；

（三）注册地址及经营地址证明（产权证、租赁协议）原件及其复印件；如为自有房产，应提供产权证或买卖契约等合法的产权证明原件及其复印件；如为租赁的场所，应提供租赁协议原件及其复印件，出租人为自然人的还应提供产权证明的原件及复印件；

（四）首席代表（负责人）护照或其他合法身份证件的原件及复印件；

（五）外国企业设立代表机构的相关决议文件及在中国境内设立的其他代表机构名单（包括名称、地址、联系方式、首席代表姓名等）；

（六）税务机关要求提供的其他资料。

**第五条**　代表机构税务登记内容发生变化或者驻在期届满、提前终止业务活动的，应当按照税收征管法及相关规定，向主管税务机关申报办理变更登记或者注销登记；代表机构应当在办理注销登记前，就其清算所得向主管税务机关申报并依法缴纳企业所得税。

**第六条**　代表机构应当按照有关法律、行政法规和国务院财政、税务主管部门的规定设置账薄，根据合法、有效凭证记账，进行核算，并应按照实际履行的功能和承担的风险相配比的原则，准确计算其应税收入和应纳税所得额，在季度终了之日起15日内向主管税务机关据实申报缴纳企业所得税、营业税，并按照《中华人民共和国增值税暂行条例》及其实施细则规定的纳税期限，向主管税务机关据实申报缴纳增值税。

**第七条**　对账簿不健全，不能准确核算收入或成本费用，以及无法按照本办法第六条规定据实申报的代表机构，税务机关有权采取以下两种方式核定其应纳税所得额：

（一）按经费支出换算收入：适用于能够准确反映经费支出但不能准确反映收入或成本费用的代表机构。

1. 计算公式：

应纳税所得额 = 本期经费支出额/（1 - 核定利润率）× 核定利润率

2. 代表机构的经费支出额包括：在中国境内、外支付给工作人员的工资薪金、奖金、津贴、福利费、物品采购费（包括汽车、办公设备等固定资产）、通讯费、差旅费、房租、设备租赁费、交通费、交际费、其他费用等。

（1）购置固定资产所发生的支出，以及代表机构设立时或者搬迁等原因所发生的装修费支出，应在发生时一次性作为经费支出额换算收入计税。

（2）利息收入不得冲抵经费支出额；发生的交际应酬费，以实际发生数额计入经费支出额。

（3）以货币形式用于我国境内的公益、救济性质的捐赠、滞纳金、罚款，以及为其总机构垫付的不属于其自身业务活动所发生的费用，不应作为代表机构的经费支出额。

（4）其他费用包括：为总机构从中国境内购买样品所支付的样品费和运输费用；国外样品运往中国发生的中国境内的仓储费用、报关费用；总机构人员来华访问聘用翻译的费用；总机构为中国某个项目投标由代表机构支付的购买标书的费用，等等。

（二）按收入总额核定应纳税所得额：适用于可以准确反映收入但不能准确反映成本费用的代表机构。计算公式：

应纳企业所得税额 = 收入总额 × 核定利润率 × 企

业所得税税率。

**第八条**　代表机构的核定利润率不应低于15%。采取核定征收方式的代表机构，如能建立健全会计账簿，准确计算其应税收入和应纳税所得额，报主管税务机关备案，可调整为据实申报方式。

**第九条**　代表机构发生增值税、营业税应税行为，应按照增值税和营业税的相关法规计算缴纳应纳税款。

**第十条**　代表机构需要享受税收协定待遇，应依照税收协定以及《国家税务总局关于印发〈非居民享受税收协定待遇管理办法（试行）〉的通知》（国税发〔2009〕124号）的有关规定办理，并应按照本办法第六条规定的时限办理纳税申报事宜。

**第十一条**　本办法自2010年1月1日起施行。原有规定与本办法相抵触的，以本办法为准。《国家税务总局关于加强外国企业常驻代表机构税收征管有关问题的通知》（国税发〔1996〕165号）、《国家税务总局关于外国企业常驻代表机构有关税收管理问题的通知》（国税发〔2003〕28号）以及《国家税务总局关于外国政府等在我国设立代表机构免税审批程序有关问题的通知》（国税函〔2008〕945号）废止，各地不再受理审批代表机构企业所得税免税申请，并按照本办法规定对已核准免税的代表机构进行清理。

**第十二条**　各省、自治区、直辖市和计划单列市税务局可按本办法规定制定具体操作规程，并报国家税务总局（国际税务司）备案。

## 境外注册中资控股居民企业所得税管理办法（试行）[①]

*1. 2011年7月27日国家税务总局公告2011年第45号公布*

*2. 根据2015年4月17日国家税务总局公告2015年第22号《关于修改〈非居民企业所得税核定征收管理办法〉等文件的公告》第一次修正*

*3. 根据2018年6月15日国家税务总局公告2018年第31号《关于修改部分税收规范性文件的公告》第二次修正*

### 第一章　总　　则

**第一条**　为规范和加强境外注册中资控股居民企业的所得税税收管理，根据《中华人民共和国企业所得税法》（以下简称企业所得税法）及其实施条例、《中华人民共和国税收征收管理法》（以下简称税收征管法）及其实施细则、中国政府对外签署的避免双重征税协定（含与香港、澳门特别行政区签署的税收安排，以下简称税收协定）、《国家税务总局关于境外注册中资控股企业依据实际管理机构标准认定为居民企业有关问题的通知》（国税发〔2009〕82号，以下简称《通知》）和其他有关规定，制定本办法。

**第二条**　本办法所称境外注册中资控股企业（以下简称境外中资企业）是指由中国内地企业或者企业集团作为主要控股投资者，在中国内地以外国家或地区（含香港、澳门、台湾）注册成立的企业。

**第三条**　本办法所称境外注册中资控股居民企业（以下简称非境内注册居民企业）是指因实际管理机构在中国境内而被认定为中国居民企业的境外注册中资控股企业。

**第四条**　非境内注册居民企业应当按照企业所得税法及其实施条例和相关管理规定的要求，履行居民企业所得税纳税义务，并在向非居民企业支付企业所得税法第三条第三款规定的款项时，依法代扣代缴企业所得税。

**第五条**　本办法所称主管税务机关是指境外注册中资控股居民企业中国境内主要投资者登记注册地主管税务机关。

### 第二章　居民身份认定管理

**第六条**　境外中资企业居民身份的认定，采用企业自行判定提请税务机关认定和税务机关调查发现予以认定两种形式。

**第七条**　境外中资企业应当根据生产经营和管理的实际情况，自行判定实际管理机构是否设立在中国境内。如其判定符合《通知》第二条规定的居民企业条件，应当向其主管税务机关书面提出居民身份认定申请，同时提供以下资料：

（一）企业法律身份证明文件；

（二）企业集团组织结构说明及生产经营概况；

（三）企业上一个纳税年度的公证会计师审计报告；

（四）负责企业生产经营等事项的高层管理机构履行职责场所的地址证明；

（五）企业上一年度及当年度董事及高层管理人员在中国境内居住的记录；

---

① 第二十八条已被2016年6月28日国家税务总局公告2016年第40号《关于开具〈中国税收居民身份证明〉有关事项的公告》废止。——编者注

（六）企业上一年度及当年度重大事项的董事会决议及会议记录；

（七）主管税务机关要求提供的其他资料。

**第八条** 主管税务机关发现境外中资企业符合《通知》第二条规定但未申请成为中国居民企业的，可以对该境外中资企业的实际管理机构所在地情况进行调查，并要求境外中资企业提供本办法第七条规定的资料。调查过程中，主管税务机关有权要求该企业的境内投资者提供相关资料。

**第九条** 主管税务机关依法对企业提供的相关资料进行审核，提出初步认定意见，将据以做出初步认定的相关事实（资料）、认定理由和结果层报税务总局确认。

税务总局认定境外中资企业居民身份的，应当将相关认定结果同时书面告知境内投资者、境内被投资者的主管税务机关。

**第十条** 非境内注册居民企业的主管税务机关收到税务总局关于境外中资企业居民身份的认定结果后，应当在10日内向该企业下达《境外注册中资控股企业居民身份认定书》（见附件1），通知其从企业居民身份确认年度开始按照我国居民企业所得税管理规定及本办法规定办理有关税收事项。

**第十一条** 非境内注册居民企业发生下列重大变化情形之一的，应当自变化之日起15日内报告主管税务机关，主管税务机关应当按照本办法规定层报税务总局确定是否取消其居民身份。

（一）企业实际管理机构所在地变更为中国境外的；

（二）中方控股投资者转让企业股权，导致中资控股地位发生变化的。

**第十二条** 税务总局认定终止非境内注册居民企业居民身份的，应当将相关认定结果同时书面告知境内投资者、境内被投资者的主管税务机关。企业应当自主管税务机关书面告知之日起停止履行中国居民企业的所得税纳税义务与扣缴义务，同时停止享受中国居民企业税收待遇。上述主管税务机关应当依法做好减免税款追缴等后续管理工作。

## 第三章 税务登记管理

**第十三条** 非境内注册居民企业应当自收到居民身份认定书之日起30日内向主管税务机关提供以下资料申报办理税务登记，主管税务机关核发临时税务登记证及副本：

（一）居民身份认定书；

（二）境外注册登记证件；

（三）税务机关要求提供的其他资料。

**第十四条** 非境内注册居民企业经税务总局确认终止居民身份的，应当自收到主管税务机关书面通知之日起15日内向主管税务机关申报办理注销税务登记。

**第十五条** 发生本办法第四条扣缴义务的非境内注册居民企业应当自扣缴义务发生之日起30日内，向主管税务机关申报办理扣缴税款登记。

## 第四章 账簿凭证管理

**第十六条** 非境内注册居民企业应当按照中国有关法律、法规和国务院财政、税务主管部门的规定，编制财务、会计报表，并在领取税务登记证件之日起15日内将企业的财务、会计制度或者财务会计、处理办法及有关资料报送主管税务机关备案。

**第十七条** 非境内注册居民企业存放在中国境内的会计账簿和境内税务机关要求提供的报表等资料，应当使用中文。

**第十八条** 发生扣缴义务的非境内注册居民企业应当设立代扣代缴税款账簿和合同资料档案，准确记录扣缴企业所得税情况。

**第十九条** 非境内注册居民企业与境内单位或者个人发生交易的，应当按照发票管理办法规定使用发票，发票存根应当保存在中国境内，以备税务机关查验。

## 第五章 申报征收管理

**第二十条** 非境内注册居民企业按照分季预缴、年度汇算清缴方法申报缴纳所得税。

**第二十一条** 非境内注册居民企业发生终止生产经营或者居民身份变化情形的，应当自停止生产经营之日或者税务总局取消其居民企业之日起60日内，向其主管税务机关办理当期企业所得税汇算清缴。

非境内注册居民企业需要申报办理注销税务登记的，应在注销税务登记前，就其清算所得向主管税务机关申报缴纳企业所得税。

**第二十二条** 非境内注册居民企业应当以人民币计算缴纳企业所得税；所得以人民币以外的货币计算的，应当按照企业所得税法及其实施条例有关规定折合成人民币计算并缴纳企业所得税。

**第二十三条** 对非境内注册居民企业未依法履行居民企业所得税纳税义务的，主管税务机关应依据税收征管法及其实施细则的有关规定追缴税款、加收滞纳金，并处罚款。

主管税务机关应当在非境内注册居民企业年度申报和汇算清缴结束后两个月内，判定其构成居民身份的条件是否发生实质性变化。对实际管理机构转移至境外或者企业中资控股地位发生变化的,主管税务机关应层报税务总局终止其居民身份。

对于境外中资企业频繁转换企业身份,又无正当理由的,主管税务机关应层报国家税务总局核准后追回其已按居民企业享受的股息免税待遇。

**第二十四条** 主管税务机关应按季度核查非境内注册居民企业向非居民企业支付股息、利息、租金、特许权使用费、转让财产收入及其他收入依法扣缴企业所得税的情况,发现该企业未依法履行相关扣缴义务的,应按照税收征管法及其实施细则和企业所得税法及其实施条例等有关规定对其进行处罚,并向非居民企业追缴税款。

## 第六章　特定事项管理

**第二十五条** 非境内注册居民企业取得来源于中国境内的股息、红利等权益性投资收益和利息、租金、特许权使用费所得、转让财产所得以及其他所得,应当向相关支付方出具本企业的《境外注册中资控股企业居民身份认定书》复印件。

相关支付方凭上述复印件不予履行该所得的税款扣缴义务,并在对外支付上述外汇资金时凭该复印件向主管税务机关申请开具相关税务证明。其中涉及个人所得税、营业税等其他税种纳税事项的,仍按对外支付税务证明开具的有关规定办理。

**第二十六条** 非居民企业转让非境内注册居民企业股权所得,属于来源于中国境内所得,被转让的非境内注册居民企业应当自股权转让协议签订之日起30日内,向其主管税务机关报告并提供股权转让合同及相关资料。

**第二十七条** 非境内注册居民企业应当按照企业所得税法及其实施条例以及《特别纳税调整实施办法(试行)》(国税发〔2009〕2号)的相关规定,履行关联申报及同期资料准备等义务。

**第二十八条** 非境内注册居民企业同时被我国与其注册所在国家(地区)税务当局确认为税收居民的,应当按照双方签订的税收协定的有关规定确定其居民身份;如经确认为我国税收居民,可适用我国与其他国家(地区)签订的税收协定,并按照有关规定办理享受税收协定优惠待遇手续;需要证明其中国税收居民身份的,可向其主管税务机关申请开具《中国税收居民身份证明》,主管税务机关应在受理申请之日起10个工作日内办结。

**第二十九条** 境外税务当局拒绝给予非境内注册居民企业税收协定待遇,或者将其认定为所在国家(地区)税收居民的,该企业可按有关规定书面申请启动税务相互协商程序。

主管税务机关受理企业提请协商的申请后,应当及时将申请及有关资料层报税务总局,由税务总局与有关国家(地区)税务当局进行协商。

## 第七章　附　　则

**第三十条** 主管税务机关应当做好非境内注册居民企业所得税管理情况汇总统计工作,于每年8月15日前向税务总局层报《境外注册中资控股居民企业所得税管理情况汇总表》(见附件2)。税务总局不定期对各地相关管理工作进行检查,并将检查情况通报各地。

**第三十一条** 本办法由税务总局负责解释。各省、自治区、直辖市和计划单列市税务局可根据本办法制定具体操作规程。

**第三十二条** 本办法自2011年9月1日起施行。此前根据《通知》规定已经被认定为非境内注册居民企业的,适用本办法相关规定处理。

附件:(略)

# 跨地区经营汇总纳税企业所得税征收管理办法①

*1. 2012年12月27日国家税务总局公告2012年第57号公布*

*2. 根据2018年6月15日国家税务总局公告2018年第31号《关于修改部分税收规范性文件的公告》修正*

## 第一章　总　　则

**第一条** 为加强跨地区经营汇总纳税企业所得税的征收管理,根据《中华人民共和国企业所得税法》及其实施条例(以下简称《企业所得税法》)、《中华人民共和国税收征收管理法》及其实施细则(以下简称《征收管理法》)和《财政部国家税务总局中国人民银行关于印发〈跨省市总分机构企业所得税分配及预算管理办法〉的通知》(财预〔2012〕40号)等的有关规定,制定本办法。

**第二条** 居民企业在中国境内跨地区(指跨省、自治区、

---

① 第十条"或者经总、分机构同意后分别抵缴其下一年度应缴企业所得税税款"已被2021年12月31日国家税务总局公告2021年第34号《国家税务总局关于企业所得税年度汇算清缴有关事项的公告》废止。——编者注

直辖市和计划单列市,下同)设立不具有法人资格分支机构的,该居民企业为跨地区经营汇总纳税企业(以下简称汇总纳税企业),除另有规定外,其企业所得税征收管理适用本办法。

国有邮政企业(包括中国邮政集团公司及其控股公司和直属单位)、中国工商银行股份有限公司、中国农业银行股份有限公司、中国银行股份有限公司、国家开发银行股份有限公司、中国农业发展银行、中国进出口银行、中国投资有限责任公司、中国建设银行股份有限公司、中国建银投资有限责任公司、中国信达资产管理股份有限公司、中国石油天然气股份有限公司、中国石油化工股份有限公司、海洋石油天然气企业(包括中国海洋石油总公司、中海石油(中国)有限公司、中海油田服务股份有限公司、海洋石油工程股份有限公司)、中国长江电力股份有限公司等企业缴纳的企业所得税(包括滞纳金、罚款)为中央收入,全额上缴中央国库,其企业所得税征收管理不适用本办法。

铁路运输企业所得税征收管理不适用本办法。

**第三条**　汇总纳税企业实行"统一计算、分级管理、就地预缴、汇总清算、财政调库"的企业所得税征收管理办法:

(一)统一计算,是指总机构统一计算包括汇总纳税企业所属各个不具有法人资格分支机构在内的全部应纳税所得额、应纳税额。

(二)分级管理,是指总机构、分支机构所在地的主管税务机关都有对当地机构进行企业所得税管理的责任,总机构和分支机构应分别接受机构所在地主管税务机关的管理。

(三)就地预缴,是指总机构、分支机构应按本办法的规定,分月或分季分别向所在地主管税务机关申报预缴企业所得税。

(四)汇总清算,是指在年度终了后,总机构统一计算汇总纳税企业的年度应纳税所得额、应纳所得税额,抵减总机构、分支机构当年已就地分期预缴的企业所得税款后,多退少补。

(五)财政调库,是指财政部定期将缴入中央国库的汇总纳税企业所得税待分配收入,按照核定的系数调整至地方国库。

**第四条**　总机构和具有主体生产经营职能的二级分支机构,就地分摊缴纳企业所得税。

二级分支机构,是指汇总纳税企业依法设立并领取非法人营业执照(登记证书),且总机构对其财务、业务、人员等直接进行统一核算和管理的分支机构。

**第五条**　以下二级分支机构不就地分摊缴纳企业所得税:

(一)不具有主体生产经营职能,且在当地不缴纳增值税、营业税的产品售后服务、内部研发、仓储等汇总纳税企业内部辅助性的二级分支机构,不就地分摊缴纳企业所得税。

(二)上年度认定为小型微利企业的,其二级分支机构不就地分摊缴纳企业所得税。

(三)新设立的二级分支机构,设立当年不就地分摊缴纳企业所得税。

(四)当年撤销的二级分支机构,自办理注销税务登记之日所属企业所得税预缴期间起,不就地分摊缴纳企业所得税。

(五)汇总纳税企业在中国境外设立的不具有法人资格的二级分支机构,不就地分摊缴纳企业所得税。

## 第二章　税款预缴和汇算清缴

**第六条**　汇总纳税企业按照《企业所得税法》规定汇总计算的企业所得税,包括预缴税款和汇算清缴应缴应退税款,50% 在各分支机构间分摊,各分支机构根据分摊税款就地办理缴库或退库;50% 由总机构分摊缴纳,其中 25% 就地办理缴库或退库,25% 就地全额缴入中央国库或退库。具体的税款缴库或退库程序按照财预〔2012〕40 号文件第五条等相关规定执行。

**第七条**　企业所得税分月或者分季预缴,由总机构所在地主管税务机关具体核定。

汇总纳税企业应根据当期实际利润额,按照本办法规定的预缴分摊方法计算总机构和分支机构的企业所得税预缴额,分别由总机构和分支机构就地预缴;在规定期限内按实际利润额预缴有困难的,也可以按照上一年度应纳税所得额的 1/12 或 1/4,按照本办法规定的预缴分摊方法计算总机构和分支机构的企业所得税预缴额,分别由总机构和分支机构就地预缴。预缴方法一经确定,当年度不得变更。

**第八条**　总机构应将本期企业应纳所得税额的 50% 部分,在每月或季度终了后 15 日内就地申报预缴。总机构应将本期企业应纳所得税额的另外 50% 部分,按照各分支机构应分摊的比例,在各分支机构之间进行分摊,并及时通知到各分支机构;各分支机构应在每月或季度终了之日起 15 日内,就其分摊的所得税额就地申报预缴。

分支机构未按税款分配数额预缴所得税造成少缴税款的,主管税务机关应按照《征收管理法》的有关规定对其处罚,并将处罚结果通知总机构所在地主管税务机关。

**第九条**　汇总纳税企业预缴申报时,总机构除报送企业所得税预缴申报表和企业当期财务报表外,还应报送汇总纳税企业分支机构所得税分配表和各分支机构上一年度的年度财务报表(或年度财务状况和营业收支情况);分支机构除报送企业所得税预缴申报表(只填列部分项目)外,还应报送经总机构所在地主管税务机关受理的汇总纳税企业分支机构所得税分配表。

在一个纳税年度内,各分支机构上一年度的年度财务报表(或年度财务状况和营业收支情况)原则上只需要报送一次。

**第十条**　汇总纳税企业应当自年度终了之日起5个月内,由总机构汇总计算企业年度应纳所得税额,扣除总机构和各分支机构已预缴的税款,计算出应缴应退税款,按照本办法规定的税款分摊方法计算总机构和分支机构的企业所得税应缴应退税款,分别由总机构和分支机构就地办理税款缴库或退库。

汇总纳税企业在纳税年度内预缴企业所得税税款少于全年应缴企业所得税税款的,应在汇算清缴期内由总、分机构分别结清应缴的企业所得税税款;预缴税款超过应缴税款的,主管税务机关应及时按有关规定分别办理退税,或者经总、分机构同意后分别抵缴其下一年度应缴企业所得税税款。

**第十一条**　汇总纳税企业汇算清缴时,总机构除报送企业所得税年度纳税申报表和年度财务报表外,还应报送汇总纳税企业分支机构所得税分配表、各分支机构的年度财务报表和各分支机构参与企业年度纳税调整情况的说明;分支机构除报送企业所得税年度纳税申报表(只填列部分项目)外,还应报送经总机构所在地主管税务机关受理的汇总纳税企业分支机构所得税分配表、分支机构的年度财务报表(或年度财务状况和营业收支情况)和分支机构参与企业年度纳税调整情况的说明。

分支机构参与企业年度纳税调整情况的说明,可参照企业所得税年度纳税申报表附表“纳税调整项目明细表”中列明的项目进行说明,涉及需由总机构统一计算调整的项目不进行说明。

**第十二条**　分支机构未按规定报送经总机构所在地主管税务机关受理的汇总纳税企业分支机构所得税分配表,分支机构所在地主管税务机关应责成该分支机构在申报期内报送,同时提请总机构所在地主管税务机关督促总机构按照规定提供上述分配表;分支机构在申报期内不提供的,由分支机构所在地主管税务机关对分支机构按照《征收管理法》的有关规定予以处罚;属于总机构未向分支机构提供分配表的,分支机构所在地主管税务机关还应提请总机构所在地主管税务机关对总机构按照《征收管理法》的有关规定予以处罚。

## 第三章　总分机构分摊税款的计算

**第十三条**　总机构按以下公式计算分摊税款:

总机构分摊税款 = 汇总纳税企业当期应纳所得税额 × 50%

**第十四条**　分支机构按以下公式计算分摊税款:

所有分支机构分摊税款总额 = 汇总纳税企业当期应纳所得税额 × 50%

某分支机构分摊税款 = 所有分支机构分摊税款总额 × 该分支机构分摊比例

**第十五条**　总机构应按照上年度分支机构的营业收入、职工薪酬和资产总额三个因素计算各分支机构分摊所得税款的比例;三级及以下分支机构,其营业收入、职工薪酬和资产总额统一计入二级分支机构;三因素的权重依次为0.35、0.35、0.30。

计算公式如下:

某分支机构分摊比例 = (该分支机构营业收入/各分支机构营业收入之和) × 0.35 + (该分支机构职工薪酬/各分支机构职工薪酬之和) × 0.35 + (该分支机构资产总额/各分支机构资产总额之和) × 0.30

分支机构分摊比例按上述方法一经确定后,除出现本办法第五条第(四)项和第十六条第二、三款情形外,当年不作调整。

**第十六条**　总机构设立具有主体生产经营职能的部门(非本办法第四条规定的二级分支机构),且该部门的营业收入、职工薪酬和资产总额与管理职能部门分开核算的,可将该部门视同一个二级分支机构,按本办法规定计算分摊并就地缴纳企业所得税;该部门与管理职能部门的营业收入、职工薪酬和资产总额不能分开核算的,该部门不得视同一个二级分支机构,不得按本办法规定计算分摊并就地缴纳企业所得税。

汇总纳税企业当年由于重组等原因从其他企业取得重组当年之前已存在的二级分支机构,并作为本企业二级分支机构管理的,该二级分支机构不视同当年新设立的二级分支机构,按本办法规定计算分摊并就地缴纳企业所得税。

汇总纳税企业内就地分摊缴纳企业所得税的总机构、二级分支机构之间,发生合并、分立、管理层级变更等形成的新设或存续的二级分支机构,不视同当年新设立的二级分支机构,按本办法规定计算分摊并就地缴纳企业所得税。

**第十七条** 本办法所称分支机构营业收入,是指分支机构销售商品、提供劳务、让渡资产使用权等日常经营活动实现的全部收入。其中,生产经营企业分支机构营业收入是指生产经营企业分支机构销售商品、提供劳务、让渡资产使用权等取得的全部收入。金融企业分支机构营业收入是指金融企业分支机构取得的利息、手续费、佣金等全部收入。保险企业分支机构营业收入是指保险企业分支机构取得的保费等全部收入。

本办法所称分支机构职工薪酬,是指分支机构为获得职工提供的服务而给予各种形式的报酬以及其他相关支出。

本办法所称分支机构资产总额,是指分支机构在经营活动中实际使用的应归属于该分支机构的资产合计额。

本办法所称上年度分支机构的营业收入、职工薪酬和资产总额,是指分支机构上年度全年的营业收入、职工薪酬数据和上年度12月31日的资产总额数据,是依照国家统一会计制度的规定核算的数据。

一个纳税年度内,总机构首次计算分摊税款时采用的分支机构营业收入、职工薪酬和资产总额数据,与此后经过中国注册会计师审计确认的数据不一致的,不作调整。

**第十八条** 对于按照税收法律、法规和其他规定,总机构和分支机构处于不同税率地区的,先由总机构统一计算全部应纳税所得额,然后按本办法第六条规定的比例和按第十五条计算的分摊比例,计算划分不同税率地区机构的应纳税所得额,再分别按各自的适用税率计算应纳税额后加总计算出汇总纳税企业的应纳所得税总额,最后按本办法第六条规定的比例和按第十五条计算的分摊比例,向总机构和分支机构分摊就地缴纳的企业所得税款。

**第十九条** 分支机构所在地主管税务机关应根据经总机构所在地主管税务机关受理的汇总纳税企业分支机构所得税分配表、分支机构的年度财务报表(或年度财务状况和营业收支情况)等,对其主管分支机构计算分摊税款比例的三个因素、计算的分摊税款比例和应分摊缴纳的所得税税款进行查验核对;对查验项目有异议的,应于收到汇总纳税企业分支机构所得税分配表后30日内向企业总机构所在地主管税务机关提出书面复核建议,并附送相关数据资料。

总机构所在地主管税务机关必须于收到复核建议后30日内,对分摊税款的比例进行复核,作出调整或维持原比例的决定,并将复核结果函复分支机构所在地主管税务机关。分支机构所在地主管税务机关应执行总机构所在地主管税务机关的复核决定。

总机构所在地主管税务机关未在规定时间内复核并函复复核结果的,上级税务机关应对总机构所在地主管税务机关按照有关规定进行处理。

复核期间,分支机构应先按总机构确定的分摊比例申报缴纳税款。

**第二十条** 汇总纳税企业未按照规定准确计算分摊税款,造成总机构与分支机构之间同时存在一方(或几方)多缴另一方(或几方)少缴税款的,其总机构或分支机构分摊缴纳的企业所得税低于按本办法规定计算分摊的数额的,应在下一税款缴纳期内,由总机构将按本办法规定计算分摊的税款差额分摊到总机构或分支机构补缴;其总机构或分支机构就地缴纳的企业所得税高于按本办法规定计算分摊的数额的,应在下一税款缴纳期内,由总机构将按本办法规定计算分摊的税款差额从总机构或分支机构的分摊税款中扣减。

## 第四章 日常管理

**第二十一条** 汇总纳税企业总机构和分支机构应依法办理税务登记,接受所在地主管税务机关的监督和管理。

**第二十二条** 总机构应将其所有二级及以下分支机构(包括本办法第五条规定的分支机构)信息报其所在地主管税务机关备案,内容包括分支机构名称、层级、地址、邮编、纳税人识别号及企业所得税主管税务机关名称、地址和邮编。

分支机构(包括本办法第五条规定的分支机构)应将其总机构、上级分支机构和下属分支机构信息报其所在地主管税务机关备案,内容包括总机构、上级机构和下属分支机构名称、层级、地址、邮编、纳税人识别号及企业所得税主管税务机关名称、地址和邮编。

上述备案信息发生变化的,除另有规定外,应在内容变化后30日内报总机构和分支机构所在地主管税务机关备案,并办理变更税务登记。

分支机构注销税务登记后15日内,总机构应将分支机构注销情况报所在地主管税务机关备案,并办理变更税务登记。

**第二十三条** 以总机构名义进行生产经营的非法人分支机构,无法提供汇总纳税企业分支机构所得税分配表,应在预缴申报期内向其所在地主管税务机关报送非法人营业执照(或登记证书)的复印件、由总机构出具的二级及以下分支机构的有效证明和支持有效证明的相关材料(包括总机构拨款证明、总分机构协议或合同、公司章程、管理制度等),证明其二级及以下分支机构身份。

二级及以下分支机构所在地主管税务机关应对二级及以下分支机构进行审核鉴定,对应按本办法规定就地分摊缴纳企业所得税的二级分支机构,应督促其及时就地缴纳企业所得税。

**第二十四条** 以总机构名义进行生产经营的非法人分支机构,无法提供汇总纳税企业分支机构所得税分配表,也无法提供本办法第二十三条规定相关证据证明其二级及以下分支机构身份的,应视同独立纳税人计算并就地缴纳企业所得税,不执行本办法的相关规定。

按上款规定视同独立纳税人的分支机构,其独立纳税人身份一个年度内不得变更。

汇总纳税企业以后年度改变组织结构的,该分支机构应按本办法第二十三条规定报送相关证据,分支机构所在地主管税务机关重新进行审核鉴定。

**第二十五条** 汇总纳税企业发生的资产损失,应按以下规定申报扣除:

(一)总机构及二级分支机构发生的资产损失,除应按专项申报和清单申报的有关规定各自向所在地主管税务机关申报外,二级分支机构还应同时上报总机构;三级及以下分支机构发生的资产损失不需向所在地主管税务机关申报,应并入二级分支机构,由二级分支机构统一申报。

(二)总机构对各分支机构上报的资产损失,除税务机关另有规定外,应以清单申报的形式向所在地主管税务机关申报。

(三)总机构将分支机构所属资产捆绑打包转让所发生的资产损失,由总机构向所在地主管税务机关专项申报。

二级分支机构所在地主管税务机关应对二级分支机构申报扣除的资产损失强化后续管理。

**第二十六条** 对于按照税收法律、法规和其他规定,由分支机构所在地主管税务机关管理的企业所得税优惠事项,分支机构所在地主管税务机关应加强审批(核)、备案管理,并通过评估、检查和台账管理等手段,加强后续管理。

**第二十七条** 总机构所在地主管税务机关应加强对汇总纳税企业申报缴纳企业所得税的管理,可以对企业自行实施税务检查,也可以与二级分支机构所在地主管税务机关联合实施税务检查。

总机构所在地主管税务机关应对查实项目按照《企业所得税法》的规定统一计算查增的应纳税所得额和应纳税额。

总机构应将查补所得税款(包括滞纳金、罚款,下同)的50%按照本办法第十五条规定计算的分摊比例,分摊给各分支机构(不包括本办法第五条规定的分支机构)缴纳,各分支机构根据分摊查补税款就地办理缴库;50%分摊给总机构缴纳,其中25%就地办理缴库,25%就地全额缴入中央国库。具体的税款缴库程序按照财预〔2012〕40号文件第五条等相关规定执行。

汇总纳税企业缴纳查补所得税款时,总机构应向其所在地主管税务机关报送汇总纳税企业分支机构所得税分配表和总机构所在地主管税务机关出具的税务检查结论,各分支机构也应向其所在地主管税务机关报送经总机构所在地主管税务机关受理的汇总纳税企业分支机构所得税分配表和税务检查结论。

**第二十八条** 二级分支机构所在地主管税务机关应配合总机构所在地主管税务机关对其主管二级分支机构实施税务检查,也可以自行对该二级分支机构实施税务检查。

二级分支机构所在地主管税务机关自行对其主管二级分支机构实施税务检查,可对查实项目按照《企业所得税法》的规定自行计算查增的应纳税所得额和应纳税额。

计算查增的应纳税所得额时,应减除允许弥补的汇总纳税企业以前年度亏损;对于需由总机构统一计算的税前扣除项目,不得由分支机构自行计算调整。

二级分支机构应将查补所得税款的50%分摊给总机构缴纳,其中25%就地办理缴库,25%就地全额缴入中央国库;50%分摊给该二级分支机构就地办理缴库。具体的税款缴库程序按照财预〔2012〕40号文件第五条等相关规定执行。

汇总纳税企业缴纳查补所得税款时,总机构应向其所在地主管税务机关报送经二级分支机构所在地主管税务机关受理的汇总纳税企业分支机构所得税分配表和二级分支机构所在地主管税务机关出具的税务检查结论,二级分支机构也应向其所在地主管税务机关报送汇总纳税企业分支机构所得税分配表和税务检查结论。

**第二十九条** 税务机关应将汇总纳税企业总机构、分支机构的税务登记信息、备案信息、总机构出具的分支机构有效证明情况及分支机构审核鉴定情况、企业所得税月(季)度预缴纳税申报表和年度纳税申报表、汇总纳税企业分支机构所得税分配表、财务报表(或年度财务状况和营业收支情况)、企业所得税款入库情况、资产损失情况、税收优惠情况、各分支机构参与企业年度纳税调整情况的说明、税务检查及查补税款分摊和入库情况等信息,定期分省汇总上传至国家税务总局跨地区经营汇总纳税企业管理信息交换平台。

**第三十条**　2008年底之前已成立的汇总纳税企业,2009年起新设立的分支机构,其企业所得税的征管部门应与总机构企业所得税征管部门一致;2009年起新增汇总纳税企业,其分支机构企业所得税的管理部门也应与总机构企业所得税管理部门一致。

**第三十一条**　汇总纳税企业不得核定征收企业所得税。

## 第五章　附　　则

**第三十二条**　居民企业在中国境内没有跨地区设立不具有法人资格分支机构,仅在同一省、自治区、直辖市和计划单列市(以下称同一地区)内设立不具有法人资格分支机构的,其企业所得税征收管理办法,由各省、自治区、直辖市和计划单列市税务局参照本办法制定。

居民企业在中国境内既跨地区设立不具有法人资格分支机构,又在同一地区内设立不具有法人资格分支机构的,其企业所得税征收管理实行本办法。

**第三十三条**　本办法自2013年1月1日起施行。

《国家税务总局关于印发〈跨地区经营汇总纳税企业所得税征收管理暂行办法〉的通知》(国税发〔2008〕28号)、《国家税务总局关于跨地区经营汇总纳税企业所得税征收管理有关问题的通知》(国税函〔2008〕747号)、《国家税务总局关于跨地区经营外商独资银行汇总纳税问题的通知》(国税函〔2008〕958号)、《国家税务总局关于华能国际电力股份有限公司汇总计算缴纳企业所得税问题的通知》(国税函〔2009〕33号)、《国家税务总局关于跨地区经营汇总纳税企业所得税征收管理若干问题的通知》(国税函〔2009〕221号)和《国家税务总局关于华能国际电力股份有限公司所属分支机构2008年度预缴企业所得税款问题的通知》(国税函〔2009〕674号)同时废止。

《国家税务总局关于发布〈中华人民共和国企业所得税月(季)度预缴纳税申报表〉等报表的公告》(税务总局公告2011年第64号)和《国家税务总局关于发布〈中华人民共和国企业所得税月(季)度预缴纳税申报表〉等报表的补充公告》(税务总局公告2011年第76号)规定与本办法不一致的,按本办法执行。

# 房地产开发经营业务企业所得税处理办法[①]

*1. 2009年3月6日国家税务总局发布*
*2. 国税发〔2009〕31号*
*3. 根据2018年6月15日国家税务总局公告2018年第31号《关于修改部分税收规范性文件的公告》修正*

## 第一章　总　　则

**第一条**　根据《中华人民共和国企业所得税法》及其实施条例、《中华人民共和国税收征收管理法》及其实施细则等有关税收法律、行政法规的规定,制定本办法。

**第二条**　本办法适用于中国境内从事房地产开发经营业务的企业(以下简称企业)。

**第三条**　企业房地产开发经营业务包括土地的开发,建造、销售住宅、商业用房以及其他建筑物、附着物、配套设施等开发产品。除土地开发之外,其他开发产品符合下列条件之一的,应视为已经完工:

(一)开发产品竣工证明材料已报房地产管理部门备案。

(二)开发产品已开始投入使用。

(三)开发产品已取得了初始产权证明。

**第四条**　企业出现《中华人民共和国税收征收管理法》第三十五条规定的情形,税务机关可对其以往应缴的企业所得税按核定征收方式进行征收管理,并逐步规范,同时按《中华人民共和国税收征收管理法》等税收法律、行政法规的规定进行处理,但不得事先确定企业的所得税按核定征收方式进行征收、管理。

## 第二章　收入的税务处理

**第五条**　开发产品销售收入的范围为销售开发产品过程中取得的全部价款,包括现金、现金等价物及其他经济利益。企业代有关部门、单位和企业收取的各种基金、费用和附加等,凡纳入开发产品价内或由企业开具发票的,应按规定全部确认为销售收入;未纳入开发产品价内并由企业之外的其他收取部门、单位开具发票的,可作为代收代缴款项进行管理。

**第六条**　企业通过正式签订《房地产销售合同》或《房地

---

① 第二十六条第二款已被2014年6月16日国家税务总局公告2014年第35号《关于房地产开发企业成本对象管理问题的公告》废止。——编者注

产预售合同》所取得的收入,应确认为销售收入的实现,具体按以下规定确认:

（一）采取一次性全额收款方式销售开发产品的,应于实际收讫价款或取得索取价款凭据(权利)之日,确认收入的实现。

（二）采取分期收款方式销售开发产品的,应按销售合同或协议约定的价款和付款日确认收入的实现。付款方提前付款的,在实际付款日确认收入的实现。

（三）采取银行按揭方式销售开发产品的,应按销售合同或协议约定的价款确定收入额,其首付款应于实际收到日确认收入的实现,余款在银行按揭贷款办理转账之日确认收入的实现。

（四）采取委托方式销售开发产品的,应按以下原则确认收入的实现:

1. 采取支付手续费方式委托销售开发产品的,应按销售合同或协议中约定的价款于收到受托方已销开发产品清单之日确认收入的实现。

2. 采取视同买断方式委托销售开发产品的,属于企业与购买方签订销售合同或协议,或企业、受托方、购买方三方共同签订销售合同或协议的,如果销售合同或协议中约定的价格高于买断价格,则应按销售合同或协议中约定的价格计算的价款于收到受托方已销开发产品清单之日确认收入的实现;如果属于前两种情况中销售合同或协议中约定的价格低于买断价格,以及属于受托方与购买方签订销售合同或协议的,则应按买断价格计算的价款于收到受托方已销开发产品清单之日确认收入的实现。

3. 采取基价(保底价)并实行超基价双方分成方式委托销售开发产品的,属于由企业与购买方签订销售合同或协议,或企业、受托方、购买方三方共同签订销售合同或协议的,如果销售合同或协议中约定的价格高于基价,则应按销售合同或协议中约定的价格计算的价款于收到受托方已销开发产品清单之日确认收入的实现,企业按规定支付受托方的分成额,不得直接从销售收入中减除;如果销售合同或协议约定的价格低于基价的,则应按基价计算的价款于收到受托方已销开发产品清单之日确认收入的实现。属于由受托方与购买方直接签订销售合同的,则应按基价加上按规定取得的分成额于收到受托方已销开发产品清单之日确认收入的实现。

4. 采取包销方式委托销售开发产品的,包销期内可根据包销合同的有关约定,参照上述1至3项规定确认收入的实现;包销期满后尚未出售的开发产品,企业应根据包销合同或协议约定的价款和付款方式确认收入的实现。

**第七条** 企业将开发产品用于捐赠、赞助、职工福利、奖励、对外投资、分配给股东或投资人、抵偿债务、换取其他企事业单位和个人的非货币性资产等行为,应视同销售,于开发产品所有权或使用权转移,或于实际取得利益权利时确认收入(或利润)的实现。确认收入(或利润)的方法和顺序为:

（一）按本企业近期或本年度最近月份同类开发产品市场销售价格确定;

（二）由主管税务机关参照当地同类开发产品市场公允价值确定;

（三）按开发产品的成本利润率确定。开发产品的成本利润率不得低于15%,具体比例由主管税务机关确定。

**第八条** 企业销售未完工开发产品的计税毛利率由各省、自治、直辖市税务局按下列规定进行确定:

（一）开发项目位于省、自治区、直辖市和计划单列市人民政府所在地城市城区和郊区的,不得低于15%。

（二）开发项目位于地及地级市城区及郊区的,不得低于10%。

（三）开发项目位于其他地区的,不得低于5%。

（四）属于经济适用房、限价房和危改房的,不得低于3%。

**第九条** 企业销售未完工开发产品取得的收入,应先按预计计税毛利率分季(或月)计算出预计毛利额,计入当期应纳税所得额。开发产品完工后,企业应及时结算其计税成本并计算此前销售收入的实际毛利额,同时将其实际毛利额与其对应的预计毛利额之间的差额,计入当年度企业本项目与其他项目合并计算的应纳税所得额。

在年度纳税申报时,企业须出具对该项开发产品实际毛利额与预计毛利额之间差异调整情况的报告以及税务机关需要的其他相关资料。

**第十条** 企业新建的开发产品在尚未完工或办理房地产初始登记、取得产权证前,与承租人签订租赁预约协议的,自开发产品交付承租人使用之日起,出租方取得的预租价款按租金确认收入的实现。

## 第三章 成本、费用扣除的税务处理

**第十一条** 企业在进行成本、费用的核算与扣除时,必须按规定区分期间费用和开发产品计税成本、已销开发产品计税成本与未销开发产品计税成本。

**第十二条**　企业发生的期间费用、已销开发产品计税成本、营业税金及附加、土地增值税准予当期按规定扣除。

**第十三条**　开发产品计税成本的核算应按第四章的规定进行处理。

**第十四条**　已销开发产品的计税成本，按当期已实现销售的可售面积和可售面积单位工程成本确认。可售面积单位工程成本和已销开发产品的计税成本按下列公式计算确定：

可售面积单位工程成本 = 成本对象总成本 ÷ 成本对象总可售面积

已销开发产品的计税成本 = 已实现销售的可售面积 × 可售面积单位工程成本

**第十五条**　企业对尚未出售的已完工开发产品和按照有关法律、法规或合同规定对已售开发产品（包括共用部位、共用设施设备）进行日常维护、保养、修理等实际发生的维修费用，准予在当期据实扣除。

**第十六条**　企业将已计入销售收入的共用部位、共用设施设备维修基金按规定移交给有关部门、单位的，应于移交时扣除。

**第十七条**　企业在开发区内建造的会所、物业管理场所、电站、热力站、水厂、文体场馆、幼儿园等配套设施，按以下规定进行处理：

（一）属于非营利性且产权属于全体业主的，或无偿赠与地方政府、公用事业单位的，可将其视为公共配套设施，其建造费用按公共配套设施费的有关规定进行处理。

（二）属于营利性的，或产权归企业所有的，或未明确产权归属的，或无偿赠与地方政府、公用事业单位以外其他单位的，应当单独核算其成本。除企业自用应按建造固定资产进行处理外，其他一律按建造开发产品进行处理。

**第十八条**　企业在开发区内建造的邮电通讯、学校、医疗设施应单独核算成本，其中，由企业与国家有关业务管理部门、单位合资建设，完工后有偿移交的，国家有关业务管理部门、单位给予的经济补偿可直接抵扣该项目的建造成本，抵扣后的差额应调整当期应纳税所得额。

**第十九条**　企业采取银行按揭方式销售开发产品的，凡约定企业为购买方的按揭贷款提供担保的，其销售开发产品时向银行提供的保证金（担保金）不得从销售收入中减除，也不得作为费用在当期税前扣除，但实际发生损失时可据实扣除。

**第二十条**　企业委托境外机构销售开发产品的，其支付境外机构的销售费用（含佣金或手续费）不超过委托销售收入10%的部分，准予据实扣除。

**第二十一条**　企业的利息支出按以下规定进行处理：

（一）企业为建造开发产品借入资金而发生的符合税收规定的借款费用，可按企业会计准则的规定进行归集和分配，其中属于财务费用性质的借款费用，可直接在税前扣除。

（二）企业集团或其成员企业统一向金融机构借款分摊集团内部其他成员企业使用的，借入方凡能出具从金融机构取得借款的证明文件，可以在使用借款的企业间合理的分摊利息费用，使用借款的企业分摊的合理利息准予在税前扣除。

**第二十二条**　企业因国家无偿收回土地使用权而形成的损失，可作为财产损失按有关规定在税前扣除。

**第二十三条**　企业开发产品（以成本对象为计量单位）整体报废或毁损，其净损失按有关规定审核确认后准予在税前扣除。

**第二十四条**　企业开发产品转为自用的，其实际使用时间累计未超过12个月又销售的，不得在税前扣除折旧费用。

## 第四章　计税成本的核算

**第二十五条**　计税成本是指企业在开发、建造开发产品（包括固定资产，下同）过程中所发生的按照税收规定进行核算与计量的应归入某项成本对象的各项费用。

**第二十六条**　成本对象是指为归集和分配开发产品开发、建造过程中的各项耗费而确定的费用承担项目。计税成本对象的确定原则如下：

（一）可否销售原则。开发产品能够对外经营销售的，应作为独立的计税成本对象进行成本核算；不能对外经营销售的，可先作为过渡性成本对象进行归集，然后再将其相关成本摊入能够对外经营销售的成本对象。

（二）分类归集原则。对同一开发地点、竣工时间相近、产品结构类型没有明显差异的群体开发的项目，可作为一个成本对象进行核算。

（三）功能区分原则。开发项目某组成部分相对独立，且具有不同使用功能时，可以作为独立的成本对象进行核算。

（四）定价差异原则。开发产品因其产品类型或功能不同等而导致其预期售价存在较大差异的，应分别作为成本对象进行核算。

（五）成本差异原则。开发产品因建筑上存在明显差异可能导致其建造成本出现较大差异的，要分别作为成本对象进行核算。

（六）权益区分原则。开发项目属于受托代建的或多方合作开发的，应结合上述原则分别划分成本对象进行核算。

成本对象由企业在开工之前合理确定，并报主管税务机关备案。成本对象一经确定，不能随意更改或相互混淆，如确需改变成本对象的，应征得主管税务机关同意。

**第二十七条** 开发产品计税成本支出的内容如下：

（一）土地征用费及拆迁补偿费。指为取得土地开发使用权（或开发权）而发生的各项费用，主要包括土地买价或出让金、大市政配套费、契税、耕地占用税、土地使用费、土地闲置费、土地变更用途和超面积补交的地价及相关税费、拆迁补偿支出、安置及动迁支出、回迁房建造支出、农作物补偿费、危房补偿费等。

（二）前期工程费。指项目开发前期发生的水文地质勘察、测绘、规划、设计、可行性研究、筹建、场地通平等前期费用。

（三）建筑安装工程费。指开发项目开发过程中发生的各项建筑安装费用。主要包括开发项目建筑工程费和开发项目安装工程费等。

（四）基础设施建设费。指开发项目在开发过程中所发生的各项基础设施支出，主要包括开发项目内道路、供水、供电、供气、排污、排洪、通讯、照明等社区管网工程费和环境卫生、园林绿化等园林环境工程费。

（五）公共配套设施费：指开发项目内发生的、独立的、非营利性的，且产权属于全体业主的，或无偿赠与地方政府、政府公用事业单位的公共配套设施支出。

（六）开发间接费。指企业为直接组织和管理开发项目所发生的，且不能将其归属于特定成本对象的成本费用性支出。主要包括管理人员工资、职工福利费、折旧费、修理费、办公费、水电费、劳动保护费、工程管理费、周转房摊销以及项目营销设施建造费等。

**第二十八条** 企业计税成本核算的一般程序如下：

（一）对当期实际发生的各项支出，按其性质、经济用途及发生的地点、时间区进行整理、归类，并将其区分为应计入成本对象的成本和应在当期税前扣除的期间费用。同时还应按规定对在有关预提费用和待摊费用进行计量与确认。

（二）对应计入成本对象中的各项实际支出、预提费用、待摊费用等合理的划分为直接成本、间接成本和共同成本，并按规定将其合理的归集、分配至已完工成本对象、在建成本对象和未建成本对象。

（三）对期前已完工成本对象应负担的成本费用按已销开发产品、未销开发产品和固定资产进行分配，其中应由已销开发产品负担的部分，在当期纳税申报时进行扣除，未销开发产品应负担的成本费用待其实际销售时再予扣除。

（四）对本期已完工成本对象分类为开发产品和固定资产并对其计税成本进行结算。其中属于开发产品的，应按可售面积计算其单位工程成本，据此再计算已销开发产品计税成本和未销开发产品计税成本。对本期已销开发产品的计税成本，准予在当期扣除，未销开发产品计税成本待其实际销售时再予扣除。

（五）对本期未完工和尚未建造的成本对象应当负担的成本费用，应按分别建立明细台帐，待开发产品完工后再予结算。

**第二十九条** 企业开发、建造的开发产品应按制造成本法进行计量与核算。其中，应计入开发产品成本中的费用属于直接成本和能够分清成本对象的间接成本，直接计入成本对象，共同成本和不能分清负担对象的间接成本，应按受益的原则和配比的原则分配至各成本对象，具体分配方法可按以下规定选择其一：

（一）占地面积法。指按已动工开发成本对象占地面积占开发用地总面积的比例进行分配。

1. 一次性开发的，按某一成本对象占地面积占全部成本对象占地总面积的比例进行分配。

2. 分期开发的，首先按本期全部成本对象占地面积占开发用地总面积的比例进行分配，然后再按某一成本对象占地面积占期内全部成本对象占地总面积的比例进行分配。

期内全部成本对象应负担的占地面积为期内开发用地占地面积减除应由各期成本对象共同负担的占地面积。

（二）建筑面积法。指按已动工开发成本对象建筑面积占开发用地总建筑面积的比例进行分配。

1. 一次性开发的，按某一成本对象建筑面积占全部成本对象建筑面积的比例进行分配。

2. 分期开发的，首先按期内成本对象建筑面积占开发用地计划建筑面积的比例进行分配，然后再按某一成本对象建筑面积占期内成本对象总建筑面积的比例进行分配。

（三）直接成本法。指按期内某一成本对象的直接开发成本占期内全部成本对象直接开发成本的比例进行分配。

（四）预算造价法。指按期内某一成本对象预算造价占期内全部成本对象预算造价的比例进行分配。

**第三十条**　企业下列成本应按以下方法进行分配：

（一）土地成本，一般按占地面积法进行分配。如果确需结合其他方法进行分配的，应商税务机关同意。

土地开发同时连结房地产开发的，属于一次性取得土地分期开发房地产的情况，其土地开发成本经商税务机关同意后可先按土地整体预算成本进行分配，待土地整体开发完毕再行调整。

（二）单独作为过渡性成本对象核算的公共配套设施开发成本，应按建筑面积法进行分配。

（三）借款费用属于不同成本对象共同负担的，按直接成本法或按预算造价法进行分配。

（四）其他成本项目的分配法由企业自行确定。

**第三十一条**　企业以非货币交易方式取得土地使用权的，应按下列规定确定其成本：

（一）企业、单位以换取开发产品为目的，将土地使用权投资企业的，按下列规定进行处理：

1. 换取的开发产品如为该项土地开发、建造的，接受投资的企业在接受土地使用权时暂不确认其成本，待首次分出开发产品时，再按应分出开发产品（包括首次分出的和以后应分出的）的市场公允价值和土地使用权转移过程中应支付的相关税费计算确认该项土地使用权的成本。如涉及补价，土地使用权的取得成本还应加上应支付的补价款或减除应收到的补价款。

2. 换取的开发产品如为其他土地开发、建造的，接受投资的企业在投资交易发生时，按应付出开发产品市场公允价值和土地使用权转移过程中应支付的相关税费计算确认该项土地使用权的成本。如涉及补价，土地使用权的取得成本还应加上应支付的补价款或减除应收到的补价款。

（二）企业、单位以股权的形式，将土地使用权投资企业的，接受投资的企业应在投资交易发生时，按该项土地使用权的市场公允价值和土地使用权转移过程中应支付的相关税费计算确认该项土地使用权的取得成本。如涉及补价，土地使用权的取得成本还应加上应支付的补价款或减除应收到的补价款。

**第三十二条**　除以下几项预提（应付）费用外，计税成本均应为实际发生的成本。

（一）出包工程未最终办理结算而未取得全额发票的，在证明资料充分的前提下，其发票不足金额可以预提，但最高不得超过合同总金额的10%。

（二）公共配套设施尚未建造或尚未完工的，可按预算造价合理预提建造费用。此类公共配套设施必须符合已在售房合同、协议或广告、模型中明确承诺建造且不可撤销，或按照法律法规规定必须配套建造的条件。

（三）应向政府上交但尚未上交的报批报建费用、物业完善费用可以按规定预提。物业完善费用是指按规定应由企业承担的物业管理基金、公建维修基金或其他专项基金。

**第三十三条**　企业单独建造的停车场所，应作为成本对象单独核算。利用地下基础设施形成的停车场所，作为公共配套设施进行处理。

**第三十四条**　企业在结算计税成本时其实际发生的支出应当取得但未取得合法凭据的，不得计入计税成本，待实际取得合法凭据时，再按规定计入计税成本。

**第三十五条**　开发产品完工以后，企业可在完工年度企业所得税汇算清缴前选择确定计税成本核算的终止日，不得滞后。凡已完工开发产品在完工年度未按规定结算计税成本，主管税务机关有权确定或核定其计税成本，据此进行纳税调整，并按《中华人民共和国税收征收管理法》的有关规定对其进行处理。

## 第五章　特定事项的税务处理

**第三十六条**　企业以本企业为主体联合其他企业、单位、个人合作或合资开发房地产项目，且该项目未成立独立法人公司的，按下列规定进行处理：

（一）凡开发合同或协议中约定向投资各方（即合作、合资方，下同）分配开发产品的，企业在首次分配开发产品时，如该项目已经结算计税成本，其应分配给投资方开发产品的计税成本与其投资额之间的差额计入当期应纳税所得额；如未结算计税成本，则将投资方的投资额视同销售收入进行相关的税务处理。

（二）凡开发合同或协议中约定分配项目利润的，应按以下规定进行处理：

1. 企业应将该项目形成的营业利润额并入当期应纳税所得额统一申报缴纳企业所得税，不得在税前分配该项目的利润。同时不能因接受投资方投资额而在成本中摊销或在税前扣除相关的利息支出。

2. 投资方取得该项目的营业利润应视同股息、红利进行相关的税务处理。

**第三十七条**　企业以换取开发产品为目的，将土地使用权投资其他企业房地产开发项目的，按以下规定进行处理：

企业应在首次取得开发产品时，将其分解为转让土地使用权和购入开发产品两项经济业务进行所得税处理，并按应从该项目取得的开发产品（包括首次取得的和以后应取得的）的市场公允价值计算确认土地使用权转让所得或损失。

## 第六章 附 则

**第三十八条** 从事房地产开发经营业务的外商投资企业在2007年12月31日前存有销售未完工开发产品取得的收入，至该项开发产品完工后，一律按本办法第九条规定的办法进行税务处理。

**第三十九条** 本通知自2008年1月1日起执行。

# 跨省市总分机构企业所得税分配及预算管理办法

*1. 2012年6月12日财政部、国家税务总局、中国人民银行发布*
*2. 财预〔2012〕40号*
*3. 自2013年1月1日起施行*

为了保证《中华人民共和国企业所得税法》的顺利实施，妥善处理地区间利益分配关系，做好跨省市总分机构企业所得税收入的征缴和分配管理工作，制定本办法。

## 一、主要内容

（一）基本方法。属于中央与地方共享范围的跨省市总分机构企业缴纳的企业所得税，按照统一规范、兼顾总机构和分支机构所在地利益的原则，实行“统一计算、分级管理、就地预缴、汇总清算、财政调库”的处理办法，总分机构统一计算的当期应纳税额的地方分享部分中，25%由总机构所在地分享，50%由各分支机构所在地分享，25%按一定比例在各地间进行分配。

统一计算，是指居民企业应统一计算包括各个不具有法人资格营业机构在内的企业全部应纳税所得额、应纳税额。总机构和分支机构适用税率不一致的，应分别按适用税率计算应纳所得税额。

分级管理，是指居民企业总机构、分支机构，分别由所在地主管税务机关属地进行监督和管理。

就地预缴，是指居民企业总机构、分支机构，应按本办法规定的比例分别就地按月或者按季向所在地主管税务机关申报、预缴企业所得税。

汇总清算，是指在年度终了后，总分机构企业根据统一计算的年度应纳税所得额、应纳所得税额，抵减总机构、分支机构当年已就地分期预缴的企业所得税款后，多退少补。

财政调库，是指财政部定期将缴入中央总金库的跨省市总分机构企业所得税待分配收入，按照核定的系数调整至地方国库。

（二）适用范围。跨省市总分机构企业是指跨省（自治区、直辖市和计划单列市，下同）设立不具有法人资格分支机构的居民企业。

总机构和具有主体生产经营职能的二级分支机构就地预缴企业所得税。三级及三级以下分支机构，其营业收入、职工薪酬和资产总额等统一并入二级分支机构计算。

按照现行财政体制的规定，国有邮政企业（包括中国邮政集团公司及其控股公司和直属单位）、中国工商银行股份有限公司、中国农业银行股份有限公司、中国银行股份有限公司、国家开发银行股份有限公司、中国农业发展银行、中国进出口银行、中国投资有限责任公司、中国建设银行股份有限公司、中国建银投资有限责任公司、中国信达资产管理股份有限公司、中国石油天然气股份有限公司、中国石油化工股份有限公司、海洋石油天然气企业（包括中国海洋石油总公司、中海石油（中国）有限公司、中海油田服务股份有限公司、海洋石油工程股份有限公司）、中国长江电力股份有限公司等企业总分机构缴纳的企业所得税（包括滞纳金、罚款收入）为中央收入，全额上缴中央国库，不实行本办法。

不具有主体生产经营职能且在当地不缴纳营业税、增值税的产品售后服务、内部研发、仓储等企业内部辅助性的二级分支机构以及上年度符合条件的小型微利企业及其分支机构，不实行本办法。

居民企业在中国境外设立不具有法人资格分支机构的，按本办法计算有关分期预缴企业所得税时，其应纳税所得额、应纳所得税额及分摊因素数额，均不包括其境外分支机构。

## 二、预算科目

从2013年起，在《政府收支分类科目》中增设1010449项“分支机构汇算清缴所得税”科目，其下设01目“国有企业分支机构汇算清缴所得税”、02目“股份制企业分支机构汇算清缴所得税”、03目“港澳台和外商投资企业分支机构汇算清缴所得税”、99目“其他企业分支机构汇算清缴所得税”，有关科目说明及其他修订情况见《2013年政府收支分类科目》。

## 三、税款预缴

由总机构统一计算企业应纳税所得额和应纳所得税额，并分别由总机构、分支机构按月或按季就地预缴。

（一）分支机构分摊预缴税款。总机构在每月或每季终了之日起十日内，按照上年度各省市分支机构的营业收入、职工薪酬和资产总额三个因素，将统一计算的企业当期应纳税额的50%在各分支机构之间进行分摊（总机构所在省市同时设有分支机构的，同样按三个因素分摊），各分支机构根据分摊税款就地办理缴库，所缴纳税款收入由中央与分支机构所在地按60:40分享。分摊时三个因素权重依次为0.35、0.35和0.3。当年新设立的分支机构第二年起参与分摊；当年撤销的分支机构自办理注销税务登记之日起不参与分摊。

本办法所称的分支机构营业收入，是指分支机构销售商品、提供劳务、让渡资产使用权等日常经营活动实现的全部收入。其中，生产经营企业分支机构营业收入是指生产经营企业分支机构销售商品、提供劳务、让渡资产使用权等取得的全部收入；金融企业分支机构营业收入是指金融企业分支机构取得的利息、手续费、佣金等全部收入；保险企业分支机构营业收入是指保险企业分支机构取得的保费等全部收入。

本办法所称的分支机构职工薪酬，是指分支机构为获得职工提供的服务而给予职工的各种形式的报酬。

本办法所称的分支机构资产总额，是指分支机构在12月31日拥有或者控制的资产合计额。

各分支机构分摊预缴额按下列公式计算：

各分支机构分摊预缴额＝所有分支机构应分摊的预缴总额×该分支机构分摊比例

其中：

所有分支机构应分摊的预缴总额＝统一计算的企业当期应纳所得税额×50%

该分支机构分摊比例＝（该分支机构营业收入/各分支机构营业收入之和）×0.35＋（该分支机构职工薪酬/各分支机构职工薪酬之和）×0.35＋（该分支机构资产总额/各分支机构资产总额之和）×0.30

以上公式中，分支机构仅指需要参与就地预缴的分支机构。

（二）总机构就地预缴税款。总机构应将统一计算的企业当期应纳税额的25%，就地办理缴库，所缴纳税款收入由中央与总机构所在地按60:40分享。

（三）总机构预缴中央国库税款。总机构应将统一计算的企业当期应纳税额的剩余25%，就地全额缴入中央国库，所缴纳税款收入60%为中央收入，40%由财政部按照2004年至2006年各省市三年实际分享企业所得税占地方分享总额的比例定期向各省市分配。

## 四、汇总清算

企业总机构汇总计算企业年度应纳所得税额，扣除总机构和各境内分支机构已预缴的税款，计算出应补应退税款，分别由总机构和各分支机构（不包括当年已办理注销税务登记的分支机构）就地办理税款缴库或退库。

（一）补缴的税款按照预缴的分配比例，50%由各分支机构就地办理缴库，所缴纳税款收入由中央与分支机构所在地按60:40分享；25%由总机构就地办理缴库，所缴纳税款收入由中央与总机构所在地按60:40分享；其余25%部分就地全额缴入中央国库，所缴纳税款收入中60%为中央收入，40%由财政部按照2004年至2006年各省市三年实际分享企业所得税占地方分享总额的比例定期向各省市分配。

（二）多缴的税款按照预缴的分配比例，50%由各分支机构就地办理退库，所退税款由中央与分支机构所在地按60:40分担；25%由总机构就地办理退库，所退税款由中央与总机构所在地按60:40分担；其余25%部分就地从中央国库退库，其中60%从中央级1010442项“总机构汇算清缴所得税”下有关科目退付，40%从中央级1010443项“企业所得税待分配收入”下有关科目退付。

## 五、税款缴库程序

（一）分支机构分摊的预缴税款、汇算补缴税款、查补税款（包括滞纳金和罚款）由分支机构办理就地缴库。分支机构所在地税务机关开具税收缴款书，预算科目栏按企业所有制性质对应填写1010440项“分支机构预缴所得税”、1010449项“分支机构汇算清缴所得税”和1010450项“企业所得税查补税款、滞纳金、罚款收入”下的有关目级科目名称及代码，“级次”栏填写“中央60%、地方40%”。

（二）总机构就地预缴、汇算补缴、查补税款（包括滞纳金和罚款）由总机构合并办理就地缴库。中央与地方分配方式为中央60%，企业所得税待分配收入（暂列中央收入）20%，总机构所在地20%。总机构所在地税务机关开具税收缴款书，预算科目栏按企业所有制性质对应填写1010441项“总机构预缴所得税”、1010442项“总机构汇算清缴所得税”和1010450项“企业所得税查补税款、滞纳金、罚款收入”下的有关目级科目名称及代码，“级次”栏按上述分配比例填写“中央60%、中央20%（待分配）、地方20%”。

国库部门收到税款（包括滞纳金和罚款）后，将其中60%列入中央级1010441项“总机构预缴所得税”、1010442项“总机构汇算清缴所得税”和1010450项“企业所得税查补税款、滞纳金、罚款收入”下有关目级科目，20%列入中央级1010443项“企业所得税待分配收入”下有关目级科目，20%列入地方级1010441项“总机构预缴所得税”、1010442项“总机构汇算清缴所得税”和1010450项“企业所得税查补税款、滞纳金、罚款收入”下有关目级科目。

（三）多缴的税款由分支机构和总机构所在地税务机关开具收入退还书并按规定办理退库。收入退还书预算科目按企业所有制性质对应填写，预算级次按原缴款时的级次填写。

**六、财政调库**

财政部根据2004年至2006年各省市三年实际分享企业所得税占地方分享总额的比例，定期向中央总金库按目级科目开具分地区调库划款指令，将“企业所得税待分配收入”全额划转至地方国库。地方国库收款后，全额列入地方级1010441项“总机构预缴所得税”下的目级科目办理入库，并通知同级财政部门。

**七、其他**

（一）跨省市总分机构企业缴纳的所得税查补税款、滞纳金、罚款收入，按中央与地方60∶40分成比例就地缴库。需要退还的所得税查补税款、滞纳金和罚款收入仍按现行管理办法办理审批退库手续。

（二）财政部于每年1月初按中央总金库截至上年12月31日的跨省市总分机构企业所得税待分配收入进行分配，并在库款报解整理期（1月1日至1月10日）内划转至地方国库；地方国库收到下划资金后，金额纳入上年度地方预算收入。地方财政列入上年度收入决算。各省市分库在12月31日向中央总金库报解最后一份中央预算收入日报表后，整理期内再收纳的跨省市分机构企业缴纳的所得税，统一作为新年度的缴库收入处理。

（三）税务机关与国库部门在办理总机构缴纳的所得税对账时，需要将1010441项“总机构预缴所得税”、42项“总机构汇算清缴所得税”、43项“企业所得税待分配收入”下设的目级科目按级次核对一致。

（四）本办法自2013年1月1日起执行。《财政部国家税务总局中国人民银行关于印发〈跨省市总分机构企业所得税分配及预算管理暂行办法〉的通知》（财预〔2008〕10号）同时废止。

（五）分配给地方的跨省市总分机构企业所得税收入，以及省区域内跨市县经营企业缴纳的企业所得税收入，可参照本办法制定省以下分配与预算管理办法。

## 财政部、国家税务总局、中国人民银行关于《跨省市总分机构企业所得税分配及预算管理办法》的补充通知

*1. 2012年12月25日发布*

*2. 财预〔2012〕453号*

各省、自治区、直辖市、计划单列市财政厅（局）、国家税务局、地方税务局，财政部驻各省、自治区、直辖市、计划单列市财政监察专员办事处，中国人民银行上海总部，各分行、营业管理部，省会（首府）城市中心支行，深圳、大连、青岛、厦门、宁波市中心支行：

为更好落实《财政部国家税务总局中国人民银行关于印发（跨省市总分机构企业所得税分配及预算管理办法）的通知》（财预〔2012〕40号），现对有关事项补充通知如下：

**一、关于分支机构查补收入的归属。**二级分支机构所在地主管税务机关自行对二级分支机构实施税务检查，二级分支机构应将查补所得税款、滞纳金、罚款地方分享部分的50%归属该二级分支机构所在地，就地办理缴库；其余50%分摊给总机构办理缴库，其中，25%归属总机构所在地，25%就地全额缴入中央国库，由中央财政按照一定比例在各地区间分配。

**二、关于税款滞纳金、罚款收入的归属。**除查补税款滞纳金、罚款收入实行跨地区分享外，跨省市总分机构企业缴纳的其他企业所得税滞纳金、罚款收入不实行跨地区分享，按照规定的缴库程序就地缴库。

**三、关于预算科目的调整。**将财预〔2012〕40号文件和2013年《政府收支分类科目》中1010450项名称修改为“企业所得税税款滞纳金、罚款、加收利息收入”。1010450项下01目名称修改为“内资企业所得税税款滞纳金、罚款、加收利息收入”；02目名称修改为“港澳台和外商投资企业所得税税款滞纳金、罚款、加收利息收入”；03目名称修改为“中央企业所得税税款滞纳金、罚款、加收利息收入”。科目具体修改情况见附件。

**四、关于缴库程序。**分支机构分摊的查补税款入库的预算科目为1010449项“分支机构汇算清缴所得税”下的有关目级科目，级次为“中央60%、地方40%”；滞纳

金、罚款入库的预算科目为1010450项“企业所得税税款滞纳金、罚款、加收利息收入”下的有关目级科目，级次为“中央60%、地方40%”。

总机构分摊的查补税款入库的预算科目为1010442项“总机构汇算清缴所得税”下的有关目级科目，级次为“中央60%、中央20%（待分配）、地方20%”；滞纳金、罚款入库的预算科目为1010450项“企业所得税税款滞纳金、罚款、加收利息收入”下的有关目级科目，级次为“中央60%、中央20%（待分配）、地方20%”。国库部门收到总机构企业查补税款和滞纳金、罚款后，将其中60%列入中央级1010442项“总机构汇算清缴所得税”下的有关目级科目和1010450项“企业所得税税款滞纳金、罚款、加收利息收入”下的有关目级科目，20%列入中央级1010443“企业所得税待分配收入”下的有关目级科目，20%列入地方级1010442项“总机构汇算清缴所得税”下的有关目级科目和1010450项“企业所得税税款滞纳金、罚款、加收利息收入”下的有关目级科目。

**五、其他。**本办法实施后，缴纳和退还2012年及以前年度的企业所得税，仍按原办法执行。

财预〔2012〕40号文件规定与本文规定不一致的，按本文规定执行。

附件：（略）

## 国家税务总局关于非居民企业所得税源泉扣缴有关问题的公告

*1. 2017年10月17日国家税务总局公告2017年第37号公布*

*2. 根据2018年6月15日国家税务总局公告2018年第31号《关于修改部分税收规范性文件的公告》修正*

按照《国家税务总局关于进一步深化税务系统“放管服”改革优化税收环境的若干意见》（税总发〔2017〕101号）的安排，根据《中华人民共和国企业所得税法》（以下称“企业所得税法”）及其实施条例、《中华人民共和国税收征收管理法》及其实施细则的有关规定，现就非居民企业所得税源泉扣缴有关问题公告如下：

一、依照企业所得税法第三十七条、第三十九条和第四十条规定办理非居民企业所得税源泉扣缴相关事项，适用本公告。与执行企业所得税法第三十八条规定相关的事项不适用本公告。

二、企业所得税法实施条例第一百零四条规定的支付人自行委托代理人或指定其他第三方代为支付相关款项，或者因担保合同或法律规定等原因由第三方保证人或担保人支付相关款项的，仍由委托人、指定人或被保证人、被担保人承担扣缴义务。

三、企业所得税法第十九条第二项规定的转让财产所得包含转让股权等权益性投资资产（以下称“股权”）所得。股权转让收入减除股权净值后的余额为股权转让所得应纳税所得额。

股权转让收入是指股权转让人转让股权所收取的对价，包括货币形式和非货币形式的各种收入。

股权净值是指取得该股权的计税基础。股权的计税基础是股权转让人投资入股时向中国居民企业实际支付的出资成本，或购买该项股权时向该股权的原转让人实际支付的股权受让成本。股权在持有期间发生减值或者增值，按照国务院财政、税务主管部门规定可以确认损益的，股权净值应进行相应调整。企业在计算股权转让所得时，不得扣除被投资企业未分配利润等股东留存收益中按该项股权所可能分配的金额。

多次投资或收购的同项股权被部分转让的，从该项股权全部成本中按照转让比例计算确定被转让股权对应的成本。

四、扣缴义务人支付或者到期应支付的款项以人民币以外的货币支付或计价的，分别按以下情形进行外币折算：

（一）扣缴义务人扣缴企业所得税的，应当按照扣缴义务发生之日人民币汇率中间价折合成人民币，计算非居民企业应纳税所得额。扣缴义务发生之日为相关款项实际支付或者到期应支付之日。

（二）取得收入的非居民企业在主管税务机关责令限期缴纳税款前自行申报缴纳应源泉扣缴税款的，应当按照填开税收缴款书之日前一日人民币汇率中间价折合成人民币，计算非居民企业应纳税所得额。

（三）主管税务机关责令取得收入的非居民企业限期缴纳应源泉扣缴税款的，应当按照主管税务机关作出限期缴税决定之日前一日人民币汇率中间价折合成人民币，计算非居民企业应纳税所得额。

五、财产转让收入或财产净值以人民币以外的货币计价的，分扣缴义务人扣缴税款、纳税人自行申报缴纳税款和主管税务机关责令限期缴纳税款三种情形，先将以非人民币计价项目金额比照本公告第四条规定折合成人民币金额；再按企业所得税法第十九条第二项及相关规定计算非居民企业财产转让所得应纳税所得额。

财产净值或财产转让收入的计价货币按照取得或转让财产时实际支付或收取的计价币种确定。原计价币种停止流通并启用新币种的，按照新旧货币市场转换比例转换为新币种后进行计算。

六、扣缴义务人与非居民企业签订与企业所得税法第三条第三款规定的所得有关的业务合同时，凡合同中约定由扣缴义务人实际承担应纳税款的，应将非居民企业取得的不含税所得换算为含税所得计算并解缴应扣税款。

七、扣缴义务人应当自扣缴义务发生之日起 7 日内向扣缴义务人所在地主管税务机关申报和解缴代扣税款。扣缴义务人发生到期应支付而未支付情形，应按照《国家税务总局关于非居民企业所得税管理若干问题的公告》（国家税务总局公告 2011 年第 24 号）第一条规定进行税务处理。

非居民企业取得应源泉扣缴的所得为股息、红利等权益性投资收益的，相关应纳税款扣缴义务发生之日为股息、红利等权益性投资收益实际支付之日。

非居民企业采取分期收款方式取得应源泉扣缴所得税的同一项转让财产所得的，其分期收取的款项可先视为收回以前投资财产的成本，待成本全部收回后，再计算并扣缴应扣税款。

八、扣缴义务人在申报和解缴应扣税款时，应填报《中华人民共和国扣缴企业所得税报告表》。

扣缴义务人可以在申报和解缴应扣税款前报送有关申报资料；已经报送的，在申报时不再重复报送。

九、按照企业所得税法第三十七条规定应当扣缴的所得税，扣缴义务人未依法扣缴或者无法履行扣缴义务的，取得所得的非居民企业应当按照企业所得税法第三十九条规定，向所得发生地主管税务机关申报缴纳未扣缴税款，并填报《中华人民共和国扣缴企业所得税报告表》。

非居民企业未按照企业所得税法第三十九条规定申报缴纳税款的，税务机关可以责令限期缴纳，非居民企业应当按照税务机关确定的期限申报缴纳税款；非居民企业在税务机关责令限期缴纳前自行申报缴纳税款的，视为已按期缴纳税款。

十、非居民企业取得的同一项所得在境内存在多个所得发生地，涉及多个主管税务机关的，在按照企业所得税法第三十九条规定自行申报缴纳未扣缴税款时，可以选择一地办理本公告第九条规定的申报缴税事宜。受理申报地主管税务机关应在受理申报后 5 个工作日内，向扣缴义务人所在地和同一项所得其他发生地主管税务机关发送《非居民企业税务事项联络函》（见附件），告知非居民企业涉税事项。

十一、主管税务机关可以要求纳税人、扣缴义务人和其他知晓情况的相关方提供与应扣缴税款有关的合同和其他相关资料。扣缴义务人应当设立代扣代缴税款账簿和合同资料档案，准确记录非居民企业所得税扣缴情况。

十二、按照企业所得税法第三十七条规定应当扣缴的税款，扣缴义务人应扣未扣的，由扣缴义务人所在地主管税务机关依照《中华人民共和国行政处罚法》第二十三条规定责令扣缴义务人补扣税款，并依法追究扣缴义务人责任；需要向纳税人追缴税款的，由所得发生地主管税务机关依法执行。扣缴义务人所在地与所得发生地不一致的，负责追缴税款的所得发生地主管税务机关应通过扣缴义务人所在地主管税务机关核实有关情况；扣缴义务人所在地主管税务机关应当自确定应纳税款未依法扣缴之日起 5 个工作日内，向所得发生地主管税务机关发送《非居民企业税务事项联络函》，告知非居民企业涉税事项。

十三、主管税务机关在按照本公告第十二条规定追缴非居民企业应纳税款时，可以采取以下措施：

（一）责令该非居民企业限期申报缴纳应纳税款。

（二）收集、查实该非居民企业在中国境内其他收入项目及其支付人的相关信息，并向该其他项目支付人发出《税务事项通知书》，从该非居民企业其他收入项目款项中依照法定程序追缴欠缴税款及应缴的滞纳金。

其他项目支付人所在地与未扣税所得发生地不一致的，其他项目支付人所在地主管税务机关应给予配合和协助。

十四、按照本公告规定应当源泉扣缴税款的款项已经由扣缴义务人实际支付，但未在规定的期限内解缴应扣税款，并具有以下情形之一的，应作为税款已扣但未解缴情形，按照有关法律、行政法规规定处理：

（一）扣缴义务人已明确告知收款人已代扣税款的；

（二）已在财务会计处理中单独列示应扣税款的；

（三）已在其纳税申报中单独扣除或开始单独摊销扣除应扣税款的；

（四）其他证据证明已代扣税款的。

除上款规定情形外，按本公告规定应该源泉扣缴的税款未在规定的期限内解缴入库的,均作为应扣未扣税款情形,按照有关法律、行政法规规定处理。

十五、本公告与税收协定及其相关规定不一致的,按照税收协定及其相关规定执行。

十六、扣缴义务人所在地主管税务机关为扣缴义务人所得税主管税务机关。

对企业所得税法实施条例第七条规定的不同所得,所得发生地主管税务机关按以下原则确定:

(一)不动产转让所得,为不动产所在地税务机关。

(二)权益性投资资产转让所得,为被投资企业的所得税主管税务机关。

(三)股息、红利等权益性投资所得,为分配所得企业的所得税主管税务机关。

(四)利息所得、租金所得、特许权使用费所得,为负担、支付所得的单位或个人的所得税主管税务机关。

十七、本公告自2017年12月1日起施行。本公告第七条第二款和第三款、第九条第二款可以适用于在本公告施行前已经发生但未处理的所得。下列规定自2017年12月1日起废止:

(一)《国家税务总局关于印发〈非居民企业所得税源泉扣缴管理暂行办法〉的通知》(国税发〔2009〕3号)。

(二)《国家税务总局关于进一步加强非居民税收管理工作的通知》(国税发〔2009〕32号)第二条第(三)项中的以下表述:

"各地应按照《国家税务总局关于印发〈非居民企业所得税源泉扣缴管理暂行办法〉的通知》(国税发〔2009〕3号)规定,落实扣缴登记和合同备案制度,辅导扣缴义务人及时准确扣缴应纳税款,建立管理台账和管理档案,追缴漏税"。

(三)《国家税务总局关于加强税种征管促进堵漏增收的若干意见》(国税发〔2009〕85号)第四条第(二)项第3目中以下表述:

"按照《国家税务总局关于印发〈非居民企业所得税源泉扣缴管理暂行办法〉的通知》(国税发〔2009〕3号)规定,落实扣缴登记和合同备案制度,辅导扣缴义务人及时准确扣缴应纳税款,建立管理台账和管理档案"。

(四)《国家税务总局关于加强非居民企业股权转让所得企业所得税管理的通知》(国税函〔2009〕698号)。

(五)《国家税务总局关于印发〈非居民企业税收协同管理办法(试行)〉的通知》(国税发〔2010〕119号)第九条。

(六)《国家税务总局关于发布〈企业重组业务企业所得税管理办法〉的公告》(国家税务总局公告2010年第4号)第三十六条。

(七)《国家税务总局关于非居民企业所得税管理若干问题的公告》(国家税务总局公告2011年第24号)第五条和第六条。

(八)《国家税务总局关于发布〈非居民企业从事国际运输业务税收管理暂行办法〉的公告》(国家税务总局公告2014年第37号)第二条第三款中以下表述:"和《国家税务总局关于印发〈非居民企业所得税源泉扣缴管理暂行办法〉的通知》(国税发〔2009〕3号)"。

(九)《国家税务总局关于非居民企业间接转让财产企业所得税若干问题的公告》(国家税务总局公告2015年第7号)第八条第二款。

特此公告。

附件:(略)

## 国家税务总局关于为纳税人提供企业所得税税收政策风险提示服务有关问题的公告

*2017年4月18日国家税务总局公告2017年第10号公布施行*

为创新纳税服务方式,持续推进税务机关"放管服"改革,税务总局决定为纳税人提供企业所得税汇算清缴税收政策风险提示服务(以下简称"税收政策风险提示服务"),现就有关事项公告如下:

一、税收政策风险提示服务是指纳税人进行企业所得税汇算清缴时,税务机关在纳税人正式申报纳税前,依据现行税收法律法规及相关管理规定,利用税务登记信息、纳税申报信息、财务会计信息、备案资料信息、第三方涉税信息等内在规律和联系,依托现代技术手段,就税款计算的逻辑性、申报数据的合理性、税收与财务指标关联性等,提供风险提示服务。目的是帮助纳税人提高税收遵从度,减少纳税风险。

二、税收政策风险提示服务对象为查账征收,且通过互联网进行纳税申报的居民企业纳税人。

三、税收政策风险提示服务流程:

(一)纳税人在互联网上填报完成《中华人民共和国企业所得税年度纳税申报表》(A类,2014年版)后,选择"风险提示服务",系统即对纳税人提交的申报表数据和信息进行风险扫描,并在很短时间内将风险提示信息推送给纳税人；

（二）针对系统推送的风险提示信息，由纳税人自愿选择是否修正，可以自行确定是否调整、修改、补充数据或信息，也可以直接进入纳税申报程序；

（三）纳税人完成风险提示信息修正后，可以再次选择“风险提示服务”，查看是否已经处理风险提示问题，也可以直接进入纳税申报程序。

**四、有关说明**

（一）税收政策风险提示服务不改变纳税人依法自行计算申报缴纳税额、享受法定权益、承担法律责任的权利和义务。

（二）税收政策风险提示服务是税务机关为纳税人提供的一项纳税服务，纳税人可以根据自身经营情况，自愿选择风险提示服务，自行决定风险修正。

（三）税收政策风险提示服务是在纳税人正式申报纳税前进行的，需要纳税人提前一天将本企业的财务报表、企业所得税优惠事项备案表等信息，通过互联网报送至税务机关。纳税人之前已经完成以上信息报送的，无需重复报送。

五、本公告自发布之日起施行。本公告发布实施前，纳税人已经完成2016年度企业所得税汇算清缴申报纳税的，系统将不再提供税收政策风险提示服务。

特此公告。

## 财政部、国家税务总局关于企业境外所得税收抵免有关问题的通知①

*1. 2009年12月25日发布*
*2. 财税〔2009〕125号*

各省、自治区、直辖市、计划单列市财政厅（局）、国家税务局、地方税务局，新疆生产建设兵团财务局：

根据《中华人民共和国企业所得税法》（以下简称企业所得税法）及《中华人民共和国企业所得税法实施条例》（以下简称实施条例）的有关规定，现就企业取得境外所得计征企业所得税时抵免境外已纳或负担所得税额的有关问题通知如下：

一、居民企业以及非居民企业在中国境内设立的机构、场所（以下统称企业）依照企业所得税法第二十三条、第二十四条的有关规定，应在其应纳税额中抵免在境外缴纳的所得税额的，适用本通知。

二、企业应按照企业所得税法及其实施条例、税收协定以及本通知的规定，准确计算下列当期与抵免境外所得税有关的项目后，确定当期实际可抵免分国（地区）别的境外所得税税额和抵免限额：

（一）境内所得的应纳税所得额（以下称境内应纳税所得额）和分国（地区）别的境外所得的应纳税所得额（以下称境外应纳税所得额）；

（二）分国（地区）别的可抵免境外所得税税额；

（三）分国（地区）别的境外所得税的抵免限额。

企业不能准确计算上述项目实际可抵免分国（地区）别的境外所得税税额的，在相应国家（地区）缴纳的税收均不得在该企业当期应纳税额中抵免，也不得结转以后年度抵免。

三、企业应就其按照实施条例第七条规定确定的中国境外所得（境外税前所得），按以下规定计算实施条例第七十八条规定的境外应纳税所得额：

（一）居民企业在境外投资设立不具有独立纳税地位的分支机构，其来源于境外的所得，以境外收入总额扣除与取得境外收入有关的各项合理支出后的余额为应纳税所得额。各项收入、支出按企业所得税法及实施条例的有关规定确定。

居民企业在境外设立不具有独立纳税地位的分支机构取得的各项境外所得，无论是否汇回中国境内，均应计入该企业所属纳税年度的境外应纳税所得额。

（二）居民企业应就其来源于境外的股息、红利等权益性投资收益，以及利息、租金、特许权使用费、转让财产等收入，扣除按照企业所得税法及实施条例等规定计算的与取得该项收入有关的各项合理支出后的余额为应纳税所得额。来源于境外的股息、红利等权益性投资收益，应按被投资方作出利润分配决定的日期确认收入实现；来源于境外的利息、租金、特许权使用费、转让财产等收入，应按有关合同约定应付交易对价款的日期确认收入实现。

（三）非居民企业在境内设立机构、场所的，应就其发生在境外但与境内所设机构、场所有实际联系的各项应税所得，比照上述第（二）项的规定计算相应的应纳税所得额。

（四）在计算境外应纳税所得额时，企业为取得境内、外所得而在境内、境外发生的共同支出，与取得境

① 第十条中“经企业申请，主管税务机关核准”的规定已被2015年10月10日国家税务总局公告2015年第70号《关于企业境外所得适用简易征收和饶让抵免的核准事项取消后有关后续管理问题的公告》废止。——编者注

外应税所得有关的、合理的部分,应在境内、境外(分国(地区)别,下同)应税所得之间,按照合理比例进行分摊后扣除。

(五)在汇总计算境外应纳税所得额时,企业在境外同一国家(地区)设立不具有独立纳税地位的分支机构,按照企业所得税法及实施条例的有关规定计算的亏损,不得抵减其境内或他国(地区)的应纳税所得额,但可以用同一国家(地区)其他项目或以后年度的所得按规定弥补。

四、可抵免境外所得税税额,是指企业来源于中国境外的所得依照中国境外税收法律以及相关规定应当缴纳并已实际缴纳的企业所得税性质的税款。但不包括:

(一)按照境外所得税法律及相关规定属于错缴或错征的境外所得税税款;

(二)按照税收协定规定不应征收的境外所得税税款;

(三)因少缴或迟缴境外所得税而追加的利息、滞纳金或罚款;

(四)境外所得税纳税人或者其利害关系人从境外征税主体得到实际返还或补偿的境外所得税税款;

(五)按照我国企业所得税法及其实施条例规定,已经免征我国企业所得税的境外所得负担的境外所得税税款;

(六)按照国务院财政、税务主管部门有关规定已经从企业境外应纳税所得额中扣除的境外所得税税款。

五、居民企业在按照企业所得税法第二十四条规定用境外所得间接负担的税额进行税收抵免时,其取得的境外投资收益实际间接负担的税额,是指根据直接或者间接持股方式合计持股20%以上(含20%,下同)的规定层级的外国企业股份,由此应分得的股息、红利等权益性投资收益中,从最低一层外国企业起逐层计算的属于由上一层企业负担的税额,其计算公式如下:

本层企业所纳税额属于由一家上一层企业负担的税额=(本层企业就利润和投资收益所实际缴纳的税额+符合本通知规定的由本层企业间接负担的税额)×本层企业向一家上一层企业分配的股息(红利)÷本层企业所得税后利润额。

六、除国务院财政、税务主管部门另有规定外,按照实施条例第八十条规定由居民企业直接或者间接持有20%以上股份的外国企业,限于符合以下持股方式的三层外国企业:

第一层:单一居民企业直接持有20%以上股份的外国企业;

第二层:单一第一层外国企业直接持有20%以上股份,且由单一居民企业直接持有或通过一个或多个符合本条规定持股条件的外国企业间接持有总和达到20%以上股份的外国企业;

第三层:单一第二层外国企业直接持有20%以上股份,且由单一居民企业直接持有或通过一个或多个符合本条规定持股条件的外国企业间接持有总和达到20%以上股份的外国企业。

七、居民企业从与我国政府订立税收协定(或安排)的国家(地区)取得的所得,按照该国(地区)税收法律享受了免税或减税待遇,且该免税或减税的数额按照税收协定规定应视同已缴税额在中国的应纳税额中抵免的,该免税或减税数额可作为企业实际缴纳的境外所得税额用于办理税收抵免。

八、企业应按照企业所得税法及其实施条例和本通知的有关规定分国(地区)别计算境外税额的抵免限额。

某国(地区)所得税抵免限额=中国境内、境外所得依照企业所得税法及实施条例的规定计算的应纳税总额×来源于某国(地区)的应纳税所得额÷中国境内、境外应纳税所得总额。

据以计算上述公式中"中国境内、境外所得依照企业所得税法及实施条例的规定计算的应纳税总额"的税率,除国务院财政、税务主管部门另有规定外,应为企业所得税法第四条第一款规定的税率。

企业按照企业所得税法及其实施条例和本通知的有关规定计算的当期境内、境外应纳税所得总额小于零的,应以零计算当期境内、境外应纳税所得总额,其当期境外所得税的抵免限额也为零。

九、在计算实际应抵免的境外已缴纳和间接负担的所得税税额时,企业在境外一国(地区)当年缴纳和间接负担的符合规定的所得税税额低于所计算的该国(地区)抵免限额的,应以该项税额作为境外所得税抵免额从企业应纳税总额中据实抵免;超过抵免限额的,当年应以抵免限额作为境外所得税抵免额进行抵免,超过抵免限额的余额允许从次年起在连续五个纳税年度内,用每年度抵免限额抵免当年应抵税额后的余额进行抵补。

十、属于下列情形的,经企业申请,主管税务机关核准,可以采取简易办法对境外所得已纳税额计算抵免:

(一)企业从境外取得营业利润所得以及符合境外税额间接抵免条件的股息所得,虽有所得来源国(地区)政府机关核发的具有纳税性质的凭证或证明,但因客观原因无法真实、准确地确认应当缴纳并已经实际缴纳的境外所得税税额的，除就该所得直接缴纳及间接负担的税额在所得来源国（地区）的实际有效税率低于我国企业所得税法第四条第一款规定税率50%以上的外，可按境外应纳税所得额的12.5%作为抵免限额，企业按该国（地区）税务机关或政府机关核发具有纳税性质凭证或证明的金额，其不超过抵免限额的部分，准予抵免；超过的部分不得抵免。

属于本款规定以外的股息、利息、租金、特许权使用费、转让财产等投资性所得，均应按本通知的其他规定计算境外税额抵免。

（二）企业从境外取得营业利润所得以及符合境外税额间接抵免条件的股息所得，凡就该所得缴纳及间接负担的税额在所得来源国（地区）的法定税率且其实际有效税率明显高于我国的，可直接以按本通知规定计算的境外应纳税所得额和我国企业所得税法规定的税率计算的抵免限额作为可抵免的已在境外实际缴纳的企业所得税税额。具体国家（地区）名单见附件。财政部、国家税务总局可根据实际情况适时对名单进行调整。

属于本款规定以外的股息、利息、租金、特许权使用费、转让财产等投资性所得，均应按本通知的其他规定计算境外税额抵免。

**十一**、企业在境外投资设立不具有独立纳税地位的分支机构，其计算生产、经营所得的纳税年度与我国规定的纳税年度不一致的，与我国纳税年度当年度相对应的境外纳税年度，应为在我国有关纳税年度中任何一日结束的境外纳税年度。

企业取得上款以外的境外所得实际缴纳或间接负担的境外所得税，应在该项境外所得实现日所在的我国对应纳税年度的应纳税额中计算抵免。

**十二**、企业抵免境外所得税额后实际应纳所得税额的计算公式为：

企业实际应纳所得税额=企业境内外所得应纳税总额－企业所得税减免、抵免优惠税额－境外所得税抵免额。

**十三**、本通知所称不具有独立纳税地位，是指根据企业设立地法律不具有独立法人地位或者按照税收协定规定不认定为对方国家（地区）的税收居民。

**十四**、企业取得来源于中国香港、澳门、台湾地区的应税所得，参照本通知执行。

**十五**、中华人民共和国政府同外国政府订立的有关税收的协定与本通知有不同规定的，依照协定的规定办理。

**十六**、本通知自2008年1月1日起执行。

附件：法定税率明显高于我国的境外所得来源国（地区）名单（略）

## 国家税务总局关于母子公司间提供服务支付费用有关企业所得税处理问题的通知

*1. 2008年8月14日发布*
*2. 国税发〔2008〕86号*

各省、自治区、直辖市和计划单列市国家税务局、地方税务局：

根据《中华人民共和国企业所得税法》及其实施条例的有关规定，现就在中国境内，属于不同独立法人的母子公司之间提供服务支付费用有关企业所得税处理问题通知如下：

**一**、母公司为其子公司（以下简称子公司）提供各种服务而发生的费用，应按照独立企业之间公平交易原则确定服务的价格，作为企业正常的劳务费用进行税务处理。

母子公司未按照独立企业之间的业务往来收取价款的，税务机关有权予以调整。

**二**、母公司向其子公司提供各项服务，双方应签订服务合同或协议，明确规定提供服务的内容、收费标准及金额等，凡按上述合同或协议规定所发生的服务费，母公司应作为营业收入申报纳税；子公司作为成本费用在税前扣除。

**三**、母公司向其多个子公司提供同类项服务，其收取的服务费可以采取分项签订合同或协议收取；也可以采取服务分摊协议的方式，即，由母公司与各子公司签订服务费用分摊合同或协议，以母公司为其子公司提供服务所发生的实际费用并附加一定比例利润作为向子公司收取的总服务费，在各服务受益子公司（包括盈利企业、亏损企业和享受减免税企业）之间按《中华人民共和国企业所得税法》第四十一条第二款规定合理分摊。

**四**、母公司以管理费形式向子公司提取费用，子公司因此支付给母公司的管理费，不得在税前扣除。

**五**、子公司申报税前扣除向母公司支付的服务费用，应向主管税务机关提供与母公司签订的服务合同或者协议等与税前扣除该项费用相关的材料。不能提供相关材料的，支付的服务费用不得税前扣除。

## 财政部、国家税务总局关于补充养老保险费、补充医疗保险费有关企业所得税政策问题的通知

*1. 2009年6月2日发布*
*2. 财税〔2009〕27号*

各省、自治区、直辖市、计划单列市财政厅(局)、国家税务局、地方税务局,新疆生产建设兵团财务局:

根据《中华人民共和国企业所得税法》及其实施条例的有关规定,现就补充养老保险费、补充医疗保险费有关企业所得税政策问题通知如下:

自2008年1月1日起,企业根据国家有关政策规定,为在本企业任职或者受雇的全体员工支付的补充养老保险费、补充医疗保险费,分别在不超过职工工资总额5%标准内的部分,在计算应纳税所得额时准予扣除;超过的部分,不予扣除。

## 关于企业重组业务企业所得税征收管理若干问题的公告

*1. 2015年6月24日国家税务总局公告2015年第48号公布*
*2. 根据2018年6月15日国家税务总局公告2018年第31号《关于修改部分税收规范性文件的公告》修正*

根据《中华人民共和国企业所得税法》及其实施条例、《中华人民共和国税收征收管理法》及其实施细则、《国务院关于取消非行政许可审批事项的决定》(国发〔2015〕27号)、《财政部、国家税务总局关于企业重组业务企业所得税处理若干问题的通知》(财税〔2009〕59号)和《财政部、国家税务总局关于促进企业重组有关企业所得税处理问题的通知》(财税〔2014〕109号)等有关规定,现对企业重组业务企业所得税征收管理若干问题公告如下:

一、按照重组类型,企业重组的当事各方是指:

(一)债务重组中当事各方,指债务人、债权人。

(二)股权收购中当事各方,指收购方、转让方及被收购企业。

(三)资产收购中当事各方,指收购方、转让方。

(四)合并中当事各方,指合并企业、被合并企业及被合并企业股东。

(五)分立中当事各方,指分立企业、被分立企业及被分立企业股东。

上述重组交易中,股权收购中转让方、合并中被合并企业股东和分立中被分立企业股东,可以是自然人。

当事各方中的自然人应按个人所得税的相关规定进行税务处理。

二、重组当事各方企业适用特殊性税务处理的(指重组业务符合财税〔2009〕59号文件和财税〔2014〕109号文件第一条、第二条规定条件并选择特殊性税务处理的,下同),应按如下规定确定重组主导方:

(一)债务重组,主导方为债务人。

(二)股权收购,主导方为股权转让方,涉及两个或两个以上股权转让方,由转让被收购企业股权比例最大的一方作为主导方(转让股权比例相同的可协商确定主导方)。

(三)资产收购,主导方为资产转让方。

(四)合并,主导方为被合并企业,涉及同一控制下多家被合并企业的,以净资产最大的一方为主导方。

(五)分立,主导方为被分立企业。

三、财税〔2009〕59号文件第十一条所称重组业务完成当年,是指重组日所属的企业所得税纳税年度。

企业重组日的确定,按以下规定处理:

1. 债务重组,以债务重组合同(协议)或法院裁定书生效日为重组日。

2. 股权收购,以转让合同(协议)生效且完成股权变更手续日为重组日。关联企业之间发生股权收购,转让合同(协议)生效后12个月内尚未完成股权变更手续的,应以转让合同(协议)生效日为重组日。

3. 资产收购,以转让合同(协议)生效且当事各方已进行会计处理的日期为重组日。

4. 合并,以合并合同(协议)生效、当事各方已进行会计处理且完成工商新设登记或变更登记日为重组日。按规定不需要办理工商新设或变更登记的合并,以合并合同(协议)生效且当事各方已进行会计处理的日期为重组日。

5. 分立,以分立合同(协议)生效、当事各方已进行会计处理且完成工商新设登记或变更登记日为重组日。

四、企业重组业务适用特殊性税务处理的,除财税〔2009〕59号文件第四条第(一)项所称企业发生其他法律形式简单改变情形外,重组各方应在该重组业务完成当年,办理企业所得税年度申报时,分别向各自主管税务机关报送《企业重组所得税特殊性税务处理报

告表及附表》(详见附件1)和申报资料(详见附件2)。合并、分立中重组一方涉及注销的,应在尚未办理注销税务登记手续前进行申报。

重组主导方申报后,其他当事方向其主管税务机关办理纳税申报。申报时还应附送重组主导方经主管税务机关受理的《企业重组所得税特殊性税务处理报告表及附表》(复印件)。

五、企业重组业务适用特殊性税务处理的,申报时,应从以下方面逐条说明企业重组具有合理的商业目的:

(一)重组交易的方式;

(二)重组交易的实质结果;

(三)重组各方涉及的税务状况变化;

(四)重组各方涉及的财务状况变化;

(五)非居民企业参与重组活动的情况。

六、企业重组业务适用特殊性税务处理的,申报时,当事各方还应向主管税务机关提交重组前连续12个月内有无与该重组相关的其他股权、资产交易情况的说明,并说明这些交易与该重组是否构成分步交易,是否作为一项企业重组业务进行处理。

七、根据财税〔2009〕59号文件第十条规定,若同一项重组业务涉及在连续12个月内分步交易,且跨两个纳税年度,当事各方在首个纳税年度交易完成时预计整个交易符合特殊性税务处理条件,经协商一致选择特殊性税务处理的,可以暂时适用特殊性税务处理,并在当年企业所得税年度申报时提交书面申报资料。

在下一纳税年度全部交易完成后,企业应判断是否适用特殊性税务处理。如适用特殊性税务处理的,当事各方应按本公告要求申报相关资料;如适用一般性税务处理的,应调整相应纳税年度的企业所得税年度申报表,计算缴纳企业所得税。

八、企业发生财税〔2009〕59号文件第六条第(一)项规定的债务重组,应准确记录应予确认的债务重组所得,并在相应年度的企业所得税汇算清缴时对当年确认额及分年结转额的情况做出说明。

主管税务机关应建立台账,对企业每年申报的债务重组所得与台账进行比对分析,加强后续管理。

九、企业发生财税〔2009〕59号文件第七条第(三)项规定的重组,居民企业应准确记录应予确认的资产或股权转让收益总额,并在相应年度的企业所得税汇算清缴时对当年确认额及分年结转额的情况做出说明。

主管税务机关应建立台账,对居民企业取得股权的计税基础和每年确认的资产或股权转让收益进行比对分析,加强后续管理。

十、适用特殊性税务处理的企业,在以后年度转让或处置重组资产(股权)时,应在年度纳税申报时对资产(股权)转让所得或损失情况进行专项说明,包括特殊性税务处理时确定的重组资产(股权)计税基础与转让或处置时的计税基础的比对情况,以及递延所得税负债的处理情况等。

适用特殊性税务处理的企业,在以后年度转让或处置重组资产(股权)时,主管税务机关应加强评估和检查,将企业特殊性税务处理时确定的重组资产(股权)计税基础与转让或处置时的计税基础及相关的年度纳税申报表比对,发现问题的,应依法进行调整。

十一、税务机关应对适用特殊性税务处理的企业重组做好统计和相关资料的归档工作。各省、自治区、直辖市和计划单列市税务局应于每年8月底前将《企业重组所得税特殊性税务处理统计表》(详见附件3)上报税务总局(所得税司)。

十二、本公告适用于2015年度及以后年度企业所得税汇算清缴。《国家税务总局关于发布〈企业重组业务企业所得税管理办法〉的公告》(国家税务总局公告2010年第4号)第三条、第七条、第八条、第十六条、第十七条、第十八条、第二十二条、第二十三条、第二十四条、第二十五条、第二十七条、第三十二条同时废止。

本公告施行时企业已经签订重组协议,但尚未完成重组的,按本公告执行。

特此公告。

附件:(略)

## 财政部、国家税务总局关于居民企业技术转让有关企业所得税政策问题的通知

*1. 2010年12月31日发布*

*2. 财税〔2010〕111号*

各省、自治区、直辖市、计划单列市财政厅(局)、国家税务局、地方税务局,新疆生产建设兵团财务局:

根据《中华人民共和国企业所得税法》(以下简称企业所得税法)及《中华人民共和国企业所得税法实施条例》(国务院令第512号,以下简称实施条例)的有关规定,现就符合条件的技术转让所得减免企业所得税有关问题通知如下:

一、技术转让的范围,包括居民企业转让专利技术、计算

机软件著作权、集成电路布图设计权、植物新品种、生物医药新品种,以及财政部和国家税务总局确定的其他技术。

其中:专利技术,是指法律授予独占权的发明、实用新型和非简单改变产品图案的外观设计。

二、本通知所称技术转让,是指居民企业转让其拥有符合本通知第一条规定技术的所有权或5年以上(含5年)全球独占许可使用权的行为。

三、技术转让应签订技术转让合同。其中,境内的技术转让须经省级以上(含省级)科技部门认定登记,跨境的技术转让须经省级以上(含省级)商务部门认定登记,涉及财政经费支持产生技术的转让,需省级以上(含省级)科技部门审批。

居民企业技术出口应由有关部门按照商务部、科技部发布的《中国禁止出口限制出口技术目录》(商务部、科技部令2008年第12号)进行审查。居民企业取得禁止出口和限制出口技术转让所得,不享受技术转让减免企业所得税优惠政策。

四、居民企业从直接或间接持有股权之和达到100%的关联方取得的技术转让所得,不享受技术转让减免企业所得税优惠政策。

五、本通知自2008年1月1日起执行。

## 国家税务总局关于企业所得税有关问题的公告

*2016年12月9日国家税务总局公告2016年第80号公布*

根据《中华人民共和国企业所得税法》及其实施条例有关规定,现对企业所得税有关问题公告如下:

**一、关于企业差旅费中人身意外保险费支出税前扣除问题**

企业职工因公出差乘坐交通工具发生的人身意外保险费支出,准予企业在计算应纳税所得额时扣除。

**二、企业移送资产所得税处理问题**

企业发生《国家税务总局关于企业处置资产所得税处理问题的通知》(国税函〔2008〕828号)第二条规定情形的,除另有规定外,应按照被移送资产的公允价值确定销售收入。

**三、施行时间**

本公告适用于2016年度及以后年度企业所得税汇算清缴。

《国家税务总局关于企业处置资产所得税处理问题的通知》(国税函〔2008〕828号)第三条同时废止。

特此公告。

## 国家税务总局关于企业所得税核定征收若干问题的通知

*1. 2009年7月14日发布*

*2. 国税函〔2009〕377号*

*3. 根据2016年12月29日国家税务总局公告2016年第88号《关于修订企业所得税2个规范性文件的公告》修正*

各省、自治区、直辖市和计划单列市国家税务局、地方税务局:

《国家税务总局关于印发〈企业所得税核定征收办法〉(试行)的通知》(国税发〔2008〕30号)下发后,各地反映需要对有关问题进一步明确。为规范企业所得税核定征收工作,现对企业所得税核定征收若干问题通知如下:

一、国税发〔2008〕30号文件第三条第二款所称"特定纳税人"包括以下类型的企业:

(一)享受《中华人民共和国企业所得税法》及其实施条例和国务院规定的一项或几项企业所得税优惠政策的企业(不包括仅享受《中华人民共和国企业所得税法》第二十六条规定免税收入优惠政策的企业、第二十八条规定的符合条件的小型微利企业);

(二)汇总纳税企业;

(三)上市公司;

(四)银行、信用社、小额贷款公司、保险公司、证券公司、期货公司、信托投资公司、金融资产管理公司、融资租赁公司、担保公司、财务公司、典当公司等金融企业;

(五)会计、审计、资产评估、税务、房地产估价、土地估价、工程造价、律师、价格鉴证、公证机构、基层法律服务机构、专利代理、商标代理以及其他经济鉴证类社会中介机构;

(六)国家税务总局规定的其他企业。

对上述规定之外的企业,主管税务机关要严格按照规定的范围和标准确定企业所得税的征收方式,不得违规扩大核定征收企业所得税范围;对其中达不到查账征收条件的企业核定征收企业所得税,并促使其完善会计核算和财务管理,达到查账征收条件后要及时转为查账征收。

二、国税发〔2008〕30 号文件第六条中的“应税收入额”等于收入总额减去不征税收入和免税收入后的余额。用公式表示为：

应税收入额 = 收入总额 - 不征税收入 - 免税收入

其中，收入总额为企业以货币形式和非货币形式从各种来源取得的收入。

三、本通知从 2009 年 1 月 1 日起执行。

## 财政部、税务总局关于完善企业境外所得税收抵免政策问题的通知

*1. 2017 年 12 月 28 日发布*

*2. 财税〔2017〕84 号*

各省、自治区、直辖市、计划单列市财政厅（局）、国家税务局、地方税务局，新疆生产建设兵团财务局：

根据《中华人民共和国企业所得税法》及其实施条例和《财政部、国家税务总局关于企业境外所得税收抵免有关问题的通知》（财税〔2009〕125 号）的有关规定，现就完善我国企业境外所得税收抵免政策问题通知如下：

一、企业可以选择按国（地区）别分别计算（即“分国（地区）不分项”），或者不按国（地区）别汇总计算（即“不分国（地区）不分项”）其来源于境外的应纳税所得额，并按照财税〔2009〕125 号文件第八条规定的税率，分别计算其可抵免境外所得税税额和抵免限额。上述方式一经选择，5 年内不得改变。

企业选择采用不同于以前年度的方式（以下简称新方式）计算可抵免境外所得税税额和抵免限额时，对该企业以前年度按照财税〔2009〕125 号文件规定没有抵免完的余额，可在税法规定结转的剩余年限内，按新方式计算的抵免限额中继续结转抵免。

二、企业在境外取得的股息所得，在按规定计算该企业境外股息所得的可抵免所得税额和抵免限额时，由该企业直接或者间接持有 20% 以上股份的外国企业，限于按照财税〔2009〕125 号文件第六条规定的持股方式确定的五层外国企业，即：

第一层：企业直接持有 20% 以上股份的外国企业；

第二层至第五层：单一上一层外国企业直接持有 20% 以上股份，且由该企业直接持有或通过一个或多个符合财税〔2009〕125 号文件第六条规定持股方式的外国企业间接持有总和达到 20% 以上股份的外国企业。

三、企业境外所得税收抵免的其他事项，按照财税〔2009〕125 号文件的有关规定执行。

四、本通知自 2017 年 1 月 1 日起执行。

## 财政部、国家税务总局关于非货币性资产投资企业所得税政策问题的通知

*1. 2014 年 12 月 31 日发布*

*2. 财税〔2014〕116 号*

各省、自治区、直辖市、计划单列市财政厅（局）、国家税务局、地方税务局，新疆生产建设兵团财务局：

为贯彻落实《国务院关于进一步优化企业兼并重组市场环境的意见》（国发〔2014〕14 号），根据《中华人民共和国企业所得税法》及其实施条例有关规定，现就非货币性资产投资涉及的企业所得税政策问题明确如下：

一、居民企业（以下简称企业）以非货币性资产对外投资确认的非货币性资产转让所得，可在不超过 5 年期限内，分期均匀计入相应年度的应纳税所得额，按规定计算缴纳企业所得税。

二、企业以非货币性资产对外投资，应对非货币性资产进行评估并按评估后的公允价值扣除计税基础后的余额，计算确认非货币性资产转让所得。

企业以非货币性资产对外投资，应于投资协议生效并办理股权登记手续时，确认非货币性资产转让收入的实现。

三、企业以非货币性资产对外投资而取得被投资企业的股权，应以非货币性资产的原计税成本为计税基础，加上每年确认的非货币性资产转让所得，逐年进行调整。

被投资企业取得非货币性资产的计税基础，应按非货币性资产的公允价值确定。

四、企业在对外投资 5 年内转让上述股权或投资收回的，应停止执行递延纳税政策，并就递延期内尚未确认的非货币性资产转让所得，在转让股权或投资收回当年的企业所得税年度汇算清缴时，一次性计算缴纳企业所得税；企业在计算股权转让所得时，可按本通知第三条第一款规定将股权的计税基础一次调整到位。

企业在对外投资 5 年内注销的，应停止执行递延纳税政策，并就递延期内尚未确认的非货币性资产转让所得，在注销当年的企业所得税年度汇算清缴时，一

次性计算缴纳企业所得税。

五、本通知所称非货币性资产，是指现金、银行存款、应收账款、应收票据以及准备持有至到期的债券投资等货币性资产以外的资产。

本通知所称非货币性资产投资，限于以非货币性资产出资设立新的居民企业，或将非货币性资产注入现存的居民企业。

六、企业发生非货币性资产投资，符合《财政部、国家税务总局关于企业重组业务企业所得税处理若干问题的通知》（财税〔2009〕59号）等文件规定的特殊性税务处理条件的，也可选择按特殊性税务处理规定执行。

七、本通知自2014年1月1日起执行。本通知发布前尚未处理的非货币性资产投资，符合本通知规定的可按本通知执行。

## 关于延续实施支持农村金融发展企业所得税政策的公告

*2023年9月25日财政部、税务总局公告2023年第55号公布*

为支持农村金融发展，现将延续实施有关企业所得税政策公告如下：

一、对金融机构农户小额贷款的利息收入，在计算应纳税所得额时，按90%计入收入总额。

二、对保险公司为种植业、养殖业提供保险业务取得的保费收入，在计算应纳税所得额时，按90%计入收入总额。

三、本公告所称农户，是指长期（一年以上）居住在乡镇（不包括城关镇）行政管理区域内的住户，还包括长期居住在城关镇所辖行政村范围内的住户和户口不在本地而在本地居住一年以上的住户，国有农场的职工和农村个体工商户。位于乡镇（不包括城关镇）行政管理区域内和在城关镇所辖行政村范围内的国有经济的机关、团体、学校、企事业单位的集体户；有本地户口，但举家外出谋生一年以上的住户，无论是否保留承包耕地均不属于农户。农户以户为统计单位，既可以从事农业生产经营，也可以从事非农业生产经营。农户贷款的判定应以贷款发放时的承贷主体是否属于农户为准。

本公告所称小额贷款，是指单笔且该农户贷款余额总额在10万元（含本数）以下的贷款。

本公告所称保费收入，是指原保险保费收入加上分保费收入减去分出保费后的余额。

四、金融机构应对符合条件的农户小额贷款利息收入进行单独核算，不能单独核算的不得适用本公告第一条规定的优惠政策。

五、本公告执行至2027年12月31日。

### ②个人所得税

## 中华人民共和国个人所得税法

*1. 1980年9月10日第五届全国人民代表大会第三次会议通过*

*2. 根据1993年10月31日第八届全国人民代表大会常务委员会第四次会议《关于修改〈中华人民共和国个人所得税法〉的决定》第一次修正*

*3. 根据1999年8月30日第九届全国人民代表大会常务委员会第十一次会议《关于修改〈中华人民共和国个人所得税法〉的决定》第二次修正*

*4. 根据2005年10月27日第十届全国人民代表大会常务委员会第十八次会议《关于修改〈中华人民共和国个人所得税法〉的决定》第三次修正*

*5. 根据2007年6月29日第十届全国人民代表大会常务委员会第二十八次会议《关于修改〈中华人民共和国个人所得税法〉的决定》第四次修正*

*6. 根据2007年12月29日第十届全国人民代表大会常务委员会第三十一次会议《关于修改〈中华人民共和国个人所得税法〉的决定》第五次修正*

*7. 根据2011年6月30日第十一届全国人民代表大会常务委员会第二十一次会议《关于修改〈中华人民共和国个人所得税法〉的决定》第六次修正*

*8. 根据2018年8月31日第十三届全国人民代表大会常务委员会第五次会议《关于修改〈中华人民共和国个人所得税法〉的决定》第七次修正*

**第一条** 【纳税主体】在中国境内有住所，或者无住所而一个纳税年度内在中国境内居住累计满一百八十三天的个人，为居民个人。居民个人从中国境内和境外取得的所得，依照本法规定缴纳个人所得税。

在中国境内无住所又不居住，或者无住所而一个纳税年度内在中国境内居住累计不满一百八十三天的个人，为非居民个人。非居民个人从中国境内取得的所得，依照本法规定缴纳个人所得税。

纳税年度，自公历一月一日起至十二月三十一日止。

**第二条 【纳税范围】**下列各项个人所得，应当缴纳个人所得税：

（一）工资、薪金所得；

（二）劳务报酬所得；

（三）稿酬所得；

（四）特许权使用费所得；

（五）经营所得；

（六）利息、股息、红利所得；

（七）财产租赁所得；

（八）财产转让所得；

（九）偶然所得。

居民个人取得前款第一项至第四项所得（以下称综合所得），按纳税年度合并计算个人所得税；非居民个人取得前款第一项至第四项所得，按月或者按次分项计算个人所得税。纳税人取得前款第五项至第九项所得，依照本法规定分别计算个人所得税。

**第三条 【税率】**个人所得税的税率：

（一）综合所得，适用百分之三至百分之四十五的超额累进税率（税率表附后）；

（二）经营所得，适用百分之五至百分之三十五的超额累进税率（税率表附后）；

（三）利息、股息、红利所得，财产租赁所得，财产转让所得和偶然所得，适用比例税率，税率为百分之二十。

**第四条 【免税】**下列各项个人所得，免征个人所得税：

（一）省级人民政府、国务院部委和中国人民解放军军以上单位，以及外国组织、国际组织颁发的科学、教育、技术、文化、卫生、体育、环境保护等方面的奖金；

（二）国债和国家发行的金融债券利息；

（三）按照国家统一规定发给的补贴、津贴；

（四）福利费、抚恤金、救济金；

（五）保险赔款；

（六）军人的转业费、复员费、退役金；

（七）按照国家统一规定发给干部、职工的安家费、退职费、基本养老金或者退休费、离休费、离休生活补助费；

（八）依照有关法律规定应予免税的各国驻华使馆、领事馆的外交代表、领事官员和其他人员的所得；

（九）中国政府参加的国际公约、签订的协议中规定免税的所得；

（十）国务院规定的其他免税所得。

前款第十项免税规定，由国务院报全国人民代表大会常务委员会备案。

**第五条 【减税】**有下列情形之一的，可以减征个人所得税，具体幅度和期限，由省、自治区、直辖市人民政府规定，并报同级人民代表大会常务委员会备案：

（一）残疾、孤老人员和烈属的所得；

（二）因自然灾害遭受重大损失的。

国务院可以规定其他减税情形，报全国人民代表大会常务委员会备案。

**第六条 【税额计算】**应纳税所得额的计算：

（一）居民个人的综合所得，以每一纳税年度的收入额减除费用六万元以及专项扣除、专项附加扣除和依法确定的其他扣除后的余额，为应纳税所得额。

（二）非居民个人的工资、薪金所得，以每月收入额减除费用五千元后的余额为应纳税所得额；劳务报酬所得、稿酬所得、特许权使用费所得，以每次收入额为应纳税所得额。

（三）经营所得，以每一纳税年度的收入总额减除成本、费用以及损失后的余额，为应纳税所得额。

（四）财产租赁所得，每次收入不超过四千元的，减除费用八百元；四千元以上的，减除百分之二十的费用，其余额为应纳税所得额。

（五）财产转让所得，以转让财产的收入额减除财产原值和合理费用后的余额，为应纳税所得额。

（六）利息、股息、红利所得和偶然所得，以每次收入额为应纳税所得额。

劳务报酬所得、稿酬所得、特许权使用费所得以收入减除百分之二十的费用后的余额为收入额。稿酬所得的收入额减按百分之七十计算。

个人将其所得对教育、扶贫、济困等公益慈善事业进行捐赠，捐赠额未超过纳税人申报的应纳税所得额百分之三十的部分，可以从其应纳税所得额中扣除；国务院规定对公益慈善事业捐赠实行全额税前扣除的，从其规定。

本条第一款第一项规定的专项扣除，包括居民个人按照国家规定的范围和标准缴纳的基本养老保险、基本医疗保险、失业保险等社会保险费和住房公积金等；专项附加扣除，包括子女教育、继续教育、大病医疗、住房贷款利息或者住房租金、赡养老人等支出，具体范围、标准和实施步骤由国务院确定，并报全国人民代表大会常务委员会备案。

**第七条 【境外所得】**居民个人从中国境外取得的所得，可以从其应纳税额中抵免已在境外缴纳的个人所得税税额，但抵免额不得超过该纳税人境外所得依照本法规定计算的应纳税额。

**第八条　【纳税调整】**有下列情形之一的，税务机关有权按照合理方法进行纳税调整：

（一）个人与其关联方之间的业务往来不符合独立交易原则而减少本人或者其关联方应纳税额，且无正当理由；

（二）居民个人控制的，或者居民个人和居民企业共同控制的设立在实际税负明显偏低的国家（地区）的企业，无合理经营需要，对应当归属于居民个人的利润不作分配或者减少分配；

（三）个人实施其他不具有合理商业目的的安排而获取不当税收利益。

税务机关依照前款规定作出纳税调整，需要补征税款的，应当补征税款，并依法加收利息。

**第九条　【纳税人与扣缴义务人】**个人所得税以所得人为纳税人，以支付所得的单位或者个人为扣缴义务人。

纳税人有中国公民身份号码的，以中国公民身份号码为纳税人识别号；纳税人没有中国公民身份号码的，由税务机关赋予其纳税人识别号。扣缴义务人扣缴税款时，纳税人应当向扣缴义务人提供纳税人识别号。

**第十条　【纳税申报】**有下列情形之一的，纳税人应当依法办理纳税申报：

（一）取得综合所得需要办理汇算清缴；

（二）取得应税所得没有扣缴义务人；

（三）取得应税所得，扣缴义务人未扣缴税款；

（四）取得境外所得；

（五）因移居境外注销中国户籍；

（六）非居民个人在中国境内从两处以上取得工资、薪金所得；

（七）国务院规定的其他情形。

扣缴义务人应当按照国家规定办理全员全额扣缴申报，并向纳税人提供其个人所得和已扣缴税款等信息。

**第十一条　【有扣缴义务人的纳税日期】**居民个人取得综合所得，按年计算个人所得税；有扣缴义务人的，由扣缴义务人按月或者按次预扣预缴税款；需要办理汇算清缴的，应当在取得所得的次年三月一日至六月三十日内办理汇算清缴。预扣预缴办法由国务院税务主管部门制定。

居民个人向扣缴义务人提供专项附加扣除信息的，扣缴义务人按月预扣预缴税款时应当按照规定予以扣除，不得拒绝。

非居民个人取得工资、薪金所得，劳务报酬所得，稿酬所得和特许权使用费所得，有扣缴义务人的，由扣缴义务人按月或者按次代扣代缴税款，不办理汇算清缴。

**第十二条　【经营所得纳税日期】**纳税人取得经营所得，按年计算个人所得税，由纳税人在月度或者季度终了后十五日内向税务机关报送纳税申报表，并预缴税款；在取得所得的次年三月三十一日前办理汇算清缴。

纳税人取得利息、股息、红利所得，财产租赁所得，财产转让所得和偶然所得，按月或者按次计算个人所得税，有扣缴义务人的，由扣缴义务人按月或者按次代扣代缴税款。

**第十三条　【没有扣缴义务人的纳税日期】**纳税人取得应税所得没有扣缴义务人的，应当在取得所得的次月十五日内向税务机关报送纳税申报表，并缴纳税款。

纳税人取得应税所得，扣缴义务人未扣缴税款的，纳税人应当在取得所得的次年六月三十日前，缴纳税款；税务机关通知限期缴纳的，纳税人应当按照期限缴纳税款。

居民个人从中国境外取得所得的，应当在取得所得的次年三月一日至六月三十日内申报纳税。

非居民个人在中国境内从两处以上取得工资、薪金所得的，应当在取得所得的次月十五日内申报纳税。

纳税人因移居境外注销中国户籍的，应当在注销中国户籍前办理税款清算。

**第十四条　【预扣、代扣、退税】**扣缴义务人每月或者每次预扣、代扣的税款，应当在次月十五日内缴入国库，并向税务机关报送扣缴个人所得税申报表。

纳税人办理汇算清缴退税或者扣缴义务人为纳税人办理汇算清缴退税的，税务机关审核后，按照国库管理的有关规定办理退税。

**第十五条　【相关部门协助】**公安、人民银行、金融监督管理等相关部门应当协助税务机关确认纳税人的身份、金融账户信息。教育、卫生、医疗保障、民政、人力资源社会保障、住房城乡建设、公安、人民银行、金融监督管理等相关部门应当向税务机关提供纳税人子女教育、继续教育、大病医疗、住房贷款利息、住房租金、赡养老人等专项附加扣除信息。

个人转让不动产的，税务机关应当根据不动产登记等相关信息核验应缴的个人所得税，登记机构办理转移登记时，应当查验与该不动产转让相关的个人所得税的完税凭证。个人转让股权办理变更登记的，市场主体登记机关应当查验与该股权交易相关的个人所得税的完税凭证。

有关部门依法将纳税人、扣缴义务人遵守本法的情况纳入信用信息系统，并实施联合激励或者惩戒。

**第十六条** 【本币】各项所得的计算，以人民币为单位。所得为人民币以外的货币的，按照人民币汇率中间价折合成人民币缴纳税款。

**第十七条** 【手续费】对扣缴义务人按照所扣缴的税款，付给百分之二的手续费。

**第十八条** 【利息所得税】对储蓄存款利息所得开征、减征、停征个人所得税及其具体办法，由国务院规定，并报全国人民代表大会常务委员会备案。

**第十九条** 【法律责任】纳税人、扣缴义务人和税务机关及其工作人员违反本法规定的，依照《中华人民共和国税收征收管理法》和有关法律法规的规定追究法律责任。

**第二十条** 【征收管理】个人所得税的征收管理，依照本法和《中华人民共和国税收征收管理法》的规定执行。

**第二十一条** 【实施条例】国务院根据本法制定实施条例。

**第二十二条** 【施行日期】本法自公布之日起施行。

**个人所得税税率表一（综合所得适用）**

| 级数 | 全年应纳税所得额 | 税率(%) |
|---|---|---|
| 1 | 不超过36000元的 | 3 |
| 2 | 超过36000元至144000元的部分 | 10 |
| 3 | 超过144000元至300000元的部分 | 20 |
| 4 | 超过300000元至420000元的部分 | 25 |
| 5 | 超过420000元至660000元的部分 | 30 |
| 6 | 超过660000元至960000元的部分 | 35 |
| 7 | 超过960000元的部分 | 45 |

（注1：本表所称全年应纳税所得额是指依照本法第六条的规定，居民个人取得综合所得以每一纳税年度收入额减除费用六万元以及专项扣除、专项附加扣除和依法确定的其他扣除后的余额。

注2：非居民个人取得工资、薪金所得，劳务报酬所得，稿酬所得和特许权使用费所得，依照本表按月换算后计算应纳税额。）

**个人所得税税率表二（经营所得适用）**

续表

| 级数 | 全年应纳税所得额 | 税率(%) |
|---|---|---|
| 1 | 不超过30000元的 | 5 |
| 2 | 超过30000元至90000元的部分 | 10 |
| 3 | 超过90000元至300000元的部分 | 20 |
| 4 | 超过300000元至500000元的部分 | 30 |
| 5 | 超过500000元的部分 | 35 |

（注：本表所称全年应纳税所得额是指依照本法第六条的规定，以每一纳税年度的收入总额减除成本、费用以及损失后的余额。）

## 中华人民共和国<br>个人所得税法实施条例

1. *1994年1月28日国务院令第142号公布*
2. *根据2005年12月19日国务院令第452号《关于修改〈中华人民共和国个人所得税法实施条例〉的决定》第一次修订*
3. *根据2008年2月18日国务院令第519号《关于修改〈中华人民共和国个人所得税法实施条例〉的决定》第二次修订*
4. *根据2011年7月19日国务院令第600号《关于修改〈中华人民共和国个人所得税法实施条例〉的决定》第三次修订*
5. *2018年12月18日国务院令第707号第四次修订*

**第一条** 根据《中华人民共和国个人所得税法》（以下简称个人所得税法），制定本条例。

**第二条** 个人所得税法所称在中国境内有住所，是指因户籍、家庭、经济利益关系而在中国境内习惯性居住；所称从中国境内和境外取得的所得，分别是指来源于中国境内的所得和来源于中国境外的所得。

**第三条** 除国务院财政、税务主管部门另有规定外，下列所得，不论支付地点是否在中国境内，均为来源于中国境内的所得：

（一）因任职、受雇、履约等在中国境内提供劳务取得的所得；

（二）将财产出租给承租人在中国境内使用而取得的所得；

（三）许可各种特许权在中国境内使用而取得的所得；

（四）转让中国境内的不动产等财产或者在中国境内转让其他财产取得的所得；

（五）从中国境内企业、事业单位、其他组织以及居民个人取得的利息、股息、红利所得。

**第四条**　在中国境内无住所的个人,在中国境内居住累计满183天的年度连续不满六年的,经向主管税务机关备案,其来源于中国境外且由境外单位或者个人支付的所得,免予缴纳个人所得税;在中国境内居住累计满183天的任一年度中有一次离境超过30天的,其在中国境内居住累计满183天的年度的连续年限重新起算。

**第五条**　在中国境内无住所的个人,在一个纳税年度内在中国境内居住累计不超过90天的,其来源于中国境内的所得,由境外雇主支付并且不由该雇主在中国境内的机构、场所负担的部分,免予缴纳个人所得税。

**第六条**　个人所得税法规定的各项个人所得的范围:

(一)工资、薪金所得,是指个人因任职或者受雇取得的工资、薪金、奖金、年终加薪、劳动分红、津贴、补贴以及与任职或者受雇有关的其他所得。

(二)劳务报酬所得,是指个人从事劳务取得的所得,包括从事设计、装潢、安装、制图、化验、测试、医疗、法律、会计、咨询、讲学、翻译、审稿、书画、雕刻、影视、录音、录像、演出、表演、广告、展览、技术服务、介绍服务、经纪服务、代办服务以及其他劳务取得的所得。

(三)稿酬所得,是指个人因其作品以图书、报刊等形式出版、发表而取得的所得。

(四)特许权使用费所得,是指个人提供专利权、商标权、著作权、非专利技术以及其他特许权的使用权取得的所得;提供著作权的使用权取得的所得,不包括稿酬所得。

(五)经营所得,是指:

1. 个体工商户从事生产、经营活动取得的所得,个人独资企业投资人、合伙企业的个人合伙人来源于境内注册的个人独资企业、合伙企业生产、经营的所得;

2. 个人依法从事办学、医疗、咨询以及其他有偿服务活动取得的所得;

3. 个人对企业、事业单位承包经营、承租经营以及转包、转租取得的所得;

4. 个人从事其他生产、经营活动取得的所得。

(六)利息、股息、红利所得,是指个人拥有债权、股权等而取得的利息、股息、红利所得。

(七)财产租赁所得,是指个人出租不动产、机器设备、车船以及其他财产取得的所得。

(八)财产转让所得,是指个人转让有价证券、股权、合伙企业中的财产份额、不动产、机器设备、车船以及其他财产取得的所得。

(九)偶然所得,是指个人得奖、中奖、中彩以及其他偶然性质的所得。

个人取得的所得,难以界定应纳税所得项目的,由国务院税务主管部门确定。

**第七条**　对股票转让所得征收个人所得税的办法,由国务院另行规定,并报全国人民代表大会常务委员会备案。

**第八条**　个人所得的形式,包括现金、实物、有价证券和其他形式的经济利益;所得为实物的,应当按照取得的凭证上所注明的价格计算应纳税所得额,无凭证的实物或者凭证上所注明的价格明显偏低的,参照市场价格核定应纳税所得额;所得为有价证券的,根据票面价格和市场价格核定应纳税所得额;所得为其他形式的经济利益的,参照市场价格核定应纳税所得额。

**第九条**　个人所得税法第四条第一款第二项所称国债利息,是指个人持有中华人民共和国财政部发行的债券而取得的利息;所称国家发行的金融债券利息,是指个人持有经国务院批准发行的金融债券而取得的利息。

**第十条**　个人所得税法第四条第一款第三项所称按照国家统一规定发给的补贴、津贴,是指按照国务院规定发给的政府特殊津贴、院士津贴,以及国务院规定免予缴纳个人所得税的其他补贴、津贴。

**第十一条**　个人所得税法第四条第一款第四项所称福利费,是指根据国家有关规定,从企业、事业单位、国家机关、社会组织提留的福利费或者工会经费中支付给个人的生活补助费;所称救济金,是指各级人民政府民政部门支付给个人的生活困难补助费。

**第十二条**　个人所得税法第四条第一款第八项所称依照有关法律规定应予免税的各国驻华使馆、领事馆的外交代表、领事官员和其他人员的所得,是指依照《中华人民共和国外交特权与豁免条例》和《中华人民共和国领事特权与豁免条例》规定免税的所得。

**第十三条**　个人所得税法第六条第一款第一项所称依法确定的其他扣除,包括个人缴付符合国家规定的企业年金、职业年金,个人购买符合国家规定的商业健康保险、税收递延型商业养老保险的支出,以及国务院规定可以扣除的其他项目。

专项扣除、专项附加扣除和依法确定的其他扣除,以居民个人一个纳税年度的应纳税所得额为限额;一个纳税年度扣除不完的,不结转以后年度扣除。

**第十四条**　个人所得税法第六条第一款第二项、第四项、第六项所称每次,分别按照下列方法确定:

(一)劳务报酬所得、稿酬所得、特许权使用费所得,属于一次性收入的,以取得该项收入为一次;属于同一项目连续性收入的,以一个月内取得的收入为一次。

(二)财产租赁所得,以一个月内取得的收入为一次。

(三)利息、股息、红利所得,以支付利息、股息、红利时取得的收入为一次。

(四)偶然所得,以每次取得该项收入为一次。

**第十五条** 个人所得税法第六条第一款第三项所称成本、费用,是指生产、经营活动中发生的各项直接支出和分配计入成本的间接费用以及销售费用、管理费用、财务费用;所称损失,是指生产、经营活动中发生的固定资产和存货的盘亏、毁损、报废损失,转让财产损失,坏账损失,自然灾害等不可抗力因素造成的损失以及其他损失。

取得经营所得的个人,没有综合所得的,计算其每一纳税年度的应纳税所得额时,应当减除费用6万元、专项扣除、专项附加扣除以及依法确定的其他扣除。专项附加扣除在办理汇算清缴时减除。

从事生产、经营活动,未提供完整、准确的纳税资料,不能正确计算应纳税所得额的,由主管税务机关核定应纳税所得额或者应纳税额。

**第十六条** 个人所得税法第六条第一款第五项规定的财产原值,按照下列方法确定:

(一)有价证券,为买入价以及买入时按照规定交纳的有关费用;

(二)建筑物,为建造费或者购进价格以及其他有关费用;

(三)土地使用权,为取得土地使用权所支付的金额、开发土地的费用以及其他有关费用;

(四)机器设备、车船,为购进价格、运输费、安装费以及其他有关费用。

其他财产,参照前款规定的方法确定财产原值。

纳税人未提供完整、准确的财产原值凭证,不能按照本条第一款规定的方法确定财产原值的,由主管税务机关核定财产原值。

个人所得税法第六条第一款第五项所称合理费用,是指卖出财产时按照规定支付的有关税费。

**第十七条** 财产转让所得,按照一次转让财产的收入额减除财产原值和合理费用后的余额计算纳税。

**第十八条** 两个以上的个人共同取得同一项目收入的,应当对每个人取得的收入分别按照个人所得税法的规定计算纳税。

**第十九条** 个人所得税法第六条第三款所称个人将其所得对教育、扶贫、济困等公益慈善事业进行捐赠,是指个人将其所得通过中国境内的公益性社会组织、国家机关向教育、扶贫、济困等公益慈善事业的捐赠;所称应纳税所得额,是指计算扣除捐赠额之前的应纳税所得额。

**第二十条** 居民个人从中国境内和境外取得的综合所得、经营所得,应当分别合并计算应纳税额;从中国境内和境外取得的其他所得,应当分别单独计算应纳税额。

**第二十一条** 个人所得税法第七条所称已在境外缴纳的个人所得税税额,是指居民个人来源于中国境外的所得,依照该所得来源国家(地区)的法律应当缴纳并且实际已经缴纳的所得税税额。

个人所得税法第七条所称纳税人境外所得依照本法规定计算的应纳税额,是居民个人抵免已在境外缴纳的综合所得、经营所得以及其他所得的所得税税额的限额(以下简称抵免限额)。除国务院财政、税务主管部门另有规定外,来源于中国境外一个国家(地区)的综合所得抵免限额、经营所得抵免限额以及其他所得抵免限额之和,为来源于该国家(地区)所得的抵免限额。

居民个人在中国境外一个国家(地区)实际已经缴纳的个人所得税税额,低于依照前款规定计算出的来源于该国家(地区)所得的抵免限额的,应当在中国缴纳差额部分的税款;超过来源于该国家(地区)所得的抵免限额的,其超过部分不得在本纳税年度的应纳税额中抵免,但是可以在以后纳税年度来源于该国家(地区)所得的抵免限额的余额中补扣。补扣期限最长不得超过五年。

**第二十二条** 居民个人申请抵免已在境外缴纳的个人所得税税额,应当提供境外税务机关出具的税款所属年度的有关纳税凭证。

**第二十三条** 个人所得税法第八条第二款规定的利息,应当按照税款所属纳税申报期最后一日中国人民银行公布的与补税期间同期的人民币贷款基准利率计算,自税款纳税申报期满次日起至补缴税款期限届满之日止按日加收。纳税人在补缴税款期限届满前补缴税款的,利息加收至补缴税款之日。

**第二十四条** 扣缴义务人向个人支付应税款项时,应当依照个人所得税法规定预扣或者代扣税款,按时缴库,并专项记载备查。

前款所称支付,包括现金支付、汇拨支付、转账支付和以有价证券、实物以及其他形式的支付。

**第二十五条**　取得综合所得需要办理汇算清缴的情形包括：

（一）从两处以上取得综合所得，且综合所得年收入额减除专项扣除的余额超过6万元；

（二）取得劳务报酬所得、稿酬所得、特许权使用费所得中一项或者多项所得，且综合所得年收入额减除专项扣除的余额超过6万元；

（三）纳税年度内预缴税额低于应纳税额；

（四）纳税人申请退税。

纳税人申请退税，应当提供其在中国境内开设的银行账户，并在汇算清缴地就地办理税款退库。

汇算清缴的具体办法由国务院税务主管部门制定。

**第二十六条**　个人所得税法第十条第二款所称全员全额扣缴申报，是指扣缴义务人在代扣税款的次月十五日内，向主管税务机关报送其支付所得的所有个人的有关信息、支付所得数额、扣除事项和数额、扣缴税款的具体数额和总额以及其他相关涉税信息资料。

**第二十七条**　纳税人办理纳税申报的地点以及其他有关事项的具体办法，由国务院税务主管部门制定。

**第二十八条**　居民个人取得工资、薪金所得时，可以向扣缴义务人提供专项附加扣除有关信息，由扣缴义务人扣缴税款时减除专项附加扣除。纳税人同时从两处以上取得工资、薪金所得，并由扣缴义务人减除专项附加扣除的，对同一专项附加扣除项目，在一个纳税年度内只能选择从一处取得的所得中减除。

居民个人取得劳务报酬所得、稿酬所得、特许权使用费所得，应当在汇算清缴时向税务机关提供有关信息，减除专项附加扣除。

**第二十九条**　纳税人可以委托扣缴义务人或者其他单位和个人办理汇算清缴。

**第三十条**　扣缴义务人应当按照纳税人提供的信息计算办理扣缴申报，不得擅自更改纳税人提供的信息。

纳税人发现扣缴义务人提供或者扣缴申报的个人信息、所得、扣缴税款等与实际情况不符的，有权要求扣缴义务人修改。扣缴义务人拒绝修改的，纳税人应当报告税务机关，税务机关应当及时处理。

纳税人、扣缴义务人应当按照规定保存与专项附加扣除相关的资料。税务机关可以对纳税人提供的专项附加扣除信息进行抽查，具体办法由国务院税务主管部门另行规定。税务机关发现纳税人提供虚假信息的，应当责令改正并通知扣缴义务人；情节严重的，有关部门应当依法予以处理，纳入信用信息系统并实施联合惩戒。

**第三十一条**　纳税人申请退税时提供的汇算清缴信息有错误的，税务机关应当告知其更正；纳税人更正的，税务机关应当及时办理退税。

扣缴义务人未将扣缴的税款解缴入库的，不影响纳税人按照规定申请退税，税务机关应当凭纳税人提供的有关资料办理退税。

**第三十二条**　所得为人民币以外货币的，按照办理纳税申报或者扣缴申报的上一月最后一日人民币汇率中间价，折合成人民币计算应纳税所得额。年度终了后办理汇算清缴的，对已经按月、按季或者按次预缴税款的人民币以外货币所得，不再重新折算；对应当补缴税款的所得部分，按照上一纳税年度最后一日人民币汇率中间价，折合成人民币计算应纳税所得额。

**第三十三条**　税务机关按照个人所得税法第十七条的规定付给扣缴义务人手续费，应当填开退还书；扣缴义务人凭退还书，按照国库管理有关规定办理退库手续。

**第三十四条**　个人所得税纳税申报表、扣缴个人所得税报告表和个人所得税完税凭证式样，由国务院税务主管部门统一制定。

**第三十五条**　军队人员个人所得税征收事宜，按照有关规定执行。

**第三十六条**　本条例自2019年1月1日起施行。

## 国务院关于设立3岁以下婴幼儿照护个人所得税专项附加扣除的通知

*1. 2022年3月19日国务院公布*

*2. 国发〔2022〕8号*

各省、自治区、直辖市人民政府，国务院各部委、各直属机构：

为贯彻落实《中共中央 国务院关于优化生育政策促进人口长期均衡发展的决定》，依据《中华人民共和国个人所得税法》有关规定，国务院决定，设立3岁以下婴幼儿照护个人所得税专项附加扣除。现将有关事项通知如下：

一、纳税人照护3岁以下婴幼儿子女的相关支出，按照每个婴幼儿每月1000元的标准定额扣除。

二、父母可以选择由其中一方按扣除标准的100%扣除，也可以选择由双方分别按扣除标准的50%扣除，具体扣除方式在一个纳税年度内不能变更。

三、3 岁以下婴幼儿照护个人所得税专项附加扣除涉及的保障措施和其他事项，参照《个人所得税专项附加扣除暂行办法》有关规定执行。

四、3 岁以下婴幼儿照护个人所得税专项附加扣除自 2022 年 1 月 1 日起实施。

## 国务院关于提高个人所得税有关专项附加扣除标准的通知

*1. 2023 年 8 月 28 日国务院发布*

*2. 国发〔2023〕13 号*

各省、自治区、直辖市人民政府，国务院各部委、各直属机构：

为进一步减轻家庭生育养育和赡养老人的支出负担，依据《中华人民共和国个人所得税法》有关规定，国务院决定，提高 3 岁以下婴幼儿照护等三项个人所得税专项附加扣除标准。现将有关事项通知如下：

一、3 岁以下婴幼儿照护专项附加扣除标准，由每个婴幼儿每月 1000 元提高到 2000 元。

二、子女教育专项附加扣除标准，由每个子女每月 1000 元提高到 2000 元。

三、赡养老人专项附加扣除标准，由每月 2000 元提高到 3000 元。其中，独生子女按照每月 3000 元的标准定额扣除；非独生子女与兄弟姐妹分摊每月 3000 元的扣除额度，每人分摊的额度不能超过每月 1500 元。

四、3 岁以下婴幼儿照护、子女教育、赡养老人专项附加扣除涉及的其他事项，按照《个人所得税专项附加扣除暂行办法》有关规定执行。

五、上述调整后的扣除标准自 2023 年 1 月 1 日起实施。

## 国家税务总局关于贯彻执行提高个人所得税有关专项附加扣除标准政策的公告

*2023 年 8 月 30 日国家税务总局公告 2023 年第 14 号公布*

根据《国务院关于提高个人所得税有关专项附加扣除标准的通知》（国发〔2023〕13 号，以下简称《通知》），现就有关贯彻落实事项公告如下：

一、3 岁以下婴幼儿照护、子女教育专项附加扣除标准，由每个婴幼儿（子女）每月 1000 元提高到 2000 元。

父母可以选择由其中一方按扣除标准的 100% 扣除，也可以选择由双方分别按 50% 扣除。

二、赡养老人专项附加扣除标准，由每月 2000 元提高到 3000 元，其中，独生子女每月扣除 3000 元；非独生子女与兄弟姐妹分摊每月 3000 元的扣除额度，每人不超过 1500 元。

需要分摊享受的，可以由赡养人均摊或者约定分摊，也可以由被赡养人指定分摊。约定或者指定分摊的须签订书面分摊协议，指定分摊优先于约定分摊。

三、纳税人尚未填报享受 3 岁以下婴幼儿照护、子女教育、赡养老人专项附加扣除的，可以在手机个人所得税 APP 或通过扣缴义务人填报享受，系统将按照提高后的专项附加扣除标准计算应缴纳的个人所得税。

纳税人在 2023 年度已经填报享受 3 岁以下婴幼儿照护、子女教育、赡养老人专项附加扣除的，无需重新填报，系统将自动按照提高后的专项附加扣除标准计算应缴纳的个人所得税。纳税人对约定分摊或者指定分摊赡养老人专项附加扣除额度有调整的，可以在手机个人所得税 APP 或通过扣缴义务人填报新的分摊额度。

四、《通知》发布前，纳税人已经填报享受专项附加扣除并扣缴个人所得税的，多缴的税款可以自动抵减纳税人本年度后续月份应纳税款，抵减不完的，可以在 2023 年度综合所得汇算清缴时继续享受。

五、纳税人对专项附加扣除信息的真实性、准确性、完整性负责，纳税人情况发生变化的，应当及时向扣缴义务人或者税务机关报送新的专项附加扣除信息。对虚假填报享受专项附加扣除的，税务机关将按照《中华人民共和国税收征收管理法》《中华人民共和国个人所得税法》等有关规定处理。

六、各级税务机关要切实提高政治站位，积极做好政策解读、宣传辅导和政策精准推送工作，便利纳税人享受税收优惠，确保减税红利精准直达。

七、个人所得税专项附加扣除标准提高涉及的其他管理事项，按照《国务院关于印发个人所得税专项附加扣除暂行办法的通知》（国发〔2018〕41 号）、《国家税务总局关于修订发布〈个人所得税专项附加扣除操作办法（试行）〉的公告》（2022 年第 7 号）等有关规定执行。

八、本公告自 2023 年 1 月 1 日起施行。

特此公告。

# 个人所得税专项附加扣除暂行办法

*1. 2018年12月13日国务院发布*
*2. 国发〔2018〕41号*
*3. 自2019年1月1日起施行*

## 第一章 总 则

**第一条** 根据《中华人民共和国个人所得税法》（以下简称个人所得税法）规定，制定本办法。

**第二条** 本办法所称个人所得税专项附加扣除，是指个人所得税法规定的子女教育、继续教育、大病医疗、住房贷款利息或者住房租金、赡养老人等6项专项附加扣除。

**第三条** 个人所得税专项附加扣除遵循公平合理、利于民生、简便易行的原则。

**第四条** 根据教育、医疗、住房、养老等民生支出变化情况，适时调整专项附加扣除范围和标准。

## 第二章 子女教育

**第五条** 纳税人的子女接受全日制学历教育的相关支出，按照每个子女每月1000元的标准定额扣除。

学历教育包括义务教育（小学、初中教育）、高中阶段教育（普通高中、中等职业、技工教育）、高等教育（大学专科、大学本科、硕士研究生、博士研究生教育）。

年满3岁至小学入学前处于学前教育阶段的子女，按本条第一款规定执行。

**第六条** 父母可以选择由其中一方按扣除标准的100%扣除，也可以选择由双方分别按扣除标准的50%扣除，具体扣除方式在一个纳税年度内不能变更。

**第七条** 纳税人子女在中国境外接受教育的，纳税人应当留存境外学校录取通知书、留学签证等相关教育的证明资料备查。

## 第三章 继续教育

**第八条** 纳税人在中国境内接受学历（学位）继续教育的支出，在学历（学位）教育期间按照每月400元定额扣除。同一学历（学位）继续教育的扣除期限不能超过48个月。纳税人接受技能人员职业资格继续教育、专业技术人员职业资格继续教育的支出，在取得相关证书的当年，按照3600元定额扣除。

**第九条** 个人接受本科及以下学历（学位）继续教育，符合本办法规定扣除条件的，可以选择由其父母扣除，也可以选择由本人扣除。

**第十条** 纳税人接受技能人员职业资格继续教育、专业技术人员职业资格继续教育的，应当留存相关证书等资料备查。

## 第四章 大病医疗

**第十一条** 在一个纳税年度内，纳税人发生的与基本医保相关的医药费用支出，扣除医保报销后个人负担（指医保目录范围内的自付部分）累计超过15000元的部分，由纳税人在办理年度汇算清缴时，在80000元限额内据实扣除。

**第十二条** 纳税人发生的医药费用支出可以选择由本人或者其配偶扣除；未成年子女发生的医药费用支出可以选择由其父母一方扣除。

纳税人及其配偶、未成年子女发生的医药费用支出，按本办法第十一条规定分别计算扣除额。

**第十三条** 纳税人应当留存医药服务收费及医保报销相关票据原件（或者复印件）等资料备查。医疗保障部门应当向患者提供在医疗保障信息系统记录的本人年度医药费用信息查询服务。

## 第五章 住房贷款利息

**第十四条** 纳税人本人或者配偶单独或者共同使用商业银行或者住房公积金个人住房贷款为本人或者其配偶购买中国境内住房，发生的首套住房贷款利息支出，在实际发生贷款利息的年度，按照每月1000元的标准定额扣除，扣除期限最长不超过240个月。纳税人只能享受一次首套住房贷款的利息扣除。

本办法所称首套住房贷款是指购买住房享受首套住房贷款利率的住房贷款。

**第十五条** 经夫妻双方约定，可以选择由其中一方扣除，具体扣除方式在一个纳税年度内不能变更。

夫妻双方婚前分别购买住房发生的首套住房贷款，其贷款利息支出，婚后可以选择其中一套购买的住房，由购买方按扣除标准的100%扣除，也可以由夫妻双方对各自购买的住房分别按扣除标准的50%扣除，具体扣除方式在一个纳税年度内不能变更。

**第十六条** 纳税人应当留存住房贷款合同、贷款还款支出凭证备查。

## 第六章 住房租金

**第十七条** 纳税人在主要工作城市没有自有住房而发生的住房租金支出，可以按照以下标准定额扣除：

（一）直辖市、省会（首府）城市、计划单列市以及国务院确定的其他城市，扣除标准为每月1500元；

（二）除第一项所列城市以外，市辖区户籍人口超过100万的城市，扣除标准为每月1100元；市辖区户籍人口不超过100万的城市，扣除标准为每月800元。

纳税人的配偶在纳税人的主要工作城市有自有住房的，视同纳税人在主要工作城市有自有住房。

市辖区户籍人口，以国家统计局公布的数据为准。

**第十八条** 本办法所称主要工作城市是指纳税人任职受雇的直辖市、计划单列市、副省级城市、地级市（地区、州、盟）全部行政区域范围；纳税人无任职受雇单位的，为受理其综合所得汇算清缴的税务机关所在城市。

夫妻双方主要工作城市相同的，只能由一方扣除住房租金支出。

**第十九条** 住房租金支出由签订租赁住房合同的承租人扣除。

**第二十条** 纳税人及其配偶在一个纳税年度内不能同时分别享受住房贷款利息和住房租金专项附加扣除。

**第二十一条** 纳税人应当留存住房租赁合同、协议等有关资料备查。

## 第七章 赡养老人

**第二十二条** 纳税人赡养一位及以上被赡养人的赡养支出，统一按照以下标准定额扣除：

（一）纳税人为独生子女的，按照每月2000元的标准定额扣除；

（二）纳税人为非独生子女的，由其与兄弟姐妹分摊每月2000元的扣除额度，每人分摊的额度不能超过每月1000元。可以由赡养人均摊或者约定分摊，也可以由被赡养人指定分摊。约定或者指定分摊的须签订书面分摊协议，指定分摊优先于约定分摊。具体分摊方式和额度在一个纳税年度内不能变更。

**第二十三条** 本办法所称被赡养人是指年满60岁的父母，以及子女均已去世的年满60岁的祖父母、外祖父母。

## 第八章 保障措施

**第二十四条** 纳税人向收款单位索取发票、财政票据、支出凭证，收款单位不能拒绝提供。

**第二十五条** 纳税人首次享受专项附加扣除，应当将专项附加扣除相关信息提交扣缴义务人或者税务机关，扣缴义务人应当及时将相关信息报送税务机关，纳税人对所提交信息的真实性、准确性、完整性负责。专项附加扣除信息发生变化的，纳税人应当及时向扣缴义务人或者税务机关提供相关信息。

前款所称专项附加扣除相关信息，包括纳税人本人、配偶、子女、被赡养人等个人身份信息，以及国务院税务主管部门规定的其他与专项附加扣除相关的信息。

本办法规定纳税人需要留存备查的相关资料应当留存五年。

**第二十六条** 有关部门和单位有责任和义务向税务部门提供或者协助核实以下与专项附加扣除有关的信息：

（一）公安部门有关户籍人口基本信息、户成员关系信息、出入境证件信息、相关出国人员信息、户籍人口死亡标识等信息；

（二）卫生健康部门有关出生医学证明信息、独生子女信息；

（三）民政部门、外交部门、法院有关婚姻状况信息；

（四）教育部门有关学生学籍信息（包括学历继续教育学生学籍、考籍信息）、在相关部门备案的境外教育机构资质信息；

（五）人力资源社会保障等部门有关技工院校学生学籍信息、技能人员职业资格继续教育信息、专业技术人员职业资格继续教育信息；

（六）住房城乡建设部门有关房屋（含公租房）租赁信息、住房公积金管理机构有关住房公积金贷款还款支出信息；

（七）自然资源部门有关不动产登记信息；

（八）人民银行、金融监督管理部门有关住房商业贷款还款支出信息；

（九）医疗保障部门有关在医疗保障信息系统记录的个人负担的医药费用信息；

（十）国务院税务主管部门确定需要提供的其他涉税信息。

上述数据信息的格式、标准、共享方式，由国务院税务主管部门及各省、自治区、直辖市和计划单列市税务局商有关部门确定。

有关部门和单位拥有专项附加扣除涉税信息，但未按规定要求向税务部门提供的，拥有涉税信息的部门或者单位的主要负责人及相关人员承担相应责任。

**第二十七条** 扣缴义务人发现纳税人提供的信息与实际情况不符的，可以要求纳税人修改。纳税人拒绝修改的，扣缴义务人应当报告税务机关，税务机关应当及时处理。

**第二十八条** 税务机关核查专项附加扣除情况时，纳税人任职受雇单位所在地、经常居住地、户籍所在地的公安派出所、居民委员会或者村民委员会等有关单位和个人应当协助核查。

## 第九章　附　　则

**第二十九条**　本办法所称父母,是指生父母、继父母、养父母。本办法所称子女,是指婚生子女、非婚生子女、继子女、养子女。父母之外的其他人担任未成年人的监护人的,比照本办法规定执行。

**第三十条**　个人所得税专项附加扣除额一个纳税年度扣除不完的,不能结转以后年度扣除。

**第三十一条**　个人所得税专项附加扣除具体操作办法,由国务院税务主管部门另行制定。

**第三十二条**　本办法自2019年1月1日起施行。

# 个人所得税专项附加扣除操作办法(试行)

*1. 2022年3月25日国家税务总局公告2022年第7号发布*
*2. 自2022年1月1日起施行*

## 第一章　总　　则

**第一条**　为了规范个人所得税专项附加扣除行为,切实维护纳税人合法权益,根据《中华人民共和国个人所得税法》及其实施条例、《中华人民共和国税收征收管理法》及其实施细则、《国务院关于印发个人所得税专项附加扣除暂行办法的通知》(国发〔2018〕41号)、《国务院关于设立3岁以下婴幼儿照护个人所得税专项附加扣除的通知》(国发〔2022〕8号)的规定,制定本办法。

**第二条**　纳税人享受子女教育、继续教育、大病医疗、住房贷款利息或者住房租金、赡养老人、3岁以下婴幼儿照护专项附加扣除的,依照本办法规定办理。

## 第二章　享受扣除及办理时间

**第三条**　纳税人享受符合规定的专项附加扣除的计算时间分别为:

(一)子女教育。学前教育阶段,为子女年满3周岁当月至小学入学前一月。学历教育,为子女接受全日制学历教育入学的当月至全日制学历教育结束的当月。

(二)继续教育。学历(学位)继续教育,为在中国境内接受学历(学位)继续教育入学的当月至学历(学位)继续教育结束的当月,同一学历(学位)继续教育的扣除期限最长不得超过48个月。技能人员职业资格继续教育、专业技术人员职业资格继续教育,为取得相关证书的当年。

(三)大病医疗。为医疗保障信息系统记录的医药费用实际支出的当年。

(四)住房贷款利息。为贷款合同约定开始还款的当月至贷款全部归还或贷款合同终止的当月,扣除期限最长不得超过240个月。

(五)住房租金。为租赁合同(协议)约定的房屋租赁期开始的当月至租赁期结束的当月。提前终止合同(协议)的,以实际租赁期限为准。

(六)赡养老人。为被赡养人年满60周岁的当月至赡养义务终止的年末。

(七)3岁以下婴幼儿照护。为婴幼儿出生的当月至年满3周岁的前一个月。

前款第一项、第二项规定的学历教育和学历(学位)继续教育的期间,包含因病或其他非主观原因休学但学籍继续保留的休学期间,以及施教机构按规定组织实施的寒暑假等假期。

**第四条**　享受子女教育、继续教育、住房贷款利息或者住房租金、赡养老人、3岁以下婴幼儿照护专项附加扣除的纳税人,自符合条件开始,可以向支付工资、薪金所得的扣缴义务人提供上述专项附加扣除有关信息,由扣缴义务人在预扣预缴税款时,按其在本单位本年可享受的累计扣除额办理扣除;也可以在次年3月1日至6月30日内,向汇缴地主管税务机关办理汇算清缴申报时扣除。

纳税人同时从两处以上取得工资、薪金所得,并由扣缴义务人办理上述专项附加扣除的,对同一专项附加扣除项目,一个纳税年度内,纳税人只能选择从其中一处扣除。

享受大病医疗专项附加扣除的纳税人,由其在次年3月1日至6月30日内,自行向汇缴地主管税务机关办理汇算清缴申报时扣除。

**第五条**　扣缴义务人办理工资、薪金所得预扣预缴税款时,应当根据纳税人报送的《个人所得税专项附加扣除信息表》(以下简称《扣除信息表》,见附件)为纳税人办理专项附加扣除。

纳税人年度中间更换工作单位的,在原单位任职、受雇期间已享受的专项附加扣除金额,不得在新任职、受雇单位扣除。原扣缴义务人应当自纳税人离职不再发放工资薪金所得的当月起,停止为其办理专项附加扣除。

**第六条**　纳税人未取得工资、薪金所得,仅取得劳务报酬所得、稿酬所得、特许权使用费所得需要享受专项附加扣除的,应当在次年3月1日至6月30日内,自行向汇缴地主管税务机关报送《扣除信息表》，并在办理汇算清缴申报时扣除。

**第七条**　一个纳税年度内，纳税人在扣缴义务人预扣预缴税款环节未享受或未足额享受专项附加扣除的，可以在当年内向支付工资、薪金的扣缴义务人申请在剩余月份发放工资、薪金时补充扣除，也可以在次年3月1日至6月30日内，向汇缴地主管税务机关办理汇算清缴时申报扣除。

## 第三章　报送信息及留存备查资料

**第八条**　纳税人选择在扣缴义务人发放工资、薪金所得时享受专项附加扣除的，首次享受时应当填写并向扣缴义务人报送《扣除信息表》；纳税年度中间相关信息发生变化的，纳税人应当更新《扣除信息表》相应栏次，并及时报送给扣缴义务人。

更换工作单位的纳税人，需要由新任职、受雇扣缴义务人办理专项附加扣除的，应当在入职的当月，填写并向扣缴义务人报送《扣除信息表》。

**第九条**　纳税人次年需要由扣缴义务人继续办理专项附加扣除的，应当于每年12月份对次年享受专项附加扣除的内容进行确认，并报送至扣缴义务人。纳税人未及时确认的，扣缴义务人于次年1月起暂停扣除，待纳税人确认后再行办理专项附加扣除。

扣缴义务人应当将纳税人报送的专项附加扣除信息，在次月办理扣缴申报时一并报送至主管税务机关。

**第十条**　纳税人选择在汇算清缴申报时享受专项附加扣除的，应当填写并向汇缴地主管税务机关报送《扣除信息表》。

**第十一条**　纳税人将需要享受的专项附加扣除项目信息填报至《扣除信息表》相应栏次。填报要素完整的，扣缴义务人或者主管税务机关应当受理；填报要素不完整的，扣缴义务人或者主管税务机关应当及时告知纳税人补正或重新填报。纳税人未补正或重新填报的，暂不办理相关专项附加扣除，待纳税人补正或重新填报后再行办理。

**第十二条**　纳税人享受子女教育专项附加扣除，应当填报配偶及子女的姓名、身份证件类型及号码、子女当前受教育阶段及起止时间、子女就读学校以及本人与配偶之间扣除分配比例等信息。

纳税人需要留存备查资料包括：子女在境外接受教育的，应当留存境外学校录取通知书、留学签证等境外教育佐证资料。

**第十三条**　纳税人享受继续教育专项附加扣除，接受学历（学位）继续教育的，应当填报教育起止时间、教育阶段等信息；接受技能人员或者专业技术人员职业资格继续教育的，应当填报证书名称、证书编号、发证机关、发证（批准）时间等信息。

纳税人需要留存备查资料包括：纳税人接受技能人员职业资格继续教育、专业技术人员职业资格继续教育的，应当留存职业资格相关证书等资料。

**第十四条**　纳税人享受住房贷款利息专项附加扣除，应当填报住房权属信息、住房坐落地址、贷款方式、贷款银行、贷款合同编号、贷款期限、首次还款日期等信息；纳税人有配偶的，填写配偶姓名、身份证件类型及号码。

纳税人需要留存备查资料包括：住房贷款合同、贷款还款支出凭证等资料。

**第十五条**　纳税人享受住房租金专项附加扣除，应当填报主要工作城市、租赁住房坐落地址、出租人姓名及身份证件类型和号码或者出租方单位名称及纳税人识别号（社会统一信用代码）、租赁起止时间等信息；纳税人有配偶的，填写配偶姓名、身份证件类型及号码。

纳税人需要留存备查资料包括：住房租赁合同或协议等资料。

**第十六条**　纳税人享受赡养老人专项附加扣除，应当填报纳税人是否为独生子女、月扣除金额、被赡养人姓名及身份证件类型和号码、与纳税人关系；有共同赡养人的，需填报分摊方式、共同赡养人姓名及身份证件类型和号码等信息。

纳税人需要留存备查资料包括：约定或指定分摊的书面分摊协议等资料。

**第十七条**　纳税人享受大病医疗专项附加扣除，应当填报患者姓名、身份证件类型及号码、与纳税人关系、与基本医保相关的医药费用总金额、医保目录范围内个人负担的自付金额等信息。

纳税人需要留存备查资料包括：大病患者医药服务收费及医保报销相关票据原件或复印件，或者医疗保障部门出具的纳税年度医药费用清单等资料。

**第十八条**　纳税人享受3岁以下婴幼儿照护专项附加扣除，应当填报配偶及子女的姓名、身份证件类型（如居民身份证、子女出生医学证明等）及号码以及本人与配偶之间扣除分配比例等信息。

纳税人需要留存备查资料包括：子女的出生医学证明等资料。

**第十九条**　纳税人应当对报送的专项附加扣除信息的真实性、准确性、完整性负责。

## 第四章 信息报送方式

**第二十条** 纳税人可以通过远程办税端、电子或者纸质报表等方式，向扣缴义务人或者主管税务机关报送个人专项附加扣除信息。

**第二十一条** 纳税人选择纳税年度内由扣缴义务人办理专项附加扣除的，按下列规定办理：

（一）纳税人通过远程办税端选择扣缴义务人并报送专项附加扣除信息的，扣缴义务人根据接收的扣除信息办理扣除。

（二）纳税人通过填写电子或者纸质《扣除信息表》直接报送扣缴义务人的，扣缴义务人将相关信息导入或者录入扣缴端软件，并在次月办理扣缴申报时提交给主管税务机关。《扣除信息表》应当一式两份，纳税人和扣缴义务人签字（章）后分别留存备查。

**第二十二条** 纳税人选择年度终了后办理汇算清缴申报时享受专项附加扣除的，既可以通过远程办税端报送专项附加扣除信息，也可以将电子或者纸质《扣除信息表》（一式两份）报送给汇缴地主管税务机关。

报送电子《扣除信息表》的，主管税务机关受理打印，交由纳税人签字后，一份由纳税人留存备查，一份由税务机关留存；报送纸质《扣除信息表》的，纳税人签字确认、主管税务机关受理签章后，一份退还纳税人留存备查，一份由税务机关留存。

**第二十三条** 扣缴义务人和税务机关应当告知纳税人办理专项附加扣除的方式和渠道，鼓励并引导纳税人采用远程办税端报送信息。

## 第五章 后 续 管 理

**第二十四条** 纳税人应当将《扣除信息表》及相关留存备查资料，自法定汇算清缴期结束后保存五年。

纳税人报送给扣缴义务人的《扣除信息表》，扣缴义务人应当自预扣预缴年度的次年起留存五年。

**第二十五条** 纳税人向扣缴义务人提供专项附加扣除信息的，扣缴义务人应当按照规定予以扣除，不得拒绝。扣缴义务人应当为纳税人报送的专项附加扣除信息保密。

**第二十六条** 扣缴义务人应当及时按照纳税人提供的信息计算办理扣缴申报，不得擅自更改纳税人提供的相关信息。

扣缴义务人发现纳税人提供的信息与实际情况不符，可以要求纳税人修改。纳税人拒绝修改的，扣缴义务人应当向主管税务机关报告，税务机关应当及时处理。

除纳税人另有要求外，扣缴义务人应当于年度终了后两个月内，向纳税人提供已办理的专项附加扣除项目及金额等信息。

**第二十七条** 税务机关定期对纳税人提供的专项附加扣除信息开展抽查。

**第二十八条** 税务机关核查时，纳税人无法提供留存备查资料，或者留存备查资料不能支持相关情况的，税务机关可以要求纳税人提供其他佐证；不能提供其他佐证材料，或者佐证材料仍不足以支持的，不得享受相关专项附加扣除。

**第二十九条** 税务机关核查专项附加扣除情况时，可以提请有关单位和个人协助核查，相关单位和个人应当协助。

**第三十条** 纳税人有下列情形之一的，主管税务机关应当责令其改正；情形严重的，应当纳入有关信用信息系统，并按照国家有关规定实施联合惩戒；涉及违反税收征管法等法律法规的，税务机关依法进行处理：

（一）报送虚假专项附加扣除信息；

（二）重复享受专项附加扣除；

（三）超范围或标准享受专项附加扣除；

（四）拒不提供留存备查资料；

（五）税务总局规定的其他情形。

纳税人在任职、受雇单位报送虚假扣除信息的，税务机关责令改正的同时，通知扣缴义务人。

**第三十一条** 本办法自 2022 年 1 月 1 日起施行。

# 个人所得税扣缴申报管理办法（试行）

*1. 2018 年 12 月 21 日国家税务总局公告 2018 年第 61 号公布*
*2. 自 2019 年 1 月 1 日起施行*

**第一条** 为规范个人所得税扣缴申报行为，维护纳税人和扣缴义务人合法权益，根据《中华人民共和国个人所得税法》及其实施条例、《中华人民共和国税收征收管理法》及其实施细则等法律法规的规定，制定本办法。

**第二条** 扣缴义务人，是指向个人支付所得的单位或者个人。扣缴义务人应当依法办理全员全额扣缴申报。

全员全额扣缴申报，是指扣缴义务人应当在代扣税款的次月十五日内，向主管税务机关报送其支付所得的所有个人的有关信息、支付所得数额、扣除事项和数额、扣缴税款的具体数额和总额以及其他相关涉税信息资料。

**第三条**　扣缴义务人每月或者每次预扣、代扣的税款，应当在次月十五日内缴入国库，并向税务机关报送《个人所得税扣缴申报表》。

**第四条**　实行个人所得税全员全额扣缴申报的应税所得包括：

（一）工资、薪金所得；

（二）劳务报酬所得；

（三）稿酬所得；

（四）特许权使用费所得；

（五）利息、股息、红利所得；

（六）财产租赁所得；

（七）财产转让所得；

（八）偶然所得。

**第五条**　扣缴义务人首次向纳税人支付所得时，应当按照纳税人提供的纳税人识别号等基础信息，填写《个人所得税基础信息表（A表）》，并于次月扣缴申报时向税务机关报送。

扣缴义务人对纳税人向其报告的相关基础信息变化情况，应当于次月扣缴申报时向税务机关报送。

**第六条**　扣缴义务人向居民个人支付工资、薪金所得时，应当按照累计预扣法计算预扣税款，并按月办理扣缴申报。

累计预扣法，是指扣缴义务人在一个纳税年度内预扣预缴税款时，以纳税人在本单位截至当前月份工资、薪金所得累计收入减除累计免税收入、累计减除费用、累计专项扣除、累计专项附加扣除和累计依法确定的其他扣除后的余额为累计预扣预缴应纳税所得额，适用个人所得税预扣率表一（见附件），计算累计应预扣预缴税额，再减除累计减免税额和累计已预扣预缴税额，其余额为本期应预扣预缴税额。余额为负值时，暂不退税。纳税年度终了后余额仍为负值时，由纳税人通过办理综合所得年度汇算清缴，税款多退少补。

具体计算公式如下：

本期应预扣预缴税额＝（累计预扣预缴应纳税所得额×预扣率－速算扣除数）－累计减免税额－累计已预扣预缴税额

累计预扣预缴应纳税所得额＝累计收入－累计免税收入－累计减除费用－累计专项扣除－累计专项附加扣除－累计依法确定的其他扣除

其中：累计减除费用，按照5000元/月乘以纳税人当年截至本月在本单位的任职受雇月份数计算。

**第七条**　居民个人向扣缴义务人提供有关信息并依法要求办理专项附加扣除的，扣缴义务人应当按照规定在工资、薪金所得按月预扣预缴税款时予以扣除，不得拒绝。

**第八条**　扣缴义务人向居民个人支付劳务报酬所得、稿酬所得、特许权使用费所得时，应当按照以下方法按次或者按月预扣预缴税款：

劳务报酬所得、稿酬所得、特许权使用费所得以收入减除费用后的余额为收入额；其中，稿酬所得的收入额减按百分之七十计算。

减除费用：预扣预缴税款时，劳务报酬所得、稿酬所得、特许权使用费所得每次收入不超过四千元的，减除费用按八百元计算；每次收入四千元以上的，减除费用按收入的百分之二十计算。

应纳税所得额：劳务报酬所得、稿酬所得、特许权使用费所得，以每次收入额为预扣预缴应纳税所得额，计算应预扣预缴税额。劳务报酬所得适用个人所得税预扣率表二（见附件），稿酬所得、特许权使用费所得适用百分之二十的比例预扣率。

居民个人办理年度综合所得汇算清缴时，应当依法计算劳务报酬所得、稿酬所得、特许权使用费所得的收入额，并入年度综合所得计算应纳税款，税款多退少补。

**第九条**　扣缴义务人向非居民个人支付工资、薪金所得，劳务报酬所得，稿酬所得和特许权使用费所得时，应当按照以下方法按月或者按次代扣代缴税款：

非居民个人的工资、薪金所得，以每月收入额减除费用五千元后的余额为应纳税所得额；劳务报酬所得、稿酬所得、特许权使用费所得，以每次收入额为应纳税所得额，适用个人所得税税率表三（见附件）计算应纳税额。劳务报酬所得、稿酬所得、特许权使用费所得以收入减除百分之二十的费用后的余额为收入额；其中，稿酬所得的收入额减按百分之七十计算。

非居民个人在一个纳税年度内税款扣缴方法保持不变，达到居民个人条件时，应当告知扣缴义务人基础信息变化情况，年度终了后按照居民个人有关规定办理汇算清缴。

**第十条**　扣缴义务人支付利息、股息、红利所得，财产租赁所得，财产转让所得或者偶然所得时，应当依法按次或者按月代扣代缴税款。

**第十一条**　劳务报酬所得、稿酬所得、特许权使用费所得，属于一次性收入的，以取得该项收入为一次；属于同一项目连续性收入的，以一个月内取得的收入为一次。

财产租赁所得，以一个月内取得的收入为一次。

利息、股息、红利所得,以支付利息、股息、红利时取得的收入为一次。

偶然所得,以每次取得该项收入为一次。

**第十二条**　纳税人需要享受税收协定待遇的,应当在取得应税所得时主动向扣缴义务人提出,并提交相关信息、资料,扣缴义务人代扣代缴税款时按照享受税收协定待遇有关办法办理。

**第十三条**　支付工资、薪金所得的扣缴义务人应当于年度终了后两个月内,向纳税人提供其个人所得和已扣缴税款等信息。纳税人年度中间需要提供上述信息的,扣缴义务人应当提供。

纳税人取得除工资、薪金所得以外的其他所得,扣缴义务人应当在扣缴税款后,及时向纳税人提供其个人所得和已扣缴税款等信息。

**第十四条**　扣缴义务人应当按照纳税人提供的信息计算税款、办理扣缴申报,不得擅自更改纳税人提供的信息。

扣缴义务人发现纳税人提供的信息与实际情况不符的,可以要求纳税人修改。纳税人拒绝修改的,扣缴义务人应当报告税务机关,税务机关应当及时处理。

纳税人发现扣缴义务人提供或者扣缴申报的个人信息、支付所得、扣缴税款等信息与实际情况不符的,有权要求扣缴义务人修改。扣缴义务人拒绝修改的,纳税人应当报告税务机关,税务机关应当及时处理。

**第十五条**　扣缴义务人对纳税人提供的《个人所得税专项附加扣除信息表》,应当按照规定妥善保存备查。

**第十六条**　扣缴义务人应当依法对纳税人报送的专项附加扣除等相关涉税信息和资料保密。

**第十七条**　对扣缴义务人按照规定扣缴的税款,按年付给百分之二的手续费。不包括税务机关、司法机关等查补或者责令补扣的税款。

扣缴义务人领取的扣缴手续费可用于提升办税能力、奖励办税人员。

**第十八条**　扣缴义务人依法履行代扣代缴义务,纳税人不得拒绝。纳税人拒绝的,扣缴义务人应当及时报告税务机关。

**第十九条**　扣缴义务人有未按照规定向税务机关报送资料和信息、未按照纳税人提供信息虚报虚扣专项附加扣除、应扣未扣税款、不缴或少缴已扣税款、借用或冒用他人身份等行为的,依照《中华人民共和国税收征收管理法》等相关法律、行政法规处理。

**第二十条**　本办法相关表证单书式样,由国家税务总局另行制定发布。

**第二十一条**　本办法自2019年1月1日起施行。《国家税务总局关于印发〈个人所得税全员全额扣缴申报管理暂行办法〉的通知》(国税发〔2005〕205号)同时废止。

附件:(略)

## 个人所得税管理办法

*1. 2005年7月6日国家税务总局公布*
*2. 国税发〔2005〕120号*
*3. 根据2018年6月15日国家税务总局公告2018年第31号《关于修改部分税收规范性文件的公告》修正*

### 第一章　总　　则

**第一条**　为了进一步加强和规范税务机关对个人所得税的征收管理,促进个人所得税征管的科学化、精细化,不断提高征管效率和质量,根据《中华人民共和国个人所得税法》(以下简称税法)、《中华人民共和国税收征收管理法》(以下简称征管法)及有关税收法律法规规定,制定本办法。

**第二条**　加强和规范个人所得税征管,要着力健全管理制度,完善征管手段,突出管理重点。即要建立个人收入档案管理制度、代扣代缴明细账制度、纳税人与扣缴义务人向税务机关双向申报制度、与社会各部门配合的协税制度;尽快研发应用统一的个人所得税管理信息系统,充分利用信息技术手段加强个人所得税管理;切实加强高收入者的重点管理、税源的源泉管理、全员全额管理。

### 第二章　个人收入档案管理制度

**第三条**　个人收入档案管理制度是指,税务机关按照要求对每个纳税人的个人基本信息、收入和纳税信息以及相关信息建立档案,并对其实施动态管理的一项制度。

**第四条**　省以下(含省级)各级税务机关的管理部门应当按照规定逐步对每个纳税人建立收入和纳税档案,实施“一户式”的动态管理。

**第五条**　省以下(含省级)各级税务机关的管理部门应区别不同类型纳税人,并按以下内容建立相应的基础信息档案:

(一)雇员纳税人(不含股东、投资者、外籍人员)的档案内容包括:姓名、身份证照类型、身份证照号码、学历、职业、职务、电子邮箱地址、有效联系电话、有效通信地址、邮政编码、户籍所在地、扣缴义务人编码、是否重点纳税人。

（二）非雇员纳税人（不含股东、投资者）的档案内容包括：姓名、身份证照类型、身份证照号码、电子邮箱地址、有效联系电话、有效通信地址（工作单位或家庭地址）、邮政编码、工作单位名称、扣缴义务人编码、是否重点纳税人。

（三）股东、投资者（不含个人独资、合伙企业投资者）的档案内容包括：姓名、国籍、身份证照类型、身份证照号码、有效通讯地址、邮政编码、户籍所在地、有效联系电话、电子邮箱地址、公司股本（投资）总额、个人股本（投资）额、扣缴义务人编码、是否重点纳税人。

（四）个人独资、合伙企业投资者、个体工商户、对企事业单位的承包承租经营人的档案内容包括：姓名、身份证照类型、身份证照号码、个体工商户（或个人独资企业、合伙企业、承包承租企事业单位）名称，经济类型、行业、经营地址、邮政编码、有效联系电话、税务登记证号码、电子邮箱地址、所得税征收方式（核定、查账）、主管税务机关、是否重点纳税人。

（五）外籍人员（含雇员和非雇员）的档案内容包括：纳税人编码、姓名（中、英文）、性别、出生地（中、英文）、出生年月、境外地址（中、英文）、国籍或地区、身份证照类型、身份证照号码、居留许可号码（或台胞证号码、回乡证号码）、劳动就业证号码、职业、境内职务、境外职务、入境时间、任职期限、预计在华时间、预计离境时间、境内任职单位名称及税务登记证号码、境内任职单位地址、邮政编码、联系电话、其他任职单位（也应包括地址、电话、联系方式）名称及税务登记证号码、境内受聘或签约单位名称及税务登记证号码、地址、邮政编码、联系电话、境外派遣单位名称（中、英文）、境外派遣单位地址（中、英文）、支付地（包括境内支付还是境外支付）、是否重点纳税人。

**第六条**　纳税人档案的内容来源于：

（一）纳税人税务登记情况。

（二）《扣缴个人所得税报告表》和《支付个人收入明细表》。

（三）代扣代收税款凭证。

（四）个人所得税纳税申报表。

（五）社会公共部门提供的有关信息。

（六）税务机关的纳税检查情况和处罚记录。

（七）税务机关掌握的其他资料及纳税人提供的其他信息资料。

**第七条**　税务机关应对档案内容适时进行更新和调整；并根据本地信息化水平和征管能力提高的实际，以及个人收入的变化等情况，不断扩大档案管理的范围，直至实现全员全额管理。

**第八条**　税务机关应充分利用纳税人档案资料，加强个人所得税管理。定期对重点纳税人、重点行业和企业的个人档案资料进行比对分析和纳税评估，查找税源变动情况和原因，及时发现异常情况，采取措施堵塞征管漏洞。

## 第三章　代扣代缴明细账制度

**第九条**　代扣代缴明细账制度是指，税务机关依据个人所得税法和有关规定，要求扣缴义务人按规定报送其支付收入的个人所有的基本信息、支付个人收入和扣缴税款明细信息以及其他相关涉税信息，并对每个扣缴义务人建立档案，为后续实施动态管理打下基础的一项制度。

**第十条**　税务机关应按照税法及相关法律、法规的有关规定，督促扣缴义务人按规定设立代扣代缴税款账簿，正确反映个人所得税的扣缴情况。

**第十一条**　扣缴义务人申报的纳税资料，税务机关应严格审查核实。对《扣缴个人所得税报告表》和《支付个人收入明细表》没有按每一个人逐栏逐项填写的，或者填写内容不全的，主管税务机关应要求扣缴义务人重新填报。已实行信息化管理的，可以将《支付个人收入明细表》并入《扣缴个人所得税报告表》。

《扣缴个人所得税报告表》填写实际缴纳了个人所得税的纳税人的情况；《支付个人收入明细表》填写支付了应税收入，但未达到纳税标准的纳税人的情况。

**第十二条**　税务机关应将扣缴义务人报送的支付个人收入情况与其同期财务报表交叉比对，发现不符的，应要求其说明情况，并依法查实处理。

**第十三条**　税务机关应对每个扣缴义务人建立档案，其内容包括：扣缴义务人编码、扣缴义务人名称、税务（注册）登记证号码、电话号码、电子邮件地址、行业、经济类型、单位地址、邮政编码、法定代表人（单位负责人）和财务主管人员姓名及联系电话、税务登记机关、登记证照类型、发照日期、主管税务机关、应纳税所得额（按所得项目归类汇总）、免税收入、应纳税额（按所得项目归类汇总）、纳税人数、已纳税额、应补（退）税额、减免税额、滞纳金、罚款、完税凭证号等。

**第十四条**　扣缴义务人档案的内容来源于：

（一）扣缴义务人扣缴税款登记情况。

（二）《扣缴个人所得税报告表》和《支付个人收入明细表》。

（三）代扣代收税款凭证。

（四）社会公共部门提供的有关信息。

（五）税务机关的纳税检查情况和处罚记录。

（六）税务机关掌握的其他资料。

## 第四章　纳税人与扣缴义务人向税务机关双向申报制度

**第十五条**　纳税人与扣缴义务人向税务机关双向申报制度是指，纳税人与扣缴义务人按照法律、行政法规规定和税务机关依法律、行政法规所提出的要求，分别向主管税务机关办理纳税申报，税务机关对纳税人和扣缴义务人提供的收入、纳税信息进行交叉比对、核查的一项制度。

**第十六条**　对税法及其实施条例，以及相关法律、法规规定纳税人必须自行申报的，税务机关应要求其自行向主管税务机关进行纳税申报。

**第十七条**　税务机关接受纳税人、扣缴义务人的纳税申报时，应对申报的时限、应税项目、适用税率、税款计算及相关资料的完整性和准确性进行初步审核，发现有误的，应及时要求纳税人、扣缴义务人修正申报。

**第十八条**　税务机关应对双向申报的内容进行交叉比对和评估分析，从中发现问题并及时依法处理。

## 第五章　与社会各部门配合的协税制度

**第十九条**　与社会各部门配合的协税制度是指，税务机关应建立与个人收入和个人所得税征管有关的各部门的协调与配合的制度，及时掌握税源和与纳税有关的信息，共同制定和实施协税、护税措施，形成社会协税、护税网络。

**第二十条**　税务机关应重点加强与以下部门的协调配合：公安、检察、法院、工商、银行、文化体育、财政、劳动、房管、交通、审计、外汇管理等部门。

**第二十一条**　税务机关通过加强与有关部门的协调配合，着重掌握纳税人的相关收入信息。

（一）与公安部门联系，了解中国境内无住所个人出入境情况及在中国境内的居留暂住情况，实施阻止欠税人出境制度，掌握个人购车等情况。

（二）与工商部门联系，了解纳税人登记注册的变化情况和股份制企业股东及股本变化等情况。

（三）与文化体育部门联系，掌握各种演出、比赛获奖等信息，落实演出承办单位和体育单位的代扣代缴义务等情况。

（四）与房管部门联系，了解房屋买卖、出租等情况。

（五）与交通部门联系，了解出租车、货运车以及运营等情况。

（六）与劳动部门联系，了解中国境内无住所个人的劳动就业情况。

**第二十二条**　税务机关应积极创造条件，逐步实现与有关部门的相关信息共享或定期交换。

**第二十三条**　各级税务机关应当把大力宣传和普及个人所得税法知识、不断提高公民的依法纳税意识作为一项长期的基础性工作予以高度重视，列入重要议事日程，并结合征管工作的要求、社会关注的热点和本地征管的重点，加强与上述部门的密切配合。制定周密的宣传工作计划，充分利用各种宣传媒体和途径、采取灵活多样的方式进行个人所得税宣传。

## 第六章　加快信息化建设

**第二十四条**　各级税务机关应在金税工程三期的总体框架下，按照“一体化”要求和“统筹规划、统一标准，突出重点、分布实施，整合资源、讲究实效，加强管理、保证安全”的原则，进一步加快个人所得税征管信息化建设，以此提高个人所得税征管质量和效率。

**第二十五条**　按照一体化建设的要求，个人所得税与其他税种具有共性的部分，由核心业务系统统一开发软件，个人所得税个性的部分单独开发软件。根据个人所得税特点，总局先行开发个人所得税代扣代缴（扣缴义务人端）和基础信息管理（税务端）两个子系统。

**第二十六条**　代扣代缴（扣缴义务人端）系统的要求是：

（一）为扣缴义务人提供方便快捷的报税工具。

（二）可以从扣缴义务人现有的财务等软件中导入相关信息。

（三）自动计算税款，自动生成各种报表。

（四）支持多元化的申报方式。

（五）方便扣缴义务人统计、查询、打印。

（六）提供《代扣代收税款凭证》打印功能。

（七）便于税务机关接受扣缴义务人的明细扣缴申报，准确全面掌握有关基础数据资料。

**第二十七条**　基础信息管理系统（税务端）的要求是：

（一）建立个人收入纳税一户式档案，用于汇集扣缴义务人、纳税人的基础信息、收入及纳税信息资料。

（二）传递个人两处以上取得的收入及纳税信息给征管环节。

（三）从一户式档案中筛选高收入个人、高收入行业、重点纳税人、重点扣缴义务人，并实施重点管理。

（四）通过对纳税人收入、纳税相关信息进行汇总比对，判定纳税人申报情况的真实性。

（五）通过设定各类统计指标、口径和运用统计结果，为加强个人所得税管理和完善政策提供决策支持。

（六）建立与各部门的数据应用接口，为其他税费征收提供信息。

（七）按规定打印《中华人民共和国个人所得税完税证明》，为纳税人提供完税依据。

**第二十八条**　省级税务机关应做好现有个人所得税征管软件的整合工作。省级及以下各级税务机关原则上不应再自行开发个人所得税征管软件。

## 第七章　加强高收入者的重点管理

**第二十九条**　税务机关应将下列人员纳入重点纳税人范围：金融、保险、证券、电力、电信、石油、石化、烟草、民航、铁道、房地产、学校、医院、城市供水供气、出版社、公路管理、外商投资企业和外国企业、高新技术企业、中介机构、体育俱乐部等高收入行业人员；民营经济投资者、影视明星、歌星、体育明星、模特等高收入个人；临时来华演出人员。

**第三十条**　各级税务机关应从下列人员中，选择一定数量的个人作为重点纳税人，实施重点管理：

（一）收入较高者。

（二）知名度较高者。

（三）收入来源渠道较多者。

（四）收入项目较多者。

（五）无固定单位的自由职业者。

（六）对税收征管影响较大者。

**第三十一条**　各级税务机关对重点纳税人应实行滚动动态管理办法，每年都应根据本地实际情况，适时增补重点纳税人，不断扩大重点纳税人管理范围，直至实现全员全额管理。

**第三十二条**　税务机关应对重点纳税人按人建立专门档案，实行重点管理，随时跟踪其收入和纳税变化情况。

**第三十三条**　各级税务机关应充分利用建档管理掌握的重点纳税人信息，定期对重点纳税人的收入、纳税情况进行比对、评估分析，从中发现异常问题，及时采取措施堵塞管理漏洞。

**第三十四条**　省级（含计划单列市）税务机关应于每年7月底以前和次年1月底以前，分别将所确定的重点纳税人的半年和全年的基本情况及收入、纳税等情况，用Excel表格的形式填写《个人所得税重点纳税人收入和纳税情况汇总表》报送国家税务总局（所得税管理司）。

**第三十五条**　各级税务机关应强化对个体工商户、个人独资企业和合伙企业投资者以及独立从事劳务活动的个人的个人所得税征管。

（一）积极推行个体工商户、个人独资企业和合伙企业建账工作，规范财务管理，健全财务制度；有条件的地区应使用税控装置加强对纳税人的管理和监控。

（二）健全和完善核定征收工作，对账证不全、无法实行查账征收的纳税人，按规定实行核定征收，并根据纳税人经营情况及时进行定额调整。

（三）加强税务系统的协作配合，实现信息共享，建立健全个人所得税情报交流和异地协查制度，互通信息，解决同一个投资者在两处或两处以上投资和取得收入合并缴纳个人所得税的监控难题。

（四）加强个人投资者从其投资企业借款的管理，对期限超过一年又未用于企业生产经营的借款，严格按照有关规定征税。

（五）要严格对个人投资的企业和个体工商户税前扣除的管理，定期进行检查。对个人投资者以企业资金为本人、家庭成员及其相关人员支付的与生产经营无关的消费性、财产性支出，严格按照规定征税。

（六）加强对从事演出、广告、讲课、医疗等人员的劳务报酬所得的征收管理，全面推行预扣预缴办法，从源泉上加强征管。

**第三十六条**　税务机关要加强对重点纳税人、独立纳税人的专项检查，严厉打击涉税违法犯罪行为。各地每年应当通过有关媒体公开曝光2至3起个人所得税违法犯罪案件。

**第三十七条**　税务机关要重视和加强重点纳税人、独立纳税人的个人所得税日常检查，及时发现征管漏洞和薄弱环节，制定和完善征管制度、办法。日常检查由省级以下税务机关的征管和税政部门共同组织实施。

实施日常检查应当制定计划，并按规定程序进行，防止多次、重复检查，防止影响纳税人的生产经营。

## 第八章　加强税源的源泉管理

**第三十八条**　税务机关应严格税务登记管理制度，认真开展漏征漏管户的清理工作，摸清底数。

**第三十九条**　税务机关应按照有关要求建立和健全纳税人、扣缴义务人的档案，切实加强个人所得税税源管理。

**第四十条**　税务机关应继续做好代扣代缴工作，提高扣缴质量和水平：

（一）要继续贯彻落实已有的个人所得税代扣代缴工作制度和办法，并在实践中不断完善提高。

（二）要对本地区所有行政、企事业单位、社会团体等扣缴义务人进行清理和摸底，在此基础上按照纳税档案管理的指标建立扣缴义务人台账或基本账户，对其实行跟踪管理。

（三）配合全员全额管理，推行扣缴义务人支付个人收入明细申报制度。

（四）对下列行业应实行重点税源管理：金融、保险、证券、电力、电信、石油、石化、烟草、民航、铁道、房地产、学校、医院、城市供水供气、出版社、公路管理、外商投资企业、高新技术企业、中介机构、体育俱乐部等高收入行业；连续3年（含3年）为零申报的代扣代缴单位（以下简称长期零申报单位）。

（五）对重点税源管理的行业、单位和长期零申报单位，应将其列为每年开展专项检查的重点对象，或对其纳税申报材料进行重点审核。

**第四十一条**　各级税务机关应充分利用与各部门配合的协作制度，从公安、工商、银行、文化、体育、房管、劳动、外汇管理等社会公共部门获取税源信息。

**第四十二条**　各级税务机关应利用从有关部门获取的信息，加强税源管理、进行纳税评估。税务机关应定期分析税源变化情况，对变动较大等异常情况，应及时分析原因，采取相应管理措施。

**第四十三条**　各级税务机关在加强查账征收工作的基础上，对符合征管法第三十五条规定情形的，采取定期定额征收和核定应税所得率征收，以及其他合理的办法核定征收个人所得税。

**第四十四条**　主管税务机关在确定对纳税人的核定征收方式后，要选择有代表性的典型户进行调查，在此基础上确定应纳税额。典型调查面不得低于核定征收纳税人的3%。

## 第九章　加强全员全额管理

**第四十五条**　全员全额管理是指，凡取得应税收入的个人，无论收入额是否达到个人所得税的纳税标准，均应就其取得的全部收入，通过代扣代缴和个人申报，全部纳入税务机关管理。

**第四十六条**　各级税务机关应本着先扣缴义务人后纳税人，先重点行业、企业和纳税人后一般行业、企业和纳税人，先进"笼子"后规范的原则，积极稳妥地推进全员全额管理工作。

**第四十七条**　各级税务机关要按照规定和要求，尽快建立个人收入档案管理制度、代扣代缴明细账制度、纳税人与扣缴义务人向税务机关双向申报制度、与社会各部门配合的协税制度，为实施全员全额管理打下基础。

**第四十八条**　各级税务机关应积极创造条件，并根据金税工程三期的总体规划和有关要求，依托信息化手段，逐步实现全员全额申报管理，并在此基础上，为每个纳税人开具完税凭证（证明）。

**第四十九条**　税务机关应充分利用全员全额管理掌握的纳税人信息、扣缴义务人信息、税源监控信息、有关部门、媒体提供的信息、税收管理人员实地采集的信息等，依据国家有关法律和政策法规的规定，对自行申报纳税人纳税申报情况和扣缴义务人扣缴税情况的真实性、准确性进行分析、判断，开展个人所得税纳税评估，提高全员全额管理的质量。

**第五十条**　税务机关应加强个人独资和合伙企业投资者、个体工商户、独立劳务者等无扣缴义务人的独立纳税人的基础信息和税源管理工作。

**第五十一条**　个人所得税纳税评估应按"人机结合"的方式进行，其基本原理和流程是：根据当地居民收入水平及其变动、行业收入水平及其变动等影响个人所得税的相关因素，建立纳税评估分析系统；根据税收收入增减额、增减率或行业平均指标模型确定出纳税评估的重点对象；对纳税评估对象进行具体评估分析，查找锁定引起该扣缴义务人或者纳税人个人所得税变化的具体因素；据此与评估对象进行约谈，要求其说明情况并纠正错误，或者交由稽查部门实施稽查，并进行后续的重点管理。

**第五十二条**　税务机关应按以下范围和来源采集纳税评估的信息：

（一）信息采集的范围

1. 当地职工年平均工资、月均工资水平。

2. 当地分行业职工年平均工资、月均工资水平。

3. 当地分行业资金利润率。

4. 企业财务报表相关数据。

5. 股份制企业分配股息、红利情况。

6. 其他有关数据。

（二）信息采集的来源

1. 税务登记的有关信息。

2. 纳税申报的有关信息。

3. 会计报表有关信息。

4. 税控收款装置的有关信息。

5. 中介机构出具的审计报告、评估报告的信息。

6. 相关部门、媒体提供的信息。

7. 税收管理人员到纳税户了解采集的信息。

8. 其他途径采集的纳税人和扣缴义务人与个人所得税征管有关的信息。

**第五十三条**　税务机关应设置纳税评估分析指标、财务分析指标、业户不良记录评析指标，通过分析确定某一期间个人所得税的总体税源发生增减变化的主要行业、主要企业、主要群体，确定纳税评估重点对象。个人所得税纳税评估的程序、指标、方法等按照总局《纳税评估管理办法》（试行）及相关规定执行。

**第五十四条**　个人所得税纳税评估主要从以下项目进行：

（一）工资、薪金所得，应重点分析工资总额增减率与该项目税款增减率对比情况，人均工资增减率与人均该项目税款增减率对比情况，税款增减率与企业利润增减率对比分析，同行业、同职务人员的收入和纳税情况对比分析。

（二）利息、股息、红利所得，应重点分析当年该项目税款与上年同期对比情况，该项目税款增减率与企业利润增减率对比情况，企业转增个人股本情况，企业税后利润分配情况。

（三）个体工商户的生产、经营所得（含个人独资企业和合伙企业），应重点分析当年与上年该项目税款对比情况，该项目税款增减率与企业利润增减率对比情况；税前扣除项目是否符合现行政策规定；是否连续多个月零申报；同地区、同行业个体工商户生产、经营所得的税负对比情况。

（四）对企事业单位的承包经营、承租经营所得，应重点分析当年与上年该项目税款对比情况，该项目税款增减率与企业利润增减率对比情况，其行业利润率、上缴税款占利润总额的比重等情况；是否连续多个月零申报；同地区、同行业对企事业单位的承包经营、承租经营所得的税负对比情况。

（五）劳务报酬所得，应重点分析纳税人取得的所得与过去对比情况，支付劳务费的合同、协议、项目情况，单位白条列支劳务报酬情况。

（六）其他各项所得，应结合个人所得税征管实际，选择有针对性的评估指标进行评估分析。

## 第十章　附　　则

**第五十五条**　储蓄存款利息所得的个人所得税管理办法，另行制定。

**第五十六条**　此前规定与本办法不一致的，按本办法执行。

**第五十七条**　本办法未尽事宜按照税收法律、法规以及相关规定办理。

**第五十八条**　本办法由国家税务总局负责解释，各省、自治区、直辖市和计划单列市税务局可根据本办法制定具体实施意见。

**第五十九条**　本办法自2005年10月1日起执行。

# 个人所得税自行纳税申报办法（试行）①

*1. 2006年11月6日国家税务总局公布*

*2. 国税发〔2006〕162号*

*3. 根据2018年6月15日国家税务总局公告2018年第31号《关于修改部分税收规范性文件的公告》修正*

## 第一章　总　　则

**第一条**　为进一步加强个人所得税征收管理，保障国家税收收入，维护纳税人的合法权益，方便纳税人自行纳税申报，规范自行纳税申报行为，根据《中华人民共和国个人所得税法》（以下简称个人所得税法）及其实施条例、《中华人民共和国税收征收管理法》（以下简称税收征管法）及其实施细则和其他法律、法规的有关规定，制定本办法。

**第二条**　凡依据个人所得税法负有纳税义务的纳税人，有下列情形之一的，应当按照本办法的规定办理纳税申报：

（一）年所得12万元以上的；

（二）从中国境内两处或者两处以上取得工资、薪金所得的；

（三）从中国境外取得所得的；

（四）取得应税所得，没有扣缴义务人的；

（五）国务院规定的其他情形。

**第三条**　本办法第二条第一项年所得12万元以上的纳税人，无论取得的各项所得是否已足额缴纳了个人所得税，均应当按照本办法的规定，于纳税年度终了后向主管税务机关办理纳税申报。

本办法第二条第二项至第四项情形的纳税人，均应当按照本办法的规定，于取得所得后向主管税务机关办理纳税申报。

本办法第二条第五项情形的纳税人，其纳税申报办法根据具体情形另行规定。

**第四条**　本办法第二条第一项所称年所得12万元以上的纳税人，不包括在中国境内无住所，且在一个纳税年

① 附件1《个人所得税纳税申报表（适用于年所得12万元以上纳税人申报）》已被2011年1月4日国家税务总局公告2011年第2号《全文失效废止、部分条款失效废止的税收规范性文件目录》宣布失效；附件2至附件9已被2013年4月27日国家税务总局公告第21号《关于发布个人所得税申报表的公告（2013修改）》废止。——编者注

度中在中国境内居住不满1年的个人。

本办法第二条第三项所称从中国境外取得所得的纳税人，是指在中国境内有住所，或者无住所而在一个纳税年度中在中国境内居住满1年的个人。

## 第二章 申报内容

**第五条** 年所得12万元以上的纳税人，在纳税年度终了后，应当填写《个人所得税纳税申报表（适用于年所得12万元以上的纳税人申报）》，并在办理纳税申报时报送主管税务机关，同时报送个人有效身份证件复印件，以及主管税务机关要求报送的其他有关资料。

有效身份证件，包括纳税人的身份证、护照、回乡证、军人身份证件等。

**第六条** 本办法所称年所得12万元以上，是指纳税人在一个纳税年度取得以下各项所得的合计数额达到12万元：

（一）工资、薪金所得；

（二）个体工商户的生产、经营所得；

（三）对企事业单位的承包经营、承租经营所得；

（四）劳务报酬所得；

（五）稿酬所得；

（六）特许权使用费所得；

（七）利息、股息、红利所得；

（八）财产租赁所得；

（九）财产转让所得；

（十）偶然所得；

（十一）经国务院财政部门确定征税的其他所得。

**第七条** 本办法第六条规定的所得不含以下所得：

（一）个人所得税法第四条第一项至第九项规定的免税所得，即：

1. 省级人民政府、国务院部委、中国人民解放军军以上单位，以及外国组织、国际组织颁发的科学、教育、技术、文化、卫生、体育、环境保护等方面的奖金；

2. 国债和国家发行的金融债券利息；

3. 按照国家统一规定发给的补贴、津贴，即个人所得税法实施条例第十三条规定的按照国务院规定发放的政府特殊津贴、院士津贴、资深院士津贴以及国务院规定免纳个人所得税的其他补贴、津贴；

4. 福利费、抚恤金、救济金；

5. 保险赔款；

6. 军人的转业费、复员费；

7. 按照国家统一规定发给干部、职工的安家费、退职费、退休工资、离休工资、离休生活补助费；

8. 依照我国有关法律规定应予免税的各国驻华使馆、领事馆的外交代表、领事官员和其他人员的所得；

9. 中国政府参加的国际公约、签订的协议中规定免税的所得。

（二）个人所得税法实施条例第六条规定可以免税的来源于中国境外的所得。

（三）个人所得税法实施条例第二十五条规定的按照国家规定单位为个人缴付和个人缴付的基本养老保险费、基本医疗保险费、失业保险费、住房公积金。

**第八条** 本办法第六条所指各项所得的年所得按照下列方法计算：

（一）工资、薪金所得，按照未减除费用（每月1600元）及附加减除费用（每月3200元）的收入额计算。

（二）个体工商户的生产、经营所得，按照应纳税所得额计算。实行查账征收的，按照每一纳税年度的收入总额减除成本、费用以及损失后的余额计算；实行定期定额征收的，按照纳税人自行申报的年度应纳税所得额计算，或者按照其自行申报的年度应纳税经营额乘以应税所得率计算。

（三）对企事业单位的承包经营、承租经营所得，按照每一纳税年度的收入总额计算，即按照承包经营、承租经营者实际取得的经营利润，加上从承包、承租的企事业单位中取得的工资、薪金性质的所得计算。

（四）劳务报酬所得，稿酬所得，特许权使用费所得，按照未减除费用（每次800元或者每次收入的20%）的收入额计算。

（五）财产租赁所得，按照未减除费用（每次800元或者每次收入的20%）和修缮费用的收入额计算。

（六）财产转让所得，按照应纳税所得额计算，即按照以转让财产的收入额减除财产原值和转让财产过程中缴纳的税金及有关合理费用后的余额计算。

（七）利息、股息、红利所得，偶然所得和其他所得，按照收入额全额计算。

**第九条** 纳税人取得本办法第二条第二项至第四项所得，应当按规定填写并向主管税务机关报送相应的纳税申报表，同时报送主管税务机关要求报送的其他有关资料。

## 第三章 申报地点

**第十条** 年所得12万元以上的纳税人，纳税申报地点分别为：

（一）在中国境内有任职、受雇单位的，向任职、受雇单位所在地主管税务机关申报。

（二）在中国境内有两处或者两处以上任职、受雇单位的，选择并固定向其中一处单位所在地主管税务机关申报。

（三）在中国境内无任职、受雇单位，年所得项目中有个体工商户的生产、经营所得或者对企事业单位的承包经营、承租经营所得（以下统称生产、经营所得）的，向其中一处实际经营所在地主管税务机关申报。

（四）在中国境内无任职、受雇单位，年所得项目中无生产、经营所得的，向户籍所在地主管税务机关申报。在中国境内有户籍，但户籍所在地与中国境内经常居住地不一致的，选择并固定向其中一地主管税务机关申报。在中国境内没有户籍的，向中国境内经常居住地主管税务机关申报。

**第十一条** 取得本办法第二条第二项至第四项所得的纳税人，纳税申报地点分别为：

（一）从两处或者两处以上取得工资、薪金所得的，选择并固定向其中一处单位所在地主管税务机关申报。

（二）从中国境外取得所得的，向中国境内户籍所在地主管税务机关申报。在中国境内有户籍，但户籍所在地与中国境内经常居住地不一致的，选择并固定向其中一地主管税务机关申报。在中国境内没有户籍的，向中国境内经常居住地主管税务机关申报。

（三）个体工商户向实际经营所在地主管税务机关申报。

（四）个人独资、合伙企业投资者兴办两个或两个以上企业的，区分不同情形确定纳税申报地点：

1. 兴办的企业全部是个人独资性质的，分别向各企业的实际经营管理所在地主管税务机关申报。

2. 兴办的企业中含有合伙性质的，向经常居住地主管税务机关申报。

3. 兴办的企业中含有合伙性质，个人投资者经常居住地与其兴办企业的经营管理所在地不一致的，选择并固定向其参与兴办的某一合伙企业的经营管理所在地主管税务机关申报。

（五）除以上情形外，纳税人应当向取得所得所在地主管税务机关申报。

**第十二条** 纳税人不得随意变更纳税申报地点，因特殊情况变更纳税申报地点的，须报原主管税务机关备案。

**第十三条** 本办法第十一条第四项第三目规定的纳税申报地点，除特殊情况外，5年以内不得变更。

**第十四条** 本办法所称经常居住地，是指纳税人离开户籍所在地最后连续居住一年以上的地方。

## 第四章 申报期限

**第十五条** 年所得12万元以上的纳税人，在纳税年度终了后3个月内向主管税务机关办理纳税申报。

**第十六条** 个体工商户和个人独资、合伙企业投资者取得的生产、经营所得应纳的税款，分月预缴的，纳税人在每月终了后7日内办理纳税申报；分季预缴的，纳税人在每个季度终了后7日内办理纳税申报。纳税年度终了后，纳税人在3个月内进行汇算清缴。

**第十七条** 纳税人年终一次性取得对企事业单位的承包经营、承租经营所得的，自取得所得之日起30日内办理纳税申报；在1个纳税年度内分次取得承包经营、承租经营所得的，在每次取得所得后的次月7日内申报预缴，纳税年度终了后3个月内汇算清缴。

**第十八条** 从中国境外取得所得的纳税人，在纳税年度终了后30日内向中国境内主管税务机关办理纳税申报。

**第十九条** 除本办法第十五条至第十八条规定的情形外，纳税人取得其他各项所得须申报纳税的，在取得所得的次月7日内向主管税务机关办理纳税申报。

**第二十条** 纳税人不能按照规定的期限办理纳税申报，需要延期的，按照税收征管法第二十七条和税收征管法实施细则第三十七条的规定办理。

## 第五章 申报方式

**第二十一条** 纳税人可以采取数据电文、邮寄等方式申报，也可以直接到主管税务机关申报，或者采取符合主管税务机关规定的其他方式申报。

**第二十二条** 纳税人采取数据电文方式申报的，应当按照税务机关规定的期限和要求保存有关纸质资料。

**第二十三条** 纳税人采取邮寄方式申报的，以邮政部门挂号信函收据作为申报凭据，以寄出的邮戳日期为实际申报日期。

**第二十四条** 纳税人可以委托有税务代理资质的中介机构或者他人代为办理纳税申报。

## 第六章 申报管理

**第二十五条** 主管税务机关应当将各类申报表，登载到税务机关的网站上，或者摆放到税务机关受理纳税申报的办税服务厅，免费供纳税人随时下载或取用。

**第二十六条** 主管税务机关应当在每年法定申报期间，通过适当方式，提醒年所得12万元以上的纳税人办理自行纳税申报。

**第二十七条** 受理纳税申报的主管税务机关根据纳税人的申报情况，按照规定办理税款的征、补、退、抵手续。

**第二十八条** 主管税务机关按照规定为已经办理纳税申

报并缴纳税款的纳税人开具完税凭证。

**第二十九条**　税务机关依法为纳税人的纳税申报信息保密。

**第三十条**　纳税人变更纳税申报地点，并报原主管税务机关备案的，原主管税务机关应当及时将纳税人变更纳税申报地点的信息传递给新的主管税务机关。

**第三十一条**　主管税务机关对已办理纳税申报的纳税人建立纳税档案，实施动态管理。

## 第七章　法律责任

**第三十二条**　纳税人未按照规定的期限办理纳税申报和报送纳税资料的，依照税收征管法第六十二条的规定处理。

**第三十三条**　纳税人采取伪造、变造、隐匿、擅自销毁账簿、记账凭证，或者在账簿上多列支出或者不列、少列收入，或者经税务机关通知申报而拒不申报或者进行虚假的纳税申报，不缴或者少缴应纳税款的，依照税收征管法第六十三条的规定处理。

**第三十四条**　纳税人编造虚假计税依据的，依照税收征管法第六十四条第一款的规定处理。

**第三十五条**　纳税人有扣缴义务人支付的应税所得，扣缴义务人应扣未扣、应收未收税款的，依照税收征管法第六十九条的规定处理。

**第三十六条**　税务人员徇私舞弊或者玩忽职守，不征或者少征应征税款的，依照税收征管法第八十二条第一款的规定处理。

**第三十七条**　税务人员滥用职权，故意刁难纳税人的，依照税收征管法第八十二条第二款的规定处理。

**第三十八条**　税务机关和税务人员未依法为纳税人保密的，依照税收征管法第八十七条的规定处理。

**第三十九条**　税务代理人违反税收法律、行政法规，造成纳税人未缴或者少缴税款的，依照税收征管法实施细则第九十八条的规定处理。

**第四十条**　其他税收违法行为，依照税收法律、法规的有关规定处理。

## 第八章　附　　则

**第四十一条**　纳税申报表由各省、自治区、直辖市和计划单列市税务局按照国家税务总局规定的式样统一印制。

**第四十二条**　纳税申报的其他事项，依照税收征管法、个人所得税法及其他有关法律、法规的规定执行。

**第四十三条**　本办法第二条第一项年所得12万元以上情形的纳税申报，按照第十届全国人民代表大会常务委员会第十八次会议通过的《关于修改〈中华人民共和国个人所得税法〉的决定》规定的施行时间，自2006年1月1日起执行。

**第四十四条**　本办法有关第二条第二项至第四项情形的纳税申报规定，自2007年1月1日起执行，《国家税务总局关于印发〈个人所得税自行申报纳税暂行办法〉的通知》(国税发〔1995〕077号)同时废止。

附件：(略)

# 股权转让所得个人所得税管理办法(试行)

*1. 2014年12月7日国家税务总局公告2014年第67号公布*

*2. 根据2018年6月15日国家税务总局公告2018年第31号《关于修改部分税收规范性文件的公告》修正*

## 第一章　总　　则

**第一条**　为加强股权转让所得个人所得税征收管理，规范税务机关、纳税人和扣缴义务人征纳行为，维护纳税人合法权益，根据《中华人民共和国个人所得税法》及其实施条例、《中华人民共和国税收征收管理法》及其实施细则，制定本办法。

**第二条**　本办法所称股权是指自然人股东(以下简称个人)投资于在中国境内成立的企业或组织(以下统称被投资企业，不包括个人独资企业和合伙企业)的股权或股份。

**第三条**　本办法所称股权转让是指个人将股权转让给其他个人或法人的行为，包括以下情形：

(一)出售股权；

(二)公司回购股权；

(三)发行人首次公开发行新股时，被投资企业股东将其持有的股份以公开发行方式一并向投资者发售；

(四)股权被司法或行政机关强制过户；

(五)以股权对外投资或进行其他非货币性交易；

(六)以股权抵偿债务；

(七)其他股权转移行为。

**第四条**　个人转让股权，以股权转让收入减除股权原值和合理费用后的余额为应纳税所得额，按“财产转让所得”缴纳个人所得税。

合理费用是指股权转让时按照规定支付的有关税费。

**第五条**　个人股权转让所得个人所得税，以股权转让方为纳税人，以受让方为扣缴义务人。

**第六条**　扣缴义务人应于股权转让相关协议签订后5个工作日内，将股权转让的有关情况报告主管税务机关。

被投资企业应当详细记录股东持有本企业股权的相关成本，如实向税务机关提供与股权转让有关的信息，协助税务机关依法执行公务。

## 第二章　股权转让收入的确认

**第七条**　股权转让收入是指转让方因股权转让而获得的现金、实物、有价证券和其他形式的经济利益。

**第八条**　转让方取得与股权转让相关的各种款项，包括违约金、补偿金以及其他名目的款项、资产、权益等，均应当并入股权转让收入。

**第九条**　纳税人按照合同约定，在满足约定条件后取得的后续收入，应当作为股权转让收入。

**第十条**　股权转让收入应当按照公平交易原则确定。

**第十一条**　符合下列情形之一的，主管税务机关可以核定股权转让收入：

（一）申报的股权转让收入明显偏低且无正当理由的；

（二）未按照规定期限办理纳税申报，经税务机关责令限期申报，逾期仍不申报的；

（三）转让方无法提供或拒不提供股权转让收入的有关资料；

（四）其他应核定股权转让收入的情形。

**第十二条**　符合下列情形之一，视为股权转让收入明显偏低：

（一）申报的股权转让收入低于股权对应的净资产份额的。其中，被投资企业拥有土地使用权、房屋、房地产企业未销售房产、知识产权、探矿权、采矿权、股权等资产的，申报的股权转让收入低于股权对应的净资产公允价值份额的；

（二）申报的股权转让收入低于初始投资成本或低于取得该股权所支付的价款及相关税费的；

（三）申报的股权转让收入低于相同或类似条件下同一企业同一股东或其他股东股权转让收入的；

（四）申报的股权转让收入低于相同或类似条件下同类行业的企业股权转让收入的；

（五）不具合理性的无偿让渡股权或股份；

（六）主管税务机关认定的其他情形。

**第十三条**　符合下列条件之一的股权转让收入明显偏低，视为有正当理由：

（一）能出具有效文件，证明被投资企业因国家政策调整，生产经营受到重大影响，导致低价转让股权；

（二）继承或将股权转让给其能提供具有法律效力身份关系证明的配偶、父母、子女、祖父母、外祖父母、孙子女、外孙子女、兄弟姐妹以及对转让人承担直接抚养或者赡养义务的抚养人或者赡养人；

（三）相关法律、政府文件或企业章程规定，并有相关资料充分证明转让价格合理且真实的本企业员工持有的不能对外转让股权的内部转让；

（四）股权转让双方能够提供有效证据证明其合理性的其他合理情形。

**第十四条**　主管税务机关应依次按照下列方法核定股权转让收入：

（一）净资产核定法

股权转让收入按照每股净资产或股权对应的净资产份额核定。

被投资企业的土地使用权、房屋、房地产企业未销售房产、知识产权、探矿权、采矿权、股权等资产占企业总资产比例超过20%的，主管税务机关可参照纳税人提供的具有法定资质的中介机构出具的资产评估报告核定股权转让收入。

6个月内再次发生股权转让且被投资企业净资产未发生重大变化的，主管税务机关可参照上一次股权转让时被投资企业的资产评估报告核定此次股权转让收入。

（二）类比法

1. 参照相同或类似条件下同一企业同一股东或其他股东股权转让收入核定；

2. 参照相同或类似条件下同类行业企业股权转让收入核定。

（三）其他合理方法

主管税务机关采用以上方法核定股权转让收入存在困难的，可以采取其他合理方法核定。

## 第三章　股权原值的确认

**第十五条**　个人转让股权的原值依照以下方法确认：

（一）以现金出资方式取得的股权，按照实际支付的价款与取得股权直接相关的合理税费之和确认股权原值；

（二）以非货币性资产出资方式取得的股权，按照税务机关认可或核定的投资入股时非货币性资产价格与取得股权直接相关的合理税费之和确认股权原值；

（三）通过无偿让渡方式取得股权，具备本办法第十三条第二项所列情形的，按取得股权发生的合理税费与原持有人的股权原值之和确认股权原值；

（四）被投资企业以资本公积、盈余公积、未分配利润转增股本，个人股东已依法缴纳个人所得税的，以转增额和相关税费之和确认其新转增股本的股权原值；

（五）除以上情形外，由主管税务机关按照避免重复征收个人所得税的原则合理确认股权原值。

**第十六条** 股权转让人已被主管税务机关核定股权转让收入并依法征收个人所得税的，该股权受让人的股权原值以取得股权时发生的合理税费与股权转让人被主管税务机关核定的股权转让收入之和确认。

**第十七条** 个人转让股权未提供完整、准确的股权原值凭证，不能正确计算股权原值的，由主管税务机关核定其股权原值。

**第十八条** 对个人多次取得同一被投资企业股权的，转让部分股权时，采用“加权平均法”确定其股权原值。

## 第四章 纳税申报

**第十九条** 个人股权转让所得个人所得税以被投资企业所在地税务机关为主管税务机关。

**第二十条** 具有下列情形之一的，扣缴义务人、纳税人应当依法在次月15日内向主管税务机关申报纳税：

（一）受让方已支付或部分支付股权转让价款的；

（二）股权转让协议已签订生效的；

（三）受让方已经实际履行股东职责或者享受股东权益的；

（四）国家有关部门判决、登记或公告生效的；

（五）本办法第三条第四至第七项行为已完成的；

（六）税务机关认定的其他有证据表明股权已发生转移的情形。

**第二十一条** 纳税人、扣缴义务人向主管税务机关办理股权转让纳税（扣缴）申报时，还应当报送以下资料：

（一）股权转让合同（协议）；

（二）股权转让双方身份证明；

（三）按规定需要进行资产评估的，需提供具有法定资质的中介机构出具的净资产或土地房产等资产价值评估报告；

（四）计税依据明显偏低但有正当理由的证明材料；

（五）主管税务机关要求报送的其他材料。

**第二十二条** 被投资企业应当在董事会或股东会结束后5个工作日内，向主管税务机关报送与股权变动事项相关的董事会或股东会决议、会议纪要等资料。

被投资企业发生个人股东变动或者个人股东所持股权变动的，应当在次月15日内向主管税务机关报送含有股东变动信息的《个人所得税基础信息表（A表）》及股东变更情况说明。

主管税务机关应当及时向被投资企业核实其股权变动情况，并确认相关转让所得，及时督促扣缴义务人和纳税人履行法定义务。

**第二十三条** 转让的股权以人民币以外的货币结算的，按照结算当日人民币汇率中间价，折算成人民币计算应纳税所得额。

## 第五章 征收管理

**第二十四条** 税务机关应加强与工商部门合作，落实和完善股权信息交换制度，积极开展股权转让信息共享工作。

**第二十五条** 税务机关应当建立股权转让个人所得税电子台账，将个人股东的相关信息录入征管信息系统，强化对每次股权转让间股权转让收入和股权原值的逻辑审核，对股权转让实施链条式动态管理。

**第二十六条** 税务机关应当加强对股权转让所得个人所得税的日常管理和税务检查，积极推进股权转让各税种协同管理。

**第二十七条** 纳税人、扣缴义务人及被投资企业未按照规定期限办理纳税（扣缴）申报和报送相关资料的，依照《中华人民共和国税收征收管理法》及其实施细则有关规定处理。

**第二十八条** 各地可通过政府购买服务的方式，引入中介机构参与股权转让过程中相关资产的评估工作。

## 第六章 附 则

**第二十九条** 个人在上海证券交易所、深圳证券交易所转让从上市公司公开发行和转让市场取得的上市公司股票，转让限售股，以及其他有特别规定的股权转让，不适用本办法。

**第三十条** 各省、自治区、直辖市和计划单列市税务局可以根据本办法，结合本地实际，制定具体实施办法。

**第三十一条** 本办法自2015年1月1日起施行。《国家税务总局关于加强股权转让所得征收个人所得税管理的通知》（国税函〔2009〕285号）、《国家税务总局关于股权转让个人所得税计税依据核定问题的公告》（国家税务总局公告2010年第27号）同时废止。

## 对储蓄存款利息所得征收个人所得税的实施办法

*1. 1999年9月30日国务院令第272号公布*
*2. 根据2007年7月20日国务院令第502号《关于修改〈对储蓄存款利息所得征收个人所得税的实施办法〉的决定》修订*

**第一条** 根据《中华人民共和国个人所得税法》第十二条的规定，制定本办法。

**第二条** 从中华人民共和国境内的储蓄机构取得人民币、外币储蓄存款利息所得的个人，应当依照本办法缴纳个人所得税。

**第三条** 对储蓄存款利息所得征收个人所得税的计税依据为纳税人取得的人民币、外币储蓄存款利息所得。

**第四条** 对储蓄存款利息所得征收个人所得税，减按5%的比例税率执行。减征幅度的调整由国务院决定。

**第五条** 对个人取得的教育储蓄存款利息所得以及国务院财政部门确定的其他专项储蓄存款或者储蓄性专项基金存款的利息所得，免征个人所得税。

前款所称教育储蓄是指个人按照国家有关规定在指定银行开户、存入规定数额资金、用于教育目的的专项储蓄。

**第六条** 对储蓄存款利息所得，按照每次取得的利息所得额计征个人所得税。

**第七条** 对储蓄存款利息所得征收个人所得税，以结付利息的储蓄机构为扣缴义务人，实行代扣代缴。

**第八条** 扣缴义务人在向储户结付利息时，依法代扣代缴税款。

前款所称结付利息，包括储户取款时结付利息、活期存款结息日结付利息和办理储蓄存款自动转存业务时结付利息等。

扣缴义务人代扣税款，应当在给储户的利息结付单上注明。

**第九条** 扣缴义务人每月代扣的税款，应当在次月7日内缴入中央国库，并向当地主管税务机关报送代扣代缴税款报告表；代扣的税款为外币的，应当折合成人民币缴入中央国库。

**第十条** 对扣缴义务人按照所扣缴的税款，付给2%的手续费。

**第十一条** 税务机关应当加强对扣缴义务人代扣代缴税款情况的监督和检查，扣缴义务人应当积极予以配合，如实反映情况，提供有关资料，不得拒绝、隐瞒。

**第十二条** 对储蓄存款利息所得征收的个人所得税，由国家税务局依照《中华人民共和国税收征收管理法》、《中华人民共和国个人所得税法》及本办法的规定负责征收管理。

**第十三条** 本办法所称储蓄机构，是指经国务院银行业监督管理机构批准的商业银行、城市信用合作社和农村信用合作社等吸收公众存款的金融机构。

**第十四条** 储蓄存款在1999年10月31日前孳生的利息所得，不征收个人所得税；储蓄存款在1999年11月1日至2007年8月14日孳生的利息所得，按照20%的比例税率征收个人所得税；储蓄存款在2007年8月15日后孳生的利息所得，按照5%的比例税率征收个人所得税。

**第十五条** 本办法自1999年11月1日起施行。

## 储蓄存款利息所得个人所得税征收管理办法

*1. 1999年10月8日国家税务总局发布*
*2. 国税发〔1999〕179号*

**第一条** 根据《中华人民共和国个人所得税法》、《中华人民共和国税收征收管理法》和国务院关于《对个人储蓄存款利息所得征收个人所得税的实施办法》（以下简称《实施办法》）的有关规定，特制定本办法。

**第二条** 储蓄存款利息所得个人所得税以取得储蓄存款利息所得的个人为纳税义务人，以办理结付个人储蓄存款利息的储蓄机构为扣缴义务人。扣缴义务人区分不同情况具体规定如下：

一、内资商业银行以支行或相当于支行的储蓄机构为扣缴义务人。经各省、自治区、直辖市和计划单列市国家税务局批准，扣缴义务人所扣税款或由其上一级机构汇总向其所在地主管税务机关申报缴纳。

二、城市信用社和农村信用社以独立核算的单位为扣缴义务人。

三、外资银行以设在中国境内的分行为扣缴义务人。

四、邮政储蓄机构以县级邮政局为扣缴义务人。

根据上述规定难以认定扣缴义务人的，由省、自治区、直辖市和计划单列市国家税务局依据便于扣缴义务人操作和税务机关征收管理、有利于明确扣缴义务人法律责任的原则进行认定。

**第三条**　凡办理个人储蓄业务的储蓄机构，在向个人结付储蓄存款利息时，应依法代扣代缴其应缴纳的个人所得税税款。

前款所称结付储蓄存款利息，是指向个人储户支付利息、结息日和办理存款自动转存业务时结息。

**第四条**　扣缴义务人应指定财务会计部门或其他有关部门的专门人员，具体负责扣缴税款的纳税申报及有关事宜。人员发生变动时，应将名单及时报告主管税务机关。

**第五条**　扣缴义务人在代扣税款时，应当在给储户的利息清单上注明已扣税款的数额。注明已扣税款的利息清单视同完税证明，除另有规定者外，不再开具代扣代收税款凭证。

**第六条**　扣缴义务人应扣未扣税款的，由扣缴义务人缴纳应扣未扣税款以及相应的滞纳金。其应纳税款按下列公式计算：

应纳税所得额＝结付的利息额÷(1－税率)

应纳税额＝应纳税所得额×适用税率

**第七条**　扣缴义务人每月所扣的税款，应当在次月7日内缴入中央金库，并向主管税务机关报送《储蓄存款利息所得扣缴个人所得税报告表》和主管税务机关要求报送的其他有关资料；所扣税款为外币的，应当按照缴款上一月最后一日中国人民银行公布的人民币基准汇价折算成人民币，以人民币缴入国库。

**第八条**　现有储蓄机构，符合本办法第二条规定的，应于《实施办法》公布后至11月1日前到当地主管税务机关办理扣缴税款登记；11月1日后成立的储蓄机构，凡符合本办法第二条规定的，应自中国人民银行批准开业之日起30日内，到当地主管税务机关办理扣缴税款登记。

**第九条**　税务机关应依法对扣缴义务人的代扣代缴税款情况进行检查，扣缴义务人必须如实反映有关情况，提供有关资料，不得拒绝或隐瞒。

税务机关在依法检查中了解的情况，应依照《中华人民共和国商业银行法》的有关规定，为储户保密。

**第十条**　主管税务机关应对扣缴义务人登记建档，建立收入统计台账，及时对征收情况进行总结、分析和预测。

**第十一条**　其他征管事项，依照《中华人民共和国个人所得税》及其实施条例、《中华人民共和国税收征收管理法》及其实施细则和《个人所得税代扣代缴暂行办法》的有关规定执行。

**第十二条**　各省、自治区、直辖市国家税务局可以根据本办法规定的原则，结合本地实际，制定具体实施办法，并报国家税务总局备案。

**第十三条**　本办法由国家税务总局负责解释。

**第十四条**　本办法自发布之日起执行。

附件：储蓄存款利息所得扣缴个人所得税报告表（略）

## 征收个人所得税若干问题的规定

*1. 1994年3月31日国税发第89号公布*

*2. 根据2016年5月29日国家税务总局令第40号《关于公布全文废止和部分条款废止的税务部门规章目录的决定》修正*

为了更好地贯彻执行《中华人民共和国个人所得税法》(以下简称税法)及其实施条例(以下简称条例)，认真做好个人所得税的征收管理，根据税法及条例的规定精神，现将一些具体问题明确如下：

**一、关于如何掌握“习惯性居住”的问题**

条例第二条规定，在中国境内有住所的个人，是指因户籍、家庭、经济利益关系而在中国境内习惯性居住的个人。所谓习惯性居住，是判定纳税义务人是居民或非居民的一个法律意义上的标准，不是指实际居住或在某一个特定时期内的居住地。如因学习、工作、探亲、旅游等而在中国境外居住的，在其原因消除之后，必须回到中国境内居住的个人，则中国即为该纳税人习惯性居住地。

**二、关于工资、薪金所得的征税问题**

条例第八条第一款第一项对工资、薪金所得的具体内容和征税范围作了明确规定，应严格按照规定进行征税。对于补贴、津贴等一些具体收入项目应否计入工资、薪金所得的征税范围问题，按下述情况掌握执行：

(一)条例第十三条规定，对按照国务院规定发给的政府特殊津贴和国务院规定免纳个人所得税的补贴、津贴，免予征收个人所得税。其他各种补贴、津贴均应计入工资、薪金所得项目征税。

(二)下列不属于工资、薪金性质的补贴、津贴或者不属于纳税人本人工资、薪金所得项目的收入，不征税：

1. 独生子女补贴；

2. 执行公务员工资制度未纳入基本工资总额的补贴、津贴差额和家属成员的副食品补贴；

3. 托儿补助费；

4. 差旅费津贴、误餐补助。

## 三、关于在外商投资企业、外国企业和外国驻华机构工作的中方人员取得的工资、薪金所得的征税的问题

（一）在外商投资企业、外国企业和外国驻华机构工作的中方人员取得的工资、薪金收入，凡是由雇佣单位和派遣单位分别支付的，支付单位应依照税法第八条的规定代扣代缴个人所得税。按照税法第六条第一款第一项的规定，纳税义务人应以每月全部工资、薪金收入减除规定费用后的余额为应纳税所得额。为了有利于征管，对雇佣单位和派遣单位分别支付工资、薪金的，采取由支付者中的一方减除费用的方法，即只由雇佣单位在支付工资、薪金时，按税法规定减除费用，计算扣缴个人所得税；派遣单位支付的工资、薪金不再减除费用，以支付全额直接确定适用税率，计算扣缴个人所得税。

上述纳税义务人，应持两处支付单位提供的原始明细工资、薪金单（书）和完税凭证原件，选择并固定到一地税务机关申报每月工资、薪金收入，汇算清缴其工资、薪金收入的个人所得税，多退少补。具体申报期限，由各省、自治区、直辖市税务局确定。

（二）对外商投资企业、外国企业和外国驻华机构发放给中方工作人员的工资、薪金所得，应全额征税。但对可以提供有效合同或有关凭证，能够证明其工资、薪金所得的一部分按照有关规定上交派遣（介绍）单位的，可扣除其实际上交的部分，按其余额计征个人所得税。

## 四、关于稿酬所得的征税问题

（一）个人每次以图书、报刊方式出版、发表同一作品（文字作品、书画作品、摄影作品以及其他作品），不论出版单位是预付还是分笔支付稿酬，或者加印该作品后再付稿酬，均应合并其稿酬所得按一次计征个人所得税。在两处或两处以上出版、发表或再版同一作品而取得稿酬所得，则可分别各处取得的所得或再版所得按分次所得计征个人所得税。

（二）个人的同一作品在报刊上连载，应合并其因连载而取得的所有稿酬所得为一次，按税法规定计征个人所得税。在其连载之后又出书取得稿酬所得，或先出书后连载取得稿酬所得，应视同再版稿酬分次计征个人所得税。

（三）作者去世后，对取得其遗作稿酬的个人，按稿酬所得征收个人所得税。

## 五、关于拍卖文稿所得的征税问题

作者将自己的文字作品手稿原件或复印件公开拍卖（竞价）取得的所得，应按特许权使用费所得项目征收个人所得税。

## 六、关于财产租赁所得的征税问题

（一）纳税义务人在出租财产过程中缴纳的税金和国家能源交通重点建设基金、国家预算调节基金、教育费附加，可持完税（缴款）凭证，从其财产租赁收入中扣除。

（二）纳税义务人出租财产取得财产租赁收入，在计算征税时，除可依法减除规定费用和有关税、费外，还准予扣除能够提供有效、准确凭证，证明由纳税义务人负担的该出租财产实际开支的修缮费用。允许扣除的修缮费用，以每次 800 元为限，一次扣除不完的，准予在下一次继续扣除，直至扣完为止。

（三）确认财产租赁所得的纳税义务人，应以产权凭证为依据。无产权凭证的，由主管税务机关根据实际情况确定纳税义务人。

（四）产权所有人死亡，在未办理产权继承手续期间，该财产出租而有租金收入的，以领取租金的个人为纳税义务人。

## 七、关于如何确定转让债权财产原值的问题

转让债权，采用“加权平均法”确定其应予减除的财产原值和合理费用。即以纳税人购进的同一种类债券买入价和买进过程中缴纳的税费总和，除以纳税人购进的该种类债券数量之和，乘以纳税人卖出的该种类债券数量，再加上卖出的该种类债券过程中缴纳的税费。用公式表示为：

一次卖出某一种类债券允许扣除的买入价和费用＝（纳税人购进的该种类债券买入价和买进过程中交纳的税费总和/纳税人购进的该种类债券总数量）× 一次卖出的该种类债券的数量＋卖出该种类债券过程中缴纳的税费

## 八、关于董事费的征税问题

个人由于担任董事职务所取得的董事费收入，属于劳务报酬所得性质，按照劳务报酬所得项目征收个人所得税。

## 九、关于个人取得不同项目劳务报酬所得的征税问题

条例第二十一条第一款第一项中所述的“同一项目”，是指劳务报酬所得列举具体劳务项目中的某一单项，个人兼有不同的劳务报酬所得，应当分别减除费用，计算缴纳个人所得税。

## 十、关于外籍纳税人在中国几地工作如何确定纳税地点的问题

（一）在几地工作或提供劳务的临时来华人员，应

以税法所规定的申报纳税的日期为准,在某一地达到申报纳税的日期,即在该地申报纳税。但准予其提出申请,经批准后,也可固定在一地申报纳税。

(二)凡由在华企业或办事机构发放工资、薪金的外籍纳税人,由在华企业或办事机构集中向当地税务机关申报纳税。

十一、关于派发红股的征税问题

股份制企业在分配股息、红利时,以股票形式向股东个人支付应得的股息、红利(即派发红股),应以派发红股的股票票面金额为收入额,按利息、股息、红利项目计征个人所得税。

**十二、关于运用速算扣除数法计算应纳税额的问题**

为简便计算应纳个人所得税额,可对适用超额累进税率的工资、薪金所得,个体工商户的生产、经营所得,对企事业单位的承包经营、承租经营所得,以及适用加成征收税率的劳务报酬所得,运用速算扣除数法计算其应纳税额。应纳税额的计算公式为:

应纳税额 = 应纳税所得额 × 适用税率 - 速算扣除数

适用超额累进税率的应税所得计算应纳税额的速算扣除数,详见附表三。

**十三、关于单位或个人为纳税义务人负担税款的计征办法问题**

单位或个人为纳税义务人负担个人所得税税款,应将纳税义务人取得的不含税收入换算为应纳税所得额,计算征收个人所得税。计算公式如下:

(一)应纳税所得额 =(不含税收入额 - 费用扣除标准 - 速算扣除数)÷(1 - 税率)

(二)应纳税额 = 应纳税所得额 × 适用税率 - 速算扣除数

公式(一)中的税率,是指不含税所得按不含税级距(详见所附税率表三)对应的税率;公式(二)中的税率,是指应纳税所得额按含税级距对应的税率。

**十四、关于在境内、境外分别取得工资、薪金所得,如何计征税款的问题**

纳税义务人在境内、境外同时取得工资、薪金所得的,应根据条例第五条规定的原则,判断其境内、境外取得的所得是否来源于一国的所得。纳税义务人能够提供在境内、境外同时任职或者受雇及其工资、薪金标准的有效证明文件,可判定其所得是来源于境内和境外所得,应按税法和条例的规定分别减除费用并计算纳税;不能提供上述证明文件的,应视为来源于一国的所得,如其任职或者受雇单位在中国境内,应为来源于中国境内的所得,如其任职或受雇单位在中国境外,应为来源于中国境外的所得。

**十五、关于承包、承租期不足一年如何计征税款的问题**

实行承包、承租经营的纳税义务人,应以每一纳税年度取得的承包、承租经营所得计算纳税,在一个纳税年度内,承包、承租经营不足 12 个月的,以其实际承包、承租经营的月份数为一个纳税年度计算纳税。计算公式为:

应纳税所得额 = 该年度承包、承租经营收入额 -(800 × 该年度实际承包、承租经营月份数)

应纳税额 = 应纳税所得额 × 适用税率 - 速算扣除数

**十六、关于利息、股息、红利的扣缴义务人问题**

利息、股息、红利所得实行源泉扣缴的征收方式,其扣缴义务人应是直接向纳税义务人支付利息、股息、红利的单位。

**十七、关于工资、薪金所得与劳务报酬所得的区分问题**

工资、薪金所得是属于非独立个人劳务活动,即在机关、团体、学校、部队、企事业单位及其他组织中任职、受雇而得到的报酬;劳务报酬所得则是个人独立从事各种技艺、提供各项劳务取得的报酬。两者的主要区别在于,前者存在雇佣与被雇佣关系,后者则不存在这种关系。

十八、以前规定与本规定抵触的,按本规定执行。

## 境外所得个人所得税征收管理暂行办法

*1. 1998年8月12日国家税务总局发布*
*2. 国税发〔1998〕126号*
*3. 根据2016年5月29日国家税务总局令第40号《关于公布全文废止和部分条款废止的税务部门规章目录的决定》第一次修正*
*4. 根据2018年6月15日国家税务总局令第44号《关于修改部分税务部门规章的决定》第二次修正*

**第一条** 为维护国家税收权益,加强对来源于中国境外所得的个人所得税征收管理,根据《中华人民共和国个人所得税法》(以下简称税法)及其实施条例、《中华人民共和国税收征收管理法》(以下简称征管法)及其实施细则以及有关行政法规的规定制定本办法。

**第二条** 本办法适用于中国境内有住所,并有来源于中国境外所得的个人纳税人(以下简称纳税人)。

**第三条** 纳税人来源于中国境外的各项应纳税所得(以

下简称境外所得)，应依照税法和本办法的规定缴纳个人所得税。

**第四条**　下列所得，不论支付地点是否在中国境外，均为来源于中国境外的所得：

(一)因任职、受雇、履约等而在中国境外提供劳务取得的所得；

(二)将财产出租给承租人在中国境外使用而取得的所得；

(三)转让中国境外的建筑物、土地使用权等财产或者在中国境外转让其他财产取得的所得；

(四)许可各种特许权在中国境外使用而取得的所得；

(五)从中国境外的公司、企业以及其他经济组织或者个人取得的利息、股息、红利所得。

**第五条**　纳税人的境外所得，应按税法及其实施条例的规定确定应税项目，并分别计算其应纳税额。

**第六条**　纳税人的境外所得按照有关规定交付给派出单位的部分，凡能提供有效合同或有关凭证的，经主管税务机关审核后，允许从其境外所得中扣除。

**第七条**　纳税人受雇于中国境内的公司、企业和其他经济组织以及政府部门并派往境外工作，其所得由境内派出单位支付或负担的，境内派出单位为个人所得税扣缴义务人，税款由境内派出单位负责代扣代缴。其所得由境外任职、受雇的中方机构支付、负担的，可委托其境内派出(投资)机构代征税款。

上述境外任职、受雇的中方机构是指中国境内的公司、企业和其他经济组织以及政府部门所属的境外分支机构、使(领)馆、子公司、代表处等。

**第八条**　纳税人有下列情形的，应自行申报纳税：

(一)境外所得来源于两处以上的；

(二)取得境外所得没有扣缴义务人、代征人的(包括扣缴义务人、代征人未按规定扣缴或征缴税款的)。

**第九条**　中国境内的公司、企业和其他经济组织以及政府部门，凡有外派人员的，应在每一公历年度(以下简称年度)终了后30日内向主管税务机关报送外派人员情况。内容主要包括：外派人员的姓名、身份证或护照号码、职务、派往国家和地区、境外工作单位名称和地址、合同期限、境内外收入状况、境内住所及缴纳税收情况等。

**第十条**　依本办法第八条规定须自行申报纳税的纳税人，应在年度终了后30日内，向中国主管税务机关申报缴纳个人所得税。如所得来源国与中国的纳税年度不一致，年度终了后30日内申报纳税有困难的，可报经中国主管税务机关批准，在所得来源国的纳税年度终了、结清税款后30日内申报纳税。

纳税人如在税法规定的纳税年度期间结束境外工作任务回国，应当在回国后的次月7日内，向主管税务机关申报缴纳个人所得税。

**第十一条**　纳税人兼有来源于中国境内、境外所得的，应按税法规定分别减除费用并计算纳税。

**第十二条**　纳税人在境外已缴纳的个人所得税税额，能提供境外税务机关填发的完税凭证原件的，准予按照税法及其实施条例的规定从应纳税额中抵扣。

**第十三条**　纳税人和扣缴义务人未按本办法规定申报缴纳、扣缴个人所得税以及未按本办法第九条规定报送资料的，主管税务机关应按征管法及有关法律、行政法规和部分规章的规定予以处罚，涉嫌犯罪的依法移送公安机关处理。

**第十四条**　本办法所称主管税务机关是指派出单位所在地的税务机关。无派出单位的，是指纳税人离境前户籍所在地的税务机关；户籍所在地与经常居住地不一致的，是指经常居住地税务机关。

**第十五条**　本办法未尽事宜，按照有关税收法律、行政法规的规定执行。

**第十六条**　各省、自治区、直辖市税务局可根据本办法规定的原则，结合本地实际制定具体实施办法，并报国家税务总局备案。

**第十七条**　本办法由国家税务总局负责解释。

**第十八条**　本办法从1998年7月1日起执行。此前规定与本办法有抵触的，按本办法执行。

## 国家税务总局关于全面实施新个人所得税法若干征管衔接问题的公告①

*1. 2018年12月19日国家税务总局公告2018年第56号公布*

*2. 自2019年1月1日起施行*

为贯彻落实新修改的《中华人民共和国个人所得税法》(以下简称“新个人所得税法”)，现就全面实施新个人所得税法后扣缴义务人对居民个人工资、薪金所得，劳务报酬所得，稿酬所得，特许权使用费所得预

---

① 附件1已被2019年1月31日国家税务总局公告2019年第7号《关于修订个人所得税申报表的公告(2019)》废止。——编者注

扣预缴个人所得税的计算方法，对非居民个人上述四项所得扣缴个人所得税的计算方法，公告如下：

**一、居民个人预扣预缴方法**

扣缴义务人向居民个人支付工资、薪金所得，劳务报酬所得，稿酬所得，特许权使用费所得时，按以下方法预扣预缴个人所得税，并向主管税务机关报送《个人所得税扣缴申报表》（见附件1）。年度预扣预缴税额与年度应纳税额不一致的，由居民个人于次年3月1日至6月30日向主管税务机关办理综合所得年度汇算清缴，税款多退少补。

（一）扣缴义务人向居民个人支付工资、薪金所得时，应当按照累计预扣法计算预扣税款，并按月办理全员全额扣缴申报。具体计算公式如下：

本期应预扣预缴税额 =（累计预扣预缴应纳税所得额 × 预扣率 − 速算扣除数）− 累计减免税额 − 累计已预扣预缴税额

累计预扣预缴应纳税所得额 = 累计收入 − 累计免税收入 − 累计减除费用 − 累计专项扣除 − 累计专项附加扣除 − 累计依法确定的其他扣除

其中：累计减除费用，按照5000元/月乘以纳税人当年截至本月在本单位的任职受雇月份数计算。

上述公式中，计算居民个人工资、薪金所得预扣预缴税额的预扣率、速算扣除数，按《个人所得税预扣率表一》（见附件2）执行。

（二）扣缴义务人向居民个人支付劳务报酬所得、稿酬所得、特许权使用费所得，按次或者按月预扣预缴个人所得税。具体预扣预缴方法如下：

劳务报酬所得、稿酬所得、特许权使用费所得以收入减除费用后的余额为收入额。其中，稿酬所得的收入额减按百分之七十计算。

减除费用：劳务报酬所得、稿酬所得、特许权使用费所得每次收入不超过四千元的，减除费用按八百元计算；每次收入四千元以上的，减除费用按百分之二十计算。

应纳税所得额：劳务报酬所得、稿酬所得、特许权使用费所得，以每次收入额为预扣预缴应纳税所得额。劳务报酬所得适用百分之二十至百分之四十的超额累进预扣率（见附件2《个人所得税预扣率表二》），稿酬所得、特许权使用费所得适用百分之二十的比例预扣率。

劳务报酬所得应预扣预缴税额 = 预扣预缴应纳税所得额 × 预扣率 − 速算扣除数

稿酬所得、特许权使用费所得应预扣预缴税额 = 预扣预缴应纳税所得额 × 20%

**二、非居民个人扣缴方法**

扣缴义务人向非居民个人支付工资、薪金所得，劳务报酬所得，稿酬所得和特许权使用费所得时，应当按以下方法按月或者按次代扣代缴个人所得税：

非居民个人的工资、薪金所得，以每月收入额减除费用五千元后的余额为应纳税所得额；劳务报酬所得、稿酬所得、特许权使用费所得，以每次收入额为应纳税所得额，适用按月换算后的非居民个人月度税率表（见附件2《个人所得税税率表三》）计算应纳税额。其中，劳务报酬所得、稿酬所得、特许权使用费所得以收入减除百分之二十的费用后的余额为收入额。稿酬所得的收入额减按百分之七十计算。

非居民个人工资、薪金所得，劳务报酬所得，稿酬所得，特许权使用费所得应纳税额 = 应纳税所得额 × 税率 − 速算扣除数

本公告自2019年1月1日起施行。

特此公告。

附件：（略）

## 财政部、国家税务总局关于个人所得税法修改后有关优惠政策衔接问题的通知

*1. 2018年12月27日发布*
*2. 财税〔2018〕164号*

各省、自治区、直辖市、计划单列市财政厅（局），国家税务总局各省、自治区、直辖市、计划单列市税务局，新疆生产建设兵团财政局：

为贯彻落实修改后的《中华人民共和国个人所得税法》，现将个人所得税优惠政策衔接有关事项通知如下：

**一、关于全年一次性奖金、中央企业负责人年度绩效薪金延期兑现收入和任期奖励的政策**

（一）居民个人取得全年一次性奖金，符合《国家税务总局关于调整个人取得全年一次性奖金等计算征收个人所得税方法问题的通知》（国税发〔2005〕9号）规定的，在2021年12月31日前，不并入当年综合所得，以全年一次性奖金收入除以12个月得到的数额，按照本通知所附按月换算后的综合所得税率表（以下简称月度税率表），确定适用税率和速算扣除数，单独计算纳税。计算公式为：

应纳税额 = 全年一次性奖金收入 × 适用税率 − 速

算扣除数

居民个人取得全年一次性奖金，也可以选择并入当年综合所得计算纳税。

自2022年1月1日起，居民个人取得全年一次性奖金，应并入当年综合所得计算缴纳个人所得税。

（二）中央企业负责人取得年度绩效薪金延期兑现收入和任期奖励，符合《国家税务总局关于中央企业负责人年度绩效薪金延期兑现收入和任期奖励征收个人所得税问题的通知》（国税发〔2007〕118号）规定的，在2021年12月31日前，参照本通知第一条第（一）项执行；2022年1月1日之后的政策另行明确。

## 二、关于上市公司股权激励的政策

（一）居民个人取得股票期权、股票增值权、限制性股票、股权奖励等股权激励（以下简称股权激励），符合《财政部、国家税务总局关于个人股票期权所得征收个人所得税问题的通知》（财税〔2005〕35号）、《财政部、国家税务总局关于股票增值权所得和限制性股票所得征收个人所得税有关问题的通知》（财税〔2009〕5号）、《财政部、国家税务总局关于将国家自主创新示范区有关税收试点政策推广到全国范围实施的通知》（财税〔2015〕116号）第四条、《财政部、国家税务总局关于完善股权激励和技术入股有关所得税政策的通知》（财税〔2016〕101号）第四条第（一）项规定的相关条件的，在2021年12月31日前，不并入当年综合所得，全额单独适用综合所得税率表，计算纳税。计算公式为：

应纳税额＝股权激励收入×适用税率－速算扣除数

（二）居民个人一个纳税年度内取得两次以上（含两次）股权激励的，应合并按本通知第二条第（一）项规定计算纳税。

（三）2022年1月1日之后的股权激励政策另行明确。

## 三、关于保险营销员、证券经纪人佣金收入的政策

保险营销员、证券经纪人取得的佣金收入，属于劳务报酬所得，以不含增值税的收入减除20%的费用后的余额为收入额，收入额减去展业成本以及附加税费后，并入当年综合所得，计算缴纳个人所得税。保险营销员、证券经纪人展业成本按照收入额的25%计算。

扣缴义务人向保险营销员、证券经纪人支付佣金收入时，应按照《个人所得税扣缴申报管理办法（试行）》（国家税务总局公告2018年第61号）规定的累计预扣法计算预扣税款。

## 四、关于个人领取企业年金、职业年金的政策

个人达到国家规定的退休年龄，领取的企业年金、职业年金，符合《财政部、人力资源社会保障部、国家税务总局关于企业年金、职业年金个人所得税有关问题的通知》（财税〔2013〕103号）规定的，不并入综合所得，全额单独计算应纳税款。其中按月领取的，适用月度税率表计算纳税；按季领取的，平均分摊计入各月，按每月领取额适用月度税率表计算纳税；按年领取的，适用综合所得税率表计算纳税。

个人因出境定居而一次性领取的年金个人账户资金，或个人死亡后，其指定的受益人或法定继承人一次性领取的年金个人账户余额，适用综合所得税率表计算纳税。对个人除上述特殊原因外一次性领取年金个人账户资金或余额的，适用月度税率表计算纳税。

## 五、关于解除劳动关系、提前退休、内部退养的一次性补偿收入的政策

（一）个人与用人单位解除劳动关系取得一次性补偿收入（包括用人单位发放的经济补偿金、生活补助费和其他补助费），在当地上年职工平均工资3倍数额以内的部分，免征个人所得税；超过3倍数额的部分，不并入当年综合所得，单独适用综合所得税率表，计算纳税。

（二）个人办理提前退休手续而取得的一次性补贴收入，应按照办理提前退休手续至法定离退休年龄之间实际年度数平均分摊，确定适用税率和速算扣除数，单独适用综合所得税率表，计算纳税。计算公式：

应纳税额＝{〔（一次性补贴收入÷办理提前退休手续至法定退休年龄的实际年度数）－费用扣除标准〕×适用税率－速算扣除数}×办理提前退休手续至法定退休年龄的实际年度数

（三）个人办理内部退养手续而取得的一次性补贴收入，按照《国家税务总局关于个人所得税有关政策问题的通知》（国税发〔1999〕58号）规定计算纳税。

## 六、关于单位低价向职工售房的政策

单位按低于购置或建造成本价格出售住房给职工，职工因此而少支出的差价部分，符合《财政部、国家税务总局关于单位低价向职工售房有关个人所得税问题的通知》（财税〔2007〕13号）第二条规定的，不并入当年综合所得，以差价收入除以12个月得到的数额，按照月度税率表确定适用税率和速算扣除数，单独计算纳税。计算公式为：

应纳税额＝职工实际支付的购房价款低于该房屋的购置或建造成本价格的差额×适用税率－速算扣

除数

七、关于外籍个人有关津补贴的政策

（一）2019 年 1 月 1 日至 2021 年 12 月 31 日期间，外籍个人符合居民个人条件的，可以选择享受个人所得税专项附加扣除，也可以选择按照《财政部、国家税务总局关于个人所得税若干政策问题的通知》（财税〔1994〕20 号）、《国家税务总局关于外籍个人取得有关补贴征免个人所得税执行问题的通知》（国税发〔1997〕54 号）和《财政部、国家税务总局关于外籍个人取得港澳地区住房等补贴征免个人所得税的通知》（财税〔2004〕29 号）规定，享受住房补贴、语言训练费、子女教育费等津补贴免税优惠政策，但不得同时享受。外籍个人一经选择，在一个纳税年度内不得变更。

（二）自 2022 年 1 月 1 日起，外籍个人不再享受住房补贴、语言训练费、子女教育费津补贴免税优惠政策，应按规定享受专项附加扣除。

八、除上述衔接事项外，其他个人所得税优惠政策继续按照原文件规定执行。

九、本通知自 2019 年 1 月 1 日起执行。下列文件或文件条款同时废止：

（一）《财政部、国家税务总局关于个人与用人单位解除劳动关系取得的一次性补偿收入征免个人所得税问题的通知》（财税〔2001〕157 号）第一条；

（二）《财政部、国家税务总局关于个人股票期权所得征收个人所得税问题的通知》（财税〔2005〕35 号）第四条第（一）项；

（三）《财政部、国家税务总局关于单位低价向职工售房有关个人所得税问题的通知》（财税〔2007〕13 号）第三条；

（四）《财政部、人力资源社会保障部、国家税务总局关于企业年金职业年金个人所得税有关问题的通知》（财税〔2013〕103 号）第三条第（一）项和第（三）项；

（五）《国家税务总局关于个人认购股票等有价证券而从雇主取得折扣或补贴收入有关征收个人所得税问题的通知》（国税发〔1998〕9 号）；

（六）《国家税务总局关于保险企业营销员（非雇员）取得的收入计征个人所得税问题的通知》（国税发〔1998〕13 号）；

（七）《国家税务总局关于个人因解除劳动合同取得经济补偿金征收个人所得税问题的通知》（国税发〔1999〕178 号）；

（八）《国家税务总局关于国有企业职工因解除劳动合同取得一次性补偿收入征免个人所得税问题的通知》（国税发〔2000〕77 号）；

（九）《国家税务总局关于调整个人取得全年一次性奖金等计算征收个人所得税方法问题的通知》（国税发〔2005〕9 号）第二条；

（十）《国家税务总局关于保险营销员取得佣金收入征免个人所得税问题的通知》（国税函〔2006〕454 号）；

（十一）《国家税务总局关于个人股票期权所得缴纳个人所得税有关问题的补充通知》（国税函〔2006〕902 号）第七条、第八条；

（十二）《国家税务总局关于中央企业负责人年度绩效薪金延期兑现收入和任期奖励征收个人所得税问题的通知》（国税发〔2007〕118 号）第一条；

（十三）《国家税务总局关于个人提前退休取得补贴收入个人所得税问题的公告》（国家税务总局公告 2011 年第 6 号）第二条；

（十四）《国家税务总局关于证券经纪人佣金收入征收个人所得税问题的公告》（国家税务总局公告 2012 年第 45 号）。

附件

按月换算后的综合所得税率表

| 级数 | 全月应纳税所得额 | 税率（%） | 速算扣除数 |
|---|---|---|---|
| 1 | 不超过 3000 元的 | 3 | 0 |
| 2 | 超过 3000 元至 12000 元的部分 | 10 | 210 |
| 3 | 超过 12000 元至 25000 元的部分 | 20 | 1410 |
| 4 | 超过 25000 元至 35000 元的部分 | 25 | 2660 |
| 5 | 超过 35000 元至 55000 元的部分 | 30 | 4410 |
| 6 | 超过 55000 元至 80000 元的部分 | 35 | 7160 |
| 7 | 超过 80000 元的部分 | 45 | 15160 |

## 国家税务总局关于个人所得税自行纳税申报有关问题的公告

*1. 2018 年 12 月 21 日国家税务总局公告 2018 年第 62 号公布*
*2. 自 2019 年 1 月 1 日起施行*

根据新修改的《中华人民共和国个人所得税法》及其实施条例，现就个人所得税自行纳税申报有关问题公告如下：

## 一、取得综合所得需要办理汇算清缴的纳税申报

取得综合所得且符合下列情形之一的纳税人，应当依法办理汇算清缴：

（一）从两处以上取得综合所得，且综合所得年收入额减除专项扣除后的余额超过6万元；

（二）取得劳务报酬所得、稿酬所得、特许权使用费所得中一项或者多项所得，且综合所得年收入额减除专项扣除的余额超过6万元；

（三）纳税年度内预缴税额低于应纳税额；

（四）纳税人申请退税。

需要办理汇算清缴的纳税人，应当在取得所得的次年3月1日至6月30日内，向任职、受雇单位所在地主管税务机关办理纳税申报，并报送《个人所得税年度自行纳税申报表》。纳税人有两处以上任职、受雇单位的，选择向其中一处任职、受雇单位所在地主管税务机关办理纳税申报；纳税人没有任职、受雇单位的，向户籍所在地或经常居住地主管税务机关办理纳税申报。

纳税人办理综合所得汇算清缴，应当准备与收入、专项扣除、专项附加扣除、依法确定的其他扣除、捐赠、享受税收优惠等相关的资料，并按规定留存备查或报送。

纳税人取得综合所得办理汇算清缴的具体办法，另行公告。

## 二、取得经营所得的纳税申报

个体工商户业主、个人独资企业投资者、合伙企业个人合伙人、承包承租经营者个人以及其他从事生产、经营活动的个人取得经营所得，包括以下情形：

（一）个体工商户从事生产、经营活动取得的所得，个人独资企业投资人、合伙企业的个人合伙人来源于境内注册的个人独资企业、合伙企业生产、经营的所得；

（二）个人依法从事办学、医疗、咨询以及其他有偿服务活动取得的所得；

（三）个人对企业、事业单位承包经营、承租经营以及转包、转租取得的所得；

（四）个人从事其他生产、经营活动取得的所得。

纳税人取得经营所得，按年计算个人所得税，由纳税人在月度或季度终了后15日内，向经营管理所在地主管税务机关办理预缴纳税申报，并报送《个人所得税经营所得纳税申报表（A表）》。在取得所得的次年3月31日前，向经营管理所在地主管税务机关办理汇算清缴，并报送《个人所得税经营所得纳税申报表（B表）》；从两处以上取得经营所得的，选择向其中一处经营管理所在地主管税务机关办理年度汇总申报，并报送《个人所得税经营所得纳税申报表（C表）》。

## 三、取得应税所得，扣缴义务人未扣缴税款的纳税申报

纳税人取得应税所得，扣缴义务人未扣缴税款的，应当区别以下情形办理纳税申报：

（一）居民个人取得综合所得的，按照本公告第一条办理。

（二）非居民个人取得工资、薪金所得，劳务报酬所得，稿酬所得，特许权使用费所得的，应当在取得所得的次年6月30日前，向扣缴义务人所在地主管税务机关办理纳税申报，并报送《个人所得税自行纳税申报表（A表）》。有两个以上扣缴义务人均未扣缴税款的，选择向其中一处扣缴义务人所在地主管税务机关办理纳税申报。

非居民个人在次年6月30日前离境（临时离境除外）的，应当在离境前办理纳税申报。

（三）纳税人取得利息、股息、红利所得，财产租赁所得，财产转让所得和偶然所得的，应当在取得所得的次年6月30日前，按相关规定向主管税务机关办理纳税申报，并报送《个人所得税自行纳税申报表（A表）》。

税务机关通知限期缴纳的，纳税人应当按照期限缴纳税款。

## 四、取得境外所得的纳税申报

居民个人从中国境外取得所得的，应当在取得所得的次年3月1日至6月30日内，向中国境内任职、受雇单位所在地主管税务机关办理纳税申报；在中国境内没有任职、受雇单位的，向户籍所在地或中国境内经常居住地主管税务机关办理纳税申报；户籍所在地与中国境内经常居住地不一致的，选择其中一地主管税务机关办理纳税申报；在中国境内没有户籍的，向中国境内经常居住地主管税务机关办理纳税申报。

纳税人取得境外所得办理纳税申报的具体规定，另行公告。

## 五、因移居境外注销中国户籍的纳税申报

纳税人因移居境外注销中国户籍的，应当在申请注销中国户籍前，向户籍所在地主管税务机关办理纳税申报，进行税款清算。

（一）纳税人在注销户籍年度取得综合所得的，应当在注销户籍前，办理当年综合所得的汇算清缴，并报送《个人所得税年度自行纳税申报表》。尚未办理上一年度综合所得汇算清缴的，应当在办理注销户籍纳

税申报时一并办理。

（二）纳税人在注销户籍年度取得经营所得的，应当在注销户籍前，办理当年经营所得的汇算清缴，并报送《个人所得税经营所得纳税申报表（B表）》。从两处以上取得经营所得的，还应当一并报送《个人所得税经营所得纳税申报表（C表）》。尚未办理上一年度经营所得汇算清缴的，应当在办理注销户籍纳税申报时一并办理。

（三）纳税人在注销户籍当年取得利息、股息、红利所得，财产租赁所得，财产转让所得和偶然所得的，应当在注销户籍前，申报当年上述所得的完税情况，并报送《个人所得税自行纳税申报表（A表）》。

（四）纳税人有未缴或者少缴税款的，应当在注销户籍前，结清欠缴或未缴的税款。纳税人存在分期缴税且未缴纳完毕的，应当在注销户籍前，结清尚未缴纳的税款。

（五）纳税人办理注销户籍纳税申报时，需要办理专项附加扣除、依法确定的其他扣除的，应当向税务机关报送《个人所得税专项附加扣除信息表》《商业健康保险税前扣除情况明细表》《个人税收递延型商业养老保险税前扣除情况明细表》等。

**六、非居民个人在中国境内从两处以上取得工资、薪金所得的纳税申报**

非居民个人在中国境内从两处以上取得工资、薪金所得的，应当在取得所得的次月15日内，向其中一处任职、受雇单位所在地主管税务机关办理纳税申报，并报送《个人所得税自行纳税申报表（A表）》。

**七、纳税申报方式**

纳税人可以采用远程办税端、邮寄等方式申报，也可以直接到主管税务机关申报。

**八、其他有关问题**

（一）纳税人办理自行纳税申报时，应当一并报送税务机关要求报送的其他有关资料。首次申报或者个人基础信息发生变化的，还应报送《个人所得税基础信息表（B表）》。

本公告涉及的有关表证单书，由国家税务总局统一制定式样，另行公告。

（二）纳税人在办理纳税申报时需要享受税收协定待遇的，按照享受税收协定待遇有关办法办理。

**九、施行时间**

本公告自2019年1月1日起施行。

特此公告。

## 财政部、国家税务总局关于规范个人投资者个人所得税征收管理的通知

*1. 2003年7月11日发布*
*2. 财税〔2003〕158号*

各省、自治区、直辖市、计划单列市财政厅（局）、国家税务局、地方税务局，新疆生产建设兵团财务局：

为规范个人投资者个人所得税管理，确保依法足额征收个人所得税，现对个人投资者征收个人所得税的有关问题明确如下：

一、关于个人投资者以企业（包括个人独资企业、合伙企业和其他企业）资金为本人、家庭成员及其相关人员支付消费性支出及购买家庭财产的处理问题个人独资企业、合伙企业的个人投资者以企业资金为本人、家庭成员及其相关人员支付与企业生产经营无关的消费性支出及购买汽车、住房等财产性支出，视为企业对个人投资者的利润分配，并入投资者个人的生产经营所得，依照"个体工商户的生产经营所得"项目计征个人所得税。

除个人独资企业、合伙企业以外的其他企业的个人投资者，以企业资金为本人、家庭成员及其相关人员支付与企业生产经营无关的消费性支出及购买汽车、住房等财产性支出，视为企业对个人投资者的红利分配，依照"利息、股息、红利所得"项目计征个人所得税。

企业的上述支出不允许在所得税前扣除。

二、关于个人投资者从其投资的企业（个人独资企业、合伙企业除外）借款长期不还的处理问题纳税年度内个人投资者从其投资企业（个人独资企业、合伙企业除外）借款，在该纳税年度终了后既不归还，又未用于企业生产经营的，其未归还的借款可视为企业对个人投资者的红利分配，依照"利息、股息、红利所得"项目计征个人所得税。

三、《国家税务总局关于进一步加强对高收入者个人所得税征收管理的通知》（国税发〔2001〕57号）中关于对私营有限责任公司的企业所得税后剩余利润，不分配、不投资、挂帐达1年的，从挂帐的第2年起，依照投资者（股东）出资比例计算分配征收个人所得税的规定，同时停止执行。

## 国家税务总局关于明确个人所得税若干政策执行问题的通知

*1. 2009年8月17日发布*
*2. 国税发〔2009〕121号*

各省、自治区、直辖市和计划单列市地方税务局，西藏、宁夏、青海省（自治区）国家税务局：

近期，部分地区反映个人所得税若干政策执行口径不够明确，为公平税负，加强征管，根据《中华人民共和国个人所得税法》及其实施条例等相关规定，现就个人所得税若干政策执行口径问题通知如下：

一、《国家税务总局关于个人所得税若干政策问题的批复》（国税函〔2002〕629号）第一条有关“双薪制”计税方法停止执行。

**二、关于董事费征税问题**

（一）《国家税务总局关于印发〈征收个人所得税若干问题的规定〉的通知》（国税发〔1994〕089号）第八条规定的董事费按劳务报酬所得项目征税方法，仅适用于个人担任公司董事、监事，且不在公司任职、受雇的情形。

（二）个人在公司（包括关联公司）任职、受雇，同时兼任董事、监事的，应将董事费、监事费与个人工资收入合并，统一按工资、薪金所得项目缴纳个人所得税。

（三）《国家税务总局关于外商投资企业的董事担任直接管理职务征收个人所得税问题的通知》（国税发〔1996〕214号）第一条停止执行。

**三、关于华侨身份界定和适用附加费用扣除问题**

（一）华侨身份的界定

根据《国务院侨务办公室关于印发〈关于界定华侨外籍华人归侨侨眷身份的规定〉的通知》（国侨发〔2009〕5号）的规定，华侨是指定居在国外的中国公民。具体界定如下：

1.“定居”是指中国公民已取得住在国长期或者永久居留权，并已在住在国连续居留两年，两年内累计居留不少于18个月。

2.中国公民虽未取得住在国长期或者永久居留权，但已取得住在国连续5年以上（含5年）合法居留资格，5年内在住在国累计居留不少于30个月，视为华侨。

3.中国公民出国留学（包括公派和自费）在外学习期间，或因公务出国（包括外派劳务人员）在外工作期间，均不视为华侨。

（二）关于华侨适用附加扣除费用问题

对符合国侨发〔2009〕5号文件规定的华侨身份的人员，其在中国工作期间取得的工资、薪金所得，税务机关可根据纳税人提供的证明其华侨身份的有关证明材料，按照《中华人民共和国个人所得税法实施条例》第三十条规定在计算征收个人所得税时，适用附加扣除费用。

**四、关于个人转让离婚析产房屋的征税问题**

（一）通过离婚析产的方式分割房屋产权是夫妻双方对共同共有财产的处置，个人因离婚办理房屋产权过户手续，不征收个人所得税。

（二）个人转让离婚析产房屋所取得的收入，允许扣除其相应的财产原值和合理费用后，余额按照规定的税率缴纳个人所得税；其相应的财产原值，为房屋初次购置全部原值和相关税费之和乘以转让者占房屋所有权的比例。

（三）个人转让离婚析产房屋所取得的收入，符合家庭生活自用五年以上唯一住房的，可以申请免征个人所得税，其购置时间按照《国家税务总局关于房地产税收政策执行中几个具体问题的通知》（国税发〔2005〕172号）执行。

## 国家税务总局关于个人所得税有关政策问题的通知①

*1. 1999年4月9日公布*
*2. 国税发〔1999〕58号*
*3. 根据2018年6月15日国家税务总局公告2018年第31号《关于修改部分税收规范性文件的公告》修正*

各省、自治区、直辖市和计划单列市地方税务局：

近接一些地区请示，要求对个人所得税有关政策作出规定。经研究，现明确如下：

**一、关于企业减员增效和行政、事业单位、社会团体在机构改革过程中实行内部退养办法人员取得收入征税问题**

实行内部退养的个人在其办理内部退养手续后至法定离退休年龄之间，从原任职单位取得的工资、薪

---

① 第三条已被2019年6月13日财政部、税务总局公告2019年第74号《关于个人取得有关收入适用个人所得税应税所得项目的公告》废止。——编者注

金，不属于离退休工资，应按“工资、薪金所得”项目计征个人所得税。

个人在办理内部退养手续后从原任职单位取得的一次性收入，应按办理内部退养手续后至法定离退休年龄之间的所属月份进行平均，并与领取当月的“工资、薪金”所得合并后减除当月费用扣除标准，以余额为基数确定适用税率，再将当月工资、薪金加上取得的一次性收入，减去费用扣除标准，按适用税率计征个人所得税。

个人在办理内部退养手续后至法定离退休年龄之间重新就业取得的“工资、薪金”所得，应与其从原任职单位取得的同一月份的“工资、薪金”所得合并，并依法自行向主管税务机关申报缴纳个人所得税。

**二、关于个人取得公务交通、通讯补贴收入征税问题**

个人因公务用车和通讯制度改革而取得的公务用车、通讯补贴收入，扣除一定标准的公务费用后，按照“工资、薪金”所得项目计征个人所得税。按月发放的，并入当月“工资、薪金”所得计征个人所得税；不按月发放的，分解到所属月份并与该月份“工资、薪金”所得合并后计征个人所得税。

公务费用的扣除标准，由省税务局根据纳税人公务交通、通讯费用的实际发生情况调查测算，报经省级人民政府批准后确定，并报国家税务总局备案。

**三、关于个人取得无赔款优待收入征税问题**

对于个人因任职单位缴纳有关保险费用而取得的无赔款优待收入，按照“其他所得”应税项目计征个人所得税。

对于个人自己缴纳有关商业保险费（保费全部返还个人的保险除外）而取得的无赔款优待收入，不作为个人的应纳税收入，不征收个人所得税。

## 财政部、税务总局关于非居民个人和无住所居民个人有关个人所得税政策的公告

*1. 2019年3月14日财政部、税务总局公告2019年第35号公布*

*2. 自2019年1月1日起施行*

为贯彻落实修改后的《中华人民共和国个人所得税法》（以下称税法）和《中华人民共和国个人所得税法实施条例》（以下称实施条例），现将非居民个人和无住所居民个人（以下统称无住所个人）有关个人所得税政策公告如下：

**一、关于所得来源地**

（一）关于工资薪金所得来源地的规定。

个人取得归属于中国境内（以下称境内）工作期间的工资薪金所得为来源于境内的工资薪金所得。境内工作期间按照个人在境内工作天数计算，包括其在境内的实际工作日以及境内工作期间在境内、境外享受的公休假、个人休假、接受培训的天数。在境内、境外单位同时担任职务或者仅在境外单位任职的个人，在境内停留的当天不足24小时的，按照半天计算境内工作天数。

无住所个人在境内、境外单位同时担任职务或者仅在境外单位任职，且当期同时在境内、境外工作的，按照工资薪金所属境内、境外工作天数占当期公历天数的比例计算确定来源于境内、境外工资薪金所得的收入额。境外工作天数按照当期公历天数减去当期境内工作天数计算。

（二）关于数月奖金以及股权激励所得来源地的规定。

无住所个人取得的数月奖金或者股权激励所得按照本条第（一）项规定确定所得来源地的，无住所个人在境内履职或者执行职务时收到的数月奖金或者股权激励所得，归属于境外工作期间的部分，为来源于境外的工资薪金所得；无住所个人停止在境内履约或者执行职务离境后收到的数月奖金或者股权激励所得，对属于境内工作期间的部分，为来源于境内的工资薪金所得。具体计算方法为：数月奖金或者股权激励乘以数月奖金或者股权激励所属工作期间境内工作天数与所属工作期间公历天数之比。

无住所个人一个月内取得的境内外数月奖金或者股权激励包含归属于不同期间的多笔所得的，应当先分别按照本公告规定计算不同归属期间来源于境内的所得，然后再加总计算当月来源于境内的数月奖金或者股权激励收入额。

本公告所称数月奖金是指一次取得归属于数月的奖金、年终加薪、分红等工资薪金所得，不包括每月固定发放的奖金及一次性发放的数月工资。本公告所称股权激励包括股票期权、股权期权、限制性股票、股票增值权、股权奖励以及其他因认购股票等有价证券而从雇主取得的折扣或者补贴。

（三）关于董事、监事及高层管理人员取得报酬所得来源地的规定。

对于担任境内居民企业的董事、监事及高层管理

职务的个人（以下统称高管人员），无论是否在境内履行职务，取得由境内居民企业支付或者负担的董事费、监事费、工资薪金或者其他类似报酬（以下统称高管人员报酬，包含数月奖金和股权激励），属于来源于境内的所得。

本公告所称高层管理职务包括企业正、副（总）经理、各职能总师、总监及其他类似公司管理层的职务。

（四）关于稿酬所得来源地的规定。

由境内企业、事业单位、其他组织支付或者负担的稿酬所得，为来源于境内的所得。

## 二、关于无住所个人工资薪金所得收入额计算

无住所个人取得工资薪金所得，按以下规定计算在境内应纳税的工资薪金所得的收入额（以下称工资薪金收入额）：

（一）无住所个人为非居民个人的情形。

非居民个人取得工资薪金所得，除本条第（三）项规定以外，当月工资薪金收入额分别按照以下两种情形计算：

1. 非居民个人境内居住时间累计不超过 90 天的情形。

在一个纳税年度内，在境内累计居住不超过 90 天的非居民个人，仅就归属于境内工作期间并由境内雇主支付或者负担的工资薪金所得计算缴纳个人所得税。当月工资薪金收入额的计算公式如下（公式一）：

本公告所称境内雇主包括雇佣员工的境内单位和个人以及境外单位或者个人在境内的机构、场所。凡境内雇主采取核定征收所得税或者无营业收入未征收所得税的，无住所个人为其工作取得工资薪金所得，不论是否在该境内雇主会计账簿中记载，均视为由该境内雇主支付或者负担。本公告所称工资薪金所属工作期间的公历天数，是指无住所个人取得工资薪金所属工作期间按公历计算的天数。

本公告所列公式中当月境内外工资薪金包含归属于不同期间的多笔工资薪金的，应当先分别按照本公告规定计算不同归属期间工资薪金收入额，然后再加总计算当月工资薪金收入额。

2. 非居民个人境内居住时间累计超过 90 天不满 183 天的情形。

在一个纳税年度内，在境内累计居住超过 90 天但不满 183 天的非居民个人，取得归属于境内工作期间的工资薪金所得，均应当计算缴纳个人所得税；其取得归属于境外工作期间的工资薪金所得，不征收个人所得税。当月工资薪金收入额的计算公式如下（公式二）：

（二）无住所个人为居民个人的情形。

在一个纳税年度内，在境内累计居住满 183 天的无住所居民个人取得工资薪金所得，当月工资薪金收入额按照以下规定计算：

1. 无住所居民个人在境内居住累计满 183 天的年度连续不满六年的情形。

在境内居住累计满 183 天的年度连续不满六年的无住所居民个人，符合实施条例第四条优惠条件的，其取得的全部工资薪金所得，除归属于境外工作期间且由境外单位或者个人支付的工资薪金所得部分外，均应计算缴纳个人所得税。工资薪金所得收入额的计算公式如下（公式三）：

2. 无住所居民个人在境内居住累计满 183 天的年度连续满六年的情形。

在境内居住累计满 183 天的年度连续满六年后，不符合实施条例第四条优惠条件的无住所居民个人，其从境内、境外取得的全部工资薪金所得均应计算缴纳个人所得税。

（三）无住所个人为高管人员的情形。

无住所居民个人为高管人员的，工资薪金收入额按照本条第（二）项规定计算纳税。非居民个人为高管人员的，按照以下规定处理：

1. 高管人员在境内居住时间累计不超过 90 天的情形。

在一个纳税年度内，在境内累计居住不超过 90 天的高管人员，其取得由境内雇主支付或者负担的工资薪金所得应当计算缴纳个人所得税；不是由境内雇主支付或者负担的工资薪金所得，不缴纳个人所得税。当月工资薪金收入额为当月境内支付或者负担的工资薪金收入额。

2. 高管人员在境内居住时间累计超过 90 天不满 183 天的情形。

在一个纳税年度内，在境内居住累计超过 90 天但不满 183 天的高管人员，其取得的工资薪金所得，除归属于境外工作期间且不是由境内雇主支付或者负担的部分外，应当计算缴纳个人所得税。当月工资薪金收入额计算适用本公告公式三。

## 三、关于无住所个人税款计算

（一）关于无住所居民个人税款计算的规定。

无住所居民个人取得综合所得，年度终了后，应按

年计算个人所得税；有扣缴义务人的，由扣缴义务人按月或者按次预扣预缴税款；需要办理汇算清缴的，按照规定办理汇算清缴，年度综合所得应纳税额计算公式如下（公式四）：

年度综合所得应纳税额＝（年度工资薪金收入额＋年度劳务报酬收入额＋年度稿酬收入额＋年度特许权使用费收入额－减除费用－专项扣除－专项附加扣除－依法确定的其他扣除）×适用税率－速算扣除数

无住所居民个人为外籍个人的，2022年1月1日前计算工资薪金收入额时，已经按规定减除住房补贴、子女教育费、语言训练费等八项津补贴的，不能同时享受专项附加扣除。

年度工资薪金、劳务报酬、稿酬、特许权使用费收入额分别按年度内每月工资薪金以及每次劳务报酬、稿酬、特许权使用费收入额合计数额计算。

（二）关于非居民个人税款计算的规定。

1. 非居民个人当月取得工资薪金所得，以按照本公告第二条规定计算的当月收入额，减去税法规定的减除费用后的余额，为应纳税所得额，适用本公告所附按月换算后的综合所得税率表（以下称月度税率表）计算应纳税额。

2. 非居民个人一个月内取得数月奖金，单独按照本公告第二条规定计算当月收入额，不与当月其他工资薪金合并，按6个月分摊计税，不减除费用，适用月度税率表计算应纳税额，在一个公历年度内，对每一个非居民个人，该计税办法只允许适用一次。计算公式如下（公式五）：

当月数月奖金应纳税额＝［（数月奖金收入额÷6）×适用税率－速算扣除数］×6

3. 非居民个人一个月内取得股权激励所得，单独按照本公告第二条规定计算当月收入额，不与当月其他工资薪金合并，按6个月分摊计税（一个公历年度内的股权激励所得应合并计算），不减除费用，适用月度税率表计算应纳税额，计算公式如下（公式六）：

当月股权激励所得应纳税额＝［（本公历年度内股权激励所得合计额÷6）×适用税率－速算扣除数］×6－本公历年度内股权激励所得已纳税额

4. 非居民个人取得来源于境内的劳务报酬所得、稿酬所得、特许权使用费所得，以税法规定的每次收入额为应纳税所得额，适用月度税率表计算应纳税额。

**四、关于无住所个人适用税收协定**

按照我国政府签订的避免双重征税协定、内地与香港、澳门签订的避免双重征税安排（以下称税收协定）居民条款规定为缔约对方税收居民的个人（以下称对方税收居民个人），可以按照税收协定及财政部、税务总局有关规定享受税收协定待遇，也可以选择不享受税收协定待遇计算纳税。除税收协定及财政部、税务总局另有规定外，无住所个人适用税收协定的，按照以下规定执行：

（一）关于无住所个人适用受雇所得条款的规定。

1. 无住所个人享受境外受雇所得协定待遇。

本公告所称境外受雇所得协定待遇，是指按照税收协定受雇所得条款规定，对方税收居民个人在境外从事受雇活动取得的受雇所得，可不缴纳个人所得税。

无住所个人为对方税收居民个人，其取得的工资薪金所得可享受境外受雇所得协定待遇的，可不缴纳个人所得税。工资薪金收入额计算适用本公告公式二。

无住所居民个人为对方税收居民个人的，可在预扣预缴和汇算清缴时按前款规定享受协定待遇；非居民个人为对方税收居民个人的，可在取得所得时按前款规定享受协定待遇。

2. 无住所个人享受境内受雇所得协定待遇。

本公告所称境内受雇所得协定待遇，是指按照税收协定受雇所得条款规定，在税收协定规定的期间内境内停留天数不超过183天的对方税收居民个人，在境内从事受雇活动取得受雇所得，不是由境内居民雇主支付或者代其支付的，也不是由雇主在境内常设机构负担的，可不缴纳个人所得税。

无住所个人为对方税收居民个人，其取得的工资薪金所得可享受境内受雇所得协定待遇的，可不缴纳个人所得税。工资薪金收入额计算适用本公告公式一。

无住所居民个人为对方税收居民个人的，可在预扣预缴和汇算清缴时按前款规定享受协定待遇；非居民个人为对方税收居民个人的，可在取得所得时按前款规定享受协定待遇。

（二）关于无住所个人适用独立个人劳务或者营业利润条款的规定。

本公告所称独立个人劳务或者营业利润协定待遇，是指按照税收协定独立个人劳务或者营业利润条款规定，对方税收居民个人取得的独立个人劳务所得或者营业利润符合税收协定规定条件的，可不缴纳个人所得税。

无住所居民个人为对方税收居民个人，其取得的劳务报酬所得、稿酬所得可享受独立个人劳务或者营业利润协定待遇的，在预扣预缴和汇算清缴时，可不缴纳个人所得税。

非居民个人为对方税收居民个人，其取得的劳务报酬所得、稿酬所得可享受独立个人劳务或者营业利润协定待遇的，在取得所得时可不缴纳个人所得税。

（三）关于无住所个人适用董事费条款的规定。

对方税收居民个人为高管人员，该个人适用的税收协定未纳入董事费条款，或者虽然纳入董事费条款但该个人不适用董事费条款，且该个人取得的高管人员报酬可享受税收协定受雇所得、独立个人劳务或者营业利润条款规定待遇的，该个人取得的高管人员报酬可不适用本公告第二条第（三）项规定，分别按照本条第（一）项、第（二）项规定执行。

对方税收居民个人为高管人员，该个人取得的高管人员报酬按照税收协定董事费条款规定可以在境内征收个人所得税的，应按照有关工资薪金所得或者劳务报酬所得规定缴纳个人所得税。

（四）关于无住所个人适用特许权使用费或者技术服务费条款的规定。

本公告所称特许权使用费或者技术服务费协定待遇，是指按照税收协定特许权使用费或者技术服务费条款规定，对方税收居民个人取得符合规定的特许权使用费或者技术服务费，可按照税收协定规定的计税所得额和征税比例计算纳税。

无住所居民个人为对方税收居民个人，其取得的特许权使用费所得、稿酬所得或者劳务报酬所得可享受特许权使用费或者技术服务费协定待遇的，可不纳入综合所得，在取得当月按照税收协定规定的计税所得额和征税比例计算应纳税额，并预扣预缴税款。年度汇算清缴时，该个人取得的已享受特许权使用费或者技术服务费协定待遇的所得不纳入年度综合所得，单独按照税收协定规定的计税所得额和征税比例计算年度应纳税额及补退税额。

非居民个人为对方税收居民个人，其取得的特许权使用费所得、稿酬所得或者劳务报酬所得可享受特许权使用费或者技术服务费协定待遇的，可按照税收协定规定的计税所得额和征税比例计算应纳税额。

**五、关于无住所个人相关征管规定**

（一）关于无住所个人预计境内居住时间的规定。

无住所个人在一个纳税年度内首次申报时，应当根据合同约定等情况预计一个纳税年度内境内居住天数以及在税收协定规定的期间内境内停留天数，按照预计情况计算缴纳税款。实际情况与预计情况不符的，分别按照以下规定处理：

1. 无住所个人预先判定为非居民个人，因延长居住天数达到居民个人条件的，一个纳税年度内税款扣缴方法保持不变，年度终了后按照居民个人有关规定办理汇算清缴，但该个人在当年离境且预计年度内不再入境的，可以选择在离境之前办理汇算清缴。

2. 无住所个人预先判定为居民个人，因缩短居住天数不能达到居民个人条件的，在不能达到居民个人条件之日起至年度终了 15 天内，应当向主管税务机关报告，按照非居民个人重新计算应纳税额，申报补缴税款，不加收税收滞纳金。需要退税的，按照规定办理。

3. 无住所个人预计一个纳税年度境内居住天数累计不超过 90 天，但实际累计居住天数超过 90 天的，或者对方税收居民个人预计在税收协定规定的期间内境内停留天数不超过 183 天，但实际停留天数超过 183 天的，待达到 90 天或者 183 天的月度终了后 15 天内，应当向主管税务机关报告，就以前月份工资薪金所得重新计算应纳税款，并补缴税款，不加收税收滞纳金。

（二）关于无住所个人境内雇主报告境外关联方支付工资薪金所得的规定。

无住所个人在境内任职、受雇取得来源于境内的工资薪金所得，凡境内雇主与境外单位或者个人存在关联关系，将本应由境内雇主支付的工资薪金所得，部分或者全部由境外关联方支付的，无住所个人可以自行申报缴纳税款，也可以委托境内雇主代为缴纳税款。无住所个人未委托境内雇主代为缴纳税款的，境内雇主应当在相关所得支付当月终了后 15 天内向主管税务机关报告相关信息，包括境内雇主与境外关联方对无住所个人的工作安排、境外支付情况以及无住所个人的联系方式等信息。

六、本公告自 2019 年 1 月 1 日起施行，非居民个人 2019 年 1 月 1 日后取得所得，按原有规定多缴纳税款的，可以依法申请办理退税。下列文件或者文件条款于 2019 年 1 月 1 日废止：

（一）《财政部税务总局关于对临时来华人员按实

际居住日期计算征免个人所得税若干问题的通知》((88)财税外字第059号);

(二)《国家税务总局关于在境内无住所的个人取得工资薪金所得纳税义务问题的通知》(国税发〔1994〕148号);

(三)《财政部、国家税务总局关于在华无住所的个人如何计算在华居住满五年问题的通知》(财税字〔1995〕98号);

(四)《国家税务总局关于在中国境内无住所的个人计算缴纳个人所得税若干具体问题的通知》(国税函发〔1995〕125号)第一条、第二条、第三条、第四条;

(五)《国家税务总局关于在中国境内无住所的个人缴纳所得税涉及税收协定若干问题的通知》(国税发〔1995〕155号);

(六)《国家税务总局关于在中国境内无住所的个人取得奖金征税问题的通知》(国税发〔1996〕183号);

(七)《国家税务总局关于三井物产(株)大连事务所外籍雇员取得数月奖金确定纳税义务问题的批复》(国税函〔1997〕546号);

(八)《国家税务总局关于外商投资企业和外国企业对境外企业支付其雇员的工资薪金代扣代缴个人所得税问题的通知》(国税发〔1999〕241号);

(九)《国家税务总局关于在中国境内无住所个人取得不在华履行职务的月份奖金确定纳税义务问题的通知》(国税函〔1999〕245号);

(十)《国家税务总局关于在中国境内无住所个人以有价证券形式取得工资薪金所得确定纳税义务有关问题的通知》(国税函〔2000〕190号);

(十一)《国家税务总局关于在境内无住所的个人执行税收协定和个人所得税法若干问题的通知》(国税发〔2004〕97号);

(十二)《国家税务总局关于调整个人取得全年一次性奖金等计算征收个人所得税方法问题的通知》(国税发〔2005〕9号)第六条;

(十三)《国家税务总局关于在境内无住所个人计算工资薪金所得缴纳个人所得税有关问题的批复》(国税函〔2005〕1041号);

(十四)《国家税务总局关于在中国境内担任董事或高层管理职务无住所个人计算个人所得税适用公式的批复》(国税函〔2007〕946号)。

特此公告。

**附件:**

## 按月换算后的综合所得税率表

| 级数 | 全月应纳税所得额 | 税率 | 速算扣除数 |
| --- | --- | --- | --- |
| 1 | 不超过3000元的 | 3% | 0 |
| 2 | 超过3000元至12000元的部分 | 10% | 210 |
| 3 | 超过12000元至25000元的部分 | 20% | 1410 |
| 4 | 超过25000元至35000元的部分 | 25% | 2660 |
| 5 | 超过35000元至55000元的部分 | 30% | 4410 |
| 6 | 超过55000元至80000元的部分 | 35% | 7160 |
| 7 | 超过80000元的部分 | 45% | 15160 |

# 财政部、国家税务总局、证监会关于个人转让上市公司限售股所得征收个人所得税有关问题的通知

*1. 2009年12月31日发布*
*2. 财税〔2009〕167号*

各省、自治区、直辖市、计划单列市财政厅(局)、国家税务局、地方税务局,新疆生产建设兵团财务局,上海、深圳证券交易所,中国证券登记结算公司:

为进一步完善股权分置改革后的相关制度,发挥税收对高收入者的调节作用,促进资本市场长期稳定健康发展,经国务院批准,现就个人转让上市公司限售流通股(以下简称限售股)取得的所得征收个人所得税有关问题通知如下:

一、自2010年1月1日起,对个人转让限售股取得的所得,按照“财产转让所得”,适用20%的比例税率征收个人所得税。

二、本通知所称限售股,包括:

1. 上市公司股权分置改革完成后股票复牌日之前股东所持原非流通股股份,以及股票复牌日至解禁日期间由上述股份孳生的送、转股(以下统称股改限售股);

2. 2006年股权分置改革新老划断后,首次公开发行股票并上市的公司形成的限售股,以及上市首日至解禁日期间由上述股份孳生的送、转股(以下统称新股限售股);

3. 财政部、税务总局、法制办和证监会共同确定的其他限售股。

三、个人转让限售股,以每次限售股转让收入,减除股票原值和合理税费后的余额,为应纳税所得额。即:

应纳税所得额 = 限售股转让收入 -(限售股原值 + 合理税费)

应纳税额 = 应纳税所得额 ×20%

本通知所称的限售股转让收入,是指转让限售股股票实际取得的收入。限售股原值,是指限售股买入时的买入价及按照规定缴纳的有关费用。合理税费,是指转让限售股过程中发生的印花税、佣金、过户费等与交易相关的税费。

如果纳税人未能提供完整、真实的限售股原值凭证的,不能准确计算限售股原值的,主管税务机关一律按限售股转让收入的 15% 核定限售股原值及合理税费。

四、限售股转让所得个人所得税,以限售股持有者为纳税义务人,以个人股东开户的证券机构为扣缴义务人。限售股个人所得税由证券机构所在地主管税务机关负责征收管理。

五、限售股转让所得个人所得税,采取证券机构预扣预缴、纳税人自行申报清算和证券机构直接扣缴相结合的方式征收。证券机构预扣预缴的税款,于次月 7 日内以纳税保证金形式向主管税务机关缴纳。主管税务机关在收取纳税保证金时,应向证券机构开具《中华人民共和国纳税保证金收据》,并纳入专户存储。

根据证券机构技术和制度准备完成情况,对不同阶段形成的限售股,采取不同的征收管理办法。

(一)证券机构技术和制度准备完成前形成的限售股,证券机构按照股改限售股股改复牌日收盘价,或新股限售股上市首日收盘价计算转让收入,按照计算出的转让收入的 15% 确定限售股原值和合理税费,以转让收入减去原值和合理税费后的余额,适用 20% 税率,计算预扣预缴个人所得税额。

纳税人按照实际转让收入与实际成本计算出的应纳税额,与证券机构预扣预缴税额有差异的,纳税人应自证券机构代扣并解缴税款的次月 1 日起 3 个月内,持加盖证券机构印章的交易记录和相关完整、真实凭证,向主管税务机关提出清算申报并办理清算事宜。主管税务机关审核确认后,按照重新计算的应纳税额,办理退(补)税手续。纳税人在规定期限内未到主管税务机关办理清算事宜的,税务机关不再办理清算事宜,已预扣预缴的税款从纳税保证金账户全额缴入国库。

(二)证券机构技术和制度准备完成后新上市公司的限售股,按照证券机构事先植入结算系统的限售股成本原值和发生的合理税费,以实际转让收入减去原值和合理税费后的余额,适用 20% 税率,计算直接扣缴个人所得税额。

六、纳税人同时持有限售股及该股流通股的,其股票转让所得,按照限售股优先原则,即:转让股票视同为先转让限售股,按规定计算缴纳个人所得税。

七、证券机构等应积极配合税务机关做好各项征收管理工作,并于每月 15 日前,将上月限售股减持的有关信息传递至主管税务机关。限售股减持信息包括:股东姓名、公民身份号码、开户证券公司名称及地址、限售股股票代码、本期减持股数及减持取得的收入总额。证券机构有义务向纳税人提供加盖印章的限售股交易记录。

八、对个人在上海证券交易所、深圳证券交易所转让从上市公司公开发行和转让市场取得的上市公司股票所得,继续免征个人所得税。

九、财政、税务、证监等部门要加强协调、通力合作,切实做好政策实施的各项工作。

请遵照执行。

## 国务院关于个人独资企业和合伙企业征收所得税问题的通知

*1. 2000 年 6 月 20 日发布*
*2. 国发〔2000〕16 号*

各省、自治区、直辖市人民政府,国务院各部委、各直属机构:

为公平税负,支持和鼓励个人投资兴办企业,促进国民经济持续、快速、健康发展,国务院决定,自 2000 年 1 月 1 日起,对个人独资企业和合伙企业停止征收企业所得税,其投资者的生产经营所得,比照个体工商户的生产、经营所得征收个人所得税。具体税收政策和征税办法由国家财税主管部门另行制定。

## 国家税务总局关于自然人纳税人识别号有关事项的公告

*1. 2018 年 12 月 17 日国家税务总局公告 2018 年第 59 号公布*
*2. 自 2019 年 11 月 1 日起施行*

根据新修改的《中华人民共和国个人所得税法》,

为便利纳税人办理涉税业务，现就自然人纳税人识别号有关事项公告如下：

一、自然人纳税人识别号，是自然人纳税人办理各类涉税事项的唯一代码标识。

二、有中国公民身份号码的，以其中国公民身份号码作为纳税人识别号；没有中国公民身份号码的，由税务机关赋予其纳税人识别号。

三、纳税人首次办理涉税事项时，应当向税务机关或者扣缴义务人出示有效身份证件，并报送相关基础信息。

四、税务机关应当在赋予自然人纳税人识别号后告知或者通过扣缴义务人告知纳税人其纳税人识别号，并为自然人纳税人查询本人纳税人识别号提供便利。

五、自然人纳税人办理纳税申报、税款缴纳、申请退税、开具完税凭证、纳税查询等涉税事项时应当向税务机关或扣缴义务人提供纳税人识别号。

六、本公告所称“有效身份证件”，是指：

（一）纳税人为中国公民且持有有效《中华人民共和国居民身份证》（以下简称“居民身份证”）的，为居民身份证。

（二）纳税人为华侨且没有居民身份证的，为有效的《中华人民共和国护照》和华侨身份证明。

（三）纳税人为港澳居民的，为有效的《港澳居民来往内地通行证》或《中华人民共和国港澳居民居住证》。

（四）纳税人为台湾居民的，为有效的《台湾居民来往大陆通行证》或《中华人民共和国台湾居民居住证》。

（五）纳税人为持有有效《中华人民共和国外国人永久居留身份证》（以下简称永久居留证）的外籍个人的，为永久居留证和外国护照；未持有永久居留证但持有有效《中华人民共和国外国人工作许可证》（以下简称工作许可证）的，为工作许可证和外国护照；其他外籍个人，为有效的外国护照。

本公告自 2019 年 1 月 1 日起施行。

特此公告。

## 财政部、税务总局关于个人养老金有关个人所得税政策的公告

*2022 年 11 月 3 日财政部、税务总局公告 2022 年第 34 号发布*

为贯彻落实《国务院办公厅关于推动个人养老金发展的意见》（国办发〔2022〕7 号）有关要求，现就个人养老金有关个人所得税政策公告如下：

一、自 2022 年 1 月 1 日起，对个人养老金实施递延纳税优惠政策。在缴费环节，个人向个人养老金资金账户的缴费，按照 12000 元/年的限额标准，在综合所得或经营所得中据实扣除；在投资环节，计入个人养老金资金账户的投资收益暂不征收个人所得税；在领取环节，个人领取的个人养老金，不并入综合所得，单独按照 3% 的税率计算缴纳个人所得税，其缴纳的税款计入“工资、薪金所得”项目。

二、个人缴费享受税前扣除优惠时，以个人养老金信息管理服务平台出具的扣除凭证为扣税凭据。取得工资薪金所得、按累计预扣法预扣预缴个人所得税劳务报酬所得的，其缴费可以选择在当年预扣预缴或次年汇算清缴时在限额标准内据实扣除。选择在当年预扣预缴的，应及时将相关凭证提供给扣缴单位。扣缴单位应按照本公告有关要求，为纳税人办理税前扣除有关事项。取得其他劳务报酬、稿酬、特许权使用费等所得或经营所得的，其缴费在次年汇算清缴时在限额标准内据实扣除。个人按规定领取个人养老金时，由开立个人养老金资金账户所在市的商业银行机构代扣代缴其应缴的个人所得税。

三、人力资源社会保障部门与税务部门应建立信息交换机制，通过个人养老金信息管理服务平台将个人养老金涉税信息交换至税务部门，并配合税务部门做好相关税收征管工作。

四、商业银行有关分支机构应及时对在该行开立个人养老金资金账户纳税人的纳税情况进行全员全额明细申报，保证信息真实准确。

五、各级财政、人力资源社会保障、税务、金融监管等部门应密切配合，认真做好组织落实，对本公告实施过程中遇到的困难和问题，及时向上级主管部门反映。

六、本公告规定的税收政策自 2022 年 1 月 1 日起在个人养老金先行城市实施。

个人养老金先行城市名单由人力资源社会保障部会同财政部、税务总局另行发布。上海市、福建省、苏州工业园区等已实施个人税收递延型商业养老保险试点的地区，自 2022 年 1 月 1 日起统一按照本公告规定的税收政策执行。

特此公告。

# 国家税务总局关于进一步加强高收入者个人所得税征收管理的通知

*1. 2010年5月31日发布*
*2. 国税发〔2010〕54号*

各省、自治区、直辖市和计划单列市地方税务局，西藏、宁夏、青海省（自治区）国家税务局：

近年来，随着我国经济的快速发展，城乡居民收入水平不断提高，个人收入差距扩大的矛盾也日益突出。为强化税收征管，充分发挥税收在收入分配中的调节作用，现就进一步加强高收入者个人所得税征收管理有关问题通知如下：

## 一、认真做好高收入者应税收入的管理和监控

各地税务机关要继续深入贯彻落实国家税务总局关于加强个人所得税管理的工作思路，夯实高收入者个人所得税征管基础。

（一）摸清本地区高收入者的税源分布状况

各地要认真开展个人所得税税源摸底工作，结合本地区经济总体水平、产业发展趋势和居民收入来源特点，重点监控高收入者相对集中的行业和高收入者相对集中的人群，摸清高收入行业的收入分配规律，掌握高收入人群的主要所得来源，建立高收入者所得来源信息库，完善税收征管机制，有针对性地加强个人所得税征收管理工作。

（二）全面推进全员全额扣缴明细申报管理

1. 要认真贯彻落实税务总局关于推进全员全额扣缴明细申报的部署和要求，并将全员全额扣缴明细申报管理纳入税务机关工作考核体系。税务总局将不定期进行抽查、考评和通报相关情况。

2. 要督促扣缴义务人按照《个人所得税法》第八条、《个人所得税法实施条例》第三十七条和《国家税务总局关于印发〈个人所得税全员全额扣缴申报管理暂行办法〉的通知》（国税发〔2005〕205号）的规定，实行全员全额扣缴申报。

扣缴义务人已经实行全员全额扣缴明细申报的，主管税务机关要促使其提高申报质量，特别是要求其如实申报支付工薪所得以外的其他所得（如劳务报酬所得等）、非本单位员工的支付信息和未达到费用扣除标准的支付信息。

扣缴义务人未依法实行全员全额扣缴明细申报的，主管税务机关应按照税收征管法有关规定对其进行处罚。

（三）加强年所得12万元以上纳税人自行纳税申报管理

年所得12万元以上纳税人自行纳税申报是纳税人的法定义务，是加强高收入者征管的重要措施。各地税务机关要健全自行纳税申报制度，优化申报流程，将自行纳税申报作为日常征管工作，实行常态化管理。通过对高收入者税源分布状况的掌握、扣缴义务人明细申报信息的审核比对，以及加强与工商、房管、人力资源和社会保障、证券机构等部门的协作和信息共享，进一步促进年所得12万元以上纳税人自行纳税申报。要注重提高自行纳税申报数据质量。采取切实措施，促使纳税人申报其不同形式的所有来源所得，不断提高申报数据的真实性和完整性。对未扣缴税款或扣缴不足的，要督促纳税人补缴税款；纳税人应申报未申报、申报不实少缴税款的，要按照税收征管法相关规定进行处理。

（四）积极推广应用个人所得税信息管理系统

没有推广应用个人所得税信息管理系统和推广面较小的地区，省级税务机关要加大工作力度，按照税务总局工作部署和要求，确保个人所得税管理系统推广到所有实行明细申报的扣缴义务人。已经全面推广应用个人所得税信息管理系统的地区，要按照要求，尽快将个人所得税明细数据向税务总局集中。

## 二、切实加强高收入者主要所得项目的征收管理

（一）加强财产转让所得征收管理。

1. 加强限售股转让所得征收管理。要加强与证券机构的联系，主动掌握本地区上市公司和即将上市公司的股东构成情况，做好限售股转让所得个人所得税征收工作。

2. 加强非上市公司股权转让所得征收管理。要继续加强与工商行政管理部门的合作，探索建立自然人股权变更登记的税收前置措施或以其他方式及时获取股权转让信息。对平价或低价转让的，要按照《国家税务总局关于加强股权转让所得征收个人所得税管理的通知》（国税函〔2009〕285号）的规定，依法核定计税依据。

3. 加强房屋转让所得征收管理。要切实按照《国家税务总局关于个人住房转让所得征收个人所得税有关问题的通知》（国税发〔2006〕108号）、《国家税务总局关于个人转让房屋有关税收征管问题的通知》（国税发〔2007〕33号）等相关文件规定，继续做好房屋转让所得征收个人所得税管理工作。

4. 加强拍卖所得征收管理。主管税务机关应及时了解拍卖相关信息，严格执行《国家税务总局关于加强和规范个人取得拍卖收入征收个人所得税有关问题的通知》（国税发〔2007〕38 号）的规定，督促拍卖单位依法扣缴个人所得税。

（二）加强利息、股息、红利所得征收管理

1. 加强股息、红利所得征收管理。重点加强股份有限公司分配股息、红利时的扣缴税款管理，对在境外上市公司分配股息红利，要严格执行现行有关征免个人所得税的规定。加强企业转增注册资本和股本管理，对以未分配利润、盈余公积和除股票溢价发行外的其他资本公积转增注册资本和股本的，要按照"利息、股息、红利所得"项目，依据现行政策规定计征个人所得税。

2. 加强利息所得征收管理。要通过查阅财务报表相关科目、资产盘查等方式，调查自然人、企业及其他组织向自然人借款及支付利息情况，对其利息所得依法计征个人所得税。

3. 加强个人从法人企业列支消费性支出和从投资企业借款的管理。对投资者本人、家庭成员及相关人员的相应所得，要根据《财政部、国家税务总局关于规范个人投资者个人所得税征收管理的通知》（财税〔2003〕158 号）规定，依照"利息、股息、红利所得"项目计征个人所得税。

（三）加强规模较大的个人独资企业、合伙企业和个体工商户的生产、经营所得征收管理

1. 加强建账管理。主管税务机关应督促纳税人依照法律、行政法规的规定设置账簿。对不能设置账簿的，应按照税收征管法及其实施细则和《财政部、国家税务总局关于印发〈关于个人独资企业和合伙企业投资者征收个人所得税的规定〉的通知》（财税〔2000〕91 号）等有关规定，核定其应税所得率。税务师、会计师、律师、资产评估和房地产估价等鉴证类中介机构不得实行核定征收个人所得税。

2. 加强非法人企业注销登记管理。企业投资者在注销工商登记之前，应向主管税务机关结清有关税务事宜，未纳税所得应依法征收个人所得税。

3. 加强个人消费支出与非法人企业生产经营支出管理。对企业资金用于投资者本人、家庭成员及其相关人员消费性和财产性支出的部分，应按照《财政部、国家税务总局关于规范个人投资者个人所得税征收管理的通知》（财税〔2003〕158 号）等有关规定，依照"个体工商户的生产、经营所得"项目计征个人所得税。

（四）加强劳务报酬所得征收管理和工资、薪金所得比对管理

各地税务机关要与有关部门密切合作，及时获取相关劳务报酬支付信息，切实加强对各类劳务报酬，特别是一些报酬支付较高项目（如演艺、演讲、咨询、理财、专兼职培训等）的个人所得税管理，督促扣缴义务人依法履行扣缴义务。

对高收入行业的企业，要汇总全员全额明细申报数据中工资、薪金所得总额，与企业所得税申报表中工资费用支出总额比对，规范企业如实申报和扣缴个人所得税。

（五）加强外籍个人取得所得的征收管理

要积极与公安出入境管理部门协调配合，掌握外籍人员出入境时间及相关信息，为实施税收管理和离境清税等提供依据；积极与银行及外汇管理部门协调配合，加强对外支付税务证明管理，把住资金转移关口。各级国税局、地税局要密切配合，建立外籍个人管理档案，掌握不同国家外派人员的薪酬标准，重点加强来源于中国境内、由境外机构支付所得的管理。

## 三、扎实开展高收入者个人所得税纳税评估和专项检查

各地税务机关要将高收入者个人所得税纳税评估作为日常税收管理的重要内容，充分利用全员全额扣缴明细申报数据、自行纳税申报数据和从外部门获取的信息，科学设定评估指标，创新评估方法，建立高收入者纳税评估体系。对纳税评估发现的疑点，要进行跟踪核实、约谈和调查，督促纳税人自行补正申报、补缴税款。发现纳税人有税收违法行为嫌疑的，要及时移交税务稽查部门立案检查。

稽查部门要将高收入者个人所得税检查列入税收专项检查范围，认真部署落实。在检查中，要特别关注高收入者的非劳动所得是否缴纳税款和符合条件的高收入者是否办理自行纳税申报。对逃避纳税、应申报未申报、申报不实等情形，要严格按照税收征管法相关规定进行处理。对典型案例，要通过媒体予以曝光。

## 四、不断改进纳税服务，引导高收入者依法诚信纳税

各地税务机关在加强高收入者个人所得税征收管理的同时，要切实做好纳税服务工作。要有针对性地对高收入者开展个人所得税法宣传和政策辅导，引导高收入者主动申报、依法纳税，形成诚信纳税的良好氛围；要推进"网上税务局"建设，建立多元化的申报方式，为纳税人包括高收入者提供多渠道、便捷化的申报纳税服务；要积极了解纳税人的涉税诉求，拓展咨询渠道，提高咨询回复质量和效率；要做好为纳税人开具完

税证明和纳税人的收入、纳税信息保密管理工作，切实维护纳税人合法权益。

## 国家税务总局关于调整个人取得全年一次性奖金等计算征收个人所得税方法问题的通知[①]

*1. 2005年1月21日发布*
*2. 国税发〔2005〕9号*
*3. 自2005年1月1日起施行*

各省、自治区、直辖市和计划单列市地方税务局，局内各单位：

为了合理解决个人取得全年一次性奖金征税问题，经研究，现就调整征收个人所得税的有关办法通知如下：

一、全年一次性奖金是指行政机关、企事业单位等扣缴义务人根据其全年经济效益和对雇员全年工作业绩的综合考核情况，向雇员发放的一次性奖金。

上述一次性奖金也包括年终加薪、实行年薪制和绩效工资办法的单位根据考核情况兑现的年薪和绩效工资。

二、纳税人取得全年一次性奖金，单独作为一个月工资、薪金所得计算纳税，并按以下计税办法，由扣缴义务人发放时代扣代缴：

（一）先将雇员当月内取得的全年一次性奖金，除以12个月，按其商数确定适用税率和速算扣除数。

如果在发放年终一次性奖金的当月，雇员当月工资薪金所得低于税法规定的费用扣除额，应将全年一次性奖金减除“雇员当月工资薪金所得与费用扣除额的差额”后的余额，按上述办法确定全年一次性奖金的适用税率和速算扣除数。

（二）将雇员个人当月内取得的全年一次性奖金，按本条第（一）项确定的适用税率和速算扣除数计算征税，计算公式如下：

1. 如果雇员当月工资薪金所得高于（或等于）税法规定的费用扣除额的，适用公式为：

应纳税额＝雇员当月取得全年一次性奖金×适用税率－速算扣除数

2. 如果雇员当月工资薪金所得低于税法规定的费用扣除额的，适用公式为：

应纳税额＝（雇员当月取得全年一次性奖金－雇员当月工资薪金所得与费用扣除额的差额）×适用税率－速算扣除数

三、在一个纳税年度内，对每一个纳税人，该计税办法只允许采用一次。

四、实行年薪制和绩效工资的单位，个人取得年终兑现的年薪和绩效工资按本通知第二条、第三条执行。

五、雇员取得除全年一次性奖金以外的其它各种名目奖金，如半年奖、季度奖、加班奖、先进奖、考勤奖等，一律与当月工资、薪金收入合并，按税法规定缴纳个人所得税。

六、对无住所个人取得本通知第五条所述的各种名目奖金，如果该个人当月在我国境内没有纳税义务，或者该个人由于出入境原因导致当月在我国工作时间不满一个月的，仍按照《国家税务总局关于在我国境内无住所的个人取得奖金征税问题的通知》（国税发〔1996〕183号）计算纳税。

七、本通知自2005年1月1日起实施，以前规定与本通知不一致的，按本通知规定执行。《国家税务总局关于在中国境内有住所的个人取得奖金征税问题的通知》（国税发〔1996〕206号）和《国家税务总局关于企业经营者试行年薪制后如何计征个人所得税的通知》（国税发〔1996〕107号）同时废止。

## 财政部、税务总局关于延续实施全年一次性奖金个人所得税政策的公告

*2023年8月18日财政部、税务总局公告2023年第30号公布*

为进一步减轻纳税人负担，现将全年一次性奖金个人所得税政策公告如下：

一、居民个人取得全年一次性奖金，符合《国家税务总局关于调整个人取得全年一次性奖金等计算征收个人所得税方法问题的通知》（国税发〔2005〕9号）规定的，不并入当年综合所得，以全年一次性奖金收入除以12个月得到的数额，按照本公告所附按月换算后的综合所得税率表，确定适用税率和速算扣除数，单独计算纳税。计算公式为：

---

① 第二条被2018年12月27日《财政部、国家税务总局关于个人所得税法修改后有关优惠政策衔接问题的通知》（财税〔2018〕164号）废止；第六条被2019年3月14日财政部、税务总局公告2019年第35号《关于非居民个人和无住所居民个人有关个人所得税政策的公告》废止。——编者注

应纳税额 = 全年一次性奖金收入 × 适用税率 − 速算扣除数

二、居民个人取得全年一次性奖金，也可以选择并入当年综合所得计算纳税。

三、本公告执行至2027年12月31日。

特此公告。

**附件**

按月换算后的综合所得税率表

| 级数 | 全月应纳税所得额 | 税率（%） | 速算扣除数 |
|---|---|---|---|
| 1 | 不超过3000元的 | 3 | 0 |
| 2 | 超过3000元至12000元的部分 | 10 | 210 |
| 3 | 超过12000元至25000元的部分 | 20 | 1410 |
| 4 | 超过25000元至35000元的部分 | 25 | 2660 |
| 5 | 超过35000元至55000元的部分 | 30 | 4410 |
| 6 | 超过55000元至80000元的部分 | 35 | 7160 |
| 7 | 超过80000元的部分 | 45 | 15160 |

## 财政部、人力资源社会保障部、国家税务总局关于企业年金、职业年金个人所得税有关问题的通知[①]

*1. 2013年12月6日发布*
*2. 财税〔2013〕103号*
*3. 自2014年1月1日起施行*

各省、自治区、直辖市、计划单列市财政厅（局）、人力资源社会保障厅（局）、地方税务局，新疆生产建设兵团财务局、人力资源社会保障局：

为促进我国多层次养老保险体系的发展，根据个人所得税法相关规定，现就企业年金和职业年金个人所得税有关问题通知如下：

**一、企业年金和职业年金缴费的个人所得税处理**

1. 企业和事业单位（以下统称单位）根据国家有关政策规定的办法和标准，为在本单位任职或者受雇的全体职工缴付的企业年金或职业年金（以下统称年金）单位缴费部分，在计入个人账户时，个人暂不缴纳个人所得税。

2. 个人根据国家有关政策规定缴付的年金个人缴费部分，在不超过本人缴费工资计税基数的4%标准内的部分，暂从个人当期的应纳税所得额中扣除。

3. 超过本通知第一条第1项和第2项规定的标准缴付的年金单位缴费和个人缴费部分，应并入个人当期的工资、薪金所得，依法计征个人所得税。税款由建立年金的单位代扣代缴，并向主管税务机关申报解缴。

4. 企业年金个人缴费工资计税基数为本人上一年度月平均工资。月平均工资按国家统计局规定列入工资总额统计的项目计算。月平均工资超过职工工作地所在设区城市上一年度职工月平均工资300%以上的部分，不计入个人缴费工资计税基数。

职业年金个人缴费工资计税基数为职工岗位工资和薪级工资之和。职工岗位工资和薪级工资之和超过职工工作地所在设区城市上一年度职工月平均工资300%以上的部分，不计入个人缴费工资计税基数。

**二、年金基金投资运营收益的个人所得税处理**

年金基金投资运营收益分配计入个人账户时，个人暂不缴纳个人所得税。

**三、领取年金的个人所得税处理**

1. 个人达到国家规定的退休年龄，在本通知实施之后按月领取的年金，全额按照“工资、薪金所得”项目适用的税率，计征个人所得税；在本通知实施之后按年或按季领取的年金，平均分摊计入各月，每月领取额全额按照“工资、薪金所得”项目适用的税率，计征个人所得税。

2. 对单位和个人在本通知实施之前开始缴付年金缴费，个人在本通知实施之后领取年金的，允许其从领取的年金中减除在本通知实施之前缴付的年金单位缴费和个人缴费且已经缴纳个人所得税的部分，就其余额按照本通知第三条第1项的规定征税。在个人分期领取年金的情况下，可按本通知实施之前缴付的年金缴费金额占全部缴费金额的百分比减计当期的应纳税所得额，减计后的余额，按照本通知第三条第1项的规定，计算缴纳个人所得税。

3. 对个人因出境定居而一次性领取的年金个人账户资金，或个人死亡后，其指定的受益人或法定继承人一次性领取的年金个人账户余额，允许领取人将一次

① 第三条第1项和第3项已被2018年12月27日《财政部、国家税务总局关于个人所得税法修改后有关优惠政策衔接问题的通知》（财税〔2018〕164号）废止。——编者注

性领取的年金个人账户资金或余额按12个月分摊到各月，就其每月分摊额，按照本通知第三条第1项和第2项的规定计算缴纳个人所得税。对个人除上述特殊原因外一次性领取年金个人账户资金或余额的，则不允许采取分摊的方法，而是就其一次性领取的总额，单独作为一个月的工资薪金所得，按照本通知第三条第1项和第2项的规定，计算缴纳个人所得税。

4. 个人领取年金时，其应纳税款由受托人代表委托人委托托管人代扣代缴。年金账户管理人应及时向托管人提供个人年金缴费及对应的个人所得税纳税明细。托管人根据受托人指令及账户管理人提供的资料，按照规定计算扣缴个人当期领取年金待遇的应纳税款，并向托管人所在地主管税务机关申报解缴。

5. 建立年金计划的单位、年金托管人，应按照个人所得税法和税收征收管理法的有关规定，实行全员全额扣缴明细申报。受托人有责任协调相关管理人依法向税务机关办理扣缴申报、提供相关资料。

四、建立年金计划的单位应于建立年金计划的次月15日内，向其所在地主管税务机关报送年金方案、人力资源社会保障部门出具的方案备案函、计划确认函以及主管税务机关要求报送的其他相关资料。年金方案、受托人、托管人发生变化的，应于发生变化的次月15日内重新向其主管税务机关报送上述资料。

五、财政、税务、人力资源社会保障等相关部门以及年金机构之间要加强协调，通力合作，共同做好政策实施各项工作。

六、本通知所称企业年金，是指根据《企业年金试行办法》（原劳动和社会保障部令第20号）的规定，企业及其职工在依法参加基本养老保险的基础上，自愿建立的补充养老保险制度。所称职业年金是指根据《事业单位职业年金试行办法》（国办发〔2011〕37号）的规定，事业单位及其工作人员在依法参加基本养老保险的基础上，建立的补充养老保险制度。

七、本通知自2014年1月1日起执行。《国家税务总局关于企业年金个人所得税征收管理有关问题的通知》（国税函〔2009〕694号）、《国家税务总局关于企业年金个人所得税有关问题补充规定的公告》（国家税务总局公告2011年第9号）同时废止。

## 国家税务总局关于个人住房转让所得征收个人所得税有关问题的通知

*1. 2006年7月18日发布*
*2. 国税发〔2006〕108号*
*3. 根据2018年6月15日国家税务总局公告2018年第31号《关于修改部分税收规范性文件的公告》修正*

各省、自治区、直辖市和计划单列市地方税务局，河北、黑龙江、江苏、浙江、山东、安徽、福建、江西、河南、湖南、广东、广西、重庆、贵州、青海、宁夏、新疆、甘肃省（自治区、直辖市）财政厅（局），青岛、宁波、厦门市财政局：

《中华人民共和国个人所得税法》及其实施条例规定，个人转让住房，以其转让收入额减除财产原值和合理费用后的余额为应纳税所得额，按照“财产转让所得”项目缴纳个人所得税。之后，根据我国经济形势发展需要，《财政部、国家税务总局、建设部关于个人出售住房所得征收个人所得税有关问题的通知》（财税字〔1999〕278号）对个人转让住房的个人所得税应纳税所得额计算和换购住房的个人所得税有关问题做了具体规定。目前，在征收个人转让住房的个人所得税中，各地又反映出一些需要进一步明确的问题。为完善制度，加强征管，根据个人所得税法和税收征收管理法的有关规定精神，现就有关问题通知如下：

一、对住房转让所得征收个人所得税时，以实际成交价格为转让收入。纳税人申报的住房成交价格明显低于市场价格且无正当理由的，征收机关依法有权根据有关信息核定其转让收入，但必须保证各税种计税价格一致。

二、对转让住房收入计算个人所得税应纳税所得额时，纳税人可凭原购房合同、发票等有效凭证，经税务机关审核后，允许从其转让收入中减除房屋原值、转让住房过程中缴纳的税金及有关合理费用。

（一）房屋原值具体为：

1. 商品房：购置该房屋时实际支付的房价款及交纳的相关税费。

2. 自建住房：实际发生的建造费用及建造和取得产权时实际交纳的相关税费。

3. 经济适用房（含集资合作建房、安居工程住房）：原购房人实际支付的房价款及相关税费，以及按规定交纳的土地出让金。

4. 已购公有住房：原购公有住房标准面积按当地经济适用房价格计算的房价款，加上原购公有住房超标准面积实际支付的房价款以及按规定向财政部门（或原产权单位）交纳的所得收益及相关税费。

已购公有住房是指城镇职工根据国家和县级（含县级）以上人民政府有关城镇住房制度改革政策规定，按照成本价（或标准价）购买的公有住房。

经济适用房价格按县级（含县级）以上地方人民政府规定的标准确定。

5. 城镇拆迁安置住房：根据《城市房屋拆迁管理条例》（国务院令第305号）和《建设部关于印发〈城市房屋拆迁估价指导意见〉的通知》（建住房〔2003〕234号）等有关规定，其原值分别为：

（1）房屋拆迁取得货币补偿后购置房屋的，为购置该房屋实际支付的房价款及交纳的相关税费；

（2）房屋拆迁采取产权调换方式的，所调换房屋原值为《房屋拆迁补偿安置协议》注明的价款及交纳的相关税费；

（3）房屋拆迁采取产权调换方式，被拆迁人除取得所调换房屋，又取得部分货币补偿的，所调换房屋原值为《房屋拆迁补偿安置协议》注明的价款和交纳的相关税费，减去货币补偿后的余额；

（4）房屋拆迁采取产权调换方式，被拆迁人取得所调换房屋，又支付部分货币的，所调换房屋原值为《房屋拆迁补偿安置协议》注明的价款，加上所支付的货币及交纳的相关税费。

（二）转让住房过程中缴纳的税金是指：纳税人在转让住房时实际缴纳的营业税、城市维护建设税、教育费附加、土地增值税、印花税等税金。

（三）合理费用是指：纳税人按照规定实际支付的住房装修费用、住房贷款利息、手续费、公证费等费用。

1. 支付的住房装修费用。纳税人能提供实际支付装修费用的税务统一发票，并且发票上所列付款人姓名与转让房屋产权人一致的，经税务机关审核，其转让的住房在转让前实际发生的装修费用，可在以下规定比例内扣除：

（1）已购公有住房、经济适用房：最高扣除限额为房屋原值的15%；

（2）商品房及其他住房：最高扣除限额为房屋原值的10%。

纳税人原购房为装修房，即合同注明房价款中含有装修费（铺装了地板，装配了洁具、厨具等）的，不得再重复扣除装修费用。

2. 支付的住房贷款利息。纳税人出售以按揭贷款方式购置的住房的，其向贷款银行实际支付的住房贷款利息，凭贷款银行出具的有效证明据实扣除。

3. 纳税人按照有关规定实际支付的手续费、公证费等，凭有关部门出具的有效证明据实扣除。

本条规定自2006年8月1日起执行。

三、纳税人未提供完整、准确的房屋原值凭证，不能正确计算房屋原值和应纳税额的，税务机关可根据《中华人民共和国税收征收管理法》第三十五条的规定，对其实行核定征税，即按纳税人住房转让收入的一定比例核定应纳个人所得税额。具体比例由省税务局或者省税务局授权的市税务局根据纳税人出售住房的所处区域、地理位置、建造时间、房屋类型、住房平均价格水平等因素，在住房转让收入1%－3%的幅度内确定。

四、各级税务机关要严格执行《国家税务总局关于进一步加强房地产税收管理的通知》（国税发〔2005〕82号）和《国家税务总局关于实施房地产税收一体化管理若干具体问题的通知》（国税发〔2005〕156号）的规定。为方便出售住房的个人依法履行纳税义务，加强税收征管，主管税务机关要在房地产交易场所设置税收征收窗口，个人转让住房应缴纳的个人所得税，应与转让环节应缴纳的营业税、契税、土地增值税等税收一并办理；税务机关暂没有条件在房地产交易场所设置税收征收窗口的，应委托契税征收部门一并征收个人所得税等税收。

五、各级税务机关要认真落实有关住房转让个人所得税优惠政策。按照《财政部、国家税务总局、建设部关于个人出售住房所得征收个人所得税有关问题的通知》（财税字〔1999〕278号）的规定，对出售自有住房并拟在现住房出售1年内按市场价重新购房的纳税人，其出售现住房所缴纳的个人所得税，先以纳税保证金形式缴纳，再视其重新购房的金额与原住房销售额的关系，全部或部分退还纳税保证金；对个人转让自用5年以上，并且是家庭唯一生活用房取得的所得，免征个人所得税。要不折不扣地执行上述优惠政策，确保维护纳税人的合法权益。

六、各级税务机关要做好住房转让的个人所得税纳税保证金收取、退还和有关管理工作。要按照《财政部、国家税务总局、建设部关于个人出售住房所得征收个人所得税有关问题的通知》（财税字〔1999〕278号）和《国家税务总局、财政部、中国人民银行关于印发〈税务代保管资金账户管理办法〉的通知》（国税发〔2005〕181号）要求，按规定建立个人所得税纳税保证金专户，为缴纳纳税保证金的纳税人建立档案，加强对纳税保证金信息的采集、比对、审核；向纳税人宣传解释纳税保证金的征收、退还政策及程序；认真做好纳税保证金退还事宜，符合条件的确保及时办理。

## 国家税务总局关于加强和规范个人取得拍卖收入征收个人所得税有关问题的通知

*1. 2007年4月4日发布*
*2. 国税发〔2007〕38号*
*3. 自2007年5月1日起施行*

各省、自治区、直辖市和计划单列市地方税务局，宁夏、西藏自治区国家税务局：

据部分地区反映，对于个人通过拍卖市场拍卖各种财产（包括字画、瓷器、玉器、珠宝、邮品、钱币、古籍、古董等物品）的所得征收个人所得税有关规定不够细化，为增强可操作性，需进一步完善规范。为此，根据《中华人民共和国个人所得税法》及其实施条例和《中华人民共和国税收征收管理法》及其实施细则规定，现通知如下：

一、个人通过拍卖市场拍卖个人财产，对其取得所得按以下规定征税：

（一）根据《国家税务总局关于印发〈征收个人所得税若干问题的规定〉的通知》（国税发〔1994〕089号），作者将自己的文字作品手稿原件或复印件拍卖取得的所得，应以其转让收入额减除800元（转让收入额4000元以下）或者20%（转让收入额4000元以上）后的余额为应纳税所得额，按照"特许权使用费"所得项目适用20%税率缴纳个人所得税。

（二）个人拍卖除文字作品原稿及复印件外的其他财产，应以其转让收入额减除财产原值和合理费用后的余额为应纳税所得额，按照"财产转让所得"项目适用20%税率缴纳个人所得税。

二、对个人财产拍卖所得征收个人所得税时，以该项财产最终拍卖成交价格为其转让收入额。

三、个人财产拍卖所得适用"财产转让所得"项目计算应纳税所得额时，纳税人凭合法有效凭证（税务机关监制的正式发票、相关境外交易单据或海关报关单据、完税证明等），从其转让收入额中减除相应的财产原值、拍卖财产过程中缴纳的税金及有关合理费用。

（一）财产原值，是指售出方个人取得该拍卖品的价格（以合法有效凭证为准）。具体为：

1. 通过商店、画廊等途径购买的，为购买该拍卖品时实际支付的价款；

2. 通过拍卖行拍得的，为拍得该拍卖品实际支付的价款及交纳的相关税费；

3. 通过祖传收藏的，为其收藏该拍卖品而发生的费用；

4. 通过赠送取得的，为其受赠该拍卖品时发生的相关税费；

5. 通过其他形式取得的，参照以上原则确定财产原值。

（二）拍卖财产过程中缴纳的税金，是指在拍卖财产时纳税人实际缴纳的相关税金及附加。

（三）有关合理费用，是指拍卖财产时纳税人按照规定实际支付的拍卖费（佣金）、鉴定费、评估费、图录费、证书费等费用。

四、纳税人如不能提供合法、完整、准确的财产原值凭证，不能正确计算财产原值的，按转让收入额的3%征收率计算缴纳个人所得税；拍卖品为经文物部门认定是海外回流文物的，按转让收入额的2%征收率计算缴纳个人所得税。

五、纳税人的财产原值凭证内容填写不规范，或者一份财产原值凭证包括多件拍卖品且无法确认每件拍卖品一一对应的原值的，不得将其作为扣除财产原值的计算依据，应视为不能提供合法、完整、准确的财产原值凭证，并按上述规定的征收率计算缴纳个人所得税。

六、纳税人能够提供合法、完整、准确的财产原值凭证，但不能提供有关税费凭证的，不得按征收率计算纳税，应当就财产原值凭证上注明的金额据实扣除，并按照税法规定计算缴纳个人所得税。

七、个人财产拍卖所得应纳的个人所得税税款，由拍卖单位负责代扣代缴，并按规定向拍卖单位所在地主管税务机关办理纳税申报。

八、拍卖单位代扣代缴个人财产拍卖所得应纳的个人所得税税款时，应给纳税人填开完税凭证，并详细标明每件拍卖品的名称、拍卖成交价格、扣缴税款额。

九、主管税务机关应加强对个人财产拍卖所得的税收征管工作，在拍卖单位举行拍卖活动期间派工作人员进入拍卖现场，了解拍卖的有关情况，宣传辅导有关税收政策，审核鉴定原值凭证和费用凭证，督促拍卖单位依法代扣代缴个人所得税。

十、本通知自5月1日起执行。《国家税务总局关于书画作品、古玩等拍卖收入征收个人所得税有关问题的通知》(国税发〔1997〕154 号)同时废止。

## 财政部、国家税务总局关于个人无偿受赠房屋有关个人所得税问题的通知

*1. 2009 年 5 月 25 日发布*
*2. 财税〔2009〕78 号*

各省、自治区、直辖市、计划单列市财政厅(局)、地方税务局,宁夏、西藏、青海省(自治区)国家税务局,新疆生产建设兵团财务局:

为了加强个人所得税征管,堵塞税收漏洞,根据《中华人民共和国个人所得税法》有关规定,现就个人无偿受赠房屋有关个人所得税问题通知如下:

一、以下情形的房屋产权无偿赠与,对当事双方不征收个人所得税:

(一)房屋产权所有人将房屋产权无偿赠与配偶、父母、子女、祖父母、外祖父母、孙子女、外孙子女、兄弟姐妹;

(二)房屋产权所有人将房屋产权无偿赠与对其承担直接抚养或者赡养义务的抚养人或者赡养人;

(三)房屋产权所有人死亡,依法取得房屋产权的法定继承人、遗嘱继承人或者受遗赠人。

二、赠与双方办理免税手续时,应向税务机关提交以下资料:

(一)《国家税务总局关于加强房地产交易个人无偿赠与不动产税收管理有关问题的通知》(国税发〔2006〕144 号)第一条规定的相关证明材料;

(二)赠与双方当事人的有效身份证件;

(三)属于本通知第一条第(一)项规定情形的,还须提供公证机构出具的赠与人和受赠人亲属关系的公证书(原件);

(四)属于本通知第一条第(二)项规定情形的,还须提供公证机构出具的抚养关系或者赡养关系公证书(原件),或者乡镇政府或街道办事处出具的抚养关系或者赡养关系证明。

税务机关应当认真审核赠与双方提供的上述资料,资料齐全并且填写正确的,在提交的《个人无偿赠与不动产登记表》上签字盖章后复印留存,原件退还提交人,同时办理个人所得税不征税手续。

三、除本通知第一条规定情形以外,房屋产权所有人将房屋产权无偿赠与他人的,受赠人因无偿受赠房屋取得的受赠所得,按照“经国务院财政部门确定征税的其他所得”项目缴纳个人所得税,税率为 20%。[①]

四、对受赠人无偿受赠房屋计征个人所得税时,其应纳税所得额为房地产赠与合同上标明的赠与房屋价值减除赠与过程中受赠人支付的相关税费后的余额。赠与合同标明的房屋价值明显低于市场价格或房地产赠与合同未标明赠与房屋价值的,税务机关可依据受赠房屋的市场评估价格或采取其他合理方式确定受赠人的应纳税所得额。

五、受赠人转让受赠房屋的,以其转让受赠房屋的收入减除原捐赠人取得该房屋的实际购置成本以及赠与和转让过程中受赠人支付的相关税费后的余额,为受赠人的应纳税所得额,依法计征个人所得税。受赠人转让受赠房屋价格明显偏低且无正当理由的,税务机关可以依据该房屋的市场评估价格或其他合理方式确定的价格核定其转让收入。

六、本通知自发布之日起执行。

## 财政部、国家税务总局、证监会关于上市公司股息红利差别化个人所得税政策有关问题的通知

*1. 2015 年 9 月 7 日发布*
*2. 财税〔2015〕101 号*
*3. 自 2015 年 9 月 8 日起施行*

各省、自治区、直辖市、计划单列市财政厅(局)、国家税务局、地方税务局,新疆生产建设兵团财务局,上海、深圳证券交易所,全国中小企业股份转让系统有限责任公司,中国证券登记结算公司:

经国务院批准,现就上市公司股息红利差别化个人所得税政策等有关问题通知如下:

一、个人从公开发行和转让市场取得的上市公司股票,持股期限超过 1 年的,股息红利所得暂免征收个人所得税。

个人从公开发行和转让市场取得的上市公司股票,持股期限在 1 个月以内(含 1 个月)的,其股息红利所得全额计入应纳税所得额;持股期限在 1 个月以

---

① 第三条已被 2019 年 6 月 13 日财政部、税务总局公告 2019 年第 74 号《关于个人取得有关收入适用个人所得税应税所得项目的公告》废止。——编者注

上至1年(含1年)的,暂减按50%计入应纳税所得额;上述所得统一适用20%的税率计征个人所得税。

二、上市公司派发股息红利时,对个人持股1年以内(含1年)的,上市公司暂不扣缴个人所得税;待个人转让股票时,证券登记结算公司根据其持股期限计算应纳税额,由证券公司等股份托管机构从个人资金账户中扣收并划付证券登记结算公司,证券登记结算公司应于次月5个工作日内划付上市公司,上市公司在收到税款当月的法定申报期内向主管税务机关申报缴纳。

三、上市公司股息红利差别化个人所得税政策其他有关操作事项,按照《财政部、国家税务总局、证监会关于实施上市公司股息红利差别化个人所得税政策有关问题的通知》(财税〔2012〕85号)的相关规定执行。

四、全国中小企业股份转让系统挂牌公司股息红利差别化个人所得税政策,按照本通知规定执行。其他有关操作事项,按照《财政部国家税务总局、证监会关于实施全国中小企业股份转让系统挂牌公司股息红利差别化个人所得税政策有关问题的通知》(财税〔2014〕48号)的相关规定执行。①

五、本通知自2015年9月8日起施行。

上市公司派发股息红利,股权登记日在2015年9月8日之后的,股息红利所得按照本通知的规定执行。本通知实施之日个人投资者证券账户已持有的上市公司股票,其持股时间自取得之日起计算。

## 国家税务总局关于完善调整部分纳税人个人所得税预扣预缴方法的公告

*1. 2020年7月28日国家税务总局公告2020年第13号公布*

*2. 自2020年7月1日起施行*

为进一步支持稳就业、保就业,减轻当年新入职人员个人所得税预扣预缴阶段的税收负担,现就完善调整年度中间首次取得工资、薪金所得等人员有关个人所得税预扣预缴方法事项公告如下:

一、对一个纳税年度内首次取得工资、薪金所得的居民个人,扣缴义务人在预扣预缴个人所得税时,可按照5000元/月乘以纳税人当年截至本月月份数计算累计减除费用。

二、正在接受全日制学历教育的学生因实习取得劳务报酬所得的,扣缴义务人预扣预缴个人所得税时,可按照《国家税务总局关于发布〈个人所得税扣缴申报管理办法(试行)〉的公告》(2018年第61号)规定的累计预扣法计算并预扣预缴税款。

三、符合本公告规定并可按上述条款预扣预缴个人所得税的纳税人,应当及时向扣缴义务人申明并如实提供相关佐证资料或承诺书,并对相关资料及承诺书的真实性、准确性、完整性负责。相关资料或承诺书,纳税人及扣缴义务人需留存备查。

四、本公告所称首次取得工资、薪金所得的居民个人,是指自纳税年度首月起至新入职时,未取得工资、薪金所得或者未按照累计预扣法预扣预缴过连续性劳务报酬所得个人所得税的居民个人。

本公告自2020年7月1日起施行。

特此公告。

## 财政部、税务总局关于境外所得有关个人所得税政策的公告

*2020年1月17日财政部、税务总局公告2020年第3号公布*

为贯彻落实《中华人民共和国个人所得税法》和《中华人民共和国个人所得税法实施条例》(以下称个人所得税法及其实施条例),现将境外所得有关个人所得税政策公告如下:

一、下列所得,为来源于中国境外的所得:

(一)因任职、受雇、履约等在中国境外提供劳务取得的所得;

(二)中国境外企业以及其他组织支付且负担的稿酬所得;

(三)许可各种特许权在中国境外使用而取得的所得;

(四)在中国境外从事生产、经营活动而取得的与生产、经营活动相关的所得;

(五)从中国境外企业、其他组织以及非居民个人取得的利息、股息、红利所得;

(六)将财产出租给承租人在中国境外使用而取得的所得;

(七)转让中国境外的不动产、转让对中国境外企业以及其他组织投资形成的股票、股权以及其他权益

---

① 第四条已被2019年7月12日财政部、税务总局、证监会公告2019年第78号《关于继续实施全国中小企业股份转让系统挂牌公司股息红利差别化个人所得税政策的公告》废止。——编者注

性资产（以下称权益性资产）或者在中国境外转让其他财产取得的所得。但转让对中国境外企业以及其他组织投资形成的权益性资产，该权益性资产被转让前三年（连续36个公历月份）内的任一时间，被投资企业或其他组织的资产公允价值50%以上直接或间接来自位于中国境内的不动产的，取得的所得为来源于中国境内的所得；

（八）中国境外企业、其他组织以及非居民个人支付且负担的偶然所得；

（九）财政部、税务总局另有规定的，按照相关规定执行。

二、居民个人应当依照个人所得税法及其实施条例规定，按照以下方法计算当期境内和境外所得应纳税额：

（一）居民个人来源于中国境外的综合所得，应当与境内综合所得合并计算应纳税额；

（二）居民个人来源于中国境外的经营所得，应当与境内经营所得合并计算应纳税额。居民个人来源于境外的经营所得，按照个人所得税法及其实施条例的有关规定计算的亏损，不得抵减其境内或他国（地区）的应纳税所得额，但可以用来源于同一国家（地区）以后年度的经营所得按中国税法规定弥补；

（三）居民个人来源于中国境外的利息、股息、红利所得，财产租赁所得，财产转让所得和偶然所得（以下称其他分类所得），不与境内所得合并，应当分别单独计算应纳税额。

三、居民个人在一个纳税年度内来源于中国境外的所得，依照所得来源国家（地区）税收法律规定在中国境外已缴纳的所得税税额允许在抵免限额内从其该纳税年度应纳税额中抵免。

居民个人来源于一国（地区）的综合所得、经营所得以及其他分类所得项目的应纳税额为其抵免限额，按照下列公式计算：

（一）来源于一国（地区）综合所得的抵免限额＝中国境内和境外综合所得依照本公告第二条规定计算的综合所得应纳税额×来源于该国（地区）的综合所得收入额÷中国境内和境外综合所得收入额合计

（二）来源于一国（地区）经营所得的抵免限额＝中国境内和境外经营所得依照本公告第二条规定计算的经营所得应纳税额×来源于该国（地区）的经营所得应纳税所得额÷中国境内和境外经营所得应纳税所得额合计

（三）来源于一国（地区）其他分类所得的抵免限额＝该国（地区）的其他分类所得依照本公告第二条规定计算的应纳税额

（四）来源于一国（地区）所得的抵免限额＝来源于该国（地区）综合所得抵免限额＋来源于该国（地区）经营所得抵免限额＋来源于该国（地区）其他分类所得抵免限额

四、可抵免的境外所得税税额，是指居民个人取得境外所得，依照该所得来源国（地区）税收法律应当缴纳且实际已经缴纳的所得税性质的税额。可抵免的境外所得税额不包括以下情形：

（一）按照境外所得税法律属于错缴或错征的境外所得税税额；

（二）按照我国政府签订的避免双重征税协定以及内地与香港、澳门签订的避免双重征税安排（以下统称税收协定）规定不应征收的境外所得税税额；

（三）因少缴或迟缴境外所得税而追加的利息、滞纳金或罚款；

（四）境外所得税纳税人或者其利害关系人从境外征税主体得到实际返还或补偿的境外所得税税款；

（五）按照我国个人所得税法及其实施条例规定，已经免税的境外所得负担的境外所得税税款。

五、居民个人从与我国签订税收协定的国家（地区）取得的所得，按照该国（地区）税收法律享受免税或减税待遇，且该免税或减税的数额按照税收协定饶让条款规定应视同已缴税额在中国的应纳税额中抵免的，该免税或减税数额可作为居民个人实际缴纳的境外所得税税额按规定申报税收抵免。

六、居民个人一个纳税年度内来源于一国（地区）的所得实际已经缴纳的所得税税额，低于依照本公告第三条规定计算出的来源于该国（地区）该纳税年度所得的抵免限额的，应以实际缴纳税额作为抵免额进行抵免；超过来源于该国（地区）该纳税年度所得的抵免限额的，应在限额内进行抵免，超过部分可以在以后五个纳税年度内结转抵免。

七、居民个人从中国境外取得所得的，应当在取得所得的次年3月1日至6月30日内申报纳税。

八、居民个人取得境外所得，应当向中国境内任职、受雇单位所在地主管税务机关办理纳税申报；在中国境内没有任职、受雇单位的，向户籍所在地或中国境内经常居住地主管税务机关办理纳税申报；户籍所在地与中国境内经常居住地不一致的，选择其中一地主管税务机关办理纳税申报；在中国境内没有户籍的，向中国境内经常居住地主管税务机关办理纳税申报。

九、居民个人取得境外所得的境外纳税年度与公历年度不一致的，取得境外所得的境外纳税年度最后一日所在的公历年度，为境外所得对应的我国纳税年度。

十、居民个人申报境外所得税收抵免时，除另有规定外，应当提供境外征税主体出具的税款所属年度的完税证明、税收缴款书或者纳税记录等纳税凭证，未提供符合要求的纳税凭证，不予抵免。

居民个人已申报境外所得、未进行税收抵免，在以后纳税年度取得纳税凭证并申报境外所得税收抵免的，可以追溯至该境外所得所属纳税年度进行抵免，但追溯年度不得超过五年。自取得该项境外所得的五个年度内，境外征税主体出具的税款所属纳税年度纳税凭证载明的实际缴纳税额发生变化的，按实际缴纳税额重新计算并办理补退税，不加收税收滞纳金，不退还利息。

纳税人确实无法提供纳税凭证的，可同时凭境外所得纳税申报表（或者境外征税主体确认的缴税通知书）以及对应的银行缴款凭证办理境外所得抵免事宜。

十一、居民个人被境内企业、单位、其他组织（以下称派出单位）派往境外工作，取得的工资薪金所得或者劳务报酬所得，由派出单位或者其他境内单位支付或负担的，派出单位或者其他境内单位应按照个人所得税法及其实施条例规定预扣预缴税款。

居民个人被派出单位派往境外工作，取得的工资薪金所得或者劳务报酬所得，由境外单位支付或负担的，如果境外单位为境外任职、受雇的中方机构（以下称中方机构）的，可以由境外任职、受雇的中方机构预扣税款，并委托派出单位向主管税务机关申报纳税。中方机构未预扣税款的或者境外单位不是中方机构的，派出单位应当于次年2月28日前向其主管税务机关报送外派人员情况，包括：外派人员的姓名、身份证件类型及身份证件号码、职务、派往国家和地区、境外工作单位名称和地址、派遣期限、境内外收入及缴税情况等。

中方机构包括中国境内企业、事业单位、其他经济组织以及国家机关所属的境外分支机构、子公司、使（领）馆、代表处等。

十二、居民个人取得来源于境外的所得或者实际已经在境外缴纳的所得税税额为人民币以外货币，应当按照《中华人民共和国个人所得税法实施条例》第三十二条折合计算。

十三、纳税人和扣缴义务人未按本公告规定申报缴纳、扣缴境外所得个人所得税以及报送资料的，按照《中华人民共和国税收征收管理法》和个人所得税法及其实施条例等有关规定处理，并按规定纳入个人纳税信用管理。

十四、本公告适用于2019年度及以后年度税收处理事宜。以前年度尚未抵免完毕的税额，可按本公告第六条规定处理。下列文件或文件条款同时废止：

1.《财政部　国家税务总局关于个人股票期权所得征收个人所得税问题的通知》（财税〔2005〕35号）第三条

2.《国家税务总局关于境外所得征收个人所得税若干问题的通知》（国税发〔1994〕44号）

3.《国家税务总局关于企业和个人的外币收入如何折合成人民币计算缴纳税款问题的通知》（国税发〔1995〕173号）

特此公告。

## 财政部、税务总局关于公益慈善事业捐赠个人所得税政策的公告

1. *2019年12月30日财政部、税务总局公告2019年第99号公布*
2. *自2019年1月1日起施行*

为贯彻落实《中华人民共和国个人所得税法》及其实施条例有关规定，现将公益慈善事业捐赠有关个人所得税政策公告如下：

一、个人通过中华人民共和国境内公益性社会组织、县级以上人民政府及其部门等国家机关，向教育、扶贫、济困等公益慈善事业的捐赠（以下简称公益捐赠），发生的公益捐赠支出，可以按照个人所得税法有关规定在计算应纳税所得额时扣除。

前款所称境内公益性社会组织，包括依法设立或登记并按规定条件和程序取得公益性捐赠税前扣除资格的慈善组织、其他社会组织和群众团体。

二、个人发生的公益捐赠支出金额，按照以下规定确定：

（一）捐赠货币性资产的，按照实际捐赠金额确定；

（二）捐赠股权、房产的，按照个人持有股权、房产的财产原值确定；

（三）捐赠除股权、房产以外的其他非货币性资产的，按照非货币性资产的市场价格确定。

三、居民个人按照以下规定扣除公益捐赠支出：

（一）居民个人发生的公益捐赠支出可以在财产

租赁所得、财产转让所得、利息股息红利所得、偶然所得(以下统称分类所得)、综合所得或者经营所得中扣除。在当期一个所得项目扣除不完的公益捐赠支出,可以按规定在其他所得项目中继续扣除;

(二)居民个人发生的公益捐赠支出,在综合所得、经营所得中扣除的,扣除限额分别为当年综合所得、当年经营所得应纳税所得额的百分之三十;在分类所得中扣除的,扣除限额为当月分类所得应纳税所得额的百分之三十;

(三)居民个人根据各项所得的收入、公益捐赠支出、适用税率等情况,自行决定在综合所得、分类所得、经营所得中扣除的公益捐赠支出的顺序。

四、居民个人在综合所得中扣除公益捐赠支出的,应按照以下规定处理:

(一)居民个人取得工资薪金所得的,可以选择在预扣预缴时扣除,也可以选择在年度汇算清缴时扣除。

居民个人选择在预扣预缴时扣除的,应按照累计预扣法计算扣除限额,其捐赠当月的扣除限额为截止当月累计应纳税所得额的百分之三十(全额扣除的从其规定,下同)。个人从两处以上取得工资薪金所得,选择其中一处扣除,选择后当年不得变更。

(二)居民个人取得劳务报酬所得、稿酬所得、特许权使用费所得的,预扣预缴时不扣除公益捐赠支出,统一在汇算清缴时扣除。

(三)居民个人取得全年一次性奖金、股权激励等所得,且按规定采取不并入综合所得而单独计税方式处理的,公益捐赠支出扣除比照本公告分类所得的扣除规定处理。

五、居民个人发生的公益捐赠支出,可在捐赠当月取得的分类所得中扣除。当月分类所得应扣除未扣除的公益捐赠支出,可以按照以下规定追补扣除:

(一)扣缴义务人已经代扣但尚未解缴税款的,居民个人可以向扣缴义务人提出追补扣除申请,退还已扣税款。

(二)扣缴义务人已经代扣且解缴税款的,居民个人可以在公益捐赠之日起90日内提请扣缴义务人向征收税款的税务机关办理更正申报追补扣除,税务机关和扣缴义务人应当予以办理。

(三)居民个人自行申报纳税的,可以在公益捐赠之日起90日内向主管税务机关办理更正申报追补扣除。

居民个人捐赠当月有多项多次分类所得的,应先在其中一项一次分类所得中扣除。已经在分类所得中扣除的公益捐赠支出,不再调整到其他所得中扣除。

六、在经营所得中扣除公益捐赠支出,应按以下规定处理:

(一)个体工商户发生的公益捐赠支出,在其经营所得中扣除。

(二)个人独资企业、合伙企业发生的公益捐赠支出,其个人投资者应当按照捐赠年度合伙企业的分配比例(个人独资企业分配比例为百分之百),计算归属于每一个人投资者的公益捐赠支出,个人投资者应将其归属的个人独资企业、合伙企业公益捐赠支出和本人需要在经营所得扣除的其他公益捐赠支出合并,在其经营所得中扣除。

(三)在经营所得中扣除公益捐赠支出的,可以选择在预缴税款时扣除,也可以选择在汇算清缴时扣除。

(四)经营所得采取核定征收方式的,不扣除公益捐赠支出。

七、非居民个人发生的公益捐赠支出,未超过其在公益捐赠支出发生的当月应纳税所得额百分之三十的部分,可以从其应纳税所得额中扣除。扣除不完的公益捐赠支出,可以在经营所得中继续扣除。

非居民个人按规定可以在应纳税所得额中扣除公益捐赠支出而未实际扣除的,可按照本公告第五条规定追补扣除。

八、国务院规定对公益捐赠全额税前扣除的,按照规定执行。个人同时发生按百分之三十扣除和全额扣除的公益捐赠支出,自行选择扣除次序。

九、公益性社会组织、国家机关在接受个人捐赠时,应当按照规定开具捐赠票据;个人索取捐赠票据的,应予以开具。

个人发生公益捐赠时不能及时取得捐赠票据的,可以暂时凭公益捐赠银行支付凭证扣除,并向扣缴义务人提供公益捐赠银行支付凭证复印件。个人应在捐赠之日起90日内向扣缴义务人补充提供捐赠票据,如果个人未按规定提供捐赠票据的,扣缴义务人应在30日内向主管税务机关报告。

机关、企事业单位统一组织员工开展公益捐赠的,纳税人可以凭汇总开具的捐赠票据和员工明细单扣除。

十、个人通过扣缴义务人享受公益捐赠扣除政策,应当告知扣缴义务人符合条件可扣除的公益捐赠支出金额,并提供捐赠票据的复印件,其中捐赠股权、房产的还应出示财产原值证明。扣缴义务人应当按照规定在预扣预缴、代扣代缴税款时予扣除,并将公益捐赠扣除金额告知纳税人。

个人自行办理或扣缴义务人为个人办理公益捐赠扣除的，应当在申报时一并报送《个人所得税公益慈善事业捐赠扣除明细表》（见附件）。个人应留存捐赠票据，留存期限为五年。

十一、本公告自2019年1月1日起施行。个人自2019年1月1日至本公告发布之日期间发生的公益捐赠支出，按照本公告规定可以在分类所得中扣除但未扣除的，可以在2020年1月31日前通过扣缴义务人向征收税款的税务机关提出追补扣除申请，税务机关应当按规定予以办理。

特此公告。

附件：个人所得税公益慈善事业捐赠扣除明细表（略）

## 关于延续实施个人所得税综合所得汇算清缴有关政策的公告

*2023年8月18日财政部、税务总局公告2023年第32号公布*

为进一步减轻纳税人负担，现就个人所得税综合所得汇算清缴有关政策公告如下：

2024年1月1日至2027年12月31日居民个人取得的综合所得，年度综合所得收入不超过12万元且需要汇算清缴补税的，或者年度汇算清缴补税金额不超过400元的，居民个人可免于办理个人所得税综合所得汇算清缴。居民个人取得综合所得时存在扣缴义务人未依法预扣预缴税款的情形除外。

特此公告。

# ③个体工商户税收

## 个体工商户个人所得税计税办法

*1. 2014年12月27日国家税务总局令第35号公布*
*2. 根据2018年6月15日国家税务总局令第44号《关于修改部分税务部门规章的决定》修正*

### 第一章　总　　则

**第一条**　为了规范和加强个体工商户个人所得税征收管理，根据个人所得税法等有关税收法律、法规和政策规定，制定本办法。

**第二条**　实行查账征收的个体工商户应当按照本办法的规定，计算并申报缴纳个人所得税。

**第三条**　本办法所称个体工商户包括：

（一）依法取得个体工商户营业执照，从事生产经营的个体工商户；

（二）经政府有关部门批准，从事办学、医疗、咨询等有偿服务活动的个人；

（三）其他从事个体生产、经营的个人。

**第四条**　个体工商户以业主为个人所得税纳税义务人。

**第五条**　个体工商户应纳税所得额的计算，以权责发生制为原则，属于当期的收入和费用，不论款项是否收付，均作为当期的收入和费用；不属于当期的收入和费用，即使款项已经在当期收付，均不作为当期收入和费用。本办法和财政部、国家税务总局另有规定的除外。

**第六条**　在计算应纳税所得额时，个体工商户会计处理办法与本办法和财政部、国家税务总局相关规定不一致的，应当依照本办法和财政部、国家税务总局的相关规定计算。

### 第二章　计税基本规定

**第七条**　个体工商户的生产、经营所得，以每一纳税年度的收入总额，减除成本、费用、税金、损失、其他支出以及允许弥补的以前年度亏损后的余额，为应纳税所得额。

**第八条**　个体工商户从事生产经营以及与生产经营有关的活动（以下简称生产经营）取得的货币形式和非货币形式的各项收入，为收入总额。包括：销售货物收入、提供劳务收入、转让财产收入、利息收入、租金收入、接受捐赠收入、其他收入。

前款所称其他收入包括个体工商户资产溢余收入、逾期一年以上的未退包装物押金收入、确实无法偿付的应付款项、已作坏账损失处理后又收回的应收款项、债务重组收入、补贴收入、违约金收入、汇兑收益等。

**第九条**　成本是指个体工商户在生产经营活动中发生的销售成本、销货成本、业务支出以及其他耗费。

**第十条**　费用是指个体工商户在生产经营活动中发生的销售费用、管理费用和财务费用，已经计入成本的有关费用除外。

**第十一条**　税金是指个体工商户在生产经营活动中发生的除个人所得税和允许抵扣的增值税以外的各项税金及其附加。

**第十二条**　损失是指个体工商户在生产经营活动中发生的固定资产和存货的盘亏、毁损、报废损失，转让财产损失，坏账损失，自然灾害等不可抗力因素造成的损失以及其他损失。

个体工商户发生的损失，减除责任人赔偿和保险赔款后的余额，参照财政部、国家税务总局有关企业资产损失税前扣除的规定扣除。

个体工商户已经作为损失处理的资产，在以后纳税年度又全部收回或者部分收回时，应当计入收回当期的收入。

**第十三条**　其他支出是指除成本、费用、税金、损失外，个体工商户在生产经营活动中发生的与生产经营活动有关的、合理的支出。

**第十四条**　个体工商户发生的支出应当区分收益性支出和资本性支出。收益性支出在发生当期直接扣除；资本性支出应当分期扣除或者计入有关资产成本，不得在发生当期直接扣除。

前款所称支出，是指与取得收入直接相关的支出。

除税收法律法规另有规定外，个体工商户实际发生的成本、费用、税金、损失和其他支出，不得重复扣除。

**第十五条**　个体工商户下列支出不得扣除：

（一）个人所得税税款；

（二）税收滞纳金；

（三）罚金、罚款和被没收财物的损失；

（四）不符合扣除规定的捐赠支出；

（五）赞助支出；

（六）用于个人和家庭的支出；

（七）与取得生产经营收入无关的其他支出；

（八）国家税务总局规定不准扣除的支出。

**第十六条**　个体工商户生产经营活动中，应当分别核算生产经营费用和个人、家庭费用。对于生产经营与个人、家庭生活混用难以分清的费用，其40%视为与生产经营有关费用，准予扣除。

**第十七条**　个体工商户纳税年度发生的亏损，准予向以后年度结转，用以后年度的生产经营所得弥补，但结转年限最长不得超过五年。

**第十八条**　个体工商户使用或者销售存货，按照规定计算的存货成本，准予在计算应纳税所得额时扣除。

**第十九条**　个体工商户转让资产，该项资产的净值，准予在计算应纳税所得额时扣除。

**第二十条**　本办法所称亏损，是指个体工商户依照本办法规定计算的应纳税所得额小于零的数额。

## 第三章　扣除项目及标准

**第二十一条**　个体工商户实际支付给从业人员的、合理的工资薪金支出，准予扣除。

个体工商户业主的费用扣除标准，依照相关法律、法规和政策规定执行。

个体工商户业主的工资薪金支出不得税前扣除。

**第二十二条**　个体工商户按照国务院有关主管部门或者省级人民政府规定的范围和标准为其业主和从业人员缴纳的基本养老保险费、基本医疗保险费、失业保险费、生育保险费、工伤保险费和住房公积金，准予扣除。

个体工商户为从业人员缴纳的补充养老保险费、补充医疗保险费，分别在不超过从业人员工资总额5%标准内的部分据实扣除；超过部分，不得扣除。

个体工商户业主本人缴纳的补充养老保险费、补充医疗保险费，以当地（地级市）上年度社会平均工资的3倍为计算基数，分别在不超过该计算基数5%标准内的部分据实扣除；超过部分，不得扣除。

**第二十三条**　除个体工商户依照国家有关规定为特殊工种从业人员支付的人身安全保险费和财政部、国家税务总局规定可以扣除的其他商业保险费外，个体工商户业主本人或者为从业人员支付的商业保险费，不得扣除。

**第二十四条**　个体工商户在生产经营活动中发生的合理的不需要资本化的借款费用，准予扣除。

个体工商户为购置、建造固定资产、无形资产和经过12个月以上的建造才能达到预定可销售状态的存货发生借款的，在有关资产购置、建造期间发生的合理的借款费用，应当作为资本性支出计入有关资产的成本，并依照本办法的规定扣除。

**第二十五条**　个体工商户在生产经营活动中发生的下列利息支出，准予扣除：

（一）向金融企业借款的利息支出；

（二）向非金融企业和个人借款的利息支出，不超过按照金融企业同期同类贷款利率计算的数额的部分。

**第二十六条**　个体工商户在货币交易中，以及纳税年度终了时将人民币以外的货币性资产、负债按照期末即期人民币汇率中间价折算为人民币时产生的汇兑损失，除已经计入有关资产成本部分外，准予扣除。

**第二十七条**　个体工商户向当地工会组织拨缴的工会经费、实际发生的职工福利费支出、职工教育经费支出分别在工资薪金总额的2%、14%、2.5%的标准内据实扣除。

工资薪金总额是指允许在当期税前扣除的工资薪金支出数额。

职工教育经费的实际发生数额超出规定比例当期不能扣除的数额，准予在以后纳税年度结转扣除。

个体工商户业主本人向当地工会组织缴纳的工会经费、实际发生的职工福利费支出、职工教育经费支出，以当地（地级市）上年度社会平均工资的3倍为计算基数，在本条第一款规定比例内据实扣除。

**第二十八条**　个体工商户发生的与生产经营活动有关的业务招待费，按照实际发生额的60%扣除，但最高不得超过当年销售（营业）收入的5‰。

业主自申请营业执照之日起至开始生产经营之日止所发生的业务招待费，按照实际发生额的60%计入个体工商户的开办费。

**第二十九条**　个体工商户每一纳税年度发生的与其生产经营活动直接相关的广告费和业务宣传费不超过当年销售（营业）收入15%的部分，可以据实扣除；超过部分，准予在以后纳税年度结转扣除。

**第三十条**　个体工商户代其从业人员或者他人负担的税款，不得税前扣除。

**第三十一条**　个体工商户按照规定缴纳的摊位费、行政性收费、协会会费等，按实际发生数额扣除。

**第三十二条**　个体工商户根据生产经营活动的需要租入固定资产支付的租赁费，按照以下方法扣除：

（一）以经营租赁方式租入固定资产发生的租赁费支出，按照租赁期限均匀扣除；

（二）以融资租赁方式租入固定资产发生的租赁费支出，按照规定构成融资租入固定资产价值的部分应当提取折旧费用，分期扣除。

**第三十三条**　个体工商户参加财产保险，按照规定缴纳的保险费，准予扣除。

**第三十四条**　个体工商户发生的合理的劳动保护支出，准予扣除。

**第三十五条**　个体工商户自申请营业执照之日起至开始生产经营之日止所发生符合本办法规定的费用，除为取得固定资产、无形资产的支出，以及应计入资产价值的汇兑损益、利息支出外，作为开办费，个体工商户可以选择在开始生产经营的当年一次性扣除，也可自生产经营月份起在不短于3年期限内摊销扣除，但一经选定，不得改变。

开始生产经营之日为个体工商户取得第一笔销售（营业）收入的日期。

**第三十六条**　个体工商户通过公益性社会团体或者县级以上人民政府及其部门，用于《中华人民共和国公益事业捐赠法》规定的公益事业的捐赠，捐赠额不超过其应纳税所得额30%的部分可以据实扣除。

财政部、国家税务总局规定可以全额在税前扣除的捐赠支出项目，按有关规定执行。

个体工商户直接对受益人的捐赠不得扣除。

公益性社会团体的认定，按照财政部、国家税务总局、民政部有关规定执行。

**第三十七条**　本办法所称赞助支出，是指个体工商户发生的与生产经营活动无关的各种非广告性质支出。

**第三十八条**　个体工商户研究开发新产品、新技术、新工艺所发生的开发费用，以及研究开发新产品、新技术而购置单台价值在10万元以下的测试仪器和试验性装置的购置费准予直接扣除；单台价值在10万元以上（含10万元）的测试仪器和试验性装置，按固定资产管理，不得在当期直接扣除。

### 第四章　附　　则

**第三十九条**　个体工商户资产的税务处理，参照企业所得税相关法律、法规和政策规定执行。

**第四十条**　个体工商户有两处或两处以上经营机构的，选择并固定向其中一处经营机构所在地主管税务机关申报缴纳个人所得税。

**第四十一条**　个体工商户终止生产经营的，应当在注销工商登记或者向政府有关部门办理注销前向主管税务机关结清有关纳税事宜。

**第四十二条**　各省、自治区、直辖市和计划单列市税务局可以结合本地实际，制定具体实施办法。

**第四十三条**　本办法自2015年1月1日起施行。国家税务总局1997年3月26日发布的《国家税务总局关于印发〈个体工商户个人所得税计税办法（试行）〉的通知》（国税发〔1997〕43号）同时废止。

## 个体工商户税收定期定额征收管理办法

*1. 2006年8月30日国家税务总局令第16号公布*
*2. 根据2018年6月15日国家税务总局令第44号《关于修改部分税务部门规章的决定》修正*

**第一条**　为规范和加强个体工商户税收定期定额征收（以下简称定期定额征收）管理，公平税负，保护个体工商户合法权益，促进个体经济的健康发展，根据《中华人民共和国税收征收管理法》及其实施细则，制定本办法。

**第二条**　本办法所称个体工商户税收定期定额征收，是指税务机关依照法律、行政法规及本办法的规定，对个体工商户在一定经营地点、一定经营时期、一定经营范围内的应纳税经营额(包括经营数量)或所得额(以下简称定额)进行核定,并以此为计税依据,确定其应纳税额的一种征收方式。

**第三条** 本办法适用于经主管税务机关认定和县以上税务机关(含县级,下同)批准的生产、经营规模小,达不到《个体工商户建账管理暂行办法》规定设置账簿标准的个体工商户(以下简称定期定额户)的税收征收管理。

**第四条** 主管税务机关应当将定期定额户进行分类,在年度内按行业、区域选择一定数量并具有代表性的定期定额户,对其经营、所得情况进行典型调查,做出调查分析,填制有关表格。

典型调查户数应当占该行业、区域总户数的5%以上。具体比例由省税务机关确定。

**第五条** 定额执行期的具体期限由省税务机关确定,但最长不得超过一年。

定额执行期是指税务机关核定后执行的第一个纳税期至最后一个纳税期。

**第六条** 税务机关应当根据定期定额户的经营规模、经营区域、经营内容、行业特点、管理水平等因素核定定额,可以采用下列一种或两种以上的方法核定:

(一)按照耗用的原材料、燃料、动力等推算或者测算核定;

(二)按照成本加合理的费用和利润的方法核定;

(三)按照盘点库存情况推算或者测算核定;

(四)按照发票和相关凭据核定;

(五)按照银行经营账户资金往来情况测算核定;

(六)参照同类行业或类似行业中同规模、同区域纳税人的生产、经营情况核定;

(七)按照其他合理方法核定。

税务机关应当运用现代信息技术手段核定定额,增强核定工作的规范性和合理性。

**第七条** 税务机关核定定额程序:

(一)自行申报。定期定额户要按照税务机关规定的申报期限、申报内容向主管税务机关申报,填写有关申报文书。申报内容应包括经营行业、营业面积、雇佣人数和每月经营额、所得额以及税务机关需要的其他申报项目。

本项所称经营额、所得额为预估数。

(二)核定定额。主管税务机关根据定期定额户自行申报情况,参考典型调查结果,采取本办法第六条规定的核定方法核定定额,并计算应纳税额。

(三)定额公示。主管税务机关应当将核定定额的初步结果进行公示,公示期限为五个工作日。

公示地点、范围、形式应当按照便于定期定额户及社会各界了解、监督的原则,由主管税务机关确定。

(四)上级核准。主管税务机关根据公示意见结果修改定额,并将核定情况报经县以上税务机关审核批准后,填制《核定定额通知书》。

(五)下达定额。将《核定定额通知书》送达定期定额户执行。

(六)公布定额。主管税务机关将最终确定的定额和应纳税额情况在原公示范围内进行公布。

**第八条** 定期定额户应当建立收支凭证粘贴簿、进销货登记簿,完整保存有关纳税资料,并接受税务机关的检查。

**第九条** 依照法律、行政法规的规定,定期定额户负有纳税申报义务。

实行简易申报的定期定额户,应当在税务机关规定的期限内按照法律、行政法规规定缴清应纳税款,当期(指纳税期,下同)可以不办理申报手续。

**第十条** 采用数据电文申报、邮寄申报、简易申报等方式的,经税务机关认可后方可执行。经确定的纳税申报方式在定额执行期内不予更改。

**第十一条** 定期定额户可以委托经税务机关认定的银行或其他金融机构办理税款划缴。

凡委托银行或其他金融机构办理税款划缴的定期定额户,应当向税务机关书面报告开户银行及账号。其账户内存款应当足以按期缴纳当期税款。其存款余额低于当期应纳税款,致使当期税款不能按期入库的,税务机关按逾期缴纳税款处理;对实行简易申报的,按逾期办理纳税申报和逾期缴纳税款处理。

**第十二条** 定期定额户发生下列情形,应当向税务机关办理相关纳税事宜:

(一)定额与发票开具金额或税控收款机记录数据比对后,超过定额的经营额、所得额所应缴纳的税款;

(二)在税务机关核定定额的经营地点以外从事经营活动所应缴纳的税款。

**第十三条** 税务机关可以根据保证国家税款及时足额入库、方便纳税人、降低税收成本的原则,采用简化的税款征收方式,具体方式由省税务机关确定。

**第十四条** 县以上税务机关可以根据当地实际情况,依法委托有关单位代征税款。税务机关与代征单位必须签订委托代征协议,明确双方的权利、义务和应当承担的责任,并向代征单位颁发委托代征证书。

**第十五条** 定期定额户经营地点偏远、缴纳税款数额较小,或者税务机关征收税款有困难的,税务机关可以按照法律、行政法规的规定简并征期。但简并征期最长不得超过一个定额执行期。

简并征期的税款征收时间为最后一个纳税期。

**第十六条** 通过银行或其他金融机构划缴税款的,其完税凭证可以到税务机关领取,或到税务机关委托的银行或其他金融机构领取;税务机关也可以根据当地实际情况采取邮寄送达,或委托有关单位送达。

**第十七条** 定期定额户在定额执行期结束后,应当以该期每月实际发生的经营额、所得额向税务机关申报,申报额超过定额的,按申报额缴纳税款;申报额低于定额的,按定额缴纳税款。具体申报期限由省税务机关确定。

定期定额户当期发生的经营额、所得额超过定额一定幅度的,应当在法律、行政法规规定的申报期限内向税务机关进行申报并缴清税款。具体幅度由省税务机关确定。

**第十八条** 定期定额户的经营额、所得额连续纳税期超过或低于税务机关核定的定额,应当提请税务机关重新核定定额,税务机关应当根据本办法规定的核定方法和程序重新核定定额。具体期限由省税务机关确定。

**第十九条** 经税务机关检查发现定期定额户在以前定额执行期发生的经营额、所得额超过定额,或者当期发生的经营额、所得额超过定额一定幅度而未向税务机关进行纳税申报及结清应纳税款的,税务机关应当追缴税款、加收滞纳金,并按照法律、行政法规规定予以处理。其经营额、所得额连续纳税期超过定额,税务机关应当按照本办法第十八条的规定重新核定其定额。

**第二十条** 定期定额户发生停业的,应当在停业前向税务机关书面提出停业报告;提前恢复经营的,应当在恢复经营前向税务机关书面提出复业报告;需延长停业时间的,应当在停业期满前向税务机关提出书面的延长停业报告。

**第二十一条** 税务机关停止定期定额户实行定期定额征收方式,应当书面通知定期定额户。

**第二十二条** 定期定额户对税务机关核定的定额有争议的,可以在接到《核定定额通知书》之日起30日内向主管税务机关提出重新核定定额申请,并提供足以说明其生产、经营真实情况的证据,主管税务机关应当自接到申请之日起30日内书面答复。

定期定额户也可以按照法律、行政法规的规定直接向上一级税务机关申请行政复议;对行政复议决定不服的,可以依法向人民法院提起行政诉讼。

定期定额户在未接到重新核定定额通知、行政复议决定书或人民法院判决书前,仍按原定额缴纳税款。

**第二十三条** 税务机关应当严格执行核定定额程序,遵守回避制度。税务人员个人不得擅自确定或更改定额。

税务人员徇私舞弊或者玩忽职守,致使国家税收遭受重大损失,构成犯罪的,依法追究刑事责任;尚不构成犯罪的,依法给予行政处分。

**第二十四条** 对违反本办法规定的行为,按照《中华人民共和国税收征收管理法》及其实施细则有关规定处理。

**第二十五条** 个人独资企业的税款征收管理比照本办法执行。

**第二十六条** 各省、自治区、直辖市税务局根据本办法制定具体实施办法,并报国家税务总局备案。

**第二十七条** 本办法自2007年1月1日起施行。1997年6月19日国家税务总局发布的《个体工商户定期定额管理暂行办法》同时废止。

## 个体工商户建账管理暂行办法

1. *2006年12月15日国家税务总局令第17号公布*
2. *根据2018年6月15日国家税务总局令第44号《关于修改部分税务部门规章的决定》修正*

**第一条** 为了规范和加强个体工商户税收征收管理,促进个体工商户加强经济核算,根据《中华人民共和国税收征收管理法》(以下简称税收征管法)及其实施细则和《国务院关于批转国家税务总局加强个体私营经济税收征管强化查账征收工作意见的通知》,制定本办法。

**第二条** 凡从事生产、经营并有固定生产、经营场所的个体工商户,都应当按照法律、行政法规和本办法的规定设置、使用和保管账簿及凭证,并根据合法、有效凭证记账核算。

税务机关应同时采取有效措施,巩固已有建账成果,积极引导个体工商户建立健全账簿,正确进行核算,如实申报纳税。

**第三条**　符合下列情形之一的个体工商户，应当设置复式账：

（一）注册资金在20万元以上的。

（二）销售增值税应税劳务的纳税人或营业税纳税人月销售（营业）额在40000元以上；从事货物生产的增值税纳税人月销售额在60000元以上；从事货物批发或零售的增值税纳税人月销售额在80000元以上的。

（三）省税务机关确定应设置复式账的其他情形。

**第四条**　符合下列情形之一的个体工商户，应当设置简易账，并积极创造条件设置复式账：

（一）注册资金在10万元以上20万元以下的。

（二）销售增值税应税劳务的纳税人或营业税纳税人月销售（营业）额在15000元至40000元；从事货物生产的增值税纳税人月销售额在30000元至60000元；从事货物批发或零售的增值税纳税人月销售额在40000元至80000元的。

（三）省税务机关确定应当设置简易账的其他情形。

**第五条**　上述所称纳税人月销售额或月营业额，是指个体工商户上一个纳税年度月平均销售额或营业额；新办的个体工商户为业户预估的当年度经营期月平均销售额或营业额。

**第六条**　达不到上述建账标准的个体工商户，经县以上税务机关批准，可按照税收征管法的规定，建立收支凭证粘贴簿、进货销货登记簿或者使用税控装置。

**第七条**　达到建账标准的个体工商户，应当根据自身生产、经营情况和本办法规定的设置账簿条件，对照选择设置复式账或简易账，并报主管税务机关备案。账簿方式一经确定，在一个纳税年度内不得进行变更。

**第八条**　达到建账标准的个体工商户，应当自领取营业执照或者发生纳税义务之日起15日内，按照法律、行政法规和本办法的有关规定设置账簿并办理账务，不得伪造、变造或者擅自损毁账簿、记账凭证、完税凭证和其他有关资料。

**第九条**　设置复式账的个体工商户应按《个体工商户会计制度（试行）》的规定设置总分类账、明细分类账、日记账等，进行财务会计核算，如实记载财务收支情况。成本、费用列支和其他财务核算规定按照《个体工商户个人所得税计税办法（试行）》执行。

设置简易账的个体工商户应当设置经营收入账、经营费用账、商品（材料）购进账、库存商品（材料）盘点表和利润表，以收支方式记录、反映生产、经营情况并进行简易会计核算。

**第十条**　复式账簿中现金日记账，银行存款日记账和总分类账必须使用订本式，其他账簿可以根据业务的实际发生情况选用活页账簿。简易账簿均应采用订本式。

账簿和凭证应当按照发生的时间顺序填写，装订或者粘贴。

建账户对各种账簿、记账凭证、报表、完税凭证和其他有关涉税资料应当保存10年。

**第十一条**　设置复式账的个体工商户在办理纳税申报时，应当按照规定向当地主管税务机关报送财务会计报表和有关纳税资料。月度会计报表应当于月份终了后10日内报出，年度会计报表应当在年度终了后30日内报出。

**第十二条**　个体工商户可以聘请经批准从事会计代理记账业务的专业机构或者具备资质的财会人员代为建账和办理账务。

**第十三条**　按照税务机关规定的要求使用税控收款机的个体工商户，其税控收款机输出的完整的书面记录，可以视同经营收入账。

**第十四条**　税务机关对建账户采用查账征收方式征收税款。建账初期，也可以采用查账征收与定期定额征收相结合的方式征收税款。

**第十五条**　依照本办法规定应当设置账簿的个体工商户，具有税收征管法第三十五条第一款第二项至第六项情形之一的，税务机关有权根据税收征管法实施细则第四十七条规定的方法核定其应纳税额。

**第十六条**　依照本办法规定应当设置账簿的个体工商户违反有关法律、行政法规和本办法关于账簿设置、使用和保管规定的，由税务机关按照税收征管法的有关规定进行处理。

**第十七条**　个体工商户建账工作中所涉及的有关账簿、凭证、表格，按照有关规定办理。

**第十八条**　本办法所称“以上”均含本数。

**第十九条**　各省、自治区、直辖市和计划单列市税务局可根据本办法制定具体实施办法，并报国家税务总局备案。

**第二十条**　本办法自2007年1月1日起施行。1997年6月19日国家税务总局发布的《个体工商户建账管理暂行办法》同时废止。

# 国家税务总局关于个体工商户定期定额征收管理有关问题的通知

*1. 2006年12月21日发布*
*2. 国税发〔2006〕183号*

各省、自治区、直辖市和计划单列市国家税务局、地方税务局：

国家税务总局令（第16号）发布的《个体工商户税收定期定额征收管理办法》（以下简称《办法》）将于2007年1月1日开始施行。为了有利于征纳双方准确理解和全面贯彻落实《办法》，现将有关问题明确如下：

一、《办法》第二条所称的“经营数量”，是指从量计征的货物数量。

二、对虽设置账簿，但账目混乱或成本资料、收入凭证、费用凭证残缺不全，难以查账的个体工商户，税务机关可以实行定期定额征收。

三、个人所得税附征率应当按照法律、行政法规的规定和当地实际情况，分地域、行业进行换算。

个人所得税可以按照换算后的附征率，依据增值税、消费税、营业税的计税依据实行附征。

**四、核定定额的有关问题**

（一）定期定额户应当自行申报经营情况，对未按照规定期限自行申报的，税务机关可以不经过自行申报程序，按照《办法》第七条规定的方法核定其定额。

（二）税务机关核定定额可以到定期定额户生产、经营场所，对其自行申报的内容进行核实。

（三）运用个体工商户定额核定管理系统的，在采集有关数据时，应当由两名以上税务人员参加。

（四）税务机关不得委托其他单位核定定额。

五、新开业的个体工商户，在未接到税务机关送达的《核定定额通知书》前，应当按月向税务机关办理纳税申报，并缴纳税款。

**六、对未达到起征点定期定额户的管理**

（一）税务机关应当按照核定程序核定其定额。对未达起征点的定期定额户，税务机关应当送达《未达起征点通知书》。

（二）未达到起征点的定期定额户月实际经营额达到起征点，应当在纳税期限内办理纳税申报手续，并缴纳税款。

（三）未达到起征点的定期定额户连续三个月达到起征点，应当向税务机关申报，提请重新核定定额。税务机关应当按照《办法》有关规定重新核定定额，并下达《核定定额通知书》。①

七、定期定额户委托银行或其他金融机构划缴税款的，其账户内存款数额，应当足以缴纳当期税款。为保证税款及时入库，其存款入账的时间不得影响银行或其他金融机构在纳税期限内将其税款划缴入库。

八、定期定额户在定额执行期结束后，应当将该期每月实际发生经营额、所得额向税务机关申报（以下简称分月汇总申报），申报额超过定额的，税务机关按照申报额所应缴纳的税款减去已缴纳税款的差额补缴税款。

九、《办法》第二十条“……或者当期发生的经营额、所得额超过定额一定幅度……”中的“当期”，是指定额执行期内所有纳税期。

**十、滞纳金的有关问题**

（一）定期定额户在定额执行期届满分月汇总申报时，月申报额高于定额又低于省税务机关规定申报幅度的应纳税款，在规定的期限内申报纳税不加收滞纳金。

（二）对实行简并征期的定期定额户，其按照定额所应缴纳的税款在规定的期限内申报纳税不加收滞纳金。

十一、实行简并征期的定期定额户，在简并征期结束后应当办理分月汇总申报。

十二、定期定额户的经营额、所得额连续纳税期超过或低于定额一定幅度的，应当提请税务机关重新核定定额。具体幅度由省税务机关确定。

十三、定期定额户注销税务登记，应当向税务机关进行分月汇总申报并缴清税款。其停业是否分月汇总申报由主管税务机关确定。

---

①　第六条第一项“税务机关应当按照核定程序核定其定额。对未达起征点的定期定额户，税务机关应当送达《未达起征点通知书》”已被2022年9月28日国家税务总局公告2022年第20号《关于优化纳税人延期缴纳税款等税务事项管理方式的公告》废止。——编者注

## (4)财产税

### ①土地使用税

# 中华人民共和国
# 城镇土地使用税暂行条例

*1. 1988年9月27日国务院令第17号发布*
*2. 根据2006年12月31日国务院令第483号《关于修改〈中华人民共和国城镇土地使用税暂行条例〉的决定》第一次修订*
*3. 根据2011年1月8日国务院令第588号《关于废止和修改部分行政法规的决定》第二次修订*
*4. 根据2013年12月7日国务院令第645号《关于修改部分行政法规的决定》第三次修订*
*5. 根据2019年3月2日国务院令第709号《关于修改部分行政法规的决定》第四次修订*

**第一条**　为了合理利用城镇土地，调节土地级差收入，提高土地使用效益，加强土地管理，制定本条例。

**第二条**　在城市、县城、建制镇、工矿区范围内使用土地的单位和个人，为城镇土地使用税（以下简称土地使用税）的纳税人，应当依照本条例的规定缴纳土地使用税。

前款所称单位，包括国有企业、集体企业、私营企业、股份制企业、外商投资企业、外国企业以及其他企业和事业单位、社会团体、国家机关、军队以及其他单位；所称个人，包括个体工商户以及其他个人。

**第三条**　土地使用税以纳税人实际占用的土地面积为计税依据，依照规定税额计算征收。

前款土地占用面积的组织测量工作，由省、自治区、直辖市人民政府根据实际情况确定。

**第四条**　土地使用税每平方米年税额如下：

（一）大城市1.5元至30元；

（二）中等城市1.2元至24元；

（三）小城市0.9元至18元；

（四）县城、建制镇、工矿区0.6元至12元。

**第五条**　省、自治区、直辖市人民政府，应当在本条例第四条规定的税额幅度内，根据市政建设状况、经济繁荣程度等条件，确定所辖地区的适用税额幅度。

市、县人民政府应当根据实际情况，将本地区土地划分为若干等级，在省、自治区、直辖市人民政府确定的税额幅度内，制定相应的适用税额标准，报省、自治区、直辖市人民政府批准执行。

经省、自治区、直辖市人民政府批准，经济落后地区土地使用税的适用税额标准可以适当降低，但降低额不得超过本条例第四条规定最低税额的30%。经济发达地区土地使用税的适用税额标准可以适当提高，但须报经财政部批准。

**第六条**　下列土地免缴土地使用税：

（一）国家机关、人民团体、军队自用的土地；

（二）由国家财政部门拨付事业经费的单位自用的土地；

（三）宗教寺庙、公园、名胜古迹自用的土地；

（四）市政街道、广场、绿化地带等公共用地；

（五）直接用于农、林、牧、渔业的生产用地；

（六）经批准开山填海整治的土地和改造的废弃土地，从使用的月份起免缴土地使用税5年至10年；

（七）由财政部另行规定免税的能源、交通、水利设施用地和其他用地。

**第七条**　除本条例第六条规定外，纳税人缴纳土地使用税确有困难需要定期减免的，由县以上税务机关批准。

**第八条**　土地使用税按年计算、分期缴纳。缴纳期限由省、自治区、直辖市人民政府确定。

**第九条**　新征收的土地，依照下列规定缴纳土地使用税：

（一）征收的耕地，自批准征收之日起满1年时开始缴纳土地使用税；

（二）征收的非耕地，自批准征收次月起缴纳土地使用税。

**第十条**　土地使用税由土地所在地的税务机关征收。土地管理机关应当向土地所在地的税务机关提供土地使用权属资料。

**第十一条**　土地使用税的征收管理，依照《中华人民共和国税收征收管理法》及本条例的规定执行。

**第十二条**　土地使用税收入纳入财政预算管理。

**第十三条**　本条例的实施办法由省、自治区、直辖市人民政府制定。

**第十四条**　本条例自1988年11月1日起施行，各地制定的土地使用费办法同时停止执行。

## 国家税务总局、财政部、国土资源部关于加强土地税收管理的通知

*1. 2005年7月1日发布*
*2. 国税发〔2005〕111号*
*3. 根据2018年6月15日国家税务总局公告2018年第31号《关于修改部分税收规范性文件的公告》修正*

各省、自治区、直辖市和计划单列市财政厅(局)、地方税务局、国土资源厅(局),扬州税务进修学院,新疆生产建设兵团国土管理局:

为了贯彻落实国务院关于加强和改善宏观调控的方针政策,进一步强化土地税收(包括城镇土地使用税、土地增值税、契税和耕地占用税,下同)管理,充分发挥税收的经济调节作用,促进土地的节约和集约利用,加强部门协作,现将有关问题通知如下:

一、各级税务、财政和国土资源管理部门,要认真贯彻执行国家土地税收和土地管理的法律、法规和政策规定,共同研究强化土地税收征管的办法和措施,通过信息共享、情况通报、联合办公、联席会议等多种形式沟通情况和信息,加强部门间的协作配合。各级税务、财政部门要主动与当地的国土资源管理部门取得联系,积极研究强化征管的措施、信息共享方式、协作配合办法。

二、各级国土资源管理部门应根据当地税务、财政部门的需要,提供现有的地籍资料和相关地价资料,包括权利人名称、土地权属状况、等级、价格等情况资料,以便税务部门掌握土地的占有和使用情况,加强土地税收的管理。

对于通过征用或者出让、转让方式取得的土地,以及出租土地使用权或变更土地登记的,国土资源管理部门在办理用地手续后,应及时把有关信息告知当地的税务、财政部门。

各级税务、财政部门对从国土资源管理部门获取的地籍资料和相关地价资料,只能用于征税之目的,并有责任按照国土资源管理部门的要求予以保密。

三、各级税务、财政部门要充分利用地籍资料和相关地价资料,加强土地税收的管理。建立健全土地税收税源登记档案和税源数据库,并根据变化情况及时更新税源登记档案和土地税收数据库内的信息。要定期将从国土资源管理部门取得的地籍资料等相关信息与房地产税收征管的有关信息进行比对,查找漏征税的土地,分析征管中存在的问题及原因,提出解决问题的意见和办法,并进一步规范土地税收的征收管理办法,做到应收尽收。

各级税务、财政部门在征管工作中,如发现纳税人没有办理用地手续或未进行土地登记的,应及时将有关信息告知当地国土资源管理部门,以便国土资源管理部门加强土地管理。

四、各级国土资源管理部门在办理土地使用权权属登记时,应按照《中华人民共和国契税暂行条例》、《中华人民共和国土地增值税暂行条例》的规定,在纳税人出具完税(或减免税)凭证后,再办理土地登记手续;对于未出具完税(或减免税)凭证的,不予办理相关的手续。办理土地登记后,应将完税(或减免税)凭证一联与权属登记资料一并归档备查。

五、为了方便纳税人,各级税务、财政部门和国土资源管理部门要积极协商,创造条件,在土地登记、审批场所设立税收征收窗口。

各级国土资源管理部门在进行用地情况检查和查处土地违法案件中,发现擅自转让(受让)土地的,除按有关规定进行处理外,还应查验土地使用人的完税(或减免税)凭证,对于不能出具完税(或减免税)凭证的,应将有关情况及时通报税务、财政部门。要切实做好地价评估动态监测及基准地价确定更新等基础工作,规范土地市场交易行为和涉税评估行为,防止国家税收流失。税务、财政部门应积极配合国土资源管理部门开展土地管理方面的检查。

六、各级税务、财政部门要充分利用国土资源管理部门已有的城镇土地分等定级、基准地价成果,合理划分和调整城镇土地使用税的等级和税额标准,更好地发挥税收调节经济和土地收益的作用。要大力支持国土资源管理部门做好土地分等定级与基准地价更新工作,及时提供现有税源登记档案及税源数据库中有关房地产价值等信息。

省税务部门应根据国土资源管理部门提供的土地分等的资料,对全省范围内的城镇土地使用税分等定级和确定适用税额的情况进行研究分析,报经省级人民政府批准后,对各市、县、镇的税额标准进行综合平衡,使城镇土地使用税的分等定级和确定的税额标准能够客观反映各地间地价和土地收益的差别。

各市、县、镇的税务部门应根据国土资源管理部门提供的土地定级资料,对本地区城镇土地使用税等级划分和适用税额情况进行研究分析,对等级划分不合理或城镇土地使用税税额偏低的,按照税收管理权限

报经批准后适时做出调整。

七、对于国土资源管理部门配合土地税收管理增加的支出,地方财政部门应给予必要的经费支持。

八、各地区税务、财政部门和国土资源管理部门要结合本地情况,共同协商研究制定贯彻落实本通知的具体办法,并抄报国家税务总局、财政部和国土资源部。

## 财政部、国家税务总局关于集体土地城镇土地使用税有关政策的通知

*1. 2006年4月30日发布*

*2. 财税〔2006〕56号*

*3. 自2006年5月1日起施行*

各省、自治区、直辖市、计划单列市财政厅(局)、地方税务局,新疆生产建设兵团财务局:

根据当前集体土地使用中出现的新情况、新问题,经研究,现将集体土地城镇土地使用税有关政策通知如下:

在城镇土地使用税征税范围内实际使用应税集体所有建设用地、但未办理土地使用权流转手续的,由实际使用集体土地的单位和个人按规定缴纳城镇土地使用税。

本通知自2006年5月1日起执行,此前凡与本通知不一致的政策规定一律以本通知为准。

## 财政部、国家税务总局关于房产税、城镇土地使用税有关政策的通知

*1. 2006年12月25日发布*

*2. 财税〔2006〕186号*

*3. 自2007年1月1日起施行*

各省、自治区、直辖市、计划单列市财政厅(局)、地方税务局,新疆生产建设兵团财务局:

经研究,现对房产税、城镇土地使用税有关政策明确如下:

**一、关于居民住宅区内业主共有的经营性房产缴纳房产税问题**

对居民住宅区内业主共有的经营性房产,由实际经营(包括自营和出租)的代管人或使用人缴纳房产税。其中自营的,依照房产原值减除10%至30%后的余值计征,没有房产原值或不能将业主共有房产与其他房产的原值准确划分开的,由房产所在地地方税务机关参照同类房产核定房产原值;出租的,依照租金收入计征。

**二、关于有偿取得土地使用权城镇土地使用税纳税义务发生时间问题**

以出让或转让方式有偿取得土地使用权的,应由受让方从合同约定交付土地时间的次月起缴纳城镇土地使用税;合同未约定交付土地时间的,由受让方从合同签订的次月起缴纳城镇土地使用税。

国家税务总局《关于房产税城镇土地使用税有关政策规定的通知》(国税发〔2003〕89号)第二条第四款中有关房地产开发企业城镇土地使用税纳税义务发生时间的规定同时废止。

**三、关于经营采摘、观光农业的单位和个人征免城镇土地使用税问题**

在城镇土地使用税征收范围内经营采摘、观光农业的单位和个人,其直接用于采摘、观光的种植、养殖、饲养的土地,根据《中华人民共和国城镇土地使用税暂行条例》第六条中“直接用于农、林、牧、渔业的生产用地”的规定,免征城镇土地使用税。

**四、关于林场中度假村等休闲娱乐场所征免城镇土地使用税问题**

在城镇土地使用税征收范围内,利用林场土地兴建度假村等休闲娱乐场所的,其经营、办公和生活用地,应按规定征收城镇土地使用税。

五、本通知自2007年1月1日起执行。

## 财政部、国家税务总局关于房产税、城镇土地使用税有关问题的通知

*1. 2008年12月18日发布*

*2. 财税〔2008〕152号*

*3. 自2009年1月1日起施行*

各省、自治区、直辖市、计划单列市财政厅(局)、地方税务局,新疆生产建设兵团财务局:

为统一政策,规范执行,现将房产税、城镇土地使用税有关问题明确如下:

**一、关于房产原值如何确定的问题**

对依照房产原值计税的房产,不论是否记载在会计账簿固定资产科目中,均应按照房屋原价计算缴纳房产税。房屋原价应根据国家有关会计制度规定进行核算。对纳税人未按国家会计制度规定核算并记载的,应按规定予以调整或重新评估。

《财政部　税务总局关于房产税若干具体问题的解释和暂行规定》(财税地字〔1986〕第008号)第十五条同时废止。

**二、关于索道公司经营用地应否缴纳城镇土地使用税的问题**

公园、名胜古迹内的索道公司经营用地,应按规定缴纳城镇土地使用税。

**三、关于房产税、城镇土地使用税纳税义务截止时间的问题**

纳税人因房产、土地的实物或权利状态发生变化而依法终止房产税、城镇土地使用税纳税义务的,其应纳税款的计算应截止到房产、土地的实物或权利状态发生变化的当月末。

**四、**本通知自2009年1月1日起执行。

## 财政部、国家税务总局关于房产税、城镇土地使用税有关问题的通知

*1. 2009年11月22日发布*
*2. 财税〔2009〕128号*
*3. 自2009年12月1日起施行*

各省、自治区、直辖市、计划单列市财政厅(局)、地方税务局,西藏、宁夏、青海省(自治区)国家税务局,新疆生产建设兵团财务局:

为完善房产税、城镇土地使用税政策,堵塞税收征管漏洞,现将房产税、城镇土地使用税有关问题明确如下:

**一、关于无租使用其他单位房产的房产税问题**

无租使用其他单位房产的应税单位和个人,依照房产余值代缴纳房产税。

**二、关于出典房产的房产税问题**

产权出典的房产,由承典人依照房产余值缴纳房产税。

**三、关于融资租赁房产的房产税问题**

融资租赁的房产,由承租人自融资租赁合同约定开始日的次月起依照房产余值缴纳房产税。合同未约定开始日的,由承租人自合同签订的次月起依照房产余值缴纳房产税。

**四、关于地下建筑用地的城镇土地使用税问题**

对在城镇土地使用税征税范围内单独建造的地下建筑用地,按规定征收城镇土地使用税。其中,已取得地下土地使用权证的,按土地使用权证确认的土地面积计算应征税款;未取得地下土地使用权证或地下土地使用权证上未标明土地面积的,按地下建筑垂直投影面积计算应征税款。

对上述地下建筑用地暂按应征税款的50%征收城镇土地使用税。

**五、**本通知自2009年12月1日起执行。《财政部　税务总局关于房产税若干具体问题的解释和暂行规定》(〔86〕财税地字第008号)第七条、《国家税务总局关于安徽省若干房产税业务问题的批复》(国税函发〔1993〕368号)第二条同时废止。

## 关于通过招拍挂方式取得土地缴纳城镇土地使用税问题的公告

*2014年12月31日国家税务总局公告2014年第74号公布施行*

对以招标、拍卖、挂牌方式取得土地的城镇土地使用税问题公告如下:

通过招标、拍卖、挂牌方式取得的建设用地,不属于新征用的耕地,纳税人应按照《财政部、国家税务总局关于房产税 城镇土地使用税有关政策的通知》(财税〔2006〕186号)第二条规定,从合同约定交付土地时间的次月起缴纳城镇土地使用税;合同未约定交付土地时间的,从合同签订的次月起缴纳城镇土地使用税。

本公告自发布之日起施行。

特此公告。

## 财政部、国家税务总局关于承租集体土地城镇土地使用税有关政策的通知

*1. 2017年3月31日发布*
*2. 财税〔2017〕29号*

各省、自治区、直辖市、计划单列市财政厅(局)、地方税务局,西藏、宁夏自治区国家税务局,新疆生产建设兵团财务局:

经研究,现将承租集体土地城镇土地使用税有关政策通知如下:

在城镇土地使用税征税范围内,承租集体所有建设用地的,由直接从集体经济组织承租土地的单位和个人,缴纳城镇土地使用税。

## ②土地增值税

# 中华人民共和国土地增值税暂行条例

*1. 1993年12月13日国务院令第138号公布*
*2. 根据2011年1月8日国务院令第588号《关于废止和修改部分行政法规的决定》修订*

**第一条** 为了规范土地、房地产市场交易秩序，合理调节土地增值收益，维护国家权益，制定本条例。

**第二条** 转让国有土地使用权、地上的建筑物及其附着物（以下简称转让房地产）并取得收入的单位和个人，为土地增值税的纳税义务人（以下简称纳税人），应当依照本条例缴纳土地增值税。

**第三条** 土地增值税按照纳税人转让房地产所取得的增值额和本条例第七条规定的税率计算征收。

**第四条** 纳税人转让房地产所取得的收入减除本条例第六条规定扣除项目金额后的余额，为增值额。

**第五条** 纳税人转让房地产所取得的收入，包括货币收入、实物收入和其他收入。

**第六条** 计算增值额的扣除项目：

（一）取得土地使用权所支付的金额；

（二）开发土地的成本、费用；

（三）新建房及配套设施的成本、费用，或者旧房及建筑物的评估价格；

（四）与转让房地产有关的税金；

（五）财政部规定的其他扣除项目。

**第七条** 土地增值税实行四级超率累进税率：

增值额未超过扣除项目金额50%的部分，税率为30%。

增值额超过扣除项目金额50%、未超过扣除项目金额100%的部分，税率为40%。

增值额超过扣除项目金额100%、未超过扣除项目金额200%的部分，税率为50%。

增值额超过扣除项目金额200%的部分，税率为60%。

**第八条** 有下列情形之一的，免征土地增值税：

（一）纳税人建造普通标准住宅出售，增值额未超过扣除项目金额20%的；

（二）因国家建设需要依法征收、收回的房地产。

**第九条** 纳税人有下列情形之一的，按照房地产评估价格计算征收：

（一）隐瞒、虚报房地产成交价格的；

（二）提供扣除项目金额不实的；

（三）转让房地产的成交价格低于房地产评估价格，又无正当理由的。

**第十条** 纳税人应当自转让房地产合同签订之日起七日内向房地产所在地主管税务机关办理纳税申报，并在税务机关核定的期限内缴纳土地增值税。

**第十一条** 土地增值税由税务机关征收。土地管理部门、房产管理部门应当向税务机关提供有关资料，并协助税务机关依法征收土地增值税。

**第十二条** 纳税人未按照本条例缴纳土地增值税的，土地管理部门、房产管理部门不得办理有关的权属变更手续。

**第十三条** 土地增值税的征收管理，依据《中华人民共和国税收征收管理法》及本条例有关规定执行。

**第十四条** 本条例由财政部负责解释，实施细则由财政部制定。

**第十五条** 本条例自1994年1月1日起施行。各地区的土地增值费征收办法，与本条例相抵触的，同时停止执行。

# 中华人民共和国<br>土地增值税暂行条例实施细则

*1. 1995年1月27日财政部发布*
*2. 财法字〔1995〕6号*

**第一条** 根据《中华人民共和国土地增值税暂行条例》（以下简称条例）第十四条规定，制定本细则。

**第二条** 条例第二条所称的转让国有土地使用权、地上的建筑物及其附着物并取得收入，是指以出售或者其他方式有偿转让房地产的行为。不包括以继承、赠与方式无偿转让房地产的行为。

**第三条** 条例第二条所称的国有土地，是指按国家法律规定属于国家所有的土地。

**第四条** 条例第二条所称的地上的建筑物，是指建于土地上的一切建筑物，包括地上地下的各种附属设施。

条例第二条所称的附着物，是指附着于土地上的不能移动，一经移动即遭损坏的物品。

**第五条** 条例第二条所称的收入，包括转让房地产的全部价款及有关的经济收益。

**第六条** 条例第二条所称的单位，是指各类企业单位、事业单位、国家机关和社会团体及其他组织。

条例第二条所称个人，包括个体经营者。

**第七条**　条例第六条所列的计算增值额的扣除项目，具体为：

（一）取得土地使用权所支付的金额，是指纳税人为取得土地使用权所支付的地价款和按国家统一规定交纳的有关费用。

（二）开发土地和新建房及配套设施（以下简称房地产开发）的成本，是指纳税人房地产开发项目实际发生的成本（以下简称房地产开发成本），包括土地征用及拆迁补偿费、前期工程费、建筑安装工程费、基础设施费、公共配套设施费、开发间接费用。

土地征用及拆迁补偿费，包括土地征用费、耕地占用税、劳动力安置费及有关地上、地下附着物拆迁补偿的净支出、安置动迁用房支出等。

前期工程费，包括规划、设计、项目可行性研究和水文、地质、勘察、测绘、“三通一平”等支出。

建筑安装工程费，是指以出包方式支付给承包单位的建筑安装工程费，以自营方式发生的建筑安装工程费。

基础设施费，包括开发小区内道路、供水、供电、供气、排污、排洪、通讯、照明、环卫、绿化等工程发生的支出。

公共配套设施费，包括不能有偿转让的开发小区内公共配套设施发生的支出。

开发间接费用，是指直接组织、管理开发项目发生的费用，包括工资、职工福利费、折旧费、修理费、办公费、水电费、劳动保护费、周转房摊销等。

（三）开发土地和新建房及配套设施的费用（以下简称房地产开发费用），是指与房地产开发项目有关的销售费用、管理费用、财务费用。

财务费用中的利息支出，凡能够按转让房地产项目计算分摊并提供金融机构证明的，允许据实扣除，但最高不能超过按商业银行同类同期贷款利率计算的金额。其他房地产开发费用，按本条（一）、（二）项规定计算的金额之和的5%以内计算扣除。

凡不能按转让房地产项目计算分摊利息支出或不能提供金融机构证明的，房地产开发费用按本条（一）、（二）项规定计算的金额之和的10%以内计算扣除。

上述计算扣除的具体比例，由各省、自治区、直辖市人民政府规定。

（四）旧房及建筑物的评估价格，是指在转让已使用的房屋及建筑物时，由政府批准设立的房地产评估机构评定的重置成本价乘以成新度折扣率后的价格。评估价格须经当地税务机关确认。

（五）与转让房地产有关的税金，是指在转让房地产时缴纳的营业税、城市维护建设税、印花税。因转让房地产交纳的教育费附加，也可视同税金予以扣除。

（六）根据条例第六条（五）项规定，对从事房地产开发的纳税人可按本条（一）、（二）项规定计算的金额之和，加计20%的扣除。

**第八条**　土地增值税以纳税人房地产成本核算的最基本的核算项目或核算对象为单位计算。

**第九条**　纳税人成片受让土地使用权后，分期分批开发、转让房地产的，其扣除项目金额的确定，可按转让土地使用权的面积占总面积的比例计算分摊，或按建筑面积计算分摊，也可按税务机关确认的其他方式计算分摊。

**第十条**　条例第七条所列四级超率累进税率，每级“增值额未超过扣除项目金额”的比例，均包括本比例数。

计算土地增值税税额，可按增值额乘以适用的税率减去扣除项目金额乘以速算扣除系数的简便方法计算，具体公式如下：

（一）增值额未超过扣除项目金额50%的

土地增值税税额＝增值额×30%

（二）增值额超过扣除项目金额50%，未超过100%的

土地增值税税额＝增值额×40%－扣除项目金额×5%

（三）增值额超过扣除项目金额100%，未超过200%的

土地增值税税额＝增值额×50%－扣除项目金额×15%

（四）增值额超过扣除项目金额200%的

土地增值税税额＝增值额×60%－扣除项目金额×35%

公式中的5%、15%、35%为速算扣除系数。

**第十一条**　条例第八条（一）项所称的普通标准住宅，是指按所在地一般民用住宅标准建造的居住用住宅。高级公寓、别墅、度假村等不属于普通标准住宅。普通标准住宅与其他住宅的具体划分界限由各省、自治区、直辖市人民政府规定。

纳税人建造普通标准住宅出售，增值额未超过本细则第七条（一）、（二）、（三）、（五）、（六）项扣除项目金额之和20%的，免征土地增值税；增值额超过扣除项目金额之和20%的，应就其全部增值额按规定

计税。

条例第八条(二)项所称的因国家建设需要依法征用、收回的房地产,是指因城市实施规划、国家建设的需要而被政府批准征用的房产或收回的土地使用权。

因城市实施规划、国家建设的需要而搬迁,由纳税人自行转让原房地产的,比照本规定免征土地增值税。

符合上述免税规定的单位和个人,须向房地产所在地税务机关提出免税申请,经税务机关审核后,免予征收土地增值税。

**第十二条**　个人因工作调动或改善居住条件而转让原自用住房,经向税务机关申报核准,凡居住满五年或五年以上的,免予征收土地增值税;居住满三年未满五年的,减半征收土地增值税。居住未满三年的,按规定计征土地增值税。

**第十三条**　条例第九条所称的房地产评估价格,是指由政府批准设立的房地产评估机构根据相同地段、同类房地产进行综合评定的价格。评估价格须经当地税务机关确认。

**第十四条**　条例第九条(一)项所称的隐瞒、虚报房地产成交价格,是指纳税人不报或有意低报转让土地使用权、地上建筑物及其附着物价款的行为。

条例第九条(二)项所称的提供扣除项目金额不实的,是指纳税人在纳税申报时不据实提供扣除项目金额的行为。

条例第九条(三)项所称的转让房地产的成交价格低于房地产评估价格,又无正当理由的,是指纳税人申报的转让房地产的实际成交价低于房地产评估机构评定的交易价,纳税人又不能提供凭据或无正当理由的行为。

隐瞒、虚报房地产成交价格,应由评估机构参照同类房地产的市场交易价格进行评估。税务机关根据评估价格确定转让房地产的收入。

提供扣除项目金额不实的,应由评估机构按照房屋重置成本价乘以成新度折扣率计算的房屋成本价和取得土地使用权时的基准地价进行评估。税务机关根据评估价格确定扣除项目金额。

转让房地产的成交价格低于房地产评估价格,又无正当理由的,由税务机关参照房地产评估价格确定转让房地产的收入。

**第十五条**　根据条例第十条的规定,纳税人应按照下列程序办理纳税手续:

(一)纳税人应在转让房地产合同签订后的七日内,到房地产所在地主管税务机关办理纳税申报,并向税务机关提交房屋及建筑物产权、土地使用权证书,土地转让、房产买卖合同,房地产评估报告及其他与转让房地产有关的资料。

纳税人因经常发生房地产转让而难以在每次转让后申报的,经税务机关审核同意后,可以定期进行纳税申报,具体期限由税务机关根据情况确定。

(二)纳税人按照税务机关核定的税额及规定的期限缴纳土地增值税。

**第十六条**　纳税人在项目全部竣工结算前转让房地产取得的收入,由于涉及成本确定或其他原因,而无法据以计算土地增值税的,可以预征土地增值税,待该项目全部竣工、办理结算后再进行清算,多退少补。具体办法由各省、自治区、直辖市地方税务局根据当地情况制定。

**第十七条**　条例第十条所称的房地产所在地,是指房地产的坐落地。纳税人转让房地产坐落在两个或两个以上地区的,应按房地产所在地分别申报纳税。

**第十八条**　条例第十一条所称的土地管理部门、房产管理部门应当向税务机关提供有关资料,是指向房地产所在地主管税务机关提供有关房屋及建筑物产权、土地使用权、土地出让金数额、土地基准地价、房地产市场交易价格及权属变更等方面的资料。

**第十九条**　纳税人未按规定提供房屋及建筑物产权、土地使用权证书,土地转让、房产买卖合同,房地产评估报告及其他与转让房地产有关资料的,按照《中华人民共和国税收征收管理法》(以下简称《征管法》)第三十九条的规定进行处理。

纳税人不如实申报房地产交易额及规定扣除项目金额造成少缴或未缴税款的,按照《征管法》第四十条的规定进行处理。

**第二十条**　土地增值税以人民币为计算单位。转让房地产所取得的收入为外国货币的,以取得收入当天或当月1日国家公布的市场汇价折合成人民币,据以计算应纳土地增值税税额。

**第二十一条**　条例第十五条所称的各地区的土地增值费征收办法是指与本条例规定的计征对象相同的土地增值费、土地收益金等征收办法。

**第二十二条**　本细则由财政部解释,或者由国家税务总局解释。

**第二十三条**　本细则自发布之日起施行。

**第二十四条**　1994年1月1日至本细则发布之日期间的土地增值税参照本细则的规定计算征收。

# 土地增值税清算管理规程

1. 2009年5月12日发布
2. 国税发〔2009〕91号
3. 根据2016年7月7日国家税务总局《关于修订土地增值税纳税申报表的通知》(税总函〔2016〕309号)修正

## 第一章　总　　则

**第一条**　为了加强土地增值税征收管理,规范土地增值税清算工作,根据《中华人民共和国税收征收管理法》及其实施细则、《中华人民共和国土地增值税暂行条例》及其实施细则等规定,制定本规程(以下简称《规程》)。

**第二条**　《规程》适用于房地产开发项目土地增值税清算工作。

**第三条**　《规程》所称土地增值税清算,是指纳税人在符合土地增值税清算条件后,依照税收法律、法规及土地增值税有关政策规定,计算房地产开发项目应缴纳的土地增值税税额,并填写《土地增值税清算申报表》,向主管税务机关提供有关资料,办理土地增值税清算手续,结清该房地产项目应缴纳土地增值税税款的行为。

**第四条**　纳税人应当如实申报应缴纳的土地增值税税额,保证清算申报的真实性、准确性和完整性。

**第五条**　税务机关应当为纳税人提供优质纳税服务,加强土地增值税政策宣传辅导。

主管税务机关应及时对纳税人清算申报的收入、扣除项目金额、增值额、增值率以及税款计算等情况进行审核,依法征收土地增值税。

## 第二章　前 期 管 理

**第六条**　主管税务机关应加强房地产开发项目的日常税收管理,实施项目管理。主管税务机关应从纳税人取得土地使用权开始,按项目分别建立档案、设置台帐,对纳税人项目立项、规划设计、施工、预售、竣工验收、工程结算、项目清盘等房地产开发全过程情况实行跟踪监控,做到税务管理与纳税人项目开发同步。

**第七条**　主管税务机关对纳税人项目开发期间的会计核算工作应当积极关注,对纳税人分期开发项目或者同时开发多个项目的,应督促纳税人根据清算要求按不同期间和不同项目合理归集有关收入、成本、费用。

**第八条**　对纳税人分期开发项目或者同时开发多个项目的,有条件的地区,主管税务机关可结合发票管理规定,对纳税人实施项目专用票据管理措施。

## 第三章　清 算 受 理

**第九条**　纳税人符合下列条件之一的,应进行土地增值税的清算。

(一)房地产开发项目全部竣工、完成销售的;

(二)整体转让未竣工决算房地产开发项目的;

(三)直接转让土地使用权的。

**第十条**　对符合以下条件之一的,主管税务机关可要求纳税人进行土地增值税清算。

(一)已竣工验收的房地产开发项目,已转让的房地产建筑面积占整个项目可售建筑面积的比例在85%以上,或该比例虽未超过85%,但剩余的可售建筑面积已经出租或自用的;

(二)取得销售(预售)许可证满三年仍未销售完毕的;

(三)纳税人申请注销税务登记但未办理土地增值税清算手续的;

(四)省(自治区、直辖市、计划单列市)税务机关规定的其他情况。

对前款所列第(三)项情形,应在办理注销登记前进行土地增值税清算。

**第十一条**　对于符合本规程第九条规定,应进行土地增值税清算的项目,纳税人应当在满足条件之日起90日内到主管税务机关办理清算手续。对于符合本规程第十条规定税务机关可要求纳税人进行土地增值税清算的项目,由主管税务机关确定是否进行清算;对于确定需要进行清算的项目,由主管税务机关下达清算通知,纳税人应当在收到清算通知之日起90日内办理清算手续。

应进行土地增值税清算的纳税人或经主管税务机关确定需要进行清算的纳税人,在上述规定的期限内拒不清算或不提供清算资料的,主管税务机关可依据《中华人民共和国税收征收管理法》有关规定处理。

**第十二条**　纳税人清算土地增值税时应提供的清算资料

(一)土地增值税清算表及其附表(参考表样见附件,各地可根据本地实际情况制定)。

(二)房地产开发项目清算说明,主要内容应包括房地产开发项目立项、用地、开发、销售、关联方交易、融资、税款缴纳等基本情况及主管税务机关需要了解的其他情况。

(三)项目竣工决算报表、取得土地使用权所支付的地价款凭证、国有土地使用权出让合同、银行贷款利息结算通知单、项目工程合同结算单、商品房购销合同统计表、销售明细表、预售许可证等与转让房地产的收入、成本和费用有关的证明资料。主管税务机关需要相应项目记账凭证的,纳税人还应提供记账凭证复印件。

(四)纳税人委托税务中介机构审核鉴证的清算项目,还应报送中介机构出具的《土地增值税清算税款鉴证报告》。

**第十三条** 主管税务机关收到纳税人清算资料后,对符合清算条件的项目,且报送的清算资料完备的,予以受理;对纳税人符合清算条件、但报送的清算资料不全的,应要求纳税人在规定限期内补报,纳税人在规定的期限内补齐清算资料后,予以受理;对不符合清算条件的项目,不予受理。上述具体期限由各省、自治区、直辖市、计划单列市税务机关确定。主管税务机关已受理的清算申请,纳税人无正当理由不得撤消。

**第十四条** 主管税务机关按照本规程第六条进行项目管理时,对符合税务机关可要求纳税人进行清算情形的,应当作出评估,并经分管领导批准,确定何时要求纳税人进行清算的时间。对确定暂不通知清算的,应继续做好项目管理,每年作出评估,及时确定清算时间并通知纳税人办理清算。

**第十五条** 主管税务机关受理纳税人清算资料后,应在一定期限内及时组织清算审核。具体期限由各省、自治区、直辖市、计划单列市税务机关确定。

## 第四章 清算审核

**第十六条** 清算审核包括案头审核、实地审核。

案头审核是指对纳税人报送的清算资料进行数据、逻辑审核,重点审核项目归集的一致性、数据计算准确性等。

实地审核是指在案头审核的基础上,通过对房地产开发项目实地查验等方式,对纳税人申报情况的客观性、真实性、合理性进行审核。

**第十七条** 清算审核时,应审核房地产开发项目是否以国家有关部门审批、备案的项目为单位进行清算;对于分期开发的项目,是否以分期项目为单位清算;对不同类型房地产是否分别计算增值额、增值率,缴纳土地增值税。

**第十八条** 审核收入情况时,应结合销售发票、销售合同(含房管部门网上备案登记资料)、商品房销售(预售)许可证、房产销售分户明细表及其他有关资料,重点审核销售明细表、房地产销售面积与项目可售面积的数据关联性,以核实计税收入;对销售合同所载商品房面积与有关部门实际测量面积不一致,而发生补、退房款的收入调整情况进行审核;对销售价格进行评估,审核有无价格明显偏低情况。

必要时,主管税务机关可通过实地查验,确认有无少计、漏计事项,确认有无将开发产品用于职工福利、奖励、对外投资、分配给股东或投资人、抵偿债务、换取其他单位和个人的非货币性资产等情况。

**第十九条** 非直接销售和自用房地产的收入确定

(一)房地产开发企业将开发产品用于职工福利、奖励、对外投资、分配给股东或投资人、抵偿债务、换取其他单位和个人的非货币性资产等,发生所有权转移时应视同销售房地产,其收入按下列方法和顺序确认:

1. 按本企业在同一地区、同一年度销售的同类房地产的平均价格确定;

2. 由主管税务机关参照当地当年、同类房地产的市场价格或评估价值确定。

(二)房地产开发企业将开发的部分房地产转为企业自用或用于出租等商业用途时,如果产权未发生转移,不征收土地增值税,在税款清算时不列收入,不扣除相应的成本和费用。

**第二十条** 土地增值税扣除项目审核的内容包括:

(一)取得土地使用权所支付的金额。

(二)房地产开发成本,包括:土地征用及拆迁补偿费、前期工程费、建筑安装工程费、基础设施费、公共配套设施费、开发间接费用。

(三)房地产开发费用。

(四)与转让房地产有关的税金。

(五)国家规定的其他扣除项目。

**第二十一条** 审核扣除项目是否符合下列要求:

(一)在土地增值税清算中,计算扣除项目金额时,其实际发生的支出应当取得但未取得合法凭据的不得扣除。

(二)扣除项目金额中所归集的各项成本和费用,必须是实际发生的。

(三)扣除项目金额应当准确地在各扣除项目中分别归集,不得混淆。

(四)扣除项目金额中所归集的各项成本和费用必须是在清算项目开发中直接发生的或应当分摊的。

(五)纳税人分期开发项目或者同时开发多个项目的,或者同一项目中建造不同类型房地产的,应按照受益对象,采用合理的分配方法,分摊共同的成本费用。

(六)对同一类事项,应当采取相同的会计政策或处理方法。会计核算与税务处理规定不一致的,以税务处理规定为准。

**第二十二条**　审核取得土地使用权支付金额和土地征用及拆迁补偿费时应当重点关注：

（一）同一宗土地有多个开发项目，是否予以分摊，分摊办法是否合理、合规，具体金额的计算是否正确。

（二）是否存在将房地产开发费用记入取得土地使用权支付金额以及土地征用及拆迁补偿费的情形。

（三）拆迁补偿费是否实际发生，尤其是支付给个人的拆迁补偿款、拆迁（回迁）合同和签收花名册或签收凭证是否一一对应。

**第二十三条**　审核前期工程费、基础设施费时应当重点关注：

（一）前期工程费、基础设施费是否真实发生，是否存在虚列情形。

（二）是否将房地产开发费用记入前期工程费、基础设施费。

（三）多个（或分期）项目共同发生的前期工程费、基础设施费，是否按项目合理分摊。

**第二十四条**　审核公共配套设施费时应当重点关注：

（一）公共配套设施的界定是否准确，公共配套设施费是否真实发生，有无预提的公共配套设施费情况。

（二）是否将房地产开发费用记入公共配套设施费。

（三）多个（或分期）项目共同发生的公共配套设施费，是否按项目合理分摊。

**第二十五条**　审核建筑安装工程费时应当重点关注：

（一）发生的费用是否与决算报告、审计报告、工程结算报告、工程施工合同记载的内容相符。

（二）房地产开发企业自购建筑材料时，自购建材费用是否重复计算扣除项目。

（三）参照当地当期同类开发项目单位平均建安成本或当地建设部门公布的单位定额成本，验证建筑安装工程费支出是否存在异常。

（四）房地产开发企业采用自营方式自行施工建设的，还应当关注有无虚列、多列施工人工费、材料费、机械使用费等情况。

（五）建筑安装发票是否在项目所在地税务机关开具。

**第二十六条**　审核开发间接费用时应当重点关注：

（一）是否存在将企业行政管理部门（总部）为组织和管理生产经营活动而发生的管理费用记入开发间接费用的情形。

（二）开发间接费用是否真实发生，有无预提开发间接费用的情况，取得的凭证是否合法有效。

**第二十七条**　审核利息支出时应当重点关注：

（一）是否将利息支出从房地产开发成本中调整至开发费用。

（二）分期开发项目或者同时开发多个项目的，其取得的一般性贷款的利息支出，是否按照项目合理分摊。

（三）利用闲置专项借款对外投资取得收益，其收益是否冲减利息支出。

**第二十八条**　代收费用的审核。

对于县级以上人民政府要求房地产开发企业在售房时代收的各项费用，审核其代收费用是否计入房价并向购买方一并收取；当代收费用计入房价时，审核有无将代收费用计入加计扣除以及房地产开发费用计算基数的情形。

**第二十九条**　关联方交易行为的审核。

在审核收入和扣除项目时，应重点关注关联企业交易是否按照公允价值和营业常规进行业务往来。

应当关注企业大额应付款余额，审核交易行为是否真实。

**第三十条**　纳税人委托中介机构审核鉴证的清算项目，主管税务机关应当采取适当方法对有关鉴证报告的合法性、真实性进行审核。

**第三十一条**　对纳税人委托中介机构审核鉴证的清算项目，主管税务机关未采信或部分未采信鉴证报告的，应当告知其理由。

**第三十二条**　土地增值税清算审核结束，主管税务机关应当将审核结果书面通知纳税人，并确定办理补、退税期限。

## 第五章　核 定 征 收

**第三十三条**　在土地增值税清算过程中，发现纳税人符合核定征收条件的，应按核定征收方式对房地产项目进行清算。

**第三十四条**　在土地增值税清算中符合以下条件之一的，可实行核定征收。

（一）依照法律、行政法规的规定应当设置但未设置账簿的；

（二）擅自销毁账簿或者拒不提供纳税资料的；

（三）虽设置账簿，但账目混乱或者成本资料、收入凭证、费用凭证残缺不全，难以确定转让收入或扣除项目金额的；

（四）符合土地增值税清算条件，企业未按照规定的期限办理清算手续，经税务机关责令限期清算，逾期仍不清算的；

（五）申报的计税依据明显偏低，又无正当理由的。

**第三十五条**　符合上述核定征收条件的，由主管税务机关发出核定征收的税务事项告知书后，税务人员对房地产项目开展土地增值税核定征收核查，经主管税务机关审核合议，通知纳税人申报缴纳应补缴税款或办理退税。

**第三十六条**　对于分期开发的房地产项目，各期清算的方式应保持一致。

### 第六章　其　　他

**第三十七条**　土地增值税清算资料应按照档案化管理的要求，妥善保存。

**第三十八条**　本规程自2009年6月1日起施行，各省（自治区、直辖市、计划单列市）税务机关可结合本地实际，对本规程进行进一步细化。

附件：（略）

## 国家税务总局关于土地增值税清算有关问题的通知

*1. 2010年5月19日发布*
*2. 国税函〔2010〕220号*

各省、自治区、直辖市地方税务局，宁夏、西藏、青海省（自治区）国家税务局：

为了进一步做好土地增值税清算工作，根据《中华人民共和国土地增值税暂行条例》及实施细则的规定，现将土地增值税清算工作中有关问题通知如下：

**一、关于土地增值税清算时收入确认的问题**

土地增值税清算时，已全额开具商品房销售发票的，按照发票所载金额确认收入；未开具发票或未全额开具发票的，以交易双方签订的销售合同所载的售房金额及其他收益确认收入。销售合同所载商品房面积与有关部门实际测量面积不一致，在清算前已发生补、退房款的，应在计算土地增值税时予以调整。

**二、房地产开发企业未支付的质量保证金，其扣除项目金额的确定问题**

房地产开发企业在工程竣工验收后，根据合同约定，扣留建筑安装施工企业一定比例的工程款，作为开发项目的质量保证金，在计算土地增值税时，建筑安装施工企业就质量保证金对房地产开发企业开具发票的，按发票所载金额予以扣除；未开具发票的，扣留的质保金不得计算扣除。

**三、房地产开发费用的扣除问题**

（一）财务费用中的利息支出，凡能够按转让房地产项目计算分摊并提供金融机构证明的，允许据实扣除，但最高不能超过按商业银行同类同期贷款利率计算的金额。其他房地产开发费用，在按照"取得土地使用权所支付的金额"与"房地产开发成本"金额之和的5%以内计算扣除。

（二）凡不能按转让房地产项目计算分摊利息支出或不能提供金融机构证明的，房地产开发费用在按"取得土地使用权所支付的金额"与"房地产开发成本"金额之和的10%以内计算扣除。

全部使用自有资金，没有利息支出的，按照以上方法扣除。

上述具体适用的比例按省级人民政府此前规定的比例执行。

（三）房地产开发企业既向金融机构借款，又有其他借款的，其房地产开发费用计算扣除时不能同时适用本条（一）、（二）项所述两种办法。

（四）土地增值税清算时，已经计入房地产开发成本的利息支出，应调整至财务费用中计算扣除。

**四、房地产企业逾期开发缴纳的土地闲置费的扣除问题**

房地产开发企业逾期开发缴纳的土地闲置费不得扣除。

**五、房地产开发企业取得土地使用权时支付的契税的扣除问题**

房地产开发企业为取得土地使用权所支付的契税，应视同"按国家统一规定交纳的有关费用"，计入"取得土地使用权所支付的金额"中扣除。

**六、关于拆迁安置土地增值税计算问题**

（一）房地产企业用建造的本项目房地产安置回迁户的，安置用房视同销售处理，按《国家税务总局关于房地产开发企业土地增值税清算管理有关问题的通知》（国税发〔2006〕187号）第三条第（一）款规定确认收入，同时将此确认为房地产开发项目的拆迁补偿费。房地产开发企业支付给回迁户的补差价款，计入拆迁补偿费；回迁户支付给房地产开发企业的补差价款，应抵减本项目拆迁补偿费。

（二）开发企业采取异地安置，异地安置的房屋属于自行开发建造的，房屋价值按国税发〔2006〕187号第三条第（一）款的规定计算，计入本项目的拆迁补偿费;异地安置的房屋属于购入的,以实际支付的购房支出计入拆迁补偿费。

(三)货币安置拆迁的,房地产开发企业凭合法有效凭据计入拆迁补偿费。

**七、关于转让旧房准予扣除项目的加计问题**

《财政部　国家税务总局关于土地增值税若干问题的通知》(财税〔2006〕21 号)第二条第一款规定"纳税人转让旧房及建筑物,凡不能取得评估价格,但能提供购房发票的,经当地税务部门确认,《条例》第六条第(一)、(三)项规定的扣除项目的金额,可按发票所载金额并从购买年度起至转让年度止每年加计 5% 计算"。计算扣除项目时"每年"按购房发票所载日期起至售房发票开具之日止,每满 12 个月计一年;超过一年,未满 12 个月但超过 6 个月的,可以视同为一年。

**八、土地增值税清算后应补缴的土地增值税加收滞纳金问题**

纳税人按规定预缴土地增值税后,清算补缴的土地增值税,在主管税务机关规定的期限内补缴的,不加收滞纳金。

## 国家税务总局关于加强土地增值税征管工作的通知

*1. 2010 年 5 月 25 日发布*
*2. 国税发〔2010〕53 号*

各省、自治区、直辖市和计划单列市地方税务局,西藏、宁夏、青海省(自治区)国家税务局:

为深入贯彻《国务院关于坚决遏制部分城市房价过快上涨的通知》(国发〔2010〕10 号)精神,促进房地产行业健康发展,合理调节房地产开发收益,充分发挥土地增值税调控作用,现就加强土地增值税征收管理工作通知如下:

**一、统一思想认识,全面加强土地增值税征管工作**

土地增值税是保障收入公平分配、促进房地产市场健康发展的有力工具。各级税务机关要认真贯彻落实国务院通知精神,高度重视土地增值税征管工作,进一步加强土地增值税清算,强化税收调节作用。

各级税务机关要在当地政府支持下,与国土资源、住房建设等有关部门协调配合,进一步加强对土地增值税征收管理工作的组织领导,强化征管手段,配备业务骨干,集中精力加强管理。要组织开展督导检查,推进本地区土地增值税清算工作开展;摸清本地区土地增值税税源状况,健全和完善房地产项目管理制度;完善土地增值税预征和清算制度,科学实施预征,全面组织清算,充分发挥土地增值税的调节作用。

还没有全面组织清算、管理比较松懈的地区,要转变观念、提高认识,将思想统一到国发〔2010〕10 号文件精神上来,坚决、全面、深入的推进本地区土地增值税清算工作,不折不扣地将国发〔2010〕10 号文件精神落到实处。

**二、科学合理制定预征率,加强土地增值税预征工作**

预征是土地增值税征收管理工作的基础,是实现土地增值税调节功能、保障税收收入均衡入库的重要手段。各级税务机关要全面加强土地增值税的预征工作,把土地增值税预征和房地产项目管理工作结合起来,把土地增值税预征和销售不动产营业税结合起来;把预征率的调整和土地增值税清算的实际税负结合起来;把预征率的调整与房价上涨的情况结合起来,使预征率更加接近实际税负水平,改变目前部分地区存在的预征率偏低,与房价快速上涨不匹配的情况。通过科学、精细的测算,研究预征率调整与房价上涨的挂钩机制。

为了发挥土地增值税在预征阶段的调节作用,各地须对目前的预征率进行调整。除保障性住房外,东部地区省份预征率不得低于 2%,中部和东北地区省份不得低于 1.5%,西部地区省份不得低于 1%,各地要根据不同类型房地产确定适当的预征率(地区的划分按照国务院有关文件的规定执行)。对尚未预征或暂缓预征的地区,应切实按照税收法律法规开展预征,确保土地增值税在预征阶段及时、充分发挥调节作用。

**三、深入贯彻《土地增值税清算管理规程》,提高清算工作水平**

土地增值税清算是纳税人应尽的法定义务。组织土地增值税清算工作是实现土地增值税调控功能的关键环节。各级税务机关要克服畏难情绪,切实加强土地增值税清算工作。要按照《土地增值税清算管理规程》的要求,结合本地实际,进一步细化操作办法,完善清算流程,严格审核房地产开发项目的收入和扣除项目,提升清算水平。有条件的地区,要充分发挥中介机构作用,提高清算效率。各地税务师管理中心要配合当地税务机关加强对中介机构的管理,对清算中弄虚作假的中介机构进行严肃惩治。

各级税务机关要全面开展土地增值税清算审核工作。要对已经达到清算条件的项目,全面进行梳理、统计,制定切实可行的工作计划,提出清算进度的具体指标;要加强土地增值税税收法规和政策的宣传辅导,加强纳税服务,要求企业及时依法进行清算,按照《土地增值税清算管理规程》的规定和时限进行申报;对未按照税收法律法规要求及时进行清算的纳税人,要依法进行处罚;对审核中发现重大疑点的,要及时移交税务稽查部门进行稽查;对涉及偷逃土地增值税税款的重大稽查案件要及时向社会公布案件处理情况。

各级税务机关要将全面推进工作和重点清算审核结合起来,按照国发〔2010〕10号文件精神,有针对性地选择3－5个定价过高、涨幅过快的项目,作为重点清算审核对象,以点带面推动本地区清算工作。

各地要在6月底前将本地区的清算工作计划(包括本地区组织企业进行清算的具体措施和年内完成的目标等内容,具体数据见附表)和重点清算项目名单上报税务总局,税务总局将就各地对重点项目的清算情况进行抽查。

**四、规范核定征收,堵塞税收征管漏洞**

核定征收必须严格依照税收法律法规规定的条件进行,任何单位和个人不得擅自扩大核定征收范围,严禁在清算中出现“以核定为主、一核了之”、“求快图省”的做法。凡擅自将核定征收作为本地区土地增值税清算主要方式的,必须立即纠正。对确需核定征收的,要严格按照税收法律法规的要求,从严、从高确定核定征收率。为了规范核定工作,核定征收率原则上不得低于5%,各省级税务机关要结合本地实际,区分不同房地产类型制定核定征收率。

**五、加强督导检查,建立问责机制**

各级税务机关要按照国发〔2010〕10号文件关于建立考核问责机制的要求,把土地增值税清算工作列入年度考核内容,对清算工作开展情况和清算质量提出具体要求。要根据《国家税务总局关于进一步开展土地增值税清算工作的通知》(国税函〔2008〕318号)的要求,对清算工作开展情况进行有力的督导检查,积极推动土地增值税清算工作,提高土地增值税征管水平。国家税务总局将继续组织督导检查组,对各地土地增值税贯彻执行情况和清算工作开展情况进行系统深入的督导检查。国家税务总局已经督导检查过的地区,要针对检查中发现的问题,进行认真整改,督导检查组将对整改情况择时择地进行复查。

各省、自治区、直辖市和计划单列市地方税务局要在6月底前将本通知的贯彻落实情况向税务总局上报。

附件:(略)

## 关于营改增后土地增值税若干征管规定的公告

*2016年11月10日国家税务总局公告2016年第70号公布施行*

为进一步做好营改增后土地增值税征收管理工作,根据《中华人民共和国土地增值税暂行条例》及其实施细则、《财政部、国家税务总局关于营改增后契税 房产税 土地增值税 个人所得税计税依据问题的通知》(财税〔2016〕43号)等规定,现就土地增值税若干征管问题明确如下:

**一、关于营改增后土地增值税应税收入确认问题**

营改增后,纳税人转让房地产的土地增值税应税收入不含增值税。适用增值税一般计税方法的纳税人,其转让房地产的土地增值税应税收入不含增值税销项税额;适用简易计税方法的纳税人,其转让房地产的土地增值税应税收入不含增值税应纳税额。

为方便纳税人,简化土地增值税预征税款计算,房地产开发企业采取预收款方式销售自行开发的房地产项目的,可按照以下方法计算土地增值税预征计征依据:

土地增值税预征的计征依据＝预收款－应预缴增值税税款

**二、关于营改增后视同销售房地产的土地增值税应税收入确认问题**

纳税人将开发产品用于职工福利、奖励、对外投资、分配给股东或投资人、抵偿债务、换取其他单位和个人的非货币性资产等,发生所有权转移时应视同销售房地产,其收入应按照《国家税务总局关于房地产开发企业土地增值税清算管理有关问题的通知》(国税发〔2006〕187号)第三条规定执行。纳税人安置回迁户,其拆迁安置用房应税收入和扣除项目的确认,应按照《国家税务总局关于土地增值税清算有关问题的通知》(国税函〔2010〕220号)第六条规定执行。

**三、关于与转让房地产有关的税金扣除问题**

(一)营改增后,计算土地增值税增值额的扣除项目中“与转让房地产有关的税金”不包括增值税。

(二)营改增后,房地产开发企业实际缴纳的城市维护建设税(以下简称“城建税”)、教育费附加,凡能够按清算项目准确计算的,允许据实扣除。凡不能按清算项目准确计算的,则按该清算项目预缴增值税时实际缴纳的城建税、教育费附加扣除。

其他转让房地产行为的城建税、教育费附加扣除比照上述规定执行。

**四、关于营改增前后土地增值税清算的计算问题**

房地产开发企业在营改增后进行房地产开发项目土地增值税清算时，按以下方法确定相关金额：

（一）土地增值税应税收入 = 营改增前转让房地产取得的收入 + 营改增后转让房地产取得的不含增值税收入

（二）与转让房地产有关的税金 = 营改增前实际缴纳的营业税、城建税、教育费附加 + 营改增后允许扣除的城建税、教育费附加

**五、关于营改增后建筑安装工程费支出的发票确认问题**

营改增后，土地增值税纳税人接受建筑安装服务取得的增值税发票，应按照《国家税务总局关于全面推开营业税改征增值税试点有关税收征收管理事项的公告》（国家税务总局公告 2016 年第 23 号）规定，在发票的备注栏注明建筑服务发生地县（市、区）名称及项目名称，否则不得计入土地增值税扣除项目金额。

**六、关于旧房转让时的扣除计算问题**

营改增后，纳税人转让旧房及建筑物，凡不能取得评估价格，但能提供购房发票的，《中华人民共和国土地增值税暂行条例》第六条第一、三项规定的扣除项目的金额按照下列方法计算：

（一）提供的购房凭据为营改增前取得的营业税发票的，按照发票所载金额（不扣减营业税）并从购买年度起至转让年度止每年加计 5% 计算。

（二）提供的购房凭据为营改增后取得的增值税普通发票的，按照发票所载价税合计金额从购买年度起至转让年度止每年加计 5% 计算。

（三）提供的购房发票为营改增后取得的增值税专用发票的，按照发票所载不含增值税金额加上不允许抵扣的增值税进项税额之和，并从购买年度起至转让年度止每年加计 5% 计算。

本公告自公布之日起施行。

特此公告。

## 国家税务总局关于房地产开发企业土地增值税清算涉及企业所得税退税有关问题的公告

*2016 年 12 月 9 日国家税务总局公告 2016 年第 81 号公布施行*

根据《中华人民共和国企业所得税法》及其实施条例、《中华人民共和国税收征收管理法》及其实施细则的相关规定，现就房地产开发企业（以下简称“企业”）由于土地增值税清算，导致多缴企业所得税的退税问题公告如下：

一、企业按规定对开发项目进行土地增值税清算后，当年企业所得税汇算清缴出现亏损且有其他后续开发项目的，该亏损应按照税法规定向以后年度结转，用以后年度所得弥补。后续开发项目，是指正在开发以及中标的项目。

二、企业按规定对开发项目进行土地增值税清算后，当年企业所得税汇算清缴出现亏损，且没有后续开发项目的，可以按照以下方法，计算出该项目由于土地增值税原因导致的项目开发各年度多缴企业所得税税款，并申请退税：

（一）该项目缴纳的土地增值税总额，应按照该项目开发各年度实现的项目销售收入占整个项目销售收入总额的比例，在项目开发各年度进行分摊，具体按以下公式计算：

各年度应分摊的土地增值税 = 土地增值税总额 ×（项目年度销售收入 ÷ 整个项目销售收入总额）

本公告所称销售收入包括视同销售房地产的收入，但不包括企业销售的增值额未超过扣除项目金额 20% 的普通标准住宅的销售收入。

（二）该项目开发各年度应分摊的土地增值税减去该年度已经在企业所得税税前扣除的土地增值税后，余额属于当年应补充扣除的土地增值税；企业应调整当年度的应纳税所得额，并按规定计算当年度应退的企业所得税税款；当年度已缴纳的企业所得税税款不足退税的，应作为亏损向以后年度结转，并调整以后年度的应纳税所得额。

（三）按照上述方法进行土地增值税分摊调整后，导致相应年度应纳税所得额出现正数的，应按规定计算缴纳企业所得税。

（四）企业按上述方法计算的累计退税额，不得超过其在该项目开发各年度累计实际缴纳的企业所得税；超过部分作为项目清算年度产生的亏损，向以后年度结转。

三、企业在申请退税时，应向主管税务机关提供书面材料说明应退企业所得税款的计算过程，包括该项目缴纳的土地增值税总额、项目销售收入总额、项目年度销售收入额、各年度应分摊的土地增值税和已经税前扣除的土地增值税、各年度的适用税率，以及是否存在后续开发项目等情况。

四、本公告自发布之日起施行。本公告发布之日前，企业凡已经对土地增值税进行清算且没有后续开发项目的，在本公告发布后仍存在尚未弥补的因土地增值税清算导致的亏损，按照本公告第二条规定的方法计算多缴企业所得税税款，并申请退税。

《国家税务总局关于房地产开发企业注销前有关企业所得税处理问题的公告》（国家税务总局公告2010年第29号）同时废止。

特此公告。

## 财政部、税务总局关于继续实施企业改制重组有关土地增值税政策的公告

*2023年9月22日财政部、税务总局公告2023年第51号公布*

为支持企业改制重组，优化市场环境，现就继续执行有关土地增值税政策公告如下：

一、企业按照《中华人民共和国公司法》有关规定整体改制，包括非公司制企业改制为有限责任公司或股份有限公司，有限责任公司变更为股份有限公司，股份有限公司变更为有限责任公司，对改制前的企业将国有土地使用权、地上的建筑物及其附着物（以下称房地产）转移、变更到改制后的企业，暂不征收土地增值税。

本公告所称整体改制是指不改变原企业的投资主体，并承继原企业权利、义务的行为。

二、按照法律规定或者合同约定，两个或两个以上企业合并为一个企业，且原企业投资主体存续的，对原企业将房地产转移、变更到合并后的企业，暂不征收土地增值税。

三、按照法律规定或者合同约定，企业分设为两个或两个以上与原企业投资主体相同的企业，对原企业将房地产转移、变更到分立后的企业，暂不征收土地增值税。

四、单位、个人在改制重组时以房地产作价入股进行投资，对其将房地产转移、变更到被投资的企业，暂不征收土地增值税。

五、上述改制重组有关土地增值税政策不适用于房地产转移任意一方为房地产开发企业的情形。

六、改制重组后再转让房地产并申报缴纳土地增值税时，对“取得土地使用权所支付的金额”，按照改制重组前取得该宗国有土地使用权所支付的地价款和按国家统一规定缴纳的有关费用确定；经批准以国有土地使用权作价出资入股的，为作价入股时县级及以上自然资源部门批准的评估价格。按购房发票确定扣除项目金额的，按照改制重组前购房发票所载金额并从购买年度起至本次转让年度止每年加计5%计算扣除项目金额，购买年度是指购房发票所载日期的当年。

七、纳税人享受上述税收政策，应按相关规定办理。

八、本公告所称不改变原企业投资主体、投资主体相同，是指企业改制重组前后出资人不发生变动，出资人的出资比例可以发生变动；投资主体存续，是指原企业出资人必须存在于改制重组后的企业，出资人的出资比例可以发生变动。

九、本公告执行至2027年12月31日。

特此公告。

### ③房地产税

## 中华人民共和国房产税暂行条例

*1. 1986年9月15日国务院公布*
*2. 国发〔1986〕90号*
*3. 根据2011年1月8日国务院令第588号《关于废止和修改部分行政法规的决定》修订*

**第一条**　房产税在城市、县城、建制镇和工矿区征收。

**第二条**　房产税由产权所有人缴纳。产权属于全民所有的，由经营管理的单位缴纳。产权出典的，由承典人缴纳。产权所有人、承典人不在房产所在地的，或者产权未确定及租典纠纷未解决的，由房产代管人或者使用人缴纳。

前款列举的产权所有人、经营管理单位、承典人、房产代管人或者使用人，统称为纳税义务人（以下简称纳税人）。

**第三条**　房产税依照房产原值一次减除10%至30%后的余值计算缴纳。具体减除幅度，由省、自治区、直辖市人民政府规定。

没有房产原值作为依据的，由房产所在地税务机关参考同类房产核定。

房产出租的，以房产租金收入为房产税的计税依据。

**第四条**　房产税的税率，依照房产余值计算缴纳的，税率为1.2%；依照房产租金收入计算缴纳的，税率为12%。

**第五条**　下列房产免纳房产税：

一、国家机关、人民团体、军队自用的房产；

二、由国家财政部门拨付事业经费的单位自用的房产；

三、宗教寺庙、公园、名胜古迹自用的房产；

四、个人所有非营业用的房产；

五、经财政部批准免税的其他房产。

**第六条** 除本条例第五条规定者外，纳税人纳税确有困难的，可由省、自治区、直辖市人民政府确定，定期减征或者免征房产税。

**第七条** 房产税按年征收、分期缴纳。纳税期限由省、自治区、直辖市人民政府规定。

**第八条** 房产税的征收管理，依照《中华人民共和国税收征收管理法》的规定办理。

**第九条** 房产税由房产所在地的税务机关征收。

**第十条** 本条例由财政部负责解释；施行细则由省、自治区、直辖市人民政府制定，抄送财政部备案。

**第十一条** 本条例自1986年10月1日起施行。

## 财政部、国家税务总局关于具备房屋功能的地下建筑征收房产税的通知

*1. 2005年12月23日发布*

*2. 财税〔2005〕181号*

*3. 自2006年1月1日起施行*

各省、自治区、直辖市、计划单列市财政厅（局）、地方税务局，新疆生产建设兵团财务局：

为了统一税收政策，规范税收管理，现将具备房屋功能的地下建筑的房产税政策明确如下：

一、凡在房产税征收范围内的具备房屋功能的地下建筑，包括与地上房屋相连的地下建筑以及完全建在地面以下的建筑、地下人防设施等，均应当依照有关规定征收房产税。

上述具备房屋功能的地下建筑是指有屋面和维护结构，能够遮风避雨，可供人们在其中生产、经营、工作、学习、娱乐、居住或储藏物资的场所。

二、自用的地下建筑，按以下方式计税：

1. 工业用途房产，以房屋原价的50—60%作为应税房产原值。

应纳房产税的税额＝应税房产原值×［1－（10%—30%）］×1.2%。

2. 商业和其他用途房产，以房屋原价的70～80%作为应税房产原值。

应纳房产税的税额＝应税房产原值×［1－（10%—30%）］×1.2%。

房屋原价折算为应税房产原值的具体比例，由各省、自治区、直辖市和计划单列市财政和地方税务部门在上述幅度内自行确定。

3. 对于与地上房屋相连的地下建筑，如房屋的地下室、地下停车场、商场的地下部分等，应将地下部分与地上房屋视为一个整体按照地上房屋建筑的有关规定计算征收房产税。

三、出租的地下建筑，按照出租地上房屋建筑的有关规定计算征收房产税。

四、本通知自2006年1月1日起执行，《财政部税务总局关于房产税若干具体问题的解释和暂行规定》（〔86〕财税地字第008号）第十一条同时废止。

## 国家税务总局关于做好外资企业及外籍个人房产税征管工作的通知

*1. 2009年1月6日发布*

*2. 国税函〔2009〕6号*

各省、自治区、直辖市和计划单列市地方税务局，宁夏、青海省（自治区）国家税务局：

2008年12月31日，国务院第546号令废止了《城市房地产税暂行条例》。自2009年1月1日起，外商投资企业、外国企业和组织以及外籍个人（包括港澳台资企业和组织以及华侨、港澳台同胞，以下统称外资企业及外籍个人），依照《中华人民共和国房产税暂行条例》缴纳房产税。为了贯彻落实国务院第546号令，做好外资企业及外籍个人房产税的征管工作，现将有关事项通知如下：

**一、加强组织领导，确保政策落实**

废止《城市房地产税暂行条例》，对外资企业及外籍个人统一征收房产税，是国务院为深化改革开放和完善体制机制所做出的重要决策，有利于简化税制，进一步适应社会主义市场经济发展的要求；有利于统一税政，公平税负，创造和谐的税收环境；有利于规范税收征管和纳税服务，强化依法治税。各地要充分认识对外资企业及外籍个人统一征收房产税的重要意义，采取有效措施保证国务院第546号令的贯彻实施。要加强对外资企业及外籍个人征收房产税工作的组织领导，结合本地区的实际情况研究制定贯彻落实的具体工作方案；要主动向当地政府进行汇报，争取地方领导

和相关部门的支持,形成各部门的共识与合力;要密切关注各方面的反映,有针对性地做好宣传解释工作;要深入基层和企业了解情况、掌握动态,及时研究和解决征管中遇到的矛盾和问题,重大问题要及时向税务总局报告。

**二、加强政策宣传,完善纳税服务**

各地要加大政策宣传力度,充分利用广播、电视、网络、报纸等途径,将取消城市房地产税、统一征收房产税的意义和政策调整的具体内容向社会进行广泛的宣传,特别是要让外资企业及外籍个人了解政策变化的情况和需要向税务机关进行纳税申报的内容和期限等。要进一步优化纳税服务,加强纳税辅导。基层征收机关要通过发放宣传材料、设立政策解答窗口、开展纳税辅导等方式,使外资企业及外籍个人尽快熟悉房产税的税收政策,掌握房产税的计算方法、申报方式和缴纳程序,帮助外资企业及外籍个人及时准确地进行纳税申报;要为纳税人提供通畅的反映诉求的渠道,认真处理纳税人提出的问题和建议,建立解决问题的工作机制。

**三、摸清税源状况,强化征收管理**

各地要以对外资企业及外籍个人统一征收房产税为契机,进一步加强房产税的征收管理工作。要完善房产税的税源管理,通过各种方式获取纳税人、特别是外资企业及外籍个人的房产税税源信息,及时更新税源数据库;要开展专门的税源调查,全面掌握房产税税源的总体状况和分布情况,有针对性地提出加强管理的工作措施;要完善房产税的征管办法和工作流程,创新征管手段,切实提高管理质量和效率;要健全和细化房产税的减免税管理办法,严格减免税的审批。

**四、做好工作衔接,优化业务管理**

各地要迅速组织相关处(科)室做好适用税种变化的工作衔接,确保对外资企业及外籍个人征收房产税工作的顺利开展。原城市房地产税与房产税的管理工作不在同一处(科)室的,相关处(科)室要共同研究做好过渡阶段的各项工作,保证工作不断,秩序不乱。对原城市房地产税的历史卷宗、档案和征管资料,要认真登记,妥善保管。各地要优化房产税的业务管理工作,理顺相关职能部门的分工,合理划分职责,使房产税的管理工作更加规范、统一和高效。

请各地于2009年3月31日前将贯彻落实国务院第546号令的情况报送税务总局财产和行为税司。

## 财政部、国家税务总局关于对外资企业及外籍个人征收房产税有关问题的通知

*1. 2009年1月12日发布*

*2. 财税〔2009〕3号*

各省、自治区、直辖市、计划单列市财政厅(局)、地方税务局,新疆生产建设兵团财务局:

根据2008年12月31日国务院发布的第546号令,自2009年1月1日起,废止《中华人民共和国城市房地产税暂行条例》,外商投资企业、外国企业和组织以及外籍个人(包括港澳台资企业和组织以及华侨、港澳台同胞,以下统称外资企业及外籍个人)依照《中华人民共和国房产税暂行条例》(国发〔1986〕90号)缴纳房产税。为做好外资企业及外籍个人房产税征收工作,现将有关事项通知如下:

一、自2009年1月1日起,对外资企业及外籍个人的房产征收房产税,在征税范围、计税依据、税率、税收优惠、征收管理等方面按照《中华人民共和国房产税暂行条例》(国发〔1986〕90号)及有关规定执行。各地要及时了解外资企业及外籍个人房产税的征收情况,对遇到的问题及时反映,确保相关政策落实到位。

二、以人民币以外的货币为记账本位币的外资企业及外籍个人在缴纳房产税时,均应将其根据记账本位币计算的税款按照缴款上月最后一日的人民币汇率中间价折合成人民币。

三、房产税由房产所在地的地方税务机关征收,其征收管理按《中华人民共和国税收征收管理法》及相关规定执行。

## 国家税务总局、财政部、建设部关于加强房地产税收管理的通知

*1. 2005年5月27日发布*

*2. 根据2018年6月15日国家税务总局公告2018年第31号《关于修改部分税收规范性文件的公告》修正*

各省、自治区、直辖市财政厅(局)、地方税务局、建设厅(建委、房地局),计划单列市财政局、地方税务局、建委(建设局、房地局),扬州税务进修学院,新疆生产建设兵团建设局:

为贯彻落实《国务院办公厅转发建设部等部门关

于做好稳定住房价格工作意见的通知》(国办发〔2005〕26号),进一步加强房地产税收征管,促进房地产市场的健康发展,现将有关事项及要求通知如下:

一、各级税务、财政部门和房地产管理部门,要认真贯彻执行房地产税收有关法律、法规和政策规定,建立和完善信息共享、情况通报制度,加强部门间的协作配合。各级税务、财政部门要切实加强房地产税收征管,并主动与当地的房地产管理部门取得联系;房地产管理部门要积极配合。

二、2005年5月31日以前,各地要根据国办发〔2005〕26号文件规定,公布本地区享受优惠政策的普通住房标准(以下简称普通住房)。其中,住房平均交易价格,是指报告期内同级别土地上住房交易的平均价格,经加权平均后形成的住房综合平均价格。由市、县房地产管理部门会同有关部门测算,报当地人民政府确定,每半年公布一次。各级别土地上住房平均交易价格的测算,依据房地产市场信息系统生成数据;没有建立房地产市场信息系统的,依据房地产交易登记管理系统生成数据。

对单位或个人将购买住房对外销售的,市、县房地产管理部门应在办理房屋权属登记的当月,向同级税务、财政部门提供权属登记房屋的坐落、产权人、房屋面积、成交价格等信息。

市、县规划管理部门要将已批准的容积率在1.0以下的住宅项目清单,一次性提供给同级税务、财政部门。新批住宅项目中容积率在1.0以下的,按月提供。

税务、财政部门要将当月房地产税收征管的有关信息向市、县房地产管理部门提供。

各级税务、财政部门从房地产管理部门获得的房地产交易登记资料,只能用于征税之目的,并有责任予以保密。违反规定的,要追究责任。

三、各级税务、财政部门要严格执行调整后的个人住房营业税税收政策。

(一)2005年6月1日后,个人将购买不足2年的住房对外销售的,应全额征收营业税。

(二)2005年6月1日后,个人将购买超过2年(含2年)的符合当地公布的普通住房标准的住房对外销售,应持该住房的坐落、容积率、房屋面积、成交价格等证明材料及地方税务部门要求的其他材料,向税务部门申请办理免征营业税手续。税务部门应根据当地公布的普通住房标准,利用房地产管理部门和规划管理部门提供的相关信息,对纳税人申请免税的有关材料进行审核,凡符合规定条件的,给予免征营业税。

(三)2005年6月1日后,个人将购买超过2年(含2年)的住房对外销售不能提供属于普通住房的证明材料或经审核不符合规定条件的,一律按非普通住房的有关营业税政策征收营业税。

(四)个人购买住房以取得的房屋产权证或契税完税证明上注明的时间作为其购买房屋的时间。

(五)个人对外销售住房,应持依法取得的房屋权属证书,并到税务部门申请开具发票。

(六)对个人购买的非普通住房超过2年(含2年)对外销售的,在向税务部门申请按其售房收入减去购买房屋价款后的差额缴纳营业税时,需提供购买房屋时取得的税务部门监制的发票作为差额征税的扣除凭证。

(七)各级税务、财政部门要严格执行税收政策,对不符合规定条件的个人对外销售住房,不得减免营业税,确保调整后的营业税政策落实到位;对个人承受不享受优惠政策的住房,不得减免契税。对擅自变通政策、违反规定对不符合规定条件的个人住房给予税收优惠,影响调整后的税收政策落实的,要追究当事人的责任。对政策执行中出现的问题和有关情况,应及时上报国家税务总局。

四、各级税务、财政部门要充分利用房地产交易与权属登记信息,加强房地产税收管理。要建立、健全房地产税收税源登记档案和税源数据库,并根据变化情况及时更新税源登记档案和税源数据库的信息;要定期将从房地产管理部门取得的权属登记资料等信息,与房地产税收征管信息进行比对,查找漏征税款,建立催缴制度,及时查补税款。

各级税务、财政部门在房地产税收征管工作中,如发现纳税人未进行权属登记的,应及时将有关信息告知当地房地产管理部门,以便房地产管理部门加强房地产权属管理。

五、各级税务、财政部门和房地产管理部门要积极协商,创造条件,在房地产交易和权属登记等场所,设立房地产税收征收窗口,方便纳税人。

六、市、县房地产管理部门在办理房地产权属登记时,应严格按照《中华人民共和国契税暂行条例》、《中华人民共和国土地增值税暂行条例》的规定,要求出具完税(或减免)凭证;对于未出具完税(或减免)凭证的,房地产管理部门不得办理权属登记。

七、各级税务、财政部门应努力改进征缴税款的办法,减少现金收取,逐步实现税银联网、划卡缴税。由于种种原因,仍需收取现金税款的,应规范解缴程序,加强安全管理。

八、对于房地产管理部门配合税收管理增加的支出,地方财税部门应给予必要的经费支持。

九、各省税务部门要积极参与本地区房地产市场分析监测工作,密切关注营业税税收政策调整后的政策执行效果,及时做出营业税政策调整对本地区的房地产市场产生影响的评估报告,并将分析评估报告按季上报国家税务总局。

十、各地税务、财政部门和房地产管理部门,可结合本地情况,共同协商研究制定贯彻落实本通知的具体办法。

## 国家税务总局关于房地产税收政策执行中几个具体问题的通知

*1. 2005年10月20日发布*

*2. 国税发〔2005〕172号*

*3. 根据2018年6月15日国家税务总局公告2018年第31号《关于修改部分税收规范性文件的公告》修正*

各省、自治区、直辖市和计划单列市财政厅(局)、地方税务局,扬州税务进修学院,局内各单位:

根据《国家税务总局财政部建设部关于加强房地产税收管理的通知》(国税发〔2005〕89号)(以下简称《通知》)的精神,经商财政部、建设部,现就各地在贯彻落实《通知》中的几个具体政策问题明确如下:

一、《通知》第三条第二款中规定的“成交价格”是指住房持有人对外销售房屋的成交价格。

二、《通知》第三条第四款中规定的“契税完税证明上注明的时间”是指契税完税证明上注明的填发日期。

三、纳税人申报时,同时出具房屋产权证和契税完税证明且二者所注明的时间不一致的,按照“孰先”的原则确定购买房屋的时间。即房屋产权证上注明的时间早于契税完税证明上注明的时间的,以房屋产权证注明的时间为购买房屋的时间;契税完税证明上注明的时间早于房屋产权证上注明的时间的,以契税完税证明上注明的时间为购买房屋的时间。

四、个人将通过受赠、继承、离婚财产分割等非购买形式取得的住房对外销售的行为,也适用《通知》的有关规定。其购房时间按发生受赠、继承、离婚财产分割行为前的购房时间确定,其购房价格按发生受赠、继承、离婚财产分割行为前的购房原价确定。个人需持其通过受赠、继承、离婚财产分割等非购买形式取得住房的合法、有效法律证明文书,到税务部门办理相关手续。

五、根据国家房改政策购买的公有住房,以购房合同的生效时间、房款收据的开具日期或房屋产权证上注明的时间,按照“孰先”的原则确定购买房屋的时间。

六、享受税收优惠政策普通住房的面积标准是指地方政府按国办发〔2005〕26号文件规定确定并公布的普通住房建筑面积标准。对于以套内面积进行计量的,应换算成建筑面积,判断该房屋是否符合普通住房标准。

## 国家税务总局关于进一步明确房屋附属设备和配套设施计征房产税有关问题的通知①

*1. 2005年10月21日发布*

*2. 国税发〔2005〕173号*

*3. 自2006年1月1日起施行*

各省、自治区、直辖市和计划单列市地方税务局,扬州税务进修学院:

关于房屋附属设备和配套设施计征房产税问题,《财政部、税务总局关于房产税和车船使用税几个业务问题的解释与规定》(〔87〕财税地字第003号)第二条已作了明确。随着社会经济的发展和房屋功能的完善,又出现了一些新的设备和设施,亟需明确。经研究,现将有关问题通知如下:

一、为了维持和增加房屋的使用功能或使房屋满足设计要求,凡以房屋为载体,不可随意移动的附属设备和配套设施,如给排水、采暖、消防、中央空调、电气及智能化楼宇设备等,无论在会计核算中是否单独记账与核算,都应计入房产原值,计征房产税。

二、对于更换房屋附属设备和配套设施的,在将其价值计入房产原值时,可扣减原来相应设备和设施的价值;对附属设备和配套设施中易损坏、需要经常更换的零配件,更新后不再计入房产原值。

---

① 第三条已被2011年1月4日国家税务总局公告2011年第2号《全文失效废止、部分条款失效废止的税收规范性文件目录》废止。——编者注

三、城市房地产税比照上述规定执行。

四、本通知自 2006 年 1 月 1 日起执行。《财政部、税务总局关于对房屋中央空调是否计入房产原值等问题的批复》(〔87〕财税地字第 028 号)同时废止。

## ④资源税

# 中华人民共和国资源税法

1. *2019 年 8 月 26 日第十三届全国人民代表大会常务委员会第十二次会议通过*
2. *2019 年 8 月 26 日中华人民共和国主席令第 33 号公布*
3. *自 2020 年 9 月 1 日起施行*

**第一条 【纳税人及应税资源范围】**在中华人民共和国领域和中华人民共和国管辖的其他海域开发应税资源的单位和个人,为资源税的纳税人,应当依照本法规定缴纳资源税。

应税资源的具体范围,由本法所附《资源税税目税率表》(以下称《税目税率表》)确定。

**第二条 【税目、税率】**资源税的税目、税率,依照《税目税率表》执行。

《税目税率表》中规定实行幅度税率的,其具体适用税率由省、自治区、直辖市人民政府统筹考虑该应税资源的品位、开采条件以及对生态环境的影响等情况,在《税目税率表》规定的税率幅度内提出,报同级人民代表大会常务委员会决定,并报全国人民代表大会常务委员会和国务院备案。《税目税率表》中规定征税对象为原矿或者选矿的,应当分别确定具体适用税率。

**第三条 【计征方式及应纳税额计算】**资源税按照《税目税率表》实行从价计征或者从量计征。

《税目税率表》中规定可以选择实行从价计征或者从量计征的,具体计征方式由省、自治区、直辖市人民政府提出,报同级人民代表大会常务委员会决定,并报全国人民代表大会常务委员会和国务院备案。

实行从价计征的,应纳税额按照应税资源产品(以下称应税产品)的销售额乘以具体适用税率计算。实行从量计征的,应纳税额按照应税产品的销售数量乘以具体适用税率计算。

应税产品为矿产品的,包括原矿和选矿产品。

**第四条 【不同税目应税产品的销售核算】**纳税人开采或者生产不同税目应税产品的,应当分别核算不同税目应税产品的销售额或者销售数量;未分别核算或者不能准确提供不同税目应税产品的销售额或者销售数量的,从高适用税率。

**第五条 【自用产品的税额缴纳】**纳税人开采或者生产应税产品自用的,应当依照本法规定缴纳资源税;但是,自用于连续生产应税产品的,不缴纳资源税。

**第六条 【免征】**有下列情形之一的,免征资源税:

(一)开采原油以及在油田范围内运输原油过程中用于加热的原油、天然气;

(二)煤炭开采企业因安全生产需要抽采的煤成(层)气。

有下列情形之一的,减征资源税:

(一)从低丰度油气田开采的原油、天然气,减征百分之二十资源税;

(二)高含硫天然气、三次采油和从深水油气田开采的原油、天然气,减征百分之三十资源税;

(三)稠油、高凝油减征百分之四十资源税;

(四)从衰竭期矿山开采的矿产品,减征百分之三十资源税。

根据国民经济和社会发展需要,国务院对有利于促进资源节约集约利用、保护环境等情形可以规定免征或者减征资源税,报全国人民代表大会常务委员会备案。

**第七条 【免征或减征】**有下列情形之一的,省、自治区、直辖市可以决定免征或者减征资源税:

(一)纳税人开采或者生产应税产品过程中,因意外事故或者自然灾害等原因遭受重大损失;

(二)纳税人开采共伴生矿、低品位矿、尾矿。

前款规定的免征或者减征资源税的具体办法,由省、自治区、直辖市人民政府提出,报同级人民代表大会常务委员会决定,并报全国人民代表大会常务委员会和国务院备案。

**第八条 【不予减免税的情形】**纳税人的免税、减税项目,应当单独核算销售额或者销售数量;未单独核算或者不能准确提供销售额或者销售数量的,不予免税或者减税。

**第九条 【工作配合机制】**资源税由税务机关依照本法和《中华人民共和国税收征收管理法》的规定征收管理。

税务机关与自然资源等相关部门应当建立工作配合机制,加强资源税征收管理。

**第十条 【纳税义务发生时间】**纳税人销售应税产品,纳税义务发生时间为收讫销售款或者取得索取销售款凭据的当日;自用应税产品的,纳税义务发生时间为移送应税产品的当日。

**第十一条 【纳税申报机关】**纳税人应当向应税产品开采地或者生产地的税务机关申报缴纳资源税。

**第十二条 【纳税申报方式】**资源税按月或者按季申报缴纳;不能按固定期限计算缴纳的,可以按次申报缴纳。

纳税人按月或者按季申报缴纳的,应当自月度或者季度终了之日起十五日内,向税务机关办理纳税申报并缴纳税款;按次申报缴纳的,应当自纳税义务发生之日起十五日内,向税务机关办理纳税申报并缴纳税款。

**第十三条 【法律责任】**纳税人、税务机关及其工作人员违反本法规定的,依照《中华人民共和国税收征收管理法》和有关法律法规的规定追究法律责任。

**第十四条 【水资源税】**国务院根据国民经济和社会发展需要,依照本法的原则,对取用地表水或者地下水的单位和个人试点征收水资源税。征收水资源税的,停止征收水资源费。

水资源税根据当地水资源状况、取用水类型和经济发展等情况实行差别税率。

水资源税试点实施办法由国务院规定,报全国人民代表大会常务委员会备案。

国务院自本法施行之日起五年内,就征收水资源税试点情况向全国人民代表大会常务委员会报告,并及时提出修改法律的建议。

**第十五条 【中外合作开采油气资源缴纳资源税】**中外合作开采陆上、海上石油资源的企业依法缴纳资源税。

2011 年 11 月 1 日前已依法订立中外合作开采陆上、海上石油资源合同的,在该合同有效期内,继续依照国家有关规定缴纳矿区使用费,不缴纳资源税;合同期满后,依法缴纳资源税。

**第十六条 【用语含义】**本法下列用语的含义是:

(一)低丰度油气田,包括陆上低丰度油田、陆上低丰度气田、海上低丰度油田、海上低丰度气田。陆上低丰度油田是指每平方公里原油可开采储量丰度低于二十五万立方米的油田;陆上低丰度气田是指每平方公里天然气可开采储量丰度低于二亿五千万立方米的气田;海上低丰度油田是指每平方公里原油可开采储量丰度低于六十万立方米的油田;海上低丰度气田是指每平方公里天然气可开采储量丰度低于六亿立方米的气田。

(二)高含硫天然气,是指硫化氢含量在每立方米三十克以上的天然气。

(三)三次采油,是指二次采油后继续以聚合物驱、复合驱、泡沫驱、气水交替驱、二氧化碳驱、微生物驱等方式进行采油。

(四)深水油气田,是指水深超过三百米的油气田。

(五)稠油,是指地层原油粘度大于或等于每秒五十毫帕或原油密度大于或等于每立方厘米零点九二克的原油。

(六)高凝油,是指凝固点高于四十摄氏度的原油。

(七)衰竭期矿山,是指设计开采年限超过十五年,且剩余可开采储量下降到原设计可开采储量的百分之二十以下或者剩余开采年限不超过五年的矿山。衰竭期矿山以开采企业下属的单个矿山为单位确定。

**第十七条 【施行日期】**本法自 2020 年 9 月 1 日起施行。1993 年 12 月 25 日国务院发布的《中华人民共和国资源税暂行条例》同时废止。

**附:**

## 资源税税目税率表

| 税目 | | 征税对象 | 税率 |
|---|---|---|---|
| 能源矿产 | 原油 | 原矿 | 6% |
| | 天然气、页岩气、天然气水合物 | 原矿 | 6% |
| | 煤 | 原矿或者选矿 | 2%—10% |
| | 煤成(层)气 | 原矿 | 1%—2% |
| | 铀、钍 | 原矿 | 4% |
| | 油页岩、油砂、天然沥青、石煤 | 原矿或者选矿 | 1%—4% |
| | 地热 | 原矿 | 1%—20%或者每立方米 1—30 元 |

续表

| 税目 | | | 征税对象 | 税率 |
|---|---|---|---|---|
| 金属矿产 | 黑色金属 | 铁、锰、铬、钒、钛 | 原矿或者选矿 | 1%—9% |
| | 有色金属 | 铜、铅、锌、锡、镍、锑、镁、钴、铋、汞 | 原矿或者选矿 | 2%—10% |
| | | 铝土矿 | 原矿或者选矿 | 2%—9% |
| | | 钨 | 选矿 | 6.5% |
| | | 钼 | 选矿 | 8% |
| | | 金、银 | 原矿或者选矿 | 2%—6% |
| | | 铂、钯、钌、锇、铱、铑 | 原矿或者选矿 | 5%—10% |
| | | 轻稀土 | 选矿 | 7%—12% |
| | | 中重稀土 | 选矿 | 20% |
| | | 铍、锂、锆、锶、铷、铯、铌、钽、锗、镓、铟、铊、铪、铼、镉、硒、碲 | 原矿或者选矿 | 2%—10% |
| 非金属矿产 | 矿物类 | 高岭土 | 原矿或者选矿 | 1%—6% |
| | | 石灰岩 | 原矿或者选矿 | 1%—6%或者每吨(或者每立方米)1—10元 |
| | | 磷 | 原矿或者选矿 | 3%—8% |
| | | 石墨 | 原矿或者选矿 | 3%—12% |
| | | 萤石、硫铁矿、自然硫 | 原矿或者选矿 | 1%—8% |
| | | 天然石英砂、脉石英、粉石英、水晶、工业用金刚石、冰洲石、蓝晶石、硅线石(矽线石)、长石、滑石、刚玉、菱镁矿、颜料矿物、天然碱、芒硝、钠硝石、明矾石、砷、硼、碘、溴、膨润土、硅藻土、陶瓷土、耐火粘土、铁矾土、凹凸棒石粘土、海泡石粘土、伊利石粘土、累托石粘土 | 原矿或者选矿 | 1%—12% |
| | | 叶蜡石、硅灰石、透辉石、珍珠岩、云母、沸石、重晶石、毒重石、方解石、蛭石、透闪石、工业用电气石、白垩、石棉、蓝石棉、红柱石、石榴子石、石膏 | 原矿或者选矿 | 2%—12% |
| | | 其他粘土(铸型用粘土、砖瓦用粘土、陶粒用粘土、水泥配料用粘土、水泥配料用红土、水泥配料用黄土、水泥配料用泥岩、保温材料用粘土) | 原矿或者选矿 | 1%—5%或者每吨(或者每立方米)0.1—5元 |
| | 岩石类 | 大理岩、花岗岩、白云岩、石英岩、砂岩、辉绿岩、安山岩、闪长岩、板岩、玄武岩、片麻岩、角闪岩、页岩、浮石、凝灰岩、黑曜岩、霞石正长岩、蛇纹岩、麦饭石、泥灰岩、含钾岩石、含钾砂页岩、天然油石、橄榄岩、松脂岩、粗面岩、辉长岩、辉石岩、正长岩、火山灰、火山渣、泥炭 | 原矿或者选矿 | 1%—10% |
| | | 砂石 | 原矿或者选矿 | 1%—5%或者每吨(或者每立方米)0.1—5元 |
| | 宝玉石类 | 宝石、玉石、宝石级金刚石、玛瑙、黄玉、碧玺 | 原矿或者选矿 | 4%—20% |

续表

| 税目 | | 征税对象 | 税率 |
|---|---|---|---|
| 水气矿产 | 二氧化碳气、硫化氢气、氦气、氡气 | 原矿 | 2%—5% |
| | 矿泉水 | 原矿 | 1%—20%或者每立方米1—30元 |
| 盐 | 钠盐、钾盐、镁盐、锂盐 | 选矿 | 3%—15% |
| | 天然卤水 | 原矿 | 3%—15%或者每吨(或者每立方米)1—10元 |
| | 海盐 | | 2%—5% |

## 中华人民共和国<br>资源税代扣代缴管理办法

*1. 1998年4月15日国家税务总局发布*

*2. 国税发〔1998〕49号*

*3. 根据2018年6月15日国家税务总局令第44号《关于公布全文废止和部分条款废止的税务部门规章目录的决定》修正*

**第一条**　为了进一步加强对资源税的征收管理,根据《中华人民共和国税收征收管理法》(以下简称《税收征管法》)和《中华人民共和国资源税暂行条例》(以下简称《资源税条例》)等有关规定,制定本办法。

**第二条**　收购资源税未税矿产品的独立矿山、联合企业以及其他单位为资源税代扣代缴义务人(以下简称扣缴义务人)。

**第三条**　扣缴义务人必须依照本办法的规定履行代扣代缴资源税义务。扣缴义务人在履行其法定义务时,有关单位和个人应予支持、协助,不得干预、阻挠。

**第四条**　扣缴义务人履行代扣代缴的适用范围是:收购的除原油、天然气、煤炭以外的资源税未税矿产品。

**第五条**　本办法第四条所称“未税矿产品”是指资源税纳税人在销售其矿产品时不能向扣缴义务人提供“资源税管理证明”的矿产品。

**第六条**　“资源税管理证明”是证明销售的矿产品已缴纳资源税或已向当地税务机关办理纳税申报的有效凭证。“资源税管理证明”分为甲、乙两种证明(式样附后),由当地主管税务机关开具。

资源税管理甲种证明适用生产规模较大、财务制度比较健全、有比较固定的购销关系、能够依法申报缴纳资源税的纳税人,是一次开具在一定期限内多次使用有效的证明。

资源税管理乙种证明适用个体、小型采矿销售企业等零散资源税纳税人,是根据销售数量多次开具一次使用有效的证明。

“资源税管理证明”由国家税务总局统一制定,各省、自治区、直辖市税务局印制。

“资源税管理证明”可以跨省、区、市使用。为防止伪造,“资源税管理证明”须与纳税人的税务登记证副本一同使用。

**第七条**　凡开采销售本办法规定范围内的应税矿产品的单位和个人,在销售其矿产品时,应当向当地主管税务机关申请开具“资源税管理证明”,作为销售矿产品已申报纳税免予扣缴税款的依据。购货方(扣缴义务人)在收购矿产品时,应主动向销售方(纳税人)索要“资源税管理证明”,扣缴义务人据此不代扣资源税。凡销售方不能提供“资源税管理甲种证明”的或超出“资源税管理乙种证明”注明的销售数量部分,一律视同未税矿产品,由扣缴义务人依法代扣代缴资源税,并向纳税人开具代扣代缴税款凭证。

扣缴义务人应按主管税务机关的要求妥善整理和保管收取的“资源税管理证明”,以备税务机关核查。纳税人领取的“资源税管理证明”,不得转借他人使用,遗失不补。

**第八条**　扣缴义务人代扣代缴资源税适用的单位税额按如下规定执行:

(一)独立矿山、联合企业收购与本单位矿种相同的未税矿产品,按照本单位相同矿种应税产品的单位税额,依据收购数量代扣代缴资源税。

(二)独立矿山、联合企业收购与本单位矿种不同的未税矿产品,以及其他收购单位收购的未税矿产品,按照收购地相应矿种规定的单位税额,依据收购数量代扣代缴资源税。

(三)收购地没有相同品种矿产品的,按收购地主管税务机关核定的单位税额,依据收购数量代扣代缴资源税。

**第九条**　扣缴义务人代扣代缴资源税的计算公式为：

代扣代缴的资源税额 = 收购未税矿产品数量 × 适用单位税额。

**第十条**　扣缴义务人代扣代缴资源税义务发生时间为扣缴义务人支付货款的当天。

**第十一条**　扣缴义务人代扣代缴资源税的地点为应税未税矿产品的收购地。

**第十二条**　扣缴义务人代扣资源税税款的解缴期限为1日、3日、5日、10日、15日或者1个月。具体解缴期限由主管税务机关根据实际情况核定。

扣缴义务人应在主管税务机关规定的时间内解缴其代扣的资源税款，并报送代扣代缴等有关报表。

**第十三条**　主管税务机关按照规定提取并向扣缴义务人支付手续费。

**第十四条**　扣缴义务人代扣代缴资源税时，要建立代扣代缴税款账簿，序时登记资源税代扣、代缴税款报告表。

**第十五条**　扣缴义务人依法履行代扣税款义务时，纳税人不得拒绝。纳税人拒绝的，扣缴义务人应当及时报告主管税务机关处理。否则，纳税人应缴纳的税款由扣缴义务人负担。

**第十六条**　扣缴义务人必须依法接受税务机关检查，如实反映情况，提供有关资料，不得拒绝或隐瞒。

**第十七条**　扣缴义务人发生下列行为之一者，按《税收征管法》及其实施细则处理：

（一）应代扣而未代扣或少代扣资源税款；

（二）不缴或少缴已扣税款；

（三）未按规定期限解缴税款；

（四）未按规定设置、保管有关资源税代扣代缴账簿、凭证、报表及有关资料；

（五）转借、涂改、损毁、造假、不按照规定使用“资源税管理证明”的行为；

（六）其他违反税收规定的行为。

**第十八条**　本办法未尽事宜，依照有关税收法律、法规执行。

**第十九条**　各省、自治区、直辖市税务局可根据本办法和当地实际情况制定具体实施办法。

**第二十条**　本办法由国家税务总局负责解释。

**第二十一条**　本办法自1998年7月1日起执行。

附件：（略）

## 国家税务总局关于资源税征收管理若干问题的公告①

*1. 2020年8月28日国家税务总局公告2020年第14号公布*
*2. 自2020年9月1日起施行*

为规范资源税征收管理，根据《中华人民共和国资源税法》《中华人民共和国税收征收管理法》及其实施细则、《财政部 税务总局关于资源税有关问题执行口径的公告》（2020年第34号）等相关规定，现就有关事项公告如下：

**一**、纳税人以外购原矿与自采原矿混合为原矿销售，或者以外购选矿产品与自产选矿产品混合为选矿产品销售的，在计算应税产品销售额或者销售数量时，直接扣减外购原矿或者外购选矿产品的购进金额或者购进数量。

纳税人以外购原矿与自采原矿混合洗选加工为选矿产品销售的，在计算应税产品销售额或者销售数量时，按照下列方法进行扣减：

准予扣减的外购应税产品购进金额（数量）= 外购原矿购进金额（数量）×（本地区原矿适用税率 ÷ 本地区选矿产品适用税率）

不能按照上述方法计算扣减的，按照主管税务机关确定的其他合理方法进行扣减。

**二**、纳税人申报资源税时，应当填报《资源税纳税申报表》（见附件）。

**三**、纳税人享受资源税优惠政策，实行“自行判别、申报享受、有关资料留存备查”的办理方式，另有规定的除外。纳税人对资源税优惠事项留存材料的真实性和合法性承担法律责任。

**四**、本公告自2020年9月1日起施行。《国家税务总局关于发布修订后的〈资源税若干问题的规定〉的公告》（2011年第63号），《国家税务总局关于发布〈中外合作及海上自营油气田资源税纳税申报表〉的公告》（2012年第3号），《国家税务总局 国家能源局关于落实煤炭资源税优惠政策若干事项的公告》（2015年第21号，国家税务总局公告2018年第31号修改），《国家税务总局关于发布修订后的〈资源税纳税申报表〉的公告》（2016年第38号）附件2、附件3、附件4，《国家税务总局 自然资源部关于落实资源税改革优惠政

① 附件已被2021年4月12日国家税务总局公告2021年第9号《关于简并税费申报有关事项的公告》废止。——编者注

策若干事项的公告》(2017 年第 2 号,国家税务总局公告 2018 年第 31 号修改),《国家税务总局关于发布〈资源税征收管理规程〉的公告》(2018 年第 13 号),《国家税务总局关于增值税小规模纳税人地方税种和相关附加减征政策有关征管问题的公告》(2019 年第 5 号)发布的资源税纳税申报表同时废止。

特此公告。

附件:资源税纳税申报表(略)

## (5)行为、目的税

### ①印花税

## 中华人民共和国印花税法

*1. 2021 年 6 月 10 日第十三届全国人民代表大会常务委员会第二十九次会议通过*

*2. 2021 年 6 月 10 日中华人民共和国主席令第 89 号公布*

*3. 自 2022 年 7 月 1 日起施行*

**第一条 【纳税人范围】**在中华人民共和国境内书立应税凭证、进行证券交易的单位和个人,为印花税的纳税人,应当依照本法规定缴纳印花税。

在中华人民共和国境外书立在境内使用的应税凭证的单位和个人,应当依照本法规定缴纳印花税。

**第二条 【应税凭证】**本法所称应税凭证,是指本法所附《印花税税目税率表》列明的合同、产权转移书据和营业账簿。

**第三条 【证券交易】**本法所称证券交易,是指转让在依法设立的证券交易所、国务院批准的其他全国性证券交易场所交易的股票和以股票为基础的存托凭证。

证券交易印花税对证券交易的出让方征收,不对受让方征收。

**第四条 【税目、税率执行标准】**印花税的税目、税率,依照本法所附《印花税税目税率表》执行。

**第五条 【计税依据】**印花税的计税依据如下:

(一)应税合同的计税依据,为合同所列的金额,不包括列明的增值税税款;

(二)应税产权转移书据的计税依据,为产权转移书据所列的金额,不包括列明的增值税税款;

(三)应税营业账簿的计税依据,为账簿记载的实收资本(股本)、资本公积合计金额;

(四)证券交易的计税依据,为成交金额。

**第六条 【未列明金额时的计税依据】**应税合同、产权转移书据未列明金额的,印花税的计税依据按照实际结算的金额确定。

计税依据按照前款规定仍不能确定的,按照书立合同、产权转移书据时的市场价格确定;依法应当执行政府定价或者政府指导价的,按照国家有关规定确定。

**第七条【无转让价格和收盘价时计税依据的确定】**证券交易无转让价格的,按照办理过户登记手续时该证券前一个交易日收盘价计算确定计税依据;无收盘价的,按照证券面值计算确定计税依据。

**第八条 【应纳税额】**印花税的应纳税额按照计税依据乘以适用税率计算。

**第九条 【两个以上税目事项】**同一应税凭证载有两个以上税目事项并分别列明金额的,按照各自适用的税目税率分别计算应纳税额;未分别列明金额的,从高适用税率。

**第十条 【两方以上当事人】**同一应税凭证由两方以上当事人书立的,按照各自涉及的金额分别计算应纳税额。

**第十一条 【按照增加部分计算应纳税额的情形】**已缴纳印花税的营业账簿,以后年度记载的实收资本(股本)、资本公积合计金额比已缴纳印花税的实收资本(股本)、资本公积合计金额增加的,按照增加部分计算应纳税额。

**第十二条 【免征印花税】**下列凭证免征印花税:

(一)应税凭证的副本或者抄本;

(二)依照法律规定应当予以免税的外国驻华使馆、领事馆和国际组织驻华代表机构为获得馆舍书立的应税凭证;

(三)中国人民解放军、中国人民武装警察部队书立的应税凭证;

(四)农民、家庭农场、农民专业合作社、农村集体经济组织、村民委员会购买农业生产资料或者销售农产品书立的买卖合同和农业保险合同;

(五)无息或者贴息借款合同、国际金融组织向中国提供优惠贷款书立的借款合同;

(六)财产所有权人将财产赠与政府、学校、社会福利机构、慈善组织书立的产权转移书据;

(七)非营利性医疗卫生机构采购药品或者卫生材料书立的买卖合同;

(八)个人与电子商务经营者订立的电子订单。

根据国民经济和社会发展的需要,国务院对居民住房需求保障、企业改制重组、破产、支持小型微型企业发展等情形可以规定减征或者免征印花税,报全国人民代表大会常务委员会备案。

**第十三条　【单位和个人纳税】**纳税人为单位的，应当向其机构所在地的主管税务机关申报缴纳印花税；纳税人为个人的，应当向应税凭证书立地或者纳税人居住地的主管税务机关申报缴纳印花税。

不动产产权发生转移的，纳税人应当向不动产所在地的主管税务机关申报缴纳印花税。

**第十四条　【境外单位或个人纳税】**纳税人为境外单位或者个人，在境内有代理人的，以其境内代理人为扣缴义务人；在境内没有代理人的，由纳税人自行申报缴纳印花税，具体办法由国务院税务主管部门规定。

证券登记结算机构为证券交易印花税的扣缴义务人，应当向其机构所在地的主管税务机关申报解缴税款以及银行结算的利息。

**第十五条　【纳税义务发生时间】**印花税的纳税义务发生时间为纳税人书立应税凭证或者完成证券交易的当日。

证券交易印花税扣缴义务发生时间为证券交易完成的当日。

**第十六条　【印花税计征时间规定】**印花税按季、按年或者按次计征。实行按季、按年计征的，纳税人应当自季度、年度终了之日起十五日内申报缴纳税款；实行按次计征的，纳税人应当自纳税义务发生之日起十五日内申报缴纳税款。

证券交易印花税按周解缴。证券交易印花税扣缴义务人应当自每周终了之日起五日内申报解缴税款以及银行结算的利息。

**第十七条　【印花税缴纳方式】**印花税可以采用粘贴印花税票或者由税务机关依法开具其他完税凭证的方式缴纳。

印花税票粘贴在应税凭证上的，由纳税人在每枚税票的骑缝处盖戳注销或者画销。

印花税票由国务院税务主管部门监制。

**第十八条　【征收机关和依据】**印花税由税务机关依照本法和《中华人民共和国税收征收管理法》的规定征收管理。

**第十九条　【追究法律责任】**纳税人、扣缴义务人和税务机关及其工作人员违反本法规定的，依照《中华人民共和国税收征收管理法》和有关法律、行政法规的规定追究法律责任。

**第二十条　【施行日期】**本法自2022年7月1日起施行。1988年8月6日国务院发布的《中华人民共和国印花税暂行条例》同时废止。

**附：**

## 印花税税目税率表

| 税　目 | | 税　率 | 备　注 |
|---|---|---|---|
| 合同（指书面合同） | 借款合同 | 借款金额的万分之零点五 | 指银行业金融机构、经国务院银行业监督管理机构批准设立的其他金融机构与借款人（不包括同业拆借）的借款合同 |
| | 融资租赁合同 | 租金的万分之零点五 | |
| | 买卖合同 | 价款的万分之三 | 指动产买卖合同（不包括个人书立的动产买卖合同） |
| | 承揽合同 | 报酬的万分之三 | |
| | 建设工程合同 | 价款的万分之三 | |
| | 运输合同 | 运输费用的万分之三 | 指货运合同和多式联运合同（不包括管道运输合同） |
| | 技术合同 | 价款、报酬或者使用费的万分之三 | 不包括专利权、专有技术使用权转让书据 |
| | 租赁合同 | 租金的千分之一 | |
| | 保管合同 | 保管费的千分之一 | |
| | 仓储合同 | 仓储费的千分之一 | |
| | 财产保险合同 | 保险费的千分之一 | 不包括再保险合同 |

续表

<table>
<tr><th colspan="2">税　　目</th><th>税　　率</th><th>备　　注</th></tr>
<tr><td rowspan="4">产权转移书据</td><td>土地使用权出让书据</td><td>价款的万分之五</td><td rowspan="4">转让包括买卖(出售)、继承、赠与、互换、分割</td></tr>
<tr><td>土地使用权、房屋等建筑物和构筑物所有权转让书据(不包括土地承包经营权和土地经营权转移)</td><td>价款的万分之五</td></tr>
<tr><td>股权转让书据(不包括应缴纳证券交易印花税的)</td><td>价款的万分之五</td></tr>
<tr><td>商标专用权、著作权、专利权、专有技术使用权转让书据</td><td>价款的万分之三</td></tr>
<tr><td colspan="2">营业账簿</td><td>实收资本(股本)、资本公积合计金额的万分之二点五</td><td></td></tr>
<tr><td colspan="2">证券交易</td><td>成交金额的千分之一</td><td></td></tr>
</table>

## 国家税务总局关于实施《中华人民共和国印花税法》等有关事项的公告

*1. 2022年6月28日国家税务总局公告2022年第14号公布*
*2. 自2022年7月1日起施行*

为落实《中华人民共和国印花税法》(以下简称印花税法),贯彻中办、国办印发的《关于进一步深化税收征管改革的意见》,现就印花税征收管理和纳税服务有关事项及优化土地增值税优惠事项办理方式问题公告如下:

**一、印花税征收管理和纳税服务有关事项**

(一)纳税人应当根据书立印花税应税合同、产权转移书据和营业账簿情况,填写《印花税税源明细表》(附件1),进行财产行为税综合申报。

(二)应税合同、产权转移书据未列明金额,在后续实际结算时确定金额的,纳税人应当于书立应税合同、产权转移书据的首个纳税申报期申报应税合同、产权转移书据书立情况,在实际结算后下一个纳税申报期,以实际结算金额计算申报缴纳印花税。

(三)印花税按季、按年或者按次计征。应税合同、产权转移书据印花税可以按季或者按次申报缴纳,应税营业账簿印花税可以按年或者按次申报缴纳,具体纳税期限由各省、自治区、直辖市、计划单列市税务局结合征管实际确定。

境外单位或者个人的应税凭证印花税可以按季、按年或者按次申报缴纳,具体纳税期限由各省、自治区、直辖市、计划单列市税务局结合征管实际确定。

(四)纳税人为境外单位或者个人,在境内有代理人的,以其境内代理人为扣缴义务人。境外单位或者个人的境内代理人应当按规定扣缴印花税,向境内代理人机构所在地(居住地)主管税务机关申报解缴税款。

纳税人为境外单位或者个人,在境内没有代理人的,纳税人应当自行申报缴纳印花税。境外单位或者个人可以向资产交付地、境内服务提供方或者接受方所在地(居住地)、书立应税凭证境内书立人所在地(居住地)主管税务机关申报缴纳;涉及不动产产权转移的,应当向不动产所在地主管税务机关申报缴纳。

(五)印花税法实施后,纳税人享受印花税优惠政策,继续实行"自行判别、申报享受、有关资料留存备查"的办理方式。纳税人对留存备查资料的真实性、完整性和合法性承担法律责任。

(六)税务机关要优化印花税纳税服务。加强培训辅导,重点抓好基层税务管理人员、一线窗口人员和12366话务人员的学习和培训,分类做好纳税人宣传辅导,促进纳税人规范印花税应税凭证管理。坚持问题导向,聚焦纳税人和基层税务人员在税法实施过程中反馈的意见建议,及时完善征管系统和办税流程,不断提升纳税人获得感。

**二、优化土地增值税优惠事项办理方式**

(一)土地增值税原备案类优惠政策,实行纳税人"自行判别、申报享受、有关资料留存备查"的办理方式。纳税人在土地增值税纳税申报时按规定填写申报表相应减免税栏次即可享受,相关政策规定的材料留存备查。纳税人对留存备查资料的真实性、完整性和合法性承担法律责任。

（二）税务机关应当加强土地增值税纳税辅导工作，畅通政策问题答复渠道，为纳税人及时、准确办理税收优惠事项提供支持和帮助。

本公告自2022年7月1日起施行。《全文废止和部分条款废止的印花税文件目录》（附件2）所列文件或条款同时废止。

特此公告。

附件：略

## 财政部、税务总局关于印花税若干事项政策执行口径的公告

1. *2022年6月12日财政部、税务总局公告2022年第22号公布*
2. *自2022年7月1日起施行*

为贯彻落实《中华人民共和国印花税法》，现将印花税若干事项政策执行口径公告如下：

**一、关于纳税人的具体情形**

（一）书立应税凭证的纳税人，为对应税凭证有直接权利义务关系的单位和个人。

（二）采用委托贷款方式书立的借款合同纳税人，为受托人和借款人，不包括委托人。

（三）按买卖合同或者产权转移书据税目缴纳印花税的拍卖成交确认书纳税人，为拍卖标的的产权人和买受人，不包括拍卖人。

**二、关于应税凭证的具体情形**

（一）在中华人民共和国境外书立在境内使用的应税凭证，应当按规定缴纳印花税。包括以下几种情形：

1. 应税凭证的标的为不动产的，该不动产在境内；

2. 应税凭证的标的为股权的，该股权为中国居民企业的股权；

3. 应税凭证的标的为动产或者商标专用权、著作权、专利权、专有技术使用权的，其销售方或者购买方在境内，但不包括境外单位或者个人向境内单位或者个人销售完全在境外使用的动产或者商标专用权、著作权、专利权、专有技术使用权；

4. 应税凭证的标的为服务的，其提供方或者接受方在境内，但不包括境外单位或者个人向境内单位或者个人提供完全在境外发生的服务。

（二）企业之间书立的确定买卖关系、明确买卖双方权利义务的订单、要货单等单据，且未另外书立买卖合同的，应当按规定缴纳印花税。

（三）发电厂与电网之间、电网与电网之间书立的购售电合同，应当按买卖合同税目缴纳印花税。

（四）下列情形的凭证，不属于印花税征收范围：

1. 人民法院的生效法律文书，仲裁机构的仲裁文书，监察机关的监察文书。

2. 县级以上人民政府及其所属部门按照行政管理权限征收、收回或者补偿安置房地产书立的合同、协议或者行政类文书。

3. 总公司与分公司、分公司与分公司之间书立的作为执行计划使用的凭证。

**三、关于计税依据、补税和退税的具体情形**

（一）同一应税合同、应税产权转移书据中涉及两方以上纳税人，且未列明纳税人各自涉及金额的，以纳税人平均分摊的应税凭证所列金额（不包括列明的增值税税款）确定计税依据。

（二）应税合同、应税产权转移书据所列的金额与实际结算金额不一致，不变更应税凭证所列金额的，以所列金额为计税依据；变更应税凭证所列金额的，以变更后的所列金额为计税依据。已缴纳印花税的应税凭证，变更后所列金额增加的，纳税人应当就增加部分的金额补缴印花税；变更后所列金额减少的，纳税人可以就减少部分的金额向税务机关申请退还或者抵缴印花税。

（三）纳税人因应税凭证列明的增值税税款计算错误导致应税凭证的计税依据减少或者增加的，纳税人应当按规定调整应税凭证列明的增值税税款，重新确定应税凭证计税依据。已缴纳印花税的应税凭证，调整后计税依据增加的，纳税人应当就增加部分的金额补缴印花税；调整后计税依据减少的，纳税人可以就减少部分的金额向税务机关申请退还或者抵缴印花税。

（四）纳税人转让股权的印花税计税依据，按照产权转移书据所列的金额（不包括列明的认缴后尚未实际出资权益部分）确定。

（五）应税凭证金额为人民币以外的货币的，应当按照凭证书立当日的人民币汇率中间价折合人民币确定计税依据。

（六）境内的货物多式联运，采用在起运地统一结算全程运费的，以全程运费作为运输合同的计税依据，由起运地运费结算双方缴纳印花税；采用分程结算运

费的，以分程的运费作为计税依据，分别由办理运费结算的各方缴纳印花税。

（七）未履行的应税合同、产权转移书据，已缴纳的印花税不予退还及抵缴税款。

（八）纳税人多贴的印花税票，不予退税及抵缴税款。

**四、关于免税的具体情形**

（一）对应税凭证适用印花税减免优惠的，书立该应税凭证的纳税人均可享受印花税减免政策，明确特定纳税人适用印花税减免优惠的除外。

（二）享受印花税免税优惠的家庭农场，具体范围为以家庭为基本经营单元，以农场生产经营为主业，以农场经营收入为家庭主要收入来源，从事农业规模化、标准化、集约化生产经营，纳入全国家庭农场名录系统的家庭农场。

（三）享受印花税免税优惠的学校，具体范围为经县级以上人民政府或者其教育行政部门批准成立的大学、中学、小学、幼儿园，实施学历教育的职业教育学校、特殊教育学校、专门学校，以及经省级人民政府或者其人力资源社会保障行政部门批准成立的技工院校。

（四）享受印花税免税优惠的社会福利机构，具体范围为依法登记的养老服务机构、残疾人服务机构、儿童福利机构、救助管理机构、未成年人救助保护机构。

（五）享受印花税免税优惠的慈善组织，具体范围为依法设立、符合《中华人民共和国慈善法》规定，以面向社会开展慈善活动为宗旨的非营利性组织。

（六）享受印花税免税优惠的非营利性医疗卫生机构，具体范围为经县级以上人民政府卫生健康行政部门批准或者备案设立的非营利性医疗卫生机构。

（七）享受印花税免税优惠的电子商务经营者，具体范围按《中华人民共和国电子商务法》有关规定执行。

本公告自2022年7月1日起施行。

## 国务院关于调整证券交易印花税中央与地方分享比例的通知

*1. 2015年12月31日发布*
*2. 国发明电〔2015〕3号*

各省、自治区、直辖市人民政府，国务院各部委、各直属机构：

为妥善处理中央与地方的财政分配关系，国务院决定，从2016年1月1日起，将证券交易印花税由现行按中央97%、地方3%比例分享全部调整为中央收入。有关地区和部门要从全局出发，继续做好证券交易印花税的征收管理工作，进一步促进我国证券市场长期稳定健康发展。

## 财政部、国家税务总局关于企业改制过程中有关印花税政策的通知

*1. 2003年12月8日发布*
*2. 财税〔2003〕183号*

各省、自治区、直辖市、计划单列市财政厅（局）、地方税务局，新疆生产建设兵团财务局：

为贯彻落实国务院关于支持企业改制的指示精神，规范企业改制过程中有关税收政策，现就经县级以上人民政府及企业主管部门批准改制的企业，在改制过程中涉及的印花税政策通知如下：

**一、关于资金帐簿的印花税**

（一）实行公司制改造的企业在改制过程中成立的新企业（重新办理法人登记的），其新启用的资金帐簿记载的资金或因企业建立资本纽带关系而增加的资金，凡原已贴花的部分可不再贴花，未贴花的部分和以后新增加的资金按规定贴花。

公司制改造包括国有企业依《公司法》整体改造成国有独资有限责任公司；企业通过增资扩股或者转让部分产权，实现他人对企业的参股，将企业改造成有限责任公司或股份有限公司；企业以其部分财产和相应债务与他人组建新公司；企业将债务留在原企业，而以其优质财产与他人组建的新公司。

（二）以合并或分立方式成立的新企业，其新启用的资金帐簿记载的资金，凡原已贴花的部分可不再贴花，未贴花的部分和以后新增加的资金按规定贴花。

合并包括吸收合并和新设合并。分立包括存续分立和新设分立。

（三）企业债权转股权新增加的资金按规定贴花。

（四）企业改制中经评估增加的资金按规定贴花。

（五）企业其他会计科目记载的资金转为实收资本或资本公积的资金按规定贴花。

**二、关于各类应税合同的印花税**

企业改制前签订但尚未履行完的各类应税合同，改制后需要变更执行主体的，对仅改变执行主体、其余条款未作变动且改制前已贴花的，不再贴花。

三、关于产权转移书据的印花税

企业因改制签订的产权转移书据免予贴花。

## 财政部、国家税务总局关于印花税若干政策的通知

*1. 2006年11月27日发布*
*2. 财税〔2006〕162号*

各省、自治区、直辖市、计划单列市财政厅（局）、地方税务局，新疆生产建设兵团财务局：

为适应经济形势发展变化的需要，完善税制，现将印花税有关政策明确如下：

一、对纳税人以电子形式签订的各类应税凭证按规定征收印花税。

二、对发电厂与电网之间、电网与电网之间（国家电网公司系统、南方电网公司系统内部各级电网互供电量除外）签订的购售电合同按购销合同征收印花税。电网与用户之间签订的供用电合同不属于印花税列举征税的凭证，不征收印花税。

三、对土地使用权出让合同、土地使用权转让合同按产权转移书据征收印花税。

四、对商品房销售合同按照产权转移书据征收印花税。

## 财政部、国家税务总局关于融资租赁合同有关印花税政策的通知

*1. 2015年12月24日发布*
*2. 财税〔2015〕144号*

各省、自治区、直辖市、计划单列市财政厅（局）、地方税务局，西藏、宁夏回族自治区国家税务局，新疆生产建设兵团财务局：

根据《国务院办公厅关于加快融资租赁业发展的指导意见》（国办发〔2015〕68号）有关规定，为促进融资租赁业健康发展，公平税负，现就融资租赁合同有关印花税政策通知如下：

一、对开展融资租赁业务签订的融资租赁合同（含融资性售后回租），统一按照其所载明的租金总额依照“借款合同”税目，按万分之零点五的税率计税贴花。

二、在融资性售后回租业务中，对承租人、出租人因出售租赁资产及购回租赁资产所签订的合同，不征收印花税。

三、本通知自印发之日起执行。此前未处理的事项，按照本通知规定执行。

请遵照执行。

## 关于继续实施高校学生公寓房产税、印花税政策的公告

*2023年9月22日财政部、税务总局公告2023年第53号公布*

为继续支持高校办学，优化高校后勤保障服务，现将高校学生公寓房产税和印花税政策公告如下：

一、对高校学生公寓免征房产税。

二、对与高校学生签订的高校学生公寓租赁合同，免征印花税。

三、本公告所称高校学生公寓，是指为高校学生提供住宿服务，按照国家规定的收费标准收取住宿费的学生公寓。

四、纳税人享受本公告规定的免税政策，应按规定进行免税申报，并将不动产权属证明、载有房产原值的相关材料、房产用途证明、租赁合同等资料留存备查。

五、本公告执行至2027年12月31日。

特此公告。

### ②烟叶税

## 中华人民共和国烟叶税法

*1. 2017年12月27日第十二届全国人民代表大会常务委员会第三十一次会议通过*
*2. 2017年12月27日中华人民共和国主席令第84号公布*
*3. 自2018年7月1日起施行*

**第一条**　【纳税人】在中华人民共和国境内，依照《中华人民共和国烟草专卖法》的规定收购烟叶的单位为烟叶税的纳税人。纳税人应当依照本法规定缴纳烟叶税。

**第二条**　【烟叶】本法所称烟叶，是指烤烟叶、晾晒烟叶。

**第三条**　【计税依据】烟叶税的计税依据为纳税人收购烟叶实际支付的价款总额。

**第四条**　【税率】烟叶税的税率为百分之二十。

**第五条**　【应纳税额】烟叶税的应纳税额按照纳税人收购烟叶实际支付的价款总额乘以税率计算。

**第六条**　**【征收管理】**烟叶税由税务机关依照本法和《中华人民共和国税收征收管理法》的有关规定征收管理。

**第七条**　**【申报机关】**纳税人应当向烟叶收购地的主管税务机关申报缴纳烟叶税。

**第八条**　**【纳税义务发生时间】**烟叶税的纳税义务发生时间为纳税人收购烟叶的当日。

**第九条**　**【按月计征】**烟叶税按月计征，纳税人应当于纳税义务发生月终了之日起十五日内申报并缴纳税款。

**第十条**　**【施行日期】**本法自 2018 年 7 月 1 日起施行。2006 年 4 月 28 日国务院公布的《中华人民共和国烟叶税暂行条例》同时废止。

## 财政部、国家税务总局关于明确烟叶税计税依据的通知

*1. 2018 年 6 月 29 日发布*

*2. 财税〔2018〕75 号*

各省、自治区、直辖市、计划单列市财政厅（局），国家税务总局各省、自治区、直辖市、计划单列市税务局，新疆生产建设兵团财政局：

为保证《中华人民共和国烟叶税法》有效实施，经国务院同意，现就烟叶税计税依据通知如下：

纳税人收购烟叶实际支付的价款总额包括纳税人支付给烟叶生产销售单位和个人的烟叶收购价款和价外补贴。其中，价外补贴统一按烟叶收购价款的 10% 计算。

请遵照执行。

### ③耕地占用税

## 中华人民共和国耕地占用税法

*1. 2018 年 12 月 29 日第十三届全国人民代表大会常务委员会第七次会议通过*

*2. 2018 年 12 月 29 日中华人民共和国主席令第 18 号公布*

*3. 自 2019 年 9 月 1 日起施行*

**第一条**　**【立法目的】**为了合理利用土地资源，加强土地管理，保护耕地，制定本法。

**第二条**　**【纳税人】**在中华人民共和国境内占用耕地建设建筑物、构筑物或者从事非农业建设的单位和个人，为耕地占用税的纳税人，应当依照本法规定缴纳耕地占用税。

占用耕地建设农田水利设施的，不缴纳耕地占用税。

本法所称耕地，是指用于种植农作物的土地。

**第三条**　**【计税依据】**耕地占用税以纳税人实际占用的耕地面积为计税依据，按照规定的适用税额一次性征收，应纳税额为纳税人实际占用的耕地面积（平方米）乘以适用税额。

**第四条**　**【税额】**耕地占用税的税额如下：

（一）人均耕地不超过一亩的地区（以县、自治县、不设区的市、市辖区为单位，下同），每平方米为十元至五十元；

（二）人均耕地超过一亩但不超过二亩的地区，每平方米为八元至四十元；

（三）人均耕地超过二亩但不超过三亩的地区，每平方米为六元至三十元；

（四）人均耕地超过三亩的地区，每平方米为五元至二十五元。

各地区耕地占用税的适用税额，由省、自治区、直辖市人民政府根据人均耕地面积和经济发展等情况，在前款规定的税额幅度内提出，报同级人民代表大会常务委员会决定，并报全国人民代表大会常务委员会和国务院备案。各省、自治区、直辖市耕地占用税适用税额的平均水平，不得低于本法所附《各省、自治区、直辖市耕地占用税平均税额表》规定的平均税额。

**第五条**　**【适用税额特殊规定】**在人均耕地低于零点五亩的地区，省、自治区、直辖市可以根据当地经济发展情况，适当提高耕地占用税的适用税额，但提高的部分不得超过本法第四条第二款确定的适用税额的百分之五十。具体适用税额按照本法第四条第二款规定的程序确定。

**第六条**　**【加收税额】**占用基本农田的，应当按照本法第四条第二款或者第五条确定的当地适用税额，加按百分之一百五十征收。

**第七条**　**【减免】**军事设施、学校、幼儿园、社会福利机构、医疗机构占用耕地，免征耕地占用税。

铁路线路、公路线路、飞机场跑道、停机坪、港口、航道、水利工程占用耕地，减按每平方米二元的税额征收耕地占用税。

农村居民在规定用地标准以内占用耕地新建自用住宅，按照当地适用税额减半征收耕地占用税；其中农村居民经批准搬迁，新建自用住宅占用耕地不超过原宅基地面积的部分，免征耕地占用税。

农村烈士遗属、因公牺牲军人遗属、残疾军人以及符合农村最低生活保障条件的农村居民，在规定用地标准以内新建自用住宅，免征耕地占用税。

根据国民经济和社会发展的需要，国务院可以规定免征或者减征耕地占用税的其他情形，报全国人民代表大会常务委员会备案。

**第八条　【补缴】**依照本法第七条第一款、第二款规定免征或者减征耕地占用税后，纳税人改变原占地用途，不再属于免征或者减征耕地占用税情形的，应当按照当地适用税额补缴耕地占用税。

**第九条　【征收机关】**耕地占用税由税务机关负责征收。

**第十条　【纳税义务发生时间和纳税期限】**耕地占用税的纳税义务发生时间为纳税人收到自然资源主管部门办理占用耕地手续的书面通知的当日。纳税人应当自纳税义务发生之日起三十日内申报缴纳耕地占用税。

自然资源主管部门凭耕地占用税完税凭证或者免税凭证和其他有关文件发放建设用地批准书。

**第十一条　【临时占地的税额缴纳】**纳税人因建设项目施工或者地质勘查临时占用耕地，应当依照本法的规定缴纳耕地占用税。纳税人在批准临时占用耕地期满之日起一年内依法复垦，恢复种植条件的，全额退还已经缴纳的耕地占用税。

**第十二条　【占用其他农用地的税额】**占用园地、林地、草地、农田水利用地、养殖水面、渔业水域滩涂以及其他农用地建设建筑物、构筑物或者从事非农业建设的，依照本法的规定缴纳耕地占用税。

占用前款规定的农用地的，适用税额可以适当低于本地区按照本法第四条第二款确定的适用税额，但降低的部分不得超过百分之五十。具体适用税额由省、自治区、直辖市人民政府提出，报同级人民代表大会常务委员会决定，并报全国人民代表大会常务委员会和国务院备案。

占用本条第一款规定的农用地建设直接为农业生产服务的生产设施的，不缴纳耕地占用税。

**第十三条　【信息共享与配合机制】**税务机关应当与相关部门建立耕地占用税涉税信息共享机制和工作配合机制。县级以上地方人民政府自然资源、农业农村、水利等相关部门应当定期向税务机关提供农用地转用、临时占地等信息，协助税务机关加强耕地占用税征收管理。

税务机关发现纳税人的纳税申报数据资料异常或者纳税人未按照规定期限申报纳税的，可以提请相关部门进行复核，相关部门应当自收到税务机关复核申请之日起三十日内向税务机关出具复核意见。

**第十四条　【法律依据】**耕地占用税的征收管理，依照本法和《中华人民共和国税收征收管理法》的规定执行。

**第十五条　【法律责任】**纳税人、税务机关及其工作人员违反本法规定的，依照《中华人民共和国税收征收管理法》和有关法律法规的规定追究法律责任。

**第十六条　【施行日期】**本法自2019年9月1日起施行。2007年12月1日国务院公布的《中华人民共和国耕地占用税暂行条例》同时废止。

**附：**

各省、自治区、直辖市
耕地占用税平均税额表

| 省、自治区、直辖市 | 平均税额（元/平方米） |
|---|---|
| 上海 | 45 |
| 北京 | 40 |
| 天津 | 35 |
| 江苏、浙江、福建、广东 | 30 |
| 辽宁、湖北、湖南 | 25 |
| 河北、安徽、江西、山东、河南、重庆、四川 | 22.5 |
| 广西、海南、贵州、云南、陕西 | 20 |
| 山西、吉林、黑龙江 | 17.5 |
| 内蒙古、西藏、甘肃、青海、宁夏、新疆 | 12.5 |

## 中华人民共和国<br>耕地占用税法实施办法

*1. 2019年8月29日财政部、税务总局、自然资源部、农业农村部、生态环境部公告2019年第81号公布*
*2. 自2019年9月1日起施行*

**第一条**　为了贯彻实施《中华人民共和国耕地占用税法》（以下简称税法），制定本办法。

**第二条**　经批准占用耕地的，纳税人为农用地转用审批文件中标明的建设用地人；农用地转用审批文件中未标明建设用地人的，纳税人为用地申请人，其中用地申请人为各级人民政府的,由同级土地储备中心、自然资源主管部门或政府委托的其他部门、单位履行耕地占用税申报纳税义务。

未经批准占用耕地的,纳税人为实际用地人。

**第三条** 实际占用的耕地面积,包括经批准占用的耕地面积和未经批准占用的耕地面积。

**第四条** 基本农田,是指依据《基本农田保护条例》划定的基本农田保护区范围内的耕地。

**第五条** 免税的军事设施,具体范围为《中华人民共和国军事设施保护法》规定的军事设施。

**第六条** 免税的学校,具体范围包括县级以上人民政府教育行政部门批准成立的大学、中学、小学,学历性职业教育学校和特殊教育学校,以及经省级人民政府或其人力资源社会保障行政部门批准成立的技工院校。

学校内经营性场所和教职工住房占用耕地的,按照当地适用税额缴纳耕地占用税。

**第七条** 免税的幼儿园,具体范围限于县级以上人民政府教育行政部门批准成立的幼儿园内专门用于幼儿保育、教育的场所。

**第八条** 免税的社会福利机构,具体范围限于依法登记的养老服务机构、残疾人服务机构、儿童福利机构、救助管理机构、未成年人救助保护机构内,专门为老年人、残疾人、未成年人、生活无着的流浪乞讨人员提供养护、康复、托管等服务的场所。

**第九条** 免税的医疗机构,具体范围限于县级以上人民政府卫生健康行政部门批准设立的医疗机构内专门从事疾病诊断、治疗活动的场所及其配套设施。

医疗机构内职工住房占用耕地的,按照当地适用税额缴纳耕地占用税。

**第十条** 减税的铁路线路,具体范围限于铁路路基、桥梁、涵洞、隧道及其按照规定两侧留地、防火隔离带。

专用铁路和铁路专用线占用耕地的,按照当地适用税额缴纳耕地占用税。

**第十一条** 减税的公路线路,具体范围限于经批准建设的国道、省道、县道、乡道和属于农村公路的村道的主体工程以及两侧边沟或者截水沟。

专用公路和城区内机动车道占用耕地的,按照当地适用税额缴纳耕地占用税。

**第十二条** 减税的飞机场跑道、停机坪,具体范围限于经批准建设的民用机场专门用于民用航空器起降、滑行、停放的场所。

**第十三条** 减税的港口,具体范围限于经批准建设的港口内供船舶进出、停靠以及旅客上下、货物装卸的场所。

**第十四条** 减税的航道,具体范围限于在江、河、湖泊、港湾等水域内供船舶安全航行的通道。

**第十五条** 减税的水利工程,具体范围限于经县级以上人民政府水行政主管部门批准建设的防洪、排涝、灌溉、引(供)水、滩涂治理、水土保持、水资源保护等各类工程及其配套和附属工程的建筑物、构筑物占压地和经批准的管理范围用地。

**第十六条** 纳税人符合税法第七条规定情形,享受免征或者减征耕地占用税的,应当留存相关证明资料备查。

**第十七条** 根据税法第八条的规定,纳税人改变原占地用途,不再属于免征或减征情形的,应自改变用途之日起30日内申报补缴税款,补缴税款按改变用途的实际占用耕地面积和改变用途时当地适用税额计算。

**第十八条** 临时占用耕地,是指经自然资源主管部门批准,在一般不超过2年内临时使用耕地并且没有修建永久性建筑物的行为。

依法复垦应由自然资源主管部门会同有关行业管理部门认定并出具验收合格确认书。

**第十九条** 因挖损、采矿塌陷、压占、污染等损毁耕地属于税法所称的非农业建设,应依照税法规定缴纳耕地占用税;自自然资源、农业农村等相关部门认定损毁耕地之日起3年内依法复垦或修复,恢复种植条件的,比照税法第十一条规定办理退税。

**第二十条** 园地,包括果园、茶园、橡胶园、其他园地。

前款的其他园地包括种植桑树、可可、咖啡、油棕、胡椒、药材等其他多年生作物的园地。

**第二十一条** 林地,包括乔木林地、竹林地、红树林地、森林沼泽、灌木林地、灌丛沼泽、其他林地,不包括城镇村庄范围内的绿化林木用地,铁路、公路征地范围内的林木用地,以及河流、沟渠的护堤林用地。

前款的其他林地包括疏林地、未成林地、迹地、苗圃等林地。

**第二十二条** 草地,包括天然牧草地、沼泽草地、人工牧草地,以及用于农业生产并已由相关行政主管部门发放使用权证的草地。

**第二十三条** 农田水利用地,包括农田排灌沟渠及相应附属设施用地。

**第二十四条** 养殖水面,包括人工开挖或者天然形成的用于水产养殖的河流水面、湖泊水面、水库水面、坑塘水面及相应附属设施用地。

**第二十五条** 渔业水域滩涂,包括专门用于种植或者养殖水生动植物的海水潮浸地带和滩地，以及用于种植芦苇并定期进行人工养护管理的苇田。

**第二十六条**　直接为农业生产服务的生产设施，是指直接为农业生产服务而建设的建筑物和构筑物。具体包括：储存农用机具和种子、苗木、木材等农业产品的仓储设施；培育、生产种子、种苗的设施；畜禽养殖设施；木材集材道、运材道；农业科研、试验、示范基地；野生动植物保护、护林、森林病虫害防治、森林防火、木材检疫的设施；专为农业生产服务的灌溉排水、供水、供电、供热、供气、通讯基础设施；农业生产者从事农业生产必需的食宿和管理设施；其他直接为农业生产服务的生产设施。

**第二十七条**　未经批准占用耕地的，耕地占用税纳税义务发生时间为自然资源主管部门认定的纳税人实际占用耕地的当日。

因挖损、采矿塌陷、压占、污染等损毁耕地的纳税义务发生时间为自然资源、农业农村等相关部门认定损毁耕地的当日。

**第二十八条**　纳税人占用耕地，应当在耕地所在地申报纳税。

**第二十九条**　在农用地转用环节，用地申请人能证明建设用地人符合税法第七条第一款规定的免税情形的，免征用地申请人的耕地占用税；在供地环节，建设用地人使用耕地用途符合税法第七条第一款规定的免税情形的，由用地申请人和建设用地人共同申请，按退税管理的规定退还用地申请人已经缴纳的耕地占用税。

**第三十条**　县级以上地方人民政府自然资源、农业农村、水利、生态环境等相关部门向税务机关提供的农用地转用、临时占地等信息，包括农用地转用信息、城市和村庄集镇按批次建设用地转而未供信息、经批准临时占地信息、改变原占地用途信息、未批先占农用地查处信息、土地损毁信息、土壤污染信息、土地复垦信息、草场使用和渔业养殖权证发放信息等。

各省、自治区、直辖市人民政府应当建立健全本地区跨部门耕地占用税部门协作和信息交换工作机制。

**第三十一条**　纳税人占地类型、占地面积和占地时间等纳税申报数据材料以自然资源等相关部门提供的相关材料为准；未提供相关材料或者材料信息不完整的，经主管税务机关提出申请，由自然资源等相关部门自收到申请之日起30日内出具认定意见。

**第三十二条**　纳税人的纳税申报数据资料异常或者纳税人未按照规定期限申报纳税的，包括下列情形：

（一）纳税人改变原占地用途，不再属于免征或者减征耕地占用税情形，未按照规定进行申报的；

（二）纳税人已申请用地但尚未获得批准先行占地开工，未按照规定进行申报的；

（三）纳税人实际占用耕地面积大于批准占用耕地面积，未按照规定进行申报的；

（四）纳税人未履行报批程序擅自占用耕地，未按照规定进行申报的；

（五）其他应提请相关部门复核的情形。

**第三十三条**　本办法自2019年9月1日起施行。

## 国家税务总局关于耕地占用税征收管理有关事项的公告①

*1. 2019年8月30日国家税务总局公告2019年第30号公布*

*2. 自2019年9月1日起施行*

为落实《中华人民共和国耕地占用税法》（以下简称《耕地占用税法》）及《中华人民共和国耕地占用税法实施办法》（以下简称《实施办法》），规范耕地占用税征收管理，现就有关事项公告如下：

一、耕地占用税以纳税人实际占用的属于耕地占用税征税范围的土地（以下简称“应税土地”）面积为计税依据，按应税土地当地适用税额计税，实行一次性征收。

耕地占用税计算公式为：应纳税额 = 应税土地面积 × 适用税额。

应税土地面积包括经批准占用面积和未经批准占用面积，以平方米为单位。

当地适用税额是指省、自治区、直辖市人民代表大会常务委员会决定的应税土地所在地县级行政区的现行适用税额。

二、按照《耕地占用税法》第六条规定，加按百分之一百五十征收耕地占用税的计算公式为：应纳税额 = 应税土地面积 × 适用税额 × 百分之一百五十。

三、按照《耕地占用税法》及《实施办法》的规定，免征、减征耕地占用税的部分项目按以下口径执行：

（一）免税的军事设施，是指《中华人民共和国军

---

① 附件已被2021年4月12日国家税务总局公告2021年第9号《关于简并税费申报有关事项的公告》废止。——编者注

事设施保护法》第二条所列建筑物、场地和设备。具体包括：指挥机关，地面和地下的指挥工程、作战工程；军用机场、港口、码头；营区、训练场、试验场；军用洞库、仓库；军用通信、侦察、导航、观测台站，测量、导航、助航标志；军用公路、铁路专用线，军用通信、输电线路，军用输油、输水管道；边防、海防管控设施；国务院和中央军事委员会规定的其他军事设施。

（二）免税的社会福利机构，是指依法登记的养老服务机构、残疾人服务机构、儿童福利机构及救助管理机构、未成年人救助保护机构内专门为老年人、残疾人、未成年人及生活无着的流浪乞讨人员提供养护、康复、托管等服务的场所。

养老服务机构，是指为老年人提供养护、康复、托管等服务的老年人社会福利机构。具体包括老年社会福利院、养老院（或老人院）、老年公寓、护老院、护养院、敬老院、托老所、老年人服务中心等。

残疾人服务机构，是指为残疾人提供养护、康复、托管等服务的社会福利机构。具体包括为肢体、智力、视力、听力、语言、精神方面有残疾的人员提供康复和功能补偿的辅助器具，进行康复治疗、康复训练，承担教育、养护和托管服务的社会福利机构。

儿童福利机构，是指为孤、弃、残儿童提供养护、康复、医疗、教育、托管等服务的儿童社会福利服务机构。具体包括儿童福利院、社会福利院、SOS 儿童村、孤儿学校、残疾儿童康复中心、社区特教班等。

社会救助机构，是指为生活无着的流浪乞讨人员提供寻亲、医疗、未成年人教育、离站等服务的救助管理机构。具体包括县级以上人民政府设立的救助管理站、未成年人救助保护中心等专门机构。

（三）免税的医疗机构，是指县级以上人民政府卫生健康行政部门批准设立的医疗机构内专门从事疾病诊断、治疗活动的场所及其配套设施。

（四）减税的公路线路，是指经批准建设的国道、省道、县道、乡道和属于农村公路的村道的主体工程以及两侧边沟或者截水沟。具体包括高速公路、一级公路、二级公路、三级公路、四级公路和等外公路的主体工程及两侧边沟或者截水沟。

**四、**根据《耕地占用税法》第八条的规定，纳税人改变原占地用途，需要补缴耕地占用税的，其纳税义务发生时间为改变用途当日，具体为：经批准改变用途的，纳税义务发生时间为纳税人收到批准文件的当日；未经批准改变用途的，纳税义务发生时间为自然资源主管部门认定纳税人改变原占地用途的当日。

**五、**未经批准占用应税土地的纳税人，其纳税义务发生时间为自然资源主管部门认定其实际占地的当日。

**六、**耕地占用税实行全国统一的纳税申报表（见附件）。

**七、**耕地占用税纳税人依法纳税申报时，应填报《耕地占用税纳税申报表》，同时依占用应税土地的不同情形分别提交下列材料：

（一）农用地转用审批文件复印件；

（二）临时占用耕地批准文件复印件；

（三）未经批准占用应税土地的，应提供实际占地的相关证明材料复印件。

其中第（一）项和第（二）项，纳税人提交的批准文书信息能够通过政府信息共享获取的，纳税人只需要提供上述材料的名称、文号、编码等信息供查询验证，不再提交材料复印件。

**八、**主管税务机关接收纳税人申报资料后，应审核资料是否齐全、是否符合法定形式、填写内容是否完整、项目间逻辑关系是否相符。审核无误的即时受理；审核发现问题的当场一次性告知应补正资料或不予受理原因。

**九、**耕地占用税减免优惠实行"自行判别、申报享受、有关资料留存备查"办理方式。纳税人根据政策规定自行判断是否符合优惠条件，符合条件的，纳税人申报享受税收优惠，并将有关资料留存备查。纳税人对留存材料的真实性和合法性承担法律责任。

符合耕地占用税减免条件的纳税人，应留存下列材料：

（一）军事设施占用应税土地的证明材料；

（二）学校、幼儿园、社会福利机构、医疗机构占用应税土地的证明材料；

（三）铁路线路、公路线路、飞机场跑道、停机坪、港口、航道、水利工程占用应税土地的证明材料；

（四）农村居民建房占用土地及其他相关证明材料；

（五）其他减免耕地占用税情形的证明材料。

**十、**纳税人符合《耕地占用税法》第十一条、《实施办法》第十九条的规定申请退税的，纳税人应提供身份证明查验，并提交以下材料复印件：

（一）税收缴款书、税收完税证明；

（二）复垦验收合格确认书。

**十一、**纳税人、建设用地人符合《实施办法》第二十九条规定共同申请退税的，纳税人、建设用地人应提供身份证明查验，并提交以下材料复印件：

（一）纳税人应提交税收缴款书、税收完税证明；

（二）建设用地人应提交使用耕地用途符合免税规定的证明材料。

十二、本公告自2019年9月1日起施行。《国家税务总局关于农业税、牧业税、耕地占用税、契税征收管理暂参照〈中华人民共和国税收征收管理法〉执行的通知》（国税发〔2001〕110号）、《国家税务总局关于耕地占用税征收管理有关问题的通知》（国税发〔2007〕129号）、《国家税务总局关于发布〈耕地占用税管理规程（试行）〉的公告》（国家税务总局公告2016年第2号发布，国家税务总局公告2018年第31号修改）同时废止。

特此公告。

附件：耕地占用税纳税申报表（略）

## ④契税

# 中华人民共和国契税法

*1. 2020年8月11日第十三届全国人民代表大会常务委员会第二十一次会议通过*

*2. 2020年8月11日中华人民共和国主席令第52号公布*

*3. 自2021年9月1日起施行*

**第一条 【立法目的】**在中华人民共和国境内转移土地、房屋权属，承受的单位和个人为契税的纳税人，应当依照本法规定缴纳契税。

**第二条 【转移土地、房屋权属及契税征收】**本法所称转移土地、房屋权属，是指下列行为：

（一）土地使用权出让；

（二）土地使用权转让，包括出售、赠与、互换；

（三）房屋买卖、赠与、互换。

前款第二项土地使用权转让，不包括土地承包经营权和土地经营权的转移。

以作价投资（入股）、偿还债务、划转、奖励等方式转移土地、房屋权属的，应当依照本法规定征收契税。

**第三条 【契税税率】**契税税率为百分之三至百分之五。

契税的具体适用税率，由省、自治区、直辖市人民政府在前款规定的税率幅度内提出，报同级人民代表大会常务委员会决定，并报全国人民代表大会常务委员会和国务院备案。

省、自治区、直辖市可以依照前款规定的程序对不同主体、不同地区、不同类型的住房的权属转移确定差别税率。

**第四条 【契税的计税规定】**契税的计税依据：

（一）土地使用权出让、出售，房屋买卖，为土地、房屋权属转移合同确定的成交价格，包括应交付的货币以及实物、其他经济利益对应的价款；

（二）土地使用权互换、房屋互换，为所互换的土地使用权、房屋价格的差额；

（三）土地使用权赠与、房屋赠与以及其他没有价格的转移土地、房屋权属行为，为税务机关参照土地使用权出售、房屋买卖的市场价格依法核定的价格。

纳税人申报的成交价格、互换价格差额明显偏低且无正当理由的，由税务机关依照《中华人民共和国税收征收管理法》的规定核定。

**第五条 【应纳税额的计算】**契税的应纳税额按照计税依据乘以具体适用税率计算。

**第六条 【免征契税的情形】**有下列情形之一的，免征契税：

（一）国家机关、事业单位、社会团体、军事单位承受土地、房屋权属用于办公、教学、医疗、科研、军事设施；

（二）非营利性的学校、医疗机构、社会福利机构承受土地、房屋权属用于办公、教学、医疗、科研、养老、救助；

（三）承受荒山、荒地、荒滩土地使用权用于农、林、牧、渔业生产；

（四）婚姻关系存续期间夫妻之间变更土地、房屋权属；

（五）法定继承人通过继承承受土地、房屋权属；

（六）依照法律规定应当予以免税的外国驻华使馆、领事馆和国际组织驻华代表机构承受土地、房屋权属。

根据国民经济和社会发展的需要，国务院对居民住房需求保障、企业改制重组、灾后重建等情形可以规定免征或者减征契税，报全国人民代表大会常务委员会备案。

**第七条 【免征或者减征契税的情形】**省、自治区、直辖市可以决定对下列情形免征或者减征契税：

（一）因土地、房屋被县级以上人民政府征收、征用，重新承受土地、房屋权属；

（二）因不可抗力灭失住房，重新承受住房权属。

前款规定的免征或者减征契税的具体办法，由省、自治区、直辖市人民政府提出，报同级人民代表大会常务委员会决定，并报全国人民代表大会常务委员会和国务院备案。

**第八条** 【**免征、减征税款的特殊情形**】纳税人改变有关土地、房屋的用途，或者有其他不再属于本法第六条规定的免征、减征契税情形的，应当缴纳已经免征、减征的税款。

**第九条** 【**纳税义务发生的时间**】契税的纳税义务发生时间，为纳税人签订土地、房屋权属转移合同的当日，或者纳税人取得其他具有土地、房屋权属转移合同性质凭证的当日。

**第十条** 【**申报缴纳契税的时间**】纳税人应当在依法办理土地、房屋权属登记手续前申报缴纳契税。

**第十一条** 【**契税完税、减免税凭证**】纳税人办理纳税事宜后，税务机关应当开具契税完税凭证。纳税人办理土地、房屋权属登记，不动产登记机构应当查验契税完税、减免税凭证或者有关信息。未按照规定缴纳契税的，不动产登记机构不予办理土地、房屋权属登记。

**第十二条** 【**已缴纳税款的退还**】在依法办理土地、房屋权属登记前，权属转移合同、权属转移合同性质凭证不生效、无效、被撤销或者被解除的，纳税人可以向税务机关申请退还已缴纳的税款，税务机关应当依法办理。

**第十三条** 【**建立配合机制加强契税征收管理**】税务机关应当与相关部门建立契税涉税信息共享和工作配合机制。自然资源、住房城乡建设、民政、公安等相关部门应当及时向税务机关提供与转移土地、房屋权属有关的信息，协助税务机关加强契税征收管理。

税务机关及其工作人员对税收征收管理过程中知悉的纳税人的个人信息，应当依法予以保密，不得泄露或者非法向他人提供。

**第十四条** 【**契税征收管理**】契税由土地、房屋所在地的税务机关依照本法和《中华人民共和国税收征收管理法》的规定征收管理。

**第十五条** 【**法律责任追究及依据**】纳税人、税务机关及其工作人员违反本法规定的，依照《中华人民共和国税收征收管理法》和有关法律法规的规定追究法律责任。

**第十六条** 【**施行日期**】本法自2021年9月1日起施行。1997年7月7日国务院发布的《中华人民共和国契税暂行条例》同时废止。

## 财政部、税务总局关于贯彻实施契税法若干事项执行口径的公告

*1. 2021年6月30日财政部、税务总局公告2021年第23号发布*

*2. 自2021年9月1日起施行*

为贯彻落实《中华人民共和国契税法》，现将契税若干事项执行口径公告如下：

**一、关于土地、房屋权属转移**

（一）征收契税的土地、房屋权属，具体为土地使用权、房屋所有权。

（二）下列情形发生土地、房屋权属转移的，承受方应当依法缴纳契税：

1. 因共有不动产份额变化的；

2. 因共有人增加或者减少的；

3. 因人民法院、仲裁委员会的生效法律文书或者监察机关出具的监察文书等因素，发生土地、房屋权属转移的。

**二、关于若干计税依据的具体情形**

（一）以划拨方式取得的土地使用权，经批准改为出让方式重新取得该土地使用权的，应由该土地使用权人以补缴的土地出让价款为计税依据缴纳契税。

（二）先以划拨方式取得土地使用权，后经批准转让房地产，划拨土地性质改为出让的，承受方应分别以补缴的土地出让价款和房地产权属转移合同确定的成交价格为计税依据缴纳契税。

（三）先以划拨方式取得土地使用权，后经批准转让房地产，划拨土地性质未发生改变的，承受方应以房地产权属转移合同确定的成交价格为计税依据缴纳契税。

（四）土地使用权及所附建筑物、构筑物等（包括在建的房屋、其他建筑物、构筑物和其他附着物）转让的，计税依据为承受方应交付的总价款。

（五）土地使用权出让的，计税依据包括土地出让金、土地补偿费、安置补助费、地上附着物和青苗补偿费、征收补偿费、城市基础设施配套费、实物配建房屋等应交付的货币以及实物、其他经济利益对应的价款。

（六）房屋附属设施（包括停车位、机动车库、非机动车库、顶层阁楼、储藏室及其他房屋附属设施）与房屋为同一不动产单元的，计税依据为承受方应交付的总价款，并适用与房屋相同的税率；房屋附属设施与房屋为不同不动产单元的，计税依据为转移合同确定的

成交价格，并按当地确定的适用税率计税。

（七）承受已装修房屋的，应将包括装修费用在内的费用计入承受方应交付的总价款。

（八）土地使用权互换、房屋互换，互换价格相等的，互换双方计税依据为零；互换价格不相等的，以其差额为计税依据，由支付差额的一方缴纳契税。

（九）契税的计税依据不包括增值税。

**三、关于免税的具体情形**

（一）享受契税免税优惠的非营利性的学校、医疗机构、社会福利机构，限于上述三类单位中依法登记为事业单位、社会团体、基金会、社会服务机构等的非营利法人和非营利组织。其中：

1. 学校的具体范围为经县级以上人民政府或者其教育行政部门批准成立的大学、中学、小学、幼儿园，实施学历教育的职业教育学校、特殊教育学校、专门学校，以及经省级人民政府或者其人力资源社会保障行政部门批准成立的技工院校。

2. 医疗机构的具体范围为经县级以上人民政府卫生健康行政部门批准或者备案设立的医疗机构。

3. 社会福利机构的具体范围为依法登记的养老服务机构、残疾人服务机构、儿童福利机构、救助管理机构、未成年人救助保护机构。

（二）享受契税免税优惠的土地、房屋用途具体如下：

1. 用于办公的，限于办公室（楼）以及其他直接用于办公的土地、房屋；

2. 用于教学的，限于教室（教学楼）以及其他直接用于教学的土地、房屋；

3. 用于医疗的，限于门诊部以及其他直接用于医疗的土地、房屋；

4. 用于科研的，限于科学试验的场所以及其他直接用于科研的土地、房屋；

5. 用于军事设施的，限于直接用于《中华人民共和国军事设施保护法》规定的军事设施的土地、房屋；

6. 用于养老的，限于直接用于为老年人提供养护、康复、托管等服务的土地、房屋；

7. 用于救助的，限于直接为残疾人、未成年人、生活无着的流浪乞讨人员提供养护、康复、托管等服务的土地、房屋。

（三）纳税人符合减征或者免征契税规定的，应当按照规定进行申报。

**四、关于纳税义务发生时间的具体情形**

（一）因人民法院、仲裁委员会的生效法律文书或者监察机关出具的监察文书等发生土地、房屋权属转移的，纳税义务发生时间为法律文书等生效当日。

（二）因改变土地、房屋用途等情形应当缴纳已经减征、免征契税的，纳税义务发生时间为改变有关土地、房屋用途等情形的当日。

（三）因改变土地性质、容积率等土地使用条件需补缴土地出让价款，应当缴纳契税的，纳税义务发生时间为改变土地使用条件当日。

发生上述情形，按规定不再需要办理土地、房屋权属登记的，纳税人应自纳税义务发生之日起90日内申报缴纳契税。

**五、关于纳税凭证、纳税信息和退税**

（一）具有土地、房屋权属转移合同性质的凭证包括契约、协议、合约、单据、确认书以及其他凭证。

（二）不动产登记机构在办理土地、房屋权属登记时，应当依法查验土地、房屋的契税完税、减免税、不征税等涉税凭证或者有关信息。

（三）税务机关应当与相关部门建立契税涉税信息共享和工作配合机制。具体转移土地、房屋权属有关的信息包括：自然资源部门的土地出让、转让、征收补偿、不动产权属登记等信息，住房城乡建设部门的房屋交易等信息，民政部门的婚姻登记、社会组织登记等信息，公安部门的户籍人口基本信息。

（四）纳税人缴纳契税后发生下列情形，可依照有关法律法规申请退税：

1. 因人民法院判决或者仲裁委员会裁决导致土地、房屋权属转移行为无效、被撤销或者被解除，且土地、房屋权属变更至原权利人的；

2. 在出让土地使用权交付时，因容积率调整或实际交付面积小于合同约定面积需退还土地出让价款的；

3. 在新建商品房交付时，因实际交付面积小于合同约定面积需返还房价款的。

**六、其他**

本公告自2021年9月1日起施行。《财政部 国家税务总局关于契税征收中几个问题的批复》（财税字〔1998〕96号）、《财政部 国家税务总局对河南省财政厅〈关于契税有关政策问题的请示〉的批复》（财税〔2000〕14号）、《财政部 国家税务总局关于房屋附属设施有关契税政策的批复》（财税〔2004〕126号）、《财政部 国家税务总局关于土地使用权转让契税计税依据的批复》（财税〔2007〕162号）、《财政部 国家税务总局关于企业改制过程中以国家作价出资（入股）方式转移国有土地使用权有关契税问题的通知》（财税

〔2008〕129 号)、《财政部 国家税务总局关于购房人办理退房有关契税问题的通知》(财税〔2011〕32 号)同时废止。

## 国家税务总局关于契税纳税申报有关问题的公告

*2015 年 9 月 25 日国家税务总局公告 2015 年第 67 号公布施行*

根据房地产权属转移契税征管中遇到的实际情况,现将下列情形契税纳税申报有关问题公告如下:

一、根据人民法院、仲裁委员会的生效法律文书发生土地、房屋权属转移,纳税人不能取得销售不动产发票的,可持人民法院执行裁定书原件及相关材料办理契税纳税申报,税务机关应予受理。

二、购买新建商品房的纳税人在办理契税纳税申报时,由于销售新建商品房的房地产开发企业已办理注销税务登记或者被税务机关列为非正常户等原因,致使纳税人不能取得销售不动产发票的,税务机关在核实有关情况后应予受理。

三、本公告自公布之日起施行。

特此公告。

## 财政部、税务总局关于契税法实施后有关优惠政策衔接问题的公告

*1. 2021 年 8 月 27 日财政部、税务总局公告 2021 年第 29 号发布*
*2. 自 2021 年 9 月 1 日起执行*

为贯彻落实《中华人民共和国契税法》,现将税法实施后继续执行的契税优惠政策公告如下:

一、夫妻因离婚分割共同财产发生土地、房屋权属变更的,免征契税。

二、城镇职工按规定第一次购买公有住房的,免征契税。

公有制单位为解决职工住房而采取集资建房方式建成的普通住房或由单位购买的普通商品住房,经县级以上地方人民政府房改部门批准、按照国家房改政策出售给本单位职工的,如属职工首次购买住房,比照公有住房免征契税。

已购公有住房经补缴土地出让价款成为完全产权住房的,免征契税。

三、外国银行分行按照《中华人民共和国外资银行管理条例》等相关规定改制为外商独资银行(或其分行),改制后的外商独资银行(或其分行)承受原外国银行分行的房屋权属的,免征契税。

四、除上述政策外,其他继续执行的契税优惠政策按原文件规定执行。涉及的文件及条款见附件 1。

五、本公告自 2021 年 9 月 1 日起执行。附件 2 中所列文件及条款规定的契税优惠政策同时废止。附件 3 中所列文件及条款规定的契税优惠政策失效。

特此公告。

附件:(略)

## 国家税务总局关于契税纳税服务与征收管理若干事项的公告

*1. 2021 年 8 月 26 日国家税务总局公告 2021 年第 25 号发布*
*2. 自 2021 年 9 月 1 日起施行*

为贯彻落实中办、国办印发的《关于进一步深化税收征管改革的意见》,切实优化契税纳税服务,规范契税征收管理,根据《中华人民共和国契税法》(以下简称《契税法》)、《财政部 税务总局关于贯彻实施契税法若干事项执行口径的公告》(2021 年第 23 号,以下简称 23 号公告)等相关规定,现就有关事项公告如下:

一、契税申报以不动产单元为基本单位。

二、以作价投资(入股)、偿还债务等应交付经济利益的方式转移土地、房屋权属的,参照土地使用权出让、出售或房屋买卖确定契税适用税率、计税依据等。

以划转、奖励等没有价格的方式转移土地、房屋权属的,参照土地使用权或房屋赠与确定契税适用税率、计税依据等。

三、契税计税依据不包括增值税,具体情形为:

(一)土地使用权出售、房屋买卖,承受方计征契税的成交价格不含增值税;实际取得增值税发票的,成交价格以发票上注明的不含税价格确定。

(二)土地使用权互换、房屋互换,契税计税依据为不含增值税价格的差额。

(三)税务机关核定的契税计税价格为不含增值税价格。

四、税务机关依法核定计税价格,应参照市场价格,采用房地产价格评估等方法合理确定。

五、契税纳税人依法纳税申报时,应填报《财产和行为税税源明细表》(《契税税源明细表》部分,附件 1),并根据具体情形提交下列资料:

（一）纳税人身份证件；

（二）土地、房屋权属转移合同或其他具有土地、房屋权属转移合同性质的凭证；

（三）交付经济利益方式转移土地、房屋权属的，提交土地、房屋权属转移相关价款支付凭证，其中，土地使用权出让为财政票据，土地使用权出售、互换和房屋买卖、互换为增值税发票；

（四）因人民法院、仲裁委员会的生效法律文书或者监察机关出具的监察文书等因素发生土地、房屋权属转移的，提交生效法律文书或监察文书等。

符合减免税条件的，应按规定附送有关资料或将资料留存备查。

六、税务机关在契税足额征收或办理免税（不征税）手续后，应通过契税的完税凭证或契税信息联系单（以下简称联系单，附件2）等，将完税或免税（不征税）信息传递给不动产登记机构。能够通过信息共享即时传递信息的，税务机关可不再向不动产登记机构提供完税凭证或开具联系单。

七、纳税人依照《契税法》以及23号公告规定向税务机关申请退还已缴纳契税的，应提供纳税人身份证件，完税凭证复印件，并根据不同情形提交相关资料：

（一）在依法办理土地、房屋权属登记前，权属转移合同或合同性质凭证不生效、无效、被撤销或者被解除的，提交合同或合同性质凭证不生效、无效、被撤销或者被解除的证明材料；

（二）因人民法院判决或者仲裁委员会裁决导致土地、房屋权属转移行为无效、被撤销或者被解除，且土地、房屋权属变更至原权利人的，提交人民法院、仲裁委员会的生效法律文书；

（三）在出让土地使用权交付时，因容积率调整或实际交付面积小于合同约定面积需退还土地出让价款的，提交补充合同（协议）和退款凭证；

（四）在新建商品房交付时，因实际交付面积小于合同约定面积需返还房价款的，提交补充合同（协议）和退款凭证。

税务机关收取纳税人退税资料后，应向不动产登记机构核实有关土地、房屋权属登记情况。核实后符合条件的即时受理，不符合条件的一次性告知应补正资料或不予受理原因。

八、税务机关及其工作人员对税收征管过程中知悉的个人的身份信息、婚姻登记信息、不动产权属登记信息、纳税申报信息及其他商业秘密和个人隐私，应当依法予以保密，不得泄露或者非法向他人提供。纳税人的税收违法行为信息不属于保密信息范围，税务机关可依法处理。

九、各地税务机关应与当地房地产管理部门加强协作，采用不动产登记、交易和缴税一窗受理等模式，持续优化契税申报缴纳流程，共同做好契税征收与房地产管理衔接工作。

十、本公告要求纳税人提交的资料，各省、自治区、直辖市和计划单列市税务局能够通过信息共享即时查验的，可公告明确不再要求纳税人提交。

十一、本公告所称纳税人身份证件是指：单位纳税人为营业执照，或者统一社会信用代码证书或者其他有效登记证书；个人纳税人中，自然人为居民身份证，或者居民户口簿或者入境的身份证件，个体工商户为营业执照。

十二、本公告自2021年9月1日起施行。《全文废止和部分条款废止的契税文件目录》（附件3）所列文件或条款同时废止。

特此公告。

附件：（略）

## 关于继续实施企业、事业单位改制重组有关契税政策的公告

*2023年9月22日财政部、税务总局公告2023年第49号公布*

为支持企业、事业单位改制重组，优化市场环境，现就继续实施有关契税政策公告如下：

**一、企业改制**

企业按照《中华人民共和国公司法》有关规定整体改制，包括非公司制企业改制为有限责任公司或股份有限公司，有限责任公司变更为股份有限公司，股份有限公司变更为有限责任公司，原企业投资主体存续并在改制（变更）后的公司中所持股权（股份）比例超过75%，且改制（变更）后公司承继原企业权利、义务的，对改制（变更）后公司承受原企业土地、房屋权属，免征契税。

**二、事业单位改制**

事业单位按照国家有关规定改制为企业，原投资主体存续并在改制后企业中出资（股权、股份）比例超过50%的，对改制后企业承受原事业单位土地、房屋权属，免征契税。

**三、公司合并**

两个或两个以上的公司，依照法律规定、合同约

定,合并为一个公司,且原投资主体存续的,对合并后公司承受原合并各方土地、房屋权属,免征契税。

**四、公司分立**

公司依照法律规定、合同约定分立为两个或两个以上与原公司投资主体相同的公司,对分立后公司承受原公司土地、房屋权属,免征契税。

**五、企业破产**

企业依照有关法律法规规定实施破产,债权人(包括破产企业职工)承受破产企业抵偿债务的土地、房屋权属,免征契税;对非债权人承受破产企业土地、房屋权属,凡按照《中华人民共和国劳动法》等国家有关法律法规政策妥善安置原企业全部职工规定,与原企业全部职工签订服务年限不少于三年的劳动用工合同的,对其承受所购企业土地、房屋权属,免征契税;与原企业超过30%的职工签订服务年限不少于三年的劳动用工合同的,减半征收契税。

**六、资产划转**

对承受县级以上人民政府或国有资产管理部门按规定进行行政性调整、划转国有土地、房屋权属的单位,免征契税。

同一投资主体内部所属企业之间土地、房屋权属的划转,包括母公司与其全资子公司之间,同一公司所属全资子公司之间,同一自然人与其设立的个人独资企业、一人有限公司之间土地、房屋权属的划转,免征契税。

母公司以土地、房屋权属向其全资子公司增资,视同划转,免征契税。

**七、债权转股权**

经国务院批准实施债权转股权的企业,对债权转股权后新设立的公司承受原企业的土地、房屋权属,免征契税。

**八、划拨用地出让或作价出资**

以出让方式或国家作价出资(入股)方式承受原改制重组企业、事业单位划拨用地的,不属上述规定的免税范围,对承受方应按规定征收契税。

**九、公司股权(股份)转让**

在股权(股份)转让中,单位、个人承受公司股权(股份),公司土地、房屋权属不发生转移,不征收契税。

**十、有关用语含义**

本公告所称企业、公司,是指依照我国有关法律法规设立并在中国境内注册的企业、公司。

本公告所称投资主体存续,企业改制重组的,是指原改制重组企业的出资人必须存在于改制重组后的企业;事业单位改制的,是指履行国有资产出资人职责的单位必须存在于改制后的企业。出资人的出资比例可以发生变动。

本公告所称投资主体相同,是指公司分立前后出资人不发生变动,出资人的出资比例可以发生变动。

十一、本公告执行期限为2024年1月1日至2027年12月31日。

特此公告。

## ⑤车船税

# 中华人民共和国车船税法

*1. 2011年2月25日第十一届全国人民代表大会常务委员会第十九次会议通过*

*2. 根据2019年4月23日第十三届全国人民代表大会常务委员会第十次会议《关于修改〈中华人民共和国建筑法〉等八部法律的决定》修正*

**第一条** **【纳税主体】**在中华人民共和国境内属于本法所附《车船税税目税额表》规定的车辆、船舶(以下简称车船)的所有人或者管理人,为车船税的纳税人,应当依照本法缴纳车船税。

**第二条** **【税额】**车船的适用税额依照本法所附《车船税税目税额表》执行。

车辆的具体适用税额由省、自治区、直辖市人民政府依照本法所附《车船税税目税额表》规定的税额幅度和国务院的规定确定。

船舶的具体适用税额由国务院在本法所附《车船税税目税额表》规定的税额幅度内确定。

**第三条** **【免税】**下列车船免征车船税:

(一)捕捞、养殖渔船;

(二)军队、武装警察部队专用的车船;

(三)警用车船;

(四)悬挂应急救援专用号牌的国家综合性消防救援车辆和国家综合性消防救援专用船舶;

(五)依照法律规定应当予以免税的外国驻华使领馆、国际组织驻华代表机构及其有关人员的车船。

**第四条** **【减税或免税】**对节约能源、使用新能源的车船可以减征或者免征车船税;对受严重自然灾害影响纳税困难以及有其他特殊原因确需减税、免税的,可以减征或者免征车船税。具体办法由国务院规定,并报全国人民代表大会常务委员会备案。

**第五条　【定期减免税】**省、自治区、直辖市人民政府根据当地实际情况，可以对公共交通车船，农村居民拥有并主要在农村地区使用的摩托车、三轮汽车和低速载货汽车定期减征或者免征车船税。

**第六条　【代收车船税】**从事机动车第三者责任强制保险业务的保险机构为机动车车船税的扣缴义务人，应当在收取保险费时依法代收车船税，并出具代收税款凭证。

**第七条　【纳税地】**车船税的纳税地点为车船的登记地或者车船税扣缴义务人所在地。依法不需要办理登记的车船，车船税的纳税地点为车船的所有人或者管理人所在地。

**第八条　【纳税义务发生时间】**车船税纳税义务发生时间为取得车船所有权或者管理权的当月。

**第九条　【年度申报】**车船税按年申报缴纳。具体申报纳税期限由省、自治区、直辖市人民政府规定。

**第十条　【协作义务】**公安、交通运输、农业、渔业等车船登记管理部门、船舶检验机构和车船税扣缴义务人的行业主管部门应当在提供车船有关信息等方面，协助税务机关加强车船税的征收管理。

车辆所有人或者管理人在申请办理车辆相关登记、定期检验手续时，应当向公安机关交通管理部门提交依法纳税或者免税证明。公安机关交通管理部门核查后办理相关手续。

**第十一条　【征收管理】**车船税的征收管理，依照本法和《中华人民共和国税收征收管理法》的规定执行。

**第十二条　【实施条例】**国务院根据本法制定实施条例。

**第十三条　【施行日期】**本法自2012年1月1日起施行。2006年12月29日国务院公布的《中华人民共和国车船税暂行条例》同时废止。

**附：**

车船税税目税额表

| 税　　目 | | 计税单位 | 年基准税额 | 备　　注 |
|---|---|---|---|---|
| 乘用车〔按发动机汽缸容量（排气量）分档〕 | 1.0升（含）以下的 | 每辆 | 60元至360元 | 核定载客人数9人（含）以下 |
| | 1.0升以上至1.6升（含）的 | | 300元至540元 | |
| | 1.6升以上至2.0升（含）的 | | 360元至660元 | |
| | 2.0升以上至2.5升（含）的 | | 660元至1200元 | |
| | 2.5升以上至3.0升（含）的 | | 1200元至2400元 | |
| | 3.0升以上至4.0升（含）的 | | 2400元至3600元 | |
| | 4.0升以上的 | | 3600元至5400元 | |
| 商用车 | 客车 | 每辆 | 480元至1440元 | 核定载客人数9人以上，包括电车 |
| | 货车 | 整备质量每吨 | 16元至120元 | 包括半挂牵引车、三轮汽车和低速载货汽车等 |
| 挂车 | | 整备质量每吨 | 按照货车税额的50%计算 | |
| 其他车辆 | 专用作业车 | 整备质量每吨 | 16元至120元 | 不包括拖拉机 |
| | 轮式专用机械车 | | 16元至120元 | |
| 摩托车 | | 每辆 | 36元至180元 | |
| 船舶 | 机动船舶 | 净吨位每吨 | 3元至6元 | 拖船、非机动驳船分别按照机动船舶税额的50%计算 |
| | 游艇 | 艇身长度每米 | 600元至2000元 | |

# 中华人民共和国车船税法实施条例

*1. 2011年12月5日国务院令第611号公布*
*2. 根据2019年3月2日国务院令第709号《关于修改部分行政法规的决定》修订*

**第一条**　根据《中华人民共和国车船税法》(以下简称车船税法)的规定,制定本条例。

**第二条**　车船税法第一条所称车辆、船舶,是指:

(一)依法应当在车船登记管理部门登记的机动车辆和船舶;

(二)依法不需要在车船登记管理部门登记的在单位内部场所行驶或者作业的机动车辆和船舶。

**第三条**　省、自治区、直辖市人民政府根据车船税法所附《车船税税目税额表》确定车辆具体适用税额,应当遵循以下原则:

(一)乘用车依排气量从小到大递增税额;

(二)客车按照核定载客人数20人以下和20人(含)以上两档划分,递增税额。

省、自治区、直辖市人民政府确定的车辆具体适用税额,应当报国务院备案。

**第四条**　机动船舶具体适用税额为:

(一)净吨位不超过200吨的,每吨3元;

(二)净吨位超过200吨但不超过2000吨的,每吨4元;

(三)净吨位超过2000吨但不超过10000吨的,每吨5元;

(四)净吨位超过10000吨的,每吨6元。

拖船按照发动机功率每1千瓦折合净吨位0.67吨计算征收车船税。

**第五条**　游艇具体适用税额为:

(一)艇身长度不超过10米的,每米600元;

(二)艇身长度超过10米但不超过18米的,每米900元;

(三)艇身长度超过18米但不超过30米的,每米1300元;

(四)艇身长度超过30米的,每米2000元;

(五)辅助动力帆艇,每米600元。

**第六条**　车船税法和本条例所涉及的排气量、整备质量、核定载客人数、净吨位、千瓦、艇身长度,以车船登记管理部门核发的车船登记证书或者行驶证所载数据为准。

依法不需要办理登记的车船和依法应当登记而未办理登记或者不能提供车船登记证书、行驶证的车船,以车船出厂合格证明或者进口凭证标注的技术参数、数据为准;不能提供车船出厂合格证明或者进口凭证的,由主管税务机关参照国家相关标准核定,没有国家相关标准的参照同类车船核定。

**第七条**　车船税法第三条第一项所称的捕捞、养殖渔船,是指在渔业船舶登记管理部门登记为捕捞船或者养殖船的船舶。

**第八条**　车船税法第三条第二项所称的军队、武装警察部队专用的车船,是指按照规定在军队、武装警察部队车船登记管理部门登记,并领取军队、武警牌照的车船。

**第九条**　车船税法第三条第三项所称的警用车船,是指公安机关、国家安全机关、监狱、劳动教养管理机关和人民法院、人民检察院领取警用牌照的车辆和执行警务的专用船舶。

**第十条**　节约能源、使用新能源的车船可以免征或者减半征收车船税。免征或者减半征收车船税的车船的范围,由国务院财政、税务主管部门商国务院有关部门制订,报国务院批准。

对受地震、洪涝等严重自然灾害影响纳税困难以及其他特殊原因确需减免税的车船,可以在一定期限内减征或者免征车船税。具体减免期限和数额由省、自治区、直辖市人民政府确定,报国务院备案。

**第十一条**　车船税由税务机关负责征收。

**第十二条**　机动车车船税扣缴义务人在代收车船税时,应当在机动车交通事故责任强制保险的保险单以及保费发票上注明已收税款的信息,作为代收税款凭证。

**第十三条**　已完税或者依法减免税的车辆,纳税人应当向扣缴义务人提供登记地的主管税务机关出具的完税凭证或者减免税证明。

**第十四条**　纳税人没有按照规定期限缴纳车船税的,扣缴义务人在代收代缴税款时,可以一并代收代缴欠缴税款的滞纳金。

**第十五条**　扣缴义务人已代收代缴车船税的,纳税人不再向车辆登记地的主管税务机关申报缴纳车船税。

没有扣缴义务人的,纳税人应当向主管税务机关自行申报缴纳车船税。

**第十六条**　纳税人缴纳车船税时,应当提供反映排气量、整备质量、核定载客人数、净吨位、千瓦、艇身长度等与纳税相关信息的相应凭证以及税务机关根据实际需要要求提供的其他资料。

纳税人以前年度已经提供前款所列资料信息的，可以不再提供。

**第十七条**　车辆车船税的纳税人按照纳税地点所在的省、自治区、直辖市人民政府确定的具体适用税额缴纳车船税。

**第十八条**　扣缴义务人应当及时解缴代收代缴的税款和滞纳金，并向主管税务机关申报。扣缴义务人向税务机关解缴税款和滞纳金时，应当同时报送明细的税款和滞纳金扣缴报告。扣缴义务人解缴税款和滞纳金的具体期限，由省、自治区、直辖市税务机关依照法律、行政法规的规定确定。

**第十九条**　购置的新车船，购置当年的应纳税额自纳税义务发生的当月起按月计算。应纳税额为年应纳税额除以12再乘以应纳税月份数。

在一个纳税年度内，已完税的车船被盗抢、报废、灭失的，纳税人可以凭有关管理机关出具的证明和完税凭证，向纳税所在地的主管税务机关申请退还自被盗抢、报废、灭失月份起至该纳税年度终了期间的税款。

已办理退税的被盗抢车船失而复得的，纳税人应当从公安机关出具相关证明的当月起计算缴纳车船税。

**第二十条**　已缴纳车船税的车船在同一纳税年度内办理转让过户的，不另纳税，也不退税。

**第二十一条**　车船税法第八条所称取得车船所有权或者管理权的当月，应当以购买车船的发票或者其他证明文件所载日期的当月为准。

**第二十二条**　税务机关可以在车船登记管理部门、车船检验机构的办公场所集中办理车船税征收事宜。

公安机关交通管理部门在办理车辆相关登记和定期检验手续时，经核查，对没有提供依法纳税或者免税证明的，不予办理相关手续。

**第二十三条**　车船税按年申报，分月计算，一次性缴纳。纳税年度为公历1月1日至12月31日。

**第二十四条**　临时入境的外国车船和香港特别行政区、澳门特别行政区、台湾地区的车船，不征收车船税。

**第二十五条**　按照规定缴纳船舶吨税的机动船舶，自车船税法实施之日起5年内免征车船税。

依法不需要在车船登记管理部门登记的机场、港口、铁路站场内部行驶或者作业的车船，自车船税法实施之日起5年内免征车船税。

**第二十六条**　车船税法所附《车船税税目税额表》中车辆、船舶的含义如下：

乘用车，是指在设计和技术特性上主要用于载运乘客及随身行李，核定载客人数包括驾驶员在内不超过9人的汽车。

商用车，是指除乘用车外，在设计和技术特性上用于载运乘客、货物的汽车，划分为客车和货车。

半挂牵引车，是指装备有特殊装置用于牵引半挂车的商用车。

三轮汽车，是指最高设计车速不超过每小时50公里，具有三个车轮的货车。

低速载货汽车，是指以柴油机为动力，最高设计车速不超过每小时70公里，具有四个车轮的货车。

挂车，是指就其设计和技术特性需由汽车或者拖拉机牵引，才能正常使用的一种无动力的道路车辆。

专用作业车，是指在其设计和技术特性上用于特殊工作的车辆。

轮式专用机械车，是指有特殊结构和专门功能，装有橡胶车轮可以自行行驶，最高设计车速大于每小时20公里的轮式工程机械车。

摩托车，是指无论采用何种驱动方式，最高设计车速大于每小时50公里，或者使用内燃机，其排量大于50毫升的两轮或者三轮车辆。

船舶，是指各类机动、非机动船舶以及其他水上移动装置，但是船舶上装备的救生艇筏和长度小于5米的艇筏除外。其中，机动船舶是指用机器推进的船舶；拖船是指专门用于拖（推）动运输船舶的专业作业船舶；非机动驳船，是指在船舶登记管理部门登记为驳船的非机动船舶；游艇是指具备内置机械推进动力装置，长度在90米以下，主要用于游览观光、休闲娱乐、水上体育运动等活动，并应当具有船舶检验证书和适航证书的船舶。

**第二十七条**　本条例自2012年1月1日起施行。

## 中华人民共和国船舶吨税法

*1. 2017年12月27日第十二届全国人民代表大会常务委员会第三十一次会议通过*

*2. 根据2018年10月26日第十三届全国人民代表大会常务委员会第六次会议《关于修改〈中华人民共和国野生动物保护法〉等十五部法律的决定》修正*

**第一条**　**【应税船舶】**自中华人民共和国境外港口进入境内港口的船舶（以下称应税船舶），应当依照本法缴纳船舶吨税(以下简称吨税)。

**第二条 【税目、税率】**吨税的税目、税率依照本法所附的《吨税税目税率表》执行。

**第三条 【优惠税率和普通税率】**吨税设置优惠税率和普通税率。

中华人民共和国籍的应税船舶,船籍国(地区)与中华人民共和国签订含有相互给予船舶税费最惠国待遇条款的条约或者协定的应税船舶,适用优惠税率。

其他应税船舶,适用普通税率。

**第四条 【吨税征收标准】**吨税按照船舶净吨位和吨税执照期限征收。

应税船舶负责人在每次申报纳税时,可以按照《吨税税目税率表》选择申领一种期限的吨税执照。

**第五条 【应纳税额】**吨税的应纳税额按照船舶净吨位乘以适用税率计算。

**第六条 【征收机关】**吨税由海关负责征收。海关征收吨税应当制发缴款凭证。

应税船舶负责人缴纳吨税或者提供担保后,海关按照其申领的执照期限填发吨税执照。

**第七条 【申领、交验吨税执照】**应税船舶在进入港口办理入境手续时,应当向海关申报纳税领取吨税执照,或者交验吨税执照(或者申请核验吨税执照电子信息)。应税船舶在离开港口办理出境手续时,应当交验吨税执照(或者申请核验吨税执照电子信息)。

应税船舶负责人申领吨税执照时,应当向海关提供下列文件:

(一)船舶国籍证书或者海事部门签发的船舶国籍证书收存证明;

(二)船舶吨位证明。

应税船舶因不可抗力在未设立海关地点停泊的,船舶负责人应当立即向附近海关报告,并在不可抗力原因消除后,依照本法规定向海关申报纳税。

**第八条 【吨税纳税义务发生时间】**吨税纳税义务发生时间为应税船舶进入港口的当日。

应税船舶在吨税执照期满后尚未离开港口的,应当申领新的吨税执照,自上一次执照期满的次日起续缴吨税。

**第九条 【免征吨税的船舶】**下列船舶免征吨税:

(一)应纳税额在人民币五十元以下的船舶;

(二)自境外以购买、受赠、继承等方式取得船舶所有权的初次进口到港的空载船舶;

(三)吨税执照期满后二十四小时内不上下客货的船舶;

(四)非机动船舶(不包括非机动驳船);

(五)捕捞、养殖渔船;

(六)避难、防疫隔离、修理、改造、终止运营或者拆解,并不上下客货的船舶;

(七)军队、武装警察部队专用或者征用的船舶;

(八)警用船舶;

(九)依照法律规定应当予以免税的外国驻华使领馆、国际组织驻华代表机构及其有关人员的船舶;

(十)国务院规定的其他船舶。

前款第十项免税规定,由国务院报全国人民代表大会常务委员会备案。

**第十条 【延长吨税执照期限】**在吨税执照期限内,应税船舶发生下列情形之一的,海关按照实际发生的天数批注延长吨税执照期限:

(一)避难、防疫隔离、修理、改造,并不上下客货;

(二)军队、武装警察部队征用。

**第十一条 【申明免税或者延长吨税执照期限的依据和理由】**符合本法第九条第一款第五项至第九项、第十条规定的船舶,应当提供海事部门、渔业船舶管理部门等部门、机构出具的具有法律效力的证明文件或者使用关系证明文件,申明免税或者延长吨税执照期限的依据和理由。

**第十二条 【缴税期限及滞纳金】**应税船舶负责人应当自海关填发吨税缴款凭证之日起十五日内缴清税款。未按期缴清税款的,自滞纳税款之日起至缴清税款之日止,按日加收滞纳税款万分之五的税款滞纳金。

**第十三条 【担保】**应税船舶到达港口前,经海关核准先行申报并办结出入境手续的,应税船舶负责人应当向海关提供与其依法履行吨税缴纳义务相适应的担保;应税船舶到达港口后,依照本法规定向海关申报纳税。

下列财产、权利可以用于担保:

(一)人民币、可自由兑换货币;

(二)汇票、本票、支票、债券、存单;

(三)银行、非银行金融机构的保函;

(四)海关依法认可的其他财产、权利。

**第十四条 【吨位变化的影响】**应税船舶在吨税执照期限内,因修理、改造导致净吨位变化的,吨税执照继续有效。应税船舶办理出入境手续时,应当提供船舶经过修理、改造的证明文件。

**第十五条 【适用税率变化的影响】**应税船舶在吨税执照期限内,因税目税率调整或者船籍改变而导致适用税率变化的,吨税执照继续有效。

因船籍改变而导致适用税率变化的，应税船舶在办理出入境手续时，应当提供船籍改变的证明文件。

**第十六条　【申请核发吨税执照副本】**吨税执照在期满前毁损或者遗失的，应当向原发照海关书面申请核发吨税执照副本，不再补税。

**第十七条　【少征、漏征及多征税款的处理】**海关发现少征或者漏征税款的，应当自应税船舶应当缴纳税款之日起一年内，补征税款。但因应税船舶违反规定造成少征或者漏征税款的，海关可以自应当缴纳税款之日起三年内追征税款，并自应当缴纳税款之日起按日加征少征或者漏征税款万分之五的税款滞纳金。

海关发现多征税款的，应当在二十四小时内通知应税船舶办理退还手续，并加算银行同期活期存款利息。

应税船舶发现多缴税款的，可以自缴纳税款之日起三年内以书面形式要求海关退还多缴的税款并加算银行同期活期存款利息；海关应当自受理退税申请之日起三十日内查实并通知应税船舶办理退还手续。

应税船舶应当自收到本条第二款、第三款规定的通知之日起三个月内办理有关退还手续。

**第十八条　【应税船舶违法行为的处罚】**应税船舶有下列行为之一的，由海关责令限期改正，处二千元以上三万元以下的罚款；不缴或者少缴应纳税款的，处不缴或者少缴税款百分之五十以上五倍以下的罚款，但罚款不得低于二千元：

（一）未按照规定申报纳税、领取吨税执照；

（二）未按照规定交验吨税执照（或者申请核验吨税执照电子信息）以及提供其他证明文件。

**第十九条　【以人民币计算】**吨税税款、税款滞纳金、罚款以人民币计算。

**第二十条　【法律适用】**吨税的征收，本法未作规定的，依照有关税收征收管理的法律、行政法规的规定执行。

**第二十一条　【用语含义】**本法及所附《吨税税目税率表》下列用语的含义：

净吨位，是指由船籍国（地区）政府签发或者授权签发的船舶吨位证明书上标明的净吨位。

非机动船舶，是指自身没有动力装置，依靠外力驱动的船舶。

非机动驳船，是指在船舶登记机关登记为驳船的非机动船舶。

捕捞、养殖渔船，是指在中华人民共和国渔业船舶管理部门登记为捕捞船或者养殖船的船舶。

拖船，是指专门用于拖（推）动运输船舶的专业作业船舶。

吨税执照期限，是指按照公历年、日计算的期间。

**第二十二条　【施行日期】**本法自2018年7月1日起施行。2011年12月5日国务院公布的《中华人民共和国船舶吨税暂行条例》同时废止。

**附：**

## 吨税税目税率表

<table>
<tr><th rowspan="3">税目<br>（按船舶净吨位划分）</th><th colspan="6">税率（元/净吨）</th><th rowspan="3">备　　注</th></tr>
<tr><th colspan="3">普通税率<br>（按执照期限划分）</th><th colspan="3">优惠税率<br>（按执照期限划分）</th></tr>
<tr><th>1年</th><th>90日</th><th>30日</th><th>1年</th><th>90日</th><th>30日</th></tr>
<tr><td>不超过2000净吨</td><td>12.6</td><td>4.2</td><td>2.1</td><td>9.0</td><td>3.0</td><td>1.5</td><td rowspan="4">1. 拖船按照发动机功率每千瓦折合净吨位0.67吨。<br>2. 无法提供净吨位证明文件的游艇，按照发动机功率每千瓦折合净吨位0.05吨。<br>3. 拖船和非机动驳船分别按相同净吨位船舶税率的50%计征税款。</td></tr>
<tr><td>超过2000净吨，但不超过10000净吨</td><td>24.0</td><td>8.0</td><td>4.0</td><td>17.4</td><td>5.8</td><td>2.9</td></tr>
<tr><td>超过10000净吨，但不超过50000净吨</td><td>27.6</td><td>9.2</td><td>4.6</td><td>19.8</td><td>6.6</td><td>3.3</td></tr>
<tr><td>超过50000净吨</td><td>31.8</td><td>10.6</td><td>5.3</td><td>22.8</td><td>7.6</td><td>3.8</td></tr>
</table>

## 船舶车船税委托代征管理办法

*1. 2013年1月5日国家税务总局、交通运输部公告2013年第1号公布*
*2. 自2013年2月1日起施行*

**第一条**　为加强船舶车船税征收管理，做好船舶车船税委托代征工作，方便纳税人履行纳税义务，根据《中华人民共和国税收征收管理法》及其实施细则、《中华人民共和国车船税法》及其实施条例、《国家税务总局、交通运输部关于进一步做好船舶车船税征收管理工作的通知》（国税发〔2012〕8号）、《财政部、国家税务总局、中国人民银行关于进一步加强代扣代收代征税款手续费管理的通知》（财行〔2005〕365号）等有关规定，制定本办法。

**第二条**　本办法所称船舶车船税委托代征，是指税务机关根据有利于税收管理和方便纳税的原则，委托交通运输部门海事管理机构代为征收船舶车船税税款的行为。

**第三条**　本办法适用于船舶车船税的委托征收、解缴和监督。

**第四条**　在交通运输部直属海事管理机构（以下简称海事管理机构）登记的应税船舶，其车船税由船籍港所在地的税务机关委托当地海事管理机构代征。

**第五条**　税务机关与海事管理机构应签订委托代征协议书，明确代征税种、代征范围、完税凭证领用要求、代征税款的解缴要求、代征手续费比例和支付方式、纳税人拒绝纳税时的处理措施等事项，并向海事管理机构发放委托代征证书。

**第六条**　海事管理机构受税务机关委托，在办理船舶登记手续或受理年度船舶登记信息报告时代征船舶车船税。

**第七条**　海事管理机构应根据车船税法律、行政法规和相关政策规定代征车船税，不得违反规定多征或少征。

**第八条**　海事管理机构代征船舶车船税的计算方法：

（一）船舶按一个年度计算车船税。计算公式为：

年应纳税额＝计税单位×年基准税额

其中：机动船舶、非机动驳船、拖船的计税单位为净吨位每吨；游艇的计税单位为艇身长度每米；年基准税额按照车船税法及其实施条例的相关规定执行。

（二）购置的新船舶，购置当年的应纳税额自纳税义务发生时间起至该年度终了按月计算。计算公式为：

应纳税额＝年应纳税额×应纳税月份数/12

应纳税月份数＝12－纳税义务发生时间（取月份）＋1

其中，纳税义务发生时间为纳税人取得船舶所有权或管理权的当月，以购买船舶的发票或者其他证明文件所载日期的当月为准。

**第九条**　海事管理机构在计算船舶应纳税额时，船舶的相关技术信息以船舶登记证书所载相应数据为准。

**第十条**　税务机关出具减免税证明和完税凭证的船舶，海事管理机构对免税和完税船舶不代征车船税，对减税船舶根据减免税证明规定的实际年应纳税额代征车船税。海事管理机构应记录上述凭证的凭证号和出具该凭证的单位名称，并将上述凭证的复印件存档备查。

**第十一条**　对于以前年度未依照车船税法及其实施条例的规定缴纳船舶车船税的，海事管理机构应代征欠缴税款，并按规定代加收滞纳金。

**第十二条**　海事管理机构在代征税款时，应向纳税人开具税务机关提供的完税凭证。完税凭证的管理应当遵守税务机关的相关规定。

**第十三条**　海事管理机构依法履行委托代征税款职责时，纳税人不得拒绝。纳税人拒绝的，海事管理机构应当及时报告税务机关。

**第十四条**　海事管理机构应将代征的车船税单独核算、管理。

**第十五条**　海事管理机构应根据委托代征协议约定的方式、期限及时将代征税款解缴入库，并向税务机关提供代征船舶名称、代征金额及税款所属期等情况，不得占压、挪用、截留船舶车船税。

**第十六条**　已经缴纳船舶车船税的船舶在同一纳税年度内办理转让过户的，在原登记地不予退税，在新登记地凭完税凭证不再纳税，新登记地海事管理机构应记录上述船舶的完税凭证号和出具该凭证的税务机关或海事管理机构名称，并将完税凭证的复印件存档备查。

**第十七条**　完税船舶被盗抢、报废、灭失而申请车船税退税的，由税务机关按照有关规定办理。

**第十八条**　税务机关查询统计船舶登记的有关信息，海事管理机构应予以配合。

**第十九条**　税务机关应按委托代征协议的规定及时、足额向海事管理机构支付代征税款手续费。海事管理机构取得的手续费收入纳入预算管理，专项用于委托代征船舶车船税的管理支出，也可以适当奖励相关工作人员。

**第二十条** 各级税务机关应主动与海事管理机构协调配合，协助海事管理部门做好船舶车船税委托代征工作。税务机关要及时向海事管理机构通报车船税政策变化情况，传递直接征收车船税和批准减免车船税的船舶信息。

**第二十一条** 税务机关和海事管理机构应对对方提供的涉税信息予以保密，除办理涉税事项外，不得用于其他目的。

**第二十二条** 地方海事管理机构开展船舶车船税代征工作的，适用本办法。

**第二十三条** 本办法由国家税务总局、交通运输部负责解释。

**第二十四条** 本办法自2013年2月1日起施行。

## 国家税务总局关于车船税征管若干问题的公告

*1. 2013年7月26日国家税务总局公告2013年第42号公布*

*2. 自2013年9月1日起施行*

为规范车船税征管，维护纳税人合法权益，根据《中华人民共和国车船税法》（以下简称车船税法）及其实施条例，现将车船税有关征管问题明确如下：

**一、关于专用作业车的认定**

对于在设计和技术特性上用于特殊工作，并装置有专用设备或器具的汽车，应认定为专用作业车，如汽车起重机、消防车、混凝土泵车、清障车、高空作业车、洒水车、扫路车等。以载运人员或货物为主要目的的专用汽车，如救护车，不属于专用作业车。

**二、关于税务机关核定客货两用车的征税问题**

客货两用车，又称多用途货车，是指在设计和结构上主要用于载运货物，但在驾驶员座椅后带有固定或折叠式座椅，可运载3人以上乘客的货车。客货两用车依照货车的计税单位和年基准税额计征车船税。

**三、关于车船税应纳税额的计算**

车船税法及其实施条例涉及的整备质量、净吨位、艇身长度等计税单位，有尾数的一律按照含尾数的计税单位据实计算车船税应纳税额。计算得出的应纳税额小数点后超过两位的可四舍五入保留两位小数。

乘用车以车辆登记管理部门核发的机动车登记证书或者行驶证书所载的排气量毫升数确定税额区间。

**四、关于车船因质量问题发生退货时的退税**

已经缴纳车船税的车船，因质量原因，车船被退回生产企业或者经销商的，纳税人可以向纳税所在地的主管税务机关申请退还自退货月份起至该纳税年度终了期间的税款。退货月份以退货发票所载日期的当月为准。

**五、关于扣缴义务人代收代缴后车辆登记地主管税务机关不再征收车船税**

纳税人在购买“交强险”时，由扣缴义务人代收代缴车船税的，凭注明已收税款信息的“交强险”保险单，车辆登记地的主管税务机关不再征收该纳税年度的车船税。再次征收的，车辆登记地主管税务机关应予退还。

**六、关于扣缴义务人代收代缴欠缴税款滞纳金的起算时间**

车船税扣缴义务人代收代缴欠缴税款的滞纳金，从各省、自治区、直辖市人民政府规定的申报纳税期限截止日期的次日起计算。

**七、关于境内外租赁船舶征收车船税的问题**

境内单位和个人租入外国籍船舶的，不征收车船税。境内单位和个人将船舶出租到境外的，应依法征收车船税。

本公告自2013年9月1日起施行。《国家税务总局关于车船税征管若干问题的通知》（国税发〔2008〕48号）同时废止。

特此公告。

### ⑥车辆购置税

## 中华人民共和国车辆购置税法

*1. 2018年12月29日第十三届全国人民代表大会常务委员会第七次会议通过*

*2. 2018年12月29日中华人民共和国主席令第19号公布*

*3. 自2019年7月1日起施行*

**第一条** 【纳税人】在中华人民共和国境内购置汽车、有轨电车、汽车挂车、排气量超过一百五十毫升的摩托车

(以下统称应税车辆)的单位和个人,为车辆购置税的纳税人,应当依照本法规定缴纳车辆购置税。

**第二条 【购置】**本法所称购置,是指以购买、进口、自产、受赠、获奖或者其他方式取得并自用应税车辆的行为。

**第三条 【一次性征收】**车辆购置税实行一次性征收。购置已征车辆购置税的车辆,不再征收车辆购置税。

**第四条 【税率】**车辆购置税的税率为百分之十。

**第五条 【纳税额】**车辆购置税的应纳税额按照应税车辆的计税价格乘以税率计算。

**第六条 【计税价格】**应税车辆的计税价格,按照下列规定确定:

(一)纳税人购买自用应税车辆的计税价格,为纳税人实际支付给销售者的全部价款,不包括增值税税款;

(二)纳税人进口自用应税车辆的计税价格,为关税完税价格加上关税和消费税;

(三)纳税人自产自用应税车辆的计税价格,按照纳税人生产的同类应税车辆的销售价格确定,不包括增值税税款;

(四)纳税人以受赠、获奖或者其他方式取得自用应税车辆的计税价格,按照购置应税车辆时相关凭证载明的价格确定,不包括增值税税款。

**第七条 【计税价格明显偏低的核定】**纳税人申报的应税车辆计税价格明显偏低,又无正当理由的,由税务机关依照《中华人民共和国税收征收管理法》的规定核定其应纳税额。

**第八条 【外汇结算】**纳税人以外汇结算应税车辆价款的,按照申报纳税之日的人民币汇率中间价折合成人民币计算缴纳税款。

**第九条 【免税】**下列车辆免征车辆购置税:

(一)依照法律规定应当予以免税的外国驻华使馆、领事馆和国际组织驻华机构及其有关人员自用的车辆;

(二)中国人民解放军和中国人民武装警察部队列入装备订货计划的车辆;

(三)悬挂应急救援专用号牌的国家综合性消防救援车辆;

(四)设有固定装置的非运输专用作业车辆;

(五)城市公交企业购置的公共汽电车辆。

根据国民经济和社会发展的需要,国务院可以规定减征或者其他免征车辆购置税的情形,报全国人民代表大会常务委员会备案。

**第十条 【征收单位】**车辆购置税由税务机关负责征收。

**第十一条 【申报机关】**纳税人购置应税车辆,应当向车辆登记地的主管税务机关申报缴纳车辆购置税;购置不需要办理车辆登记的应税车辆的,应当向纳税人所在地的主管税务机关申报缴纳车辆购置税。

**第十二条 【纳税义务发生时间和纳税期限】**车辆购置税的纳税义务发生时间为纳税人购置应税车辆的当日。纳税人应当自纳税义务发生之日起六十日内申报缴纳车辆购置税。

**第十三条 【车辆注册登记】**纳税人应当在向公安机关交通管理部门办理车辆注册登记前,缴纳车辆购置税。

公安机关交通管理部门办理车辆注册登记,应当根据税务机关提供的应税车辆完税或者免税电子信息对纳税人申请登记的车辆信息进行核对,核对无误后依法办理车辆注册登记。

**第十四条 【减免变更】**免税、减税车辆因转让、改变用途等原因不再属于免税、减税范围的,纳税人应当在办理车辆转移登记或者变更登记前缴纳车辆购置税。计税价格以免税、减税车辆初次办理纳税申报时确定的计税价格为基准,每满一年扣减百分之十。

**第十五条 【退税】**纳税人将已征车辆购置税的车辆退回车辆生产企业或者销售企业的,可以向主管税务机关申请退还车辆购置税。退税额以已缴税款为基准,自缴纳税款之日至申请退税之日,每满一年扣减百分之十。

**第十六条 【信息共享配合机制】**税务机关和公安、商务、海关、工业和信息化等部门应当建立应税车辆信息共享和工作配合机制,及时交换应税车辆和纳税信息资料。

**第十七条 【法律依据】**车辆购置税的征收管理,依照本法和《中华人民共和国税收征收管理法》的规定执行。

**第十八条 【法律责任】**纳税人、税务机关及其工作人员违反本法规定的,依照《中华人民共和国税收征收管理法》和有关法律法规的规定追究法律责任。

**第十九条 【施行日期】**本法自2019年7月1日起施行。2000年10月22日国务院公布的《中华人民共和国车辆购置税暂行条例》同时废止。

## 财政部、税务总局关于车辆购置税有关具体政策的公告

*1. 2019年5月23日财政部、税务总局公告2019年第71号公布*

*2. 自2019年7月1日起施行*

为贯彻落实《中华人民共和国车辆购置税法》，现就车辆购置税有关具体政策公告如下：

一、地铁、轻轨等城市轨道交通车辆，装载机、平地机、挖掘机、推土机等轮式专用机械车，以及起重机（吊车）、叉车、电动摩托车，不属于应税车辆。

二、纳税人购买自用应税车辆实际支付给销售者的全部价款，依据纳税人购买应税车辆时相关凭证载明的价格确定，不包括增值税税款。

三、纳税人进口自用应税车辆，是指纳税人直接从境外进口或者委托代理进口自用的应税车辆，不包括在境内购买的进口车辆。

四、纳税人自产自用应税车辆的计税价格，按照同类应税车辆（即车辆配置序列号相同的车辆）的销售价格确定，不包括增值税税款；没有同类应税车辆销售价格的，按照组成计税价格确定。组成计税价格计算公式如下：

组成计税价格＝成本×（1＋成本利润率）

属于应征消费税的应税车辆，其组成计税价格中应加计消费税税额。

上述公式中的成本利润率，由国家税务总局各省、自治区、直辖市和计划单列市税务局确定。

五、城市公交企业购置的公共汽电车辆免征车辆购置税中的城市公交企业，是指由县级以上（含县级）人民政府交通运输主管部门认定的，依法取得城市公交经营资格，为公众提供公交出行服务，并纳入《城市公共交通管理部门与城市公交企业名录》的企业；公共汽电车辆是指按规定的线路、站点票价营运，用于公共交通服务，为运输乘客设计和制造的车辆，包括公共汽车、无轨电车和有轨电车。

六、车辆购置税的纳税义务发生时间以纳税人购置应税车辆所取得的车辆相关凭证上注明的时间为准。

七、已经办理免税、减税手续的车辆因转让、改变用途等原因不再属于免税、减税范围的，纳税人、纳税义务发生时间、应纳税额按以下规定执行：

（一）发生转让行为的，受让人为车辆购置税纳税人；未发生转让行为的，车辆所有人为车辆购置税纳税人。

（二）纳税义务发生时间为车辆转让或者用途改变等情形发生之日。

（三）应纳税额计算公式如下：

应纳税额＝初次办理纳税申报时确定的计税价格×（1－使用年限×10%）×10%－已纳税额

应纳税额不得为负数。

使用年限的计算方法是，自纳税人初次办理纳税申报之日起，至不再属于免税、减税范围的情形发生之日止。使用年限取整计算，不满一年的不计算在内。

八、已征车辆购置税的车辆退回车辆生产或销售企业，纳税人申请退还车辆购置税的，应退税额计算公式如下：

应退税额＝已纳税额×（1－使用年限×10%）

应退税额不得为负数。

使用年限的计算方法是，自纳税人缴纳税款之日起，至申请退税之日止。

九、本公告自2019年7月1日起施行。

## 财政部、税务总局关于继续执行的车辆购置税优惠政策的公告

*1. 2019年6月28日财政部、税务总局公告2019年第75号公布*

*2. 自2019年7月1日起施行*

为贯彻落实《中华人民共和国车辆购置税法》，现将继续执行的车辆购置税优惠政策公告如下：

**1.** 回国服务的在外留学人员用现汇购买1辆个人自用国产小汽车和长期来华定居专家进口1辆自用小汽车免征车辆购置税。防汛部门和森林消防部门用于指挥、检查、调度、报汛（警）、联络的由指定厂家生产的设有固定装置的指定型号的车辆免征车辆购置税。具体操作按照《财政部 国家税务总局关于防汛专用等车辆免征车辆购置税的通知》（财税〔2001〕39号）有关规定执行。

**2.** 自2018年1月1日至2020年12月31日，对购置新能源汽车免征车辆购置税。具体操作按照《财政部　税务总局　工业和信息化部　科技部关于免征新能源汽车车辆购置税的公告》（财政部　税务总局　工业和信息化部　科技部公告2017年第172号）有关规定执行。

**3.** 自2018年7月1日至2021年6月30日，对购置挂车

减半征收车辆购置税。具体操作按照《财政部　税务总局　工业和信息化部关于对挂车减征车辆购置税的公告》(财政部　税务总局　工业和信息化部公告2018年第69号)有关规定执行。

**4.** 中国妇女发展基金会"母亲健康快车"项目的流动医疗车免征车辆购置税。

**5.** 北京2022年冬奥会和冬残奥会组织委员会新购置车辆免征车辆购置税。

**6.** 原公安现役部队和原武警黄金、森林、水电部队改制后换发地方机动车牌证的车辆(公安消防、武警森林部队执行灭火救援任务的车辆除外),一次性免征车辆购置税。

本公告自2019年7月1日起施行。

## 国家税务总局关于车辆购置税征收管理有关事项的公告

*1. 2019年6月21日国家税务总局公告2019年第26号公布*
*2. 自2019年7月1日起施行*

为落实《中华人民共和国车辆购置税法》(以下简称《车辆购置税法》),规范车辆购置税征收管理,现就有关事项公告如下:

一、车辆购置税实行一车一申报制度。

二、《车辆购置税法》第六条第四项所称的购置应税车辆时相关凭证,是指原车辆所有人购置或者以其他方式取得应税车辆时载明价格的凭证。无法提供相关凭证的,参照同类应税车辆市场平均交易价格确定其计税价格。

原车辆所有人为车辆生产或者销售企业,未开具机动车销售统一发票的,按照车辆生产或者销售同类应税车辆的销售价格确定应税车辆的计税价格。无同类应税车辆销售价格的,按照组成计税价格确定应税车辆的计税价格。

三、购置应税车辆的纳税人,应当到下列地点申报纳税:

(一)需要办理车辆登记的,向车辆登记地的主管税务机关申报纳税。

(二)不需要办理车辆登记的,单位纳税人向其机构所在地的主管税务机关申报纳税,个人纳税人向其户籍所在地或者经常居住地的主管税务机关申报纳税。

四、《车辆购置税法》第十二条所称纳税义务发生时间,按照下列情形确定:

(一)购买自用应税车辆的为购买之日,即车辆相关价格凭证的开具日期。

(二)进口自用应税车辆的为进口之日,即《海关进口增值税专用缴款书》或者其他有效凭证的开具日期。

(三)自产、受赠、获奖或者以其他方式取得并自用应税车辆的为取得之日,即合同、法律文书或者其他有效凭证的生效或者开具日期。

五、纳税人办理纳税申报时应当如实填报《车辆购置税纳税申报表》(见附件1),同时提供车辆合格证明和车辆相关价格凭证。

六、纳税人在办理车辆购置税免税、减税时,除按本公告第五条规定提供资料外,还应当根据不同的免税、减税情形,分别提供相关资料的原件、复印件。

(一)外国驻华使馆、领事馆和国际组织驻华机构及其有关人员自用车辆,提供机构证明和外交部门出具的身份证明。

(二)城市公交企业购置的公共汽电车辆,提供所在地县级以上(含县级)交通运输主管部门出具的公共汽电车辆认定表。

(三)悬挂应急救援专用号牌的国家综合性消防救援车辆,提供中华人民共和国应急管理部批准的相关文件。

(四)回国服务的在外留学人员购买的自用国产小汽车,提供海关核发的《中华人民共和国海关回国人员购买国产汽车准购单》。

(五)长期来华定居专家进口自用小汽车,提供国家外国专家局或者其授权单位核发的专家证或者A类和B类《外国人工作许可证》。

七、免税、减税车辆因转让、改变用途等原因不再属于免税、减税范围的,纳税人在办理纳税申报时,应当如实填报《车辆购置税纳税申报表》。发生二手车交易行为的,提供二手车销售统一发票;属于其他情形的,按照相关规定提供申报材料。

八、已经缴纳车辆购置税的,纳税人向原征收机关申请退税时,应当如实填报《车辆购置税退税申请表》(见附件2),提供纳税人身份证明,并区别不同情形提供相关资料。

(一)车辆退回生产企业或者销售企业的,提供生产企业或者销售企业开具的退车证明和退车发票。

(二)其他依据法律法规规定应当退税的,根据具体情形提供相关资料。

九、纳税人应当如实申报应税车辆的计税价格,税务机关应当按照纳税人申报的计税价格征收税款。纳税人编造虚假计税依据的，税务机关应当依照《税收征管法》及其实施细则的相关规定处理。

十、本公告要求纳税人提供的资料，税务机关能够通过政府信息共享等手段获取相关资料信息的，纳税人不再提交。

十一、税务机关应当在税款足额入库或者办理免税手续后，将应税车辆完税或者免税电子信息，及时传送给公安机关交通管理部门。

税款足额入库包括以下情形：纳税人到银行缴纳车辆购置税税款（转账或者现金），由银行将税款缴入国库的，国库已传回《税收缴款书（银行经收专用）》联次；纳税人通过横向联网电子缴税系统等电子方式缴纳税款的，税款划缴已成功；纳税人在办税服务厅以现金方式缴纳税款的，主管税务机关已收取税款。

十二、纳税人名称、车辆厂牌型号、发动机号、车辆识别代号（车架号）、证件号码等应税车辆完税或者免税电子信息与原申报资料不一致的，纳税人可以到税务机关办理完税或者免税电子信息更正，但是不包括以下情形：

（一）车辆识别代号（车架号）和发动机号同时与原申报资料不一致。

（二）完税或者免税信息更正影响到车辆购置税税款。

（三）纳税人名称和证件号码同时与原申报资料不一致。

税务机关核实后，办理更正手续，重新生成应税车辆完税或者免税电子信息，并且及时传送给公安机关交通管理部门。

十三、《车辆购置税法》第九条所称“设有固定装置的非运输专用作业车辆”，是指列入国家税务总局下发的《设有固定装置的非运输专用作业车辆免税图册》（以下简称免税图册）的车辆。

纳税人在办理设有固定装置的非运输专用作业车辆免税申报时，除按照本公告第五条规定提供资料外，还应当提供车辆内、外观彩色5寸照片，主管税务机关依据免税图册办理免税手续。

十四、本公告所称车辆合格证明，是指整车出厂合格证或者《车辆电子信息单》（见附件3）。

本公告所称车辆相关价格凭证是指：境内购置车辆为机动车销售统一发票或者其他有效凭证；进口自用车辆为《海关进口关税专用缴款书》或者海关进出口货物征免税证明，属于应征消费税车辆的还包括《海关进口消费税专用缴款书》。

本公告所称纳税人身份证明是指：单位纳税人为《统一社会信用代码证书》，或者营业执照或者其他有效机构证明；个人纳税人为居民身份证，或者居民户口簿或者入境的身份证件。

十五、《车辆购置税纳税申报表》《车辆购置税退税申请表》，样式由国家税务总局统一规定，国家税务总局各省、自治区、直辖市和计划单列市税务局自行印制，纳税人也可以在税务机关网站下载、提交。

十六、纳税人2019年6月30日（含）前购置属于《中华人民共和国车辆购置税暂行条例》规定的应税车辆，在2019年7月1日前未申报纳税的，应当按照规定的申报纳税期限申报纳税。

十七、本公告自2019年7月1日起施行。《车辆购置税全文废止和部分条款废止的文件目录》（见附件4）同日生效。

特此公告。

附件：1. 车辆购置税纳税申报表（略）
2. 车辆购置税退税申请表（略）
3. 车辆电子信息单（略）
4. 车辆购置税全文废止和部分条款废止的文件目录（略）

## ⑦城市维护建设税

# 中华人民共和国
# 城市维护建设税法

*1. 2020年8月11日第十三届全国人民代表大会常务委员会第二十一次会议通过*
*2. 2020年8月11日中华人民共和国主席令第51号公布*
*3. 自2021年9月1日起施行*

**第一条 【立法目的】**在中华人民共和国境内缴纳增值税、消费税的单位和个人，为城市维护建设税的纳税人，应当依照本法规定缴纳城市维护建设税。

**第二条 【计税依据】**城市维护建设税以纳税人依法实际缴纳的增值税、消费税税额为计税依据。

城市维护建设税的计税依据应当按照规定扣除期末留抵退税退还的增值税税额。

城市维护建设税计税依据的具体确定办法，由国务院依据本法和有关税收法律、行政法规规定，报全国人民代表大会常务委员会备案。

**第三条　【不征收城市维护建设税的情况】**对进口货物或者境外单位和个人向境内销售劳务、服务、无形资产缴纳的增值税、消费税税额，不征收城市维护建设税。

**第四条　【城市维护建设税税率的确定】**城市维护建设税税率如下：

（一）纳税人所在地在市区的，税率为百分之七；

（二）纳税人所在地在县城、镇的，税率为百分之五；

（三）纳税人所在地不在市区、县城或者镇的，税率为百分之一。

前款所称纳税人所在地，是指纳税人住所地或者与纳税人生产经营活动相关的其他地点，具体地点由省、自治区、直辖市确定。

**第五条　【应纳税额的计算】**城市维护建设税的应纳税额按照计税依据乘以具体适用税率计算。

**第六条　【减征或者免征城市维护建设税的情形】**根据国民经济和社会发展的需要，国务院对重大公共基础设施建设、特殊产业和群体以及重大突发事件应对等情形可以规定减征或者免征城市维护建设税，报全国人民代表大会常务委员会备案。

**第七条　【纳税义务发生时间】**城市维护建设税的纳税义务发生时间与增值税、消费税的纳税义务发生时间一致，分别与增值税、消费税同时缴纳。

**第八条　【扣缴城市维护建设税的时间】**城市维护建设税的扣缴义务人为负有增值税、消费税扣缴义务的单位和个人，在扣缴增值税、消费税的同时扣缴城市维护建设税。

**第九条　【征收管理的依据】**城市维护建设税由税务机关依照本法和《中华人民共和国税收征收管理法》的规定征收管理。

**第十条　【法律责任追究及依据】**纳税人、税务机关及其工作人员违反本法规定的，依照《中华人民共和国税收征收管理法》和有关法律法规的规定追究法律责任。

**第十一条　【施行日期】**本法自2021年9月1日起施行。1985年2月8日国务院发布的《中华人民共和国城市维护建设税暂行条例》同时废止。

## 财政部、税务总局关于增值税期末留抵退税有关城市维护建设税、教育费附加和地方教育附加政策的通知

*1. 2018年7月27日发布*

*2. 财税〔2018〕80号*

各省、自治区、直辖市、计划单列市财政厅（局），国家税务总局各省、自治区、直辖市、计划单列市税务局，新疆生产建设兵团财政局：

为保证增值税期末留抵退税政策有效落实，现就留抵退税涉及的城市维护建设税、教育费附加和地方教育附加问题通知如下：

对实行增值税期末留抵退税的纳税人，允许其从城市维护建设税、教育费附加和地方教育附加的计税（征）依据中扣除退还的增值税税额。

本通知自发布之日起施行。

## 国家税务总局关于城市维护建设税征收管理有关事项的公告

*1. 2021年8月31日国家税务总局公告2021年第26号发布*

*2. 自2021年9月1日起施行*

为贯彻落实中办、国办印发的《关于进一步深化税收征管改革的意见》，进一步规范城市维护建设税（以下简称城建税）征收管理，根据《中华人民共和国城市维护建设税法》《财政部 税务总局关于城市维护建设税计税依据确定办法等事项的公告》（2021年第28号）等相关规定，现就有关事项公告如下：

一、城建税以纳税人依法实际缴纳的增值税、消费税（以下称两税）税额为计税依据。

依法实际缴纳的增值税税额，是指纳税人依照增值税相关法律法规和税收政策规定计算应当缴纳的增值税税额，加上增值税免抵税额，扣除直接减免的增值税税额和期末留抵退税退还的增值税税额（以下简称留抵退税额）后的金额。

依法实际缴纳的消费税税额，是指纳税人依照消费税相关法律法规和税收政策规定计算应当缴纳的消费税税额，扣除直接减免的消费税税额后的金额。

应当缴纳的两税税额，不含因进口货物或境外单

位和个人向境内销售劳务、服务、无形资产缴纳的两税税额。

纳税人自收到留抵退税额之日起,应当在下一个纳税申报期从城建税计税依据中扣除。

留抵退税额仅允许在按照增值税一般计税方法确定的城建税计税依据中扣除。当期未扣除完的余额,在以后纳税申报期按规定继续扣除。

二、对于增值税小规模纳税人更正、查补此前按照一般计税方法确定的城建税计税依据,允许扣除尚未扣除完的留抵退税额。

三、对增值税免抵税额征收的城建税,纳税人应在税务机关核准免抵税额的下一个纳税申报期内向主管税务机关申报缴纳。

四、城建税纳税人按所在地在市区、县城、镇和不在上述区域适用不同税率。市区、县城、镇按照行政区划确定。

行政区划变更的,自变更完成当月起适用新行政区划对应的城建税税率,纳税人在变更完成当月的下一个纳税申报期按新税率申报缴纳。

五、城建税的纳税义务发生时间与两税的纳税义务发生时间一致,分别与两税同时缴纳。同时缴纳是指在缴纳两税时,应当在两税同一缴纳地点、同一缴纳期限内,一并缴纳对应的城建税。

采用委托代征、代扣代缴、代收代缴、预缴、补缴等方式缴纳两税的,应当同时缴纳城建税。

前款所述代扣代缴,不含因境外单位和个人向境内销售劳务、服务、无形资产代扣代缴增值税情形。

六、因纳税人多缴发生的两税退税,同时退还已缴纳的城建税。

两税实行先征后返、先征后退、即征即退的,除另有规定外,不予退还随两税附征的城建税。

七、城建税的征收管理等事项,比照两税的有关规定办理。

八、本公告自2021年9月1日起施行。《废止文件及条款清单》(附件)所列文件、条款同时废止。

特此公告。

附件:(略)

## 财政部、税务总局关于城市维护建设税计税依据确定办法等事项的公告

*1. 2021年8月24日财政部、税务总局公告2021年第28号发布*

*2. 自2021年9月1日起施行*

《中华人民共和国城市维护建设税法》已由第十三届全国人民代表大会常务委员会第二十一次会议于2020年8月11日通过,自2021年9月1日起施行。经国务院同意,现将城市维护建设税计税依据确定办法等事项公告如下:

一、城市维护建设税以纳税人依法实际缴纳的增值税、消费税税额(以下简称两税税额)为计税依据。

依法实际缴纳的两税税额,是指纳税人依照增值税、消费税相关法律法规和税收政策规定计算的应当缴纳的两税税额(不含因进口货物或境外单位和个人向境内销售劳务、服务、无形资产缴纳的两税税额),加上增值税免抵税额,扣除直接减免的两税税额和期末留抵退税退还的增值税税额后的金额。

直接减免的两税税额,是指依照增值税、消费税相关法律法规和税收政策规定,直接减征或免征的两税税额,不包括实行先征后返、先征后退、即征即退办法退还的两税税额。

二、教育费附加、地方教育附加计征依据与城市维护建设税计税依据一致,按本公告第一条规定执行。

三、本公告自2021年9月1日起施行。

# ⑧环境保护税

## 中华人民共和国环境保护税法

*1. 2016年12月25日第十二届全国人民代表大会常务委员会第二十五次会议通过*

*2. 根据2018年10月26日第十三届全国人民代表大会常务委员会第六次会议《关于修改〈中华人民共和国野生动物保护法〉等十五部法律的决定》修正*

### 目　　录

## 第一章 总 则

**第一条 【立法目的】**为了保护和改善环境，减少污染物排放，推进生态文明建设，制定本法。

**第二条 【纳税范围】**在中华人民共和国领域和中华人民共和国管辖的其他海域，直接向环境排放应税污染物的企业事业单位和其他生产经营者为环境保护税的纳税人，应当依照本法规定缴纳环境保护税。

**第三条 【应税污染物】**本法所称应税污染物，是指本法所附《环境保护税税目税额表》、《应税污染物和当量值表》规定的大气污染物、水污染物、固体废物和噪声。

**第四条 【不需缴税的情形】**有下列情形之一的，不属于直接向环境排放污染物，不缴纳相应污染物的环境保护税：

（一）企业事业单位和其他生产经营者向依法设立的污水集中处理、生活垃圾集中处理场所排放应税污染物的；

（二）企业事业单位和其他生产经营者在符合国家和地方环境保护标准的设施、场所贮存或者处置固体废物的。

**第五条 【应当缴税的情形】**依法设立的城乡污水集中处理、生活垃圾集中处理场所超过国家和地方规定的排放标准向环境排放应税污染物的，应当缴纳环境保护税。

企业事业单位和其他生产经营者贮存或者处置固体废物不符合国家和地方环境保护标准的，应当缴纳环境保护税。

**第六条 【税目、税额】**环境保护税的税目、税额，依照本法所附《环境保护税税目税额表》执行。

应税大气污染物和水污染物的具体适用税额的确定和调整，由省、自治区、直辖市人民政府统筹考虑本地区环境承载能力、污染物排放现状和经济社会生态发展目标要求，在本法所附《环境保护税税目税额表》规定的税额幅度内提出，报同级人民代表大会常务委员会决定，并报全国人民代表大会常务委员会和国务院备案。

## 第二章 计税依据和应纳税额

**第七条 【计税依据的确定】**应税污染物的计税依据，按照下列方法确定：

（一）应税大气污染物按照污染物排放量折合的污染当量数确定；

（二）应税水污染物按照污染物排放量折合的污染当量数确定；

（三）应税固体废物按照固体废物的排放量确定；

（四）应税噪声按照超过国家规定标准的分贝数确定。

**第八条 【污染当量数的计算】**应税大气污染物、水污染物的污染当量数，以该污染物的排放量除以该污染物的污染当量值计算。每种应税大气污染物、水污染物的具体污染当量值，依照本法所附《应税污染物和当量值表》执行。

**第九条 【应税污染物项目数】**每一排放口或者没有排放口的应税大气污染物，按照污染当量数从大到小排序，对前三项污染物征收环境保护税。

每一排放口的应税水污染物，按照本法所附《应税污染物和当量值表》，区分第一类水污染物和其他类水污染物，按照污染当量数从大到小排序，对第一类水污染物按照前五项征收环境保护税，对其他类水污染物按照前三项征收环境保护税。

省、自治区、直辖市人民政府根据本地区污染物减排的特殊需要，可以增加同一排放口征收环境保护税的应税污染物项目数，报同级人民代表大会常务委员会决定，并报全国人民代表大会常务委员会和国务院备案。

**第十条 【排放量和噪声分贝数的计算】**应税大气污染物、水污染物、固体废物的排放量和噪声的分贝数，按照下列方法和顺序计算：

（一）纳税人安装使用符合国家规定和监测规范的污染物自动监测设备的，按照污染物自动监测数据计算；

（二）纳税人未安装使用污染物自动监测设备的，按照监测机构出具的符合国家有关规定和监测规范的监测数据计算；

（三）因排放污染物种类多等原因不具备监测条件的，按照国务院生态环境主管部门规定的排污系数、物料衡算方法计算；

（四）不能按照本条第一项至第三项规定的方法计算的，按照省、自治区、直辖市人民政府生态环境主管部门规定的抽样测算的方法核定计算。

**第十一条 【应纳税额的计算】**环境保护税应纳税额按照下列方法计算：

（一）应税大气污染物的应纳税额为污染当量数乘以具体适用税额；

（二）应税水污染物的应纳税额为污染当量数乘以具体适用税额；

（三）应税固体废物的应纳税额为固体废物排放量乘以具体适用税额；

（四）应税噪声的应纳税额为超过国家规定标准的分贝数对应的具体适用税额。

## 第三章 税收减免

**第十二条 【免征环保税的情形】**下列情形，暂予免征环境保护税：

（一）农业生产（不包括规模化养殖）排放应税污染物的；

（二）机动车、铁路机车、非道路移动机械、船舶和航空器等流动污染源排放应税污染物的；

（三）依法设立的城乡污水集中处理、生活垃圾集中处理场所排放相应应税污染物，不超过国家和地方规定的排放标准的；

（四）纳税人综合利用的固体废物，符合国家和地方环境保护标准的；

（五）国务院批准免税的其他情形。

前款第五项免税规定，由国务院报全国人民代表大会常务委员会备案。

**第十三条 【减征环保税的情形】**纳税人排放应税大气污染物或者水污染物的浓度值低于国家和地方规定的污染物排放标准百分之三十的，减按百分之七十五征收环境保护税。纳税人排放应税大气污染物或者水污染物的浓度值低于国家和地方规定的污染物排放标准百分之五十的，减按百分之五十征收环境保护税。

## 第四章 征收管理

**第十四条 【环保税的征收管理】**环境保护税由税务机关依照《中华人民共和国税收征收管理法》和本法的有关规定征收管理。

生态环境主管部门依照本法和有关环境保护法律法规的规定负责对污染物的监测管理。

县级以上地方人民政府应当建立税务机关、生态环境主管部门和其他相关单位分工协作工作机制，加强环境保护税征收管理，保障税款及时足额入库。

**第十五条 【生态环境、税务之间信息共享与工作配合】**生态环境主管部门和税务机关应当建立涉税信息共享平台和工作配合机制。

生态环境主管部门应当将排污单位的排污许可、污染物排放数据、环境违法和受行政处罚情况等环境保护相关信息，定期交送税务机关。

税务机关应当将纳税人的纳税申报、税款入库、减免税额、欠缴税款以及风险疑点等环境保护税涉税信息，定期交送生态环境主管部门。

**第十六条 【纳税义务发生时间】**纳税义务发生时间为纳税人排放应税污染物的当日。

**第十七条 【纳税人申报义务】**纳税人应当向应税污染物排放地的税务机关申报缴纳环境保护税。

**第十八条 【申报缴纳周期与纳税资料】**环境保护税按月计算，按季申报缴纳。不能按固定期限计算缴纳的，可以按次申报缴纳。

纳税人申报缴纳时，应当向税务机关报送所排放应税污染物的种类、数量，大气污染物、水污染物的浓度值，以及税务机关根据实际需要要求纳税人报送的其他纳税资料。

**第十九条 【申报缴纳期限与如实申报义务】**纳税人按季申报缴纳的，应当自季度终了之日起十五日内，向税务机关办理纳税申报并缴纳税款。纳税人按次申报缴纳的，应当自纳税义务发生之日起十五日内，向税务机关办理纳税申报并缴纳税款。

纳税人应当依法如实办理纳税申报，对申报的真实性和完整性承担责任。

**第二十条 【数据比对、复核】**税务机关应当将纳税人的纳税申报数据资料与生态环境主管部门交送的相关数据资料进行比对。

税务机关发现纳税人的纳税申报数据资料异常或者纳税人未按照规定期限办理纳税申报的，可以提请生态环境主管部门进行复核，生态环境主管部门应当自收到税务机关的数据资料之日起十五日内向税务机关出具复核意见。税务机关应当按照生态环境主管部门复核的数据资料调整纳税人的应纳税额。

**第二十一条 【数据核定】**依照本法第十条第四项的规定核定计算污染物排放量的，由税务机关会同生态环境主管部门核定污染物排放种类、数量和应纳税额。

**第二十二条 【向海域排放污染物的缴税办法】**纳税人从事海洋工程向中华人民共和国管辖海域排放应税大气污染物、水污染物或者固体废物，申报缴纳环境保护税的具体办法，由国务院税务主管部门会同国务院生态环境主管部门规定。

**第二十三条 【责任追究】**纳税人和税务机关、生态环境主管部门及其工作人员违反本法规定的，依照《中华人民共和国税收征收管理法》《中华人民共和国环境保护法》和有关法律法规的规定追究法律责任。

**第二十四条 【鼓励环保建设投入】**各级人民政府应当

鼓励纳税人加大环境保护建设投入,对纳税人用于污染物自动监测设备的投资予以资金和政策支持。

## 第五章 附 则

**第二十五条 【用语含义】**本法下列用语的含义:

(一)污染当量,是指根据污染物或者污染排放活动对环境的有害程度以及处理的技术经济性,衡量不同污染物对环境污染的综合性指标或者计量单位。同一介质相同污染当量的不同污染物,其污染程度基本相当。

(二)排污系数,是指在正常技术经济和管理条件下,生产单位产品所应排放的污染物量的统计平均值。

(三)物料衡算,是指根据物质质量守恒原理对生产过程中使用的原料、生产的产品和产生的废物等进行测算的一种方法。

**第二十六条 【损害责任】**直接向环境排放应税污染物的企业事业单位和其他生产经营者,除依照本法规定缴纳环境保护税外,应当对所造成的损害依法承担责任。

**第二十七条 【排污费向环保税转移】**自本法施行之日起,依照本法规定征收环境保护税,不再征收排污费。

**第二十八条 【施行日期】**本法自 2018 年 1 月 1 日起施行。

**附表一:**

### 环境保护税税目税额表

| 税目 | | 计税单位 | 税额 | 备注 |
|---|---|---|---|---|
| 大气污染物 | | 每污染当量 | 1.2 元至 12 元 | |
| 水污染物 | | 每污染当量 | 1.4 元至 14 元 | |
| 固体废物 | 煤矸石 | 每吨 | 5 元 | |
| | 尾矿 | 每吨 | 15 元 | |
| | 危险废物 | 每吨 | 1000 元 | |
| | 冶炼渣、粉煤灰、炉渣、其他固体废物(含半固态、液态废物) | 每吨 | 25 元 | |
| 噪声 | 工业噪声 | 超标 1—3 分贝 | 每月 350 元 | 1. 一个单位边界上有多处噪声超标,根据最高一处超标声级计算应纳税额;当沿边界长度超过 100 米有两处以上噪声超标,按照两个单位计算应纳税额。<br>2. 一个单位有不同地点作业场所的,应当分别计算应纳税额,合并计征。<br>3. 昼、夜均超标的环境噪声,昼、夜分别计算应纳税额,累计计征。<br>4. 声源一个月内超标不足 15 天的,减半计算应纳税额。<br>5. 夜间频繁突发和夜间偶然突发厂界超标噪声,按等效声级和峰值噪声两种指标中超标分贝值高的一项计算应纳税额。 |
| | | 超标 4—6 分贝 | 每月 700 元 | |
| | | 超标 7—9 分贝 | 每月 1400 元 | |
| | | 超标 10—12 分贝 | 每月 2800 元 | |
| | | 超标 13—15 分贝 | 每月 5600 元 | |
| | | 超标 16 分贝以上 | 每月 11200 元 | |

**附表二：**

# 应税污染物和当量值表

## 一、第一类水污染物污染当量值

| 污 染 物 | 污染当量值(千克) |
| --- | --- |
| 1. 总汞 | 0.0005 |
| 2. 总镉 | 0.005 |
| 3. 总铬 | 0.04 |
| 4. 六价铬 | 0.02 |
| 5. 总砷 | 0.02 |
| 6. 总铅 | 0.025 |
| 7. 总镍 | 0.025 |
| 8. 苯并(a)芘 | 0.0000003 |
| 9. 总铍 | 0.01 |
| 10. 总银 | 0.02 |

## 二、第二类水污染物污染当量值

| 污 染 物 | 污染当量值(千克) | 备 注 |
| --- | --- | --- |
| 11. 悬浮物(SS) | 4 | |
| 12. 生化需氧量($BOD_5$) | 0.5 | |
| 13. 化学需氧量(CODcr) | 1 | 同一排放口中的化学需氧量、生化需氧量和总有机碳，只征收一项。 |
| 14. 总有机碳(TOC) | 0.49 | |
| 15. 石油类 | 0.1 | |
| 16. 动植物油 | 0.16 | |
| 17. 挥发酚 | 0.08 | |
| 18. 总氰化物 | 0.05 | |
| 19. 硫化物 | 0.125 | |
| 20. 氨氮 | 0.8 | |
| 21. 氟化物 | 0.5 | |
| 22. 甲醛 | 0.125 | |
| 23. 苯胺类 | 0.2 | |
| 24. 硝基苯类 | 0.2 | |
| 25. 阴离子表面活性剂(LAS) | 0.2 | |
| 26. 总铜 | 0.1 | |

续表

| 污　染　物 | 污染当量值（千克） | 备　　注 |
|---|---|---|
| 27. 总锌 | 0. 2 | |
| 28. 总锰 | 0. 2 | |
| 29. 彩色显影剂（CD—2） | 0. 2 | |
| 30. 总磷 | 0. 25 | |
| 31. 单质磷（以 P 计） | 0. 05 | |
| 32. 有机磷农药（以 P 计） | 0. 05 | |
| 33. 乐果 | 0. 05 | |
| 34. 甲基对硫磷 | 0. 05 | |
| 35. 马拉硫磷 | 0. 05 | |
| 36. 对硫磷 | 0. 05 | |
| 37. 五氯酚及五氯酚钠（以五氯酚计） | 0. 25 | |
| 38. 三氯甲烷 | 0. 04 | |
| 39. 可吸附有机卤化物（AOX）（以 Cl 计） | 0. 25 | |
| 40. 四氯化碳 | 0. 04 | |
| 41. 三氯乙烯 | 0. 04 | |
| 42. 四氯乙烯 | 0. 04 | |
| 43. 苯 | 0. 02 | |
| 44. 甲苯 | 0. 02 | |
| 45. 乙苯 | 0. 02 | |
| 46. 邻—二甲苯 | 0. 02 | |
| 47. 对—二甲苯 | 0. 02 | |
| 48. 间—二甲苯 | 0. 02 | |
| 49. 氯苯 | 0. 02 | |
| 50. 邻二氯苯 | 0. 02 | |
| 51. 对二氯苯 | 0. 02 | |
| 52. 对硝基氯苯 | 0. 02 | |
| 53. 2,4—二硝基氯苯 | 0. 02 | |
| 54. 苯酚 | 0. 02 | |
| 55. 间—甲酚 | 0. 02 | |
| 56. 2,4—二氯酚 | 0. 02 | |
| 57. 2,4,6—三氯酚 | 0. 02 | |

续表

| 污 染 物 | 污染当量值（千克） | 备 注 |
|---|---|---|
| 58. 邻苯二甲酸二丁酯 | 0.02 | |
| 59. 邻苯二甲酸二辛酯 | 0.02 | |
| 60. 丙烯腈 | 0.125 | |
| 61. 总硒 | 0.02 | |

### 三、pH 值、色度、大肠菌群数、余氯量水污染物污染当量值

| 污 染 物 | | 污染当量值 | 备 注 |
|---|---|---|---|
| 1. pH 值 | 1. 0—1,13—14<br>2. 1—2,12—13<br>3. 2—3,11—12<br>4. 3—4,10—11<br>5. 4—5,9—10<br>6. 5—6 | 0.06 吨污水<br>0.125 吨污水<br>0.25 吨污水<br>0.5 吨污水<br>1 吨污水<br>5 吨污水 | pH 值 5—6 指大于等于 5，小于 6；pH 值9—10指大于 9，小于等于 10，其余类推。 |
| 2. 色度 | | 5 吨水·倍 | |
| 3. 大肠菌群数（超标） | | 3.3 吨污水 | 大肠菌群数和余氯量只征收一项。 |
| 4. 余氯量（用氯消毒的医院废水） | | 3.3 吨污水 | |

### 四、禽畜养殖业、小型企业和第三产业水污染物污染当量值

（本表仅适用于计算无法进行实际监测或者物料衡算的禽畜养殖业、小型企业和第三产业等小型排污者的水污染物污染当量数）

| 类 型 | | 污染当量值 | 备 注 |
|---|---|---|---|
| 禽畜养殖场 | 1. 牛 | 0.1 头 | 仅对存栏规模大于 50 头牛、500 头猪、5000 羽鸡鸭等的禽畜养殖场征收。 |
| | 2. 猪 | 1 头 | |
| | 3. 鸡、鸭等家禽 | 30 羽 | |
| 4. 小型企业 | | 1.8 吨污水 | |
| 5. 饮食娱乐服务业 | | 0.5 吨污水 | |
| 6. 医院 | 消毒 | 0.14 床 | 医院病床数大于 20 张的按照本表计算污染当量数。 |
| | | 2.8 吨污水 | |
| | 不消毒 | 0.07 床 | |
| | | 1.4 吨污水 | |

### 五、大气污染物污染当量值

| 污 染 物 | 污染当量值（千克） |
|---|---|
| 1. 二氧化硫 | 0.95 |
| 2. 氮氧化物 | 0.95 |

续表

| 污　染　物 | 污染当量值(千克) |
| --- | --- |
| 3. 一氧化碳 | 16.7 |
| 4. 氯气 | 0.34 |
| 5. 氯化氢 | 10.75 |
| 6. 氟化物 | 0.87 |
| 7. 氰化氢 | 0.005 |
| 8. 硫酸雾 | 0.6 |
| 9. 铬酸雾 | 0.0007 |
| 10. 汞及其化合物 | 0.0001 |
| 11. 一般性粉尘 | 4 |
| 12. 石棉尘 | 0.53 |
| 13. 玻璃棉尘 | 2.13 |
| 14. 碳黑尘 | 0.59 |
| 15. 铅及其化合物 | 0.02 |
| 16. 镉及其化合物 | 0.03 |
| 17. 铍及其化合物 | 0.0004 |
| 18. 镍及其化合物 | 0.13 |
| 19. 锡及其化合物 | 0.27 |
| 20. 烟尘 | 2.18 |
| 21. 苯 | 0.05 |
| 22. 甲苯 | 0.18 |
| 23. 二甲苯 | 0.27 |
| 24. 苯并(a)芘 | 0.000002 |
| 25. 甲醛 | 0.09 |
| 26. 乙醛 | 0.45 |
| 27. 丙烯醛 | 0.06 |
| 28. 甲醇 | 0.67 |
| 29. 酚类 | 0.35 |
| 30. 沥青烟 | 0.19 |
| 31. 苯胺类 | 0.21 |
| 32. 氯苯类 | 0.72 |

续表

| 污　染　物 | 污染当量值(千克) |
|---|---|
| 33. 硝基苯 | 0.17 |
| 34. 丙烯腈 | 0.22 |
| 35. 氯乙烯 | 0.55 |
| 36. 光气 | 0.04 |
| 37. 硫化氢 | 0.29 |
| 38. 氨 | 9.09 |
| 39. 三甲胺 | 0.32 |
| 40. 甲硫醇 | 0.04 |
| 41. 甲硫醚 | 0.28 |
| 42. 二甲二硫 | 0.28 |
| 43. 苯乙烯 | 25 |
| 44. 二硫化碳 | 20 |

# 中华人民共和国环境保护税法实施条例

*1. 2017年12月25日国务院令第693号公布*
*2. 自2018年1月1日起施行*

## 第一章　总　　则

**第一条**　根据《中华人民共和国环境保护税法》(以下简称环境保护税法),制定本条例。

**第二条**　环境保护税法所附《环境保护税税目税额表》所称其他固体废物的具体范围,依照环境保护税法第六条第二款规定的程序确定。

**第三条**　环境保护税法第五条第一款、第十二条第一款第三项规定的城乡污水集中处理场所,是指为社会公众提供生活污水处理服务的场所,不包括为工业园区、开发区等工业聚集区域内的企业事业单位和其他生产经营者提供污水处理服务的场所,以及企业事业单位和其他生产经营者自建自用的污水处理场所。

**第四条**　达到省级人民政府确定的规模标准并且有污染物排放口的畜禽养殖场,应当依法缴纳环境保护税;依法对畜禽养殖废弃物进行综合利用和无害化处理的,不属于直接向环境排放污染物,不缴纳环境保护税。

## 第二章　计税依据

**第五条**　应税固体废物的计税依据,按照固体废物的排放量确定。固体废物的排放量为当期应税固体废物的产生量减去当期应税固体废物的贮存量、处置量、综合利用量的余额。

前款规定的固体废物的贮存量、处置量,是指在符合国家和地方环境保护标准的设施、场所贮存或者处置的固体废物数量;固体废物的综合利用量,是指按照国务院发展改革、工业和信息化主管部门关于资源综合利用要求以及国家和地方环境保护标准进行综合利用的固体废物数量。

**第六条**　纳税人有下列情形之一的,以其当期应税固体废物的产生量作为固体废物的排放量:

(一)非法倾倒应税固体废物;

(二)进行虚假纳税申报。

**第七条**　应税大气污染物、水污染物的计税依据,按照污染物排放量折合的污染当量数确定。

纳税人有下列情形之一的,以其当期应税大气污染物、水污染物的产生量作为污染物的排放量:

(一)未依法安装使用污染物自动监测设备或者未将污染物自动监测设备与环境保护主管部门的监控设备联网;

(二)损毁或者擅自移动、改变污染物自动监测设备;

（三）篡改、伪造污染物监测数据；

（四）通过暗管、渗井、渗坑、灌注或者稀释排放以及不正常运行防治污染设施等方式违法排放应税污染物；

（五）进行虚假纳税申报。

**第八条** 从两个以上排放口排放应税污染物的，对每一排放口排放的应税污染物分别计算征收环境保护税；纳税人持有排污许可证的，其污染物排放口按照排污许可证载明的污染物排放口确定。

**第九条** 属于环境保护税法第十条第二项规定情形的纳税人，自行对污染物进行监测所获取的监测数据，符合国家有关规定和监测规范的，视同环境保护税法第十条第二项规定的监测机构出具的监测数据。

## 第三章 税收减免

**第十条** 环境保护税法第十三条所称应税大气污染物或者水污染物的浓度值，是指纳税人安装使用的污染物自动监测设备当月自动监测的应税大气污染物浓度值的小时平均值再平均所得数值或者应税水污染物浓度值的日平均值再平均所得数值，或者监测机构当月监测的应税大气污染物、水污染物浓度值的平均值。

依照环境保护税法第十三条的规定减征环境保护税的，前款规定的应税大气污染物浓度值的小时平均值或者应税水污染物浓度值的日平均值，以及监测机构当月每次监测的应税大气污染物、水污染物的浓度值，均不得超过国家和地方规定的污染物排放标准。

**第十一条** 依照环境保护税法第十三条的规定减征环境保护税的，应当对每一排放口排放的不同应税污染物分别计算。

## 第四章 征收管理

**第十二条** 税务机关依法履行环境保护税纳税申报受理、涉税信息比对、组织税款入库等职责。

环境保护主管部门依法负责应税污染物监测管理，制定和完善污染物监测规范。

**第十三条** 县级以上地方人民政府应当加强对环境保护税征收管理工作的领导，及时协调、解决环境保护税征收管理工作中的重大问题。

**第十四条** 国务院税务、环境保护主管部门制定涉税信息共享平台技术标准以及数据采集、存储、传输、查询和使用规范。

**第十五条** 环境保护主管部门应当通过涉税信息共享平台向税务机关交送在环境保护监督管理中获取的下列信息：

（一）排污单位的名称、统一社会信用代码以及污染物排放口、排放污染物种类等基本信息；

（二）排污单位的污染物排放数据（包括污染物排放量以及大气污染物、水污染物的浓度值等数据）；

（三）排污单位环境违法和受行政处罚情况；

（四）对税务机关提请复核的纳税人的纳税申报数据资料异常或者纳税人未按照规定期限办理纳税申报的复核意见；

（五）与税务机关商定交送的其他信息。

**第十六条** 税务机关应当通过涉税信息共享平台向环境保护主管部门交送下列环境保护税涉税信息：

（一）纳税人基本信息；

（二）纳税申报信息；

（三）税款入库、减免税额、欠缴税款以及风险疑点等信息；

（四）纳税人涉税违法和受行政处罚情况；

（五）纳税人的纳税申报数据资料异常或者纳税人未按照规定期限办理纳税申报的信息；

（六）与环境保护主管部门商定交送的其他信息。

**第十七条** 环境保护税法第十七条所称应税污染物排放地是指：

（一）应税大气污染物、水污染物排放口所在地；

（二）应税固体废物产生地；

（三）应税噪声产生地。

**第十八条** 纳税人跨区域排放应税污染物，税务机关对税收征收管辖有争议的，由争议各方按照有利于征收管理的原则协商解决；不能协商一致的，报请共同的上级税务机关决定。

**第十九条** 税务机关应当依据环境保护主管部门交送的排污单位信息进行纳税人识别。

在环境保护主管部门交送的排污单位信息中没有对应信息的纳税人，由税务机关在纳税人首次办理环境保护税纳税申报时进行纳税人识别，并将相关信息交送环境保护主管部门。

**第二十条** 环境保护主管部门发现纳税人申报的应税污染物排放信息或者适用的排污系数、物料衡算方法有误的，应当通知税务机关处理。

**第二十一条** 纳税人申报的污染物排放数据与环境保护主管部门交送的相关数据不一致的，按照环境保护主管部门交送的数据确定应税污染物的计税依据。

**第二十二条** 环境保护税法第二十条第二款所称纳税人的纳税申报数据资料异常，包括但不限于下列情形：

（一）纳税人当期申报的应税污染物排放量与上一年同期相比明显偏低，且无正当理由；

（二）纳税人单位产品污染物排放量与同类型纳税人相比明显偏低，且无正当理由。

**第二十三条** 税务机关、环境保护主管部门应当无偿为纳税人提供与缴纳环境保护税有关的辅导、培训和咨询服务。

**第二十四条** 税务机关依法实施环境保护税的税务检查，环境保护主管部门予以配合。

**第二十五条** 纳税人应当按照税收征收管理的有关规定，妥善保管应税污染物监测和管理的有关资料。

## 第五章 附 则

**第二十六条** 本条例自2018年1月1日起施行。2003年1月2日国务院公布的《排污费征收使用管理条例》同时废止。

# 财政部、税务总局、生态环境部关于环境保护税有关问题的通知①

*1. 2018年3月30日发布*

*2. 财税〔2018〕23号*

各省、自治区、直辖市、计划单列市财政厅（局）、国家税务局、地方税务局、环境保护厅（局）：

根据《中华人民共和国环境保护税法》及其实施条例的规定，现就环境保护税征收有关问题通知如下：

**一、关于应税大气污染物和水污染物排放量的监测计算问题**

纳税人委托监测机构对应税大气污染物和水污染物排放量进行监测时，其当月同一个排放口排放的同一种污染物有多个监测数据的，应税大气污染物按照监测数据的平均值计算应税污染物的排放量；应税水污染物按照监测数据以流量为权的加权平均值计算应税污染物的排放量。在环境保护主管部门规定的监测时限内当月无监测数据的，可以跨月沿用最近一次的监测数据计算应税污染物排放量。纳入排污许可管理行业的纳税人，其应税污染物排放量的监测计算方法按照排污许可管理要求执行。

因排放污染物种类多等原因不具备监测条件的，纳税人应当按照《关于发布计算污染物排放量的排污系数和物料衡算方法的公告》（原环境保护部公告2017年第81号）的规定计算应税污染物排放量。其中，相关行业适用的排污系数方法中产排污系数为区间值的，纳税人结合实际情况确定具体适用的产排污系数值；纳入排污许可管理行业的纳税人按照排污许可证的规定确定。生态环境部尚未规定适用排污系数、物料衡算方法的，暂由纳税人参照缴纳排污费时依据的排污系数、物料衡算方法及抽样测算方法计算应税污染物的排放量。

**二、关于应税水污染物污染当量数的计算问题**

应税水污染物的污染当量数，以该污染物的排放量除以该污染物的污染当量值计算。其中，色度的污染当量数，以污水排放量乘以色度超标倍数再除以适用的污染当量值计算。畜禽养殖业水污染物的污染当量数，以该畜禽养殖场的月均存栏量除以适用的污染当量值计算。畜禽养殖场的月均存栏量按照月初存栏量和月末存栏量的平均数计算。

**三、关于应税固体废物排放量计算和纳税申报问题**

应税固体废物的排放量为当期应税固体废物的产生量减去当期应税固体废物贮存量、处置量、综合利用量的余额。纳税人应当准确计量应税固体废物的贮存量、处置量和综合利用量，未准确计量的，不得从其应税固体废物的产生量中减去。纳税人依法将应税固体废物转移至其他单位和个人进行贮存、处置或者综合利用的，固体废物的转移量相应计入其当期应税固体废物的贮存量、处置量或者综合利用量；纳税人接收的应税固体废物转移量，不计入其当期应税固体废物的产生量。纳税人对应税固体废物进行综合利用的，应当符合工业和信息化部制定的工业固体废物综合利用评价管理规范。

纳税人申报纳税时，应当向税务机关报送应税固体废物的产生量、贮存量、处置量和综合利用量，同时报送能够证明固体废物流向和数量的纳税资料，包括固体废物处置利用委托合同、受委托方资质证明、固体废物转移联单、危险废物管理台账复印件等。有关纳税资料已在环境保护税基础信息采集表中采集且未发生变化的，纳税人不再报送。纳税人应当参照危险废物台账管理要求，建立其他应税固体废物管理台账，如实记录产生固体废物的种类、数量、流向以及贮存、处置、综合利用、接收转入等信息，并将应税固体废物管理台账和相关资料留存备查。

---

① 第一条第二款已被2021年4月28日生态环境部、财政部、国家税务总局公告2021年第16号《关于发布计算环境保护税应税污染物排放量的排污系数和物料衡算方法的公告》废止。——编者注

四、关于应税噪声应纳税额的计算问题

应税噪声的应纳税额为超过国家规定标准分贝数对应的具体适用税额。噪声超标分贝数不是整数值的,按四舍五入取整。一个单位的同一监测点当月有多个监测数据超标的,以最高一次超标声级计算应纳税额。声源一个月内累计昼间超标不足15昼或者累计夜间超标不足15夜的,分别减半计算应纳税额。

## 财政部、税务总局、生态环境部关于明确环境保护税应税污染物适用等有关问题的通知

*1. 2018年10月25日发布*

*2. 财税〔2018〕117号*

各省、自治区、直辖市、计划单列市财政厅(局)、环境保护厅(局),国家税务总局各省、自治区、直辖市、计划单列市税务局,新疆生产建设兵团财政局、环境保护局:

为保障《中华人民共和国环境保护税法》及其实施条例有效实施,现就环境保护税征收有关问题通知如下:

一、关于应税污染物适用问题

燃烧产生废气中的颗粒物,按照烟尘征收环境保护税。排放的扬尘、工业粉尘等颗粒物,除可以确定为烟尘、石棉尘、玻璃棉尘、炭黑尘的外,按照一般性粉尘征收环境保护税。

二、关于税收减免适用问题

依法设立的生活垃圾焚烧发电厂、生活垃圾填埋场、生活垃圾堆肥厂,属于生活垃圾集中处理场所,其排放应税污染物不超过国家和地方规定的排放标准的,依法予以免征环境保护税。纳税人任何一个排放口排放应税大气污染物、水污染物的浓度值,以及没有排放口排放应税大气污染物的浓度值,超过国家和地方规定的污染物排放标准的,依法不予减征环境保护税。

三、关于应税污染物排放量的监测计算问题

(一)纳税人按照规定须安装污染物自动监测设备并与生态环境主管部门联网的,当自动监测设备发生故障、设备维护、启停炉、停运等状态时,应当按照相关法律法规和《固定污染源烟气($SO_2$、NOx、颗粒物)排放连续监测技术规范》(HJ 75－2017)、《水污染源在线监测系统数据有效性判别技术规范》(HJ/T 356－2007)等规定,对数据状态进行标记,以及对数据缺失、无效时段的污染物排放量进行修约和替代处理,并按标记、处理后的自动监测数据计算应税污染物排放量。相关纳税人当月不能提供符合国家规定和监测规范的自动监测数据的,应当按照排污系数、物料衡算方法计算应税污染物排放量。纳入排污许可管理行业的纳税人,其应税污染物排放量的监测计算方法按照排污许可管理要求执行。

纳税人主动安装使用符合国家规定和监测规范的污染物自动监测设备,但未与生态环境主管部门联网的,可以按照自动监测数据计算应税污染物排放量;不能提供符合国家规定和监测规范的自动监测数据的,应当按照监测机构出具的符合监测规范的监测数据或者排污系数、物料衡算方法计算应税污染物排放量。

(二)纳税人委托监测机构监测应税污染物排放量的,应当按照国家有关规定制定监测方案,并将监测数据资料及时报送生态环境主管部门。监测机构实施的监测项目、方法、时限和频次应当符合国家有关规定和监测规范要求。监测机构出具的监测报告应当包括应税水污染物种类、浓度值和污水流量;应税大气污染物种类、浓度值、排放速率和烟气量;执行的污染物排放标准和排放浓度限值等信息。监测机构对监测数据的真实性、合法性负责,凡发现监测数据弄虚作假的,依照相关法律法规的规定追究法律责任。

纳税人采用委托监测方式,在规定监测时限内当月无监测数据的,可以沿用最近一次的监测数据计算应税污染物排放量,但不得跨季度沿用监测数据。纳税人采用监测机构出具的监测数据申报减免环境保护税的,应当取得申报当月的监测数据;当月无监测数据的,不予减免环境保护税。有关污染物监测浓度值低于生态环境主管部门规定的污染物检出限的,除有特殊管理要求外,视同该污染物排放量为零。生态环境主管部门、计量主管部门发现委托监测数据失真或者弄虚作假的,税务机关应当按照同一纳税期内的监督性监测数据或者排污系数、物料衡算方法计算应税污染物排放量。

(三)在建筑施工、货物装卸和堆存过程中无组织排放应税大气污染物的,按照生态环境部规定的排污系数、物料衡算方法计算应税污染物排放量;不能按照生态环境部规定的排污系数、物料衡算方法计算的,按照省、自治区、直辖市生态环境主管部门规定的抽样测算的方法核定计算应税污染物排放量。

(四)纳税人因环境违法行为受到行政处罚的,应

当依据相关法律法规和处罚信息计算违法行为所属期的应税污染物排放量。生态环境主管部门发现纳税人申报信息有误的，应当通知税务机关处理。

**四、关于环境保护税征管协作配合问题**

各级税务、生态环境主管部门要加快建设和完善涉税信息共享平台，进一步规范涉税信息交换的数据项、交换频率和数据格式，并提高涉税信息交换的及时性、准确性，保障环境保护税征管工作运转顺畅。

## ⑨教育费附加

### 征收教育费附加的暂行规定

*1. 1986年7月1日国务院公布*

*2. 国发〔1986〕50号*

*3. 根据1990年6月7日国务院令第60号《关于修改〈征收教育费附加的暂行规定〉的决定》第一次修订*

*4. 根据2005年8月20日国务院令第448号《关于修改〈征收教育费附加的暂行规定〉的决定》第二次修订*

*5. 根据2011年1月8日国务院令第588号《关于废止和修改部分行政法规的决定》第三次修订*

**第一条**　为贯彻落实《中共中央关于教育体制改革的决定》，加快发展地方教育事业，扩大地方教育经费的资金来源，特制定本规定。

**第二条**　凡缴纳消费税、增值税、营业税的单位和个人，除按照《国务院关于筹措农村学校办学经费的通知》（国发〔1984〕174号文）的规定，缴纳农村教育事业费附加的单位外，都应当依照本规定缴纳教育费附加。

**第三条**　教育费附加，以各单位和个人实际缴纳的增值税、营业税、消费税的税额为计征依据，教育费附加率为3%，分别与增值税、营业税、消费税同时缴纳。

除国务院另有规定者外，任何地区、部门不得擅自提高或者降低教育费附加率。

**第四条**　依照现行有关规定，除铁道、人民银行、专业银行和保险总公司等汇总缴纳营业税的单位集中向指定的银行缴款外，其余的单位和个人，向其所在地银行缴款。

**第五条**　教育费附加由税务机关负责征收，各级银行要为同级教育部门设立教育费附加专户。

**第六条**　教育费附加的征收管理，按照消费税、增值税、营业税的有关规定办理。

**第七条**　企业缴纳的教育费附加，一律在销售收入（或营业收入）中支付。

**第八条**　地方征收的教育费附加，按专项资金管理，由教育部门统筹安排，提出分配方案，商同级财政部门同意后，用于改善中小学教学设施和办学条件，不得用于职工福利和发放奖金。

铁道、人民银行、专业银行和保险总公司等汇总缴纳营业税的单位集中缴纳的教育费附加，由国家教育委员会按年度提出分配方案，商财政部同意后，用于基础教育的薄弱环节。

地方征收的教育费附加，主要留归当地安排使用。省、自治区、直辖市可根据各地征收教育费附加的实际情况，适当提取一部分数额，用于地区之间的调剂、平衡。

**第九条**　地方各级教育部门每年应定期向当地人民政府、上级主管部门和财政部门，报告教育费附加的收支情况。

**第十条**　凡办有职工子弟学校的单位，应当先按本规定缴纳教育费附加；教育部门可根据它们办学的情况酌情返还给办学单位，作为对所办学校经费的补贴。办学单位不得借口缴纳教育费附加而撤并学校，或者缩小办学规模。

**第十一条**　征收教育费附加以后，地方各级教育部门和学校，不准以任何名目向学生家长和单位集资，或者变相集资，不准以任何借口不让学生入学。

对违反前款规定者，其上级教育部门要予以制止，直接责任人员要给予行政处分。单位和个人有权拒缴。

**第十二条**　本规定由财政部负责解释。各省、自治区、直辖市人民政府可结合当地实际情况制定实施办法。

**第十三条**　本规定从1986年7月1日起施行。

### 国家税务总局关于国家税务局代地方税务局征收城市维护建设税和教育费附加票据使用问题的通知

*1. 2006年8月29日发布*

*2. 国税函〔2006〕815号*

各省、自治区、直辖市和计划单列市国家税务局、地方税务局：

《国家税务总局关于加强国家税务局 地方税务局协作的意见》（国税发〔2004〕4号）和《国家税务总局关于国家税务局为小规模纳税人代开发票及税款征收有关问题的通知》（国税发〔2005〕18号）下发后，一些地方在执行过程中反映，由于城市维护建设税和教育费附加属于地税局的征收管理范围,因此,国税局受地税局委托,为地税局代征城市维护建设税和教育费附加时,应当使用地税局的征收票据。为有利于国地税密切协作,加强税源管理,经研究,现将国税局代地税局征收税款的票据使用有关问题明确如下:

国税局代地税局征收城市维护建设税和教育费附加,应当使用地税局征收票据;如经当地国、地税局协商一致,也可以使用国税局票据。使用地税局征收票据的,由主管地税局负责有关收入对账、会计核算和汇总上报工作,主管国税局应当建立代征税款备查账,逐笔、序时、分项目登记代地税局征收的城市维护建设税和教育费附加;使用国税局征收票据的,由主管国税局负责有关收入对账、会计核算和汇总上报工作。

国税局为小规模纳税人代开发票时代地税局征收城市维护建设税和教育费附加,有利于加强源泉控管,堵塞征管漏洞,提高依法治税水平,是贯彻税收科学化、精细化管理要求的一项重要举措。国税局、地税局双方应当本着"依法协作、优化服务、强化监管、信息共享"的原则,进一步加强沟通与协调,努力减少漏征漏管,提高纳税服务水平。国税局代征税款使用地税局征收票据的,主管地税局应当积极采取措施,为主管国税局票据领用、票款结报缴销等工作提供便利;主管国税局应做好相关基础工作,提高服务水平,方便纳税人办税。

国税发〔2005〕18 号文件中的有关规定与本通知不符的,以本通知为准。

特此通知。

## 财政部、国家税务总局关于增值税营业税消费税实行先征后返等办法有关城建税和教育费附加政策的通知

*1. 2005 年 5 月 25 日发布*
*2. 财税〔2005〕72 号*

各省、自治区、直辖市、计划单列市财政厅(局)、地方税务局,财政部驻各省、自治区、直辖市、计划单列市财政监察专员办事处:

经研究,现对增值税、营业税、消费税(以下简称"三税")实行先征后返、先征后退、即征即退办法有关的城市维护建设税和教育费附加政策问题明确如下:

对"三税"实行先征后返、先征后退、即征即退办法的,除另有规定外,对随"三税"附征的城市维护建设税和教育费附加,一律不予退(返)还。

## 财政部、国家税务总局关于生产企业出口货物实行免抵退税办法后有关城市维护建设税、教育费附加政策的通知

*1. 2005 年 2 月 25 日发布*
*2. 财税〔2005〕25 号*
*3. 自 2005 年 1 月 1 日起施行*

各省、自治区、直辖市、计划单列市财政厅(局)、地方税务局,新疆生产建设兵团财务局:

经国务院批准,现就生产企业出口货物全面实行免抵退税办法后,城市维护建设税、教育费附加的政策明确如下:

一、经国家税务局正式审核批准的当期免抵的增值税税额应纳入城市维护建设税和教育费附加的计征范围,分别按规定的税(费)率征收城市维护建设税和教育费附加。

二、2005 年 1 月 1 日前,已按免抵的增值税税额征收的城市维护建设税和教育费附加不再退还,未征的不再补征。

三、本通知自 2005 年 1 月 1 日起执行。

请遵照执行。

### (6)涉税案件处理

#### ①税务行政案件

## 偷税案件行政处罚标准(试行)

*1. 2000 年 2 月 22 日国家税务总局发布*
*2. 国税稽函〔2000〕10 号*

**第一条**　为了规范偷税案件行政处罚的实施,维护纳税秩序和国家利益,保护纳税人、扣缴义务人的合法权益,根据《中华人民共和国税收征收管理法》(以下简称《税收征收管理法》)及有关规定,制定本标准。

**第二条**　本标准规定的行政处罚,适用于调查终结并依照《税收征收管理法》及其他法律、行政法规确定为偷税的案件。

**第三条**　对偷税案件的行政处罚,应当根据违法的事实、性质、情节以及危害程度,依照法律、行政法规和本标

准的有关规定作出决定,并坚持处罚与教育相结合的原则。

**第四条** 纳税人采取擅自销毁或者隐匿账簿、会计凭证的手段进行偷税的,处以偷税数额2倍以上5倍以下的罚款。

**第五条** 纳税人偷税有下列情形之一的,处以偷税数额1倍以上3倍以下的罚款:

(一)伪造、变造账簿、会计凭证的;

(二)不按照规定取得、开具发票的;

(三)账外经营或者利用虚假合同、协议隐瞒应税收入、项目的。

**第六条** 纳税人偷税有下列情形之一的,处以偷税数额0.5倍以上2.5倍以下的罚款:

(一)虚列成本费用减少应纳税所得额的;

(二)骗取减免税款或者先征后退税款等税收优惠的。

**第七条** 纳税人偷税有下列情形之一的,处以偷税数额0.5倍以上1.5倍以下的罚款:

(一)实现应税收入、项目不按照规定正确入账且不如实进行纳税申报的;

(二)销售收入或者视同销售的收入不按照规定计提销项税金的;

(三)将规定不得抵扣的进项税额申报抵扣或者不按照规定从进项税额中转出的;

(四)超标准列支或者不能税前列支的项目不按照规定申报调增应纳税所得额的;

(五)境内外投资收益不按照规定申报补税的;

(六)应税收入、项目擅自从低适用税率的;

(七)减免、返还的流转税款不按照规定并入应纳税所得额的。

**第八条** 纳税人偷税有本标准未列举的其他情形的,处以偷税数额0.5倍以下的罚款。法律、行政法规和国家税务总局另有规定的,从其规定。

**第九条** 纳税人实施两种以上偷税行为的,应当根据各偷税数额依照本标准规定的相应档次分别确定处罚数额。

纳税人同一偷税行为涉及本标准规定两种以上情形的,依照较高档次确定处罚。

**第十条** 扣缴义务人采取偷税手段,不缴或者少缴已扣、已收税款的,依照本标准有关规定处罚。

扣缴义务人采取偷税手段,不缴或者少缴已经承诺代行支付的税款的,依照本标准有关规定处罚。

**第十一条** 纳税人、扣缴义务人初次实施偷税行为,但能够积极配合税务机关调查并及时补缴所偷税款及滞纳金的,应当根据其偷税手段依照本标准规定的相应档次最低限处罚。

**第十二条** 纳税人、扣缴义务人偷税有下列情形之一的,应当在本标准规定的相应档次以内从重处罚:

(一)因偷税被处罚又采取同样的手段进行偷税的;

(二)妨碍追查,干扰检查,拒绝提供情况,或者故意提供虚假情况,或者阻挠他人提供情况的;

(三)为逃避追缴税款、滞纳金而转移、隐匿资金、货物及其他财产的。

偷税手段特别恶劣,情节特别严重,给国家利益造成特别重大损失的,经省以上税务局稽查局批准,可以在本标准规定的相应档次以上加重处罚,但不得超过《税收征收管理法》及其他法律、行政法规规定的最高处罚限度。

**第十三条** 本标准自印发之日起施行。本标准印发之前尚未处理的偷税案件,适用本标准。

## 重大税务案件审理办法

*1. 2014年12月2日国家税务总局令第34号公布*
*2. 根据2021年6月7日国家税务总局令第51号《关于修改〈重大税务案件审理办法〉的决定》修正*

### 第一章 总 则

**第一条** 为贯彻落实中共中央办公厅、国务院办公厅印发的《关于进一步深化税收征管改革的意见》,推进税务机关科学民主决策,强化内部权力制约,优化税务执法方式,严格规范执法行为,推进科学精确执法,保护纳税人缴费人等税务行政相对人合法权益,根据《中华人民共和国行政处罚法》《中华人民共和国税收征收管理法》,制定本办法。

**第二条** 省以下各级税务局开展重大税务案件审理工作适用本办法。

**第三条** 重大税务案件审理应当以事实为根据、以法律为准绳,遵循合法、合理、公平、公正、效率的原则,注重法律效果和社会效果相统一。

**第四条** 参与重大税务案件审理的人员应当严格遵守国家保密规定和工作纪律,依法为纳税人缴费人等税务行政相对人的商业秘密、个人隐私和个人信息保密。

### 第二章 审理机构和职责

**第五条** 省以下各级税务局设立重大税务案件审理委员

会(以下简称审理委员会)。

审理委员会由主任、副主任和成员单位组成,实行主任负责制。

审理委员会主任由税务局局长担任,副主任由税务局其他领导担任。审理委员会成员单位包括政策法规、税政业务、纳税服务、征管科技、大企业税收管理、税务稽查、督察内审部门。各级税务局可以根据实际需要,增加其他与案件审理有关的部门作为成员单位。

**第六条**　审理委员会履行下列职责:

(一)拟定本机关审理委员会工作规程、议事规则等制度;

(二)审理重大税务案件;

(三)指导监督下级税务局重大税务案件审理工作。

**第七条**　审理委员会下设办公室,办公室设在政策法规部门,办公室主任由政策法规部门负责人兼任。

**第八条**　审理委员会办公室履行下列职责:

(一)组织实施重大税务案件审理工作;

(二)提出初审意见;

(三)制作审理会议纪要和审理意见书;

(四)办理重大税务案件审理工作的统计、报告、案卷归档;

(五)承担审理委员会交办的其他工作。

**第九条**　审理委员会成员单位根据部门职责参加案件审理,提出审理意见。

稽查局负责提交重大税务案件证据材料、拟作税务处理处罚意见、举行听证。

稽查局对其提交的案件材料的真实性、合法性、准确性负责。

**第十条**　参与重大税务案件审理的人员有法律法规规定的回避情形的,应当回避。

重大税务案件审理参与人员的回避,由其所在部门的负责人决定;审理委员会成员单位负责人的回避,由审理委员会主任或其授权的副主任决定。

## 第三章　审 理 范 围

**第十一条**　本办法所称重大税务案件包括:

(一)重大税务行政处罚案件,具体标准由各省、自治区、直辖市和计划单列市税务局根据本地情况自行制定,报国家税务总局备案;

(二)根据《重大税收违法案件督办管理暂行办法》督办的案件;

(三)应监察、司法机关要求出具认定意见的案件;

(四)拟移送公安机关处理的案件;

(五)审理委员会成员单位认为案情重大、复杂,需要审理的案件;

(六)其他需要审理委员会审理的案件。

有下列情形之一的案件,不属于重大税务案件审理范围:

(一)公安机关已就税收违法行为立案的;

(二)公安机关尚未就税收违法行为立案,但被查对象为走逃(失联)企业,并且涉嫌犯罪的;

(三)国家税务总局规定的其他情形。

**第十二条**　本办法第十一条第一款第三项规定的案件经审理委员会审理后,应当将拟处理意见报上一级税务局审理委员会备案。备案5日后可以作出决定。

**第十三条**　稽查局应当在每季度终了后5日内将稽查案件审理情况备案表送审理委员会办公室备案。

## 第四章　提请和受理

**第十四条**　稽查局应当在内部审理程序终结后5日内,将重大税务案件提请审理委员会审理。

当事人按照法律、法规、规章有关规定要求听证的,由稽查局组织听证。

**第十五条**　稽查局提请审理委员会审理案件,应当提交以下案件材料:

(一)重大税务案件审理案卷交接单;

(二)重大税务案件审理提请书;

(三)税务稽查报告;

(四)税务稽查审理报告;

(五)听证材料;

(六)相关证据材料。

重大税务案件审理提请书应当写明拟处理意见,所认定的案件事实应当标明证据指向。

证据材料应当制作证据目录。

稽查局应当完整移交证据目录所列全部证据材料,不能当场移交的应当注明存放地点。

**第十六条**　审理委员会办公室收到稽查局提请审理的案件材料后,应当在重大税务案件审理案卷交接单上注明接收部门和收到日期,并由接收人签名。

对于证据目录中列举的不能当场移交的证据材料,必要时,接收人在签收前可以到证据存放地点现场查验。

**第十七条**　审理委员会办公室收到稽查局提请审理的案件材料后,应当在5日内进行审核。

根据审核结果,审理委员会办公室提出处理意见,报审理委员会主任或其授权的副主任批准:

（一）提请审理的案件属于本办法规定的审理范围，提交了本办法第十五条规定的材料的，建议受理；

（二）提请审理的案件属于本办法规定的审理范围，但未按照本办法第十五条的规定提交相关材料的，建议补正材料；

（三）提请审理的案件不属于本办法规定的审理范围的，建议不予受理。

## 第五章 审理程序

### 第一节 一般规定

**第十八条** 重大税务案件应当自批准受理之日起30日内作出审理决定，不能在规定期限内作出审理决定的，经审理委员会主任或其授权的副主任批准，可以适当延长，但延长期限最多不超过15日。

补充调查、请示上级机关或征求有权机关意见、拟处理意见报上一级税务局审理委员会备案的时间不计入审理期限。

**第十九条** 审理委员会审理重大税务案件，应当重点审查：

（一）案件事实是否清楚；

（二）证据是否充分、确凿；

（三）执法程序是否合法；

（四）适用法律是否正确；

（五）案件定性是否准确；

（六）拟处理意见是否合法适当。

**第二十条** 审理委员会成员单位应当认真履行职责，根据本办法第十九条的规定提出审理意见，所出具的审理意见应当详细阐述理由、列明法律依据。

审理委员会成员单位审理案件，可以到审理委员会办公室或证据存放地查阅案卷材料，向稽查局了解案件有关情况。

**第二十一条** 重大税务案件审理采取书面审理和会议审理相结合的方式。

### 第二节 书面审理

**第二十二条** 审理委员会办公室自批准受理重大税务案件之日起5日内，将重大税务案件审理提请书及必要的案件材料分送审理委员会成员单位。

**第二十三条** 审理委员会成员单位自收到审理委员会办公室分送的案件材料之日起10日内，提出书面审理意见送审理委员会办公室。

**第二十四条** 审理委员会成员单位认为案件事实不清、证据不足，需要补充调查的，应当在书面审理意见中列明需要补充调查的问题并说明理由。

审理委员会办公室应当召集提请补充调查的成员单位和稽查局进行协调，确需补充调查的，由审理委员会办公室报审理委员会主任或其授权的副主任批准，将案件材料退回稽查局补充调查。

**第二十五条** 稽查局补充调查不应超过30日，有特殊情况的，经稽查局局长批准可以适当延长，但延长期限最多不超过30日。

稽查局完成补充调查后，应当按照本办法第十五条、第十六条的规定重新提交案件材料、办理交接手续。

稽查局不能在规定期限内完成补充调查的，或者补充调查后仍然事实不清、证据不足的，由审理委员会办公室报请审理委员会主任或其授权的副主任批准，终止审理。

**第二十六条** 审理过程中，稽查局发现本办法第十一条第二款规定情形的，书面告知审理委员会办公室。审理委员会办公室报请审理委员会主任或其授权的副主任批准，可以终止审理。

**第二十七条** 审理委员会成员单位认为案件事实清楚、证据确凿，但法律依据不明确或者需要处理的相关事项超出本机关权限的，按规定程序请示上级税务机关或者征求有权机关意见。

**第二十八条** 审理委员会成员单位书面审理意见一致，或者经审理委员会办公室协调后达成一致意见的，由审理委员会办公室起草审理意见书，报审理委员会主任批准。

### 第三节 会议审理

**第二十九条** 审理委员会成员单位书面审理意见存在较大分歧，经审理委员会办公室协调仍不能达成一致意见的，由审理委员会办公室向审理委员会主任或其授权的副主任报告，提请审理委员会会议审理。

**第三十条** 审理委员会办公室提请会议审理的报告，应当说明成员单位意见分歧、审理委员会办公室协调情况和初审意见。

审理委员会办公室应当将会议审理时间和地点提前通知审理委员会主任、副主任和成员单位，并分送案件材料。

**第三十一条** 成员单位应当派员参加会议，三分之二以上成员单位到会方可开会。审理委员会办公室以及其他与案件相关的成员单位应当出席会议。

案件调查人员、审理委员会办公室承办人员应当列席会议。必要时，审理委员会可要求调查对象所在地主管税务机关参加会议。

**第三十二条** 审理委员会会议由审理委员会主任或其授

权的副主任主持。首先由稽查局汇报案情及拟处理意见。审理委员会办公室汇报初审意见后，各成员单位发表意见并陈述理由。

审理委员会办公室应当做好会议记录。

**第三十三条**　经审理委员会会议审理，根据不同情况，作出以下处理：

（一）案件事实清楚、证据确凿、程序合法、法律依据明确的，依法确定审理意见；

（二）案件事实不清、证据不足的，由稽查局对案件重新调查；

（三）案件执法程序违法的，由稽查局对案件重新处理；

（四）案件适用法律依据不明确，或者需要处理的有关事项超出本机关权限的，按规定程序请示上级机关或征求有权机关的意见。

**第三十四条**　审理委员会办公室根据会议审理情况制作审理纪要和审理意见书。

审理纪要由审理委员会主任或其授权的副主任签发。会议参加人员有保留意见或者特殊声明的，应当在审理纪要中载明。

审理意见书由审理委员会主任签发。

## 第六章　执行和监督

**第三十五条**　稽查局应当按照重大税务案件审理意见书制作税务处理处罚决定等相关文书，加盖稽查局印章后送达执行。

文书送达后5日内，由稽查局送审理委员会办公室备案。

**第三十六条**　重大税务案件审理程序终结后，审理委员会办公室应当将相关证据材料退回稽查局。

**第三十七条**　各级税务局督察内审部门应当加强对重大税务案件审理工作的监督。

**第三十八条**　审理委员会办公室应当加强重大税务案件审理案卷的归档管理，按照受理案件的顺序统一编号，做到一案一卷、资料齐全、卷面整洁、装订整齐。

需要归档的重大税务案件审理案卷包括税务稽查报告、税务稽查审理报告以及有关文书。

**第三十九条**　各省、自治区、直辖市和计划单列市税务局应当于每年1月31日之前，将本辖区上年度重大税务案件审理工作开展情况和重大税务案件审理统计表报送国家税务总局。

## 第七章　附　　则

**第四十条**　各级税务局办理的其他案件，需要移送审理委员会审理的，参照本办法执行。特别纳税调整案件按照有关规定执行。

**第四十一条**　各级税务局在重大税务案件审理工作中可以使用重大税务案件审理专用章。

**第四十二条**　本办法规定期限的最后一日为法定休假日的，以休假日期满的次日为期限的最后一日；在期限内有连续3日以上法定休假日的，按休假日天数顺延。

本办法有关“5日”的规定指工作日，不包括法定休假日。

**第四十三条**　各级税务局应当按照国家税务总局的规划和要求，积极推动重大税务案件审理信息化建设。

**第四十四条**　各级税务局应当加大对重大税务案件审理工作的基础投入，保障审理人员和经费，配备办案所需的录音录像、文字处理、通讯等设备，推进重大税务案件审理规范化建设。

**第四十五条**　各省、自治区、直辖市和计划单列市税务局可以依照本办法制定具体实施办法。

**第四十六条**　本办法自2015年2月1日起施行。《国家税务总局关于印发〈重大税务案件审理办法（试行）〉的通知》（国税发〔2001〕21号）同时废止。

# 欠税公告办法（试行）

*1. 2004年10月10日国家税务总局令第9号公布*

*2. 根据2018年6月15日国家税务总局令第44号《关于修改部分税务部门规章的决定》修正*

**第一条**　为了规范税务机关的欠税公告行为，督促纳税人自觉缴纳欠税，防止新的欠税的发生，保证国家税款的及时足额入库，根据《中华人民共和国税收征收管理法》（以下简称《税收征管法》）及其实施细则的规定，制定本办法。

**第二条**　本办法所称公告机关为县以上（含县）税务局。

**第三条**　本办法所称欠税是指纳税人超过税收法律、行政法规规定的期限或者纳税人超过税务机关依照税收法律、行政法规规定确定的纳税期限（以下简称税款缴纳期限）未缴纳的税款，包括：

（一）办理纳税申报后，纳税人未在税款缴纳期限内缴纳的税款；

（二）经批准延期缴纳的税款期限已满，纳税人未在税款缴纳期限内缴纳的税款；

（三）税务检查已查定纳税人的应补税额，纳税人未在税款缴纳期限内缴纳的税款；

（四）税务机关根据《税收征管法》第二十七条、第三十五条核定纳税人的应纳税额，纳税人未在税款缴纳期限内缴纳的税款；

（五）纳税人的其他未在税款缴纳期限内缴纳的税款。

税务机关对前款规定的欠税数额应当及时核实。

本办法公告的欠税不包括滞纳金和罚款。

**第四条**　公告机关应当按期在办税场所或者广播、电视、报纸、期刊、网络等新闻媒体上公告纳税人的欠缴税款情况。

（一）企业或单位欠税的，每季公告一次；

（二）个体工商户和其他个人欠税的，每半年公告一次；

（三）走逃、失踪的纳税户以及其他经税务机关查无下落的非正常户欠税的，随时公告。

**第五条**　欠税公告内容如下：

（一）企业或单位欠税的，公告企业或单位的名称、纳税人识别号、法定代表人或负责人姓名、居民身份证或其他有效身份证件号码、经营地点、欠税税种、欠税余额和当期新发生的欠税金额；

（二）个体工商户欠税的，公告业户名称、业主姓名、纳税人识别号、居民身份证或其他有效身份证件号码、经营地点、欠税税种、欠税余额和当期新发生的欠税金额；

（三）个人（不含个体工商户）欠税的，公告其姓名、居民身份证或其他有效身份证件号码、欠税税种、欠税余额和当期新发生的欠税金额。

**第六条**　企业、单位纳税人欠缴税款200万元以下（不含200万元），个体工商户和其他个人欠缴税款10万元以下（不含10万元）的，由县级税务局（分局）在办税服务厅公告。

企业、单位纳税人欠缴税款200万元以上（含200万元），个体工商户和其他个人欠缴税款10万元以上（含10万元）的，由地（市）级税务局（分局）公告。

对走逃、失踪的纳税户以及其他经税务机关查无下落的纳税人欠税的，由各省、自治区、直辖市和计划单列市税务局公告。

**第七条**　对按本办法规定需要由上级公告机关公告的纳税人欠税信息，下级公告机关应及时上报。具体的时间和要求由各省、自治区、直辖市和计划单列市税务局确定。

**第八条**　公告机关在欠税公告前，应当深入细致地对纳税人欠税情况进行确认，重点要就欠税统计清单数据与纳税人分户台账记载数据、账簿记载书面数据与信息系统记录电子数据逐一进行核对，确保公告数据的真实、准确。

**第九条**　欠税一经确定，公告机关应当以正式文书的形式签发公告决定，向社会公告。

欠税公告的数额实行欠税余额和新增欠税相结合的办法，对纳税人的以下欠税，税务机关可不公告：

（一）已宣告破产，经法定清算后，依法注销其法人资格的企业欠税；

（二）被责令撤销、关闭，经法定清算后，被依法注销或吊销其法人资格的企业欠税；

（三）已经连续停止生产经营一年（按日历日期计算）以上的企业欠税；

（四）失踪两年以上的纳税人的欠税。

公告决定应当列为税收征管资料档案，妥善保存。

**第十条**　公告机关公告纳税人欠税情况不得超出本办法规定的范围，并应依照《税收征管法》及其实施细则的规定对纳税人的有关情况进行保密。

**第十一条**　欠税发生后，除依照本办法公告外，税务机关应当依法催缴并严格按日计算加收滞纳金，直至采取税收保全、税收强制执行措施清缴欠税。任何单位和个人不得以欠税公告代替税收保全、税收强制执行等法定措施的实施，干扰清缴欠税。各级公告机关应指定部门负责欠税公告工作，并明确其他有关职能部门的相关责任，加强欠税管理。

**第十二条**　公告机关应公告不公告或者应上报不上报，给国家税款造成损失的，上级税务机关除责令其改正外，应按《中华人民共和国公务员法》规定，对直接责任人员予以处理。

**第十三条**　扣缴义务人、纳税担保人的欠税公告参照本办法的规定执行。

**第十四条**　各省、自治区、直辖市和计划单列市税务局可以根据本办法制定具体实施细则。

**第十五条**　本办法由国家税务总局负责解释。

**第十六条**　本办法自2005年1月1日起施行。

## 税收违法违纪行为处分规定

*1. 2012年6月6日监察部、人力资源社会保障部、国家税务总局令第26号公布*

*2. 自2012年8月1日起施行*

**第一条**　为了加强税收征收管理，惩处税收违法违纪行为，促进税收法律法规的贯彻实施，根据《中华人民共和国税收征收管理法》、《中华人民共和国行政监察法》、《中华人民共和国公务员法》、《行政机关公务员处分条例》及其他有关法律、行政法规，制定本规定。

**第二条** 有税收违法违纪行为的单位，其负有责任的领导人员和直接责任人员，以及有税收违法违纪行为的个人，应当承担纪律责任。属于下列人员的（以下统称有关责任人员），由任免机关或者监察机关按照管理权限依法给予处分：

（一）行政机关公务员；

（二）法律、法规授权的具有公共事务管理职能的组织中从事公务的人员；

（三）行政机关依法委托从事公共事务管理活动的组织中从事公务的人员；

（四）企业、事业单位、社会团体中由行政机关任命的人员。

法律、行政法规、国务院决定和国务院监察机关、国务院人力资源社会保障部门制定的处分规章对税收违法违纪行为的处分另有规定的，从其规定。

**第三条** 税务机关及税务人员有下列行为之一的，对有关责任人员，给予警告或者记过处分；情节较重的，给予记大过或者降级处分；情节严重的，给予撤职处分：

（一）违反法定权限、条件和程序办理开业税务登记、变更税务登记或者注销税务登记的；

（二）违反规定发放、收缴税控专用设备的；

（三）违反规定开具完税凭证、罚没凭证的；

（四）违反法定程序为纳税人办理减税、免税、退税手续的。

**第四条** 税务机关及税务人员有下列行为之一的，对有关责任人员，给予记过或者记大过处分；情节较重的，给予降级或者撤职处分；情节严重的，给予开除处分：

（一）违反规定发售、保管、代开增值税专用发票以及其他发票，致使国家税收遭受损失或者造成其他不良影响的；

（二）违反规定核定应纳税额、调整税收定额，导致纳税人税负水平明显不合理的。

**第五条** 税务机关及税务人员有下列行为之一的，对有关责任人员，给予警告或者记过处分；情节较重的，给予记大过或者降级处分；情节严重的，给予撤职处分：

（一）违反规定采取税收保全、强制执行措施的；

（二）查封、扣押纳税人个人及其所扶养家属维持生活必需的住房和用品的。

**第六条** 税务机关及税务人员有下列行为之一的，对有关责任人员，给予记过或者记大过处分；情节较重的，给予降级或者撤职处分；情节严重的，给予开除处分：

（一）对管辖范围内的税收违法行为，发现后不予处理或者故意拖延查处，致使国家税收遭受损失的；

（二）徇私舞弊或者玩忽职守，不征或者少征应征税款，致使国家税收遭受损失的。

**第七条** 税务机关及税务人员违反规定要求纳税人、扣缴义务人委托税务代理，或者为其指定税务代理机构的，对有关责任人员，给予记过或者记大过处分；情节较重的，给予降级或者撤职处分；情节严重的，给予开除处分。

**第八条** 税务机关领导干部的近亲属在本人管辖的业务范围内从事与税收业务相关的中介活动，经劝阻其近亲属拒不退出或者本人不服从工作调整的，给予记过或者记大过处分；情节较重的，给予降级或者撤职处分；情节严重的，给予开除处分。

**第九条** 税务人员有下列行为之一的，对有关责任人员，给予记过或者记大过处分；情节较重的，给予降级或者撤职处分；情节严重的，给予开除处分：

（一）在履行职务过程中侵害公民、法人或者其他组织合法权益的；

（二）滥用职权，故意刁难纳税人、扣缴义务人的；

（三）对控告、检举税收违法违纪行为的纳税人、扣缴义务人以及其他检举人进行打击报复的。

**第十条** 税务机关及税务人员有下列行为之一的，对有关责任人员，给予记过或者记大过处分；情节较重的，给予降级或者撤职处分；情节严重的，给予开除处分：

（一）索取、接受或者以借为名占用纳税人、扣缴义务人财物的；

（二）以明显低于市场的价格向管辖范围内纳税人购买物品的；

（三）以明显高于市场的价格向管辖范围内纳税人出售物品的；

（四）利用职权向纳税人介绍经营业务，谋取不正当利益的；

（五）违反规定要求纳税人购买、使用指定的税控装置的。

**第十一条**　税务机关私分、挪用、截留、非法占有税款、滞纳金、罚款或者查封、扣押的财物以及纳税担保财物的，对有关责任人员，给予记大过处分；情节较重的，给予降级或者撤职处分；情节严重的，给予开除处分。

**第十二条**　税务机关及税务人员有下列行为之一的，对有关责任人员，给予记过或者记大过处分；情节较重的，给予降级或者撤职处分；情节严重的，给予开除处分：

（一）隐匿、毁损、伪造、变造税收违法案件证据的；

（二）提供虚假税务协查函件的；

（三）出具虚假涉税证明的。

**第十三条**　有下列行为之一的，对有关责任人员，给予警告或者记过处分；情节较重的，给予记大过或者降级处分；情节严重的，给予撤职处分：

（一）违反规定作出涉及税收优惠的资格认定、审批的；

（二）未按规定要求当事人出示税收完税凭证或者免税凭证而为其办理行政登记、许可、审批等事项的；

（三）违反规定办理纳税担保的；

（四）违反规定提前征收、延缓征收税款的。

**第十四条**　有下列行为之一的，对有关责任人员，给予记过或者记大过处分；情节较重的，给予降级或者撤职处分；情节严重的，给予开除处分：

（一）违反法律、行政法规的规定，摊派税款的；

（二）违反法律、行政法规的规定，擅自作出税收的开征、停征或者减税、免税、退税、补税以及其他同税收法律、行政法规相抵触的决定的。

**第十五条**　不依法履行代扣代缴、代收代缴税款义务，致使国家税款遭受损失的，对有关责任人员，给予记过或者记大过处分；情节较重的，给予降级或者撤职处分；情节严重的，给予开除处分。

**第十六条**　未经税务机关依法委托征收税款，或者虽经税务机关依法委托但未按照有关法律、行政法规的规定征收税款的，对有关责任人员，给予警告或者记过处分；情节较重的，给予记大过或者降级处分；情节严重的，给予撤职处分。

**第十七条**　有下列行为之一的，对有关责任人员，给予记大过处分；情节较重的，给予降级或者撤职处分；情节严重的，给予开除处分：

（一）违反规定为纳税人、扣缴义务人提供银行账户、发票、证明或者便利条件，导致未缴、少缴税款或者骗取国家出口退税款的；

（二）向纳税人、扣缴义务人通风报信、提供便利或者以其他形式帮助其逃避税务行政处罚的；

（三）逃避缴纳税款、抗税、逃避追缴欠税、骗取出口退税的；

（四）伪造、变造、非法买卖发票的；

（五）故意使用伪造、变造、非法买卖的发票，造成不良后果的。

税务人员有前款第（二）项所列行为的，从重处分。

**第十八条**　受到处分的人员对处分决定不服的，可以依照《中华人民共和国行政监察法》、《中华人民共和国公务员法》、《行政机关公务员处分条例》等有关规定申请复核或者申诉。

**第十九条**　任免机关、监察机关和税务行政主管部门建立案件移送制度。

任免机关、监察机关查处税收违法违纪案件，认为应当由税务行政主管部门予以处理的，应当及时将有关案件材料移送税务行政主管部门。税务行政主管部门应当依法及时查处，并将处理结果书面告知任免机关、监察机关。

税务行政主管部门查处税收管理违法案件，认为应当由任免机关或者监察机关给予处分的，应当及时将有关案件材料移送任免机关或者监察机关。任免机关或者监察机关应当依法及时查处，并将处理结果书面告知税务行政主管部门。

**第二十条**　有税收违法违纪行为，应当给予党纪处分的，移送党的纪律检查机关处理。涉嫌犯罪的，移送司法机关依法追究刑事责任。

**第二十一条**　有关税、船舶吨税及海关代征税收违法违纪行为的，按照法律、行政法规及有关处分规章的规定处理。

**第二十二条**　本规定由监察部、人力资源社会保障部和国家税务总局负责解释。

**第二十三条**　本规定自2012年8月1日起施行。

## 检举纳税人税收违法行为<br>奖励暂行办法

*1. 2007年1月13日国家税务总局、财政部令第18号公布*
*2. 自2007年3月1日起施行*

**第一条**　为了鼓励检举税收违法行为，根据《中华人民共和国税收征收管理法》及其实施细则有关规定，制定本办法。

**第二条** 本办法所称税收违法行为，是指纳税人、扣缴义务人的税收违法行为以及本办法列举的其他税收违法行为。

检举税收违法行为是单位和个人的自愿行为。

**第三条** 对单位和个人实名向税务机关检举税收违法行为并经查实的，税务机关根据其贡献大小依照本办法给予奖励。但有下列情形之一的，不予奖励：

（一）匿名检举税收违法行为，或者检举人无法证实其真实身份的；

（二）检举人不能提供税收违法行为线索，或者采取盗窃、欺诈或者法律、行政法规禁止的其他手段获取税收违法行为证据的；

（三）检举内容含糊不清、缺乏事实根据的；

（四）检举人提供的线索与税务机关查处的税收违法行为无关的；

（五）检举的税收违法行为税务机关已经发现或者正在查处的；

（六）有税收违法行为的单位和个人在被检举前已经向税务机关报告其税收违法行为的；

（七）国家机关工作人员利用工作便利获取信息用以检举税收违法行为的；

（八）检举人从国家机关或者国家机关工作人员处获取税收违法行为信息检举的；

（九）国家税务总局规定不予奖励的其他情形。

**第四条** 国家税务局系统检举奖励资金从财政部向国家税务总局拨付的税务稽查办案专项经费中据实列支，地方税务局系统检举奖励资金从省、自治区、直辖市和计划单列市财政厅（局）向同级地方税务局拨付的税务稽查办案专项经费中据实列支。

检举奖励资金的拨付，按照财政国库管理制度的有关规定执行。

**第五条** 检举奖励资金由稽查局、主管税务局财务部门共同负责管理，稽查局使用，主管税务局财务部门负责支付和监督。

省、自治区、直辖市和计划单列市国家税务局、地方税务局应当对检举奖励资金使用情况编写年度报告，于次年3月底前报告国家税务总局。地方税务局检举奖励资金使用情况同时通报同级财政厅（局）。

**第六条** 检举的税收违法行为经税务机关立案查实处理并依法将税款收缴入库后，根据本案检举时效、检举材料中提供的线索和证据详实程度、检举内容与查实内容相符程度以及收缴入库的税款数额，按照以下标准对本案检举人计发奖金：

（一）收缴入库税款数额在1亿元以上的，给予10万元以下的奖金；

（二）收缴入库税款数额在5000万元以上不足1亿元的，给予6万元以下的奖金；

（三）收缴入库税款数额在1000万元以上不足5000万元的，给予4万元以下的奖金；

（四）收缴入库税款数额在500万元以上不足1000万元的，给予2万元以下的奖金；

（五）收缴入库税款数额在100万元以上不足500万元的，给予1万元以下的奖金；

（六）收缴入库税款数额在100万元以下的，给予5000元以下的奖金。

**第七条** 被检举人以增值税留抵税额或者多缴、应退的其他税款抵缴被查处的应纳税款，视同税款已经收缴入库。

检举的税收违法行为经查实处理后没有应纳税款的，按照收缴入库罚款数额依照本办法第六条规定的标准计发奖金。

因被检举人破产或者存有符合法律、行政法规规定终止执行的条件，致使无法将税款或者罚款全额收缴入库的，按已经收缴入库税款或者罚款数额依照本办法规定的标准计发奖金。

**第八条** 检举虚开增值税专用发票以及其他可用于骗取出口退税、抵扣税款发票行为的，根据立案查实虚开发票填开的税额按照本办法第六条规定的标准计发奖金。

**第九条** 检举伪造、变造、倒卖、盗窃、骗取增值税专用发票以及可用于骗取出口退税、抵扣税款的其他发票行为的，按照以下标准对检举人计发奖金：

（一）查获伪造、变造、倒卖、盗窃、骗取上述发票10000份以上的，给予10万元以下的奖金；

（二）查获伪造、变造、倒卖、盗窃、骗取上述发票6000份以上不足10000份的，给予6万元以下的奖金；

（三）查获伪造、变造、倒卖、盗窃、骗取上述发票3000份以上不足6000份的，给予4万元以下的奖金；

（四）查获伪造、变造、倒卖、盗窃、骗取上述发票1000份以上不足3000份的，给予2万元以下的奖金；

（五）查获伪造、变造、倒卖、盗窃、骗取上述发票100份以上不足1000份的，给予1万元以下的奖金；

（六）查获伪造、变造、倒卖、盗窃、骗取上述发票不足100份的，给予5000元以下的奖金；

查获伪造、变造、倒卖、盗窃、骗取前款所述以外其他发票的，最高给予5万元以下的奖金；检举奖金具体数额标准及批准权限，由各省、自治区、直辖市和计划单列市税务局根据本办法规定并结合本地实际情况确定。

**第十条**　检举非法印制、转借、倒卖、变造或者伪造完税凭证行为的，按照以下标准对检举人计发奖金：

（一）查获非法印制、转借、倒卖、变造或者伪造完税凭证100份以上或者票面填开税款金额50万元以上的，给予1万元以下的奖金；

（二）查获非法印制、转借、倒卖、变造或者伪造完税凭证50份以上不足100份或者票面填开税款金额20万元以上不足50万元的，给予5000元以下的奖金；

（三）查获非法印制、转借、倒卖、变造或者伪造完税凭证不足50份或者票面填开税款金额20万元以下的，给予2000元以下的奖金。

**第十一条**　被检举人的税收违法行为被国家税务局、地方税务局查处的，合计国家税务局、地方税务局收缴入库的税款数额，按照本办法第六条规定的标准计算检举奖金总额，由国家税务局、地方税务局根据各自收缴入库的税款数额比例分担奖金数额，分别兑付；国家税务局、地方税务局计发的检举奖金合计数额不得超过10万元。

**第十二条**　同一案件具有适用本办法第六条、第七条、第八条、第九条、第十条规定的两种或者两种以上奖励标准情形的，分别计算检举奖金数额，但检举奖金合计数额不得超过10万元。

**第十三条**　同一税收违法行为被两个或者两个以上检举人分别检举的，奖励符合本办法规定的最先检举人。检举次序以负责查处的税务机关受理检举的登记时间为准。

最先检举人以外的其他检举人提供的证据对查明税收违法行为有直接作用的，可以酌情给予奖励。

对前两款规定的检举人计发的奖金合计数额不得超过10万元。

**第十四条**　检举税收违法行为的检举人，可以向税务机关申请检举奖金。

检举奖金由负责查处税收违法行为的税务机关支付。

**第十五条**　税务机关对检举的税收违法行为经立案查实处理并依法将税款或者罚款收缴入库后，由税收违法案件举报中心根据检举人书面申请及其贡献大小，制作《检举纳税人税收违法行为奖励审批表》，提出奖励对象和奖励金额建议，按照规定权限和程序审批后，向检举人发出《检举纳税人税收违法行为领奖通知书》，通知检举人到指定地点办理领奖手续。《检举纳税人税收违法行为奖励审批表》由税收违法案件举报中心作为密件存档。

税收违法案件举报中心填写《检举纳税人税收违法行为奖金领款财务凭证》，向财务机构领取检举奖金。财务凭证只注明案件编号、案件名称、被检举人名称、检举奖金数额及审批人、领款人的签名，不填写检举内容和检举人身份、名称。

**第十六条**　检举人应当在接到领奖通知书之日起90日内，持本人身份证或者其他有效证件，到指定地点领取奖金。检举人逾期不领取奖金，视同放弃奖金。

联名检举同一税收违法行为的，奖金由第一署名人领取，并与其他署名人协商分配。

**第十七条**　检举人或者联名检举的第一署名人不能亲自到税务机关指定的地点领取奖金的，可以委托他人代行领取；代领人应当持委托人的授权委托书、身份证或者其他有效证件以及代领人的身份证或者其他有效证件，办理领取奖金手续。

检举人是单位的，可以委托本单位工作人员代行领取奖金，代领人应当持委托人的授权委托书和代领人的身份证、工作证到税务机关指定的地点办理领取奖金手续。

**第十八条**　检举人或者代领人领取奖金时，应当在《检举纳税人税收违法行为奖金付款专用凭证》上签名，并注明身份证或者其他有效证件的号码及填发单位。

《检举纳税人税收违法行为奖金付款专用凭证》和委托人的授权委托书由税收违法案件举报中心作为密件存档。

**第十九条**　税收违法案件举报中心发放检举奖金时，可应检举人的要求，简要告知其所检举的税收违法行为的查处情况，但不得告知其检举线索以外的税收违法行为查处情况，不得提供税务处理（处罚）决定书及有关案情材料。

检举的税收违法行为查结前，税务机关不得将具体查处情况告知检举人。

**第二十条**　税务机关支付检举奖金时应当严格审核。对玩忽职守、徇私舞弊致使奖金被骗取的，除追缴奖金外，依法追究有关人员责任。

**第二十一条**　对有特别突出贡献的检举人，税务机关除给予物质奖励外，可以给予相应的精神奖励，但公开表彰宣传应当事先征得检举人的书面同意。

**第二十二条** 各省、自治区、直辖市和计划单列市国家税务局根据本办法制定具体规定。

各省、自治区、直辖市和计划单列市地方税务局会同同级财政厅(局)根据本办法制定具体规定。

**第二十三条** 《检举纳税人税收违法行为奖励审批表》、《检举纳税人税收违法行为领奖通知书》、《检举纳税人税收违法行为奖金领款财务凭证》、《检举纳税人税收违法行为奖金付款专用凭证》的格式,由国家税务总局制定。

**第二十四条** 本办法所称“以上”、“以下”均含本数。

**第二十五条** 本办法由国家税务总局和财政部负责解释。

**第二十六条** 本办法自 2007 年 3 月 1 日起施行。国家税务总局 1998 年 12 月 15 日印发的《税务违法案件举报奖励办法》同时废止。

## 税收违法行为检举管理办法

*1. 2019 年 11 月 26 日国家税务总局令第 49 号公布*
*2. 自 2020 年 1 月 1 日起施行*

### 第一章 总 则

**第一条** 为了保障单位、个人依法检举纳税人、扣缴义务人违反税收法律、行政法规行为的权利,规范检举秩序,根据《中华人民共和国税收征收管理法》及其实施细则的有关规定,制定本办法。

**第二条** 本办法所称检举,是指单位、个人采用书信、电话、传真、网络、来访等形式,向税务机关提供纳税人、扣缴义务人税收违法行为线索的行为。

采用前款所述的形式,检举税收违法行为的单位、个人称检举人;被检举的纳税人、扣缴义务人称被检举人。

检举人可以实名检举,也可以匿名检举。

**第三条** 本办法所称税收违法行为,是指涉嫌偷税(逃避缴纳税款),逃避追缴欠税,骗税,虚开、伪造、变造发票,以及其他与逃避缴纳税款相关的税收违法行为。

**第四条** 检举管理工作坚持依法依规、分级分类、属地管理、严格保密的原则。

**第五条** 市(地、州、盟)以上税务局稽查局设立税收违法案件举报中心。国家税务总局稽查局税收违法案件举报中心负责接收税收违法行为检举,督促、指导、协调处理重要检举事项;省、自治区、直辖市、计划单列市和市(地、州、盟)税务局稽查局税收违法案件举报中心负责税收违法行为检举的接收、受理、处理和管理;各级跨区域稽查局和县税务局应当指定行使税收违法案件举报中心职能的部门,负责税收违法行为检举的接收,并按规定职责处理。

本办法所称举报中心是指前款所称的税收违法案件举报中心和指定行使税收违法案件举报中心职能的部门。举报中心应当对外挂标识牌。

**第六条** 税务机关应当向社会公布举报中心的电话(传真)号码、通讯地址、邮政编码、网络检举途径,设立检举接待场所和检举箱。

税务机关同时通过 12366 纳税服务热线接收税收违法行为检举。

**第七条** 税务机关应当与公安、司法、纪检监察和信访等单位加强联系和合作,做好检举管理工作。

**第八条** 检举税收违法行为是检举人的自愿行为,检举人因检举而产生的支出应当由其自行承担。

**第九条** 检举人在检举过程中应当遵守法律、行政法规等规定;应当对其所提供检举材料的真实性负责,不得捏造、歪曲事实,不得诬告、陷害他人;不得损害国家、社会、集体的利益和其他公民的合法权益。

### 第二章 检举事项的接收与受理

**第十条** 检举人检举税收违法行为应当提供被检举人的名称(姓名)、地址(住所)和税收违法行为线索;尽可能提供被检举人统一社会信用代码(身份证件号码),法定代表人、实际控制人信息和其他相关证明资料。

鼓励检举人提供书面检举材料。

**第十一条** 举报中心接收实名检举,应当准确登记实名检举人信息。

检举人以个人名义实名检举应当由其本人提出;以单位名义实名检举应当委托本单位工作人员提出。

多人联名进行实名检举的,应当确定第一联系人;未确定的,以检举材料的第一署名人为第一联系人。

**第十二条** 12366 纳税服务热线接收电话检举后,应当按照以下分类转交相关部门:

(一)符合本办法第三条规定的检举事项,应当及时转交举报中心;

(二)对应开具而未开具发票、未申报办理税务登记及其他轻微税收违法行为的检举事项,按照有关规定直接转交被检举人主管税务机关相关业务部门处理;

(三)其他检举事项转交有处理权的单位或者部门。

税务机关的其他单位或者部门接到符合本办法第三条规定的检举材料后，应当及时转交举报中心。

**第十三条** 以来访形式实名检举的，检举人应当提供营业执照、居民身份证等有效身份证件的原件和复印件。

以来信、网络、传真形式实名检举的，检举人应当提供营业执照、居民身份证等有效身份证件的复印件。

以电话形式要求实名检举的，税务机关应当告知检举人采取本条第一款、第二款的形式进行检举。

检举人未采取本条第一款、第二款的形式进行检举的，视同匿名检举。

举报中心可以应来访的实名检举人要求出具接收回执；对多人联名进行实名来访检举的，向其确定的第一联系人或者第一署名人出具接收回执。

**第十四条** 来访检举应当到税务机关设立的检举接待场所；多人来访提出相同检举事项的，应当推选代表，代表人数应当在3人以内。

**第十五条** 接收来访口头检举，应当准确记录检举事项，交检举人阅读或者向检举人宣读确认。实名检举的，由检举人签名或者盖章；匿名检举的，应当记录在案。

接收电话检举，应当细心接听、询问清楚、准确记录。

接收电话、来访检举，经告知检举人后可以录音、录像。

接收书信、传真等书面形式检举，应当保持检举材料的完整，及时登记处理。

**第十六条** 税务机关应当合理设置检举接待场所。检举接待场所应当与办公区域适当分开，配备使用必要的录音、录像等监控设施，保证监控设施对接待场所全覆盖并正常运行。

**第十七条** 举报中心对接收的检举事项，应当及时审查，有下列情形之一的，不予受理：

（一）无法确定被检举对象，或者不能提供税收违法行为线索的；

（二）检举事项已经或者依法应当通过诉讼、仲裁、行政复议以及其他法定途径解决的；

（三）对已经查结的同一检举事项再次检举，没有提供新的有效线索的。

除前款规定外，举报中心自接收检举事项之日起即为受理。

举报中心可以应实名检举人要求，视情况采取口头或者书面方式解释不予受理原因。

国家税务总局稽查局举报中心对本级收到的检举事项应当进行甄别。对本办法第三条规定以外的检举事项，转送有处理权的单位或者部门；对本办法第三条规定范围内的检举事项，按属地管理原则转送相关举报中心，由该举报中心审查并决定是否受理。国家税务总局稽查局举报中心应当定期向相关举报中心了解所转送检举事项的受理情况，对应受理未受理的应予以督办。

**第十八条** 未设立稽查局的县税务局受理的检举事项，符合本办法第三条规定的，提交上一级税务局稽查局举报中心统一处理。

各级跨区域稽查局受理的检举事项，符合本办法第三条规定的，提交同级税务局稽查局备案后处理。

**第十九条** 检举事项管辖有争议的，由争议各方本着有利于案件查处的原则协商解决；不能协商一致的，报请共同的上一级税务机关协调或者决定。

## 第三章 检举事项的处理

**第二十条** 检举事项受理后，应当分级分类，按照以下方式处理：

（一）检举内容详细、税收违法行为线索清楚、证明资料充分的，由稽查局立案检查。

（二）检举内容与线索较明确但缺少必要证明资料，有可能存在税收违法行为的，由稽查局调查核实。发现存在税收违法行为的，立案检查；未发现的，作查结处理。

（三）检举对象明确，但其他检举事项不完整或者内容不清、线索不明的，可以暂存待查，待检举人将情况补充完整以后，再进行处理。

（四）已经受理尚未查结的检举事项，再次检举的，可以合并处理。

（五）本办法第三条规定以外的检举事项，转交有处理权的单位或者部门。

**第二十一条** 举报中心可以税务机关或者以自己的名义向下级税务机关督办、交办检举事项。

**第二十二条** 举报中心应当在检举事项受理之日起十五个工作日内完成分级分类处理，特殊情况除外。

查处部门应当在收到举报中心转来的检举材料之日起三个月内办理完毕；案情复杂无法在期限内办理完毕的，可以延期。

**第二十三条** 税务局稽查局对督办案件的处理结果应当认真审查。对于事实不清、处理不当的，应当通知承办机关补充调查或者重新调查，依法处理。

## 第四章 检举事项的管理

**第二十四条** 举报中心应当严格管理检举材料，逐件登记已受理检举事项的主要内容、办理情况和检举人、被检举人的基本情况。

**第二十五条** 已接收的检举材料原则上不予退还。不予受理的检举材料，登记检举事项的基本信息和不予受理原因后，经本级稽查局负责人批准可以销毁。

**第二十六条** 暂存待查的检举材料，若在受理之日起两年内未收到有价值的补充材料，可以销毁。

**第二十七条** 督办案件的检举材料应当专门管理，并按照规定办理督办案件材料的转送、报告等具体事项。

**第二十八条** 检举材料的保管和整理，应当按照档案管理的有关规定办理。

**第二十九条** 举报中心每年度对检举案件和有关事项的数量、类别及办理情况等进行汇总分析，形成年度分析报告，并按规定报送。

## 第五章 检举人的答复和奖励

**第三十条** 实名检举人可以要求答复检举事项的处理情况与查处结果。

实名检举人要求答复处理情况时，应当配合核对身份；要求答复查处结果时，应当出示检举时所提供的有效身份证件。

举报中心可以视具体情况采取口头或者书面方式答复实名检举人。

**第三十一条** 实名检举事项的处理情况，由作出处理行为的税务机关的举报中心答复。

将检举事项督办、交办、提交或者转交的，应当告知去向；暂存待查的，应当建议检举人补充资料。

**第三十二条** 实名检举事项的查处结果，由负责查处的税务机关的举报中心答复。

实名检举人要求答复检举事项查处结果的，检举事项查结以后，举报中心可以将与检举线索有关的查处结果简要告知检举人，但不得告知其检举线索以外的税收违法行为的查处情况，不得提供执法文书及有关案情资料。

**第三十三条** 12366 纳税服务热线接收检举事项并转交举报中心或者相关业务部门后，可以应检举人要求将举报中心或者相关业务部门反馈的受理情况告知检举人。

**第三十四条** 检举事项经查证属实，为国家挽回或者减少损失的，按照财政部和国家税务总局的有关规定对实名检举人给予相应奖励。

## 第六章 权利保护

**第三十五条** 检举人不愿提供个人信息或者不愿公开检举行为的，税务机关应当予以尊重和保密。

**第三十六条** 税务机关应当在职责范围内依法保护检举人、被检举人的合法权益。

**第三十七条** 税务机关工作人员与检举事项或者检举人、被检举人有直接利害关系的，应当回避。

检举人有正当理由并且有证据证明税务机关工作人员应当回避的，经本级税务机关负责人或者稽查局负责人批准以后，予以回避。

**第三十八条** 税务机关工作人员必须严格遵守以下保密规定：

（一）检举事项的受理、登记、处理及查处，应当依照国家有关法律、行政法规等规定严格保密，并建立健全工作责任制，不得私自摘抄、复制、扣压、销毁检举材料；

（二）严禁泄露检举人的姓名、身份、单位、地址、联系方式等情况，严禁将检举情况透露给被检举人及与案件查处无关的人员；

（三）调查核实情况和立案检查时不得出示检举信原件或者复印件，不得暴露检举人的有关信息，对匿名的检举书信及材料，除特殊情况以外，不得鉴定笔迹；

（四）宣传报道和奖励检举有功人员，未经检举人书面同意，不得公开检举人的姓名、身份、单位、地址、联系方式等情况。

## 第七章 法律责任

**第三十九条** 税务机关工作人员违反本办法规定，将检举人的检举材料或者有关情况提供给被检举人或者与案件查处无关人员的，依法给予行政处分。

**第四十条** 税务机关工作人员打击报复检举人的，视情节和后果，依法给予行政处分；涉嫌犯罪的，移送司法机关依法处理。

**第四十一条** 税务机关工作人员不履行职责、玩忽职守、徇私舞弊，给检举工作造成损失的，应当给予批评教育；情节严重的，依法给予行政处分并调离工作岗位；涉嫌犯罪的，移送司法机关依法处理。

**第四十二条** 税收违法检举案件中涉及税务机关或者税务人员违纪违法问题的，应当按照规定移送有关部门依纪依法处理。

**第四十三条** 检举人违反本办法第九条规定的，税务机关工作人员应当对检举人进行劝阻、批评和教育；经劝阻、批评和教育无效的，可以联系有关部门依法处理。

### 第八章　附　　则

**第四十四条**　本办法所称的检举事项查结，是指检举案件的结论性文书生效，或者检举事项经调查核实后未发现税收违法行为。

**第四十五条**　国家税务总局各省、自治区、直辖市和计划单列市税务局可以根据本办法制定具体的实施办法。

**第四十六条**　本办法自2020年1月1日起施行。《税收违法行为检举管理办法》（国家税务总局令第24号公布）同时废止。

## 欠缴税金核算管理暂行办法①

*1. 2000年11月28日国家税务总局发布*
*2. 国税发〔2000〕193号*
*3. 自2001年1月1日起施行*

### 第一章　总　　则

**第一条**　为了如实核算反映欠缴税金情况，严密监控和有效清缴欠缴税金，加强组织收入工作和税收征管工作，特制定本办法。

**第二条**　本办法所称的欠缴税金是指税务机关负责征收的应缴未缴的各项收入，包括呆账税金、往年陈欠、本年新欠、未到限缴日期的未缴税款、缓征税款和应缴未缴滞纳金。

**第三条**　各级税务机关必须严格按《税收会计制度》和本办法的规定，对欠缴税金及时、如实地进行分类确认、核算和反映，不得弄虚作假、不得隐瞒。

**第四条**　对于已发生的呆账税金、往年陈欠和本年新欠，各征收单位必须严格按《税收征管法》的规定计收滞纳金，严密监控管理，并根据纳税人的生产经营变化情况及时进行追缴。

**第五条**　欠缴税金的分类确认工作由各税务机关的税政主管部门或征管部门负责，监控和追缴工作由征管和稽查部门负责，核算反映工作由计会部门负责。各部门必须密切配合，切实加强欠缴税金的管理。

### 第二章　欠缴税金的核算

**第六条**　各会计核算单位都必须在“待清理呆账税金”总账科目下，增设“关停企业呆账税金”、“空壳企业呆账税金”、“政府政策性呆账税金”、“其他呆账税金”四类明细科目，详细核算反映所有的关停企业、空壳企业和政府政策原因造成的欠缴税金及所有三年以上的欠缴税金情况。各类呆账税金的具体核算范围如下：

（一）“关停企业呆账税金”，指因国家产业调整、企业改制等政策要求被依法破产关闭，因违反国家法律、法规规定被依法责令关闭，以及因自行解散而关闭，已正式公告破产、撤销、解散，但尚未依法终止其法人资格的企业（包括企业、事业单位和社会团体，以下同），经追缴仍未清回的欠缴税金；已连续停止生产经营一年（按日历日期计算）以上，但未公告破产、撤销、解散的资不抵债的企业，以及按税收征管制度规定转入“非正常户”管理的失踪纳税人，经追缴仍未清回的欠缴税金。

（二）“空壳企业呆账税金”，指原企业仍然存在，而其主要资产在兼并、重组、出售等改组时已归属新设企业或其他企业，但改组时按企业资产和债务分配情况，依法仍须由原企业承担的欠缴税金。改组时已分配给新设或其他企业的欠缴税金，应转入承担欠缴税金的企业核算，不再列为原企业的欠缴税金。

（三）“政府政策性呆账税金”，指1994年税制改革前后，县以上政府对部分国有企业实行投入产出总承包，承包企业完成政府规定的应缴财政收入后，拖欠未缴的超基数税款，以及在“以税还贷”政策实行期间，经政府有关部门批准可以用税收归还的贷款，因后来停止执行“以税还贷”政策而造成企业还贷困难，从而拖欠原来用以还贷的税款，经追缴仍未清回的欠缴税金。

（四）“其他呆账税金”，指除上述关停、空壳、政府政策性呆账税金外，其他超过三年（按日历日期计算）仍未清回的欠缴税金。

**第七条**　除入库单位外，其他各会计核算单位都必须在“待征”类总账科目下，增设“未到期应缴税款”、“缓征税款”、“往年陈欠”、“本年新欠”四类明细科目，详细核算反映待征税金构成情况。各类待征税金的具体核算范围如下：

（一）“未到期应缴税款”，指纳税人已申报或税务机关已作出补税处罚决定，但未到税款限缴日期的应缴未缴税款及罚款。

（二）“缓征税款”，指按规定经批准延期缴纳的

---

① 第十六条已被2019年12月12日国家税务总局公告2019年第48号《关于税收征管若干事项的公告》废止；第六章已被2023年5月26日国家税务总局公告2023年第8号《关于公布全文和部分条款失效废止的税务规范性文件目录的公告》废止。——编者注

税款。

（三）“往年陈欠”，指除呆账税金、未到期应缴税款、缓征税款和本年新欠外，不足三年的欠缴税金。

（四）“本年新欠”，指除呆账税金、未到期应缴税款、缓征税款外，本年发生的欠缴税金。

**第八条**　各会计核算单位都必须在“损失税金核销”总账科目下，增设“核销死欠”明细科目，核算反映纳税人发生破产、撤销情形，经过法定清算，被国家主管机关依法注销或吊销其法人资格，纳税人已消亡，税务机关依照法律法规规定，根据法院判决书或法定清算报告核销的欠缴税金及滞纳金。

**第九条**　为统一规范应缴未缴滞纳金的核算管理，所有未缴的呆账税金、往年陈欠和本年新欠的应缴未缴滞纳金都必须实行“账外核算”，进行专项反映，不再纳入应征数核算反映（已征收的滞纳金和核销死欠的滞纳金必须列入应征数核算）。具体核算方法如下：

除入库单位外，其他各会计核算单位都必须在会计账目之外，单独设置“应缴未缴滞纳金登记簿”，分户登记每笔未缴呆账税金、往年陈欠和本年新欠的发生、变化情况，并根据每笔滞纳税款的滞纳时间及滞纳金额定期计算反映其应缴未缴的滞纳金。

## 第三章　呆账税金和核销死欠的确认

**第十条**　对申请转为呆账税金的欠缴税金，必须按每个纳税人分别报地市级税务机关进行确认；对申请核销的死欠税款，必须按每个纳税人分别报省级税务机关进行确认。

已确认过关停、空壳两类呆账税金的企业，确认以后又发生的符合此两类呆账税金范围的欠缴税金，如果其成因与该企业前次确认的呆账税金成因相同，可直接报县级税务机关确认；如果成因与前次确认的呆账税金成因不同，仍必须报地市级税务机关确认。

**第十一条**　所有转为呆账税金的欠缴税金和核销的死欠税款，都必须按以下程序办理确认手续。

（一）申请确认呆账税金和核销死欠必须由基层主管税务机关填报“呆账税金确认申请表”（格式见附件一）或“核销死欠确认申请表”（格式见附件二），并按以下要求附报有关申请材料（申请材料必须一式两份：一份逐级报确认机关，并由确认机关负责确认工作的主管部门留存；一份报县级税务机关，待确认机关核准后再退回基层主管税务机关）：

1. 关停企业呆账税金应附报政府有关部门通知或责令企业关闭的文件，企业自行解散的公告文件，企业停业开始月份和满一年时当月的资产负债表及企业填报的停业情况说明，基层主管税务机关对失踪纳税人的核查材料，以及欠缴税金所属期的纳税申报表（或查补税款处理决定书）等材料原件或复印件。

2. 空壳企业呆账税金应附报企业兼并、重组、出售协议、企业改组时编制的资产负债表或资产债务评估报告、以及欠缴税金所属期的纳税申报表（或查补税款处理决定书）等材料原件或复印件。

3. 政府政策性呆账税金应附报政府与企业签订的承包协议，企业贷款合同和以税还贷批准文件及欠缴税金发生当月的资产负债表，以及欠缴税金所属期的纳税申报表等材料原件或复印件。

4. 其他呆账税金应附报欠缴税金发生当月的资产负债表、以及欠缴税金所属期的纳税申报表（或查补税款处理决定书）复印件。

5. 核销死欠应附报法院判决书或法定清算报告复印件。

2001 年 1 月 1 日前发生的呆账税金，确认时要求附报的有关证明文件、企业财务报表和纳税申报表等原始材料确实无法取得的，可由基层主管税务机关填报详细的呆账税金核查材料（详细说明呆账税金的发生事由、时间和金额）代替，但 2001 年 1 月 1 日以后发生的呆账税金，确认时必须严格按上述规定附报原始材料，一律不得再用核查材料代替。

（二）县级税务机关对基层主管税务机关上报的呆账税金和核销死欠确认申请，都必须进行实地调查核实，核实后按规定的权限上报核准。

（三）负责确认的税务机关对核准的呆账税金和核销死欠，要及时向申请的税务机关下达书面的“呆账税金确认通知书”或“核销死欠确认通知书”（格式各地自定，一式四份，确认机关负责确认工作的主管部门、县级税务机关税收会计、基层主管税务机关税收会计和征管部门各留一份）。

## 第四章　欠缴税金的管理及清缴

**第十二条**　对于已确认的呆账税金和核销死欠，确认机关负责确认工作的主管部门必须建立备案底册（格式见附件三），并根据确认通知书序时、逐笔登记反映。

**第十三条**　县及县级以下税务机关对于已确认的呆账税金和核销死欠，必须按以下要求装订和保管有关原始材料：

县级税务机关和基层主管税务机关必须将“呆账税金确认申请表”或“核销死欠确认申请表”与相应的“呆账税金确认通知书”或“核销死欠确认通知书”装订一起，分别作为县级和基层主管税务机关的税收会计核算凭证，并按会计档案要求保存备查。

基层主管税务机关必须将“呆账税金确认通知书”或“核销死欠确认通知书”与相应的“呆账税金确认申请表”或“核销死欠确认申请表”及全部申请确认材料装订一起，作为户籍征管档案资料保存备查。

**第十四条**　对于已发生关停、空壳呆账税金的企业，各基层主管税务机关应及时清缴其结存的各种发票，并停止供应发票。企业需要填开发票的，应先将开票收入应纳的税款缴纳后再由税务机关代开发票，以防发生新的欠缴税金。

**第十五条**　对于已发生欠缴税金的企业，各级税务机关要随时监控反映其变化情况，并全力清缴其欠缴税金。

（一）对于已发生呆账税金的关停和空壳企业，后因实行合资、合作、合并、租赁、承包等各种原因又恢复生产经营，原资产和债务未被分割的，如该企业的呆账税金已超过三年，应按“其他呆账税金”重新进行确认；如未超过三年，应及时将其转为“往年陈欠”。并且主管税务机关应根据其税源变化情况，及时制定清缴计划和落实清缴责任。

（二）对于实施兼并、重组、出售等改组的企业，主管税务机关应依法清算并追缴其欠缴的税金及滞纳金。改组时发生债随资走的，应及时根据企业资产和债务分配情况，落实清缴责任，将未清缴的欠缴税金及滞纳金转入应承担清缴义务的企业进行核算和管理。改组后企业承担的欠缴税金符合呆账税金范围的，应按本办法规定的要求报请确认。

（三）对于宣告破产、撤销、解散而准备进行资产、债务清算的企业，主管税务机关应及时向负责清算的机构提出欠缴税金及滞纳金的清偿要求，并按法律法规规定的清偿顺序依法追缴。对于破产、撤销企业经过法定清算后，已被国家主管机关依法注销或吊销其法人资格，纳税人已消亡的，其无法追缴的欠缴税金及滞纳金，应及时依照法律法规规定，根据法院的判决书或法定清算报告报省级税务机关确认核销。

（四）除上述情况外，企业发生其他变化情况而造成已确认的呆账税金成因发生变化的，也必须按规定的呆账税金确认程序重新上报确认机关核准。

**第十六条**　各基层税务机关清缴呆账税金、往年陈欠和本年新欠时，应同时加收其滞纳金。不能单收欠缴税款，而不收其相应的滞纳金；也不能单收滞纳金，而不收其相应的欠缴税款。

## 第五章　欠缴税金的考核

**第十七条**　各级税务机关每年都应根据本地区“往年陈欠”、“本年新欠”和“其他呆账税金”的实际情况，分类制定清欠目标，将其列入组织收入工作和税收征管工作考核的一项主要指标。对于已完成清欠目标，但因税源缺乏没有完成收入任务的，可根据实际情况予以调减收入任务；对于既无不可抗力等特殊因素影响，又没有完成清欠目标的单位，要相应调增其下年收入任务和清欠目标。

**第十八条**　对于未列入清欠目标的其他各类呆账税金和缓征税款，应列入各有关税务机关的岗位责任制内容进行考核，以加强确认、核算、监控和追缴等各项工作的责任。

## 第六章　违规处理

**第十九条**　凡是未如实核算和上报欠缴税金的，不论查出部门、发生原因、所属时期如何，均属于“隐瞒欠缴税金”行为，一律按隐瞒数追加该单位的当年或下年收入任务。

**第二十条**　凡未按规定的权限和确认程序报经确认而擅自将欠缴税金转入呆账税金和死欠核算的，或将不符合各类呆账税金和核销死欠范围的欠缴税金确认为呆账税金和死欠核销的，填报虚假材料以及确认材料不全、手续不齐和未按规定要求装订保存申请确认材料的，均按第十九条规定视同为“隐瞒欠缴税金”行为，按违规确认的呆账税金和死欠数额追加该单位的收入任务。

**第二十一条**　凡为了调节收入进度或减少欠缴税金而违规办理退税、减免税和缓征税款的，均按第十九条规定视同为“隐瞒欠缴税金”行为，按违规数额追加该单位的收入任务。

**第二十二条**　发生第十九条、第二十条和第二十一条违规行为的，除追加该单位的收入任务外，要严格按有关规定追究单位领导和有关责任人的责任。

## 第七章　附　　则

**第二十三条**　各省、自治区、直辖市和计划单列市国家税务局和地方税务局应根据本办法制定本地区的具体实施办法。

**第二十四条**　本办法由国家税务总局解释。

**第二十五条**　本办法从2001年1月1日起施行，此前有关规定与本办法不符的，均按本办法执行。

附件：（略）

# 重大税收违法失信主体信息公布管理办法

*1. 2021年12月31日国家税务总局令第54号公布*
*2. 自2022年2月1日起施行*

## 第一章　总　　则

**第一条**　为了贯彻落实中共中央办公厅、国务院办公厅印发的《关于进一步深化税收征管改革的意见》，维护正常税收征收管理秩序，惩戒重大税收违法失信行为，保障税务行政相对人合法权益，促进依法诚信纳税，推进社会信用体系建设，根据《中华人民共和国税收征收管理法》《优化营商环境条例》等相关法律法规，制定本办法。

**第二条**　税务机关依照本办法的规定，确定重大税收违法失信主体，向社会公布失信信息，并将信息通报相关部门实施监管和联合惩戒。

**第三条**　重大税收违法失信主体信息公布管理应当遵循依法行政、公平公正、统一规范、审慎适当的原则。

**第四条**　各级税务机关应当依法保护税务行政相对人合法权益，对重大税收违法失信主体信息公布管理工作中知悉的国家秘密、商业秘密或者个人隐私、个人信息，应当依法予以保密。

**第五条**　税务机关工作人员在重大税收违法失信主体信息公布管理工作中，滥用职权、玩忽职守、徇私舞弊的，依照有关规定严肃处理；涉嫌犯罪的，依法移送司法机关。

## 第二章　失信主体的确定

**第六条**　本办法所称"重大税收违法失信主体"（以下简称失信主体）是指有下列情形之一的纳税人、扣缴义务人或者其他涉税当事人（以下简称当事人）：

（一）伪造、变造、隐匿、擅自销毁账簿、记账凭证，或者在账簿上多列支出或者不列、少列收入，或者经税务机关通知申报而拒不申报或者进行虚假的纳税申报，不缴或者少缴应纳税款100万元以上，且任一年度不缴或者少缴应纳税款占当年各税种应纳税总额10%以上的，或者采取前述手段，不缴或者少缴已扣、已收税款，数额在100万元以上的；

（二）欠缴应纳税款，采取转移或者隐匿财产的手段，妨碍税务机关追缴欠缴的税款，欠缴税款金额100万元以上的；

（三）骗取国家出口退税款的；

（四）以暴力、威胁方法拒不缴纳税款的；

（五）虚开增值税专用发票或者虚开用于骗取出口退税、抵扣税款的其他发票的；

（六）虚开增值税普通发票100份以上或者金额400万元以上的；

（七）私自印制、伪造、变造发票，非法制造发票防伪专用品，伪造发票监制章的；

（八）具有偷税、逃避追缴欠税、骗取出口退税、抗税、虚开发票等行为，在稽查案件执行完毕前，不履行税收义务并脱离税务机关监管，经税务机关检查确认走逃（失联）的；

（九）为纳税人、扣缴义务人非法提供银行账户、发票、证明或者其他方便，导致未缴、少缴税款100万元以上或者骗取国家出口退税款的；

（十）税务代理人违反税收法律、行政法规造成纳税人未缴或者少缴税款100万元以上的；

（十一）其他性质恶劣、情节严重、社会危害性较大的税收违法行为。

**第七条**　税务机关对当事人依法作出《税务行政处罚决定书》，当事人在法定期限内未申请行政复议、未提起行政诉讼，或者申请行政复议，行政复议机关作出行政复议决定后，在法定期限内未提起行政诉讼，或者人民法院对税务行政处罚决定或行政复议决定作出生效判决、裁定后，有本办法第六条规定情形之一的，税务机关确定其为失信主体。

对移送公安机关的当事人，税务机关在移送时已依法作出《税务处理决定书》，未作出《税务行政处罚决定书》的，当事人在法定期限内未申请行政复议、未提起行政诉讼，或者申请行政复议，行政复议机关作出行政复议决定后，在法定期限内未提起行政诉讼，或者人民法院对税务处理决定或行政复议决定作出生效判决、裁定后，有本办法第六条规定情形之一的，税务机关确定其为失信主体。

**第八条**　税务机关应当在作出确定失信主体决定前向当事人送达告知文书，告知其依法享有陈述、申辩的权利。告知文书应当包括以下内容：

（一）当事人姓名或者名称、有效身份证件号码或者统一社会信用代码、地址。没有统一社会信用代码的，以税务机关赋予的纳税人识别号代替；

（二）拟确定为失信主体的事由、依据；

（三）拟向社会公布的失信信息；

（四）拟通知相关部门采取失信惩戒措施提示；

（五）当事人依法享有的相关权利；

（六）其他相关事项。

对纳入纳税信用评价范围的当事人，还应当告知其拟适用D级纳税人管理措施。

**第九条**　当事人在税务机关告知后5日内，可以书面或者口头提出陈述、申辩意见。当事人口头提出陈述、申辩意见的，税务机关应当制作陈述申辩笔录，并由当事人签章。

税务机关应当充分听取当事人陈述、申辩意见，对当事人提出的事实、理由和证据进行复核。当事人提出的事实、理由或者证据成立的，应当采纳。

**第十条**　经设区的市、自治州以上税务局局长或者其授权的税务局领导批准，税务机关在本办法第七条规定的申请行政复议或提起行政诉讼期限届满，或者行政复议决定、人民法院判决或裁定生效后，于30日内制作失信主体确定文书，并依法送达当事人。失信主体确定文书应当包括以下内容：

（一）当事人姓名或者名称、有效身份证件号码或者统一社会信用代码、地址。没有统一社会信用代码的，以税务机关赋予的纳税人识别号代替；

（二）确定为失信主体的事由、依据；

（三）向社会公布的失信信息提示；

（四）相关部门采取失信惩戒措施提示；

（五）当事人依法享有的相关权利；

（六）其他相关事项。

对纳入纳税信用评价范围的当事人，还应当包括适用D级纳税人管理措施提示。

本条第一款规定的时限不包括因其他方式无法送达，公告送达告知文书和确定文书的时间。

## 第三章　信息公布

**第十一条**　税务机关应当在失信主体确定文书送达后的次月15日内，向社会公布下列信息：

（一）失信主体基本情况；

（二）失信主体的主要税收违法事实；

（三）税务处理、税务行政处罚决定及法律依据；

（四）确定失信主体的税务机关；

（五）法律、行政法规规定应当公布的其他信息。

对依法确定为国家秘密的信息，法律、行政法规禁止公开的信息，以及公开后可能危及国家安全、公共安全、经济安全、社会稳定的信息，税务机关不予公开。

**第十二条**　税务机关按照本办法第十一条第一款第一项规定向社会公布失信主体基本情况。失信主体为法人或者其他组织的，公布其名称、统一社会信用代码（纳税人识别号）、注册地址以及违法行为发生时的法定代表人、负责人或者经人民法院生效裁判确定的实际责任人的姓名、性别及身份证件号码（隐去出生年、月、日号码段）；失信主体为自然人的，公布其姓名、性别、身份证件号码（隐去出生年、月、日号码段）。

经人民法院生效裁判确定的实际责任人，与违法行为发生时的法定代表人或者负责人不一致的，除有证据证明法定代表人或者负责人有涉案行为外，税务机关只向社会公布实际责任人信息。

**第十三条**　税务机关应当通过国家税务总局各省、自治区、直辖市、计划单列市税务局网站向社会公布失信主体信息，根据本地区实际情况，也可以通过税务机关公告栏、报纸、广播、电视、网络媒体等途径以及新闻发布会等形式向社会公布。

国家税务总局归集各地税务机关确定的失信主体信息，并提供至“信用中国”网站进行公开。

**第十四条**　属于本办法第六条第一项、第二项规定情形的失信主体，在失信信息公布前按照《税务处理决定书》《税务行政处罚决定书》缴清税款、滞纳金和罚款的，经税务机关确认，不向社会公布其相关信息。

属于本办法第六条第八项规定情形的失信主体，具有偷税、逃避追缴欠税行为的，按照前款规定处理。

**第十五条**　税务机关对按本办法规定确定的失信主体，纳入纳税信用评价范围的，按照纳税信用管理规定，将其纳税信用级别判为D级，适用相应的D级纳税人管理措施。

**第十六条**　对按本办法第十一条第一款规定向社会公布信息的失信主体，税务机关将失信信息提供给相关部门，由相关部门依法依规采取失信惩戒措施。

**第十七条**　失信主体信息自公布之日起满3年的，税务机关在5日内停止信息公布。

## 第四章　提前停止公布

**第十八条**　失信信息公布期间，符合下列条件之一的，失信主体或者其破产管理人可以向作出确定失信主体决定的税务机关申请提前停止公布失信信息：

（一）按照《税务处理决定书》《税务行政处罚决定书》缴清（退）税款、滞纳金、罚款，且失信主体失信信息公布满六个月的；

（二）失信主体破产，人民法院出具批准重整计划或认可和解协议的裁定书，税务机关依法受偿的；

（三）在发生重大自然灾害、公共卫生、社会安全等突发事件期间，因参与应急抢险救灾、疫情防控、重大项目建设或者履行社会责任作出突出贡献的。

**第十九条**　按本办法第十八条第一项规定申请提前停止公布的，申请人应当提交停止公布失信信息申请表、诚信纳税承诺书。

按本办法第十八条第二项规定申请提前停止公布的，申请人应当提交停止公布失信信息申请表，人民法院出具的批准重整计划或认可和解协议的裁定书。

按本办法第十八条第三项规定申请提前停止公布的，申请人应当提交停止公布失信信息申请表、诚信纳税承诺书以及省、自治区、直辖市、计划单列市人民政府出具的有关材料。

**第二十条**　税务机关应当自收到申请之日起2日内作出是否受理的决定。申请材料齐全、符合法定形式的，应当予以受理，并告知申请人。不予受理的，应当告知申请人，并说明理由。

**第二十一条**　受理申请后，税务机关应当及时审核。符合本办法第十八条第一项规定条件的，经设区的市、自治州以上税务局局长或者其授权的税务局领导批准，准予提前停止公布；符合本办法第十八条第二项、第三项规定条件的，经省、自治区、直辖市、计划单列市税务局局长或者其授权的税务局领导批准，准予提前停止公布。

税务机关应当自受理之日起15日内作出是否予以提前停止公布的决定，并告知申请人。对不予提前停止公布的，应当说明理由。

**第二十二条**　失信主体有下列情形之一的，不予提前停止公布：

（一）被确定为失信主体后，因发生偷税、逃避追缴欠税、骗取出口退税、抗税、虚开发票等税收违法行为受到税务处理或者行政处罚的；

（二）五年内被确定为失信主体两次以上的。

申请人按本办法第十八条第二项规定申请提前停止公布的，不受前款规定限制。

**第二十三条**　税务机关作出准予提前停止公布决定的，应当在5日内停止信息公布。

**第二十四条**　税务机关可以组织申请提前停止公布的失信主体法定代表人、财务负责人等参加信用培训，开展依法诚信纳税教育。信用培训不得收取任何费用。

### 第五章　附　　则

**第二十五条**　本办法规定的期间以日计算的，是指工作日，不含法定休假日；期间以年、月计算的，到期月的对应日为期间的最后一日；没有对应日的，月末日为期间的最后一日。期间开始的当日不计算在期间内。

本办法所称“以上、日内”，包含本数（级）。

**第二十六条**　国家税务总局各省、自治区、直辖市、计划单列市税务局可以依照本办法制定具体实施办法。

**第二十七条**　本办法自2022年2月1日起施行。《国家税务总局关于发布〈重大税收违法失信案件信息公布办法〉的公告》（2018年第54号）同时废止。

## 纳税服务投诉管理办法

*1. 2019年6月26日国家税务总局公告2019年第27号公布*

*2. 自2019年8月1日起施行*

### 第一章　总　　则

**第一条**　为保护纳税人（含缴费人、扣缴义务人和其他当事人，下同）的合法权益，规范纳税服务（含社会保险费和非税收入征缴服务，下同）投诉管理工作，构建和谐的税收征纳关系，根据《中华人民共和国税收征收管理法》及相关税收法律法规，制定本办法。

**第二条**　纳税人认为税务机关及其工作人员在履行纳税服务职责过程中未提供规范、文明的纳税服务或者有其他侵犯其合法权益的情形，向税务机关进行投诉，税务机关办理纳税人投诉事项，适用本办法。

**第三条**　对依法应当通过税务行政复议、诉讼、举报等途径解决的事项，依照有关法律、法规、规章及规范性文件的规定办理。

**第四条**　纳税服务投诉管理工作遵循依法公正、规范高效、属地管理、分级负责的原则。

**第五条**　纳税人进行纳税服务投诉需遵从税收法律、法规、规章、规范性文件，并客观、真实地反映相关情况，不得隐瞒、捏造、歪曲事实，不得侵害他人合法权益。

**第六条**　税务机关及其工作人员在办理纳税服务投诉事项时，不得徇私、偏袒，不得打击、报复，并应当对投诉人信息保密。

**第七条**　各级税务机关的纳税服务部门是纳税服务投诉的主管部门，负责纳税服务投诉的接收、受理、调查、处理、反馈等事项。需要其他部门配合的，由纳税服务部门进行统筹协调。

**第八条**　各级税务机关应当配备专职人员从事纳税服务投诉管理工作，保障纳税服务投诉工作的顺利开展。

### 第二章　纳税服务投诉范围

**第九条**　本办法所称纳税服务投诉包括：

（一）纳税人对税务机关工作人员服务言行进行的投诉；

（二）纳税人对税务机关及其工作人员服务质效进行的投诉；

（三）纳税人对税务机关及其工作人员在履行纳税服务职责过程中侵害其合法权益的行为进行的其他投诉。

**第十条**　对服务言行的投诉，是指纳税人认为税务机关工作人员在履行纳税服务职责过程中服务言行不符合文明服务规范要求而进行的投诉。具体包括：

（一）税务机关工作人员服务用语不符合文明服务规范要求的；

（二）税务机关工作人员行为举止不符合文明服务规范要求的。

**第十一条**　对服务质效的投诉，是指纳税人认为税务机关及其工作人员在履行纳税服务职责过程中未能提供优质便捷的服务而进行的投诉。具体包括：

（一）税务机关及其工作人员未准确掌握税收法律法规等相关规定，导致纳税人应享受未享受税收优惠政策的；

（二）税务机关及其工作人员未按规定落实首问责任、一次性告知、限时办结、办税公开等纳税服务制度的；

（三）税务机关及其工作人员未按办税事项"最多跑一次"服务承诺办理涉税业务的；

（四）税务机关未能向纳税人提供便利化办税渠道的；

（五）税务机关及其工作人员擅自要求纳税人提供规定以外资料的；

（六）税务机关及其工作人员违反规定强制要求纳税人出具涉税鉴证报告，违背纳税人意愿强制代理、指定代理的。

**第十二条**　侵害纳税人合法权益的其他投诉，是指纳税人认为税务机关及其工作人员在履行纳税服务职责过程中未依法执行税收法律法规等相关规定，侵害纳税人的合法权益而进行的其他投诉。

**第十三条**　投诉内容存在以下情形的，不属于本办法所称纳税服务投诉的范围：

（一）违反法律、法规、规章有关规定的；

（二）针对法律、法规、规章和规范性文件规定进行投诉的；

（三）超出税务机关法定职责和权限的；

（四）不属于本办法投诉范围的其他情形。

## 第三章　提交与受理

**第十四条**　纳税人可以通过网络、电话、信函或者当面等方式提出投诉。

**第十五条**　纳税人对纳税服务的投诉，可以向本级税务机关提交，也可以向其上级税务机关提交。

**第十六条**　纳税人进行纳税服务投诉原则上以实名提出。

**第十七条**　纳税人进行实名投诉，应当列明下列事项：

（一）投诉人的姓名（名称）、有效联系方式；

（二）被投诉单位名称或者被投诉个人的相关信息及其所属单位；

（三）投诉请求、主要事实、理由。

纳税人通过电话或者当面方式提出投诉的，税务机关在告知纳税人的情况下可以对投诉内容进行录音或者录像。

**第十八条**　已就具体行政行为申请税务行政复议或者提起税务行政诉讼，但具体行政行为存在不符合文明规范言行问题的，可就该问题单独向税务机关进行投诉。

**第十九条**　纳税服务投诉符合本办法规定的投诉范围且属于下列情形的，税务机关应当受理：

（一）纳税人进行实名投诉，且投诉材料符合本办法第十七条要求；

（二）纳税人虽进行匿名投诉，但投诉的事实清楚、理由充分，有明确的被投诉人，投诉内容具有典型性。

**第二十条**　属于下列情形的，税务机关不予受理：

（一）对税务机关已经处理完毕且经上级税务机关复核的相同投诉事项再次投诉的；

（二）对税务机关依法、依规受理，且正在办理的服务投诉再次投诉的；

（三）不属于本办法投诉范围的其他情形。

**第二十一条**　税务机关收到投诉后应于1个工作日内决定是否受理，并按照"谁主管、谁负责"的原则办理或转办。

**第二十二条**　对于不予受理的实名投诉，税务机关应当以适当形式告知投诉人，并说明理由。逾期未告知的，视同自收到投诉后1个工作日内受理。

**第二十三条**　上级税务机关认为下级税务机关应当受理投诉而不受理或者不予受理的理由不成立的，可以责令其受理。

上级税务机关认为有必要的，可以直接受理应由下级税务机关受理的纳税服务投诉。

**第二十四条**　纳税人的同一投诉事项涉及两个以上税务机关的，应当由首诉税务机关牵头协调处理。首诉税务机关协调不成功的，应当向上级税务机关申请协调处理。

**第二十五条**　纳税人就同一事项通过不同渠道分别投诉

的，税务机关接收后可合并办理。

**第二十六条** 税务机关应当建立纳税服务投诉事项登记制度，记录投诉时间、投诉人、被投诉人、联系方式、投诉内容、受理情况以及办理结果等有关内容。

**第二十七条** 各级税务机关应当向纳税人公开负责纳税服务投诉机构的通讯地址、投诉电话、税务网站和其他便利投诉的事项。

## 第四章 调查与处理

**第二十八条** 税务机关调查处理投诉事项，应依法依规、实事求是、注重调解，化解征纳争议。

**第二十九条** 税务机关调查人员与投诉事项或者投诉人、被投诉人有利害关系的，应当回避。

**第三十条** 调查纳税服务投诉事项，应当由两名以上工作人员参加。一般流程为：

（一）核实情况。查阅文件资料，调取证据，听取双方陈述事实和理由，必要时可向其他组织和人员调查或实地核查；

（二）沟通调解。与投诉人、被投诉人确认基本事实，强化沟通，化解矛盾，促进双方就处理意见形成共识；

（三）提出意见。依照有关法律、法规、规章及其他有关规定提出处理意见。

**第三十一条** 税务机关对各类服务投诉应限期办结。对服务言行类投诉，自受理之日起5个工作日内办结；服务质效类、其他侵害纳税人合法权益类投诉，自受理之日起10个工作日内办结。

**第三十二条** 属于下列情形的，税务机关应快速处理，自受理之日起3个工作日内办结。

（一）本办法第十一条第一项所规定的情形；

（二）自然人纳税人提出的个人所得税服务投诉；

（三）自然人缴费人提出的社会保险费和非税收入征缴服务投诉；

（四）涉及其他重大政策落实的服务投诉。

**第三十三条** 服务投诉因情况复杂不能按期办结的，经受理税务机关纳税服务部门负责人批准，可适当延长办理期限，最长不得超过10个工作日，同时向转办部门进行说明并向投诉人做好解释。

**第三十四条** 属于下列情形的，税务机关可即时处理：

（一）纳税人当场提出投诉，事实简单、清楚，不需要进行调查的；

（二）一定时期内集中发生的同一投诉事项且已有明确处理意见的。

**第三十五条** 纳税人当场投诉事实成立的，被投诉人应当立即停止或者改正被投诉的行为，并向纳税人赔礼道歉，税务机关应当视情节轻重给予被投诉人相应处理；投诉事实不成立的，处理投诉事项的税务机关工作人员应当向纳税人说明理由。

**第三十六条** 调查过程中发生下列情形之一的，应当终结调查，并向纳税人说明理由：

（一）投诉事实经查不属于纳税服务投诉事项的；

（二）投诉内容不具体，无法联系投诉人或者投诉人拒不配合调查，导致无法调查核实的；

（三）投诉人自行撤销投诉，经核实确实不需要进一步调查的；

（四）已经处理反馈的投诉事项，投诉人就同一事项再次投诉，没有提供新证据的；

（五）调查过程中发现不属于税务机关职责范围的。

**第三十七条** 税务机关根据调查核实的情况，对纳税人投诉的事项分别作出如下处理：

（一）投诉情况属实的，责令被投诉人限期改正，并视情节轻重分别给予被投诉人相应的处理；

（二）投诉情况不属实的，向投诉人说明理由。

**第三十八条** 税务机关应在规定时限内将处理结果以适当形式向投诉人反馈。

反馈时应告知投诉人投诉是否属实，对投诉人权益造成损害的行为是否终止或改正；不属实的投诉应说明理由。

**第三十九条** 投诉人对税务机关反馈的处理情况有异议的，税务机关应当决定是否开展补充调查以及是否重新作出处理结果。

**第四十条** 投诉人认为处理结果显失公正的，可向上级税务机关提出复核申请。上级税务机关自受理之日起，10个工作日内作出复核意见。

**第四十一条** 税务机关及其工作人员阻拦、限制投诉人投诉或者打击报复投诉人的，由其上级机关依法依规追究责任。

**第四十二条** 投诉人捏造事实、恶意投诉，或者干扰和影响正常工作秩序，对税务机关、税务人员造成负面影响的，投诉人应依法承担相应责任。

## 第五章 指导与监督

**第四十三条** 上级税务机关应当加强对下级税务机关纳税服务投诉工作的指导与监督，督促及时、规范处理。

**第四十四条** 各级税务机关对于办理纳税服务投诉过程中发现的有关税收制度或者行政执法中存在的普遍性

问题，应当向有关部门提出合理化建议。

**第四十五条** 各级税务机关应当积极依托信息化手段，规范流程、强化监督，不断提高纳税服务投诉处理质效。

## 第六章 附 则

**第四十六条** 国家税务总局各省、自治区、直辖市和计划单列市税务局可以根据本办法制定具体的实施办法。

**第四十七条** 本办法自2019年8月1日起施行。《国家税务总局关于修订〈纳税服务投诉管理办法〉的公告》（国家税务总局公告2015年第49号，国家税务总局公告2018年第31号修改）同时废止。

# 税收违法案件一案双查办法（试行）

*1. 2008年12月19日国家税务总局发布*
*2. 国税发〔2008〕125号*

**第一条** 为加强对税务机关和税务人员征收管理和执法行为的监督检查，依法依纪查处征收管理和执法中的违法违纪行为，制定本办法。

**第二条** 本办法所称一案双查，是指在查处纳税人、扣缴义务人（以下简称纳税人）税收违法案件中，对涉案税务机关或税务人员违法违纪行为进行调查，并依照有关规定追究税务机关或税务人员的责任。

一案双查由稽查部门和监察部门按照职责分工实施。稽查部门负责检查纳税人税收违法行为，监察部门负责调查税务机关和税务人员违法违纪问题。

**第三条** 税务机关在下列情况下，实行一案双查：

（一）稽查部门在检查中发现税务机关或税务人员失职渎职、滥用职权、贪污受贿或者利用职权侵犯公民权利等，涉嫌违法违纪的；

（二）举报纳税人税收违法行为，同时举报税务机关或税务人员违法违纪并且问题严重，线索具体的；

（三）重大税收违法案件，税务机关认为需要实行一案双查的。

**第四条** 稽查部门发现税务机关或税务人员涉嫌以下违法违纪行为的事实或线索，应将有关证据和材料转交有管辖权的监察部门：

（一）与不法分子相勾结，虚开、买卖发票，骗取国家税款的；

（二）为涉案纳税人通风报信、作伪证、说情、影响案件查处的；

（三）索取、收受贿赂，利用职务之便为自己或者他人谋取利益的；

（四）经商办企业或在企业入股分红的；

（五）不履行或者不认真履行职责造成税款损失的；

（六）违法违纪和失职渎职的其他行为。

**第五条** 稽查人员发现税务机关或者税务人员涉嫌存在本办法第四条所列违法违纪行为的事实或线索的，应在24小时内报告本稽查局局长或者主持工作的负责人；稽查局局长或者主持工作的负责人应在三个工作日内提出同意转交或者不同意转交监察部门的意见，并将意见报告分管稽查工作的税务局领导；分管稽查工作的税务局领导应当在三个工作日内作出批准转交或者不批准转交的决定。决定批准的，应当在24小时内将有关证据和材料转交监察部门；决定不批准的，应当将不予批准的理由记录在案。

稽查人员发现税务机关或者税务人员涉嫌违法违纪行为的事实或线索涉及本部门负责人或者分管稽查工作的税务局领导的，可以直接报告上级税务机关或者监察部门。

**第六条** 稽查部门向监察部门转交违法违纪线索，应制作《税务机关（人员）违法违纪线索转交单》，办理交接手续。

**第七条** 举报纳税人税收违法行为同时举报税务机关或税务人员违法违纪问题的，一般先由稽查部门实施税务检查，检查结束后，稽查部门应当将检查结论通报监察部门。

举报纳税人税收违法行为同时举报税务机关或税务人员违法违纪问题严重，线索具体的，经分管稽查和监察工作的税务局领导批准同意，稽查部门和监察部门可组成联合检查组，同时进行调查。

**第八条** 监察部门在接到稽查部门转交的违法违纪问题线索后，应当及时决定是否受理，并将受理情况反馈给稽查部门。对于不属于本部门管辖范围的，应当及时转送有管辖权的部门，并告知转交线索的稽查部门。

**第九条** 稽查部门在实施税收检查中，发现税务机关或税务人员涉嫌违法违纪行为的事实或线索，应当妥善保存与违法违纪行为有关的证据材料。

**第十条** 监察部门对稽查部门转交的税务机关或税务人员违法违纪行为线索，可征求有关税收业务部门的意见，作为是否受理和调查的参考，并可提请有关部门协助收集、审查、判断或者认定证据。

**第十一条** 稽查部门和监察部门实施检查、调查，应按有关法律、法规和制度、规定执行。

**第十二条** 稽查部门、监察部门对所发现的税务机关或税务人员违法违纪的证据、线索,以及涉案纳税人的有关情况,应当遵守保密工作纪律,不得泄露、传播。

**第十三条**　稽查部门、监察部门违反本办法,或者有下列行为情节严重的,应当追究有关人员的责任:

(一)稽查部门发现税务机关或者税务人员涉嫌违法违纪或失职渎职行为的事实或证据,隐瞒不报,或者隐匿、销毁有关线索、证据的;

(二)监察部门接到稽查部门转交的证据、线索,无正当理由不受理的。

**第十四条**　税务机关其他部门在履行职责过程中,发现税务机关或税务人员有涉嫌违法违纪行为的事实或线索的,比照本办法执行。

**第十五条**　本办法由监察部驻国家税务总局监察局、国家税务总局稽查局负责解释。

**第十六条**　各省、自治区、直辖市国家税务局、地方税务局根据本办法制定具体实施办法。

**第十七条**　本办法自印发之日起施行。

附件:(略)

## 税收违法案件一案双查工作补充规定

*1. 2015年2月4日国家税务总局发布*
*2. 税总发〔2015〕20号*

《税收违法案件一案双查办法(试行)》自2008年施行以来,对及时发现并查处税务人员的违纪违法问题,规范税收征管和税收执法行为发挥了重要作用。但是,在执行中我们也发现《税收违法案件一案双查办法(试行)》存在刚性不足,操作性不强的问题。为进一步落实中央纪委关于"转职能、转方式、转作风"的工作部署,加大税收违法案件一案双查力度,现对一案双查工作补充规定(以下简称《规定》)如下:

一、本《规定》所称一案双查,是指在查处纳税人、扣缴义务人和其他涉税当事人(以下简称涉税当事人)税收违法案件中,对税务机关或者税务人员的执法行为规范性和履职行为廉洁性进行检查,对违纪违法行为依照有关规定进行调查和追究责任的活动。

一案双查由稽查部门、纪检监察部门按照职责分工实施。稽查部门负责查处涉税当事人税收违法行为,纪检监察部门负责查处税务机关和税务人员违纪违法行为。稽查部门、纪检监察部门实施检查、调查应当使用各自文书,并按照有关法律、行政法规和规章制度执行。

二、有下列情形之一的,实行一案双查:

(一)稽查部门在检查中发现税务机关或者税务人员涉嫌失职渎职、索贿受贿或者侵犯公民、法人和其他组织合法权益等行为的;

(二)重大税收违法案件存在税务机关或者税务人员涉嫌违法违纪行为的;

(三)检举涉税当事人税收违法行为,同时检举税务机关或者税务人员违纪违法行为,线索具体的;

(四)纪检监察部门认为需要实行一案双查的其他税收违法案件。

三、本《规定》所称重大税收违法案件包括:

(一)虚开增值税专用发票及其他增值税抵扣凭证、偷税、逃税、骗税、抗税达到规定数额标准的案件;

(二)上级税务机关督办的重大案件;

(三)造成重大社会影响的案件。

具体数额及金额标准由各省、自治区、直辖市和计划单列市国家税务局、地方税务局分别规定,并报监察部驻国家税务总局监察局、国家税务总局稽查局备案。

四、对重大税收违法案件,稽查部门应当在作出税务处理处罚决定后5个工作日内制作《重大税收违法案件一案双查转交单》(见附件1),连同《税务处理决定书》、《税务行政处罚决定书》(或者《税务稽查结论》)以及《税务稽查报告》、《税务稽查审理报告》,经稽查部门主要负责人批准后,通过税收管理信息系统或者其他有效途径,转交所属税务局纪检监察部门。

对稽查部门转交的重大税收违法案件,纪检监察部门应当对随案转交的相关材料进行案头分析,需要时可调阅税务稽查案卷等有关资料,认为存在税务机关或者税务人员涉嫌违纪违法行为的,应当填写《税收违法案件一案双查审批表》(见附件3),报经分管纪检监察工作的税务局领导批准后开展调查。

五、稽查部门在检查中发现税务机关或者税务人员涉嫌下列行为之一的,应当妥善保存有关证据和材料,并按规定转交所在税务局纪检监察部门:

(一)与不法分子相勾结,虚开、非法买卖发票,偷税、逃税、骗税、抗税的;

(二)为涉案当事人通风报信、提供伪证、说情,影响案件查处的;

(三)隐匿、转移、毁灭证据的;

(四)索取、收受贿赂,利用职务之便为自己或者他人谋取利益的;

(五)侵犯公民、法人和其他组织合法权益等行为的;

（六）经商办企业或者在企业入股分红，以及其他违反规定从事营利性活动的；

（七）违反税收法律、行政法规以及税收征管制度、规定、流程的；

（八）有其他违纪违法行为的。

稽查部门发现税务机关以外的国家机关或者工作人员涉嫌违反税收法律、行政法规或者其他违纪违法行为的，应当将相关证据或者线索转交纪检监察部门，由纪检监察部门依照有关规定移送有权机关处理。

六、对税务机关发函委托的协查事项，受托方税务机关或者税务人员不按照规定进行协查、反馈协查情况，或者提供虚假情况的，委托方税务机关应当将相关情况或者线索逐级上报至与受托方税务机关共同的上级税务机关，请求上级税务机关调查核实或者责令受托方上级税务机关调查核实，追究相关税务机关或者税务人员责任。

七、稽查人员在检查中发现税务机关或者税务人员涉嫌本《规定》第五条所列违纪违法行为的情况或者线索的，应当在2个工作日内逐级上报至稽查部门主要负责人；稽查部门应当在3个工作日内填写《税务机关（人员）涉嫌违纪违法问题线索转交单》（见附件2），由主要负责人签报分管稽查工作的税务局领导；分管稽查工作的税务局领导应当在3个工作日内作出是否批准转交的决定，决定批准的，应当在2个工作日内批转纪检监察部门；不批准转交的，应当签署不批准转交的理由。

八、纪检监察部门在接到稽查部门转交的问题线索后，应当在5个工作日内决定是否受理，并将受理情况反馈给稽查部门。对于不属于本部门管辖范围的，应当及时转交有管辖权的部门，并告知稽查部门。

九、纪检监察部门对稽查部门转交的问题线索，可征求有关税收业务部门的意见，作为是否调查的参考，并可提请有关部门协助收集、审查、判断或者认定证据。

十、检举涉税当事人税收违法行为同时检举税务机关或者税务人员违纪违法问题的，一般先由稽查部门实施税务检查，检查结束后，稽查部门应当将检查结果通报纪检监察部门。

检举涉税当事人税收违法行为同时检举税务机关或者税务人员违纪违法线索具体的，稽查部门和纪检监察部门可组成联合检查组，同时进行检查、调查。

十一、稽查部门在税收违法案件检查中，可以提请纪检监察部门提前介入。

纪检监察部门可以提前介入稽查部门正在查处的税收违法案件，对税务机关或者税务人员涉嫌违纪违法行为开展调查。

有证据或者线索证明税务机关或者税务人员涉嫌重大违纪违法行为的，纪检监察部门应当提前介入查处。

十二、上级纪检监察部门可以根据具体工作情况要求下级纪检监察部门开展一案双查，也可以直接或者联合同级稽查部门对下级税务机关查处的税收违法案件开展一案双查。

十三、稽查、纪检监察部门应当遵守保密工作纪律，对所发现的税务机关或者税务人员违纪违法的证据、线索，以及提供线索的稽查人员有关情况，不得泄露、传播。

税务机关应当对提供线索的稽查人员给予鼓励和保护。

十四、稽查、纪检监察部门应当建立一案双查工作沟通联系机制，互相协助、密切配合。

十五、违反《规定》，或者有下列行为之一的，应当追究有关人员的责任：

（一）稽查部门发现税务机关或者税务人员涉嫌失职渎职以及其他违纪违法行为的事实或者线索，隐瞒不报或者销毁有关证据的；

（二）纪检监察部门接到稽查部门转交的证据、线索，无正当理由不调查的；

（三）对提供线索的稽查人员打击报复的。

十六、税务机关其他部门在履行职责过程中，发现税务机关或者税务人员涉嫌违纪违法行为的情况或者线索的，比照本《规定》执行。

十七、各级税务机关应当将一案双查情况纳入工作考核的重要内容。

附件：（略）

## 税收执法过错责任追究办法

*1. 2005年3月22日国家税务总局发布*
*2. 国税发〔2005〕42号*

### 第一章　总　　则

**第一条**　为规范税收执法行为，提高税收执法水平，促进税务执法人员依法行政，维护纳税人的合法权益，根据国家相关法律、行政法规、规章制定本办法。

**第二条**　全国税务执法人员的执法过错责任追究，适用本办法。

**第三条**　本办法所称税收执法过错责任是指税务执法人

员在执行职务过程中,因故意或者过失,导致税收执法行为违法应当承担的责任。

本办法所称税收执法过错责任追究是指给予税收执法过错责任人的行政处理和经济惩戒。

**第四条** 过错责任人员应当给予行政处分或者应当追究刑事责任的,依照其他法律、行政法规及规章的规定执行。

**第五条** 执法过错责任追究应当坚持公平公正公开、有错必究、过罚相当、教育与惩处相结合的原则。

**第六条** 执法过错责任追究应当建立统一领导、分工负责、简捷高效的工作机制。

## 第二章 追究形式

**第七条** 执法过错责任的追究形式分为行政处理和经济惩戒。

行政处理包括批评教育、责令作出书面检查、通报批评、责令待岗、取消执法资格。

经济惩戒是指扣发奖金、岗位津贴。

**第八条** 批评教育适用于执法过错行为性质较轻,后果轻微的责任人。该处理形式应当书面记载并附卷。

**第九条** 责令作出书面检查适用于执法过错行为性质一般,后果较轻但是发生频率较高的责任人。

**第十条** 通报批评适用于执法过错行为性质一般,但可能导致较重后果或者一定社会负面影响的责任人。

**第十一条** 责令待岗适用于执法过错行为性质较重,可能导致严重后果或者较大社会负面影响的责任人。待岗期限为一至六个月,待岗人员需接受适当形式的培训后方可重新上岗。

**第十二条** 取消执法资格适用于执法过错行为性质、后果严重的责任人。取消期限为一年。被取消执法资格人员需接受适当形式的培训后方可重新取得执法资格。

**第十三条** 对责任人员的追究决定,由其所在的县级以上税务机关局长办公会议集体作出。批评教育和责令作出书面检查可以由本单位负责人作出。

责任人的过错行为造成的后果能够纠正的,应当责令限期纠正。能消除影响的,就及时消除影响。

## 第三章 追究范围和适用

**第十四条** 税务执法人员有下列行为之一的,应当对其进行批评教育:

(一)未对逾期办理开业税务登记行为按违法违章进行处理的;

(二)未按规定制作非正常户认定书的;

(三)未按规定审批延期申报的;

(四)未对欠税进行公告的;

(五)未对欠税进行准确核算的;

(六)未按规定办理政策性退税的;

(七)对达到立案标准的案件未按规定立案的;

(八)未按规定查办举报案件的;

(九)未按规定的时限审结案件的;

(十)未按《行政许可法》的有关规定进行公开、公告的;

(十一)其他行为性质、后果较轻的执法过错行为。

**第十五条** 税务执法人员有下列行为之一的,应当责令作出书面检查:

(一)延期申报未按规定核定预缴税款的;

(二)未按规定发售发票的;

(三)未按规定代开发票的;

(四)未按规定对重号发票进行重复认证的;

(五)未按规定办理注销税务登记的;

(六)未按规定受理和审批减免税申请的;

(七)未按规定受理和审批税前扣除申请的;

(八)未按规定受理和审批纳税人享受税收优惠政策资格的;

(九)未按规定回复案件协查情况的;

(十)未按规定调取、退还纳税人账簿、资料的;

(十一)案件审理确认的事实不清楚,证据不确凿,定性不准确的;

(十二)未按规定程序组织行政处罚听证的;

(十三)未按规定执行处理(罚)决定的。

**第十六条** 税务执法人员有下列行为之一的,应当通报批评:

(一)未按规定在防伪税控系统内设置或者修改金税卡时钟的;

(二)金税工程各系统纳税人信息的录入和变动未及时、准确的;

(三)未按规定审批延期缴纳税款的;

(四)未按规定停供发票的;

(五)未按规定缴销发票的;

(六)未按规定将销售额超过小规模标准的纳税人按增值税一般纳税人管理的;

(七)税务行政处罚未按规定履行告知程序的;

(八)未按规定实施税收保全、强制执行措施的;

(九)未按规定受理税务行政处罚听证的申请;

(十)未按规定处理(罚)涉税违法行为的;

(十一)未在规定时限内办理税务行政复议事项的;

（十二）其他性质一般，但可能导致较重后果或者一定社会负面影响的执法过错行为。

**第十七条**　税务执法人员有下列行为之一的，应当责令待岗：

（一）未按规定认定、取消增值税一般纳税人资格的；

（二）未按规定对金税工程各系统进行数据备份的；

（三）认证不符或者密文有误发票未及时扣留、传递的；

（四）防伪税控的企业发行不符合规定的；

（五）未按规定移送涉嫌涉税犯罪案件的；

（六）未按规定受理税务行政复议申请的；

（七）其他性质较重，可能导致严重后果或者较大社会负面影响的执法过错行为。

**第十八条**　税务执法人员有下列行为之一的，应当取消执法资格：

（一）混淆税款入库级次的；

（二）违规提前征收和延缓征收税款的；

（三）违规多征、少征税款的；

（四）税务行政复议的决定不合法的；

（五）其他性质、后果严重的执法过错行为。

**第十九条**　对按照本办法第十四条、第十五条、第十六条、第十七条、第十八条进行责任追究的税务执法人员，税务机关可以根据责任人执法过错的原因、性质和后果，同时并处经济惩戒。具体数额由各省、自治区、直辖市和计划单列市国家税务局、地方税务局规定。

**第二十条**　执法过错行为按照下列方法明确责任：

（一）因承办人的个人原因造成执法过错的，承担全部过错责任；承办人为两人或者两人以上的，根据过错责任大小分别承担主要责任、次要责任；

（二）承办人的过错行为经过批准的，由承办人和批准人共同承担责任，批准人承担主要责任，承办人承担次要责任。承办人的过错行为经过审核后报经批准的，由批准人、审核人和承办人共同承担责任，审核人承担主要责任，批准人、承办人承担次要责任；

（三）因承办人弄虚作假导致批准错误的，由承办人承担全部过错责任；

（四）经复议维持的过错行为，由承办人和复议人员共同承担责任，其中复议人员承担主要责任，承办人承担次要责任；经复议撤销或者变更导致的过错行为，由复议人员承担全部责任；

（五）执法过错行为由集体研究决定的，由主要领导承担主要责任，其他责任人承担次要责任。

**第二十一条**　有下列情形之一的，不予追究税务执法人员的责任：

（一）因执行上级机关的答复、决定、命令、文件，导致执法过错的；

（二）有其他不予追究的情节或者行为的。

**第二十二条**　有下列情况之一的，行为人不承担责任：

（一）因所适用的法律、行政法规、规章的规定不明确，导致执法过错的；

（二）在集体研究中申明保留不同意见的；

（三）因不可抗力导致执法过错的；

（四）其他不承担责任的情节或行为的。

**第二十三条**　执法过错责任人有下列情形之一的，可以从轻或者减轻责任：

（一）主动承认过错并及时纠正错误、有效阻止危害结果发生、挽回影响的；

（二）经领导批准同意后实施，导致执法过错的；

（三）有其他从轻或者减轻的情节或者行为的。

过错行为情节显著轻微，没有造成危害后果的，可以对责任人免予追究。

**第二十四条**　执法过错责任人有下列情形之一的，应当从重或者加重责任，不受本办法第十四条、第十五条、第十六条、第十七条、第十八条规定的所应承担责任的限制，直至取消执法资格：

（一）同时具有本办法规定的两种以上过错行为的；

（二）同一年度内发生多起相同根据本办法应当追究执法过错行为的；

（三）转移、销毁有关证据，弄虚作假或者以其他方法阻碍、干扰执法过错责任调查、追究的；

（四）被责令限期改正而无正当理由逾期不改正的；

（五）导致国家税款流失数额较大的；

（六）导致较大社会负面影响的；

（七）导致税务行政诉讼案件终审败诉的；

（八）导致税务机关承担国家赔偿责任的。

**第二十五条**　各省、自治区、直辖市和计划单列市国家税务局、地方税务局可以规定对其他执法过错行为进行责任追究。

**第二十六条**　执法过错责任在五年内未被发现的，不再进行追究。法律、行政法规、规章另有规定的除外。

## 第四章　追究程序和实施

**第二十七条**　对执法过错行为的调查和对过错责任的初步定性由法制部门组织实施，相关部门共同参与。

对责任人员的追究决定由人事、财务、法制等职能部门分别组织实施。

**第二十八条**　各级税务机关的有关部门，应当将工作中通过评议考核渠道发现的执法过错行为及时提供给法制部门进行追究。

**第二十九条**　各级税务机关的有关部门发现的执法过错线索，应当以书面形式列明责任人及责任人所属单位、执法过错行为的基本情况，并自发现之日起三个工作日内提交本机关法制部门。

法制部门还可以通过财政、审计、新闻媒体以及其他社会各界等各种渠道发现执法过错线索。

**第三十条**　法制部门应当根据掌握的执法过错线索，结合具体情况初步排查；对认为需要调查的，组织有关人员进行专案执法检查。

**第三十一条**　法制部门根据执法检查结果，发现存在执法过错，应当追究责任的提出拟处理意见报主管负责人或者局长办公会议审议。

**第三十二条**　法制部门根据主管负责人或者局长办公会议的决定，应当作出以下处理：

（一）对无过错或者不予追究或者免于追究的，制作相应决定；

（二）对应当承担执法过错责任的，制作追究决定，由人事、财务、法制等部门分别实施；责令待岗和取消执法资格的，自执法过错责任人收到追究决定之日起开始执行；

（三）执法过错行为能够予以纠正的，同时责令撤销、变更或者限期改正，或者提请有权机关予以撤销、变更或者重新作出；

（四）对依法应当给予行政处分或者涉嫌刑事责任的，移交相关部门处理。

处理决定应当以书面形式送达有关单位、部门和个人。

**第三十三条**　被调查人不服处理决定的，可以自收到处理决定之日起10日内以书面形式向作出决定的税务机关申辩，也可以自收到处理决定之日起10日内以书面形式直接向作出处理决定的税务机关的上一级税务机关申辩。

接受申辩的税务机关应当自接到申辩材料次日起30日内作出书面答复。

申辩期间处理决定不停止执行。

**第三十四条**　处理决定执行后，法制部门应当将全部资料立卷、归档。

**第三十五条**　对发现执法过错追究线索隐瞒不报的，隐瞒事实真相、出具伪证或者毁灭证据的，拒绝提供有关资料的，拒绝就调查人员所提问题作出解释和说明的，拒不执行处理决定的，按其情节和性质比照本办法处理。

## 第五章　附　　则

**第三十六条**　各省、自治区、直辖市和计划单列市国家税务局、地方税务局可以依照本办法制定具体的实施细则，并报国家税务总局备案。

**第三十七条**　各省、自治区、直辖市和计划单列市国家税务局、地方税务局应当在每年二月底之前将上年度执法过错责任追究情况报国家税务总局。

**第三十八条**　本办法由国家税务总局负责解释。

**第三十九条**　本办法自下发之日起实施。2001年11月22日下发的《税收执法过错责任追究办法（试行）》同时废止。

## ②税务刑事案件

# 中华人民共和国刑法（节录）

*1. 1979年7月1日第五届全国人民代表大会第二次会议通过*

*2. 1997年3月14日第八届全国人民代表大会第五次会议修订*

*3. 根据1998年12月29日《全国人民代表大会常务委员会关于惩治骗购外汇、逃汇和非法买卖外汇犯罪的决定》、1999年12月25日《中华人民共和国刑法修正案》、2001年8月31日《中华人民共和国刑法修正案（二）》、2001年12月29日《中华人民共和国刑法修正案（三）》、2002年12月28日《中华人民共和国刑法修正案（四）》、2005年2月28日《中华人民共和国刑法修正案（五）》、2006年6月29日《中华人民共和国刑法修正案（六）》、2009年2月28日《中华人民共和国刑法修正案（七）》、2009年8月27日《全国人民代表大会常务委员会关于修改部分法律的决定》、2011年2月25日《中华人民共和国刑法修正案（八）》、2015年8月29日《中华人民共和国刑法修正案（九）》、2017年11月4日《中华人民共和国刑法修正案（十）》、2020年12月26日《中华人民共和国刑法修正案（十一）》和2023年12月29日《中华人民共和国刑法修正案（十二）》修正①*

**第一百五十三条**　**【走私普通货物、物品罪】**走私本法第

---

①　刑法、历次刑法修正案、涉及修改刑法的决定的施行日期，分别依据各法律所规定的施行日期确定。

一百五十一条、第一百五十二条、第三百四十七条规定以外的货物、物品的，根据情节轻重，分别依照下列规定处罚：

（一）走私货物、物品偷逃应缴税额较大或者一年内曾因走私被给予二次行政处罚后又走私的，处三年以下有期徒刑或者拘役，并处偷逃应缴税额一倍以上五倍以下罚金。

（二）走私货物、物品偷逃应缴税额巨大或者有其他严重情节的，处三年以上十年以下有期徒刑，并处偷逃应缴税额一倍以上五倍以下罚金。

（三）走私货物、物品偷逃应缴税额特别巨大或者有其他特别严重情节的，处十年以上有期徒刑或者无期徒刑，并处偷逃应缴税额一倍以上五倍以下罚金或者没收财产。

单位犯前款罪的，对单位判处罚金，并对其直接负责的主管人员和其他直接责任人员，处三年以下有期徒刑或者拘役；情节严重的，处三年以上十年以下有期徒刑；情节特别严重的，处十年以上有期徒刑。

对多次走私未经处理的，按照累计走私货物、物品的偷逃应缴税额处罚。

**第一百五十四条　【走私普通货物、物品罪】**下列走私行为，根据本节规定构成犯罪的，依照本法第一百五十三条的规定定罪处罚：

（一）未经海关许可并且未补缴应缴税额，擅自将批准进口的来料加工、来件装配、补偿贸易的原材料、零件、制成品、设备等保税货物，在境内销售牟利的；

（二）未经海关许可并且未补缴应缴税额，擅自将特定减税、免税进口的货物、物品，在境内销售牟利的。

**第一百六十一条　【违规披露、不披露重要信息罪】**依法负有信息披露义务的公司、企业向股东和社会公众提供虚假的或者隐瞒重要事实的财务会计报告，或者对依法应当披露的其他重要信息不按照规定披露，严重损害股东或者其他人利益，或者有其他严重情节的，对其直接负责的主管人员和其他直接责任人员，处五年以下有期徒刑或者拘役，并处或者单处罚金；情节特别严重的，处五年以上十年以下有期徒刑，并处罚金。

前款规定的公司、企业的控股股东、实际控制人实施或者组织、指使实施前款行为的，或者隐瞒相关事项导致前款规定的情形发生的，依照前款的规定处罚。

犯前款罪的控股股东、实际控制人是单位的，对单位判处罚金，并对其直接负责的主管人员和其他直接责任人员，依照第一款的规定处罚。

**第一百六十二条之一　【隐匿、故意销毁会计凭证、会计帐簿、财务会计报告罪】**隐匿或者故意销毁依法应当保存的会计凭证、会计帐簿、财务会计报告，情节严重的，处五年以下有期徒刑或者拘役，并处或者单处二万元以上二十万元以下罚金。

单位犯前款罪的，对单位判处罚金，并对其直接负责的主管人员和其他直接责任人员，依照前款的规定处罚。

**第一百六十八条　【国有公司、企业、事业单位人员失职罪；国有公司、企业、事业单位人员滥用职权罪】**国有公司、企业的工作人员，由于严重不负责任或者滥用职权，造成国有公司、企业破产或者严重损失，致使国家利益遭受重大损失的，处三年以下有期徒刑或者拘役；致使国家利益遭受特别重大损失的，处三年以上七年以下有期徒刑。

国有事业单位的工作人员有前款行为，致使国家利益遭受重大损失的，依照前款的规定处罚。

国有公司、企业、事业单位的工作人员，徇私舞弊，犯前两款罪的，依照第一款的规定从重处罚。

**第一百七十七条　【伪造、变造金融票证罪】**有下列情形之一，伪造、变造金融票证的，处五年以下有期徒刑或者拘役，并处或者单处二万元以上二十万元以下罚金；情节严重的，处五年以上十年以下有期徒刑，并处五万元以上五十万元以下罚金；情节特别严重的，处十年以上有期徒刑或者无期徒刑，并处五万元以上五十万元以下罚金或者没收财产：

（一）伪造、变造汇票、本票、支票的；

（二）伪造、变造委托收款凭证、汇款凭证、银行存单等其他银行结算凭证的；

（三）伪造、变造信用证或者附随的单据、文件的；

（四）伪造信用卡的。

单位犯前款罪的，对单位判处罚金，并对其直接负责的主管人员和其他直接责任人员，依照前款的规定处罚。

**第二百零一条　【逃税罪】**纳税人采取欺骗、隐瞒手段进行虚假纳税申报或者不申报，逃避缴纳税款数额较大并且占应纳税额百分之十以上的，处三年以下有期徒刑或者拘役，并处罚金；数额巨大并且占应纳税额百分之三十以上的，处三年以上七年以下有期徒刑，并处罚金。

扣缴义务人采取前款所列手段，不缴或者少缴已扣、已收税款，数额较大的，依照前款的规定处罚。

对多次实施前两款行为，未经处理的，按照累计数额计算。

有第一款行为，经税务机关依法下达追缴通知后，补缴应纳税款，缴纳滞纳金，已受行政处罚的，不予追究刑事责任；但是，五年内因逃避缴纳税款受过刑事处罚或者被税务机关给予二次以上行政处罚的除外。

**第二百零二条　【抗税罪】**以暴力、威胁方法拒不缴纳税款的，处三年以下有期徒刑或者拘役，并处拒缴税款一倍以上五倍以下罚金；情节严重的，处三年以上七年以下有期徒刑，并处拒缴税款一倍以上五倍以下罚金。

**第二百零三条　【逃避追缴欠税罪】**纳税人欠缴应纳税款，采取转移或者隐匿财产的手段，致使税务机关无法追缴欠缴的税款，数额在一万元以上不满十万元的，处三年以下有期徒刑或者拘役，并处或者单处欠缴税款一倍以上五倍以下罚金；数额在十万元以上的，处三年以上七年以下有期徒刑，并处欠缴税款一倍以上五倍以下罚金。

**第二百零四条　【骗取出口退税罪】**以假报出口或者其他欺骗手段，骗取国家出口退税款，数额较大的，处五年以下有期徒刑或者拘役，并处骗取税款一倍以上五倍以下罚金；数额巨大或者有其他严重情节的，处五年以上十年以下有期徒刑，并处骗取税款一倍以上五倍以下罚金；数额特别巨大或者有其他特别严重情节的，处十年以上有期徒刑或者无期徒刑，并处骗取税款一倍以上五倍以下罚金或者没收财产。

**【逃税罪；骗取出口退税罪】**纳税人缴纳税款后，采取前款规定的欺骗方法，骗取所缴纳的税款的，依照本法第二百零一条的规定定罪处罚；骗取税款超过所缴纳的税款部分，依照前款的规定处罚。

**第二百零五条　【虚开增值税专用发票、用于骗取出口退税、抵扣税款发票罪】**虚开增值税专用发票或者虚开用于骗取出口退税、抵扣税款的其他发票的，处三年以下有期徒刑或者拘役，并处二万元以上二十万元以下罚金；虚开的税款数额较大或者有其他严重情节的，处三年以上十年以下有期徒刑，并处五万元以上五十万元以下罚金；虚开的税款数额巨大或者有其他特别严重情节的，处十年以上有期徒刑或者无期徒刑，并处五万元以上五十万元以下罚金或者没收财产。

~~有前款行为骗取国家税款，数额特别巨大，情节特别严重，给国家利益造成特别重大损失的，处无期徒刑或者死刑，并处没收财产。~~①

单位犯本条规定之罪的，对单位判处罚金，并对其直接负责的主管人员和其他直接责任人员，处三年以下有期徒刑或者拘役；虚开的税款数额较大或者有其他严重情节的，处三年以上十年以下有期徒刑；虚开的税款数额巨大或者有其他特别严重情节的，处十年以上有期徒刑或者无期徒刑。

虚开增值税专用发票或者虚开用于骗取出口退税、抵扣税款的其他发票，是指有为他人虚开、为自己虚开、让他人为自己虚开、介绍他人虚开行为之一的。

**第二百零五条之一　【虚开发票罪】**虚开本法第二百零五条规定以外的其他发票，情节严重的，处二年以下有期徒刑、拘役或者管制，并处罚金；情节特别严重的，处二年以上七年以下有期徒刑，并处罚金。

单位犯前款罪的，对单位判处罚金，并对其直接负责的主管人员和其他直接责任人员，依照前款的规定处罚。

**第二百零六条　【伪造、出售伪造的增值税专用发票罪】**伪造或者出售伪造的增值税专用发票的，处三年以下有期徒刑、拘役或者管制，并处二万元以上二十万元以下罚金；数量较大或者有其他严重情节的，处三年以上十年以下有期徒刑，并处五万元以上五十万元以下罚金；数量巨大或者有其他特别严重情节的，处十年以上有期徒刑或者无期徒刑，并处五万元以上五十万元以下罚金或者没收财产。

~~伪造并出售伪造的增值税专用发票，数量特别巨大，情节特别严重，严重破坏经济秩序的，处无期徒刑或者死刑，并处没收财产。~~②

单位犯本条规定之罪的，对单位判处罚金，并对其直接负责的主管人员和其他直接责任人员，处三年以下有期徒刑、拘役或者管制；数量较大或者有其他严重情节的，处三年以上十年以下有期徒刑；数量巨大或者有其他特别严重情节的，处十年以上有期徒刑或者无期徒刑。

**第二百零七条　【非法出售增值税专用发票罪】**非法出售增值税专用发票的，处三年以下有期徒刑、拘役或者管制，并处二万元以上二十万元以下罚金；数量较大的，处三年以上十年以下有期徒刑，并处五万元以上五十万元以下罚金；数量巨大的，处十年以上有期徒刑或者无期徒刑，并处五万元以上五十万元以下罚金或者没收财产。

**第二百零八条　【非法购买增值税专用发票、购买伪造的增值税专用发票罪】**非法购买增值税专用发票或者

① 本款根据2011年2月25日《刑法修正案（八）》删去。
② 本款根据2011年2月25日《刑法修正案（八）》删去。

购买伪造的增值税专用发票的,处五年以下有期徒刑或者拘役,并处或者单处二万元以上二十万元以下罚金。

非法购买增值税专用发票或者购买伪造的增值税专用发票又虚开或者出售的,分别依照本法第二百零五条、第二百零六条、第二百零七条的规定定罪处罚。

**第二百零九条** 【**非法制造、出售非法制造的用于骗取出口退税、抵扣税款发票罪**】伪造、擅自制造或者出售伪造、擅自制造的可以用于骗取出口退税、抵扣税款的其他发票的,处三年以下有期徒刑、拘役或者管制,并处二万元以上二十万元以下罚金;数量巨大的,处三年以上七年以下有期徒刑,并处五万元以上五十万元以下罚金;数量特别巨大的,处七年以上有期徒刑,并处五万元以上五十万元以下罚金或者没收财产。

【**非法制造、出售非法制造的发票罪**】伪造、擅自制造或者出售伪造、擅自制造的前款规定以外的其他发票的,处二年以下有期徒刑、拘役或者管制,并处或者单处一万元以上五万元以下罚金;情节严重的,处二年以上七年以下有期徒刑,并处五万元以上五十万元以下罚金。

【**非法出售用于骗取出口退税、抵扣税款发票罪**】非法出售可以用于骗取出口退税、抵扣税款的其他发票的,依照第一款的规定处罚。

【**非法出售发票罪**】非法出售第三款规定以外的其他发票的,依照第二款的规定处罚。

**第二百一十条** 【**盗窃罪**】盗窃增值税专用发票或者可以用于骗取出口退税、抵扣税款的其他发票的,依照本法第二百六十四条的规定定罪处罚。

【**诈骗罪**】使用欺骗手段骗取增值税专用发票或者可以用于骗取出口退税、抵扣税款的其他发票的,依照本法第二百六十六条的规定定罪处罚。

**第二百一十条之一** 【**持有伪造的发票罪**】明知是伪造的发票而持有,数量较大的,处二年以下有期徒刑、拘役或者管制,并处罚金;数量巨大的,处二年以上七年以下有期徒刑,并处罚金。

单位犯前款罪的,对单位判处罚金,并对其直接负责的主管人员和其他直接责任人员,依照前款的规定处罚。

**第二百一十一条** 【**单位犯危害税收征管罪的处罚规定**】单位犯本节第二百零一条、第二百零三条、第二百零四条、第二百零七条、第二百零八条、第二百零九条规定之罪的,对单位判处罚金,并对其直接负责的主管人员和其他直接责任人员,依照各该条的规定处罚。

**第二百一十二条** 【**税务机关征缴优先原则**】犯本节第二百零一条至第二百零五条规定之罪,被判处罚金、没收财产的,在执行前,应当先由税务机关追缴税款和所骗取的出口退税款。

**第四百零四条** 【**徇私舞弊不征、少征税款罪**】税务机关的工作人员徇私舞弊,不征或者少征应征税款,致使国家税收遭受重大损失的,处五年以下有期徒刑或者拘役;造成特别重大损失的,处五年以上有期徒刑。

**第四百零五条** 【**徇私舞弊发售发票、抵扣税款、出口退税罪**】税务机关的工作人员违反法律、行政法规的规定,在办理发售发票、抵扣税款、出口退税工作中,徇私舞弊,致使国家利益遭受重大损失的,处五年以下有期徒刑或者拘役;致使国家利益遭受特别重大损失的,处五年以上有期徒刑。

【**违法提供出口退税凭证罪**】其他国家机关工作人员违反国家规定,在提供出口货物报关单、出口收汇核销单等出口退税凭证的工作中,徇私舞弊,致使国家利益遭受重大损失的,依照前款的规定处罚。

## 全国人民代表大会常务委员会关于《中华人民共和国刑法》有关出口退税、抵扣税款的其他发票规定的解释

*2005年12月29日第十届全国人民代表大会常务委员会第十九次会议通过*

全国人民代表大会常务委员会根据司法实践中遇到的情况,讨论了刑法规定的"出口退税、抵扣税款的其他发票"的含义问题,解释如下:

刑法规定的"出口退税、抵扣税款的其他发票",是指除增值税专用发票以外的,具有出口退税、抵扣税款功能的收付款凭证或者完税凭证。

现予公告。

## 重大税收违法案件督办管理暂行办法

*1. 2010年11月1日国家税务总局发布*
*2. 国税发〔2010〕103号*
*3. 自2011年1月1日起施行*

**第一条** 为了规范重大税收违法案件督办管理,根据

《中华人民共和国税收征收管理法》有关规定，制定本办法。

**第二条** 上级税务局可以根据税收违法案件性质、涉案数额、复杂程度、查处难度以及社会影响等情况，督办管辖区域内发生的重大税收违法案件。

对跨越多个地区且案情特别复杂的重大税收违法案件，本级税务局查处确有困难的，可以报请上级税务局督办，并提出具体查处方案及相关建议。

重大税收违法案件具体督办事项由稽查局实施。

**第三条** 国家税务总局督办的重大税收违法案件主要包括：

（一）国务院等上级机关、上级领导批办的案件；

（二）国家税务总局领导批办的案件；

（三）在全国或者省、自治区、直辖市范围内有重大影响的案件；

（四）税收违法数额特别巨大、情节特别严重的案件；

（五）国家税务总局认为需要督办的其他案件。

省、自治区、直辖市和计划单列市国家税务局、地方税务局督办重大税收违法案件的范围和标准，由本级国家税务局、地方税务局根据本地实际情况分别确定。

**第四条** 省、自治区、直辖市和计划单列市国家税务局、地方税务局依照国家税务总局规定的范围、标准、时限向国家税务总局报告税收违法案件，国家税务总局根据案情复杂程度和查处工作需要确定督办案件。

省以下重大税收违法案件报告的范围和标准，由省、自治区、直辖市和计划单列市国家税务局、地方税务局根据本地实际情况分别确定。

**第五条** 对需要督办的重大税收违法案件，督办税务局（以下简称督办机关）所属稽查局填写《重大税收违法案件督办立项审批表》，提出拟办意见。拟办意见主要包括承办案件的税务局（以下简称承办机关）及所属稽查局、承办时限和工作要求等，经督办机关领导审批或者督办机关授权所属稽查局局长审批后，向承办机关发出《重大税收违法案件督办函》，要求承办机关在确定的期限内查证事实，并作出税务处理、处罚决定。

需要多个地区税务机关共同查处的督办案件，督办机关应当明确主办机关和协办机关，或者按照管辖职责确定涉案重点事项查处工作任务。协办机关应当积极协助主办机关查处督办案件，及时查证并提供相关证据材料。对主办机关请求协助查证的事项，协办机关应当及时准确反馈情况，不得敷衍塞责或者懈怠应付。

督办案件同时涉及国家税务局、地方税务局管辖的税收事项，国家税务局、地方税务局分别依照职责查处，并相互通报相关情况；必要时可以联合办案，分别作出税务处理、处罚决定。

**第六条** 督办案件未经督办机关批准，承办机关不得擅自转给下级税务机关或者其他机关查处。

对因督办案件情况发生变化，不需要继续督办的，督办机关可以撤销督办，并向承办机关发出《重大税收违法案件撤销督办函》。

**第七条** 承办机关应当在接到督办机关《重大税收违法案件督办函》后7个工作日内按照《税务稽查工作规程》规定立案，在10个工作日内制订具体查处方案，并组织实施检查。

承办机关具体查处方案应当报送督办机关备案；督办机关要求承办机关在实施检查前报告具体查处方案的，承办机关应当按照要求报告，经督办机关同意后实施检查。

督办机关督办前承办机关已经立案的，承办机关不停止实施检查，但应当将具体查处方案及相关情况报告督办机关；督办机关要求调整具体查处方案的，承办机关应当调整。

**第八条** 承办机关应当按照《重大税收违法案件督办函》要求填写《重大税收违法案件情况报告表》，每30日向督办机关报告一次案件查处进展情况；《重大税收违法案件督办函》有确定报告时限的，按照确定时限报告；案件查处有重大进展或者遇到紧急情形的，应当及时报告；案件查处没有进展或者进展缓慢的，应当说明原因，并明确提出下一步查处工作安排。

对有《税务稽查工作规程》第四十四条规定的中止检查情形或者第七十条规定的中止执行情形的，承办机关应当报请督办机关批准后中止检查或者中止执行。中止期间可以暂不填报《重大税收违法案件情况报告表》；中止检查或者中止执行情形消失后，承办机关应当及时恢复检查或者执行，并依照前款规定填报《重大税收违法案件情况报告表》。

**第九条** 督办机关应当指导、协调督办案件查处，可以根据工作需要派员前往案发地区督促检查或者参与办案，随时了解案件查处进展情况以及存在问题。

督办机关稽查局应当确定督办案件的主要责任部门和责任人员。主要责任部门应当及时跟踪监控案件查处过程，根据承办机关案件查处进度、处理结果和督促检查情况，向稽查局领导报告督办案件查处进展情况；案情重大或者上级机关、上级领导批办的重要案件，应当及时向督办机关领导报告查处情况。

**第十条**　承办机关可以就督办案件向相关地区同级税务机关发出《税收违法案件协查函》，提出具体协查要求和回复时限，相关地区同级税务机关应当及时回复协查结果，提供明确的协查结论和相关证据资料。案情重大复杂的，承办机关可以报请督办机关组织协查。

**第十一条**　承办机关稽查局应当严格依照《税务稽查工作规程》相关规定对督办案件实施检查和审理，并报请承办机关集体审理。

承办机关稽查局应当根据审理认定的结果，拟制《重大税收违法案件拟处理意见报告》，经承办机关领导审核后报送督办机关。

在查处督办案件中，遇有法律、行政法规、规章或者其他规范性文件的疑义问题，承办机关稽查局应当征询同级法规、税政、征管、监察等相关部门意见；相关部门无法确定的，应当依照规定请示上级税务机关或者咨询有权解释的其他机关。

**第十二条**　《重大税收违法案件拟处理意见报告》应当包括以下主要内容：

（一）案件基本情况；

（二）检查时段和范围；

（三）检查方法和措施；

（四）检查人员查明的事实及相关证据材料；

（五）相关部门和当事人的意见；

（六）审理认定的事实及相关证据材料；

（七）拟税务处理、处罚意见及依据；

（八）其他相关事项说明。

对督办案件定性处理具有关键决定作用的重要证据，应当附报制作证据说明，写明证据目录、名称、内容、证明对象等事项。

**第十三条**　对承办机关《重大税收违法案件拟处理意见报告》，督办机关应当在接到之日起15日内审查；如有本办法第十一条第三款规定情形的，审查期限可以适当延长。督办机关对承办机关提出的定性处理意见没有表示异议的，承办机关依法作出《税务处理决定书》、《税务行政处罚决定书》、《税务稽查结论》、《不予税务行政处罚决定书》，送达当事人执行。

督办机关审查认为承办机关《重大税收违法案件拟处理意见报告》认定的案件事实不清、证据不足、违反法定程序或者拟税务处理、处罚意见依据错误的，通知承办机关说明情况或者补充检查。

**第十四条**　对督办案件中涉嫌犯罪的税收违法行为，承办机关填制《涉嫌犯罪案件移送书》，依照规定程序和权限批准后，依法移送司法机关。对移送司法机关的案件，承办机关应当随时关注司法处理进展情况，并及时报告督办机关。

**第十五条**　承办机关应当在90日内查证督办案件事实并依法作出税务处理、处罚决定；督办机关确定查处期限的，承办机关应当严格按照确定的期限查处；案情复杂确实无法按时查处的，应当在查处期限届满前10日内向督办机关申请延期查处，提出延长查处期限和理由，经批准后延期查处。

**第十六条**　对承办机关超过规定期限未填报《重大税收违法案件情况报告表》，或者未查处督办案件且未按照规定提出延期查处申请的，督办机关应当向其发出《重大税收违法案件催办函》进行催办，并责令说明情况和理由。

承办机关对督办案件查处不力的，督办机关可以召集承办机关分管稽查的税务局领导或者稽查局局长汇报；必要时督办机关可以直接组织查处。

**第十七条**　督办案件有下列情形之一的，可以认定为结案：

（一）税收违法事实已经查证清楚，并依法作出《税务处理决定书》、《税务行政处罚决定书》，税款、滞纳金、罚款等税收款项追缴入库，纳税人或者其他当事人在法定期限内没有申请行政复议或者提起行政诉讼的；

（二）查明税收违法事实不存在或者情节轻微，依法作出《税务稽查结论》或者《不予税务行政处罚决定书》，纳税人或者其他当事人在法定期限内没有申请行政复议或者提起行政诉讼的；

（三）纳税人或者其他当事人对税务机关处理、处罚决定或者强制执行措施申请行政复议或者提起行政诉讼，行政复议决定或者人民法院判决、裁定生效并执行完毕的；

（四）符合《税务稽查工作规程》第四十五条规定的终结检查情形的；

（五）符合《税务稽查工作规程》第七十一条规定的终结执行情形的；

（六）法律、行政法规或者国家税务总局规定的其他情形的。

税务机关依照法定职权确实无法查证全部或者部分税收违法行为，但有根据认为其涉嫌犯罪并依法移送司法机关处理的，以司法程序终结为结案。

**第十八条**　承办机关应当在督办案件结案之日起10个工作日内向督办机关报送《重大税收违法案件结案报告》。

《重大税收违法案件结案报告》应当包括案件来

源、案件查处情况、税务处理、处罚决定内容、案件执行情况等内容。督办机关要求附列《税务处理决定书》、《税务行政处罚决定书》、《税务稽查结论》、《不予税务行政处罚决定书》、《执行报告》、税款、滞纳金、罚款等税收款项入库凭证以及案件终结检查、终结执行审批文书等资料复印件的,应当附列。

**第十九条** 查处督办案件实行工作责任制。承办机关主要领导承担领导责任;承办机关分管稽查的领导承担监管责任;承办机关稽查局局长承担执行责任;稽查局分管案件的领导和具体承办部门负责人以及承办人员按照各自分工职责承担相应的责任。

对督办案件重要线索、证据不及时调查收集,或者故意隐瞒案情,转移、藏匿、毁灭证据,或者因工作懈怠、泄露案情致使相关证据被转移、藏匿、毁灭,或者相关财产被转移、藏匿,或者有其他徇私舞弊、玩忽职守、滥用职权行为,应当承担纪律责任的,依法给予行政处分;涉嫌犯罪的,应当依法移送司法机关处理。

**第二十条** 承办机关及承办人员和协办机关及协办人员在查处督办案件中成绩突出的,可以给予表彰;承办、协办不力的,给予通报批评。

**第二十一条** 本办法相关税务文书式样由国家税务总局制定。

**第二十二条** 本办法从2011年1月1日起执行。2001年7月30日印发的《国家税务总局关于实行重大税收违法案件督办制度的通知》(国税发〔2001〕87号)同时废止。

## 最高人民法院关于审理骗取出口退税刑事案件具体应用法律若干问题的解释

*1. 2002年9月9日最高人民法院审判委员会第1241次会议通过*

*2. 2002年9月17日公布*

*3. 法释〔2002〕30号*

*4. 自2002年9月23日起施行*

为依法惩治骗取出口退税犯罪活动,根据《中华人民共和国刑法》的有关规定,现就审理骗取出口退税刑事案件具体应用法律的若干问题解释如下:

**第一条** 刑法第二百零四条规定的“假报出口”,是指以虚构已税货物出口事实为目的,具有下列情形之一的行为:

(一)伪造或者签订虚假的买卖合同;

(二)以伪造、变造或者其他非法手段取得出口货物报关单、出口收汇核销单、出口货物专用缴款书等有关出口退税单据、凭证;

(三)虚开、伪造、非法购买增值税专用发票或者其他可以用于出口退税的发票;

(四)其他虚构已税货物出口事实的行为。

**第二条** 具有下列情形之一的,应当认定为刑法第二百零四条规定的“其他欺骗手段”:

(一)骗取出口货物退税资格的;

(二)将未纳税或者免税货物作为已税货物出口的;

(三)虽有货物出口,但虚构该出口货物的品名、数量、单价等要素,骗取未实际纳税部分出口退税款的;

(四)以其他手段骗取出口退税款的。

**第三条** 骗取国家出口退税款5万元以上的,为刑法第二百零四条规定的“数额较大”;骗取国家出口退税款50万元以上的,为刑法第二百零四条规定的“数额巨大”;骗取国家出口退税款250万元以上的,为刑法第二百零四条规定的“数额特别巨大”。

**第四条** 具有下列情形之一的,属于刑法第二百零四条规定的“其他严重情节”:

(一)造成国家税款损失30万元以上并且在第一审判决宣告前无法追回的;

(二)因骗取国家出口退税行为受过行政处罚,两年内又骗取国家出口退税款数额在30万元以上的;

(三)情节严重的其他情形。

**第五条** 具有下列情形之一的,属于刑法第二百零四条规定的“其他特别严重情节”:

(一)造成国家税款损失150万元以上并且在第一审判决宣告前无法追回的;

(二)因骗取国家出口退税行为受过行政处罚,两年内又骗取国家出口退税款数额在150万元以上的;

(三)情节特别严重的其他情形。

**第六条** 有进出口经营权的公司、企业,明知他人意欲骗取国家出口退税款,仍违反国家有关进出口经营的规定,允许他人自带客户、自带货源、自带汇票并自行报关,骗取国家出口退税款的,依照刑法第二百零四条第一款、第二百一十一条的规定定罪处罚。

**第七条** 实施骗取国家出口退税行为,没有实际取得出口退税款的,可以比照既遂犯从轻或者减轻处罚。

**第八条** 国家工作人员参与实施骗取出口退税犯罪活动的,依照刑法第二百零四条第一款的规定从重处罚。

**第九条** 实施骗取出口退税犯罪,同时构成虚开增值税专用发票罪等其他犯罪的，依照刑法处罚较重的规定定罪处罚。

## 最高人民法院关于审理偷税抗税刑事案件具体应用法律若干问题的解释

*1. 2002年11月4日最高人民法院审判委员会第1254次会议通过*
*2. 2002年11月5日公布*
*3. 法释〔2002〕33号*
*4. 自2002年11月7日起施行*

为依法惩处偷税、抗税犯罪活动，根据刑法的有关规定，现就审理偷税、抗税刑事案件具体应用法律的若干问题解释如下：

**第一条**　纳税人实施下列行为之一，不缴或者少缴应纳税款，偷税数额占应纳税额的百分之十以上且偷税数额在一万元以上的，依照刑法第二百零一条第一款的规定定罪处罚：

（一）伪造、变造、隐匿、擅自销毁帐簿、记帐凭证；

（二）在帐簿上多列支出或者不列、少列收入；

（三）经税务机关通知申报而拒不申报纳税；

（四）进行虚假纳税申报；

（五）缴纳税款后，以假报出口或者其他欺骗手段，骗取所缴纳的税款。

扣缴义务人实施前款行为之一，不缴或者少缴已扣、已收税款，数额在一万元以上且占应缴税额百分之十以上的，依照刑法第二百零一条第一款的规定定罪处罚。扣缴义务人书面承诺代纳税人支付税款的，应当认定扣缴义务人“已扣、已收税款”。

实施本条第一款、第二款规定的行为，偷税数额在五万元以下，纳税人或者扣缴义务人在公安机关立案侦查以前已经足额补缴应纳税款和滞纳金，犯罪情节轻微，不需要判处刑罚的，可以免予刑事处罚。

**第二条**　纳税人伪造、变造、隐匿、擅自销毁用于记帐的发票等原始凭证的行为，应当认定为刑法第二百零一条第一款规定的伪造、变造、隐匿、擅自销毁记帐凭证的行为。

具有下列情形之一的，应当认定为刑法第二百零一条第一款规定的“经税务机关通知申报”：

（一）纳税人、扣缴义务人已经依法办理税务登记或者扣缴税款登记的；

（二）依法不需要办理税务登记的纳税人，经税务机关依法书面通知其申报的；

（三）尚未依法办理税务登记、扣缴税款登记的纳税人、扣缴义务人，经税务机关依法书面通知其申报的。

刑法第二百零一条第一款规定的“虚假的纳税申报”，是指纳税人或者扣缴义务人向税务机关报送虚假的纳税申报表、财务报表、代扣代缴、代收代缴税款报告表或者其他纳税申报资料，如提供虚假申请，编造减税、免税、抵税、先征收后退还税款等虚假资料等。

刑法第二百零一条第三款规定的“未经处理”，是指纳税人或者扣缴义务人在五年内多次实施偷税行为，但每次偷税数额均未达到刑法第二百零一条规定的构成犯罪的数额标准，且未受行政处罚的情形。

纳税人、扣缴义务人因同一偷税犯罪行为受到行政处罚，又被移送起诉的，人民法院应当依法受理。依法定罪并判处罚金的，行政罚款折抵罚金。

**第三条**　偷税数额，是指在确定的纳税期间，不缴或者少缴各税种税款的总额。

偷税数额占应纳税额的百分比，是指一个纳税年度中的各税种偷税总额与该纳税年度应纳税总额的比例。不按纳税年度确定纳税期的其他纳税人，偷税数额占应纳税额的百分比，按照行为人最后一次偷税行为发生之日前一年中各税种偷税总额与该年纳税总额的比例确定。纳税义务存续期间不足一个纳税年度的，偷税数额占应纳税额的百分比，按照各税种偷税总额与实际发生纳税义务期间应当缴纳税款总额的比例确定。

偷税行为跨越若干个纳税年度，只要其中一个纳税年度的偷税数额及百分比达到刑法第二百零一条第一款规定的标准，即构成偷税罪。各纳税年度的偷税数额应当累计计算，偷税百分比应当按照最高的百分比确定。

**第四条**　两年内因偷税受过二次行政处罚，又偷税且数额在一万元以上的，应当以偷税罪定罪处罚。

**第五条**　实施抗税行为具有下列情形之一的，属于刑法第二百零二条规定的“情节严重”：

（一）聚众抗税的首要分子；

（二）抗税数额在十万元以上的；

（三）多次抗税的；

（四）故意伤害致人轻伤的；

（五）具有其他严重情节。

**第六条**　实施抗税行为致人重伤、死亡，构成故意伤害罪、故意杀人罪的，分别依照刑法第二百三十四条第二款、第二百三十二条的规定定罪处罚。

与纳税人或者扣缴义务人共同实施抗税行为的，以抗税罪的共犯依法处罚。

## （7）税收优惠

### 出口货物退（免）税管理办法（试行）

*1. 2005年3月16日国家税务总局发布*

*2. 国税发〔2005〕51号*

*3. 根据2018年6月15日国家税务总局公告2018年第31号《关于修改部分税收规范性文件的公告》修正*

#### 第一章 总 则

**第一条** 为规范出口货物退（免）税管理，根据《中华人民共和国税收征收管理法》、《中华人民共和国税收征收管理法实施细则》、《中华人民共和国增值税暂行条例》、《中华人民共和国消费税暂行条例》以及国家其他有关出口货物退（免）税规定，制定本管理办法。

**第二条** 出口商自营或委托出口的货物，除另有规定者外，可在货物报关出口并在财务上做销售核算后，凭有关凭证报送所在地税务局（以下简称税务机关）批准退还或免征其增值税、消费税。

本办法所述出口商包括对外贸易经营者、没有出口经营资格委托出口的生产企业、特定退（免）税的企业和人员。

上述对外贸易经营者是指依法办理工商登记或者其他执业手续，经商务部及其授权单位赋予出口经营资格的从事对外贸易经营活动的法人、其他组织或者个人。其中，个人（包括外国人）是指注册登记为个体工商户、个人独资企业或合伙企业。

上述特定退（免）税的企业和人员是指按国家有关规定可以申请出口货物退（免）税的企业和人员。

**第三条** 出口货物的退（免）税范围、退税率和退（免）税方法，按国家有关规定执行。

**第四条** 税务机关应当按照办理出口货物退（免）税的程序，根据工作需要，设置出口货物退（免）税认定管理、申报受理、初审、复审、调查、审批、退库和调库等相应工作岗位，建立岗位责任制。因人员少需要一人多岗的，人员设置必须遵循岗位监督制约机制。

#### 第二章 出口货物退（免）税认定管理

**第五条** 对外贸易经营者按《中华人民共和国对外贸易法》和商务部《对外贸易经营者备案登记办法》的规定办理备案登记后，没有出口经营资格的生产企业委托出口自产货物（含视同自产产品，下同），应分别在备案登记、代理出口协议签定之日起30日内持有关资料，填写《出口货物退（免）税认定表》，到所在地税务机关办理出口货物退（免）税认定手续。

特定退（免）税的企业和人员办理出口货物退（免）税认定手续按国家有关规定执行。

**第六条** 已办理出口货物退（免）税认定的出口商，其认定内容发生变化的，须自有关管理机关批准变更之日起30日内，持相关证件向税务机关申请办理出口货物退（免）税认定变更手续。

**第七条** 出口商发生解散、破产、撤销以及其他依法应终止出口货物退（免）税事项的，应持相关证件、资料向税务机关办理出口货物退（免）税注销认定。

对申请注销认定的出口商，税务机关应先结清其出口货物退（免）税款，再按规定办理注销手续。

#### 第三章 出口货物退（免）税申报及受理

**第八条** 出口商应在规定期限内，收齐出口货物退（免）税所需的有关单证，使用国家税务总局认可的出口货物退（免）税电子申报系统生成电子申报数据，如实填写出口货物退（免）税申报表，向税务机关申报办理出口货物退（免）税手续。逾期申报的，除另有规定者外，税务机关不再受理该笔出口货物的退（免）税申报，该补税的应按有关规定补征税款。

**第九条** 出口商申报出口货物退（免）税时，税务机关应及时予以接受并进行初审。经初步审核，出口商报送的申报资料、电子申报数据及纸质凭证齐全的，税务机关受理该笔出口货物退（免）税申报。出口商报送的申报资料或纸质凭证不齐全的，除另有规定者外，税务机关不予受理该笔出口货物的退（免）税申报，并要当即向出口商提出改正、补充资料、凭证的要求。

税务机关受理出口商的出口货物退（免）税申报后，应为出口商出具回执，并对出口货物退（免）税申报情况进行登记。

**第十条** 出口商报送的出口货物退（免）税申报资料及纸质凭证齐全的，除另有规定者外，在规定申报期限结束前，税务机关不得以无相关电子信息或电子信息核对不符等原因，拒不受理出口商的出口货物退（免）税申报。

#### 第四章 出口货物退（免）税审核、审批

**第十一条** 税务机关应当使用国家税务总局认可的出口货

物退(免)税电子化管理系统以及总局下发的出口退税率文库,按照有关规定进行出口货物退(免)税审核、审批,不得随意更改出口货物退(免)税电子化管理系统的审核配置、出口退税率文库以及接收的有关电子信息。

**第十二条** 税务机关受理出口商出口货物退(免)税申报后,应在规定的时间内,对申报凭证、资料的合法性、准确性进行审查,并核实申报数据之间的逻辑对应关系。根据出口商申报的出口货物退(免)税凭证、资料的不同情况,税务机关应当重点审核以下内容:

(一)申报出口货物退(免)税的报表种类、内容及印章是否齐全、准确。

(二)申报出口货物退(免)税提供的电子数据和出口货物退(免)税申报表是否一致。

(三)申报出口货物退(免)税的凭证是否有效,与出口货物退(免)税申报表明细内容是否一致等。重点审核的凭证有:

1. 出口货物报关单(出口退税专用)。出口货物报关单必须是盖有海关验讫章,注明"出口退税专用"字样的原件(另有规定者除外),出口报关单的海关编号、出口商海关代码、出口日期、商品编号、出口数量及离岸价等主要内容应与申报退(免)税的报表一致。

2. 代理出口证明。代理出口货物证明上的受托方企业名称、出口商品代码、出口数量、离岸价等应与出口货物报关单(出口退税专用)上内容相匹配并与申报退(免)税的报表一致。

3. 增值税专用发票(抵扣联)。增值税专用发票(抵扣联)必须印章齐全,没有涂改。增值税专用发票(抵扣联)的开票日期、数量、金额、税率等主要内容应与申报退(免)税的报表匹配。

4. 出口收汇核销单(或出口收汇核销清单,下同)。出口收汇核销单的编号、核销金额、出口商名称应当与对应的出口货物报关单上注明的批准文号、离岸价、出口商名称匹配。

5. 消费税税收(出口货物专用)缴款书。消费税税收(出口货物专用)缴款书各栏目的填写内容应与对应的发票一致;征税机关、国库(银行)印章必须齐全并符合要求。

**第十三条** 在对申报的出口货物退(免)税凭证、资料进行人工审核后,税务机关应当使用出口货物退(免)税电子化管理系统进行计算机审核,将出口商申报出口货物退(免)税提供的电子数据、凭证、资料与国家税务总局及有关部门传递的出口货物报关单、出口收汇核销单、代理出口证明、增值税专用发票、消费税税收(出口货物专用)缴款书等电子信息进行核对。审核、核对重点是:

(一)出口报关单电子信息。出口报关单的海关编号、出口日期、商品代码、出口数量及离岸价等项目是否与电子信息核对相符;

(二)代理出口证明电子信息。代理出口证明的编号、商品代码、出口日期、出口离岸价等项目是否与电子信息核对相符;

(三)出口收汇核销单电子信息。出口收汇核销单号码等项目是否与电子信息核对相符;

(四)出口退税率文库。出口商申报出口退(免)税的货物是否属于可退税货物,申报的退税率与出口退税率文库中的退税率是否一致;

(五)增值税专用发票电子信息。增值税专用发票的开票日期、金额、税额、购货方及销售方的纳税人识别号、发票代码、发票号码是否与增值税专用发票电子信息核对相符。

在核对增值税专用发票时应使用增值税专用发票稽核、协查信息。暂未收到增值税专用发票稽核、协查信息的,税务机关可先使用增值税专用发票认证信息,但必须及时用相关稽核、协查信息进行复核;对复核有误的,要及时追回已退(免)税款;

(六)消费税税收(出口货物专用)缴款书电子信息。消费税税收(出口货物专用)缴款书的号码、购货企业海关代码、计税金额、实缴税额、税率(额)等项目是否与电子信息核对相符。

**第十四条** 税务机关在审核中,发现的不符合规定的申报凭证、资料,税务机关应通知出口商进行调整或重新申报;对在计算机审核中发现的疑点,应当严格按照有关规定处理;对出口商申报的出口货物退(免)税凭证、资料有疑问的,应分别以下情况处理:

(一)凡对出口商申报的出口货物退(免)税凭证、资料无电子信息或核对不符的,应及时按照规定进行核查;

(二)凡对出口货物报关单(出口退税专用)、出口收汇核销单等纸质凭证有疑问的,应向相关部门发函核实;

(三)凡对防伪税控系统开具的增值税专用发票(抵扣联)有疑问的,应向同级税务稽查部门提出申请,通过税务系统增值税专用发票协查系统进行核查;

(四)对出口商申报出口货物的货源、纳税、供货企业经营状况等情况有疑问的,税务机关应按国家税务总局有关规定进行发函调查，或向同级税务稽查部门提出申请，由税务稽查部门按有关规定进行调查，并依据回函或调查情况进行处理。

**第十五条**　出口商提出办理相关出口货物退（免）税证明的申请，税务机关经审核符合有关规定的，应及时出具相关证明。

**第十六条**　出口货物退（免）税应当由设区的市、自治州以上（含本级）税务机关根据审核结果按照有关规定进行审批。

税务机关在审批后应当按照有关规定办理退库或调库手续。

### 第五章　出口货物退（免）税日常管理

**第十七条**　税务机关对出口货物退（免）税有关政策、规定应及时予以公告，并加强对出口商的宣传辅导和培训工作。

**第十八条**　税务机关应做好出口货物退（免）税计划及其执行情况的分析、上报工作。税务机关必须在国家税务总局下达的出口退（免）税计划内办理退库和调库。

**第十九条**　税务机关遇到下述情况，应及时结清出口商出口货物的退（免）税款：

（一）出口商发生解散、破产、撤销以及其他依法应终止出口退（免）税事项的，或者注销出口货物退（免）税认定的。

（二）出口商违反国家有关政策法规，被停止一定期限出口退税权的。

**第二十条**　税务机关应建立出口货物退（免）税评估机制和监控机制，强化出口货物退（免）税管理，防止骗税案件的发生。

**第二十一条**　税务机关应按照规定，做好出口货物退（免）税电子数据的接收、使用和管理工作，保证出口货物退（免）税电子化管理系统的安全，定期做好电子数据备份及设备维护工作。

**第二十二条**　税务机关应建立出口货物退（免）税凭证、资料的档案管理制度。出口货物退（免）税凭证、资料应当保存10年。但是，法律、行政法规另有规定的除外。具体管理办法由各省税务局制定。

### 第六章　违 章 处 理

**第二十三条**　出口商有下列行为之一的，税务机关应按照《中华人民共和国税收征收管理法》第六十条规定予以处罚：

（一）未按规定办理出口货物退（免）税认定、变更或注销认定手续的；

（二）未按规定设置、使用和保管有关出口货物退（免）税帐簿、凭证、资料的。

**第二十四条**　出口商拒绝税务机关检查或拒绝提供有关出口货物退（免）税帐簿、凭证、资料的，税务机关应按照《中华人民共和国税收征收管理法》第七十条规定予以处罚。

**第二十五条**　出口商以假报出口或其他欺骗手段骗取国家出口退税款的，税务机关应当按照《中华人民共和国税收征收管理法》第六十六条规定处理。

对骗取国家出口退税款的出口商，经省以上（含本级）税务局批准，可以停止其六个月以上的出口退税权。在出口退税权停止期间自营、委托和代理出口的货物，一律不予办理退（免）税。

**第二十六条**　出口商违反规定需采取税收保全措施和税收强制执行措施的，税务机关应按照《中华人民共和国税收征收管理法》及《中华人民共和国税收征收管理法实施细则》的有关规定执行。

### 第七章　附　　则

**第二十七条**　本办法未列明的其他管理事项，按《中华人民共和国税收征收管理法》、《中华人民共和国税收征收管理法实施细则》等法律、行政法规的有关规定办理。

**第二十八条**　本办法由国家税务总局负责解释。

**第二十九条**　本办法自2005年5月1日起施行。此前规定与本办法不一致的，以本办法为准。

## 启运港退（免）税管理办法

1. *2018年12月28日国家税务总局公告2018年第66号公布*
2. *自2019年1月1日起施行*

**第一条**　为规范启运港退（免）税管理，根据《财政部、海关总署、税务总局关于完善启运港退税政策的通知》的有关规定，制定本办法。

**第二条**　出口企业适用启运港退（免）税政策须同时满足以下条件：

（一）出口企业的出口退（免）税分类管理类别为一类或二类，并且在海关的信用等级为一般信用企业或认证企业（以税务总局清分的企业海关信用等级信息为准）；

（二）出口企业出口适用退（免）税政策的货物，并且能够取得海关提供的启运港出口货物报关单电子信息；

（三）除本公告另有规定外，出口货物自启运日（以启运港出口货物报关单电子信息上注明的出口日期为准，下同）起2个月内办理结关核销手续。

**第三条** 适用启运港退（免）税政策的出口货物，其退税率执行时间以启运港出口货物报关单电子信息上注明的出口日期为准。

**第四条** 出口企业应自启运日起2个月内，凭启运港出口货物报关单电子信息及相关材料向主管出口退税的税务机关申报办理启运港退（免）税。

出口企业自启运日起超过2个月未办理结关核销手续或未申报启运港退（免）税的出口货物，应使用正常结关核销的出口货物报关单电子信息及相关材料按照现行规定申报办理退（免）税。

出口企业申报办理启运港退（免）税时，应在申报明细表的“退（免）税业务类型”栏内填写“QYGTS”标识。外贸企业应使用单独关联号申报适用本办法的出口货物退（免）税。

**第五条** 主管出口退税的税务机关受理出口企业启运港退（免）税首次申报时，即视为出口企业完成启运港退（免）税备案。

**第六条** 主管出口退税的税务机关办理启运港退（免）税相关事项所使用的信息，应以税务总局清分的下列信息为准：

（一）企业海关信用等级信息；

（二）启运港出口货物报关单信息（加启运港退税标识，以下简称“启运数据”）；

（三）正常结关核销的报关单数据（加启运港退税标识，以下简称“结关数据”）；

（四）货物未运抵离境港不再出口，海关撤销的报关单数据（以下简称“撤销数据”）。

**第七条** 主管出口退税的税务机关应使用启运数据受理审核启运港退（免）税。

**第八条** 主管出口退税的税务机关应定期使用结关数据和撤销数据开展启运港退（免）税复核工作。对复核比对异常的，按以下原则进行处理：

（一）启运数据中的出口数量及单位、总价等项目与结关数据不一致的，以结关数据为准进行调整或追缴已退（免）税款；

（二）涉及撤销数据的，根据现行规定进行调整或追缴已退（免）税款；

（三）自启运日起超过2个月仍未收到结关数据（以下简称“到期未结关数据”）的，除本办法第九条规定情形外，根据现行规定追缴已退（免）税款，该笔出口货物不再适用启运港退（免）税政策。

**第九条** 出口企业已申报办理启运港退（免）税的货物，因自然灾害、社会突发事件等不可抗力因素，预计2个月内无法办理结关核销手续的，应自启运日起2个月内向主管出口退税的税务机关提出申请，经主管出口退税的税务机关同意后，暂不追缴已退（免）税款。

上述货物在启运日次年的退（免）税申报期限截止之日前，主管出口退税的税务机关收到结关数据的，应按照本办法第八条规定处理；仍未收到结关数据的（以下简称“次年未结关数据”），该笔出口货物不再适用启运港退（免）税政策，主管出口退税的税务机关根据现行规定追缴已退（免）税款。

**第十条** 按第八条、第九条规定已追缴退（免）税款或进行调整处理的到期未结关数据和次年未结关数据，海关又办理结关核销手续的，出口企业可凭正常结关核销的出口货物报关单电子信息及相关材料重新申报出口退（免）税，主管出口退税的税务机关依据结关数据按照现行规定审核办理退（免）税。

**第十一条** 货物未运抵离境港不再出口，海关撤销出口货物报关单的，出口企业应按照现行规定向主管出口退税的税务机关申请出具《出口货物退运已补税（未退税）证明》，主管出口退税的税务机关在出具证明时，应使用撤销数据进行审核比对。出口企业未申报退（免）税的，不得再申报退（免）税；已申报办理退（免）税的，应补缴已退（免）税款。

**第十二条** 2018年4月10日（以海关出口报关单电子信息注明的出口日期为准）以后的启运港出口货物，出口企业不再提供纸质出口货物报关单（出口退税专用）。

**第十三条** 本办法施行前符合本办法规定的适用启运港退（免）税办法的出口货物，可按本办法申报办理出口退（免）税相关事项。此前已按结关数据办理出口退（免）税事项的，不作调整。

**第十四条** 本办法未尽事宜，按照现行出口退（免）税相关规定执行。

**第十五条** 本办法自2019年1月1日起施行，启运港出口货物报关单电子信息上注明的出口日期为2019年1月1日以后（含）的启运港退（免）税事项按本办法执行。《启运港退（免）税管理办法》（国家税务总局公告2014年第52号发布，国家税务总局公告2018年第31号修改）同时废止。

# 口岸出境免税店管理暂行办法

1. *2019年5月17日财政部、商务部、文化和旅游部、海关总署、税务总局发布*
2. *财关税〔2019〕15号*

**第一条**　为了规范口岸出境免税店管理工作，促进口岸出境免税店健康有序发展，根据有关法律法规和我国口岸出境免税店政策制定本办法。

**第二条**　中华人民共和国境内口岸出境免税店的设立申请、审批、招标投标、经营、监管等事项适用本办法。

**第三条**　本办法所称口岸出境免税店，是指设立在对外开放的机场、港口、车站和陆路出境口岸，向出境旅客销售免税商品的商店。

**第四条**　本办法所称免税商品，是指免征关税、进口环节税的进口商品和实行退（免）税（增值税、消费税）进入口岸出境免税店销售的国产商品。

**第五条**　免税商品的销售对象，为已办妥出境手续，即将登机、上船、乘车前往境外及出境交通工具上的旅客。

**第六条**　国家对口岸出境免税店实行特许经营。国家统筹安排口岸出境免税店的布局和建设。口岸出境免税店的布局选址应根据出入境旅客流量，结合区域布局因素，满足节约资源、保护环境、有序竞争、避免浪费、便于监管的要求。

**第七条**　设立口岸出境免税店的数量、口岸，由口岸所属的地方政府或中国民用航空局提出申请，财政部会同商务部、文化和旅游部、海关总署、税务总局审批。

**第八条**　免税商品的经营范围，严格限于海关核定的种类和品种。

**第九条**　除国务院另有规定外，对原经国务院批准具有免税品经营资质，且近5年有连续经营口岸或市内进出境免税店业绩的企业，放开经营免税店的地域和类别限制，准予企业平等竞标口岸出境免税店经营权。口岸出境免税店必须由具有免税品经营资质的企业绝对控股（持股比例大于50%）。

**第十条**　口岸出境免税店由招标人或口岸业主通过招标方式确定经营主体。设有口岸进、出境免税店的口岸应对口岸进、出境免税店统一招标。招标投标活动必须严格遵守《中华人民共和国招标投标法》《中华人民共和国招标投标法实施条例》等有关法律法规的规定。如果不具备招标条件，比如在进出境客流量较小、开店面积有限等特殊情况下，可提出申请，财政部会同有关部门核准，参照《中华人民共和国政府采购法》规定的竞争性谈判等其他方式确定经营主体。

**第十一条**　招标投标活动应当保证具有免税品经营资质的企业公平竞争。招标人不得设定歧视性条款，不得含有倾向、限制或排斥投标人的内容，不得以特定行政区域或者特定的业绩作为加分条件或者中标条件。

单位负责人为同一人或者存在控股、管理关系的不同单位，不得参加同一标段投标或者未划分标段的同一招标项目投标。

**第十二条**　合理规范口岸出境免税店租金比例和提成水平，避免片面追求“价高者得”。财务指标在评标中占比不得超过50%。财务指标是指投标报价中的价格部分，包括但不限于保底租金、销售提成等。招标人应根据口岸同类场地现有的租金、销售提成水平来确定最高投标限价并对外公布。租金单价原则上不得高于国内厅含税零售商业租金平均单价的1.5倍；销售提成不得高于国内厅含税零售商业平均提成比例的1.2倍。

**第十三条**　应综合考虑企业的经营能力，甄选具有可持续发展能力的经营主体。经营品类，尤其是烟酒以外品类的丰富程度应是重要衡量指标。技术指标在评标中占比不得低于50%。技术指标分值中，店铺布局和设计规划占比20%；品牌招商占比30%；运营计划占比20%；市场营销及顾客服务占比30%。品牌招商分值中，烟酒占比不得超过50%。

**第十四条**　规范评标工作程序。评标过程分为投标文件初审、问题澄清、讲标和比较评价三个阶段。每个阶段的评审应当出具评审报告。

**第十五条**　中标人不得以装修费返还、税后利润返回、发展基金等方式对招标人进行变相补偿。招标人或所在政府不得通过补贴、财政返回等方式对中标人进行变相补偿。

**第十六条**　新设立或经营合同到期的口岸出境免税店经营主体经招标或核准后，经营期限不超过10年。经营期间经营主体不得擅自变更口岸出境免税店中标时确定的经营面积。需扩大原批准时经营面积的，招标人或口岸业主需提出申请，财政部会同有关部门核准；需缩小原批准时经营面积的，招标人或口岸业主需提出申请报海关总署核准。协议到期后不得自动续约，应根据本办法第十条的规定重新确定经营主体。

**第十七条**　招标人或口岸业主经招标或采用其他经核准的方式与免税品经营企业达成协议后，应按程序向财政部、商务部、文化和旅游部、海关总署、税务总局备案。备案时需提交以下材料：

（一）经营主体合作协议（包括各股东持股比例、经营主体业务关联互补情况等。独资设立免税店除外）；

（二）经营主体的基本情况（包括企业性质、营业范围、生产经营，资产负债等方面）；

（三）口岸与经营主体设立口岸出境免税店的协议。

**第十八条**　中标人经营口岸出境免税店应当符合海关监管要求，经海关批准，并办理注册手续。

**第十九条**　经营主体的股权结构、经营状况等基本情况发生重大变化时，招标人或口岸业主应按程序向财政部、商务部、文化和旅游部、海关总署、税务总局报告。若股权结构变动后，经营主体持股比例小于等于50%，经批准设立的口岸出境免税店招标人或口岸业主需按照本办法第七条、第十条和第十八条的规定重新办理审批手续、确定经营主体。

**第二十条**　机场口岸业主或招标人不得与中标人签订阻止其他免税品经营企业在机场设立免税商品提货点的排他协议，口岸所在地的省（自治区、直辖市）财政厅（局）对上述情况进行监督和管理。

**第二十一条**　自批准设立口岸出境免税店之日起，招标人或口岸业主应当在6个月内完成招标。经营口岸出境免税店自海关批准之日起，经营主体应当在1年内完成免税店建设并开始营业。经批准设立的口岸出境免税店无正当理由未按照上述时限要求对外营业的，或者暂停经营1年以上的，招标人或口岸业主按照本办法第七条、第十条和第十八条的规定重新办理审批手续、确定经营主体。

**第二十二条**　口岸所在地的省（自治区、直辖市）财政厅（局）对招标投标履行行政监督职责，主要包括对评标活动进行监督，负责受理投诉，对违法行为依法进行处罚等。财政部各地监管局按照财政部要求开展有关监管工作。

**第二十三条**　口岸出境免税店应当缴纳免税商品特许经营费，具体办法按照财政部有关规定执行。

**第二十四条**　口岸出境免税店销售的免税商品适用的增值税、消费税免税政策，相关管理办法由税务总局商财政部另行制定。

**第二十五条**　财政部、商务部、文化和旅游部、海关总署、税务总局应加强相互联系和信息交换，并根据职责分工，加强协作配合，对口岸出境免税店工作实施有效管理。

**第二十六条**　财政部、商务部、文化和旅游部、海关总署、税务总局可以定期对口岸出境免税店经营情况进行核查，发现违反相关法律法规和规章制度的，依法予以处罚。

**第二十七条**　本办法自发布之日起施行。原《关于印发〈关于进一步加强免税业务集中统一管理的请示〉的通知》（财外字〔2000〕1号）与本办法相冲突的内容，以本办法为准。

## 境外旅客购物离境退税管理办法（试行）

*1. 2015年6月2日国家税务总局公告2015年第41号公布*

*2. 根据2018年6月15日国家税务总局公告2018年第31号《关于修改部分税收规范性文件的公告》修正*

### 第一章　总　　则

**第一条**　为贯彻落实国务院关于实施境外旅客购物离境退税政策的决定，根据《财政部关于实施境外旅客购物离境退税政策的公告》（财政部公告2015年第3号），制定本办法。

**第二条**　本办法所称：

境外旅客，是指在我国境内连续居住不超过183天的外国人和港澳台同胞。

有效身份证件，是指标注或能够采集境外旅客最后入境日期的护照、港澳居民来往内地通行证、台湾居民来往大陆通行证等。

退税物品，是指由境外旅客本人在退税商店购买且符合退税条件的个人物品，但不包括下列物品：

（一）《中华人民共和国禁止、限制进出境物品表》所列的禁止、限制出境物品；

（二）退税商店销售的适用增值税免税政策的物品；

（三）财政部、海关总署、国家税务总局规定的其他物品。

退税商店，是指报省、自治区、直辖市和计划单列市税务局（以下简称省税务局）备案、境外旅客从其购买退税物品离境可申请退税的企业。

离境退税管理系统，是指符合《财政部关于实施境外旅客离境退税政策的公告》（财政部公告2015年第3号）有关条件的用于离境退税管理的计算机管理系统。

退税代理机构，是指省税务局会同财政、海关等相关部门按照公平、公开、公正的原则选择的离境退税代理机构。

## 第二章　退税商店的备案、变更与终止

**第三条**　符合以下条件的企业，经省税务局备案后即可成为退税商店。

（一）具有增值税一般纳税人资格；

（二）纳税信用等级在B级以上；

（三）同意安装、使用离境退税管理系统，并保证系统应当具备的运行条件，能够及时、准确地向主管税务机关报送相关信息；

（四）已经安装并使用增值税发票系统升级版；

（五）同意单独设置退税物品销售明细账，并准确核算。

**第四条**　符合条件且有意向备案的企业，填写《境外旅客购物离境退税商店备案表》（附件1）并附以下资料直接或委托退税代理机构向主管税务机关报送：

（一）主管税务机关出具的符合第三条第（一）、（二）和（四）款的书面证明；

（二）同意做到第三条第（三）、（五）款的书面同意书。

主管税务机关受理后应当在5个工作日内逐级报送至省税务局备案。省税务局应在收到备案资料15个工作日内审核备案条件，并对不符合备案条件的企业通知主管税务机关告知申请备案的企业。

**第五条**　省税务局向退税商店颁发统一的退税商店标识（退税商店标识规范见附件2）。退税商店应当在其经营场所显著位置悬挂退税商店标识，便于境外旅客识别。

**第六条**　退税商店备案资料所载内容发生变化的，应自有关变更之日起10日内，持相关证件及资料向主管税务机关办理变更手续。主管税务机关办理变更手续后，应在5个工作日内将变更情况逐级报省税务局。

退税商店发生解散、破产、撤销以及其他情形，应持相关证件及资料向主管税务机关申请办理税务登记注销手续，由省税务局终止其退税商店备案，并收回退税商店标识，注销其境外旅客购物离境退税管理系统用户。

**第七条**　退税商店存在以下情形之一的，由主管税务机关提出意见逐级报省税务局终止其退税商店备案，并收回退税商店标识，注销其境外旅客购物离境退税管理系统用户。

（一）不符合本办法第三条规定条件的情形；

（二）未按规定开具《境外旅客购物离境退税申请单》（附件3，以下简称《离境退税申请单》）；

（三）开具《离境退税申请单》后，未按规定将对应发票抄报税；

（四）备案后发生因偷税、骗取出口退税等税收违法行为受到行政、刑事处理的。

## 第三章　离境退税申请单管理

**第八条**　境外旅客在退税商店购买退税物品，需要离境退税的，应当在离境前凭本人的有效身份证件及购买退税物品的增值税普通发票（由增值税发票系统升级版开具），向退税商店索取《离境退税申请单》。

**第九条**　《离境退税申请单》由退税商店通过离境退税管理系统开具，加盖发票专用章，交境外旅客。

退税商店开具《离境退税申请单》时，要核对境外旅客有效身份证件，同时将以下信息采集到离境退税管理系统：

（一）境外旅客有效身份证件信息以及其上标注或能够采集的最后入境日期；

（二）境外旅客购买的退税物品信息以及对应的增值税普通发票号码。

**第十条**　具有以下情形之一的，退税商店不得开具《离境退税申请单》：

（一）境外旅客不能出示本人有效身份证件；

（二）凭有效身份证件不能确定境外旅客最后入境日期的；

（三）购买日距境外旅客最后入境日超过183天；

（四）退税物品销售发票开具日期早于境外旅客最后入境日；

（五）销售给境外旅客的货物不属于退税物品范围；

（六）境外旅客不能出示购买退税物品的增值税普通发票（由增值税发票系统升级版开具）；

（七）同一境外旅客同一日在同一退税商店内购买退税物品的金额未达到500元人民币。

**第十一条**　退税商店在向境外旅客开具《离境退税申请单》后，如发生境外旅客退货等需作废销售发票或红字冲销等情形的，在作废销售发票的同时，需将作废或冲销发票对应的《离境退税申请单》同时作废。

**第十二条**　已办理离境退税的销售发票，退税商店不得作废或对该发票开具红字发票冲销。

## 第四章　退税代理机构的选择、变更与终止

**第十三条**　具备以下条件的银行，可以申请成为退税代理机构：

（一）能够在离境口岸隔离区内具备办理退税业务的场所和相关设施；

（二）具备离境退税管理系统运行的条件，能够及

时、准确地向主管税务机关报送相关信息；

（三）遵守税收法律法规规定，三年内未因发生税收违法行为受到行政、刑事处理的；

（四）愿意先行垫付退税资金。

**第十四条**　退税代理机构由省税务局会同财政、海关等部门，按照公平、公开、公正的原则选择，并由省税务局公告。

**第十五条**　完成选定手续后，省税务局应与选定的退税代理机构签订服务协议，服务期限为两年。

**第十六条**　主管税务机关应加强对退税代理机构的管理，发现退税代理机构存在以下情形之一的，应逐级上报省税务局，省税务局会商同级财政、海关等部门后终止其退税代理服务，注销其离境退税管理系统用户：

（一）不符合本办法第十三条规定条件的情形；

（二）未按规定申报境外旅客离境退税结算；

（三）境外旅客离境退税结算申报资料未按规定留存备查；

（四）将境外旅客不符合规定的离境退税申请办理了退税，并申报境外旅客离境退税结算；

（五）在服务期间发生税收违法行为受到行政、刑事处理的；

（六）未履行与省税务局签订的服务协议。

**第十七条**　退税代理机构应当在离境口岸隔离区内设置专用场所，并在显著位置用中英文做出明显标识（退税代理机构标识规范见附件4）。退税代理机构设置标识应符合海关监管要求。

## 第五章　离境退税的办理流程

**第十八条**　境外旅客离境时，应向海关办理退税物品验核确认手续。

**第十九条**　境外旅客向退税代理机构申请办理离境退税时，须提交以下资料：

（一）本人有效身份证件；

（二）经海关验核签章的《离境退税申请单》。

**第二十条**　退税代理机构接到境外旅客离境退税申请的，应首先采集申请离境退税的境外旅客本人有效身份证件信息，并在核对以下内容无误后，按海关确认意见办理退税：

（一）提供的离境退税资料齐全；

（二）《离境退税申请单》上所载境外旅客信息与采集申请离境退税的境外旅客本人有效身份证件信息一致；

（三）《离境退税申请单》经海关验核签章；

（四）境外旅客离境日距最后入境日未超过183天；

（五）退税物品购买日距离境日未超过90天；

（六）《离境退税申请单》与离境退税管理系统比对一致。

**第二十一条**　退税款的计算。以离境的退税物品的增值税普通发票金额（含增值税）为依据，退税率为11%，计算应退增值税额。计算公式为：

应退增值税额＝离境的退税物品销售发票金额（含增值税）×退税率

实退增值税额＝应退增值税额－退税代理机构办理退税手续费

**第二十二条**　退税币种为人民币。退税金额超过10000元人民币的，退税代理机构应以银行转账方式退税。退税金额未超过10000元人民币的，根据境外旅客选择，退税代理机构采用现金退税或银行转账方式退税。

境外旅客领取或者办理领取退税款时，应当签字确认《境外旅客购物离境退税收款回执单》（附件5）。

**第二十三条**　若离境退税管理系统因故不能及时提供相关信息比对时，退税代理机构可先按照本办法第二十一条规定计算应退增值税额，在系统可提供相关信息并比对无误后在系统中确认，并采取银行转账方式办理退税。

**第二十四条**　退税代理机构办理退税应于每月15日前，通过离境退税管理系统将上月为境外旅客办理离境退税金额生成《境外旅客购物离境退税结算申报表》（附件6），报送主管税务机关，作为申报境外旅客离境退税结算的依据。同时将以下资料装订成册，留存备查：

（一）《境外旅客购物离境退税结算申报表》；

（二）经海关验核签章的《离境退税申请单》；

（三）经境外旅客签字确认的《境外旅客购物离境退税收款回执单》。

**第二十五条**　退税代理机构首次向主管税务机关申报境外旅客离境退税结算时，应首先提交与省税务局签订的服务协议、《出口退（免）税备案表》进行备案。

**第二十六条**　主管税务机关对退税代理机构提交的境外旅客购物离境退税结算申报数据审核、比对无误后，按照规定开具《税收收入退还书》，向退税代理机构办理退付。省税务局应按月将离境退税情况通报同级财政机关。

## 第六章　信息传递与交换

**第二十七条**　主管税务机关、海关、退税代理机构和退税商店应传递与交换相关信息。

**第二十八条**　退税商店通过离境退税管理系统开具境外旅客购物离境退税申请单，并实时向主管税务机关传送相关信息。

**第二十九条**　退税代理机构通过离境退税管理系统为境外旅客办理离境退税，并实时向主管税务机关传送相关信息。

## 第七章　附　　则

**第三十条**　本办法自发布之日起执行。

附件：（略）

# 促进残疾人就业增值税优惠政策管理办法

*1. 2016年5月27日国家税务总局公告2016年第33号公布*

*2. 根据2018年6月15日国家税务总局公告2018年第31号《关于修改部分税收规范性文件的公告》修正*

**第一条**　为加强促进残疾人就业增值税优惠政策管理，根据《财政部、国家税务总局关于促进残疾人就业增值税优惠政策的通知》（财税〔2016〕52号）、《国家税务总局关于发布〈税收减免管理办法〉的公告》（国家税务总局公告2015年第43号）及有关规定，制定本办法。

**第二条**　纳税人享受安置残疾人增值税即征即退优惠政策，适用本办法规定。

本办法所指纳税人，是指安置残疾人的单位和个体工商户。

**第三条**　纳税人首次申请享受税收优惠政策，应向主管税务机关提供以下备案资料：

（一）《税务资格备案表》。

（二）安置的残疾人的《中华人民共和国残疾人证》或者《中华人民共和国残疾军人证（1至8级）》复印件，注明与原件一致，并逐页加盖公章。安置精神残疾人的，提供精神残疾人同意就业的书面声明以及其法定监护人签字或印章的证明精神残疾人具有劳动条件和劳动意愿的书面材料。

（三）安置的残疾人的身份证明复印件，注明与原件一致，并逐页加盖公章。

**第四条**　主管税务机关受理备案后，应将全部《中华人民共和国残疾人证》或者《中华人民共和国残疾军人证（1至8级）》信息以及所安置残疾人的身份证明信息录入征管系统。

**第五条**　纳税人提供的备案资料发生变化的，应于发生变化之日起15日内就变化情况向主管税务机关办理备案。

**第六条**　纳税人申请退还增值税时，需报送如下资料：

（一）《退（抵）税申请审批表》。

（二）《安置残疾人纳税人申请增值税退税声明》（见附件）。

（三）当期为残疾人缴纳社会保险费凭证的复印件及由纳税人加盖公章确认的注明缴纳人员、缴纳金额、缴纳期间的明细表。

（四）当期由银行等金融机构或纳税人加盖公章的按月为残疾人支付工资的清单。

特殊教育学校举办的企业，申请退还增值税时，不提供资料（三）和资料（四）。

**第七条**　纳税人申请享受税收优惠政策，应对报送资料的真实性和合法性承担法律责任。主管税务机关对纳税人提供资料的完整性和增值税退税额计算的准确性进行审核。

**第八条**　主管税务机关受理退税申请后，查询纳税人的纳税信用等级，对符合信用条件的，审核计算应退增值税额，并按规定办理退税。

**第九条**　纳税人本期应退增值税额按以下公式计算：

本期应退增值税额＝本期所含月份每月应退增值税额之和

月应退增值税额＝纳税人本月安置残疾人员人数×本月月最低工资标准的4倍

月最低工资标准，是指纳税人所在区县（含县级市、旗）适用的经省（含自治区、直辖市、计划单列市）人民政府批准的月最低工资标准。

纳税人本期已缴增值税额小于本期应退税额不足退还的，可在本年度内以前纳税期已缴增值税额扣除已退增值税额的余额中退还，仍不足退还的可结转本年度内以后纳税期退还。年度已缴增值税额小于或等于年度应退税额的，退税额为年度已缴增值税额；年度已缴增值税额大于年度应退税额的，退税额为年度应退税额。年度已缴增值税额不足退还的，不得结转以后年度退还。

**第十条**　纳税人新安置的残疾人从签订劳动合同并缴纳社会保险的次月起计算，其他职工从录用的次月起计算；安置的残疾人和其他职工减少的，从减少当月计算。

**第十一条**　主管税务机关应于每年2月底之前，在其网站或办税服务厅，将本地区上一年度享受安置残疾人增值税优惠政策的纳税人信息，按下列项目予以公示：纳税人名称、纳税人识别号、法人代表、计算退税的残疾人职工人次等。

**第十二条**　享受促进残疾人就业增值税优惠政策的纳税人，对能证明或印证符合政策规定条件的相关材料负有留存备查义务。纳税人在税务机关后续管理中不能提供相关材料的，不得继续享受优惠政策。税务机关应追缴其相应纳税期内已享受的增值税退税，并依照税收征管法及其实施细则的有关规定处理。

**第十三条**　各地税务机关要加强税收优惠政策落实情况的后续管理，对纳税人进行定期或不定期检查。检查发现纳税人不符合财税〔2016〕52 号文件规定的，按有关规定予以处理。

**第十四条**　本办法实施前已办理税收优惠资格备案的纳税人，主管税务机关应检查其已备案资料是否满足本办法第三条规定，残疾人信息是否已按第四条规定录入信息系统，如有缺失，应要求纳税人补充报送备案资料，补录信息。

**第十五条**　各省、自治区、直辖市和计划单列市税务局，应定期或不定期在征管系统中对残疾人信息进行比对，发现异常的，按相关规定处理。

**第十六条**　本办法自 2016 年 5 月 1 日起施行。

附件：（略）

## 企业所得税优惠政策事项办理办法

*2018 年 4 月 25 日国家税务总局公告 2018 年第 23 号公布*

**第一条**　为落实国务院简政放权、放管结合、优化服务要求，规范企业所得税优惠政策事项（以下简称“优惠事项”）办理，根据《中华人民共和国企业所得税法》（以下简称“企业所得税法”）及其实施条例、《中华人民共和国税收征收管理法》（以下简称“税收征管法”）及其实施细则，制定本办法。

**第二条**　本办法所称优惠事项是指企业所得税法规定的优惠事项，以及国务院和民族自治地方根据企业所得税法授权制定的企业所得税优惠事项。包括免税收入、减计收入、加计扣除、加速折旧、所得减免、抵扣应纳税所得额、减低税率、税额抵免等。

**第三条**　优惠事项的名称、政策概述、主要政策依据、主要留存备查资料、享受优惠时间、后续管理要求等，见本公告附件《企业所得税优惠事项管理目录（2017 年版）》（以下简称《目录》）。

《目录》由税务总局编制、更新。

**第四条**　企业享受优惠事项采取“自行判别、申报享受、相关资料留存备查”的办理方式。企业应当根据经营情况以及相关税收规定自行判断是否符合优惠事项规定的条件，符合条件的可以按照《目录》列示的时间自行计算减免税额，并通过填报企业所得税纳税申报表享受税收优惠。同时，按照本办法的规定归集和留存相关资料备查。

**第五条**　本办法所称留存备查资料是指与企业享受优惠事项有关的合同、协议、凭证、证书、文件、账册、说明等资料。留存备查资料分为主要留存备查资料和其他留存备查资料两类。主要留存备查资料由企业按照《目录》列示的资料清单准备，其他留存备查资料由企业根据享受优惠事项情况自行补充准备。

**第六条**　企业享受优惠事项的，应当在完成年度汇算清缴后，将留存备查资料归集齐全并整理完成，以备税务机关核查。

**第七条**　企业同时享受多项优惠事项或者享受的优惠事项按照规定分项目进行核算的，应当按照优惠事项或者项目分别归集留存备查资料。

**第八条**　设有非法人分支机构的居民企业以及实行汇总纳税的非居民企业机构、场所享受优惠事项的，由居民企业的总机构以及汇总纳税的主要机构、场所负责统一归集并留存备查资料。分支机构以及被汇总纳税的非居民企业机构、场所按照规定可独立享受优惠事项的，由分支机构以及被汇总纳税的非居民企业机构、场所负责归集并留存备查资料，同时分支机构以及被汇总纳税的非居民企业机构、场所应在当完成年度汇算清缴后将留存的备查资料清单送总机构以及汇总纳税的主要机构、场所汇总。

**第九条**　企业对优惠事项留存备查资料的真实性、合法性承担法律责任。

**第十条**　企业留存备查资料应从企业享受优惠事项当年的企业所得税汇算清缴期结束次日起保留 10 年。

**第十一条**　税务机关应当严格按照本办法规定的方式管理优惠事项，严禁擅自改变优惠事项的管理方式。

**第十二条**　企业享受优惠事项后，税务机关将适时开展后续管理。在后续管理时，企业应当根据税务机关管理服务的需要，按照规定的期限和方式提供留存备查资料，以证实享受优惠事项符合条件。其中，享受集成电路生产企业、集成电路设计企业、软件企业、国家规划布局内的重点软件企业和集成电路设计企业等优惠事项的企业，应当在完成年度汇算清缴后，按照《目录》“后续管理要求”项目中列示的清单向税务机关提交资料。

**第十三条**　企业享受优惠事项后发现其不符合优惠事项规定条件的，应当依法及时自行调整并补缴税款及滞纳金。

**第十四条**　企业未能按照税务机关要求提供留存备查资料，或者提供的留存备查资料与实际生产经营情况、财务核算情况、相关技术领域、产业、目录、资格证书等不符，无法证实符合优惠事项规定条件的，或者存在弄虚作假情况的，税务机关将依法追缴其已享受的企业所得税优惠，并按照税收征管法等相关规定处理。

**第十五条**　本办法适用于2017年度企业所得税汇算清缴及以后年度企业所得税优惠事项办理工作。《国家税务总局关于发布〈企业所得税优惠政策事项办理办法〉的公告》（国家税务总局公告2015年第76号）同时废止。

## 适用增值税零税率应税服务退（免）税管理办法[①]

*2014年2月8日国家税务总局公告2014年第11号公布*

**第一条**　中华人民共和国境内（以下简称境内）的增值税一般纳税人提供适用增值税零税率的应税服务，实行增值税退（免）税办法。

**第二条**　本办法所称的增值税零税率应税服务提供者是指，提供适用增值税零税率应税服务，且认定为增值税一般纳税人，实行增值税一般计税方法的境内单位和个人。属于汇总缴纳增值税的，为经财政部和国家税务总局批准的汇总缴纳增值税的总机构。

**第三条**　增值税零税率应税服务适用范围按财政部、国家税务总局的规定执行。

起点或终点在境外的运单、提单或客票所对应的各航段或路段的运输服务，属于国际运输服务。

起点或终点在港澳台的运单、提单或客票所对应的各航段或路段的运输服务，属于港澳台运输服务。

从境内载运旅客或货物至国内海关特殊监管区域及场所、从国内海关特殊监管区域及场所载运旅客或货物至国内其他地区或者国内海关特殊监管区域及场所，以及向国内海关特殊监管区域及场所内单位提供的研发服务、设计服务，不属于增值税零税率应税服务适用范围。

**第四条**　增值税零税率应税服务退（免）税办法包括免抵退税办法和免退税办法，具体办法及计算公式按《财政部、国家税务总局关于出口货物劳务增值税和消费税政策的通知》（财税〔2012〕39号）有关出口货物劳务退（免）税的规定执行。

实行免抵退税办法的增值税零税率应税服务提供者如果同时出口货物劳务且未分别核算的，应一并计算免抵退税。税务机关在审批时，应按照增值税零税率应税服务、出口货物劳务免抵退税额的比例划分其退税额和免抵税额。

**第五条**　增值税零税率应税服务的退税率为对应服务提供给境内单位适用的增值税税率。

**第六条**　增值税零税率应税服务的退（免）税计税依据，按照下列规定确定：

（一）实行免抵退税办法的退（免）税计税依据

1. 以铁路运输方式载运旅客的，为按照铁路合作组织清算规则清算后的实际运输收入；

2. 以铁路运输方式载运货物的，为按照铁路运输进款清算办法，对"发站"或"到站（局）"名称包含"境"字的货票上注明的运输费用以及直接相关的国际联运杂费清算后的实际运输收入；

3. 以航空运输方式载运货物或旅客的，如果国际运输或港澳台运输各航段由多个承运人承运的，为中国航空结算有限责任公司清算后的实际收入；如果国际运输或港澳台运输各航段由一个承运人承运的，为提供航空运输服务取得的收入；

4. 其他实行免抵退税办法的增值税零税率应税服务，为提供增值税零税率应税服务取得的收入。

（二）实行免退税办法的退（免）税计税依据为购进应税服务的增值税专用发票或解缴税款的中华人民共和国税收缴款凭证上注明的金额。

**第七条**　实行增值税退（免）税办法的增值税零税率应税服务不得开具增值税专用发票。

**第八条**　增值税零税率应税服务提供者办理出口退（免）税资格认定后，方可申报增值税零税率应税服务退（免）税。如果提供的适用增值税零税率应税服务发生在办理出口退（免）税资格认定前，在办理出口退（免）税资格认定后，可按规定申报退（免）税。

---

① 第十三条第（五）项第1目之（2）和第十五条第（一）项第4目已被2015年4月30日国家税务总局公告2015年第29号《关于出口退（免）税有关问题的公告》废止；第十二条第二款、第十三条第（五）项第3目、第十四条、第十五条第（二）项已被2015年12月14日国家税务总局公告2015年第88号《关于〈适用增值税零税率应税服务退（免）税管理办法〉的补充公告》废止；第十三条第二项、第十三条第五项第2目已被2018年4月19日国家税务总局公告2018年第16号《关于出口退（免）税申报有关问题的公告》废止；第十三条第一项中的"附表"、第十三条第五项第1目中的"填报《增值税零税率应税服务（国际运输/港澳台运输）免抵退税申报明细表》（附件1）"、附件1已被2021年6月3日国家税务总局公告2021年第15号《关于优化整合出口退税信息系统更好服务纳税人有关事项的公告》废止。——编者注

**第九条**　增值税零税率应税服务提供者应按照下列要求,向主管税务机关申请办理出口退(免)税资格认定:

(一)填报《出口退(免)税资格认定申请表》及电子数据;

《出口退(免)税资格认定申请表》中的"退税开户银行账号",必须填写办理税务登记时向主管税务机关报备的银行账号之一。

(二)根据所提供的适用增值税零税率应税服务,提供以下对应资料的原件及复印件:

1. 提供国际运输服务。以水路运输方式的,应提供《国际船舶运输经营许可证》;以航空运输方式的,应提供经营范围包括"国际航空客货邮运输业务"的《公共航空运输企业经营许可证》或经营范围包括"公务飞行"的《通用航空经营许可证》;以公路运输方式的,应提供经营范围包括"国际运输"的《道路运输经营许可证》和《国际汽车运输行车许可证》;以铁路运输方式的,应提供经营范围包括"许可经营项目:铁路客货运输"的《企业法人营业执照》或其他具有提供铁路客货运输服务资质的证明材料;提供航天运输服务的,应提供经营范围包括"商业卫星发射服务"的《企业法人营业执照》或其他具有提供商业卫星发射服务资质的证明材料。

2. 提供港澳台运输服务。以公路运输方式提供内地往返香港、澳门的交通运输服务的,应提供《道路运输经营许可证》及持《道路运输证》的直通港澳运输车辆的物权证明;以水路运输方式提供内地往返香港、澳门交通运输服务的,应提供获得港澳线路运营许可船舶的物权证明;以水路运输方式提供大陆往返台湾交通运输服务的,应提供《台湾海峡两岸间水路运输许可证》及持《台湾海峡两岸间船舶营运证》船舶的物权证明;以航空运输方式提供港澳台运输服务的,应提供经营范围包括"国际、国内(含港澳)航空客货邮运输业务"的《公共航空运输企业经营许可证》或者经营范围包括"公务飞行"的《通用航空经营许可证》;以铁路运输方式提供内地往返香港的交通运输服务的,应提供经营范围包括"许可经营项目:铁路客货运输"的《企业法人营业执照》或其他具有提供铁路客货运输服务资质的证明材料。

3. 采用程租、期租和湿租方式租赁交通运输工具用于国际运输服务和港澳台运输服务的,应提供程租、期租和湿租合同或协议。

4. 对外提供研发服务或设计服务的,应提供《技术出口合同登记证》。

(三)增值税零税率应税服务提供者出口货物劳务,且未办理过出口退(免)税资格认定的,除提供上述资料外,还应提供加盖备案登记专用章的《对外贸易经营者备案登记表》和《中华人民共和国海关进出口货物收发货人报关注册登记证书》的原件及复印件。

**第十条**　已办理过出口退(免)税资格认定的出口企业,提供增值税零税率应税服务的,应填报《出口退(免)税资格认定变更申请表》及电子数据,提供第九条所列的增值税零税率应税服务对应的资料,向主管税务机关申请办理出口退(免)税资格认定变更。

**第十一条**　增值税零税率应税服务提供者按规定需变更增值税退(免)税办法的,主管税务机关应按照现行规定进行退(免)税清算,在结清税款后方可办理变更。

**第十二条**　增值税零税率应税服务提供者提供增值税零税率应税服务,应在财务作销售收入次月(按季度进行增值税纳税申报的为次季度首月,下同)的增值税纳税申报期内,向主管税务机关办理增值税纳税和退(免)税相关申报。

增值税零税率应税服务提供者收齐有关凭证后,可于在财务作销售收入次月起至次年4月30日前的各增值税纳税申报期内向主管税务机关申报退(免)税。逾期申报退(免)税的,主管税务机关不再受理。未在规定期限内申报退(免)税的增值税零税率应税服务,增值税零税率应税服务提供者应按规定缴纳增值税。

**第十三条**　实行免抵退税办法的增值税零税率应税服务提供者应按照下列要求向主管税务机关办理增值税免抵退税申报:

(一)填报《免抵退税申报汇总表》及其附表;

(二)提供当期《增值税纳税申报表》;

(三)提供免抵退税正式申报电子数据;

(四)提供增值税零税率应税服务所开具的发票(经主管税务机关认可,可只提供电子数据,原始凭证留存备查);

(五)根据所提供的适用增值税零税率应税服务,提供以下对应资料凭证:

1. 提供国际运输服务、港澳台运输服务的,需填报《增值税零税率应税服务(国际运输/港澳台运输)免抵退税申报明细表》(附件1),并提供下列原始凭证的原件及复印件:

(1)以水路运输、航空运输、公路运输方式的,提供增值税零税率应税服务的载货、载客舱单或其他能够反映收入原始构成的单据凭证。以航空运输方式且国际运输和港澳台运输各航段由多个承运人承运的，还需提供《航空国际运输收入清算账单申报明细表》（附件2）；

（2）以铁路运输方式的，客运的提供增值税零税率应税服务的国际客运联运票据、铁路合作组织清算函件及《铁路国际客运收入清算函件申报明细表》（附件3）；货运的提供铁路进款资金清算机构出具的《国际铁路货运进款清算通知单》，启运地的铁路运输企业还应提供国际铁路联运运单、以及“发站”或“到站（局）”名称包含“境”字的货票；

（3）采用程租、期租、湿租服务方式租赁交通运输工具从事国际运输服务和港澳台运输服务的，还应提供程租、期租、湿租的合同或协议复印件。向境外单位和个人提供期租、湿租服务，按规定由出租方申报退（免）税的，可不提供第（1）项原始凭证。

上述（1）、（2）项原始凭证（不包括《航空国际运输收入清算账单申报明细表》和《铁路国际客运收入清算函件申报明细表》），经主管税务机关批准，增值税零税率应税服务提供者可只提供电子数据，原始凭证留存备查。

2. 提供航天运输服务的，需填报《增值税零税率应税服务（航天运输）免抵退税申报明细表》（附件4），并提供下列资料及原始凭证的原件及复印件：

（1）签订的提供航天运输服务的合同；

（2）从与之签订航天运输服务合同的单位取得收入的收款凭证；

（3）《提供航天运输服务收讫营业款明细清单》（附件5）。

3. 对外提供研发服务或设计服务的，需填报《增值税零税率应税服务（研发服务/设计服务）免抵退税申报明细表》（附件6），并提供下列资料及原始凭证的原件及复印件：

（1）与增值税零税率应税服务收入相对应的《技术出口合同登记证》复印件；

（2）与境外单位签订的研发、设计合同；

（3）从与之签订研发、设计合同的境外单位取得收入的收款凭证；

（4）《向境外单位提供研发服务/设计服务收讫营业款明细清单》（附件7）。

（六）主管税务机关要求提供的其他资料及凭证。

**第十四条** 实行免退税办法的增值税零税率应税服务提供者，应按照下列要求向主管税务机关办理增值税免退税申报：

（一）填报《外贸企业出口退税汇总申报表》；

（二）填报《外贸企业外购应税服务（研发服务/设计服务）出口明细申报表》（附件8）；

（三）填列外购对应的研发服务或设计服务取得增值税专用发票情况的《外贸企业出口退税进货明细申报表》；

（四）提供以下原始凭证：

1. 提供增值税零税率应税服务所开具的发票；

2. 从境内单位或者个人购进研发服务或设计服务出口的，提供应税服务提供方开具的增值税专用发票；

3. 从境外单位或者个人购进研发服务或设计服务出口的，提供取得的解缴税款的中华人民共和国税收缴款凭证；

4. 第十三条第（五）项第3目所列资料及原始凭证的原件及复印件。

**第十五条** 主管税务机关受理增值税零税率应税服务退（免）税申报后，应对下列内容人工审核无误后，使用出口退税审核系统进行审核。对属于实行免退税办法的增值税零税率应税服务的进项一律使用交叉稽核、协查信息审核出口退税。如果在审核中有疑问的，可对企业进项增值税专用发票进行发函调查或核查。

（一）提供国际运输、港澳台运输的，应从增值税零税率应税服务提供者申报中抽取若干申报记录审核以下内容：

1. 所申报的国际运输、港澳台运输服务是否符合适用增值税零税率应税服务的规定；

2. 所抽取申报记录申报应税服务收入是否小于或等于该申报记录所对应的载货或载客舱单上记载的国际运输、港澳台运输服务收入；

3. 采用期租、程租和湿租方式租赁交通运输工具用于国际运输服务和港澳台运输服务的，重点审核期租、程租和湿租的合同或协议，审核申报退（免）税的企业是否符合适用增值税零税率应税服务的规定；

4. 以铁路运输方式提供国际运输、港澳台运输服务的，重点审核提供的货票的“发站”或“到站（局）”名称是否包含“境”字，是否与提供国际铁路联运运单匹配。

（二）对外提供研发服务或设计服务的，应审核以下内容：

1. 企业所申报的研发服务或设计服务是否符合适用增值税零税率应税服务规定；

2. 研发、设计合同签订的对方是否为境外单位；

3. 应税服务收入的支付方是否为与之签订研发、设计合同的境外单位；

4. 申报应税服务收入是否小于或等于从与之签订研发、设计合同的境外单位取得的收款金额；

5. 外贸企业外购研发服务或设计服务出口的，除按照上述内容审核外，还应审核其申报退税的进项税额是否与增值税零税率应税服务对应。

**第十六条** 因出口自己开发的研发服务或设计服务，退（免）税办法由免退税改为免抵退税办法的外贸企业，如果申报的退（免）税异常增长，出口货物劳务及服务有非正常情况的，主管税务机关可要求外贸企业报送出口货物劳务及服务所对应的进项凭证，并按规定进行审核。主管税务机关如果审核发现外贸企业提供的进货凭证有伪造或内容不实的，按照《财政部、国家税务总局关于出口货物劳务增值税和消费税政策通知》（财税〔2012〕39 号）等有关规定处理。

**第十七条** 主管税务机关认为增值税零税率应税服务提供者提供的研发服务或设计服务出口价格偏高的，应按照《财政部、国家税务总局关于防范税收风险若干增值税政策的通知》（财税〔2013〕112 号）第五条的规定处理。

**第十八条** 经主管税务机关审核，增值税零税率应税服务提供者申报的退（免）税，如果凭证资料齐全、符合退（免）税规定的，主管税务机关应及时予以审核通过，办理退税和免抵调库，退税资金由中央金库统一支付。

**第十九条** 增值税零税率应税服务提供者骗取国家出口退税款的，税务机关应按《国家税务总局关于停止为骗取出口退税企业办理出口退税有关问题的通知》（国税发〔2008〕32 号）和《财政部、国家税务总局关于防范税收风险若干增值税政策的通知》（财税〔2013〕112 号）的规定处理。增值税零税率应税服务提供者在停止退税期间发生的增值税零税率应税服务，不得申报退（免）税，应按规定缴纳增值税。

**第二十条** 增值税零税率应税服务提供者提供适用增值税零税率的应税服务，如果放弃适用增值税零税率，选择免税或按规定缴纳增值税的，应向主管税务机关报送《放弃适用增值税零税率声明》（附件 9），办理备案手续。自备案次月 1 日起 36 个月内，该企业提供的增值税零税率应税服务，不得申报增值税退（免）税。

**第二十一条** 主管税务机关应对增值税零税率应税服务提供者适用增值税零税率的退（免）税加强分析监控。

**第二十二条** 本办法要求增值税零税率应税服务提供者向主管税务机关报送的申报表电子数据应均通过出口退（免）税申报系统生成、报送。在出口退（免）税申报系统信息生成、报送功能升级完成前，涉及需报送的电子数据，可暂报送纸质资料。

出口退（免）税申报系统可从国家税务总局网站免费下载或由主管税务机关免费提供。

**第二十三条** 本办法要求增值税零税率应税服务提供者向主管税务机关同时提供原件和复印件的资料，增值税零税率应税服务提供者提供的复印件上应注明“与原件相符”字样，并加盖企业公章。主管税务机关在核对复印件与原件相符后，将原件退回，留存复印件。

**第二十四条** 本办法自 2014 年 1 月 1 日起施行，以增值税零税率应税服务提供者提供增值税零税率应税服务并在财务作销售收入的日期为准。

附件：（略）

## 关于《适用增值税零税率应税服务退（免）税管理办法》的补充公告①

*1. 2015 年 12 月 14 日国家税务总局公告 2015 年第 88 号公布*
*2. 根据 2018 年 6 月 15 日国家税务总局公告 2018 年第 31 号《关于修改部分税收规范性文件的公告》修正*

根据《财政部、国家税务总局关于影视等出口服务适用增值税零税率政策的通知》（财税〔2015〕118 号），经商财政部同意，现对《适用增值税零税率应税服务退（免）税管理办法》（国家税务总局公告 2014 年第 11 号发布）补充公告如下：

一、适用增值税零税率应税服务的广播影视节目（作品）的制作和发行服务、技术转让服务、软件服务、电路设计及测试服务、信息系统服务、业务流程管理服务，以及合同标的物在境外的合同能源管理服务的范围，按照《营业税改征增值税试点实施办法》（财税〔2013〕106 号文件印发）所附的《应税服务范围注释》对应的应税服务范围执行；适用增值税零税率应税服务的离岸服务外包业务的范围，按照《离岸服务外包业务》（附件 1）对应的适用范围执行。以上适用增值税零税

① 第四条第（四）项已被 2018 年 4 月 19 日国家税务总局公告 2018 年第 16 号《关于出口退（免）税申报有关问题的公告》废止；第四条第一项、第二项、第四条第三项中的“附表”、第五条第一项、第二项、第三项、附件 2、3、4 已被 2021 年 6 月 3 日国家税务总局公告 2021 年第 15 号《关于优化整合出口退税信息系统更好服务纳税人有关事项的公告》废止。——编者注

率的应税服务,本公告统称为新纳入零税率范围的应税服务。

境内单位和个人向国内海关特殊监管区域及场所内的单位或个人提供的应税服务,不属于增值税零税率应税服务适用范围。

二、向境外单位提供新纳入零税率范围的应税服务的,增值税零税率应税服务提供者申报退(免)税时,应按规定办理出口退(免)税备案。

三、增值税零税率应税服务提供者收齐有关凭证后,可在财务作销售收入次月起至次年4月30日前的各增值税纳税申报期内向主管税务机关申报退(免)税;逾期申报的,不再按退(免)税申报,改按免税申报;未按规定申报免税的,应按规定缴纳增值税。

四、实行免抵退办法的增值税零税率应税服务提供者,向境外单位提供研发服务、设计服务、新纳入零税率范围的应税服务的,应在申报免抵退税时,向主管税务机关提供以下申报资料:

(一)《增值税零税率应税服务免抵退税申报明细表》(附件2)。

(二)《提供增值税零税率应税服务收讫营业款明细清单》(附件3)。

(三)《免抵退税申报汇总表》及其附表。

(四)当期《增值税纳税申报表》。

(五)免抵退税正式申报电子数据。

(六)下列资料及原始凭证的原件及复印件:

1. 提供增值税零税率应税服务所开具的发票(经主管税务机关认可,可只提供电子数据,原始凭证留存备查)。

2. 与境外单位签订的提供增值税零税率应税服务的合同。

提供软件服务、电路设计及测试服务、信息系统服务、业务流程管理服务,以及离岸服务外包业务的,同时提供合同已在商务部"服务外包及软件出口管理信息系统"中登记并审核通过,由该系统出具的证明文件;提供广播影视节目(作品)的制作和发行服务的,同时提供合同已在商务部"文化贸易管理系统"中登记并审核通过,由该系统出具的证明文件。

3. 提供电影、电视剧的制作服务的,应提供行业主管部门出具的在有效期内的影视制作许可证明;提供电影、电视剧的发行服务的,应提供行业主管部门出具的在有效期内的发行版权证明、发行许可证明。

4. 提供研发服务、设计服务、技术转让服务的,应提供与提供增值税零税率应税服务收入相对应的《技术出口合同登记证》及其数据表。

5. 从与之签订提供增值税零税率应税服务合同的境外单位取得收入的收款凭证。

跨国公司经外汇管理部门批准实行外汇资金集中运营管理或经中国人民银行批准实行经常项下跨境人民币集中收付管理的,其成员公司在批准的有效期内,可凭银行出具给跨国公司资金集中运营(收付)公司符合下列规定的收款凭证,向主管税务机关申报退(免)税:

(1)收款凭证上的付款单位须是与成员公司签订提供增值税零税率应税服务合同的境外单位或合同约定的跨国公司的境外成员企业。

(2)收款凭证上的收款单位或附言的实际收款人须载明有成员公司的名称。

(七)主管税务机关要求提供的其他资料及凭证。

五、实行免退税办法的增值税零税率应税服务提供者,应在申报免退税时,向主管税务机关提供以下申报资料:

(一)《外贸企业外购应税服务出口明细申报表》(附件4)。

(二)《外贸企业出口退税进货明细申报表》(需填列外购对应的增值税零税率应税服务取得增值税专用发票情况)。

(三)《外贸企业出口退税汇总申报表》。

(四)免退税正式申报电子数据。

(五)从境内单位或者个人购进增值税零税率应税服务出口的,提供应税服务提供方开具的增值税专用发票;从境外单位或者个人购进增值税零税率应税服务出口的,提供取得的解缴税款的中华人民共和国税收缴款凭证。

(六)本公告第四条第(六)项所列资料及原始凭证的原件及复印件。

六、主管税务机关受理增值税零税率应税服务退(免)税申报后,应按规定进行审核,经审核符合规定的,应及时办理退(免)税;不符合规定的,不予办理,按有关规定处理;存在其他审核疑点的,对应的退(免)税暂缓办理,待排除疑点后,方可办理。

七、主管税务机关对申报的对外提供研发、设计服务以及新纳入零税率范围的应税服务退(免)税,应审核以下内容:

(一)申报的增值税零税率应税服务应符合适用增值税零税率应税服务规定。

(二)增值税零税率应税服务合同签订的对方应为境外单位。

（三）增值税零税率应税服务收入的支付方应为与之签订增值税零税率应税服务合同的境外单位。对跨国公司的成员公司申报退（免）税时提供的收款凭证是银行出具给跨国公司资金集中运营（收付）公司的，应要求企业补充提供中国人民银行或国家外汇管理局的批准文件，且企业提供的收款凭证应符合本公告的规定。

（四）申报的增值税零税率应税服务收入应小于或等于从与之签订增值税零税率应税服务合同的境外单位取得的收款金额；大于收款金额的，应要求企业补充提供书面说明材料及相应的证明材料。

（五）外贸企业外购应税服务出口的，除应符合上述规定外，其申报退税的进项税额还应与增值税零税率应税服务对应。

八、本公告未明确的其他增值税零税率应税服务退（免）税管理事项，按现行规定执行。

九、本公告自2015年12月1日起施行，以增值税零税率应税服务提供者提供增值税零税率应税服务并在财务作销售收入的日期为准。《适用增值税零税率应税服务退（免）税管理办法》第十二条第二款、第十三条第（五）项第3目、第十四条、第十五条第（二）项同时废止。

特此公告。

附件：（略）

## 压缩财税优惠办理时间改革实施方案

*1. 2017年4月28日财政部、国家税务总局发布*
*2. 财法〔2017〕2号*

为贯彻落实全国推进简政放权放管结合优化服务改革电视电话会议精神，进一步优化营商环境，激发创业活力，按照《国务院办公厅关于印发进一步简化流程提高效率优化营商环境工作方案的通知》（国办函〔2016〕70号）有关“压缩财税优惠办理时间”的任务，结合工作实际，制定本方案。

### 一、总体目标和要求

全面贯彻落实党的十八大和十八届三中、四中、五中、六中全会精神，按照国务院关于简政放权、放管结合、优化服务的部署，结合财税体制改革要求，坚持问题导向，创新工作思路，多措并举，综合施策，简环节、优流程、压时限、降成本、转作风、提效能，简化优化财税优惠办理环节和流程，提升公共服务水平，不断释放创业创新活力。

（一）加大政策公开力度。

依法公开财税优惠政策和办理流程，进一步增强政策透明度，切实保障社会公众的知情权和监督权，实行“阳光管理”。

（二）简化优化申报流程。

在明确财税优惠事项办理标准和时限的基础上，进一步简化申报环节，优化服务流程，压缩办理时限，拓宽服务渠道，创新服务方式，使公众办事更方便、创业更顺畅。

（三）推动便民惠民服务。

取消不必要的证明和手续，进一步精简财税优惠事项申报材料，充分利用公共信息平台及第三方信息，运用“政务服务＋互联网”，实现“公众少跑腿、信息多跑路”。

（四）提升整体工作效能。

理顺管理过程中不同部门、层级、岗位、环节之间的职责权限，运用信息化手段实现各部门之间、上下级之间信息共享，提高行政效率。

### 二、主要任务及具体措施

（一）编制财税优惠事项清单，实行动态管理。

结合权力清单、责任清单编制工作，全面梳理财税优惠政策，分别归类整理，编制财税优惠事项清单。除涉及国家秘密和安全的事项外，清单应向社会公开，并根据政策调整情况，及时动态更新。

（二）规范优化办理流程，压缩办理时限。

逐项细化财税优惠办理的流程，明确各岗位、各环节职责权限，严格规范自由裁量权。加强国税、地税联合办税，实行“前台统一受理、后台分别办理、窗口统一出件”的办税模式。在国税、地税多个税种之间进行优惠备案，实现一套资料，完成全部备案流程。在对现有财税优惠事项实行办理时限承诺制基础上，进一步缩短办理时间。

（三）精简申报材料，减少中介服务事项。

全面清理各类无谓的证明和手续，对现有规定设置的前置条件和要求的申报材料进行清理，严格论证，并作出明确规定。全面放宽企业备查资料范畴，建立行政机关内部征询机制，推动税务机关电子档案系统建设，减少申请人需重复提供的证明材料。对确实需要中介机构提供评估等服务的，实行清单管理，加强服务监管。

（四）创新服务方式，探索“告知＋承诺”模式。

选取部分省以下税务机关探索开展财税优惠办理“告知＋承诺”模式，告知申请人应当符合的条件和虚假承诺应负的责任。申请人知晓要求条件并书面承诺保证符合相关条件和要求、承诺承担违约责任后，税务机关先予办理相关手续，除特殊情况外应进行公示，接受社会监督，事后加强相应事项的核查和监管。

（五）加强信息化建设，加快推进网上办理。

对具备网上办理条件的税收优惠事项，积极推广实行网上办理，并实现办理进度和结果网上实时查询。逐步构建实体办税服务厅、网上办税服务厅、移动客户端、自助终端和12366纳税服务热线等多形式相结合的综合性服务平台。

（六）推动信息互通共享，打通“信息孤岛”。

加快推动跨部门、跨区域、跨行业信息互通共享。在国税、地税多个税种之间进行优惠备案，实现一套资料，完成全部备案流程，减少纳税人重复、多头报送资料。依托互联网建立数据交换平台，促进各部门信息相互衔接，提高办理质效。

（七）加大宣传力度，确保优惠政策落实到位。

通过发布文件、网站公布、官方媒体采访、领导署名文章等多种形式，对财税优惠政策进行全方位、多层次、多角度宣传和解释，让公众、企业知晓政策、用好政策，打通获取相关信息的“最后一公里”。

**三、保障措施**

（一）加强组织领导。

各级财政、税务部门要充分认识压缩财税优惠办理时间、优化营商环境的重要意义，加强领导，周密部署。财政部、国家税务总局负责压缩财税优惠办理时间相关政策指导和统筹协调，加强监督检查和跟踪落实，认真研究和及时协调解决工作中的重大问题，重大事项及时报告国务院。地方各级财政、税务部门按照职责分工各司其职，建立健全工作机制，强化部门间信息互通，形成改革合力，切实把任务要求落到实处。

（二）严格落实责任。

各级财政、税务部门要坚持问题导向，充分发挥职能作用，科学细化各项任务落实措施，明确具体工作要求、责任分工和完成时限，结合实际研究提出压缩财税优惠办理时间的工作计划，按步骤分阶段完成各项工作任务。

（三）加强宣传培训。

各级财政、税务部门要从简政放权、规范行政行为、提升公共服务水平的角度，积极开展政策解读，加强宣传引导，畅通监督渠道，努力营造良好舆论氛围。要进一步加强人员培训，转变办税理念，探索创新服务，统一思想、凝聚共识，及时总结推广先进经验，确保政策执行到位。

## 营业税改征增值税跨境应税行为增值税免税管理办法（试行）

*1. 2016年5月6日国家税务总局公告2016年第29号公布*
*2. 根据2018年6月15日国家税务总局公告2018年第31号《关于修改部分税收规范性文件的公告》修正*

**第一条**　中华人民共和国境内（以下简称境内）的单位和个人（以下称纳税人）发生跨境应税行为，适用本办法。

**第二条**　下列跨境应税行为免征增值税：

（一）工程项目在境外的建筑服务。

工程总承包方和工程分包方为施工地点在境外的工程项目提供的建筑服务，均属于工程项目在境外的建筑服务。

（二）工程项目在境外的工程监理服务。

（三）工程、矿产资源在境外的工程勘察勘探服务。

（四）会议展览地点在境外的会议展览服务。

为客户参加在境外举办的会议、展览而提供的组织安排服务，属于会议展览地点在境外的会议展览服务。

（五）存储地点在境外的仓储服务。

（六）标的物在境外使用的有形动产租赁服务。

（七）在境外提供的广播影视节目（作品）的播映服务。

在境外提供的广播影视节目（作品）播映服务，是指在境外的影院、剧院、录像厅及其他场所播映广播影视节目（作品）。

通过境内的电台、电视台、卫星通信、互联网、有线电视等无线或者有线装置向境外播映广播影视节目（作品），不属于在境外提供的广播影视节目（作品）播映服务。

（八）在境外提供的文化体育服务、教育医疗服务、旅游服务。

在境外提供的文化体育服务和教育医疗服务，是指纳税人在境外现场提供的文化体育服务和教育医疗服务。

为参加在境外举办的科技活动、文化活动、文化演出、文化比赛、体育比赛、体育表演、体育活动而提供的组织安排服务，属于在境外提供的文化体育服务。

通过境内的电台、电视台、卫星通信、互联网、有线电视等媒体向境外单位或个人提供的文化体育服务或教育医疗服务，不属于在境外提供的文化体育服务、教育医疗服务。

（九）为出口货物提供的邮政服务、收派服务、保险服务。

1. 为出口货物提供的邮政服务，是指：

（1）寄递函件、包裹等邮件出境。

（2）向境外发行邮票。

（3）出口邮册等邮品。

2. 为出口货物提供的收派服务，是指为出境的函件、包裹提供的收件、分拣、派送服务。

纳税人为出口货物提供收派服务，免税销售额为其向寄件人收取的全部价款和价外费用。

3. 为出口货物提供的保险服务，包括出口货物保险和出口信用保险。

（十）向境外单位销售的完全在境外消费的电信服务。

纳税人向境外单位或者个人提供的电信服务，通过境外电信单位结算费用的，服务接受方为境外电信单位，属于完全在境外消费的电信服务。

（十一）向境外单位销售的完全在境外消费的知识产权服务。

服务实际接受方为境内单位或者个人的知识产权服务，不属于完全在境外消费的知识产权服务。

（十二）向境外单位销售的完全在境外消费的物流辅助服务（仓储服务、收派服务除外）。

境外单位从事国际运输和港澳台运输业务经停我国机场、码头、车站、领空、内河、海域时，纳税人向其提供的航空地面服务、港口码头服务、货运客运站场服务、打捞救助服务、装卸搬运服务，属于完全在境外消费的物流辅助服务。

（十三）向境外单位销售的完全在境外消费的鉴证咨询服务。

下列情形不属于完全在境外消费的鉴证咨询服务：

1. 服务的实际接受方为境内单位或者个人。

2. 对境内的货物或不动产进行的认证服务、鉴证服务和咨询服务。

（十四）向境外单位销售的完全在境外消费的专业技术服务。

下列情形不属于完全在境外消费的专业技术服务：

1. 服务的实际接受方为境内单位或者个人。

2. 对境内的天气情况、地震情况、海洋情况、环境和生态情况进行的气象服务、地震服务、海洋服务、环境和生态监测服务。

3. 为境内的地形地貌、地质构造、水文、矿藏等进行的测绘服务。

4. 为境内的城、乡、镇提供的城市规划服务。

（十五）向境外单位销售的完全在境外消费的商务辅助服务。

1. 纳税人向境外单位提供的代理报关服务和货物运输代理服务，属于完全在境外消费的代理报关服务和货物运输代理服务。

2. 纳税人向境外单位提供的外派海员服务，属于完全在境外消费的人力资源服务。外派海员服务，是指境内单位派出属于本单位员工的海员，为境外单位在境外提供的船舶驾驶和船舶管理等服务。

3. 纳税人以对外劳务合作方式，向境外单位提供的完全在境外发生的人力资源服务，属于完全在境外消费的人力资源服务。对外劳务合作，是指境内单位与境外单位签订劳务合作合同，按照合同约定组织和协助中国公民赴境外工作的活动。

4. 下列情形不属于完全在境外消费的商务辅助服务：

（1）服务的实际接受方为境内单位或者个人。

（2）对境内不动产的投资与资产管理服务、物业管理服务、房地产中介服务。

（3）拍卖境内货物或不动产过程中提供的经纪代理服务。

（4）为境内货物或不动产的物权纠纷提供的法律代理服务。

（5）为境内货物或不动产提供的安全保护服务。

（十六）向境外单位销售的广告投放地在境外的广告服务。

广告投放地在境外的广告服务，是指为在境外发布的广告提供的广告服务。

（十七）向境外单位销售的完全在境外消费的无形资产（技术除外）。

下列情形不属于向境外单位销售的完全在境外消费的无形资产：

1. 无形资产未完全在境外使用。

2. 所转让的自然资源使用权与境内自然资源相关。

3. 所转让的基础设施资产经营权、公共事业特许权与境内货物或不动产相关。

4. 向境外单位转让在境内销售货物、应税劳务、服务、无形资产或不动产的配额、经营权、经销权、分销权、代理权。

（十八）为境外单位之间的货币资金融通及其他金融业务提供的直接收费金融服务，且该服务与境内的货物、无形资产和不动产无关。

为境外单位之间、境外单位和个人之间的外币、人民币资金往来提供的资金清算、资金结算、金融支付、账户管理服务，属于为境外单位之间的货币资金融通及其他金融业务提供的直接收费金融服务。

（十九）属于以下情形的国际运输服务：

1. 以无运输工具承运方式提供的国际运输服务。

2. 以水路运输方式提供国际运输服务但未取得《国际船舶运输经营许可证》的。

3. 以公路运输方式提供国际运输服务但未取得《道路运输经营许可证》或者《国际汽车运输行车许可证》，或者《道路运输经营许可证》的经营范围未包括"国际运输"的。

4. 以航空运输方式提供国际运输服务但未取得《公共航空运输企业经营许可证》，或者其经营范围未包括"国际航空客货邮运输业务"的。

5. 以航空运输方式提供国际运输服务但未持有《通用航空经营许可证》，或者其经营范围未包括"公务飞行"的。

（二十）符合零税率政策但适用简易计税方法或声明放弃适用零税率选择免税的下列应税行为：

1. 国际运输服务。

2. 航天运输服务。

3. 向境外单位提供的完全在境外消费的下列服务：

（1）研发服务；

（2）合同能源管理服务；

（3）设计服务；

（4）广播影视节目（作品）的制作和发行服务；

（5）软件服务；

（6）电路设计及测试服务；

（7）信息系统服务；

（8）业务流程管理服务；

（9）离岸服务外包业务。

4. 向境外单位转让完全在境外消费的技术。

**第三条**　纳税人向国内海关特殊监管区域内的单位或者个人销售服务、无形资产，不属于跨境应税行为，应照章征收增值税。

**第四条**　2016 年 4 月 30 日前签订的合同，符合《财政部、国家税务总局关于将铁路运输和邮政业纳入营业税改征增值税试点的通知》（财税〔2013〕106 号）附件 4 和《财政部、国家税务总局关于影视等出口服务适用增值税零税率政策的通知》（财税〔2015〕118 号）规定的免税政策条件的，在合同到期前可以继续享受免税政策。

**第五条**　纳税人发生本办法第二条所列跨境应税行为，除第（九）项、第（二十）项外，必须签订跨境销售服务或无形资产书面合同。否则，不予免征增值税。

纳税人向外国航空运输企业提供空中飞行管理服务，以中国民用航空局下发的航班计划或者中国民用航空局清算中心临时来华飞行记录，为跨境销售服务书面合同。

纳税人向外国航空运输企业提供物流辅助服务（除空中飞行管理服务外），与经中国民用航空局批准设立的外国航空运输企业常驻代表机构签订的书面合同，属于与服务接受方签订跨境销售服务书面合同。外国航空运输企业临时来华飞行，未签订跨境服务书面合同的，以中国民用航空局清算中心临时来华飞行记录为跨境销售服务书面合同。

施工地点在境外的工程项目，工程分包方应提供工程项目在境外的证明、与发包方签订的建筑合同原件及复印件等资料，作为跨境销售服务书面合同。

**第六条**　纳税人向境外单位销售服务或无形资产，按本办法规定免征增值税的，该项销售服务或无形资产的全部收入应从境外取得，否则，不予免征增值税。

下列情形视同从境外取得收入：

（一）纳税人向外国航空运输企业提供物流辅助服务，从中国民用航空局清算中心、中国航空结算有限责任公司或者经中国民用航空局批准设立的外国航空运输企业常驻代表机构取得的收入。

（二）纳税人与境外关联单位发生跨境应税行为，从境内第三方结算公司取得的收入。上述所称第三方结算公司，是指承担跨国企业集团内部成员单位资金集中运营管理职能的资金结算公司，包括财务公司、资金池、资金结算中心等。

（三）纳税人向外国船舶运输企业提供物流辅助服务，通过外国船舶运输企业指定的境内代理公司结算取得的收入。

（四）国家税务总局规定的其他情形。

**第七条**　纳税人发生跨境应税行为免征增值税的，应单独核算跨境应税行为的销售额，准确计算不得抵扣的进项税额，其免税收入不得开具增值税专用发票。

纳税人为出口货物提供收派服务，按照下列公式计算不得抵扣的进项税额：

不得抵扣的进项税额＝当期无法划分的全部进项税额×（当期简易计税方法计税项目销售额＋免征增值税项目销售额－为出口货物提供收派服务支付给境外合作方的费用）÷当期全部销售额

**第八条**　纳税人发生免征增值税跨境应税行为，除提供第二条第（二十）项所列服务外，应在首次享受免税的纳税申报期内或在各省、自治区、直辖市和计划单列市税务局规定的申报征期后的其他期限内，到主管税务机关办理跨境应税行为免税备案手续，同时提交以下备案材料：

（一）《跨境应税行为免税备案表》（附件1）；

（二）本办法第五条规定的跨境销售服务或无形资产的合同原件及复印件；

（三）提供本办法第二条第（一）项至第（八）项和第（十六）项服务，应提交服务地点在境外的证明材料原件及复印件；

（四）提供本办法第二条规定的国际运输服务，应提交实际发生相关业务的证明材料；

（五）向境外单位销售服务或无形资产，应提交服务或无形资产购买方的机构所在地在境外的证明材料；

（六）国家税务总局规定的其他资料。

**第九条**　纳税人发生第二条第（二十）项所列应税行为的，应在首次享受免税的纳税申报期内或在各省、自治区、直辖市和计划单列市税务局规定的申报征期后的其他期限内，到主管税务机关办理跨境应税行为免税备案手续，同时提交以下备案材料：

（一）已向办理增值税免抵退税或免退税的主管税务机关备案的《放弃适用增值税零税率声明》（附件2）；

（二）该项应税行为享受零税率到主管税务机关办理增值税免抵退税或免退税申报时需报送的材料和原始凭证。

**第十条**　按照本办法第八条规定提交备案的跨境销售服务或无形资产合同原件为外文的，应提供中文翻译件并由法定代表人（负责人）签字或者单位盖章。

纳税人无法提供本办法第八条规定的境外资料原件的，可只提供复印件，注明“复印件与原件一致”字样，并由法定代表人（负责人）签字或者单位盖章；境外资料原件为外文的，应提供中文翻译件并由法定代表人（负责人）签字或者单位盖章。

主管税务机关对提交的境外证明材料有明显疑义的，可以要求纳税人提供境外公证部门出具的证明材料。

**第十一条**　纳税人办理跨境应税行为免税备案手续时，主管税务机关应当根据以下情况分别做出处理：

（一）备案材料存在错误的，应当告知并允许纳税人更正。

（二）备案材料不齐全或者不符合规定形式的，应当场一次性告知纳税人补正。

（三）备案材料齐全、符合规定形式的，或者纳税人按照税务机关的要求提交全部补正备案材料的，应当受理纳税人的备案，并将有关资料原件退还纳税人。

（四）按照税务机关的要求补正后的备案材料仍不符合本办法第八、九、十条规定的，应当对纳税人的本次跨境应税行为免税备案不予受理，并将所有报送材料退还纳税人。

**第十二条**　主管税务机关受理或者不予受理纳税人跨境应税行为免税备案，应当出具加盖本机关专用印章和注明日期的书面凭证。

**第十三条**　原签订的跨境销售服务或无形资产合同发生变更，或者跨境销售服务或无形资产的有关情况发生变化，变化后仍属于本办法第二条规定的免税范围的，纳税人应向主管税务机关重新办理跨境应税行为免税备案手续。

**第十四条**　纳税人应当完整保存本办法第八、九、十条要求的各项材料。纳税人在税务机关后续管理中不能提供上述材料的，不得享受本办法规定的免税政策，对已享受的减免税款应予补缴，并依照《中华人民共和国税收征收管理法》的有关规定处理。

**第十五条**　纳税人发生跨境应税行为享受免税的，应当按规定进行纳税申报。纳税人享受免税到期或实际经营情况不再符合本办法规定的免税条件的，应当停止享受免税，并按照规定申报纳税。

**第十六条**　纳税人发生实际经营情况不符合本办法规定的免税条件、采用欺骗手段获取免税、或者享受减免税条件发生变化未及时向税务机关报告，以及未按照本办法规定履行相关程序自行减免税的，税务机关依照《中华人民共和国税收征收管理法》有关规定予以处理。

**第十七条**　税务机关应高度重视跨境应税行为增值税免税管理工作，针对纳税人的备案材料，采取案头分析、日常检查、重点稽查等方式，加强对纳税人业务真实性的核实，发现问题的，按照现行有关规定处理。

**第十八条**　纳税人发生的与香港、澳门、台湾有关的应税行为，参照本办法执行。

**第十九条**　本办法自2016年5月1日起施行。此前，纳税人发生符合本办法第四条规定的免税跨境应税行为，已办理免税备案手续的，不再重新办理免税备案手续。纳税人发生符合本办法第二条和第四条规定的免税跨境应税行为，未办理免税备案手续但已进行免税申报的，按照本办法规定补办备案手续；未进行免税申报的，按照本办法规定办理跨境服务备案手续后，可以申请退还已缴税款或者抵减以后的应纳税额；已开具增值税专用发票的，应将全部联次追回后方可办理跨境应税行为免税备案手续。

附件：（略）

## 关于支持科技创新进口税收政策管理办法的通知

1. *2017年1月14日财政部、教育部、国家发展改革委、科技部、工业和信息化部、民政部、商务部、海关总署、国家税务总局、国家新闻出版广电总局发布*
2. *财关税〔2016〕71号*
3. *自2016年1月1日起施行*

各省、自治区、直辖市、计划单列市财政厅（局）、教育厅（局）、发展改革委、科技厅（委、局）、工业和信息化主管部门、民政厅（局）、商务厅（局）、国家税务局，海关总署广东分署、各直属海关，新疆生产建设兵团财务局、科技局、民政局、商务局：

为深入贯彻落实党中央、国务院关于创新驱动发展战略有关精神，发挥科技创新在全面创新中的引领作用，经国务院批准，财政部、海关总署、国家税务总局联合印发了《关于"十三五"期间支持科技创新进口税收政策的通知》（财关税〔2016〕70号）。为加强政策管理，现将支持科技创新进口税收政策管理办法通知如下：

一、国务院部委、直属机构所属从事科学研究工作的各类科研院所，由科技部核定名单，函告海关总署，并抄送本通知第八条出版物进口单位。此类科研院所持凭主管部门批准成立的文件、《事业单位法人证书》，按海关规定办理有关减免税手续。

各省、自治区、直辖市、计划单列市所属从事科学研究工作的各类科研院所，由本级科技主管部门核定名单，函告相关科研院所所在地直属海关，并抄送本通知第八条出版物进口单位。此类科研院所持凭主管部门批准成立的文件、《事业单位法人证书》，按海关规定办理有关减免税手续。

二、国家承认学历的实施专科及以上高等学历教育的高等学校，由教育部核定并在教育部门户网站公布，按海关规定办理有关减免税手续。

三、国家发展改革委会同财政部、海关总署和国家税务总局核定的国家工程研究中心的免税进口资格，按国家发展和改革委员会会同有关部门另行制定的国家工程研究中心管理办法确定。

国家发展改革委会同财政部、海关总署、国家税务总局和科技部核定的企业技术中心，按《国家企业技术中心认定管理办法》（国家发展改革委、科技部、财政部、海关总署、国家税务总局令第34号）确定免税资格，按海关规定办理有关减免税手续。

四、科技部会同财政部、海关总署和国家税务总局核定的科技体制改革过程中转制为企业和进入企业的主要从事科学研究和技术开发工作的机构、国家重点实验室、企业国家重点实验室、国家工程技术研究中心的免税进口管理办法由科技部会同有关部门另行制定。

五、科技部会同民政部核定或者各省、自治区、直辖市、计划单列市及新疆生产建设兵团科技主管部门会同同级民政部门核定的科技类民办非企业单位的免税进口管理办法见附件1。

六、工业和信息化部会同财政部、海关总署、国家税务总局核定的国家中小企业公共服务示范平台（技术类）的免税进口管理办法见附件2。

七、各省、自治区、直辖市、计划单列市及新疆生产建设兵团商务主管部门会同同级财政、国税部门和外资研发中心所在地直属海关核定的外资研发中心的免税进口管理办法见附件3。

八、国家新闻出版广电总局批准的下列具有出版物进口许可的出版物进口单位：中国图书进出口（集团）总公司及其具有独立法人资格的子公司、中国经济图书进出口公司、中国教育图书进出口有限公司、北京中科进出口有限责任公司、中国科技资料进出口总公司、中国国际图书贸易集团有限公司，按海关规定办理有关减免税手续。免税进口商品销售对象中的科研院所是指本通知第一条中经核定的科研院所；学校是指本通知第二条中经核定的高等学校。

出版物进口单位应在每年3月31日前将上一年度免税进口图书、资料等情况报财政部、海关总署、国家税务总局、国家新闻出版广电总局备案。备案信息应包括商品种类、进口额、免税进口商品的销售流向、使用单位等。

对出版物进口单位为科研院所、学校进口用于科研、教学的图书、资料等的免税范围，按进口科学研究、科技开发和教学用品免税清单中的“五、图书、文献、报刊及其他资料（包括只读光盘、微缩平片、胶卷、地球资料卫星照片、科技和教学声像制品）”执行。

九、财政部会同有关部门核定的其他科学研究机构、技术开发机构、学校，比照上述有关条款进行免税进口管理。

十、财政部等有关部门及其工作人员在政策执行过程中，存在违反执行免税政策规定的行为，以及滥用职权、玩忽职守、徇私舞弊等违法违纪行为的，按照《预算法》、《公务员法》、《行政监察法》、《财政违法行为处罚处分条例》等国家有关规定追究相应责任；涉嫌犯罪的，移送司法机关处理。

本通知自 2016 年 1 月 1 日起实施。

**附件 1：**

## 科技类民办非企业单位免税进口科学研究、科技开发和教学用品管理办法

**第一条**　本办法所指的民办非企业单位，应同时具备下列条件：

（一）依照《民办非企业单位登记管理暂行条例》、《民办非企业单位登记暂行办法》的要求，在民政部或省、自治区、直辖市、计划单列市和新疆生产建设兵团民政部门登记注册的、具有法人资格的民办非企业单位；

（二）资产总额在 300 万元人民币（含）以上；

（三）从事科学研究的专业技术人员（指大专以上学历或中级以上技术职称专业技术人员）在 20 人以上，且占全部人员的比例不低于 60%；

（四）兼职的科研人员不超过 25%。

**第二条**　符合上述条件的科技类民办非企业单位，应向科技部或省、自治区、直辖市、计划单列市、新疆生产建设兵团科技主管部门提出免税资格申请，科技主管部门会同同级民政部门按本办法第一条所列条件对其进行免税资格审核认定，对经认定符合免税资格条件的单位颁发免税资格证书，免税资格证书标明“颁发日期”，同时函告上述单位所在地直属海关。经认定符合免税资格条件的单位，自免税资格证书颁发之日起，可按规定享受支持科技创新进口税收政策。

**第三条**　科技主管部门会同同级民政部门对科技类民办非企业单位的免税资格进行复审。对复审未通过的单位，撤销其免税资格，注明撤销日期，并函告单位所在地直属海关。自撤销之日起，取消其免税资格。

**第四条**　已经获得免税资格的科技类民办非企业单位，如存在以虚报情况获得免税资格的，经科技部门会同民政部门查实后，除按有关法律法规和有关规定处理外，将撤销其免税资格，注明撤销日期，并函告同级海关，自撤销之日起，取消其免税资格。

科技主管部门会同民政部门及时将有关情况通报单位所在地直属海关，有关科技类民办非企业单位应补缴在支持科技创新进口税收政策项下已免税进口有关科学研究、科技开发和教学用品的相关税款。

**第五条**　经认定符合免税资格条件的科技类民办非企业单位可持有效的免税资格证书和其他有关材料，按海关规定办理减免税手续。

**第六条**　经认定符合免税资格条件的科技类民办非企业单位免税进口与本单位承担的科研任务直接相关的科学研究、科技开发和教学用品的范围，按照进口科学研究、科技开发和教学用品免税清单执行。

**第七条**　财政部会同科技部、民政部、海关总署和国家税务总局根据实际需要，适时对本办法第一条所列科技类民办非企业单位免税资格的认定条件进行调整。

**附件 2：**

## 国家中小企业公共服务示范平台（技术类）免税进口科学研究、科技开发和教学用品管理办法

**第一条**　本办法所指的示范平台（技术类）应同时满足以下条件：

1. 属于工业和信息化部认定的国家中小企业公共服务示范平台范围，且平台类别为技术类；

2. 资产总额不低于 1000 万元；

3. 累计购置设备总额（国产和进口设备原值）不低于 300 万元；

4. 具有良好的服务资质和业绩，年服务中小企业在 150 家以上，用户满意度在 90% 以上；

5. 在专业服务领域或区域内有一定的声誉和品牌影响力。

**第二条**　符合本管理办法第一条条件的示范平台（技术

类),应于每年3月1日前向所在省、自治区、直辖市、计划单列市、新疆生产建设兵团中小企业主管部门(以下简称省级中小企业主管部门)提出书面申请,并附以下材料:

1. 进口科学研究、科技开发和教学用品免税资格审核表(见附1);

2. 资产总额和累计购置设备总额的专项审计报告;

3. 年度服务中小企业情况的报告;

4. 省级中小企业主管部门对平台服务中小企业户数及满意度的测评意见(具体测评要求以及测评意见表详见附2、3);

5. 审核部门要求提交的其他材料。

**第三条** 省级中小企业主管部门会同同级财政、国税部门和示范平台(技术类)所在地直属海关对提出申请的示范平台的免税资格进行初审,并将审核意见于每年3月底前报工业和信息化部。工业和信息化部会同财政部、海关总署、国家税务总局对示范平台(技术类)的免税资格进行最终审核。工业和信息化部、财政部、海关总署、国家税务总局联合公布享受支持科技创新进口税收政策的示范平台(技术类)名单。

经认定符合免税资格条件的新增单位,自名单公布之日起,可按规定享受支持科技创新进口税收政策。

**第四条** 经认定符合免税资格条件的示范平台(技术类)免税进口范围按照进口科学研究、科技开发和教学用品免税清单执行。

**第五条** 经认定符合免税资格条件的示范平台(技术类)应按照海关规定,向海关申请办理相关进口科学研究、科技开发和教学用品的减免税手续。

**第六条** 示范平台(技术类)免税资格每两年复审一次。享受支持科技创新进口税收政策的示范平台(技术类)将复审申请报告和两年的工作总结报省级中小企业主管部门。省级中小企业主管部门对其服务中小企业的业绩进行测评,出具测评意见,报工业和信息化部。

工业和信息化部会同财政部、海关总署、国家税务总局对示范平台(技术类)的免税资格进行复审。复审不合格的,由工业和信息化部、财政部、海关总署、国家税务总局联合公布名单。对复审不合格的示范平台(技术类),自名单公布之日起,取消其免税资格。

**第七条** 已经获得免税资格的示范平台(技术类),如存在以虚报情况获得免税资格的,经工业和信息化部查实后,除按有关法律法规和有关规定处理外,将撤销其免税资格。

工业和信息化部及时将有关情况通报财政部、海关总署和国家税务总局,有关示范平台(技术类)应补缴在支持科技创新进口税收政策项下已免税进口有关科学研究、科技开发和教学用品的相关税款。

**第八条** 工业和信息化部应于每年6月底前,将汇总的经认定符合免税资格条件的示范平台(技术类)上一年度政策执行情况函告财政部,同时抄送海关总署和国家税务总局。

**第九条** 财政部会同工业和信息化部、海关总署和国家税务总局根据实际需要,适时对本办法第一条所列示范平台(技术类)免税资格的认定条件进行调整。

附:(略)

**附件3:**

## 外资研发中心免税进口科学研究、科技开发和教学用品管理办法

**第一条** 本管理办法所指外资研发中心,根据其设立时间,应分别满足下列条件:

(一)对2009年9月30日及其之前设立的外资研发中心,应同时满足下列条件:

1. 研发费用标准:(1)对外资研发中心,作为独立法人的,其投资总额不低于500万美元;作为公司内设部门或分公司的非独立法人的,其研发总投入不低于500万美元;(2)企业研发经费年支出额不低于1000万元。

2. 专职研究与试验发展人员不低于90人。

3. 设立以来累计购置的设备原值不低于1000万元。

(二)对2009年10月1日及其之后设立的外资研发中心,应同时满足下列条件:

1. 研发费用标准:作为独立法人的,其投资总额不低于800万美元;作为公司内设部门或分公司的非独立法人的,其研发总投入不低于800万美元。

2. 专职研究与试验发展人员不低于150人。

3. 设立以来累计购置的设备原值不低于2000万元。

其中,有关定义如下:

(1)“投资总额”,是指外商投资企业批准证书或设立、变更备案回执所载明的金额。

(2)"研发总投入",是指外商投资企业专门为设立和建设本研发中心而投入的资产,包括即将投入并签订购置合同的资产(应提交已采购资产清单和即将采购资产的合同清单)。

(3)"研发经费年支出额",是指近两个会计年度研发经费年均支出额;不足两个完整会计年度的,可按外资研发中心设立以来任意连续12个月的实际研发经费支出额计算;现金与实物资产投入应不低于60%。

(4)"专职研究与试验发展人员",是指企业科技活动人员中专职从事基础研究、应用研究和试验发展三类项目活动的人员,包括直接参加上述三类项目活动的人员以及相关专职科技管理人员和为项目提供资料文献、材料供应、设备的直接服务人员,上述人员须与外资研发中心或其所在外商投资企业签订1年以上劳动合同,以外资研发中心提交申请的前一日人数为准。

(5)"设备",是指为科学研究、教学和科技开发提供必要条件的实验设备、装置和器械。在计算累计购置的设备原值时,应将进口设备和采购国产设备的原值一并计入,包括已签订购置合同并于当年内交货的设备(应提交购置合同清单及交货期限),适用本办法的上述进口设备范围为进口科学研究、科技开发和教学用品免税清单所列商品。

**第二条**　资格条件审核

(一)各省、自治区、直辖市、计划单列市及新疆生产建设兵团商务主管部门会同同级财政、国税部门和外资研发中心所在地直属海关(以下简称审核部门),根据本地情况,制定审核流程和具体办法。研发中心应按本办法有关要求向其所在地商务主管部门提交申请材料。

(二)商务主管部门牵头召开审核部门联席会议,对外资研发中心上报的申请材料进行审核,按照本办法第一条所列条件和要求,确定符合免税资格条件的研发中心名单。

(三)经审核,对符合免税资格条件的外资研发中心,由审核部门以公告形式联合发布,并将名单抄送商务部(外资司)、财政部(关税司)、海关总署(关税征管司)、国家税务总局(货物和劳务税司)备案。对不符合有关规定的,由商务主管部门根据联席会议的决定出具书面审核意见,并说明理由。上述公告或审核意见应在审核部门受理申请之日起45个工作日之内做出。

符合免税资格条件的外资研发中心,自公告发布之日起,可按规定享受支持科技创新进口税收政策,按照进口科学研究、科技开发和教学用品免税清单免税进口。在2015年12月31日(含)以前,已取得免税资格未满2年暂不需要进行资格复审的、按规定已复审合格的外资研发中心,在2015年12月31日享受免税未满2年的,可继续享受至2年期满。

(四)审核部门每两年对已获得免税资格的外资研发中心进行资格复审。对于复审不合格的研发中心,名单函告外资研发中心所在地直属海关,抄送海关总署(关税征管司)备案,并在函中明确取消复审不合格的研发中心享受支持科技创新进口税收政策资格的日期。

**第三条**　外资研发中心申请进口设备免税资格,应提交以下材料:

(一)外资研发中心进口设备免税资格申请书和审核表;

(二)外资研发中心为独立法人的,应提交外商投资企业批准证书或设立、变更备案回执及营业执照复印件;研发中心为非独立法人的,应提交其所在外商投资企业的外商投资企业批准证书或设立、变更备案回执及营业执照复印件;

(三)验资报告及上一年度审计报告复印件;

(四)研发费用支出明细、设备购置支出明细和清单以及通知规定应提交的材料;

(五)专职研究与试验发展人员名册(包括姓名、工作岗位、劳动合同期限、联系方式);

(六)审核部门要求提交的其他材料。

**第四条**　相关工作管理

(一)列入公告名单的符合免税资格条件的外资研发中心,可按有关规定向海关申请办理减免税手续。

(二)审核部门在共同审核认定研发中心资格的过程中,可到研发中心查阅有关资料,了解情况,核实其报送的申请材料的真实性。同时应注意加强对研发中心的政策指导和服务,提高工作效率。

(三)省级商务主管部门应将《外资研发中心采购设备免、退税资格审核表》有关信息及时录入外商投资综合管理信息系统。

附表:(略)

## 国家税务总局关于进一步落实研发费用加计扣除政策有关问题的公告①

*2021年9月13日国家税务总局2021年第28号发布*

为贯彻落实国务院激励企业加大研发投入、优化研发费用加计扣除政策实施的举措，深入开展2021年“我为纳税人缴费人办实事暨便民办税春风行动”，方便企业提前享受研发费用加计扣除优惠政策，现就有关事项公告如下：

**一、关于2021年度享受研发费用加计扣除政策问题**

（一）企业10月份预缴申报第3季度（按季预缴）或9月份（按月预缴）企业所得税时，可以自主选择就前三季度研发费用享受加计扣除优惠政策。

对10月份预缴申报期未选择享受优惠的，可以在2022年办理2021年度企业所得税汇算清缴时统一享受。

（二）企业享受研发费用加计扣除政策采取“真实发生、自行判别、申报享受、相关资料留存备查”的办理方式，由企业依据实际发生的研发费用支出，自行计算加计扣除金额，填报《中华人民共和国企业所得税月（季）度预缴纳税申报表（A类）》享受税收优惠，并根据享受加计扣除优惠的研发费用情况（前三季度）填写《研发费用加计扣除优惠明细表》（A107012）。《研发费用加计扣除优惠明细表》（A107012）与政策规定的其他资料一并留存备查。

**二、关于研发支出辅助账样式的问题**

（一）《国家税务总局关于企业研究开发费用税前加计扣除政策有关问题的公告》（2015年第97号，以下简称97号公告）发布的研发支出辅助账和研发支出辅助账汇总表样式（以下简称2015版研发支出辅助账样式）继续有效。另增设简化版研发支出辅助账和研发支出辅助账汇总表样式（以下简称2021版研发支出辅助账样式），具体样式及填写说明见附件。

（二）企业按照研发项目设置辅助账时，可以自主选择使用2015版研发支出辅助账样式，或者2021版研发支出辅助账样式，也可以参照上述样式自行设计研发支出辅助账样式。

企业自行设计的研发支出辅助账样式，应当包括2021版研发支出辅助账样式所列数据项，且逻辑关系一致，能准确归集允许加计扣除的研发费用。

**三、关于其他相关费用限额计算的问题**

（一）企业在一个纳税年度内同时开展多项研发活动的，由原来按照每一研发项目分别计算“其他相关费用”限额，改为统一计算全部研发项目“其他相关费用”限额。

企业按照以下公式计算《财政部 国家税务总局 科技部关于完善研究开发费用税前加计扣除政策的通知》（财税〔2015〕119号）第一条第（一）项“允许加计扣除的研发费用”第6目规定的“其他相关费用”的限额，其中资本化项目发生的费用在形成无形资产的年度统一纳入计算：

全部研发项目的其他相关费用限额＝全部研发项目的人员人工等五项费用之和×10%/（1－10%）

“人员人工等五项费用”是指财税〔2015〕119号文件第一条第（一）项“允许加计扣除的研发费用”第1目至第5目费用，包括“人员人工费用”“直接投入费用”“折旧费用”“无形资产摊销”和“新产品设计费、新工艺规程制定费、新药研制的临床试验费、勘探开发技术的现场试验费”。

（二）当“其他相关费用”实际发生数小于限额时，按实际发生数计算税前加计扣除额；当“其他相关费用”实际发生数大于限额时，按限额计算税前加计扣除额。

**四、执行时间**

本公告第一条适用于2021年度，其他条款适用于2021年及以后年度。97号公告第二条第（三）项“其他相关费用的归集与限额计算”的规定同时废止。

特此公告。

附件：（略）

## 关于进一步完善研发费用税前加计扣除政策的公告

*2023年3月26日财政部、税务总局公告2023年第7号公布*

为进一步激励企业加大研发投入，更好地支持科技创新，现就企业研发费用税前加计扣除政策有关问题公告如下：

一、企业开展研发活动中实际发生的研发费用，未形成无形资产计入当期损益的，在按规定据实扣除的基础上，自2023年1月1日起，再按照实际发生额的100%在

① 第一条已被2023年5月26日国家税务总局公告2023年第8号《关于公布全文和部分条款失效废止的税务规范性文件目录的公告》废止。——编者注

税前加计扣除;形成无形资产的,自 2023 年 1 月 1 日起,按照无形资产成本的 200% 在税前摊销。

二、企业享受研发费用加计扣除政策的其他政策口径和管理要求,按照《财政部 国家税务总局 科技部关于完善研究开发费用税前加计扣除政策的通知》(财税〔2015〕119 号)、《财政部 税务总局 科技部关于企业委托境外研究开发费用税前加计扣除有关政策问题的通知》(财税〔2018〕64 号)等文件相关规定执行。

三、本公告自 2023 年 1 月 1 日起执行,《财政部 税务总局关于进一步完善研发费用税前加计扣除政策的公告》(财政部 税务总局公告 2021 年第 13 号)、《财政部 税务总局 科技部关于进一步提高科技型中小企业研发费用税前加计扣除比例的公告》(财政部 税务总局 科技部公告 2022 年第 16 号)、《财政部 税务总局 科技部关于加大支持科技创新税前扣除力度的公告》(财政部 税务总局 科技部公告 2022 年第 28 号)同时废止。

特此公告。

## 财政部、国家税务总局、科技部关于完善研究开发费用税前加计扣除政策的通知①

*1. 2015 年 11 月 2 日发布*
*2. 财税〔2015〕119 号*
*3. 自 2016 年 1 月 1 日起施行*

各省、自治区、直辖市、计划单列市财政厅(局)、国家税务局、地方税务局、科技厅(局),新疆生产建设兵团财务局、科技局:

根据《中华人民共和国企业所得税法》及其实施条例有关规定,为进一步贯彻落实《中共中央国务院关于深化体制机制改革加快实施创新驱动发展战略的若干意见》精神,更好地鼓励企业开展研究开发活动(以下简称研发活动)和规范企业研究开发费用(以下简称研发费用)加计扣除优惠政策执行,现就企业研发费用税前加计扣除有关问题通知如下:

**一、研发活动及研发费用归集范围**

本通知所称研发活动,是指企业为获得科学与技术新知识,创造性运用科学技术新知识,或实质性改进技术、产品(服务)、工艺而持续进行的具有明确目标的系统性活动。

(一)允许加计扣除的研发费用。

企业开展研发活动中实际发生的研发费用,未形成无形资产计入当期损益的,在按规定据实扣除的基础上,按照本年度实际发生额的 50%,从本年度应纳税所得额中扣除;形成无形资产的,按照无形资产成本的 150% 在税前摊销。研发费用的具体范围包括:

1. 人员人工费用。

直接从事研发活动人员的工资薪金、基本养老保险费、基本医疗保险费、失业保险费、工伤保险费、生育保险费和住房公积金,以及外聘研发人员的劳务费用。

2. 直接投入费用。

(1)研发活动直接消耗的材料、燃料和动力费用。

(2)用于中间试验和产品试制的模具、工艺装备开发及制造费,不构成固定资产的样品、样机及一般测试手段购置费,试制产品的检验费。

(3)用于研发活动的仪器、设备的运行维护、调整、检验、维修等费用,以及通过经营租赁方式租入的用于研发活动的仪器、设备租赁费。

3. 折旧费用。

用于研发活动的仪器、设备的折旧费。

4. 无形资产摊销。

用于研发活动的软件、专利权、非专利技术(包括许可证、专有技术、设计和计算方法等)的摊销费用。

5. 新产品设计费、新工艺规程制定费、新药研制的临床试验费、勘探开发技术的现场试验费。

6. 其他相关费用。

与研发活动直接相关的其他费用,如技术图书资料费、资料翻译费、专家咨询费、高新科技研发保险费,研发成果的检索、分析、评议、论证、鉴定、评审、评估、验收费用,知识产权的申请费、注册费、代理费,差旅费、会议费等。此项费用总额不得超过可加计扣除研发费用总额的 10%。

7. 财政部和国家税务总局规定的其他费用。

(二)下列活动不适用税前加计扣除政策。

1. 企业产品(服务)的常规性升级。

2. 对某项科研成果的直接应用,如直接采用公开的新工艺、材料、装置、产品、服务或知识等。

---

① 第二条中的"企业委托境外机构或个人进行研发活动所发生的费用,不得加计扣除。"已被 2018 年 6 月 25 日财政部、税务总局、科技部《关于企业委托境外研究开发费用税前加计扣除有关政策问题的通知》(财税〔2018〕64 号)废止。——编者注

3. 企业在商品化后为顾客提供的技术支持活动。

4. 对现存产品、服务、技术、材料或工艺流程进行的重复或简单改变。

5. 市场调查研究、效率调查或管理研究。

6. 作为工业(服务)流程环节或常规的质量控制、测试分析、维修维护。

7. 社会科学、艺术或人文学方面的研究。

**二、特别事项的处理**

1. 企业委托外部机构或个人进行研发活动所发生的费用,按照费用实际发生额的80%计入委托方研发费用并计算加计扣除,受托方不得再进行加计扣除。委托外部研究开发费用实际发生额应按照独立交易原则确定。

委托方与受托方存在关联关系的,受托方应向委托方提供研发项目费用支出明细情况。

企业委托境外机构或个人进行研发活动所发生的费用,不得加计扣除。

2. 企业共同合作开发的项目,由合作各方就自身实际承担的研发费用分别计算加计扣除。

3. 企业集团根据生产经营和科技开发的实际情况,对技术要求高、投资数额大,需要集中研发的项目,其实际发生的研发费用,可以按照权利和义务相一致、费用支出和收益分享相配比的原则,合理确定研发费用的分摊方法,在受益成员企业间进行分摊,由相关成员企业分别计算加计扣除。

4. 企业为获得创新性、创意性、突破性的产品进行创意设计活动而发生的相关费用,可按照本通知规定进行税前加计扣除。

创意设计活动是指多媒体软件、动漫游戏软件开发,数字动漫、游戏设计制作;房屋建筑工程设计(绿色建筑评价标准为三星)、风景园林工程专项设计;工业设计、多媒体设计、动漫及衍生产品设计、模型设计等。

**三、会计核算与管理**

1. 企业应按照国家财务会计制度要求,对研发支出进行会计处理;同时,对享受加计扣除的研发费用按研发项目设置辅助账,准确归集核算当年可加计扣除的各项研发费用实际发生额。企业在一个纳税年度内进行多项研发活动的,应按照不同研发项目分别归集可加计扣除的研发费用。

2. 企业应对研发费用和生产经营费用分别核算,准确、合理归集各项费用支出,对划分不清的,不得实行加计扣除。

**四、不适用税前加计扣除政策的行业**

1. 烟草制造业。

2. 住宿和餐饮业。

3. 批发和零售业。

4. 房地产业。

5. 租赁和商务服务业。

6. 娱乐业。

7. 财政部和国家税务总局规定的其他行业。

上述行业以《国民经济行业分类与代码(GB/4754-2011)》为准,并随之更新。

**五、管理事项及征管要求**

1. 本通知适用于会计核算健全、实行查账征收并能够准确归集研发费用的居民企业。

2. 企业研发费用各项目的实际发生额归集不准确、汇总额计算不准确的,税务机关有权对其税前扣除额或加计扣除额进行合理调整。

3. 税务机关对企业享受加计扣除优惠的研发项目有异议的,可以转请地市级(含)以上科技行政主管部门出具鉴定意见,科技部门应及时回复意见。企业承担省部级(含)以上科研项目的,以及以前年度已鉴定的跨年度研发项目,不再需要鉴定。

4. 企业符合本通知规定的研发费用加计扣除条件而在2016年1月1日以后未及时享受该项税收优惠的,可以追溯享受并履行备案手续,追溯期限最长为3年。

5. 税务部门应加强研发费用加计扣除优惠政策的后续管理,定期开展核查,年度核查面不得低于20%。

**六、执行时间**

本通知自2016年1月1日起执行。《国家税务总局关于印发〈企业研究开发费用税前扣除管理办法(试行)〉的通知》(国税发〔2008〕116号)和《财政部、国家税务总局关于研究开发费用税前加计扣除有关政策问题的通知》(财税〔2013〕70号)同时废止。

## 财政部、国家税务总局关于促进残疾人就业增值税优惠政策的通知

*1. 2016年5月5日发布*

*2. 财税〔2016〕52号*

各省、自治区、直辖市、计划单列市财政厅(局)、国家税务局,新疆生产建设兵团财务局:

为继续发挥税收政策促进残疾人就业的作用,进

一步保障残疾人权益，经国务院批准，决定对促进残疾人就业的增值税政策进行调整完善。现将有关政策通知如下：

一、对安置残疾人的单位和个体工商户（以下称纳税人），实行由税务机关按纳税人安置残疾人的人数，限额即征即退增值税的办法。

安置的每位残疾人每月可退还的增值税具体限额，由县级以上税务机关根据纳税人所在区县（含县级市、旗，下同）适用的经省（含自治区、直辖市、计划单列市，下同）人民政府批准的月最低工资标准的4倍确定。

二、享受税收优惠政策的条件。

（一）纳税人（除盲人按摩机构外）月安置的残疾人占在职职工人数的比例不低于25%（含25%），并且安置的残疾人人数不少于10人（含10人）；

盲人按摩机构月安置的残疾人占在职职工人数的比例不低于25%（含25%），并且安置的残疾人人数不少于5人（含5人）。

（二）依法与安置的每位残疾人签订了一年以上（含一年）的劳动合同或服务协议。

（三）为安置的每位残疾人按月足额缴纳了基本养老保险、基本医疗保险、失业保险、工伤保险和生育保险等社会保险。

（四）通过银行等金融机构向安置的每位残疾人，按月支付了不低于纳税人所在区县适用的经省人民政府批准的月最低工资标准的工资。

三、《财政部、国家税务总局关于教育税收政策的通知》（财税〔2004〕39号）第一条第7项规定的特殊教育学校举办的企业，只要符合本通知第二条第（一）项第一款规定的条件，即可享受本通知第一条规定的增值税优惠政策。这类企业在计算残疾人人数时可将在企业上岗工作的特殊教育学校的全日制在校学生计算在内，在计算企业在职职工人数时也要将上述学生计算在内。

四、纳税人中纳税信用等级为税务机关评定的C级或D级的，不得享受本通知第一条、第三条规定的政策。

五、纳税人按照纳税期限向主管国税机关申请退还增值税。本纳税期已交增值税额不足退还的，可在本纳税年度内以前纳税期已交增值税扣除已退增值税的余额中退还，仍不足退还的可结转本纳税年度内以后纳税期退还，但不得结转以后年度退还。纳税期限不为按月的，只能对其符合条件的月份退还增值税。

六、本通知第一条规定的增值税优惠政策仅适用于生产销售货物，提供加工、修理修配劳务，以及提供营改增现代服务和生活服务税目（不含文化体育服务和娱乐服务）范围的服务取得的收入之和，占其增值税收入的比例达到50%的纳税人，但不适用于上述纳税人直接销售外购货物（包括商品批发和零售）以及销售委托加工的货物取得的收入。

纳税人应当分别核算上述享受税收优惠政策和不得享受税收优惠政策业务的销售额，不能分别核算的，不得享受本通知规定的优惠政策。

七、如果既适用促进残疾人就业增值税优惠政策，又适用重点群体、退役士兵、随军家属、军转干部等支持就业的增值税优惠政策的，纳税人可自行选择适用的优惠政策，但不能累加执行。一经选定，36个月内不得变更。

八、残疾人个人提供的加工、修理修配劳务，免征增值税。

九、税务机关发现已享受本通知增值税优惠政策的纳税人，存在不符合本通知第二条、第三条规定条件，或者采用伪造或重复使用残疾人证、残疾军人证等手段骗取本通知规定的增值税优惠的，应将纳税人发生上述违法违规行为的纳税期内按本通知已享受到的退税全额追缴入库，并自发现当月起36个月内停止其享受本通知规定的各项税收优惠。

十、本通知有关定义。

（一）残疾人，是指法定劳动年龄内，持有《中华人民共和国残疾人证》或者《中华人民共和国残疾军人证（1至8级）》的自然人，包括具有劳动条件和劳动意愿的精神残疾人。

（二）残疾人个人，是指自然人。

（三）在职职工人数，是指与纳税人建立劳动关系并依法签订劳动合同或者服务协议的雇员人数。

（四）特殊教育学校举办的企业，是指特殊教育学校主要为在校学生提供实习场所、并由学校出资自办、由学校负责经营管理、经营收入全部归学校所有的企业。

十一、本通知规定的增值税优惠政策的具体征收管理办法，由国家税务总局制定。

十二、本通知自2016年5月1日起执行，《财政部、国家税务总局关于促进残疾人就业税收优惠政策的通知》（财税〔2007〕92号）、《财政部、国家税务总局关于将铁路运输和邮政业纳入营业税改征增值税试点的通知》（财税〔2013〕106号）附件3第二条第（二）项同时废止。纳税人2016年5月1日前执行财税〔2007〕92号和财税〔2013〕106号文件发生的应退未退的增值税余额，可按照本通知第五条规定执行。

## 国家税务总局关于实施国家重点扶持的公共基础设施项目企业所得税优惠问题的通知[①]

*1. 2009年4月16日发布*
*2. 国税发〔2009〕80号*

各省、自治区、直辖市和计划单列市国家税务局、地方税务局：

为贯彻落实《中华人民共和国企业所得税法》及其实施条例关于国家重点扶持的公共基础设施项目企业所得税优惠政策，促进国家重点扶持的公共基础设施项目建设，现将实施该项优惠政策的有关问题通知如下：

一、对居民企业（以下简称企业）经有关部门批准，从事符合《公共基础设施项目企业所得税优惠目录》（以下简称《目录》）规定范围、条件和标准的公共基础设施项目的投资经营所得，自该项目取得第一笔生产经营收入所属纳税年度起，第一年至第三年免征企业所得税，第四年至第六年减半征收企业所得税。

企业从事承包经营、承包建设和内部自建自用《目录》规定项目的所得，不得享受前款规定的企业所得税优惠。

二、本通知所称第一笔生产经营收入，是指公共基础设施项目建成并投入运营（包括试运营）后所取得的第一笔主营业务收入。

三、本通知所称承包经营，是指与从事该项目经营的法人主体相独立的另一法人经营主体，通过承包该项目的经营管理而取得劳务性收益的经营活动。

四、本通知所称承包建设，是指与从事该项目经营的法人主体相独立的另一法人经营主体，通过承包该项目的工程建设而取得建筑劳务收益的经营活动。

五、本通知所称内部自建自用，是指项目的建设仅作为本企业主体经营业务的设施，满足本企业自身的生产经营活动需要，而不属于向他人提供公共服务业务的公共基础设施建设项目。

六、企业同时从事不在《目录》范围的生产经营项目取得的所得，应与享受优惠的公共基础设施项目经营所得分开核算，并合理分摊企业的期间共同费用；没有单独核算的，不得享受上述企业所得税优惠。

期间共同费用的合理分摊比例可以按照投资额、销售收入、资产额、人员工资等参数确定。上述比例一经确定，不得随意变更。凡特殊情况需要改变的，需报主管税务机关核准。

七、从事《目录》范围项目投资的居民企业应于从该项目取得的第一笔生产经营收入后15日内向主管税务机关备案并报送如下材料后，方可享受有关企业所得税优惠：

（一）有关部门批准该项目文件复印件；

（二）该项目完工验收报告复印件；

（三）该项目投资额验资报告复印件；

（四）税务机关要求提供的其他资料。

八、企业因生产经营发生变化或因《目录》调整，不再符合本办法规定减免税条件的，企业应当自发生变化15日内向主管税务机关提交书面报告并停止享受优惠，依法缴纳企业所得税。

九、企业在减免税期限内转让所享受减免税优惠的项目，受让方承续经营该项目的，可自受让之日起，在剩余优惠期限内享受规定的减免税优惠；减免税期限届满后转让的，受让方不得就该项目重复享受减免税优惠。

十、税务机关应结合纳税检查、执法检查或其他专项检查，每年定期对企业享受公共基础设施项目企业所得税减免税款事项进行核查，核查的主要内容包括：

（一）企业是否继续符合减免所得税的资格条件，所提供的有关情况证明材料是否真实。

（二）企业享受减免企业所得税的条件发生变化时，是否及时将变化情况报送税务机关，并根据本办法规定对适用优惠进行了调整。

十一、企业实际经营情况不符合企业所得税减免税规定条件的或采取虚假申报等手段获取减免税的、享受减免税条件发生变化未及时向税务机关报告的，以及未按本办法规定程序报送备案资料而自行减免税的，企业主管税务机关应按照税收征管法有关规定进行处理。

十二、本通知自2008年1月1日起执行。

## 财政部、国家税务总局、住房城乡建设部关于调整房地产交易环节契税、营业税优惠政策的通知

*1. 2016年2月17日发布*
*2. 财税〔2016〕23号*
*3. 自2016年2月22日起施行*

各省、自治区、直辖市、计划单列市财政厅（局）、地方

---

① 第七条已被2017年12月29日国家税务总局令第42号《关于公布失效废止的税务部门规章和税收规范性文件目录的决定》废止。——编者注

税务局、住房城乡建设厅(建委、房地局),西藏、宁夏、青海省(自治区)国家税务局,新疆生产建设兵团财务局、建设局:

根据国务院有关部署,现就调整房地产交易环节契税、营业税优惠政策通知如下:

**一、关于契税政策**

(一)对个人购买家庭唯一住房(家庭成员范围包括购房人、配偶以及未成年子女,下同),面积为 90 平方米及以下的,减按 1% 的税率征收契税;面积为 90 平方米以上的,减按 1.5% 的税率征收契税。

(二)对个人购买家庭第二套改善性住房,面积为 90 平方米及以下的,减按 1% 的税率征收契税;面积为 90 平方米以上的,减按 2% 的税率征收契税。

家庭第二套改善性住房是指已拥有一套住房的家庭,购买的家庭第二套住房。

(三)纳税人申请享受税收优惠的,根据纳税人的申请或授权,由购房所在地的房地产主管部门出具纳税人家庭住房情况书面查询结果,并将查询结果和相关住房信息及时传递给税务机关。暂不具备查询条件而不能提供家庭住房查询结果的,纳税人应向税务机关提交家庭住房实有套数书面诚信保证,诚信保证不实的,属于虚假纳税申报,按照《中华人民共和国税收征收管理法》的有关规定处理,并将不诚信记录纳入个人征信系统。

按照便民、高效原则,房地产主管部门应按规定及时出具纳税人家庭住房情况书面查询结果,税务机关应对纳税人提出的税收优惠申请限时办结。

(四)具体操作办法由各省、自治区、直辖市财政、税务、房地产主管部门共同制定。

**二、关于营业税政策**

个人将购买不足 2 年的住房对外销售的,全额征收营业税;个人将购买 2 年以上(含 2 年)的住房对外销售的,免征营业税。

办理免税的具体程序、购买房屋的时间、开具发票、非购买形式取得住房行为及其他相关税收管理规定,按照《国务院办公厅转发建设部等部门关于做好稳定住房价格工作意见的通知》(国办发〔2005〕26 号)、《国家税务总局、财政部、建设部关于加强房地产税收管理的通知》(国税发〔2005〕89 号)和《国家税务总局关于房地产税收政策执行中几个具体问题的通知》(国税发〔2005〕172 号)的有关规定执行。

**三、关于实施范围**

北京市、上海市、广州市、深圳市暂不实施本通知第一条第二项契税优惠政策及第二条营业税优惠政策,上述城市个人住房转让营业税政策仍按照《财政部、国家税务总局关于调整个人住房转让营业税政策的通知》(财税〔2015〕39 号)执行。

上述城市以外的其他地区适用本通知全部规定。

本通知自 2016 年 2 月 22 日起执行。

## 国家税务总局关于实施高新技术企业所得税优惠政策有关问题的公告

*2017 年 6 月 19 日国家税务总局公告 2017 年第 24 号公布*

为贯彻落实高新技术企业所得税优惠政策,根据《科技部、财政部、国家税务总局关于修订印发〈高新技术企业认定管理办法〉的通知》(国科发火〔2016〕32 号,以下简称《认定办法》)及《科技部、财政部、国家税务总局关于修订印发〈高新技术企业认定管理工作指引〉的通知》(国科发火〔2016〕195 号,以下简称《工作指引》)以及相关税收规定,现就实施高新技术企业所得税优惠政策有关问题公告如下:

一、企业获得高新技术企业资格后,自高新技术企业证书注明的发证时间所在年度起申报享受税收优惠,并按规定向主管税务机关办理备案手续。

企业的高新技术企业资格期满当年,在通过重新认定前,其企业所得税暂按 15% 的税率预缴,在年底前仍未取得高新技术企业资格的,应按规定补缴相应期间的税款。

二、对取得高新技术企业资格且享受税收优惠的高新技术企业,税务部门如在日常管理过程中发现其在高新技术企业认定过程中或享受优惠期间不符合《认定办法》第十一条规定的认定条件的,应提请认定机构复核。复核后确认不符合认定条件的,由认定机构取消其高新技术企业资格,并通知税务机关追缴其证书有效期内自不符合认定条件年度起已享受的税收优惠。

三、享受税收优惠的高新技术企业,每年汇算清缴时应按照《国家税务总局关于发布〈企业所得税优惠政策事项办理办法〉的公告》(国家税务总局公告 2015 年第 76 号)规定向税务机关提交企业所得税优惠事项备案表、高新技术企业资格证书履行备案手续,同时妥善保管以下资料留存备查:

1. 高新技术企业资格证书;
2. 高新技术企业认定资料;

3. 知识产权相关材料；

4. 年度主要产品（服务）发挥核心支持作用的技术属于《国家重点支持的高新技术领域》规定范围的说明，高新技术产品（服务）及对应收入资料；

5. 年度职工和科技人员情况证明材料；

6. 当年和前两个会计年度研发费用总额及占同期销售收入比例、研发费用管理资料以及研发费用辅助账，研发费用结构明细表（具体格式见《工作指引》附件2）；

7. 省税务机关规定的其他资料。

四、本公告适用于2017年度及以后年度企业所得税汇算清缴。2016年1月1日以后按《认定办法》认定的高新技术企业按本公告规定执行。2016年1月1日前按《科技部、财政部、国家税务总局关于印发〈高新技术企业认定管理办法〉的通知》（国科发火〔2008〕172号）认定的高新技术企业，仍按《国家税务总局关于实施高新技术企业所得税优惠有关问题的通知》（国税函〔2009〕203号）和国家税务总局公告2015年第76号的规定执行。

《国家税务总局关于高新技术企业资格复审期间企业所得税预缴问题的公告》（国家税务总局公告2011年第4号）同时废止。

特此公告。

附件：（略）

## 财政部、税务总局关于继续实行农产品批发市场、农贸市场房产税、城镇土地使用税优惠政策的通知

*1. 2019年1月9日发布*
*2. 财税〔2019〕12号*

各省、自治区、直辖市、计划单列市财政厅（局）、国家税务总局各省、自治区、直辖市、计划单列市税务局，新疆生产建设兵团财政局：

为进一步支持农产品流通体系建设，决定继续对农产品批发市场、农贸市场给予房产税和城镇土地使用税优惠。现将有关政策通知如下：

一、自2019年1月1日至2021年12月31日，对农产品批发市场、农贸市场（包括自有和承租，下同）专门用于经营农产品的房产、土地，暂免征收房产税和城镇土地使用税。对同时经营其他产品的农产品批发市场和农贸市场使用的房产、土地，按其他产品与农产品交易场地面积的比例确定征免房产税和城镇土地使用税。

二、农产品批发市场和农贸市场，是指经工商登记注册，供买卖双方进行农产品及其初加工品现货批发或零售交易的场所。农产品包括粮油、肉禽蛋、蔬菜、干鲜果品、水产品、调味品、棉麻、活畜、可食用的林产品以及由省、自治区、直辖市财税部门确定的其他可食用的农产品。

三、享受上述税收优惠的房产、土地，是指农产品批发市场、农贸市场直接为农产品交易提供服务的房产、土地。农产品批发市场、农贸市场的行政办公区、生活区，以及商业餐饮娱乐等非直接为农产品交易提供服务的房产、土地，不属于本通知规定的优惠范围，应按规定征收房产税和城镇土地使用税。

四、企业享受本通知规定的免税政策，应按规定进行免税申报，并将不动产权属证明、载有房产原值的相关材料、租赁协议、房产土地用途证明等资料留存备查。

## 财政部、税务总局关于非营利组织免税资格认定管理有关问题的通知

*1. 2018年2月7日发布*
*2. 财税〔2018〕13号*
*3. 自2018年1月1日起施行*

各省、自治区、直辖市、计划单列市财政厅（局）、国家税务局、地方税务局，新疆生产建设兵团财政局：

根据《中华人民共和国企业所得税法》第二十六条及《中华人民共和国企业所得税法实施条例》第八十四条的规定，现对非营利组织免税资格认定管理有关问题明确如下：

一、依据本通知认定的符合条件的非营利组织，必须同时满足以下条件：

（一）依照国家有关法律法规设立或登记的事业单位、社会团体、基金会、社会服务机构、宗教活动场所、宗教院校以及财政部、税务总局认定的其他非营利组织；

（二）从事公益性或者非营利性活动；

（三）取得的收入除用于与该组织有关的、合理的支出外，全部用于登记核定或者章程规定的公益性或者非营利性事业；

（四）财产及其孳息不用于分配，但不包括合理的

工资薪金支出；

（五）按照登记核定或者章程规定，该组织注销后的剩余财产用于公益性或者非营利性目的，或者由登记管理机关采取转赠给与该组织性质、宗旨相同的组织等处置方式，并向社会公告；

（六）投入人对投入该组织的财产不保留或者享有任何财产权利，本款所称投入人是指除各级人民政府及其部门外的法人、自然人和其他组织；

（七）工作人员工资福利开支控制在规定的比例内，不变相分配该组织的财产，其中：工作人员平均工资薪金水平不得超过税务登记所在地的地市级（含地市级）以上地区的同行业同类组织平均工资水平的两倍，工作人员福利按照国家有关规定执行；

（八）对取得的应纳税收入及其有关的成本、费用、损失应与免税收入及其有关的成本、费用、损失分别核算。

二、经省级（含省级）以上登记管理机关批准设立或登记的非营利组织，凡符合规定条件的，应向其所在地省级税务主管机关提出免税资格申请，并提供本通知规定的相关材料；经地市级或县级登记管理机关批准设立或登记的非营利组织，凡符合规定条件的，分别向其所在地的地市级或县级税务主管机关提出免税资格申请，并提供本通知规定的相关材料。

财政、税务部门按照上述管理权限，对非营利组织享受免税的资格联合进行审核确认，并定期予以公布。

三、申请享受免税资格的非营利组织，需报送以下材料：

（一）申请报告；

（二）事业单位、社会团体、基金会、社会服务机构的组织章程或宗教活动场所、宗教院校的管理制度；

（三）非营利组织注册登记证件的复印件；

（四）上一年度的资金来源及使用情况、公益活动和非营利活动的明细情况；

（五）上一年度的工资薪金情况专项报告，包括薪酬制度、工作人员整体平均工资薪金水平、工资福利占总支出比例、重要人员工资薪金信息（至少包括工资薪金水平排名前10的人员）；

（六）具有资质的中介机构鉴证的上一年度财务报表和审计报告；

（七）登记管理机关出具的事业单位、社会团体、基金会、社会服务机构、宗教活动场所、宗教院校上一年度符合相关法律法规和国家政策的事业发展情况或非营利活动的材料；

（八）财政、税务部门要求提供的其他材料。

当年新设立或登记的非营利组织需提供本条第（一）项至第（三）项规定的材料及本条第（四）项、第（五）项规定的申请当年的材料，不需提供本条第（六）项、第（七）项规定的材料。

四、非营利组织免税优惠资格的有效期为五年。非营利组织应在免税优惠资格期满后六个月内提出复审申请，不提出复审申请或复审不合格的，其享受免税优惠的资格到期自动失效。

非营利组织免税资格复审，按照初次申请免税优惠资格的规定办理。

五、非营利组织必须按照《中华人民共和国税收征收管理法》及《中华人民共和国税收征收管理法实施细则》等有关规定，办理税务登记，按期进行纳税申报。取得免税资格的非营利组织应按照规定向主管税务机关办理免税手续，免税条件发生变化的，应当自发生变化之日起十五日内向主管税务机关报告；不再符合免税条件的，应当依法履行纳税义务；未依法纳税的，主管税务机关应当予以追缴。取得免税资格的非营利组织注销时，剩余财产处置违反本通知第一条第五项规定的，主管税务机关应追缴其应纳企业所得税款。

有关部门在日常管理过程中，发现非营利组织享受优惠年度不符合本通知规定的免税条件的，应提请核准该非营利组织免税资格的财政、税务部门，由其进行复核。

核准非营利组织免税资格的财政、税务部门根据本通知规定的管理权限，对非营利组织的免税优惠资格进行复核，复核不合格的，相应年度不得享受税收优惠政策。

六、已认定的享受免税优惠政策的非营利组织有下述情形之一的，应自该情形发生年度起取消其资格：

（一）登记管理机关在后续管理中发现非营利组织不符合相关法律法规和国家政策的；

（二）在申请认定过程中提供虚假信息的；

（三）纳税信用等级为税务部门评定的C级或D级的；

（四）通过关联交易或非关联交易和服务活动，变相转移、隐匿、分配该组织财产的；

（五）被登记管理机关列入严重违法失信名单的；

（六）从事非法政治活动的。

因上述第（一）项至第（五）项规定的情形被取消免税优惠资格的非营利组织，财政、税务部门自其被取消资格的次年起一年内不再受理该组织的认定申请；因上述第（六）项规定的情形被取消免税优惠资格的非营利组织,财政、税务部门将不再受理该组织的认定申请。

被取消免税优惠资格的非营利组织,应当依法履行纳税义务;未依法纳税的,主管税务机关应当自其存在取消免税优惠资格情形的当年起予以追缴。

七、各级财政、税务部门及其工作人员在认定非营利组织免税资格工作中,存在违法违纪行为的,按照《公务员法》《行政监察法》等国家有关规定追究相应责任;涉嫌犯罪的,移送司法机关处理。

八、本通知自 2018 年 1 月 1 日起执行。《财政部、国家税务总局关于非营利组织免税资格认定管理有关问题的通知》(财税〔2014〕13 号)同时废止。

## 关于养老、托育、家政等社区家庭服务业税费优惠政策的公告

*2019 年 6 月 28 日财政部、税务总局、发展改革委、民政部、商务部、卫生健康委公告 2019 年第 76 号公布*

为支持养老、托育、家政等社区家庭服务业发展,现就有关税费政策公告如下:

一、为社区提供养老、托育、家政等服务的机构,按照以下规定享受税费优惠政策:

(一)提供社区养老、托育、家政服务取得的收入,免征增值税。

(二)提供社区养老、托育、家政服务取得的收入,在计算应纳税所得额时,减按 90% 计入收入总额。

(三)承受房屋、土地用于提供社区养老、托育、家政服务的,免征契税。

(四)用于提供社区养老、托育、家政服务的房产、土地,免征不动产登记费、耕地开垦费、土地复垦费、土地闲置费;用于提供社区养老、托育、家政服务的建设项目,免征城市基础设施配套费;确因地质条件等原因无法修建防空地下室的,免征防空地下室易地建设费。

二、为社区提供养老、托育、家政等服务的机构自有或其通过承租、无偿使用等方式取得并用于提供社区养老、托育、家政服务的房产、土地,免征房产税、城镇土地使用税。

三、本公告所称社区是指聚居在一定地域范围内的人们所组成的社会生活共同体,包括城市社区和农村社区。

为社区提供养老服务的机构,是指在社区依托固定场所设施,采取全托、日托、上门等方式,为社区居民提供养老服务的企业、事业单位和社会组织。社区养老服务是指为老年人提供的生活照料、康复护理、助餐助行、紧急救援、精神慰藉等服务。

为社区提供托育服务的机构,是指在社区依托固定场所设施,采取全日托、半日托、计时托、临时托等方式,为社区居民提供托育服务的企业、事业单位和社会组织。社区托育服务是指为 3 周岁(含)以下婴幼儿提供的照料、看护、膳食、保育等服务。

为社区提供家政服务的机构,是指以家庭为服务对象,为社区居民提供家政服务的企业、事业单位和社会组织。社区家政服务是指进入家庭成员住所或医疗机构为孕产妇、婴幼儿、老人、病人、残疾人提供的照护服务,以及进入家庭成员住所提供的保洁、烹饪等服务。

四、符合下列条件的家政服务企业提供家政服务取得的收入,比照《营业税改征增值税试点过渡政策的规定》(财税〔2016〕36 号附件)第一条第(三十一)项规定,免征增值税。

(一)与家政服务员、接受家政服务的客户就提供家政服务行为签订三方协议;

(二)向家政服务员发放劳动报酬,并对家政服务员进行培训管理;

(三)通过建立业务管理系统对家政服务员进行登记管理。

五、财政、税费征收机关可根据工作需要与民政、卫生健康、商务等部门建立信息共享和工作配合机制,民政、卫生健康、商务等部门应积极协同配合,保障优惠政策落实到位。

六、本公告自 2019 年 6 月 1 日起执行至 2025 年 12 月 31 日。

## 关于扩大固定资产加速折旧优惠政策适用范围的公告

*2019 年 4 月 23 日财政部、税务总局公告 2019 年第 66 号公布*

为支持制造业企业加快技术改造和设备更新,现就有关固定资产加速折旧政策公告如下:

一、自 2019 年 1 月 1 日起,适用《财政部、国家税务总局关于完善固定资产加速折旧企业所得税政策的通知》(财税〔2014〕75 号)和《财政部、国家税务总局关于进一步完善固定资产加速折旧企业所得税政策的通知》

（财税〔2015〕106号）规定固定资产加速折旧优惠的行业范围，扩大至全部制造业领域。

二、制造业按照国家统计局《国民经济行业分类和代码（GB/T 4754－2017）》确定。今后国家有关部门更新国民经济行业分类和代码，从其规定。

三、本公告发布前，制造业企业未享受固定资产加速折旧优惠的，可自本公告发布后在月（季）度预缴申报时享受优惠或在2019年度汇算清缴时享受优惠。

特此公告。

## 财政部、税务总局关于通过公益性群众团体的公益性捐赠税前扣除有关事项的公告

*1. 2021年6月2日财政部、税务总局公告2021年第20号发布*

*2. 自2021年1月1日起执行*

为贯彻落实《中华人民共和国企业所得税法》及其实施条例、《中华人民共和国个人所得税法》及其实施条例，现就通过公益性群众团体的公益性捐赠税前扣除有关事项公告如下：

一、企业或个人通过公益性群众团体用于符合法律规定的公益慈善事业捐赠支出，准予按税法规定在计算应纳税所得额时扣除。

二、本公告第一条所称公益慈善事业，应当符合《中华人民共和国公益事业捐赠法》第三条对公益事业范围的规定或者《中华人民共和国慈善法》第三条对慈善活动范围的规定。

三、本公告第一条所称公益性群众团体，包括依照《社会团体登记管理条例》规定不需进行社团登记的人民团体以及经国务院批准免予登记的社会团体（以下统称群众团体），且按规定条件和程序已经取得公益性捐赠税前扣除资格。

四、群众团体取得公益性捐赠税前扣除资格应当同时符合以下条件：

（一）符合企业所得税法实施条例第五十二条第一项至第八项规定的条件；

（二）县级以上各级机构编制部门直接管理其机构编制；

（三）对接受捐赠的收入以及用捐赠收入进行的支出单独进行核算，且申报前连续3年接受捐赠的总收入中用于公益慈善事业的支出比例不低于70%。

五、公益性捐赠税前扣除资格的确认按以下规定执行：

（一）由中央机构编制部门直接管理其机构编制的群众团体，向财政部、税务总局报送材料；

（二）由县级以上地方各级机构编制部门直接管理其机构编制的群众团体，向省、自治区、直辖市和计划单列市财政、税务部门报送材料；

（三）对符合条件的公益性群众团体，按照上述管理权限，由财政部、税务总局和省、自治区、直辖市、计划单列市财政、税务部门分别联合公布名单。企业和个人在名单所属年度内向名单内的群众团体进行的公益性捐赠支出，可以按规定进行税前扣除；

（四）公益性捐赠税前扣除资格的确认对象包括：

1. 公益性捐赠税前扣除资格将于当年末到期的公益性群众团体；

2. 已被取消公益性捐赠税前扣除资格但又重新符合条件的群众团体；

3. 尚未取得或资格终止后未取得公益性捐赠税前扣除资格的群众团体。

（五）每年年底前，省级以上财政、税务部门按权限完成公益性捐赠税前扣除资格的确认和名单发布工作，并按本条第（四）项规定的不同审核对象，分别列示名单及其公益性捐赠税前扣除资格起始时间。

六、本公告第五条规定需报送的材料，应在申报年度6月30日前报送，包括：

（一）申报报告；

（二）县级以上各级党委、政府或机构编制部门印发的“三定”规定；

（三）组织章程；

（四）申报前3个年度的受赠资金来源、使用情况，财务报告，公益活动的明细，注册会计师的审计报告或注册会计师、（注册）税务师、律师的纳税审核报告（或鉴证报告）。

七、公益性捐赠税前扣除资格在全国范围内有效，有效期为三年。

本公告第五条第（四）项规定的第一种情形，其公益性捐赠税前扣除资格自发布名单公告的次年1月1日起算。本公告第五条第（四）项规定的第二种和第三种情形，其公益性捐赠税前扣除资格自发公告的当年1月1日起算。

八、公益性群众团体前3年接受捐赠的总收入中用于公益慈善事业的支出比例低于70%的，应当取消其公益性捐赠税前扣除资格。

九、公益性群众团体存在以下情形之一的，应当取消其公

益性捐赠税前扣除资格，且被取消资格的当年及之后三个年度内不得重新确认资格：

（一）违反规定接受捐赠的，包括附加对捐赠人构成利益回报的条件、以捐赠为名从事营利性活动、利用慈善捐赠宣传烟草制品或法律禁止宣传的产品和事项、接受不符合公益目的或违背社会公德的捐赠等情形；

（二）开展违反组织章程的活动，或者接受的捐赠款项用于组织章程规定用途之外的；

（三）在确定捐赠财产的用途和受益人时，指定特定受益人，且该受益人与捐赠人或公益性群众团体管理人员存在明显利益关系的；

（四）受到行政处罚（警告或单次 1 万元以下罚款除外）的。

对存在本条第（一）、（二）、（三）项情形的公益性群众团体，应对其接受捐赠收入和其他各项收入依法补征企业所得税。

十、公益性群众团体存在以下情形之一的，应当取消其公益性捐赠税前扣除资格且不得重新确认资格：

（一）从事非法政治活动的；

（二）从事、资助危害国家安全或者社会公共利益活动的。

十一、获得公益性捐赠税前扣除资格的公益性群众团体，应自不符合本通知第四条规定条件之一或存在本通知第八、九、十条规定情形之一之日起 15 日内向主管税务机关报告。对应当取消公益性捐赠税前扣除资格的公益性群众团体，由省级以上财政、税务部门核实相关信息后，按权限及时向社会发布取消资格名单公告。自发布公告的次月起，相关公益性群众团体不再具有公益性捐赠税前扣除资格。

十二、公益性群众团体在接受捐赠时，应按照行政管理级次分别使用由财政部或省、自治区、直辖市财政部门监（印）制的公益事业捐赠票据，并加盖本单位的印章；对个人索取捐赠票据的，应予以开具。

企业或个人将符合条件的公益性捐赠支出进行税前扣除，应当留存相关票据备查。

十三、除另有规定外，公益性群众团体在接受企业或个人捐赠时，按以下原则确认捐赠额：

（一）接受的货币性资产捐赠，以实际收到的金额确认捐赠额；

（二）接受的非货币性资产捐赠，以其公允价值确认捐赠额。捐赠方在向公益性群众团体捐赠时，应当提供注明捐赠非货币性资产公允价值的证明；不能提供证明的，接受捐赠方不得向其开具捐赠票据。

十四、为方便纳税主体查询，省级以上财政、税务部门应当及时在官方网站上发布具备公益性捐赠税前扣除资格的公益性群众团体名单公告。

企业或个人可通过上述渠道查询群众团体公益性捐赠税前扣除资格及有效期。

十五、本公告自 2021 年 1 月 1 日起执行。《财政部 国家税务总局关于通过公益性群众团体的公益性捐赠税前扣除有关问题的通知》（财税〔2009〕124 号）同时废止。

为做好政策衔接工作，尚未完成 2020 年度及以前年度群众团体的公益性捐赠税前扣除资格确认工作的，各级财政、税务部门按原政策规定执行；群众团体公益性捐赠税前扣除资格 2020 年末到期的，其 2021 年度——2023 年度公益性捐赠税前扣除资格自 2021 年 1 月 1 日起算。

特此公告。

## 财政部、税务总局、民政部关于公益性捐赠税前扣除有关事项的公告

*2020 年 5 月 13 日财政部公告 2020 年第 27 号公布*

为贯彻落实《中华人民共和国企业所得税法》及其实施条例、《中华人民共和国个人所得税法》及其实施条例，现就公益性捐赠税前扣除有关事项公告如下：

一、企业或个人通过公益性社会组织、县级以上人民政府及其部门等国家机关，用于符合法律规定的公益慈善事业捐赠支出，准予按税法规定在计算应纳税所得额时扣除。

二、本公告第一条所称公益慈善事业，应当符合《中华人民共和国公益事业捐赠法》第三条对公益事业范围的规定或者《中华人民共和国慈善法》第三条对慈善活动范围的规定。

三、本公告第一条所称公益性社会组织，包括依法设立或登记并按规定条件和程序取得公益性捐赠税前扣除资格的慈善组织、其他社会组织和群众团体。公益性群众团体的公益性捐赠税前扣除资格确认及管理按照现行规定执行。依法登记的慈善组织和其他社会组织的公益性捐赠税前扣除资格确认及管理按本公告执行。

四、在民政部门依法登记的慈善组织和其他社会组织（以下统称社会组织），取得公益性捐赠税前扣除资格

应当同时符合以下规定：

（一）符合企业所得税法实施条例第五十二条第一项到第八项规定的条件。

（二）每年应当在3月31日前按要求向登记管理机关报送经审计的上年度专项信息报告。报告应当包括财务收支和资产负债总体情况、开展募捐和接受捐赠情况、公益慈善事业支出及管理费用情况（包括本条第三项、第四项规定的比例情况）等内容。

首次确认公益性捐赠税前扣除资格的，应当报送经审计的前两个年度的专项信息报告。

（三）具有公开募捐资格的社会组织，前两年度每年用于公益慈善事业的支出占上年总收入的比例均不得低于70%。计算该支出比例时，可以用前三年收入平均数代替上年总收入。

不具有公开募捐资格的社会组织，前两年度每年用于公益慈善事业的支出占上年末净资产的比例均不得低于8%。计算该比例时，可以用前三年年末净资产平均数代替上年末净资产。

（四）具有公开募捐资格的社会组织，前两年度每年支出的管理费用占当年总支出的比例均不得高于10%。

不具有公开募捐资格的社会组织，前两年每年支出的管理费用占当年总支出的比例均不得高于12%。

（五）具有非营利组织免税资格，且免税资格在有效期内。

（六）前两年度未受到登记管理机关行政处罚（警告除外）。

（七）前两年度未被登记管理机关列入严重违法失信名单。

（八）社会组织评估等级为3A以上（含3A）且该评估结果在确认公益性捐赠税前扣除资格时仍在有效期内。

公益慈善事业支出、管理费用和总收入的标准和范围，按照《民政部　财政部　国家税务总局关于印发〈关于慈善组织开展慈善活动年度支出和管理费用的规定〉的通知》（民发〔2016〕189号）关于慈善活动支出、管理费用和上年总收入的有关规定执行。

按照《中华人民共和国慈善法》新设立或新认定的慈善组织，在其取得非营利组织免税资格的当年，只需要符合本条第一项、第六项、第七项条件即可。

五、公益性捐赠税前扣除资格的确认按以下规定执行：

（一）在民政部登记注册的社会组织，由民政部结合社会组织公益活动情况和日常监督管理、评估等情况，对社会组织的公益性捐赠税前扣除资格进行核实，提出初步意见。根据民政部初步意见，财政部、税务总局和民政部对照本公告相关规定，联合确定具有公益性捐赠税前扣除资格的社会组织名单，并发布公告。

（二）在省级和省级以下民政部门登记注册的社会组织，由省、自治区、直辖市和计划单列市财政、税务、民政部门参照本条第一项规定执行。

（三）公益性捐赠税前扣除资格的确认对象包括：

1. 公益性捐赠税前扣除资格将于当年末到期的公益性社会组织；

2. 已被取消公益性捐赠税前扣除资格但又重新符合条件的社会组织；

3. 登记设立后尚未取得公益性捐赠税前扣除资格的社会组织。

（四）每年年底前，省级以上财政、税务、民政部门按权限完成公益性捐赠税前扣除资格的确认和名单发布工作，并按本条第三项规定的不同审核对象，分别列示名单及其公益性捐赠税前扣除资格起始时间。

六、公益性捐赠税前扣除资格在全国范围内有效，有效期为三年。

本公告第五条第三项规定的第一种情形，其公益性捐赠税前扣除资格自发布名单公告的次年1月1日起算。本公告第五条第三项规定的第二种和第三种情形，其公益性捐赠税前扣除资格自发布公告的当年1月1日起算。

七、公益性社会组织存在以下情形之一的，应当取消其公益性捐赠税前扣除资格：

（一）未按本公告规定时间和要求向登记管理机关报送专项信息报告的；

（二）最近一个年度用于公益慈善事业的支出不符合本公告第四条第三项规定的；

（三）最近一个年度支出的管理费用不符合本公告第四条第四项规定的；

（四）非营利组织免税资格到期后超过六个月未重新获取免税资格的；

（五）受到登记管理机关行政处罚（警告除外）的；

（六）被登记管理机关列入严重违法失信名单的；

（七）社会组织评估等级低于3A或者无评估等级的。

八、公益性社会组织存在以下情形之一的，应当取消其公益性捐赠税前扣除资格，且取消资格的当年及之后三个年度内不得重新确认资格：

（一）违反规定接受捐赠的，包括附加对捐赠人构成利益回报的条件、以捐赠为名从事营利性活动、利用慈善捐赠宣传烟草制品或法律禁止宣传的产品和事项、接受不符合公益目的或违背社会公德的捐赠等情形；

（二）开展违反组织章程的活动，或者接受的捐赠款项用于组织章程规定用途之外的；

（三）在确定捐赠财产的用途和受益人时，指定特定受益人，且该受益人与捐赠人或公益性社会组织管理人员存在明显利益关系的。

九、公益性社会组织存在以下情形之一的，应当取消其公益性捐赠税前扣除资格且不得重新确认资格：

（一）从事非法政治活动的；

（二）从事、资助危害国家安全或者社会公共利益活动的。

十、对应当取消公益性捐赠税前扣除资格的公益性社会组织，由省级以上财政、税务、民政部门核实相关信息后，按权限及时向社会发布取消资格名单公告。自发布公告的次月起，相关公益性社会组织不再具有公益性捐赠税前扣除资格。

十一、公益性社会组织、县级以上人民政府及其部门等国家机关在接受捐赠时，应当按照行政管理级次分别使用由财政部或省、自治区、直辖市财政部门监（印）制的公益事业捐赠票据，并加盖本单位的印章。

企业或个人将符合条件的公益性捐赠支出进行税前扣除，应当留存相关票据备查。

十二、公益性社会组织登记成立时的注册资金捐赠人，在该公益性社会组织首次取得公益性捐赠税前扣除资格的当年进行所得税汇算清缴时，可按规定对其注册资金捐赠额进行税前扣除。

十三、除另有规定外，公益性社会组织、县级以上人民政府及其部门等国家机关在接受企业或个人捐赠时，按以下原则确认捐赠额：

（一）接受的货币性资产捐赠，以实际收到的金额确认捐赠额。

（二）接受的非货币性资产捐赠，以其公允价值确认捐赠额。捐赠方在向公益性社会组织、县级以上人民政府及其部门等国家机关捐赠时，应当提供注明捐赠非货币性资产公允价值的证明；不能提供证明的，接受捐赠方不得向其开具捐赠票据。

十四、为方便纳税主体查询，省级以上财政、税务、民政部门应当及时在官方网站上发布具备公益性捐赠税前扣除资格的公益性社会组织名单公告。

企业或个人可通过上述渠道查询社会组织公益性捐赠税前扣除资格及有效期。

十五、本公告自2020年1月1日起执行。《财政部　国家税务总局　民政部关于公益性捐赠税前扣除有关问题的通知》（财税〔2008〕160号）、《财政部　国家税务总局　民政部关于公益性捐赠税前扣除有关问题的补充通知》（财税〔2010〕45号）、《财政部　国家税务总局　民政部关于公益性捐赠税前扣除资格确认审批有关调整事项的通知》（财税〔2015〕141号）同时废止。

尚未完成2019年度及以前年度社会组织公益性捐赠税前扣除资格确认工作的，各级财政、税务、民政部门按照原政策规定执行。2020年度及以后年度的公益性捐赠税前扣除资格的确认及管理按本公告规定执行。

特此公告。

## 国家税务总局关于企业所得税若干政策征管口径问题的公告

*2021年6月22日国家税务总局公告2021年第17号发布*

为贯彻落实中办、国办印发的《关于进一步深化税收征管改革的意见》，深入开展2021年“我为纳税人缴费人办实事暨便民办税春风行动”，推进税收领域“放管服”改革，更好服务市场主体，根据《中华人民共和国企业所得税法》及其实施条例（以下简称税法）等相关规定，对企业所得税若干政策征管口径问题公告如下：

**一、关于公益性捐赠支出相关费用的扣除问题**

企业在非货币性资产捐赠过程中发生的运费、保险费、人工费用等相关支出，凡纳入国家机关、公益性社会组织开具的公益捐赠票据记载的数额中的，作为公益性捐赠支出按照规定在税前扣除；上述费用未纳入公益性捐赠票据记载的数额中的，作为企业相关费用按照规定在税前扣除。

**二、关于可转换债券转换为股权投资的税务处理问题**

（一）购买方企业的税务处理

1. 购买方企业购买可转换债券，在其持有期间按照约定利率取得的利息收入，应当依法申报缴纳企业所得税。

2. 购买方企业可转换债券转换为股票时，将应收未收利息一并转为股票的，该应收未收利息即使会计上未确认收入，税收上也应当作为当期利息收入申报纳税；转换后以该债券购买价、应收未收利息和支付的相关税费为该股票投资成本。

（二）发行方企业的税务处理

1. 发行方企业发生的可转换债券的利息，按照规定在税前扣除。

2. 发行方企业按照约定将购买方持有的可转换债券和应付未付利息一并转为股票的，其应付未付利息视同已支付，按照规定在税前扣除。

**三、关于跨境混合性投资业务企业所得税的处理问题**

境外投资者在境内从事混合性投资业务，满足《国家税务总局关于企业混合性投资业务企业所得税处理问题的公告》（2013 年第 41 号）第一条规定的条件的，可以按照该公告第二条第一款的规定进行企业所得税处理，但同时符合以下两种情形的除外：

（一）该境外投资者与境内被投资企业构成关联关系；

（二）境外投资者所在国家（地区）将该项投资收益认定为权益性投资收益，且不征收企业所得税。

同时符合上述第（一）项和第（二）项规定情形的，境内被投资企业向境外投资者支付的利息应视为股息，不得进行税前扣除。

**四、企业所得税核定征收改为查账征收后有关资产的税务处理问题**

（一）企业能够提供资产购置发票的，以发票载明金额为计税基础；不能提供资产购置发票的，可以凭购置资产的合同（协议）、资金支付证明、会计核算资料等记载金额，作为计税基础。

（二）企业核定征税期间投入使用的资产，改为查账征税后，按照税法规定的折旧、摊销年限，扣除该资产投入使用年限后，就剩余年限继续计提折旧、摊销额并在税前扣除。

**五、关于文物、艺术品资产的税务处理问题**

企业购买的文物、艺术品用于收藏、展示、保值增值的，作为投资资产进行税务处理。文物、艺术品资产在持有期间，计提的折旧、摊销费用，不得税前扣除。

**六、关于企业取得政府财政资金的收入时间确认问题**

企业按照市场价格销售货物、提供劳务服务等，凡由政府财政部门根据企业销售货物、提供劳务服务的数量、金额的一定比例给予全部或部分资金支付的，应当按照权责发生制原则确认收入。

除上述情形外，企业取得的各种政府财政支付，如财政补贴、补助、补偿、退税等，应当按照实际取得收入的时间确认收入。

本公告适用于 2021 年及以后年度汇算清缴。

特此公告。

## 国家税务总局关于落实小型微利企业所得税优惠政策征管问题的公告

*2023 年 3 月 27 日国家税务总局公告 2023 年第 6 号公布*

为支持小微企业发展，落实好小型微利企业所得税优惠政策，现就有关征管问题公告如下：

一、符合财政部、税务总局规定的小型微利企业条件的企业（以下简称小型微利企业），按照相关政策规定享受小型微利企业所得税优惠政策。

企业设立不具有法人资格分支机构的，应当汇总计算总机构及其各分支机构的从业人数、资产总额、年度应纳税所得额，依据合计数判断是否符合小型微利企业条件。

二、小型微利企业无论按查账征收方式或核定征收方式缴纳企业所得税，均可享受小型微利企业所得税优惠政策。

三、小型微利企业在预缴和汇算清缴企业所得税时，通过填写纳税申报表，即可享受小型微利企业所得税优惠政策。

小型微利企业应准确填报基础信息，包括从业人数、资产总额、年度应纳税所得额、国家限制或禁止行业等，信息系统将为小型微利企业智能预填优惠项目、自动计算减免税额。

四、小型微利企业预缴企业所得税时，从业人数、资产总额、年度应纳税所得额指标，暂按当年度截至本期预缴申报所属期末的情况进行判断。

五、原不符合小型微利企业条件的企业，在年度中间预缴企业所得税时，按照相关政策标准判断符合小型微利企业条件的，应按照截至本期预缴申报所属期末的累计情况，计算减免税额。当年度此前期间如因不符合小型微利企业条件而多预缴的企业所得税税款，可在以后季度应预缴的企业所得税税款中抵减。

六、企业预缴企业所得税时享受了小型微利企业所得税优惠政策，但在汇算清缴时发现不符合相关政策标准的，应当按照规定补缴企业所得税税款。

七、小型微利企业所得税统一实行按季度预缴。

按月度预缴企业所得税的企业，在当年度 4 月、7 月、10 月预缴申报时，若按相关政策标准判断符合小型微利企业条件的,下一个预缴申报期起调整为按季度预缴申报,一经调整,当年度内不再变更。

八、本公告自2023年1月1日起施行。《国家税务总局关于小型微利企业所得税优惠政策征管问题的公告》(2022年第5号)同时废止。

特此公告。

## 2. 国有资产收益

# 中华人民共和国企业国有资产法

*1. 2008年10月28日第十一届全国人民代表大会常务委员会第五次会议通过*
*2. 2008年10月28日中华人民共和国主席令第5号公布*
*3. 自2009年5月1日起施行*

## 目　　录



### 第一章　总　　则

**第一条　【立法目的】**为了维护国家基本经济制度，巩固和发展国有经济，加强对国有资产的保护，发挥国有经济在国民经济中的主导作用，促进社会主义市场经济发展，制定本法。

**第二条　【定义及适用范围】**本法所称企业国有资产（以下称国有资产），是指国家对企业各种形式的出资所形成的权益。

**第三条　【国有资产权属】**国有资产属于国家所有即全民所有。国务院代表国家行使国有资产所有权。

**第四条　【国有资产出资人代表】**国务院和地方人民政府依照法律、行政法规的规定，分别代表国家对国家出资企业履行出资人职责，享有出资人权益。

国务院确定的关系国民经济命脉和国家安全的大型国家出资企业，重要基础设施和重要自然资源等领域的国家出资企业，由国务院代表国家履行出资人职责。其他的国家出资企业，由地方人民政府代表国家履行出资人职责。

**第五条　【国家出资企业】**本法所称国家出资企业，是指国家出资的国有独资企业、国有独资公司，以及国有资本控股公司、国有资本参股公司。

**第六条　【政企分开、政资分开原则】**国务院和地方人民政府应当按照政企分开、社会公共管理职能与国有资产出资人职能分开、不干预企业依法自主经营的原则，依法履行出资人职责。

**第七条　【国有经济的控制力和主导作用】**国家采取措施，推动国有资本向关系国民经济命脉和国家安全的重要行业和关键领域集中，优化国有经济布局和结构，推进国有企业的改革和发展，提高国有经济的整体素质，增强国有经济的控制力、影响力。

**第八条　【国有资产监管体制】**国家建立健全与社会主义市场经济发展要求相适应的国有资产管理与监督体制，建立健全国有资产保值增值考核和责任追究制度，落实国有资产保值增值责任。

**第九条　【国有资产基础管理制度】**国家建立健全国有资产基础管理制度。具体办法按照国务院的规定制定。

**第十条　【国有资产保护】**国有资产受法律保护，任何单位和个人不得侵害。

### 第二章　履行出资人职责的机构

**第十一条　【履行出资人职责的机构】**国务院国有资产监督管理机构和地方人民政府按照国务院的规定设立的国有资产监督管理机构，根据本级人民政府的授权，代表本级人民政府对国家出资企业履行出资人职责。

国务院和地方人民政府根据需要，可以授权其他部门、机构代表本级人民政府对国家出资企业履行出资人职责。

代表本级人民政府履行出资人职责的机构、部门，以下统称履行出资人职责的机构。

**第十二条　【履行出资人职责的机构的基本职责】**履行出资人职责的机构代表本级人民政府对国家出资企业依法享有资产收益、参与重大决策和选择管理者等出资人权利。

履行出资人职责的机构依照法律、行政法规的规定，制定或者参与制定国家出资企业的章程。

履行出资人职责的机构对法律、行政法规和本级人民政府规定须经本级人民政府批准的履行出资人职责的重大事项，应当报请本级人民政府批准。

**第十三条　【股东代表】**履行出资人职责的机构委派的

股东代表参加国有资本控股公司、国有资本参股公司召开的股东会会议、股东大会会议,应当按照委派机构的指示提出提案、发表意见、行使表决权,并将其履行职责的情况和结果及时报告委派机构。

**第十四条 【履行出资人职责的原则】**履行出资人职责的机构应当依照法律、行政法规以及企业章程履行出资人职责,保障出资人权益,防止国有资产损失。

履行出资人职责的机构应当维护企业作为市场主体依法享有的权利,除依法履行出资人职责外,不得干预企业经营活动。

**第十五条 【履行出资人职责的机构对政府的义务】**履行出资人职责的机构对本级人民政府负责,向本级人民政府报告履行出资人职责的情况,接受本级人民政府的监督和考核,对国有资产的保值增值负责。

履行出资人职责的机构应当按照国家有关规定,定期向本级人民政府报告有关国有资产总量、结构、变动、收益等汇总分析的情况。

## 第三章 国家出资企业

**第十六条 【国家出资企业的权利】**国家出资企业对其动产、不动产和其他财产依照法律、行政法规以及企业章程享有占有、使用、收益和处分的权利。

国家出资企业依法享有的经营自主权和其他合法权益受法律保护。

**第十七条 【国家出资企业的义务】**国家出资企业从事经营活动,应当遵守法律、行政法规,加强经营管理,提高经济效益,接受人民政府及其有关部门、机构依法实施的管理和监督,接受社会公众的监督,承担社会责任,对出资人负责。

国家出资企业应当依法建立和完善法人治理结构,建立健全内部监督管理和风险控制制度。

**第十八条 【财务管理】**国家出资企业应当依照法律、行政法规和国务院财政部门的规定,建立健全财务、会计制度,设置会计账簿,进行会计核算,依照法律、行政法规以及企业章程的规定向出资人提供真实、完整的财务、会计信息。

国家出资企业应当依照法律、行政法规以及企业章程的规定,向出资人分配利润。

**第十九条 【监事会监督】**国有独资公司、国有资本控股公司和国有资本参股公司依照《中华人民共和国公司法》的规定设立监事会。国有独资企业由履行出资人职责的机构按照国务院的规定委派监事组成监事会。

国家出资企业的监事会依照法律、行政法规以及企业章程的规定,对董事、高级管理人员执行职务的行为进行监督,对企业财务进行监督检查。

**第二十条 【职工民主管理】**国家出资企业依照法律规定,通过职工代表大会或者其他形式,实行民主管理。

**第二十一条 【对所出资企业的监管】**国家出资企业对其所出资企业依法享有资产收益、参与重大决策和选择管理者等出资人权利。

国家出资企业对其所出资企业,应当依照法律、行政法规的规定,通过制定或者参与制定所出资企业的章程,建立权责明确、有效制衡的企业内部监督管理和风险控制制度,维护其出资人权益。

## 第四章 国家出资企业管理者的选择与考核

**第二十二条 【选择企业管理者】**履行出资人职责的机构依照法律、行政法规以及企业章程的规定,任免或者建议任免国家出资企业的下列人员:

(一)任免国有独资企业的经理、副经理、财务负责人和其他高级管理人员;

(二)任免国有独资公司的董事长、副董事长、董事、监事会主席和监事;

(三)向国有资本控股公司、国有资本参股公司的股东会、股东大会提出董事、监事人选。

国家出资企业中应当由职工代表出任的董事、监事,依照有关法律、行政法规的规定由职工民主选举产生。

**第二十三条 【企业管理者的任职条件】**履行出资人职责的机构任命或者建议任命的董事、监事、高级管理人员,应当具备下列条件:

(一)有良好的品行;

(二)有符合职位要求的专业知识和工作能力;

(三)有能够正常履行职责的身体条件;

(四)法律、行政法规规定的其他条件。

董事、监事、高级管理人员在任职期间出现不符合前款规定情形或者出现《中华人民共和国公司法》规定的不得担任公司董事、监事、高级管理人员情形的,履行出资人职责的机构应当依法予以免职或者提出免职建议。

**第二十四条 【企业管理者的任职程序】**履行出资人职责的机构对拟任命或者建议任命的董事、监事、高级管理人员的人选,应当按照规定的条件和程序进行考察。考察合格的,按照规定的权限和程序任命或者建议任命。

**第二十五条 【企业管理者兼职禁止】**未经履行出资人

职责的机构同意，国有独资企业、国有独资公司的董事、高级管理人员不得在其他企业兼职。未经股东会、股东大会同意，国有资本控股公司、国有资本参股公司的董事、高级管理人员不得在经营同类业务的其他企业兼职。

未经履行出资人职责的机构同意，国有独资公司的董事长不得兼任经理。未经股东会、股东大会同意，国有资本控股公司的董事长不得兼任经理。

董事、高级管理人员不得兼任监事。

**第二十六条 【企业管理者的义务】**国家出资企业的董事、监事、高级管理人员，应当遵守法律、行政法规以及企业章程，对企业负有忠实义务和勤勉义务，不得利用职权收受贿赂或者取得其他非法收入和不当利益，不得侵占、挪用企业资产，不得超越职权或者违反程序决定企业重大事项，不得有其他侵害国有资产出资人权益的行为。

**第二十七条 【企业管理者的考核、奖惩和薪酬】**国家建立国家出资企业管理者经营业绩考核制度。履行出资人职责的机构应当对其任命的企业管理者进行年度和任期考核，并依据考核结果决定对企业管理者的奖惩。

履行出资人职责的机构应当按照国家有关规定，确定其任命的国家出资企业管理者的薪酬标准。

**第二十八条 【企业管理者经济责任审计】**国有独资企业、国有独资公司和国有资本控股公司的主要负责人，应当接受依法进行的任期经济责任审计。

**第二十九条 【政府直接任免企业管理者】**本法第二十二条第一款第一项、第二项规定的企业管理者，国务院和地方人民政府规定由本级人民政府任免的，依照其规定。履行出资人职责的机构依照本章规定对上述企业管理者进行考核、奖惩并确定其薪酬标准。

## 第五章 关系国有资产出资人权益的重大事项

### 第一节 一般规定

**第三十条 【重大事项的范围】**国家出资企业合并、分立、改制、上市，增加或者减少注册资本，发行债券，进行重大投资，为他人提供大额担保，转让重大财产，进行大额捐赠，分配利润，以及解散、申请破产等重大事项，应当遵守法律、行政法规以及企业章程的规定，不得损害出资人和债权人的权益。

**第三十一条 【国有独资企业、公司重大事项的决定之一】**国有独资企业、国有独资公司合并、分立，增加或者减少注册资本，发行债券，分配利润，以及解散、申请破产，由履行出资人职责的机构决定。

**第三十二条 【国有独资企业、公司重大事项的决定之二】**国有独资企业、国有独资公司有本法第三十条所列事项的，除依照本法第三十一条和有关法律、行政法规以及企业章程的规定，由履行出资人职责的机构决定的以外，国有独资企业由企业负责人集体讨论决定，国有独资公司由董事会决定。

**第三十三条 【国有资本控股、参股公司重大事项的决定】**国有资本控股公司、国有资本参股公司有本法第三十条所列事项的，依照法律、行政法规以及公司章程的规定，由公司股东会、股东大会或者董事会决定。由股东会、股东大会决定的，履行出资人职责的机构委派的股东代表应当依照本法第十三条的规定行使权利。

**第三十四条 【应由政府批准的重大事项】**重要的国有独资企业、国有独资公司、国有资本控股公司的合并、分立、解散、申请破产以及法律、行政法规和本级人民政府规定应当由履行出资人职责的机构报经本级人民政府批准的重大事项，履行出资人职责的机构在作出决定或者向其委派参加国有资本控股公司股东会会议、股东大会会议的股东代表作出指示前，应当报请本级人民政府批准。

本法所称的重要的国有独资企业、国有独资公司和国有资本控股公司，按照国务院的规定确定。

**第三十五条 【政府其他部门的审批】**国家出资企业发行债券、投资等事项，有关法律、行政法规规定应当报经人民政府或者人民政府有关部门、机构批准、核准或者备案的，依照其规定。

**第三十六条 【风险防范】**国家出资企业投资应当符合国家产业政策，并按照国家规定进行可行性研究；与他人交易应当公平、有偿，取得合理对价。

**第三十七条 【听取职工意见和建议】**国家出资企业的合并、分立、改制、解散、申请破产等重大事项，应当听取企业工会的意见，并通过职工代表大会或者其他形式听取职工的意见和建议。

**第三十八条 【所出资企业的重大事项】**国有独资企业、国有独资公司、国有资本控股公司对其所出资企业的重大事项参照本章规定履行出资人职责。具体办法由国务院规定。

### 第二节 企业改制

**第三十九条 【企业改制的定义】**本法所称企业改制是指：

（一）国有独资企业改为国有独资公司；

（二）国有独资企业、国有独资公司改为国有资本控股公司或者非国有资本控股公司；

（三）国有资本控股公司改为非国有资本控股公司。

**第四十条　【企业改制的决定】**企业改制应当依照法定程序，由履行出资人职责的机构决定或者由公司股东会、股东大会决定。

重要的国有独资企业、国有独资公司、国有资本控股公司的改制，履行出资人职责的机构在作出决定或者向其委派参加国有资本控股公司股东会会议、股东大会会议的股东代表作出指示前，应当将改制方案报请本级人民政府批准。

**第四十一条　【改制方案】**企业改制应当制定改制方案，载明改制后的企业组织形式、企业资产和债权债务处理方案、股权变动方案、改制的操作程序、资产评估和财务审计等中介机构的选聘等事项。

企业改制涉及重新安置企业职工的，还应当制定职工安置方案，并经职工代表大会或者职工大会审议通过。

**第四十二条　【资产清查、评估和作价】**企业改制应当按照规定进行清产核资、财务审计、资产评估，准确界定和核实资产，客观、公正地确定资产的价值。

企业改制涉及以企业的实物、知识产权、土地使用权等非货币财产折算为国有资本出资或者股份的，应当按照规定对折价财产进行评估，以评估确认价格作为确定国有资本出资额或者股份数额的依据。不得将财产低价折股或者有其他损害出资人权益的行为。

## 第三节　与关联方的交易

**第四十三条　【关联方不得利用与企业之间的交易谋取不正当利益】**国家出资企业的关联方不得利用与国家出资企业之间的交易，谋取不当利益，损害国家出资企业利益。

本法所称关联方，是指本企业的董事、监事、高级管理人员及其近亲属，以及这些人员所有或者实际控制的企业。

**第四十四条　【禁止的关联方交易】**国有独资企业、国有独资公司、国有资本控股公司不得无偿向关联方提供资金、商品、服务或者其他资产，不得以不公平的价格与关联方进行交易。

**第四十五条　【国有独资企业、公司与其关联方交易的决定】**未经履行出资人职责的机构同意，国有独资企业、国有独资公司不得有下列行为：

（一）与关联方订立财产转让、借款的协议；

（二）为关联方提供担保；

（三）与关联方共同出资设立企业，或者向董事、监事、高级管理人员或者其近亲属所有或者实际控制的企业投资。

**第四十六条　【国有资本控股公司与其关联方交易的决定】**国有资本控股公司、国有资本参股公司与关联方的交易，依照《中华人民共和国公司法》和有关行政法规以及公司章程的规定，由公司股东会、股东大会或者董事会决定。由公司股东会、股东大会决定的，履行出资人职责的机构委派的股东代表，应当依照本法第十三条的规定行使权利。

公司董事会对公司与关联方的交易作出决议时，该交易涉及的董事不得行使表决权，也不得代理其他董事行使表决权。

## 第四节　资产评估

**第四十七条　【应当评估的情形】**国有独资企业、国有独资公司和国有资本控股公司合并、分立、改制，转让重大财产，以非货币财产对外投资，清算或者有法律、行政法规以及企业章程规定应当进行资产评估的其他情形的，应当按照规定对有关资产进行评估。

**第四十八条　【委托第三方评估】**国有独资企业、国有独资公司和国有资本控股公司应当委托依法设立的符合条件的资产评估机构进行资产评估；涉及应当报经履行出资人职责的机构决定的事项的，应当将委托资产评估机构的情况向履行出资人职责的机构报告。

**第四十九条　【如实提供评估资料】**国有独资企业、国有独资公司、国有资本控股公司及其董事、监事、高级管理人员应当向资产评估机构如实提供有关情况和资料，不得与资产评估机构串通评估作价。

**第五十条　【遵守评估准则】**资产评估机构及其工作人员受托评估有关资产，应当遵守法律、行政法规以及评估执业准则，独立、客观、公正地对受托评估的资产进行评估。资产评估机构应当对其出具的评估报告负责。

## 第五节　国有资产转让

**第五十一条　【国有资产转让的定义】**本法所称国有资产转让，是指依法将国家对企业的出资所形成的权益转移给其他单位或者个人的行为；按照国家规定无偿划转国有资产的除外。

**第五十二条　【国有资产转让的宗旨】**国有资产转让应当有利于国有经济布局和结构的战略性调整，防止国有资产损失，不得损害交易各方的合法权益。

**第五十三条　【国有资产转让的决定】**国有资产转让由

履行出资人职责的机构决定。履行出资人职责的机构决定转让全部国有资产的，或者转让部分国有资产致使国家对该企业不再具有控股地位的，应当报请本级人民政府批准。

**第五十四条　【国有资产转让的原则和方式】**国有资产转让应当遵循等价有偿和公开、公平、公正的原则。

除按照国家规定可以直接协议转让的以外，国有资产转让应当在依法设立的产权交易场所公开进行。转让方应当如实披露有关信息，征集受让方；征集产生的受让方为两个以上的，转让应当采用公开竞价的交易方式。

转让上市交易的股份依照《中华人民共和国证券法》的规定进行。

**第五十五条　【国有资产转让价格】**国有资产转让应当以依法评估的、经履行出资人职责的机构认可或者由履行出资人职责的机构报经本级人民政府核准的价格为依据，合理确定最低转让价格。

**第五十六条　【国有资产向管理层转让】**法律、行政法规或者国务院国有资产监督管理机构规定可以向本企业的董事、监事、高级管理人员或者其近亲属，或者这些人员所有或者实际控制的企业转让的国有资产，在转让时，上述人员或者企业参与受让的，应当与其他受让参与者平等竞买；转让方应当按照国家有关规定，如实披露有关信息；相关的董事、监事和高级管理人员不得参与转让方案的制定和组织实施的各项工作。

**第五十七条　【国有资产向境外投资者转让】**国有资产向境外投资者转让的，应当遵守国家有关规定，不得危害国家安全和社会公共利益。

## 第六章　国有资本经营预算

**第五十八条　【国有资本经营预算制度】**国家建立健全国有资本经营预算制度，对取得的国有资本收入及其支出实行预算管理。

**第五十九条　【国有资本经营预算的收入和支出】**国家取得的下列国有资本收入，以及下列收入的支出，应当编制国有资本经营预算：

（一）从国家出资企业分得的利润；

（二）国有资产转让收入；

（三）从国家出资企业取得的清算收入；

（四）其他国有资本收入。

**第六十条　【国有资本经营预算的编制原则和批准】**国有资本经营预算按年度单独编制，纳入本级人民政府预算，报本级人民代表大会批准。

国有资本经营预算支出按照当年预算收入规模安排，不列赤字。

**第六十一条　【国有资本经营预算的编制】**国务院和有关地方人民政府财政部门负责国有资本经营预算草案的编制工作，履行出资人职责的机构向财政部门提出由其履行出资人职责的国有资本经营预算建议草案。

**第六十二条　【国务院规定具体办法和实施步骤】**国有资本经营预算管理的具体办法和实施步骤，由国务院规定，报全国人民代表大会常务委员会备案。

## 第七章　国有资产监督

**第六十三条　【各级人大常委会的监督】**各级人民代表大会常务委员会通过听取和审议本级人民政府履行出资人职责的情况和国有资产监督管理情况的专项工作报告，组织对本法实施情况的执法检查等，依法行使监督职权。

**第六十四条　【政府的监督】**国务院和地方人民政府应当对其授权履行出资人职责的机构履行职责的情况进行监督。

**第六十五条　【审计机关的监督】**国务院和地方人民政府审计机关依照《中华人民共和国审计法》的规定，对国有资本经营预算的执行情况和属于审计监督对象的国家出资企业进行审计监督。

**第六十六条　【社会监督】**国务院和地方人民政府应当依法向社会公布国有资产状况和国有资产监督管理工作情况，接受社会公众的监督。

任何单位和个人有权对造成国有资产损失的行为进行检举和控告。

**第六十七条　【委托中介机构进行审计监督】**履行出资人职责的机构根据需要，可以委托会计师事务所对国有独资企业、国有独资公司的年度财务会计报告进行审计，或者通过国有资本控股公司的股东会、股东大会决议，由国有资本控股公司聘请会计师事务所对公司的年度财务会计报告进行审计，维护出资人权益。

## 第八章　法律责任

**第六十八条　【履行出资人职责的机构的法律责任】**履行出资人职责的机构有下列行为之一的，对其直接负责的主管人员和其他直接责任人员依法给予处分：

（一）不按照法定的任职条件，任命或者建议任命国家出资企业管理者的；

（二）侵占、截留、挪用国家出资企业的资金或者应当上缴的国有资本收入的；

（三）违反法定的权限、程序，决定国家出资企业重大事项，造成国有资产损失的；

（四）有其他不依法履行出资人职责的行为，造成国有资产损失的。

**第六十九条 【履行出资人职责的机构的工作人员的法律责任】**履行出资人职责的机构的工作人员玩忽职守、滥用职权、徇私舞弊，尚不构成犯罪的，依法给予处分。

**第七十条 【股东代表的法律责任】**履行出资人职责的机构委派的股东代表未按照委派机构的指示履行职责，造成国有资产损失的，依法承担赔偿责任；属于国家工作人员的，并依法给予处分。

**第七十一条 【企业管理者的法律责任】**国家出资企业的董事、监事、高级管理人员有下列行为之一，造成国有资产损失的，依法承担赔偿责任；属于国家工作人员的，并依法给予处分：

（一）利用职权收受贿赂或者取得其他非法收入和不当利益的；

（二）侵占、挪用企业资产的；

（三）在企业改制、财产转让等过程中，违反法律、行政法规和公平交易规则，将企业财产低价转让、低价折股的；

（四）违反本法规定与本企业进行交易的；

（五）不如实向资产评估机构、会计师事务所提供有关情况和资料，或者与资产评估机构、会计师事务所串通出具虚假资产评估报告、审计报告的；

（六）违反法律、行政法规和企业章程规定的决策程序，决定企业重大事项的；

（七）有其他违反法律、行政法规和企业章程执行职务行为的。

国家出资企业的董事、监事、高级管理人员因前款所列行为取得的收入，依法予以追缴或者归国家出资企业所有。

履行出资人职责的机构任命或者建议任命的董事、监事、高级管理人员有本条第一款所列行为之一，造成国有资产重大损失的，由履行出资人职责的机构依法予以免职或者提出免职建议。

**第七十二条 【交易无效】**在涉及关联方交易、国有资产转让等交易活动中，当事人恶意串通，损害国有资产权益的，该交易行为无效。

**第七十三条 【企业管理者的市场禁入】**国有独资企业、国有独资公司、国有资本控股公司的董事、监事、高级管理人员违反本法规定，造成国有资产重大损失，被免职的，自免职之日起五年内不得担任国有独资企业、国有独资公司、国有资本控股公司的董事、监事、高级管理人员；造成国有资产特别重大损失，或者因贪污、贿赂、侵占财产、挪用财产或者破坏社会主义市场经济秩序被判处刑罚的，终身不得担任国有独资企业、国有独资公司、国有资本控股公司的董事、监事、高级管理人员。

**第七十四条 【中介机构的法律责任】**接受委托对国家出资企业进行资产评估、财务审计的资产评估机构、会计师事务所违反法律、行政法规的规定和执业准则，出具虚假的资产评估报告或者审计报告的，依照有关法律、行政法规的规定追究法律责任。

**第七十五条 【刑事责任】**违反本法规定，构成犯罪的，依法追究刑事责任。

## 第九章 附 则

**第七十六条 【金融企业国有资产的适用】**金融企业国有资产的管理与监督，法律、行政法规另有规定的，依照其规定。

**第七十七条 【施行日期】**本法自 2009 年 5 月 1 日起施行。

# 行政事业性国有资产管理条例

*1. 2021 年 2 月 1 日国务院令第 738 号公布*
*2. 自 2021 年 4 月 1 日起施行*

## 第一章 总 则

**第一条** 为了加强行政事业性国有资产管理与监督，健全国有资产管理体制，推进国家治理体系和治理能力现代化，根据全国人民代表大会常务委员会关于加强国有资产管理情况监督的决定，制定本条例。

**第二条** 行政事业性国有资产，是指行政单位、事业单位通过以下方式取得或者形成的资产：

（一）使用财政资金形成的资产；

（二）接受调拨或者划转、置换形成的资产；

（三）接受捐赠并确认为国有的资产；

（四）其他国有资产。

**第三条** 行政事业性国有资产属于国家所有，实行政府分级监管、各部门及其所属单位直接支配的管理体制。

**第四条** 各级人民政府应当建立健全行政事业性国有资产管理机制，加强对本级行政事业性国有资产的管理，审查、批准重大行政事业性国有资产管理事项。

**第五条** 国务院财政部门负责制定行政事业单位国有资产管理规章制度并负责组织实施和监督检查，牵头编制行政事业性国有资产管理情况报告。

国务院机关事务管理部门和有关机关事务管理部

门会同有关部门依法依规履行相关中央行政事业单位国有资产管理职责，制定中央行政事业单位国有资产管理具体制度和办法并组织实施，接受国务院财政部门的指导和监督检查。

相关部门根据职责规定，按照集中统一、分类分级原则，加强中央行政事业单位国有资产管理，优化管理手段，提高管理效率。

**第六条** 各部门根据职责负责本部门及其所属单位国有资产管理工作，应当明确管理责任，指导、监督所属单位国有资产管理工作。

各部门所属单位负责本单位行政事业性国有资产的具体管理，应当建立和完善内部控制管理制度。

**第七条** 各部门及其所属单位管理行政事业性国有资产应当遵循安全规范、节约高效、公开透明、权责一致的原则，实现实物管理与价值管理相统一，资产管理与预算管理、财务管理相结合。

## 第二章 资产配置、使用和处置

**第八条** 各部门及其所属单位应当根据依法履行职能和事业发展的需要，结合资产存量、资产配置标准、绩效目标和财政承受能力配置资产。

**第九条** 各部门及其所属单位应当合理选择资产配置方式，资产配置重大事项应当经可行性研究和集体决策，资产价值较高的按照国家有关规定进行资产评估，并履行审批程序。

资产配置包括调剂、购置、建设、租用、接受捐赠等方式。

**第十条** 县级以上人民政府应当组织建立、完善资产配置标准体系，明确配置的数量、价值、等级、最低使用年限等标准。

资产配置标准应当按照勤俭节约、讲求绩效和绿色环保的要求，根据国家有关政策、经济社会发展水平、市场价格变化、科学技术进步等因素适时调整。

**第十一条** 各部门及其所属单位应当优先通过调剂方式配置资产。不能调剂的，可以采用购置、建设、租用等方式。

**第十二条** 行政单位国有资产应当用于本单位履行职能的需要。

除法律另有规定外，行政单位不得以任何形式将国有资产用于对外投资或者设立营利性组织。

**第十三条** 事业单位国有资产应当用于保障事业发展、提供公共服务。

**第十四条** 各部门及其所属单位应当加强对本单位固定资产、在建工程、流动资产、无形资产等各类国有资产的管理，明确管理责任，规范使用流程，加强产权保护，推进相关资产安全有效使用。

**第十五条** 各部门及其所属单位应当明确资产使用人和管理人的岗位责任。

资产使用人、管理人应当履行岗位责任，按照规程合理使用、管理资产，充分发挥资产效能。资产需要维修、保养、调剂、更新、报废的，资产使用人、管理人应当及时提出。

资产使用人、管理人发生变化的，应当及时办理资产交接手续。

**第十六条** 各部门及其所属单位接受捐赠的资产，应当按照捐赠约定的用途使用。捐赠人意愿不明确或者没有约定用途的，应当统筹安排使用。

**第十七条** 事业单位利用国有资产对外投资应当有利于事业发展和实现国有资产保值增值，符合国家有关规定，经可行性研究和集体决策，按照规定权限和程序进行。

事业单位应当明确对外投资形成的股权及其相关权益管理责任，按照规定将对外投资形成的股权纳入经营性国有资产集中统一监管体系。

**第十八条** 县级以上人民政府及其有关部门应当建立健全国有资产共享共用机制，采取措施引导和鼓励国有资产共享共用，统筹规划有效推进国有资产共享共用工作。

各部门及其所属单位应当在确保安全使用的前提下，推进本单位大型设备等国有资产共享共用工作，可以对提供方给予合理补偿。

**第十九条** 各部门及其所属单位应当根据履行职能、事业发展需要和资产使用状况，经集体决策和履行审批程序，依据处置事项批复等相关文件及时处置行政事业性国有资产。

**第二十条** 各部门及其所属单位应当将依法罚没的资产按照国家规定公开拍卖或者按照国家有关规定处理，所得款项全部上缴国库。

**第二十一条** 各部门及其所属单位应当对下列资产及时予以报废、报损：

（一）因技术原因确需淘汰或者无法维修、无维修价值的资产；

（二）涉及盘亏、坏账以及非正常损失的资产；

（三）已超过使用年限且无法满足现有工作需要的资产；

（四）因自然灾害等不可抗力造成毁损、灭失的资产。

**第二十二条** 各部门及其所属单位发生分立、合并、改制、撤销、隶属关系改变或者部分职能、业务调整等情形,应当根据国家有关规定办理相关国有资产划转、交接手续。

**第二十三条** 国家设立的研究开发机构、高等院校对其持有的科技成果的使用和处置,依照《中华人民共和国促进科技成果转化法》、《中华人民共和国专利法》和国家有关规定执行。

## 第三章 预算管理

**第二十四条** 各部门及其所属单位购置、建设、租用资产应当提出资产配置需求,编制资产配置相关支出预算,并严格按照预算管理规定和财政部门批复的预算配置资产。

**第二十五条** 行政单位国有资产出租和处置等收入,应当按照政府非税收入和国库集中收缴制度的有关规定管理。

除国家另有规定外,事业单位国有资产的处置收入应当按照政府非税收入和国库集中收缴制度的有关规定管理。

事业单位国有资产使用形成的收入,由本级人民政府财政部门规定具体管理办法。

**第二十六条** 各部门及其所属单位应当及时收取各类资产收入,不得违反国家规定,多收、少收、不收、侵占、私分、截留、占用、挪用、隐匿、坐支。

**第二十七条** 各部门及其所属单位应当在决算中全面、真实、准确反映其国有资产收入、支出以及国有资产存量情况。

**第二十八条** 各部门及其所属单位应当按照国家规定建立国有资产绩效管理制度,建立健全绩效指标和标准,有序开展国有资产绩效管理工作。

**第二十九条** 县级以上人民政府投资建设公共基础设施,应当依法落实资金来源,加强预算约束,防范政府债务风险,并明确公共基础设施的管理维护责任单位。

## 第四章 基础管理

**第三十条** 各部门及其所属单位应当按照国家规定设置行政事业性国有资产台账,依照国家统一的会计制度进行会计核算,不得形成账外资产。

**第三十一条** 各部门及其所属单位采用建设方式配置资产的,应当在建设项目竣工验收合格后及时办理资产交付手续,并在规定期限内办理竣工财务决算,期限最长不得超过1年。

各部门及其所属单位对已交付但未办理竣工财务决算的建设项目,应当按照国家统一的会计制度确认资产价值。

**第三十二条** 各部门及其所属单位对无法进行会计确认入账的资产,可以根据需要组织专家参照资产评估方法进行估价,并作为反映资产状况的依据。

**第三十三条** 各部门及其所属单位应当明确资产的维护、保养、维修的岗位责任。因使用不当或者维护、保养、维修不及时造成资产损失的,应当依法承担责任。

**第三十四条** 各部门及其所属单位应当定期或者不定期对资产进行盘点、对账。出现资产盘盈盘亏的,应当按照财务、会计和资产管理制度有关规定处理,做到账实相符和账账相符。

**第三十五条** 各部门及其所属单位处置资产应当及时核销相关资产台账信息,同时进行会计处理。

**第三十六条** 除国家另有规定外,各部门及其所属单位将行政事业性国有资产进行转让、拍卖、置换、对外投资等,应当按照国家有关规定进行资产评估。

行政事业性国有资产以市场化方式出售、出租的,依照有关规定可以通过相应公共资源交易平台进行。

**第三十七条** 有下列情形之一的,各部门及其所属单位应当对行政事业性国有资产进行清查:

(一)根据本级政府部署要求;

(二)发生重大资产调拨、划转以及单位分立、合并、改制、撤销、隶属关系改变等情形;

(三)因自然灾害等不可抗力造成资产毁损、灭失;

(四)会计信息严重失真;

(五)国家统一的会计制度发生重大变更,涉及资产核算方法发生重要变化;

(六)其他应当进行资产清查的情形。

**第三十八条** 各部门及其所属单位资产清查结果和涉及资产核实的事项,应当按照国务院财政部门的规定履行审批程序。

**第三十九条** 各部门及其所属单位在资产清查中发现账实不符、账账不符的,应当查明原因予以说明,并随同清查结果一并履行审批程序。各部门及其所属单位应当根据审批结果及时调整资产台账信息,同时进行会计处理。

由于资产使用人、管理人的原因造成资产毁损、灭失的,应当依法追究相关责任。

**第四十条** 各部门及其所属单位对需要办理权属登记的资产应当依法及时办理。对有账簿记录但权证手续不全的行政事业性国有资产,可以向本级政府有关主管部门提出确认资产权属申请，及时办理权属登记。

**第四十一条** 各部门及其所属单位之间，各部门及其所属单位与其他单位和个人之间发生资产纠纷的，应当依照有关法律法规规定采取协商等方式处理。

**第四十二条** 国务院财政部门应当建立全国行政事业性国有资产管理信息系统，推行资产管理网上办理，实现信息共享。

## 第五章 资 产 报 告

**第四十三条** 国家建立行政事业性国有资产管理情况报告制度。

国务院向全国人民代表大会常务委员会报告全国行政事业性国有资产管理情况。

县级以上地方人民政府按照规定向本级人民代表大会常务委员会报告行政事业性国有资产管理情况。

**第四十四条** 行政事业性国有资产管理情况报告，主要包括资产负债总量，相关管理制度建立和实施，资产配置、使用、处置和效益，推进管理体制机制改革等情况。

行政事业性国有资产管理情况按照国家有关规定向社会公开。

**第四十五条** 各部门所属单位应当每年编制本单位行政事业性国有资产管理情况报告，逐级报送相关部门。

各部门应当汇总编制本部门行政事业性国有资产管理情况报告，报送本级政府财政部门。

**第四十六条** 县级以上地方人民政府财政部门应当每年汇总本级和下级行政事业性国有资产管理情况，报送本级政府和上一级政府财政部门。

## 第六章 监 督

**第四十七条** 县级以上人民政府应当接受本级人民代表大会及其常务委员会对行政事业性国有资产管理情况的监督，组织落实本级人民代表大会及其常务委员会审议提出的整改要求，并向本级人民代表大会及其常务委员会报告整改情况。

乡、民族乡、镇人民政府应当接受本级人民代表大会对行政事业性国有资产管理情况的监督。

**第四十八条** 县级以上人民政府对下级政府的行政事业性国有资产管理情况进行监督。下级政府应当组织落实上一级政府提出的监管要求，并向上一级政府报告落实情况。

**第四十九条** 县级以上人民政府财政部门应当对本级各部门及其所属单位行政事业性国有资产管理情况进行监督检查，依法向社会公开检查结果。

**第五十条** 县级以上人民政府审计部门依法对行政事业性国有资产管理情况进行审计监督。

**第五十一条** 各部门应当建立健全行政事业性国有资产监督管理制度，根据职责对本行业行政事业性国有资产管理依法进行监督。

各部门所属单位应当制定行政事业性国有资产内部控制制度，防控行政事业性国有资产管理风险。

**第五十二条** 公民、法人或者其他组织发现违反本条例的行为，有权向有关部门进行检举、控告。接受检举、控告的有关部门应当依法进行处理，并为检举人、控告人保密。

任何单位或者个人不得压制和打击报复检举人、控告人。

## 第七章 法 律 责 任

**第五十三条** 各部门及其所属单位有下列行为之一的，责令改正，情节较重的，对负有直接责任的主管人员和其他直接责任人员依法给予处分：

（一）配置、使用、处置国有资产未按照规定经集体决策或者履行审批程序；

（二）超标准配置国有资产；

（三）未按照规定办理国有资产调剂、调拨、划转、交接等手续；

（四）未按照规定履行国有资产拍卖、报告、披露等程序；

（五）未按照规定期限办理建设项目竣工财务决算；

（六）未按照规定进行国有资产清查；

（七）未按照规定设置国有资产台账；

（八）未按照规定编制、报送国有资产管理情况报告。

**第五十四条** 各部门及其所属单位有下列行为之一的，责令改正，有违法所得的没收违法所得，情节较重的，对负有直接责任的主管人员和其他直接责任人员依法给予处分；构成犯罪的，依法追究刑事责任：

（一）非法占有、使用国有资产或者采用弄虚作假等方式低价处置国有资产；

（二）违反规定将国有资产用于对外投资或者设立营利性组织；

（三）未按照规定评估国有资产导致国家利益损失；

（四）其他违反本条例规定造成国有资产损失的行为。

**第五十五条** 各部门及其所属单位在国有资产管理工作中有违反预算管理规定行为的，依照《中华人民共和国预算法》及其实施条例、《财政违法行为处罚处分条例》等法律、行政法规追究责任。

**第五十六条** 各部门及其所属单位的工作人员在国有资产管理工作中滥用职权、玩忽职守、徇私舞弊或者有浪费国有资产等违法违规行为的，由有关部门依法给予处分；构成犯罪的，依法追究刑事责任。

### 第八章 附 则

**第五十七条** 除国家另有规定外，社会组织直接支配的行政事业性国有资产管理，依照本条例执行。

**第五十八条** 货币形式的行政事业性国有资产管理，按照预算管理有关规定执行。

执行企业财务、会计制度的事业单位以及事业单位对外投资的全资企业或者控股企业的资产管理，不适用本条例。

**第五十九条** 公共基础设施、政府储备物资、国有文物文化等行政事业性国有资产管理的具体办法，由国务院财政部门会同有关部门制定。

**第六十条** 中国人民解放军、中国人民武装警察部队直接支配的行政事业性国有资产管理，依照中央军事委员会有关规定执行。

**第六十一条** 本条例自2021年4月1日起施行。

## 企业国有资产监督管理暂行条例

1. *2003年5月27日国务院令第378号公布*
2. *根据2011年1月8日国务院令第588号《关于废止和修改部分行政法规的决定》第一次修订*
3. *根据2019年3月2日国务院令第709号《关于修改部分行政法规的决定》第二次修订*

### 第一章 总 则

**第一条** 为建立适应社会主义市场经济需要的国有资产监督管理体制，进一步搞好国有企业，推动国有经济布局和结构的战略性调整，发展和壮大国有经济，实现国有资产保值增值，制定本条例。

**第二条** 国有及国有控股企业、国有参股企业中的国有资产的监督管理，适用本条例。金融机构中的国有资产的监督管理，不适用本条例。

**第三条** 本条例所称企业国有资产，是指国家对企业各种形式的投资和投资所形成的权益，以及依法认定为国家所有的其他权益。

**第四条** 企业国有资产属于国家所有。国家实行由国务院和地方人民政府分别代表国家履行出资人职责，享有所有者权益，权利、义务和责任相统一，管资产和管人、管事相结合的国有资产管理体制。

**第五条** 国务院代表国家对关系国民经济命脉和国家安全的大型国有及国有控股、国有参股企业，重要基础设施和重要自然资源等领域的国有及国有控股、国有参股企业，履行出资人职责。国务院履行出资人职责的企业，由国务院确定、公布。

省、自治区、直辖市人民政府和设区的市、自治州级人民政府分别代表国家对由国务院履行出资人职责以外的国有及国有控股、国有参股企业，履行出资人职责。其中，省、自治区、直辖市人民政府履行出资人职责的国有及国有控股、国有参股企业，由省、自治区、直辖市人民政府确定、公布，并报国务院国有资产监督管理机构备案；其他由设区的市、自治州级人民政府履行出资人职责的国有及国有控股、国有参股企业，由设区的市、自治州级人民政府确定、公布，并报省、自治区、直辖市人民政府国有资产监督管理机构备案。

国务院，省、自治区、直辖市人民政府，设区的市、自治州级人民政府履行出资人职责的企业，以下统称所出资企业。

**第六条** 国务院，省、自治区、直辖市人民政府，设区的市、自治州级人民政府，分别设立国有资产监督管理机构。国有资产监督管理机构根据授权，依法履行出资人职责，依法对企业国有资产进行监督管理。

企业国有资产较少的设区的市、自治州，经省、自治区、直辖市人民政府批准，可以不单独设立国有资产监督管理机构。

**第七条** 各级人民政府应当严格执行国有资产管理法律、法规，坚持政府的社会公共管理职能与国有资产出资人职能分开，坚持政企分开，实行所有权与经营权分离。

国有资产监督管理机构不行使政府的社会公共管理职能，政府其他机构、部门不履行企业国有资产出资人职责。

**第八条** 国有资产监督管理机构应当依照本条例和其他有关法律、行政法规的规定，建立健全内部监督制度，严格执行法律、行政法规。

**第九条** 发生战争、严重自然灾害或者其他重大、紧急情况时，国家可以依法统一调用、处置企业国有资产。

**第十条** 所出资企业及其投资设立的企业，享有有关法律、行政法规规定的企业经营自主权。

国有资产监督管理机构应当支持企业依法自主经营，除履行出资人职责以外，不得干预企业的生产经营活动。

**第十一条**　所出资企业应当努力提高经济效益，对其经营管理的企业国有资产承担保值增值责任。

所出资企业应当接受国有资产监督管理机构依法实施的监督管理，不得损害企业国有资产所有者和其他出资人的合法权益。

## 第二章　国有资产监督管理机构

**第十二条**　国务院国有资产监督管理机构是代表国务院履行出资人职责、负责监督管理企业国有资产的直属特设机构。

省、自治区、直辖市人民政府国有资产监督管理机构，设区的市、自治州级人民政府国有资产监督管理机构是代表本级政府履行出资人职责、负责监督管理企业国有资产的直属特设机构。

上级政府国有资产监督管理机构依法对下级政府的国有资产监督管理工作进行指导和监督。

**第十三条**　国有资产监督管理机构的主要职责是：

（一）依照《中华人民共和国公司法》等法律、法规，对所出资企业履行出资人职责，维护所有者权益；

（二）指导推进国有及国有控股企业的改革和重组；

（三）依照规定向所出资企业委派监事；

（四）依照法定程序对所出资企业的企业负责人进行任免、考核，并根据考核结果对其进行奖惩；

（五）通过统计、稽核等方式对企业国有资产的保值增值情况进行监管；

（六）履行出资人的其他职责和承办本级政府交办的其他事项。

国务院国有资产监督管理机构除前款规定职责外，可以制定企业国有资产监督管理的规章、制度。

**第十四条**　国有资产监督管理机构的主要义务是：

（一）推进国有资产合理流动和优化配置，推动国有经济布局和结构的调整；

（二）保持和提高关系国民经济命脉和国家安全领域国有经济的控制力和竞争力，提高国有经济的整体素质；

（三）探索有效的企业国有资产经营体制和方式，加强企业国有资产监督管理工作，促进企业国有资产保值增值，防止企业国有资产流失；

（四）指导和促进国有及国有控股企业建立现代企业制度，完善法人治理结构，推进管理现代化；

（五）尊重、维护国有及国有控股企业经营自主权，依法维护企业合法权益，促进企业依法经营管理，增强企业竞争力；

（六）指导和协调解决国有及国有控股企业改革与发展中的困难和问题。

**第十五条**　国有资产监督管理机构应当向本级政府报告企业国有资产监督管理工作、国有资产保值增值状况和其他重大事项。

## 第三章　企业负责人管理

**第十六条**　国有资产监督管理机构应当建立健全适应现代企业制度要求的企业负责人的选用机制和激励约束机制。

**第十七条**　国有资产监督管理机构依照有关规定，任免或者建议任免所出资企业的企业负责人：

（一）任免国有独资企业的总经理、副总经理、总会计师及其他企业负责人；

（二）任免国有独资公司的董事长、副董事长、董事，并向其提出总经理、副总经理、总会计师等的任免建议；

（三）依照公司章程，提出向国有控股的公司派出的董事、监事人选，推荐国有控股的公司的董事长、副董事长和监事会主席人选，并向其提出总经理、副总经理、总会计师人选的建议；

（四）依照公司章程，提出向国有参股的公司派出的董事、监事人选。

国务院，省、自治区、直辖市人民政府，设区的市、自治州级人民政府，对所出资企业的企业负责人的任免另有规定的，按照有关规定执行。

**第十八条**　国有资产监督管理机构应当建立企业负责人经营业绩考核制度，与其任命的企业负责人签订业绩合同，根据业绩合同对企业负责人进行年度考核和任期考核。

**第十九条**　国有资产监督管理机构应当依照有关规定，确定所出资企业中的国有独资企业、国有独资公司的企业负责人的薪酬；依据考核结果，决定其向所出资企业派出的企业负责人的奖惩。

## 第四章　企业重大事项管理

**第二十条**　国有资产监督管理机构负责指导国有及国有控股企业建立现代企业制度，审核批准其所出资企业中的国有独资企业、国有独资公司的重组、股份制改造方案和所出资企业中的国有独资公司的章程。

**第二十一条**　国有资产监督管理机构依照法定程序决定其所出资企业中的国有独资企业、国有独资公司的分立、合并、破产、解散、增减资本、发行公司债券等重大事项。其中，重要的国有独资企业、国有独资公司分立、合并、破产、解散的，应当由国有资产监督管理机构审核后，报本级人民政府批准。

国有资产监督管理机构依照法定程序审核、决定国防科技工业领域其所出资企业中的国有独资企业、国有独资公司的有关重大事项时，按照国家有关法律、规定执行。

**第二十二条** 国有资产监督管理机构依照公司法的规定，派出股东代表、董事，参加国有控股的公司、国有参股的公司的股东会、董事会。

国有控股的公司、国有参股的公司的股东会、董事会决定公司的分立、合并、破产、解散、增减资本、发行公司债券、任免企业负责人等重大事项时，国有资产监督管理机构派出的股东代表、董事，应当按照国有资产监督管理机构的指示发表意见、行使表决权。

国有资产监督管理机构派出的股东代表、董事，应当将其履行职责的有关情况及时向国有资产监督管理机构报告。

**第二十三条** 国有资产监督管理机构决定其所出资企业的国有股权转让。其中，转让全部国有股权或者转让部分国有股权致使国家不再拥有控股地位的，报本级人民政府批准。

**第二十四条** 所出资企业投资设立的重要子企业的重大事项，需由所出资企业报国有资产监督管理机构批准的，管理办法由国务院国有资产监督管理机构另行制定，报国务院批准。

**第二十五条** 国有资产监督管理机构依照国家有关规定组织协调所出资企业中的国有独资企业、国有独资公司的兼并破产工作，并配合有关部门做好企业下岗职工安置等工作。

**第二十六条** 国有资产监督管理机构依照国家有关规定拟订所出资企业收入分配制度改革的指导意见，调控所出资企业工资分配的总体水平。

**第二十七条** ~~所出资企业中的国有独资企业、国有独资公司经国务院批准，可以作为国务院规定的投资公司、控股公司，享有公司法第十二条规定的权利；可以作为国家授权投资的机构，享有公司法第二十条规定的权利。~~（2011 年 1 月 8 日删除）

**第二十八条** 国有资产监督管理机构可以对所出资企业中具备条件的国有独资企业、国有独资公司进行国有资产授权经营。

被授权的国有独资企业、国有独资公司对其全资、控股、参股企业中国家投资形成的国有资产依法进行经营、管理和监督。

**第二十九条** 被授权的国有独资企业、国有独资公司应当建立和完善规范的现代企业制度，并承担企业国有资产的保值增值责任。

## 第五章 企业国有资产管理

**第三十条** 国有资产监督管理机构依照国家有关规定，负责企业国有资产的产权界定、产权登记、资产评估监管、清产核资、资产统计、综合评价等基础管理工作。

国有资产监督管理机构协调其所出资企业之间的企业国有资产产权纠纷。

**第三十一条** 国有资产监督管理机构应当建立企业国有资产产权交易监督管理制度，加强企业国有资产产权交易的监督管理，促进企业国有资产的合理流动，防止企业国有资产流失。

**第三十二条** 国有资产监督管理机构对其所出资企业的企业国有资产收益依法履行出资人职责；对其所出资企业的重大投融资规划、发展战略和规划，依照国家发展规划和产业政策履行出资人职责。

**第三十三条** 所出资企业中的国有独资企业、国有独资公司的重大资产处置，需由国有资产监督管理机构批准的，依照有关规定执行。

## 第六章 企业国有资产监督

**第三十四条** 国有资产监督管理机构依法对所出资企业财务进行监督，建立和完善国有资产保值增值指标体系，维护国有资产出资人的权益。

**第三十五条** 国有及国有控股企业应当加强内部监督和风险控制，依照国家有关规定建立健全财务、审计、企业法律顾问和职工民主监督等制度。

**第三十六条** 所出资企业中的国有独资企业、国有独资公司应当按照规定定期向国有资产监督管理机构报告财务状况、生产经营状况和国有资产保值增值状况。

## 第七章 法律责任

**第三十七条** 国有资产监督管理机构不按规定任免或者建议任免所出资企业的企业负责人，或者违法干预所出资企业的生产经营活动，侵犯其合法权益，造成企业国有资产损失或者其他严重后果的，对直接负责的主管人员和其他直接责任人员依法给予行政处分；构成犯罪的，依法追究刑事责任。

**第三十八条** 所出资企业中的国有独资企业、国有独资公司未按照规定向国有资产监督管理机构报告财务状况、生产经营状况和国有资产保值增值状况的，予以警告；情节严重的，对直接负责的主管人员和其他直接责任人员依法给予纪律处分。

**第三十九条**　国有及国有控股企业的企业负责人滥用职权、玩忽职守，造成企业国有资产损失的，应负赔偿责任，并对其依法给予纪律处分；构成犯罪的，依法追究刑事责任。

**第四十条**　对企业国有资产损失负有责任受到撤职以上纪律处分的国有及国有控股企业的企业负责人，5年内不得担任任何国有及国有控股企业的企业负责人；造成企业国有资产重大损失或者被判处刑罚的，终身不得担任任何国有及国有控股企业的企业负责人。

## 第八章　附　　则

**第四十一条**　国有及国有控股企业、国有参股企业的组织形式、组织机构、权利和义务等，依照《中华人民共和国公司法》等法律、行政法规和本条例的规定执行。

**第四十二条**　国有及国有控股企业、国有参股企业中中国共产党基层组织建设、社会主义精神文明建设和党风廉政建设，依照《中国共产党章程》和有关规定执行。

国有及国有控股企业、国有参股企业中工会组织依照《中华人民共和国工会法》和《中国工会章程》的有关规定执行。

**第四十三条**　国务院国有资产监督管理机构，省、自治区、直辖市人民政府可以依据本条例制定实施办法。

**第四十四条**　本条例施行前制定的有关企业国有资产监督管理的行政法规与本条例不一致的，依照本条例的规定执行。

**第四十五条**　政企尚未分开的单位，应当按照国务院的规定，加快改革，实现政企分开。政企分开后的企业，由国有资产监督管理机构依法履行出资人职责，依法对企业国有资产进行监督管理。

**第四十六条**　本条例自公布之日起施行。

# 中央党政机关和事业单位所属企业国有资本产权登记管理暂行办法

*1. 2023年5月12日财政部发布*
*2. 财资〔2023〕90号*

## 第一章　总　　则

**第一条**　为加强中央党政机关和事业单位所属企业国有资本产权登记管理，全面、及时、准确反映国有资本占有与变动情况，根据《企业国有资产产权登记管理办法》（国务院令第192号）、《行政事业性国有资产管理条例》（国务院令第738号）等规定，制定本办法。

**第二条**　本办法所称中央党政机关和事业单位（以下统称中央部门）所属企业包括：中央部门所属境内外各级企业（以下简称部门所属企业），即中央部门及其所属各级行政事业单位（含垂直管理机构和派出机构）按照国家有关规定，直接投资兴办或管理的一级全资、控股和参股企业（以下统称部门所属一级企业），以及一级全资、控股企业投资兴办的各级企业（以下统称部门所属二级及以下企业）。

各级国有参股企业再投资兴办的企业除外。

**第三条**　本办法所称国有资本，是指国家及其授权投资主体直接或间接对企业出资所形成的资本和应享有的权益。本办法所称部门所属企业国有资本产权登记（以下简称部门所属企业产权登记），是指财政部、中央部门根据管理职责对占有国有资本企业的产权及其分布状况、变动情况进行登记管理，并依法确认产权归属关系的行为。

**第四条**　部门所属企业产权登记按照统一规则、分级管理的原则组织实施。

**第五条**　办理产权登记的企业应当权属清晰。产权归属关系不清、存在产权纠纷的企业，应当在产权界定清楚、产权纠纷处理完毕后及时申请办理产权登记。

**第六条**　《中华人民共和国企业国有资本产权登记证》（以下简称《产权登记证》）是客观记载企业产权状况基本信息的文件，是确认国有产权归属关系的基础依据。

**第七条**　部门所属企业产权登记实施信息化管理。

## 第二章　管 理 职 责

**第八条**　财政部是部门所属企业产权登记的管理部门，履行以下职责：

（一）制定部门所属企业产权登记管理规章制度并组织实施；

（二）设计监制《产权登记证》，建立部门所属企业产权登记信息系统；

（三）负责部门所属一级企业的产权登记工作，依法确认产权归属关系，核发、换发或收回《产权登记证》；

（四）指导中央部门开展部门所属二级及以下企业的产权登记工作；

（五）监督检查部门所属企业产权登记工作。

**第九条**　中央部门履行以下职责：

（一）根据财政部制定的部门所属企业产权登记

管理规章制度，指导并督促本部门所属企业开展产权登记工作；

（二）审核本部门所属一级企业产权登记材料，出具审核意见报财政部审定；

（三）负责本部门所属二级及以下企业的产权登记工作，依法确认产权归属关系，核发、换发或收回《产权登记证》；

（四）监督检查本部门所属企业产权登记工作。

**第十条**　直接投资兴办或管理企业的行政事业单位为主办单位，履行以下职责：

（一）根据财政部制定的部门所属企业产权登记管理规章制度和中央部门管理要求，指导并督促本单位所属企业开展产权登记工作；

（二）审核本单位所属企业产权登记材料，出具审核意见并逐级上报；

（三）监督检查本单位所属企业产权登记工作。

**第十一条**　部门所属企业是产权登记的申报主体，履行以下职责：

（一）发生需办理产权登记情形时，及时申请办理产权登记，确保报送材料和登记信息的真实、准确、完整；

（二）审核所属企业的产权登记材料，出具审核意见并逐级上报。

**第十二条**　由两个（含两个）以上国有资本出资人共同投资设立的企业，按照国有资本认缴出资额最大的出资人产权归属关系确定企业产权登记管辖的部门。

国有资本认缴出资额最大的出资人存在多个的，按照企业自行推举出资人的产权归属关系，确定企业产权登记的管辖部门，其余出资人出具产权登记委托书。

## 第三章　产权登记类型与办理

**第十三条**　部门所属企业产权登记分为占有产权登记、变动产权登记和注销产权登记。

**第十四条**　发生下列情形之一的，企业应当办理占有产权登记：

（一）因投资、分立、合并、事业单位转企等新设立企业；

（二）因投资、收购等首次取得企业国有股权；

（三）其他应当办理占有产权登记的情形。

**第十五条**　企业应当于完成工商登记注册，首次收到国有资本金30个工作日内申请办理占有产权登记。

**第十六条**　企业申请办理占有产权登记时，应当提交下列材料：

（一）占有产权登记申请，包括企业基本情况、基准日产权状况等。

（二）《企业国有资本产权登记表（占有登记）》。

（三）经济行为决策文件，涉及有关部门批复的，应当提供批复文件。

（四）由事业单位出资的，应当提交《事业单位法人证书》副本复印件；由企业出资的，应当提交各出资人的营业执照复印件，其中国有资本出资人还应当提交有关部门办理的《产权登记证》复印件；由自然人出资的，应当提交自然人有效的身份证件复印件。

（五）出资人以货币资金出资的，应当提交银行进账单。

（六）按照国有资产管理规定，经济行为需要资产评估、清产核资或资产清查等的，应当提交资产评估核准或备案文件、清产核资或资产清查结果批复文件等。

（七）本企业章程和营业执照复印件，经审计的产权登记基准日财务报告。

（八）需提交的其他文件和资料。

**第十七条**　发生下列情形之一的，企业应当办理变动产权登记：

（一）企业的名称、管理级次、组织形式等基本情况发生变动；

（二）企业国有资本出资人发生变动；

（三）企业国有资本出资额、出资比例发生变动；

（四）其他应当办理变动产权登记的情形。

**第十八条**　企业应当自取得批复或者作出决定之日起30个工作日内申请办理变动产权登记。变动事项涉及工商登记的，应当自工商变更登记完成后30个工作日内申请办理变动产权登记。

**第十九条**　企业申请办理变动产权登记时，应当提交下列材料：

（一）变动产权登记申请，包括企业基本情况、产权变动情况等。

（二）《企业国有资本产权登记表（变动登记）》。

（三）经济行为决策文件，涉及有关部门批复的，应当提供批复文件。

（四）出资人以货币资金出资的，应当提交银行进账单；按照国有资产管理规定，经济行为需要资产评估、清产核资等的，应当提交资产评估核准或备案文件、清产核资结果批复文件；涉及需在产权交易机构公开交易的，应当提交产权交易机构出具的相关交易凭证。

（五）出资人发生变化的，需提交出资人相关材料，即由事业单位出资的，提交《事业单位法人证书》副本复印件；由企业出资的，应当提交各出资人的营业执照复印件，其中国有资本出资人还应当提交有关部门办理的《产权登记证》复印件；由自然人出资的，应当提交自然人有效的身份证件复印件。

（六）本企业《产权登记证》。

（七）修改后的本企业章程和营业执照复印件、经审计的产权登记基准日的财务报告。

（八）需提交的其他文件和资料。

**第二十条** 发生下列情形之一的，企业应当办理注销产权登记：

（一）企业解散、撤销或被依法宣告破产；

（二）因产权转让等导致企业出资人中不再存在中央部门国有资本出资人、或中央部门国有资本出资人不再是企业国有资本认缴出资额最大出资人的；

（三）其他应当办理注销产权登记的情形。

**第二十一条** 企业发生产权注销情形的，应当自工商登记注销、依法撤销或变更后，收回或核销全部国有资本金之日起 30 个工作日内，申请办理注销产权登记。

**第二十二条** 企业申请办理注销产权登记时，应当提交下列材料：

（一）注销产权登记申请，包括企业基本情况，解散、撤销、破产、产权转让情况等。

（二）《企业国有资本产权登记表（注销登记）》。

（三）经济行为决策文件，涉及有关部门批复的，应当提供批复文件。

（四）本企业《产权登记证》。

（五）企业解散、依法撤销、破产清算的，应当提交本企业工商注销核准通知书复印件、经审定的清算报告、企业债务处置或承继情况说明及相关批复文件。

（六）因产权转让等情况，企业不再存在中央部门国有资本出资人、或中央部门国有资本出资人不再是企业国有资本认缴出资额最大出资人的，应提交修改后的营业执照复印件、相应的协议或方案、受让方的有效证件复印件；通过产权交易机构公开交易的，应提交产权交易机构出具的相关交易凭证。

（七）按照国有资产评估管理规定，经济行为需要进行资产评估的，应当提交资产评估核准或备案文件。

（八）需提交的其他文件和资料。

**第二十三条** 部门所属企业申请办理产权登记的，应当通过信息系统填报。其中，一级企业应当经主办单位及中央部门审核并出具审核意见后，报财政部审定；二级及以下企业应当逐级经其上级企业、主办单位审核并出具审核意见后，报中央部门审定。

**第二十四条** 财政部、中央部门对审定合格的部门所属企业，应当及时予以办理产权登记，并按规定核发、换发或收回《产权登记证》。对不符合产权登记办理相关规定的企业，财政部、中央部门不予办理产权登记，并要求企业进行整改，整改完成后重新申请办理。

**第二十五条** 因产权转让、增资、减资、出资人性质改变等，导致中央部门国有资本出资人退出但仍有国有资本、或中央部门国有资本出资人不再是企业国有资本认缴出资额最大出资人的，企业办理注销产权登记后，应当根据最新产权归属关系向有关部门申请办理产权登记。

## 第四章 监督管理

**第二十六条** 部门所属企业应当及时申请办理产权登记。在产权登记中伪造申报材料、刻意瞒报的，按照国家有关规定进行处理。

**第二十七条** 财政部、中央部门、主办单位和部门所属企业应当建立健全产权登记制度和工作体系，各中央部门可根据本部门实际情况在部门内部产权登记管理规程中细化各级主管单位职责，落实产权登记管理工作责任。财政部对制度执行情况进行监督检查并予以通报。

**第二十八条** 财政部、中央部门、主办单位和部门所属企业的工作人员，在办理产权登记工作中，存在违反本办法行为的，以及其他滥用职权、玩忽职守、徇私舞弊等违法违纪行为的，按照《中华人民共和国公务员法》、《中华人民共和国监察法》和《财政违法行为处罚处分条例》等有关规定追究相应责任。构成犯罪的，依法追究刑事责任。

## 第五章 附则

**第二十九条** 实行企业化管理并执行企业财务、会计制度的事业单位，按照本办法办理产权登记事项。

**第三十条** 部门所属企业要按照国家有关保密制度规定做好保密工作，严禁将涉密文件、信息等上传至产权登记信息系统。涉密材料以书面形式另行报送。

**第三十一条** 企业以交易为目的持有的企业股权，按照企业会计准则未纳入“长期股权投资”科目进行会计核算的，不进行产权登记。

**第三十二条** 国家设立的中央级研究开发机构、高等院校主要以科技成果作价投资形成的企业，即：当中央级研究开发机构、高等院校为企业国有资本出资额最大的出资人，且该出资人以科技成果作价投资形成的国有资本总额大于其以其他形式出资形成的国有资本总额时，其产权登记事项按照科技成果作价投资企业的规定执行，由中央级研究开发机构、高等院校的主管部门办理。

**第三十三条** 金融、文化企业另有规定的，依其规定执行。

**第三十四条** 本办法自印发之日起实施，现行部门所属企业产权登记办理相关规定与本办法不一致的，以本办法为准。

附：1. 企业国有资本产权登记表（占有登记）（略）
2. 企业国有资本产权登记表（变动登记）（略）
3. 企业国有资本产权登记表（注销登记）（略）
4. 中华人民共和国企业国有资本产权登记证（略）
5. 企业国有资本产权登记表填报说明（略）

## 政府非税收入管理办法

*1. 2016年3月9日财政部发布*
*2. 财税〔2016〕33号*

### 第一章 总　　则

**第一条** 为了加强政府非税收入（以下简称非税收入）管理，规范政府收支行为，健全公共财政职能，保护公民、法人和其他组织的合法权益，根据国家有关规定，制定本办法。

**第二条** 非税收入设立、征收、票据、资金和监督管理等活动，适用本办法。

**第三条** 本办法所称非税收入，是指除税收以外，由各级国家机关、事业单位、代行政府职能的社会团体及其他组织依法利用国家权力、政府信誉、国有资源（资产）所有者权益等取得的各项收入。具体包括：

（一）行政事业性收费收入；
（二）政府性基金收入；
（三）罚没收入；
（四）国有资源（资产）有偿使用收入；
（五）国有资本收益；
（六）彩票公益金收入；
（七）特许经营收入；
（八）中央银行收入；
（九）以政府名义接受的捐赠收入；
（十）主管部门集中收入；
（十一）政府收入的利息收入；
（十二）其他非税收入。

本办法所称非税收入不包括社会保险费、住房公积金（指计入缴存人个人账户部分）。

**第四条** 非税收入是政府财政收入的重要组成部分，应当纳入财政预算管理。

**第五条** 非税收入实行分类分级管理。

根据非税收入不同类别和特点，制定与分类相适应的管理制度。鼓励各地区探索和建立符合本地实际的非税收入管理制度。

**第六条** 非税收入管理应当遵循依法、规范、透明、高效的原则。

**第七条** 各级财政部门是非税收入的主管部门。

财政部负责制定全国非税收入管理制度和政策，按管理权限审批设立非税收入，征缴、管理和监督中央非税收入，指导地方非税收入管理工作。

县级以上地方财政部门负责制定本行政区域非税收入管理制度和政策，按管理权限审批设立非税收入，征缴、管理和监督本行政区域非税收入。

**第八条** 各级财政部门应当完善非税收入管理工作机制，建立健全非税收入管理系统和统计报告制度。

### 第二章 设立和征收管理

**第九条** 设立和征收非税收入，应当依据法律、法规的规定或者按下列管理权限予以批准：

（一）行政事业性收费按照国务院和省、自治区、直辖市（以下简称省级）人民政府及其财政、价格主管部门的规定设立和征收。

（二）政府性基金按照国务院和财政部的规定设立和征收。

（三）国有资源有偿使用收入、特许经营收入按照国务院和省级人民政府及其财政部门的规定设立和征收。

（四）国有资产有偿使用收入、国有资本收益由拥有国有资产（资本）产权的人民政府及其财政部门按照国有资产（资本）收益管理规定征收。

（五）彩票公益金按照国务院和财政部的规定筹集。

（六）中央银行收入按照相关法律法规征收。

（七）罚没收入按照法律、法规和规章的规定征收。

（八）主管部门集中收入、以政府名义接受的捐赠收入、政府收入的利息收入及其他非税收入按照同级人民政府及其财政部门的管理规定征收或者收取。

任何部门和单位不得违反规定设立非税收入项目或者设定非税收入的征收对象、范围、标准和期限。

**第十条**　取消、停征、减征、免征或者缓征非税收入，以及调整非税收入的征收对象、范围、标准和期限，应当按照设立和征收非税收入的管理权限予以批准，不许越权批准。

取消法律、法规规定的非税收入项目，应当按照法定程序办理。

**第十一条**　非税收入可以由财政部门直接征收，也可以由财政部门委托的部门和单位（以下简称执收单位）征收。

未经财政部门批准，不得改变非税收入执收单位。

法律、法规对非税收入执收单位已有规定的，从其规定。

**第十二条**　执收单位应当履行下列职责：

（一）公示非税收入征收依据和具体征收事项，包括项目、对象、范围、标准、期限和方式等；

（二）严格按照规定的非税收入项目、征收范围和征收标准进行征收，及时足额上缴非税收入，并对欠缴、少缴收入实施催缴；

（三）记录、汇总、核对并按规定向同级财政部门报送非税收入征缴情况；

（四）编报非税收入年度收入预算；

（五）执行非税收入管理的其他有关规定。

**第十三条**　执收单位不得违规多征、提前征收或者减征、免征、缓征非税收入。

**第十四条**　各级财政部门应当加强非税收入执收管理和监督，不得向执收单位下达非税收入指标。

**第十五条**　公民、法人或者其他组织（以下简称缴纳义务人）应当按规定履行非税收入缴纳义务。

对违规设立非税收入项目、扩大征收范围、提高征收标准的，缴纳义务人有权拒绝缴纳并向有关部门举报。

**第十六条**　缴纳义务人因特殊情况需要缓缴、减缴、免缴非税收入的，应当向执收单位提出书面申请，并由执收单位报有关部门按照规定审批。

**第十七条**　非税收入应当全部上缴国库，任何部门、单位和个人不得截留、占用、挪用、坐支或者拖欠。

**第十八条**　非税收入收缴实行国库集中收缴制度。

**第十九条**　各级财政部门应当加快推进非税收入收缴电子化管理，逐步降低征收成本，提高收缴水平和效率。

## 第三章　票据管理

**第二十条**　非税收入票据是征收非税收入的法定凭证和会计核算的原始凭证，是财政、审计等部门进行监督检查的重要依据。

**第二十一条**　非税收入票据种类包括非税收入通用票据、非税收入专用票据和非税收入一般缴款书。具体适用下列范围：

（一）非税收入通用票据，是指执收单位征收非税收入时开具的通用凭证。

（二）非税收入专用票据，是指特定执收单位征收特定的非税收入时开具的专用凭证，主要包括行政事业性收费票据、政府性基金票据、国有资源（资产）收入票据、罚没票据等。

（三）非税收入一般缴款书，是指实施非税收入收缴管理制度改革的执收单位收缴非税收入时开具的通用凭证。

**第二十二条**　各级财政部门应当通过加强非税收入票据管理，规范执收单位的征收行为，从源头上杜绝乱收费，并确保依法合规的非税收入及时足额上缴国库。

**第二十三条**　非税收入票据实行凭证领取、分次限量、核旧领新制度。

执收单位使用非税收入票据，一般按照财务隶属关系向同级财政部门申领。

**第二十四条**　除财政部另有规定以外，执收单位征收非税收入，应当向缴纳义务人开具财政部或者省级财政部门统一监（印）制的非税收入票据。

对附加在价格上征收或者需要依法纳税的有关非税收入，执收单位应当按规定向缴纳义务人开具税务发票。

不开具前款规定票据的，缴纳义务人有权拒付款项。

**第二十五条**　非税收入票据使用单位不得转让、出借、代开、买卖、擅自销毁、涂改非税收入票据；不得串用非税收入票据，不得将非税收入票据与其他票据互相替代。

**第二十六条**　非税收入票据使用完毕，使用单位应当按顺序清理票据存根、装订成册、妥善保管。

非税收入票据存根的保存期限一般为5年。保存期满需要销毁的，报经原核发票据的财政部门查验后销毁。

## 第四章　资金管理

**第二十七条**　非税收入应当依照法律、法规规定或者按照管理权限确定的收入归属和缴库要求，缴入相应级次国库。

**第二十八条**　非税收入实行分成的，应当按照事权与支出责任相适应的原则确定分成比例，并按下列管理权限予以批准：

（一）涉及中央与地方分成的非税收入，其分成比例由国务院或者财政部规定；

（二）涉及省级与市、县级分成的非税收入，其分成比例由省级人民政府或者其财政部门规定；

（三）涉及部门、单位之间分成的非税收入，其分成比例按照隶属关系由财政部或者省级财政部门规定。

未经国务院和省级人民政府及其财政部门批准，不得对非税收入实行分成或者调整分成比例。

**第二十九条** 非税收入应当通过国库单一账户体系收缴、存储、退付、清算和核算。

**第三十条** 上下级政府分成的非税收入，由财政部门按照分级划解、及时清算的原则办理。

**第三十一条** 已上缴中央和地方财政的非税收入依照有关规定需要退付的，分别按照财政部和省级财政部门的规定执行。

**第三十二条** 根据非税收入不同性质，分别纳入一般公共预算、政府性基金预算和国有资本经营预算管理。

**第三十三条** 各级财政部门应当按照规定加强政府性基金、国有资本收益与一般公共预算资金统筹使用，建立健全预算绩效评价制度，提高资金使用效率。

## 第五章 监督管理

**第三十四条** 各级财政部门应当建立健全非税收入监督管理制度，加强非税收入政策执行情况的监督检查，依法处理非税收入违法违规行为。

**第三十五条** 执收单位应当建立健全内部控制制度，接受财政部门和审计机关的监督检查，如实提供非税收入情况和相关资料。

**第三十六条** 各级财政部门和执收单位应当通过政府网站和公共媒体等渠道，向社会公开非税收入项目名称、设立依据、征收方式和标准等，并加大预决算公开力度，提高非税收入透明度，接受公众监督。

**第三十七条** 任何单位和个人有权监督和举报非税收入管理中的违法违规行为。

各级财政部门应当按职责受理、调查、处理举报或者投诉，并为举报人保密。

**第三十八条** 对违反本办法规定设立、征收、缴纳、管理非税收入的行为，依照《中华人民共和国预算法》、《财政违法行为处罚处分条例》和《违反行政事业性收费和罚没收入收支两条线管理规定行政处分暂行规定》等国家有关规定追究法律责任；涉嫌犯罪的，依法移送司法机关处理。

## 第六章 附则

**第三十九条** 教育收费管理参照本办法规定执行，收入纳入财政专户管理。

**第四十条** 省级财政部门可以根据本办法的规定，结合本地区实际情况，制定非税收入管理的具体实施办法。

**第四十一条** 本办法自颁布之日起施行。

# 企业国有资产评估管理暂行办法

*1. 2005年8月25日国务院国有资产监督管理委员会令第12号公布*

*2. 自2005年9月1日起施行*

## 第一章 总则

**第一条** 为规范企业国有资产评估行为，维护国有资产出资人合法权益，促进企业国有产权有序流转，防止国有资产流失，根据《中华人民共和国公司法》、《企业国有资产监督管理暂行条例》（国务院令第378号）和《国有资产评估管理办法》（国务院令第91号）等有关法律法规，制定本办法。

**第二条** 各级国有资产监督管理机构履行出资人职责的企业（以下统称所出资企业）及其各级子企业（以下统称企业）涉及的资产评估，适用本办法。

**第三条** 各级国有资产监督管理机构负责其所出资企业的国有资产评估监管工作。

国务院国有资产监督管理机构负责对全国企业国有资产评估监管工作进行指导和监督。

**第四条** 企业国有资产评估项目实行核准制和备案制。

经各级人民政府批准经济行为的事项涉及的资产评估项目，分别由其国有资产监督管理机构负责核准。

经国务院国有资产监督管理机构批准经济行为的事项涉及的资产评估项目，由国务院国有资产监督管理机构负责备案；经国务院国有资产监督管理机构所出资企业（以下简称中央企业）及其各级子企业批准经济行为的事项涉及的资产评估项目，由中央企业负责备案。

地方国有资产监督管理机构及其所出资企业的资产评估项目备案管理工作的职责分工，由地方国有资产监督管理机构根据各地实际情况自行规定。

**第五条** 各级国有资产监督管理机构及其所出资企业，应当建立企业国有资产评估管理工作制度，完善资产评估项目的档案管理，做好项目统计分析报告工作。

省级国有资产监督管理机构和中央企业应当于每年度终了30个工作日内将其资产评估项目情况的统

计分析资料报送国务院国有资产监督管理机构。

## 第二章 资产评估

**第六条** 企业有下列行为之一的,应当对相关资产进行评估:

(一)整体或者部分改建为有限责任公司或者股份有限公司;

(二)以非货币资产对外投资;

(三)合并、分立、破产、解散;

(四)非上市公司国有股东股权比例变动;

(五)产权转让;

(六)资产转让、置换;

(七)整体资产或者部分资产租赁给非国有单位;

(八)以非货币资产偿还债务;

(九)资产涉讼;

(十)收购非国有单位的资产;

(十一)接受非国有单位以非货币资产出资;

(十二)接受非国有单位以非货币资产抵债;

(十三)法律、行政法规规定的其他需要进行资产评估的事项。

**第七条** 企业有下列行为之一的,可以不对相关国有资产进行评估:

(一)经各级人民政府或其国有资产监督管理机构批准,对企业整体或者部分资产实施无偿划转;

(二)国有独资企业与其下属独资企业(事业单位)之间或其下属独资企业(事业单位)之间的合并、资产(产权)置换和无偿划转。

**第八条** 企业发生第六条所列行为的,应当由其产权持有单位委托具有相应资质的资产评估机构进行评估。

**第九条** 企业产权持有单位委托的资产评估机构应当具备下列基本条件:

(一)遵守国家有关法律、法规、规章以及企业国有资产评估的政策规定,严格履行法定职责,近3年内没有违法、违规记录;

(二)具有与评估对象相适应的资质条件;

(三)具有与评估对象相适应的专业人员和专业特长;

(四)与企业负责人无经济利益关系;

(五)未向同一经济行为提供审计业务服务。

**第十条** 企业应当向资产评估机构如实提供有关情况和资料,并对所提供情况和资料的真实性、合法性和完整性负责,不得隐匿或虚报资产。

**第十一条** 企业应当积极配合资产评估机构开展工作,不得以任何形式干预其正常执业行为。

## 第三章 核准与备案

**第十二条** 凡需经核准的资产评估项目,企业在资产评估前应当向国有资产监督管理机构报告下列有关事项:

(一)相关经济行为批准情况;

(二)评估基准日的选择情况;

(三)资产评估范围的确定情况;

(四)选择资产评估机构的条件、范围、程序及拟选定机构的资质、专业特长情况;

(五)资产评估的时间进度安排情况。

**第十三条** 企业应当及时向国有资产监督管理机构报告资产评估项目的工作进展情况。国有资产监督管理机构认为必要时,可以对该项目进行跟踪指导和现场检查。

**第十四条** 资产评估项目的核准按照下列程序进行:

(一)企业收到资产评估机构出具的评估报告后应当逐级上报初审,经初审同意后,自评估基准日起8个月内向国有资产监督管理机构提出核准申请;

(二)国有资产监督管理机构收到核准申请后,对符合核准要求的,及时组织有关专家审核,在20个工作日内完成对评估报告的核准;对不符合核准要求的,予以退回。

**第十五条** 企业提出资产评估项目核准申请时,应当向国有资产监督管理机构报送下列文件材料:

(一)资产评估项目核准申请文件;

(二)资产评估项目核准申请表(附件1);

(三)与评估目的相对应的经济行为批准文件或有效材料;

(四)所涉及的资产重组方案或者改制方案、发起人协议等材料;

(五)资产评估机构提交的资产评估报告(包括评估报告书、评估说明、评估明细表及其电子文档);

(六)与经济行为相对应的审计报告;

(七)资产评估各当事方的相关承诺函;

(八)其他有关材料。

**第十六条** 国有资产监督管理机构应当对下列事项进行审核:

(一)资产评估项目所涉及的经济行为是否获得批准;

(二)资产评估机构是否具备相应评估资质;

(三)评估人员是否具备相应执业资格;

(四)评估基准日的选择是否适当,评估结果的使用有效期是否明示；

（五）资产评估范围与经济行为批准文件确定的资产范围是否一致；

（六）评估依据是否适当；

（七）企业是否就所提供的资产权属证明文件、财务会计资料及生产经营管理资料的真实性、合法性和完整性做出承诺；

（八）评估过程是否符合相关评估准则的规定；

（九）参与审核的专家是否达成一致意见。

**第十七条** 资产评估项目的备案按照下列程序进行：

（一）企业收到资产评估机构出具的评估报告后，将备案材料逐级报送国有资产监督管理机构或其所出资企业，自评估基准日起9个月内提出备案申请；

（二）国有资产监督管理机构或者所出资企业收到备案材料后，对材料齐全的，在20个工作日内办理备案手续，必要时可组织有关专家参与备案评审。

**第十八条** 资产评估项目备案需报送下列文件材料：

（一）国有资产评估项目备案表一式三份（附件2）；

（二）资产评估报告（评估报告书、评估说明和评估明细表及其电子文档）；

（三）与资产评估项目相对应的经济行为批准文件；

（四）其他有关材料。

**第十九条** 国有资产监督管理机构及所出资企业根据下列情况确定是否对资产评估项目予以备案：

（一）资产评估所涉及的经济行为是否获得批准；

（二）资产评估机构是否具备相应评估资质，评估人员是否具备相应执业资格；

（三）评估基准日的选择是否适当，评估结果的使用有效期是否明示；

（四）资产评估范围与经济行为批准文件确定的资产范围是否一致；

（五）企业是否就所提供的资产权属证明文件、财务会计资料及生产经营管理资料的真实性、合法性和完整性作出承诺；

（六）评估程序是否符合相关评估准则的规定。

**第二十条** 国有资产监督管理机构下达的资产评估项目核准文件和经国有资产监督管理机构或所出资企业备案的资产评估项目备案表是企业办理产权登记、股权设置和产权转让等相关手续的必备文件。

**第二十一条** 经核准或备案的资产评估结果使用有效期为自评估基准日起1年。

**第二十二条** 企业进行与资产评估相应的经济行为时，应当以经核准或备案的资产评估结果为作价参考依据；当交易价格低于评估结果的90%时，应当暂停交易，在获得原经济行为批准机构同意后方可继续交易。

## 第四章　监督检查

**第二十三条** 各级国有资产监督管理机构应当加强对企业国有资产评估工作的监督检查，重点检查企业内部国有资产评估管理制度的建立、执行情况和评估管理人员配备情况，定期或者不定期地对资产评估项目进行抽查。

**第二十四条** 各级国有资产监督管理机构对企业资产评估项目进行抽查的内容包括：

（一）企业经济行为的合规性；

（二）评估的资产范围与有关经济行为所涉及的资产范围是否一致；

（三）企业提供的资产权属证明文件、财务会计资料及生产经营管理资料的真实性、合法性和完整性；

（四）资产评估机构的执业资质和评估人员的执业资格；

（五）资产账面价值与评估结果的差异；

（六）经济行为的实际成交价与评估结果的差异；

（七）评估工作底稿；

（八）评估依据的合理性；

（九）评估报告对重大事项及其对评估结果影响的披露程度，以及该披露与实际情况的差异；

（十）其他有关情况。

**第二十五条** 省级国有资产监督管理机构应当于每年度终了30个工作日内将检查、抽查及处理情况报送国务院国有资产监督管理机构。

**第二十六条** 国有资产监督管理机构应当将资产评估项目的抽查结果通报相关部门。

## 第五章　罚　则

**第二十七条** 企业违反本办法，有下列情形之一的，由国有资产监督管理机构通报批评并责令改正，必要时可依法向人民法院提起诉讼，确认其相应的经济行为无效：

（一）应当进行资产评估而未进行评估；

（二）聘请不符合相应资质条件的资产评估机构从事国有资产评估活动；

（三）向资产评估机构提供虚假情况和资料，或者与资产评估机构串通作弊导致评估结果失实的；

（四）应当办理核准、备案而未办理。

**第二十八条** 企业在国有资产评估中发生违法违规行为

或者不正当使用评估报告的，对负有直接责任的主管人员和其他直接责任人员，依法给予处分；涉嫌犯罪的，依法移送司法机关处理。

**第二十九条**　受托资产评估机构在资产评估过程中违规执业的，由国有资产监督管理机构将有关情况通报其行业主管部门，建议给予相应处罚；情节严重的，可要求企业不得再委托该中介机构及其当事人进行国有资产评估业务；涉嫌犯罪的，依法移送司法机关处理。

**第三十条**　有关资产评估机构对资产评估项目抽查工作不予配合的，国有资产监督管理机构可以要求企业不得再委托该资产评估机构及其当事人进行国有资产评估业务。

**第三十一条**　各级国有资产监督管理机构工作人员违反本规定，造成国有资产流失的，依法给予处分；涉嫌犯罪的，依法移送司法机关处理。

### 第六章　附　　则

**第三十二条**　境外国有资产评估，遵照相关法规执行。

**第三十三条**　政企尚未分开单位所属企事业单位的国有资产评估工作，参照本办法执行。

**第三十四条**　省级国有资产监督管理机构可以根据本办法，制定本地区相关工作规范，并报国务院国有资产监督管理机构备案。

**第三十五条**　本办法自2005年9月1日起施行。

附件：（略）

## 企业国有资产交易监督管理办法

*2016年6月24日国务院国有资产监督管理委员会、财政部令第32号公布施行*

### 第一章　总　　则

**第一条**　为规范企业国有资产交易行为，加强企业国有资产交易监督管理，防止国有资产流失，根据《中华人民共和国企业国有资产法》、《中华人民共和国公司法》、《企业国有资产监督管理暂行条例》等有关法律法规，制定本办法。

**第二条**　企业国有资产交易应当遵守国家法律法规和政策规定，有利于国有经济布局和结构调整优化，充分发挥市场配置资源作用，遵循等价有偿和公开公平公正的原则，在依法设立的产权交易机构中公开进行，国家法律法规另有规定的从其规定。

**第三条**　本办法所称企业国有资产交易行为包括：

（一）履行出资人职责的机构、国有及国有控股企业、国有实际控制企业转让其对企业各种形式出资所形成权益的行为（以下称企业产权转让）；

（二）国有及国有控股企业、国有实际控制企业增加资本的行为（以下称企业增资），政府以增加资本金方式对国家出资企业的投入除外；

（三）国有及国有控股企业、国有实际控制企业的重大资产转让行为（以下称企业资产转让）。

**第四条**　本办法所称国有及国有控股企业、国有实际控制企业包括：

（一）政府部门、机构、事业单位出资设立的国有独资企业（公司），以及上述单位、企业直接或间接合计持股为100%的国有全资企业；

（二）本条第（一）款所列单位、企业单独或共同出资，合计拥有产（股）权比例超过50%，且其中之一为最大股东的企业；

（三）本条第（一）、（二）款所列企业对外出资，拥有股权比例超过50%的各级子企业；

（四）政府部门、机构、事业单位、单一国有及国有控股企业直接或间接持股比例未超过50%，但为第一大股东，并且通过股东协议、公司章程、董事会决议或者其他协议安排能够对其实际支配的企业。

**第五条**　企业国有资产交易标的应当权属清晰，不存在法律法规禁止或限制交易的情形。已设定担保物权的国有资产交易，应当符合《中华人民共和国物权法》、《中华人民共和国担保法》等有关法律法规规定。涉及政府社会公共管理事项的，应当依法报政府有关部门审核。

**第六条**　国有资产监督管理机构（以下简称国资监管机构）负责所监管企业的国有资产交易监督管理；国家出资企业负责其各级子企业国有资产交易的管理，定期向同级国资监管机构报告本企业的国有资产交易情况。

### 第二章　企业产权转让

**第七条**　国资监管机构负责审核国家出资企业的产权转让事项。其中，因产权转让致使国家不再拥有所出资企业控股权的，须由国资监管机构报本级人民政府批准。

**第八条**　国家出资企业应当制定其子企业产权转让管理制度，确定审批管理权限。其中，对主业处于关系国家安全、国民经济命脉的重要行业和关键领域，主要承担重大专项任务子企业的产权转让，须由国家出资企业报同级国资监管机构批准。

转让方为多家国有股东共同持股的企业，由其中持股比例最大的国有股东负责履行相关批准程序；各国有股东持股比例相同的，由相关股东协商后确定其中一家股东负责履行相关批准程序。

**第九条** 产权转让应当由转让方按照企业章程和企业内部管理制度进行决策，形成书面决议。国有控股和国有实际控制企业中国有股东委派的股东代表，应当按照本办法规定和委派单位的指示发表意见、行使表决权，并将履职情况和结果及时报告委派单位。

**第十条** 转让方应当按照企业发展战略做好产权转让的可行性研究和方案论证。产权转让涉及职工安置事项的，安置方案应当经职工代表大会或职工大会审议通过；涉及债权债务处置事项的，应当符合国家相关法律法规的规定。

**第十一条** 产权转让事项经批准后，由转让方委托会计师事务所对转让标的企业进行审计。涉及参股权转让不宜单独进行专项审计的，转让方应当取得转让标的企业最近一期年度审计报告。

**第十二条** 对按照有关法律法规要求必须进行资产评估的产权转让事项，转让方应当委托具有相应资质的评估机构对转让标的进行资产评估，产权转让价格应以经核准或备案的评估结果为基础确定。

**第十三条** 产权转让原则上通过产权市场公开进行。转让方可以根据企业实际情况和工作进度安排，采取信息预披露和正式披露相结合的方式，通过产权交易机构网站分阶段对外披露产权转让信息，公开征集受让方。其中正式披露信息时间不得少于20个工作日。

因产权转让导致转让标的企业的实际控制权发生转移的，转让方应当在转让行为获批后10个工作日内，通过产权交易机构进行信息预披露，时间不得少于20个工作日。

**第十四条** 产权转让原则上不得针对受让方设置资格条件，确需设置的，不得有明确指向性或违反公平竞争原则，所设资格条件相关内容应当在信息披露前报同级国资监管机构备案，国资监管机构在5个工作日内未反馈意见的视为同意。

**第十五条** 转让方披露信息包括但不限于以下内容：

（一）转让标的基本情况；

（二）转让标的企业的股东结构；

（三）产权转让行为的决策及批准情况；

（四）转让标的企业最近一个年度审计报告和最近一期财务报表中的主要财务指标数据，包括但不限于资产总额、负债总额、所有者权益、营业收入、净利润等（转让参股权的，披露最近一个年度审计报告中的相应数据）；

（五）受让方资格条件（适用于对受让方有特殊要求的情形）；

（六）交易条件、转让底价；

（七）企业管理层是否参与受让，有限责任公司原股东是否放弃优先受让权；

（八）竞价方式，受让方选择的相关评判标准；

（九）其他需要披露的事项。

其中信息预披露应当包括但不限于以上（一）、（二）、（三）、（四）、（五）款内容。

**第十六条** 转让方应当按照要求向产权交易机构提供披露信息内容的纸质文档材料，并对披露内容和所提供材料的真实性、完整性、准确性负责。产权交易机构应当对信息披露的规范性负责。

**第十七条** 产权转让项目首次正式信息披露的转让底价，不得低于经核准或备案的转让标的评估结果。

**第十八条** 信息披露期满未征集到意向受让方的，可以延期或在降低转让底价、变更受让条件后重新进行信息披露。

降低转让底价或变更受让条件后重新披露信息的，披露时间不得少于20个工作日。新的转让底价低于评估结果的90%时，应当经转让行为批准单位书面同意。

**第十九条** 转让项目自首次正式披露信息之日起超过12个月未征集到合格受让方的，应当重新履行审计、资产评估以及信息披露等产权转让工作程序。

**第二十条** 在正式披露信息期间，转让方不得变更产权转让公告中公布的内容，由于非转让方原因或其他不可抗力因素导致可能对转让标的价值判断造成影响的，转让方应当及时调整补充披露信息内容，并相应延长信息披露时间。

**第二十一条** 产权交易机构负责意向受让方的登记工作，对意向受让方是否符合受让条件提出意见并反馈转让方。产权交易机构与转让方意见不一致的，由转让行为批准单位决定意向受让方是否符合受让条件。

**第二十二条** 产权转让信息披露期满、产生符合条件的意向受让方的，按照披露的竞价方式组织竞价。竞价可以采取拍卖、招投标、网络竞价以及其他竞价方式，且不得违反国家法律法规的规定。

**第二十三条** 受让方确定后，转让方与受让方应当签订产权交易合同，交易双方不得以交易期间企业经营性损益等理由对已达成的交易条件和交易价格进行调整。

**第二十四条**　产权转让导致国有股东持有上市公司股份间接转让的，应当同时遵守上市公司国有股权管理以及证券监管相关规定。

**第二十五条**　企业产权转让涉及交易主体资格审查、反垄断审查、特许经营权、国有划拨土地使用权、探矿权和采矿权等政府审批事项的，按照相关规定执行。

**第二十六条**　受让方为境外投资者的，应当符合外商投资产业指导目录和负面清单管理要求，以及外商投资安全审查有关规定。

**第二十七条**　交易价款应当以人民币计价，通过产权交易机构以货币进行结算。因特殊情况不能通过产权交易机构结算的，转让方应当向产权交易机构提供转让行为批准单位的书面意见以及受让方付款凭证。

**第二十八条**　交易价款原则上应当自合同生效之日起5个工作日内一次付清。

金额较大、一次付清确有困难的，可以采取分期付款方式。采用分期付款方式的，首期付款不得低于总价款的30%，并在合同生效之日起5个工作日内支付；其余款项应当提供转让方认可的合法有效担保，并按同期银行贷款利率支付延期付款期间的利息，付款期限不得超过1年。

**第二十九条**　产权交易合同生效后，产权交易机构应当将交易结果通过交易机构网站对外公告，公告内容包括交易标的名称、转让标的评估结果、转让底价、交易价格，公告期不少于5个工作日。

**第三十条**　产权交易合同生效，并且受让方按照合同约定支付交易价款后，产权交易机构应当及时为交易双方出具交易凭证。

**第三十一条**　以下情形的产权转让可以采取非公开协议转让方式：

（一）涉及主业处于关系国家安全、国民经济命脉的重要行业和关键领域企业的重组整合，对受让方有特殊要求，企业产权需要在国有及国有控股企业之间转让的，经国资监管机构批准，可以采取非公开协议转让方式；

（二）同一国家出资企业及其各级控股企业或实际控制企业之间因实施内部重组整合进行产权转让的，经该国家出资企业审议决策，可以采取非公开协议转让方式。

**第三十二条**　采取非公开协议转让方式转让企业产权，转让价格不得低于经核准或备案的评估结果。

以下情形按照《中华人民共和国公司法》、企业章程履行决策程序后，转让价格可以资产评估报告或最近一期审计报告确认的净资产值为基础确定，且不得低于经评估或审计的净资产值：

（一）同一国家出资企业内部实施重组整合，转让方和受让方为该国家出资企业及其直接或间接全资拥有的子企业；

（二）同一国有控股企业或国有实际控制企业内部实施重组整合，转让方和受让方为该国有控股企业或国有实际控制企业及其直接、间接全资拥有的子企业。

**第三十三条**　国资监管机构批准、国家出资企业审议决策采取非公开协议方式的企业产权转让行为时，应当审核下列文件：

（一）产权转让的有关决议文件；

（二）产权转让方案；

（三）采取非公开协议方式转让产权的必要性以及受让方情况；

（四）转让标的企业审计报告、资产评估报告及其核准或备案文件。其中属于第三十二条（一）、（二）款情形的，可以仅提供企业审计报告；

（五）产权转让协议；

（六）转让方、受让方和转让标的企业的国家出资企业产权登记表（证）；

（七）产权转让行为的法律意见书；

（八）其他必要的文件。

## 第三章　企业增资

**第三十四条**　国资监管机构负责审核国家出资企业的增资行为。其中，因增资致使国家不再拥有所出资企业控股权的，须由国资监管机构报本级人民政府批准。

**第三十五条**　国家出资企业决定其子企业的增资行为。其中，对主业处于关系国家安全、国民经济命脉的重要行业和关键领域，主要承担重大专项任务的子企业的增资行为，须由国家出资企业报同级国资监管机构批准。

增资企业为多家国有股东共同持股的企业，由其中持股比例最大的国有股东负责履行相关批准程序；各国有股东持股比例相同的，由相关股东协商后确定其中一家股东负责履行相关批准程序。

**第三十六条**　企业增资应当符合国家出资企业的发展战略，做好可行性研究，制定增资方案，明确募集资金金额、用途、投资方应具备的条件、选择标准和遴选方式等。增资后企业的股东数量须符合国家相关法律法规的规定。

**第三十七条**　企业增资应当由增资企业按照企业章程和

内部管理制度进行决策,形成书面决议。国有控股、国有实际控制企业中国有股东委派的股东代表,应当按照本办法规定和委派单位的指示发表意见、行使表决权,并将履职情况和结果及时报告委派单位。

**第三十八条** 企业增资在完成决策批准程序后,应当由增资企业委托具有相应资质的中介机构开展审计和资产评估。

以下情形按照《中华人民共和国公司法》、企业章程履行决策程序后,可以依据评估报告或最近一期审计报告确定企业资本及股权比例:

(一)增资企业原股东同比例增资的;

(二)履行出资人职责的机构对国家出资企业增资的;

(三)国有控股或国有实际控制企业对其独资子企业增资的;

(四)增资企业和投资方均为国有独资或国有全资企业的。

**第三十九条** 企业增资通过产权交易机构网站对外披露信息公开征集投资方,时间不得少于40个工作日。信息披露内容包括但不限于:

(一)企业的基本情况;

(二)企业目前的股权结构;

(三)企业增资行为的决策及批准情况;

(四)近三年企业审计报告中的主要财务指标;

(五)企业拟募集资金金额和增资后的企业股权结构;

(六)募集资金用途;

(七)投资方的资格条件,以及投资金额和持股比例要求等;

(八)投资方的遴选方式;

(九)增资终止的条件;

(十)其他需要披露的事项。

**第四十条** 企业增资涉及上市公司实际控制人发生变更的,应当同时遵守上市公司国有股权管理以及证券监管相关规定。

**第四十一条** 产权交易机构接受增资企业的委托提供项目推介服务,负责意向投资方的登记工作,协助企业开展投资方资格审查。

**第四十二条** 通过资格审查的意向投资方数量较多时,可以采用竞价、竞争性谈判、综合评议等方式进行多轮次遴选。产权交易机构负责统一接收意向投资方的投标和报价文件,协助企业开展投资方遴选有关工作。企业董事会或股东会以资产评估结果为基础,结合意向投资方的条件和报价等因素审议选定投资方。

**第四十三条** 投资方以非货币资产出资的,应当经增资企业董事会或股东会审议同意,并委托具有相应资质的评估机构进行评估,确认投资方的出资金额。

**第四十四条** 增资协议签订并生效后,产权交易机构应当出具交易凭证,通过交易机构网站对外公告结果,公告内容包括投资方名称、投资金额、持股比例等,公告期不少于5个工作日。

**第四十五条** 以下情形经同级国资监管机构批准,可以采取非公开协议方式进行增资:

(一)因国有资本布局结构调整需要,由特定的国有及国有控股企业或国有实际控制企业参与增资;

(二)因国家出资企业与特定投资方建立战略合作伙伴或利益共同体需要,由该投资方参与国家出资企业或其子企业增资。

**第四十六条** 以下情形经国家出资企业审议决策,可以采取非公开协议方式进行增资:

(一)国家出资企业直接或指定其控股、实际控制的其他子企业参与增资;

(二)企业债权转为股权;

(三)企业原股东增资。

**第四十七条** 国资监管机构批准、国家出资企业审议决策采取非公开协议方式的企业增资行为时,应当审核下列文件:

(一)增资的有关决议文件;

(二)增资方案;

(三)采取非公开协议方式增资的必要性以及投资方情况;

(四)增资企业审计报告、资产评估报告及其核准或备案文件。其中属于第三十八条(一)、(二)、(三)、(四)款情形的,可以仅提供企业审计报告;

(五)增资协议;

(六)增资企业的国家出资企业产权登记表(证);

(七)增资行为的法律意见书;

(八)其他必要的文件。

## 第四章 企业资产转让

**第四十八条** 企业一定金额以上的生产设备、房产、在建工程以及土地使用权、债权、知识产权等资产对外转让,应当按照企业内部管理制度履行相应决策程序后,在产权交易机构公开进行。涉及国家出资企业内部或特定行业的资产转让,确需在国有及国有控股、国有实际控制企业之间非公开转让的,由转让方逐级报国家出资企业审核批准。

**第四十九条** 国家出资企业负责制定本企业不同类型资产转让行为的内部管理制度，明确责任部门、管理权限、决策程序、工作流程，对其中应当在产权交易机构公开转让的资产种类、金额标准等作出具体规定，并报同级国资监管机构备案。

**第五十条** 转让方应当根据转让标的情况合理确定转让底价和转让信息公告期：

（一）转让底价高于100万元、低于1000万元的资产转让项目，信息公告期应不少于10个工作日；

（二）转让底价高于1000万元的资产转让项目，信息公告期应不少于20个工作日。

企业资产转让的具体工作流程参照本办法关于企业产权转让的规定执行。

**第五十一条** 除国家法律法规或相关规定另有要求的外，资产转让不得对受让方设置资格条件。

**第五十二条** 资产转让价款原则上一次性付清。

## 第五章 监督管理

**第五十三条** 国资监管机构及其他履行出资人职责的机构对企业国有资产交易履行以下监管职责：

（一）根据国家有关法律法规，制定企业国有资产交易监管制度和办法；

（二）按照本办法规定，审核批准企业产权转让、增资等事项；

（三）选择从事企业国有资产交易业务的产权交易机构，并建立对交易机构的检查评审机制；

（四）对企业国有资产交易制度的贯彻落实情况进行监督检查；

（五）负责企业国有资产交易信息的收集、汇总、分析和上报工作；

（六）履行本级人民政府赋予的其他监管职责。

**第五十四条** 省级以上国资监管机构应当在全国范围选择开展企业国有资产交易业务的产权交易机构，并对外公布名单。选择的产权交易机构应当满足以下条件：

（一）严格遵守国家法律法规，未从事政府明令禁止开展的业务，未发生重大违法违规行为；

（二）交易管理制度、业务规则、收费标准等向社会公开，交易规则符合国有资产交易制度规定；

（三）拥有组织交易活动的场所、设施、信息发布渠道和专业人员，具备实施网络竞价的条件；

（四）具有较强的市场影响力，服务能力和水平能够满足企业国有资产交易的需要；

（五）信息化建设和管理水平满足国资监管机构对交易业务动态监测的要求；

（六）相关交易业务接受国资监管机构的监督检查。

**第五十五条** 国资监管机构应当对产权交易机构开展企业国有资产交易业务的情况进行动态监督。交易机构出现以下情形的，视情节轻重对其进行提醒、警告、通报、暂停直至停止委托从事相关业务：

（一）服务能力和服务水平较差，市场功能未得到充分发挥；

（二）在日常监管和定期检查评审中发现问题较多，且整改不及时或整改效果不明显；

（三）因违规操作、重大过失等导致企业国有资产在交易过程中出现损失；

（四）违反相关规定，被政府有关部门予以行政处罚而影响业务开展；

（五）拒绝接受国资监管机构对其相关业务开展监督检查；

（六）不能满足国资监管机构监管要求的其他情形。

**第五十六条** 国资监管机构发现转让方或增资企业未执行或违反相关规定、侵害国有权益的，应当责成其停止交易活动。

**第五十七条** 国资监管机构及其他履行出资人职责的机构应定期对国家出资企业及其控股和实际控制企业的国有资产交易情况进行检查和抽查，重点检查国家法律法规政策和企业内部管理制度的贯彻执行情况。

## 第六章 法律责任

**第五十八条** 企业国有资产交易过程中交易双方发生争议时，当事方可以向产权交易机构申请调解；调解无效时可以按照约定向仲裁机构申请仲裁或向人民法院提起诉讼。

**第五十九条** 企业国有资产交易应当严格执行“三重一大”决策机制。国资监管机构、国有及国有控股企业、国有实际控制企业的有关人员违反规定越权决策、批准相关交易事项，或者玩忽职守、以权谋私致使国有权益受到侵害的，由有关单位按照人事和干部管理权限给予相关责任人员相应处分；造成国有资产损失的，相关责任人员应当承担赔偿责任；构成犯罪的，依法追究其刑事责任。

**第六十条** 社会中介机构在为企业国有资产交易提供审计、资产评估和法律服务中存在违规执业行为的，有关国有企业应及时报告同级国资监管机构，国资监管机构可要求国有及国有控股企业、国有实际控制企业不得再委托其开展相关业务；情节严重的，由国资监管机构将有关情况通报其行业主管部门，建议给予其相应处罚。

**第六十一条**　产权交易机构在企业国有资产交易中弄虚作假或者玩忽职守、给企业造成损失的，应当承担赔偿责任，并依法追究直接责任人员的责任。

### 第七章　附　　则

**第六十二条**　政府部门、机构、事业单位持有的企业国有资产交易，按照现行监管体制，比照本办法管理。

**第六十三条**　金融、文化类国家出资企业的国有资产交易和上市公司的国有股权转让等行为，国家另有规定的，依照其规定。

**第六十四条**　国有资本投资、运营公司对各级子企业资产交易的监督管理，相应由各级人民政府或国资监管机构另行授权。

**第六十五条**　境外国有及国有控股企业、国有实际控制企业在境内投资企业的资产交易，比照本办法规定执行。

**第六十六条**　政府设立的各类股权投资基金投资形成企业产（股）权对外转让，按照有关法律法规规定执行。

**第六十七条**　本办法自发布之日起施行，现行企业国有资产交易监管相关规定与本办法不一致的，以本办法为准。

## 行政单位国有资产管理暂行办法

*1. 2006年5月30日财政部令第35号公布*

*2. 根据2017年12月4日财政部令第90号《关于修改〈注册会计师注册办法〉等6部规章的决定》修正*

### 第一章　总　　则

**第一条**　为了规范和加强行政单位国有资产管理，维护国有资产的安全和完整，合理配置国有资产，提高国有资产使用效益，保障行政单位履行职能，根据国务院有关规定，制定本办法。

**第二条**　本办法适用于各级党的机关、人大机关、行政机关、政协机关、审判机关、检察机关和各民主党派机关（以下统称行政单位）的国有资产管理行为。

**第三条**　本办法所称的行政单位国有资产，是指由各级行政单位占有、使用的，依法确认为国家所有，能以货币计量的各种经济资源的总称，即行政单位的国有（公共）财产。

行政单位国有资产包括行政单位用国家财政性资金形成的资产、国家调拨给行政单位的资产、行政单位按照国家规定组织收入形成的资产，以及接受捐赠和其他经法律确认为国家所有的资产，其表现形式为固定资产、流动资产和无形资产等。

**第四条**　行政单位国有资产管理的主要任务是：

（一）建立和健全各项规章制度；

（二）推动国有资产的合理配置和有效使用；

（三）保障国有资产的安全和完整；

（四）监管尚未脱钩的经济实体的国有资产，实现国有资产的保值增值。

**第五条**　行政单位国有资产管理的内容包括：资产配置、资产使用、资产处置、资产评估、产权界定、产权纠纷调处、产权登记、资产清查、资产统计报告和监督检查等。

**第六条**　行政单位国有资产管理活动，应当遵循以下原则：

（一）资产管理与预算管理相结合；

（二）资产管理与财务管理相结合；

（三）实物管理与价值管理相结合。

**第七条**　行政单位国有资产管理，实行国家统一所有，政府分级监管，单位占有、使用的管理体制。

### 第二章　管理机构及职责

**第八条**　各级财政部门是政府负责行政单位国有资产管理的职能部门，对行政单位国有资产实行综合管理。其主要职责是：

（一）贯彻执行国家有关国有资产管理的法律、法规和政策；

（二）根据国家国有资产管理的有关规定，制定行政单位国有资产管理的规章制度，并对执行情况进行监督检查；

（三）负责会同有关部门研究制定本级行政单位国有资产配置标准，负责资产配置事项的审批，按规定进行资产处置和产权变动事项的审批，负责组织产权界定、产权纠纷调处、资产统计报告、资产评估、资产清查等工作；

（四）负责本级行政单位出租、出借国有资产的审批，负责与行政单位尚未脱钩的经济实体的国有资产的监督管理；

（五）负责本级行政单位国有资产收益的监督、管理；

（六）对本级行政单位和下级财政部门的国有资产管理工作进行监督、检查；

（七）向本级政府和上级财政部门报告有关国有资产管理工作。

**第九条**　行政单位对本单位占有、使用的国有资产实施具体管理。其主要职责是：

（一）根据行政单位国有资产管理的规定，负责制定本单位国有资产管理具体办法并组织实施；

（二）负责本单位国有资产的账卡管理、清查登记、统计报告及日常监督检查等工作；

（三）负责本单位国有资产的采购、验收、维修和保养等日常管理工作，保障国有资产的安全完整；

（四）负责办理本单位国有资产的配置、处置、出租、出借等事项的报批手续；

（五）负责与行政单位尚未脱钩的经济实体的国有资产的具体监督管理工作并承担保值增值的责任；

（六）接受财政部门的指导和监督，报告本单位国有资产管理情况。

**第十条**　财政部门根据工作需要，可以将国有资产管理的部分工作交由有关单位完成。有关单位应当完成所交给的国有资产管理工作，向财政部门负责，并报告工作的完成情况。

**第十一条**　各级财政部门和行政单位应当明确国有资产管理的机构和人员，加强行政单位国有资产管理工作。

## 第三章　资产配置

**第十二条**　行政单位国有资产配置应当遵循以下原则：

（一）严格执行法律、法规和有关规章制度；

（二）与行政单位履行职能需要相适应；

（三）科学合理，优化资产结构；

（四）勤俭节约，从严控制。

**第十三条**　对有规定配备标准的资产，应当按照标准进行配备；对没有规定配备标准的资产，应当从实际需要出发，从严控制，合理配备。

财政部门对要求配置的资产，能通过调剂解决的，原则上不重新购置。

**第十四条**　购置有规定配备标准的资产，除国家另有规定外，应当按下列程序报批：

（一）行政单位的资产管理部门会同财务部门审核资产存量，提出拟购置资产的品目、数量，测算经费额度，经单位负责人审核同意后报同级财政部门审批，并按照同级财政部门要求提交相关材料；

（二）同级财政部门根据单位资产状况对行政单位提出的资产购置项目进行审批；

（三）经同级财政部门审批同意，各单位可以将资产购置项目列入单位年度部门预算，并在编制年度部门预算时将批复文件和相关材料一并报同级财政部门，作为审批部门预算的依据。未经批准，不得列入部门预算，也不得列入单位经费支出。

**第十五条**　经批准召开重大会议、举办大型活动等需要购置资产的，由会议或者活动主办单位按照本办法规定程序报批。

**第十六条**　行政单位购置纳入政府采购范围的资产，依法实施政府采购。

**第十七条**　行政单位资产管理部门应当对购置的资产进行验收、登记，并及时进行账务处理。

## 第四章　资产使用

**第十八条**　行政单位应当建立健全国有资产使用管理制度，规范国有资产使用行为。

**第十九条**　行政单位应当认真做好国有资产的使用管理工作，做到物尽其用，充分发挥国有资产的使用效益；保障国有资产的安全完整，防止国有资产使用中的不当损失和浪费。

**第二十条**　行政单位对所占有、使用的国有资产应当定期清查盘点，做到家底清楚，账、卡、实相符，防止国有资产流失。

**第二十一条**　行政单位应当建立严格的国有资产管理责任制，将国有资产管理责任落实到人。

**第二十二条**　行政单位不得用国有资产对外担保，法律另有规定的除外。

**第二十三条**　行政单位不得以任何形式用占有、使用的国有资产举办经济实体。在本办法颁布前已经用占有、使用的国有资产举办经济实体的，应当按照国家关于党政机关与所办经济实体脱钩的规定进行脱钩。脱钩之前，行政单位应当按照国家有关规定对其经济实体的经济效益、收益分配及使用情况等进行严格监管。财政部门应当对其经济效益、收益分配及使用情况进行监督检查。

**第二十四条**　行政单位拟将占有、使用的国有资产对外出租、出借的，必须事先上报同级财政部门审核批准。未经批准，不得对外出租、出借。同级财政部门应当根据实际情况对行政单位国有资产对外出租、出借事项严格控制，从严审批。

**第二十五条**　行政单位出租、出借的国有资产，其所有权性质不变，仍归国家所有；所形成的收入，按照政府非税收入管理的规定，实行“收支两条线”管理。

**第二十六条**　对行政单位中超标配置、低效运转或者长期闲置的国有资产，同级财政部门有权调剂使用或者处置。

## 第五章　资产处置

**第二十七条**　行政单位国有资产处置，是指行政单位国有资产产权的转移及核销,包括各类国有资产的无偿转让、出售、置换、报损、报废等。

**第二十八条** 行政单位需处置的国有资产范围包括:

(一)闲置资产;

(二)因技术原因并经过科学论证,确需报废、淘汰的资产;

(三)因单位分立、撤销、合并、改制、隶属关系改变等原因发生的产权或者使用权转移的资产;

(四)盘亏、呆账及非正常损失的资产;

(五)已超过使用年限无法使用的资产;

(六)依照国家有关规定需要进行资产处置的其他情形。

**第二十九条** 行政单位处置国有资产应当严格履行审批手续,未经批准不得处置。

**第三十条** 资产处置应当由行政单位资产管理部门会同财务部门、技术部门审核鉴定,提出意见,按审批权限报送审批。

**第三十一条** 行政单位国有资产处置的审批权限和处置办法,除国家另有规定外,由财政部门根据本办法规定。

**第三十二条** 行政单位国有资产处置应当按照公开、公正、公平的原则进行。资产的出售与置换应当采取拍卖、招投标、协议转让及国家法律、行政法规规定的其他方式进行。

**第三十三条** 行政单位国有资产处置的变价收入和残值收入,按照政府非税收入管理的规定,实行"收支两条线"管理。

**第三十四条** 行政单位分立、撤销、合并、改制及隶属关系发生改变时,应当对其占有、使用的国有资产进行清查登记,编制清册,报送财政部门审核、处置,并及时办理资产转移手续。

**第三十五条** 行政单位联合召开重大会议、举办大型活动等而临时购置的国有资产,由主办单位在会议、活动结束时按照本办法规定报批后处置。

## 第六章 资 产 评 估

**第三十六条** 行政单位有下列情形之一的,应当对相关资产进行评估:

(一)行政单位取得的没有原始价格凭证的资产;

(二)拍卖、有偿转让、置换国有资产;

(三)依照国家有关规定需要进行资产评估的其他情形。

**第三十七条** 行政单位国有资产评估项目实行核准制和备案制。实行核准制和备案制的项目范围、权限由财政部门另行规定。

**第三十八条** 行政单位国有资产评估工作应当委托具有资产评估资质的资产评估机构进行。

**第三十九条** 进行资产评估的行政单位,应当如实提供有关情况和资料,并对所提供的情况和资料的客观性、真实性和合法性负责,不得以任何形式干预评估机构独立执业。

## 第七章 产权纠纷调处

**第四十条** 产权纠纷是指由于财产所有权、经营权、使用权等产权归属不清而发生的争议。

**第四十一条** 行政单位之间的产权纠纷,由当事人协商解决。协商不能解决的,由财政部门或者同级政府调解、裁定。

**第四十二条** 行政单位与非行政单位、组织或者个人之间发生产权纠纷,由行政单位提出处理意见,并报经财政部门同意后,与对方当事人协商解决。协商不能解决的,依照司法程序处理。

## 第八章 资产统计报告

**第四十三条** 行政单位应当建立资产登记档案,并严格按照财政部门的要求做出报告。

财政部门、行政单位应当建立和完善资产管理信息系统,对国有资产实行动态管理。

**第四十四条** 行政单位报送资产统计报告,应当做到真实、准确、及时、完整,并对国有资产占有、使用、变动、处置等情况做出文字分析说明。

财政部门与行政单位应当对国有资产实行绩效管理,监督资产使用的有效性。

**第四十五条** 财政部门应当对行政单位资产统计报告进行审核批复,必要时可以委托有关单位进行审计。

经财政部门审核批复的统计报告,应当作为预算管理和资产管理的依据和基础。

**第四十六条** 财政部门可以根据工作需要,组织开展资产清查工作。进行资产清查的实施办法,由县级以上人民政府财政部门另行制定。

**第四十七条** 财政部门可以根据国有资产统计工作的需要,开展行政单位国有资产产权登记工作。产权登记办法,由开展产权登记的财政部门制定并负责组织实施。

## 第九章 监督检查和法律责任

**第四十八条** 财政部门、行政单位及其工作人员,应当认真履行国有资产管理职责,依法维护国有资产的安全、完整。

**第四十九条**　财政部门、行政单位应当加强国有资产管理和监督，坚持单位内部监督与财政监督、审计监督、社会监督相结合，事前监督、事中监督、事后监督相结合，日常监督与专项检查相结合。

**第五十条**　各级财政部门、行政单位及其工作人员在行政单位国有资产配置、使用、处置等管理工作中，存在违反本办法规定的行为，以及其他滥用职权、玩忽职守、徇私舞弊等违法违纪行为的，依照《中华人民共和国公务员法》《中华人民共和国行政监察法》《财政违法行为处罚处分条例》等国家有关规定追究相应责任；涉嫌犯罪的，依法移送司法机关处理。

### 第十章　附　　则

**第五十一条**　参照公务员制度管理的事业单位和社会团体的国有资产管理依照本办法执行。

**第五十二条**　行政单位所属独立核算的非公务员管理的事业单位执行事业单位国有资产管理的有关规定，独立核算的企业执行企业国有资产管理的有关规定，不执行本办法。

**第五十三条**　地方财政部门可以根据本办法及上级财政部门有关国有资产管理的规定，制定本地区和本级行政单位国有资产管理的规章制度，并报上一级财政部门备案。

**第五十四条**　行政单位境外国有资产管理办法由财政部另行制定。

中央级行政单位的国有资产管理实施办法，由财政部会同有关部门根据本办法制定。

**第五十五条**　中国人民解放军等特定单位占有、使用的国有资产的管理办法，由解放军总后勤部等有关部门会同财政部另行制定。

**第五十六条**　本办法自2006年7月1日起施行。此前颁布的有关行政单位国有资产管理的规章制度，凡与本办法相抵触的，以本办法为准。

## 事业单位国有资产管理暂行办法

*1. 2006年5月30日财政部令第36号公布*

*2. 根据2017年12月4日财政部令第90号《关于修改〈注册会计师注册办法〉等6部规章的决定》第一次修正*

*3. 根据2019年3月29日财政部令第100号《关于修改〈事业单位国有资产管理暂行办法〉的决定》第二次修正*

### 第一章　总　　则

**第一条**　为了规范和加强事业单位国有资产管理，维护国有资产的安全完整，合理配置和有效利用国有资产，保障和促进各项事业发展，建立适应社会主义市场经济和公共财政要求的事业单位国有资产管理体制，根据国务院有关规定，制定本办法。

**第二条**　本办法适用于各级各类事业单位的国有资产管理活动。

**第三条**　本办法所称的事业单位国有资产，是指事业单位占有、使用的，依法确认为国家所有，能以货币计量的各种经济资源的总称，即事业单位的国有（公共）财产。

事业单位国有资产包括国家拨给事业单位的资产，事业单位按照国家规定运用国有资产组织收入形成的资产，以及接受捐赠和其他经法律确认为国家所有的资产，其表现形式为流动资产、固定资产、无形资产和对外投资等。

**第四条**　事业单位国有资产管理活动，应当坚持资产管理与预算管理相结合的原则，推行实物费用定额制度，促进事业资产整合与共享共用，实现资产管理和预算管理的紧密统一；应当坚持所有权和使用权相分离的原则；应当坚持资产管理与财务管理、实物管理与价值管理相结合的原则。

**第五条**　事业单位国有资产实行国家统一所有，政府分级监管，单位占有、使用的管理体制。

### 第二章　管理机构及其职责

**第六条**　各级财政部门是政府负责事业单位国有资产管理的职能部门，对事业单位的国有资产实施综合管理。其主要职责是：

（一）根据国家有关国有资产管理的规定，制定事业单位国有资产管理的规章制度，并组织实施和监督检查；

（二）研究制定本级事业单位实物资产配置标准和相关的费用标准，组织本级事业单位国有资产的产权登记、产权界定、产权纠纷调处、资产评估监管、资产清查和统计报告等基础管理工作；

（三）按规定权限审批本级事业单位有关资产购置、处置和利用国有资产对外投资、出租、出借和担保等事项，组织事业单位长期闲置、低效运转和超标准配置资产的调剂工作，建立事业单位国有资产整合、共享、共用机制；

（四）推进本级有条件的事业单位实现国有资产的市场化、社会化，加强事业单位转企改制工作中国有资产的监督管理；

（五）负责本级事业单位国有资产收益的监督

管理；

（六）建立和完善事业单位国有资产管理信息系统，对事业单位国有资产实行动态管理；

（七）研究建立事业单位国有资产安全性、完整性和使用有效性的评价方法、评价标准和评价机制，对事业单位国有资产实行绩效管理；

（八）监督、指导本级事业单位及其主管部门、下级财政部门的国有资产管理工作。

**第七条**　事业单位的主管部门（以下简称主管部门）负责对本部门所属事业单位的国有资产实施监督管理。其主要职责是：

（一）根据本级和上级财政部门有关国有资产管理的规定，制定本部门事业单位国有资产管理的实施办法，并组织实施和监督检查；

（二）组织本部门事业单位国有资产的清查、登记、统计汇总及日常监督检查工作；

（三）审核本部门所属事业单位利用国有资产对外投资、出租、出借和担保等事项，按规定权限审核或者审批有关资产购置、处置事项；

（四）负责本部门所属事业单位长期闲置、低效运转和超标准配置资产的调剂工作，优化事业单位国有资产配置，推动事业单位国有资产共享、共用；

（五）督促本部门所属事业单位按规定缴纳国有资产收益；

（六）组织实施对本部门所属事业单位国有资产管理和使用情况的评价考核；

（七）接受同级财政部门的监督、指导并向其报告有关事业单位国有资产管理工作。

**第八条**　事业单位负责对本单位占有、使用的国有资产实施具体管理。其主要职责是：

（一）根据事业单位国有资产管理的有关规定，制定本单位国有资产管理的具体办法并组织实施；

（二）负责本单位资产购置、验收入库、维护保管等日常管理，负责本单位资产的账卡管理、清查登记、统计报告及日常监督检查工作；

（三）办理本单位国有资产配置、处置和对外投资、出租、出借和担保等事项的报批手续；

（四）负责本单位用于对外投资、出租、出借和担保的资产的保值增值，按照规定及时、足额缴纳国有资产收益；

（五）负责本单位存量资产的有效利用，参与大型仪器、设备等资产的共享、共用和公共研究平台建设工作；

（六）接受主管部门和同级财政部门的监督、指导并向其报告有关国有资产管理工作。

**第九条**　各级财政部门、主管部门和事业单位应当按照本办法的规定，明确管理机构和人员，做好事业单位国有资产管理工作。

**第十条**　财政部门根据工作需要，可以将国有资产管理的部分工作交由有关单位完成。

## 第三章　资产配置及使用

**第十一条**　事业单位国有资产配置是指财政部门、主管部门、事业单位等根据事业单位履行职能的需要，按照国家有关法律、法规和规章制度规定的程序，通过购置或者调剂等方式为事业单位配备资产的行为。

**第十二条**　事业单位国有资产配置应当符合以下条件：

（一）现有资产无法满足事业单位履行职能的需要；

（二）难以与其他单位共享、共用相关资产；

（三）难以通过市场购买产品或者服务的方式代替资产配置，或者采取市场购买方式的成本过高。

**第十三条**　事业单位国有资产配置应当符合规定的配置标准；没有规定配置标准的，应当从严控制，合理配置。

**第十四条**　对于事业单位长期闲置、低效运转或者超标准配置的资产，原则上由主管部门进行调剂，并报同级财政部门备案；跨部门、跨地区的资产调剂应当报同级或者共同上一级的财政部门批准。法律、行政法规另有规定的，依照其规定。

**第十五条**　事业单位向财政部门申请用财政性资金购置规定限额以上资产的（包括事业单位申请用财政性资金举办大型会议、活动需要进行的购置），除国家另有规定外，按照下列程序报批：

（一）年度部门预算编制前，事业单位资产管理部门会同财务部门审核资产存量，提出下一年度拟购置资产的品目、数量，测算经费额度，报主管部门审核；

（二）主管部门根据事业单位资产存量状况和有关资产配置标准，审核、汇总事业单位资产购置计划，报同级财政部门审批；

（三）同级财政部门根据主管部门的审核意见，对资产购置计划进行审批；

（四）经同级财政部门批准的资产购置计划，事业单位应当列入年度部门预算，并在上报年度部门预算时附送批复文件等相关材料，作为财政部门批复部门预算的依据。

**第十六条**　事业单位向主管部门或者其他部门申请项目

经费的，有关部门在下达经费前，应当将所涉及的规定限额以上的资产购置事项报同级财政部门批准。

**第十七条**　事业单位用其他资金购置规定限额以上资产的，报主管部门审批；主管部门应当将审批结果定期报同级财政部门备案。

**第十八条**　事业单位购置纳入政府采购范围的资产，应当按照国家有关政府采购的规定执行。

**第十九条**　事业单位国有资产的使用包括单位自用和对外投资、出租、出借、担保等方式。

**第二十条**　事业单位应当建立健全资产购置、验收、保管、使用等内部管理制度。

事业单位应当对实物资产进行定期清查，做到账账、账卡、账实相符，加强对本单位专利权、商标权、著作权、土地使用权、非专利技术、商誉等无形资产的管理，防止无形资产流失。

**第二十一条**　事业单位利用国有资产对外投资、出租、出借和担保等应当进行必要的可行性论证，并提出申请，经主管部门审核同意后，报同级财政部门审批。法律、行政法规和本办法第五十六条另有规定的，依照其规定。

事业单位应当对本单位用于对外投资、出租和出借的资产实行专项管理，并在单位财务会计报告中对相关信息进行充分披露。

**第二十二条**　财政部门和主管部门应当加强对事业单位利用国有资产对外投资、出租、出借和担保等行为的风险控制。

**第二十三条**　除本办法第五十六条及国家另有规定外，事业单位对外投资收益以及利用国有资产出租、出借和担保等取得的收入应当纳入单位预算，统一核算，统一管理。

## 第四章　资 产 处 置

**第二十四条**　事业单位国有资产处置，是指事业单位对其占有、使用的国有资产进行产权转让或者注销产权的行为。处置方式包括出售、出让、转让、对外捐赠、报废、报损以及货币性资产损失核销等。

**第二十五条**　除本办法第五十六条另有规定外，事业单位处置国有资产，应当严格履行审批手续，未经批准不得自行处置。

**第二十六条**　事业单位占有、使用的房屋建筑物、土地和车辆的处置，货币性资产损失的核销，以及单位价值或者批量价值在规定限额以上的资产的处置，经主管部门审核后报同级财政部门审批；规定限额以下的资产的处置报主管部门审批，主管部门将审批结果定期报同级财政部门备案。法律、行政法规和本办法第五十六条另有规定的，依照其规定。

**第二十七条**　财政部门或者主管部门对事业单位国有资产处置事项的批复是财政部门重新安排事业单位有关资产配置预算项目的参考依据，是事业单位调整相关会计账目的凭证。

**第二十八条**　事业单位国有资产处置应当遵循公开、公正、公平的原则。

事业单位出售、出让、转让、变卖资产数量较多或者价值较高的，应当通过拍卖等市场竞价方式公开处置。

**第二十九条**　除本办法第五十六条另有规定外，事业单位国有资产处置收入属于国家所有，应当按照政府非税收入管理的规定，实行“收支两条线”管理。

## 第五章　产权登记与产权纠纷处理

**第三十条**　事业单位国有资产产权登记（以下简称产权登记）是国家对事业单位占有、使用的国有资产进行登记，依法确认国家对国有资产的所有权和事业单位对国有资产的占有、使用权的行为。

**第三十一条**　事业单位应当向同级财政部门或者经同级财政部门授权的主管部门（以下简称授权部门）申报、办理产权登记，并由财政部门或者授权部门核发《事业单位国有资产产权登记证》（以下简称《产权登记证》）。

**第三十二条**　《产权登记证》是国家对事业单位国有资产享有所有权，单位享有占有、使用权的法律凭证，由财政部统一印制。

事业单位办理法人年检、改制、资产处置和利用国有资产对外投资、出租、出借、担保等事项时，应当出具《产权登记证》。

**第三十三条**　事业单位国有资产产权登记的内容主要包括：

（一）单位名称、住所、负责人及成立时间；

（二）单位性质、主管部门；

（三）单位资产总额、国有资产总额、主要实物资产额及其使用状况、对外投资情况；

（四）其他需要登记的事项。

**第三十四条**　事业单位应当按照以下规定进行国有资产产权登记：

（一）新设立的事业单位，办理占有产权登记；

（二）发生分立、合并、部分改制，以及隶属关系、单位名称、住所和单位负责人等产权登记内容发生变化的事业单位，办理变更产权登记；

（三）因依法撤销或者整体改制等原因被清算、注销的事业单位，办理注销产权登记。

**第三十五条** 各级财政部门应当在资产动态管理信息系统和变更产权登记的基础上，对事业单位国有资产产权登记实行定期检查。

**第三十六条** 事业单位与其他国有单位之间发生国有资产产权纠纷的，由当事人协商解决。协商不能解决的，可以向同级或者共同上一级财政部门申请调解或者裁定，必要时报有管辖权的人民政府处理。

**第三十七条** 事业单位与非国有单位或者个人之间发生产权纠纷的，事业单位应当提出拟处理意见，经主管部门审核并报同级财政部门批准后，与对方当事人协商解决。协商不能解决的，依照司法程序处理。

## 第六章 资产评估与资产清查

**第三十八条** 事业单位有下列情形之一的，应当对相关国有资产进行评估：

（一）整体或者部分改制为企业；

（二）以非货币性资产对外投资；

（三）合并、分立、清算；

（四）资产拍卖、转让、置换；

（五）整体或者部分资产租赁给非国有单位；

（六）确定涉讼资产价值；

（七）法律、行政法规规定的其他需要进行评估的事项。

**第三十九条** 事业单位有下列情形之一的，可以不进行资产评估：

（一）经批准事业单位整体或者部分资产无偿划转；

（二）行政、事业单位下属的事业单位之间的合并、资产划转、置换和转让；

（三）国家设立的研究开发机构、高等院校将其持有的科技成果转让、许可或者作价投资给国有全资企业的；

（四）发生其他不影响国有资产权益的特殊产权变动行为，报经同级财政部门确认可以不进行资产评估的。

**第四十条** 国家设立的研究开发机构、高等院校将其持有的科技成果转让、许可或者作价投资给非国有全资企业的，由单位自主决定是否进行资产评估。

**第四十一条** 事业单位国有资产评估工作应当委托具有资产评估资质的评估机构进行。事业单位应当如实向资产评估机构提供有关情况和资料，并对所提供的情况和资料的客观性、真实性和合法性负责。

事业单位不得以任何形式干预资产评估机构独立执业。

**第四十二条** 事业单位国有资产评估项目实行核准制和备案制。核准和备案工作按照国家有关国有资产评估项目核准和备案管理的规定执行。

**第四十三条** 事业单位有下列情形之一的，应当进行资产清查：

（一）根据国家专项工作要求或者本级政府实际工作需要，被纳入统一组织的资产清查范围的；

（二）进行重大改革或者整体、部分改制为企业的；

（三）遭受重大自然灾害等不可抗力造成资产严重损失的；

（四）会计信息严重失真或者国有资产出现重大流失的；

（五）会计政策发生重大更改，涉及资产核算方法发生重要变化的；

（六）同级财政部门认为应当进行资产清查的其他情形。

**第四十四条** 事业单位进行资产清查，应当向主管部门提出申请，并按照规定程序报同级财政部门批准立项后组织实施，但根据国家专项工作要求或者本级政府工作需要进行的资产清查除外。

**第四十五条** 事业单位资产清查工作的内容主要包括基本情况清理、账务清理、财产清查、损溢认定、资产核实和完善制度等。资产清查的具体办法由财政部另行制定。

## 第七章 资产信息管理与报告

**第四十六条** 事业单位应当按照国有资产管理信息化的要求，及时将资产变动信息录入管理信息系统，对本单位资产实行动态管理，并在此基础上做好国有资产统计和信息报告工作。

**第四十七条** 事业单位国有资产信息报告是事业单位财务会计报告的重要组成部分。事业单位应当按照财政部门规定的事业单位财务会计报告的格式、内容及要求，对其占有、使用的国有资产状况定期做出报告。

**第四十八条** 事业单位国有资产占有、使用状况，是主管部门、财政部门编制和安排事业单位预算的重要参考依据。各级财政部门、主管部门应当充分利用资产管理信息系统和资产信息报告，全面、动态地掌握事业单位国有资产占有、使用状况，建立和完善资产与预算有效结合的激励和约束机制。

## 第八章　监督检查与法律责任

**第四十九条**　财政部门、主管部门、事业单位及其工作人员，应当依法维护事业单位国有资产的安全完整，提高国有资产使用效益。

**第五十条**　财政部门、主管部门和事业单位应当建立健全科学合理的事业单位国有资产监督管理责任制，将资产监督、管理的责任落实到具体部门、单位和个人。

**第五十一条**　事业单位国有资产监督应当坚持单位内部监督与财政监督、审计监督、社会监督相结合，事前监督与事中监督、事后监督相结合，日常监督与专项检查相结合。

**第五十二条**　事业单位及其工作人员违反本办法，有下列行为之一的，依据《财政违法行为处罚处分条例》的规定进行处罚、处理、处分：

（一）以虚报、冒领等手段骗取财政资金的；

（二）擅自占有、使用和处置国有资产的；

（三）擅自提供担保的；

（四）通过串通作弊、暗箱操作等低价处置国有资产的；

（五）未按规定缴纳国有资产收益的。

**第五十三条**　各级财政部门、主管部门及其工作人员在事业单位国有资产配置、使用、处置等管理工作中，存在违反本办法规定的行为，以及其他滥用职权、玩忽职守、徇私舞弊等违法违纪行为的，依照《中华人民共和国公务员法》《中华人民共和国监察法》《财政违法行为处罚处分条例》等国家有关规定追究相应责任；涉嫌犯罪的，依法移送司法机关处理。

**第五十四条**　主管部门在配置事业单位国有资产或者审核、批准国有资产使用、处置事项的工作中违反本办法规定的，财政部门可以责令其限期改正，逾期不改的予以警告。

**第五十五条**　违反本办法有关事业单位国有资产管理规定的其他行为，依据国家有关法律、法规及规章制度进行处理。

## 第九章　附　　则

**第五十六条**　国家设立的研究开发机构、高等院校对其持有的科技成果，可以自主决定转让、许可或者作价投资，不需报主管部门、财政部门审批或者备案，并通过协议定价、在技术交易市场挂牌交易、拍卖等方式确定价格。通过协议定价的，应当在本单位公示科技成果名称和拟交易价格。

国家设立的研究开发机构、高等院校转化科技成果所获得的收入全部留归本单位。

**第五十七条**　社会团体和民办非企业单位中占有、使用国有资产的，参照本办法执行。参照公务员制度管理的事业单位和社会团体，依照国家关于行政单位国有资产管理的有关规定执行。

**第五十八条**　实行企业化管理并执行企业财务会计制度的事业单位，以及事业单位创办的具有法人资格的企业，由财政部门按照企业国有资产监督管理的有关规定实施监督管理。

**第五十九条**　地方财政部门制定的本地区和本级事业单位的国有资产管理规章制度，应当报上一级财政部门备案。

中央级事业单位的国有资产管理实施办法，由财政部会同有关部门根据本办法制定。

**第六十条**　境外事业单位国有资产管理办法由财政部另行制定。中国人民解放军、武装警察部队以及经国家批准的特定事业单位的国有资产管理办法，由解放军总后勤部、武装警察部队和有关主管部门会同财政部另行制定。

行业特点突出，需要制定行业事业单位国有资产管理办法的，由财政部会同有关主管部门根据本办法制定。

**第六十一条**　本办法中有关资产配置、处置事项的“规定限额”由省级以上财政部门另行确定。

**第六十二条**　本办法自2006年7月1日起施行。此前颁布的有关事业单位国有资产管理的规定与本办法相抵触的，按照本办法执行。

# 3. 行政性收费和罚没收入

## 行政事业性收费项目审批管理暂行办法

*1. 2004年12月30日财政部、国家发展和改革委员会发布*
*2. 财综〔2004〕100号*
*3. 自2005年1月1日起施行*

### 第一章　总　　则

**第一条**　为加强行政事业性收费项目的审批管理，保护公民、法人和其他组织的合法权益，规范政府收入分配秩序，促进依法行政，根据《国务院关于加强预算外资金管理的决定》（国发〔1996〕29号）、《中共中央国务院关于治理向企业乱收费、乱罚款和各种摊派等问题的决定》（中发〔1997〕14号）等有关规定，制定本办法。

**第二条**　行政事业性收费项目的申请设立、审批、变更、管理和监督等，适用本办法。

**第三条**　行政事业性收费（以下简称收费）是指国家机关、事业单位、代行政府职能的社会团体及其他组织根据法律、行政法规、地方性法规等有关规定，依照国务院规定程序批准，在向公民、法人提供特定服务的过程中，按照成本补偿和非盈利原则向特定服务对象收取的费用。

**第四条**　收费项目实行中央和省两级审批制度。国务院和省、自治区、直辖市人民政府（以下简称省级政府）及其财政、价格主管部门按照国家规定权限审批管理收费项目。

除国务院和省级政府及其财政、价格主管部门外，其他国家机关、事业单位、社会团体，以及省级以下（包括计划单列市和副省级城市）人民政府，均无权审批收费项目。

**第五条**　审批收费项目坚持公开、公平、公正的原则，严格遵循国务院和本办法规定的审批权限和程序。

**第六条**　国务院和省级政府的财政、价格主管部门加强对收费项目审批事项执行情况的监督检查，确保收费项目审批制度的落实。

**第七条**　公民、法人或其他组织有权拒绝缴纳和举报违反法律、行政法规、地方性法规以及本办法规定的收费。

### 第二章　收费项目的审批管理权限

**第八条**　除法律、行政法规和国务院另有规定外，中央国家机关、事业单位、代行政府职能的社会团体及其他组织（包括中央驻地方单位，以下简称中央单位）申请设立收费项目，应当向财政部、国家发展改革委提出书面申请，由财政部、国家发展改革委审批。

中央单位申请设立下列收费项目，属于重要收费项目，应当向财政部、国家发展改革委提出书面申请，由财政部、国家发展改革委审核后报国务院批准：

（一）在全国范围内实施的资源类收费；

（二）在全国范围内实施的公共事业类收费；

（三）对国民经济和社会发展具有较大影响的其他收费。

**第九条**　省级国家机关、事业单位、代行政府职能的社会团体及其他组织（以下简称省级单位），省以下国家机关、事业单位、代行政府职能的社会团体及其他组织（以下简称省以下单位），申请设立一般收费项目，应当向省、自治区、直辖市财政、价格主管部门（以下简称省级财政、价格主管部门）提出书面申请，由省级财政、价格主管部门审批。

省级单位、省以下单位申请设立重要收费项目，应当向省级财政、价格主管部门提出书面申请，由省级财政、价格主管部门审核后报省级政府批准。地方重要收费项目的范围由省级财政、价格主管部门确定。

省级单位、省以下单位申请设立专门面向企业的收费项目，应当向省级财政、价格主管部门提出书面申请，经省级财政、价格主管部门审核后报省级政府审批，省级政府在审批之前应当按照中发〔1997〕14号文件的规定征得财政部和国家发展改革委同意。

省级政府及其财政、价格主管部门批准设立的收费项目，应当于批准之日起30日内报财政部和国家发展改革委备案。

**第十条**　除法律、行政法规另有规定外，省级单位、省以下单位申请设立的收费项目，属于下列情况的，应当通过本系统或行业的中央主管部门统一向财政部、国家发展改革委提出书面申请，由财政部、国家发展改革委审批。

（一）在全国范围内实施的考试收费；

（二）在全国范围内实施的证照收费；

（三）在全国范围内实施的注册、登记等管理性收费；

（四）在全国范围内实施的检验、检测收费；

（五）在全国范围内实施的其他收费。

省级政府及其财政、价格主管部门无权审批在全国范围内实施的收费以及中央单位的收费项目。

**第十一条**　法律、行政法规、地方性法规中规定设立的收费项目,已明确具体收费对象、收费范围和收费标准的,依照其规定执行。

法律、行政法规中规定设立的收费项目,未明确具体收费对象、收费范围和收费标准的,其征收管理办法由财政部、国家发展改革委负责制定;地方性法规中规定设立的收费项目,未明确具体收费对象、收费范围和收费标准的,其征收管理办法由省级财政、价格主管部门负责制定。

**第十二条**　按照本办法第八条至第十一条规定批准设立的收费项目,在执行过程中需要变更收费单位、收费项目名称、收费对象、收费范围、收费环节、收费期限以及收费性质的,应当按照本办法第八条至第十一条规定的管理权限进行审批。

**第十三条**　除法律、行政法规、地方性法规以及国务院或省级政府及其财政、价格主管部门另有规定外,省以下人民政府可以批准减征、免征、缓征属于本级收入的收费。

**第十四条**　在收费项目执行过程中,如遇收费项目依据的法律、行政法规、地方性法规修改,以及国务院或省级政府及其财政、价格主管部门出台新规定,应当按照修改后的法律、行政法规、地方性法规或新的规定执行。因客观情况发生变化,收费项目不宜再继续执行的,应当按照本办法第八条至第十一条规定的管理权限予以撤销,或按照法律、行政法规、地方性法规规定程序撤销。

## 第三章　审批收费项目的原则

**第十五条**　审批收费项目应遵循下列原则:

(一)符合国际惯例或国际对等原则的,依照国际惯例或国际对等原则审批收费项目;

(二)法律、行政法规明确规定的行政许可收费,按照法律、行政法规规定审批收费项目;

(三)法律、行政法规、地方性法规明确规定的收费,且不属于行政许可收费的,按照法律、行政法规、地方性法规规定审批收费项目;

(四)向公民、法人提供除行政许可事项以外的特定公共服务,虽然没有法律、行政法规、地方性法规收费依据,但其服务对象具体、明确的,按照本办法规定审批收费项目。

**第十六条**　下列情况不得批准设立收费项目:

(一)行政许可收费没有法律、行政法规依据的;

(二)对行政审批、行政许可、各类证照、资格等事项进行监督检查、年检、年审或查验、收费没有法律、行政法规依据的;

(三)行政机关提供行政许可申请书格式文本的;

(四)收费具有地方性法规依据,但不符合法律、行政法规规定的;

(五)违反 WTO 规则的;

(六)形成对其他区域的政策歧视,属于地方保护收费,不利于全国市场统一的;

(七)专门面向农民收费的;

(八)有关部门和单位自行规定颁发证照的,或法律、行政法规、地方性法规、国务院规定颁发的证照已有印制经费来源的;

(九)未经人事部批准组织专门技术人员资格考试(含与评聘专业技术职务有关的考试,执业准入资格考试和职业水平认证考试,下同)的,未经劳动保障部批准组织职业技能鉴定考试的;除法律、行政法规、地方性法规或国务院和省级政府以及人事部、劳动保障部规定以外,有关部门和单位自行组织各类强制性考试的;根据法律、行政法规、地方性法规或国务院和省级政府规定组织的考试,经人事部批准组织专业技术人员资格考试,以及经劳动保障部批准组织职业技能鉴定考试,已有考试经费来源的;

(十)除法律、行政法规、地方性法规或国务院规定以外,有关部门和单位自行举办强制性培训或已有培训经费来源的;有关部门和单位为完成指令性培训任务举办培训班的;

(十一)除法律、行政法规、地方性法规或国务院规定以外,有关部门和单位强制要求公民、法人参加各种评比(包括评选、评价、评奖、评审、评优、展评等)活动的;

(十二)未经中央和省级机构编制部门批准自行设立的行政事业单位,以及法律、行政法规、地方性法规未作规定或未经同级政府批准,国家机关擅自将职责范围内的公务交由企事业单位、中介机构、社会团体办理的;

(十三)国家下达并有财政预算经费的指令性产品质量检验任务、产品质量监督抽查和流通环节的产品质量检验的;

(十四)与国务院或省级政府及其财政、价格主管部门批准的收费项目重复交叉设置的;

(十五)与明令公布取消的收费项目相类似的。

## 第四章 收费项目的审批程序

**第十七条** 中央单位申请设立收费项目，应当统一归口由中央主管部门的财务机构负责提出，并以部（委、局）级公文形式报财政部、国家发展改革委。省级单位、省以下单位申请设立收费项目的方式，由省级财政、价格主管部门参照本办法确定。

**第十八条** 申请设立收费项目文件应当包括下列内容：收费项目名称、收费理由、收费目的、收费对象、收费范围、收费标准、收费单位、收费方式、执行期限、收费收入解缴方式、预计年度收费金额，以及收费单位的性质、人员、经费来源状况和财务管理体制等。同时，还应提交有关收费的法律、行政法规、地方性法规依据。按照国际惯例或国际对等原则申请设立的收费项目，还应当提交有关资料。没有法律、行政法规、地方性法规依据的，应当对收费理由进行详细说明。

**第十九条** 财政部、国家发展改革委或省级财政、价格主管部门收到申请设立收费项目文件后，应当对申请文件的形式及其包括的内容进行初步审查。对符合本办法规定的，应当予以受理；对不符合本办法规定的，应当及时通知申请单位对申请文件作出相应修改或补充相关资料。

**第二十条** 财政部、国家发展改革委或省级财政、价格主管部门在正式受理申请文件后，应当对收费项目是否符合法律、行政法规或地方性法规规定等内容进行审查，对申请设立收费项目的有关情况进行调查，通过召开座谈会、论证会、书面征求意见等形式，广泛听取缴费人和其他相关部门或单位的意见。

**第二十一条** 财政部、国家发展改革委或省级财政、价格主管部门应当自受理申请文件之日起60个工作日内，会同有关部门作出审批或审核收费项目的书面决定。由于客观原因未能在规定时间内作出审批或审核收费项目书面决定的，应当向申请单位说明具体理由。

**第二十二条** 审批或审核收费项目的书面决定，以公文形式发布。其内容包括：审批收费项目的依据、收费单位、收费项目名称、收费对象、收费范围、收费环节、收费方式、收费期限、收费票据、收费性质、资金管理、解缴方式、监督检查等。对不予批准的收费项目，应当说明不予批准的理由。

**第二十三条** 省级政府就其拟审批的专门面向企业的收费项目，以公文形式征求财政部和国家发展改革委意见时，财政部、国家发展改革委应当及时以公文形式作出答复。

**第二十四条** 本办法第十二条至第十四条涉及的收费项目，其审批程序按照本办法第十七条至第二十三条规定执行。

## 第五章 收费项目的管理和监督

**第二十五条** 实行收入分成的收费项目，按照《财政部关于加强政府非税收入管理的通知》（财综〔2004〕53号）的有关规定管理。

**第二十六条** 依照本办法规定经批准的收费项目，财政部、国家发展改革委及省级财政、价格主管部门应当通过文件、文告等形式向社会公布。

收费单位应当建立收费公示制度，在收费场所公示收费文件依据、收费主体、收费项目、收费范围、收费标准、收费对象等，接受社会监督。

**第二十七条** 依照本办法规定经批准的收费项目，收费单位在实施收费时，应当到指定的价格主管部门办理收费许可证，并按财务隶属关系分别使用财政部或省级财政部门统一监制的票据。

依照本办法规定经批准变更或撤销的收费项目，收费单位应当按规定程序到原核发收费许可证的价格主管部门办理收费许可证变更或注销手续，并到原核发票据的财政部门办理票据变更或注销手续。

**第二十八条** 根据本办法规定新审批的收费项目，收费收入一律按照财政部和省级财政部门规定全额缴入国库。过去已按规定程序审批的收费项目，收费收入应当逐步缴入国库；暂时不能缴入国库的，应当全额缴入财政专户，实行“收支两条线”管理。

凡按照本办法规定，收入全额缴入国库或财政专户，实行“收支两条线”管理的收费项目，不征收营业税和企业所得税。

**第二十九条** 收费单位应当建立健全收费财务管理制度，按照财政部、省级财政部门规定及时将收费收入缴入国库或财政专户，不得隐瞒、截留、占压、坐支和挪用收费资金。

**第三十条** 财政部、国家发展改革委应当于每年3月1日前编制截至上年12月31日的全国性及中央单位收费项目目录，向社会公布。省级财政、价格主管部门应当于每年4月1日前编制本行政区域内截至上年12月31日的收费项目目录，在全省（自治区、直辖市）范围内公布，并报财政部和国家发展改革委备案。

**第三十一条** 严禁违反本办法规定越权审批或设立收费项目。未经法律、行政法规、地方性法规规定，以及国务院或省级政府及其财政、价格主管部门批准，不得将收费项目转为经营服务性收费项目管理。

**第三十二条** 财政部、国家发展改革委及省级财政、价格主管部门应当建立健全收费项目管理制度，加强对收费项目审批执行情况的日常监督检查和年度检查，发现问题及时予以纠正和处理。

**第三十三条**　收费单位应当严格按照批准的收费项目及有关管理规定执行，如实提供有关收费的情况和资料，自觉接受财政、价格、审计、监察等部门的监督检查。

**第三十四条**　县级以上财政、价格主管部门应当设立举报电话，接受公民、法人或者其他组织对乱收费的举报和投诉，并对举报和投诉属实的乱收费问题及时予以答复和处理。

## 第六章　法律责任

**第三十五条**　除法律、行政法规另有规定外，收费单位违反本办法规定，具有下列情形之一的，由财政、价格主管部门按照各自职责分工责令其改正，限期退还已收取的收费款项，对确实无法退还的违法所得，按照《财政违法行为处罚处分条例》（国务院令第427号）的有关规定进行处罚：

（一）擅自设立行政事业性收费项目的；

（二）擅自将政府性基金转为行政事业性收费的；

（三）擅自扩大行政事业性收费范围、改变收费环节、收费对象的；

（四）继续收取已明令取消、停止执行的行政事业性收费项目或变更名称继续收取的；

（五）擅自延长行政事业性收费期限的。

**第三十六条**　除法律、行政法规另有规定外，收费单位违反本办法规定，具有下列情形之一的，由财政、价格主管部门按照各自职责分工责令其改正，补收应当收取的收费款项：

（一）擅自改变收费主体的；

（二）擅自将行政事业性收费转为经营服务性收费的；

（三）擅自撤销收费项目的；

（四）擅自缩小收费范围、缩短收费期限的；

（五）擅自减征、免征、缓征收费的；

（六）未按规定在收费场所公布收费项目文件的；

（七）拒绝接受检查或不如实提供有关行政事业性收费资料的。

**第三十七条**　收费单位未按规定将收费收入缴入国库或财政专户，实行“收支两条线”管理的，由财政部门责令其改正，调整有关会计账目，收缴应当上缴的收费收入。

**第三十八条**　收费单位未按规定领取财政部门颁发的《票据购领证》，未按规定购领、使用票据的，未按规定建立票据管理制度并由专人负责管理票据的，由财政部门责令其改正，并按照《财政违法行为处罚处分条例》（国务院令第427号）的有关规定处理。

**第三十九条**　对违反本办法第三十五条至第三十八条规定的有关单位直接负责的主管人员和其他直接责任人员，按照《违反行政事业性收费和罚没收入收支两条线管理规定行政处分暂行规定》（国务院令第281号）等有关法律、行政法规规定，给予行政处分。构成犯罪的，移交司法机关依法追究其刑事责任。

**第四十条**　收费单位对财政、价格主管部门处理决定不服的，可以依法申请行政复议或提起行政诉讼。

**第四十一条**　各级财政、价格主管部门及其检查人员在检查过程中向被查部门或单位收取费用的，责令退回，并依法对负有直接责任的人员给予行政处分。

**第四十二条**　各级财政、价格主管部门检查人员违反法律、行政法规、地方性法规的规定，在工作中徇私舞弊、玩忽职守、滥用职权的，依法给予行政处分；构成犯罪的，依法追究其刑事责任。

## 第七章　附　　则

**第四十三条**　各级人民政府及其所属部门根据法律、行政法规规定，为支持某项公共事业发展，向公民、法人和其他组织无偿征收的具有专项用途的政府性基金，事业单位、社会团体、中介机构、民办非企业单位按照市场要求并根据自愿有偿原则提供服务取得的经营服务性收费，不属于行政事业性收费，不适用本办法。

**第四十四条**　省级财政、价格主管部门可以根据本办法的规定，结合本地区实际制定具体实施办法的，并报财政部和国家发展改革委备案。

**第四十五条**　本办法由财政部、国家发展改革委负责解释。

**第四十六条**　本办法自2005年1月1日起施行。过去有关规定与本办法规定不一致的，一律按照本办法规定执行。

# 行政事业性收费标准管理办法

*1. 2018年6月29日发展改革委、财政部发布*

*2. 发改价格规〔2018〕988号*

## 第一章　总　　则

**第一条**　为加强行政事业性收费标准管理，保护公民、法人和其他组织的合法权益，规范对收费标准的管理行为，提高收费决策的科学性和透明度，根据《中华人民共和国价格法》、《中华人民共和国预算法》及国务院有关规定，制定本办法。

**第二条** 中华人民共和国境内列入行政事业性收费目录清单的收费项目，收费标准的申请、受理、调查、论证、审核、决策、公布、公示、监督、检查等，适用本办法。法律法规另有规定的，从其规定。

**第三条** 本办法所称行政事业性收费（以下简称“收费”），是指国家机关、事业单位、代行政府职能的社会团体及其他组织根据法律法规等有关规定，依照国务院规定程序批准，在实施社会公共管理，以及在向公民、法人和其他组织提供特定公共服务过程中，向特定对象收取的费用。

**第四条** 收费标准实行中央和省两级审批制度。国务院和省、自治区、直辖市人民政府（以下简称“省级政府”）的价格、财政部门按照规定权限审批收费标准。未列入行政事业性收费目录清单的收费项目，一律不得审批收费标准。

中央有关部门和单位（包括中央驻地方单位，下同），以及全国或者区域（跨省、自治区、直辖市）范围内实施收费的收费标准，由国务院价格、财政部门审批。其中，重要收费项目的收费标准应当由国务院价格、财政部门审核后报请国务院批准。

除上款规定的其他收费标准，由省级政府价格、财政部门审批。其中，重要收费项目的收费标准应当由省级政府价格、财政部门审核后报请省级政府批准。

**第五条** 地域成本差异较大的全国或者区域（跨省、自治区、直辖市）范围内实施的收费标准，国务院价格、财政部门可以授权省级政府价格、财政部门审批。

专业性强且类别较多的考试、注册等收费，省级以上政府价格、财政部门可以制定收费标准的上限，由行业主管部门在上限范围内确定具体收费标准。

**第六条** 审批收费标准应当遵循以下原则：

（一）公平、公正、公开和效率的原则；

（二）满足社会公共管理需要，合理补偿管理或者服务成本，并与社会承受能力相适应的原则；

（三）促进环境保护、资源节约和有效利用，以及经济和社会事业持续发展的原则；

（四）符合国际惯例和国际对等的原则。

**第七条** 公民、法人或者其他组织有权对收费的实施和管理进行监督，可以拒绝缴纳和举报违反法律法规以及本办法规定的收费。

## 第二章 申请和受理

**第八条** 除法律法规和省级以上人民政府另有规定外，收费单位申请制定或者调整收费标准，应当按照管理权限向国务院价格、财政部门或者省级政府价格、财政部门（以下简称“价格、财政部门”）提出书面申请。

国务院价格、财政部门负责审批的收费标准，由中央有关部门，省级政府或者其价格、财政部门向国务院价格、财政部门提出书面申请。

省级政府价格、财政部门负责审批的收费标准，由省级政府有关部门、地市级人民政府或者其价格、财政部门向省级政府价格、财政部门提出书面申请。

**第九条** 申请制定或者调整收费标准应当提供以下材料：

（一）申请制定或者调整的收费标准方案、依据和理由，预计年度收费额或者近三年年度收费额、调整后的收费增减额；

（二）申请制定或者调整收费标准的成本测算材料；

（三）相关的法律法规、规章和政策规定；

（四）收费单位的有关情况，包括收费单位性质、职能设置、人员配备、经费来源等；

（五）对收费对象及相关行业的影响；

（六）价格、财政部门认为应当提供的其他相关材料。

申请人应当对提供材料的真实性、完整性、合法性负责。

**第十条** 价格、财政部门收到申请后，应当对申请材料进行初步审查。申请材料齐全、符合规定要求的，应当予以受理，并告知申请单位；申请材料不齐全或者内容不符合规定要求的，应当一次性告知申请单位对申请材料进行修改或者补充。

**第十一条** 具有下列情形之一的申请，不予以受理：

（一）申请依据与现行法律法规、规章和政策相抵触的；

（二）制定或者调整收费标准的理由不充分或者明显不合理的；

（三）提供虚假材料的；

（四）超出价格、财政部门审批权限的。

对不予受理的申请，应当在接到申请之日起 15 个工作日内书面通知申请单位，并说明理由。

## 第三章 审批程序和原则

**第十二条** 价格、财政部门受理申请后，可对收费成本进行审核，审查申请收费标准与收费单位履行职能需要是否相适应，以及实施收费的操作性、社会承受能力等相关事宜。

价格、财政部门可以委托第三方机构进行收费成本审核。

**第十三条**　价格、财政部门可以采用召开座谈会、论证会、听证会或者书面征求意见等形式，征求社会有关方面的意见。

**第十四条**　对符合规定申请的收费标准，应当根据收费的不同性质和成本构成特点实行分类审核。

**第十五条**　行政管理类收费，即根据法律法规规定，在行使国家管理职能时，向被管理对象收取的费用，收费标准按照行使管理职能的需要从严审核。其中，各种证件、牌照、簿卡等证照收费标准按照证照印制、发放的直接成本，即印制费用、运输费用、仓储费用及合理损耗等成本进行审核。

证照印制费用原则上按照招标价格确定。全国统一印制，分散发放的证照，应当分别制定印制证照和具体发放证照部门的收费标准。

**第十六条**　资源补偿类收费，即根据法律法规规定向开采、利用自然和社会公共资源者收取的费用，收费标准参考相关资源的价值或者其稀缺性，并考虑可持续发展等因素审核。

对开采利用自然资源造成生态破坏、环境污染或者其他环境损坏的，审核收费标准时，应当充分考虑相关生态环境治理和恢复成本。

**第十七条**　鉴定类收费，即根据法律法规规定，行使或者代行政府职能强制实施检验、检测、检定、认证、检疫等收取的费用，收费标准根据行使管理职能的需要，按照鉴定的场地费用、人员劳务费、仪器设备折旧、流动耗材损耗及其他成本审核。

**第十八条**　考试类收费，即根据法律法规、国务院或者省级政府文件规定组织考试收取的费用，以及组织经人力资源和社会保障部批准的专业技术资格、执业资格和职业资格考试收取的费用，收费标准按照考务工作、组织报名、租用考试场地、聘请监考人员等组织考试的成本审核。

在全国范围内统一组织的考试，可以分别制定中央有关单位向各地考试机构收取的考务费标准和各地考试机构向考生收取的考试费标准。

**第十九条**　培训类收费，即根据法律法规或者国务院规定开展强制性培训收取的费用，收费标准按照聘请师资、租用培训场地、编制培训资料、交通支出等培训成本审核。

**第二十条**　收费涉及与其他国家或者地区关系的，收费标准按照国际惯例和对等原则审核。

**第二十一条**　其他类别的收费标准，根据管理或者服务需要，按照成本补偿和非营利原则审核。

**第二十二条**　价格、财政部门原则上自受理申请之日起60个工作日内作出收费标准审批决定。申请单位同时申请设立收费项目和制定收费标准的，原则上在收费立项文件印发之日起60个工作日内作出收费标准审批决定。

对需要召开听证会的，根据听证的有关程序执行，听证时间不计入收费标准审批时限。

上述审批时限不包括上报国务院或者省级政府批准的时间。因特殊原因超过审批时限的，应当书面告知申请单位。

**第二十三条**　价格、财政部门审批收费标准的决定，以公文形式发布。主要内容包括：收费主体、收费对象、收费范围、计费(量)单位和标准、收费频次、执行期限等。

**第二十四条**　初次制定的收费标准，可以规定试行期。试行期满后继续收费的，申请单位应当在试行期满60个工作日前，按照规定程序和要求重新申请收费标准，由价格、财政部门根据试行情况和本办法规定重新审批。

## 第四章　管理和监督

**第二十五条**　除涉及国家秘密外，价格、财政部门应当及时将审批的收费标准告知申请单位，并向社会公布。

**第二十六条**　收费单位应当在收费地点的显著位置公示收费项目、收费标准、收费主体、计费单位、收费依据、收费范围、收费对象、减免规定、监督举报电话等，自觉接受社会监督。

**第二十七条**　价格、财政部门应当加快建立收费标准执行情况后评估制度，对收费标准执行情况进行监测或定期审核，加强事中事后监管。

法律法规及国务院规定发生变化，或者收费成本、范围、对象等情况变动较大的，价格、财政部门应当及时调整收费标准。

**第二十八条**　收费单位应当建立健全内部收费管理制度，严格执行国家各项收费管理规定。

**第二十九条**　行业主管部门应当加强对本行业收费单位的指导，督促收费单位依法依规收费。

## 第五章　法律责任

**第三十条**　收费单位违反规定，具有下列情形之一的，由各级价格、财政部门按照职责分工责令改正，并按照有关法律法规和党中央、国务院关于收费管理的有关规定进行查处。

（一）擅自制定收费标准的；

（二）不执行规定收费标准和减免政策的，或者采取分解收费项目、增加收费频次、延长收费时限、扩大收费范围等方式变相提高收费标准的；

（三）已明令取消的收费项目或者停止执行的收费标准仍然收费的；

（四）未按照规定向社会公示收费项目、收费标准收费的；

（五）其他违反收费管理规定的。

**第三十一条**　各级政府及其部门违反本办法规定，擅自审批收费标准的，责令改正，情节严重的给予通报批评，并对直接负责的主管人员和其他直接责任人员，依法给予处分。

**第三十二条**　各级价格、财政部门工作人员在收费管理工作中，滥用职权、徇私舞弊、玩忽职守、索贿受贿，构成犯罪的，依法追究刑事责任；尚不构成犯罪的，依法给予处分。

### 第六章　附　　则

**第三十三条**　价格、财政部门在审批收费标准时，需要委托第三方机构进行成本审核、评估论证的，委托所需费用按照有关规定纳入部门预算。

**第三十四条**　本办法由国家发展改革委、财政部按照各自职责负责解释。

**第三十五条**　本办法自2018年5月1日起执行。《国家发展改革委、财政部关于印发〈行政事业性收费标准管理暂行办法〉的通知》（发改价格〔2006〕532号）同时废止。

## 罚没财物管理办法

*1. 2020年12月17日财政部印发*
*2. 财税〔2020〕54号*
*3. 自2021年1月1日起实施*

### 第一章　总　　则

**第一条**　为规范和加强罚没财物管理，防止国家财产损失，保护自然人、法人和非法人组织的合法权益，根据《中华人民共和国预算法》、《罚款决定与罚款收缴分离实施办法》（国务院令第235号）等有关法律、行政法规规定，制定本办法。

**第二条**　罚没财物移交、保管、处置、收入上缴、预算管理等，适用本办法。

**第三条**　本办法所称罚没财物，是指执法机关依法对自然人、法人和非法人组织作出行政处罚决定，没收、追缴决定或者法院生效裁定、判决取得的罚款、罚金、违法所得、非法财物，没收的保证金、个人财产等，包括现金、有价票证、有价证券、动产、不动产和其他财产权利等。

本办法所称执法机关，是指各级行政机关、监察机关、审判机关、检察机关，法律法规授权的具有管理公共事务职能的事业单位和组织。

本办法所称罚没收入是指罚款、罚金等现金收入，罚没财物处置收入及其孳息。

**第四条**　罚没财物管理工作应遵循罚款决定与罚款收缴相分离，执法与保管、处置岗位相分离，罚没收入与经费保障相分离的原则。

**第五条**　财政部负责制定全国罚没财物管理制度，指导、监督各地区、各部门罚没财物管理工作。中央有关执法机关可以根据本办法，制定本系统罚没财物管理具体实施办法，指导本系统罚没财物管理工作。

地方各级财政部门负责制定罚没财物管理制度，指导、监督本行政区内各有关单位的罚没财物管理工作。

各级执法机关、政府公物仓等单位负责制定本单位罚没财物管理操作规范，并在本单位职责范围内对罚没财物管理履行主体责任。

### 第二章　移交和保管

**第六条**　有条件的部门和地区可以设置政府公物仓对罚没物品实行集中管理。未设置政府公物仓的，由执法机关对罚没物品进行管理。

各级执法机关、政府公物仓按照安全、高效、便捷和节约的原则，使用下列罚没仓库存放保管罚没物品：

（一）执法机关罚没物品保管仓库；

（二）政府公物仓库；

（三）通过购买服务等方式选择社会仓库。

**第七条**　设置政府公物仓的地区，执法机关应当在根据行政处罚决定，没收、追缴决定，法院生效裁定、判决没收物品或者公告期满后，在同级财政部门规定的期限内，将罚没物品及其他必要的证明文件、材料，移送至政府公物仓，并向财政部门备案。

**第八条**　罚没仓库的保管条件、保管措施、管理方式应当满足防火、防水、防腐、防疫、防盗等基础安全要求，符合被保管罚没物品的特性。应当安装视频监控、防盗报警等安全设备。

**第九条**　执法机关、政府公物仓应当建立健全罚没物品保管制度，规范业务流程和单据管理，具体包括：

（一）建立台账制度，对接管的罚没物品必须造册、登记，清楚、准确、全面反映罚没物品的主要属性和特点，完整记录从入库到处置全过程。

（二）建立分类保管制度，对不同种类的罚没物品，应当分类保管。对文物、文化艺术品、贵金属、珠宝等贵重罚没物品，应当做到移交、入库、保管、出库全程录音录像，并做好密封工作。

（三）建立安全保卫制度，落实人员责任，确保物品妥善保管。

（四）建立清查盘存制度，做到账实一致，定期向财政部门报告罚没物品管理情况。

**第十条**　罚没仓库应当凭经执法机关或者政府公物仓按管理职责批准的书面文件或者单证办理出库手续，并在登记的出库清单上列明，由经办人与提货人共同签名确认，确保出库清单与批准文件、出库罚没物品一致。

罚没仓库无正当理由不得妨碍符合出库规定和手续的罚没物品出库。

**第十一条**　执法机关、政府公物仓应当运用信息化手段，建立来源去向明晰、管理全程可控、全面接受监督的管理信息系统。

执法机关、政府公物仓的管理信息系统，应当逐步与财政部门的非税收入收缴系统等平台对接，实现互联互通和信息共享。

## 第三章　罚没财物处置

**第十二条**　罚没财物的处置应当遵循公开、公平、公正原则，依法分类、定期处置，提高处置效率，降低仓储成本和处置成本，实现处置价值最大化。

**第十三条**　各级执法机关、政府公物仓应当依照法律法规和本级人民政府规定的权限，按照本办法的规定处置罚没财物。

各级财政部门会同有关部门对本级罚没财物处置、收入收缴等进行监督，建立处置审批和备案制度。

财政部各地监管局对属地中央预算单位罚没财物的处置、收入收缴等进行监督。

**第十四条**　除法律法规另有规定外，容易损毁、灭失、变质、保管困难或者保管费用过高、季节性商品等不宜长期保存的物品，长期不使用容易导致机械性能下降、价值贬损的车辆、船艇、电子产品等物品，以及有效期即将届满的汇票、本票、支票等，在确定为罚没财物前，经权利人同意或者申请，并经执法机关负责人批准，可以依法先行处置；权利人不明确的，可以依法公告，公告期满后仍没有权利人同意或者申请的，可以依法先行处置。先行处置所得款项按照涉案现金管理。

**第十五条**　罚没物品处置前存在破损、污秽等情形的，在有利于加快处置的情况下，且清理、修复费用低于变卖收入的，可以进行适当清理、修复。

**第十六条**　执法机关依法取得的罚没物品，除法律、行政法规禁止买卖的物品或者财产权利、按国家规定另行处置外，应当按照国家规定进行公开拍卖。公开拍卖应当符合下列要求：

（一）拍卖活动可以采取现场拍卖方式，鼓励有条件的部门和地区通过互联网和公共资源交易平台进行公开拍卖。

（二）公开拍卖应当委托具有相应拍卖资格的拍卖人进行，拍卖人可以通过摇珠等方式从具备资格条件的范围中选定，必要时可以选择多个拍卖人进行联合拍卖。

（三）罚没物品属于国家有强制安全标准或者涉及人民生命财产安全的，应当委托符合有关规定资格条件的检验检疫机构进行检验检测，不符合安全、卫生、质量或者动植物检疫标准的，不得进行公开拍卖。

（四）根据需要，可以采取“一物一拍”等方式对罚没物品进行拍卖。采用公开拍卖方式处置的，一般应当确定拍卖标的保留价。保留价一般参照价格认定机构或者符合资格条件的资产评估机构作出的评估价确定，也可以参照市场价或者通过互联网询价确定。

（五）公开拍卖发生流拍情形的，再次拍卖的保留价不得低于前次拍卖保留价的80%。发生3次（含）以上流拍情形的，经执法机关商同级财政部门确定后，可以通过互联网平台采取无底价拍卖或者转为其他处置方式。

**第十七条**　属于国家规定的专卖商品等限制流通的罚没物品，应当交由归口管理单位统一变卖，或者变卖给按规定可以接受该物品的单位。

**第十八条**　下列罚没物品，应当移交相关主管部门处置：

（一）依法没收的文物，应当移交国家或者省级文物行政管理部门，由其指定的国有博物馆、图书馆等文物收藏单位收藏或者按国家有关规定处置。经国家或者省级文物行政管理部门授权，市、县的文物行政管理部门或者有关国有博物馆、图书馆等文物收藏单位可以具体承办文物接收事宜。

（二）武器、弹药、管制刀具、毒品、毒具、赌具、禁止流通的易燃易爆危险品等，应当移交同级公安部门或者其他有关部门处置，或者经公安部门、其他有关部门同意，由有关执法机关依法处置。

（三）依法没收的野生动植物及其制品，应当交由野生动植物保护主管部门、海洋执法部门或者有关保护区域管理机构按规定处置，或者经有关主管部门同意，交由相关科研机构用于科学研究。

（四）其他应当移交相关主管部门处置的罚没物品。

**第十九条**　罚没物品难以变卖或者变卖成本大于收入，且具有经济价值或者其他价值的，执法机关应当报送同级财政部门，经同级财政部门同意后，可以赠送有关公益单位用于公益事业；没有捐赠且能够继续使用的，由同级财政部门统一管理。

**第二十条**　淫秽、反动物品，非法出版物，有毒有害的食品药品及其原材料，危害国家安全以及其他有社会危害性的物品，以及法律法规规定应当销毁的，应当由执法机关予以销毁。

对难以变卖且无经济价值或者其他价值的，可以由执法机关、政府公物仓予以销毁。

属于应销毁的物品经无害化或者合法化处理，丧失原有功能后尚有经济价值的，可以由执法机关、政府公物仓作为废旧物品变卖。

**第二十一条**　已纳入罚没仓库保管的物品，依法应当退还的，由执法机关、政府公物仓办理退还手续。

**第二十二条**　依法应当进行权属登记的房产、土地使用权等罚没财产和财产权利，变卖前可以依据行政处罚决定，没收、追缴决定，法院生效裁定、判决进行权属变更，变更后应当按本办法相关规定处置。

权属变更后的承接权属主体可以是执法机关、政府公物仓、同级财政部门或者其他指定机构，但不改变罚没财物的性质，承接单位不得占用、出租、出借。

**第二十三条**　罚没物品无法直接适用本办法规定处置的，执法机关与同级财政商有关部门后，提出处置方案，报上级财政部门备案。

## 第四章　罚没收入

**第二十四条**　罚没收入属于政府非税收入，应当按照国库集中收缴管理有关规定，全额上缴国库，纳入一般公共预算管理。

**第二十五条**　除依法可以当场收缴的罚款外，作出罚款决定的执法机关应当与收缴罚款的机构分离。

**第二十六条**　中央与省级罚没收入的划分权限，省以下各级政府间罚没收入的划分权限，按照现行预算管理有关规定确定。法律法规另有规定的，从其规定。

**第二十七条**　除以下情形外，罚没收入应按照执法机关的财务隶属关系缴入同级国库：

（一）海关、公安、中国海警、市场监管等部门取得的缉私罚没收入全额缴入中央国库。

（二）海关（除缉私外）、国家外汇管理部门、国家邮政部门、通信管理部门、气象管理部门、应急管理部所属煤矿安全监察部门、交通运输部所属海事部门中央本级取得的罚没收入全额缴入中央国库。省以下机构取得的罚没收入，50%缴入中央国库，50%缴入地方国库。

（三）国家烟草专卖部门取得的罚没收入全额缴入地方国库。

（四）应急管理部所属的消防救援部门取得的罚没收入，50%缴入中央国库，50%缴入地方国库。

（五）国家市场监督管理总局所属的反垄断部门与地方反垄断部门联合办理或者委托地方查办的重大案件取得的罚没收入，全额缴入中央国库。

（六）国有企业、事业单位监察机构没收、追缴的违法所得，按照国有企业、事业单位隶属关系全额缴入中央或者地方国库。

（七）中央政法机关交办案件按照有关规定执行。

（八）财政部规定的其他情形。

**第二十八条**　罚没物品处置收入，可以按扣除处置该罚没物品直接支出后的余额，作为罚没收入上缴；政府预算已经安排罚没物品处置专项经费的，不得扣除处置该罚没物品的直接支出。

前款所称处置罚没物品直接支出包括质量鉴定、评估和必要的修复费用。

**第二十九条**　罚没收入的缴库，按下列规定执行：

（一）执法机关取得的罚没收入，除当场收缴的罚款和财政部另有规定外，应当在取得之日缴入财政专户或者国库；

（二）执法人员依法当场收缴罚款的，执法机关应当自收到款项之日起2个工作日内缴入财政专户或者国库；

（三）委托拍卖机构拍卖罚没物品取得的变价款，由委托方自收到款项之日起2个工作日内缴入财政专户或者国库。

**第三十条**　政府预算收入中罚没收入预算为预测性指标，不作为收入任务指标下达。执法机关的办案经费由本级政府预算统筹保障，执法机关经费预算安排不得与该单位任何年度上缴的罚没收入挂钩。

**第三十一条**　依法退还多缴、错缴等罚没收入,应当按照本级财政部门有关规定办理。

**第三十二条**　执法机关在罚没财物管理工作中,应当按照规定使用财政部门相关票据。

**第三十三条**　对向执法机关检举、揭发各类违法案件的人员,经查实后,按照相关规定给予奖励,奖励经费不得从案件罚没收入中列支。

## 第五章　附　　则

**第三十四条**　各级财政部门、执法机关、政府公物仓及其工作人员在罚没财物管理、处置工作中,存在违反本办法规定的行为,以及其他滥用职权、玩忽职守、徇私舞弊等违法违纪行为的,按照《中华人民共和国监察法》、《财政违法行为处罚处分条例》等国家有关规定追究相应责任;构成犯罪的,依法追究刑事责任。

**第三十五条**　执法机关扣押的涉案财物,有关单位、个人向执法机关声明放弃的或者无人认领的财物;党的纪律检查机关依据党内法规收缴的违纪所得以及按规定登记上交的礼品、礼金等财物;党政机关收到的采购、人事等合同违约金;党政机关根据国家赔偿法履行赔偿义务之后向故意或者有重大过失的工作人员、受委托的组织或者个人追偿的赔偿款等,参照罚没财物管理。国家另有规定的除外。

国有企业、事业单位党的纪检机构依据党内法规收缴的违纪所得,以及按规定登记上交的礼品、礼金等财物,按照国有企业、事业单位隶属关系全额缴入中央或者地方国库。

**第三十六条**　本办法自2021年1月1日起实施。

本办法实施前已经形成的罚没财物,尚未处置的,按照本办法执行。

# 罚款代收代缴管理办法

*1. 1998年5月28日财政部、中国人民银行发布*
*2. 财预字〔1998〕201号*

## 第一章　总　　则

**第一条**　为了加强罚款收缴入库的管理,根据《中华人民共和国行政处罚法》、《罚款决定与罚款收缴分离实施办法》、《中华人民共和国国家金库条例》等有关法律、法规的规定,制定本办法。

**第二条**　具有行政处罚权的行政机关及法律、法规授权或依法受行政机关委托实施行政处罚的组织(以下简称行政机关),实行罚款决定与罚款收缴分离的,其罚款的收缴,适用本办法。

行政机关按法律规定实行当场收缴罚款的,其罚款的收缴,不适用本办法。

## 第二章　罚款代收机构

**第三条**　海关、外汇管理等实行垂直领导的依法具有行政处罚权的行政机关所处的罚款,由国有商业银行分支机构代收。国有商业银行代收有困难的,经财政部驻当地财政监察专员办事机构、中国人民银行当地分支机构协商确定,委托其他商业银行代收。

**第四条**　依法具有行政处罚权的国务院有关部门处以的罚款,由国有商业银行分支机构代收。

**第五条**　具有行政处罚权的地方行政机关所处的罚款,由县级以上地方人民政府组织本级财政部门、中国人民银行当地分支机构和依法具有行政处罚权的行政机关共同研究,统一确定代收机构。

## 第三章　罚 款 收 据

**第六条**　代收机构代收罚款,必须使用全国统一格式的“代收罚款收据”。

**第七条**　“代收罚款收据”一式四联(每联规格:9.5公分×17.5公分,具体格式附后):

第一联,收据(白纸黑油墨),由代收机构收款盖章后退缴款人。

第二联,存根(白纸红油墨),由代收机构收款盖章后作收入凭证留存。

第三联,回执(白纸绿油墨),代收机构收款盖章后退作出处罚决定的行政机关。

第四联,报查(白纸紫油墨),代收机构收款盖章后,随一般缴款书的第五联(报查联)送国库,国库收款后送财政部门。

**第八条**　“代收罚款收据”由省级政府财政部门按统一格式指定企业印制,其他任何单位和个人不得印制。

“代收罚款收据”由省级财政部门负责组织发放。财政部门必须保证供应,并不得向领取收据的单位收取费用。

## 第四章　罚 款 收 缴

**第九条**　代收机构应根据与行政机关签订的代收罚款协议,严格履行代收代缴罚款义务,加强对罚款代收工作的管理。经办人对单位和个人缴纳罚款,应认真办理,不得拒收罚款。

**第十条**　代收机构应根据行政机关的行政处罚决定书决

定的罚款数额收取罚款。对逾期缴纳罚款的单位和个人,行政处罚决定书明确需要加处罚款的,根据逾期天数加收罚款。行政处罚决定书没有明确需要加处罚款的,代收机构不得自行加收罚款。

**第十一条** 代收机构代收的罚款,应统一使用“待结算财政款项”科目的“待报解预算收入(罚款收入)”专户核算,并于当日办理缴库;当日来不及办理的,应于次日(节假日顺延)办理,不得占压、挪用。

代收机构不参加票据交换、罚款不能直接缴入当地国库的,代收机构应于当日将代收的罚款(附“代收罚款收据”三、四联)上划管辖行。管辖行对上划的罚款,应于当日或次日(节假日顺延)办理缴库。

**第十二条** 代收机构代收的罚款和代收机构管辖行收到上划的罚款,应按行政机关的隶属关系和罚款收入的预算科目、预算级次就地缴入中央国库和地方国库。代收机构或管辖行在办理缴库时,应填写“一般缴款书”,其中,“缴款单位”一栏,“全称”按行政机关全称填写,其他各项,根据《中华人民共和国国家金库条例》及其实施细则的要求填写。

缴款书第一联,代收机构盖章后连同代收罚款收据第三联送作出处罚决定的行政机关;第二联,代收机构留作付款凭证。第三—五联(附“代收罚款收据”第四联),由代收机构或管辖行通过票据交换,送当地国库。国库收款盖章后,第三联留存作收入凭证;第四、五联(附代收罚款收据第四联)按预算级次分送财政部门:属于中央的罚款收入,退财政部驻当地财政监察专员办事机构;属于地方的罚款收入,退同级财政部门;属于中央与地方分成的罚款收入,代收罚款收据第四联和缴款书第五联退财政部驻当地财政监察专员办事机构,缴款书第四联退地方同级财政部门。

**第十三条** 代收机构只办理罚款的代收与缴库。凡错缴和多缴的罚款,以及经行政机关复议后不应处罚的罚款须办理退付的,应由作出处罚决定的行政机关提出申请,报经同级财政部门(缴入中央国库的,报财政部驻当地财政监察专员办事机构)审查批准后,由财政部门开具收入退还书,分别从中央国库和地方国库退付。代收机构不得从罚款收入中冲退。

## 第五章 代收手续费

**第十四条** 财政部门按代收机构管辖行缴入国库罚款总额0.5%的比例,按季支付手续费。其中,缴入中央国库的,手续费由各地财政监察专员办事机构支付,缴入地方国库的,由地方同级财政部门支付。

**第十五条** 代收机构应于每季终了后3日内,将上季代收并缴入中央和地方国库的各项罚款分别汇总,填写罚款汇总表(格式附后),分送财政部驻各地财政监察专员办事机构和地方财政部门、作出处罚决定的行政机关核对。财政监察专员办事机构和地方财政部门收到代收机构报送的罚款汇总表,应与国库转来的缴款书及所附“代收罚款收据”进行核对,审核完毕按实际入库数支付上季手续费。

## 第六章 监 督

**第十六条** 作出罚款决定的行政机关财务部门应按月与委托的代收机构就罚款收入的代收情况进行对帐,对未到指定代收机构缴纳罚款的,应责成被处罚单位和个人缴纳并加处罚款。

**第十七条** 各级财政部门应按月与国库、作出罚款决定的行政机关就罚款收入的收缴情况进行对账检查,对账中发现的问题,应通知有关单位及时纠正。

**第十八条** 各级国库有权对代收机构代收罚款的情况进行监督检查。对违反规定,拒收和占压、挪用代收罚款收入的,应依法进行处理。

**第十九条** 各级财政部门对同级行政机关罚款的收缴情况,有权进行监督检查,对违反规定拒不执行罚款决定与罚款收缴分离规定,截留、挪用应缴罚款收入的,应按《国务院关于违反财政法规处罚的暂行规定》予以处理。

**第二十条** 代收机构、行政机关应按照国库和财政部门的要求,如实提供必要的资料,认真配合国库、财政机关的检查工作。

**第二十一条** 代收机构不履行代收协议所规定义务的,由确定代收机构的部门取消其代收罚款的资格,并按规定重新确定代收机构。

## 第七章 附 则

**第二十二条** 人民法院和人民检察院所处罚款的收缴,比照本办法的规定办理。

**第二十三条** 税务部门所处税收罚款的收缴,仍按现行办法办理。

**第二十四条** 各地财政监察专员办事机构支付罚款代收手续费以及其他相关费用,由财政部驻各省、自治区、直辖市、计划单列市财政监察专员办事处根据实际应付数按季汇总报财政部。经财政部与中央总金库核对无误后,由财政部下拨到各财政监察专员办事处,各专员办事处转拨到所属办事机构。

**第二十五条** 本办法由财政部会同中国人民银行解释。

**第二十六条**　本办法自颁布之日起实行。其他有关罚款收缴的规定与本办法不一致的，以本办法为准。

## 罚款决定与罚款收缴分离实施办法

*1．1997年11月17日国务院令第235号公布*
*2．自1998年1月1日起施行*

**第一条**　为了实施罚款决定与罚款收缴分离，加强对罚款收缴活动的监督，保证罚款及时上缴国库，根据《中华人民共和国行政处罚法》（以下简称行政处罚法）的规定，制定本办法。

**第二条**　罚款的收取、缴纳及相关活动，适用本办法。

**第三条**　作出罚款决定的行政机关应当与收缴罚款的机构分离；但是，依照行政处罚法的规定可以当场收缴罚款的除外。

**第四条**　罚款必须全部上缴国库，任何行政机关、组织或者个人不得以任何形式截留、私分或者变相私分。

行政机关执法所需经费的拨付，按照国家有关规定执行。

**第五条**　经中国人民银行批准有代理收付款项业务的商业银行、信用合作社（以下简称代收机构），可以开办代收罚款的业务。

具体代收机构由县级以上地方人民政府组织本级财政部门、中国人民银行当地分支机构和依法具有行政处罚权的行政机关共同研究，统一确定。海关、外汇管理等实行垂直领导的依法具有行政处罚权的行政机关作出罚款决定的，具体代收机构由财政部、中国人民银行会同国务院有关部门确定。依法具有行政处罚权的国务院有关部门作出罚款决定的，具体代收机构由财政部、中国人民银行确定。

代收机构应当具备足够的代收网点，以方便当事人缴纳罚款。

**第六条**　行政机关应当依照本办法和国家有关规定，同代收机构签订代收罚款协议。

代收罚款协议应当包括下列事项：

（一）行政机关、代收机构名称；

（二）具体代收网点；

（三）代收机构上缴罚款的预算科目、预算级次；

（四）代收机构告知行政机关代收罚款情况的方式、期限；

（五）需要明确的其他事项。

自代收罚款协议签订之日起15日内，行政机关应当将代收罚款协议报上一级行政机关和同级财政部门备案；代收机构应当将代收罚款协议报中国人民银行或者其当地分支机构备案。

**第七条**　行政机关作出罚款决定的行政处罚决定书应当载明代收机构的名称、地址和当事人应当缴纳罚款的数额、期限等，并明确对当事人逾期缴纳罚款是否加处罚款。

当事人应当按照行政处罚决定书确定的罚款数额、期限，到指定的代收机构缴纳罚款。

**第八条**　代收机构代收罚款，应当向当事人出具罚款收据。

罚款收据的格式和印制，由财政部规定。

**第九条**　当事人逾期缴纳罚款，行政处罚决定书明确需要加处罚款的，代收机构应当按照行政处罚决定书加收罚款。

当事人对加收罚款有异议的，应当先缴纳罚款和加收的罚款，再依法向作出行政处罚决定的行政机关申请复议。

**第十条**　代收机构应当按照代收罚款协议规定的方式、期限，将当事人的姓名或者名称、缴纳罚款的数额、时间等情况书面告知作出行政处罚决定的行政机关。

**第十一条**　代收机构应当按照行政处罚法和国家有关规定，将代收的罚款直接上缴国库。

**第十二条**　国库应当按照《中华人民共和国国家金库条例》的规定，定期同财政部门和行政机关对账，以保证收受的罚款和上缴国库的罚款数额一致。

**第十三条**　代收机构应当在代收网点、营业时间、服务设施、缴款手续等方面为当事人缴纳罚款提供方便。

**第十四条**　财政部门应当向代收机构支付手续费，具体标准由财政部制定。

**第十五条**　法律、法规授权的具有管理公共事务职能的组织和依法受委托的组织依法作出的罚款决定与罚款收缴，适用本办法。

**第十六条**　本办法由财政部会同中国人民银行组织实施。

**第十七条**　本办法自1998年1月1日起施行。

## 违反行政事业性收费和罚没收入收支两条线管理规定行政处分暂行规定

*2000年2月12日国务院令第281号公布施行*

**第一条**　为了严肃财经纪律，加强廉政建设，落实行政事业性收费和罚没收入"收支两条线"管理,促进依法行政,根据法律、行政法规和国家有关规定,制定本规定。

**第二条** 国家公务员和法律、行政法规授权行使行政事业性收费或者罚没职能的事业单位的工作人员有违反"收支两条线"管理规定行为的,依照本规定给予行政处分。

**第三条** 本规定所称"行政事业性收费",是指下列属于财政性资金的收入:

(一)依据法律、行政法规、国务院有关规定、国务院财政部门与计划部门共同发布的规章或者规定以及省、自治区、直辖市的地方性法规、政府规章或者规定和省、自治区、直辖市人民政府财政部门与计划(物价)部门共同发布的规定所收取的各项收费;

(二)法律、行政法规和国务院规定的以及国务院财政部门按照国家有关规定批准的政府性基金、附加。

事业单位因提供服务收取的经营服务性收费不属于行政事业性收费。

**第四条** 本规定所称"罚没收入",是指法律、行政法规授权的执行处罚的部门依法实施处罚取得的罚没款和没收物品的折价收入。

**第五条** 违反规定,擅自设立行政事业性收费项目或者设置罚没处罚的,对直接负责的主管人员和其他直接责任人员给予降级或者撤职处分。

**第六条** 违反规定,擅自变更行政事业性收费或者罚没范围、标准的,对直接负责的主管人员和其他直接责任人员给予记大过处分;情节严重的,给予降级或者撤职处分。

**第七条** 对行政事业性收费项目审批机关已经明令取消或者降低标准的收费项目,仍按原定项目或者标准收费的,对直接负责的主管人员和其他直接责任人员给予记大过处分;情节严重的,给予降级或者撤职处分。

**第八条** 下达或者变相下达罚没指标的,对直接负责的主管人员和其他直接责任人员给予降级或者撤职处分。

**第九条** 违反《收费许可证》规定实施行政事业性收费的,对直接负责的主管人员和其他直接责任人员给予警告处分;情节严重的,给予记过或者记大过处分。

**第十条** 违反财政票据管理规定实施行政事业性收费、罚没的,对直接负责的主管人员和其他直接责任人员给予降级或者撤职处分;以实施行政事业性收费、罚没的名义收取钱物,不出具任何票据的,给予开除处分。

**第十一条** 违反罚款决定与罚款收缴分离的规定收缴罚款的,对直接负责的主管人员和其他直接责任人员给予记大过或者降级处分。

**第十二条** 不履行行政事业性收费、罚没职责,应收不收、应罚不罚,经批评教育仍不改正的,对直接负责的主管人员和其他直接责任人员给予警告处分;情节严重的,给予记过或者记大过处分。

**第十三条** 不按照规定将行政事业性收费纳入单位财务统一核算、管理的,对直接负责的主管人员和其他直接责任人员给予记过处分;情节严重的,给予记大过或者降级处分。

**第十四条** 不按照规定将行政事业性收费缴入国库或者预算外资金财政专户的,对直接负责的主管人员和其他直接责任人员给予记大过处分;情节严重的,给予降级或者撤职处分。不按照规定将罚没收入上缴国库的,依照前款规定给予处分。

**第十五条** 违反规定,擅自开设银行帐户的,对直接负责的主管人员和其他直接责任人员给予降级处分;情节严重的,给予撤职或者开除处分。

**第十六条** 截留、挪用、坐收坐支行政事业性收费、罚没收入的,对直接负责的主管人员和其他直接责任人员给予降级处分;情节严重的,给予撤职或者开除处分。

**第十七条** 违反规定,将行政事业性收费、罚没收入用于提高福利补贴标准或者扩大福利补贴范围、滥发奖金实物、挥霍浪费或者有其他超标准支出行为的,对直接负责的主管人员和其他直接责任人员给予记大过处分;情节严重的,给予降级或者撤职处分。

**第十八条** 不按照规定编制预算外资金收支计划、单位财务收支计划和收支决算的,对直接负责的主管人员和其他直接责任人员给予记过处分;情节严重的,给予记大过或者降级处分。

**第十九条** 不按照预算和批准的收支计划核拨财政资金,贻误核拨对象正常工作的,对直接负责的主管人员和其他直接责任人员给予记过处分;情节严重的,给予记大过或者降级处分。

**第二十条** 对坚持原则抵制违法违纪的行政事业性收费、罚没行为的单位或者个人打击报复的,给予降级处分;情节严重的,给予撤职或者开除处分。

**第二十一条** 实施行政处分的权限以及不服行政处分的申诉,按照国家有关规定办理。

**第二十二条** 违反本规定,构成犯罪的,依法追究刑事责任。

**第二十三条** 本规定自发布之日起施行。

## 财政部关于税务部门罚没收入等政府非税收入管理有关事项的通知

*1. 2018年12月26日发布*
*2. 财税〔2018〕161号*

国家税务总局，各省、自治区、直辖市、计划单列市财政厅（局），新疆生产建设兵团财政局：

为贯彻落实党和国家机构改革工作，明确改革后税务部门罚没收入等政府非税收入管理要求，现就有关事项通知如下：

一、税务部门在税收征缴过程中收取或产生的相关罚没收入、利息收入和违约金收入，全额上缴中央国库。

二、相关罚没收入，是指税务部门收取的各项罚没收入，不包括随各税种税款加收的滞纳金和罚款；利息收入，是指税务代保管资金账户中资金产生的利息收入；违约金收入，是指因税务部门委托代征人未履行代征义务，税务部门按《委托代征协议书》约定向代征人收取的违约金。

三、税务部门收取的上述罚没收入缴库时填列政府收支分类科目一般公共预算收入“税务部门罚没收入”（103050107目）科目；利息收入缴库时填列政府收支分类科目一般公共预算收入“其他利息收入”（103070599目）科目；违约金收入缴库时填列政府收支分类科目一般公共预算收入“其他收入”（1039999项）科目。

四、各部门应严格执行上述规定，确保相关政府非税收入及时、足额上缴中央国库。

五、本通知自2019年1月1日起施行。

## 财政部关于财政部罚没收入收缴管理有关事宜的通知

*1. 2023年6月15日财政部公布*
*2. 财库〔2023〕13号*

财政部：

根据《财政国库管理制度改革试点方案》（财库〔2001〕24号）、《财政部 中国人民银行关于中央单位非税收入收缴电子化试点工作的通知》（财库〔2015〕92号）、《财政部关于稳步推广电子非税收入一般缴款书的通知》（财库〔2021〕46号）、《罚没财物管理办法》（财税〔2020〕54号）等文件规定，结合财政部实际情况，现将财政部政府采购罚没收入、会计和评估监督管理罚没收入收缴管理有关事宜通知如下：

**一、收入项目**

根据《中华人民共和国政府采购法》、《中华人民共和国注册会计师法》、《中华人民共和国会计法》、《中华人民共和国资产评估法》，财政部执罚的政府采购罚没收入、会计和评估监督管理罚没收入，实施非税收入收缴电子化管理，列政府收支分类科目103050199其他一般罚没收入。

**二、缴库方式和票据使用**

政府采购罚没收入、会计和评估监督管理罚没收入实行直接缴库，使用电子《非税收入一般缴款书》办理缴款。财政部向被处罚对象下达《财政部行政处罚决定书》。财政部各地监管局根据《财政部行政处罚决定书》，向被处罚对象开具电子《非税收入一般缴款书》。被处罚对象持电子《非税收入一般缴款书》携带的缴款码，通过中央非税收入收缴代理银行将应缴款项上缴中央国库。

根据《中华人民共和国行政处罚法》，到期不缴纳罚款需加处罚款的，财政部各地监管局根据财政部加处罚款的通知，开具电子《非税收入一般缴款书》办理收缴。

对于执收单位和用票单位使用的会计核算系统无法使用电子非税收入一般缴款书数据文件入账的，可以电子非税收入一般缴款书的纸质打印件作为报销、入账和归档依据，同时保存电子非税收入一般缴款书的数据文件。

本通知自2023年7月1日起实施。

## 财政部、国家发展改革委关于进一步完善行政事业性收费项目目录公开制度的通知

*1. 2014年8月21日发布*
*2. 财综〔2014〕56号*

国务院各部委、各直属机构，各省、自治区、直辖市、计划单列市财政厅（局）、发展改革委、物价局，新疆生产建设兵团财务局，财政部驻各省、自治区、直辖市、计划单列市财政监察专员办事处：

为加强和规范行政事业性收费（以下简称收费）管理，保护公民、法人和其他组织的合法权益，根据

《国务院办公厅关于进一步加强涉企收费管理减轻企业负担的通知》(国办发〔2014〕30号)的有关规定,现就进一步完善收费项目目录公开制度有关事宜通知如下:

一、将所有收费项目纳入收费项目目录管理。依据法律、行政法规有关规定,按照现行收费管理制度设立的收费项目,除要按照《政府信息公开条例》规定向社会公开具体管理政策外,还要将所有收费项目编制成收费项目目录向社会公开。收费项目目录应包括各项收费的具体项目名称、执收单位、资金管理、政策依据等内容。

二、对涉企收费项目编制独立的目录清单。为使企业更加清晰地了解涉企收费政策,收费项目目录中主要针对企业征收的收费项目,要单独编制涉企收费项目清单,作为收费项目目录的附录,一并向社会公开。

三、收费项目目录实行分级管理。中央批准设立的收费项目,由财政部会同国家发展改革委负责编制收费项目目录,各省、自治区、直辖市人民政府及其财政、价格主管部门批准设立的收费项目,由省级财政部门会同价格主管部门编制收费项目目录。地方收费项目目录中,应包括由中央批准设立在本行政区域内施行的收费项目。

四、实行常态化的收费项目目录公开。中央管理的收费项目目录,由财政部在其官方网站上实行常态化公开,省、自治区、直辖市管理的收费项目目录,由省级财政部门在其官方网站上实行常态化公开。执行中收费项目政策发生变化,包括取消、停征、名称和执收单位变更等,在按照规定程序完成收费项目政策调整后,由负责目录管理的财政部门及时更新收费项目目录相关内容。

五、严格执行收费项目目录公开制度。中央和各省、自治区、直辖市财政、价格主管部门要于2014年12月31日前完成收费项目目录常态化公开工作。凡未纳入收费项目目录和涉企收费目录清单的收费项目,公民、法人和其他社会组织可拒绝支付。各省、自治区、直辖市财政、价格主管部门,要根据《中共中央、国务院关于坚决制止乱收费、乱罚款和各种摊派的决定》(中发〔1990〕16号)、《国务院关于加强预算外资金管理的决定》(国发〔1996〕29号)、《中共中央、国务院关于治理向企业乱收费、乱罚款和各种摊派等问题的决定》(中发〔1997〕14号)、《财政部、国家发展改革委关于印发〈行政事业性收费项目审批管理暂行办法〉的通知》(财综〔2004〕100号)等文件规定,对拟公开的收费项目进行全面清理,不符合上述规定的收费项目,特别是未报经财政部、国家发展改革委同意的涉企收费项目,一律不得纳入收费项目目录。各级财政、价格主管部门要切实加强收费管理,坚决制止各类针对企业的乱收费、乱罚款和摊派等行为,对违规设立收费项目、提高收费标准、扩大收费范围的,要追究责任人员的行政和法律责任。

## 4. 国　债

### 中华人民共和国国库券条例

*1. 1992年3月18日国务院令第95号发布*
*2. 根据2011年1月8日国务院令第588号《关于废止和修改部分行政法规的决定》修订*

**第一条**　为了筹集社会资金，进行社会主义现代化建设，制定本条例。

**第二条**　国库券的发行对象是：居民个人、个体工商户、企业、事业单位、机关、社会团体和其他组织。

**第三条**　国库券以人民币元为计算单位。

**第四条**　每年国库券的发行数额、利率、偿还期等，经国务院确定后，由财政部予以公告。

**第五条**　国库券发行采取承购包销、认购等方式。

国家下达的国库券发行计划，应当按期完成。

**第六条**　国库券按期偿还本金。国库券利息在偿还本金时一次付给，不计复利。

**第七条**　国库券的发行和还本付息事宜，在各级人民政府统一领导下，由财政部门和中国人民银行组织有关部门多渠道办理。

**第八条**　国库券可以用于抵押，但是不得作为货币流通。

**第九条**　国库券可以转让，但是应当在国家批准的交易场所办理。

**第十条**　发行国库券筹集的资金，由国务院统一安排使用。

**第十一条**　对伪造国库券的，依法追究刑事责任。

**第十二条**　国库券的利息收入享受免税待遇。

**第十三条**　本条例由财政部负责解释。实施细则由财政部商中国人民银行制定。

**第十四条**　本条例自发布之日起施行。

### 储蓄国债(电子式)管理办法

*1. 2013年1月22日财政部、中国人民银行发布*
*2. 财库〔2013〕7号*
*3. 自2013年2月1日起施行*

#### 第一章　总　　则

**第一条**　为了规范储蓄国债(电子式)管理，维护投资者和储蓄国债承销团成员(以下简称承销团成员)合法权益，根据国家有关法律法规，制定本办法。

**第二条**　本办法所称储蓄国债(电子式)，是指财政部在中华人民共和国境内发行，通过承销团成员面向个人销售的、以电子方式记录债权的不可流通人民币国债。

**第三条**　财政部会同中国人民银行负责制订储蓄国债(电子式)相关政策。

**第四条**　财政部委托中央国债登记结算有限责任公司(以下简称国债登记公司)为财政部开发和维护储蓄国债(电子式)业务管理信息系统，用于管理储蓄国债(电子式)发行额度分配和接收、核对、记录承销团成员销售和持有储蓄国债(电子式)数据；制定数据传输规范，下发系统参数；协助财政部完成资金清算；提供管理信息和投资者储蓄国债(电子式)托管余额复核查询服务等。

#### 第二章　一般规定

**第五条**　储蓄国债(电子式)发行对象为个人。承销团成员不得向政府机关、企事业单位和社会团体等任何机构销售储蓄国债(电子式)，可按照本办法等规定持有投资者提前兑取的储蓄国债(电子式)。

**第六条**　储蓄国债(电子式)以100元面值单位发行和办理相关业务。

**第七条**　储蓄国债(电子式)从开始发行之日起计息，付息方式分为到期一次还本付息和定期付息。财政部于付息日或还本日通过承销团成员向投资者支付利息或本金。

**第八条**　储蓄国债(电子式)按实际天数计息，不计复利(具体计息规则见附1)。本办法生效前发行的各期储蓄国债(电子式)计息规则按原办法执行。

**第九条**　储蓄国债(电子式)不可流通转让，可提前兑取、质押贷款、非交易过户等。

**第十条**　储蓄国债(电子式)实行两级托管，国债登记公司为一级托管机构，承销团成员为二级托管机构。国债登记公司和承销团成员分别对一级和二级托管账务的真实性、准确性、完整性和安全性负责。

**第十一条**　储蓄国债(电子式)实行两级资金清算，财政部与承销团成员进行一级资金清算，承销团成员与投资者进行二级资金清算。二级资金清算通过投资者指定的人民币结算账户进行。

#### 第三章　储蓄国债(电子式)业务

**第十二条**　承销团成员通过各自营业网点柜台和其他经批准的渠道，为投资者办理以下储蓄国债(电子式)

业务：

（一）为投资者开立个人国债二级托管账户（以下简称个人国债账户），办理储蓄国债（电子式）托管和个人国债账户相关业务。

（二）为投资者办理储蓄国债（电子式）相关资金清算。

（三）为投资者办理储蓄国债（电子式）认购、付息、还本、提前兑取、非交易过户、质押贷款等业务，为投资者开立储蓄国债（电子式）持有证明（财产证明）。

（四）进行储蓄国债（电子式）政策宣传，为投资者提供储蓄国债（电子式）发行条件、业务操作规程等信息咨询和国债托管余额查询等服务。

承销团成员应开发储蓄国债（电子式）业务处理系统（以下简称业务处理系统）用于支持上述业务的办理。

**第十三条** 投资者首次购买储蓄国债（电子式），需持有效身份证件在承销团成员开立个人国债账户，用于记载投资者持有储蓄国债（电子式）的期次、数量及变动等情况。投资者在同一承销团成员只能开立一个个人国债账户。

如投资者已经在承销团成员开有个人国债账户用于记账式国债柜台交易，投资者可以直接使用该账户办理储蓄国债（电子式）业务，无需重复开户。

**第十四条** 个人国债账户比照《个人存款账户实名制规定》（中华人民共和国国务院令第 285 号）实行实名制，不得出租、出借或转让。

**第十五条** 国债登记公司和承销团成员应依法为投资者个人国债账户信息以及账户内的储蓄国债（电子式）托管情况保密。

**第十六条** 投资者可到账户所在的承销团成员注销本人托管余额为零的个人国债账户。对于连续 5 年余额为零的只办理储蓄国债（电子式）业务的个人国债账户，承销团成员有权予以注销。

**第十七条** 投资者不可在承销团成员之间办理储蓄国债（电子式）转托管。

**第十八条** 投资者开立个人国债账户时，需在同一承销团成员指定一个人民币个人银行结算账户作为个人国债账户的资金清算账户。投资者可变更资金清算账户。资金清算账户与个人国债账户的开户人须为同一人。

**第十九条** 投资者可于发行期内到个人国债账户所在的承销团成员认购当期储蓄国债（电子式），单一个人国债账户认购的单期储蓄国债（电子式）数量不得超过当期国债个人国债账户最高购买限额。

**第二十条** 投资者成功认购储蓄国债（电子式）后，承销团成员应向投资者提供《中华人民共和国储蓄国债（电子式）认购确认书》（标准单据格式见附 2）。

**第二十一条** 投资者可在发行期结束后的规定时间内到原购买国债的承销团成员提前兑取其持有的部分或全部储蓄国债（电子式）。投资者办理提前兑取只能按照当期国债提前兑取条件计息，并且要按照提前兑取本金的一定比例向承销团成员支付手续费。承销团成员确认储蓄国债（电子式）数量及相关手续无误后，应立即向投资者支付资金。

**第二十二条** 承销团成员应于付息日或还本日营业开始前向投资者资金清算账户足额划付利息或本金。

**第二十三条** 由于个人资金清算账户注销或者账户信息错误导致无法正常完成二级资金清算，承销团成员应将无法支付的资金设专户保留，待投资者补齐相关手续后再行支付。

**第二十四条** 因法院判决而扣划给其他个人的储蓄国债（电子式），承销团成员应依据有关规定和判决结果办理非交易过户；因法院判决扣划给非个人的储蓄国债（电子式），应按照有关规定和判决结果变现后划转资金。

**第二十五条** 投资者在办理开户、认购、提前兑取、质押贷款、非交易过户等业务时，承销团成员应及时在其业务处理系统中准确记录个人国债账户和账户内储蓄国债（电子式）变动情况，并保留完整的指令记录。

如投资者通过营业网点柜台办理上述业务，承销团成员应在办理完上述业务后向投资者提供纸质业务单据，并保留投资者书面指令备查。

**第二十六条** 承销团成员应至少通过营业网点柜台和电话为投资者提供个人国债账户内储蓄国债（电子式）变动情况及托管余额查询服务，承销团成员记载的并经国债登记公司核查通过的个人国债账户内储蓄国债（电子式）托管余额为投资者持有的储蓄国债（电子式）数额。国债登记公司应建立电话语音查询系统，为投资者提供储蓄国债（电子式）托管余额复核查询服务。

**第二十七条** 投资者对储蓄国债（电子式）托管余额有疑问的，应先向个人国债账户所在的承销团成员提出咨询；未能解决的，可向当地财政部门和中国人民银行当地分支机构反映；仍未能解决的，可向财政部、中国人民银行总行反映。

**第二十八条** 法定节假日承销团成员应办理提前兑取和还本付息业务。如法定节假日在发行期内，承销团成员还应办理个人国债账户开户和储蓄国债(电子式)认购业务。

**第二十九条**　储蓄国债(电子式)付息日和还本日前若干个工作日起,停止办理当期国债提前兑取、非交易过户等与债权转移相关业务和国债质押,付息日起恢复办理。

**第三十条**　承销团成员不得就个人国债账户开户及储蓄国债(电子式)托管服务收取费用。投资者申请开通个人国债账户的记账式国债柜台交易功能,承销团成员按照有关规定收取费用。

承销团成员办理提前兑取、非交易过户、个人国债账户凭证的挂失补办和开立财产证明可收取手续费,其中,提前兑取手续费率由财政部、中国人民银行统一规定,其他三项收费标准由各承销团成员根据相关监管要求执行。办理其他储蓄国债(电子式)业务如需收费,须报财政部和中国人民银行批准。承销团成员不得因办理储蓄国债(电子式)资金清算而对相关资金清算账户增加收费。

## 第四章　储蓄国债(电子式)发行兑付管理

**第三十一条**　储蓄国债(电子式)采用代销方式发行,每期储蓄国债(电子式)的发行数量不超过当期国债最大发行额。发行期内,承销团成员在取得的发行额度内对投资者销售,不得委托其他机构代理销售。发行期结束后,承销团成员未售出的发行额度由财政部收回注销。

**第三十二条**　储蓄国债(电子式)发行额度分为基本代销额度和机动代销额度,分别按照计划分配和竞争性抓取的方式分配给承销团成员。具体方式为:

(一)发行开始前,财政部将当期储蓄国债(电子式)最大发行额的全部或部分作为基本代销额度,按比例分配给承销团成员。未分配的发行额度作为机动代销额度供承销团成员在发行期内抓取。

(二)发行期内,承销团成员可在规定时间内通过系统联网方式按有关规则抓取机动代销额度。抓取申请按时间优先原则进行处理,处理结果向承销团成员反馈。承销团成员违反规则抓取机动代销额度将被暂停或终止当期国债发行额度抓取。

(三)发行期每日日终,如承销团成员当日实际销售量大于日初未售出基本代销额度,应将未售出发行额度全部退回财政部;如承销团成员当日实际销售量小于或等于日初未售出基本代销额度,应将当日抓取机动代销额度全部退回财政部。

(四)发行期内,财政部会同中国人民银行有权调减销售进度缓慢的承销团成员未售出基本代销额度,调减出的发行额度作为机动代销额度供竞争性抓取。

**第三十三条**　财政部储蓄国债(电子式)发行公告日至发行开始日前一日,如遇中国人民银行调整同期限金融机构存款基准利率,当期储蓄国债(电子式)取消发行。发行期内,如遇中国人民银行调整同期限金融机构存款基准利率,当期国债从调息之日起停止发行,未售出发行额度由财政部收回注销。

**第三十四条**　承销团成员应按要求向财政部及时足额缴纳发行款,财政部按双方约定向承销团成员支付手续费。

**第三十五条**　投资者提前兑取的各期储蓄国债(电子式)一级资金清算方式分为定期清算和不清算两种。定期清算指,投资者提前兑取储蓄国债(电子式)由承销团成员暂时持有,财政部在指定日期与承销团成员清算资金,并注销相应债权。不清算指,投资者提前兑取储蓄国债(电子式)由承销团成员持有到期。

**第三十六条**　财政部不晚于付息日或还本日前一个工作日向承销团成员支付储蓄国债(电子式)利息或本金。

**第三十七条**　承销团成员应于每日营业结束后按有关规定将储蓄国债(电子式)业务数据传送至储蓄国债(电子式)业务管理信息系统。国债登记公司应对承销团成员传送的业务数据进行核查,并于次日向承销团成员反馈核查结果。承销团成员应于收到反馈当日完成全部数据核对和账务调整工作。

**第三十八条**　承销团成员首次办理储蓄国债(电子式)业务前,应将下列材料报财政部、中国人民银行备案:

(一)本单位业务处理系统开发方案。

(二)业务处理系统内部测试报告和国债登记公司出具的联网测试报告。

(三)储蓄国债(电子式)业务单据和相关收费标准。

(四)财政部和中国人民银行要求的其他资料。

如上述各项材料内容发生变更,承销团成员应及时向财政部、中国人民银行备案。

**第三十九条**　不再具备承销团成员资格的机构,对其托管的尚未到期的储蓄国债(电子式),应按规定继续办理除储蓄国债(电子式)认购以外的各项业务,并做好相关国债托管和资金清算工作。

## 第五章　监督检查

**第四十条**　财政部会同中国人民银行对承销团成员和国债登记公司的储蓄国债(电子式)相关业务进行监督

检查,各级财政部门、人民银行当地分支机构对承销团成员当地分支网点办理储蓄国债(电子式)业务情况进行监督检查。

**第四十一条**　经财政部会同中国人民银行授权,国债登记公司可对承销团成员的二级托管账务进行核查,承销团成员应予以配合。

**第四十二条**　承销团成员在办理储蓄国债(电子式)业务过程中有违反相关法律、法规、规章及本办法规定的行为,或者未按照与财政部签订的国债承销协议执行,情节严重的,财政部将会同中国人民银行予以通报,并按照国债承销协议的规定暂停或者终止其执行协议。

在做出最终处理决定前,财政部有权要求承销团成员暂停办理储蓄国债(电子式)认购业务。

**第四十三条**　国债登记公司办理储蓄国债(电子式)相关业务过程中有违反相关法律、法规、规章及本办法规定的行为,情节严重的,财政部将会同中国人民银行予以通报,并建议主管部门对主要负责人和直接责任人给予纪律处分。

### 第六章　附　　则

**第四十四条**　以下术语在本办法中的含义是:

(一)发行期:指对于具体期次的储蓄国债(电子式),财政部、中国人民银行规定承销团成员向投资者销售当期国债的时间。

(二)提前兑取:指投资者于发行期结束后至还本日前的规定时间内,到原购买储蓄国债(电子式)的承销团成员兑取未到期国债的行为。

(三)质押贷款:指投资者以持有的储蓄国债(电子式)为质押品,向原购买国债的承销团成员贷款的行为。

(四)非交易过户:指投资者或相关利益方因法院扣划、抵债、赠予、遗产继承等非交易原因,按照相关法律法规程序,通过承销团成员办理个人间储蓄国债(电子式)所有权转移的行为。

**第四十五条**　国债登记公司根据本办法制定《储蓄国债(电子式)相关业务实施细则》,报财政部、中国人民银行批准后实施。

**第四十六条**　本办法由财政部、中国人民银行负责解释。

**第四十七条**　本办法自2013年2月1日起施行。

已按照《财政部、中国人民银行关于印发〈储蓄国债(电子式)管理办法(试行)〉的通知》(财库〔2009〕73号)发行的储蓄国债(电子式),仍执行财库〔2009〕73号文件有关规定。

附件:(略)

## 国债做市支持操作规则

*1. 2016年9月30日财政部、中国人民银行发布*
*2. 财库〔2016〕154号*

**第一条**　为规范国债做市支持操作行为,促进债券市场健康发展,根据国债管理和全国银行间债券市场有关规定,制定本规则。

**第二条**　国债做市支持运用随买、随卖等工具操作。其中随买是财政部在债券二级市场买入国债,随卖是财政部在债券二级市场卖出国债。

**第三条**　国债做市支持操作通过国债做市支持操作平台(以下简称操作平台)进行,国债做市支持参与机构(以下简称参与机构)通过操作平台客户端参与。

**第四条**　财政部、中国人民银行根据中央库款预测、银行体系流动性等情况,确定国债做市支持操作日期、操作额等。操作日前第6个工作日为国债做市支持需求申报日,参与机构于申报日通过操作平台申报国债做市支持需求意向。

参与机构申报需求意向前,应通过中国外汇交易中心暨全国银行间同业拆借中心(以下简称同业拆借中心)本币交易系统现券匿名买卖匹配功能满足本机构国债交易需求。

**第五条**　开展国债做市支持的条件为每次对至少一只国债申报随买(或者随卖)需求意向的参与机构不少于5家(含5家),同时申报总额不低于2亿元(含2亿元)。

**第六条**　按照国债发行计划经过续发之后并在做市的国债,列为随卖操作券种。如有多只国债符合国债做市支持条件时,每次按照参与机构申报家数由多到少、申报总额由大到小、申报券种前一个月做市成交量由大到小、申报券种剩余期限由长到短顺序,选定国债做市支持操作方向、券种。

**第七条**　做市支持国债选定后,如单只国债申报随买需求总额小于20亿元时,申报总额为该只国债当次最大随买额;如单只国债申报随买需求总额大于或等于20亿元时,该只国债当次最大随买额为20亿元。单只国债随买操作总额累计不超过该只国债余额的10%(含10%)。

如单只国债申报随卖需求总额小于30亿元时,申报总额为该只国债当次最大随卖额;当单只国债申报随卖需求总额大于或等于30亿元时,该只国债当次最大随卖额为30亿元。

财政部、中国人民银行综合考虑中央库款、国债发行兑付、银行体系流动性等情况，在单只国债当次最大随买额、最大随卖额以内，决定单只国债当次操作方向、券种、规模。

**第八条** 财政部和中国人民银行协商一致后，财政部制定国债做市支持操作通知，并于操作日前一个工作日通过财政部网站、中国货币网、中国债券信息网发布。

**第九条** 操作日上午11:05－11:35，申报需求意向的机构通过操作平台参与随买、随卖操作。未申报需求意向的机构不得参与操作。

**第十条** 国债做市支持操作采用单一价格方式定价，标的为价格。随买操作时，最高中标价格为国债随买价格。随卖操作时，最低中标价格为国债随卖价格。

**第十一条** 参与机构应在规定的价格区间内投标。国债做市支持操作价格区间为操作日前5个工作日（含第1和第5个工作日）国债收益率曲线中，相近剩余期限的国债收益率算术平均值上下各浮动3%（四舍五入计算到0.01%）所对应的净价（四舍五入计算到0.01元）区间。其中国债收益率曲线是由中央国债登记结算有限责任公司（以下简称国债登记公司）编制，并在财政部网站公布的中国国债收益率曲线。

**第十二条** 如做市支持国债剩余期限在1年以下（含1年），参与机构竞标标位变动幅度为0.01元；剩余期限在1年至3年（含3年），标位变动幅度为0.03元；剩余期限在3年至5年（含5年），标位变动幅度为0.05元；剩余期限在5年至7年（含7年），标位变动幅度为0.06元；剩余期限在7年至10年（含10年）标位变动幅度为0.08元。

**第十三条** 国债做市支持操作时，参与机构在单一标位最低投标额为1000万元，最高投标额为单只国债做市支持操作额的10%。参与机构投标量为1000万元的整数倍，无最高投标额限定。

**第十四条** 随买（或随卖）操作时，按照价格从低到高（或从高到低）原则对有效投标逐笔募入，直到募满单只国债做市支持操作额或将全部有效标位募完为止。如最高（或最低）中标价格标位上的投标额大于剩余单只国债做市支持操作额，以参与机构在该标位投标额为权重平均分配，取整至1000万元，尾数按投标时间优先原则分配。

**第十五条** 国债做市支持操作结束后，财政部通过财政部网站发布操作结果公告。同业拆借中心及时将国债做市支持数据发给国债登记公司，并根据财政部、中国人民银行确认的操作结果，通过中国货币网发布国债做市支持操作结果信息。

**第十六条** 随买操作采用见券付款结算方式，结算价格为全价。操作日下午2:00前，中标的参与机构将国债交付至财政部设在国债登记公司的国债做市支持债券账户，财政部不迟于操作日后第4个工作日将随买国债资金交付国债登记公司，国债登记公司不迟于操作日后第5个工作日将随买国债资金交付中标的参与机构。

随卖操作采用见款付券结算方式，结算价格为全价。操作日后第1个工作日为随卖操作缴款截止日，参与机构于缴款截止日前缴纳购买国债资金，财政部收到随卖国债资金后，通知国债登记公司办理债权登记和托管。

**第十七条** 不迟于操作日后第5个工作日，财政部对买入的国债债权予以注销，不迟于操作日后第3个工作日，随卖国债与之前发行的同期国债合并上市交易。

**第十八条** 国债做市支持参与机构应当与财政部签署国债做市支持操作协议，明确双方的权利、义务。

**第十九条** 财政部会同中国人民银行可根据市场情况对国债做市支持操作时间、单只国债最大操作额等予以调整。

**第二十条** 本规则由财政部会同中国人民银行负责解释。

**第二十一条** 本规则自公布之日起施行。

# 5. 外国贷款

## 国际金融组织和外国政府贷款投资项目管理暂行办法

*1. 2005年2月28日国家发展和改革委员会令第28号公布*
*2. 自2005年3月1日起施行*

### 第一章 总 则

**第一条** 为加强国际金融组织和外国政府贷款(以下简称国外贷款)投资项目管理,提高国外贷款使用效益,根据《国务院关于投资体制改革的决定》和国家有关外债管理规定,制定本办法。

**第二条** 借用世界银行、亚洲开发银行、国际农业发展基金会等国际金融组织贷款和外国政府贷款及与贷款混合使用的赠款、联合融资等投资项目的管理,适用本办法。

**第三条** 境内企业、机构、团体均可申请借用国外贷款。

**第四条** 国外贷款属于国家主权外债,按照政府投资资金进行管理。国外贷款主要用于公益性和公共基础设施建设,保护和改善生态环境,促进欠发达地区经济和社会发展。

### 第二章 国外贷款备选项目规划

**第五条** 国外贷款备选项目规划是项目对外开展工作的依据。借用国外贷款的项目必须纳入国外贷款备选项目规划。

未纳入国外贷款备选项目规划的项目,国务院各有关部门、地方各级政府和项目用款单位不得向国际金融组织或外国政府等国外贷款机构正式提出贷款申请。

**第六条** 国务院发展改革部门按照国民经济和社会发展规划、产业政策、外债管理及国外贷款使用原则和要求,编制国外贷款备选项目规划,并据此制定、下达年度项目签约计划。

世界银行、亚洲开发银行贷款和日本政府日元贷款备选项目规划由国务院发展改革部门提出,商国务院财政部门后报国务院批准。

**第七条** 国务院行业主管部门、省级发展改革部门、计划单列企业集团和中央管理企业向国务院发展改革部门申报纳入国外贷款规划的备选项目。

国务院行业主管部门申报的项目,由地方政府安排配套资金、承担贷款偿还责任或提供贷款担保的,应当同时出具省级发展改革部门及有关部门意见。

**第八条** 申报纳入国外贷款规划的备选项目材料包括以下内容:

(一)项目简要情况;

(二)项目建设必要性;

(三)拟申请借用国外贷款的类别或国别;

(四)贷款金额及用途;

(五)贷款偿还责任。

**第九条** 已纳入国际金融组织贷款、日本政府日元贷款备选项目规划的项目,如需调整贷款来源或撤销贷款的,应当将调整内容按照本办法第七条规定的程序报国务院发展改革部门。

纳入其他外国政府贷款备选项目规划的项目,如需调整贷款来源的,应当将调整内容在项目资金申请报告审批阶段一并报批。

**第十条** 原批准使用其他资金的项目,拟申请转用国外贷款;或已批准使用国外贷款的项目,拟申请转用其他资金的,应当按照本办法第七条规定的程序报国务院发展改革部门。

**第十一条** 国务院发展改革部门、省级发展改革部门参与项目的有关对外工作,指导和督促国外贷款规划及年度项目签约计划的落实。

**第十二条** 纳入国外贷款备选项目规划的项目,应当区别不同情况履行审批、核准或备案手续:

(一)由中央统借统还的项目,按照中央政府直接投资项目进行管理,其项目建议书、可行性研究报告由国务院发展改革部门审批或审核后报国务院审批。

(二)由省级政府负责偿还或提供还款担保的项目,按照省级政府直接投资项目进行管理,其项目审批权限,按国务院及国务院发展改革部门的有关规定执行。除应当报国务院及国务院发展改革部门审批的项目外,其他项目的可行性研究报告均由省级发展改革部门审批,审批权限不得下放。

(三)由项目用款单位自行偿还且不需政府担保的项目,参照《政府核准的投资项目目录》规定办理:凡《政府核准的投资项目目录》所列的项目,其项目申请报告分别由省级发展改革部门、国务院发展改革部门核准,或由国务院发展改革部门审核后报国务院核准;《政府核准的投资项目目录》之外的项目,报项目所在地省级发展改革部门备案。

### 第三章 项目资金申请报告

**第十三条** 项目纳入国外贷款备选项目规划并完成审

批、核准或备案手续后，项目用款单位须向所在地省级发展改革部门提出项目资金申请报告。

项目资金申请报告由省级发展改革部门初审后，报国务院发展改革部门审批。

国务院行业主管部门、计划单列企业集团和中央管理企业的项目资金申请报告，直接报国务院发展改革部门审批。

**第十四条** 由国务院及国务院发展改革部门审批的项目可行性研究报告，可行性研究报告中应当包括项目资金申请报告内容，不再单独审批项目资金申请报告。

**第十五条** 项目资金申请报告应当具备以下内容：

（一）项目概况，包括项目建设规模及内容、总投资、资本金、国外贷款及其他资金、项目业主、项目执行机构、项目建设期；

（二）国外贷款来源及条件，包括国外贷款机构或贷款国别、还款期、宽限期、利率、承诺费等；

（三）项目对外工作进展情况；

（四）贷款使用范围，包括贷款用于土建、设备、材料、咨询和培训等的资金安排；

（五）设备和材料采购清单及采购方式，包括主要设备和材料规格、数量、单价；

（六）经济分析和财务评价结论；

（七）贷款偿还及担保责任、还款资金来源及还款计划。

**第十六条** 项目资金申请报告应当附以下文件：

（一）项目批准文件（项目可行性研究报告批准文件、项目申请报告核准文件或项目备案文件）。

（二）国际金融组织和日本国际协力银行贷款项目，提供国外贷款机构对项目的评估报告。

（三）国务院行业主管部门提出项目资金申请报告时，如项目需地方政府安排配套资金、承担贷款偿还责任或提供贷款担保的，出具省级发展改革部门及有关部门意见。

（四）申请使用限制性采购的国外贷款项目，出具对国外贷款条件、国内外采购比例、设备价格等比选结果报告。

**第十七条** 国务院发展改革部门审批项目资金申请报告的条件是：

（一）符合国家利用国外贷款的政策及使用规定；

（二）符合国外贷款备选项目规划；

（三）项目已按规定履行审批、核准或备案手续；

（四）国外贷款偿还和担保责任明确，还款资金来源及还款计划落实；

（五）国外贷款机构对项目贷款已初步承诺。

**第十八条** 项目资金申请报告批准后，项目建设内容、贷款金额及用途等发生变化的，须按本办法第十三条规定的程序将调整方案报国务院发展改革部门批准。

**第十九条** 国务院及国务院发展改革部门对项目可行性研究报告或资金申请报告的批准文件，是对外谈判、签约和对内办理转贷生效、外债登记、招标采购和免税手续的依据。

**第二十条** 未经国务院及国务院发展改革部门审批可行性研究报告或资金申请报告的项目，有关部门和单位不得对外签署贷款协定、协议和合同，外汇管理、税务、海关等部门及银行不予办理相关手续。

**第二十一条** 项目资金申请报告自批准之日起两年内，项目未签订国外贷款转贷协议的，该批准文件自动失效。

## 第四章 项目实施管理

**第二十二条** 国务院发展改革部门、省级发展改革部门指导和协调项目实施工作，监督有关招投标活动。

**第二十三条** 国外贷款项目出现余款时，项目用款单位应当及时办理有关余款取消手续，并按本办法第十三条规定的程序抄报国务院发展改革部门。

如将余款继续用于完善原项目建设的，应当参照项目资金申请报告的要求，编制余款使用方案，并按本办法第十三条规定的程序报国务院发展改革部门批准。

**第二十四条** 负责将国外贷款进行转贷的转贷机构，应当根据国务院及国务院发展改革部门对项目可行性研究报告或资金申请报告的批准文件，对项目的国外贷款进行转贷，并于每年六月底和十二月底向国务院发展改革部门报送国外贷款支付和偿还情况。

由各级政府负责偿还国外贷款或提供还款担保的项目，转贷机构原则上应当按贷款方提供的贷款条件进行转贷。如以规避外债风险为目的需对上述项目转贷条件进行调整的，转贷机构应当事先征得国务院发展改革部门同意。

**第二十五条** 项目用款单位要依法履行国外贷款偿还责任，及时进行外债登记，加强国外贷款债务风险管理。

项目用款单位要建立项目信息反馈制度，并于每年六月底和十二月底向批准项目的发展改革部门提交项目进度报告。

**第二十六条** 国务院发展改革部门应当对项目实施情况和省级发展改革部门批准及管理项目情况进行监督检查，并对查实的问题提出处理意见。

**第二十七条** 为确保对外还款，防止逃废债务，尚未偿还全部国外贷款的项目用款单位，在进行资产重组、产权变更或破产申请前，应当事先征得转贷机构对剩余债务偿还安排的书面认可，落实还贷责任，并将有关结果抄报国务院发展改革部门。

### 第五章 附 则

**第二十八条** 省级发展改革部门依据本办法的规定，制定相应的管理办法。

**第二十九条** 本办法由国家发展改革委负责解释。

**第三十条** 本办法自2005年3月1日起施行。此前有关国外贷款投资项目管理的规章和其他规范性文件，与本办法不一致的，按本办法规定执行。

## 国际金融组织和外国政府贷款赠款管理办法

*1. 2016年10月11日财政部令第85号公布*

*2. 自2017年1月1日起施行*

### 第一章 总 则

**第一条** 为了规范国际金融组织和外国政府贷款、赠款管理，防范政府债务风险，提高资金使用效益，根据《中华人民共和国预算法》等相关法律、行政法规，制定本办法。

**第二条** 国际金融组织和外国政府贷款、赠款的管理工作适用本办法。

**第三条** 本办法所称贷款是指财政部经国务院批准代表国家统一筹借并形成政府外债的贷款，以及与上述贷款搭配使用的联合融资。

本办法所称赠款是指财政部或者经国务院批准由财政部代表国家作为受赠方接受的、不以与贷款搭配使用为前提条件的国际赠款。

**第四条** 财政部作为政府外债的统一管理部门，负责全国贷款、赠款的统一管理工作。

地方财政部门作为地方政府性债务归口管理部门，负责本地区贷款、赠款的管理工作。

**第五条** 贷款、赠款的使用应当坚持创新、协调、绿色、开放、共享的发展理念，符合国民经济和社会发展战略，遵循中期财政规划，体现公共财政职能，促进可持续发展。

贷款、赠款的使用包括项目投融资、能力建设、政策咨询等多种形式。

**第六条** 贷款、赠款的管理应当遵循统一筹措、规模适度，分类管理、责权明晰，讲求绩效、风险可控的原则。

**第七条** 按照政府承担还款责任的不同，贷款分为政府负有偿还责任贷款和政府负有担保责任贷款。

政府负有偿还责任贷款，应当纳入本级政府的预算管理和债务限额管理，其收入、支出、还本付息纳入一般公共预算管理。

政府负有担保责任贷款，不纳入政府债务限额管理。政府依法承担并实际履行担保责任时，应当从本级政府预算安排还贷资金，纳入一般公共预算管理。

**第八条** 赠款纳入中央一般公共预算管理。其中：对于赠款方有指定用途的赠款，按预算管理程序审核后相应列入中央部门预算或中央对地方转移支付；对于赠款方无指定用途的赠款，由财政统筹安排使用。

**第九条** 财政部可以将贷款拨付给省级政府（包括计划单列市，下同）或国务院有关部门（含直属单位，下同）等使用。省级财政部门可以将财政部拨付的贷款逐级拨付给下级政府或者有关部门和单位使用。

财政部可以将贷款转贷给省级政府、国务院有关部门、中央企业、金融机构等使用。省级财政部门可以将转贷的贷款拨付给下级政府或者有关部门和单位使用；省级财政部门也可以将转贷的贷款逐级转贷给下级政府或者有关部门和单位使用。

财政部可以将接受的赠款拨付给省级政府、国务院有关部门、中央企业等机构使用。

### 第二章 机构职责

**第十条** 财政部履行下列职责：

（一）统一对外筹借贷款、接受赠款；

（二）制定贷款、赠款的管理制度；

（三）与国务院有关部门研究编制贷款规划；

（四）指导、协调、监督贷款和赠款的立项申报、前期准备、贷款划拨或转贷、赠款分配、资金使用、项目采购、统计监测、债务偿还、绩效管理、成果总结和推广等；

（五）统筹开展贷款、赠款的对外工作，协调推进项目准备，对外磋商谈判，签署相关法律文件，办理生效手续；

（六）将政府负有偿还责任贷款纳入预算管理和债务限额管理，加强对政府负有担保责任贷款的监控，建立债务风险预警和应急处置机制，防范和化解债务风险；

（七）财政部应当履行的其他职责。

**第十一条** 地方财政部门履行下列职责：

（一）制定本地区利用贷款、赠款的管理制度；

（二）组织、征集、评审本地区贷款、赠款申请，向上级财政部门申报备选项目；

（三）组织和协调本地区贷款、赠款对外工作，参与项目准备和磋商谈判，协助办理法律文件签署和生效手续；

（四）监督项目实施单位和有关机构按照贷款、赠款法律文件的规定履行相应职责，及时采取有效措施处理项目出现的问题，并报告上级财政部门；

（五）办理贷款、赠款资金的支付和提取，监督项目实施单位和有关机构贷款资金使用、项目采购等情况，保障资金使用的安全、规范、有效；

（六）确定转贷或担保机制，落实还款责任，督促并确保贷款按时足额偿还；

（七）将本地区政府负有偿还责任贷款纳入本级预算管理和债务限额管理，加强对本地区政府负有担保责任贷款的监控，建立风险应急处置机制和防控措施，防范和化解债务风险；

（八）组织和实施本地区贷款赠款项目的绩效管理工作，总结和推广本地区贷款赠款项目的成果经验；

（九）地方财政部门应当履行的其他职责。

**第十二条**　项目实施单位履行下列职责：

（一）按照贷款方或赠款方及国内相关制度要求，开展贷款和赠款项目的准备工作，办理相关审核、审批手续，并按照财政部门要求提供担保或反担保；

（二）按照贷款、赠款法律文件和国内相关规定，落实项目配套资金，组织项目采购，开展项目活动，推进项目进度，监测项目绩效等；

（三）制定并落实贷款、赠款项目的各项管理规定，安全、规范、有效地使用资金；

（四）及时编制和提交项目进度报告、财务报告和完工报告等，全面、客观、真实地反映项目进展情况；

（五）制定贷款偿还计划，筹措和落实还贷资金，按时足额偿还贷款；

（六）建立项目风险应急处置机制和防控措施，防范和化解债务风险；

（七）配合和协助贷款方或赠款方以及国内相关部门开展项目检查、绩效管理和审计等工作；

（八）项目实施单位应当履行的其他职责。

**第十三条**　跨省、自治区、直辖市、计划单列市的联合执行项目应当由国务院行业主管部门协商财政部等管理部门确定项目协调机构；省内跨地区、跨行业的联合执行项目应当由省级政府确定项目协调机构。

项目协调机构主要履行下列职责：

（一）参与项目立项研究论证，就项目内容、规模、技术、市场等为同级财政部门提供立项咨询意见；

（二）按照贷款方或赠款方及国内相关制度要求，统一组织项目实施单位进行项目准备，协调解决有关问题，开展政策指导和专项业务培训；

（三）按照贷款方或赠款方及国内相关制度要求，协调推进项目执行，定期向同级财政部门汇总报送项目进度报告、财务报告和完工报告；

（四）组织开展项目绩效评价，总结推广项目先进技术、创新模式和管理经验；

（五）配合协助贷款方或赠款方及国内相关部门开展项目检查、绩效管理等工作；

（六）项目协调机构应当履行的其他职责。

贷款项目协调机构项目管理经费预算应当报同级财政部门审批并纳入同级预算管理。

**第十四条**　财政部门可以按照国内相关制度规定选择具有专业能力的机构提供项目评审、到货核查、绩效评价、监督检查等服务。

项目实施单位可以与财政部门共同选择具有专业能力和相关资质的金融机构，委托其办理贷款资金的提取支付，债务的分割、回收、偿还和统计等业务。

## 第三章　贷款管理

### 第一节　贷款筹借

**第十五条**　贷款筹借包括贷款申请、前期准备、对外磋商与谈判、法律文件签署与生效、执行或转贷及担保协议签署等。

**第十六条**　财政部定期发布贷款信息公告，公布贷款方提供贷款的规模、领域、条件等。

**第十七条**　省级财政部门和国务院有关部门、中央企业、金融机构应当根据本办法的规定以及贷款方的要求，组织、征集贷款备选项目。

省级财政部门应当组织专家或委托第三方机构对本地区贷款备选项目的投入领域、贷款方式、融资安排、执行机构能力、绩效目标、偿债机制和债务风险等进行评审，并会同相关部门向财政部报送项目贷款申请书以及具有项目建议书深度的项目文件、还款承诺函、评审报告等配套文件。

国务院有关部门、中央企业、金融机构申报项目的应当向财政部报送项目贷款申请书以及具有项目建议书深度的项目文件、还款承诺函等配套文件。

**第十八条**　财政部对贷款申请进行审查，并在中央政府和地方政府债务限额内，根据国家重大战略规划、优先发展和改革的重点领域、贷款方的资金使用政策、可用资金额度，结合有关项目绩效评价结果和项目所在地的债务风险情况等，与有关部门研究编制贷款备选项目规划。

**第十九条** 已列入贷款备选项目规划的，项目实施单位或者项目协调机构应当配合贷款方做好贷款项目前期准备工作并及时办理国内相关审批手续。

各级财政部门应当加强协调和指导，督促项目实施单位按照贷款方的要求完成各项准备工作。

**第二十条** 在贷款磋商谈判前，有关单位应当完成以下工作：

（一）对于项目贷款来源、金额、内容、实施主体等拟进行重大调整的，应当获得财政部与有关部门确认；对于本地区的项目，省级财政部门应当在报财政部审核确认前重新组织评审；

（二）对于贷款法律文件谈判草本，省级财政部门、中央项目实施单位或中央项目协调机构应当提出修改或确认意见；

（三）对于政府负有担保责任的贷款，项目实施单位应当以财政部门可接受的方式向财政部门提供反担保；

（四）财政部或贷款方要求的其他事项。

**第二十一条** 财政部根据贷款项目准备情况与贷款方开展贷款磋商谈判。

**第二十二条** 在贷款方批准贷款后，财政部组织签署贷款法律文件并办理生效事宜。

**第二十三条** 财政部拨付贷款时，应当与省级政府或者国务院有关部门等签署执行协议。

财政部转贷贷款时，应当与省级政府、国务院有关部门、中央企业或者金融机构等签署转贷协议。

**第二十四条** 对于财政部拨付的贷款，省级财政部门应当与下级政府或者有关部门和单位签署执行协议。

对于财政部转贷的贷款，省级政府负有偿还责任的，省级财政部门应当与下级政府或者有关部门和单位签署执行协议；省级政府负有担保责任的，省级财政部门应当与下级政府或者有关部门和单位签署转贷协议。

省级以下（不含省级）政府接受上级政府转贷，比照前款规定签署执行协议或者转贷协议。

### 第二节　贷款使用

**第二十五条** 贷款使用包括年度计划及预算编制、项目采购、资金支付、财务管理、项目调整、绩效监测及其相关的管理工作等。

**第二十六条** 项目实施单位或者项目协调机构应当按照有关规定将年度贷款资金和配套资金使用计划、采购计划、出国（境）团组计划等报同级财政部门审核确认或备案。

**第二十七条** 项目实施单位按照有关规定应当编制部门预算或者单位预算的，应当将其接受的贷款资金全额编入其部门预算或者单位预算管理。

各级财政部门、有关部门和单位应当按照预算管理有关规定做好贷款的预算编制、执行和决算工作。

**第二十八条** 项目实施单位负责采购代理机构的选择和开展项目采购活动，并接受同级财政部门的监督。

**第二十九条** 财政部门和中央项目实施单位应当按照贷款法律文件、财政专户和预算单位银行账户管理等有关规定开设和管理贷款指定账户，并按照贷款方要求及国内有关规定进行贷款资金支付和债务分割等。

**第三十条** 项目实施单位应当按照国家财务会计制度和具体的贷款项目财务会计管理规定，负责贷款项目的财务管理和会计核算，建立健全内部财务会计制度，定期直接向同级财政部门或者通过项目协调机构汇总报送项目进度报告、财务报告等。

**第三十一条** 贷款使用过程中，有关调整贷款规模、变更项目目标和内容、改变贷款资金用途和支付比例、延长贷款期限等涉及贷款法律文件内容变更的，项目实施单位或者项目协调机构应当通过同级财政部门逐级向财政部提出申请，由财政部与贷款方协商后办理贷款法律文件的变更手续。

**第三十二条** 贷款项目执行期间如需进行期中调整，省级财政部门、中央项目实施单位或者中央项目协调机构应当在调整前组织开展在建项目绩效评价，根据绩效评价结果提出期中调整方案建议和项目管理整改意见。

**第三十三条** 省级财政部门、中央项目实施单位或者中央项目协调机构应当在项目完工后适时开展完工项目绩效评价，并做好评价结果的公开与应用工作。

**第三十四条** 贷款项目完工后，项目实施单位或者项目协调机构应当对项目实施情况进行全面总结和评价，准备项目竣工验收、办理竣工财务决算、提交项目完工报告，明晰产权关系和债权债务关系，做好资产债务移交和登记等工作。

贷款形成国有资产的，其产权管理、核算、评估、处置、收益分配、统计、报告等工作应当按照有关规定进行。

**第三十五条**　财政部门、项目协调机构和项目实施单位应当及时总结技术、管理、制度、理念等方面的创新成果和经验，并进行推广宣传。

### 第三节　债务偿还

**第三十六条**　债务偿还包括还款计划制定、还款安排、欠款回收、还贷准备金管理、影响贷款偿还事项的处理等。

**第三十七条**　还款责任人应当制定还款计划，落实还款资金来源，保证按时足额还款。

**第三十八条**　政府负有偿还责任的贷款，财政部门应当按照预算安排及时足额履行还款责任。

**第三十九条**　政府负有担保责任的贷款，财政部门应当向上一级财政部门提供担保，并督促还款责任人制定还款计划，按时足额还款；必要时，财政部门可以要求企业还款责任人与金融机构就临时性垫付达成信贷服务协议，以确保按时足额还款。

还款责任人未按时还款的，财政部门应当从本级政府还贷准备金中调剂资金用于临时性垫款。

已确定还款责任人无法履行债务的，财政部门应当依法在本级一般公共预算中足额安排资金用于还款。

**第四十条**　未能履行还款义务的，财政部可以采取财政预算扣款、加收罚息等有效措施以保证欠款回收。地方财政部门可以按照转贷协议约定采取有效措施以保证欠款回收。

**第四十一条**　县级以上地方政府可以设立贷款还贷准备金，由同级财政部门管理。

**第四十二条**　还款责任人在遵循审慎原则和建立健全内部控制机制的基础上，可以运用金融工具保值避险。

**第四十三条**　在债务存续期间，还款责任人如因实行资产重组、企业改制等可能导致产权变更、债权变更或者债务转移等行为将会影响到贷款偿还的，应当事先征得同级财政部门的同意，并就有关债务偿还安排与同级财政部门达成书面协议，保证按时偿还贷款，防止债务逃废。

## 第四章　赠款管理

**第四十四条**　赠款管理包括赠款接受、赠款使用、绩效评价与总结、资产管理等。

**第四十五条**　省级财政部门、国务院有关部门和中央企业等机构应当根据财政部以及赠款方的要求，向财政部报送赠款申请及其项目概念书。

财政部对赠款申请进行审核，并与赠款方磋商制定赠款项目清单。

**第四十六条**　财政部负责与赠款方进行磋商谈判、组织签署赠款法律文件并办理生效等事宜。

赠款方有要求的，省级财政部门或中央项目实施单位应当在赠款磋商谈判前出具赠款联合融资承诺函。

财政部应当与省级政府、国务院有关部门和中央企业等机构签署赠款执行协议。

**第四十七条**　项目实施单位应当按照有关规定将赠款年度资金使用计划、采购计划、出国（境）团组计划等报同级财政部门审核确认或备案。

**第四十八条**　财政部门和中央项目实施单位应当按照赠款法律文件、财政专户和预算单位银行账户管理等有关规定开设和管理赠款指定账户，并按照赠款方要求及国内有关规定进行赠款资金支付。

**第四十九条**　项目实施单位应当按照国家财务会计制度和具体的赠款项目财务会计管理规定，负责赠款项目的财务管理和会计核算，建立健全内部财务会计制度，定期向同级财政部门报送项目进度报告、财务报告等。

**第五十条**　赠款使用过程中，有关调整赠款规模、变更项目内容、改变赠款资金用途和支付比例、延长赠款期限等涉及赠款法律文件内容变更的，项目实施单位应当通过同级财政部门逐级提出申请，由财政部与赠款方协商后办理赠款法律文件的变更手续。

**第五十一条**　省级财政部门和中央项目实施单位应当在项目完工后适时开展赠款项目绩效评价，并做好评价结果的公开与应用工作。

**第五十二条**　赠款项目完工前，财政部门应当根据有关规定与赠款法律文件的要求明确赠款形成资产的所有权归属。

赠款形成国有资产的，其产权管理、核算、评估、处置、收益分配、统计、报告等工作应当按照有关规定进行。

## 第五章　法律责任

**第五十三条**　各级财政部门应当对贷款、赠款项目执行情况实施监督。发现问题的，应当责令项目实施单位采取有效措施，限期加以解决和纠正。

**第五十四条**　地方财政部门未按本办法第十一条履行相应职责的，财政部可以予以通报批评，在有关问题得到妥善处理前暂停新的贷款赠款安排。

**第五十五条**　项目实施单位未按本办法第十二条履行相应职责的，财政部门可以采取暂停贷款赠款资金支付、加速未到期贷款债务的偿还、追回已支付资金及其形成的资产、收取贷款违约金等措施。

财政部门可以通过企业信用信息公示系统等平台公示项目实施单位、采购代理机构或者金融机构在贷款赠款使用过程中的失信、违约等行为。

**第五十六条**　项目实施单位、项目协调机构及财政部门和个人存在以虚报、冒领等手段骗取贷款赠款资金，或者滞留、截留、挪用等违反规定使用贷款赠款资金，或者从中非法获益等行为的，依照相关法律法规的规定处理。

**第五十七条**　各级财政部门、项目实施单位和项目协调机构的工作人员在贷款、赠款的管理、资金使用和偿还过程中，贪污受贿、滥用职权、玩忽职守、徇私舞弊的，依照相关法律法规的规定处理。

### 第六章　附　　则

**第五十八条**　省级财政部门可以依照本办法制定本地区贷款、赠款管理的实施办法。

**第五十九条**　项目实施单位依法直接向国际金融组织和外国政府举借，并经国务院批准由财政部代表中央政府为其提供担保的贷款，参照本办法管理。

**第六十条**　本办法自 2017 年 1 月 1 日起施行。2006 年 9 月 1 日发布的《国际金融组织和外国政府贷款赠款管理办法》同时废止。

## 国际金融组织和外国政府贷款赠款项目财务管理办法

*1. 2017 年 5 月 2 日财政部发布*

*2. 财国合〔2017〕28 号*

*3. 根据 2021 年 4 月 8 日财政部《关于〈国际金融组织和外国政府贷款赠款项目财务管理办法〉有关条款修改的通知》（财国合〔2021〕10 号）修正*

### 第一章　总　　则

**第一条**　为了规范国际金融组织和外国政府贷款、赠款（以下简称贷款赠款）项目的财务管理，合理合规使用贷款赠款，提高资金使用效益，根据《国际金融组织和外国政府贷款赠款管理办法》（财政部令第 85 号）等相关规定，制定本办法。

**第二条**　贷款赠款项目的财务管理工作适用本办法。

**第三条**　贷款赠款项目的财务管理应当遵循统一管理、分工合作、规范有效、防范风险的原则。

**第四条**　贷款赠款项目的财务管理主要任务是：贯彻执行国家相关法律、法规、制度及贷款方或赠款方管理规定，建立健全项目财务管理制度，开展贷款赠款项目财务评估、编制贷款赠款资金使用计划和预决算，加强项目会计统计，规范项目支出、控制项目成本，强化财务监督，防控债务风险。

**第五条**　各级财政部门应当将政府负有偿还责任贷款的收入、支出、还本付息和政府负有担保责任贷款中依法或协议规定确需政府偿还的部分，按照预算管理相关规定纳入一般公共预算管理。

赠款纳入中央一般公共预算管理。其中：对于赠款方有指定用途的赠款，按预算管理程序审核后相应列入中央部门预算或中央对地方转移支付；对于赠款方无指定用途的赠款，由财政统筹安排使用。

### 第二章　机构与职责

**第六条**　财政部门履行下列职责：

（一）制定贷款赠款项目的财务管理、会计核算等制度规定，指导编写项目财务管理手册，对本级项目实施单位和下级财政部门开展与项目财务管理相关的业务指导、培训及监督；

（二）组织开展对贷款项目的财政评审；

（三）对政府负有偿还责任的贷款进行预算管理和政府债务限额管理，对政府负有担保责任的贷款按照政府或有债务管理要求实施监管；

（四）对赠款进行预算管理；

（五）对贷款赠款项目的资金支付使用、成本费用支出、债务落实和偿还等实施管理和监督；

（六）就贷款赠款项目实施相关财务管理事宜与贷款方或赠款方进行沟通与协调；

（七）组织或配合相关部门对贷款赠款项目进行的检查、审计等；

（八）财政部门应当履行的其他职责。

**第七条**　项目实施单位履行下列职责：

（一）按照贷款方或赠款方及国内相关规定，建立健全本单位实施或组织实施的贷款赠款项目财务管理制度，编写项目财务管理手册；

（二）明确财务管理机构和人员；

（三）开展贷款赠款项目前期调查、评估、论证，并提供财政评审所需要的材料；

（四）按照贷款方或赠款方及国内相关规定和承诺筹措落实贷款赠款项目配套资金；

（五）按照贷款方或赠款方及国内相关规定，办理贷款赠款资金提款报账，合理合规使用项目资金；

（六）按照贷款法律文件和国内相关规定落实贷

款债务和还贷资金；

（七）做好贷款赠款项目收支预决算、会计、统计、资产管理、档案管理等工作；

（八）接受并协助贷款方或赠款方以及国内相关部门对贷款赠款项目进行的检查、审计等，针对相关问题和建议落实整改；

（九）项目实施单位应当履行的其他职责。

**第八条**　跨地区、跨行业项目的协调机构组织、协调或协助项目实施单位和财政部门履行上述职责。

## 第三章　资金筹措和使用管理

**第九条**　对本地区申请列入备选项目规划的贷款项目，省级（包括计划单列市，下同）财政部门应当组织财政评审，内容包括：投入领域、贷款方式、融资安排、执行机构能力、绩效目标、偿债机制和债务风险等。

**第十条**　贷款项目列入备选项目规划后，在项目准备过程中，财政部门应当在财政评审的基础上，进一步落实还款责任和还款资金来源，并指导、协调项目实施单位或还款责任人合理选择贷款产品，确定贷款条件及还款方式，编制项目财务管理手册等。

**第十一条**　财政部门和项目实施单位应当按照外汇管理部门的规定办理贷款项目外债登记手续。

**第十二条**　中央项目实施单位和省级财政部门（代表省级政府）向财政部提出赠款申请，审核资金需求，并按照赠款方要求提供联合融资承诺函。

**第十三条**　项目实施单位应当按照贷款赠款法律文件以及国内相关规定和承诺的要求筹措落实配套资金。实物和劳务折抵形式的配套或捐赠，按照国家对行政、事业和企业单位的会计准则和会计制度的相关规定确认计价。

**第十四条**　贷款赠款法律文件签署后，财政部门或项目实施单位应当按照法律文件、财政专户和预算单位银行账户管理等相关规定开设和管理贷款赠款指定账户。由地方单位负责实施的项目，除贷款赠款法律文件规定以外，省级以下（不包含省级）财政部门原则上不得设立和管理指定账户。

指定账户管理单位负责办理提款签字人报送和授权手续。

**第十五条**　项目实施单位和项目协调机构应当按照贷款方或赠款方以及财政部门规定，及时编制下一年度贷款赠款项目资金使用计划、采购计划、出国（境）团组计划报送同级财政部门审核或备案。

**第十六条**　省级财政部门应当按照地方政府债务限额管理的相关规定于每年10月底前向财政部报送下年度本地区贷款资金预计使用规模。

**第十七条**　财政部门和项目实施单位应当建立健全贷款赠款项目资金支付的职责分工、审核流程和监控制度，按照贷款方或赠款方的要求及国内相关规定进行贷款赠款资金支付和债务分割等工作。

项目实施单位应当按照贷款赠款法律文件所规定的费用类别和比例使用贷款赠款资金，并按照贷款方或赠款方的支付政策及财政部门的相关规定，及时提交提款申请书及证明文件，办理贷款赠款资金提款报账事宜。

外国政府贷款提款报账时，项目实施单位应当按照财政部门的要求进行事前确认或事后备案。

**第十八条**　财政部门和项目实施单位应当及时核对、确认提款报账金额和币种、支付日期、支付类别、债务金额等基础财务信息，相互提供相关单据和文件以做好记录核算工作，落实债权债务，妥善保存原始材料以备查。

**第十九条**　回收的贷款资金原则上不得进行再转贷。按照贷款法律文件规定确需进行再转贷的，财政部门或项目实施单位应当建立健全管理制度和运行机制，明确职责分工和工作程序，加强资金管理，落实债务偿还责任，严格防范风险。

**第二十条**　贷款赠款项目实施过程中出现以下情况，项目实施单位须经同级财政部门逐级上报财政部，由财政部与贷款方或赠款方协商一致后办理：

（一）贷款赠款项目的内容、范围、资金用途、融资结构、支付比例等发生重大实质性变更的；

（二）贷款赠款项目无法在贷款赠款法律文件所规定的账户关闭日之前完成支付而需要延期的；

（三）贷款赠款法律文件签署生效后，要求注销部分或全部贷款赠款资金的；

（四）贷款账户关闭后，要求提前偿还部分或全部贷款资金的；

（五）其他对资金支付及使用产生重大影响的情况。

## 第四章　成本费用和资产管理

**第二十一条**　项目实施单位应当按照贷款赠款法律文件和国内相关规定，加强项目准备及实施各环节的成本费用管理，做好项目成本费用的概算、确认、支付、控制及核算等财务工作。

**第二十二条**　财政部门和项目实施单位应当严格按照贷款赠款法律文件所规定的范围、标准、条件、类别及国内相关规定的要求，支付、归集各类费用支出。

**第二十三条**　财政部门和项目实施单位应当严格按照财政部、国家外专局相关规定审核和执行贷款赠款项目出国(境)团组计划及支出相关费用。不得在项目采购或咨询合同中安排出国(境)培训调研内容。

**第二十四条**　项目会议、培训、差旅费用支出范围和标准应当根据项目实施单位隶属级次,参照财政部或项目所在地区相关规定执行。

**第二十五条**　财政部门和项目实施单位应当严格控制项目咨询服务费用。咨询服务费用标准应当参照专家所在地生活和收入水平确定,其中,由贷款赠款资金支付的,参照贷款方或赠款方相关指南执行;由国内配套资金支付的,按照国内同行业相关标准执行。

**第二十六条**　贷款项目代理银行和采购代理机构的服务费按照国内相关规定执行。

**第二十七条**　贷款项目协调机构项目管理经费预算应当报同级财政部门审批并纳入同级预算管理。

**第二十八条**　项目实施单位应当按照国内相关规定,对项目流动资产、固定资产、无形资产的形成、确认、计价、损益和移交等进行严格管理,防止资产流失。

**第二十九条**　贷款赠款项目形成国有资产的,其转移、出售、抵押、置换以及报废清理等工作,应当按照国内相关规定进行。贷款赠款法律文件有明确规定的,从其规定。

**第三十条**　贷款赠款项目完工后,项目实施单位应当对各项资产清理造册,编制项目竣工财务决算报告或完工报告、清理期间收支报表,按照国家相关规定报送财政和相关部门审核、审批或备案。

## 第五章　财务报告和信息系统管理

**第三十一条**　项目实施单位应当按照贷款赠款法律文件和财政部门相关规定对贷款赠款项目进行会计核算,编制、报送项目财务报告和各类统计报表等。接受并协助贷款方或赠款方以及国内相关部门对贷款赠款项目进行的检查、审计等。

**第三十二条**　财政部门和项目实施单位应当逐步建立健全项目资金、资产、财务、债务管理信息系统,加强对信息的分析处理和交流共享,提高财务管理工作效率。

## 第六章　债 务 管 理

**第三十三条**　财政部门和还款责任人应当建立健全还贷保障机制,明晰债权债务关系,落实还贷责任,防控债务风险。

**第三十四条**　财政部门和还款责任人应当按照国内相关规定分别做好贷款债权债务的会计和统计工作;财政部门组织债务偿还和回收工作,还款责任人落实偿还债务的资金来源,并按照贷款方或财政部门的还款通知,及时足额偿还到期债务。

**第三十五条**　财政部门、项目实施单位和还款责任人应当与贷款方及相关单位保持沟通,及时掌握贷款资金支付和债务偿还信息,并按照财政部门相关规定逐级汇总上报统计报表。上级财政与下级财政、财政部门与项目实施单位和还款责任人之间应当每年至少进行一次债务核对工作。

**第三十六条**　财政部门应当按照国内相关规定管理还贷准备金。还款责任人未按时还款的,财政部门应当从还贷准备金中调剂资金用于临时性垫款。

**第三十七条**　对于政府负有偿还责任贷款和依法或协议规定确需政府偿还的担保责任贷款,财政部门应当在本级政府相应年度支出预算中安排还贷资金。

财政部门代为偿还担保责任贷款后,依法对原还款责任人享有追偿权。

**第三十八条**　对未能履行还款义务的还款责任人,上级财政部门可以采取财政预算扣款、加收罚息等有效措施以保证欠款回收。

**第三十九条**　除贷款法律文件明确规定以外,回收的贷款资金应当统一纳入还贷准备金用于债务偿还。

**第四十条**　财政部门应当建立贷款债务的统计、监测、预警体系,完善偿债信用考评和公示制度,防范和化解债务风险。

**第四十一条**　在贷款债务存续期间,还款责任人如因实行资产重组、企业改制等可能导致产权变更、债权变更或者债务转移等行为将会影响到贷款偿还的,应当事先征得同级财政部门同意,并就相关债务偿还安排与同级财政部门达成书面协议,保证按时偿还贷款,防止债务逃废。

## 第七章　监督与法律责任

**第四十二条**　财政部转贷或拨付给国务院有关部门(含直属单位,下同)、中央企业、金融机构使用的贷款赠款,由财政部组织开展贷款赠款项目监督检查工作。

财政部转贷或拨付给省级政府使用的贷款赠款,由省级财政部门组织开展贷款赠款项目监督检查工作。财政部可以视情对贷款赠款项目开展专项监督检查工作。

**第四十三条**　财政部门可以调阅、检查、核实贷款赠款项目的财务会计资料,并就检查过程中发现的违规行为,按照国内相关规定采取相应措施进行处理。

**第四十四条**　为贷款赠款项目提供审计的机构,应当按照贷款方或赠款方及国内相关规定，对项目财务收支和项目执行情况进行审计并出具审计报告。

**第四十五条**　地方财政部门未按本办法第六条履行相应职责的，财政部可以予以通报批评，在相关问题得到妥善处理前暂停该地区新的贷款赠款安排。

**第四十六条**　项目实施单位未按本办法第七条履行相应职责的，财政部门可以采取暂停贷款赠款资金支付、加速未到期贷款债务的偿还、追回已支付资金及其形成的资产、收取贷款违约金等措施。

财政部门可以通过企业信用信息公示系统等平台公示项目实施单位等在贷款赠款使用和偿还过程中的失信、失范行为，并对责任主体实施联合惩戒措施。

**第四十七条**　财政部门及其工作人员未按照本办法规定的程序和标准进行审核并造成不良影响的，以及存在滥用职权、玩忽职守、徇私舞弊等违纪行为的，按照《公务员法》、《行政监察法》、《财政违法行为处罚处分条例》等国家有关规定追究相应责任；涉嫌犯罪的，移送司法机关处理。

**第四十八条**　项目实施单位、项目协调机构及财政部门和个人以虚报、冒领等手段骗取贷款赠款资金的，或者滞留、截留、挪用及其他违反规定使用贷款赠款资金的，或者从贷款赠款中非法获益的，依照相关法律法规的规定处理。

### 第八章　附　　则

**第四十九条**　贷款方或赠款方对贷款赠款项目财务管理另有要求且不与我国法律法规规定相冲突的，从其规定。

**第五十条**　国务院有关部门，省、自治区、直辖市、计划单列市财政部门和新疆生产建设兵团财务局，可根据本办法制定实施细则。

**第五十一条**　本办法自2017年6月1日起施行，2011年2月16日发布的《国际金融组织贷款赠款项目财务管理暂行办法》（财际〔2011〕10号）同时废止。

## 国际金融组织和外国政府贷款项目全生命周期管理暂行办法

*1．2023年8月11日财政部发布*
*2．财国合〔2023〕22号*

### 第一章　总　　则

**第一条**　为了加强国际金融组织和外国政府主权贷款项目（以下简称项目）全生命周期管理，贯通管理链条、提升管理效能，根据《中华人民共和国预算法》及其实施条例、《国务院关于进一步深化预算管理制度改革的意见》（国发〔2021〕5号）、《国际金融组织和外国政府贷款赠款管理办法》（财政部令第85号）等规定，制定本办法。

**第二条**　本办法适用于项目征集与申报、备选项目规划编制，项目准备、对外磋商与谈判，项目签约与生效，项目实施，项目完工，项目绩效评价与审计，债务偿还，监督检查等全生命周期的管理。

**第三条**　按照政府承担还款责任的不同，贷款分为政府负有偿还责任贷款和政府负有担保责任贷款。

政府负有偿还责任贷款（以下称政府债务外贷），应当纳入本级政府的预算管理和债务限额管理，其收入、支出、还本付息付费纳入一般公共预算管理，按照部门预算相关规定开展评审，落实预算绩效管理相关要求。

政府负有担保责任贷款（以下称政府担保外贷），不纳入政府债务限额管理。政府依法承担并实际履行担保责任时，应当从本级政府预算安排还贷资金，纳入一般公共预算管理。

**第四条**　项目作为管理的基本单元，纳入财政部国际金融组织和外国政府贷款赠款管理系统（以下称外贷系统）项目库，依托外贷系统实施项目全生命周期管理。

按照“横向到边、纵向到底”的原则，具备系统接入条件的项目参与方均应当通过外贷系统参与项目管理。项目全生命周期管理中涉及需上报、下达、报备文件资料等均通过外贷系统实施。

政府债务外贷项目在完成申报审批等前期管理工作以后，纳入预算管理一体化系统项目库储备，按照规定实施全生命周期管理，外贷系统与预算管理一体化系统对接共享信息。

**第五条**　财政部门按照“统一领导、分级管理”的原则，推进、指导、监督项目实施、配套资金落实、还款等活动。财政部门、项目协调机构和项目实施单位（以下称项目单位）、采购代理机构、转贷或代理银行等单位根据有关规定各司其职，做好项目全生命周期管理工作，并根据管理要求分工做好外贷系统管理、信息录入和维护等工作。

财政部门应当加强与发展改革等部门联动合作，强化项目统筹协调，做好项目事前评审、事中监管、事后绩效评价全生命周期管理。

## 第二章　项目征集与申报、备选项目规划编制

**第六条**　财政部定期在外贷系统上发布贷款信息，包括国际金融组织和外国政府贷款机构（以下称贷款方）对华提供贷款的规模、重点支持领域、贷款条件等。

**第七条**　项目征集与申报、备选项目规划编制按照《国际金融组织和外国政府贷款项目前期管理规程（试行）》（财国合〔2017〕5号）有关规定执行。

项目应当自申报开始，录入外贷系统项目库分阶段管理。项目单位无接入外贷系统硬件条件的，由同级财政部门代为录入。

**第八条**　地方申报项目应当由省级财政部门组织专家或委托第三方机构按照相关规定进行评审并出具财政评审报告。评审重点包括项目投入领域、贷款方式、绩效目标、融资安排、配套资金安排、偿债机制、债务风险和执行机构能力等。

地方申报项目需同步报送省级财政部门出具的财政评审报告。省级财政部门应当严格按照财政部相关格式及要素要求开展项目财政评审工作、撰写报告；对于财政评审报告提出的相关风险提示及改进建议等，各级财政部门应当督促指导项目单位研究落实。

中央申报项目由申报部门组织开展部门评审并出具评审报告，在此基础上，财政部根据有关预算评审管理规定，选取项目开展财政评审并出具评审报告；地方拟申请使用中央财政统借统还贷款资金项目，由省级财政部门组织开展财政评审并出具评审报告，在此基础上，财政部根据有关预算评审管理规定，选取项目开展财政评审并出具评审报告。

## 第三章　项目准备、对外磋商与谈判

**第九条**　项目准备是指自备选项目规划下达后至项目对外磋商与谈判前需开展的各项工作。

**第十条**　项目实施单位承担项目主体责任；财政部门应当指导、监督项目单位组织、开展项目准备工作。

**第十一条**　项目单位应当按照相关规定和要求，开展项目准备工作，完成环境和社会影响评价报告、土地利用报告、移民安置计划等的编报，配合贷款方和国内相关部门按时完成项目鉴别、评估等准备工作，落实配套资金，依次编制可行性研究报告或项目实施框架方案、资金申请报告等项目材料，办理相关审批手续，每季度结束后10个工作日内将季度项目准备及审批进展情况通过同级财政部门逐级上报省级财政部门。

省级财政部门、中央项目协调机构应当于每季度结束后15个工作日内将包括但不限于项目进展、存在问题和下一步工作安排等项目准备情况通过外贷系统向财政部报告。

**第十二条**　已列入备选规划的项目，原则上不得进行重大调整。项目准备过程中，对于项目贷款来源、金额、内容、实施主体等特殊原因需要进行重大调整或终止项目的，项目单位应当及时逐级上报财政部门审核。涉及重大调整的，地方项目由省级财政部门出具评审意见后报财政部审核确认；中央项目直接报财政部审核确认。

**第十三条**　项目单位应当按照相关规定以及财政部、贷款方有关要求，完成采购代理机构、转贷或代理银行的选聘及合同签订工作，并接受同级财政部门监督。

采购代理机构应当根据贷款法律文件、采购代理合同约定等，在项目前期准备、组织采购、合同执行等阶段提供采购代理服务。

代理银行应当根据代理合同的约定，提供对外联络、咨询服务，代理收付款项及审核、债务核对与统计、结售汇和结算等业务。

转贷银行参照代理银行职责办理相关业务，按照贷款法律文件约定负责办理贷款的转贷业务。

外国政府及欧佩克国际发展基金、北欧投资银行等贷款项目，项目实施单位应当按照财政部门和贷款方的有关要求，原则上在备选项目规划下达3个月内完成委托转贷或代理银行和采购代理机构的选聘及合同签订工作。

**第十四条**　财政部根据项目准备情况，组织中央项目单位、省级财政部门等有关单位就贷款法律文件草本研提意见。对于贷款方要求谈判的国际金融组织贷款，财政部应当组织开展对外谈判。省级财政部门、中央项目单位应当组织有关部门配合并参与谈判工作，对贷款法律文件谈判草本提出修改或确认意见。如无特殊情况，项目在谈判前应当完成全部必要报批手续。

## 第四章　项目签约与生效

**第十五条**　财政部在对外磋商与谈判后，根据贷款方批准贷款等进展情况，组织签署贷款法律文件并办理生效手续。

对于国际金融组织贷款，省级财政部门应当商项目单位等将签署项目协议等有关事项呈报省级人民政府。经省级人民政府批准后，省级财政部门按照程序在规定时限内办理项目协议文本的确认、委托授权、签署等事项。

对于贷款方有特殊要求的外国政府贷款，转贷银

行应当在事先征得省级财政部门和项目单位的书面确认后，与贷款方签署相关法律文件。

**第十六条**　中央签署协议由财政部按照相关要求办理生效手续；地方签署协议由省级财政部门按照相关要求办理生效手续。各级财政部门应当按照要求及时落实好贷款法律文件中规定的其他生效条件。

**第十七条**　中央财政统借统还的贷款，应当由财政部与省级人民政府或国务院有关部委、有关直属机构等签署执行协议，省级财政部门应当根据用款情况，与下级政府或有关部门和单位签署执行协议。

财政部转贷的贷款，由财政部与地方项目单位所在地省级人民政府、国务院有关部委、有关直属机构、中央企业或金融机构等签署转贷协议。

对于财政部转贷的贷款，省级人民政府负有偿还责任的，省级财政部门应当与下级政府或有关部门和单位签署执行协议；省级人民政府负有担保责任的，省级财政部门应当与下级人民政府或有关部门和单位签署转贷协议。

省级以下人民政府接受上级政府转贷，比照前款规定签署执行协议或转贷协议。

对于贷款方有特殊要求的外国政府贷款，转贷银行应当在事先征得省级财政部门同意后，代表财政部与省级财政部门或项目单位签署转贷协议，并将贷款法律文件和转贷协议报送财政部和省级财政部门备案。

**第十八条**　项目应优化转贷层级安排，严格按照项目受益范围，明确承担项目主体责任的相应级次政府。最终转贷至县级开展的项目，涉及已实行"省直管县"财政体制的县，由省级财政部门直接转贷至县级人民政府，与县级财政部门发生贷款收入、支出与还本付息关系。市级财政部门应当加强监管。

**第十九条**　对于政府担保外贷，项目实施单位应当以保证、抵押或质押等财政部门可接受的方式向同级财政部门提供担保或反担保。对于财政部转贷给中央企业和金融机构等使用的统借自还贷款项目，中央企业和金融机构等应当向财政部提供债券质押担保或见索即付银行保函等方式的还款保证。

如项目准备或实施过程中发生相关变更，上述相关单位应当相应变更担保或反担保安排。

## 第五章　项 目 实 施

**第二十条**　项目实施一般是指自项目签署转贷或执行协议后，至项目完工前需开展的各项工作。贷款法律文件约定的追溯报账项目，比照项目实施要求执行。

**第二十一条**　项目单位应当按照贷款法律文件要求建立相应的项目管理机构，配备专业人员，建立健全项目管理和财务管理办法，按照规定实施项目。

财政部门、项目单位可立足自身人力资源情况，在相关机构人员配置范围内统筹协调，确有必要，可按照程序申请安排必要项目管理工作经费列入同级预算管理，但必须严格控制、厉行节约，并遵守国内有关制度规定及贷款法律文件要求。

**第二十二条**　项目实施单位应当编制年度贷款资金和配套资金使用计划、招标采购计划、出国（境）团组计划等项目年度实施计划，按照有关规定报同级财政部门审核确认或备案。相关年度计划通过外贷系统填报。

**第二十三条**　政府债务外贷的提款、用款、还款应当纳入预算管理，按照财政部外贷预算管理有关规定办理。政府债务外贷实行债务限额管理。政府担保外贷按照有关规定加强管理。

项目单位应当落实预算管理主体责任，对预算完整性、规范性、真实性以及执行结果负责。财政部门应当督促项目单位提高预算编制准确性，提升预算执行率，强化预算对执行的控制，通过收支预算合理、全面、完整反映各项目活动。

**第二十四条**　项目采购依照《中华人民共和国政府采购法》等相关规定，以及贷款方与中方达成的贷款法律文件、财政部采购管理等有关规定执行。

**第二十五条**　项目单位签署的合同应当符合贷款法律文件要求和国内相关规定。合同当事人应当按照合同约定履行义务，确保提供的工程、货物、服务等与合同约定相一致。

合同变更须严格遵循国内相关审批程序和贷款方审核要求，重大合同变更应当报同级财政部门备案。

**第二十六条**　省级财政部门或中央项目单位，需要开设指定账户的，应当按照贷款法律文件、财政专户和预算单位银行账户管理等有关规定开设贷款指定账户。

**第二十七条**　转贷协议或执行协议签署后，省级财政部门、项目单位、转贷银行应当按照转贷协议或执行协议约定，向财政部报送提款签字人及签字样本。财政部审核无误后，签发提款签字人授权信并将签字样本一并提交贷款方。

项目单位应当向财政部门、转贷银行报送提款签字人及签字样本。提款报账申请材料需经提款签字人签字后办理提款报账手续。

在项目执行期内，提款签字人变更的，应当按照转贷协议或执行协议约定，及时向财政部报送新的提款签字人及签字样本。

**第二十八条**　项目按照贷款法律文件、贷款方支付政策以及预算管理制度，由省级财政部门或中央项目单位向贷款方办理提款报账，或通过转贷或代理银行办理收付款手续。

对于国际金融组织贷款项目，省级财政部门或中央项目单位确认收到贷款方资金或直接支付记录后，需在7个工作日内将相关信息录入外贷系统。

对于外国政府贷款项目，转贷或代理银行应当根据项目单位或其委托的采购代理机构提交的经省级财政部门审核的提款申请，按照贷款法律文件等相关规定办理向贷款方提款的相关手续。

转贷或代理银行确认收到贷款方的提款回单或直接支付记录后，应当将相关情况在5个工作日内通知项目单位和省级财政部门。省级财政部门或中央项目单位应当自确认收到提款回单或直接支付记录之日起10个工作日内将相关信息录入外贷系统。

**第二十九条**　省级财政部门或中央项目单位按照贷款法律文件和国内相关规定审核下级单位提交的报账申请资料，对于合格的报账申请应当在10个工作日内办理资金拨付手续，对不合理的报账申请应当在10个工作日内通知下级单位进行修改、补充，或者拒绝支付并说明理由。

省级财政部门或中央项目单位资金拨付后应当在7个工作日内将相关信息录入外贷系统。

**第三十条**　财政部门应当按照《财政总会计制度》，做好纳入一般公共预算管理的国际金融组织和外国政府贷款资金的核算工作。项目单位应当按照贷款法律文件和国内相关规定，加强项目各环节的成本费用管理，做好项目成本费用的测算、确认、支付、控制及核算等财务工作。项目单位应当严格按照贷款法律文件所规定的范围、标准、条件、类别及国内相关规定的要求，支付、归集各类费用支出，报同级财政部门或中央项目单位财务主管部门审核或备案，并将相关信息录入外贷系统。

**第三十一条**　项目单位应当按照财政部、贷款方的要求，加强对项目成果指标的监测。项目单位应当于每季度结束后10个工作日内，编制并通过外贷系统逐级向省级财政部门、中央项目协调机构提交项目实施进度报告，每半年结束后20个工作日内编制并通过外贷系统逐级向省级财政部门、中央项目协调机构提交财务报告。财政部按照需要不定期检查相关报告。

**第三十二条**　涉及结果导向型和发展政策等贷款工具的，项目单位应当按照贷款法律文件要求，及时组织或配合独立第三方机构完成各阶段指标核验工作。

**第三十三条**　省级财政部门应当加强对项目设计、准备和实施的监督管理，严肃项目调整纪律。贷款使用过程中，原则上不予办理涉及贷款规模、项目内容的重大调整。确需调整贷款规模、项目建设目标和内容，改变贷款资金用途、支付比例和贷款期限等涉及贷款法律文件内容变更的，项目单位应当通过同级财政部门逐级向财政部提出申请，中央项目直接报财政部审核。由财政部与贷款方协商后提出贷款法律文件的变更申请。

项目调整内容涉及项目建设内容、贷款金额及用途等重大调整的，省级财政部门应当向财政部同时提交发展改革部门的审核或确认文件，中央项目单位应当向财政部同时提交国家发展改革委的审核或确认文件。

**第三十四条**　财政部门应当严格控制项目取消或终止情况，包括对外磋商谈判前取消、对外磋商谈判后签约前取消、签约后终止等。确因客观条件变化等因素无法推进时，省级财政部门应当向财政部正式报送申请取消或终止函。

## 第六章　项 目 完 工

**第三十五条**　项目完工后，项目单位应当根据相关合同条款组织验收。涉及工程类的，项目单位应当及时组织开展竣工验收，编报竣工财务决算，按照国内相关规定报送财政部门或相关部门审批或备案。

建设周期长、建设内容多的大型项目，单项工程竣工具备交付使用条件的，可以编报单项工程竣工财务决算，项目全部竣工后应当编报竣工财务总决算。

**第三十六条**　项目完工时，项目单位应当按照要求在规定时限内编报项目完工报告，并通过外贷系统报省级财政部门和中央项目协调机构备案。财政部按照需要不定期检查相关报告。

**第三十七条**　省级财政部门、中央项目单位会同项目实施单位按照贷款协定约定的关账日期做好项目完工和资金关账工作。如需延期，项目实施单位应当报省级财政部门或中央项目单位，由其审核后原则上应当在关账日6个月前通过外贷系统报送财政部，由财政部提交贷款方审批。

对已按期关账的项目，省级财政部门或中央项目单位应当敦促贷款方及时办理贷款财务关账手续。

**第三十八条**　项目竣工验收合格后应当及时办理资产交付使用手续，并依据批复的项目竣工财务决算进行账务调整。

项目形成国有资产（含无形资产）的，其转移、出售、抵押、置换以及报废清理等工作，应当按照相关规定进行。项目形成的资产由项目单位移交项目运营单位的，应当办理移交手续；移交后由项目运营单位承担管理职责。

## 第七章　项目绩效评价与审计

**第三十九条**　对处于实施期第2-3年且此前未开展绩效评价的在建项目和已完工2-3年内且完工后未开展绩效评价的完工项目，地方财政部门和中央项目单位应当按照有关规定组织实施和管理本地区、本部门的绩效评价工作。对实施期5年及以上的项目，应当适时开展中期和实施期后绩效评价。

省级财政部门和中央项目单位应当于每年3月底前制定本地区、本部门项目绩效评价工作计划，确定评价项目，并上传外贷系统备案。次年3月底前，应当将项目绩效评价报告以及评价结果应用建议按照要求上传外贷系统备案。

绩效评价应当对项目的相关性、效率、效果和可持续性四个方面进行评价。对于完工项目，应当对上述四个方面进行全面评价并确定项目的综合绩效等级；对于在建项目，应当重点评价项目的相关性、效率和效果并确定项目的综合绩效等级。

财政部可不定期抽选部分项目开展重点绩效评价或对相关绩效评价工作开展再评价。

**第四十条**　财政部、中央项目单位及地方各级财政部门应当加强项目绩效评价结果应用，并按照政府信息公开有关规定公开绩效评价结果。

**第四十一条**　财政部门、项目单位应当配合做好审计工作，按照贷款方要求及时将有关审计报告报送贷款方，并根据审计结果落实审计整改要求。

## 第八章　贷款偿还

**第四十二条**　政府债务外贷由相应级次政府通过一般公共预算安排还款，履行相应预算管理程序并及时偿付；政府担保外贷应当建立健全偿债风险监测机制，及时防范化解债务风险、确保还款资金来源。

财政部门和还款单位应当建立健全还贷保障机制，明晰债权债务关系，落实还贷责任，防控债务风险。

**第四十三条**　财政部门组织债务偿还和回收工作，还款单位落实债务偿还的资金来源，并按照贷款方或财政部门的还款通知，及时足额偿还到期债务。

根据贷款法律文件、转贷协议依次确定还款单位。各相关还款单位应当根据债务情况、还款年限以及利率水平测算承担债务金额、制定年度还款计划，落实还款资金来源，保证按时足额还款。

财政部门应当建立和维护与外贷系统信息同步一致的债务偿还工作台账，及时掌握各相关还款单位的应偿还债务情况，督促相关还款单位制定年度还款计划，按时足额还款，防控债务风险。

财政部原则上提前1个月下发国际金融组织贷款还款通知。外国政府贷款由转贷或代理银行负责通知，抄送相关财政部门备查。

还款单位应当根据财政部门、转贷或代理银行的通知，按时办理还款支付手续，及时足额偿还到期债务。财政部门应当在外贷系统准确填报或确认还款情况。

**第四十四条**　还款单位应当结合贷款、转贷协议等法律文本，就提前还款需求与财政部门及时沟通，逐级报财政部与贷款方磋商确认相关条件。各方达成初步一致后，还款单位通过同级财政部门逐级向财政部提交提前还款申请，财政部对外办理相关手续，下发国际金融组织贷款还款通知、或通过转贷或代理银行通知还款。

**第四十五条**　在债务存续期间，还款单位如因实行资产重组、企业改制等可能导致产权变更、债权变更或债务转移等行为将会影响到贷款偿还的，应当事先征得同级财政部门的同意，并就有关债务偿还安排与同级财政部门达成书面协议，保证按时偿还贷款，防止债务逃废。同级财政部门应当将有关情况向上级财政部门备案。

**第四十六条**　对未能履行还款义务的还款单位，财政部门可以采取财政预算扣款、加收罚息等有效措施以保证欠款回收，并按照转贷协议约定采取有效措施以保证欠款回收。

已确定还款单位无法偿还债务，确需政府履行担保责任、予以代偿的贷款，财政部门应当在本级一般公共预算中足额安排资金用于还款。

财政部门代为偿还后，依法对原还款单位享受追偿权，追回的资金缴入国库或财政专户，并列入相应年度财政预算，冲减当期支出。

**第四十七条**　财政部门和还款单位应当分别做好贷款债权债务的会计和统计等相关工作，通过外贷系统准确反映债务余额及债权债务关系。

财政部门和项目单位应当做好项目全生命周期台账等信息管理，分项目登记贷款方、贷款期限、贷款类别、贷款规模、限额、提款及支付（包括额度、币种、汇率、日期）、签约日、生效日、转贷、关账、调整情况等信息。

**第四十八条**　上下级财政部门之间，财政部门与项目单位之间，财政部门与转贷或代理银行之间，建立项目管理信.息实时互通和定期对账机制，确保账账相符、账实相符。具备条件的部门和单位，应当通过外贷系统开展核对工作。

转贷或代理银行按照相关要求将已发生的提款、还款明细报省级财政部门，省级财政部门在外贷系统中录入和核对明细数据。

**第四十九条**　项目运营单位应当在机构设置、人力资源、经费等方面进行合理配置，满足项目持续运行的需要。在项目全生命周期内，政府负有担保责任贷款的项目运营单位、还款单位于每年1月20日、7月20日前把机构或项目半年度、年度财务报表报送至同级财政部门，并由同级财政部门上传至外贷系统。

## 第九章　监督检查

**第五十条**　财政部门应当对项目单位和有关机构履行贷款法律文件的情况实施监督检查。发现问题的，应当责令项目单位和有关机构采取有效措施，限期加以解决和纠正，并报告上级财政部门。

财政部门未按照本办法履行相应职责的，上级财政部门可通过书面提示、约谈等方式进行提醒，必要时予以通报批评，情节严重的在有关问题得到妥善处理前暂停新的贷款安排。

财政部门可以通过企业信用信息公示系统等平台公示项目单位、采购代理机构、金融机构在贷款使用过程中的失信、违约等行为。

**第五十一条**　项目单位和有关机构应当配合贷款方依据贷款法律文件开展的项目检查，接受财政部门对项目执行情况的监督检查。

项目单位和有关机构存在违法违规行为的，依照《中华人民共和国预算法》及其实施条例、《财政违法行为处罚处分条例》等国家有关规定追究相应责任。

**第五十二条**　财政部每三年开展全国财政系统业务工作评比表彰工作，其中下设项目管理基础工作评分子项目，定期考核项目管理日常工作以及外贷系统管理和使用情况等。对于工作开展较好、项目质量较高、定期完成信息报送的省级财政部门，财政部在按照客观办法考评后，在全国范围内通报表扬。

**第五十三条**　中央及地方项目单位作为项目信息安全管理直接责任人，应当落实主体责任，防范国家安全信息泄露风险。

各级财政部门应当督促项目单位建立健全相关工作机制和落实相关工作。

## 第十章　附　　则

**第五十四条**　本办法下列用语的含义：

（一）项目实施单位：包括中央项目实施单位和地方项目实施单位。其中，中央项目实施单位是指实施项目的国务院有关部委、有关直属机构、中央企业、金融机构等；地方项目实施单位是指实施项目的地方政府有关部门或其他单位。

（二）项目协调机构：是指由国务院行业主管部门协商财政部等管理部门确定的跨省、自治区、直辖市、计划单列市的联合执行项目的协调机构；由省级人民政府确定的省内跨地区、跨行业的联合执行项目的协调机构；由市、县（市、区）级政府确定的市、县（市、区）内跨行业的联合执行项目的协调机构。

（三）采购代理机构：是指接受项目实施单位委托，根据项目需求，提供采购代理以及相关咨询服务的供应商。

（四）代理银行：是指接受项目实施单位或财政部委托，为做好项目前期准备并执行财政部门与项目实施单位签署的项目转贷协议或者执行协议，提供对外联络、咨询服务，代理收付款项及审核、债务核对与统计、结售汇和结算等业务的银行。

（五）转贷银行：是指接受项目实施单位或财政部委托，将财政部代表我国政府借入的贷款再转贷给省级财政部门或项目单位，并负责贷款资金的提取和支付、本息和费用回收以及对外偿付等活动的受托银行。

（六）项目运营单位：是指项目完工后继续承担项目运行职责，并为项目持续运行提供人力资源、经费等各方面支持的单位。

（七）还款单位：承担项目最终还款责任的单位。

**第五十五条**　外贷系统操作规程另行制定。

**第五十六条**　本办法由财政部负责解释。

**第五十七条**　本办法自印发之日起施行。

# 三、财政支出

# 资料补充栏

# 1. 财政拨款

## 中央级事业行政经费限额拨款管理办法

*1. 1989年12月11日财政部发布*
*2. 〔1989〕财预字第79号*
*3. 自1990年1月1日起施行*

### 第一章 总 则

**第一条** 为了及时反映预算支出情况,简化预算拨款事务,合理调度预算资金,便于年终清理结算并加强国库和银行对预算执行的监督和管理,根据《中华人民共和国国家金库条例》第十九条"中央级行政事业经费实行限额管理"的规定以及有关预算管理制度,制定本办法。

**第二条** 中央级事业行政经费限额拨款管理办法(以下简称"限额拨款"),是财政部通过人民银行总行,对用款单位在核定的年度预算内分期下达用款额度,用款单位在额度内,根据事业进度,随时从开户银行支取或转拨经费限额,并由财政部同中国人民银行总行定期结算中央级事业行政经费限额支出的一种预算拨款管理方式。

**第三条** 经费限额拨款办法由财政部和中国人民银行总行制定,由人民银行委托各专业银行分支机构(包括分理处、营业所)负责经办。

各级经办行应当为中央级事业行政经费限额拨款单位开立中央经费限额帐户,按照规定及时、完整、准确地做好记帐、对帐及报表和年终结算签证工作,并按有关规定,监督和协助限额拨款单位,管好用好国家预算资金。

财政部和人民银行对限额拨款办法的执行,进行指导、检查。

**第四条** 中央级事业行政经费预算的拨款,凡属独立核算的全额预算管理单位,按经费核算管理的需要,原则上按照本办法实行"限额拨款"。统称"限额拨款单位"。

经费限额拨款单位,按照经费领报关系分为"中央主管单位"、"二级单位"和"基层单位"3级。逐级转拨或支用经费限额。

向财政部直接申请经费限额的,为"主管单位";向主管单位申请经费限额,并有所属限额拨款单位的,为"二级单位";向主管单位或二级单位申请经费限额,只有本单位开支,无所属限额拨款单位的为"基层单位"。

主管单位下面无所属限额拨款单位的,视同"基层单位",以上3级,在会计组织上统称"预算会计单位"。

**第五条** 限额拨款单位的事业行政经费,应当在主管单位,二级单位和基层单位之间自上而下地按系统实行限额拨款,逐级转拨"经费限额",未经财政部批准不得随意改为"划拨资金",以免形成"以拨作支",造成帐务混乱。个别主管部门由于情况特殊,经财政部同意可采取"划拨资金"办法,不实行本办法。

**第六条** 实行限额拨款办法的中央主管或二级单位向所属差额预算单位和报销单位办理预算拨款时,由于预算管理要求不同,一律实行"划拨资金"办法。

个别中央主管部门由于所属基层单位过于分散,经财政部批准后,可在本系统对部分所属单位实行"划拨资金"拨款办法。

**第七条** 限额拨款单位的下列资金,不属于事业行政经费限额拨款范围,应当严格区分,防止串户。

(一)预算外资金、代管经费等,不是本单位的经费预算,应按规定在银行开立其它有关存款帐户;

(二)挖潜改造资金、新产品试制费以及其它专项资金等,实行"划拨资金"办法,不开立"限额户";

(三)基本建设拨款、地质勘探拨款,由中国人民建设银行经办,应在建设银行开立"限额户"。

**第八条** 经费限额必须按国家预算科目的"款"级科目申请、按"款"核定、按"款"下达、按"款"开户。一个限额拨款单位有两个(款)以上限额户的,也应按"款"下达、转拨和支用。"款"与"款"之间不得串用。

**第九条** 中国人民银行总行管理经费限额拨款,坚持按月结算的原则。财政部应将款项足额拨付人民银行总行,具体拨款手续,按现行做法办理。

专业银行经办中央经费限额拨款所垫付的资金,可在向人民银行缴存的财政性存款中轧抵。当财政性存款不够轧减时,经人民银行核实,专业银行可将中央经费限额支出自年初累计垫款金额划转当地人民银行县支行(无县支行的直接划转人民银行二级分行)。人民银行县支行审核无误后,即分"款"转入"中央经费限额支出"科目的有关帐户待年终签证后上划。

专业银行划转"中央经费限额支出"后,即结平该帐户,不得为限额单位相应增加经费限额。专业银行编报限额支出月报时,应按限额单位的经费限额银行支出累计数(含已划人民银行支行的支出数)编报。年终办理清算签证时,限额单位和开户银行应按经费限额实际支出数全额填制经费限额银行支出数签证单,认真进行对帐签证,专业银行与人民银行县支行按签证单的银行支出累计数与已上划的限额支出的差额进行资金清算,人民银行县支行向上级行划转的划款凭证必须与签证单的金额一致。

中国银行总行营业部可比照上述办法直接划转人民银行总行国库司。

## 第二章　经费限额的申请、核定、下达和开户

**第十条**　中央各主管单位根据批准的年度经费预算,结合事业进度和限额余存情况,在每季度开始前20天按季分“款”向财政部申请经费限额,并经财政部核定后,通过人民银行总行下达到申请单位的开户行。

**第十一条**　各开户行根据中国人民银行总行下达经费限额的“经费限额申请书”或其他专业银行转拨经费限额的“转拨经费限额通知书”,按“款”为中央级事业行政经费限额拨款单位开立“中央经费限额”帐户,同时通知开户单位办理印鉴等手续。

**第十二条**　经费限额在银行的开户,应严格按年度划分,年终注销余额;对财政部或主管单位、二级单位预拨下年度的经费限额,开户行应予提前开立下年度“中央经费限额”帐户。

## 第三章　经费限额的转拨和支用

**第十三条**　中央各主管单位在财政部核定下达的经费限额全年累计余额内,按季或按月对所属的二级单位或基层单位分款逐级转拨经费限额。转拨经费限额不得使用电报。

**第十四条**　各级限额用款单位(包括基层单位和本身有直接开支的主管单位和二级单位),在开户行的经费限额累计余额内,根据年度预算规定的用途和事业进度的需要,使用“预算拨款凭证”或签发银行支付凭证,支用经费限额。各用款单位不得超过上级下达的限额,也不得用其他资金自行增加经费限额。

限额支出后的多余现金,应送存开户行“限额户”抵减限额支出数。同时根据开户行送来的抄帐单及时进行对帐。

限额拨款单位向所属差额预算单位、报销单位等实拨资金时,应按财政部规定的预算拨款凭证办理资金划拨手续。

**第十五条**　经费限额户的预算资金不得随意转存其他帐户。按标准提取的职工福利费和个别属于归垫性质款项,需要从“中央经费限额支出”户提款,转存其他存款帐户的,应由开户单位在银行支付凭证上注明情况,经开户银行审查属实后,予以转户。对于任意从“经费限额”户转移资金的或随意改为划拨资金向下转拨的,开户银行有权拒绝办理,并向上级反映。

**第十六条**　对于年终前财政预拨的下年度经费限额,主管部门和所属单位可以在新年度开始前逐级转拨,下达到基层单位的开户行,但要在限额拨款通知凭证上注明“预拨下年经费限额”戳记,开户行凭以开立新年度的“中央经费限额支出”帐户,但不能提前支用。上下年度的经费限额转拨和支用均不能相互混淆。

## 第四章　限额帐户的撤销、合并、移转和缴回

**第十七条**　限额拨款单位因机构撤销,相应撤销经费限额帐户时,应比照本办法年终签证的手续办理。

**第十八条**　经费限额帐户的合并,应根据不同情况处理。

对主管部门及其所属的单位全部并入新单位的,应比照限额移转办理;对在年度执行中因主管部门撤销,其所属单位分别挂靠新的主管部门的,对撤销前经费限额已实现的支出,比照年终结算签证手续办理,及时结清限额拨款帐务,由原主管部门统一办理决算,并报财政部清算。其未支用的经费预算应由原主管部门划转到新的主管部门,由新主管部门统一向财政部申请合并后的经费限额拨款,同时,在开户行重新开立经费限额帐户。年终时按新的隶属关系编报决算。

**第十九条**　限额拨款单位在本市区内因迁移地址需要改变开户银行时,应填制“移转经费限额帐户通知书”和银行对帐单,经开户行审核无误后,凭以结清原开户行的经费限额帐户。新开户银行凭“移转经费限额帐户通知书”相应办理开户等有关手续。对迁移到本市区以外的单位,为简化手续,避免差错,在办理迁移时,须同原开户行将原经费限额帐户的“核准限额累计数”、“银行支出累计数”进行核对,同时,将经费限额的余额交回上级单位,然后办理签证,撤销经费限额帐户;由上级单位重新转拨经费限额,并在迁移的新地址的当地银行重新办理开户手续。

**第二十条**　如遇有经费预算变动或下达转拨限额时出现差错,财政部或上级主管单位需要收回所属单位经费限额时,应直接通知缴回单位,由缴回单位填制“缴回经费限额通知书”送该单位开户行办理限额缴回手续。

如果所属单位将需缴回的经费限额已支用一部分

时,应用该所属单位的其他自有资金将已支用的经费限额恢复后,再办理限额缴回手续。

**第二十一条**　在办理经费限额移转、缴回时,不得将经费限额结余采用提划资金的办法处理,以免虚增支出。

## 第五章　限额支出月报

**第二十二条**　各开户行应于每月终了时,根据"中央经费限额支出"帐户"预算支出"栏的付方累计余额,按照国家预算支出科目,编制分"款"的限额支出(即累计银行支出数)电月报,直报或层报中国人民银行省(自治区、直辖市、计划单列市)分行,各分行审核无误后,至迟于月终后4日内汇总报达总行。财政部根据总行汇总的全国限额支出数划拨库款,同时汇入国家预算支出月报。

**第二十三条**　限额支出电月报,是国家预算支出执行情况的一部分,各经办行应当认真审核,按期汇总,做到及时、正确、完整。

**第二十四条**　限额支出月报的具体项目和要求,由人民银行总行根据当年国家预算支出科目商财政部后,于每年年度开始前另行制定下达。

## 第六章　年终结算签证

**第二十五条**　年终前,各限额拨款单位,要认真控制限额支出,努力节约事业行政经费,防止年终突击花钱,同时,做好年终结算签证准备,为编制年度决算打下基础。

**第二十六条**　为了便于年终清理结算,及时准确地编制事业行政经费决算,当年中央级经费限额的核批、转拨、缴回等手续,各开户行一律截至12月15日为止,逾期停止办理。当年,中央级经费限额的支用,以12月31日为截止期,逾期一律停止支用。年度终了时,各开户行对"中央经费限额支出"帐户中的"年终经费限额结余"自动注销。

报销单位年终的经费存款结余,必须在年终前及时汇达上级单位的"中央经费限额支出"帐户。

**第二十七条**　"签证单"是限额拨款单位编制和汇总中央级事业行政经费决算的基础数字,是财政部同中国人民银行结算经费限额银行支出数的依据,也是银行内部资金调度清算的凭证。年度终了后,各限额拨款单位和各开户行之间,应当及时地凭"中央级事业行政经费限额银行支出数签证单"(以下简称"签证单",格式附后),认真进行年终对帐签证。

"签证单"按国家预算支出科目的"款"级科目填制,每"款"一单,一个单位有几个"款"(即几个户)的,应分别填制,分别签证。

"签证单"各栏应按要求填写清楚,用款单位和开户银行签章必须齐全。各开户行应对签证单认真核查,并逐级上划人民银行总行。

**第二十八条**　已签证的"签证单"发现差错时,应及时通知开户行和主管部门,由开户单位和开户行双方重新填制"签证单"办理签证手续,并在新签证单上注明"月日原签证单作废"字样。

**第二十九条**　"签证单"由有经费限额支出的限额拨款单位填制。本身没有直接经费限额支出,只办理经费限额转拨的主管单位或二级单位,其经费限额户年终如无余额,不再填制"签证单"办理签证;如有限额结余,应将"核准限额累计"和"年末注销限额结余"(两数一致),填入"签证单",办理对帐签证,以便于银行、财政部和主管部门之间核对当年核准经费限额累计数。

**第三十条**　年终后,各开户单位应当主动同开户行联系,按期办理年终对帐签证。对于无故拖期,屡催无效的,开户行可以暂停其新年度限额用款。

**第三十一条**　空白"签证单"由财政部统一印制,经中央主管单位逐级下发,于年终前发到所属基层单位。"签证单"不得自行画制。自制的签证单,银行一律不予受理。

## 附　　则

**第三十二条**　本办法的凭证、帐表格式,必须统一执行,不得自行更改,所需凭证向指定商店购买。

限额拨款单位的其他会计事务处理,按财政部制定的《事业行政单位预算会计制度》执行。

**第三十三条**　本办法从1990年1月1日起执行。1973年12月20日财政部发出的《中央级行政事业经费限额拨款办法》同时废止。

# 财政部关于中央级行政单位财政拨款结转和结余资金会计处理问题的通知

*1. 2010年2月22日发布*

*2. 财库〔2010〕18号*

党中央有关部门,国务院各部委、各直属机构,总参谋部、总政治部、总后勤部、总装备部、武警总部,新疆生产建设兵团,全国人大常委会办公厅,全国政协办公厅，高法院，高检院，有关人民团体：

为规范中央级行政单位财政拨款结转和结余资金的会计处理，根据《财政部关于印发〈中央部门财政拨款结转和结余资金管理办法〉的通知》（财预〔2010〕7号）有关规定，现对有关会计核算问题通知如下：

## 一、会计科目的设置

（一）在"303 结余"科目下设置三个二级科目："财政拨款结转和结余"、"政府性基金结余"和"其他资金结余"。其中，"财政拨款结转和结余"科目反映一般预算财政拨款收支相抵后的余额；"政府性基金结余"科目反映政府性基金收支相抵后的余额；"其他资金结余"科目反映除一般预算财政拨款、政府性基金以外的其他资金收支相抵后的余额。在"财政拨款结转和结余"科目下设置"财政拨款结转"和"财政拨款结余"两个三级科目，分别反映一般预算财政拨款结转资金余额和一般预算财政拨款结余资金余额。在"财政拨款结转"科目下设置"基本支出结转"和"项目支出结转"两个四级科目。

（二）在"501 经费支出"科目下设置三个二级科目："财政拨款支出"、"政府性基金支出"和"其他资金支出"。其中"财政拨款支出"科目核算一般预算财政拨款实际支出；"政府性基金支出"科目核算政府性基金实际支出；"其他资金支出"科目核算除一般预算财政拨款、政府性基金以外的其他资金实际支出。在"财政拨款支出"科目下设置"基本支出"和"项目支出"两个三级科目。

1. 在"基本支出"科目下，按《政府收支分类科目》中"支出功能分类科目"的末级科目设置四级科目。在四级科目下，按《政府收支分类科目》中"支出经济分类科目"的末级科目进行明细核算。

2. 在"项目支出"科目下，按《政府收支分类科目》中"支出功能分类科目"的末级科目设置四级科目。在四级科目下，按具体项目设置五级科目。在五级科目下，按《政府收支分类科目》中"支出经济分类科目"的末级科目进行明细核算。

（三）在"502 拨出经费"科目下设置三个二级科目："拨出财政拨款"、"拨出政府性基金"和"拨出其他资金"。其中，"拨出财政拨款"科目核算拨付所属单位的一般预算财政拨款支出；"拨出政府性基金"科目核算拨付所属单位的政府性基金支出；"拨出其他资金"科目核算拨付所属单位的除一般预算财政拨款、政府性基金以外的其他资金支出。在"拨出财政拨款"科目下，分别设置"基本支出"和"项目支出"两个三级科目。在三级科目下，按《政府收支分类科目》中"支出功能分类科目"的末级科目设置四级科目，并按所属拨款单位设置明细账。

## 二、年末相关账务处理

年度终了，应将收入类科目下明细科目的贷方余额转入"结余"科目下相应明细科目的贷方；将支出类科目下明细科目的借方余额转入"结余"科目下相应明细科目的借方。

## 三、有关要求

（一）中央级行政单位应自2010年1月1日起按本规定设置有关明细科目。各行政单位应充分、合理运用账务处理软件，科学设置有关明细科目，进行明细核算，对本单位2009年年末"结余"科目余额分别转入新设置的"结余"明细科目。

（二）没有政府性基金的行政单位，不设置"政府性基金结余"、"政府性基金支出"和"拨出政府性基金"明细科目。

（三）除本规定之外的明细科目和辅助账，由各行政单位根据有关管理规定和要求自行设置。

# 2. 财政补贴

## 食品药品监管补助资金管理暂行办法

*1. 2019年5月20日财政部、市场监管总局、药监局印发*
*2. 财行〔2019〕98号*

**第一条** 为了规范和加强食品药品(含医疗器械、化妆品,下同)监管补助资金管理,提高资金使用效益,根据《中华人民共和国预算法》《中共中央国务院关于全面实施预算绩效管理的意见》等法律法规及预算管理制度规定,制定本办法。

**第二条** 本办法所称食品药品监管补助资金(以下称补助资金),是指中央财政通过专项转移支付安排,用于支持地方政府市场监管、药品监管部门实施食品药品监督管理和能力建设的补助资金。

**第三条** 补助资金实施期限为5年,届时根据国务院有关规定及食品药品监管的形势需要评估确定是否继续实施和延续期限。

**第四条** 补助资金按照以下原则分配和管理:

(一)公平公正,突出重点。补助资金分配应遵循公平公正的原则,并体现国家食品药品监管政策和工作重点。

(二)各负其责,分级管理。中央和地方各级政府财政、市场监管、药品监管部门按照职责分工,对补助资金实施分级管理。

(三)讲求绩效,量效挂钩。全面实施预算绩效管理,建立绩效评价结果激励和约束机制,评价结果作为资金分配的重要因素,与资金分配挂钩。

**第五条** 财政部负责审核补助资金分配建议方案,编制补助资金预算并下达,组织开展全过程预算绩效管理,指导地方加强补助资金管理工作等。

国家市场监督管理总局、国家药品监督管理局负责提出补助资金分配建议方案,审核省级行政区域绩效目标,组织地方实施补助资金预算绩效管理,指导具体项目实施工作等。

地方各级政府财政、市场监管、药品监管部门负责编报本行政区域绩效目标并统筹使用有关资金,具体实施预算绩效管理工作等。

**第六条** 补助资金主要用于食品药品监督管理、抽查检验等监管工作支出,以及与食品药品监管能力建设相关的仪器设备购置及运维、人员队伍建设等支出。

补助资金不得用于基本建设支出,不得用于因公出国(境)费、一般公务用车购置及运维费、公务接待费、外事费,不得用于编制内在职人员工资性支出和离退休人员离退休费,不得用于支付罚款、捐款、赞助、投资等支出,不得用于国家禁止列支的其他支出。

**第七条** 补助资金采用因素法分配,分配因素包括基本因素、业务因素、绩效因素和财力因素。根据中央对地方均衡性转移支付办法规定的各省财政困难程度系数对基本因素、业务因素和绩效因素的分配金额进行调整后,再按基本因素占30%、业务因素占50%、绩效因素占20%计算补助资金数额。

基本因素包括人口数(权重29%)和地域面积(权重1%)。

业务因素包括食品抽查检验任务量(权重12.5%)、食品安全风险监测任务量(权重12.5%)、药品抽查检验任务量(权重19%)、药品不良反应监测任务量(权重6%)。为体现对中西部地区的支持,可对上述任务量进行必要调整。

绩效因素包括用于食品的上年补助资金绩效评价结果(权重10%)、用于药品的上年补助资金绩效评价结果(权重10%)。

**第八条** 补助资金分配计算公式如下:

某省补助资金数额=某省基本因素得分/∑各省基本因素得分×补助资金总额×30%+某省业务因素得分/∑各省业务因素得分×补助资金总额×50%+某省绩效因素得分/∑各省绩效因素得分×补助资金总额×20%。

其中:某省基本因素得分=(某省人口数/∑各省人口数×29%+某省地域面积/∑各省地域面积×1%)×某省财政困难程度系数。

某省业务因素得分=(某省食品抽查检验任务量/∑各省食品抽查检验任务量×12.5%+某省食品安全风险监测任务量/∑各省食品安全风险监测任务量×12.5%+某省药品抽查检验任务量/∑各省药品抽查检验任务量×19%+某省药品不良反应监测任务量/∑各省药品不良反应监测任务量×6%)×某省财政困难程度系数。

某省绩效因素得分=(某省用于食品的上年补助资金绩效评价得分/∑各省用于食品的上年补助资金绩效评价得分×10%+某省用于药品的上年补助资金绩效评价得分/∑各省用于药品的上年补助资金绩效评价得分×10%)×某省财政困难程度系数。

**第九条** 财政部于每年10月31日前将下一年度补助资金预计数提前下达省级政府财政部门，并在全国人民代表大会批准预算后90日内下达省级政府财政部门。省级政府财政部门在收到中央财政补助资金预算后，应在30日内将预算分解下达到本行政区域县级以上各级政府财政部门，同时将资金分配结果报财政部备案并抄送财政部当地监管局。

**第十条** 省级政府市场监管、药品监管部门分别设定本行政区域绩效目标，经本级政府财政部门审核后，于每年3月底前报财政部和中央主管部门，并抄送财政部当地监管局。

国家市场监督管理总局、国家药品监督管理局商财政部对各省级行政区域绩效目标进行审核，并将审核结果及补助资金分配建议方案于每年4月底前报财政部。

财政部在下达补助资金预算时同步下达各省级行政区域绩效目标。省级政府财政部门在细化下达预算时，同步下达相应绩效目标。

**第十一条** 地方各级政府财政、市场监管、药品监管部门应当统筹安排和使用上级和本级财政安排的相关资金。地方各级政府市场监管、药品监管部门应根据上级部门下达的年度工作计划，结合本地实际，确保年度食品药品监督管理工作任务保质保量完成。

**第十二条** 地方各级政府财政部门应会同本级政府市场监管、药品监管部门以及补助资金具体使用单位，按照预算管理和国库管理有关规定，加强资金使用管理，规范预算执行。对年度未支出的补助资金，应按照财政部结转结余资金管理的有关规定，加快资金拨付和预算执行。对结余资金和连续两年未用完的结转资金，预算尚未分配到部门和下级政府财政部门的，由本级政府财政部门在办理上下级财政结算时向上级政府财政部门报告，上级政府财政部门在收到报告后30日内办理发文收回结转结余资金；已分配到部门的，由该部门本级政府财政部门在年度终了后90日内收回统筹使用。

补助资金的支付按照国库集中支付制度有关规定执行。补助资金在使用过程中涉及政府采购的，应当按照政府采购法律法规和有关制度规定执行。

**第十三条** 地方各级政府财政、市场监管、药品监管部门以及补助资金具体使用单位，对补助资金实施全过程预算绩效管理，按照下达的绩效目标组织预算执行，做好绩效监控和绩效评价，并加强绩效评价结果应用。

省级政府财政、市场监管、药品监管部门应于每年3月底前将上年补助资金绩效评价结果报财政部和中央主管部门，并抄送财政部当地监管局。

根据工作需要，财政部、国家市场监督管理总局、国家药品监督管理局对地方实施预算绩效管理情况进行抽查。

**第十四条** 地方各级政府财政部门负责监督本行政区域补助资金的预算管理，地方各级政府市场监管、药品监管部门负责本行政区域补助资金的监督检查，及时发现和纠正有关问题，确保资金安全。财政部各地监管局应当按照工作职责和财政部要求，对补助资金预算进行监管。

**第十五条** 各级政府财政、市场监管、药品监管部门及其工作人员在补助资金的分配、审核工作中，存在违反规定分配资金、向不符合条件的单位（或项目）分配资金或者擅自超出规定的范围或者标准分配或使用资金，以及其他滥用职权、玩忽职守、徇私舞弊等违法违纪行为的，按照《中华人民共和国预算法》《中华人民共和国公务员法》《中华人民共和国监察法》《财政违法行为处罚处分条例》等法律法规和国家有关规定追究相应责任；涉嫌犯罪的，依法移送司法机关处理。

**第十六条** 省级政府财政、市场监管、药品监管部门应结合本地实际，根据本办法制定具体实施细则，报财政部、国家市场监督管理总局、国家药品监督管理局备案，并抄送财政部当地监管局。

**第十七条** 本办法由财政部会同国家市场监督管理总局、国家药品监督管理局负责解释。

**第十八条** 本办法自发布之日起施行。

## 中央财政医疗救助补助资金管理办法

*1. 2022年4月7日财政部发布*
*2. 财社〔2022〕32号*

**第一条** 为规范和加强中央财政医疗救助补助资金（以下简称中央财政医疗救助资金）管理，提高资金使用效益，根据《中华人民共和国预算法》、《中共中央 国务院关于全面实施预算绩效管理的意见》等预算管理规定，制定本办法。

**第二条** 本办法所称中央财政医疗救助资金，是指中央财政通过一般公共预算和政府性基金预算（彩票公益金）安排用于补充城乡医疗救助基金、疾病应急救助基金的资金（以下分别简称城乡医疗救助资金、疾病应急救助资金),实施期限至2025年。到期前,财政部会同国家医保局、国家卫生健康委组织开展绩效评估,根据评估结果确定是否延续补助政策及延续期限。

**第三条**　中央财政医疗救助资金列入共同财政事权转移支付。

**第四条**　财政部会同国家医保局分配城乡医疗救助资金,会同国家卫生健康委分配疾病应急救助资金,审核分地区资金预算,会同国家医保局、国家卫生健康委依法下达预算,组织全面实施预算绩效管理。财政部各地监管局按照财政部有关要求,对各级财政安排的医疗救助资金实施监管。

国家医保局、国家卫生健康委负责提供资金测算需要的与业务职能相关的基础数据,并对其准确性、完整性和及时性负责;同时提出资金分配建议方案,会同财政部按规定做好绩效目标管理、绩效运行监控和绩效自评,落实绩效结果应用等工作。

**第五条**　省级财政部门按职责分工分别会同同级医疗保障部门、卫生健康部门将中央财政医疗救助资金分解下达至设立基金的市级或县级及以上统筹地区(以下简称设立基金地区)的财政部门,合理安排本级医疗救助资金,加大对辖区内困难地区的转移支付力度,并做好预算绩效管理、资金监督管理等工作。

设立基金地区的财政部门将上级拨付的财政医疗救助资金拨付至本级社会保障基金财政专户,按职责分工分别会同同级医疗保障部门、卫生健康部门及时安排本级医疗救助资金,并做好预算绩效管理、资金监督管理等工作。

**第六条**　中央财政医疗救助资金按照以下原则分配:

(一)合理规划,科学安排。按照相关规定,结合重点工作,明确资金使用方向。

(二)统一规范,公开透明。采用统一规范的方式分配资金,测算过程和分配结果公开透明。

(三)保障重点,讲求绩效。加强医疗救助资金全过程绩效管理,保障重点工作需要,建立绩效结果与资金分配挂钩机制。

**第七条**　中央财政医疗救助资金采取因素法分配。

其中,城乡医疗救助资金主要考虑一般救助需求因素和特殊救助需求因素,并使用绩效调节系数、财力调节系数进行适当调节。特殊救助需求因素主要是对国家乡村振兴重点帮扶县和地方病防治工作任务较重的地区等给予倾斜支持。测算公式为:

$$\text{某地区应分配资金}=\text{资金总额}\times\frac{\left(\frac{\text{该地区一般救助需求因素}}{\sum\text{一般救助需求因素})}\times 85\%+\frac{\text{该地区特殊救助需求因素}}{\sum\text{特殊救助需求因素}}\times 15\%\right)\times\text{该地区绩效调节系数}\times\text{该地区财力调节系数}}{\sum\left[\left(\frac{\text{各地区一般救助需求因素}}{\sum\text{一般救助需求因素}}\times 85\%+\frac{\text{各地区特殊救助需求因素}}{\sum\text{特殊救助需求因素}}\times 15\%\right)\times\text{各地区绩效调节系数}\times\text{各地区财力调节系数}\right]}$$

疾病应急救助资金主要考虑救助需求因素,并使用绩效调节系数、财力调节系数进行适当调节。救助需求因素主要考虑人口数和发病率等。测算公式为:

$$\text{某地区应分配资金}=\text{资金总额}\times\frac{\left(\frac{\text{该地区人口数}}{\sum\text{人口数})}\times 60\%+\frac{\text{该地区发病率}}{\sum\text{发病率}}\times 40\%\right)\times\text{该地区绩效调节系数}\times\text{该地区财力调节系数}}{\sum\left[\left(\frac{\text{各地区人口数}}{\sum\text{人口数}}\times 60\%+\frac{\text{各地区发病率}}{\sum\text{发病率}}\times 40\%\right)\times\text{各地区绩效调节系数}\times\text{各地区财力调节系数}\right]}$$

以上分配公式中的绩效调节系数根据绩效评价结果确定,财力调节系数根据各地财政困难程度系数确定。在确定具体分配方案时尽可能选取客观、公开的因素作为分配依据。

**第八条**　财政部根据职责分工分别会同国家医保局、国家卫生健康委按照预算法和预算管理有关规定,每年提前下达地方下一年度中央财政医疗救助资金预计数,提前下达数与前一年度执行数之比原则上不低于90%,并在全国人大批准预算后30日内正式下达中央财政医疗救助资金预算。省级财政部门在收到中央财政医疗救助资金预算指标文件后,应当按职责分工,分别会同本级医疗保障部门、卫生健康部门在30日内正式分解下达到本行政区域设立基金地区的财政部门,并抄送财政部当地监管局。设立基金地区的财政部门应当在收到上级财政医疗救助资金预算指标文件后,按程序按进度及时将上级财政医疗救助资金和本级财政安排的医疗救助资金拨付至本级社会保障基金财政专户。各地将医疗救助资金拨付基金后,具体使用分别按照城乡医疗救助基金、疾病应急救助基金管理有关规定执行，本办法与此前印发的基金管理有关规定不一致的，以本办法为准。

**第九条**　地方各级财政部门在收到中央财政补助资金时，应核对无误后再下达或拨付。如发现多拨、少拨等情况，应立即向上级财政部门报告。地方各级医疗保障、卫生健康部门发现类似情况的，应立即向同级财政部门和上级对口部门反映。各地不得擅自分配处置多拨的补助资金。

**第十条**　各级财政部门应当会同同级医疗保障部门、卫生健康部门对医疗救助资金全面实施绩效管理，建立全过程预算绩效管理链条，强化绩效目标管理，做好绩效运行监控和绩效评价等绩效管理工作。

加强绩效运行监控。地方各级财政、医疗保障、卫生健康部门要加强对本地区医疗救助资金的绩效运行监控，及时发现和纠正有关问题，确保资金使用管理安全高效，专款专用。

建立健全绩效评价机制。地方各级医疗保障部门、卫生健康部门根据职责分工会同同级财政部门按规定对城乡医疗救助资金、疾病应急救助资金的执行情况开展绩效自评。财政部根据工作需要组织对医疗救助补助资金开展重点绩效评价，绩效评价结果作为完善相关转移支付政策和以后年度预算申请、安排、分配的重要依据。财政部各地监管局按照要求开展绩效目标和绩效自评结果审核、绩效评价以及资金监管等工作。

**第十一条**　中央财政医疗救助资金原则上应在当年全部拨付至社会保障基金财政专户，确有特殊原因年度未拨入的资金按照财政部结转结余资金管理有关规定管理。

**第十二条**　各级财政、卫生健康、医疗保障部门应切实防范和化解财政风险，强化流程控制，依法合规分配和使用资金，实行不相容岗位（职责）分离控制。

**第十三条**　各级财政、医疗保障、卫生健康部门及其工作人员在资金分配、监督等管理工作中，存在滥用职权、玩忽职守、徇私舞弊等违法违规行为的，依法追究相应责任；涉嫌犯罪的，依法移送有关机关处理。

**第十四条**　省级财政、医疗保障、卫生健康部门要结合当地实际，根据本办法制定具体实施细则，报财政部、国家医保局、国家卫生健康委备案，抄送财政部当地监管局。

**第十五条**　本办法由财政部会同国家医保局、国家卫生健康委负责解释。

**第十六条**　本办法自印发之日起施行。《财政部 国家卫生健康委 国家医保局关于印发〈中央财政医疗救助补助资金管理办法〉的通知》（财社〔2019〕142 号）同时废止。

## 农业相关转移支付资金绩效管理办法

*1. 2019 年 5 月 29 日财政部、农业农村部印发*
*2. 财农〔2019〕48 号*

### 第一章　总　　则

**第一条**　为规范和加强农业相关转移支付资金使用管理，建立健全激励和约束机制，提高财政资金使用效益，根据《中华人民共和国预算法》《中共中央、国务院关于全面实施预算绩效管理的意见》等法律法规及有关规定，制定本办法。

**第二条**　本办法所称农业相关转移支付资金绩效管理，是指县级以上财政部门和农业农村主管部门对中央财政预算安排的农业相关转移支付资金设定、审核、下达、调整和应用绩效目标，对绩效目标运行情况进行跟踪监控管理，对支出的经济性、效率性、效益性、公平性、规范性进行客观、公正的评价，并对评价结果予以应用的全过程绩效管理工作。

农业相关转移支付是指农业生产发展资金、农业资源及生态保护补助资金、动物防疫等补助经费、农田建设补助资金。

**第三条**　农业相关转移支付资金绩效管理应当遵循以下原则：

（一）科学规范原则。绩效管理应当符合真实、客观、公平、公正的要求，建立规范的工作流程，健全全过程绩效管理运行机制。

（二）结果导向原则。绩效监控、绩效评价指标体系设计、标准设定、方法选用以及具体实施，都以绩效目标的实现程度为准则。

（三）推动整合原则。将各省按规定统筹整合农业相关转移支付资金的有关情况作为绩效目标设定、绩效评价指标设计的参考因素，推动涉农资金统筹整合，增强地方自主性和灵活度。

（四）分级管理原则。中央负责设定整体绩效目标，实施整体绩效监控、评价和结果运用。各省负责设定区域绩效目标，组织实施本省绩效监控、自评和结果运用工作，具体实施由省级财政部门和农业农村主管部门根据工作需要自行规定，对绩效管理工作中发现的问题及时上报。

**第四条** 各级财政部门、农业农村主管部门按照职责分工,按规定做好农业相关转移支付资金绩效管理相关工作。

农业农村部门按照财政部门统一要求做好绩效评估工作。

## 第二章 绩效目标设定、审核与监控

**第五条** 农业相关转移支付资金绩效目标分为整体绩效目标和区域绩效目标。各级农业农村主管部门、财政部门、财政部各地监管局按规定开展绩效目标设定、审核与监控工作。

**第六条** 绩效目标应当清晰反映农业相关转移支付的预期产出和效果,与任务数相对应,与资金量相匹配,从数量、质量、时效、成本,以及经济效益、社会效益、生态效益、可持续影响、满意度等方面进行细化。

**第七条** 绩效目标设定、审核、下达的依据包括:

(一)农业法、动物防疫法等国家相关法律、法规和规章制度,国民经济和社会发展规划,国家乡村振兴战略规划、全国农业现代化规划、农业农村行业标准及其他相关重点规划等。

(二)财政部门制定的预算管理制度、农业相关转移支付使用管理规章制度及文件等。

(三)财政部门中期财政规划、年度预算管理要求和年度预算。

(四)统计部门或农业农村主管部门公布的有关农业农村统计数据和财政部门反映资金管理的有关数据等。

(五)符合财政部和农业农村部要求的其他依据。

**第八条** 各级农业农村主管部门负责对设定的绩效目标根据工作需要按规定设计考核指标。

**第九条** 地方各级财政部门和农业农村主管部门,根据工作需要及财政部、农业农村部的要求实施绩效目标执行监控,重点监控农业相关转移支付资金使用是否符合预算批复时确定的绩效目标,发现绩效运行与原定绩效目标发生偏离时,及时采取措施予以纠正。农业农村部按规定对项目整体绩效目标实施情况进行监控。

## 第三章 绩效评价与结果运用

**第十条** 整体绩效评价工作由财政部会同农业农村部统一组织实施,区域绩效评价由省级财政部门和农业农村主管部门负责。预算执行结束后,地方各级财政和农业农村主管部门要对绩效目标完成情况组织开展绩效自评。绩效评价工作可根据需要委托中介机构、专家等第三方实施。

**第十一条** 绩效自评和评价内容包括:

(一)资金投入使用。主要考核资金使用方向是否符合资金管理办法等相关规定,是否与项目实施方案相符,是否体现了资金统筹整合与政策目标的有机统一。

(二)资金项目管理。主要考核绩效目标设定、方案制定报送、管理制度建设、预算执行情况、管理机制创新、有效管理措施、自评开展情况、信息宣传报道、部门协作机制以及相关保障措施等。

(三)资金实际产出。主要根据各省区域绩效目标,从不同支出方向考核资金的实际产出。

(四)政策实施效果。主要考核取得的经济效益、社会效益和生态效益,可持续影响及满意度情况。

(五)根据以上内容评价情况汇总形成相关项目整体绩效评价结果。

**第十二条** 绩效评价的依据应当包括:

(一)整体绩效目标和区域绩效目标。

(二)预算下达文件、当年使用情况报告、财务会计资料等有关文件资料。

(三)人大审查结果报告、审计报告及决定、财政监督检查报告及处理处罚决定,以及有关部门或委托中介机构出具的项目评审或竣工验收报告、评审考核意见等。

(四)反映工作情况和项目组织实施情况的正式文件、会议纪要等。

(五)其他相关资料。

**第十三条** 绩效评价原则上以年度为周期。根据工作需要,可开展中期绩效评价。

**第十四条** 省级财政部门和农业农村部门对省级自评结果和绩效评价相关材料的真实性负责。

**第十五条** 整体绩效和省级区域绩效评价应当形成绩效评价报告,对资金的实际产出和效果进行客观、公正的描述,对绩效目标实现程度进行判定,围绕实际绩效情况,从政策目标、预算管理、资金分配、支持方式、实施效果等方面进行绩效分析,提出有针对性的建议措施。

**第十六条** 绩效评价结果采取评分与评级相结合的形式。评分实行百分制,满分为100分。根据得分情况将评价结果划分为四个等级:总分在90分以上(含90分)为优秀;80—89分(含80分)为良好;60—79分(含60分)为合格;60分以下为不合格。

**第十七条** 整体绩效评价结果在适当范围内进行通报。

相关资金绩效评价结果是分配农业相关转移支付的重要依据。省级财政部门和农业农村主管部门建立省级绩效评价结果通报制度和应用机制。

## 第四章　组 织 实 施

**第十八条**　省级财政部门会同农业农村主管部门结合本省工作实际，根据农业相关转移支付年度实施方案（任务清单）、上一年度绩效目标和绩效考评结果、提前下达的预算等，研究设定当年农业相关转移支付资金区域绩效目标，于每年1月底前报送财政部和农业农村部，并抄送财政部当地监管局。

**第十九条**　农业农村部对各省报送的当年区域绩效目标进行审核，设定并提交整体绩效目标，一并报送财政部。财政部各地监管局根据工作需要和财政部具体要求参与区域绩效目标审核工作。

**第二十条**　财政部于每年全国人民代表大会批准预算后，结合有关方面审核意见对农业农村部报送的各省当年区域绩效目标进行审核后，在规定期限内随预算资金拨款文件一并下达，抄送财政部当地监管局。

**第二十一条**　省级财政部门和农业农村主管部门组织对上一年度农业相关转移支付资金区域绩效目标开展自评，形成绩效自评指标表和自评报告，按规定及时报送财政部和农业农村部，抄送财政部当地监管局。

**第二十二条**　财政部、农业农村部按照职责分工依据上一年度农业相关转移支付资金整体绩效目标开展绩效评价等相关绩效管理工作。

财政部各地监管局根据工作需要和财政部具体要求对各省绩效自评报告进行复核性评价。

**第二十三条**　各级财政部门、农业农村主管部门及其工作人员在绩效管理过程中存在严重弄虚作假、徇私舞弊、失职渎职及其他违规违纪行为的，按照预算法、公务员法、监察法、《财政违法行为处罚处分条例》等国家有关规定追究相应责任。

## 第五章　附　　则

**第二十四条**　上划中央单位农业相关转移支付资金预算绩效管理工作参照本办法执行。

**第二十五条**　省级财政部门会同农业农村主管部门应当根据本办法制定实施细则，报送财政部和农业农村部备案，并抄送财政部当地监管局。

**第二十六条**　本办法所称省级、各省是指省、自治区、直辖市、计划单列市和新疆生产建设兵团、黑龙江省农垦总局、广东省农垦总局。农业农村主管部门是指农业农村、农牧、畜牧兽医、渔业等行政主管部门。

**第二十七条**　农业相关转移支付资金用于支持贫困县开展统筹整合使用财政涉农资金试点的部分，在脱贫攻坚期内，预算绩效管理按照有关规定执行。

**第二十八条**　本办法由财政部会同农业农村部负责解释。

**第二十九条**　本办法自印发之日起施行。《财政部、农业部关于印发〈中央财政草原生态保护补助奖励资金绩效评价办法〉的通知》（财农〔2012〕425号）、《财政部关于印发〈中央财政现代农业生产发展资金绩效评价办法〉的通知》（财农〔2013〕2号）同时废止。

# 农村综合改革转移支付管理办法

*1. 2021年4月29日财政部印发*
*2. 财农〔2021〕36号*

## 第一章　总　　则

**第一条**　为加强农村综合改革转移支付管理，提高资金使用效益，推动落实党中央、国务院有关农村综合改革发展重大决策部署，贯彻《中国共产党农村工作条例》有关要求，根据《中华人民共和国预算法》、《中华人民共和国预算法实施条例》等法律法规和《中共中央 国务院关于全面实施预算绩效管理的意见》等有关制度规定，制定本办法。

**第二条**　本办法所称农村综合改革转移支付是指中央财政安排用于支持农村综合改革发展工作的专项转移支付，对地方开展相关工作给予适当补助。农村综合改革转移支付实施期限至2023年，届时根据法律、行政法规、国务院有关规定和农村综合改革情况评估确定是否继续实施和延续期限。

**第三条**　财政部负责编制农村综合改革转移支付预算，分配下达预算和工作任务，组织开展预算绩效管理工作，指导地方加强资金管理等相关工作。地方财政部门负责农村综合改革转移支付预算的分解下达、审核拨付、使用监督、预算绩效管理以及项目组织实施等工作，并对资金使用的合规性和有效性负责。

**第四条**　各地应创新农村综合改革转移支付投入和使用方式，积极采用以奖代补、民办公助、先建后补、政府与社会资本合作等方式，引导社会资金参与农村综合改革发展有关事项，放大财政资金使用效能。

## 第二章　资金使用范围

**第五条**　农村综合改革转移支付用于补助各省、自治区、直辖市、计划单列市、新疆生产建设兵团、中央直属垦区等(以下统称省)开展农村公益事业建设财政奖补、美丽乡村奖补、农村综合改革发展相关示范试点、村级集体经济发展和农垦国有农场办社会职能改革等工作。

**第六条** 农村公益事业建设财政奖补支出用于对农民通过民主程序议定的农村公益建设项目给予奖补。

**第七条** 美丽乡村奖补支出用于支持建设宜居宜业的美丽乡村。

**第八条** 农村综合改革发展相关示范试点支出用于支持党中央、国务院确定的农村综合性改革试点试验、田园综合体建设试点等。

**第九条** 村级集体经济发展支出用于支持利用村集体资金资源资产,发展壮大村级集体经济。

**第十条** 农垦国有农场办社会职能改革支出用于对各省完成农垦国有农场办社会职能改革过程中产生的改革成本一次性给予适当补助。

**第十一条** 农村综合改革转移支付不得用于单位基本支出、修建楼堂馆所、偿还债务及其他与农村综合改革无关的支出。

## 第三章 资金测算分配

**第十二条** 农村综合改革转移支付的分配遵循规范、公正、公开的原则,主要采用因素法分配,并根据绩效评价结果等调节系数进行适当调节。对一般公共预算保障农村综合改革情况较好、推进农村综合改革成效较为明显的地区,通过定额补助实施激励,列入农村综合改革发展相关示范试点等支出方向。因素及权重确需调整的,应当按程序报批后实施。各支出方向测算因素及标准如下:

农村公益事业建设财政奖补支出按照各省乡村人口情况、村庄情况、上年省级财政实际投入等因素测算分配,权重依次为35%、15%、50%。

美丽乡村奖补支出按照乡村人口情况、村庄情况、上年省级财政实际投入等因素测算分配,权重依次为25%、25%、50%。对承担试点任务的省份实行定额补助。

村级集体经济发展支出按照2018年报批确定的各省承担的任务村个数与分档补助标准测算。按照乡村人口情况、村庄情况、政策因素等确定各省承担的任务村个数,各因素权重依次为40%、25%、35%。中央财政实行分档补助,标准为:一档补助50万元、二档补助30万元、三档补助10万元。对承担试点任务省份实行定额补助。

农垦国有农场办社会职能改革支出按照农垦国有农场面积、农场人口、办社会职能机构个数、办社会职能机构职工数、地方办社会职能改革实际支出,权重分别为15%、15%、20%、20%、30%。中央财政予以一次性补助,并对承担中央直属垦区国有农场办社会职能改革成本的省份给予适当倾斜。

对党中央、国务院确定的农村综合性改革试点试验、田园综合体建设试点等农村综合改革发展相关示范试点等支出实行定额补助。

**第十三条** 农村综合改革转移支付分配适当向承担党中央、国务院部署的农村综合改革发展重点任务省份倾斜。

**第十四条** 中西部地区继续按规定开展统筹整合使用财政涉农资金试点工作的脱贫县,资金使用按照统筹整合有关要求执行。

## 第四章 预算下达

**第十五条** 财政部于每年全国人民代表大会批准预算后90日内,将当年农村综合改革转移支付预算下达省级财政部门;于每年10月31日前将下一年度农村综合改革转移支付预计数提前下达省级财政部门。相关转移支付预算下达文件抄送财政部当地监管局。

财政部在下达转移支付预算时一并下达各省农村综合改革年度重点任务和绩效目标。

**第十六条** 省级财政部门接到农村综合改革转移支付预算后,应当在30日内将预算分解下达本行政区域县级以上各级政府财政部门,将转移支付分配结果报财政部备案并抄送财政部当地监管局。

**第十七条** 省级财政部门应结合农村综合改革年度重点任务、本地农村综合改革实际情况等,安排本级相关资金,与中央下达的农村综合改革转移支付统筹使用,保障农村综合改革工作顺利开展。

**第十八条** 地方财政部门应当按照相关财政规划要求,做好转移支付资金使用规划,加强与中央补助资金和有关工作任务的衔接。

## 第五章 预算执行和监督

**第十九条** 农村综合改革转移支付的支付应当按照国库集中支付制度有关规定执行。

**第二十条** 财政部各地监管局应按照工作职责和财政部有关要求,对农村综合改革转移支付进行监管。地方各级财政部门应加强农村综合改革转移支付管理,自觉依法接受审计监督和财政监督。

**第二十一条** 省级财政部门督促资金使用单位对照绩效

目标做好绩效监控，并于次年 3 月底前，按照规范要求开展绩效自评，将绩效自评结果上报财政部并抄送财政部当地监管局，并对自评中发现的问题及时组织整改。财政部对各地自评结果进行审核汇总，形成整体绩效目标自评结果，根据需要组织开展重点绩效评价，并对绩效评价结果采取适当方式进行通报。

**第二十二条**　各级财政部门要按照全面实施预算绩效管理的要求，建立健全全过程预算绩效管理机制，将评价结果作为预算安排、改进管理、完善政策的重要依据。省级财政部门应在资金分配、竞争立项等工作中加强绩效评价结果运用，督促省以下各级财政部门切实加强资金项目管理。

**第二十三条**　各级财政部门应当加快预算执行进度，提高资金使用效益。结转结余资金按照财政部关于结转结余资金管理的规定执行。

**第二十四条**　各级财政部门、有关管理部门及其工作人员在资金分配、项目安排工作中，存在违反规定分配资金、向不符合条件的单位（或项目）分配资金或擅自超出规定的范围或标准分配资金，弄虚作假或挤占、挪用、滞留资金，以及其他滥用职权、玩忽职守、徇私舞弊等违法违纪行为的，按照《中华人民共和国预算法》、《中华人民共和国预算法实施条例》、《中华人民共和国公务员法》、《中华人民共和国监察法》、《财政违法行为处罚处分条例》等有关规定追究相应责任；构成犯罪的，依法追究刑事责任。

### 第六章　附　　则

**第二十五条**　省级财政部门依据本办法，结合各地工作实际，制定具体管理办法报财政部备案，并抄送财政部当地监管局。

**第二十六条**　新疆生产建设兵团、中央直属垦区等中央单位农村综合改革转移支付使用管理参照本办法执行。

**第二十七条**　本办法自公布之日起实施。《农村综合改革转移支付管理办法》（财农〔2019〕17 号）同时废止。

## 中央对地方专项转移支付管理办法

*1．2015 年 12 月 30 日财政部印发*
*2．财预〔2015〕230 号*

### 第一章　总　　则

**第一条**　为进一步加强中央对地方专项转移支付管理，提高财政资金使用的规范性、安全性和有效性，促进经济社会协调发展，依据《中华人民共和国预算法》、《中华人民共和国预算法实施条例》和国务院有关规定，制定本办法。

**第二条**　本办法所称中央对地方专项转移支付（以下简称专项转移支付），是指中央政府为实现特定的经济和社会发展目标无偿给予地方政府，由接受转移支付的政府按照中央政府规定的用途安排使用的预算资金。

专项转移支付预算资金来源包括一般公共预算、政府性基金预算和国有资本经营预算。

**第三条**　按照事权和支出责任划分，专项转移支付分为委托类、共担类、引导类、救济类、应急类等五类。

委托类专项是指按照事权和支出责任划分属于中央事权，中央委托地方实施而相应设立的专项转移支付。

共担类专项是指按照事权和支出责任划分属于中央与地方共同事权，中央将应分担部分委托地方实施而设立的专项转移支付。

引导类专项是指按照事权和支出责任划分属于地方事权，中央为鼓励和引导地方按照中央的政策意图办理事务而设立的专项转移支付。

救济类专项是指按照事权和支出责任划分属于地方事权，中央为帮助地方应对因自然灾害等发生的增支而设立的专项转移支付。

应急类专项是指按照事权和支出责任划分属于地方事权，中央为帮助地方应对和处理影响区域大、影响面广的突发事件而设立的专项转移支付。

**第四条**　财政部是专项转移支付的归口管理部门，中央主管部门和地方政府按照职责分工共同做好专项转移支付管理工作。

财政部负责拟定专项转移支付总体管理制度，制定或者会同中央主管部门制定具体专项转移支付的资金管理办法；审核专项转移支付设立、调整事项；组织实施专项转移支付预算编制及执行；组织开展专项转移支付绩效管理和监督检查等工作。

财政部驻各地财政监察专员办事处（以下简称专员办）按照工作职责和财政部要求，开展专项转移支付有关预算监管工作。

中央主管部门协同财政部制定具体专项转移支付的资金管理办法；协同财政部具体管理专项转移支付。

地方政府有关部门根据需要制定实施细则，并做好组织实施工作。

**第五条** 专项转移支付管理应当遵循规范、公平、公开、公正的原则。

## 第二章 设立和调整

**第六条** 设立专项转移支付应当同时符合以下条件：

（一）有明确的法律、行政法规或者国务院规定作为依据；

（二）有明确的绩效目标、资金需求、资金用途、主管部门和职责分工；

（三）有明确的实施期限，且实施期限一般不超过5年，拟长期实施的委托类和共担类专项除外；

（四）不属于市场竞争机制能够有效调节的事项。

从严控制设立引导类、救济类、应急类专项。不得重复设立绩效目标相近或资金用途类似的专项转移支付。

**第七条** 设立专项转移支付，应当由中央主管部门或者省级政府向财政部提出申请，由财政部审核后报国务院批准；或者由财政部直接提出申请，报国务院批准。

**第八条** 列入中央本级支出的项目，执行中改由地方组织实施需新设专项转移支付项目的，应当符合本办法第六条、第七条的规定。

**第九条** 专项转移支付到期后自动终止。确需延续的，应当按照本办法第七条规定的程序重新申请设立。

**第十条** 专项转移支付经批准设立后，财政部应当制定或者会同中央主管部门制定资金管理办法，做到每一个专项转移支付对应一个资金管理办法。中央基建投资专项应当根据具体项目制定资金管理办法。

资金管理办法应当明确规定政策目标，部门职责分工，资金用途，补助对象，分配方法，资金申报条件，资金申报、审批和下达程序，实施期限，绩效管理，监督检查等内容，做到政策目标明确、分配主体统一、分配办法一致、审批程序唯一、资金投向协调。需要发布申报指南或者其他与资金申报有关文件的，应当在资金管理办法中予以明确。

除涉及国家秘密的内容外，资金管理办法、申报指南等文件应当及时公开。

未制定资金管理办法的专项转移支付，不得分配资金，并限期制定。逾期未制定的，对应项目予以取消。

**第十一条** 建立健全专项转移支付定期评估机制。财政部每年编制年度预算前，会同中央主管部门对专项转移支付项目进行评估。评估重点事项主要包括：

（一）是否符合法律、行政法规和国务院有关规定；

（二）政策是否到期或者调整；

（三）绩效目标是否已经实现或需要调整、取消；

（四）资金用途是否合理，是否用于市场竞争机制能够有效调节的领域；

（五）是否按要求制定资金管理办法。

**第十二条** 建立健全专项转移支付项目退出机制。财政部根据专项转移支付评估结果，区分情形分别处理：

（一）不符合法律、行政法规和国务院有关规定的，予以取消。

（二）因政策到期、政策调整、客观条件发生变化等已无必要继续实施的，予以取消。

（三）市场竞争机制能够有效调节的，予以取消；可由市场竞争机制逐步调节的，规定一定实施期限实行退坡政策，到期予以取消。

（四）绩效目标已经实现、绩效低下、绩效目标发生变动或者实际绩效与目标差距较大的，予以取消或者调整。

（五）委托类专项具备由中央直接实施条件的，调整列入中央本级支出。

（六）属于地方事权的专项转移支付，可以列入一般性转移支付由地方统筹安排的，适时调整列入中央一般性转移支付。

（七）政策目标接近、资金投入方向类同、资金管理方式相近的，予以整合。

## 第三章 预算编制

**第十三条** 财政部于每年6月15日前部署编制下一年度中央对地方转移支付预算草案的具体事项，规定具体要求和报送期限等。

**第十四条** 专项转移支付实行中期财政规划管理。财政部会同中央主管部门根据中长期经济社会发展目标、国家宏观调控总体要求和跨年度预算平衡的需要，编制专项转移支付三年滚动规划。

**第十五条** 专项转移支付预算应当分地区、分项目编制，并遵循统筹兼顾、量力而行、保障重点、讲求绩效的原则。

属于委托类专项的，中央应当足额安排预算，不得要求地方安排配套资金。

属于共担类专项的，应当依据公益性、外部性等因素明确分担标准或者比例，由中央和地方按各自应分担数额安排资金。根据各地财政状况，同一专项转移支付对不同地区可以采取有区别的分担比例，但不同专项转移支付对同一地区的分担比例应当逐步统一规范。

属于引导类、救济类、应急类专项的，应当严格控制资金规模。

**第十六条**　专项转移支付预算总体增长幅度应当低于中央对地方一般性转移支付预算总体增长幅度。

**第十七条**　中央基建投资安排的专项转移支付，应当主要用于国家重点项目、跨省（区、市）项目以及外部性强的重点项目。

负责中央基建投资分配的部门应当将中央基建投资专项分地区、分项目安排情况按规定时间报财政部。

**第十八条**　专项转移支付预算一般不编列属于中央本级的支出。需要由中央单位直接实施的项目，应当在年初编制预算时列入中央本级支出。

**第十九条**　财政部应当在每年10月31日前将下一年度专项转移支付预计数提前下达省级政府财政部门，并抄送中央主管部门和当地专员办。省级政府财政部门应当在接到预计数后30日内下达本行政区域县级以上各级政府财政部门，同时将下达文件报财政部备案，并抄送当地专员办。县级以上地方各级政府财政部门应当将上级政府财政部门提前下达的专项转移支付预计数编入本级政府预算。

提前下达的专项转移支付预计数与其前一年度执行数之比原则上不低于70%。其中：按照项目法分配的专项转移支付，应当一并明确下一年度组织实施的项目；按因素法分配且金额相对固定的专项转移支付预计数与其前一年度执行数之比应当不低于90%。

专员办应当按照财政部要求，监督驻地财政部门做好提前下达专项转移支付的分解、落实工作，并及时将有关情况报告财政部。

负责中央基建投资分配的部门应当于每年10月15日前，将中央基建投资专项转移支付预计数分地区、分项目安排情况报财政部。

**第二十条**　财政部应当在全国人民代表大会批准年度预算草案后20日内向社会公开专项转移支付分地区、分项目情况，涉及国家秘密的内容除外。

## 第四章　资金申报、审核和分配

**第二十一条**　财政部会同中央主管部门按照规定组织专项转移支付资金申报、审核和分配工作。

需要发布申报指南或其他与资金申报有关文件的，应当及时发布，确保申报对象有充足的时间申报资金。

**第二十二条**　专项转移支付资金依照有关规定应当经地方政府有关部门审核上报的，应当逐级审核上报，并由省级政府财政部门联合省级主管部门在规定时限内将有关材料报送财政部和中央主管部门，同时抄送当地专员办。

专员办应当按照工作职责和财政部要求，审核驻地省级财政部门报送的申报材料，并提出审核意见和建议报送财政部。

**第二十三条**　专项转移支付资金的申报单位和个人应当保证申报材料的真实性、准确性、完整性；申报项目应当具备实施条件，短期内无法实施的项目不得申报。

以同一项目申报多项专项转移支付资金（含地方安排的专项资金）的，应当在申报材料中明确说明已申报的其他专项转移支付资金或者专项资金情况。依托同一核心内容或同一关键技术编制的不同项目视为同一项目。

**第二十四条**　地方政府财政部门和主管部门应当加强项目申报环节的信息公开工作，加大申报材料审查力度。

基层政府有关部门应当公平对待申报单位和个人，实行竞争性分配的，应当明确筛选标准，公示筛选结果，并加强现场核查和评审结果实地核查。

**第二十五条**　专项转移支付资金分配可以采取因素法、项目法、因素法与项目法相结合等方法。

因素法是指根据与支出相关的因素并赋予相应的权重或标准，对专项转移支付资金进行分配的方法。

项目法是指根据相关规划、竞争性评审等方式将专项转移支付资金分配到特定项目的方法。

中央向省级分配专项转移支付资金应当以因素法为主，涉及国家重大工程、跨地区跨流域的投资项目以及外部性强的重点项目除外。

**第二十六条**　财政部应当会同中央主管部门及时开展项目审核，按程序提出资金分配方案。

**第二十七条**　专项转移支付资金分配采取因素法的，应当主要选取自然、经济、社会、绩效等客观因素，并在资金管理办法中明确相应的权重或标准。

**第二十八条**　专项转移支付资金分配采取项目法的，应当主要采取竞争性评审的方式，通过发布公告、第三方评审、集体决策等程序择优分配资金。

**第二十九条**　采取第三方评审的，要在资金管理办法中对第三方进行规范，明确第三方应当具备的资质、选择程序、评审内容等。

第三方应当遵循公正诚信原则，独立客观发表意见。

**第三十条**　除委托类专项有明确规定外，各地区、各部门不得从专项转移支付资金中提取工作经费。

**第三十一条**　对分配到企业的专项转移支付资金，还应当遵循以下规定：

（一）各级政府财政部门应当在事前明确补助机制的前提下，事中或事后采取贴息、先建后补、以奖代补、保险保费补贴、担保补贴等补助方式。

（二）负责分配到企业的财政部门和主管部门应当在资金下达前将分配方案通过互联网等媒介向社会公示，公示期一般不少于7日，涉及国家秘密的内容除外。

（三）创新专项转移支付支持企业发展的方式，逐步减少无偿补助，采取投资基金管理等市场化运作模式，鼓励与金融资本相结合，发挥撬动社会资本的杠杆作用。

## 第五章 资金下达、拨付和使用

**第三十二条** 财政部应当在全国人民代表大会审查批准中央预算后90日内印发下达专项转移支付预算文件，下达省级政府财政部门，同时抄送中央主管部门和当地专员办。

对自然灾害等突发事件处理的专项转移支付，应当及时下达预算。

对据实结算等特殊项目的专项转移支付，一般采取先预拨后清算的方式。当年难以清算的，可以下年清算。确需实行分期下达预算的，应当合理设定分期下达数，最后一期的下达时间一般不迟于9月30日。

**第三十三条** 财政部应当将专项转移支付资金分配结果在下达专项转移支付预算文件印发后20日内向社会公开，涉及国家秘密的内容除外。

**第三十四条** 省级政府财政部门接到专项转移支付后，应当在30日内正式分解下达本级有关部门和本行政区域县级以上各级政府财政部门，同时将资金分配结果报财政部备案并抄送当地专员办。

财政部及中央主管部门不得要求省级财政部门分解下达转移支付时再报其审批。

**第三十五条** 基层政府财政部门接到专项转移支付后，应当及时分解下达资金。

对上级政府有关部门分配时已明确具体补助对象及补助金额的，基层政府财政部门应当在7个工作日内下达本级有关部门。不必下达本级有关部门的，应当及时履行告知义务。

对上级政府有关部门分配时尚未明确具体补助对象或补助金额的，基层政府财政部门原则上应当在接到专项转移支付后30日内分解下达到位，同时将资金分配结果及时报送上级政府财政部门备案。

对于补助到企业的专项转移支付资金，基层政府财政部门应当按照具体企业进行统计归集。

**第三十六条** 地方政府财政部门分配专项转移支付资金时，应当执行本办法第四章有关规定。

**第三十七条** 专项转移支付应当按照下达预算的科目和项目执行，不得截留、挤占、挪用或擅自调整。

地方政府财政部门可以在不改变资金类级科目用途的基础上，结合本级资金安排情况，加大整合力度，将支持方向相同、扶持领域相关的专项转移支付整合使用，报同级政府批准，并逐级上报后由省级政府财政部门会同省级主管部门及时上报财政部和中央主管部门备案，同时抄送当地专员办。

对于使用专项转移支付资金实施的项目，在专项转移支付资金到位前地方政府财政部门先行垫付资金启动实施的，待专项转移支付资金到位后，允许其将有关资金用于归垫，同时将资金归垫情况上报财政部和中央主管部门备案。

**第三十八条** 专项转移支付应当通过本级政府财政部门下达。除本级政府财政部门外，各部门、各单位不得直接向下级政府部门和单位下达专项转移支付资金。

**第三十九条** 专项转移支付的资金支付按照国库集中支付制度有关规定执行。严禁违规将专项转移支付资金从国库转入财政专户，或将专项转移支付资金支付到预算单位实有资金银行账户。

**第四十条** 预算单位应当加快项目实施，及时拨付资金。对因情况发生变化导致短期内无法继续实施的项目，预算单位应当及时向同级财政部门报告，由同级财政部门按规定收回统筹使用或者上交中央财政。

**第四十一条** 各级政府财政部门应当加强专项转移支付的执行管理，逐步做到动态监控专项转移支付的分配下达和使用情况。对未按规定及时分配下达或者闲置沉淀的专项转移支付，财政部可以采取调整用途、收回资金等方式，统筹用于经济社会发展亟需资金支持的领域。

专员办应当按照工作职责和财政部要求，对专项转移支付的预算执行情况进行全面监管，并按照财政部要求对部分专项开展重点监管，定期形成监管报告并及时报送财政部。

**第四十二条** 各级政府财政部门应当及时清理盘活专项转移支付结转结余资金。

对结余资金和连续两年未用完的结转资金，预算尚未分配到部门（含企业）和下级政府财政部门的，由同级政府财政部门在办理上下级财政结算时向上级政府财政部门报告，上级政府财政部门在收到报告后30日内办理发文收回结转结余资金；已分配到部门（或企业)的,由该部门(或企业)同级政府财政部门在年度终了后90日内收回统筹使用。

对不足两年的结转资金,参照第四十条、第四十一条执行。

**第四十三条**　专项转移支付项目依法应当实行政府采购的,原则上由项目实施单位组织采购。确因法律法规有明确规定或情况特殊需要上级主管部门集中采购的,应当按照有关规定履行报批手续。

## 第六章　预算绩效管理

**第四十四条**　各级政府财政部门和主管部门应当加强专项转移支付预算绩效管理,建立健全全过程预算绩效管理机制,提高财政资金使用效益。

**第四十五条**　各级政府财政部门和主管部门应当加强专项转移支付绩效目标管理,逐步推动绩效目标信息公开,接受社会公众监督。

有关部门、单位申请使用专项转移支付时,应当按要求提交明确、具体、一定时期可实现的绩效目标,并以细化、量化的绩效指标予以描述。

各级政府财政部门和主管部门应当加强对绩效目标的审核,将其作为预算编制和资金分配的重要依据,并将审核确认后的绩效目标予以下达,同时抄送当地专员办。

**第四十六条**　各级政府财政部门和主管部门应当加强专项转移支付预算执行中的绩效监控,重点监控是否符合既定的绩效目标。预算支出绩效运行与既定绩效目标发生偏离的,应当及时采取措施予以纠正;情况严重的,调整、暂缓或者停止该项目的执行。

**第四十七条**　各级政府财政部门和主管部门应当按照要求及时开展专项转移支付绩效评价工作,积极推进中期绩效评价,并加强对绩效评价过程和绩效评价结果的监督,客观公正地评价绩效目标的实现程度。

**第四十八条**　各级政府财政部门和主管部门应当加强对专项转移支付绩效评价结果的运用。及时将绩效评价结果反馈给被评价单位,对发现的问题督促整改;将绩效评价结果作为完善财政政策、预算安排和分配的参考因素;将重点绩效评价结果向本级政府报告;推进绩效评价结果信息公开,逐步建立绩效问责机制。

**第四十九条**　专员办应当按照工作职责和财政部要求,审核省级财政部门报送的专项转移支付绩效目标并提出审核意见,实施预算执行绩效监控,开展绩效评价并形成绩效评价报告和评价结果应用建议,督促相关部门落实财政部确定的绩效评价结果应用意见和有关问效整改要求,并对相关后续政策和问题的落实、整改进行跟踪。

## 第七章　监督检查和责任追究

**第五十条**　各级政府财政部门和主管部门应当加强对专项转移支付资金使用的监督检查,建立健全专项转移支付监督检查和信息共享机制。

**第五十一条**　分配管理专项转移支付资金的部门以及使用专项转移支付资金的部门、单位及个人,应当依法接受审计部门的监督,对审计部门审计发现的问题,应当及时制定整改措施并落实。

**第五十二条**　各级政府财政部门和主管部门及其工作人员、申报使用专项转移支付资金的部门、单位及个人有下列行为之一的,依照预算法等有关法律法规予以处理、处罚,并视情况提请同级政府进行行政问责:

(一)专项转移支付资金分配方案制定和复核过程中,有关部门及其工作人员违反规定,擅自改变分配方法、随意调整分配因素以及向不符合条件单位(或项目)分配资金的;

(二)以虚报冒领、重复申报、多头申报、报大建小等手段骗取专项转移支付资金的;

(三)滞留、截留、挤占、挪用专项转移支付资金的;

(四)擅自超出规定的范围或者标准分配或使用专项转移支付资金的;

(五)未履行管理和监督职责,致使专项转移支付资金被骗取、截留、挤占、挪用,或资金闲置沉淀的;

(六)拒绝、干扰或者不予配合有关专项转移支付的预算监管、绩效评价、监督检查等工作的;

(七)对提出意见建议的单位和个人、举报人、控告人打击报复的;

(八)其他违反专项转移支付管理的行为。

涉嫌犯罪的,移送司法机关处理。

**第五十三条**　对被骗取的专项转移支付资金,由地方政府有关部门自行查出的,由同级政府财政部门收回。由中央有关部门组织查出的,由省级政府财政部门负责追回并及时上缴中央财政。

**第五十四条**　对未能独立客观地发表意见,在专项转移支付评审等有关工作中存在虚假、伪造行为的第三方,按照有关法律法规的规定进行处理。

## 第八章　附　　则

**第五十五条**　省级政府财政部门应当根据本办法,结合本地实际,制定本地区专项转移支付管理办法,报财政部备案,同时抄送当地专员办。

**第五十六条** 本办法自印发之日起施行。2000 年 8 月 7 日发布的《中央对地方专项拨款管理办法》(财预〔2000〕128 号)同时废止。

## 海洋生态保护修复资金管理办法

*1. 2020 年 10 月 30 日财政部印发*
*2. 财资环〔2020〕76 号*
*3. 自 2021 年 1 月 1 日起施行*

**第一条** 为了加强和规范海洋生态保护修复资金管理,提高资金使用效益,加强海洋生态保护修复,改善海洋生态环境质量,促进海洋生态文明建设,根据《中华人民共和国预算法》、《中华人民共和国海域使用管理法》、《中华人民共和国海岛保护法》、《自然资源领域中央与地方财政事权和支出责任划分改革方案》、《中央对地方专项转移支付管理办法》等,制定本办法。

**第二条** 本办法所称海洋生态保护修复资金(以下简称保护修复资金)是指中央财政通过一般公共预算安排的,用于支持对生态安全具有重要保障作用、生态受益范围较广的重点区域海洋生态保护修复的共同财政事权转移支付资金。

**第三条** 保护修复资金的管理和使用应当遵循以下原则:

(一)坚决贯彻党中央、国务院决策部署,突出支持重点。

(二)符合国家宏观经济政策和涉海规划,遵循节约优先、保护优先、自然恢复为主方针。

(三)按照编制财政中期规划的要求,统筹考虑有关工作总体预算安排。

(四)坚持统筹兼顾,整体施策,鼓励各地从系统工程和全局角度,全方位、全海域、全过程开展海洋生态保护和修复治理。注重实现海洋生态产品的综合价值,推动提高优质海洋生态产品的供给能力。

(五)坚持公开、公平、公正,主动接受社会监督。

(六)实施全过程预算绩效管理,强化资金监管,充分发挥资金效益。

**第四条** 本办法实施期限至 2025 年。期满后根据法律、行政法规和国务院有关规定及海洋生态保护修复形势的需要,评估确定是否继续实施和延续期限。

**第五条** 保护修复资金由财政部会同业务主管部门管理。

财政部负责确定保护修复资金支持重点、分配原则;审核保护修复资金分配建议方案,编制保护修复资金预算草案并下达预算,组织实施全过程预算绩效管理,加强资金监管,指导地方预算管理等工作。

业务主管部门负责组织研究提出海洋生态保护修复项目重点支持方向和工作任务,提出保护修复资金总体绩效目标及资金分配建议方案,开展日常监管、综合成效评估和技术标准制定等工作,开展保护修复资金全过程预算绩效管理,指导地方做好项目管理工作等。

各省(自治区、直辖市,以下统称省)财政部门和业务主管部门负责组织项目实施方案的编制和审核,对项目内容的真实性、准确性负责,承担项目实施方案变更批复和项目竣工验收工作;按照本办法要求,按时向财政部和业务主管部门报送上一年度保护修复资金项目执行情况、绩效目标完成情况等。

**第六条** 保护修复资金重点支持党中央、国务院关于打好污染防治攻坚战和海洋生态保护修复的有关决策部署、《海岸带保护修复工程工作方案》等海洋生态保护修复规划确定的工作任务。支持范围具体包括:

(一)海洋生态保护和修复治理。对重点区域海域、海岛、海岸带等生态系统进行保护和修复治理,提升海岛海域岸线的生态功能和减灾功能。

(二)入海污染物治理。支持因提高入海污染物排放标准的直排海污染源治理以及海岛海域污水垃圾等污染物治理。

(三)能力建设。支持海域、海岛监视监管系统,海洋观测、生态预警监测建设,开展海洋防灾减灾、海洋调查等。

(四)海洋生态补偿。支持地方开展海洋生态保护补偿。

(五)根据党中央、国务院决策部署需要统筹安排的其他支出。

**第七条** 下列项目不得申报保护修复资金:

(一)生态受益范围地域性较强、属于地方财政事权或有明确修复责任主体的项目。

(二)不符合自然保护地、生态保护红线、用海、用岛、岸线等国家管控要求的项目。

(三)涉及围填海历史遗留问题或督查整改未到位的项目。

(四)涉及审计、督查发现问题未有效整改的项目。

(五)已从中央基建投资等其他渠道获得中央财政资金支持的项目。

（六）海洋生态修复效果存在较大不确定性，工程措施对生态系统造成新的破坏可能性较大，工程技术不完善等条件不成熟的项目。

**第八条**　保护修复资金采用项目法和因素法相结合的办法分配。

**第九条**　保护修复资金采用项目法分配的，由财政部会同有关部门通过竞争性评审方式公开择优确定具体项目。财政部会同有关部门在项目评审前发布申报指南，明确项目申报范围、要求等具体事项。向地级市安排保护修复奖补资金不超过3亿元，向计划单列市和省会城市安排保护修复奖补资金不超过4亿元，具体根据项目实施方案总投资金额等确定。

项目所在城市政府或其有关部门负责编制项目实施方案，明确绩效目标、实施任务、保障机制以及分年度资金预算等，并按照项目申报要求提出申请。

**第十条**　保护修复资金采用因素法分配的，由财政部会同有关部门根据党中央、国务院决策部署，结合各省海洋生态保护修复形势、财力状况等，选取海洋生态保护修复工作任务量、自然情况、保护修复工作成效和项目准备情况作为分配因素，具体分配权重为50%、20%、20%、10%，并根据各省财政困难程度、预算执行率、绩效评价结果等进行调整。

**第十一条**　采用项目法支持的项目，在实施过程中因实施环境和条件发生重大变化，确有必要调整实施方案的，应当坚持绩效目标不降低原则，由省级财政部门会同业务主管部门批准同意后，报财政部和业务主管部门备案。

各地相关部门和项目实施单位要严格按照中央对地方转移支付管理有关要求，加强项目管理，加快项目执行，严格资金监管，确保专款专用，提高保护修复资金使用效益。

**第十二条**　财政部会同有关部门负责组织对保护修复资金实施预算绩效管理，组织开展绩效自评和重点绩效评价，加强绩效评价结果反馈应用，并建立保护修复资金考核奖惩机制。将对各地保护修复资金使用和方案执行情况考核结果和绩效评价结果作为调整完善政策及资金预算的重要依据。

绩效评价包括对决策、管理、产出、效益、满意度等指标的考核。具体内容包括：决策情况、相关制度建设及执行情况、保护修复资金到位使用及项目实施进展情况，以及实现的产出、取得的经济社会效益等绩效目标完成情况等。

**第十三条**　地方各级财政部门和业务主管部门应当加强保护修复资金的绩效评价，并选择部分重点项目开展绩效评价，加强对具体项目及保护修复资金使用情况的动态监督，强化绩效运行监控，压实项目单位和地方主体责任。发现资金违规使用、项目实施方案变更等重大问题的，应当按照程序及时报告财政部和业务主管部门。

**第十四条**　保护修复资金使用管理相关信息应当按照预算公开有关要求执行。

**第十五条**　财政部各地监管局按照规定开展保护修复资金监管工作。

**第十六条**　任何单位和个人不得截留、挤占和挪用保护修复资金。各级财政部门和业务主管部门及其工作人员存在违反本办法规定行为的，以及其他滥用职权、玩忽职守、徇私舞弊等违纪违法行为的，按照《中华人民共和国预算法》及其实施条例、《中华人民共和国监察法》、《财政违法行为处罚处分条例》等有关规定追究相应责任。构成犯罪的，依法追究刑事责任。

**第十七条**　各级财政部门应加快预算执行，提高资金使用效益。切实加强结转结余资金管理，对存在大量结转结余资金的，要充分分析原因、调整分配机制。

**第十八条**　本办法未明确的其他事宜，包括预算下达、资金拨付、使用、结转结余资金处理等，按照预算管理有关规定执行。

**第十九条**　沿海地区各省级财政部门结合本地区实际情况，根据本办法制定保护修复资金使用管理实施细则，并报财政部备案。

**第二十条**　本办法由财政部会同业务主管部门负责解释。

**第二十一条**　本办法自2021年1月1日起施行。《海洋生态保护修复资金管理办法》（财资环〔2020〕24号）同时废止。

## 土壤污染防治资金管理办法

*1. 2022年4月11日财政部印发*

*2. 财资环〔2022〕28号*

**第一条**　为规范和加强土壤污染防治资金管理，提高财政资金使用效益，根据《中华人民共和国预算法》、《中华人民共和国土壤污染防治法》、《中共中央 国务院关于全面实施预算绩效管理的意见》、《生态环境领域中央与地方财政事权和支出责任划分改革方案》、《中央对地方专项转移支付管理办法》等规定，制定本办法。

**第二条** 本办法所称土壤污染防治资金(以下称防治资金)是指由中央一般公共预算安排的,专门用于支持地方开展土壤环境风险管控、土壤污染综合防治等促进土壤生态环境质量改善的资金。

**第三条** 防治资金的管理和使用应当符合以下原则和要求:

(一)坚决贯彻党中央、国务院决策部署,突出支持重点。

(二)符合国家宏观政策和生态环境保护相关规划,统筹考虑有关工作总体预算安排。

(三)坚持预防为主、保护优先,因地制宜、分类施策的原则。

(四)坚持公开、公平、公正,主动接受社会监督。

(五)实施全过程预算绩效管理,强化资金监管,充分发挥资金效益。

(六)坚持结果导向,突出对资金使用绩效、重点工作任务完成等情况较好地区的激励。

**第四条** 防治资金实施期限至 2025 年,期满后根据法律、行政法规和国务院有关规定,结合土壤污染防治工作形势需要评估确定是否继续实施和延续期限。

**第五条** 防治资金主要支持各省、自治区、直辖市(含兵团,以下统称各省)涉重金属历史遗留固体废物、重金属减排等土壤重金属污染源头治理,以及事关农产品、人居环境安全的农用地、建设用地风险管控或修复等工作。具体支持范围包括:

(一)土壤污染源头防控;

(二)土壤污染风险管控;

(三)土壤污染修复治理;

(四)土壤污染状况监测、评估、调查;

(五)土壤污染防治管理改革创新;

(六)其他与土壤环境质量改善密切相关的支出。

本条第一款第五项所称的土壤污染防治管理改革创新,是指地方为做好土壤污染防治工作而开展的改革创新和先进做法,如设立省级土壤污染防治基金、开展重金属污染沉降以及开展重点监管单位周边土壤环境定期监测等。

通过调整种植结构等方式进行农用地污染防治的相关涉农补贴事项、用于土壤污染防治工作能力建设方面的资金不纳入防治资金支持范围。

**第六条** 防治资金由财政部会同生态环境部管理。

财政部负责确定防治资金分配标准、审核防治资金分配建议方案、编制防治资金预算草案并下达预算,组织实施预算绩效管理,加强资金使用管理监督,指导地方预算管理等工作。

生态环境部负责组织指导实施土壤污染防治工作,研究提出工作任务和资金分配建议方案,组织开展土壤污染防治项目储备,开展日常监管和评估,具体开展防治资金全过程预算绩效管理,指导地方做好预算绩效管理等工作。

**第七条** 地方财政部门负责本地区防治资金的预算分解下达、组织预算执行、资金使用管理和监督以及预算绩效管理等工作。

地方生态环境部门根据职能参与本地区防治资金分配,负责资金具体使用、项目组织实施及预算绩效具体管理等工作。

**第八条** 防治资金采取因素法方式进行分配。具体包括:涉重金属历史遗留矿渣污染治理、农用地安全利用、重点行业污染整治、建设用地污染治理及其他等四项因素,对应权重分别为 50%、15%、15%、20%。其中,涉重金属历史遗留矿渣污染治理因素综合各省在中央生态环境项目储备库该类项目储备量、实际治理任务量确定,两者权重分别为 50%、50%。

财政部会同生态环境部可根据资金使用绩效、审计监督检查、储备项目申请防治资金金额等情况对资金分配结果进行合理调整,体现结果导向。

**第九条** 生态环境部应当于每年预算下达时限要求内提前 50 日,根据本办法规定,提出各省的资金控制数建议报财政部。财政部审核确认后,将资金控制数反馈各省。

各省收到资金控制数,对涉重金属历史遗留矿渣污染治理重点任务(以下简称重点任务)预算,按照预算控制数规模,从中央生态环境项目储备库已入库项目中选定拟支持的具体项目,并连同本省当年的绩效目标一并上报财政部、生态环境部。

两部门对项目类型、必要性等进行审核确认后,于规定时限内正式下达预算,其中重点任务预算在下达时明确对应到具体项目,其余预算切块下达。

**第十条** 接到防治资金正式下达的预算后,各省财政部门应当会同生态环境部门在 10 日内下达已细化明确到具体项目的重点任务资金预算;30 日内分解下达其余预算,并将资金分配结果报财政部、生态环境部备案,同时抄送财政部当地监管局。

**第十一条** 各省应当按照财政部有关生态环保资金项目储备工作要求,积极做好项目储备库建设,扎实开展项目前期工作,提升储备项目质量。

地方各级财政部门应当会同同级生态环境部门加

强项目申报和执行管理，加快形成实物工作量，提高资金执行进度和使用效率。

财政部、生态环境部负责组织对防治资金实施全过程预算绩效管理，加强绩效目标管理，严格绩效目标审核，下达预算时应当同步下达区域绩效目标，并抄送财政部当地监管局。同时，督促和指导地方做好绩效运行监控和绩效自评，适时开展防治资金重点绩效评价，并加强结果应用，将绩效评价结果作为完善政策、改进管理及安排以后年度预算的重要依据。

**第十三条**　地方各级财政、生态环境部门以及防治资金具体使用单位，具体实施防治资金全过程预算绩效管理，按照本地区绩效目标组织开展绩效运行监控，做好绩效评价，并加强绩效评价结果运用。发现绩效运行与预期绩效目标发生偏离时，应当及时采取措施予以纠正。绩效管理中发现违规使用资金、损失浪费严重、低效无效等重大问题的，应当按照程序及时报告财政部、生态环境部。

**第十四条**　各级财政、生态环境部门以及防治资金具体使用单位，应当对报送的可能影响资金分配结果的有关数据和信息的真实性、有效性负责。对已从中央基建投资等其他渠道获得中央财政资金支持的项目，不得纳入防治资金支持范围。

**第十五条**　根据党中央国务院决策部署、土壤污染防治工作需要和专项转移支付评估等情况，对不再符合法律、行政法规等有关规定，政策到期或者调整，相关目标已经实现或经评估实施成效差、绩效低的支持内容或实施项目，应当按程序及时退出。

**第十六条**　对责任主体尚未灭失或规划用于商业开发的污染地块，不得纳入防治资金支持范围。

支持开展土壤修复治理的项目应当充分考虑技术可行性和经济性，避免不计成本、不顾技术可行性盲目推进大治理大修复。

**第十七条**　防治资金的支付执行国库集中支付制度有关规定。属于政府采购管理范围的，应当按照政府采购有关规定执行。

**第十八条**　任何单位和个人不得截留、挤占和挪用防治资金。对于违反国家法律、行政法规和有关规定的单位和个人，有关部门应当及时制止和纠正，并严格按照《中华人民共和国预算法》、《财政违法行为处罚处分条例》等有关规定追究相应责任。构成犯罪的，依法追究刑事责任。

**第十九条**　各级财政、生态环境部门及其工作人员存在违反本办法行为的，以及其他滥用职权、玩忽职守、徇私舞弊等违法违纪行为的，按照《中华人民共和国预算法》及其实施条例、《中华人民共和国监察法》、《财政违法行为处罚处分条例》等有关规定追究相应责任。构成犯罪的，依法追究刑事责任。

**第二十条**　财政部各地监管局按照财政部的要求，开展防治资金监管工作。

**第二十一条**　本办法未明确的其他事宜，包括资金下达、拨付、使用、结转结余资金处理等，按照《财政部关于印发〈中央对地方专项转移支付管理办法〉的通知》（财预〔2015〕230号）有关规定执行。

**第二十二条**　省级财政和生态环境部门可根据本办法，结合当地实际，制定具体实施办法。

**第二十三条**　本办法由财政部会同生态环境部负责解释。

**第二十四条**　本办法自发布之日起施行，《财政部关于印发〈土壤污染防治资金管理办法〉的通知》（财资环〔2021〕42号）同时废止。

## 中央自然灾害救灾资金管理暂行办法

*1. 2020年6月28日财政部、应急部印发*
*2. 财建〔2020〕245号*

### 第一章　总　　则

**第一条**　为做好自然灾害救灾工作，加强中央自然灾害救灾资金（以下简称救灾资金）管理，提高财政资金使用效益，根据《中华人民共和国预算法》等法律法规规定，制订本办法。

**第二条**　救灾资金是中央一般公共预算安排用于支持地方人民政府履行自然灾害救灾主体职责，组织开展重大自然灾害救灾和受灾群众救助等工作的共同财政事权转移支付。

前款所称重大自然灾害是指应急部（或者自然灾害议事协调机构，下同）启动应急响应的自然灾害。对未达到启动应急响应条件，但局部地区灾情、险情特别严重的特殊情况，由应急部商财政部按照程序报国务院批准后予以补助。

党中央、国务院领导同志有相关重要指示批示的，按照指示批示精神落实。

**第三条**　救灾资金由财政部会同应急部管理。财政部负责救灾资金预算管理，依法下达预算。

应急部提出预算管理及救灾资金分配建议，指导救灾资金使用，开展全过程绩效管理，督促指导地方做好资金使用管理等相关工作。

**第四条** 救灾资金政策实施期限到2028年。到期后,财政部会同应急部对救灾资金开展评估,根据评估结果确定下一阶段实施期限。各级应急管理部门应当按照财政部门统一要求做好绩效评估工作。

**第五条** 救灾资金管理遵循民生优先、体现时效、规范透明、注重绩效、强化监督的原则。

**第六条** 救灾资金的支出范围包括搜救人员、排危除险等应急处置,购买、租赁、运输救灾装备物资和抢险备料,现场交通后勤通讯保障,灾情统计、应急监测,受灾群众救助(包括应急救助、过渡期生活救助、旱灾救助、抚慰遇难人员家属、恢复重建倒损住房、解决受灾群众冬令春荒期间生活困难等),保管中央救灾储备物资,森林草原航空消防等应急救援所需租用飞机、航站地面保障等,以及落实党中央、国务院批准的其他救灾事项。

前款中用于解决受灾群众冬令春荒期间生活困难的冬春临时生活困难救助资金和用于森林草原航空消防等应急救援所需租用飞机、航站地面保障的森林草原航空消防补助资金,作为日常救灾补助资金管理。

## 第二章 重大自然灾害救灾资金申请与下达

**第七条** 发生符合本办法第二条规定的重大自然灾害的,受灾地区省级财政部门、应急管理部门可以联合向财政部、应急部申请救灾资金。

申请文件应当包括灾害规模范围、受灾人口、调动抢险救援人员和装备物资情况、转移安置人口数量、遇难(失踪)人数、需应急救助和过渡期生活救助人数、倒塌损坏房屋数量、直接经济损失、地方救灾资金实际需求和已安排情况等内容。

申请文件编财政部门文号,主送财政部和应急部。

**第八条** 应急部对受灾地区报送的申请文件应当予以审查,核实受灾相关数据后,向财政部提出资金安排建议。

**第九条** 财政部根据应急部启动的应急响应级别、资金安排建议,结合地方财力等因素会同应急部核定补助额,并下达救灾资金预算。

受灾群众生活救助补助资金主要根据自然灾害遇难(失踪)人员、需应急救助和过渡期生活救助、旱灾需救助人员数量,倒损住房数量及国务院批准的补助标准核定。抢险救援补助资金主要根据应急响应级别、直接经济损失、抢险救援难度、调动抢险救援人员规模等情况核定。

**第十条** 财政部会同应急部建立救灾资金快速核拨机制,可以根据灾情先行预拨部分救灾资金,后期清算。

## 第三章 日常救灾补助资金申请与下达

**第十一条** 申请森林草原航空消防补助资金的,由省级财政、应急管理部门根据财政部、应急部要求,于每年7月15日前提出下一年度资金申请。

**第十二条** 财政部会同应急部根据其飞行任务计划安排,统筹考虑通用航空市场和地方财力等情况,于每年10月底前核定下一年度补助额,并提前下达预计数。中央预算批准后,财政部按照预算法规定下达预算。

**第十三条** 申请冬春临时生活困难救助资金的,由省级财政、应急管理部门根据应急部、财政部要求,于每年10月底前提出本年资金申请。

**第十四条** 财政部会同应急部根据其核定的需救助人员数量及既定补助标准,结合地方财力等因素核定补助额,并下达预算。

## 第四章 预算资金管理与监督

**第十五条** 省级财政部门接到中央财政下达的救灾资金预算后,在预算法规定时限内会同省级应急管理部门及时分解下达,并在规定时间内将本省区域绩效目标上报财政部和应急部备案,抄送财政部当地监管局。

区域绩效目标应当包括中央救灾资金以及与中央救灾资金共同安排用于救灾的地方财政资金和其他资金。

**第十六条** 各级财政、应急管理部门应当加快预算执行,提高资金使用效益。

**第十七条** 救灾资金的结转结余资金按照有关规定处理。

**第十八条** 救灾资金的支付按照国库集中支付制度有关规定执行。涉及政府采购的,应当按照政府采购管理的有关规定执行。

**第十九条** 灾区有关部门应当强化落实应急救援财政事权和支出责任,安排地方财政资金保障救灾工作,与中央财政补助资金统筹使用,并对其报送材料和数据的真实性、准确性负责,确保资金安排使用的规范、透明、安全、有效。

**第二十条** 应急部应当指导灾区有关部门做好救灾工作,会同财政部督促地方有关部门按规定安排使用救灾资金,加强绩效运行监控,年度终了开展绩效自评,提高资金使用效益。

**第二十一条** 省级财政部门、应急管理部门申请、下达资金文件，财政部下达预算文件，应当抄送财政部当地监管局。

**第二十二条** 财政部各地监管局按照工作职责和财政部要求，对属地救灾资金进行监管。

**第二十三条** 救灾资金使用管理应当严格执行预算公开有关规定。

**第二十四条** 各级财政、应急管理等相关部门及其工作人员存在以权谋私、滥用职权、玩忽职守、徇私舞弊等违法违纪行为的，按照《中华人民共和国预算法》、《中华人民共和国公务员法》、《中华人民共和国监察法》、《中华人民共和国保守国家秘密法》、《财政违法行为处罚处分条例》等国家有关规定追究相应责任。构成犯罪的，依法追究刑事责任。

### 第五章 附 则

**第二十五条** 各省级财政部门、应急管理部门应当根据本办法制定具体实施细则，报财政部、应急部备案，并抄送财政部当地监管局。

**第二十六条** 本办法由财政部会同应急部负责解释，自印发之日起施行。《自然灾害生活救助资金管理暂行办法》（财社〔2011〕6号）同时废止。

## 中小企业发展专项资金管理办法

*1. 2021年6月4日财政部印发*

*2. 财建〔2021〕148号*

**第一条** 为加强中小企业发展专项资金管理，充分发挥该项资金在引导促进中小企业发展方面的绩效，根据《中华人民共和国预算法》、《中华人民共和国中小企业促进法》、《中央对地方专项转移支付管理办法》（财预〔2015〕230号）等有关规定，制定本办法。

**第二条** 本办法所称中小企业发展专项资金（以下简称专项资金），是指依照《中华人民共和国中小企业促进法》设立，由中央一般公共预算安排的用于支持中小企业发展的资金。

**第三条** 专项资金管理使用遵循公开公正、择优高效的原则，围绕党中央、国务院有关决策部署，重点引导地方等有关方面完善中小企业公共服务体系、融资服务体系，改善中小企业发展环境，突破制约中小企业发展的短板和瓶颈，支持中小企业高质量发展。

**第四条** 专项资金由财政部归口管理，有关中央主管部门、地方财政部门和同级有关主管部门按职责分工共同做好专项资金有关管理工作。

财政部负责明确年度专项资金额度，会同中央有关主管部门确定专项资金支出方向、支持方式及支持标准；根据中央主管部门报送的材料及资金安排建议，按程序下达预算、绩效目标并拨付资金；组织开展预算绩效管理和监管工作。

中央主管部门负责牵头组织申报资金，审核资金申报主体报送的材料和数据；向财政部及时提供资金需求测算方案、资金安排及绩效目标建议；加强业务指导及绩效管理，督促有关方面做好专项资金支持政策实施工作。

地方财政部门与同级有关主管部门根据地方职责分工，负责资金申请，明确具体绩效目标，组织实施专项资金支持政策相关工作，并进行监督和全过程绩效管理。

资金申报、使用单位承担资金真实申报、合规使用和有效管理的主体责任，负责直接受理资金申报材料的主管部门承担资金申报审核、资金使用监督的直接责任。

**第五条** 专项资金的支持范围包括：

（一）支持中小企业提升创新能力及专业化水平，优化创新创业环境。

（二）支持完善中小企业公共服务体系，促进中小企业开展合作交流。

（三）支持中小企业融资服务体系建设，促进中小企业融资。

（四）其他促进中小企业发展的工作。

**第六条** 财政部会同有关中央主管部门根据党中央、国务院有关决策部署，以及中小企业发展实际情况适时调整专项资金支持重点。

**第七条** 专项资金支持对象包括符合条件的项目或企业，中小企业公共服务平台等机构或载体，开发区、城市等试点示范区域。

**第八条** 专项资金采取财政补助、以奖代补、政府购买服务等支持方式，主要用于引导地方政府、社会资本等支持中小企业高质量发展。

**第九条** 专项资金不得用于平衡本级财政预算及偿还债务，不得用于行政事业单位人员经费、机构运转经费等。

**第十条** 专项资金分配可以采取因素法、项目法、因素法和项目法相结合等方式。

采取因素法分配的，主要依据专项资金有关预算额度、被支持对象有关工作基础、目标设定及完成情况等因素测算分配资金。

采取项目法分配的，一般由财政部、有关中央主管部门发布申报通知，由有关中央主管部门牵头组织专家评审或公开招标等工作，并依据评审或招标结果，经公示后确定拟支持对象。

采取因素法和项目法相结合分配的，资金分配方法依据专项资金有关支持政策文件执行。

**第十一条**　小微企业融资担保业务降费奖补政策涉及的因素法补助资金，以专项资金有关预算额度、上一年度新增小微企业年化担保额、区域补助系数为分配因素。

某省份本年度补助资金＝专项资金有关预算额度×该省份上一年度新增小微企业年化担保额×区域补助系数/∑（符合规定条件的省份上一年度新增小微企业年化担保额×区域补助系数）。

关于区域补助系数等有关资金分配具体要求，按照有关资金支持政策文件执行。

**第十二条**　财政部按照预算管理程序，最迟于每年中央预算得到批准后90日内将资金下达省级财政部门。省级财政部门在收到专项资金指标发文30日内，将专项资金按要求分解下达。

**第十三条**　专项资金支付按照财政国库管理制度有关规定执行。

**第十四条**　财政部、有关中央主管部门根据预算绩效管理和本办法的规定，以及专项资金有关支持政策文件，按照职责分工组织对专项资金实施预算绩效管理，加强绩效评价结果反馈应用。有关绩效评价结果，作为专项资金分配的重要参考。财政部各地监管局按照工作职责和财政部有关工作要求，开展专项资金绩效评价等工作。

地方各级财政部门、主管部门应当加强专项资金的绩效评价。地方主管部门按要求组织年度绩效自评，加强自评结果审核和应用，加大绩效信息公开力度，财政部门对自评结果开展复核。具体开展绩效自评的部门和单位对自评结果的真实性和准确性负责。

**第十五条**　对专项资金的结余资金和连续两年未用完的结转资金，地方各级财政部门应当按照结余结转资金有关规定执行。

**第十六条**　地方各级财政部门、主管部门应当加强对专项资金的监督管理，如发现资金申报、资金使用存在问题的，应当及时报告财政部和有关中央主管部门。

**第十七条**　财政部应当按照规定将专项资金分配结果主动向社会公开。有关中央主管部门、省级相关主管部门应当将专项资金支持企业或者具体项目的情况，向社会公示。

**第十八条**　对于违反国家法律、行政法规和本办法的规定，以虚报、冒领等手段骗取专项资金的，中央财政将收回相关资金，严格按照《中华人民共和国预算法》、《财政违法行为处罚处分条例》等有关规定追究相应责任；构成犯罪的，依法追究刑事责任。

**第十九条**　各级财政部门、业务主管部门、项目申报主体及其工作人员在专项资金项目审核、资金分配、项目执行过程中，存在违反本办法规定以及其他滥用职权、玩忽职守、徇私舞弊等违法违纪行为的，按照《中华人民共和国预算法》、《中华人民共和国监察法》、《财政违法行为处罚处分条例》等国家有关规定追究相应责任；构成犯罪的，依法追究刑事责任。

**第二十条**　省级财政部门可会同同级有关主管部门根据本办法并结合本地区实际情况制定专项资金实施细则。

**第二十一条**　专项资金依法设立，实施期限至2025年。期满后，财政部会同有关中央主管部门进行综合评估，按程序确定是否取消政策或延长实施期限。

**第二十二条**　本办法自发布之日起施行。财政部《关于印发〈中小企业发展专项资金管理办法〉的通知》（财建〔2016〕841号）同时废止。

## 中央财政城乡居民基本医疗保险补助资金管理办法

*1. 2019年9月26日财政部发布*

*2. 根据2022年1月12日财政部、国家医保局《关于修订〈中央财政城乡居民基本医疗保险补助资金管理办法〉的通知》（财社〔2022〕1号）修订*

### 第一章　总　　则

**第一条**　为加快完善统一的城乡居民基本医疗保险制度，加强中央财政补助资金管理，提升资金使用效益，确保资金安全，根据《中华人民共和国预算法》和《中共中央 国务院关于全面实施预算绩效管理的意见》、《国务院关于整合城乡居民基本医疗保险制度的意见》（国发〔2016〕3号）、《国务院办公厅关于印发医疗卫生领域中央与地方财政事权和支出责任划分改革方案的通知》（国办发〔2018〕67号），制定本办法。

**第二条**　本办法所称城乡居民基本医疗保险补助资金，是指按照医疗卫生领域中央与地方财政事权和支出责任划分改革方案，中央财政对地方城乡居民基本医疗保险参保居民缴费给予补助的共同财政事权转移支付资金。今后如果城乡居民基本医疗保险不再作为共同财政事权，该项转移支付将相应取消。

## 第二章　管理职责

**第三条**　财政部负责会同国家医保局分配中央财政城乡居民基本医疗保险补助资金；组织开展预算绩效管理，根据工作需要实施重点绩效评价；组织财政部各地监管局（以下简称监管局）对参保人数、财政补助资金拨付、个人缴费等情况进行审核；会同国家医保局对各省（区、市，含计划单列市，下同）财政、医疗保障部门提交的申报材料和监管局审核报告进行复核；配合国家医保局指导督促各省（区、市）医疗保障、财政部门按要求做好全过程预算绩效管理工作，对资金进行监督管理。

**第四条**　省级财政部门负责会同同级医疗保障部门统筹使用中央财政补助资金，在规定时间内将预算下达至统筹地区财政部门，合理安排并及时拨付本级财政城乡居民基本医疗保险补助资金，完善省、市、县三级财政分担办法，加大对辖区内困难地区的转移支付力度；配合医疗保障部门指导督促统筹地区按要求制定绩效目标，对统筹地区报送的绩效目标进行审核汇总形成全省（区、市）整体绩效目标，报国家医保局和财政部，并抄送财政部当地监管局，做好绩效监控、自评和资金监督管理。

**第五条**　统筹地区财政部门负责会同同级医疗保障部门及时安排本级财政城乡居民基本医疗保险补助资金，在规定时间内将各级财政补助资金拨付至本级社会保障基金财政专户；配合医疗保障部门按要求制定绩效目标，并报省级医疗保障和财政部门，做好绩效监控、自评和资金监督管理。

## 第三章　补助标准

**第六条**　城乡居民基本医疗保险年度政府补助标准由财政部商国家医保局提出建议后报国务院批准。

**第七条**　从2019年起，中央财政按国家公布的年度政府补助标准对各省（区、市）实行分档补助：第一档包括内蒙古、广西、重庆、四川、贵州、云南、西藏、陕西、甘肃、青海、宁夏、新疆12个省（区、市），中央分担80%；第二档包括河北、山西、吉林、黑龙江、安徽、江西、河南、湖北、湖南、海南10个省，中央分担60%；第三档包括辽宁、福建、山东3个省，中央分担50%；第四档包括天津、江苏、浙江、广东4个省（市）和大连、宁波、厦门、青岛、深圳5个计划单列市，中央分担30%；第五档包括北京、上海2市，中央分担10%。

**第八条**　对比照西部大开发有关政策的中部六省243个县（区、市）、江西省赣州市以及湖南省湘西土家族苗族自治州、湖北省恩施土家族苗族自治州、吉林省延边朝鲜族自治州，中央财政按照第一档补助比例给予补助（具体名单见附件1）。

**第九条**　中央所属高校大学生参加其高校所在地城乡居民基本医疗保险，中央财政按照经审核认定的中央所属高校计划内招收大学生人数和所在地规定的大学生参保政府补助标准给予全额补助。

**第十条**　对新疆生产建设兵团和北大荒农垦集团有限公司参加城乡居民基本医疗保险人员，中央财政按照经审核认定的参保人数和国家公布的年度政府补助标准全额补助。

## 第四章　下达流程

**第十一条**　统筹地区财政部门应按程序按进度，及时将各级财政补助资金支付至本级社会保障基金财政专户。

**第十二条**　省级财政部门收到中央财政补助资金文件后，应在30日内将预算指标分解至各统筹地区，并抄送财政部当地监管局。中央及地方财政补助资金（包括省级、市级和县级财政补助资金，下同），应在每年12月底前全部支付至统筹地区社会保障基金财政专户。地方财政补助资金未按规定及时足额到位的，中央财政将在次年结算时相应扣减补助资金，扣减部分由地方财政补足。

地方各级财政部门在收到中央财政补助资金时，应核对无误后再下达或拨付。如发现多拨、少拨等情况，应立即向上级财政部门报告。地方各级医疗保障部门发现类似情况的，应立即向同级财政部门和上级医疗保障部门反映。各地不得擅自分配处置多拨的补助资金。

## 第五章　分配办法

**第十三条**　中央财政城乡居民基本医疗保险补助资金采取"当年预拨＋次年据实结算"的办法，以每年1月1日至12月31日为一个运行年度，将补助资金下达至省级财政。

中央财政每年按照预算管理的统一要求提前下达下一年度预算，每年6月底前按照当年国家公布的政府补助标准和规定的分担比例预拨本年度城乡居民基本医疗保险补助资金预算，并同步结算上年度补助资金。

以 2022 年为例，中央财政补助资金按照以下公式计算，以后年度类推：

预拨某省（区、市）2022 年补助资金预算数 = 该省（区、市）经审核认定的 2021 年 6 月底参保人数 ×2022 年国家公布的政府补助标准 × 中央财政分担比例

结算某省（区、市）2021 年度补助资金数 = 该省（区、市）经审核认定的 2021 年 6 月底参保人数 ×2021 年国家公布的政府补助标准 × 中央财政分担比例 – 已预拨 2021 年补助资金数 – 2021 年因地方财政补助资金不到位扣减的补助资金 – 2021 年因多报、虚报参保人数追加扣减的补助资金

其中：

某省（区、市）2021 年因地方财政补助资金不到位扣减补助资金数 = 该省（区、市）经审核认定的 2021 年 6 月底参保人数 ×2021 年国家公布的政府补助标准 × 中央财政分担比例 ×（1 – 当年地方财政补助资金到位率）×10%

某省（区、市）2021 年地方财政补助资金到位率 = 地方财政 2021 年 12 月底前实际到位补助资金数 ÷ 当年地方财政应到位补助资金数 ×100%

某省（区、市）2021 年地方财政应到位补助资金数 = 该省（区、市）经审核认定的 2021 年 6 月底参保人数 ×［2021 年国家公布的政府补助标准 ×（1 – 中央财政分担比例）］

某省（区、市）2021 年因多报、虚报参保人数追加扣减的补助资金 = 该省（区、市）经审核发现的多报、虚报参保人数（含省内重复参保人数）×2021 年国家公布的政府补助标准 × 中央财政分担比例 ×5%

**第十四条** 因地方财政补助资金不到位扣减和多报、虚报参保人数追加扣减的补助资金，由地方财政负责补足。

**第十五条** 因地方财政补助资金不到位扣减和多报、虚报参保人数追加扣减的补助资金，中央财政将其作为奖励补助资金，按因素法分配给其他省（区、市），由其分配至相应统筹地区，纳入该统筹地区社会保障基金财政专户管理。奖励补助资金根据绩效评价结果进行分配，主要考虑以下因素：以户籍人口数和常住人口数为基数计算的综合参保率（分别占 20%、20%）、筹资结构（政府补助与个人缴费比，占 30%）、其他绩效目标实现情况（占 30%）。中央财政奖励补助资金列入地方财政应到位补助资金进行统计。

## 第六章 申报审核

**第十六条** 结算上一年度中央财政补助资金实行网络和纸质同时申报。每年 2 月 15 日前，省级财政部门会同医疗保障部门向财政部、国家医保局（以下简称两部门）联合上报纸质版的《XXX 省（区、市）关于申请结算 20XX 年中央财政城乡居民基本医疗保险补助资金的请示》（以下简称《请示》），包括文字和附表两部分内容。文字部分应包括上一年度城乡居民基本医疗保险参保人数（应剔除无身份信息、身份信息错误以及省内重复参保等不符合规定的参保人数）、省内重复参保比对情况、筹资标准、财政补助资金及个人缴费到位、基金运行及制度建设情况，存在的问题，绩效评价结果，有关建议和需要说明的特殊事项等。附表部分由省级财政部门会同医疗保障部门登录财政部统一报表系统"城乡居民医保补助资金申报系统"，录入相关数据后打印出纸质表格。同时，将《请示》抄送财政部当地监管局审核。

**第十七条** 各统筹地区财政、医疗保障部门应及时将参保人数、预拨补助资金文件和拨款凭证等审核所需的材料报送省级财政和医疗保障部门。其中，6 月底参保人数及城乡居民个人实际缴费情况（附件 3、附件 4、附件 6）应于当年 8 月底前报送。省级财政部门会同医疗保障部门进行汇总初审后，于次年 2 月 15 日前将初审意见、汇总情况（附原始资料）与补助资金申请材料同时报送财政部当地监管局。地方各级医疗保障部门对参保人数、城乡居民个人实际缴费情况的真实性、准确性和完整性负责；地方各级财政部门对财政补助资金到位情况的真实性、准确性和完整性负责。

**第十八条** 各省（区、市）医疗保障部门应先对参保人员身份信息的真实性进行核对。同时，省级医疗保障部门应充分利用信息化技术手段在全省（区、市）范围内开展重复参保信息比对，并将比对工作开展情况和比对结果写入《请示》。信息比对工作应整理全省（区、市）当年 6 月底职工基本医疗保险、城乡居民基本医疗保险参保人员信息，原则上以身份证号为唯一标识（港澳台和外国人等按相关规定执行），充分利用大数据运算技术在险种内部及险种之间进行全面穿透式审核比对。计划单列市（新疆生产建设兵团、北大荒农垦集团有限公司）与所在省其他地区之间的重复参保信息比对由省级医疗保障部门会同计划单列市（新疆生产建设兵团、北大荒农垦集团有限公司）医疗保障部门开展，比对工作开展情况和比对结果应同时写入所在省和计划单列市（新疆生产建设兵团、北大荒农垦集团有限公司）的《请示》。

对于参保人员无身份信息、身份信息错误或省内

重复参保的，除特殊情况外（需在《请示》中详细说明原因并经财政部当地监管局核实），各省（区、市）不得为其申报中央财政补助资金。已有其他医疗保障制度安排的，不纳入城乡居民基本医疗保险参保范围。

国家医保局会同财政部组织开展全国范围内的跨省重复参保专项核查治理工作，中央财政根据核查结果及时扣减补助资金。

**第十九条**　监管局在每年2月15日前收到补助资金申请材料后，对上一年度6月底参保人数和城乡居民个人实际缴费、12月底中央及地方财政补助资金分解下达和拨付到位等情况进行审核，并对《请示》中提出的特殊事项进行核实，逐步加强对资金管理使用情况的监管。

监管局审核以非现场审核为主，必要时可抽取部分统筹地区开展现场审核。为了确保工作进度，监管局可在省级财政、医疗保障部门审核汇总各地上报材料时，提前介入审核工作。监管局应提前介入省级医疗保障部门开展的省内重复参保信息比对工作，对其比对工作进行监督，并对比对结果出具审核意见，写入审核报告。监管局也可根据工作需要自行开展重复参保信息比对，省级医疗保障部门应配合提供相关数据信息。

监管局应于每年4月15日前完成审核工作，登录财政部统一报表系统“城乡居民医保补助资金申报系统”录入审核结果后打印出纸质表格，形成正式审核报告报送两部门，同时抄送省级财政、医疗保障部门。审核报告应包括审核认定的上一年度参保人数（有无重复参保、虚报和多报参保人数以及参保人员身份信息是否完整、准确）、中央及地方财政补助资金拨付到位情况、城乡居民个人实际缴费情况、资金管理使用中存在的问题、有关建议及需要特殊说明的事项、审核人及联系方式等内容。监管局受财政部委托实施绩效评价的，还应报送绩效评价报告。

## 第七章　监督检查

**第二十条**　省级财政、医疗保障部门应在规定时限内报送补助资金申报材料，配合监管局开展审核工作，根据审核情况及时补充有关材料。要层层明确工作职责，强化信息比对，提升技术手段，落实对参保人数、地方财政补助资金到位率、城乡居民个人缴费水平等统计数据的审核责任，防止出现重复参保、重复申报、虚报、统计错误等问题。对未能按时报送材料的，以及对经监管局审核发现有重复参保、重复申报、虚报等问题的，两部门将予以通报，省级财政、医疗保障部门要专门向两部门提交书面报告，分析原因，作出说明。

各级财政、医疗保障部门应切实防范和化解财政风险，强化流程控制，依法合规分配和使用资金，实行不相容岗位（职责）分离控制。

**第二十一条**　各级财政、医疗保障部门及其工作人员在资金分配、监督等管理工作中，存在滥用职权、玩忽职守、徇私舞弊等违法违规行为的，依法追究相应责任；涉嫌犯罪的，依法移送有关机关处理。

## 第八章　附　　则

**第二十二条**　本办法自印发之日起施行。《财政部 人力资源社会保障部 国家卫生计生委关于修订城镇居民基本医疗保险和新型农村合作医疗中央财政补助资金拨付办法的通知》（财社〔2015〕229号）、《财政部 人力资源社会保障部 国家卫生计生委关于城镇居民基本医疗保险和新型农村合作医疗中央财政补助资金审核事项的补充通知》（财社〔2015〕9号）、《财政部关于印发〈新型农村合作医疗补助资金国库集中支付管理暂行办法〉的通知》（财库〔2008〕33号）同时废止。

附：（略）

# 中央财政农村危房改造补助资金管理办法

*1. 2023年6月29日财政部、住房城乡建设部发布*
*2. 财社〔2023〕64号*

**第一条**　为规范和加强中央财政农村危房改造补助资金（以下简称补助资金）管理，提高资金使用效益，支持地方做好农村低收入群体等重点对象基本住房安全保障工作，根据《中华人民共和国预算法》、《中共中央国务院关于全面实施预算绩效管理的意见》等有关规定和农村危房改造（含农房抗震改造，下同）的相关政策，制定本办法。

**第二条**　本办法所称补助资金，是指在农村危房改造政策实施期内，中央财政设立用于支持地方开展农村危房改造的转移支付资金。

补助资金实施期限至2025年12月31日。期满前财政部会同住房城乡建设部根据法律、行政法规和国务院有关规定及工作需要，组织开展绩效评估，根据评估结果确定是否延续补助政策及延续期限。

**第三条**　补助资金分配使用遵循以下原则：

（一）科学合理，公正客观。科学合理分配补助资金，确保公平、公正、公开，充分发挥财政资金使用效益。

（二）突出重点，精准帮扶。按照巩固拓展脱贫攻坚成果同乡村振兴有效衔接要求，用于解决农村低收入群体等重点对象的基本住房安全问题。

（三）注重绩效，规范管理。对补助资金实施全过程绩效管理，适时开展绩效评价，健全资金监督管理机制，强化补助对象审核认定等基础管理工作。

**第四条** 补助资金由财政部会同住房城乡建设部管理。

财政部负责会同住房城乡建设部确定资金分配方案，下达补助资金预算，同步下达中央对地方转移支付区域绩效目标；对资金测算使用到的由本部门提供的基础数据负责；指导地方加强资金管理等。

住房城乡建设部负责牵头制定农村危房改造政策及相关技术标准；牵头制定农村危房改造年度综合绩效评价方案并组织开展年度综合绩效评价；对资金测算使用到的由本部门提供的基础数据负责；指导地方做好危房改造组织实施工作；管理全国农村危房改造信息系统并与相关部门共享基础数据等。

**第五条** 补助资金用于农村低收入群体等重点对象农村危房改造、7 度及以上抗震设防地区农房抗震改造以及其他符合政策规定的农村困难群众基本住房安全保障支出。农村低收入群体等重点对象包括农村易返贫致贫户、农村低保户、农村分散供养特困人员、因病因灾因意外事故等刚性支出较大或收入大幅缩减导致基本生活出现严重困难家庭、农村低保边缘家庭、未享受过农村住房保障政策支持且依靠自身力量无法解决住房安全问题的其他脱贫户。

补助资金不得用于以下方面支出：不以保障基本住房安全为目的的支出，包括单纯提升住房品质、改善居住环境方面的支出等；低收入群体等重点对象以外农户的住房安全保障支出；已纳入因灾倒损农房恢复重建补助范围等已有其他渠道资金支持的住房安全保障支出；农村危房改造管理工作经费；其他不符合规定的支出。

**第六条** 补助资金采用因素法分配。主要考虑需求因素、财力因素和绩效因素等，其中需求因素主要考虑各地保障对象数量，重点向保障任务重、财政困难、工作绩效好的地区倾斜。测算公式为：

$$\text{某地应拨付资金}=\text{资金总额}\times\frac{\text{该地分配系数}}{\sum\text{分配系数}}$$

其中：某地分配系数 = 该地需求系数 × 该地财力系数 × 该地绩效系数。

在每年分配资金时，财政部会同住房城乡建设部根据党中央、国务院的有关决策部署及管理改革要求，可据情对具体分配因素及其分配权重、变化幅度等进行适当调整。

住房城乡建设部、财政部会同有关部门对各地农村低收入群体等重点对象住房安全保障情况进行综合绩效评价，可委托第三方机构进行抽查或组织地方开展交叉检查，绩效评价结果与资金分配挂钩。

**第七条** 财政部会同住房城乡建设部按规定时间提前下达下一年度补助资金预算；在全国人民代表大会批准预算后规定时间内下达补助资金，并同步下达区域绩效目标。下达的资金文件及绩效目标一并抄送财政部当地监管局。

**第八条** 农村危房改造补助资金按照直达资金管理。省级财政部门和住房城乡建设部门共同制定本地农村危房改造资金分配方案。

省级财政部门应于规定时限内将资金分配方案报财政部备案后正式分解下达，并将资金分配结果抄送财政部当地监管局。经备案后的分配方案，在执行过程中有调整的，需按程序重新备案。

**第九条** 地方住房城乡建设部门根据职能参与本地区补助资金分配，加强同民政、乡村振兴部门工作对接和信息共享，做好农村低收入群体等重点对象年度住房安全动态监测，负责农村危房改造工作组织实施和综合绩效评价。县级住房城乡建设部门做好质量安全和农户档案等管理工作。

地方财政部门负责本地区补助资金的预算分解下达、组织预算执行、资金使用管理和监督以及组织指导预算绩效管理等工作。

地方各级住房城乡建设部门、财政部门应当对系统数据和信息的真实性、准确性、及时性负责。工作过程中如发现数据有误，应当立即向上级部门报告，并对有关数据更正后重新上报。

**第十条** 县级财政部门负责本地区农村危房改造补助资金管理。农村危房改造补助资金的支付，按照国库集中支付制度有关规定执行。属于政府采购管理范围的，应按照政府采购法律制度规定执行。

对于支付给农户的资金，应根据实际情况分阶段按比例或竣工验收后一次性足额支付到农户“一卡通”账户，全部资金支付时间不应晚于竣工验收后 30 日。

**第十一条** 地方各级财政、住房城乡建设部门应切实采取措施，加快补助资金预算执行进度。有关结转结余资金管理按照《国务院办公厅关于进一步做好盘活财政存量资金工作的通知》(国办发〔2014〕70号)、《财政部关于推进地方盘活财政存量资金有关事项的通知》(财预〔2015〕15号)等规定执行。

**第十二条**　地方各级住房城乡建设部门应会同财政部门建立健全农村危房改造工作监管机制。对农村危房改造补助对象的申请、评议、审核、审批和实际补助水平等情况，要实行公示公告制度。

**第十三条**　各级住房城乡建设部门、财政部门应当按照全面实施预算绩效管理的要求，建立健全预算绩效管理机制，加强绩效目标管理，依职责组织做好区域绩效目标分解下达、绩效监控及绩效评价工作，强化评价结果应用，提高资金配置效率和使用效益。年度预算执行终了时，财政部、住房城乡建设部组织开展绩效自评和综合绩效评价；根据工作需要，适时组织开展重点绩效评价。综合绩效评价和重点绩效评价结果作为安排预算、完善政策、改进管理的重要依据。

**第十四条**　地方各级财政、住房城乡建设部门应建立健全资金监管机制，定期或不定期地对补助资金的使用管理情况进行检查，及时发现和纠正有关问题。

财政部各地监管局按照财政部统一部署和固有职责对补助资金实施监管。

**第十五条**　各级财政部门、住房城乡建设部门要建立内部控制制度，强化流程控制、依法合规分配和使用资金，实行不相容岗位(职责)分离控制。

**第十六条**　各级财政、住房城乡建设部门应严格按规定使用补助资金，不得擅自扩大支出范围，不得以任何形式挤占、挪用、截留和滞留，不得向补助对象收取任何管理费用。

各级财政、住房城乡建设部门及其工作人员在补助资金的分配审核、使用管理等工作中，存在违反本办法规定的行为，以及其他滥用职权、玩忽职守、徇私舞弊等违法违规行为的，依法追究相应责任。涉嫌犯罪的，依法移送有关机关处理。

**第十七条**　分配到脱贫县及国家乡村振兴重点帮扶县的补助资金，按照财政部等11部门《关于继续支持脱贫县统筹整合使用财政涉农资金工作的通知》(财农〔2021〕22号)等有关文件规定使用管理。

**第十八条**　各省级财政、住房城乡建设部门可以根据本办法，结合当地实际，制定具体实施办法。

**第十九条**　本办法由财政部会同住房城乡建设部负责解释。

**第二十条**　本办法自印发之日起施行，《财政部 住房城乡建设部关于印发〈中央财政农村危房改造补助资金管理暂行办法〉的通知》(财社〔2022〕42号)同时废止。

# 3. 政府采购

## 中华人民共和国政府采购法

*1. 2002年6月29日第九届全国人民代表大会常务委员会第二十八次会议通过*

*2. 根据2014年8月31日第十二届全国人民代表大会常务委员会第十次会议《关于修改〈中华人民共和国保险法〉等五部法律的决定》修正*

目　录



### 第一章　总　　则

**第一条　【立法目的】**为了规范政府采购行为，提高政府采购资金的使用效益，维护国家利益和社会公共利益，保护政府采购当事人的合法权益，促进廉政建设，制定本法。

**第二条　【适用范围、政府采购及其对象】**在中华人民共和国境内进行的政府采购适用本法。

本法所称政府采购，是指各级国家机关、事业单位和团体组织，使用财政性资金采购依法制定的集中采购目录以内的或者采购限额标准以上的货物、工程和服务的行为。

政府集中采购目录和采购限额标准依照本法规定的权限制定。

本法所称采购，是指以合同方式有偿取得货物、工程和服务的行为，包括购买、租赁、委托、雇用等。

本法所称货物，是指各种形态和种类的物品，包括原材料、燃料、设备、产品等。

本法所称工程，是指建设工程，包括建筑物和构筑物的新建、改建、扩建、装修、拆除、修缮等。

本法所称服务，是指除货物和工程以外的其他政府采购对象。

**第三条　【政府采购的原则】**政府采购应当遵循公开透明原则、公平竞争原则、公正原则和诚实信用原则。

**第四条　【招标投标适用的法律】**政府采购工程进行招标投标的，适用招标投标法。

**第五条　【供应商自由进入采购市场】**任何单位和个人不得采用任何方式，阻挠和限制供应商自由进入本地区和本行业的政府采购市场。

**第六条　【采购预算】**政府采购应当严格按照批准的预算执行。

**第七条　【集中采购】**政府采购实行集中采购和分散采购相结合。集中采购的范围由省级以上人民政府公布的集中采购目录确定。

属于中央预算的政府采购项目，其集中采购目录由国务院确定并公布；属于地方预算的政府采购项目，其集中采购目录由省、自治区、直辖市人民政府或者其授权的机构确定并公布。

纳入集中采购目录的政府采购项目，应当实行集中采购。

**第八条　【采购限额】**政府采购限额标准，属于中央预算的政府采购项目，由国务院确定并公布；属于地方预算的政府采购项目，由省、自治区、直辖市人民政府或者其授权的机构确定并公布。

**第九条　【指导思想】**政府采购应当有助于实现国家的经济和社会发展政策目标，包括保护环境，扶持不发达地区和少数民族地区，促进中小企业发展等。

**第十条　【本国采购与例外情形】**政府采购应当采购本国货物、工程和服务。但有下列情形之一的除外：

（一）需要采购的货物、工程或者服务在中国境内无法获取或者无法以合理的商业条件获取的；

（二）为在中国境外使用而进行采购的；

（三）其他法律、行政法规另有规定的。

前款所称本国货物、工程和服务的界定，依照国务院有关规定执行。

**第十一条　【信息公开】**政府采购的信息应当在政府采购监督管理部门指定的媒体上及时向社会公开发布，但涉及商业秘密的除外。

**第十二条　【回避制度】**在政府采购活动中，采购人员及相关人员与供应商有利害关系的，必须回避。供应商认为采购人员及相关人员与其他供应商有利害关系的，可以申请其回避。

前款所称相关人员，包括招标采购中评标委员会的组成人员，竞争性谈判采购中谈判小组的组成人员，询价采购中询价小组的组成人员等。

**第十三条　【主管部门】**各级人民政府财政部门是负责政府采购监督管理的部门，依法履行对政府采购活动的监督管理职责。

各级人民政府其他有关部门依法履行与政府采购活动有关的监督管理职责。

## 第二章　政府采购当事人

**第十四条　【采购当事人】**政府采购当事人是指在政府采购活动中享有权利和承担义务的各类主体，包括采购人、供应商和采购代理机构等。

**第十五条　【采购人】**采购人是指依法进行政府采购的国家机关、事业单位、团体组织。

**第十六条　【集中采购机构】**集中采购机构为采购代理机构。设区的市、自治州以上人民政府根据本级政府采购项目组织集中采购的需要设立集中采购机构。

集中采购机构是非营利事业法人，根据采购人的委托办理采购事宜。

**第十七条　【集中采购机构的采购活动要求】**集中采购机构进行政府采购活动，应当符合采购价格低于市场平均价格、采购效率更高、采购质量优良和服务良好的要求。

**第十八条　【集中采购与自行采购的适用情形】**采购人采购纳入集中采购目录的政府采购项目，必须委托集中采购机构代理采购；采购未纳入集中采购目录的政府采购项目，可以自行采购，也可以委托集中采购机构在委托的范围内代理采购。

纳入集中采购目录属于通用的政府采购项目的，应当委托集中采购机构代理采购；属于本部门、本系统有特殊要求的项目，应当实行部门集中采购；属于本单位有特殊要求的项目，经省级以上人民政府批准，可以自行采购。

**第十九条　【采购代理机构的选择】**采购人可以委托集中采购机构以外的采购代理机构，在委托的范围内办理政府采购事宜。

采购人有权自行选择采购代理机构，任何单位和个人不得以任何方式为采购人指定采购代理机构。

**第二十条　【委托采购须签订协议】**采购人依法委托采购代理机构办理采购事宜的，应当由采购人与采购代理机构签订委托代理协议，依法确定委托代理的事项，约定双方的权利义务。

**第二十一条　【供应商】**供应商是指向采购人提供货物、工程或者服务的法人、其他组织或者自然人。

**第二十二条　【供应商条件】**供应商参加政府采购活动应当具备下列条件：

（一）具有独立承担民事责任的能力；

（二）具有良好的商业信誉和健全的财务会计制度；

（三）具有履行合同所必需的设备和专业技术能力；

（四）有依法缴纳税收和社会保障资金的良好记录；

（五）参加政府采购活动前三年内，在经营活动中没有重大违法记录；

（六）法律、行政法规规定的其他条件。

采购人可以根据采购项目的特殊要求，规定供应商的特定条件，但不得以不合理的条件对供应商实行差别待遇或者歧视待遇。

**第二十三条　【供应商的选择】**采购人可以要求参加政府采购的供应商提供有关资质证明文件和业绩情况，并根据本法规定的供应商条件和采购项目对供应商的特定要求，对供应商的资格进行审查。

**第二十四条　【联合体】**两个以上的自然人、法人或者其他组织可以组成一个联合体，以一个供应商的身份共同参加政府采购。

以联合体形式进行政府采购的，参加联合体的供应商均应当具备本法第二十二条规定的条件，并应当向采购人提交联合协议，载明联合体各方承担的工作和义务。联合体各方应当共同与采购人签订采购合同，就采购合同约定的事项对采购人承担连带责任。

**第二十五条　【禁止不正当竞争】**政府采购当事人不得相互串通损害国家利益、社会公共利益和其他当事人的合法权益；不得以任何手段排斥其他供应商参与竞争。

供应商不得以向采购人、采购代理机构、评标委员会的组成人员、竞争性谈判小组的组成人员、询价小组的组成人员行贿或者采取其他不正当手段谋取中标或者成交。

采购代理机构不得以向采购人行贿或者采取其他不正当手段谋取非法利益。

## 第三章　政府采购方式

**第二十六条　【采购方式】**政府采购采用以下方式：

（一）公开招标；

（二）邀请招标；

（三）竞争性谈判；

（四）单一来源采购；

（五）询价；

（六）国务院政府采购监督管理部门认定的其他采购方式。

公开招标应作为政府采购的主要采购方式。

**第二十七条 【公开招标】**采购人采购货物或者服务应当采用公开招标方式的，其具体数额标准，属于中央预算的政府采购项目，由国务院规定；属于地方预算的政府采购项目，由省、自治区、直辖市人民政府规定；因特殊情况需要采用公开招标以外的采购方式的，应当在采购活动开始前获得设区的市、自治州以上人民政府采购监督管理部门的批准。

**第二十八条 【禁止规避公开招标】**采购人不得将应当以公开招标方式采购的货物或者服务化整为零或者以其他任何方式规避公开招标采购。

**第二十九条 【邀请招标】**符合下列情形之一的货物或者服务，可以依照本法采用邀请招标方式采购：

（一）具有特殊性，只能从有限范围的供应商处采购的；

（二）采用公开招标方式的费用占政府采购项目总价值的比例过大的。

**第三十条 【竞争性谈判】**符合下列情形之一的货物或者服务，可以依照本法采用竞争性谈判方式采购：

（一）招标后没有供应商投标或者没有合格标的或者重新招标未能成立的；

（二）技术复杂或者性质特殊，不能确定详细规格或者具体要求的；

（三）采用招标所需时间不能满足用户紧急需要的；

（四）不能事先计算出价格总额的。

**第三十一条 【单一来源采购】**符合下列情形之一的货物或者服务，可以依照本法采用单一来源方式采购：

（一）只能从唯一供应商处采购的；

（二）发生了不可预见的紧急情况不能从其他供应商处采购的；

（三）必须保证原有采购项目一致性或者服务配套的要求，需要继续从原供应商处添购，且添购资金总额不超过原合同采购金额百分之十的。

**第三十二条 【询价】**采购的货物规格、标准统一、现货货源充足且价格变化幅度小的政府采购项目，可以依照本法采用询价方式采购。

## 第四章 政府采购程序

**第三十三条 【预算部门职责】**负有编制部门预算职责的部门在编制下一财政年度部门预算时，应当将该财政年度政府采购的项目及资金预算列出，报本级财政部门汇总。部门预算的审批，按预算管理权限和程序进行。

**第三十四条 【邀请招标的供应商选择】**货物或者服务项目采取邀请招标方式采购的，采购人应当从符合相应资格条件的供应商中，通过随机方式选择三家以上的供应商，并向其发出投标邀请书。

**第三十五条 【投标期间】**货物和服务项目实行招标方式采购的，自招标文件开始发出之日起至投标人提交投标文件截止之日止，不得少于二十日。

**第三十六条 【废标】**在招标采购中，出现下列情形之一的，应予废标：

（一）符合专业条件的供应商或者对招标文件作实质响应的供应商不足三家的；

（二）出现影响采购公正的违法、违规行为的；

（三）投标人的报价均超过了采购预算，采购人不能支付的；

（四）因重大变故，采购任务取消的。

废标后，采购人应当将废标理由通知所有投标人。

**第三十七条 【废标后续程序】**废标后，除采购任务取消情形外，应当重新组织招标；需要采取其他方式采购的，应当在采购活动开始前获得设区的市、自治州以上人民政府采购监督管理部门或者政府有关部门批准。

**第三十八条 【竞争性谈判的程序】**采用竞争性谈判方式采购的，应当遵循下列程序：

（一）成立谈判小组。谈判小组由采购人的代表和有关专家共三人以上的单数组成，其中专家的人数不得少于成员总数的三分之二。

（二）制定谈判文件。谈判文件应当明确谈判程序、谈判内容、合同草案的条款以及评定成交的标准等事项。

（三）确定邀请参加谈判的供应商名单。谈判小组从符合相应资格条件的供应商名单中确定不少于三家的供应商参加谈判，并向其提供谈判文件。

（四）谈判。谈判小组所有成员集中与单一供应商分别进行谈判。在谈判中，谈判的任何一方不得透露与谈判有关的其他供应商的技术资料、价格和其他信息。谈判文件有实质性变动的，谈判小组应当以书面形式通知所有参加谈判的供应商。

（五）确定成交供应商。谈判结束后，谈判小组应当要求所有参加谈判的供应商在规定时间内进行最后报价，采购人从谈判小组提出的成交候选人中根据符合采购需求、质量和服务相等且报价最低的原则确定成交供应商，并将结果通知所有参加谈判的未成交的供应商。

**第三十九条　【单一来源采购的当事人义务】**采取单一来源方式采购的，采购人与供应商应当遵循本法规定的原则，在保证采购项目质量和双方商定合理价格的基础上进行采购。

**第四十条　【询价采购的程序】**采取询价方式采购的，应当遵循下列程序：

（一）成立询价小组。询价小组由采购人的代表和有关专家共三人以上的单数组成，其中专家的人数不得少于成员总数的三分之二。询价小组应当对采购项目的价格构成和评定成交的标准等事项作出规定。

（二）确定被询价的供应商名单。询价小组根据采购需求，从符合相应资格条件的供应商名单中确定不少于三家的供应商，并向其发出询价通知书让其报价。

（三）询价。询价小组要求被询价的供应商一次报出不得更改的价格。

（四）确定成交供应商。采购人根据符合采购需求、质量和服务相等且报价最低的原则确定成交供应商，并将结果通知所有被询价的未成交的供应商。

**第四十一条　【验收】**采购人或者其委托的采购代理机构应当组织对供应商履约的验收。大型或者复杂的政府采购项目，应当邀请国家认可的质量检测机构参加验收工作。验收方成员应当在验收书上签字，并承担相应的法律责任。

**第四十二条　【采购文件】**采购人、采购代理机构对政府采购项目每项采购活动的采购文件应当妥善保存，不得伪造、变造、隐匿或者销毁。采购文件的保存期限为从采购结束之日起至少保存十五年。

采购文件包括采购活动记录、采购预算、招标文件、投标文件、评标标准、评估报告、定标文件、合同文本、验收证明、质疑答复、投诉处理决定及其他有关文件、资料。

采购活动记录至少应当包括下列内容：

（一）采购项目类别、名称；

（二）采购项目预算、资金构成和合同价格；

（三）采购方式，采用公开招标以外的采购方式的，应当载明原因；

（四）邀请和选择供应商的条件及原因；

（五）评标标准及确定中标人的原因；

（六）废标的原因；

（七）采用招标以外采购方式的相应记载。

## 第五章　政府采购合同

**第四十三条　【适用法律】**政府采购合同适用合同法。采购人和供应商之间的权利和义务，应当按照平等、自愿的原则以合同方式约定。

采购人可以委托采购代理机构代表其与供应商签订政府采购合同。由采购代理机构以采购人名义签订合同的，应当提交采购人的授权委托书，作为合同附件。

**第四十四条　【合同形式】**政府采购合同应当采用书面形式。

**第四十五条　【监管部门规定合同必备条款】**国务院政府采购监督管理部门应当会同国务院有关部门，规定政府采购合同必须具备的条款。

**第四十六条　【中标与合同签订】**采购人与中标、成交供应商应当在中标、成交通知书发出之日起三十日内，按照采购文件确定的事项签订政府采购合同。

中标、成交通知书对采购人和中标、成交供应商均具有法律效力。中标、成交通知书发出后，采购人改变中标、成交结果的，或者中标、成交供应商放弃中标、成交项目的，应当依法承担法律责任。

**第四十七条　【采购合同的备案】**政府采购项目的采购合同自签订之日起七个工作日内，采购人应当将合同副本报同级政府采购监督管理部门和有关部门备案。

**第四十八条　【合同分包】**经采购人同意，中标、成交供应商可以依法采取分包方式履行合同。

政府采购合同分包履行的，中标、成交供应商就采购项目和分包项目向采购人负责，分包供应商就分包项目承担责任。

**第四十九条　【补充合同】**政府采购合同履行中，采购人需追加与合同标的相同的货物、工程或者服务的，在不改变合同其他条款的前提下，可以与供应商协商签订补充合同，但所有补充合同的采购金额不得超过原合同采购金额的百分之十。

**第五十条　【合同的变更、中止与终止】**政府采购合同的双方当事人不得擅自变更、中止或者终止合同。

政府采购合同继续履行将损害国家利益和社会公共利益的，双方当事人应当变更、中止或者终止合同。有过错的一方应当承担赔偿责任，双方都有过错的，各自承担相应的责任。

## 第六章　质疑与投诉

**第五十一条　【质疑与答复】**供应商对政府采购活动事项有疑问的，可以向采购人提出询问，采购人应当及时作出答复，但答复的内容不得涉及商业秘密。

**第五十二条** **【供应商的质疑权】**供应商认为采购文件、采购过程和中标、成交结果使自己的权益受到损害的，可以在知道或者应知其权益受到损害之日起七个工作日内，以书面形式向采购人提出质疑。

**第五十三条** **【采购人答复义务】**采购人应当在收到供应商的书面质疑后七个工作日内作出答复，并以书面形式通知质疑供应商和其他有关供应商，但答复的内容不得涉及商业秘密。

**第五十四条** **【采购代理机构答复义务】**采购人委托采购代理机构采购的，供应商可以向采购代理机构提出询问或者质疑，采购代理机构应当依照本法第五十一条、第五十三条的规定就采购人委托授权范围内的事项作出答复。

**第五十五条** **【供应商投诉权】**质疑供应商对采购人、采购代理机构的答复不满意或者采购人、采购代理机构未在规定的时间内作出答复的，可以在答复期满后十五个工作日内向同级政府采购监督管理部门投诉。

**第五十六条** **【对投诉的处理】**政府采购监督管理部门应当在收到投诉后三十个工作日内，对投诉事项作出处理决定，并以书面形式通知投诉人和与投诉事项有关的当事人。

**第五十七条** **【处理投诉时的采购暂停】**政府采购监督管理部门在处理投诉事项期间，可以视具体情况书面通知采购人暂停采购活动，但暂停时间最长不得超过三十日。

**第五十八条** **【对投诉处理的行政、司法救济】**投诉人对政府采购监督管理部门的投诉处理决定不服或者政府采购监督管理部门逾期未作处理的，可以依法申请行政复议或者向人民法院提起行政诉讼。

## 第七章 监督检查

**第五十九条** **【采购监督】**政府采购监督管理部门应当加强对政府采购活动及集中采购机构的监督检查。

监督检查的主要内容是：

（一）有关政府采购的法律、行政法规和规章的执行情况；

（二）采购范围、采购方式和采购程序的执行情况；

（三）政府采购人员的职业素质和专业技能。

**第六十条** **【采购监管部门禁止采购】**政府采购监督管理部门不得设置集中采购机构，不得参与政府采购项目的采购活动。

采购代理机构与行政机关不得存在隶属关系或者其他利益关系。

**第六十一条** **【集中采购机构的内部监管】**集中采购机构应当建立健全内部监督管理制度。采购活动的决策和执行程序应当明确，并相互监督、相互制约。经办采购的人员与负责采购合同审核、验收人员的职责权限应当明确，并相互分离。

**第六十二条** **【对采购人员的要求】**集中采购机构的采购人员应当具有相关职业素质和专业技能，符合政府采购监督管理部门规定的专业岗位任职要求。

集中采购机构对其工作人员应当加强教育和培训；对采购人员的专业水平、工作实绩和职业道德状况定期进行考核。采购人员经考核不合格的，不得继续任职。

**第六十三条** **【采购标准与采购结果公开】**政府采购项目的采购标准应当公开。

采用本法规定的采购方式的，采购人在采购活动完成后，应当将采购结果予以公布。

**第六十四条** **【采购人遵循法定方式与程序采购】**采购人必须按照本法规定的采购方式和采购程序进行采购。

任何单位和个人不得违反本法规定，要求采购人或者采购工作人员向其指定的供应商进行采购。

**第六十五条** **【采购监管部门的检查权】**政府采购监督管理部门应当对政府采购项目的采购活动进行检查，政府采购当事人应当如实反映情况，提供有关材料。

**第六十六条** **【采购监管部门的考核义务】**政府采购监督管理部门应当对集中采购机构的采购价格、节约资金效果、服务质量、信誉状况、有无违法行为等事项进行考核，并定期如实公布考核结果。

**第六十七条** **【其他部门的监督】**依照法律、行政法规的规定对政府采购负有行政监督职责的政府有关部门，应当按照其职责分工，加强对政府采购活动的监督。

**第六十八条** **【审计监督】**审计机关应当对政府采购进行审计监督。政府采购监督管理部门、政府采购各当事人有关政府采购活动，应当接受审计机关的审计监督。

**第六十九条** **【监察机关的监察】**监察机关应当加强对参与政府采购活动的国家机关、国家公务员和国家行政机关任命的其他人员实施监察。

**第七十条** **【对违法采购的控告权】**任何单位和个人对政府采购活动中的违法行为，有权控告和检举，有关部门、机关应当依照各自职责及时处理。

## 第八章　法律责任

**第七十一条　【应予行政处分的采购方行为】**采购人、采购代理机构有下列情形之一的，责令限期改正，给予警告，可以并处罚款，对直接负责的主管人员和其他直接责任人员，由其行政主管部门或者有关机关给予处分，并予通报：

（一）应当采用公开招标方式而擅自采用其他方式采购的；

（二）擅自提高采购标准的；

（三）以不合理的条件对供应商实行差别待遇或者歧视待遇的；

（四）在招标采购过程中与投标人进行协商谈判的；

（五）中标、成交通知书发出后不与中标、成交供应商签订采购合同的；

（六）拒绝有关部门依法实施监督检查的。

**第七十二条　【有可能构成犯罪的采购方行为】**采购人、采购代理机构及其工作人员有下列情形之一，构成犯罪的，依法追究刑事责任；尚不构成犯罪的，处以罚款，有违法所得的，并处没收违法所得，属于国家机关工作人员的，依法给予行政处分：

（一）与供应商或者采购代理机构恶意串通的；

（二）在采购过程中接受贿赂或者获取其他不正当利益的；

（三）在有关部门依法实施的监督检查中提供虚假情况的；

（四）开标前泄露标底的。

**第七十三条　【发生违法采购之后对采购本身的处理】**有前两条违法行为之一影响中标、成交结果或者可能影响中标、成交结果的，按下列情况分别处理：

（一）未确定中标、成交供应商的，终止采购活动；

（二）中标、成交供应商已经确定但采购合同尚未履行的，撤销合同，从合格的中标、成交候选人中另行确定中标、成交供应商；

（三）采购合同已经履行的，给采购人、供应商造成损失的，由责任人承担赔偿责任。

**第七十四条　【未按规定实行集中采购的处理】**采购人对应当实行集中采购的政府采购项目，不委托集中采购机构实行集中采购的，由政府采购监督管理部门责令改正；拒不改正的，停止按预算向其支付资金，由其上级行政主管部门或者有关机关依法给予其直接负责的主管人员和其他直接责任人员处分。

**第七十五条　【违反采购公开原则的处理】**采购人未依法公布政府采购项目的采购标准和采购结果的，责令改正，对直接负责的主管人员依法给予处分。

**第七十六条　【采购方擅自处理采购文件的责任】**采购人、采购代理机构违反本法规定隐匿、销毁应当保存的采购文件或者伪造、变造采购文件的，由政府采购监督管理部门处以二万元以上十万元以下的罚款，对其直接负责的主管人员和其他直接责任人员依法给予处分；构成犯罪的，依法追究刑事责任。

**第七十七条　【供应商的违法行为】**供应商有下列情形之一的，处以采购金额千分之五以上千分之十以下的罚款，列入不良行为记录名单，在一至三年内禁止参加政府采购活动，有违法所得的，并处没收违法所得，情节严重的，由工商行政管理机关吊销营业执照；构成犯罪的，依法追究刑事责任：

（一）提供虚假材料谋取中标、成交的；

（二）采取不正当手段诋毁、排挤其他供应商的；

（三）与采购人、其他供应商或者采购代理机构恶意串通的；

（四）向采购人、采购代理机构行贿或者提供其他不正当利益的；

（五）在招标采购过程中与采购人进行协商谈判的；

（六）拒绝有关部门监督检查或者提供虚假情况的。

供应商有前款第（一）至（五）项情形之一的，中标、成交无效。

**第七十八条　【采购代理机构违法采购的处理】**采购代理机构在代理政府采购业务中有违法行为的，按照有关法律规定处以罚款，可以在一至三年内禁止其代理政府采购业务，构成犯罪的，依法追究刑事责任。

**第七十九条　【违法采购的民事责任】**政府采购当事人有本法第七十一条、第七十二条、第七十七条违法行为之一，给他人造成损失的，并应依照有关民事法律规定承担民事责任。

**第八十条　【采购监管违法的处理】**政府采购监督管理部门的工作人员在实施监督检查中违反本法规定滥用职权，玩忽职守，徇私舞弊的，依法给予行政处分；构成犯罪的，依法追究刑事责任。

**第八十一条　【怠于处理投诉的责任】**政府采购监督管理部门对供应商的投诉逾期未作处理的，给予直接负责的主管人员和其他直接责任人员行政处分。

**第八十二条　【采购考核中的违法行为的处理】**政府采购监督管理部门对集中采购机构业绩的考核，有虚假陈述，隐瞒真实情况的，或者不作定期考核和公布考核结果的，应当及时纠正，由其上级机关或者监察机关对其负责人进行通报，并对直接负责的人员依法给予行政处分。

集中采购机构在政府采购监督管理部门考核中，虚报业绩，隐瞒真实情况的，处以二万元以上二十万元以下的罚款，并予以通报；情节严重的，取消其代理采购的资格。

**第八十三条** 【**非采购当事人违法行为的处理**】任何单位或者个人阻挠和限制供应商进入本地区或者本行业政府采购市场的，责令限期改正；拒不改正的，由该单位、个人的上级行政主管部门或者有关机关给予单位责任人或者个人处分。

### 第九章　附　　则

**第八十四条** 【**适用除外**】使用国际组织和外国政府贷款进行的政府采购，贷款方、资金提供方与中方达成的协议对采购的具体条件另有规定的，可以适用其规定，但不得损害国家利益和社会公共利益。

**第八十五条** 【**特殊采购例外**】对因严重自然灾害和其他不可抗力事件所实施的紧急采购和涉及国家安全和秘密的采购，不适用本法。

**第八十六条** 【**军事采购**】军事采购法规由中央军事委员会另行制定。

**第八十七条** 【**实施办法**】本法实施的具体步骤和办法由国务院规定。

**第八十八条** 【**施行日期**】本法自 2003 年 1 月 1 日起施行。

## 中华人民共和国政府采购法实施条例

*1. 2015 年 1 月 30 日国务院令第 658 号公布*
*2. 自 2015 年 3 月 1 日起施行*

### 第一章　总　　则

**第一条** 根据《中华人民共和国政府采购法》（以下简称政府采购法），制定本条例。

**第二条** 政府采购法第二条所称财政性资金是指纳入预算管理的资金。

以财政性资金作为还款来源的借贷资金，视同财政性资金。

国家机关、事业单位和团体组织的采购项目既使用财政性资金又使用非财政性资金的，使用财政性资金采购的部分，适用政府采购法及本条例；财政性资金与非财政性资金无法分割采购的，统一适用政府采购法及本条例。

政府采购法第二条所称服务，包括政府自身需要的服务和政府向社会公众提供的公共服务。

**第三条** 集中采购目录包括集中采购机构采购项目和部门集中采购项目。

技术、服务等标准统一，采购人普遍使用的项目，列为集中采购机构采购项目；采购人本部门、本系统基于业务需要有特殊要求，可以统一采购的项目，列为部门集中采购项目。

**第四条** 政府采购法所称集中采购，是指采购人将列入集中采购目录的项目委托集中采购机构代理采购或者进行部门集中采购的行为；所称分散采购，是指采购人将采购限额标准以上的未列入集中采购目录的项目自行采购或者委托采购代理机构代理采购的行为。

**第五条** 省、自治区、直辖市人民政府或者其授权的机构根据实际情况，可以确定分别适用于本行政区域省级、设区的市级、县级的集中采购目录和采购限额标准。

**第六条** 国务院财政部门应当根据国家的经济和社会发展政策，会同国务院有关部门制定政府采购政策，通过制定采购需求标准、预留采购份额、价格评审优惠、优先采购等措施，实现节约能源、保护环境、扶持不发达地区和少数民族地区、促进中小企业发展等目标。

**第七条** 政府采购工程以及与工程建设有关的货物、服务，采用招标方式采购的，适用《中华人民共和国招标投标法》及其实施条例；采用其他方式采购的，适用政府采购法及本条例。

前款所称工程，是指建设工程，包括建筑物和构筑物的新建、改建、扩建及其相关的装修、拆除、修缮等；所称与工程建设有关的货物，是指构成工程不可分割的组成部分，且为实现工程基本功能所必需的设备、材料等；所称与工程建设有关的服务，是指为完成工程所需的勘察、设计、监理等服务。

政府采购工程以及与工程建设有关的货物、服务，应当执行政府采购政策。

**第八条** 政府采购项目信息应当在省级以上人民政府财政部门指定的媒体上发布。采购项目预算金额达到国务院财政部门规定标准的，政府采购项目信息应当在国务院财政部门指定的媒体上发布。

**第九条** 在政府采购活动中，采购人员及相关人员与供应商有下列利害关系之一的，应当回避：

（一）参加采购活动前 3 年内与供应商存在劳动

关系；

（二）参加采购活动前3年内担任供应商的董事、监事；

（三）参加采购活动前3年内是供应商的控股股东或者实际控制人；

（四）与供应商的法定代表人或者负责人有夫妻、直系血亲、三代以内旁系血亲或者近姻亲关系；

（五）与供应商有其他可能影响政府采购活动公平、公正进行的关系。

供应商认为采购人员及相关人员与其他供应商有利害关系的，可以向采购人或者采购代理机构书面提出回避申请，并说明理由。采购人或者采购代理机构应当及时询问被申请回避人员，有利害关系的被申请回避人员应当回避。

**第十条** 国家实行统一的政府采购电子交易平台建设标准，推动利用信息网络进行电子化政府采购活动。

## 第二章 政府采购当事人

**第十一条** 采购人在政府采购活动中应当维护国家利益和社会公共利益，公正廉洁，诚实守信，执行政府采购政策，建立政府采购内部管理制度，厉行节约，科学合理确定采购需求。

采购人不得向供应商索要或者接受其给予的赠品、回扣或者与采购无关的其他商品、服务。

**第十二条** 政府采购法所称采购代理机构，是指集中采购机构和集中采购机构以外的采购代理机构。

集中采购机构是设区的市级以上人民政府依法设立的非营利事业法人，是代理集中采购项目的执行机构。集中采购机构应当根据采购人委托制定集中采购项目的实施方案，明确采购规程，组织政府采购活动，不得将集中采购项目转委托。集中采购机构以外的采购代理机构，是从事采购代理业务的社会中介机构。

**第十三条** 采购代理机构应当建立完善的政府采购内部监督管理制度，具备开展政府采购业务所需的评审条件和设施。

采购代理机构应当提高确定采购需求，编制招标文件、谈判文件、询价通知书，拟订合同文本和优化采购程序的专业化服务水平，根据采购人委托在规定的时间内及时组织采购人与中标或者成交供应商签订政府采购合同，及时协助采购人对采购项目进行验收。

**第十四条** 采购代理机构不得以不正当手段获取政府采购代理业务，不得与采购人、供应商恶意串通操纵政府采购活动。

采购代理机构工作人员不得接受采购人或者供应商组织的宴请、旅游、娱乐，不得收受礼品、现金、有价证券等，不得向采购人或者供应商报销应当由个人承担的费用。

**第十五条** 采购人、采购代理机构应当根据政府采购政策、采购预算、采购需求编制采购文件。

采购需求应当符合法律法规以及政府采购政策规定的技术、服务、安全等要求。政府向社会公众提供的公共服务项目，应当就确定采购需求征求社会公众的意见。除因技术复杂或者性质特殊，不能确定详细规格或者具体要求外，采购需求应当完整、明确。必要时，应当就确定采购需求征求相关供应商、专家的意见。

**第十六条** 政府采购法第二十条规定的委托代理协议，应当明确代理采购的范围、权限和期限等具体事项。

采购人和采购代理机构应当按照委托代理协议履行各自义务，采购代理机构不得超越代理权限。

**第十七条** 参加政府采购活动的供应商应当具备政府采购法第二十二条第一款规定的条件，提供下列材料：

（一）法人或者其他组织的营业执照等证明文件，自然人的身份证明；

（二）财务状况报告，依法缴纳税收和社会保障资金的相关材料；

（三）具备履行合同所必需的设备和专业技术能力的证明材料；

（四）参加政府采购活动前3年内在经营活动中没有重大违法记录的书面声明；

（五）具备法律、行政法规规定的其他条件的证明材料。

采购项目有特殊要求的，供应商还应当提供其符合特殊要求的证明材料或者情况说明。

**第十八条** 单位负责人为同一人或者存在直接控股、管理关系的不同供应商，不得参加同一合同项下的政府采购活动。

除单一来源采购项目外，为采购项目提供整体设计、规范编制或者项目管理、监理、检测等服务的供应商，不得再参加该采购项目的其他采购活动。

**第十九条** 政府采购法第二十二条第一款第五项所称重大违法记录，是指供应商因违法经营受到刑事处罚或者责令停产停业、吊销许可证或者执照、较大数额罚款等行政处罚。

供应商在参加政府采购活动前3年内因违法经营被禁止在一定期限内参加政府采购活动，期限届满的，可以参加政府采购活动。

**第二十条** 采购人或者采购代理机构有下列情形之一的，属于以不合理的条件对供应商实行差别待遇或者歧视待遇：

（一）就同一采购项目向供应商提供有差别的项目信息；

（二）设定的资格、技术、商务条件与采购项目的具体特点和实际需要不相适应或者与合同履行无关；

（三）采购需求中的技术、服务等要求指向特定供应商、特定产品；

（四）以特定行政区域或者特定行业的业绩、奖项作为加分条件或者中标、成交条件；

（五）对供应商采取不同的资格审查或者评审标准；

（六）限定或者指定特定的专利、商标、品牌或者供应商；

（七）非法限定供应商的所有制形式、组织形式或者所在地；

（八）以其他不合理条件限制或者排斥潜在供应商。

**第二十一条** 采购人或者采购代理机构对供应商进行资格预审的，资格预审公告应当在省级以上人民政府财政部门指定的媒体上发布。已进行资格预审的，评审阶段可以不再对供应商资格进行审查。资格预审合格的供应商在评审阶段资格发生变化的，应当通知采购人和采购代理机构。

资格预审公告应当包括采购人和采购项目名称、采购需求、对供应商的资格要求以及供应商提交资格预审申请文件的时间和地点。提交资格预审申请文件的时间自公告发布之日起不得少于5个工作日。

**第二十二条** 联合体中有同类资质的供应商按照联合体分工承担相同工作的，应当按照资质等级较低的供应商确定资质等级。

以联合体形式参加政府采购活动的，联合体各方不得再单独参加或者与其他供应商另外组成联合体参加同一合同项下的政府采购活动。

## 第三章 政府采购方式

**第二十三条** 采购人采购公开招标数额标准以上的货物或者服务，符合政府采购法第二十九条、第三十条、第三十一条、第三十二条规定情形或者有需要执行政府采购政策等特殊情况的，经设区的市级以上人民政府财政部门批准，可以依法采用公开招标以外的采购方式。

**第二十四条** 列入集中采购目录的项目，适合实行批量集中采购的，应当实行批量集中采购，但紧急的小额零星货物项目和有特殊要求的服务、工程项目除外。

**第二十五条** 政府采购工程依法不进行招标的，应当依照政府采购法和本条例规定的竞争性谈判或者单一来源采购方式采购。

**第二十六条** 政府采购法第三十条第三项规定的情形，应当是采购人不可预见的或者非因采购人拖延导致的；第四项规定的情形，是指因采购艺术品或者因专利、专有技术或者因服务的时间、数量事先不能确定等导致不能事先计算出价格总额。

**第二十七条** 政府采购法第三十一条第一项规定的情形，是指因货物或者服务使用不可替代的专利、专有技术，或者公共服务项目具有特殊要求，导致只能从某一特定供应商处采购。

**第二十八条** 在一个财政年度内，采购人将一个预算项目下的同一品目或者类别的货物、服务采用公开招标以外的方式多次采购，累计资金数额超过公开招标数额标准的，属于以化整为零方式规避公开招标，但项目预算调整或者经批准采用公开招标以外方式采购除外。

## 第四章 政府采购程序

**第二十九条** 采购人应当根据集中采购目录、采购限额标准和已批复的部门预算编制政府采购实施计划，报本级人民政府财政部门备案。

**第三十条** 采购人或者采购代理机构应当在招标文件、谈判文件、询价通知书中公开采购项目预算金额。

**第三十一条** 招标文件的提供期限自招标文件开始发出之日起不得少于5个工作日。

采购人或者采购代理机构可以对已发出的招标文件进行必要的澄清或者修改。澄清或者修改的内容可能影响投标文件编制的，采购人或者采购代理机构应当在投标截止时间至少15日前，以书面形式通知所有获取招标文件的潜在投标人；不足15日的，采购人或者采购代理机构应当顺延提交投标文件的截止时间。

**第三十二条** 采购人或者采购代理机构应当按照国务院财政部门制定的招标文件标准文本编制招标文件。

招标文件应当包括采购项目的商务条件、采购需求、投标人的资格条件、投标报价要求、评标方法、评标标准以及拟签订的合同文本等。

**第三十三条** 招标文件要求投标人提交投标保证金的，投标保证金不得超过采购项目预算金额的2%。投标保证金应当以支票、汇票、本票或者金融机构、担保机构出具的保函等非现金形式提交。投标人未按照招标文件要求提交投标保证金的,投标无效。

采购人或者采购代理机构应当自中标通知书发出之日起5个工作日内退还未中标供应商的投标保证金,自政府采购合同签订之日起5个工作日内退还中标供应商的投标保证金。

竞争性谈判或者询价采购中要求参加谈判或者询价的供应商提交保证金的,参照前两款的规定执行。

**第三十四条** 政府采购招标评标方法分为最低评标价法和综合评分法。

最低评标价法,是指投标文件满足招标文件全部实质性要求且投标报价最低的供应商为中标候选人的评标方法。综合评分法,是指投标文件满足招标文件全部实质性要求且按照评审因素的量化指标评审得分最高的供应商为中标候选人的评标方法。

技术、服务等标准统一的货物和服务项目,应当采用最低评标价法。

采用综合评分法的,评审标准中的分值设置应当与评审因素的量化指标相对应。

招标文件中没有规定的评标标准不得作为评审的依据。

**第三十五条** 谈判文件不能完整、明确列明采购需求,需要由供应商提供最终设计方案或者解决方案的,在谈判结束后,谈判小组应当按照少数服从多数的原则投票推荐3家以上供应商的设计方案或者解决方案,并要求其在规定时间内提交最后报价。

**第三十六条** 询价通知书应当根据采购需求确定政府采购合同条款。在询价过程中,询价小组不得改变询价通知书所确定的政府采购合同条款。

**第三十七条** 政府采购法第三十八条第五项、第四十条第四项所称质量和服务相等,是指供应商提供的产品质量和服务均能满足采购文件规定的实质性要求。

**第三十八条** 达到公开招标数额标准,符合政府采购法第三十一条第一项规定情形,只能从唯一供应商处采购的,采购人应当将采购项目信息和唯一供应商名称在省级以上人民政府财政部门指定的媒体上公示,公示期不得少于5个工作日。

**第三十九条** 除国务院财政部门规定的情形外,采购人或者采购代理机构应当从政府采购评审专家库中随机抽取评审专家。

**第四十条** 政府采购评审专家应当遵守评审工作纪律,不得泄露评审文件、评审情况和评审中获悉的商业秘密。

评标委员会、竞争性谈判小组或者询价小组在评审过程中发现供应商有行贿、提供虚假材料或者串通等违法行为的,应当及时向财政部门报告。

政府采购评审专家在评审过程中受到非法干预的,应当及时向财政、监察等部门举报。

**第四十一条** 评标委员会、竞争性谈判小组或者询价小组成员应当按照客观、公正、审慎的原则,根据采购文件规定的评审程序、评审方法和评审标准进行独立评审。采购文件内容违反国家有关强制性规定的,评标委员会、竞争性谈判小组或者询价小组应当停止评审并向采购人或者采购代理机构说明情况。

评标委员会、竞争性谈判小组或者询价小组成员应当在评审报告上签字,对自己的评审意见承担法律责任。对评审报告有异议的,应当在评审报告上签署不同意见,并说明理由,否则视为同意评审报告。

**第四十二条** 采购人、采购代理机构不得向评标委员会、竞争性谈判小组或者询价小组的评审专家作倾向性、误导性的解释或者说明。

**第四十三条** 采购代理机构应当自评审结束之日起2个工作日内将评审报告送交采购人。采购人应当自收到评审报告之日起5个工作日内在评审报告推荐的中标或者成交候选人中按顺序确定中标或者成交供应商。

采购人或者采购代理机构应当自中标、成交供应商确定之日起2个工作日内,发出中标、成交通知书,并在省级以上人民政府财政部门指定的媒体上公告中标、成交结果,招标文件、竞争性谈判文件、询价通知书随中标、成交结果同时公告。

中标、成交结果公告内容应当包括采购人和采购代理机构的名称、地址、联系方式,项目名称和项目编号,中标或者成交供应商名称、地址和中标或者成交金额,主要中标或者成交标的的名称、规格型号、数量、单价、服务要求以及评审专家名单。

**第四十四条** 除国务院财政部门规定的情形外,采购人、采购代理机构不得以任何理由组织重新评审。采购人、采购代理机构按照国务院财政部门的规定组织重新评审的,应当书面报告本级人民政府财政部门。

采购人或者采购代理机构不得通过对样品进行检测、对供应商进行考察等方式改变评审结果。

**第四十五条** 采购人或者采购代理机构应当按照政府采购合同规定的技术、服务、安全标准组织对供应商履约情况进行验收,并出具验收书。验收书应当包括每一项技术、服务、安全标准的履约情况。

政府向社会公众提供的公共服务项目,验收时应当邀请服务对象参与并出具意见,验收结果应当向社会公告。

**第四十六条** 政府采购法第四十二条规定的采购文件,可以用电子档案方式保存。

## 第五章 政府采购合同

**第四十七条** 国务院财政部门应当会同国务院有关部门制定政府采购合同标准文本。

**第四十八条** 采购文件要求中标或者成交供应商提交履约保证金的,供应商应当以支票、汇票、本票或者金融机构、担保机构出具的保函等非现金形式提交。履约保证金的数额不得超过政府采购合同金额的10%。

**第四十九条** 中标或者成交供应商拒绝与采购人签订合同的,采购人可以按照评审报告推荐的中标或者成交候选人名单排序,确定下一候选人为中标或者成交供应商,也可以重新开展政府采购活动。

**第五十条** 采购人应当自政府采购合同签订之日起2个工作日内,将政府采购合同在省级以上人民政府财政部门指定的媒体上公告,但政府采购合同中涉及国家秘密、商业秘密的内容除外。

**第五十一条** 采购人应当按照政府采购合同规定,及时向中标或者成交供应商支付采购资金。

政府采购项目资金支付程序,按照国家有关财政资金支付管理的规定执行。

## 第六章 质疑与投诉

**第五十二条** 采购人或者采购代理机构应当在3个工作日内对供应商依法提出的询问作出答复。

供应商提出的询问或者质疑超出采购人对采购代理机构委托授权范围的,采购代理机构应当告知供应商向采购人提出。

政府采购评审专家应当配合采购人或者采购代理机构答复供应商的询问和质疑。

**第五十三条** 政府采购法第五十二条规定的供应商应知其权益受到损害之日,是指:

(一)对可以质疑的采购文件提出质疑的,为收到采购文件之日或者采购文件公告期限届满之日;

(二)对采购过程提出质疑的,为各采购程序环节结束之日;

(三)对中标或者成交结果提出质疑的,为中标或者成交结果公告期限届满之日。

**第五十四条** 询问或者质疑事项可能影响中标、成交结果的,采购人应当暂停签订合同,已经签订合同的,应当中止履行合同。

**第五十五条** 供应商质疑、投诉应当有明确的请求和必要的证明材料。供应商投诉的事项不得超出已质疑事项的范围。

**第五十六条** 财政部门处理投诉事项采用书面审查的方式,必要时可以进行调查取证或者组织质证。

对财政部门依法进行的调查取证,投诉人和与投诉事项有关的当事人应当如实反映情况,并提供相关材料。

**第五十七条** 投诉人捏造事实、提供虚假材料或者以非法手段取得证明材料进行投诉的,财政部门应当予以驳回。

财政部门受理投诉后,投诉人书面申请撤回投诉的,财政部门应当终止投诉处理程序。

**第五十八条** 财政部门处理投诉事项,需要检验、检测、鉴定、专家评审以及需要投诉人补正材料的,所需时间不计算在投诉处理期限内。

财政部门对投诉事项作出的处理决定,应当在省级以上人民政府财政部门指定的媒体上公告。

## 第七章 监督检查

**第五十九条** 政府采购法第六十三条所称政府采购项目的采购标准,是指项目采购所依据的经费预算标准、资产配置标准和技术、服务标准等。

**第六十条** 除政府采购法第六十六条规定的考核事项外,财政部门对集中采购机构的考核事项还包括:

(一)政府采购政策的执行情况;

(二)采购文件编制水平;

(三)采购方式和采购程序的执行情况;

(四)询问、质疑答复情况;

(五)内部监督管理制度建设及执行情况;

(六)省级以上人民政府财政部门规定的其他事项。

财政部门应当制定考核计划,定期对集中采购机构进行考核,考核结果有重要情况的,应当向本级人民政府报告。

**第六十一条** 采购人发现采购代理机构有违法行为的,应当要求其改正。采购代理机构拒不改正的,采购人应当向本级人民政府财政部门报告,财政部门应当依法处理。

采购代理机构发现采购人的采购需求存在以不合理条件对供应商实行差别待遇、歧视待遇或者其他不符合法律、法规和政府采购政策规定内容,或者发现采购人有其他违法行为的,应当建议其改正。采购人拒不改正的,采购代理机构应当向采购人的本级人民政府财政部门报告,财政部门应当依法处理。

**第六十二条**　省级以上人民政府财政部门应当对政府采购评审专家库实行动态管理，具体管理办法由国务院财政部门制定。

采购人或者采购代理机构应当对评审专家在政府采购活动中的职责履行情况予以记录，并及时向财政部门报告。

**第六十三条**　各级人民政府财政部门和其他有关部门应当加强对参加政府采购活动的供应商、采购代理机构、评审专家的监督管理，对其不良行为予以记录，并纳入统一的信用信息平台。

**第六十四条**　各级人民政府财政部门对政府采购活动进行监督检查，有权查阅、复制有关文件、资料，相关单位和人员应当予以配合。

**第六十五条**　审计机关、监察机关以及其他有关部门依法对政府采购活动实施监督，发现采购当事人有违法行为的，应当及时通报财政部门。

## 第八章　法律责任

**第六十六条**　政府采购法第七十一条规定的罚款，数额为10万元以下。

政府采购法第七十二条规定的罚款，数额为5万元以上25万元以下。

**第六十七条**　采购人有下列情形之一的，由财政部门责令限期改正，给予警告，对直接负责的主管人员和其他直接责任人员依法给予处分，并予以通报：

（一）未按照规定编制政府采购实施计划或者未按照规定将政府采购实施计划报本级人民政府财政部门备案；

（二）将应当进行公开招标的项目化整为零或者以其他任何方式规避公开招标；

（三）未按照规定在评标委员会、竞争性谈判小组或者询价小组推荐的中标或者成交候选人中确定中标或者成交供应商；

（四）未按照采购文件确定的事项签订政府采购合同；

（五）政府采购合同履行中追加与合同标的相同的货物、工程或者服务的采购金额超过原合同采购金额10%；

（六）擅自变更、中止或者终止政府采购合同；

（七）未按照规定公告政府采购合同；

（八）未按照规定时间将政府采购合同副本报本级人民政府财政部门和有关部门备案。

**第六十八条**　采购人、采购代理机构有下列情形之一的，依照政府采购法第七十一条、第七十八条的规定追究法律责任：

（一）未依照政府采购法和本条例规定的方式实施采购；

（二）未依法在指定的媒体上发布政府采购项目信息；

（三）未按照规定执行政府采购政策；

（四）违反本条例第十五条的规定导致无法组织对供应商履约情况进行验收或者国家财产遭受损失；

（五）未依法从政府采购评审专家库中抽取评审专家；

（六）非法干预采购评审活动；

（七）采用综合评分法时评审标准中的分值设置未与评审因素的量化指标相对应；

（八）对供应商的询问、质疑逾期未作处理；

（九）通过对样品进行检测、对供应商进行考察等方式改变评审结果；

（十）未按照规定组织对供应商履约情况进行验收。

**第六十九条**　集中采购机构有下列情形之一的，由财政部门责令限期改正，给予警告，有违法所得的，并处没收违法所得，对直接负责的主管人员和其他直接责任人员依法给予处分，并予以通报：

（一）内部监督管理制度不健全，对依法应当分设、分离的岗位、人员未分设、分离；

（二）将集中采购项目委托其他采购代理机构采购；

（三）从事营利活动。

**第七十条**　采购人员与供应商有利害关系而不依法回避的，由财政部门给予警告，并处2000元以上2万元以下的罚款。

**第七十一条**　有政府采购法第七十一条、第七十二条规定的违法行为之一，影响或者可能影响中标、成交结果的，依照下列规定处理：

（一）未确定中标或者成交供应商的，终止本次政府采购活动，重新开展政府采购活动。

（二）已确定中标或者成交供应商但尚未签订政府采购合同的，中标或者成交结果无效，从合格的中标或者成交候选人中另行确定中标或者成交供应商；没有合格的中标或者成交候选人的，重新开展政府采购活动。

（三）政府采购合同已签订但尚未履行的，撤销合同，从合格的中标或者成交候选人中另行确定中标或者成交供应商；没有合格的中标或者成交候选人的，重新开展政府采购活动。

（四）政府采购合同已经履行，给采购人、供应商造成损失的，由责任人承担赔偿责任。

政府采购当事人有其他违反政府采购法或者本条例规定的行为，经改正后仍然影响或者可能影响中标、成交结果或者依法被认定为中标、成交无效的，依照前款规定处理。

**第七十二条**　供应商有下列情形之一的，依照政府采购法第七十七条第一款的规定追究法律责任：

（一）向评标委员会、竞争性谈判小组或者询价小组成员行贿或者提供其他不正当利益；

（二）中标或者成交后无正当理由拒不与采购人签订政府采购合同；

（三）未按照采购文件确定的事项签订政府采购合同；

（四）将政府采购合同转包；

（五）提供假冒伪劣产品；

（六）擅自变更、中止或者终止政府采购合同。

供应商有前款第一项规定情形的，中标、成交无效。评审阶段资格发生变化，供应商未依照本条例第二十一条的规定通知采购人和采购代理机构的，处以采购金额5‰的罚款，列入不良行为记录名单，中标、成交无效。

**第七十三条**　供应商捏造事实、提供虚假材料或者以非法手段取得证明材料进行投诉的，由财政部门列入不良行为记录名单，禁止其1至3年内参加政府采购活动。

**第七十四条**　有下列情形之一的，属于恶意串通，对供应商依照政府采购法第七十七条第一款的规定追究法律责任，对采购人、采购代理机构及其工作人员依照政府采购法第七十二条的规定追究法律责任：

（一）供应商直接或者间接从采购人或者采购代理机构处获得其他供应商的相关情况并修改其投标文件或者响应文件；

（二）供应商按照采购人或者采购代理机构的授意撤换、修改投标文件或者响应文件；

（三）供应商之间协商报价、技术方案等投标文件或者响应文件的实质性内容；

（四）属于同一集团、协会、商会等组织成员的供应商按照该组织要求协同参加政府采购活动；

（五）供应商之间事先约定由某一特定供应商中标、成交；

（六）供应商之间商定部分供应商放弃参加政府采购活动或者放弃中标、成交；

（七）供应商与采购人或者采购代理机构之间、供应商相互之间，为谋求特定供应商中标、成交或者排斥其他供应商的其他串通行为。

**第七十五条**　政府采购评审专家未按照采购文件规定的评审程序、评审方法和评审标准进行独立评审或者泄露评审文件、评审情况的，由财政部门给予警告，并处2000元以上2万元以下的罚款；影响中标、成交结果的，处2万元以上5万元以下的罚款，禁止其参加政府采购评审活动。

政府采购评审专家与供应商存在利害关系未回避的，处2万元以上5万元以下的罚款，禁止其参加政府采购评审活动。

政府采购评审专家收受采购人、采购代理机构、供应商贿赂或者获取其他不正当利益，构成犯罪的，依法追究刑事责任；尚不构成犯罪的，处2万元以上5万元以下的罚款，禁止其参加政府采购评审活动。

政府采购评审专家有上述违法行为的，其评审意见无效，不得获取评审费；有违法所得的，没收违法所得；给他人造成损失的，依法承担民事责任。

**第七十六条**　政府采购当事人违反政府采购法和本条例规定，给他人造成损失的，依法承担民事责任。

**第七十七条**　财政部门在履行政府采购监督管理职责中违反政府采购法和本条例规定，滥用职权、玩忽职守、徇私舞弊的，对直接负责的主管人员和其他直接责任人员依法给予处分；直接负责的主管人员和其他直接责任人员构成犯罪的，依法追究刑事责任。

## 第九章　附　　则

**第七十八条**　财政管理实行省直接管理的县级人民政府可以根据需要并报经省级人民政府批准，行使政府采购法和本条例规定的设区的市级人民政府批准变更采购方式的职权。

**第七十九条**　本条例自2015年3月1日起施行。

# 政府采购非招标采购方式管理办法

*1. 2013年12月19日财政部令第74号公布*

*2. 自2014年2月1日起施行*

## 第一章　总　　则

**第一条**　为了规范政府采购行为，加强对采用非招标采购方式采购活动的监督管理，维护国家利益、社会公共利益和政府采购当事人的合法权益，依据《中华人民共和国政府采购法》（以下简称政府采购法）和其他法律、行政法规的有关规定，制定本办法。

**第二条**　采购人、采购代理机构采用非招标采购方式采购货物、工程和服务的，适用本办法。

本办法所称非招标采购方式，是指竞争性谈判、单一来源采购和询价采购方式。

竞争性谈判是指谈判小组与符合资格条件的供应商就采购货物、工程和服务事宜进行谈判，供应商按照谈判文件的要求提交响应文件和最后报价，采购人从谈判小组提出的成交候选人中确定成交供应商的采购方式。

单一来源采购是指采购人从某一特定供应商处采购货物、工程和服务的采购方式。

询价是指询价小组向符合资格条件的供应商发出采购货物询价通知书，要求供应商一次报出不得更改的价格，采购人从询价小组提出的成交候选人中确定成交供应商的采购方式。

**第三条**　采购人、采购代理机构采购以下货物、工程和服务之一的，可以采用竞争性谈判、单一来源采购方式采购；采购货物的，还可以采用询价采购方式：

（一）依法制定的集中采购目录以内，且未达到公开招标数额标准的货物、服务；

（二）依法制定的集中采购目录以外、采购限额标准以上，且未达到公开招标数额标准的货物、服务；

（三）达到公开招标数额标准、经批准采用非公开招标方式的货物、服务；

（四）按照招标投标法及其实施条例必须进行招标的工程建设项目以外的政府采购工程。

## 第二章　一 般 规 定

**第四条**　达到公开招标数额标准的货物、服务采购项目，拟采用非招标采购方式的，采购人应当在采购活动开始前，报经主管预算单位同意后，向设区的市、自治州以上人民政府财政部门申请批准。

**第五条**　根据本办法第四条申请采用非招标采购方式采购的，采购人应当向财政部门提交以下材料并对材料的真实性负责：

（一）采购人名称、采购项目名称、项目概况等项目基本情况说明；

（二）项目预算金额、预算批复文件或者资金来源证明；

（三）拟申请采用的采购方式和理由。

**第六条**　采购人、采购代理机构应当按照政府采购法和本办法的规定组织开展非招标采购活动，并采取必要措施，保证评审在严格保密的情况下进行。

任何单位和个人不得非法干预、影响评审过程和结果。

**第七条**　竞争性谈判小组或者询价小组由采购人代表和评审专家共 3 人以上单数组成，其中评审专家人数不得少于竞争性谈判小组或者询价小组成员总数的 2/3。采购人不得以评审专家身份参加本部门或本单位采购项目的评审。采购代理机构人员不得参加本机构代理的采购项目的评审。

达到公开招标数额标准的货物或者服务采购项目，或者达到招标规模标准的政府采购工程，竞争性谈判小组或者询价小组应当由 5 人以上单数组成。

采用竞争性谈判、询价方式采购的政府采购项目，评审专家应当从政府采购评审专家库内相关专业的专家名单中随机抽取。技术复杂、专业性强的竞争性谈判采购项目，通过随机方式难以确定合适的评审专家的，经主管预算单位同意，可以自行选定评审专家。技术复杂、专业性强的竞争性谈判采购项目，评审专家中应当包含 1 名法律专家。

**第八条**　竞争性谈判小组或者询价小组在采购活动过程中应当履行下列职责：

（一）确认或者制定谈判文件、询价通知书；

（二）从符合相应资格条件的供应商名单中确定不少于 3 家的供应商参加谈判或者询价；

（三）审查供应商的响应文件并作出评价；

（四）要求供应商解释或者澄清其响应文件；

（五）编写评审报告；

（六）告知采购人、采购代理机构在评审过程中发现的供应商的违法违规行为。

**第九条**　竞争性谈判小组或者询价小组成员应当履行下列义务：

（一）遵纪守法，客观、公正、廉洁地履行职责；

（二）根据采购文件的规定独立进行评审，对个人的评审意见承担法律责任；

（三）参与评审报告的起草；

（四）配合采购人、采购代理机构答复供应商提出的质疑；

（五）配合财政部门的投诉处理和监督检查工作。

**第十条**　谈判文件、询价通知书应当根据采购项目的特点和采购人的实际需求制定，并经采购人书面同意。采购人应当以满足实际需求为原则，不得擅自提高经费预算和资产配置等采购标准。

谈判文件、询价通知书不得要求或者标明供应商名称或者特定货物的品牌,不得含有指向特定供应商的技术、服务等条件。

**第十一条** 谈判文件、询价通知书应当包括供应商资格条件、采购邀请、采购方式、采购预算、采购需求、采购程序、价格构成或者报价要求、响应文件编制要求、提交响应文件截止时间及地点、保证金交纳数额和形式、评定成交的标准等。

谈判文件除本条第一款规定的内容外,还应当明确谈判小组根据与供应商谈判情况可能实质性变动的内容,包括采购需求中的技术、服务要求以及合同草案条款。

**第十二条** 采购人、采购代理机构应当通过发布公告、从省级以上财政部门建立的供应商库中随机抽取或者采购人和评审专家分别书面推荐的方式邀请不少于 3 家符合相应资格条件的供应商参与竞争性谈判或者询价采购活动。

符合政府采购法第二十二条第一款规定条件的供应商可以在采购活动开始前加入供应商库。财政部门不得对供应商申请入库收取任何费用,不得利用供应商库进行地区和行业封锁。

采取采购人和评审专家书面推荐方式选择供应商的,采购人和评审专家应当各自出具书面推荐意见。采购人推荐供应商的比例不得高于推荐供应商总数的 50%。

**第十三条** 供应商应当按照谈判文件、询价通知书的要求编制响应文件,并对其提交的响应文件的真实性、合法性承担法律责任。

**第十四条** 采购人、采购代理机构可以要求供应商在提交响应文件截止时间之前交纳保证金。保证金应当采用支票、汇票、本票、网上银行支付或者金融机构、担保机构出具的保函等非现金形式交纳。保证金数额应当不超过采购项目预算的 2%。

供应商为联合体的,可以由联合体中的一方或者多方共同交纳保证金,其交纳的保证金对联合体各方均具有约束力。

**第十五条** 供应商应当在谈判文件、询价通知书要求的截止时间前,将响应文件密封送达指定地点。在截止时间后送达的响应文件为无效文件,采购人、采购代理机构或者谈判小组、询价小组应当拒收。

供应商在提交询价响应文件截止时间前,可以对所提交的响应文件进行补充、修改或者撤回,并书面通知采购人、采购代理机构。补充、修改的内容作为响应文件的组成部分。补充、修改的内容与响应文件不一致的,以补充、修改的内容为准。

**第十六条** 谈判小组、询价小组在对响应文件的有效性、完整性和响应程度进行审查时,可以要求供应商对响应文件中含义不明确、同类问题表述不一致或者有明显文字和计算错误的内容等作出必要的澄清、说明或者更正。供应商的澄清、说明或者更正不得超出响应文件的范围或者改变响应文件的实质性内容。

谈判小组、询价小组要求供应商澄清、说明或者更正响应文件应当以书面形式作出。供应商的澄清、说明或者更正应当由法定代表人或其授权代表签字或者加盖公章。由授权代表签字的,应当附法定代表人授权书。供应商为自然人的,应当由本人签字并附身份证明。

**第十七条** 谈判小组、询价小组应当根据评审记录和评审结果编写评审报告,其主要内容包括:

(一)邀请供应商参加采购活动的具体方式和相关情况,以及参加采购活动的供应商名单;

(二)评审日期和地点,谈判小组、询价小组成员名单;

(三)评审情况记录和说明,包括对供应商的资格审查情况、供应商响应文件评审情况、谈判情况、报价情况等;

(四)提出的成交候选人的名单及理由。

评审报告应当由谈判小组、询价小组全体人员签字认可。谈判小组、询价小组成员对评审报告有异议的,谈判小组、询价小组按照少数服从多数的原则推荐成交候选人,采购程序继续进行。对评审报告有异议的谈判小组、询价小组成员,应当在报告上签署不同意见并说明理由,由谈判小组、询价小组书面记录相关情况。谈判小组、询价小组成员拒绝在报告上签字又不书面说明其不同意见和理由的,视为同意评审报告。

**第十八条** 采购人或者采购代理机构应当在成交供应商确定后 2 个工作日内,在省级以上财政部门指定的媒体上公告成交结果,同时向成交供应商发出成交通知书,并将竞争性谈判文件、询价通知书随成交结果同时公告。成交结果公告应当包括以下内容:

(一)采购人和采购代理机构的名称、地址和联系方式;

(二)项目名称和项目编号;

(三)成交供应商名称、地址和成交金额;

(四)主要成交标的的名称、规格型号、数量、单价、服务要求;

（五）谈判小组、询价小组成员名单及单一来源采购人员名单。

采用书面推荐供应商参加采购活动的，还应当公告采购人和评审专家的推荐意见。

**第十九条**　采购人与成交供应商应当在成交通知书发出之日起30日内，按照采购文件确定的合同文本以及采购标的、规格型号、采购金额、采购数量、技术和服务要求等事项签订政府采购合同。

采购人不得向成交供应商提出超出采购文件以外的任何要求作为签订合同的条件，不得与成交供应商订立背离采购文件确定的合同文本以及采购标的、规格型号、采购金额、采购数量、技术和服务要求等实质性内容的协议。

**第二十条**　采购人或者采购代理机构应当在采购活动结束后及时退还供应商的保证金，但因供应商自身原因导致无法及时退还的除外。未成交供应商的保证金应当在成交通知书发出后5个工作日内退还，成交供应商的保证金应当在采购合同签订后5个工作日内退还。

有下列情形之一的，保证金不予退还：

（一）供应商在提交响应文件截止时间后撤回响应文件的；

（二）供应商在响应文件中提供虚假材料的；

（三）除因不可抗力或谈判文件、询价通知书认可的情形以外，成交供应商不与采购人签订合同的；

（四）供应商与采购人、其他供应商或者采购代理机构恶意串通的；

（五）采购文件规定的其他情形。

**第二十一条**　除资格性审查认定错误和价格计算错误外，采购人或者采购代理机构不得以任何理由组织重新评审。采购人、采购代理机构发现谈判小组、询价小组未按照采购文件规定的评定成交的标准进行评审的，应当重新开展采购活动，并同时书面报告本级财政部门。

**第二十二条**　除不可抗力等因素外，成交通知书发出后，采购人改变成交结果，或者成交供应商拒绝签订政府采购合同的，应当承担相应的法律责任。

成交供应商拒绝签订政府采购合同的，采购人可以按照本办法第三十六条第二款、第四十九条第二款规定的原则确定其他供应商作为成交供应商并签订政府采购合同，也可以重新开展采购活动。拒绝签订政府采购合同的成交供应商不得参加对该项目重新开展的采购活动。

**第二十三条**　在采购活动中因重大变故，采购任务取消的，采购人或者采购代理机构应当终止采购活动，通知所有参加采购活动的供应商，并将项目实施情况和采购任务取消原因报送本级财政部门。

**第二十四条**　采购人或者采购代理机构应当按照采购合同规定的技术、服务等要求组织对供应商履约的验收，并出具验收书。验收书应当包括每一项技术、服务等要求的履约情况。大型或者复杂的项目，应当邀请国家认可的质量检测机构参加验收。验收方成员应当在验收书上签字，并承担相应的法律责任。

**第二十五条**　谈判小组、询价小组成员以及与评审工作有关的人员不得泄露评审情况以及评审过程中获悉的国家秘密、商业秘密。

**第二十六条**　采购人、采购代理机构应当妥善保管每项采购活动的采购文件。采购文件包括采购活动记录、采购预算、谈判文件、询价通知书、响应文件、推荐供应商的意见、评审报告、成交供应商确定文件、单一来源采购协商情况记录、合同文本、验收证明、质疑答复、投诉处理决定以及其他有关文件、资料。采购文件可以电子档案方式保存。

采购活动记录至少应当包括下列内容：

（一）采购项目类别、名称；

（二）采购项目预算、资金构成和合同价格；

（三）采购方式，采用该方式的原因及相关说明材料；

（四）选择参加采购活动的供应商的方式及原因；

（五）评定成交的标准及确定成交供应商的原因；

（六）终止采购活动的，终止的原因。

## 第三章　竞争性谈判

**第二十七条**　符合下列情形之一的采购项目，可以采用竞争性谈判方式采购：

（一）招标后没有供应商投标或者没有合格标的，或者重新招标未能成立的；

（二）技术复杂或者性质特殊，不能确定详细规格或者具体要求的；

（三）非采购人所能预见的原因或者非采购人拖延造成采用招标所需时间不能满足用户紧急需要的；

（四）因艺术品采购、专利、专有技术或者服务的时间、数量事先不能确定等原因不能事先计算出价格总额的。

公开招标的货物、服务采购项目，招标过程中提交投标文件或者经评审实质性响应招标文件要求的供应商只有两家时，采购人、采购代理机构按照本办法第四条经本级财政部门批准后可以与该两家供应商进行竞争性谈判采购，采购人、采购代理机构应当根据招标文件中的采购需求编制谈判文件，成立谈判小组，由谈判小组对谈判文件进行确认。符合本款情形的，本办法第三十三条、第三十五条中规定的供应商最低数量可以为两家。

**第二十八条** 符合本办法第二十七条第一款第一项情形和第二款情形，申请采用竞争性谈判采购方式时，除提交本办法第五条第一至三项规定的材料外，还应当提交下列申请材料：

（一）在省级以上财政部门指定的媒体上发布招标公告的证明材料；

（二）采购人、采购代理机构出具的对招标文件和招标过程是否有供应商质疑及质疑处理情况的说明；

（三）评标委员会或者3名以上评审专家出具的招标文件没有不合理条款的论证意见。

**第二十九条** 从谈判文件发出之日起至供应商提交首次响应文件截止之日止不得少于3个工作日。

提交首次响应文件截止之日前，采购人、采购代理机构或者谈判小组可以对已发出的谈判文件进行必要的澄清或者修改，澄清或者修改的内容作为谈判文件的组成部分。澄清或者修改的内容可能影响响应文件编制的，采购人、采购代理机构或者谈判小组应当在提交首次响应文件截止之日3个工作日前，以书面形式通知所有接收谈判文件的供应商，不足3个工作日的，应当顺延提交首次响应文件截止之日。

**第三十条** 谈判小组应当对响应文件进行评审，并根据谈判文件规定的程序、评定成交的标准等事项与实质性响应谈判文件要求的供应商进行谈判。未实质性响应谈判文件的响应文件按无效处理，谈判小组应当告知有关供应商。

**第三十一条** 谈判小组所有成员应当集中与单一供应商分别进行谈判，并给予所有参加谈判的供应商平等的谈判机会。

**第三十二条** 在谈判过程中，谈判小组可以根据谈判文件和谈判情况实质性变动采购需求中的技术、服务要求以及合同草案条款，但不得变动谈判文件中的其他内容。实质性变动的内容，须经采购人代表确认。

对谈判文件作出的实质性变动是谈判文件的有效组成部分，谈判小组应当及时以书面形式同时通知所有参加谈判的供应商。

供应商应当按照谈判文件的变动情况和谈判小组的要求重新提交响应文件，并由其法定代表人或授权代表签字或者加盖公章。由授权代表签字的，应当附法定代表人授权书。供应商为自然人的，应当由本人签字并附身份证明。

**第三十三条** 谈判文件能够详细列明采购标的的技术、服务要求的，谈判结束后，谈判小组应当要求所有继续参加谈判的供应商在规定时间内提交最后报价，提交最后报价的供应商不得少于3家。

谈判文件不能详细列明采购标的的技术、服务要求，需经谈判由供应商提供最终设计方案或解决方案的，谈判结束后，谈判小组应当按照少数服从多数的原则投票推荐3家以上供应商的设计方案或者解决方案，并要求其在规定时间内提交最后报价。

最后报价是供应商响应文件的有效组成部分。

**第三十四条** 已提交响应文件的供应商，在提交最后报价之前，可以根据谈判情况退出谈判。采购人、采购代理机构应当退还退出谈判的供应商的保证金。

**第三十五条** 谈判小组应当从质量和服务均能满足采购文件实质性响应要求的供应商中，按照最后报价由低到高的顺序提出3名以上成交候选人，并编写评审报告。

**第三十六条** 采购代理机构应当在评审结束后2个工作日内将评审报告送采购人确认。

采购人应当在收到评审报告后5个工作日内，从评审报告提出的成交候选人中，根据质量和服务均能满足采购文件实质性响应要求且最后报价最低的原则确定成交供应商，也可以书面授权谈判小组直接确定成交供应商。采购人逾期未确定成交供应商且不提出异议的，视为确定评审报告提出的最后报价最低的供应商为成交供应商。

**第三十七条** 出现下列情形之一的，采购人或者采购代理机构应当终止竞争性谈判采购活动，发布项目终止公告并说明原因，重新开展采购活动：

（一）因情况变化，不再符合规定的竞争性谈判采购方式适用情形的；

（二）出现影响采购公正的违法、违规行为的；

（三）在采购过程中符合竞争要求的供应商或者报价未超过采购预算的供应商不足3家的，但本办法第二十七条第二款规定的情形除外。

## 第四章 单一来源采购

**第三十八条** 属于政府采购法第三十一条第一项情形，且达到公开招标数额的货物、服务项目，拟采用单一来源采购方式的，采购人、采购代理机构在按照本办法第四条报财政部门批准之前，应当在省级以上财政部门指定媒体上公示，并将公示情况一并报财政部门。公示期不得少于5个工作日，公示内容应当包括：

（一）采购人、采购项目名称和内容；

（二）拟采购的货物或者服务的说明；

（三）采用单一来源采购方式的原因及相关说明；

（四）拟定的唯一供应商名称、地址；

（五）专业人员对相关供应商因专利、专有技术等原因具有唯一性的具体论证意见，以及专业人员的姓名、工作单位和职称；

（六）公示的期限；

（七）采购人、采购代理机构、财政部门的联系地址、联系人和联系电话。

**第三十九条** 任何供应商、单位或者个人对采用单一来源采购方式公示有异议的，可以在公示期内将书面意见反馈给采购人、采购代理机构，并同时抄送相关财政部门。

**第四十条** 采购人、采购代理机构收到对采用单一来源采购方式公示的异议后，应当在公示期满后5个工作日内，组织补充论证，论证后认为异议成立的，应当依法采取其他采购方式；论证后认为异议不成立的，应当将异议意见、论证意见与公示情况一并报相关财政部门。

采购人、采购代理机构应当将补充论证的结论告知提出异议的供应商、单位或者个人。

**第四十一条** 采用单一来源采购方式采购的，采购人、采购代理机构应当组织具有相关经验的专业人员与供应商商定合理的成交价格并保证采购项目质量。

**第四十二条** 单一来源采购人员应当编写协商情况记录，主要内容包括：

（一）依据本办法第三十八条进行公示的，公示情况说明；

（二）协商日期和地点，采购人员名单；

（三）供应商提供的采购标的成本、同类项目合同价格以及相关专利、专有技术等情况说明；

（四）合同主要条款及价格商定情况。

协商情况记录应当由采购全体人员签字认可。对记录有异议的采购人员，应当签署不同意见并说明理由。采购人员拒绝在记录上签字又不书面说明其不同意见和理由的，视为同意。

**第四十三条** 出现下列情形之一的，采购人或者采购代理机构应当终止采购活动，发布项目终止公告并说明原因，重新开展采购活动：

（一）因情况变化，不再符合规定的单一来源采购方式适用情形的；

（二）出现影响采购公正的违法、违规行为的；

（三）报价超过采购预算的。

## 第五章 询 价

**第四十四条** 询价采购需求中的技术、服务等要求应当完整、明确，符合相关法律、行政法规和政府采购政策的规定。

**第四十五条** 从询价通知书发出之日起至供应商提交响应文件截止之日止不得少于3个工作日。

提交响应文件截止之日前，采购人、采购代理机构或者询价小组可以对已发出的询价通知书进行必要的澄清或者修改，澄清或者修改的内容作为询价通知书的组成部分。澄清或者修改的内容可能影响响应文件编制的，采购人、采购代理机构或者询价小组应当在提交响应文件截止之日3个工作日前，以书面形式通知所有接收询价通知书的供应商，不足3个工作日的，应当顺延提交响应文件截止之日。

**第四十六条** 询价小组在询价过程中，不得改变询价通知书所确定的技术和服务等要求、评审程序、评定成交的标准和合同文本等事项。

**第四十七条** 参加询价采购活动的供应商，应当按照询价通知书的规定一次报出不得更改的价格。

**第四十八条** 询价小组应当从质量和服务均能满足采购文件实质性响应要求的供应商中，按照报价由低到高的顺序提出3名以上成交候选人，并编写评审报告。

**第四十九条** 采购代理机构应当在评审结束后2个工作日内将评审报告送采购人确认。

采购人应当在收到评审报告后5个工作日内，从评审报告提出的成交候选人中，根据质量和服务均能满足采购文件实质性响应要求且报价最低的原则确定成交供应商，也可以书面授权询价小组直接确定成交供应商。采购人逾期未确定成交供应商且不提出异议的，视为确定评审报告提出的最后报价最低的供应商为成交供应商。

**第五十条** 出现下列情形之一的，采购人或者采购代理机构应当终止询价采购活动，发布项目终止公告并说明原因，重新开展采购活动：

（一）因情况变化，不再符合规定的询价采购方式适用情形的；

（二）出现影响采购公正的违法、违规行为的；

（三）在采购过程中符合竞争要求的供应商或者报价未超过采购预算的供应商不足3家的。

## 第六章 法律责任

**第五十一条** 采购人、采购代理机构有下列情形之一的，责令限期改正，给予警告；有关法律、行政法规规定处以罚款的，并处罚款；涉嫌犯罪的，依法移送司法机关处理：

（一）未按照本办法规定在指定媒体上发布政府采购信息的；

（二）未按照本办法规定组成谈判小组、询价小组的；

（三）在询价采购过程中与供应商进行协商谈判的；

（四）未按照政府采购法和本办法规定的程序和要求确定成交候选人的；

（五）泄露评审情况以及评审过程中获悉的国家秘密、商业秘密的。

采购代理机构有前款情形之一，情节严重的，暂停其政府采购代理机构资格 3 至 6 个月；情节特别严重或者逾期不改正的，取消其政府采购代理机构资格。

**第五十二条** 采购人有下列情形之一的，责令限期改正，给予警告；有关法律、行政法规规定处以罚款的，并处罚款：

（一）未按照政府采购法和本办法的规定采用非招标采购方式的；

（二）未按照政府采购法和本办法的规定确定成交供应商的；

（三）未按照采购文件确定的事项签订政府采购合同，或者与成交供应商另行订立背离合同实质性内容的协议的；

（四）未按规定将政府采购合同副本报本级财政部门备案的。

**第五十三条** 采购人、采购代理机构有本办法第五十一条、第五十二条规定情形之一，且情节严重或者拒不改正的，其直接负责的主管人员和其他直接责任人员属于国家机关工作人员的，由任免机关或者监察机关依法给予处分，并予通报。

**第五十四条** 成交供应商有下列情形之一的，责令限期改正，情节严重的，列入不良行为记录名单，在 1 至 3 年内禁止参加政府采购活动，并予以通报：

（一）未按照采购文件确定的事项签订政府采购合同，或者与采购人另行订立背离合同实质性内容的协议的；

（二）成交后无正当理由不与采购人签订合同的；

（三）拒绝履行合同义务的。

**第五十五条** 谈判小组、询价小组成员有下列行为之一的，责令改正，给予警告；有关法律、行政法规规定处以罚款的，并处罚款；涉嫌犯罪的，依法移送司法机关处理：

（一）收受采购人、采购代理机构、供应商、其他利害关系人的财物或者其他不正当利益的；

（二）泄露评审情况以及评审过程中获悉的国家秘密、商业秘密的；

（三）明知与供应商有利害关系而不依法回避的；

（四）在评审过程中擅离职守，影响评审程序正常进行的；

（五）在评审过程中有明显不合理或者不正当倾向性的；

（六）未按照采购文件规定的评定成交的标准进行评审的。

评审专家有前款情形之一，情节严重的，取消其政府采购评审专家资格，不得再参加任何政府采购项目的评审，并在财政部门指定的政府采购信息发布媒体上予以公告。

**第五十六条** 有本办法第五十一条、第五十二条、第五十五条违法行为之一，并且影响或者可能影响成交结果的，应当按照下列情形分别处理：

（一）未确定成交供应商的，终止本次采购活动，依法重新开展采购活动；

（二）已确定成交供应商但采购合同尚未履行的，撤销合同，从合格的成交候选人中另行确定成交供应商，没有合格的成交候选人的，重新开展采购活动；

（三）采购合同已经履行的，给采购人、供应商造成损失的，由责任人依法承担赔偿责任。

**第五十七条** 政府采购当事人违反政府采购法和本办法规定，给他人造成损失的，应当依照有关民事法律规定承担民事责任。

**第五十八条** 任何单位或者个人非法干预、影响评审过程或者结果的，责令改正；该单位责任人或者个人属于国家机关工作人员的，由任免机关或者监察机关依法给予处分。

**第五十九条** 财政部门工作人员在实施监督管理过程中违法干预采购活动或者滥用职权、玩忽职守、徇私舞弊的，依法给予处分；涉嫌犯罪的，依法移送司法机关处理。

## 第七章 附则

**第六十条** 本办法所称主管预算单位是指负有编制部门预算职责，向同级财政部门申报预算的国家机关、事业单位和团体组织。

**第六十一条**　各省、自治区、直辖市人民政府财政部门可以根据本办法制定具体实施办法。

**第六十二条**　本办法自2014年2月1日起施行。

## 政府采购货物和服务招标投标管理办法

*1. 2017年7月11日财政部令第87号公布*
*2. 自2017年10月1日起施行*

### 第一章　总　　则

**第一条**　为了规范政府采购当事人的采购行为，加强对政府采购货物和服务招标投标活动的监督管理，维护国家利益、社会公共利益和政府采购招标投标活动当事人的合法权益，依据《中华人民共和国政府采购法》（以下简称政府采购法）、《中华人民共和国政府采购法实施条例》（以下简称政府采购法实施条例）和其他有关法律法规规定，制定本办法。

**第二条**　本办法适用于在中华人民共和国境内开展政府采购货物和服务（以下简称货物服务）招标投标活动。

**第三条**　货物服务招标分为公开招标和邀请招标。

公开招标，是指采购人依法以招标公告的方式邀请非特定的供应商参加投标的采购方式。

邀请招标，是指采购人依法从符合相应资格条件的供应商中随机抽取3家以上供应商，并以投标邀请书的方式邀请其参加投标的采购方式。

**第四条**　属于地方预算的政府采购项目，省、自治区、直辖市人民政府根据实际情况，可以确定分别适用于本行政区域省级、设区的市级、县级公开招标数额标准。

**第五条**　采购人应当在货物服务招标投标活动中落实节约能源、保护环境、扶持不发达地区和少数民族地区、促进中小企业发展等政府采购政策。

**第六条**　采购人应当按照行政事业单位内部控制规范要求，建立健全本单位政府采购内部控制制度，在编制政府采购预算和实施计划、确定采购需求、组织采购活动、履约验收、答复询问质疑、配合投诉处理及监督检查等重点环节加强内部控制管理。

采购人不得向供应商索要或者接受其给予的赠品、回扣或者与采购无关的其他商品、服务。

**第七条**　采购人应当按照财政部制定的《政府采购品目分类目录》确定采购项目属性。按照《政府采购品目分类目录》无法确定的，按照有利于采购项目实施的原则确定。

**第八条**　采购人委托采购代理机构代理招标的，采购代理机构应当在采购人委托的范围内依法开展采购活动。

采购代理机构及其分支机构不得在所代理的采购项目中投标或者代理投标，不得为所代理的采购项目的投标人参加本项目提供投标咨询。

### 第二章　招　　标

**第九条**　未纳入集中采购目录的政府采购项目，采购人可以自行招标，也可以委托采购代理机构在委托的范围内代理招标。

采购人自行组织开展招标活动的，应当符合下列条件：

（一）有编制招标文件、组织招标的能力和条件；

（二）有与采购项目专业性相适应的专业人员。

**第十条**　采购人应当对采购标的的市场技术或者服务水平、供应、价格等情况进行市场调查，根据调查情况、资产配置标准等科学、合理地确定采购需求，进行价格测算。

**第十一条**　采购需求应当完整、明确，包括以下内容：

（一）采购标的需实现的功能或者目标，以及为落实政府采购政策需满足的要求；

（二）采购标的需执行的国家相关标准、行业标准、地方标准或者其他标准、规范；

（三）采购标的需满足的质量、安全、技术规格、物理特性等要求；

（四）采购标的的数量、采购项目交付或者实施的时间和地点；

（五）采购标的需满足的服务标准、期限、效率等要求；

（六）采购标的的验收标准；

（七）采购标的的其他技术、服务等要求。

**第十二条**　采购人根据价格测算情况，可以在采购预算额度内合理设定最高限价，但不得设定最低限价。

**第十三条**　公开招标公告应当包括以下主要内容：

（一）采购人及其委托的采购代理机构的名称、地址和联系方法；

（二）采购项目的名称、预算金额，设定最高限价的，还应当公开最高限价；

（三）采购人的采购需求；

（四）投标人的资格要求；

（五）获取招标文件的时间期限、地点、方式及招标文件售价；

（六）公告期限；

（七）投标截止时间、开标时间及地点；

（八）采购项目联系人姓名和电话。

**第十四条**　采用邀请招标方式的，采购人或者采购代理机构应当通过以下方式产生符合资格条件的供应商名单，并从中随机抽取3家以上供应商向其发出投标邀请书：

（一）发布资格预审公告征集；

（二）从省级以上人民政府财政部门（以下简称财政部门）建立的供应商库中选取；

（三）采购人书面推荐。

采用前款第一项方式产生符合资格条件供应商名单的，采购人或者采购代理机构应当按照资格预审文件载明的标准和方法，对潜在投标人进行资格预审。

采用第一款第二项或者第三项方式产生符合资格条件供应商名单的，备选的符合资格条件供应商总数不得少于拟随机抽取供应商总数的两倍。

随机抽取是指通过抽签等能够保证所有符合资格条件供应商机会均等的方式选定供应商。随机抽取供应商时，应当有不少于两名采购人工作人员在场监督，并形成书面记录，随采购文件一并存档。

投标邀请书应当同时向所有受邀请的供应商发出。

**第十五条**　资格预审公告应当包括以下主要内容：

（一）本办法第十三条第一至四项、第六项和第八项内容；

（二）获取资格预审文件的时间期限、地点、方式；

（三）提交资格预审申请文件的截止时间、地点及资格预审日期。

**第十六条**　招标公告、资格预审公告的公告期限为5个工作日。公告内容应当以省级以上财政部门指定媒体发布的公告为准。公告期限自省级以上财政部门指定媒体最先发布公告之日起算。

**第十七条**　采购人、采购代理机构不得将投标人的注册资本、资产总额、营业收入、从业人员、利润、纳税额等规模条件作为资格要求或者评审因素，也不得通过将除进口货物以外的生产厂家授权、承诺、证明、背书等作为资格要求，对投标人实行差别待遇或者歧视待遇。

**第十八条**　采购人或者采购代理机构应当按照招标公告、资格预审公告或者投标邀请书规定的时间、地点提供招标文件或者资格预审文件，提供期限自招标公告、资格预审公告发布之日起计算不得少于5个工作日。提供期限届满后，获取招标文件或者资格预审文件的潜在投标人不足3家的，可以顺延提供期限，并予公告。

公开招标进行资格预审的，招标公告和资格预审公告可以合并发布，招标文件应当向所有通过资格预审的供应商提供。

**第十九条**　采购人或者采购代理机构应当根据采购项目的实施要求，在招标公告、资格预审公告或者投标邀请书中载明是否接受联合体投标。如未载明，不得拒绝联合体投标。

**第二十条**　采购人或者采购代理机构应当根据采购项目的特点和采购需求编制招标文件。招标文件应当包括以下主要内容：

（一）投标邀请；

（二）投标人须知（包括投标文件的密封、签署、盖章要求等）；

（三）投标人应当提交的资格、资信证明文件；

（四）为落实政府采购政策，采购标的需满足的要求，以及投标人须提供的证明材料；

（五）投标文件编制要求、投标报价要求和投标保证金交纳、退还方式以及不予退还投标保证金的情形；

（六）采购项目预算金额，设定最高限价的，还应当公开最高限价；

（七）采购项目的技术规格、数量、服务标准、验收等要求，包括附件、图纸等；

（八）拟签订的合同文本；

（九）货物、服务提供的时间、地点、方式；

（十）采购资金的支付方式、时间、条件；

（十一）评标方法、评标标准和投标无效情形；

（十二）投标有效期；

（十三）投标截止时间、开标时间及地点；

（十四）采购代理机构代理费用的收取标准和方式；

（十五）投标人信用信息查询渠道及截止时点、信用信息查询记录和证据留存的具体方式、信用信息的使用规则等；

（十六）省级以上财政部门规定的其他事项。

对于不允许偏离的实质性要求和条件，采购人或者采购代理机构应当在招标文件中规定，并以醒目的方式标明。

**第二十一条**　采购人或者采购代理机构应当根据采购项目的特点和采购需求编制资格预审文件。资格预审文件应当包括以下主要内容：

（一）资格预审邀请；

（二）申请人须知；

（三）申请人的资格要求；

（四）资格审核标准和方法；

（五）申请人应当提供的资格预审申请文件的内容和格式；

（六）提交资格预审申请文件的方式、截止时间、地点及资格审核日期；

（七）申请人信用信息查询渠道及截止时点、信用信息查询记录和证据留存的具体方式、信用信息的使用规则等内容；

（八）省级以上财政部门规定的其他事项。

资格预审文件应当免费提供。

**第二十二条**　采购人、采购代理机构一般不得要求投标人提供样品，仅凭书面方式不能准确描述采购需求或者需要对样品进行主观判断以确认是否满足采购需求等特殊情况除外。

要求投标人提供样品的，应当在招标文件中明确规定样品制作的标准和要求、是否需要随样品提交相关检测报告、样品的评审方法以及评审标准。需要随样品提交检测报告的，还应当规定检测机构的要求、检测内容等。

采购活动结束后，对于未中标人提供的样品，应当及时退还或者经未中标人同意后自行处理；对于中标人提供的样品，应当按照招标文件的规定进行保管、封存，并作为履约验收的参考。

**第二十三条**　投标有效期从提交投标文件的截止之日起算。投标文件中承诺的投标有效期应当不少于招标文件中载明的投标有效期。投标有效期内投标人撤销投标文件的，采购人或者采购代理机构可以不退还投标保证金。

**第二十四条**　招标文件售价应当按照弥补制作、邮寄成本的原则确定，不得以营利为目的，不得以招标采购金额作为确定招标文件售价的依据。

**第二十五条**　招标文件、资格预审文件的内容不得违反法律、行政法规、强制性标准、政府采购政策，或者违反公开透明、公平竞争、公正和诚实信用原则。

有前款规定情形，影响潜在投标人投标或者资格预审结果的，采购人或者采购代理机构应当修改招标文件或者资格预审文件后重新招标。

**第二十六条**　采购人或者采购代理机构可以在招标文件提供期限截止后，组织已获取招标文件的潜在投标人现场考察或者召开开标前答疑会。

组织现场考察或者召开答疑会的，应当在招标文件中载明，或者在招标文件提供期限截止后以书面形式通知所有获取招标文件的潜在投标人。

**第二十七条**　采购人或者采购代理机构可以对已发出的招标文件、资格预审文件、投标邀请书进行必要的澄清或者修改，但不得改变采购标的和资格条件。澄清或者修改应当在原公告发布媒体上发布澄清公告。澄清或者修改的内容为招标文件、资格预审文件、投标邀请书的组成部分。

澄清或者修改的内容可能影响投标文件编制的，采购人或者采购代理机构应当在投标截止时间至少15日前，以书面形式通知所有获取招标文件的潜在投标人；不足15日的，采购人或者采购代理机构应当顺延提交投标文件的截止时间。

澄清或者修改的内容可能影响资格预审申请文件编制的，采购人或者采购代理机构应当在提交资格预审申请文件截止时间至少3日前，以书面形式通知所有获取资格预审文件的潜在投标人；不足3日的，采购人或者采购代理机构应当顺延提交资格预审申请文件的截止时间。

**第二十八条**　投标截止时间前，采购人、采购代理机构和有关人员不得向他人透露已获取招标文件的潜在投标人的名称、数量以及可能影响公平竞争的有关招标投标的其他情况。

**第二十九条**　采购人、采购代理机构在发布招标公告、资格预审公告或者发出投标邀请书后，除因重大变故采购任务取消情况外，不得擅自终止招标活动。

终止招标的，采购人或者采购代理机构应当及时在原公告发布媒体上发布终止公告，以书面形式通知已经获取招标文件、资格预审文件或者被邀请的潜在投标人，并将项目实施情况和采购任务取消原因报告本级财政部门。已经收取招标文件费用或者投标保证金的，采购人或者采购代理机构应当在终止采购活动后5个工作日内，退还所收取的招标文件费用和所收取的投标保证金及其在银行产生的孳息。

## 第三章　投　　标

**第三十条**　投标人，是指响应招标、参加投标竞争的法人、其他组织或者自然人。

**第三十一条**　采用最低评标价法的采购项目，提供相同品牌产品的不同投标人参加同一合同项下投标的，以其中通过资格审查、符合性审查且报价最低的参加评标；报价相同的，由采购人或者采购人委托评标委员会按照招标文件规定的方式确定一个参加评标的投标人，招标文件未规定的采取随机抽取方式确定，其他投标无效。

使用综合评分法的采购项目，提供相同品牌产品且通过资格审查、符合性审查的不同投标人参加同一合同项下投标的，按一家投标人计算，评审后得分最高的同品牌投标人获得中标人推荐资格；评审得分相同的，由采购人或者采购人委托评标委员会按照招标文件规定的方式确定一个投标人获得中标人推荐资格，招标文件未规定的采取随机抽取方式确定，其他同品牌投标人不作为中标候选人。

非单一产品采购项目，采购人应当根据采购项目技术构成、产品价格比重等合理确定核心产品，并在招标文件中载明。多家投标人提供的核心产品品牌相同的，按前两款规定处理。

**第三十二条** 投标人应当按照招标文件的要求编制投标文件。投标文件应当对招标文件提出的要求和条件作出明确响应。

**第三十三条** 投标人应当在招标文件要求提交投标文件的截止时间前，将投标文件密封送达投标地点。采购人或者采购代理机构收到投标文件后，应当如实记载投标文件的送达时间和密封情况，签收保存，并向投标人出具签收回执。任何单位和个人不得在开标前开启投标文件。

逾期送达或者未按照招标文件要求密封的投标文件，采购人、采购代理机构应当拒收。

**第三十四条** 投标人在投标截止时间前，可以对所递交的投标文件进行补充、修改或者撤回，并书面通知采购人或者采购代理机构。补充、修改的内容应当按照招标文件要求签署、盖章、密封后，作为投标文件的组成部分。

**第三十五条** 投标人根据招标文件的规定和采购项目的实际情况，拟在中标后将中标项目的非主体、非关键性工作分包的，应当在投标文件中载明分包承担主体，分包承担主体应当具备相应资质条件且不得再次分包。

**第三十六条** 投标人应当遵循公平竞争的原则，不得恶意串通，不得妨碍其他投标人的竞争行为，不得损害采购人或者其他投标人的合法权益。

在评标过程中发现投标人有上述情形的，评标委员会应当认定其投标无效，并书面报告本级财政部门。

**第三十七条** 有下列情形之一的，视为投标人串通投标，其投标无效：

（一）不同投标人的投标文件由同一单位或者个人编制；

（二）不同投标人委托同一单位或者个人办理投标事宜；

（三）不同投标人的投标文件载明的项目管理成员或者联系人员为同一人；

（四）不同投标人的投标文件异常一致或者投标报价呈规律性差异；

（五）不同投标人的投标文件相互混装；

（六）不同投标人的投标保证金从同一单位或者个人的账户转出。

**第三十八条** 投标人在投标截止时间前撤回已提交的投标文件的，采购人或者采购代理机构应当自收到投标人书面撤回通知之日起 5 个工作日内，退还已收取的投标保证金，但因投标人自身原因导致无法及时退还的除外。

采购人或者采购代理机构应当自中标通知书发出之日起 5 个工作日内退还未中标人的投标保证金，自采购合同签订之日起 5 个工作日内退还中标人的投标保证金或者转为中标人的履约保证金。

采购人或者采购代理机构逾期退还投标保证金的，除应当退还投标保证金本金外，还应当按中国人民银行同期贷款基准利率上浮 20% 后的利率支付超期资金占用费，但因投标人自身原因导致无法及时退还的除外。

## 第四章 开标、评标

**第三十九条** 开标应当在招标文件确定的提交投标文件截止时间的同一时间进行。开标地点应当为招标文件中预先确定的地点。

采购人或者采购代理机构应当对开标、评标现场活动进行全程录音录像。录音录像应当清晰可辨，音像资料作为采购文件一并存档。

**第四十条** 开标由采购人或者采购代理机构主持，邀请投标人参加。评标委员会成员不得参加开标活动。

**第四十一条** 开标时，应当由投标人或者其推选的代表检查投标文件的密封情况；经确认无误后，由采购人或者采购代理机构工作人员当众拆封，宣布投标人名称、投标价格和招标文件规定的需要宣布的其他内容。

投标人不足 3 家的，不得开标。

**第四十二条** 开标过程应当由采购人或者采购代理机构负责记录，由参加开标的各投标人代表和相关工作人员签字确认后随采购文件一并存档。

投标人代表对开标过程和开标记录有疑义，以及认为采购人、采购代理机构相关工作人员有需要回避的情形的，应当场提出询问或者回避申请。采购人、采购代理机构对投标人代表提出的询问或者回避申请应当及时处理。

投标人未参加开标的，视同认可开标结果。

**第四十三条** 公开招标数额标准以上的采购项目，投标截止后投标人不足3家或者通过资格审查或符合性审查的投标人不足3家的，除采购任务取消情形外，按照以下方式处理：

（一）招标文件存在不合理条款或者招标程序不符合规定的，采购人、采购代理机构改正后依法重新招标；

（二）招标文件没有不合理条款、招标程序符合规定，需要采用其他采购方式采购的，采购人应当依法报财政部门批准。

**第四十四条** 公开招标采购项目开标结束后，采购人或者采购代理机构应当依法对投标人的资格进行审查。

合格投标人不足3家的，不得评标。

**第四十五条** 采购人或者采购代理机构负责组织评标工作，并履行下列职责：

（一）核对评审专家身份和采购人代表授权函，对评审专家在政府采购活动中的职责履行情况予以记录，并及时将有关违法违规行为向财政部门报告；

（二）宣布评标纪律；

（三）公布投标人名单，告知评审专家应当回避的情形；

（四）组织评标委员会推选评标组长，采购人代表不得担任组长；

（五）在评标期间采取必要的通讯管理措施，保证评标活动不受外界干扰；

（六）根据评标委员会的要求介绍政府采购相关政策法规、招标文件；

（七）维护评标秩序，监督评标委员会依照招标文件规定的评标程序、方法和标准进行独立评审，及时制止和纠正采购人代表、评审专家的倾向性言论或者违法违规行为；

（八）核对评标结果，有本办法第六十四条规定情形的，要求评标委员会复核或者书面说明理由，评标委员会拒绝的，应予记录并向本级财政部门报告；

（九）评审工作完成后，按照规定向评审专家支付劳务报酬和异地评审差旅费，不得向评审专家以外的其他人员支付评审劳务报酬；

（十）处理与评标有关的其他事项。

采购人可以在评标前说明项目背景和采购需求，说明内容不得含有歧视性、倾向性意见，不得超出招标文件所述范围。说明应当提交书面材料，并随采购文件一并存档。

**第四十六条** 评标委员会负责具体评标事务，并独立履行下列职责：

（一）审查、评价投标文件是否符合招标文件的商务、技术等实质性要求；

（二）要求投标人对投标文件有关事项作出澄清或者说明；

（三）对投标文件进行比较和评价；

（四）确定中标候选人名单，以及根据采购人委托直接确定中标人；

（五）向采购人、采购代理机构或者有关部门报告评标中发现的违法行为。

**第四十七条** 评标委员会由采购人代表和评审专家组成，成员人数应当为5人以上单数，其中评审专家不得少于成员总数的三分之二。

采购项目符合下列情形之一的，评标委员会成员人数应当为7人以上单数：

（一）采购预算金额在1000万元以上；

（二）技术复杂；

（三）社会影响较大。

评审专家对本单位的采购项目只能作为采购人代表参与评标，本办法第四十八条第二款规定情形除外。采购代理机构工作人员不得参加由本机构代理的政府采购项目的评标。

评标委员会成员名单在评标结果公告前应当保密。

**第四十八条** 采购人或者采购代理机构应当从省级以上财政部门设立的政府采购评审专家库中，通过随机方式抽取评审专家。

对技术复杂、专业性强的采购项目，通过随机方式难以确定合适评审专家的，经主管预算单位同意，采购人可以自行选定相应专业领域的评审专家。

**第四十九条** 评标中因评标委员会成员缺席、回避或者健康等特殊原因导致评标委员会组成不符合本办法规定的，采购人或者采购代理机构应当依法补足后继续评标。被更换的评标委员会成员所作出的评标意见无效。

无法及时补足评标委员会成员的，采购人或者采购代理机构应当停止评标活动，封存所有投标文件和开标、评标资料，依法重新组建评标委员会进行评标。原评标委员会所作出的评标意见无效。

采购人或者采购代理机构应当将变更、重新组建评标委员会的情况予以记录，并随采购文件一并存档。

**第五十条** 评标委员会应当对符合资格的投标人的投标

文件进行符合性审查，以确定其是否满足招标文件的实质性要求。

**第五十一条**　对于投标文件中含义不明确、同类问题表述不一致或者有明显文字和计算错误的内容，评标委员会应当以书面形式要求投标人作出必要的澄清、说明或者补正。

投标人的澄清、说明或者补正应当采用书面形式，并加盖公章，或者由法定代表人或其授权的代表签字。投标人的澄清、说明或者补正不得超出投标文件的范围或者改变投标文件的实质性内容。

**第五十二条**　评标委员会应当按照招标文件中规定的评标方法和标准，对符合性审查合格的投标文件进行商务和技术评估，综合比较与评价。

**第五十三条**　评标方法分为最低评标价法和综合评分法。

**第五十四条**　最低评标价法，是指投标文件满足招标文件全部实质性要求，且投标报价最低的投标人为中标候选人的评标方法。

技术、服务等标准统一的货物服务项目，应当采用最低评标价法。

采用最低评标价法评标时，除了算术修正和落实政府采购政策需进行的价格扣除外，不能对投标人的投标价格进行任何调整。

**第五十五条**　综合评分法，是指投标文件满足招标文件全部实质性要求，且按照评审因素的量化指标评审得分最高的投标人为中标候选人的评标方法。

评审因素的设定应当与投标人所提供货物服务的质量相关，包括投标报价、技术或者服务水平、履约能力、售后服务等。资格条件不得作为评审因素。评审因素应当在招标文件中规定。

评审因素应当细化和量化，且与相应的商务条件和采购需求对应。商务条件和采购需求指标有区间规定的，评审因素应当量化到相应区间，并设置各区间对应的不同分值。

评标时，评标委员会各成员应当独立对每个投标人的投标文件进行评价，并汇总每个投标人的得分。

货物项目的价格分值占总分值的比重不得低于30%；服务项目的价格分值占总分值的比重不得低于10%。执行国家统一定价标准和采用固定价格采购的项目，其价格不列为评审因素。

价格分应当采用低价优先法计算，即满足招标文件要求且投标价格最低的投标报价为评标基准价，其价格分为满分。其他投标人的价格分统一按照下列公式计算：

投标报价得分 =（评标基准价/投标报价）× 100

评标总得分 = F1 × A1 + F2 × A2 + …… + Fn × An

F1、F2……Fn 分别为各项评审因素的得分；

A1、A2、……An 分别为各项评审因素所占的权重（A1 + A2 + …… + An = 1）。

评标过程中，不得去掉报价中的最高报价和最低报价。

因落实政府采购政策进行价格调整的，以调整后的价格计算评标基准价和投标报价。

**第五十六条**　采用最低评标价法的，评标结果按投标报价由低到高顺序排列。投标报价相同的并列。投标文件满足招标文件全部实质性要求且投标报价最低的投标人为排名第一的中标候选人。

**第五十七条**　采用综合评分法的，评标结果按评审后得分由高到低顺序排列。得分相同的，按投标报价由低到高顺序排列。得分且投标报价相同的并列。投标文件满足招标文件全部实质性要求，且按照评审因素的量化指标评审得分最高的投标人为排名第一的中标候选人。

**第五十八条**　评标委员会根据全体评标成员签字的原始评标记录和评标结果编写评标报告。评标报告应当包括以下内容：

（一）招标公告刊登的媒体名称、开标日期和地点；

（二）投标人名单和评标委员会成员名单；

（三）评标方法和标准；

（四）开标记录和评标情况及说明，包括无效投标人名单及原因；

（五）评标结果，确定的中标候选人名单或者经采购人委托直接确定的中标人；

（六）其他需要说明的情况，包括评标过程中投标人根据评标委员会要求进行的澄清、说明或者补正，评标委员会成员的更换等。

**第五十九条**　投标文件报价出现前后不一致的，除招标文件另有规定外，按照下列规定修正：

（一）投标文件中开标一览表（报价表）内容与投标文件中相应内容不一致的，以开标一览表（报价表）为准；

（二）大写金额和小写金额不一致的，以大写金额为准；

（三）单价金额小数点或者百分比有明显错位的，以开标一览表的总价为准，并修改单价；

（四）总价金额与按单价汇总金额不一致的，以单价金额计算结果为准。

同时出现两种以上不一致的，按照前款规定的顺序修正。修正后的报价按照本办法第五十一条第二款的规定经投标人确认后产生约束力，投标人不确认的，其投标无效。

**第六十条**　评标委员会认为投标人的报价明显低于其他通过符合性审查投标人的报价，有可能影响产品质量或者不能诚信履约的，应当要求其在评标现场合理的时间内提供书面说明，必要时提交相关证明材料；投标人不能证明其报价合理性的，评标委员会应当将其作为无效投标处理。

**第六十一条**　评标委员会成员对需要共同认定的事项存在争议的，应当按照少数服从多数的原则作出结论。持不同意见的评标委员会成员应当在评标报告上签署不同意见及理由，否则视为同意评标报告。

**第六十二条**　评标委员会及其成员不得有下列行为：

（一）确定参与评标至评标结束前私自接触投标人；

（二）接受投标人提出的与投标文件不一致的澄清或者说明，本办法第五十一条规定的情形除外；

（三）违反评标纪律发表倾向性意见或者征询采购人的倾向性意见；

（四）对需要专业判断的主观评审因素协商评分；

（五）在评标过程中擅离职守，影响评标程序正常进行的；

（六）记录、复制或者带走任何评标资料；

（七）其他不遵守评标纪律的行为。

评标委员会成员有前款第一至五项行为之一的，其评审意见无效，并不得获取评审劳务报酬和报销异地评审差旅费。

**第六十三条**　投标人存在下列情况之一的，投标无效：

（一）未按照招标文件的规定提交投标保证金的；

（二）投标文件未按招标文件要求签署、盖章的；

（三）不具备招标文件中规定的资格要求的；

（四）报价超过招标文件中规定的预算金额或者最高限价的；

（五）投标文件含有采购人不能接受的附加条件的；

（六）法律、法规和招标文件规定的其他无效情形。

**第六十四条**　评标结果汇总完成后，除下列情形外，任何人不得修改评标结果：

（一）分值汇总计算错误的；

（二）分项评分超出评分标准范围的；

（三）评标委员会成员对客观评审因素评分不一致的；

（四）经评标委员会认定评分畸高、畸低的。

评标报告签署前，经复核发现存在以上情形之一的，评标委员会应当当场修改评标结果，并在评标报告中记载；评标报告签署后，采购人或者采购代理机构发现存在以上情形之一的，应当组织原评标委员会进行重新评审，重新评审改变评标结果的，书面报告本级财政部门。

投标人对本条第一款情形提出质疑的，采购人或者采购代理机构可以组织原评标委员会进行重新评审，重新评审改变评标结果的，应当书面报告本级财政部门。

**第六十五条**　评标委员会发现招标文件存在歧义、重大缺陷导致评标工作无法进行，或者招标文件内容违反国家有关强制性规定的，应当停止评标工作，与采购人或者采购代理机构沟通并作书面记录。采购人或者采购代理机构确认后，应当修改招标文件，重新组织采购活动。

**第六十六条**　采购人、采购代理机构应当采取必要措施，保证评标在严格保密的情况下进行。除采购人代表、评标现场组织人员外，采购人的其他工作人员以及与评标工作无关的人员不得进入评标现场。

有关人员对评标情况以及在评标过程中获悉的国家秘密、商业秘密负有保密责任。

**第六十七条**　评标委员会或者其成员存在下列情形导致评标结果无效的，采购人、采购代理机构可以重新组建评标委员会进行评标，并书面报告本级财政部门，但采购合同已经履行的除外：

（一）评标委员会组成不符合本办法规定的；

（二）有本办法第六十二条第一至五项情形的；

（三）评标委员会及其成员独立评标受到非法干预的；

（四）有政府采购法实施条例第七十五条规定的违法行为的。

有违法违规行为的原评标委员会成员不得参加重新组建的评标委员会。

## 第五章　中标和合同

**第六十八条**　采购代理机构应当在评标结束后2个工作日内将评标报告送采购人。

采购人应当自收到评标报告之日起5个工作日

内，在评标报告确定的中标候选人名单中按顺序确定中标人。中标候选人并列的，由采购人或者采购人委托评标委员会按照招标文件规定的方式确定中标人；招标文件未规定的，采取随机抽取的方式确定。

采购人自行组织招标的，应当在评标结束后5个工作日内确定中标人。

采购人在收到评标报告5个工作日内未按评标报告推荐的中标候选人顺序确定中标人，又不能说明合法理由的，视同按评标报告推荐的顺序确定排名第一的中标候选人为中标人。

**第六十九条** 采购人或者采购代理机构应当自中标人确定之日起2个工作日内，在省级以上财政部门指定的媒体上公告中标结果，招标文件应当随中标结果同时公告。

中标结果公告内容应当包括采购人及其委托的采购代理机构的名称、地址、联系方式，项目名称和项目编号，中标人名称、地址和中标金额，主要中标标的的名称、规格型号、数量、单价、服务要求，中标公告期限以及评审专家名单。

中标公告期限为1个工作日。

邀请招标采购人采用书面推荐方式产生符合资格条件的潜在投标人的，还应当将所有被推荐供应商名单和推荐理由随中标结果同时公告。

在公告中标结果的同时，采购人或者采购代理机构应当向中标人发出中标通知书；对未通过资格审查的投标人，应当告知其未通过的原因；采用综合评分法评审的，还应当告知未中标人本人的评审得分与排序。

**第七十条** 中标通知书发出后，采购人不得违法改变中标结果，中标人无正当理由不得放弃中标。

**第七十一条** 采购人应当自中标通知书发出之日起30日内，按照招标文件和中标人投标文件的规定，与中标人签订书面合同。所签订的合同不得对招标文件确定的事项和中标人投标文件作实质性修改。

采购人不得向中标人提出任何不合理的要求作为签订合同的条件。

**第七十二条** 政府采购合同应当包括采购人与中标人的名称和住所、标的、数量、质量、价款或者报酬、履行期限及地点和方式、验收要求、违约责任、解决争议的方法等内容。

**第七十三条** 采购人与中标人应当根据合同的约定依法履行合同义务。

政府采购合同的履行、违约责任和解决争议的方法等适用《中华人民共和国合同法》。

**第七十四条** 采购人应当及时对采购项目进行验收。采购人可以邀请参加本项目的其他投标人或者第三方机构参与验收。参与验收的投标人或者第三方机构的意见作为验收书的参考资料一并存档。

**第七十五条** 采购人应当加强对中标人的履约管理，并按照采购合同约定，及时向中标人支付采购资金。对于中标人违反采购合同约定的行为，采购人应当及时处理，依法追究其违约责任。

**第七十六条** 采购人、采购代理机构应当建立真实完整的招标采购档案，妥善保存每项采购活动的采购文件。

## 第六章　法律责任

**第七十七条** 采购人有下列情形之一的，由财政部门责令限期改正；情节严重的，给予警告，对直接负责的主管人员和其他直接责任人员由其行政主管部门或者有关机关依法给予处分，并予以通报；涉嫌犯罪的，移送司法机关处理：

（一）未按照本办法的规定编制采购需求的；

（二）违反本办法第六条第二款规定的；

（三）未在规定时间内确定中标人的；

（四）向中标人提出不合理要求作为签订合同条件的。

**第七十八条** 采购人、采购代理机构有下列情形之一的，由财政部门责令限期改正，情节严重的，给予警告，对直接负责的主管人员和其他直接责任人员，由其行政主管部门或者有关机关给予处分，并予通报；采购代理机构有违法所得的，没收违法所得，并可以处以不超过违法所得3倍、最高不超过3万元的罚款，没有违法所得的，可以处以1万元以下的罚款：

（一）违反本办法第八条第二款规定的；

（二）设定最低限价的；

（三）未按照规定进行资格预审或者资格审查的；

（四）违反本办法规定确定招标文件售价的；

（五）未按规定对开标、评标活动进行全程录音录像的；

（六）擅自终止招标活动的；

（七）未按照规定进行开标和组织评标的；

（八）未按照规定退还投标保证金的；

（九）违反本办法规定进行重新评审或者重新组建评标委员会进行评标的；

（十）开标前泄露已获取招标文件的潜在投标人的名称、数量或者其他可能影响公平竞争的有关招标投标情况的；

（十一）未妥善保存采购文件的；

（十二）其他违反本办法规定的情形。

**第七十九条**　有本办法第七十七条、第七十八条规定的违法行为之一，经改正后仍然影响或者可能影响中标结果的，依照政府采购法实施条例第七十一条规定处理。

**第八十条**　政府采购当事人违反本办法规定，给他人造成损失的，依法承担民事责任。

**第八十一条**　评标委员会成员有本办法第六十二条所列行为之一的，由财政部门责令限期改正；情节严重的，给予警告，并对其不良行为予以记录。

**第八十二条**　财政部门应当依法履行政府采购监督管理职责。财政部门及其工作人员在履行监督管理职责中存在懒政怠政、滥用职权、玩忽职守、徇私舞弊等违法违纪行为的，依照政府采购法、《中华人民共和国公务员法》、《中华人民共和国行政监察法》、政府采购法实施条例等国家有关规定追究相应责任；涉嫌犯罪的，移送司法机关处理。

### 第七章　附　　则

**第八十三条**　政府采购货物服务电子招标投标、政府采购货物中的进口机电产品招标投标有关特殊事宜，由财政部另行规定。

**第八十四条**　本办法所称主管预算单位是指负有编制部门预算职责，向本级财政部门申报预算的国家机关、事业单位和团体组织。

**第八十五条**　本办法规定按日计算期间的，开始当天不计入，从次日开始计算。期限的最后一日是国家法定节假日的，顺延到节假日后的次日为期限的最后一日。

**第八十六条**　本办法所称的“以上”、“以下”、“内”、“以内”，包括本数；所称的“不足”，不包括本数。

**第八十七条**　各省、自治区、直辖市财政部门可以根据本办法制定具体实施办法。

**第八十八条**　本办法自2017年10月1日起施行。财政部2004年8月11日发布的《政府采购货物和服务招标投标管理办法》（财政部令第18号）同时废止。

## 政府采购信息发布管理办法

*1．2019年11月27日财政部令第101号公布*
*2．自2020年3月1日起施行*

**第一条**　为了规范政府采购信息发布行为，提高政府采购透明度，根据《中华人民共和国政府采购法》《中华人民共和国政府采购法实施条例》等有关法律、行政法规，制定本办法。

**第二条**　政府采购信息发布，适用本办法。

**第三条**　本办法所称政府采购信息，是指依照政府采购有关法律制度规定应予公开的公开招标公告、资格预审公告、单一来源采购公示、中标（成交）结果公告、政府采购合同公告等政府采购项目信息，以及投诉处理结果、监督检查处理结果、集中采购机构考核结果等政府采购监管信息。

**第四条**　政府采购信息发布应当遵循格式规范统一、渠道相对集中、便于查找获得的原则。

**第五条**　财政部指导和协调全国政府采购信息发布工作，并依照政府采购法律、行政法规有关规定，对中央预算单位的政府采购信息发布活动进行监督管理。

地方各级人民政府财政部门（以下简称财政部门）对本级预算单位的政府采购信息发布活动进行监督管理。

**第六条**　财政部对中国政府采购网进行监督管理。省级（自治区、直辖市、计划单列市）财政部门对中国政府采购网省级分网进行监督管理。

**第七条**　政府采购信息应当按照财政部规定的格式编制。

**第八条**　中央预算单位政府采购信息应当在中国政府采购网发布，地方预算单位政府采购信息应当在所在行政区域的中国政府采购网省级分网发布。

除中国政府采购网及其省级分网以外，政府采购信息可以在省级以上财政部门指定的其他媒体同步发布。

**第九条**　财政部门、采购人和其委托的采购代理机构（以下统称发布主体）应当对其提供的政府采购信息的真实性、准确性、合法性负责。

中国政府采购网及其省级分网和省级以上财政部门指定的其他媒体（以下统称指定媒体）应当对其收到的政府采购信息发布的及时性、完整性负责。

**第十条**　发布主体发布政府采购信息不得有虚假和误导性陈述，不得遗漏依法必须公开的事项。

**第十一条**　发布主体应当确保其在不同媒体发布的同一政府采购信息内容一致。

在不同媒体发布的同一政府采购信息内容、时间不一致的，以在中国政府采购网或者其省级分网发布的信息为准。同时在中国政府采购网和省级分网发布的，以在中国政府采购网上发布的信息为准。

**第十二条**　指定媒体应当采取必要措施，对政府采购信息发布主体的身份进行核验。

**第十三条**　指定媒体应当及时发布收到的政府采购

信息。

中国政府采购网或者其省级分网应当自收到政府采购信息起1个工作日内发布。

**第十四条** 指定媒体应当加强安全防护，确保发布的政府采购信息不被篡改、不遗漏，不得擅自删除或者修改信息内容。

**第十五条** 指定媒体应当向发布主体免费提供信息发布服务，不得向市场主体和社会公众收取信息查阅费用。

**第十六条** 采购人或者其委托的采购代理机构未依法在指定媒体上发布政府采购项目信息的，依照政府采购法实施条例第六十八条追究法律责任。

采购人或者其委托的采购代理机构存在其他违反本办法规定行为的，由县级以上财政部门依法责令限期改正，给予警告，对直接负责的主管人员和其他直接责任人员，建议其行政主管部门或者有关机关依法依规处理，并予通报。

**第十七条** 指定媒体违反本办法规定的，由实施指定行为的省级以上财政部门依法责令限期改正，对直接负责的主管人员和其他直接责任人员，建议其行政主管部门或者有关机关依法依规处理，并予通报。

**第十八条** 财政部门及其工作人员在政府采购信息发布活动中存在懒政怠政、滥用职权、玩忽职守、徇私舞弊等违法违纪行为的，依照《中华人民共和国政府采购法》《中华人民共和国公务员法》《中华人民共和国监察法》《中华人民共和国政府采购法实施条例》等国家有关规定追究相应责任；涉嫌犯罪的，依法移送有关国家机关处理。

**第十九条** 涉密政府采购项目信息发布，依照国家有关规定执行。

**第二十条** 省级财政部门可以根据本办法制定具体实施办法。

**第二十一条** 本办法自2020年3月1日起施行。财政部2004年9月11日颁布实施的《政府采购信息公告管理办法》（财政部令第19号）同时废止。

## 政府和社会资本合作项目政府采购管理办法

*1. 2014年12月31日财政部印发*
*2. 财库〔2014〕215号*

### 第一章 总 则

**第一条** 为了规范政府和社会资本合作项目政府采购（以下简称PPP项目采购）行为，维护国家利益、社会公共利益和政府采购当事人的合法权益，依据《中华人民共和国政府采购法》（以下简称政府采购法）和有关法律、行政法规、部门规章，制定本办法。

**第二条** 本办法所称PPP项目采购，是指政府为达成权利义务平衡、物有所值的PPP项目合同，遵循公开、公平、公正和诚实信用原则，按照相关法规要求完成PPP项目识别和准备等前期工作后，依法选择社会资本合作者的过程。PPP项目实施机构（采购人）在项目实施过程中选择合作社会资本（供应商），适用本办法。

**第三条** PPP项目实施机构可以委托政府采购代理机构办理PPP项目采购事宜。PPP项目咨询服务机构从事PPP项目采购业务的，应当按照政府采购代理机构管理的有关要求及时进行网上登记。

### 第二章 采购程序

**第四条** PPP项目采购方式包括公开招标、邀请招标、竞争性谈判、竞争性磋商和单一来源采购。项目实施机构应当根据PPP项目的采购需求特点，依法选择适当的采购方式。公开招标主要适用于采购需求中核心边界条件和技术经济参数明确、完整、符合国家法律法规及政府采购政策，且采购过程中不作更改的项目。

**第五条** PPP项目采购应当实行资格预审。项目实施机构应当根据项目需要准备资格预审文件，发布资格预审公告，邀请社会资本和与其合作的金融机构参与资格预审，验证项目能否获得社会资本响应和实现充分竞争。

**第六条** 资格预审公告应当在省级以上人民政府财政部门指定的政府采购信息发布媒体上发布。资格预审合格的社会资本在签订PPP项目合同前资格发生变化的，应当通知项目实施机构。

资格预审公告应当包括项目授权主体、项目实施机构和项目名称、采购需求、对社会资本的资格要求、是否允许联合体参与采购活动、是否限定参与竞争的合格社会资本的数量及限定的方法和标准、以及社会资本提交资格预审申请文件的时间和地点。提交资格预审申请文件的时间自公告发布之日起不得少于15个工作日。

**第七条** 项目实施机构、采购代理机构应当成立评审小组，负责PPP项目采购的资格预审和评审工作。评审小组由项目实施机构代表和评审专家共5人以上单数组成，其中评审专家人数不得少于评审小组成员总数的2/3。评审专家可以由项目实施机构自行选定，但评审专家中至少应当包含1名财务专家和1名法律专家。项目实施机构代表不得以评审专家身份参加项目的评审。

**第八条**　项目有3家以上社会资本通过资格预审的，项目实施机构可以继续开展采购文件准备工作；项目通过资格预审的社会资本不足3家的，项目实施机构应当在调整资格预审公告内容后重新组织资格预审；项目经重新资格预审后合格社会资本仍不够3家的，可以依法变更采购方式。

资格预审结果应当告知所有参与资格预审的社会资本，并将资格预审的评审报告提交财政部门（政府和社会资本合作中心）备案。

**第九条**　项目采购文件应当包括采购邀请、竞争者须知（包括密封、签署、盖章要求等）、竞争者应当提供的资格、资信及业绩证明文件、采购方式、政府对项目实施机构的授权、实施方案的批复和项目相关审批文件、采购程序、响应文件编制要求、提交响应文件截止时间、开启时间及地点、保证金交纳数额和形式、评审方法、评审标准、政府采购政策要求、PPP项目合同草案及其他法律文本、采购结果确认谈判中项目合同可变的细节、以及是否允许未参加资格预审的供应商参与竞争并进行资格后审等内容。项目采购文件中还应当明确项目合同必须报请本级人民政府审核同意，在获得同意前项目合同不得生效。

采用竞争性谈判或者竞争性磋商采购方式的，项目采购文件除上款规定的内容外，还应当明确评审小组根据与社会资本谈判情况可能实质性变动的内容，包括采购需求中的技术、服务要求以及项目合同草案条款。

**第十条**　项目实施机构应当在资格预审公告、采购公告、采购文件、项目合同中列明采购本国货物和服务、技术引进和转让等政策要求，以及对社会资本参与采购活动和履约保证的担保要求。

**第十一条**　项目实施机构应当组织社会资本进行现场考察或者召开采购前答疑会，但不得单独或者分别组织只有一个社会资本参加的现场考察和答疑会。项目实施机构可以视项目的具体情况，组织对符合条件的社会资本的资格条件进行考察核实。

**第十二条**　评审小组成员应当按照客观、公正、审慎的原则，根据资格预审公告和采购文件规定的程序、方法和标准进行资格预审和独立评审。已进行资格预审的，评审小组在评审阶段可以不再对社会资本进行资格审查。允许进行资格后审的，由评审小组在响应文件评审环节对社会资本进行资格审查。

评审小组成员应当在资格预审报告和评审报告上签字，对自己的评审意见承担法律责任。对资格预审报告或者评审报告有异议的，应当在报告上签署不同意见，并说明理由，否则视为同意资格预审报告和评审报告。

评审小组发现采购文件内容违反国家有关强制性规定的，应当停止评审并向项目实施机构说明情况。

**第十三条**　评审专家应当遵守评审工作纪律，不得泄露评审情况和评审中获悉的国家秘密、商业秘密。

评审小组在评审过程中发现社会资本有行贿、提供虚假材料或者串通等违法行为的，应当及时向财政部门报告。

评审专家在评审过程中受到非法干涉的，应当及时向财政、监察等部门举报。

**第十四条**　PPP项目采购评审结束后，项目实施机构应当成立专门的采购结果确认谈判工作组，负责采购结果确认前的谈判和最终的采购结果确认工作。

采购结果确认谈判工作组成员及数量由项目实施机构确定，但应当至少包括财政预算管理部门、行业主管部门代表，以及财务、法律等方面的专家。涉及价格管理、环境保护的PPP项目，谈判工作组还应当包括价格管理、环境保护行政执法机关代表。评审小组成员可以作为采购结果确认谈判工作组成员参与采购结果确认谈判。

**第十五条**　采购结果确认谈判工作组应当按照评审报告推荐的候选社会资本排名，依次与候选社会资本及与其合作的金融机构就项目合同中可变的细节问题进行项目合同签署前的确认谈判，率先达成一致的候选社会资本即为预中标、成交社会资本。

**第十六条**　确认谈判不得涉及项目合同中不可谈判的核心条款，不得与排序在前但已终止谈判的社会资本进行重复谈判。

**第十七条**　项目实施机构应当在预中标、成交社会资本确定后10个工作日内，与预中标、成交社会资本签署确认谈判备忘录，并将预中标、成交结果和根据采购文件、响应文件及有关补遗文件和确认谈判备忘录拟定的项目合同文本在省级以上人民政府财政部门指定的政府采购信息发布媒体上进行公示，公示期不得少于5个工作日。项目合同文本应当将预中标、成交社会资本响应文件中的重要承诺和技术文件等作为附件。项目合同文本涉及国家秘密、商业秘密的内容可以不公示。

**第十八条**　项目实施机构应当在公示期满无异议后2个

工作日内,将中标、成交结果在省级以上人民政府财政部门指定的政府采购信息发布媒体上进行公告,同时发出中标、成交通知书。

中标、成交结果公告内容应当包括:项目实施机构和采购代理机构的名称、地址和联系方式;项目名称和项目编号;中标或者成交社会资本的名称、地址、法人代表;中标或者成交标的名称、主要中标或者成交条件(包括但不限于合作期限、服务要求、项目概算、回报机制)等;评审小组和采购结果确认谈判工作组成员名单。

**第十九条** 项目实施机构应当在中标、成交通知书发出后30日内,与中标、成交社会资本签订经本级人民政府审核同意的PPP项目合同。

需要为PPP项目设立专门项目公司的,待项目公司成立后,由项目公司与项目实施机构重新签署PPP项目合同,或者签署关于继承PPP项目合同的补充合同。

**第二十条** 项目实施机构应当在PPP项目合同签订之日起2个工作日内,将PPP项目合同在省级以上人民政府财政部门指定的政府采购信息发布媒体上公告,但PPP项目合同中涉及国家秘密、商业秘密的内容除外。

**第二十一条** 项目实施机构应当在采购文件中要求社会资本交纳参加采购活动的保证金和履约保证金。社会资本应当以支票、汇票、本票或者金融机构、担保机构出具的保函等非现金形式交纳保证金。参加采购活动的保证金数额不得超过项目预算金额的2%。履约保证金的数额不得超过PPP项目初始投资总额或者资产评估值的10%,无固定资产投资或者投资额不大的服务型PPP项目,履约保证金的数额不得超过平均6个月服务收入额。

### 第三章 争议处理和监督检查

**第二十二条** 参加PPP项目采购活动的社会资本对采购活动的询问、质疑和投诉,依照有关政府采购法律制度规定执行。

项目实施机构和中标、成交社会资本在PPP项目合同履行中发生争议且无法协商一致的,可以依法申请仲裁或者提起民事诉讼。

**第二十三条** 各级人民政府财政部门应当加强对PPP项目采购活动的监督检查,依法处理采购活动中的违法违规行为。

**第二十四条** PPP项目采购有关单位和人员在采购活动中出现违法违规行为的,依照政府采购法及有关法律法规追究法律责任。

### 第四章 附 则

**第二十五条** 本办法自发布之日起施行。

## 政府采购质疑和投诉办法

*1. 2017年12月26日财政部令第94号公布*
*2. 自2018年3月1日起施行*

### 第一章 总 则

**第一条** 为了规范政府采购质疑和投诉行为,保护参加政府采购活动当事人的合法权益,根据《中华人民共和国政府采购法》《中华人民共和国政府采购法实施条例》和其他有关法律法规规定,制定本办法。

**第二条** 本办法适用于政府采购质疑的提出和答复、投诉的提起和处理。

**第三条** 政府采购供应商(以下简称供应商)提出质疑和投诉应当坚持依法依规、诚实信用原则。

**第四条** 政府采购质疑答复和投诉处理应当坚持依法依规、权责对等、公平公正、简便高效原则。

**第五条** 采购人负责供应商质疑答复。采购人委托采购代理机构采购的,采购代理机构在委托授权范围内作出答复。

县级以上各级人民政府财政部门(以下简称财政部门)负责依法处理供应商投诉。

**第六条** 供应商投诉按照采购人所属预算级次,由本级财政部门处理。

跨区域联合采购项目的投诉,采购人所属预算级次相同的,由采购文件事先约定的财政部门负责处理,事先未约定的,由最先收到投诉的财政部门负责处理;采购人所属预算级次不同的,由预算级次最高的财政部门负责处理。

**第七条** 采购人、采购代理机构应当在采购文件中载明接收质疑函的方式、联系部门、联系电话和通讯地址等信息。

县级以上财政部门应当在省级以上财政部门指定的政府采购信息发布媒体公布受理投诉的方式、联系部门、联系电话和通讯地址等信息。

**第八条** 供应商可以委托代理人进行质疑和投诉。其授权委托书应当载明代理人的姓名或者名称、代理事项、具体权限、期限和相关事项。供应商为自然人的,应当由本人签字;供应商为法人或者其他组织的,应当由法定代表人、主要负责人签字或者盖章，并加盖公章。

代理人提出质疑和投诉，应当提交供应商签署的授权委托书。

**第九条** 以联合体形式参加政府采购活动的，其投诉应当由组成联合体的所有供应商共同提出。

## 第二章 质疑提出与答复

**第十条** 供应商认为采购文件、采购过程、中标或者成交结果使自己的权益受到损害的，可以在知道或者应知其权益受到损害之日起 7 个工作日内，以书面形式向采购人、采购代理机构提出质疑。

采购文件可以要求供应商在法定质疑期内一次性提出针对同一采购程序环节的质疑。

**第十一条** 提出质疑的供应商（以下简称质疑供应商）应当是参与所质疑项目采购活动的供应商。

潜在供应商已依法获取其可质疑的采购文件的，可以对该文件提出质疑。对采购文件提出质疑的，应当在获取采购文件或者采购文件公告期限届满之日起 7 个工作日内提出。

**第十二条** 供应商提出质疑应当提交质疑函和必要的证明材料。质疑函应当包括下列内容：

（一）供应商的姓名或者名称、地址、邮编、联系人及联系电话；

（二）质疑项目的名称、编号；

（三）具体、明确的质疑事项和与质疑事项相关的请求；

（四）事实依据；

（五）必要的法律依据；

（六）提出质疑的日期。

供应商为自然人的，应当由本人签字；供应商为法人或者其他组织的，应当由法定代表人、主要负责人，或者其授权代表签字或者盖章，并加盖公章。

**第十三条** 采购人、采购代理机构不得拒收质疑供应商在法定质疑期内发出的质疑函，应当在收到质疑函后 7 个工作日内作出答复，并以书面形式通知质疑供应商和其他有关供应商。

**第十四条** 供应商对评审过程、中标或者成交结果提出质疑的，采购人、采购代理机构可以组织原评标委员会、竞争性谈判小组、询价小组或者竞争性磋商小组协助答复质疑。

**第十五条** 质疑答复应当包括下列内容：

（一）质疑供应商的姓名或者名称；

（二）收到质疑函的日期、质疑项目名称及编号；

（三）质疑事项、质疑答复的具体内容、事实依据和法律依据；

（四）告知质疑供应商依法投诉的权利；

（五）质疑答复人名称；

（六）答复质疑的日期。

质疑答复的内容不得涉及商业秘密。

**第十六条** 采购人、采购代理机构认为供应商质疑不成立，或者成立但未对中标、成交结果构成影响的，继续开展采购活动；认为供应商质疑成立且影响或者可能影响中标、成交结果的，按照下列情况处理：

（一）对采购文件提出的质疑，依法通过澄清或者修改可以继续开展采购活动的，澄清或者修改采购文件后继续开展采购活动；否则应当修改采购文件后重新开展采购活动。

（二）对采购过程、中标或者成交结果提出的质疑，合格供应商符合法定数量时，可以从合格的中标或者成交候选人中另行确定中标、成交供应商的，应当依法另行确定中标、成交供应商；否则应当重新开展采购活动。

质疑答复导致中标、成交结果改变的，采购人或者采购代理机构应当将有关情况书面报告本级财政部门。

## 第三章 投 诉 提 起

**第十七条** 质疑供应商对采购人、采购代理机构的答复不满意，或者采购人、采购代理机构未在规定时间内作出答复的，可以在答复期满后 15 个工作日内向本办法第六条规定的财政部门提起投诉。

**第十八条** 投诉人投诉时，应当提交投诉书和必要的证明材料，并按照被投诉采购人、采购代理机构（以下简称被投诉人）和与投诉事项有关的供应商数量提供投诉书的副本。投诉书应当包括下列内容：

（一）投诉人和被投诉人的姓名或者名称、通讯地址、邮编、联系人及联系电话；

（二）质疑和质疑答复情况说明及相关证明材料；

（三）具体、明确的投诉事项和与投诉事项相关的投诉请求；

（四）事实依据；

（五）法律依据；

（六）提起投诉的日期。

投诉人为自然人的，应当由本人签字；投诉人为法人或者其他组织的，应当由法定代表人、主要负责人，或者其授权代表签字或者盖章，并加盖公章。

**第十九条** 投诉人应当根据本办法第七条第二款规定的信息内容，并按照其规定的方式提起投诉。

投诉人提起投诉应当符合下列条件：

（一）提起投诉前已依法进行质疑；

（二）投诉书内容符合本办法的规定；

（三）在投诉有效期限内提起投诉；

（四）同一投诉事项未经财政部门投诉处理；

（五）财政部规定的其他条件。

**第二十条** 供应商投诉的事项不得超出已质疑事项的范围，但基于质疑答复内容提出的投诉事项除外。

## 第四章 投诉处理

**第二十一条** 财政部门收到投诉书后，应当在5个工作日内进行审查，审查后按照下列情况处理：

（一）投诉书内容不符合本办法第十八条规定的，应当在收到投诉书5个工作日内一次性书面通知投诉人补正。补正通知应当载明需要补正的事项和合理的补正期限。未按照补正期限进行补正或者补正后仍不符合规定的，不予受理。

（二）投诉不符合本办法第十九条规定条件的，应当在3个工作日内书面告知投诉人不予受理，并说明理由。

（三）投诉不属于本部门管辖的，应当在3个工作日内书面告知投诉人向有管辖权的部门提起投诉。

（四）投诉符合本办法第十八条、第十九条规定的，自收到投诉书之日起即为受理，并在收到投诉后8个工作日内向被投诉人和其他与投诉事项有关的当事人发出投诉答复通知书及投诉书副本。

**第二十二条** 被投诉人和其他与投诉事项有关的当事人应当在收到投诉答复通知书及投诉书副本之日起5个工作日内，以书面形式向财政部门作出说明，并提交相关证据、依据和其他有关材料。

**第二十三条** 财政部门处理投诉事项原则上采用书面审查的方式。财政部门认为有必要时，可以进行调查取证或者组织质证。

财政部门可以根据法律、法规规定或者职责权限，委托相关单位或者第三方开展调查取证、检验、检测、鉴定。

质证应当通知相关当事人到场，并制作质证笔录。质证笔录应当由当事人签字确认。

**第二十四条** 财政部门依法进行调查取证时，投诉人、被投诉人以及与投诉事项有关的单位及人员应当如实反映情况，并提供财政部门所需要的相关材料。

**第二十五条** 应当由投诉人承担举证责任的投诉事项，投诉人未提供相关证据、依据和其他有关材料的，视为该投诉事项不成立；被投诉人未按照投诉答复通知书要求提交相关证据、依据和其他有关材料的，视同其放弃说明权利，依法承担不利后果。

**第二十六条** 财政部门应当自收到投诉之日起30个工作日内，对投诉事项作出处理决定。

**第二十七条** 财政部门处理投诉事项，需要检验、检测、鉴定、专家评审以及需要投诉人补正材料的，所需时间不计算在投诉处理期限内。

前款所称所需时间，是指财政部门向相关单位、第三方、投诉人发出相关文书、补正通知之日至收到相关反馈文书或材料之日。

财政部门向相关单位、第三方开展检验、检测、鉴定、专家评审的，应当将所需时间告知投诉人。

**第二十八条** 财政部门在处理投诉事项期间，可以视具体情况书面通知采购人和采购代理机构暂停采购活动，暂停采购活动时间最长不得超过30日。

采购人和采购代理机构收到暂停采购活动通知后应当立即中止采购活动，在法定的暂停期限结束前或者财政部门发出恢复采购活动通知前，不得进行该项采购活动。

**第二十九条** 投诉处理过程中，有下列情形之一的，财政部门应当驳回投诉：

（一）受理后发现投诉不符合法定受理条件；

（二）投诉事项缺乏事实依据，投诉事项不成立；

（三）投诉人捏造事实或者提供虚假材料；

（四）投诉人以非法手段取得证明材料。证据来源的合法性存在明显疑问，投诉人无法证明其取得方式合法的，视为以非法手段取得证明材料。

**第三十条** 财政部门受理投诉后，投诉人书面申请撤回投诉的，财政部门应当终止投诉处理程序，并书面告知相关当事人。

**第三十一条** 投诉人对采购文件提起的投诉事项，财政部门经查证属实的，应当认定投诉事项成立。经认定成立的投诉事项不影响采购结果的，继续开展采购活动；影响或者可能影响采购结果的，财政部门按照下列情况处理：

（一）未确定中标或者成交供应商的，责令重新开展采购活动。

（二）已确定中标或者成交供应商但尚未签订政府采购合同的，认定中标或者成交结果无效，责令重新开展采购活动。

（三）政府采购合同已经签订但尚未履行的，撤销合同，责令重新开展采购活动。

（四）政府采购合同已经履行，给他人造成损失的,相关当事人可依法提起诉讼,由责任人承担赔偿责任。

**第三十二条** 投诉人对采购过程或者采购结果提起的投诉事项,财政部门经查证属实的,应当认定投诉事项成立。经认定成立的投诉事项不影响采购结果的,继续开展采购活动;影响或者可能影响采购结果的,财政部门按照下列情况处理:

(一)未确定中标或者成交供应商的,责令重新开展采购活动。

(二)已确定中标或者成交供应商但尚未签订政府采购合同的,认定中标或者成交结果无效。合格供应商符合法定数量时,可以从合格的中标或者成交候选人中另行确定中标或者成交供应商的,应当要求采购人依法另行确定中标、成交供应商;否则责令重新开展采购活动。

(三)政府采购合同已经签订但尚未履行的,撤销合同。合格供应商符合法定数量时,可以从合格的中标或者成交候选人中另行确定中标或者成交供应商的,应当要求采购人依法另行确定中标、成交供应商;否则责令重新开展采购活动。

(四)政府采购合同已经履行,给他人造成损失的,相关当事人可依法提起诉讼,由责任人承担赔偿责任。

投诉人对废标行为提起的投诉事项成立的,财政部门应当认定废标行为无效。

**第三十三条** 财政部门作出处理决定,应当制作投诉处理决定书,并加盖公章。投诉处理决定书应当包括下列内容:

(一)投诉人和被投诉人的姓名或者名称、通讯地址等;

(二)处理决定查明的事实和相关依据,具体处理决定和法律依据;

(三)告知相关当事人申请行政复议的权利、行政复议机关和行政复议申请期限,以及提起行政诉讼的权利和起诉期限;

(四)作出处理决定的日期。

**第三十四条** 财政部门应当将投诉处理决定书送达投诉人和与投诉事项有关的当事人,并及时将投诉处理结果在省级以上财政部门指定的政府采购信息发布媒体上公告。

投诉处理决定书的送达,参照《中华人民共和国民事诉讼法》关于送达的规定执行。

**第三十五条** 财政部门应当建立投诉处理档案管理制度,并配合有关部门依法进行的监督检查。

## 第五章 法律责任

**第三十六条** 采购人、采购代理机构有下列情形之一的,由财政部门责令限期改正;情节严重的,给予警告,对直接负责的主管人员和其他直接责任人员,由其行政主管部门或者有关机关给予处分,并予通报:

(一)拒收质疑供应商在法定质疑期内发出的质疑函;

(二)对质疑不予答复或者答复与事实明显不符,并不能作出合理说明;

(三)拒绝配合财政部门处理投诉事宜。

**第三十七条** 投诉人在全国范围12个月内三次以上投诉查无实据的,由财政部门列入不良行为记录名单。

投诉人有下列行为之一的,属于虚假、恶意投诉,由财政部门列入不良行为记录名单,禁止其1至3年内参加政府采购活动:

(一)捏造事实;

(二)提供虚假材料;

(三)以非法手段取得证明材料。证据来源的合法性存在明显疑问,投诉人无法证明其取得方式合法的,视为以非法手段取得证明材料。

**第三十八条** 财政部门及其工作人员在履行投诉处理职责中违反本办法规定及存在其他滥用职权、玩忽职守、徇私舞弊等违法违纪行为的,依照《中华人民共和国政府采购法》《中华人民共和国公务员法》《中华人民共和国行政监察法》《中华人民共和国政府采购法实施条例》等国家有关规定追究相应责任;涉嫌犯罪的,依法移送司法机关处理。

## 第六章 附 则

**第三十九条** 质疑函和投诉书应当使用中文。质疑函和投诉书的范本,由财政部制定。

**第四十条** 相关当事人提供外文书证或者外国语视听资料的,应当附有中文译本,由翻译机构盖章或者翻译人员签名。

相关当事人向财政部门提供的在中华人民共和国领域外形成的证据,应当说明来源,经所在国公证机关证明,并经中华人民共和国驻该国使领馆认证,或者履行中华人民共和国与证据所在国订立的有关条约中规定的证明手续。

相关当事人提供的在香港特别行政区、澳门特别行政区和台湾地区内形成的证据,应当履行相关的证明手续。

**第四十一条** 财政部门处理投诉不得向投诉人和被投诉人收取任何费用。但因处理投诉发生的第三方检验、检测、鉴定等费用,由提出申请的供应商先行垫付。投诉处理决定明确双方责任后,按照"谁过错谁负担"的原则由承担责任的一方负担;双方都有责任的,由双方合理分担。

**第四十二条** 本办法规定的期间开始之日,不计算在期间内。期间届满的最后一日是节假日的,以节假日后的第一日为期间届满的日期。期间不包括在途时间,质疑和投诉文书在期满前交邮的,不算过期。

本办法规定的"以上""以下"均含本数。

**第四十三条** 对在质疑答复和投诉处理过程中知悉的国家秘密、商业秘密、个人隐私和依法不予公开的信息,财政部门、采购人、采购代理机构等相关知情人应当保密。

**第四十四条** 省级财政部门可以根据本办法制定具体实施办法。

**第四十五条** 本办法自 2018 年 3 月 1 日起施行。财政部 2004 年 8 月 11 日发布的《政府采购供应商投诉处理办法》(财政部令第 20 号)同时废止。

## 政府采购代理机构管理暂行办法

*1. 2018 年 1 月 4 日财政部印发*

*2. 财库〔2018〕2 号*

*3. 自 2018 年 3 月 1 日施行*

### 第一章 总 则

**第一条** 为加强政府采购代理机构监督管理,促进政府采购代理机构规范发展,根据《中华人民共和国政府采购法》《中华人民共和国政府采购法实施条例》等法律法规,制定本办法。

**第二条** 本办法所称政府采购代理机构(以下简称代理机构)是指集中采购机构以外、受采购人委托从事政府采购代理业务的社会中介机构。

**第三条** 代理机构的名录登记、从业管理、信用评价及监督检查适用本办法。

**第四条** 各级人民政府财政部门(以下简称财政部门)依法对代理机构从事政府采购代理业务进行监督管理。

**第五条** 财政部门应当加强对代理机构的政府采购业务培训,不断提高代理机构专业化水平。鼓励社会力量开展培训,增强代理机构业务能力。

### 第二章 名 录 登 记

**第六条** 代理机构实行名录登记管理。省级财政部门依托中国政府采购网省级分网(以下简称省级分网)建立政府采购代理机构名录(以下简称名录)。名录信息全国共享并向社会公开。

**第七条** 代理机构应当通过工商登记注册地(以下简称注册地)省级分网填报以下信息申请进入名录,并承诺对信息真实性负责:

(一)代理机构名称、统一社会信用代码、办公场所地址、联系电话等机构信息;

(二)法定代表人及专职从业人员有效身份证明等个人信息;

(三)内部监督管理制度;

(四)在自有场所组织评审工作的,应当提供评审场所地址、监控设备设施情况;

(五)省级财政部门要求提供的其他材料。

登记信息发生变更的,代理机构应当在信息变更之日起 10 个工作日内自行更新。

**第八条** 代理机构登记信息不完整的,财政部门应当及时告知其完善登记资料;代理机构登记信息完整清晰的,财政部门应当及时为其开通相关政府采购管理交易系统信息发布、专家抽取等操作权限。

**第九条** 代理机构在其注册地省级行政区划以外从业的,应当向从业地财政部门申请开通政府采购管理交易系统相关操作权限,从业地财政部门不得要求其重复提交登记材料,不得强制要求其在从业地设立分支机构。

**第十条** 代理机构注销时,应当向相关采购人移交档案,并及时向注册地所在省级财政部门办理名录注销手续。

### 第三章 从 业 管 理

**第十一条** 代理机构代理政府采购业务应当具备以下条件:

(一)具有独立承担民事责任的能力;

(二)建立完善的政府采购内部监督管理制度;

(三)拥有不少于 5 名熟悉政府采购法律法规、具备编制采购文件和组织采购活动等相应能力的专职从业人员;

(四)具备独立办公场所和代理政府采购业务所必需的办公条件;

(五)在自有场所组织评审工作的,应当具备必要的评审场地和录音录像等监控设备设施并符合省级人民政府规定的标准。

**第十二条**　采购人应当根据项目特点、代理机构专业领域和综合信用评价结果，从名录中自主择优选择代理机构。

任何单位和个人不得以摇号、抽签、遴选等方式干预采购人自行选择代理机构。

**第十三条**　代理机构受采购人委托办理采购事宜，应当与采购人签订委托代理协议，明确采购代理范围、权限、期限、档案保存、代理费用收取方式及标准、协议解除及终止、违约责任等具体事项，约定双方权利义务。

**第十四条**　代理机构应当严格按照委托代理协议的约定依法依规开展政府采购代理业务，相关开标及评审活动应当全程录音录像，录音录像应当清晰可辨，音像资料作为采购文件一并存档。

**第十五条**　代理费用可以由中标、成交供应商支付，也可由采购人支付。由中标、成交供应商支付的，供应商报价应当包含代理费用。代理费用超过分散采购限额标准的，原则上由中标、成交供应商支付。

代理机构应当在采购文件中明示代理费用收取方式及标准，随中标、成交结果一并公开本项目收费情况，包括具体收费标准及收费金额等。

**第十六条**　采购人和代理机构在委托代理协议中约定由代理机构负责保存采购文件的，代理机构应当妥善保存采购文件，不得伪造、变造、隐匿或者销毁采购文件。采购文件的保存期限为从采购结束之日起至少十五年。

采购文件可以采用电子档案方式保存。采用电子档案方式保存采购文件的，相关电子档案应当符合《中华人民共和国档案法》《中华人民共和国电子签名法》等法律法规的要求。

## 第四章　信用评价及监督检查

**第十七条**　财政部门负责组织开展代理机构综合信用评价工作。采购人、供应商和评审专家根据代理机构的从业情况对代理机构的代理活动进行综合信用评价。综合信用评价结果应当全国共享。

**第十八条**　采购人、评审专家应当在采购活动或评审活动结束后 5 个工作日内，在政府采购信用评价系统中记录代理机构的职责履行情况。

供应商可以在采购活动结束后 5 个工作日内，在政府采购信用评价系统中记录代理机构的职责履行情况。

代理机构可以在政府采购信用评价系统中查询本机构的职责履行情况，并就有关情况作出说明。

**第十九条**　财政部门应当建立健全定向抽查和不定向抽查相结合的随机抽查机制。对存在违法违规线索的政府采购项目开展定向检查；对日常监管事项，通过随机抽取检查对象、随机选派执法检查人员等方式开展不定向检查。

财政部门可以根据综合信用评价结果合理优化对代理机构的监督检查频次。

**第二十条**　财政部门应当依法加强对代理机构的监督检查，监督检查包括以下内容：

（一）代理机构名录信息的真实性；

（二）委托代理协议的签订和执行情况；

（三）采购文件编制与发售、评审组织、信息公告发布、评审专家抽取及评价情况；

（四）保证金收取及退还情况，中标或者成交供应商的通知情况；

（五）受托签订政府采购合同、协助采购人组织验收情况；

（六）答复供应商质疑、配合财政部门处理投诉情况；

（七）档案管理情况；

（八）其他政府采购从业情况。

**第二十一条**　对代理机构的监督检查结果应当在省级以上财政部门指定的政府采购信息发布媒体向社会公开。

**第二十二条**　受到财政部门禁止代理政府采购业务处罚的代理机构，应当及时停止代理业务，已经签订委托代理协议的项目，按下列情况分别处理：

（一）尚未开始执行的项目，应当及时终止委托代理协议；

（二）已经开始执行的项目，可以终止的应当及时终止，确因客观原因无法终止的应当妥善做好善后工作。

**第二十三条**　代理机构及其工作人员违反政府采购法律法规的行为，依照政府采购法律法规进行处理；涉嫌犯罪的，依法移送司法机关处理。

代理机构的违法行为给他人造成损失的，依法承担民事责任。

**第二十四条**　财政部门工作人员在代理机构管理中存在滥用职权、玩忽职守、徇私舞弊等违法违纪行为的，依照《中华人民共和国政府采购法》《中华人民共和国公务员法》《中华人民共和国行政监察法》《中华人民共和国政府采购法实施条例》等国家有关规定追究相关责任；涉嫌犯罪的，依法移送司法机关处理。

## 第五章 附 则

**第二十五条** 政府采购行业协会按照依法制定的章程开展活动，加强代理机构行业自律。

**第二十六条** 省级财政部门可根据本办法规定制定具体实施办法。

**第二十七条** 本办法自 2018 年 3 月 1 日施行。

# 中央单位政府采购管理实施办法

*1. 2004 年 7 月 23 日财政部印发*
*2. 财库〔2004〕104 号*
*3. 自 2004 年 9 月 1 日起施行*

## 第一章 总 则

**第一条** 为了加强中央单位政府采购管理，建立和规范中央单位政府采购运行机制，根据《中华人民共和国政府采购法》，制定本办法。

**第二条** 中央单位政府采购适用本办法。

本办法所称中央单位，是指与财政部发生预算缴款、拨款关系的国家机关、事业单位和社会团体。

中央单位按预算管理权限和经费领报关系，分为主管预算单位（主管部门）、二级预算单位和基层预算单位。

**第三条** 中央单位政府采购是指中央单位按照政府采购法律、行政法规和制度规定的方式和程序，使用财政性资金（预算资金、政府性基金和预算外资金）和与之配套的单位自筹资金，采购国务院公布的政府集中采购目录内或者采购限额标准以上的货物、工程和服务的行为。

**第四条** 中央单位政府采购组织形式分为政府集中采购、部门集中采购和单位自行采购。

政府集中采购，是指中央单位将属于政府集中采购目录中的政府采购项目委托集中采购机构代理的采购活动。

部门集中采购，是指主管部门统一组织实施部门集中采购项目的采购活动。

单位自行采购，也称分散采购，是指中央单位实施政府集中采购和部门集中采购范围以外、采购限额标准以上政府采购项目的采购活动。

**第五条** 财政部是中央单位政府采购的监督管理部门，履行全面的监督管理职责。国务院其他有关部门依法履行与政府采购活动有关的监督管理职责。

中央单位（含部门集中采购机构）是采购人，负责本部门、本系统政府采购的组织和实施工作。集中采购机构（不包括部门集中采购机构，下同）是政府集中采购的代理机构，负责承办中央单位政府集中采购操作事务。

**第六条** 财政部的主要职责是：依法制定中央单位政府采购政策及管理制度；编制审核政府采购预算和计划；拟定中央单位政府集中采购目录、部门集中采购项目、采购限额标准和公开招标数额标准，报国务院批准；审批政府采购方式；建立和管理中央单位政府采购评审专家库；协调处理各中央单位以及中央单位与集中采购机构之间的工作关系；监督检查中央单位、集中采购机构和经财政部确认或审批资格的其他政府采购代理机构的政府采购活动；考核集中采购机构业绩；处理供应商对中央单位政府采购活动的投诉事宜。

**第七条** 主管部门的主要职责是：制定本部门、本系统政府采购实施办法；编制本部门政府采购预算和政府采购实施计划；协助实施政府集中采购；统一组织实施部门集中采购项目；按规定权限对所属单位的政府采购活动实施管理；推动和监督所属单位政府采购工作；统一向财政部报送本部门、本系统有关政府采购的审批或备案文件、执行情况和统计报表。

**第八条** 二级预算单位和基层预算单位的主要职责是：严格执行各项政府采购规定；完整编制政府采购预算并逐级报送主管部门审核汇总；向上级主管部门提供政府采购的实施计划及有关资料；组织实施单位自行采购工作；依法签订和履行政府采购合同；编报本单位政府采购信息统计报表。

**第九条** 集中采购机构的主要职责是：接受中央单位委托，组织实施政府集中采购目录中的项目采购；直接组织招标活动；负责集中采购业务人员培训；接受委托代理其他政府采购项目的采购。

**第十条** 中央单位政府采购工作应当实行内部统一管理，建立和完善内部监督制约机制。主管部门的财务（资金）管理机构具体负责本部门、本系统政府采购的执行性管理。

**第十一条** 中央单位政府采购管理的主要内容是：政府集中采购目录和部门集中采购项目及采购限额标准的确定；政府采购预算的编制；政府采购实施计划的制定；采购组织形式和采购方式的确定；采购活动的实施；中标或成交供应商的确定；采购合同的签订和履约验收；采购资金的支付与结算；采购文件的保存以及采购统计的编报等。

**第十二条** 中央单位达到公开招标数额标准的采购项

目，应当采用公开招标采购方式。因特殊情况需要采取公开招标以外的邀请招标、竞争性谈判、询价和单一来源等采购方式的，应当在采购活动开始前报财政部批准。

**第十三条**　中央单位政府采购信息应当按照法律、行政法规和财政部有关规定，首先在财政部指定的政府采购信息发布媒体上公告。必须公告的政府采购信息包括：招标公告、中标或成交结果，主管部门制定的政府采购实施办法，集中采购机构承办的招标公告、中标或成交结果和有关操作性文件。

**第十四条**　政府采购的评审专家的确定，应当按照《政府采购评审专家管理办法》规定，从财政部建立的中央单位政府采购评审专家库中抽取。

## 第二章　备案和审批管理

**第十五条**　政府采购备案和审批管理，是指财政部对中央单位、集中采购机构及其他采购代理机构按规定以文件形式报送备案、审批的有关政府采购文件或采购活动事项，依法予以备案或审批的管理行为。

财政部负责政府采购工作的机构具体办理政府采购备案和审批事宜。

**第十六条**　除财政部另有规定外，备案事项不需要财政部回复意见。

下列事项应当报财政部备案：

（一）主管部门制定的本部门、本系统有关政府采购的实施办法；

（二）部门预算追加应当补报的政府采购预算、已经批复政府采购预算的变更；

（三）政府采购实施计划、主管部门增加的部门集中采购项目；

（四）经财政部批准，采用公开招标以外采购方式的执行情况；

（五）集中采购招标公告、集中采购机构制定的采购项目操作方案，以及集中采购机构组织的协议供货、定点采购协议书副本；

（六）政府采购项目的合同副本；

（七）法律、行政法规规定其他需要备案的事项。

**第十七条**　审批事项应当经财政部依法批准后才能组织实施。

下列事项应当报财政部审批：

（一）因特殊情况对达到公开招标数额标准的采购项目需要采用公开招标以外的采购方式的；

（二）因特殊情况需要采购非本国货物、工程或服务的；

（三）集中采购机构组织实施协议供货采购、定点采购，其实施方案、招标文件、操作文件、中标结果、协议内容需要变更的；

（四）集中采购机构制定的操作规程；

（五）政府集中采购的协议供货协议书、定点采购协议书和财政直接支付项目采购合同的变更，涉及支付金额的；

（六）法律、行政法规规定其他需要审批的事项。

**第十八条**　备案和审批事项由主管部门、集中采购机构或其他政府采购代理机构依照有关规定向财政部报送。

**第十九条**　在备案和审批管理中，财政部可以根据管理需要，将对二级预算单位和基层预算单位的备案或审批管理权限授予其主管部门办理，但法律、行政法规规定应当由财政部负责备案和审批的事项除外。

## 第三章　政府采购预算和计划管理

**第二十条**　中央单位在编制下一财政年度部门预算时，应当将该财政年度政府采购项目及资金预算在政府采购预算表中单列，按程序逐级上报主管部门。主管部门审核汇总后报财政部。

年度政府采购项目按国务院颁发的年度中央预算单位政府集中采购目录及采购限额标准执行。

**第二十一条**　财政部对部门预算中的政府采购预算进行审核，并随部门预算批复各主管部门执行。

**第二十二条**　主管部门应当按照财政部批复的部门预算，分别制定政府集中采购、部门集中采购实施计划。

政府集中采购实施计划，是指主管部门将本部门、本系统属于政府集中采购目录中的采购项目，按照项目构成、使用单位、采购数量、技术规格、使用时间等内容编制的具体采购计划。

部门集中采购实施计划，是指主管部门根据部门集中采购项目和本部门实际，依法制定的部门集中采购项目的具体采购计划。

**第二十三条**　主管部门应当自接到财政部下达的部门预算之日起40个工作日内，将政府集中采购实施计划和部门集中采购实施计划报财政部备案，并将政府集中采购实施计划抄送集中采购机构组织采购。

**第二十四条**　中央单位按照预算管理程序调整或补报政府采购预算的，应当及时调整政府集中采购实施计划或部门集中采购实施计划。

**第二十五条**　未列入政府采购预算、未办理预算调整或补报手续的政府采购项目，不得实施采购。

## 第四章 政府集中采购管理

**第二十六条** 中央单位应当将属于政府集中采购目录内的项目,委托集中采购机构代理采购。

**第二十七条** 中央单位与集中采购机构应当在集中采购开始前签订委托代理协议,明确委托的事项、双方的权利与义务。委托代理协议应当具体确定双方在编制采购文件、确定评标办法与中标标准、组建评标委员会、评标、定标等方面的权利和义务。

中央单位按照自愿原则,可就确定中标人、签订合同、验收等事项委托集中采购机构办理。

集中采购委托代理协议可以按项目签订,也可以按年度签订一揽子协议,具体项目有特殊要求的,再另行签订补充协议。

**第二十八条** 在政府集中采购实施过程中,集中采购机构应当按照有关规定和委托代理协议约定开展采购活动。

**第二十九条** 集中采购机构应当坚持规范与效率相结合原则,做好代理采购项目的具体采购工作。其工作人员不得参与、干预或影响具体评标、谈判和询价工作。

**第三十条** 集中采购机构应当自接到中央单位项目委托后40日内确定中标、成交供应商。经财政部批准采用非招标采购方式进行的紧急采购,应当在15日内确定中标、成交供应商。

**第三十一条** 协议供货采购、定点采购的采购结果(包括中标产品、配置及价格等),应当在财政部指定的政府采购信息发布媒体上公告,同时以文件形式印发各委托采购的中央单位。

协议供货采购、定点采购应当在投标截止日期后10个工作日内完成中标结果公告和文件印发工作。

**第三十二条** 中央单位采购协议供货或定点采购项目,一次性采购批量较大的,应当与中标供应商就价格再次谈判或询价。

**第三十三条** 政府集中采购应当遵循以下工作程序:

(一)编制计划。主管部门接到财政部下达的部门预算后在规定时间内,编制集中采购实施计划并委托负责本部门、本系统政府集中采购的集中采购机构实施采购。

(二)签订委托协议。主管部门与集中采购机构签订委托代理协议,确定委托代理事项,约定双方的权利与义务。

(三)制定操作方案。集中采购机构汇总各中央单位政府集中采购实施计划,并与委托方协商后,制定具体操作方案,包括协议供货采购、定点采购方案。

(四)组织采购。集中采购机构采用公开招标方式或财政部批准的其他采购方式,按照经备案或审批的操作方案开展采购活动。

(五)确定中标、成交结果。集中采购机构被授权确定中标或成交结果的,应当在集中采购工作完成后3个工作日内,将中标结果通知委托方,并发出中标或成交通知书,同时发布中标或成交公告。

集中采购机构不承办确定中标或成交结果事项的,应当在评标、谈判或询价工作完成后,将采购结果报委托方,由委托方确定中标或成交供应商,并发中标或成交通知书和公告。

(六)中央单位应当自中标、成交通知书发出30日内,与中标、成交供应商签订采购合同。

## 第五章 部门集中采购管理

**第三十四条** 中央单位的部门集中采购项目,应当实行部门集中采购。主管部门负责部门集中采购的组织实施,部门集中采购事务可以由财务(资金)管理机构具体负责办理,也可以另行明确一个机构具体负责办理。部门集中采购项目的招投标事务,可以委托集中采购机构或其他政府采购代理机构承办。

**第三十五条** 部门集中采购的评审专家应当从财政部建立的中央单位政府采购评审专家库中抽取,本部门的工作人员不得以评审专家身份参加本部门政府采购项目的评标、谈判或询价工作。

**第三十六条** 部门集中采购应当遵循以下工作程序:

(一)细化部门集中采购项目。主管部门接到财政部下达的部门预算后,应当进一步明确本部门、本系统实行部门集中采购的项目范围,逐级下达到二级预算单位和基层预算单位。

(二)编制计划。二级预算单位和基层预算单位根据主管部门要求,编制部门集中采购实施计划报主管部门。

(三)制定方案。主管部门汇总所属单位上报的部门集中采购实施计划后,制定具体操作方案。

(四)实施采购。主管部门依法采用相应的采购方式组织采购活动。委托集中采购机构或其他政府采购代理机构代理采购的,应当签订委托代理协议。

(五)采购活动完成后,应当及时确定中标、成交供应商,向其发出中标或成交通知书,同时发布中标、成交公告。

(六)主管部门及其所属单位要在中标、成交通知书发出30日内,与中标、成交供应商签订采购合同。主管部门应当组织采购合同履行及验收工作。

## 第六章 单位自行采购与其他事项管理

**第三十七条** 单位自行采购可以由项目使用单位自行组织采购，也可以委托集中采购机构或其他政府采购代理机构代理采购。

**第三十八条** 单位自行采购应当依据法定的采购方式和程序开展采购活动，完整保存采购文件。

**第三十九条** 单位自行采购应当按照本办法规定实行备案和审批管理。

**第四十条** 政府采购应当签订书面合同。采购合同应当由项目使用单位与中标、成交供应商签订，也可以根据具体组织形式委托主管部门、集中采购机构或其他政府采购代理机构与中标、成交供应商签订。

由主管部门、集中采购机构和其他政府采购代理机构与中标、成交供应商签订合同的，应当在合同条款中明确各自的权利和义务。

**第四十一条** 政府采购合同应当自签订之日起7个工作日内，将合同副本报财政部备案。

**第四十二条** 中标、成交通知书发出时间超过30日，中央单位或中标、成交供应商任何一方拒绝签订合同的，违约一方应当向对方支付采购文件中规定的违约金。

**第四十三条** 中央单位、集中采购机构和其他政府采购代理机构应当按照合同约定，对履约情况进行验收。重大采购项目应当委托国家专业检测机构办理验收事务。

履约验收应当依据事先规定的标准和要求，不得增加新的验收内容或标准。凡符合事先确定标准的，即为验收合格。当事人对验收结论有异议的，应当请国家有关专业检测机构进行检测。

**第四十四条** 政府采购合同订立后，不得擅自变更、中止或者终止。经合同双方当事人协商一致的，可以依法变更合同。

**第四十五条** 中央单位应当按合同约定及时支付采购资金。实行国库集中支付试点改革的部门，按国库集中支付规定程序办理资金支付；未实行国库集中支付改革试点的部门，按现行办法由中央单位负责支付。

**第四十六条** 中央单位应当加强政府采购基础管理工作，建立采购文件档案管理制度。

## 第七章 监督检查

**第四十七条** 财政部对中央单位政府采购活动实行经常性监督检查制度，依法对中央单位、集中采购机构、其他政府采购代理机构执行政府采购法律、行政法规和规章制度情况进行监督检查。

**第四十八条** 财政部对中央单位政府采购活动进行经常性监督检查的主要内容是：

（一）政府采购预算和政府采购实施计划的编制和执行情况；

（二）政府集中采购目录和部门集中采购项目的执行情况；

（三）政府采购备案或审批事项的落实情况；

（四）政府采购信息在财政部指定媒体上的发布情况；

（五）政府采购有关法规、制度和政策的执行情况；

（六）内部政府采购制度建设情况；

（七）政府采购合同的订立、履行、验收和资金支付情况；

（八）对供应商询问和质疑的处理情况；

（九）财政部授权事项落实情况；

（十）法律、行政法规和制度规定的其他事项。

**第四十九条** 财政部对集中采购机构政府采购活动进行经常性监督检查的主要内容是：

（一）内部制度建设和监督制约机制落实情况；

（二）政府集中采购目录执行情况；

（三）政府采购备案审批事项落实情况；

（四）政府采购评审专家抽取和使用情况；

（五）政府采购信息在财政部指定发布媒体上的公告情况；

（六）政府采购工作效率、采购价格和资金节约率情况；

（七）服务质量和信誉状况；

（八）对供应商询问、质疑处理情况；

（九）有关政府集中采购规定和政策执行情况；

（十）法律、行政法规和制度规定的其他事项。

**第五十条** 主管部门应当对本部门、本系统政府采购工作情况实施监督检查。

**第五十一条** 集中采购机构应当加强内部管理，建立内部监督制约机制，全面、规范地做好中央单位委托的集中采购事务。

**第五十二条** 供应商应当依法参加政府采购活动。

财政部对中标供应商履约实施监督管理，对协议供货或定点采购的中标供应商进行监督检查。

**第五十三条** 供应商对中央单位政府采购活动事项的询问、质疑和投诉，以及对询问、质疑和投诉的答复、处理，按照有关政府采购的法律、行政法规和规章的规定进行。

**第五十四条**　财政部、监察部和审计署等部门对中央单位政府采购活动中的违法行为，应当按照各自职责依法予以处理。

## 第八章　附　　则

**第五十五条**　主管部门应当按照本规定制定具体实施办法。

**第五十六条**　军队武警系统政府采购管理实施办法由其另行制定。

**第五十七条**　本办法自2004年9月1日起施行。财政部2001年4月9日颁布的《中央单位政府采购管理实施办法》(财库〔2001〕30号)同时废止。

# 中央单位政府集中采购管理实施办法

*1. 2007年1月10日财政部印发*

*2. 财库〔2007〕3号*

## 第一章　总　　则

**第一条**　为了加强中央单位政府集中采购管理，完善和规范政府集中采购运行机制，根据《中华人民共和国政府采购法》(以下简称《政府采购法》)和有关制度规定，制定本办法。

**第二条**　中央单位实施纳入政府集中采购范围的采购活动，适用本办法。

政府集中采购范围，按照国务院颁布的年度“中央预算单位政府集中采购目录及标准”(以下简称目录及标准)执行。

**第三条**　政府集中采购组织形式分为集中采购机构采购和部门集中采购。

集中采购机构采购，是指集中采购机构代理目录及标准规定的政府集中采购目录中项目的采购活动。

部门集中采购，是指主管预算单位(主管部门)组织本部门、本系统列入目录及标准的部门集中采购项目的采购活动。

**第四条**　政府集中采购实行监督管理职能与操作执行职能相分离的管理体制。

财政部是中央单位政府采购工作的监督管理部门，负责政府集中采购活动中的各项监督管理职责。

中央单位和集中采购机构履行操作执行职能，接受财政部的监督管理。其中，中央单位作为采购人，应当依法实施集中采购。集中采购机构，作为采购代理机构和非营利事业法人，应当依法接受中央单位的委托办理集中采购事宜。

**第五条**　主管部门应当明确内设机构牵头负责政府采购工作。属于政府集中采购目录的项目，应当按照规定委托集中采购机构代理采购。属于部门集中采购项目，已经设立部门集中采购机构的，应当由部门集中采购机构具体组织实施；未设立的，可以委托集中采购机构或经财政部门认定资格的政府采购代理机构(以下简称社会代理机构)具体组织实施。

**第六条**　集中采购项目达到国务院规定的公开招标数额标准的，应当采用公开招标方式。因特殊情况需要采用邀请招标、竞争性谈判、询价或单一来源等采购方式的，中央单位应当在采购活动开始前报经财政部批准。

因废标需要采取其他采购方式采购的，应当在作出废标处理决定后由中央单位或集中采购机构报财政部审批。

**第七条**　政府集中采购信息应当按照财政部《政府采购信息公告管理办法》的规定，在财政部指定的政府采购信息发布媒体(以下简称指定媒体)上公告。

**第八条**　政府集中采购活动中所需评审专家应当按照财政部、监察部《政府采购评审专家管理办法》的规定，从财政部建立的中央单位政府采购评审专家库中抽取。

经抽取，专家库不能满足需要的，可以另行选取专家，但应当在评审工作结束后10日内，将评审专家名单报财政部。

**第九条**　政府集中采购活动中签订的合同应当使用财政部监制的政府采购格式合同文本，具体办法和实施步骤另行规定。

按照政府采购格式合同文本签订的合同是政府集中采购活动合法有效的证明文件和采购资金支付报销的有效凭证。

**第十条**　中央单位应当依据采购文件和政府采购合同约定，组织对供应商履约的验收，不得另行增加或者改变验收内容和标准。凡符合采购文件和政府采购合同约定的，即为验收合格。

**第十一条**　财政部负责政府集中采购活动中相关备案和审批事宜，其中，备案事项不需要财政部回复意见，审批事项应当经财政部依法批准后才能组织实施。

需要财政部审批的事项，中央单位应当提出书面申请。财政部应当在收到申请后15个工作日内批复。

## 第二章　预算和计划管理

**第十二条**　中央单位在编制下一财政年度部门预算时，应当在部门预算中单独列出该财政年度政府采购的项目及资金预算，按照程序逐级上报，由主管部门审核汇总后报财政部。

年度政府采购项目，是指目录及标准规定的项目。

**第十三条**　财政部对部门预算中政府采购的项目及资金预算进行审核，并批复各主管部门。

**第十四条**　主管部门应当自财政部批复部门预算之日起40个工作日内，编制政府集中采购目录和部门集中采购项目的实施计划，报财政部备案，并将政府集中采购目录实施计划抄送集中采购机构。

政府集中采购目录实施计划，是指主管部门对部门预算中属于政府集中采购目录的项目，按照项目构成、使用单位、采购数量、技术规格、使用时间等内容编制的操作计划。

部门集中采购项目实施计划，是指主管部门对部门预算中属于部门集中采购项目和依本部门实际制定的部门集中采购项目编制的操作计划。

**第十五条**　在年度预算执行中，因未报、漏报和预算调整等增加政府采购项目预算的，中央单位应当在采购活动开始前报财政部备案。

**第十六条**　中央单位应当严格按照部门预算中编列的政府采购项目和资金预算开展政府集中采购活动。

**第十七条**　政府集中采购资金的支付按照财政国库管理制度相关规定执行。

## 第三章　目录及标准制定与执行

**第十八条**　目录及标准由财政部拟订，报国务院批准。

中央单位和集中采购机构应当按照目录及标准的规定执行。

**第十九条**　中央单位不得将集中采购机构代理的政府集中采购目录项目委托社会代理机构采购或者自行采购。

集中采购机构不得拒绝中央单位的委托，也不得将政府集中采购目录项目转委托或以其他方式转交给社会代理机构和人员采购。

**第二十条**　集中采购机构代理的政府集中采购目录项目，因特殊情况确需转为部门集中采购或分散采购的，中央单位或集中采购机构应当报经财政部批准。

**第二十一条**　中央单位和集中采购机构在执行目录及标准中遇到问题，应当及时向财政部反映，并由财政部按有关规定进行处理。

**第二十二条**　集中采购机构应当在目录及标准发布后20日内，按政府集中采购目录项目类别制定具体操作方案，并报财政部备案。

## 第四章　集中采购机构采购

**第二十三条**　集中采购机构采购活动应当包括以下基本工作程序：根据中央单位政府集中采购目录实施计划确定采购方式，办理委托代理事宜，制定采购文件，组织实施采购，提交中标或成交结果，确定中标或成交结果，签订政府采购合同，履约验收。

**第二十四条**　主管部门可以按照项目或者一个年度与集中采购机构签订委托代理协议。

主管部门所属各级预算单位就本单位政府集中采购项目与集中采购机构签订委托代理协议的，应当事先获得主管部门同意。

**第二十五条**　委托代理协议应当就下列事项明确中央单位与集中采购机构双方的权利和义务：

（一）采购需求和采购完成时间的确定；

（二）采购文件的编制与发售、采购信息的发布、评审标准的制定、评审专家的抽取、供应商资格的审查等；

（三）中标或成交供应商的确定和履约验收；

（四）询问或质疑的答复、申请审批或报送备案文件和双方违约责任及争议解决方式等；

（五）双方约定的其他事项。

因协议内容不清而无法确定权利和义务的，由中央单位承担责任。

**第二十六条**　中央单位在实施具体采购项目委托时，不得指定供应商或者品牌，不得在商务和技术等方面提出排他性要求。

**第二十七条**　集中采购机构应当坚持规范与效率相结合，做好代理采购项目的具体实施工作。

集中采购机构工作人员不得参与评审，不得干预或影响政府集中采购正常评审工作。

**第二十八条**　集中采购机构应当按照有关规定和委托代理协议的约定开展采购活动，并按照协议约定的时间发出中标或成交供应商通知书。中央单位应当在接到中标或成交供应商通知书后30日内，确定中标结果并与中标商或者成交商签订政府采购合同。

集中采购机构可以在不影响政府集中采购代理工作的前提下，接受中央单位委托，代理其他项目采购事宜。

**第二十九条**　集中采购机构应当在每个季度结束后10日内，向财政部报送政府集中采购项目季度执行情况。执行情况包括：目录及标准中各个项目执行的数量及规模，委托采购的单位及项目内容，采购计划完成情况，项目采购时间、采购方式和信息发布等执行情况，答复质疑情况等。

**第三十条**　在供应商签订政府采购合同并履约后，中央单位应当根据政府采购合同对供应商提供的产品及时组织验收，集中采购机构应当做好配合工作。

**第三十一条**　政府集中采购目录中规格及标准相对统一，品牌较多，日常采购频繁的通用类产品和通用的服务类项目，可以分别实行协议供货采购和定点采购。

**第三十二条**　在协议供货采购和定点采购工作中，财政部负责对协议供货或定点采购的管理、执行要求和处罚等作出规定。集中采购机构负责确定和公告协议供货和定点采购中标货物、服务项目目录和供应商名单。中央单位应当按照财政部规定和集中采购机构公告的协议供货和定点采购货物、服务项目目录和供应商名单实施采购。

**第三十三条**　集中采购机构应当在协议供货或定点采购活动开始前征求中央单位和供应商等方面的意见，制定采购方案。采购方案应当在确定货物、服务项目目录和供应商名单前报财政部备案。

采购方案包括：拟采用的采购方式、采购进度计划、供应商资格条件、评标或评审标准、中标或成交供应商数量或淘汰比例、服务承诺条件、协议有效期等内容。

**第三十四条**　中央单位执行协议供货或定点采购时，一次性采购金额达到公开招标限额标准的，可以单独委托集中采购机构另行组织公开招标采购。

**第三十五条**　协议供货或者定点采购的执行以财政部规定和指定媒体及相关媒体共同公告的货物、服务项目目录和供应商名单为准，媒体公告结果不一致时，以财政部指定媒体为准。中央单位因特殊原因确需采购协议供货或定点范围外产品或服务的，中央单位应当在采购前报财政部批准。

**第三十六条**　集中采购机构应当在投标截止日期后15个工作日内完成协议供货、定点采购的中标货物、服务项目目录和供应商名单公告工作，其中，应当在10个工作日内将中标货物、服务项目目录和供应商名单报财政部备案。

**第三十七条**　协议供货或定点采购实施中，集中采购机构应当根据协议约定对实施情况进行跟踪和市场调查，督促中标供应商按照协议规定履行价格和服务的承诺。

供应商违反协议或者不遵守中标承诺的，中央单位可以向集中采购机构反映，也可以向财政部反映。集中采购机构可以根据协议约定追究其违约责任。涉及对中标供应商处以罚款、禁止参加政府采购活动、列入不良行为记录名单等处罚的，应当由财政部依法作出决定。

## 第五章　部门集中采购

**第三十八条**　部门集中采购活动应当包括以下基本工作程序：根据部门预算编制部门集中采购实施计划、制定采购方案、选择采购代理机构、组织实施采购、确定中标或成交结果、签订政府采购合同、履约验收、支付采购资金。

**第三十九条**　列入目录及标准的部门集中采购项目的，主管部门应当编制集中采购实施计划，并报财政部备案。

主管部门可以根据本部门、本系统的实际情况，增加实施部门集中采购的项目范围，报财政部备案。

**第四十条**　中央单位应当按照财政部批准的采购方式和规定的程序开展采购活动。对符合《政府采购法》规定情形的采购项目，需要采用公开招标以外采购方式的，应当在采购活动开始前，向财政部提出采购方式变更申请。

**第四十一条**　部门集中采购项目的招投标事务，中央单位可以自行选择采购代理机构（集中采购机构或社会代理机构）代理，并签订委托代理协议。

社会代理机构必须是获得财政部门颁发代理资格证书的社会中介机构。

**第四十二条**　中央单位应当在中标或者成交通知书发出之日起30日内，与中标或成交供应商签订政府采购合同。任何一方无故拒绝签订政府采购合同的，应当承担相应的违约责任。

**第四十三条**　主管部门应当在每个季度结束后10日内，向财政部报送部门集中采购项目季度执行情况。执行情况包括：各个采购项目执行的数量及规模，执行的单位范围及项目内容，项目采购时间、采购方式和信息发布等执行情况，答复质疑情况等。

**第四十四条**　在实施部门集中采购中，本部门、本系统的政府采购工作人员以及其他工作人员不得以评审专家身份参加本部门政府采购项目的评标、谈判或询价工作。

## 第六章　监督检查

**第四十五条**　财政部应当依法对中央单位、集中采购机构、供应商执行政府采购法律、行政法规和规章制度情况进行监督检查。

**第四十六条**　财政部对中央单位监督检查的主要内容是：

（一）政府采购预算编制情况；

（二）政府集中采购项目委托集中采购机构采购情况；

（三）政府采购审批或备案事项的执行情况；

（四）政府采购信息公告情况；

（五）政府采购方式、采购程序和评审专家使用情况；

（六）政府采购合同的订立和资金支付情况；

（七）对供应商询问和质疑的处理情况；

（八）有关政府采购的法律、行政法规和规章制度的执行情况。

**第四十七条** 财政部对集中采购机构监督检查的主要内容是：

（一）内部制度建设和监督制约机制落实情况；

（二）政府集中采购项目以及集中采购规定政策的执行情况；

（三）集中采购委托代理协议的签订和履行情况；

（四）政府采购审批或备案事项执行情况；

（五）政府采购信息公告情况；

（六）政府采购方式、采购程序和评审专家使用的情况；

（七）采购效率、采购价格和资金节约率情况；

（八）工作作风、服务质量和信誉状况；

（九）对供应商询问和质疑处理情况；

（十）有关政府采购的法律、行政法规和规章制度的执行情况。

**第四十八条** 财政部对社会代理机构监督检查的主要内容是：

（一）有关政府采购的法律、行政法规和规章制度执行情况；

（二）对供应商询问和质疑处理情况；

（三）服务质量和信誉状况；

（四）被投诉情况。

**第四十九条** 财政部应当加强采购资金支付管理。有下列情况之一的，属于不符合采购资金申请条件，财政部或者中央单位不予支付资金：

（一）未按规定在财政部指定媒体公告信息的；

（二）采购方式和程序不符合规定的；

（三）未使用财政部监制的政府采购合同标准文本的。

**第五十条** 主管部门应当对本部门、本系统政府集中采购工作情况实施监督检查。

**第五十一条** 集中采购机构应当加强内部管理，建立内部监督制约机制，规范高效地为中央单位做好集中采购项目的代理采购活动。

**第五十二条** 中央单位或供应商有违反政府采购法律、行政法规或者规章制度规定行为的，集中采购机构应当及时向财政部报告，由财政部依法予以处理。

**第五十三条** 财政部依法加强对供应商参与政府采购活动情况的监督管理，建立投诉处理报告制度，定期在指定媒体上公告投诉处理情况。供应商因违反规定受到财政部行政处罚的，列入不良行为记录名单。

**第五十四条** 财政部作出的投诉处理决定、对中央单位和集中采购机构违法行为的处理决定，在财政部指定政府采购信息指定媒体上公告。

## 第七章 附 则

**第五十五条** 主管部门可以按照本规定制定具体实施办法。

**第五十六条** 本办法自发布之日起施行。

# 中央预算单位变更政府采购方式审批管理办法

*1. 2015年1月15日财政部印发*

*2. 财库〔2015〕36号*

*3. 自2015年3月1日起施行*

## 第一章 总 则

**第一条** 为了加强中央预算单位政府采购管理，规范中央预算单位变更政府采购方式审批管理工作，根据《中华人民共和国政府采购法》、《政府采购非招标采购方式管理办法》及政府采购相关制度规定，制定本办法。

**第二条** 中央预算单位达到公开招标数额标准的货物、服务采购项目，需要采用公开招标以外采购方式的，应当在采购活动开始前，按照本办法规定申请变更政府采购方式。

本办法所称公开招标以外的采购方式，是指邀请招标、竞争性谈判、竞争性磋商、单一来源采购、询价以及财政部认定的其他采购方式。

**第三条** 变更政府采购方式申请应当由中央主管预算单位向财政部提出。财政部应当按照政府采购法和本办法规定进行审批。

**第四条** 中央主管预算单位应当加强对本部门所属预算单位变更政府采购方式工作的指导和监督。中央预算单位应当提交完整、明确、合规的申请材料,并对申请材料的真实性负责。

## 第二章　变更方式申请

**第五条**　中央预算单位应当建立和完善采购方式变更内部管理制度,明确采购、财务、业务相关部门(岗位)责任。业务部门应当结合工作实际,根据经费预算和资产配置等采购标准,提出合理采购需求。采购部门(岗位)应当组织财务、业务等相关部门(岗位),根据采购需求和相关行业、产业发展状况,对拟申请采用采购方式的理由及必要性进行内部会商。会商意见应当由相关部门(岗位)人员共同签字认可。

**第六条**　中央预算单位申请单一来源采购方式,符合政府采购法第三十一条第一项情形的,在进行单位内部会商前,应先组织3名以上专业人员对只能从唯一供应商处采购的理由进行论证。专业人员论证意见应当完整、清晰和明确,意见不明确或者含混不清的,属于无效意见,不作为审核依据。专业人员论证意见中应当载明专业人员姓名、工作单位、职称、联系电话和身份证号码。专业人员不能与论证项目有直接利害关系,不能是本单位或者潜在供应商及其关联单位的工作人员。

**第七条**　中央预算单位申请采用公开招标以外采购方式的,应当提交以下材料:

(一)中央主管预算单位出具的变更采购方式申请公文,公文中应当载明以下内容:中央预算单位名称、采购项目名称、项目概况等项目基本情况说明,拟申请采用的采购方式和理由,联系人及联系电话等。申请变更为单一来源采购方式的,还需提供拟定的唯一供应商名称、地址;

(二)项目预算金额、预算批复文件或者资金来源证明;

(三)单位内部会商意见。申请变更为单一来源采购方式的,如符合政府采购法第三十一条第一项情形,还需提供专业人员论证意见。

**第八条**　非中央预算单位所能预见的原因或者非中央预算单位拖延造成采用招标所需时间不能满足需要而申请变更采购方式的,中央预算单位应当提供项目紧急原因的说明材料。

**第九条**　中央预算单位因采购任务涉及国家秘密需要变更采购方式的,应当提供由国家保密机关出具的本项目为涉密采购项目的证明文件。

**第十条**　中央预算单位符合《政府采购非招标采购方式管理办法》第二十七条第一款第一项情形和第二款情形,申请采用竞争性谈判采购方式的;公开招标过程中提交投标文件或者经评审实质性响应招标文件要求的供应商只有一家时,申请单一来源采购方式的,除按照本办法第七条第一项和第二项要求提供有关申请材料外,还应当提供以下材料:

(一)在中国政府采购网发布招标公告的证明材料;

(二)中央预算单位、采购代理机构出具的对招标文件和招标过程没有供应商质疑的说明材料;

(三)评标委员会或3名以上评审专家出具的招标文件没有不合理条款的论证意见。

**第十一条**　中央主管预算单位在同一预算年度内,对所属多个预算单位因相同采购需求和原因采购同一品目的货物或者服务,拟申请采用同一种采购方式的,可统一组织一次内部会商后,向财政部报送一揽子方式变更申请。

**第十二条**　中央预算单位一般应通过"政府采购计划管理系统"报送采购方式变更申请,对系统中已导入政府采购预算的,不再提供部门预算批复文件复印件。因采购任务涉及国家秘密需要变更采购方式的,应当通过纸质文件报送。

**第十三条**　中央预算单位申请采用单一来源采购方式,符合政府采购法第三十一条第一项情形的,在向财政部提出变更申请前,经中央主管预算单位同意后,在中国政府采购网上进行公示,并将公示情况一并报财政部。

因采购任务涉及国家秘密需要变更为单一来源采购方式的,可不进行公示。

**第十四条**　中央预算单位申请变更为单一来源采购方式的申请前公示,公示期不得少于5个工作日,公示材料为单一来源采购征求意见公示文书和专业人员论证意见。因公开招标过程中提交投标文件或者经评审实质性响应招标文件要求的供应商只有一家时,申请采用单一来源采购方式的,公示材料还包括评审专家和代理机构分别出具的招标文件无歧视性条款、招标过程未受质疑相关意见材料。

单一来源采购征求意见公示文书内容应包括:中央预算单位、采购项目名称和内容;公示的期限;拟采购的唯一供应商名称;中央主管预算单位、财政部政府采购监管部门的联系地址、联系人和联系电话。

**第十五条**　任何供应商、单位或者个人对采用单一来源采购方式公示有异议的,可以在公示期内将书面意见反馈给中央预算单位,并同时抄送中央主管预算单位和财政部。

**第十六条** 中央预算单位收到对采用单一来源采购方式公示的异议后，应当在公示期满5个工作日内，组织补充论证，论证后认为异议成立的，应当依法采取其他采购方式；论证后认为异议不成立的，应当将异议意见、论证意见与公示情况一并报财政部。

### 第三章 审批管理

**第十七条** 财政部收到变更采购方式申请后应当及时审查，并按下列情形限时办结：

（一）变更政府采购方式申请的理由和申请材料符合政府采购法和本办法规定的，财政部应当在收到材料之日起，7个工作日内予以批复。

（二）申请材料不符合本办法规定的，财政部应当在3个工作日内通知中央主管预算单位修改补充。办结日期以财政部重新收到申报材料时算起。

（三）变更政府采购方式申请的理由不符合政府采购法规定的，财政部应当在收到材料之日起，3个工作日内予以答复，并将不予批复的理由告知中央主管预算单位。

**第十八条** 中央预算单位应当按照财政部的批复文件，依法开展政府采购活动，未经批准，擅自采用公开招标以外采购方式的，财政部将依据政府采购法及有关律法规予以处理。

### 第四章 附 则

**第十九条** 中央预算单位采购限额标准以上公开招标数额标准以下的货物、工程和服务，以及达到招标规模标准依法可不进行招标的政府采购工程建设项目，需要采用公开招标以外采购方式的，由单位根据《政府采购非招标采购方式管理办法》及有关制度规定，自主选择相应采购方式。

**第二十条** 本办法自2015年3月1日起实施。原《中央单位变更政府采购方式审批管理暂行办法》（财库〔2009〕48号）、《财政部关于对中央单位申请单一来源采购实行审核前公示相关问题的通知》（财库〔2011〕130号）停止执行。

## 政府购买服务管理办法

*1. 2020年1月3日财政部令第102号公布*
*2. 自2020年3月1日起施行*

### 第一章 总 则

**第一条** 为规范政府购买服务行为，促进转变政府职能，改善公共服务供给，根据《中华人民共和国预算法》《中华人民共和国政府采购法》《中华人民共和国合同法》等法律、行政法规的规定，制定本办法。

**第二条** 本办法所称政府购买服务，是指各级国家机关将属于自身职责范围且适合通过市场化方式提供的服务事项，按照政府采购方式和程序，交由符合条件的服务供应商承担，并根据服务数量和质量等因素向其支付费用的行为。

**第三条** 政府购买服务应当遵循预算约束、以事定费、公开择优、诚实信用、讲求绩效原则。

**第四条** 财政部负责制定全国性政府购买服务制度，指导和监督各地区、各部门政府购买服务工作。

县级以上地方人民政府财政部门负责本行政区域政府购买服务管理。

### 第二章 购买主体和承接主体

**第五条** 各级国家机关是政府购买服务的购买主体。

**第六条** 依法成立的企业、社会组织（不含由财政拨款保障的群团组织），公益二类和从事生产经营活动的事业单位，农村集体经济组织，基层群众性自治组织，以及具备条件的个人可以作为政府购买服务的承接主体。

**第七条** 政府购买服务的承接主体应当符合政府采购法律、行政法规规定的条件。

购买主体可以结合购买服务项目的特点规定承接主体的具体条件，但不得违反政府采购法律、行政法规，以不合理的条件对承接主体实行差别待遇或者歧视待遇。

**第八条** 公益一类事业单位、使用事业编制且由财政拨款保障的群团组织，不作为政府购买服务的购买主体和承接主体。

### 第三章 购买内容和目录

**第九条** 政府购买服务的内容包括政府向社会公众提供的公共服务，以及政府履职所需辅助性服务。

**第十条** 以下各项不得纳入政府购买服务范围：

（一）不属于政府职责范围的服务事项；

（二）应当由政府直接履职的事项；

（三）政府采购法律、行政法规规定的货物和工程，以及将工程和服务打包的项目；

（四）融资行为；

（五）购买主体的人员招、聘用，以劳务派遣方式用工，以及设置公益性岗位等事项；

（六）法律、行政法规以及国务院规定的其他不得作为政府购买服务内容的事项。

**第十一条** 政府购买服务的具体范围和内容实行指导性目录管理，指导性目录依法予以公开。

**第十二条** 政府购买服务指导性目录在中央和省两级实行分级管理，财政部和省级财政部门分别制定本级政府购买服务指导性目录，各部门在本级指导性目录范围内编制本部门政府购买服务指导性目录。

省级财政部门根据本地区情况确定省以下政府购买服务指导性目录的编制方式和程序。

**第十三条** 有关部门应当根据经济社会发展实际、政府职能转变和基本公共服务均等化、标准化的要求，编制、调整指导性目录。

编制、调整指导性目录应当充分征求相关部门意见，根据实际需要进行专家论证。

**第十四条** 纳入政府购买服务指导性目录的服务事项，已安排预算的，可以实施政府购买服务。

## 第四章 购买活动的实施

**第十五条** 政府购买服务应当突出公共性和公益性，重点考虑、优先安排与改善民生密切相关，有利于转变政府职能、提高财政资金绩效的项目。

政府购买的基本公共服务项目的服务内容、水平、流程等标准要素，应当符合国家基本公共服务标准相关要求。

**第十六条** 政府购买服务项目所需资金应当在相关部门预算中统筹安排，并与中期财政规划相衔接，未列入预算的项目不得实施。

购买主体在编报年度部门预算时，应当反映政府购买服务支出情况。政府购买服务支出应当符合预算管理有关规定。

**第十七条** 购买主体应当根据购买内容及市场状况、相关供应商服务能力和信用状况等因素，通过公平竞争择优确定承接主体。

**第十八条** 购买主体向个人购买服务，应当限于确实适宜实施政府购买服务并且由个人承接的情形，不得以政府购买服务名义变相用工。

**第十九条** 政府购买服务项目采购环节的执行和监督管理，包括集中采购目录及标准、采购政策、采购方式和程序、信息公开、质疑投诉、失信惩戒等，按照政府采购法律、行政法规和相关制度执行。

**第二十条** 购买主体实施政府购买服务项目绩效管理，应当开展事前绩效评估，定期对所购服务实施情况开展绩效评价，具备条件的项目可以运用第三方评价评估。

财政部门可以根据需要，对部门政府购买服务整体工作开展绩效评价，或者对部门实施的资金金额和社会影响大的政府购买服务项目开展重点绩效评价。

**第二十一条** 购买主体及财政部门应当将绩效评价结果作为承接主体选择、预算安排和政策调整的重要依据。

## 第五章 合同及履行

**第二十二条** 政府购买服务合同的签订、履行、变更，应当遵循《中华人民共和国合同法》的相关规定。

**第二十三条** 购买主体应当与确定的承接主体签订书面合同，合同约定的服务内容应当符合本办法第九条、第十条的规定。

政府购买服务合同应当明确服务的内容、期限、数量、质量、价格，资金结算方式，各方权利义务事项和违约责任等内容。

政府购买服务合同应当依法予以公告。

**第二十四条** 政府购买服务合同履行期限一般不超过1年；在预算保障的前提下，对于购买内容相对固定、连续性强、经费来源稳定、价格变化幅度小的政府购买服务项目，可以签订履行期限不超过3年的政府购买服务合同。

**第二十五条** 购买主体应当加强政府购买服务项目履约管理，开展绩效执行监控，及时掌握项目实施进度和绩效目标实现情况，督促承接主体严格履行合同，按照合同约定向承接主体支付款项。

**第二十六条** 承接主体应当按照合同约定提供服务，不得将服务项目转包给其他主体。

**第二十七条** 承接主体应当建立政府购买服务项目台账，依照有关规定或合同约定记录保存并向购买主体提供项目实施相关重要资料信息。

**第二十八条** 承接主体应当严格遵守相关财务规定，规范管理和使用政府购买服务项目资金。

承接主体应当配合相关部门对资金使用情况进行监督检查与绩效评价。

**第二十九条** 承接主体可以依法依规使用政府购买服务合同向金融机构融资。

购买主体不得以任何形式为承接主体的融资行为提供担保。

## 第六章 监督管理和法律责任

**第三十条** 有关部门应当建立健全政府购买服务监督管理机制。购买主体和承接主体应当自觉接受财政监督、审计监督、社会监督以及服务对象的监督。

**第三十一条** 购买主体、承接主体及其他政府购买服务参与方在政府购买服务活动中，存在违反政府采购法律法规行为的，依照政府采购法律法规予以处理处罚；存在截留、挪用和滞留资金等财政违法行为的，依照《中华人民共和国预算法》《财政违法行为处罚处分条例》等法律法规追究法律责任；涉嫌犯罪的，移送司法机关处理。

**第三十二条**　财政部门、购买主体及其工作人员，存在违反本办法规定的行为，以及滥用职权、玩忽职守、徇私舞弊等违法违纪行为的，按照《中华人民共和国预算法》《中华人民共和国公务员法》《中华人民共和国监察法》《财政违法行为处罚处分条例》等国家有关规定追究相应责任；涉嫌犯罪的，移送司法机关处理。

### 第七章　附　　则

**第三十三条**　党的机关、政协机关、民主党派机关、承担行政职能的事业单位和使用行政编制的群团组织机关使用财政性资金购买服务的，参照本办法执行。

**第三十四条**　涉密政府购买服务项目的实施，按照国家有关规定执行。

**第三十五条**　本办法自2020年3月1日起施行。财政部、民政部、工商总局2014年12月15日颁布的《政府购买服务管理办法（暂行）》（财综〔2014〕96号）同时废止。

## 政府采购需求管理办法

*1．2021年4月30日财政部印发*

*2．财库〔2021〕22号*

*3．自2021年7月1日起施行*

### 第一章　总　　则

**第一条**　为加强政府采购需求管理，实现政府采购项目绩效目标，根据《中华人民共和国政府采购法》和《中华人民共和国政府采购法实施条例》等有关法律法规，制定本办法。

**第二条**　政府采购货物、工程和服务项目的需求管理适用本办法。

**第三条**　本办法所称政府采购需求管理，是指采购人组织确定采购需求和编制采购实施计划，并实施相关风险控制管理的活动。

**第四条**　采购需求管理应当遵循科学合理、厉行节约、规范高效、权责清晰的原则。

**第五条**　采购人对采购需求管理负有主体责任，按照本办法的规定开展采购需求管理各项工作，对采购需求和采购实施计划的合法性、合规性、合理性负责。主管预算单位负责指导本部门采购需求管理工作。

### 第二章　采购需求

**第六条**　本办法所称采购需求，是指采购人为实现项目目标，拟采购的标的及其需要满足的技术、商务要求。

技术要求是指对采购标的的功能和质量要求，包括性能、材料、结构、外观、安全，或者服务内容和标准等。

商务要求是指取得采购标的的时间、地点、财务和服务要求，包括交付（实施）的时间（期限）和地点（范围），付款条件（进度和方式），包装和运输，售后服务，保险等。

**第七条**　采购需求应当符合法律法规、政府采购政策和国家有关规定，符合国家强制性标准，遵循预算、资产和财务等相关管理制度规定，符合采购项目特点和实际需要。

采购需求应当依据部门预算（工程项目概预算）确定。

**第八条**　确定采购需求应当明确实现项目目标的所有技术、商务要求，功能和质量指标的设置要充分考虑可能影响供应商报价和项目实施风险的因素。

**第九条**　采购需求应当清楚明了、表述规范、含义准确。

技术要求和商务要求应当客观，量化指标应当明确相应等次，有连续区间的按照区间划分等次。需由供应商提供设计方案、解决方案或者组织方案的采购项目，应当说明采购标的的功能、应用场景、目标等基本要求，并尽可能明确其中的客观、量化指标。

采购需求可以直接引用相关国家标准、行业标准、地方标准等标准、规范，也可以根据项目目标提出更高的技术要求。

**第十条**　采购人可以在确定采购需求前，通过咨询、论证、问卷调查等方式开展需求调查，了解相关产业发展、市场供给、同类采购项目历史成交信息，可能涉及的运行维护、升级更新、备品备件、耗材等后续采购，以及其他相关情况。

面向市场主体开展需求调查时，选择的调查对象一般不少于3个，并应当具有代表性。

**第十一条**　对于下列采购项目，应当开展需求调查：

（一）1000万元以上的货物、服务采购项目，3000万元以上的工程采购项目；

（二）涉及公共利益、社会关注度较高的采购项目，包括政府向社会公众提供的公共服务项目等；

（三）技术复杂、专业性较强的项目，包括需定制开发的信息化建设项目、采购进口产品的项目等；

（四）主管预算单位或者采购人认为需要开展需求调查的其他采购项目。

编制采购需求前一年内，采购人已就相关采购标的开展过需求调查的可以不再重复开展。

按照法律法规的规定，对采购项目开展可行性研究等前期工作，已包含本办法规定的需求调查内容的，可以不再重复调查；对在可行性研究等前期工作中未涉及的部分，应当按照本办法的规定开展需求调查。

## 第三章 采购实施计划

**第十二条** 本办法所称采购实施计划，是指采购人围绕实现采购需求，对合同的订立和管理所做的安排。

采购实施计划根据法律法规、政府采购政策和国家有关规定，结合采购需求的特点确定。

**第十三条** 采购实施计划主要包括以下内容：

（一）合同订立安排，包括采购项目预（概）算、最高限价，开展采购活动的时间安排，采购组织形式和委托代理安排，采购包划分与合同分包，供应商资格条件，采购方式、竞争范围和评审规则等。

（二）合同管理安排，包括合同类型、定价方式、合同文本的主要条款、履约验收方案、风险管控措施等。

**第十四条** 采购人应当通过确定供应商资格条件、设定评审规则等措施，落实支持创新、绿色发展、中小企业发展等政府采购政策功能。

**第十五条** 采购人要根据采购项目实施的要求，充分考虑采购活动所需时间和可能影响采购活动进行的因素，合理安排采购活动实施时间。

**第十六条** 采购人采购纳入政府集中采购目录的项目，必须委托集中采购机构采购。政府集中采购目录以外的项目可以自行采购，也可以自主选择委托集中采购机构，或者集中采购机构以外的采购代理机构采购。

**第十七条** 采购人要按照有利于采购项目实施的原则，明确采购包或者合同分包要求。

采购项目划分采购包的，要分别确定每个采购包的采购方式、竞争范围、评审规则和合同类型、合同文本、定价方式等相关合同订立、管理安排。

**第十八条** 根据采购需求特点提出的供应商资格条件，要与采购标的的功能、质量和供应商履约能力直接相关，且属于履行合同必需的条件，包括特定的专业资格或者技术资格、设备设施、业绩情况、专业人才及其管理能力等。

业绩情况作为资格条件时，要求供应商提供的同类业务合同一般不超过2个，并明确同类业务的具体范围。涉及政府采购政策支持的创新产品采购的，不得提出同类业务合同、生产台数、使用时长等业绩要求。

**第十九条** 采购方式、评审方法和定价方式的选择应当符合法定适用情形和采购需求特点，其中，达到公开招标数额标准，因特殊情况需要采用公开招标以外的采购方式的，应当依法获得批准。

采购需求客观、明确且规格、标准统一的采购项目，如通用设备、物业管理等，一般采用招标或者询价方式采购，以价格作为授予合同的主要考虑因素，采用固定总价或者固定单价的定价方式。

采购需求客观、明确，且技术较复杂或者专业性较强的采购项目，如大型装备、咨询服务等，一般采用招标、谈判（磋商）方式采购，通过综合性评审选择性价比最优的产品，采用固定总价或者固定单价的定价方式。

不能完全确定客观指标，需由供应商提供设计方案、解决方案或者组织方案的采购项目，如首购订购、设计服务、政府和社会资本合作等，一般采用谈判（磋商）方式采购，综合考虑以单方案报价、多方案报价以及性价比要求等因素选择评审方法，并根据实现项目目标的要求，采取固定总价或者固定单价、成本补偿、绩效激励等单一或者组合定价方式。

**第二十条** 除法律法规规定可以在有限范围内竞争或者只能从唯一供应商处采购的情形外，一般采用公开方式邀请供应商参与政府采购活动。

**第二十一条** 采用综合性评审方法的，评审因素应当按照采购需求和与实现项目目标相关的其他因素确定。

采购需求客观、明确的采购项目，采购需求中客观但不可量化的指标应当作为实质性要求，不得作为评分项；参与评分的指标应当是采购需求中的量化指标，评分项应当按照量化指标的等次，设置对应的不同分值。不能完全确定客观指标，需由供应商提供设计方案、解决方案或者组织方案的采购项目，可以结合需求调查的情况，尽可能明确不同技术路线、组织形式及相关指标的重要性和优先级，设定客观、量化的评审因素、分值和权重。价格因素应当按照相关规定确定分值和权重。

采购项目涉及后续采购的，如大型装备等，要考虑兼容性要求。可以要求供应商报出后续供应的价格，以及后续采购的可替代性、相关产品和估价，作为评审时考虑的因素。

需由供应商提供设计方案、解决方案或者组织方案，且供应商经验和能力对履约有直接影响的，如订购、设计等采购项目，可以在评审因素中适当考虑供应商的履约能力要求，并合理设置分值和权重。需由供应商提供设计方案、解决方案或者组织方案，采购人认为有必要考虑全生命周期成本的，可以明确使用年限，要求供应商报出安装调试费用、使用期间能源管理、废弃处置等全生命周期成本，作为评审时考虑的因素。

**第二十二条**　合同类型按照民法典规定的典型合同类别，结合采购标的的实际情况确定。

**第二十三条**　合同文本应当包含法定必备条款和采购需求的所有内容，包括但不限于标的名称，采购标的质量、数量（规模），履行时间（期限）、地点和方式，包装方式，价款或者报酬、付款进度安排、资金支付方式，验收、交付标准和方法，质量保修范围和保修期，违约责任与解决争议的方法等。

采购项目涉及采购标的的知识产权归属、处理的，如订购、设计、定制开发的信息化建设项目等，应当约定知识产权的归属和处理方式。采购人可以根据项目特点划分合同履行阶段，明确分期考核要求和对应的付款进度安排。对于长期运行的项目，要充分考虑成本、收益以及可能出现的重大市场风险，在合同中约定成本补偿、风险分担等事项。

合同权利义务要围绕采购需求和合同履行设置。国务院有关部门依法制定了政府采购合同标准文本的，应当使用标准文本。属于本办法第十一条规定范围的采购项目，合同文本应当经过采购人聘请的法律顾问审定。

**第二十四条**　履约验收方案要明确履约验收的主体、时间、方式、程序、内容和验收标准等事项。采购人、采购代理机构可以邀请参加本项目的其他供应商或者第三方专业机构及专家参与验收，相关验收意见作为验收的参考资料。政府向社会公众提供的公共服务项目，验收时应当邀请服务对象参与并出具意见，验收结果应当向社会公告。

验收内容要包括每一项技术和商务要求的履约情况，验收标准要包括所有客观、量化指标。不能明确客观标准、涉及主观判断的，可以通过在采购人、使用人中开展问卷调查等方式，转化为客观、量化的验收标准。

分期实施的采购项目，应当结合分期考核的情况，明确分期验收要求。货物类项目可以根据需要设置出厂检验、到货检验、安装调试检验、配套服务检验等多重验收环节。工程类项目的验收方案应当符合行业管理部门规定的标准、方法和内容。

履约验收方案应当在合同中约定。

**第二十五条**　对于本办法第十一条规定的采购项目，要研究采购过程和合同履行过程中的风险，判断风险发生的环节、可能性、影响程度和管控责任，提出有针对性的处置措施和替代方案。

采购过程和合同履行过程中的风险包括国家政策变化、实施环境变化、重大技术变化、预算项目调整、因质疑投诉影响采购进度、采购失败、不按规定签订或者履行合同、出现损害国家利益和社会公共利益情形等。

**第二十六条**　各级财政部门应当按照简便、必要的原则，明确报财政部门备案的采购实施计划具体内容，包括采购项目的类别、名称、采购标的、采购预算、采购数量（规模）、组织形式、采购方式、落实政府采购政策有关内容等。

## 第四章　风 险 控 制

**第二十七条**　采购人应当将采购需求管理作为政府采购内控管理的重要内容，建立健全采购需求管理制度，加强对采购需求的形成和实现过程的内部控制和风险管理。

**第二十八条**　采购人可以自行组织确定采购需求和编制采购实施计划，也可以委托采购代理机构或者其他第三方机构开展。

**第二十九条**　采购人应当建立审查工作机制，在采购活动开始前，针对采购需求管理中的重点风险事项，对采购需求和采购实施计划进行审查，审查分为一般性审查和重点审查。

对于审查不通过的，应当修改采购需求和采购实施计划的内容并重新进行审查。

**第三十条**　一般性审查主要审查是否按照本办法规定的程序和内容确定采购需求、编制采购实施计划。审查内容包括，采购需求是否符合预算、资产、财务等管理制度规定；对采购方式、评审规则、合同类型、定价方式的选择是否说明适用理由；属于按规定需要报相关监管部门批准、核准的事项，是否作出相关安排；采购实施计划是否完整。

**第三十一条**　重点审查是在一般性审查的基础上，进行以下审查：

（一）非歧视性审查。主要审查是否指向特定供应商或者特定产品，包括资格条件设置是否合理，要求供应商提供超过2个同类业务合同的，是否具有合理性；技术要求是否指向特定的专利、商标、品牌、技术路线等；评审因素设置是否具有倾向性，将有关履约能力作为评审因素是否适当。

（二）竞争性审查。主要审查是否确保充分竞争，包括应当以公开方式邀请供应商的，是否依法采用公开竞争方式；采用单一来源采购方式的，是否符合法定情形；采购需求的内容是否完整、明确，是否考虑后续采购竞争性；评审方法、评审因素、价格权重等评审规则是否适当。

（三）采购政策审查。主要审查进口产品的采购是否必要，是否落实支持创新、绿色发展、中小企业发展等政府采购政策要求。

（四）履约风险审查。主要审查合同文本是否按规定由法律顾问审定，合同文本运用是否适当，是否围绕采购需求和合同履行设置权利义务，是否明确知识产权等方面的要求，履约验收方案是否完整、标准是否明确，风险处置措施和替代方案是否可行。

（五）采购人或者主管预算单位认为应当审查的其他内容。

**第三十二条** 审查工作机制成员应当包括本部门、本单位的采购、财务、业务、监督等内部机构。采购人可以根据本单位实际情况，建立相关专家和第三方机构参与审查的工作机制。

参与确定采购需求和编制采购实施计划的专家和第三方机构不得参与审查。

**第三十三条** 一般性审查和重点审查的具体采购项目范围，由采购人根据实际情况确定。主管预算单位可以根据本部门实际情况，确定由主管预算单位统一组织重点审查的项目类别或者金额范围。

属于本办法第十一条规定范围的采购项目，应当开展重点审查。

**第三十四条** 采购需求和采购实施计划的调查、确定、编制、审查等工作应当形成书面记录并存档。

采购文件应当按照审核通过的采购需求和采购实施计划编制。

## 第五章　监督检查与法律责任

**第三十五条** 财政部门应当依法加强对政府采购需求管理的监督检查，将采购人需求管理作为政府采购活动监督检查的重要内容，不定期开展监督检查工作，采购人应当如实反映情况，提供有关材料。

**第三十六条** 在政府采购项目投诉、举报处理和监督检查过程中，发现采购人未按本办法规定建立采购需求管理内控制度、开展采购需求调查和审查工作的，由财政部门采取约谈、书面关注等方式责令采购人整改，并告知其主管预算单位。对情节严重或者拒不改正的，将有关线索移交纪检监察、审计部门处理。

**第三十七条** 在政府采购项目投诉、举报处理和监督检查过程中，发现采购方式、评审规则、供应商资格条件等存在歧视性、限制性、不符合政府采购政策等问题的，依照《中华人民共和国政府采购法》等国家有关规定处理。

**第三十八条** 在政府采购项目投诉、举报处理和监督检查过程中，发现采购人存在无预算或者超预算采购、超标准采购、铺张浪费、未按规定编制政府采购实施计划等问题的，依照《中华人民共和国政府采购法》、《中华人民共和国预算法》、《财政违法行为处罚处分条例》、《党政机关厉行节约反对浪费条例》等国家有关规定处理。

## 第六章　附　　则

**第三十九条** 采购项目涉及国家秘密的，按照涉密政府采购有关规定执行。

**第四十条** 因采购人不可预见的紧急情况实施采购的，可以适当简化相关管理要求。

**第四十一条** 由集中采购机构组织的批量集中采购和框架协议采购的需求管理，按照有关制度规定执行。

**第四十二条** 各省、自治区、直辖市财政部门可以根据本办法制定具体实施办法。

**第四十三条** 本办法所称主管预算单位是指负有编制部门预算职责，向本级财政部门申报预算的国家机关、事业单位和团体组织。

**第四十四条** 本办法自 2021 年 7 月 1 日起施行。

# 4. 政府投资

## 政府投资条例

*1. 2019年4月14日国务院令第712号公布*
*2. 自2019年7月1日起施行*

### 第一章　总　　则

**第一条**　为了充分发挥政府投资作用，提高政府投资效益，规范政府投资行为，激发社会投资活力，制定本条例。

**第二条**　本条例所称政府投资，是指在中国境内使用预算安排的资金进行固定资产投资建设活动，包括新建、扩建、改建、技术改造等。

**第三条**　政府投资资金应当投向市场不能有效配置资源的社会公益服务、公共基础设施、农业农村、生态环境保护、重大科技进步、社会管理、国家安全等公共领域的项目，以非经营性项目为主。

国家完善有关政策措施，发挥政府投资资金的引导和带动作用，鼓励社会资金投向前款规定的领域。

国家建立政府投资范围定期评估调整机制，不断优化政府投资方向和结构。

**第四条**　政府投资应当遵循科学决策、规范管理、注重绩效、公开透明的原则。

**第五条**　政府投资应当与经济社会发展水平和财政收支状况相适应。

国家加强对政府投资资金的预算约束。政府及其有关部门不得违法违规举借债务筹措政府投资资金。

**第六条**　政府投资资金按项目安排，以直接投资方式为主；对确需支持的经营性项目，主要采取资本金注入方式，也可以适当采取投资补助、贷款贴息等方式。

安排政府投资资金，应当符合推进中央与地方财政事权和支出责任划分改革的有关要求，并平等对待各类投资主体，不得设置歧视性条件。

国家通过建立项目库等方式，加强对使用政府投资资金项目的储备。

**第七条**　国务院投资主管部门依照本条例和国务院的规定，履行政府投资综合管理职责。国务院其他有关部门依照本条例和国务院规定的职责分工，履行相应的政府投资管理职责。

县级以上地方人民政府投资主管部门和其他有关部门依照本条例和本级人民政府规定的职责分工，履行相应的政府投资管理职责。

### 第二章　政府投资决策

**第八条**　县级以上人民政府应当根据国民经济和社会发展规划、中期财政规划和国家宏观调控政策，结合财政收支状况，统筹安排使用政府投资资金的项目，规范使用各类政府投资资金。

**第九条**　政府采取直接投资方式、资本金注入方式投资的项目（以下统称政府投资项目），项目单位应当编制项目建议书、可行性研究报告、初步设计，按照政府投资管理权限和规定的程序，报投资主管部门或者其他有关部门审批。

项目单位应当加强政府投资项目的前期工作，保证前期工作的深度达到规定的要求，并对项目建议书、可行性研究报告、初步设计以及依法应当附具的其他文件的真实性负责。

**第十条**　除涉及国家秘密的项目外，投资主管部门和其他有关部门应当通过投资项目在线审批监管平台（以下简称在线平台），使用在线平台生成的项目代码办理政府投资项目审批手续。

投资主管部门和其他有关部门应当通过在线平台列明与政府投资有关的规划、产业政策等，公开政府投资项目审批的办理流程、办理时限等，并为项目单位提供相关咨询服务。

**第十一条**　投资主管部门或者其他有关部门应当根据国民经济和社会发展规划、相关领域专项规划、产业政策等，从下列方面对政府投资项目进行审查，作出是否批准的决定：

（一）项目建议书提出的项目建设的必要性；

（二）可行性研究报告分析的项目的技术经济可行性、社会效益以及项目资金等主要建设条件的落实情况；

（三）初步设计及其提出的投资概算是否符合可行性研究报告批复以及国家有关标准和规范的要求；

（四）依照法律、行政法规和国家有关规定应当审查的其他事项。

投资主管部门或者其他有关部门对政府投资项目不予批准的，应当书面通知项目单位并说明理由。

对经济社会发展、社会公众利益有重大影响或者投资规模较大的政府投资项目，投资主管部门或者其他有关部门应当在中介服务机构评估、公众参与、专家评议、风险评估的基础上作出是否批准的决定。

**第十二条**　经投资主管部门或者其他有关部门核定的投

资概算是控制政府投资项目总投资的依据。

初步设计提出的投资概算超过经批准的可行性研究报告提出的投资估算10%的，项目单位应当向投资主管部门或者其他有关部门报告，投资主管部门或者其他有关部门可以要求项目单位重新报送可行性研究报告。

**第十三条**　对下列政府投资项目，可以按照国家有关规定简化需要报批的文件和审批程序：

（一）相关规划中已经明确的项目；

（二）部分扩建、改建项目；

（三）建设内容单一、投资规模较小、技术方案简单的项目；

（四）为应对自然灾害、事故灾难、公共卫生事件、社会安全事件等突发事件需要紧急建设的项目。

前款第三项所列项目的具体范围，由国务院投资主管部门会同国务院其他有关部门规定。

**第十四条**　采取投资补助、贷款贴息等方式安排政府投资资金的，项目单位应当按照国家有关规定办理手续。

## 第三章　政府投资年度计划

**第十五条**　国务院投资主管部门对其负责安排的政府投资编制政府投资年度计划，国务院其他有关部门对其负责安排的本行业、本领域的政府投资编制政府投资年度计划。

县级以上地方人民政府有关部门按照本级人民政府的规定，编制政府投资年度计划。

**第十六条**　政府投资年度计划应当明确项目名称、建设内容及规模、建设工期、项目总投资、年度投资额及资金来源等事项。

**第十七条**　列入政府投资年度计划的项目应当符合下列条件：

（一）采取直接投资方式、资本金注入方式的，可行性研究报告已经批准或者投资概算已经核定；

（二）采取投资补助、贷款贴息等方式的，已经按照国家有关规定办理手续；

（三）县级以上人民政府有关部门规定的其他条件。

**第十八条**　政府投资年度计划应当和本级预算相衔接。

**第十九条**　财政部门应当根据经批准的预算，按照法律、行政法规和国库管理的有关规定，及时、足额办理政府投资资金拨付。

## 第四章　政府投资项目实施

**第二十条**　政府投资项目开工建设，应当符合本条例和有关法律、行政法规规定的建设条件；不符合规定的建设条件的，不得开工建设。

国务院规定应当审批开工报告的重大政府投资项目，按照规定办理开工报告审批手续后方可开工建设。

**第二十一条**　政府投资项目应当按照投资主管部门或者其他有关部门批准的建设地点、建设规模和建设内容实施；拟变更建设地点或者拟对建设规模、建设内容等作较大变更的，应当按照规定的程序报原审批部门审批。

**第二十二条**　政府投资项目所需资金应当按照国家有关规定确保落实到位。

政府投资项目不得由施工单位垫资建设。

**第二十三条**　政府投资项目建设投资原则上不得超过经核定的投资概算。

因国家政策调整、价格上涨、地质条件发生重大变化等原因确需增加投资概算的，项目单位应当提出调整方案及资金来源，按照规定的程序报原初步设计审批部门或者投资概算核定部门核定；涉及预算调整或者调剂的，依照有关预算的法律、行政法规和国家有关规定办理。

**第二十四条**　政府投资项目应当按照国家有关规定合理确定并严格执行建设工期，任何单位和个人不得非法干预。

**第二十五条**　政府投资项目建成后，应当按照国家有关规定进行竣工验收，并在竣工验收合格后及时办理竣工财务决算。

政府投资项目结余的财政资金，应当按照国家有关规定缴回国库。

**第二十六条**　投资主管部门或者其他有关部门应当按照国家有关规定选择有代表性的已建成政府投资项目，委托中介服务机构对所选项目进行后评价。后评价应当根据项目建成后的实际效果，对项目审批和实施进行全面评价并提出明确意见。

## 第五章　监督管理

**第二十七条**　投资主管部门和依法对政府投资项目负有监督管理职责的其他部门应当采取在线监测、现场核查等方式，加强对政府投资项目实施情况的监督检查。

项目单位应当通过在线平台如实报送政府投资项目开工建设、建设进度、竣工的基本信息。

**第二十八条**　投资主管部门和依法对政府投资项目负有监督管理职责的其他部门应当建立政府投资项目信息共享机制，通过在线平台实现信息共享。

**第二十九条**　项目单位应当按照国家有关规定加强政府

投资项目档案管理,将项目审批和实施过程中的有关文件、资料存档备查。

**第三十条**　政府投资年度计划、政府投资项目审批和实施以及监督检查的信息应当依法公开。

**第三十一条**　政府投资项目的绩效管理、建设工程质量管理、安全生产管理等事项,依照有关法律、行政法规和国家有关规定执行。

## 第六章　法律责任

**第三十二条**　有下列情形之一的,责令改正,对负有责任的领导人员和直接责任人员依法给予处分:

(一)超越审批权限审批政府投资项目;

(二)对不符合规定的政府投资项目予以批准;

(三)未按照规定核定或者调整政府投资项目的投资概算;

(四)为不符合规定的项目安排投资补助、贷款贴息等政府投资资金;

(五)履行政府投资管理职责中其他玩忽职守、滥用职权、徇私舞弊的情形。

**第三十三条**　有下列情形之一的,依照有关预算的法律、行政法规和国家有关规定追究法律责任:

(一)政府及其有关部门违法违规举借债务筹措政府投资资金;

(二)未按照规定及时、足额办理政府投资资金拨付;

(三)转移、侵占、挪用政府投资资金。

**第三十四条**　项目单位有下列情形之一的,责令改正,根据具体情况,暂停、停止拨付资金或者收回已拨付的资金,暂停或者停止建设活动,对负有责任的领导人员和直接责任人员依法给予处分:

(一)未经批准或者不符合规定的建设条件开工建设政府投资项目;

(二)弄虚作假骗取政府投资项目审批或者投资补助、贷款贴息等政府投资资金;

(三)未经批准变更政府投资项目的建设地点或者对建设规模、建设内容等作较大变更;

(四)擅自增加投资概算;

(五)要求施工单位对政府投资项目垫资建设;

(六)无正当理由不实施或者不按照建设工期实施已批准的政府投资项目。

**第三十五条**　项目单位未按照规定将政府投资项目审批和实施过程中的有关文件、资料存档备查,或者转移、隐匿、篡改、毁弃项目有关文件、资料的,责令改正,对负有责任的领导人员和直接责任人员依法给予处分。

**第三十六条**　违反本条例规定,构成犯罪的,依法追究刑事责任。

## 第七章　附　　则

**第三十七条**　国防科技工业领域政府投资的管理办法,由国务院国防科技工业管理部门根据本条例规定的原则另行制定。

**第三十八条**　中国人民解放军和中国人民武装警察部队的固定资产投资管理,按照中央军事委员会的规定执行。

**第三十九条**　本条例自2019年7月1日起施行。

# 中央政府投资项目后评价管理办法

*1. 2014年9月21日国家发展改革委发布*
*2. 发改投资〔2014〕2129号*

## 第一章　总　　则

**第一条**　为健全政府投资项目后评价制度,规范项目后评价工作,提高政府投资决策水平和投资效益,加强中央政府投资项目全过程管理,根据《国务院关于投资体制改革的决定》要求,制定本办法。

**第二条**　本办法所称项目后评价,是指在项目竣工验收并投入使用或运营一定时间后,运用规范、科学、系统的评价方法与指标,将项目建成后所达到的实际效果与项目的可行性研究报告、初步设计(含概算)文件及其审批文件的主要内容进行对比分析,找出差距及原因,总结经验教训、提出相应对策建议,并反馈到项目参与各方,形成良性项目决策机制。

根据需要,可以针对项目建设(或运行)的某一问题进行专题评价,可以对同类的多个项目进行综合性、政策性、规划性评价。

**第三条**　国家发展改革委审批可行性研究报告的中央政府投资项目的后评价工作,适用本办法。

国际金融组织和外国政府贷款项目后评价管理办法另行制定。

**第四条**　项目后评价应当遵循独立、客观、科学、公正的原则,保持顺畅的信息沟通和反馈,为建立和完善政府投资监管体系服务。

**第五条**　国家发展改革委负责项目后评价的组织和管理工作。具体包括:确定后评价项目,督促项目单位按时提交项目自我总结评价报告并进行审查,委托承担后评价任务的工程咨询机构,指导和督促有关方面保障后评价工作顺利开展和解决后评价中发现的问题，建立后评价信息管理系统和后评价成果反馈机制，推广通过后评价总结的成功经验和做法等。

项目行业主管部门负责加强对项目单位的指导、协调、监督，支持承担项目后评价任务的工程咨询机构做好相关工作。

项目所在地的省级发展改革部门负责组织协调本地区有关单位配合承担项目后评价任务的工程咨询机构做好相关工作。

项目单位负责做好自我总结评价并配合承担项目后评价任务的工程咨询机构开展相关工作。

承担项目后评价任务的工程咨询机构负责按照要求开展项目后评价并提交后评价报告。

## 第二章 工作程序

**第六条** 本办法第三条第一款规定范围内的项目，项目单位应在项目竣工验收并投入使用或运营一年后两年内，将自我总结评价报告报送国家发展改革委。其中，中央本级项目通过项目行业主管部门报送同时抄送项目所在地省级发展改革部门，其他项目通过省级发展改革部门报送同时抄送项目行业主管部门。

**第七条** 项目单位可委托具有相应资质的工程咨询机构编写自我总结评价报告。项目单位对自我总结评价报告及相关附件的真实性负责。

**第八条** 项目自我总结评价报告应主要包括以下内容：

（一）项目概况：项目目标、建设内容、投资估算、前期审批情况、资金来源及到位情况、实施进度、批准概算及执行情况等；

（二）项目实施过程总结：前期准备、建设实施、项目运行等；

（三）项目效果评价：技术水平、财务及经济效益、社会效益、资源利用效率、环境影响、可持续能力等；

（四）项目目标评价：目标实现程度、差距及原因等；

（五）项目总结：评价结论、主要经验教训和相关建议。

项目自我总结评价报告可参照项目后评价报告编制大纲进行编制。

**第九条** 项目单位在提交自我总结评价报告时，应同时提供开展项目后评价所需要的以下文件及相关资料清单：

（一）项目审批文件。主要包括项目建议书、可行性研究报告、初步设计和概算、特殊情况下的开工报告、规划选址和土地预审报告、环境影响评价报告、安全预评价报告、节能评估报告、重大项目社会稳定风险评估报告、洪水影响评价报告、水资源论证报告、水土保持报告、金融机构出具的融资承诺文件等相关的资料，以及相关批复文件。

（二）项目实施文件。主要包括项目招投标文件、主要合同文本、年度投资计划、概算调整报告、施工图设计会审及变更资料、监理报告、竣工验收报告等相关资料，以及相关的批复文件。

（三）其他资料。主要包括项目结算和竣工财务决算报告及资料，项目运行和生产经营情况，财务报表以及其他相关资料，与项目有关的审计报告、稽察报告和统计资料等。

**第十条** 项目自我总结评价报告内容不完整或深度达不到相应要求的，项目行业主管部门或者省级发展改革部门应当要求项目单位限期补充完善。

**第十一条** 国家发展改革委根据本办法第十二条规定，结合项目单位自我总结评价情况，确定需要开展后评价工作的项目，制定项目后评价年度计划，印送有关项目行业主管部门、省级发展改革部门和项目单位。

**第十二条** 列入后评价年度计划的项目主要从以下项目中选择：

（一）对行业和地区发展、产业结构调整有重大指导和示范意义的项目；

（二）对节约资源、保护生态环境、促进社会发展、维护国家安全有重大影响的项目；

（三）对优化资源配置、调整投资方向、优化重大布局有重要借鉴作用的项目；

（四）采用新技术、新工艺、新设备、新材料、新型投融资和运营模式，以及其他具有特殊示范意义的项目；

（五）跨地区、跨流域、工期长、投资大、建设条件复杂，以及项目建设过程中发生重大方案调整的项目；

（六）征地拆迁、移民安置规模较大，可能对贫困地区、贫困人口及其他弱势群体影响较大的项目，特别是在项目实施过程中发生过社会稳定事件的；

（七）使用中央预算内投资数额较大且比例较高的项目；

（八）重大社会民生项目；

（九）社会舆论普遍关注的项目。

**第十三条** 国家发展改革委根据项目后评价年度计划，委托具备相应资质的工程咨询机构承担项目后评价任务。

国家发展改革委不得委托参加过同一项目前期、

建设实施工作或编写自我总结评价报告的工程咨询机构承担该项目的后评价任务。

**第十四条**　承担项目后评价任务的工程咨询机构，在接受委托后，应组建满足专业评价要求的工作组，在现场调查、资料收集和社会访谈的基础上，结合项目自我总结评价报告，对照项目的可行性研究报告、初步设计（概算）文件及其审批文件的相关内容，对项目进行全面系统地分析评价。

**第十五条**　承担项目后评价任务的工程咨询机构，应当按照国家发展改革委的委托要求和投资管理相关规定，根据业内应遵循的评价方法、工作流程、质量保证要求和执业行为规范，独立开展项目后评价工作，在规定时限内完成项目后评价任务，提出合格的项目后评价报告。

**第十六条**　国家发展改革委制定项目后评价编制大纲，指导和规范项目后评价报告的编制工作。

**第十七条**　项目后评价应采用定性和定量相结合的方法，主要包括：逻辑框架法、调查法、对比法、专家打分法、综合指标体系评价法、项目成功度评价法。

具体项目的后评价方法应根据项目特点和后评价的要求，选择一种或多种方法对项目进行综合评价。

**第十八条**　项目后评价应按照适用性、可操作性、定性和定量相结合原则，制定规范、科学、系统的评价指标。

承担项目后评价任务的工程咨询机构，应根据项目特点和后评价的要求，在充分调查研究的基础上，确定具体项目后评价指标及方案。

**第十九条**　工程咨询机构在开展项目后评价的过程中，应当采取适当方式听取社会公众和行业专家的意见，并在后评价报告中设立独立篇章予以客观反映。

## 第三章　成果应用

**第二十条**　国家发展改革委通过项目后评价工作，认真总结同类项目的经验教训，后评价成果应作为规划制定、项目审批、资金安排、项目管理的重要参考依据。

**第二十一条**　国家发展改革委应及时将后评价成果提供给相关部门、省级发展改革部门和有关机构参考，加强信息沟通。

**第二十二条**　对于通过项目后评价发现的问题，有关部门、地方和项目单位应认真分析原因，提出改进意见，并报送国家发展改革委。

**第二十三条**　国家发展改革委会同有关部门，定期以适当方式汇编后评价成果，大力推广通过项目后评价总结出来的成功经验和做法，不断提高投资决策水平和政府投资效益。

## 第四章　监督管理

**第二十四条**　列入后评价年度计划的项目，项目单位应当根据后评价工作需要，积极配合承担项目后评价任务的工程咨询机构开展相关工作，及时、准确、完整地提供开展后评价工作所需要的相关文件和资料。

**第二十五条**　工程咨询机构应对项目后评价报告质量及相关结论负责，并承担对国家秘密、商业秘密等的保密责任。

**第二十六条**　国家发展改革委委托中国工程咨询协会，定期对有关工程咨询机构和人员承担项目后评价任务的情况进行执业检查，并将检查结果作为工程咨询资质管理及工程咨询成果质量评定的重要依据。

**第二十七条**　国家发展改革委委托的项目后评价所需经费由国家发展改革委支付，取费标准按照《建设项目前期工作咨询收费暂行规定》（计价格〔1999〕1283号）关于编制可行性研究报告的有关规定执行。承担项目后评价任务的工程咨询机构及其人员，不得收取项目单位的任何费用。

项目单位编制自我总结评价报告的费用在投资项目不可预见费中列支。

**第二十八条**　项目单位存在不按时限提交自我总结评价报告，隐匿、虚报瞒报有关情况和数据资料，或者拒不提交资料、阻挠后评价等行为的，根据情节轻重给予通报批评，在一定期限内暂停安排该单位其他项目的中央投资。

## 第五章　附　　则

**第二十九条**　各地方、各项目行业主管部门可参照本办法，制定本地区、本部门的政府投资项目后评价办法和实施细则。

**第三十条**　本办法由国家发展改革委负责解释。

**第三十一条**　本办法自发布之日起施行，《中央政府投资项目后评价管理办法（试行）》（发改投资〔2008〕2959号）同时废止。

# 财政投资评审管理规定

*1. 2009年11月14日财政部印发*

*2. 财建〔2009〕648号*

**第一条**　为加强财政投资评审管理，规范财政投资评审行为，依据《中华人民共和国预算法》、《中华人民共和国预算法实施条例》、《中华人民共和国政府采购法》、

《基本建设财务管理规定》等法律和行政规定,制定本规定。

**第二条** 财政投资评审是财政职能的重要组成部分,财政部门通过对财政性资金投资项目预(概)算和竣工决(结)算进行评价与审查,对财政性资金投资项目资金使用情况,以及其他财政专项资金使用情况进行专项核查及追踪问效,是财政资金规范、安全、有效运行的基本保证。

财政投资评审业务由财政部门委托其所属财政投资评审机构或经财政部门认可的有资质的社会中介机构(以下简称"财政投资评审机构")进行。其中,社会中介机构按照《政府采购法》及相关规定,通过国内公开招标产生。

**第三条** 财政投资评审的范围包括:

(一)财政预算内基本建设资金(含国债)安排的建设项目;

(二)财政预算内专项资金安排的建设项目;

(三)政府性基金、预算外资金等安排的建设项目;

(四)政府性融资安排的建设项目;

(五)其他财政性资金安排的建设项目;

(六)需进行专项核查及追踪问效的其他项目或专项资金。

**第四条** 财政投资评审的内容包括:

(一)项目预(概)算和竣工决(结)算的真实性、准确性、完整性和时效性等审核;

(二)项目基本建设程序合规性和基本建设管理制度执行情况审核;

(三)项目招标程序、招标方式、招标文件、各项合同等合规性审核;

(四)工程建设各项支付的合理性、准确性审核;

(五)项目财政性资金的使用、管理情况,以及配套资金的筹集、到位情况审核;

(六)项目政府采购情况审核;

(七)项目预(概)算执行情况以及项目实施过程中发生的重大设计变更及索赔情况审核;

(八)实行代建制项目的管理及建设情况审核;

(九)项目建成运行情况或效益情况审核;

(十)财政专项资金安排项目的立项审核、可行性研究报告投资估算和初步设计概算的审核;

(十一)对财政性资金使用情况进行专项核查及追踪问效;

(十二)其他。

**第五条** 财政投资评审的方式:

(一)项目预(概)算和竣工决(结)算的评价与审查。包括:对项目建设全过程进行跟踪评审和对项目预(概)算及竣工决(结)算进行单项评审;

(二)对财政性资金使用情况进行专项核查及追踪问效;

(三)其他方式。

**第六条** 财政投资评审的程序:

(一)财政部门选择确定评审(或核查,下同)项目,对项目主管部门及财政投资评审机构下达委托评审文件;

(二)项目主管部门通知项目建设(或代建,下同)单位配合评审工作;

(三)财政投资评审机构按委托评审文件及有关规定实施评审,形成初步评审意见,在与项目建设单位进行充分沟通的基础上形成评审意见;

(四)项目建设单位对评审意见签署书面反馈意见;

(五)财政投资评审机构向委托评审任务的财政部门报送评审报告;

(六)财政部门审核批复(批转)财政投资评审机构报送的评审报告,并会同有关部门对评审意见作出处理决定;

(七)项目主管部门督促项目建设单位按照财政部门的批复(批转)文件及处理决定执行和整改。

**第七条** 财政部门负责财政投资评审工作的管理与监督,履行以下职责:

(一)制定财政投资评审规章制度,管理财政投资评审业务,指导财政投资评审机构的业务工作;

(二)确定并下达委托评审任务,向财政投资评审机构提出评审的具体要求;

(三)负责协调财政投资评审机构在财政投资评审工作中与投资主管部门、项目主管部门等方面的关系;

(四)审核批复(批转)财政投资评审机构报送的评审报告,并会同有关部门对评审意见作出处理决定;

(五)对拒不配合或阻挠财政投资评审工作的项目建设单位,根据实际情况,财政部门有权暂缓下达项目财政性资金预算或暂停拨付财政性资金;

(六)根据实际需要对财政投资评审机构报送的投资评审报告进行抽查或复核;

(七)按规定向接受委托任务的财政投资评审机构支付评审费用。

**第八条** 项目主管部门在财政投资评审工作中履行以下职责：

（一）及时通知项目建设单位配合财政投资评审机构开展工作；

（二）涉及需项目主管部门配合提供资料的，应及时向财政投资评审机构提供评审工作所需相关资料，并对所提供资料的真实性、合法性负责；

（三）对评审意见中涉及项目主管部门的内容，签署书面反馈意见；

（四）根据财政部门对评审报告的批复（批转）意见，督促项目建设单位执行和整改。

**第九条** 项目建设单位在财政投资评审工作中履行以下义务：

（一）积极配合财政投资评审机构开展工作，及时向财政投资评审机构提供评审工作所需相关资料，并对所提供资料的真实性、合法性负责；

（二）对评审工作涉及需要核实或取证的问题，应积极配合，不得拒绝、隐匿或提供虚假资料；

（三）对财政投资评审机构出具的建设项目投资评审意见，项目建设单位应在收到日起五个工作日内签署意见，并由项目建设单位和项目建设单位负责人盖章签字（具体格式见附件）；逾期不签署意见，则视同同意评审意见；

（四）根据财政部门对评审报告的批复（批转）意见，及时进行整改。

**第十条** 财政投资评审机构应当按照以下规定开展财政投资评审工作：

（一）按照财政部关于财政投资评审质量控制办法的要求，组织机构内部专业人员依法开展评审工作，对评审报告的真实性、准确性、合法性负责；

（二）独立完成评审任务，不得以任何形式将财政投资评审任务再委托给其他评审机构。对有特殊技术要求的项目，确需聘请有关专家共同完成委托任务的，需事先征得委托评审任务的财政部门同意，并且自身完成的评审工作量不应低于60%；

（三）涉及国家机密等特殊项目，不得使用聘用人员；

（四）对评审工作实施中遇到的重大问题应及时向委托评审任务的财政部门报告；

（五）编制完整的评审工作底稿，并经相关专业评审人员签字确认；

（六）建立健全对评审报告的内部复核机制；

（七）在规定时间内向委托评审任务的财政部门出具评审报告；如不能在规定时间完成评审任务，应及时向委托评审任务的财政部门报告，并说明原因；

（八）建立严格的项目档案管理制度，完整、准确、真实地反映和记录项目评审的情况，做好各类资料的存档和保管工作；

（九）未经委托评审任务的财政部门批准，财政投资评审机构及有关人员，不得以任何形式对外提供、泄漏或公开评审项目的有关情况；

（十）不得向项目建设单位收取任何费用；

（十一）对因严重过失或故意提供不实或内容虚假的评审报告承担相应法律责任。

**第十一条** 经委托评审任务的财政部门批准，因评审业务需要，评审人员可以向与项目建设单位有经济业务往来的单位查询相关情况，依法向金融机构查询项目建设单位及相关单位有关银行帐户资金情况。

相关单位和金融机构应当对财政投资评审机构的查询工作予以配合。

**第十二条** 财政部门对评审意见的批复和处理决定，作为调整项目预算、掌握项目建设资金拨付进度、办理工程价款结算、竣工财务决算等事项的依据之一。

**第十三条** 财政投资评审机构出具的评审报告质量达不到委托要求、在评审或核查中出现严重差错、超过评审及专项核查业务要求时间且没有及时书面说明或者说明理由不充分的，财政部门将相应扣减委托业务费用，情节严重的，将不支付委托业务费用。

财政投资评审机构故意提供内容不实或虚假评审报告的，财政部门将不支付委托业务费用，终止其承担委托业务的资格，并按有关规定严肃处理。

**第十四条** 对投资评审机构在财政投资评审工作中存在的违反财政法规行为，财政部门应当按照国务院《财政违法行为处罚处分条例》予以处理。

**第十五条** 各省、自治区、直辖市、计划单列市财政厅（局）可以根据本办法并结合本地区实际情况制定具体实施办法，并报财政部备案。

**第十六条** 各级财政部门所属的财政投资评审机构可根据本规定及相关文件，制定财政投资评审内部操作办法、内部控制与评审风险管理办法、评审工作底稿及档案管理办法、评审人员管理办法以及投资评审质量管理技术岗位职责等办法，报同级财政部门核准后执行。

**第十七条** 本规定自2009年10月1日起施行。财政部颁布的《财政投资评审管理暂行规定》（财建〔2001〕591号）同时废止。

附：建设项目投资评审报告（略）

# 财政投资评审质量控制办法(试行)

*1. 2005年12月30日财政部印发*
*2. 财建〔2005〕1065号*

## 第一章 一般原则

**第一条** 为了规范财政投资评审管理,保证财政投资评审质量,根据国家有关法律、法规以及《财政投资评审管理暂行规定》和《财政投资评审操作规程(试行)》,制定本办法。

**第二条** 财政投资评审机构从事财政投资评审业务时,按本办法进行质量控制。

**第三条** 财政投资评审机构实施财政投资评审业务时,应当按照相关法律、行政法规和本办法的规定以及委托评审要求,在委托授权范围内,遵循合法、公正、客观的原则,开展财政投资评审工作。

**第四条** 财政投资评审机构从事财政投资评审业务质量控制包括评审人员要求、评审实施、评审工作底稿和评审档案管理等方面的质量控制,以及未达到质量控制标准的处罚原则。

**第五条** 财政投资评审机构应当合理运用质量控制程序,选派能胜任评审工作的专业人员,搜集充分准确的评审证据,编制详细完整的评审工作底稿,完善评审内部控制、复核体系,保证所有评审工作符合财政投资评审管理有关规定的要求。

**第六条** 财政投资评审机构应独立完成评审任务。对个别有特殊技术要求的项目确需聘用专业评审人员的,须征得委托评审任务的财政部门同意,并且自身完成评审工作量不应低于60%。涉及国家机密的项目,不得使用聘用人员。

**第七条** 财政投资评审机构未经委托评审财政部门同意,不得以任何形式向任何单位或个人披露评审项目的有关信息,更不得对外提供、泄漏或公开评审的有关情况。

## 第二章 评审人员要求

**第八条** 财政投资评审机构应建立评审人才专家库,为财政投资评审服务。对不同行业、不同类型项目的评审业务,应根据专业特点选派相应的专业评审人员参加。

**第九条** 财政投资评审机构应要求评审人员在执行评审任务时,合理运用国家相关法律、法规和建设工程造价管理政策、基本建设财务会计制度及相关专业知识、技能和经验开展评审业务,保持职业应有的谨慎,恪守客观公正、合规合法、实事求是、廉洁奉公的评审原则。

**第十条** 财政投资评审机构评审人员与项目建设单位或者建设项目有直接利害关系的,应当实行回避制度。

**第十一条** 财政投资评审机构应要求评审人员遵守国家有关保密规定,不得泄露评审时知悉的国家机密和商业秘密,未经业务委托财政部门的同意,不得将评审中取得的材料用于评审报告以外的事项。

**第十二条** 财政投资评审机构应定期对评审人员进行培训;接受财政投资评审任务后,根据项目评审要求和特点,对参加评审人员进行有针对性的培训。

## 第三章 实施评审质量控制

**第十三条** 实施财政投资评审质量控制包括评审准备、具体实施以及报告等方面的质量控制。财政投资评审机构应严格按照《财政投资评审操作规程(试行)》的有关要求进行。

**第十四条** 财政投资评审机构应做好充分的评审准备,了解建设项目及项目建设单位的基本情况,收集项目所涉及主要材料、设备的市场价格信息,制定恰当的评审计划和方案。重点项目评审计划和实施方案需报委托评审财政部门备案。

**第十五条** 财政投资评审机构在评审实施阶段,应当制定和运用质量控制政策,建立规范的业务委派、督导、专家咨询以及重大问题请示汇报的工作程序,并以适当的方式将质量控制政策与程序传达到项目全体评审人员,以确保其正确理解和执行。

**第十六条** 财政投资评审机构在选用评审依据时,应对具体问题进行分析,做出客观公正的评价和判断。若地方及行业主管部门法规与国家法规发生矛盾时,以国家法规为依据,并在评审报告中予以重点说明。

**第十七条** 财政投资评审机构在与建设单位正式交换意见前,应对评审结论和项目评审情况实施三级复核。

**第十八条** 财政投资评审机构应当在评审工作结束后,及时编制和提交评审报告。编制评审报告应注意:

(一)评审报告的编制应当规范、全面、详细、如实反映项目建设的实际情况。

(二)评审结论内容应当完整。

(三)评审报告内容与项目建设单位交换意见的评审结论表内容应一致。

(四)对反映建设项目或项目建设单位的违法违纪问题,定性要准确,不得瞒报、漏报项目建设存在的重大问题。

（五）财政投资评审机构在评审报告提交财政部门前，应征求项目建设单位意见。

**第十九条**　财政投资评审机构应当编制完整的评审工作底稿。评审工作底稿包括：评审计划；评审内容；审减（增）情况；评审发现的问题；所形成的专业判断及依据等。评审工作底稿应真实、完整地反映评审实施全过程。

**第二十条**　财政投资评审机构应当建立财政投资评审档案。及时收集、整理财政投资评审工作底稿，将项目投资评审的资料归档。应归入项目评审档案的文件材料包括：

（一）立项性文件材料。包括评审委托文件、评审工作计划等。

（二）证明性文件材料。包括评审证据、评审工作底稿等。

（三）结论性文件材料。包括评审报告、三级复核意见、评审结论表、财政部门对评审报告的批复文件等。

（四）其他备查文件材料。包括项目审批文件等。

## 第四章　处 罚 原 则

**第二十一条**　财政部门在对项目评审报告进行审核时，对格式、内容不符合要求，以及重复计算工程量、高套取费类别、扩大建设规模、提高建设标准以及挤占挪用建设资金等重大问题没有反映或定性不准确的评审报告，将采取如下措施：

（一）评审报告需补充资料的，要求财政投资评审机构在规定时间内补充材料。

（二）评审报告部分内容质量不符合要求，将评审报告退回评审机构，修改后重报。

（三）评审报告对重大问题没有反映，或定性不准确的，要求重新评审，直到评审报告符合要求。如重新评审后仍不符合要求的，财政部门将取消委托评审，另外委托其他财政投资评审机构进行评审。

**第二十二条**　财政部门将定期或在同类项目评审工作结束后对财政投资评审机构的评审质量作出阶段性评比，将评审报告质量分优良、合格、基本合格、不合格四档。

（一）评审报告完全符合评审要求，且评审成绩突出，为优良。

（二）评审报告基本符合要求，部分内容经说明、修改、补充后可进行正常批复的，为合格。

（三）评审报告存在质量问题，退回重报后可以进行批复的，为基本合格。对于基本合格的评审报告，适当扣减项目评审费用。

（四）评审报告退回重审、重报后，仍达不到要求，无法批复的，为不合格。对于不合格的评审报告，不支付项目评审费用。

**第二十三条**　财政部门将按一定比例对财政投资评审机构已评审项目组织抽查复审，对项目评审工作底稿等内容，将随时随机抽查。

凡复审和抽查发现重大质量问题或较大幅度漏审的，以及因项目评审结论不实，引起诉讼和纠纷的，财政部门将对财政投资评审机构采取通报批评、扣拨评审费用、停止委托新的评审任务等处罚措施。

**第二十四条**　财政部门对已评审项目进行检查或复评时，对发现项目存在重大问题，但财政投资评审机构因主观原因应该发现而没有发现或没有在评审结论中反映的，财政部门将比照第二十一条有关规定对评审机构进行处罚。

**第二十五条**　财政投资评审机构在财政投资评审过程中若违法、违规，滥用职权、玩忽职守、徇私舞弊或泄露国家机密、商业秘密的等违反财政法规行为，财政部门按国务院《财政违法行为处罚处分条例》（国务院令第427号）予以处理，触犯刑律的，移交司法机关处理。

**第二十六条**　财政投资评审机构及其评审人员违反本办法第七条有关规定，财政部门将停止委托其评审业务。

## 第五章　附　　则

**第二十七条**　财政投资评审机构从事财政部门委托的专项核查业务的质量控制，应当参照本办法执行。

**第二十八条**　各级财政部门设立的财政投资评审机构可根据本办法制定内部质量控制与评审风险管理办法、评审人员具体管理办法、投资评审质量管理技术岗位职责等文件，并报同级财政部门批准后执行。

**第二十九条**　本办法由财政部负责解释。

**第三十条**　本办法自发布之日起30日后实施。

# 四、财政监督

## 资料补充栏

# 中华人民共和国审计法

*1. 1994年8月31日第八届全国人民代表大会常务委员会第九次会议通过*
*2. 根据2006年2月28日第十届全国人民代表大会常务委员会第二十次会议《关于修改〈中华人民共和国审计法〉的决定》第一次修正*
*3. 根据2021年10月23日第十三届全国人民代表大会常务委员会第三十一次会议《关于修改〈中华人民共和国审计法〉的决定》第二次修正*

## 目　录



## 第一章　总　　则

**第一条　【立法目的】**为了加强国家的审计监督，维护国家财政经济秩序，提高财政资金使用效益，促进廉政建设，保障国民经济和社会健康发展，根据宪法，制定本法。

**第二条　【审计监督制度】**国家实行审计监督制度。坚持中国共产党对审计工作的领导，构建集中统一、全面覆盖、权威高效的审计监督体系。

国务院和县级以上地方人民政府设立审计机关。

国务院各部门和地方各级人民政府及其各部门的财政收支，国有的金融机构和企业事业组织的财务收支，以及其他依照本法规定应当接受审计的财政收支、财务收支，依照本法规定接受审计监督。

审计机关对前款所列财政收支或者财务收支的真实、合法和效益，依法进行审计监督。

**第三条　【依法审计】**审计机关依照法律规定的职权和程序，进行审计监督。

审计机关依据有关财政收支、财务收支的法律、法规和国家其他有关规定进行审计评价，在法定职权范围内作出审计决定。

**第四条　【审计工作报告】**国务院和县级以上地方人民政府应当每年向本级人民代表大会常务委员会提出审计工作报告。审计工作报告应当报告审计机关对预算执行、决算草案以及其他财政收支的审计情况，重点报告对预算执行及其绩效的审计情况，按照有关法律、行政法规的规定报告对国有资源、国有资产的审计情况。必要时，人民代表大会常务委员会可以对审计工作报告作出决议。

国务院和县级以上地方人民政府应当将审计工作报告中指出的问题的整改情况和处理结果向本级人民代表大会常务委员会报告。

**第五条　【审计监督权独立】**审计机关依照法律规定独立行使审计监督权，不受其他行政机关、社会团体和个人的干涉。

**第六条　【审计原则】**审计机关和审计人员办理审计事项，应当客观公正，实事求是，廉洁奉公，保守秘密。

## 第二章　审计机关和审计人员

**第七条　【审计署】**国务院设立审计署，在国务院总理领导下，主管全国的审计工作。审计长是审计署的行政首长。

**第八条　【各级审计机关】**省、自治区、直辖市、设区的市、自治州、县、自治县、不设区的市、市辖区的人民政府的审计机关，分别在省长、自治区主席、市长、州长、县长、区长和上一级审计机关的领导下，负责本行政区域内的审计工作。

**第九条　【审计机关领导体制】**地方各级审计机关对本级人民政府和上一级审计机关负责并报告工作，审计业务以上级审计机关领导为主。

**第十条　【派出机构】**审计机关根据工作需要，经本级人民政府批准，可以在其审计管辖范围内设立派出机构。

派出机构根据审计机关的授权，依法进行审计工作。

**第十一条　【经费保证】**审计机关履行职责所必需的经费，应当列入预算予以保证。

**第十二条　【审计监督】**审计机关应当建设信念坚定、为民服务、业务精通、作风务实、敢于担当、清正廉洁的高素质专业化审计队伍。

审计机关应当加强对审计人员遵守法律和执行职务情况的监督，督促审计人员依法履职尽责。

审计机关和审计人员应当依法接受监督。

**第十三条　【审计资格】**审计人员应当具备与其从事的审计工作相适应的专业知识和业务能力。

审计机关根据工作需要，可以聘请具有与审计事项相关专业知识的人员参加审计工作。

**第十四条　【不得干预、插手正常生产经营管理活动】**审计机关和审计人员不得参加可能影响其依法独立履行审计监督职责的活动，不得干预、插手被审计单位及其相关单位的正常生产经营和管理活动。

**第十五条　【回避】**审计人员办理审计事项，与被审计单位或者审计事项有利害关系的，应当回避。

**第十六条　【保密】**审计机关和审计人员对在执行职务中知悉的国家秘密、工作秘密、商业秘密、个人隐私和个人信息，应当予以保密，不得泄露或者向他人非法提供。

**第十七条　【职务保护】**审计人员依法执行职务，受法律保护。

任何组织和个人不得拒绝、阻碍审计人员依法执行职务，不得打击报复审计人员。

审计机关负责人依照法定程序任免。审计机关负责人没有违法失职或者其他不符合任职条件的情况的，不得随意撤换。

地方各级审计机关负责人的任免，应当事先征求上一级审计机关的意见。

## 第三章　审计机关职责

**第十八条　【审计监督对象】**审计机关对本级各部门（含直属单位）和下级政府预算的执行情况和决算以及其他财政收支情况，进行审计监督。

**第十九条　【审计结果报告】**审计署在国务院总理领导下，对中央预算执行情况、决算草案以及其他财政收支情况进行审计监督，向国务院总理提出审计结果报告。

地方各级审计机关分别在省长、自治区主席、市长、州长、县长、区长和上一级审计机关的领导下，对本级预算执行情况、决算草案以及其他财政收支情况进行审计监督，向本级人民政府和上一级审计机关提出审计结果报告。

**第二十条　【对中央银行的审计监督】**审计署对中央银行的财务收支，进行审计监督。

**第二十一条　【对事业组织等的审计监督】**审计机关对国家的事业组织和使用财政资金的其他事业组织的财务收支，进行审计监督。

**第二十二条　【对国有企业、国有金融机构等的审计监督】**审计机关对国有企业、国有金融机构和国有资本占控股地位或者主导地位的企业、金融机构的资产、负债、损益以及其他财务收支情况，进行审计监督。

遇有涉及国家财政金融重大利益情形，为维护国家经济安全，经国务院批准，审计署可以对前款规定以外的金融机构进行专项审计调查或者审计。

**第二十三条　【对预算执行情况和决算的审计监督】**审计机关对政府投资和以政府投资为主的建设项目的预算执行情况和决算，对其他关系国家利益和公共利益的重大公共工程项目的资金管理使用和建设运营情况，进行审计监督。

**第二十四条　【对国有资源、国有资产等的审计监督】**审计机关对国有资源、国有资产，进行审计监督。

审计机关对政府部门管理的和其他单位受政府委托管理的社会保险基金、全国社会保障基金、社会捐赠资金以及其他公共资金的财务收支，进行审计监督。

**第二十五条　【对国际组织和外国政府援助、贷款项目的审计监督】**审计机关对国际组织和外国政府援助、贷款项目的财务收支，进行审计监督。

**第二十六条　【对贯彻落实国家重大经济社会政策措施情况的审计监督】**根据经批准的审计项目计划安排，审计机关可以对被审计单位贯彻落实国家重大经济社会政策措施情况进行审计监督。

**第二十七条　【其他审计事项】**除本法规定的审计事项外，审计机关对其他法律、行政法规规定应当由审计机关进行审计的事项，依照本法和有关法律、行政法规的规定进行审计监督。

**第二十八条　【全面审计与专项审计】**审计机关可以对被审计单位依法应当接受审计的事项进行全面审计，也可以对其中的特定事项进行专项审计。

**第二十九条　【专项审计调查】**审计机关有权对与国家财政收支有关的特定事项，向有关地方、部门、单位进行专项审计调查，并向本级人民政府和上一级审计机关报告审计调查结果。

**第三十条　【风险隐患报告】**审计机关履行审计监督职责，发现经济社会运行中存在风险隐患的，应当及时向本级人民政府报告或者向有关主管机关、单位通报。

**第三十一条　【审计管辖】**审计机关根据被审计单位的财政、财务隶属关系或者国有资源、国有资产监督管理关系，确定审计管辖范围。

审计机关之间对审计管辖范围有争议的，由其共同的上级审计机关确定。

上级审计机关对其审计管辖范围内的审计事项，可以授权下级审计机关进行审计，但本法第十八条至第二十条规定的审计事项不得进行授权；上级审计机关对下级审计机关审计管辖范围内的重大审计事项，可以直接进行审计，但是应当防止不必要的重复审计。

**第三十二条　【健全内部审计制度】**被审计单位应当加强对内部审计工作的领导，按照国家有关规定建立健全内部审计制度。

审计机关应当对被审计单位的内部审计工作进行业务指导和监督。

**第三十三条** 【审计报告核查】社会审计机构审计的单位依法属于被审计单位的，审计机关按照国务院的规定，有权对该社会审计机构出具的相关审计报告进行核查。

## 第四章 审计机关权限

**第三十四条** 【被审计单位不得拒绝、拖延、谎报相关资料】审计机关有权要求被审计单位按照审计机关的规定提供财务、会计资料以及与财政收支、财务收支有关的业务、管理等资料，包括电子数据和有关文档。被审计单位不得拒绝、拖延、谎报。

被审计单位负责人应当对本单位提供资料的及时性、真实性和完整性负责。

审计机关对取得的电子数据等资料进行综合分析，需要向被审计单位核实有关情况的，被审计单位应当予以配合。

**第三十五条** 【政务信息系统和数据共享平台开放】国家政务信息系统和数据共享平台应当按照规定向审计机关开放。

审计机关通过政务信息系统和数据共享平台取得的电子数据等资料能够满足需要的，不得要求被审计单位重复提供。

**第三十六条** 【被审计单位不得拒绝提供相关资料】审计机关进行审计时，有权检查被审计单位的财务、会计资料以及与财政收支、财务收支有关的业务、管理等资料和资产，有权检查被审计单位信息系统的安全性、可靠性、经济性，被审计单位不得拒绝。

**第三十七条** 【如实提供材料】审计机关进行审计时，有权就审计事项的有关问题向有关单位和个人进行调查，并取得有关证明材料。有关单位和个人应当支持、协助审计机关工作，如实向审计机关反映情况，提供有关证明材料。

审计机关经县级以上人民政府审计机关负责人批准，有权查询被审计单位在金融机构的账户。

审计机关有证据证明被审计单位违反国家规定将公款转入其他单位、个人在金融机构账户的，经县级以上人民政府审计机关主要负责人批准，有权查询有关单位、个人在金融机构与审计事项相关的存款。

**第三十八条** 【审计行政强制措施】审计机关进行审计时，被审计单位不得转移、隐匿、篡改、毁弃财务、会计资料以及与财政收支、财务收支有关的业务、管理等资料，不得转移、隐匿、故意毁损所持有的违反国家规定取得的资产。

审计机关对被审计单位违反前款规定的行为，有权予以制止；必要时，经县级以上人民政府审计机关负责人批准，有权封存有关资料和违反国家规定取得的资产；对其中在金融机构的有关存款需要予以冻结的，应当向人民法院提出申请。

审计机关对被审计单位正在进行的违反国家规定的财政收支、财务收支行为，有权予以制止；制止无效的，经县级以上人民政府审计机关负责人批准，通知财政部门和有关主管机关、单位暂停拨付与违反国家规定的财政收支、财务收支行为直接有关的款项，已经拨付的，暂停使用。

审计机关采取前两款规定的措施不得影响被审计单位合法的业务活动和生产经营活动。

**第三十九条** 【违法规定的纠正】审计机关认为被审计单位所执行的上级主管机关、单位有关财政收支、财务收支的规定与法律、行政法规相抵触的，应当建议有关主管机关、单位纠正；有关主管机关、单位不予纠正的，审计机关应当提请有权处理的机关、单位依法处理。

**第四十条** 【审计结果公布】审计机关可以向政府有关部门通报或者向社会公布审计结果。

审计机关通报或者公布审计结果，应当保守国家秘密、工作秘密、商业秘密、个人隐私和个人信息，遵守法律、行政法规和国务院的有关规定。

**第四十一条** 【协助义务】审计机关履行审计监督职责，可以提请公安、财政、自然资源、生态环境、海关、税务、市场监督管理等机关予以协助。有关机关应当依法予以配合。

## 第五章 审计程序

**第四十二条** 【审计执行】审计机关根据经批准的审计项目计划确定的审计事项组成审计组，并应当在实施审计三日前，向被审计单位送达审计通知书；遇有特殊情况，经县级以上人民政府审计机关负责人批准，可以直接持审计通知书实施审计。

被审计单位应当配合审计机关的工作，并提供必要的工作条件。

审计机关应当提高审计工作效率。

**第四十三条** 【审计方式】审计人员通过审查财务、会计资料，查阅与审计事项有关的文件、资料，检查现金、实物、有价证券和信息系统，向有关单位和个人调查等方式进行审计，并取得证明材料。

向有关单位和个人进行调查时，审计人员应当不少于二人，并出示其工作证件和审计通知书副本。

**第四十四条** 【**审计报告**】审计组对审计事项实施审计后,应当向审计机关提出审计组的审计报告。审计组的审计报告报送审计机关前,应当征求被审计单位的意见。被审计单位应当自接到审计组的审计报告之日起十日内,将其书面意见送交审计组。审计组应当将被审计单位的书面意见一并报送审计机关。

**第四十五条** 【**审计报告和审计决定**】审计机关按照审计署规定的程序对审计组的审计报告进行审议,并对被审计单位对审计组的审计报告提出的意见一并研究后,出具审计机关的审计报告。对违反国家规定的财政收支、财务收支行为,依法应当给予处理、处罚的,审计机关在法定职权范围内作出审计决定;需要移送有关主管机关、单位处理、处罚的,审计机关应当依法移送。

审计机关应当将审计机关的审计报告和审计决定送达被审计单位和有关主管机关、单位,并报上一级审计机关。审计决定自送达之日起生效。

**第四十六条** 【**级别监督**】上级审计机关认为下级审计机关作出的审计决定违反国家有关规定的,可以责成下级审计机关予以变更或者撤销,必要时也可以直接作出变更或者撤销的决定。

## 第六章 法律责任

**第四十七条** 【**拒绝、拖延提供资料的处罚**】被审计单位违反本法规定,拒绝、拖延提供与审计事项有关的资料的,或者提供的资料不真实、不完整的,或者拒绝、阻碍检查、调查、核实有关情况的,由审计机关责令改正,可以通报批评,给予警告;拒不改正的,依法追究法律责任。

**第四十八条** 【**转移、隐匿、篡改、毁弃财务、会计资料等的处罚**】被审计单位违反本法规定,转移、隐匿、篡改、毁弃财务、会计资料以及与财政收支、财务收支有关的业务、管理等资料,或者转移、隐匿、故意毁损所持有的违反国家规定取得的资产,审计机关认为对直接负责的主管人员和其他直接责任人员依法应当给予处分的,应当向被审计单位提出处理建议,或者移送监察机关和有关主管机关、单位处理,有关机关、单位应当将处理结果书面告知审计机关;构成犯罪的,依法追究刑事责任。

**第四十九条** 【**对违规财政收支行为的处理措施**】对本级各部门(含直属单位)和下级政府违反预算的行为或者其他违反国家规定的财政收支行为,审计机关、人民政府或者有关主管机关、单位在法定职权范围内,依照法律、行政法规的规定,区别情况采取下列处理措施:

(一)责令限期缴纳应当上缴的款项;

(二)责令限期退还被侵占的国有资产;

(三)责令限期退还违法所得;

(四)责令按照国家统一的财务、会计制度的有关规定进行处理;

(五)其他处理措施。

**第五十条** 【**对被审计单位违规财务收支行为的处罚**】对被审计单位违反国家规定的财务收支行为,审计机关、人民政府或者有关主管机关、单位在法定职权范围内,依照法律、行政法规的规定,区别情况采取前条规定的处理措施,并可以依法给予处罚。

**第五十一条** 【**审计决定的执行**】审计机关在法定职权范围内作出的审计决定,被审计单位应当执行。

审计机关依法责令被审计单位缴纳应当上缴的款项,被审计单位拒不执行的,审计机关应当通报有关主管机关、单位,有关主管机关、单位应当依照有关法律、行政法规的规定予以扣缴或者采取其他处理措施,并将处理结果书面告知审计机关。

**第五十二条** 【**审计整改**】被审计单位应当按照规定时间整改审计查出的问题,将整改情况报告审计机关,同时向本级人民政府或者有关主管机关、单位报告,并按照规定向社会公布。

各级人民政府和有关主管机关、单位应当督促被审计单位整改审计查出的问题。审计机关应当对被审计单位整改情况进行跟踪检查。

审计结果以及整改情况应当作为考核、任免、奖惩领导干部和制定政策、完善制度的重要参考;拒不整改或者整改时弄虚作假的,依法追究法律责任。

**第五十三条** 【**救济途径**】被审计单位对审计机关作出的有关财务收支的审计决定不服的,可以依法申请行政复议或者提起行政诉讼。

被审计单位对审计机关作出的有关财政收支的审计决定不服的,可以提请审计机关的本级人民政府裁决,本级人民政府的裁决为最终决定。

**第五十四条** 【**对直接责任人员的处分**】被审计单位的财政收支、财务收支违反国家规定,审计机关认为对直接负责的主管人员和其他直接责任人员依法应当给予处分的,应当向被审计单位提出处理建议,或者移送监察机关和有关主管机关、单位处理,有关机关、单位应当将处理结果书面告知审计机关。

**第五十五条** 【**被审计单位的刑事责任**】被审计单位的财政收支、财务收支违反法律、行政法规的规定,构成犯罪的，依法追究刑事责任。

**第五十六条** 【报复陷害审计人员的责任】报复陷害审计人员的，依法给予处分；构成犯罪的，依法追究刑事责任。

**第五十七条** 【渎职责任】审计人员滥用职权、徇私舞弊、玩忽职守或者泄露、向他人非法提供所知悉的国家秘密、工作秘密、商业秘密、个人隐私和个人信息的，依法给予处分；构成犯罪的，依法追究刑事责任。

### 第七章 附 则

**第五十八条** 【离任审计】领导干部经济责任审计和自然资源资产离任审计，依照本法和国家有关规定执行。

**第五十九条** 【解放军审计工作】中国人民解放军和中国人民武装警察部队审计工作的规定，由中央军事委员会根据本法制定。

审计机关和军队审计机构应当建立健全协作配合机制，按照国家有关规定对涉及军地经济事项实施联合审计。

**第六十条** 【施行日期】本法自1995年1月1日起施行。1988年11月30日国务院发布的《中华人民共和国审计条例》同时废止。

## 中华人民共和国审计法实施条例

*1. 1997年10月21日国务院令第231号公布*
*2. 2010年2月11日国务院令第571号修订公布*
*3. 自2010年5月1日起施行*

### 第一章 总 则

**第一条** 根据《中华人民共和国审计法》（以下简称审计法）的规定，制定本条例。

**第二条** 审计法所称审计，是指审计机关依法独立检查被审计单位的会计凭证、会计账簿、财务会计报告以及其他与财政收支、财务收支有关的资料和资产，监督财政收支、财务收支真实、合法和效益的行为。

**第三条** 审计法所称财政收支，是指依照《中华人民共和国预算法》和国家其他有关规定，纳入预算管理的收入和支出，以及下列财政资金中未纳入预算管理的收入和支出：

（一）行政事业性收费；
（二）国有资源、国有资产收入；
（三）应当上缴的国有资本经营收益；
（四）政府举借债务筹措的资金；
（五）其他未纳入预算管理的财政资金。

**第四条** 审计法所称财务收支，是指国有的金融机构、企业事业组织以及依法应当接受审计机关审计监督的其他单位，按照国家财务会计制度的规定，实行会计核算的各项收入和支出。

**第五条** 审计机关依照审计法和本条例以及其他有关法律、法规规定的职责、权限和程序进行审计监督。

审计机关依照有关财政收支、财务收支的法律、法规，以及国家有关政策、标准、项目目标等方面的规定进行审计评价，对被审计单位违反国家规定的财政收支、财务收支行为，在法定职权范围内作出处理、处罚的决定。

**第六条** 任何单位和个人对依法应当接受审计机关审计监督的单位违反国家规定的财政收支、财务收支行为，有权向审计机关举报。审计机关接到举报，应当依法及时处理。

### 第二章 审计机关和审计人员

**第七条** 审计署在国务院总理领导下，主管全国的审计工作，履行审计法和国务院规定的职责。

地方各级审计机关在本级人民政府行政首长和上一级审计机关的领导下，负责本行政区域的审计工作，履行法律、法规和本级人民政府规定的职责。

**第八条** 省、自治区人民政府设有派出机关的，派出机关的审计机关对派出机关和省、自治区人民政府审计机关负责并报告工作，审计业务以省、自治区人民政府审计机关领导为主。

**第九条** 审计机关派出机构依照法律、法规和审计机关的规定，在审计机关的授权范围内开展审计工作，不受其他行政机关、社会团体和个人的干涉。

**第十条** 审计机关编制年度经费预算草案的依据主要包括：

（一）法律、法规；
（二）本级人民政府的决定和要求；
（三）审计机关的年度审计工作计划；
（四）定员定额标准；
（五）上一年度经费预算执行情况和本年度的变化因素。

**第十一条** 审计人员实行审计专业技术资格制度，具体按照国家有关规定执行。

审计机关根据工作需要，可以聘请具有与审计事项相关专业知识的人员参加审计工作。

**第十二条** 审计人员办理审计事项，有下列情形之一的，应当申请回避，被审计单位也有权申请审计人员回避：

（一）与被审计单位负责人或者有关主管人员有

夫妻关系、直系血亲关系、三代以内旁系血亲或者近姻亲关系的；

（二）与被审计单位或者审计事项有经济利益关系的；

（三）与被审计单位、审计事项、被审计单位负责人或者有关主管人员有其他利害关系，可能影响公正执行公务的。

审计人员的回避，由审计机关负责人决定；审计机关负责人办理审计事项时的回避，由本级人民政府或者上一级审计机关负责人决定。

**第十三条** 地方各级审计机关正职和副职负责人的任免，应当事先征求上一级审计机关的意见。

**第十四条** 审计机关负责人在任职期间没有下列情形之一的，不得随意撤换：

（一）因犯罪被追究刑事责任的；

（二）因严重违法、失职受到处分，不适宜继续担任审计机关负责人的；

（三）因健康原因不能履行职责1年以上的；

（四）不符合国家规定的其他任职条件的。

## 第三章 审计机关职责

**第十五条** 审计机关对本级人民政府财政部门具体组织本级预算执行的情况，本级预算收入征收部门征收预算收入的情况，与本级人民政府财政部门直接发生预算缴款、拨款关系的部门、单位的预算执行情况和决算，下级人民政府的预算执行情况和决算，以及其他财政收支情况，依法进行审计监督。经本级人民政府批准，审计机关对其他取得财政资金的单位和项目接受、运用财政资金的真实、合法和效益情况，依法进行审计监督。

**第十六条** 审计机关对本级预算收入和支出的执行情况进行审计监督的内容包括：

（一）财政部门按照本级人民代表大会批准的本级预算向本级各部门（含直属单位）批复预算的情况、本级预算执行中调整情况和预算收支变化情况；

（二）预算收入征收部门依照法律、行政法规的规定和国家其他有关规定征收预算收入情况；

（三）财政部门按照批准的年度预算、用款计划，以及规定的预算级次和程序，拨付本级预算支出资金情况；

（四）财政部门依照法律、行政法规的规定和财政管理体制，拨付和管理政府间财政转移支付资金情况以及办理结算、结转情况；

（五）国库按照国家有关规定办理预算收入的收纳、划分、留解情况和预算支出资金的拨付情况；

（六）本级各部门（含直属单位）执行年度预算情况；

（七）依照国家有关规定实行专项管理的预算资金收支情况；

（八）法律、法规规定的其他预算执行情况。

**第十七条** 审计法第十七条所称审计结果报告，应当包括下列内容：

（一）本级预算执行和其他财政收支的基本情况；

（二）审计机关对本级预算执行和其他财政收支情况作出的审计评价；

（三）本级预算执行和其他财政收支中存在的问题以及审计机关依法采取的措施；

（四）审计机关提出的改进本级预算执行和其他财政收支管理工作的建议；

（五）本级人民政府要求报告的其他情况。

**第十八条** 审计署对中央银行及其分支机构履行职责所发生的各项财务收支，依法进行审计监督。

审计署向国务院总理提出的中央预算执行和其他财政收支情况审计结果报告，应当包括对中央银行的财务收支的审计情况。

**第十九条** 审计法第二十一条所称国有资本占控股地位或者主导地位的企业、金融机构，包括：

（一）国有资本占企业、金融机构资本（股本）总额的比例超过50%的；

（二）国有资本占企业、金融机构资本（股本）总额的比例在50%以下，但国有资本投资主体拥有实际控制权的。

审计机关对前款规定的企业、金融机构，除国务院另有规定外，比照审计法第十八条第二款、第二十条规定进行审计监督。

**第二十条** 审计法第二十二条所称政府投资和以政府投资为主的建设项目，包括：

（一）全部使用预算内投资资金、专项建设基金、政府举借债务筹措的资金等财政资金的；

（二）未全部使用财政资金，财政资金占项目总投资的比例超过50%，或者占项目总投资的比例在50%以下，但政府拥有项目建设、运营实际控制权的。

审计机关对前款规定的建设项目的总预算或者概算的执行情况、年度预算的执行情况和年度决算、单项工程结算、项目竣工决算，依法进行审计监督；对前款规定的建设项目进行审计时，可以对直接有关的设计、施工、供货等单位取得建设项目资金的真实性、合法性进行调查。

**第二十一条** 审计法第二十三条所称社会保障基金，包括社会保险、社会救助、社会福利基金以及发展社会保障事业的其他专项基金；所称社会捐赠资金，包括来源于境内外的货币、有价证券和实物等各种形式的捐赠。

**第二十二条** 审计法第二十四条所称国际组织和外国政府援助、贷款项目，包括：

（一）国际组织、外国政府及其机构向中国政府及其机构提供的贷款项目；

（二）国际组织、外国政府及其机构向中国企业事业组织以及其他组织提供的由中国政府及其机构担保的贷款项目；

（三）国际组织、外国政府及其机构向中国政府及其机构提供的援助和赠款项目；

（四）国际组织、外国政府及其机构向受中国政府委托管理有关基金、资金的单位提供的援助和赠款项目；

（五）国际组织、外国政府及其机构提供援助、贷款的其他项目。

**第二十三条** 审计机关可以依照审计法和本条例规定的审计程序、方法以及国家其他有关规定，对预算管理或者国有资产管理使用等与国家财政收支有关的特定事项，向有关地方、部门、单位进行专项审计调查。

**第二十四条** 审计机关根据被审计单位的财政、财务隶属关系，确定审计管辖范围；不能根据财政、财务隶属关系确定审计管辖范围的，根据国有资产监督管理关系，确定审计管辖范围。

两个以上国有资本投资主体投资的金融机构、企业事业组织和建设项目，由对主要投资主体有审计管辖权的审计机关进行审计监督。

**第二十五条** 各级审计机关应当按照确定的审计管辖范围进行审计监督。

**第二十六条** 依法属于审计机关审计监督对象的单位的内部审计工作，应当接受审计机关的业务指导和监督。

依法属于审计机关审计监督对象的单位，可以根据内部审计工作的需要，参加依法成立的内部审计自律组织。审计机关可以通过内部审计自律组织，加强对内部审计工作的业务指导和监督。

**第二十七条** 审计机关进行审计或者专项审计调查时，有权对社会审计机构出具的相关审计报告进行核查。

审计机关核查社会审计机构出具的相关审计报告时，发现社会审计机构存在违反法律、法规或者执业准则等情况的，应当移送有关主管机关依法追究责任。

## 第四章 审计机关权限

**第二十八条** 审计机关依法进行审计监督时，被审计单位应当依照审计法第三十一条规定，向审计机关提供与财政收支、财务收支有关的资料。被审计单位负责人应当对本单位提供资料的真实性和完整性作出书面承诺。

**第二十九条** 各级人民政府财政、税务以及其他部门（含直属单位）应当向本级审计机关报送下列资料：

（一）本级人民代表大会批准的本级预算和本级人民政府财政部门向本级各部门（含直属单位）批复的预算，预算收入征收部门的年度收入计划，以及本级各部门（含直属单位）向所属各单位批复的预算；

（二）本级预算收支执行和预算收入征收部门的收入计划完成情况月报、年报，以及决算情况；

（三）综合性财政税务工作统计年报、情况简报，财政、预算、税务、财务和会计等规章制度；

（四）本级各部门（含直属单位）汇总编制的本部门决算草案。

**第三十条** 审计机关依照审计法第三十三条规定查询被审计单位在金融机构的账户的，应当持县级以上人民政府审计机关负责人签发的协助查询单位账户通知书；查询被审计单位以个人名义在金融机构的存款的，应当持县级以上人民政府审计机关主要负责人签发的协助查询个人存款通知书。有关金融机构应当予以协助，并提供证明材料，审计机关和审计人员负有保密义务。

**第三十一条** 审计法第三十四条所称违反国家规定取得的资产，包括：

（一）弄虚作假骗取的财政拨款、实物以及金融机构贷款；

（二）违反国家规定享受国家补贴、补助、贴息、免息、减税、免税、退税等优惠政策取得的资产；

（三）违反国家规定向他人收取的款项、有价证券、实物；

（四）违反国家规定处分国有资产取得的收益；

（五）违反国家规定取得的其他资产。

**第三十二条** 审计机关依照审计法第三十四条规定封存被审计单位有关资料和违反国家规定取得的资产的，应当持县级以上人民政府审计机关负责人签发的封存通知书，并在依法收集与审计事项相关的证明材料或者采取其他措施后解除封存。封存的期限为 7 日以内；有特殊情况需要延长的，经县级以上人民政府审计机关负责人批准，可以适当延长，但延长的期限不得超过7日。

对封存的资料、资产，审计机关可以指定被审计单位负责保管，被审计单位不得损毁或者擅自转移。

**第三十三条**　审计机关依照审计法第三十六条规定，可以就有关审计事项向政府有关部门通报或者向社会公布对被审计单位的审计、专项审计调查结果。

审计机关经与有关主管机关协商，可以在向社会公布的审计、专项审计调查结果中，一并公布对社会审计机构相关审计报告核查的结果。

审计机关拟向社会公布对上市公司的审计、专项审计调查结果的，应当在5日前将拟公布的内容告知上市公司。

## 第五章　审计程序

**第三十四条**　审计机关应当根据法律、法规和国家其他有关规定，按照本级人民政府和上级审计机关的要求，确定年度审计工作重点，编制年度审计项目计划。

审计机关在年度审计项目计划中确定对国有资本占控股地位或者主导地位的企业、金融机构进行审计的，应当自确定之日起7日内告知列入年度审计项目计划的企业、金融机构。

**第三十五条**　审计机关应当根据年度审计项目计划，组成审计组，调查了解被审计单位的有关情况，编制审计方案，并在实施审计3日前，向被审计单位送达审计通知书。

**第三十六条**　审计法第三十八条所称特殊情况，包括：

（一）办理紧急事项的；

（二）被审计单位涉嫌严重违法违规的；

（三）其他特殊情况。

**第三十七条**　审计人员实施审计时，应当按照下列规定办理：

（一）通过检查、查询、监督盘点、发函询证等方法实施审计；

（二）通过收集原件、原物或者复制、拍照等方法取得证明材料；

（三）对与审计事项有关的会议和谈话内容作出记录，或者要求被审计单位提供会议记录材料；

（四）记录审计实施过程和查证结果。

**第三十八条**　审计人员向有关单位和个人调查取得的证明材料，应当有提供者的签名或者盖章；不能取得提供者签名或者盖章的，审计人员应当注明原因。

**第三十九条**　审计组向审计机关提出审计报告前，应当书面征求被审计单位意见。被审计单位应当自接到审计组的审计报告之日起10日内，提出书面意见；10日内未提出书面意见的，视同无异议。

审计组应当针对被审计单位提出的书面意见，进一步核实情况，对审计组的审计报告作必要修改，连同被审计单位的书面意见一并报送审计机关。

**第四十条**　审计机关有关业务机构和专门机构或者人员对审计组的审计报告以及相关审计事项进行复核、审理后，由审计机关按照下列规定办理：

（一）提出审计机关的审计报告，内容包括：对审计事项的审计评价，对违反国家规定的财政收支、财务收支行为提出的处理、处罚意见，移送有关主管机关、单位的意见，改进财政收支、财务收支管理工作的意见；

（二）对违反国家规定的财政收支、财务收支行为，依法应当给予处理、处罚的，在法定职权范围内作出处理、处罚的审计决定；

（三）对依法应当追究有关人员责任的，向有关主管机关、单位提出给予处分的建议；对依法应当由有关主管机关处理、处罚的，移送有关主管机关；涉嫌犯罪的，移送司法机关。

**第四十一条**　审计机关在审计中发现损害国家利益和社会公共利益的事项，但处理、处罚依据又不明确的，应当向本级人民政府和上一级审计机关报告。

**第四十二条**　被审计单位应当按照审计机关规定的期限和要求执行审计决定。对应当上缴的款项，被审计单位应当按照财政管理体制和国家有关规定缴入国库或者财政专户。审计决定需要有关主管机关、单位协助执行的，审计机关应当书面提请协助执行。

**第四十三条**　上级审计机关应当对下级审计机关的审计业务依法进行监督。

下级审计机关作出的审计决定违反国家有关规定的，上级审计机关可以责成下级审计机关予以变更或者撤销，也可以直接作出变更或者撤销的决定；审计决定被撤销后需要重新作出审计决定的，上级审计机关可以责成下级审计机关在规定的期限内重新作出审计决定，也可以直接作出审计决定。

下级审计机关应当作出而没有作出审计决定的，上级审计机关可以责成下级审计机关在规定的期限内作出审计决定，也可以直接作出审计决定。

**第四十四条**　审计机关进行专项审计调查时，应当向被调查的地方、部门、单位出示专项审计调查的书面通知，并说明有关情况；有关地方、部门、单位应当接受调查，如实反映情况，提供有关资料。

在专项审计调查中，依法属于审计机关审计监督对象的部门、单位有违反国家规定的财政收支、财务收支行为或者其他违法违规行为的，专项审计调查人员和审计机关可以依照审计法和本条例的规定提出审计报告，作出审计决定，或者移送有关主管机关、单位依法追究责任。

**第四十五条** 审计机关应当按照国家有关规定建立、健全审计档案制度。

**第四十六条** 审计机关送达审计文书，可以直接送达，也可以邮寄送达或者以其他方式送达。直接送达的，以被审计单位在送达回证上注明的签收日期或者见证人证明的收件日期为送达日期；邮寄送达的，以邮政回执上注明的收件日期为送达日期；以其他方式送达的，以签收或者收件日期为送达日期。

审计机关的审计文书的种类、内容和格式，由审计署规定。

## 第六章 法律责任

**第四十七条** 被审计单位违反审计法和本条例的规定，拒绝、拖延提供与审计事项有关的资料，或者提供的资料不真实、不完整，或者拒绝、阻碍检查的，由审计机关责令改正，可以通报批评，给予警告；拒不改正的，对被审计单位可以处5万元以下的罚款，对直接负责的主管人员和其他直接责任人员，可以处2万元以下的罚款，审计机关认为应当给予处分的，向有关主管机关、单位提出给予处分的建议；构成犯罪的，依法追究刑事责任。

**第四十八条** 对本级各部门（含直属单位）和下级人民政府违反预算的行为或者其他违反国家规定的财政收支行为，审计机关在法定职权范围内，依照法律、行政法规的规定，区别情况采取审计法第四十五条规定的处理措施。

**第四十九条** 对被审计单位违反国家规定的财务收支行为，审计机关在法定职权范围内，区别情况采取审计法第四十五条规定的处理措施，可以通报批评，给予警告；有违法所得的，没收违法所得，并处违法所得1倍以上5倍以下的罚款；没有违法所得的，可以处5万元以下的罚款；对直接负责的主管人员和其他直接责任人员，可以处2万元以下的罚款，审计机关认为应当给予处分的，向有关主管机关、单位提出给予处分的建议；构成犯罪的，依法追究刑事责任。

法律、行政法规对被审计单位违反国家规定的财务收支行为处理、处罚另有规定的，从其规定。

**第五十条** 审计机关在作出较大数额罚款的处罚决定前，应当告知被审计单位和有关人员有要求举行听证的权利。较大数额罚款的具体标准由审计署规定。

**第五十一条** 审计机关提出的对被审计单位给予处理、处罚的建议以及对直接负责的主管人员和其他直接责任人员给予处分的建议，有关主管机关、单位应当依法及时作出决定，并将结果书面通知审计机关。

**第五十二条** 被审计单位对审计机关依照审计法第十六条、第十七条和本条例第十五条规定进行审计监督作出的审计决定不服的，可以自审计决定送达之日起60日内，提请审计机关的本级人民政府裁决，本级人民政府的裁决为最终决定。

审计机关应当在审计决定中告知被审计单位提请裁决的途径和期限。

裁决期间，审计决定不停止执行。但是，有下列情形之一的，可以停止执行：

（一）审计机关认为需要停止执行的；

（二）受理裁决的人民政府认为需要停止执行的；

（三）被审计单位申请停止执行，受理裁决的人民政府认为其要求合理，决定停止执行的。

裁决由本级人民政府法制机构办理。裁决决定应当自接到提请之日起60日内作出；有特殊情况需要延长的，经法制机构负责人批准，可以适当延长，并告知审计机关和提请裁决的被审计单位，但延长的期限不得超过30日。

**第五十三条** 除本条例第五十二条规定的可以提请裁决的审计决定外，被审计单位对审计机关作出的其他审计决定不服的，可以依法申请行政复议或者提起行政诉讼。

审计机关应当在审计决定中告知被审计单位申请行政复议或者提起行政诉讼的途径和期限。

**第五十四条** 被审计单位应当将审计决定执行情况书面报告审计机关。审计机关应当检查审计决定的执行情况。

被审计单位不执行审计决定的，审计机关应当责令限期执行；逾期仍不执行的，审计机关可以申请人民法院强制执行，建议有关主管机关、单位对直接负责的主管人员和其他直接责任人员给予处分。

**第五十五条** 审计人员滥用职权、徇私舞弊、玩忽职守，或者泄露所知悉的国家秘密、商业秘密的，依法给予处分；构成犯罪的，依法追究刑事责任。

审计人员违法违纪取得的财物，依法予以追缴、没收或者责令退赔。

## 第七章 附则

**第五十六条** 本条例所称以上、以下，包括本数。

本条例第五十二条规定的期间的最后一日是法定节假日的，以节假日后的第一个工作日为期间届满日。审计法和本条例规定的其他期间以工作日计算，不含法定节假日。

**第五十七条**　实施经济责任审计的规定，另行制定。

**第五十八条**　本条例自2010年5月1日起施行。

## 中华人民共和国国家审计准则

*1．2010年9月1日审计署令第8号公布*
*2．自2011年1月1日起施行*

### 第一章　总　　则

**第一条**　为了规范和指导审计机关和审计人员执行审计业务的行为，保证审计质量，防范审计风险，发挥审计保障国家经济和社会健康运行的“免疫系统”功能，根据《中华人民共和国审计法》、《中华人民共和国审计法实施条例》和其他有关法律法规，制定本准则。

**第二条**　本准则是审计机关和审计人员履行法定审计职责的行为规范，是执行审计业务的职业标准，是评价审计质量的基本尺度。

**第三条**　本准则中使用“应当”、“不得”词汇的条款为约束性条款，是审计机关和审计人员执行审计业务必须遵守的职业要求。

本准则中使用“可以”词汇的条款为指导性条款，是对良好审计实务的推介。

**第四条**　审计机关和审计人员执行审计业务，应当适用本准则。其他组织或者人员接受审计机关的委托、聘用，承办或者参加审计业务，也应当适用本准则。

**第五条**　审计机关和审计人员执行审计业务，应当区分被审计单位的责任和审计机关的责任。

在财政收支、财务收支以及有关经济活动中，履行法定职责、遵守相关法律法规、建立并实施内部控制、按照有关会计准则和会计制度编报财务会计报告、保持财务会计资料的真实性和完整性，是被审计单位的责任。

依据法律法规和本准则的规定，对被审计单位财政收支、财务收支以及有关经济活动独立实施审计并作出审计结论，是审计机关的责任。

**第六条**　审计机关的主要工作目标是通过监督被审计单位财政收支、财务收支以及有关经济活动的真实性、合法性、效益性，维护国家经济安全，推进民主法治，促进廉政建设，保障国家经济和社会健康发展。

真实性是指反映财政收支、财务收支以及有关经济活动的信息与实际情况相符合的程度。

合法性是指财政收支、财务收支以及有关经济活动遵守法律、法规或者规章的情况。

效益性是指财政收支、财务收支以及有关经济活动实现的经济效益、社会效益和环境效益。

**第七条**　审计机关对依法属于审计机关审计监督对象的单位、项目、资金进行审计。

审计机关按照国家有关规定，对依法属于审计机关审计监督对象的单位的主要负责人经济责任进行审计。

**第八条**　审计机关依法对预算管理或者国有资产管理使用等与国家财政收支有关的特定事项向有关地方、部门、单位进行专项审计调查。

审计机关进行专项审计调查时，也应当适用本准则。

**第九条**　审计机关和审计人员执行审计业务，应当依据年度审计项目计划，编制审计实施方案，获取审计证据，作出审计结论。

审计机关应当委派具备相应资格和能力的审计人员承办审计业务，并建立和执行审计质量控制制度。

**第十条**　审计机关依据法律法规规定，公开履行职责的情况及其结果，接受社会公众的监督。

**第十一条**　审计机关和审计人员未遵守本准则约束性条款的，应当说明原因。

### 第二章　审计机关和审计人员

**第十二条**　审计机关和审计人员执行审计业务，应当具备本准则规定的资格条件和职业要求。

**第十三条**　审计机关执行审计业务，应当具备下列资格条件：

（一）符合法定的审计职责和权限；

（二）有职业胜任能力的审计人员；

（三）建立适当的审计质量控制制度；

（四）必需的经费和其他工作条件。

**第十四条**　审计人员执行审计业务，应当具备下列职业要求：

（一）遵守法律法规和本准则；

（二）恪守审计职业道德；

（三）保持应有的审计独立性；

（四）具备必需的职业胜任能力；

（五）其他职业要求。

**第十五条**　审计人员应当恪守严格依法、正直坦诚、客观公正、勤勉尽责、保守秘密的基本审计职业道德。

严格依法就是审计人员应当严格依照法定的审计职责、权限和程序进行审计监督，规范审计行为。

正直坦诚就是审计人员应当坚持原则，不屈从于外部压力；不歪曲事实，不隐瞒审计发现的问题；廉洁自律，不利用职权谋取私利；维护国家利益和公共利益。

客观公正就是审计人员应当保持客观公正的立场和态度，以适当、充分的审计证据支持审计结论，实事求是地作出审计评价和处理审计发现的问题。

勤勉尽责就是审计人员应当爱岗敬业，勤勉高效，严谨细致，认真履行审计职责，保证审计工作质量。

保守秘密就是审计人员应当保守其在执行审计业务中知悉的国家秘密、商业秘密；对于执行审计业务取得的资料、形成的审计记录和掌握的相关情况，未经批准不得对外提供和披露，不得用于与审计工作无关的目的。

**第十六条** 审计人员执行审计业务时，应当保持应有的审计独立性，遇有下列可能损害审计独立性情形的，应当向审计机关报告：

（一）与被审计单位负责人或者有关主管人员有夫妻关系、直系血亲关系、三代以内旁系血亲以及近姻亲关系；

（二）与被审计单位或者审计事项有直接经济利益关系；

（三）对曾经管理或者直接办理过的相关业务进行审计；

（四）可能损害审计独立性的其他情形。

**第十七条** 审计人员不得参加影响审计独立性的活动，不得参与被审计单位的管理活动。

**第十八条** 审计机关组成审计组时，应当了解审计组成员可能损害审计独立性的情形，并根据具体情况采取下列措施，避免损害审计独立性：

（一）依法要求相关审计人员回避；

（二）对相关审计人员执行具体审计业务的范围作出限制；

（三）对相关审计人员的工作追加必要的复核程序；

（四）其他措施。

**第十九条** 审计机关应当建立审计人员交流等制度，避免审计人员因执行审计业务长期与同一被审计单位接触可能对审计独立性造成的损害。

**第二十条** 审计机关可以聘请外部人员参加审计业务或者提供技术支持、专业咨询、专业鉴定。

审计机关聘请的外部人员应当具备本准则第十四条规定的职业要求。

**第二十一条** 有下列情形之一的外部人员，审计机关不得聘请：

（一）被刑事处罚的；

（二）被劳动教养的；

（三）被行政拘留的；

（四）审计独立性可能受到损害的；

（五）法律规定不得从事公务的其他情形。

**第二十二条** 审计人员应当具备与其从事审计业务相适应的专业知识、职业能力和工作经验。

审计机关应当建立和实施审计人员录用、继续教育、培训、业绩评价考核和奖惩激励制度，确保审计人员具有与其从事业务相适应的职业胜任能力。

**第二十三条** 审计机关应当合理配备审计人员，组成审计组，确保其在整体上具备与审计项目相适应的职业胜任能力。

被审计单位的信息技术对实现审计目标有重大影响的，审计组的整体胜任能力应当包括信息技术方面的胜任能力。

**第二十四条** 审计人员执行审计业务时，应当合理运用职业判断，保持职业谨慎，对被审计单位可能存在的重要问题保持警觉，并审慎评价所获取审计证据的适当性和充分性，得出恰当的审计结论。

**第二十五条** 审计人员执行审计业务时，应当从下列方面保持与被审计单位的工作关系：

（一）与被审计单位沟通并听取其意见；

（二）客观公正地作出审计结论，尊重并维护被审计单位的合法权益；

（三）严格执行审计纪律；

（四）坚持文明审计，保持良好的职业形象。

## 第三章 审计计划

**第二十六条** 审计机关应当根据法定的审计职责和审计管辖范围，编制年度审计项目计划。

编制年度审计项目计划应当服务大局，围绕政府工作中心，突出审计工作重点，合理安排审计资源，防止不必要的重复审计。

**第二十七条** 审计机关按照下列步骤编制年度审计项目计划：

（一）调查审计需求，初步选择审计项目；

（二）对初选审计项目进行可行性研究，确定备选审计项目及其优先顺序；

（三）评估审计机关可用审计资源，确定审计项目，编制年度审计项目计划。

**第二十八条** 审计机关从下列方面调查审计需求，初步选择审计项目：

（一）国家和地区财政收支、财务收支以及有关经济活动情况；

（二）政府工作中心；

（三）本级政府行政首长和相关领导机关对审计工作的要求；

（四）上级审计机关安排或者授权审计的事项；

（五）有关部门委托或者提请审计机关审计的事项；

（六）群众举报、公众关注的事项；

（七）经分析相关数据认为应当列入审计的事项；

（八）其他方面的需求。

**第二十九条** 审计机关对初选审计项目进行可行性研究，确定初选审计项目的审计目标、审计范围、审计重点和其他重要事项。

进行可行性研究重点调查研究下列内容：

（一）与确定和实施审计项目相关的法律法规和政策；

（二）管理体制、组织结构、主要业务及其开展情况；

（三）财政收支、财务收支状况及结果；

（四）相关的信息系统及其电子数据情况；

（五）管理和监督机构的监督检查情况及结果；

（六）以前年度审计情况；

（七）其他相关内容。

**第三十条** 审计机关在调查审计需求和可行性研究过程中，从下列方面对初选审计项目进行评估，以确定备选审计项目及其优先顺序：

（一）项目重要程度，评估在国家经济和社会发展中的重要性、政府行政首长和相关领导机关及公众关注程度、资金和资产规模等；

（二）项目风险水平，评估项目规模、管理和控制状况等；

（三）审计预期效果；

（四）审计频率和覆盖面；

（五）项目对审计资源的要求。

**第三十一条** 年度审计项目计划应当按照审计机关规定的程序审定。

审计机关在审定年度审计项目计划前，根据需要，可以组织专家进行论证。

**第三十二条** 下列审计项目应当作为必选审计项目：

（一）法律法规规定每年应当审计的项目；

（二）本级政府行政首长和相关领导机关要求审计的项目；

（三）上级审计机关安排或者授权的审计项目。

审计机关对必选审计项目，可以不进行可行性研究。

**第三十三条** 上级审计机关直接审计下级审计机关审计管辖范围内的重大审计事项，应当列入上级审计机关年度审计项目计划，并及时通知下级审计机关。

**第三十四条** 上级审计机关可以依法将其审计管辖范围内的审计事项，授权下级审计机关进行审计。对于上级审计机关审计管辖范围内的审计事项，下级审计机关也可以提出授权申请，报有管辖权的上级审计机关审批。

获得授权的审计机关应当将授权的审计事项列入年度审计项目计划。

**第三十五条** 根据中国政府及其机构与国际组织、外国政府及其机构签订的协议和上级审计机关的要求，审计机关确定对国际组织、外国政府及其机构援助、贷款项目进行审计的，应当纳入年度审计项目计划。

**第三十六条** 对于预算管理或者国有资产管理使用等与国家财政收支有关的特定事项，符合下列情形的，可以进行专项审计调查：

（一）涉及宏观性、普遍性、政策性或者体制、机制问题的；

（二）事项跨行业、跨地区、跨单位的；

（三）事项涉及大量非财务数据的；

（四）其他适宜进行专项审计调查的。

**第三十七条** 审计机关年度审计项目计划的内容主要包括：

（一）审计项目名称；

（二）审计目标，即实施审计项目预期要完成的任务和结果；

（三）审计范围，即审计项目涉及的具体单位、事项和所属期间；

（四）审计重点；

（五）审计项目组织和实施单位；

（六）审计资源。

采取跟踪审计方式实施的审计项目，年度审计项目计划应当列明跟踪的具体方式和要求。

专项审计调查项目的年度审计项目计划应当列明专项审计调查的要求。

**第三十八条** 审计机关编制年度审计项目计划可以采取

文字、表格或者两者相结合的形式。

**第三十九条** 审计机关计划管理部门与业务部门或者派出机构,应当建立经常性的沟通和协调机制。

调查审计需求、进行可行性研究和确定备选审计项目,以业务部门或者派出机构为主实施;备选审计项目排序、配置审计资源和编制年度审计项目计划草案,以计划管理部门为主实施。

**第四十条** 审计机关根据项目评估结果,确定年度审计项目计划。

**第四十一条** 审计机关应当将年度审计项目计划报经本级政府行政首长批准并向上一级审计机关报告。

**第四十二条** 审计机关应当对确定的审计项目配置必要的审计人力资源、审计时间、审计技术装备、审计经费等审计资源。

**第四十三条** 审计机关同一年度内对同一被审计单位实施不同的审计项目,应当在人员和时间安排上进行协调,尽量避免给被审计单位工作带来不必要的影响。

**第四十四条** 审计机关应当将年度审计项目计划下达审计项目组织和实施单位执行。

年度审计项目计划一经下达,审计项目组织和实施单位应当确保完成,不得擅自变更。

**第四十五条** 年度审计项目计划执行过程中,遇有下列情形之一的,应当按照原审批程序调整:

(一)本级政府行政首长和相关领导机关临时交办审计项目的;

(二)上级审计机关临时安排或者授权审计项目的;

(三)突发重大公共事件需要进行审计的;

(四)原定审计项目的被审计单位发生重大变化,导致原计划无法实施的;

(五)需要更换审计项目实施单位的;

(六)审计目标、审计范围等发生重大变化需要调整的;

(七)需要调整的其他情形。

**第四十六条** 上级审计机关应当指导下级审计机关编制年度审计项目计划,提出下级审计机关重点审计领域或者审计项目安排的指导意见。

**第四十七条** 年度审计项目计划确定审计机关统一组织多个审计组共同实施一个审计项目或者分别实施同一类审计项目的,审计机关业务部门应当编制审计工作方案。

**第四十八条** 审计机关业务部门编制审计工作方案,应当根据年度审计项目计划形成过程中调查审计需求、进行可行性研究的情况,开展进一步调查,对审计目标、范围、重点和项目组织实施等进行确定。

**第四十九条** 审计工作方案的内容主要包括:

(一)审计目标;

(二)审计范围;

(三)审计内容和重点;

(四)审计工作组织安排;

(五)审计工作要求。

**第五十条** 审计机关业务部门编制的审计工作方案应当按照审计机关规定的程序审批。在年度审计项目计划确定的实施审计起始时间之前,下达到审计项目实施单位。

审计机关批准审计工作方案前,根据需要,可以组织专家进行论证。

**第五十一条** 审计机关业务部门根据审计实施过程中情况的变化,可以申请对审计工作方案的内容进行调整,并按审计机关规定的程序报批。

**第五十二条** 审计机关应当定期检查年度审计项目计划执行情况,评估执行效果。

审计项目实施单位应当向下达审计项目计划的审计机关报告计划执行情况。

**第五十三条** 审计机关应当按照国家有关规定,建立和实施审计项目计划执行情况及其结果的统计制度。

## 第四章 审计实施

### 第一节 审计实施方案

**第五十四条** 审计机关应当在实施项目审计前组成审计组。

审计组由审计组组长和其他成员组成。审计组实行审计组组长负责制。审计组组长由审计机关确定,审计组组长可以根据需要在审计组成员中确定主审,主审应当履行其规定职责和审计组组长委托履行的其他职责。

**第五十五条** 审计机关应当依照法律法规的规定,向被审计单位送达审计通知书。

**第五十六条** 审计通知书的内容主要包括被审计单位名称、审计依据、审计范围、审计起始时间、审计组组长及其他成员名单和被审计单位配合审计工作的要求。同时,还应当向被审计单位告知审计组的审计纪律要求。

采取跟踪审计方式实施审计的,审计通知书应当列明跟踪审计的具体方式和要求。

专项审计调查项目的审计通知书应当列明专项审计调查的要求。

**第五十七条**　审计组应当调查了解被审计单位及其相关情况，评估被审计单位存在重要问题的可能性，确定审计应对措施，编制审计实施方案。

对于审计机关已经下达审计工作方案的，审计组应当按照审计工作方案的要求编制审计实施方案。

**第五十八条**　审计实施方案的内容主要包括：

（一）审计目标；

（二）审计范围；

（三）审计内容、重点及审计措施，包括审计事项和根据本准则第七十三条确定的审计应对措施；

（四）审计工作要求，包括项目审计进度安排、审计组内部重要管理事项及职责分工等。

采取跟踪审计方式实施审计的，审计实施方案应当对整个跟踪审计工作作出统筹安排。

专项审计调查项目的审计实施方案应当列明专项审计调查的要求。

**第五十九条**　审计组调查了解被审计单位及其相关情况，为作出下列职业判断提供基础：

（一）确定职业判断适用的标准；

（二）判断可能存在的问题；

（三）判断问题的重要性；

（四）确定审计应对措施。

**第六十条**　审计人员可以从下列方面调查了解被审计单位及其相关情况：

（一）单位性质、组织结构；

（二）职责范围或者经营范围、业务活动及其目标；

（三）相关法律法规、政策及其执行情况；

（四）财政财务管理体制和业务管理体制；

（五）适用的业绩指标体系以及业绩评价情况；

（六）相关内部控制及其执行情况；

（七）相关信息系统及其电子数据情况；

（八）经济环境、行业状况及其他外部因素；

（九）以往接受审计和监管及其整改情况；

（十）需要了解的其他情况。

**第六十一条**　审计人员可以从下列方面调查了解被审计单位相关内部控制及其执行情况：

（一）控制环境，即管理模式、组织结构、责权配置、人力资源制度等；

（二）风险评估，即被审计单位确定、分析与实现内部控制目标相关的风险，以及采取的应对措施；

（三）控制活动，即根据风险评估结果采取的控制措施，包括不相容职务分离控制、授权审批控制、资产保护控制、预算控制、业绩分析和绩效考评控制等；

（四）信息与沟通，即收集、处理、传递与内部控制相关的信息，并能有效沟通的情况；

（五）对控制的监督，即对各项内部控制设计、职责及其履行情况的监督检查。

**第六十二条**　审计人员可以从下列方面调查了解被审计单位信息系统控制情况：

（一）一般控制，即保障信息系统正常运行的稳定性、有效性、安全性等方面的控制；

（二）应用控制，即保障信息系统产生的数据的真实性、完整性、可靠性等方面的控制。

**第六十三条**　审计人员可以采取下列方法调查了解被审计单位及其相关情况：

（一）书面或者口头询问被审计单位内部和外部相关人员；

（二）检查有关文件、报告、内部管理手册、信息系统的技术文档和操作手册；

（三）观察有关业务活动及其场所、设施和有关内部控制的执行情况；

（四）追踪有关业务的处理过程；

（五）分析相关数据。

**第六十四条**　审计人员根据审计目标和被审计单位的实际情况，运用职业判断确定调查了解的范围和程度。

对于定期审计项目，审计人员可以利用以往审计中获得的信息，重点调查了解已经发生变化的情况。

**第六十五条**　审计人员在调查了解被审计单位及其相关情况的过程中，可以选择下列标准作为职业判断的依据：

（一）法律、法规、规章和其他规范性文件；

（二）国家有关方针和政策；

（三）会计准则和会计制度；

（四）国家和行业的技术标准；

（五）预算、计划和合同；

（六）被审计单位的管理制度和绩效目标；

（七）被审计单位的历史数据和历史业绩；

（八）公认的业务惯例或者良好实务；

（九）专业机构或者专家的意见；

（十）其他标准。

审计人员在审计实施过程中需要持续关注标准的适用性。

**第六十六条**　职业判断所选择的标准应当具有客观性、适用性、相关性、公认性。

标准不一致时，审计人员应当采用权威的和公认程度高的标准。

**第六十七条** 审计人员应当结合适用的标准，分析调查了解的被审计单位及其相关情况，判断被审计单位可能存在的问题。

**第六十八条** 审计人员应当运用职业判断，根据可能存在问题的性质、数额及其发生的具体环境，判断其重要性。

**第六十九条** 审计人员判断重要性时，可以关注下列因素：

（一）是否属于涉嫌犯罪的问题；

（二）是否属于法律法规和政策禁止的问题；

（三）是否属于故意行为所产生的问题；

（四）可能存在问题涉及的数量或者金额；

（五）是否涉及政策、体制或者机制的严重缺陷；

（六）是否属于信息系统设计缺陷；

（七）政府行政首长和相关领导机关及公众的关注程度；

（八）需要关注的其他因素。

**第七十条** 审计人员实施审计时，应当根据重要性判断的结果，重点关注被审计单位可能存在的重要问题。

**第七十一条** 需要对财务报表发表审计意见的，审计人员可以参照中国注册会计师执业准则的有关规定确定和运用重要性。

**第七十二条** 审计组应当评估被审计单位存在重要问题的可能性，以确定审计事项和审计应对措施。

**第七十三条** 审计组针对审计事项确定的审计应对措施包括：

（一）评估对内部控制的依赖程度，确定是否及如何测试相关内部控制的有效性；

（二）评估对信息系统的依赖程度，确定是否及如何检查相关信息系统的有效性、安全性；

（三）确定主要审计步骤和方法；

（四）确定审计时间；

（五）确定执行的审计人员；

（六）其他必要措施。

**第七十四条** 审计组在分配审计资源时，应当为重要审计事项分派有经验的审计人员和安排充足的审计时间，并评估特定审计事项是否需要利用外部专家的工作。

**第七十五条** 审计人员认为存在下列情形之一的，应当测试相关内部控制的有效性：

（一）某项内部控制设计合理且预期运行有效，能够防止重要问题的发生；

（二）仅实施实质性审查不足以为发现重要问题提供适当、充分的审计证据。

审计人员决定不依赖某项内部控制的，可以对审计事项直接进行实质性审查。

被审计单位规模较小、业务比较简单的，审计人员可以对审计事项直接进行实质性审查。

**第七十六条** 审计人员认为存在下列情形之一的，应当检查相关信息系统的有效性、安全性：

（一）仅审计电子数据不足以为发现重要问题提供适当、充分的审计证据；

（二）电子数据中频繁出现某类差异。

审计人员在检查被审计单位相关信息系统时，可以利用被审计单位信息系统的现有功能或者采用其他计算机技术和工具，检查中应当避免对被审计单位相关信息系统及其电子数据造成不良影响。

**第七十七条** 审计人员实施审计时，应当持续关注已作出的重要性判断和对存在重要问题可能性的评估是否恰当，及时作出修正，并调整审计应对措施。

**第七十八条** 遇有下列情形之一的，审计组应当及时调整审计实施方案：

（一）年度审计项目计划、审计工作方案发生变化的；

（二）审计目标发生重大变化的；

（三）重要审计事项发生变化的；

（四）被审计单位及其相关情况发生重大变化的；

（五）审计组人员及其分工发生重大变化的；

（六）需要调整的其他情形。

**第七十九条** 一般审计项目的审计实施方案应当经审计组组长审定，并及时报审计机关业务部门备案。

重要审计项目的审计实施方案应当报经审计机关负责人审定。

**第八十条** 审计组调整审计实施方案中的下列事项，应当报经审计机关主要负责人批准：

（一）审计目标；

（二）审计组组长；

（三）审计重点；

（四）现场审计结束时间。

**第八十一条** 编制和调整审计实施方案可以采取文字、表格或者两者相结合的形式。

## 第二节 审计证据

**第八十二条** 审计证据是指审计人员获取的能够为审计结论提供合理基础的全部事实，包括审计人员调查了解被审计单位及其相关情况和对确定的审计事项进行审查所获取的证据。

**第八十三条**　审计人员应当依照法定权限和程序获取审计证据。

**第八十四条**　审计人员获取的审计证据，应当具有适当性和充分性。

适当性是对审计证据质量的衡量，即审计证据在支持审计结论方面具有的相关性和可靠性。相关性是指审计证据与审计事项及其具体审计目标之间具有实质性联系。可靠性是指审计证据真实、可信。

充分性是对审计证据数量的衡量。审计人员在评估存在重要问题的可能性和审计证据质量的基础上，决定应当获取审计证据的数量。

**第八十五条**　审计人员对审计证据的相关性分析时，应当关注下列方面：

（一）一种取证方法获取的审计证据可能只与某些具体审计目标相关，而与其他具体审计目标无关；

（二）针对一项具体审计目标可以从不同来源获取审计证据或者获取不同形式的审计证据。

**第八十六条**　审计人员可以从下列方面分析审计证据的可靠性：

（一）从被审计单位外部获取的审计证据比从内部获取的审计证据更可靠；

（二）内部控制健全有效情况下形成的审计证据比内部控制缺失或者无效情况下形成的审计证据更可靠；

（三）直接获取的审计证据比间接获取的审计证据更可靠；

（四）从被审计单位财务会计资料中直接采集的审计证据比经被审计单位加工处理后提交的审计证据更可靠；

（五）原件形式的审计证据比复制件形式的审计证据更可靠。

不同来源和不同形式的审计证据存在不一致或者不能相互印证时，审计人员应当追加必要的审计措施，确定审计证据的可靠性。

**第八十七条**　审计人员获取的电子审计证据包括与信息系统控制相关的配置参数、反映交易记录的电子数据等。

采集被审计单位电子数据作为审计证据的，审计人员应当记录电子数据的采集和处理过程。

**第八十八条**　审计人员根据实际情况，可以在审计事项中选取全部项目或者部分特定项目进行审查，也可以进行审计抽样，以获取审计证据。

**第八十九条**　存在下列情形之一的，审计人员可以对审计事项中的全部项目进行审查：

（一）审计事项由少量大额项目构成的；

（二）审计事项可能存在重要问题，而选取其中部分项目进行审查无法提供适当、充分的审计证据的；

（三）对审计事项中的全部项目进行审查符合成本效益原则的。

**第九十条**　审计人员可以在审计事项中选取下列特定项目进行审查：

（一）大额或者重要项目；

（二）数量或者金额符合设定标准的项目；

（三）其他特定项目。

选取部分特定项目进行审查的结果，不能用于推断整个审计事项。

**第九十一条**　在审计事项包含的项目数量较多，需要对审计事项某一方面的总体特征作出结论时，审计人员可以进行审计抽样。

审计人员进行审计抽样时，可以参照中国注册会计师执业准则的有关规定。

**第九十二条**　审计人员可以采取下列方法向有关单位和个人获取审计证据：

（一）检查，是指对纸质、电子或者其他介质形式存在的文件、资料进行审查，或者对有形资产进行审查；

（二）观察，是指察看相关人员正在从事的活动或者执行的程序；

（三）询问，是指以书面或者口头方式向有关人员了解关于审计事项的信息；

（四）外部调查，是指向与审计事项有关的第三方进行调查；

（五）重新计算，是指以手工方式或者使用信息技术对有关数据计算的正确性进行核对；

（六）重新操作，是指对有关业务程序或者控制活动独立进行重新操作验证；

（七）分析，是指研究财务数据之间、财务数据与非财务数据之间可能存在的合理关系，对相关信息作出评价，并关注异常波动和差异。

审计人员进行专项审计调查，可以使用上述方法及其以外的其他方法。

**第九十三条**　审计人员应当依照法律法规规定，取得被审计单位负责人对本单位提供资料真实性和完整性的书面承诺。

**第九十四条**　审计人员取得证明被审计单位存在违反国

家规定的财政收支、财务收支行为以及其他重要审计事项的审计证据材料,应当由提供证据的有关人员、单位签名或者盖章;不能取得签名或者盖章不影响事实存在的,该审计证据仍然有效,但审计人员应当注明原因。

审计事项比较复杂或者取得的审计证据数量较大的,可以对审计证据进行汇总分析,编制审计取证单,由证据提供者签名或者盖章。

**第九十五条** 被审计单位的相关资料、资产可能被转移、隐匿、篡改、毁弃并影响获取审计证据的,审计机关应当依照法律法规的规定采取相应的证据保全措施。

**第九十六条** 审计机关执行审计业务过程中,因行使职权受到限制而无法获取适当、充分的审计证据,或者无法制止违法行为对国家利益的侵害时,根据需要,可以按照有关规定提请有权处理的机关或者相关单位予以协助和配合。

**第九十七条** 审计人员需要利用所聘请外部人员的专业咨询和专业鉴定作为审计证据的,应当对下列方面作出判断:

（一）依据的样本是否符合审计项目的具体情况;

（二）使用的方法是否适当和合理;

（三）专业咨询、专业鉴定是否与其他审计证据相符。

**第九十八条** 审计人员需要使用有关监管机构、中介机构、内部审计机构等已经形成的工作结果作为审计证据的,应当对该工作结果的下列方面作出判断:

（一）是否与审计目标相关;

（二）是否可靠;

（三）是否与其他审计证据相符。

**第九十九条** 审计人员对于重要问题,可以围绕下列方面获取审计证据:

（一）标准,即判断被审计单位是否存在问题的依据;

（二）事实,即客观存在和发生的情况。事实与标准之间的差异构成审计发现的问题;

（三）影响,即问题产生的后果;

（四）原因,即问题产生的条件。

**第一百条** 审计人员在审计实施过程中,应当持续评价审计证据的适当性和充分性。

已采取的审计措施难以获取适当、充分审计证据的,审计人员应当采取替代审计措施;仍无法获取审计证据的,由审计组报请审计机关采取其他必要的措施或者不作出审计结论。

### 第三节　审计记录

**第一百零一条** 审计人员应当真实、完整地记录实施审计的过程、得出的结论和与审计项目有关的重要管理事项,以实现下列目标:

（一）支持审计人员编制审计实施方案和审计报告;

（二）证明审计人员遵循相关法律法规和本准则;

（三）便于对审计人员的工作实施指导、监督和检查。

**第一百零二条** 审计人员作出的记录,应当使未参与该项业务的有经验的其他审计人员能够理解其执行的审计措施、获取的审计证据、作出的职业判断和得出的审计结论。

**第一百零三条** 审计记录包括调查了解记录、审计工作底稿和重要管理事项记录。

**第一百零四条** 审计组在编制审计实施方案前,应当对调查了解被审计单位及其相关情况作出记录。调查了解记录的内容主要包括:

（一）对被审计单位及其相关情况的调查了解情况;

（二）对被审计单位存在重要问题可能性的评估情况;

（三）确定的审计事项及其审计应对措施。

**第一百零五条** 审计工作底稿主要记录审计人员依据审计实施方案执行审计措施的活动。

审计人员对审计实施方案确定的每一审计事项,均应当编制审计工作底稿。一个审计事项可以根据需要编制多份审计工作底稿。

**第一百零六条** 审计工作底稿的内容主要包括:

（一）审计项目名称;

（二）审计事项名称;

（三）审计过程和结论;

（四）审计人员姓名及审计工作底稿编制日期并签名;

（五）审核人员姓名、审核意见及审核日期并签名;

（六）索引号及页码;

（七）附件数量。

**第一百零七条** 审计工作底稿记录的审计过程和结论主要包括:

（一）实施审计的主要步骤和方法;

（二）取得的审计证据的名称和来源;

（三）审计认定的事实摘要;

（四）得出的审计结论及其相关标准。

**第一百零八条** 审计证据材料应当作为调查了解记录和审计工作底稿的附件。一份审计证据材料对应多个审计记录时，审计人员可以将审计证据材料附在与其关系最密切的审计记录后面，并在其他审计记录中予以注明。

**第一百零九条** 审计组起草审计报告前，审计组组长应当对审计工作底稿的下列事项进行审核：

（一）具体审计目标是否实现；

（二）审计措施是否有效执行；

（三）事实是否清楚；

（四）审计证据是否适当、充分；

（五）得出的审计结论及其相关标准是否适当；

（六）其他有关重要事项。

**第一百一十条** 审计组组长审核审计工作底稿，应当根据不同情况分别提出下列意见：

（一）予以认可；

（二）责成采取进一步审计措施，获取适当、充分的审计证据；

（三）纠正或者责成纠正不恰当的审计结论。

**第一百一十一条** 重要管理事项记录应当记载与审计项目相关并对审计结论有重要影响的下列管理事项：

（一）可能损害审计独立性的情形及采取的措施；

（二）所聘请外部人员的相关情况；

（三）被审计单位承诺情况；

（四）征求被审计对象或者相关单位及人员意见的情况、被审计对象或者相关单位及人员反馈的意见及审计组的采纳情况；

（五）审计组对审计发现的重大问题和审计报告讨论的过程及结论；

（六）审计机关业务部门对审计报告、审计决定书等审计项目材料的复核情况和意见；

（七）审理机构对审计项目的审理情况和意见；

（八）审计机关对审计报告的审定过程和结论；

（九）审计人员未能遵守本准则规定的约束性条款及其原因；

（十）因外部因素使审计任务无法完成的原因及影响；

（十一）其他重要管理事项。

重要管理事项记录可以使用被审计单位承诺书、审计机关内部审批文稿、会议记录、会议纪要、审理意见书或者其他书面形式。

### 第四节 重大违法行为检查

**第一百一十二条** 审计人员执行审计业务时，应当保持职业谨慎，充分关注可能存在的重大违法行为。

**第一百一十三条** 本准则所称重大违法行为是指被审计单位和相关人员违反法律法规、涉及金额比较大、造成国家重大经济损失或者对社会造成重大不良影响的行为。

**第一百一十四条** 审计人员检查重大违法行为，应当评估被审计单位和相关人员实施重大违法行为的动机、性质、后果和违法构成。

**第一百一十五条** 审计人员调查了解被审计单位及其相关情况时，可以重点了解可能与重大违法行为有关的下列事项：

（一）被审计单位所在行业发生重大违法行为的状况；

（二）有关的法律法规及其执行情况；

（三）监管部门已经发现和了解的与被审计单位有关的重大违法行为的事实或者线索；

（四）可能形成重大违法行为的动机和原因；

（五）相关的内部控制及其执行情况；

（六）其他情况。

**第一百一十六条** 审计人员可以通过关注下列情况，判断可能存在的重大违法行为：

（一）具体经济活动中存在的异常事项；

（二）财务和非财务数据中反映出的异常变化；

（三）有关部门提供的线索和群众举报；

（四）公众、媒体的反映和报道；

（五）其他情况。

**第一百一十七条** 审计人员根据被审计单位实际情况、工作经验和审计发现的异常现象，判断可能存在重大违法行为的性质，并确定检查重点。

审计人员在检查重大违法行为时，应当关注重大违法行为的高发领域和环节。

**第一百一十八条** 发现重大违法行为的线索，审计组或者审计机关可以采取下列应对措施：

（一）增派具有相关经验和能力的人员；

（二）避免让有关单位和人员事先知晓检查的时间、事项、范围和方式；

（三）扩大检查范围，使其能够覆盖重大违法行为可能涉及的领域；

（四）获取必要的外部证据；

（五）依法采取保全措施；

（六）提请有关机关予以协助和配合；

（七）向政府和有关部门报告；

（八）其他必要的应对措施。

## 第五章 审计报告

### 第一节 审计报告的形式和内容

**第一百一十九条** 审计报告包括审计机关进行审计后出具的审计报告以及专项审计调查后出具的专项审计调查报告。

**第一百二十条** 审计组实施审计或者专项审计调查后，应当向派出审计组的审计机关提交审计报告。审计机关审定审计组的审计报告后，应当出具审计机关的审计报告。遇有特殊情况，审计机关可以不向被调查单位出具专项审计调查报告。

**第一百二十一条** 审计报告应当内容完整、事实清楚、结论正确、用词恰当、格式规范。

**第一百二十二条** 审计机关的审计报告（审计组的审计报告）包括下列基本要素：

（一）标题；

（二）文号（审计组的审计报告不含此项）；

（三）被审计单位名称；

（四）审计项目名称；

（五）内容；

（六）审计机关名称（审计组名称及审计组组长签名）；

（七）签发日期（审计组向审计机关提交报告的日期）。

经济责任审计报告还包括被审计人员姓名及所担任职务。

**第一百二十三条** 审计报告的内容主要包括：

（一）审计依据，即实施审计所依据的法律法规规定；

（二）实施审计的基本情况，一般包括审计范围、内容、方式和实施的起止时间；

（三）被审计单位基本情况；

（四）审计评价意见，即根据不同的审计目标，以适当、充分的审计证据为基础发表的评价意见；

（五）以往审计决定执行情况和审计建议采纳情况；

（六）审计发现的被审计单位违反国家规定的财政收支、财务收支行为和其他重要问题的事实、定性、处理处罚意见以及依据的法律法规和标准；

（七）审计发现的移送处理事项的事实和移送处理意见，但是涉嫌犯罪等不宜让被审计单位知悉的事项除外；

（八）针对审计发现的问题，根据需要提出的改进建议。

审计期间被审计单位对审计发现的问题已经整改的，审计报告还应当包括有关整改情况。

经济责任审计报告还应当包括被审计人员履行经济责任的基本情况，以及被审计人员对审计发现问题承担的责任。

核查社会审计机构相关审计报告发现的问题，应当在审计报告中一并反映。

**第一百二十四条** 采取跟踪审计方式实施审计的，审计组在跟踪审计过程中发现的问题，应当以审计机关的名义及时向被审计单位通报，并要求其整改。

跟踪审计实施工作全部结束后，应当以审计机关的名义出具审计报告。审计报告应当反映审计发现但尚未整改的问题，以及已经整改的重要问题及其整改情况。

**第一百二十五条** 专项审计调查报告除符合审计报告的要素和内容要求外，还应当根据专项审计调查目标重点分析宏观性、普遍性、政策性或者体制、机制问题并提出改进建议。

**第一百二十六条** 对审计或者专项审计调查中发现被审计单位违反国家规定的财政收支、财务收支行为，依法应当由审计机关在法定职权范围内作出处理处罚决定的，审计机关应当出具审计决定书。

**第一百二十七条** 审计决定书的内容主要包括：

（一）审计的依据、内容和时间；

（二）违反国家规定的财政收支、财务收支行为的事实、定性、处理处罚决定以及法律法规依据；

（三）处理处罚决定执行的期限和被审计单位书面报告审计决定执行结果等要求；

（四）依法提请政府裁决或者申请行政复议、提起行政诉讼的途径和期限。

**第一百二十八条** 审计或者专项审计调查发现的依法需要移送其他有关主管机关或者单位纠正、处理处罚或者追究有关人员责任的事项，审计机关应当出具审计移送处理书。

**第一百二十九条** 审计移送处理书的内容主要包括：

（一）审计的时间和内容；

（二）依法需要移送有关主管机关或者单位纠正、处理处罚或者追究有关人员责任事项的事实、定性及其依据和审计机关的意见；

（三）移送的依据和移送处理说明，包括将处理结果书面告知审计机关的说明；

（四）所附的审计证据材料。

**第一百三十条**　出具对国际组织、外国政府及其机构援助、贷款项目的审计报告，按照审计机关的相关规定执行。

### 第二节　审计报告的编审

**第一百三十一条**　审计组在起草审计报告前，应当讨论确定下列事项：

（一）评价审计目标的实现情况；

（二）审计实施方案确定的审计事项完成情况；

（三）评价审计证据的适当性和充分性；

（四）提出审计评价意见；

（五）评估审计发现问题的重要性；

（六）提出对审计发现问题的处理处罚意见；

（七）其他有关事项。

审计组应当对讨论前款事项的情况及其结果作出记录。

**第一百三十二条**　审计组组长应当确认审计工作底稿和审计证据已经审核，并从总体上评价审计证据的适当性和充分性。

**第一百三十三条**　审计组根据不同的审计目标，以审计认定的事实为基础，在防范审计风险的情况下，按照重要性原则，从真实性、合法性、效益性方面提出审计评价意见。

审计组应当只对所审计的事项发表审计评价意见。对审计过程中未涉及、审计证据不适当或者不充分、评价依据或者标准不明确以及超越审计职责范围的事项，不得发表审计评价意见。

**第一百三十四条**　审计组应当根据审计发现问题的性质、数额及其发生的原因和审计报告的使用对象，评估审计发现问题的重要性，如实在审计报告中予以反映。

**第一百三十五条**　审计组对审计发现的问题提出处理处罚意见时，应当关注下列因素：

（一）法律法规的规定；

（二）审计职权范围：属于审计职权范围的，直接提出处理处罚意见，不属于审计职权范围的，提出移送处理意见；

（三）问题的性质、金额、情节、原因和后果；

（四）对同类问题处理处罚的一致性；

（五）需要关注的其他因素。

审计发现被审计单位信息系统存在重大漏洞或者不符合国家规定的，应当责成被审计单位在规定期限内整改。

**第一百三十六条**　审计组应当针对经济责任审计发现的问题，根据被审计人员履行职责情况，界定其应当承担的责任。

**第一百三十七条**　审计组实施审计或者专项审计调查后，应当提出审计报告，按照审计机关规定的程序审批后，以审计机关的名义征求被审计单位、被调查单位和拟处罚的有关责任人员的意见。

经济责任审计报告还应当征求被审计人员的意见；必要时，征求有关干部监督管理部门的意见。

审计报告中涉及的重大经济案件调查等特殊事项，经审计机关主要负责人批准，可以不征求被审计单位或者被审计人员的意见。

**第一百三十八条**　被审计单位、被调查单位、被审计人员或者有关责任人员对征求意见的审计报告有异议的，审计组应当进一步核实，并根据核实情况对审计报告作出必要的修改。

审计组应当对采纳被审计单位、被调查单位、被审计人员、有关责任人员意见的情况和原因，或者上述单位或人员未在法定时间内提出书面意见的情况作出书面说明。

**第一百三十九条**　对被审计单位或者被调查单位违反国家规定的财政收支、财务收支行为，依法应当由审计机关进行处理处罚的，审计组应当起草审计决定书。

对依法应当由其他有关部门纠正、处理处罚或者追究有关责任人员责任的事项，审计组应当起草审计移送处理书。

**第一百四十条**　审计组应当将下列材料报送审计机关业务部门复核：

（一）审计报告；

（二）审计决定书；

（三）被审计单位、被调查单位、被审计人员或者有关责任人员对审计报告的书面意见及审计组采纳情况的书面说明；

（四）审计实施方案；

（五）调查了解记录、审计工作底稿、重要管理事项记录、审计证据材料；

（六）其他有关材料。

**第一百四十一条**　审计机关业务部门应当对下列事项进行复核，并提出书面复核意见：

（一）审计目标是否实现；

（二）审计实施方案确定的审计事项是否完成；

（三）审计发现的重要问题是否在审计报告中反映；

（四）事实是否清楚、数据是否正确；

（五）审计证据是否适当、充分；

（六）审计评价、定性、处理处罚和移送处理意见是否恰当，适用法律法规和标准是否适当；

（七）被审计单位、被调查单位、被审计人员或者有关责任人员提出的合理意见是否采纳；

（八）需要复核的其他事项。

**第一百四十二条**　审计机关业务部门应当将复核修改后的审计报告、审计决定书等审计项目材料连同书面复核意见，报送审理机构审理。

**第一百四十三条**　审理机构以审计实施方案为基础，重点关注审计实施的过程及结果，主要审理下列内容：

（一）审计实施方案确定的审计事项是否完成；

（二）审计发现的重要问题是否在审计报告中反映；

（三）主要事实是否清楚、相关证据是否适当、充分；

（四）适用法律法规和标准是否适当；

（五）评价、定性、处理处罚意见是否恰当；

（六）审计程序是否符合规定。

**第一百四十四条**　审理机构审理时，应当就有关事项与审计组及相关业务部门进行沟通。

必要时，审理机构可以参加审计组与被审计单位交换意见的会议，或者向被审计单位和有关人员了解相关情况。

**第一百四十五条**　审理机构审理后，可以根据情况采取下列措施：

（一）要求审计组补充重要审计证据；

（二）对审计报告、审计决定书进行修改。

审理过程中遇有复杂问题的，经审计机关负责人同意后，审理机构可以组织专家进行论证。

审理机构审理后，应当出具审理意见书。

**第一百四十六条**　审理机构将审理后的审计报告、审计决定书连同审理意见书报送审计机关负责人。

**第一百四十七条**　审计报告、审计决定书原则上应当由审计机关审计业务会议审定；特殊情况下，经审计机关主要负责人授权，可以由审计机关其他负责人审定。

**第一百四十八条**　审计决定书经审定，处罚的事实、理由、依据、决定与审计组征求意见的审计报告不一致并且加重处罚的，审计机关应当依照有关法律法规的规定及时告知被审计单位、被调查单位和有关责任人员，并听取其陈述和申辩。

**第一百四十九条**　对于拟作出罚款的处罚决定，符合法律法规规定的听证条件的，审计机关应当依照有关法律法规的规定履行听证程序。

**第一百五十条**　审计报告、审计决定书经审计机关负责人签发后，按照下列要求办理：

（一）审计报告送达被审计单位、被调查单位；

（二）经济责任审计报告送达被审计单位和被审计人员；

（三）审计决定书送达被审计单位、被调查单位、被处罚的有关责任人员。

### 第三节　专题报告与综合报告

**第一百五十一条**　审计机关在审计中发现的下列事项，可以采用专题报告、审计信息等方式向本级政府、上一级审计机关报告：

（一）涉嫌重大违法犯罪的问题；

（二）与国家财政收支、财务收支有关政策及其执行中存在的重大问题；

（三）关系国家经济安全的重大问题；

（四）关系国家信息安全的重大问题；

（五）影响人民群众经济利益的重大问题；

（六）其他重大事项。

**第一百五十二条**　专题报告应当主题突出、事实清楚、定性准确、建议适当。

审计信息应当事实清楚、定性准确、内容精炼、格式规范、反映及时。

**第一百五十三条**　审计机关统一组织审计项目的，可以根据需要汇总审计情况和结果，编制审计综合报告。必要时，审计综合报告应当征求有关主管机关的意见。

审计综合报告按照审计机关规定的程序审定后，向本级政府和上一级审计机关报送，或者向有关部门通报。

**第一百五十四条**　审计机关实施经济责任审计项目后，应当按照相关规定，向本级政府行政首长和有关干部监督管理部门报告经济责任审计结果。

**第一百五十五条**　审计机关依照法律法规的规定，每年汇总对本级预算执行情况和其他财政收支情况的审计报告，形成审计结果报告，报送本级政府和上一级审计机关。

**第一百五十六条**　审计机关依照法律法规的规定，代本级政府起草本级预算执行情况和其他财政收支情况的审计工作报告（稿），经本级政府行政首长审定后，受本级政府委托向本级人民代表大会常务委员会报告。

### 第四节 审计结果公布

**第一百五十七条** 审计机关依法实行公告制度。审计机关的审计结果、审计调查结果依法向社会公布。

**第一百五十八条** 审计机关公布的审计和审计调查结果主要包括下列信息：

（一）被审计（调查）单位基本情况；

（二）审计（调查）评价意见；

（三）审计（调查）发现的主要问题；

（四）处理处罚决定及审计（调查）建议；

（五）被审计（调查）单位的整改情况。

**第一百五十九条** 在公布审计和审计调查结果时，审计机关不得公布下列信息：

（一）涉及国家秘密、商业秘密的信息；

（二）正在调查、处理过程中的事项；

（三）依照法律法规的规定不予公开的其他信息。

涉及商业秘密的信息，经权利人同意或者审计机关认为不公布可能对公共利益造成重大影响的，可以予以公布。

审计机关公布审计和审计调查结果应当客观公正。

**第一百六十条** 审计机关公布审计和审计调查结果，应当指定专门机构统一办理，履行规定的保密审查和审核手续，报经审计机关主要负责人批准。

审计机关内设机构、派出机构和个人，未经授权不得向社会公布审计和审计调查结果。

**第一百六十一条** 审计机关统一组织不同级次审计机关参加的审计项目，其审计和审计调查结果原则上由负责该项目组织工作的审计机关统一对外公布。

**第一百六十二条** 审计机关公布审计和审计调查结果按照国家有关规定需要报批的，未经批准不得公布。

### 第五节 审计整改检查

**第一百六十三条** 审计机关应当建立审计整改检查机制，督促被审计单位和其他有关单位根据审计结果进行整改。

**第一百六十四条** 审计机关主要检查或者了解下列事项：

（一）执行审计机关作出的处理处罚决定情况；

（二）对审计机关要求自行纠正事项采取措施的情况；

（三）根据审计机关的审计建议采取措施的情况；

（四）对审计机关移送处理事项采取措施的情况。

**第一百六十五条** 审计组在审计实施过程中，应当及时督促被审计单位整改审计发现的问题。

审计机关在出具审计报告、作出审计决定后，应当在规定的时间内检查或者了解被审计单位和其他有关单位的整改情况。

**第一百六十六条** 审计机关可以采取下列方式检查或者了解被审计单位和其他有关单位的整改情况：

（一）实地检查或者了解；

（二）取得并审阅相关书面材料；

（三）其他方式。

对于定期审计项目，审计机关可以结合下一次审计，检查或者了解被审计单位的整改情况。

检查或者了解被审计单位和其他有关单位的整改情况应当取得相关证明材料。

**第一百六十七条** 审计机关指定的部门负责检查或者了解被审计单位和其他有关单位整改情况，并向审计机关提出检查报告。

**第一百六十八条** 检查报告的内容主要包括：

（一）检查工作开展情况，主要包括检查时间、范围、对象、和方式等；

（二）被审计单位和其他有关单位的整改情况；

（三）没有整改或者没有完全整改事项的原因和建议。

**第一百六十九条** 审计机关对被审计单位没有整改或者没有完全整改的事项，依法采取必要措施。

**第一百七十条** 审计机关对审计决定书中存在的重要错误事项，应当予以纠正。

**第一百七十一条** 审计机关汇总审计整改情况，向本级政府报送关于审计工作报告中指出问题的整改情况的报告。

## 第六章 审计质量控制和责任

**第一百七十二条** 审计机关应当建立审计质量控制制度，以保证实现下列目标：

（一）遵守法律法规和本准则；

（二）作出恰当的审计结论；

（三）依法进行处理处罚。

**第一百七十三条** 审计机关应当针对下列要素建立审计质量控制制度：

（一）审计质量责任；

（二）审计职业道德；

（三）审计人力资源；

（四）审计业务执行；

（五）审计质量监控。

对前款第二、三、四项应当按照本准则第二至五章的有关要求建立审计质量控制制度。

**第一百七十四条**　审计机关实行审计组成员、审计组主审、审计组组长、审计机关业务部门、审理机构、总审计师和审计机关负责人对审计业务的分级质量控制。

**第一百七十五条**　审计组成员的工作职责包括：

（一）遵守本准则，保持审计独立性；

（二）按照分工完成审计任务，获取审计证据；

（三）如实记录实施的审计工作并报告工作结果；

（四）完成分配的其他工作。

**第一百七十六条**　审计组成员应当对下列事项承担责任：

（一）未按审计实施方案实施审计导致重大问题未被发现的；

（二）未按照本准则的要求获取审计证据导致审计证据不适当、不充分的；

（三）审计记录不真实、不完整的；

（四）对发现的重要问题隐瞒不报或者不如实报告的。

**第一百七十七条**　审计组组长的工作职责包括：

（一）编制或者审定审计实施方案；

（二）组织实施审计工作；

（三）督导审计组成员的工作；

（四）审核审计工作底稿和审计证据；

（五）组织编制并审核审计组起草的审计报告、审计决定书、审计移送处理书、专题报告、审计信息；

（六）配置和管理审计组的资源；

（七）审计机关规定的其他职责。

**第一百七十八条**　审计组组长应当从下列方面督导审计组成员的工作：

（一）将具体审计事项和审计措施等信息告知审计组成员，并与其讨论；

（二）检查审计组成员的工作进展，评估审计组成员的工作质量，并解决工作中存在的问题；

（三）给予审计组成员必要的培训和指导。

**第一百七十九条**　审计组组长应当对审计项目的总体质量负责，并对下列事项承担责任：

（一）审计实施方案编制或者组织实施不当，造成审计目标未实现或者重要问题未被发现的；

（二）审核未发现或者未纠正审计证据不适当、不充分问题的；

（三）审核未发现或者未纠正审计工作底稿不真实、不完整问题的；

（四）得出的审计结论不正确的；

（五）审计组起草的审计文书和审计信息反映的问题严重失实的；

（六）提出的审计处理处罚意见或者移送处理意见不正确的；

（七）对审计组发现的重要问题隐瞒不报或者不如实报告的；

（八）违反法定审计程序的。

**第一百八十条**　根据工作需要，审计组可以设立主审。主审根据审计分工和审计组组长的委托，主要履行下列职责：

（一）起草审计实施方案、审计文书和审计信息；

（二）对主要审计事项进行审计查证；

（三）协助组织实施审计；

（四）督导审计组成员的工作；

（五）审核审计工作底稿和审计证据；

（六）组织审计项目归档工作；

（七）完成审计组组长委托的其他工作。

**第一百八十一条**　审计组组长将其工作职责委托给主审或者审计组其他成员的，仍应当对委托事项承担责任。受委托的成员在受托范围内承担相应责任。

**第一百八十二条**　审计机关业务部门的工作职责包括：

（一）提出审计组组长人选；

（二）确定聘请外部人员事宜；

（三）指导、监督审计组的审计工作；

（四）复核审计报告、审计决定书等审计项目材料；

（五）审计机关规定的其他职责。

业务部门统一组织审计项目的，应当承担编制审计工作方案，组织、协调审计实施和汇总审计结果的职责。

**第一百八十三条**　审计机关业务部门应当及时发现和纠正审计组工作中存在的重要问题，并对下列事项承担责任：

（一）对审计组请示的问题未及时采取适当措施导致严重后果的；

（二）复核未发现审计报告、审计决定书等审计项目材料中存在的重要问题的；

（三）复核意见不正确的；

（四）要求审计组不在审计文书和审计信息中反映重要问题的。

业务部门对统一组织审计项目的汇总审计结果出现重大错误、造成严重不良影响的事项承担责任。

**第一百八十四条**　审计机关审理机构的工作职责包括：

（一）审查修改审计报告、审计决定书；

（二）提出审理意见；

（三）审计机关规定的其他职责。

**第一百八十五条** 审计机关审理机构对下列事项承担责任：

（一）审理意见不正确的；

（二）对审计报告、审计决定书作出的修改不正确的；

（三）审理时应当发现而未发现重要问题的。

**第一百八十六条** 审计机关负责人的工作职责包括：

（一）审定审计项目目标、范围和审计资源的配置；

（二）指导和监督检查审计工作；

（三）审定审计文书和审计信息；

（四）审计管理中的其他重要事项。

审计机关负责人对审计项目实施结果承担最终责任。

**第一百八十七条** 审计机关对审计人员违反法律法规和本准则的行为，应当按照相关规定追究其责任。

**第一百八十八条** 审计机关应当按照国家有关规定，建立健全审计项目档案管理制度，明确审计项目归档要求、保存期限、保存措施、档案利用审批程序等。

**第一百八十九条** 审计项目归档工作实行审计组组长负责制，审计组组长应当确定立卷责任人。

立卷责任人应当收集审计项目的文件材料，并在审计项目终结后及时立卷归档，由审计组组长审查验收。

**第一百九十条** 审计机关实行审计业务质量检查制度，对其业务部门、派出机构和下级审计机关的审计业务质量进行检查。

**第一百九十一条** 审计机关可以通过查阅有关文件和审计档案、询问相关人员等方式、方法，检查下列事项：

（一）建立和执行审计质量控制制度的情况；

（二）审计工作中遵守法律法规和本准则的情况；

（三）与审计业务质量有关的其他事项。

审计业务质量检查应当重点关注审计结论的恰当性、审计处理处罚意见的合法性和适当性。

**第一百九十二条** 审计机关开展审计业务质量检查，应当向被检查单位通报检查结果。

**第一百九十三条** 审计机关在审计业务质量检查中，发现被检查的派出机构或者下级审计机关应当作出审计决定而未作出的，可以依法直接或者责成其在规定期限内作出审计决定；发现其作出的审计决定违反国家有关规定的，可以依法直接或者责成其在规定期限内变更、撤销审计决定。

**第一百九十四条** 审计机关应当对其业务部门、派出机构实行审计业务年度考核制度，考核审计质量控制目标的实现情况。

**第一百九十五条** 审计机关可以定期组织优秀审计项目评选，对被评为优秀审计项目的予以表彰。

**第一百九十六条** 审计机关应当对审计质量控制制度及其执行情况进行持续评估，及时发现审计质量控制制度及其执行中存在的问题，并采取措施加以纠正或者改进。

审计机关可以结合日常管理工作或者通过开展审计业务质量检查、考核和优秀审计项目评选等方式，对审计质量控制制度及其执行情况进行持续评估。

## 第七章 附 则

**第一百九十七条** 审计机关和审计人员开展下列工作，不适用本准则的规定：

（一）配合有关部门查处案件；

（二）与有关部门共同办理检查事项；

（三）接受交办或者接受委托办理不属于法定审计职责范围的事项。

**第一百九十八条** 地方审计机关可以根据本地实际情况，在遵循本准则规定的基础上制定实施细则。

**第一百九十九条** 本准则由审计署负责解释。

**第二百条** 本准则自 2011 年 1 月 1 日起施行。附件所列的审计署以前发布的审计准则和规定同时废止。

附件：（略）

# 财政违法行为处罚处分条例

*1. 2004 年 11 月 30 日国务院令第 427 号公布*

*2. 根据 2011 年 1 月 8 日国务院令第 588 号《关于废止和修改部分行政法规的决定》修订*

**第一条** 为了纠正财政违法行为，维护国家财政经济秩序，制定本条例。

**第二条** 县级以上人民政府财政部门及审计机关在各自职权范围内，依法对财政违法行为作出处理、处罚决定。

省级以上人民政府财政部门的派出机构，应当在规定职权范围内，依法对财政违法行为作出处理、处罚决定；审计机关的派出机构，应当根据审计机关的授权，依法对财政违法行为作出处理、处罚决定。

根据需要，国务院可以依法调整财政部门及其派出机构（以下统称财政部门）、审计机关及其派出机构（以下统称审计机关）的职权范围。

有财政违法行为的单位，其直接负责的主管人员和其他直接责任人员，以及有财政违法行为的个人，属于国家公务员的，由监察机关及其派出机构（以下统称监察机关）或者任免机关依照人事管理权限，依法给予行政处分。

**第三条** 财政收入执收单位及其工作人员有下列违反国家财政收入管理规定的行为之一的，责令改正，补收应当收取的财政收入，限期退还违法所得。对单位给予警告或者通报批评。对直接负责的主管人员和其他直接责任人员给予警告、记过或者记大过处分；情节严重的，给予降级或者撤职处分：

（一）违反规定设立财政收入项目；

（二）违反规定擅自改变财政收入项目的范围、标准、对象和期限；

（三）对已明令取消、暂停执行或者降低标准的财政收入项目，仍然依照原定项目、标准征收或者变换名称征收；

（四）缓收、不收财政收入；

（五）擅自将预算收入转为预算外收入；

（六）其他违反国家财政收入管理规定的行为。

《中华人民共和国税收征收管理法》等法律、行政法规另有规定的，依照其规定给予行政处分。

**第四条** 财政收入执收单位及其工作人员有下列违反国家财政收入上缴规定的行为之一的，责令改正，调整有关会计账目，收缴应当上缴的财政收入，限期退还违法所得。对单位给予警告或者通报批评。对直接负责的主管人员和其他直接责任人员给予记大过处分；情节较重的，给予降级或者撤职处分；情节严重的，给予开除处分：

（一）隐瞒应当上缴的财政收入；

（二）滞留、截留、挪用应当上缴的财政收入；

（三）坐支应当上缴的财政收入；

（四）不依照规定的财政收入预算级次、预算科目入库；

（五）违反规定退付国库库款或者财政专户资金；

（六）其他违反国家财政收入上缴规定的行为。

《中华人民共和国税收征收管理法》、《中华人民共和国预算法》等法律、行政法规另有规定的，依照其规定给予行政处分。

**第五条** 财政部门、国库机构及其工作人员有下列违反国家有关上解、下拨财政资金规定的行为之一的，责令改正，限期退还违法所得。对单位给予警告或者通报批评。对直接负责的主管人员和其他直接责任人员给予记过或者记大过处分；情节较重的，给予降级或者撤职处分；情节严重的，给予开除处分：

（一）延解、占压应当上解的财政收入；

（二）不依照预算或者用款计划核拨财政资金；

（三）违反规定收纳、划分、留解、退付国库库款或者财政专户资金；

（四）将应当纳入国库核算的财政收入放在财政专户核算；

（五）擅自动用国库库款或者财政专户资金；

（六）其他违反国家有关上解、下拨财政资金规定的行为。

**第六条** 国家机关及其工作人员有下列违反规定使用、骗取财政资金的行为之一的，责令改正，调整有关会计账目，追回有关财政资金，限期退还违法所得。对单位给予警告或者通报批评。对直接负责的主管人员和其他直接责任人员给予记大过处分；情节较重的，给予降级或者撤职处分；情节严重的，给予开除处分：

（一）以虚报、冒领等手段骗取财政资金；

（二）截留、挪用财政资金；

（三）滞留应当下拨的财政资金；

（四）违反规定扩大开支范围，提高开支标准；

（五）其他违反规定使用、骗取财政资金的行为。

**第七条** 财政预决算的编制部门和预算执行部门及其工作人员有下列违反国家有关预算管理规定的行为之一的，责令改正，追回有关款项，限期调整有关预算科目和预算级次。对单位给予警告或者通报批评。对直接负责的主管人员和其他直接责任人员给予警告、记过或者记大过处分；情节较重的，给予降级处分；情节严重的，给予撤职处分：

（一）虚增、虚减财政收入或者财政支出；

（二）违反规定编制、批复预算或者决算；

（三）违反规定调整预算；

（四）违反规定调整预算级次或者预算收支种类；

（五）违反规定动用预算预备费或者挪用预算周转金；

（六）违反国家关于转移支付管理规定的行为；

（七）其他违反国家有关预算管理规定的行为。

**第八条** 国家机关及其工作人员违反国有资产管理的规定，擅自占有、使用、处置国有资产的，责令改正，调整有关会计账目，限期退还违法所得和被侵占的国有资产。对单位给予警告或者通报批评。对直接负责的主管人员和其他直接责任人员给予记大过处分；情节较重的，给予降级或者撤职处分；情节严重的，给予开除处分。

**第九条** 单位和个人有下列违反国家有关投资建设项目规定的行为之一的，责令改正，调整有关会计账目，追回被截留、挪用、骗取的国家建设资金，没收违法所得，核减或者停止拨付工程投资。对单位给予警告或者通报批评，其直接负责的主管人员和其他直接责任人员属于国家公务员的，给予记大过处分；情节较重的，给予降级或者撤职处分；情节严重的，给予开除处分：

（一）截留、挪用国家建设资金；

（二）以虚报、冒领、关联交易等手段骗取国家建设资金；

（三）违反规定超概算投资；

（四）虚列投资完成额；

（五）其他违反国家投资建设项目有关规定的行为。

《中华人民共和国政府采购法》、《中华人民共和国招标投标法》、《国家重点建设项目管理办法》等法律、行政法规另有规定的，依照其规定处理、处罚。

**第十条** 国家机关及其工作人员违反《中华人民共和国担保法》及国家有关规定，擅自提供担保的，责令改正，没收违法所得。对单位给予警告或者通报批评。对直接负责的主管人员和其他直接责任人员给予警告、记过或者记大过处分；造成损失的，给予降级或者撤职处分；造成重大损失的，给予开除处分。

**第十一条** 国家机关及其工作人员违反国家有关账户管理规定，擅自在金融机构开立、使用账户的，责令改正，调整有关会计账目，追回有关财政资金，没收违法所得，依法撤销擅自开立的账户。对单位给予警告或者通报批评。对直接负责的主管人员和其他直接责任人员给予降级处分；情节严重的，给予撤职或者开除处分。

**第十二条** 国家机关及其工作人员有下列行为之一的，责令改正，调整有关会计账目，追回被挪用、骗取的有关资金，没收违法所得。对单位给予警告或者通报批评。对直接负责的主管人员和其他直接责任人员给予降级处分；情节较重的，给予撤职处分；情节严重的，给予开除处分：

（一）以虚报、冒领等手段骗取政府承贷或者担保的外国政府贷款、国际金融组织贷款；

（二）滞留政府承贷或者担保的外国政府贷款、国际金融组织贷款；

（三）截留、挪用政府承贷或者担保的外国政府贷款、国际金融组织贷款；

（四）其他违反规定使用、骗取政府承贷或者担保的外国政府贷款、国际金融组织贷款的行为。

**第十三条** 企业和个人有下列不缴或者少缴财政收入行为之一的，责令改正，调整有关会计账目，收缴应当上缴的财政收入，给予警告，没收违法所得，并处不缴或者少缴财政收入10%以上30%以下的罚款；对直接负责的主管人员和其他直接责任人员处3000元以上5万元以下的罚款：

（一）隐瞒应当上缴的财政收入；

（二）截留代收的财政收入；

（三）其他不缴或者少缴财政收入的行为。

属于税收方面的违法行为，依照有关税收法律、行政法规的规定处理、处罚。

**第十四条** 企业和个人有下列行为之一的，责令改正，调整有关会计账目，追回违反规定使用、骗取的有关资金，给予警告，没收违法所得，并处被骗取有关资金10%以上50%以下的罚款或者被违规使用有关资金10%以上30%以下的罚款；对直接负责的主管人员和其他直接责任人员处3000元以上5万元以下的罚款：

（一）以虚报、冒领等手段骗取财政资金以及政府承贷或者担保的外国政府贷款、国际金融组织贷款；

（二）挪用财政资金以及政府承贷或者担保的外国政府贷款、国际金融组织贷款；

（三）从无偿使用的财政资金以及政府承贷或者担保的外国政府贷款、国际金融组织贷款中非法获益；

（四）其他违反规定使用、骗取财政资金以及政府承贷或者担保的外国政府贷款、国际金融组织贷款的行为。

属于政府采购方面的违法行为，依照《中华人民共和国政府采购法》及有关法律、行政法规的规定处理、处罚。

**第十五条** 事业单位、社会团体、其他社会组织及其工作人员有财政违法行为的，依照本条例有关国家机关的规定执行；但其在经营活动中的财政违法行为，依照本条例第十三条、第十四条的规定执行。

**第十六条** 单位和个人有下列违反财政收入票据管理规定的行为之一的，销毁非法印制的票据，没收违法所得和作案工具。对单位处5000元以上10万元以下的罚款；对直接负责的主管人员和其他直接责任人员处3000元以上5万元以下的罚款。属于国家公务员的，还应当给予降级或者撤职处分；情节严重的，给予开除处分：

（一）违反规定印制财政收入票据；

（二）转借、串用、代开财政收入票据；

（三）伪造、变造、买卖、擅自销毁财政收入票据；

（四）伪造、使用伪造的财政收入票据监（印）制章；

（五）其他违反财政收入票据管理规定的行为。

属于税收收入票据管理方面的违法行为，依照有关税收法律、行政法规的规定处理、处罚。

**第十七条**　单位和个人违反财务管理的规定，私存私放财政资金或者其他公款的，责令改正，调整有关会计账目，追回私存私放的资金，没收违法所得。对单位处3000元以上5万元以下的罚款；对直接负责的主管人员和其他直接责任人员处2000元以上2万元以下的罚款。属于国家公务员的，还应当给予记大过处分；情节严重的，给予降级或者撤职处分。

**第十八条**　属于会计方面的违法行为，依照会计方面的法律、行政法规的规定处理、处罚。对其直接负责的主管人员和其他直接责任人员，属于国家公务员的，还应当给予警告、记过或者记大过处分；情节较重的，给予降级或者撤职处分；情节严重的，给予开除处分。

**第十九条**　属于行政性收费方面的违法行为，《中华人民共和国行政许可法》、《违反行政事业性收费和罚没收入收支两条线管理规定行政处分暂行规定》等法律、行政法规及国务院另有规定的，有关部门依照其规定处理、处罚、处分。

**第二十条**　单位和个人有本条例规定的财政违法行为，构成犯罪的，依法追究刑事责任。

**第二十一条**　财政部门、审计机关、监察机关依法进行调查或者检查时，被调查、检查的单位和个人应当予以配合，如实反映情况，不得拒绝、阻挠、拖延。

违反前款规定的，责令限期改正。逾期不改正的，对属于国家公务员的直接负责的主管人员和其他直接责任人员，给予警告、记过或者记大过处分；情节严重的，给予降级或者撤职处分。

**第二十二条**　财政部门、审计机关、监察机关依法进行调查或者检查时，经县级以上人民政府财政部门、审计机关、监察机关的负责人批准，可以向与被调查、检查单位有经济业务往来的单位查询有关情况，可以向金融机构查询被调查、检查单位的存款，有关单位和金融机构应当配合。

财政部门、审计机关、监察机关在依法进行调查或者检查时，执法人员不得少于2人，并应当向当事人或者有关人员出示证件；查询存款时，还应当持有县级以上人民政府财政部门、审计机关、监察机关签发的查询存款通知书，并负有保密义务。

**第二十三条**　财政部门、审计机关、监察机关依法进行调查或者检查时，在有关证据可能灭失或者以后难以取得的情况下，经县级以上人民政府财政部门、审计机关、监察机关的负责人批准，可以先行登记保存，并应当在7日内及时作出处理决定。在此期间，当事人或者有关人员不得销毁或者转移证据。

**第二十四条**　对被调查、检查单位或者个人正在进行的财政违法行为，财政部门、审计机关应当责令停止。拒不执行的，财政部门可以暂停财政拨款或者停止拨付与财政违法行为直接有关的款项，已经拨付的，责令其暂停使用；审计机关可以通知财政部门或者其他有关主管部门暂停财政拨款或者停止拨付与财政违法行为直接有关的款项，已经拨付的，责令其暂停使用，财政部门和其他有关主管部门应当将结果书面告知审计机关。

**第二十五条**　依照本条例规定限期退还的违法所得，到期无法退还的，应当收缴国库。

**第二十六条**　单位和个人有本条例所列财政违法行为，财政部门、审计机关、监察机关可以公告其财政违法行为及处理、处罚、处分决定。

**第二十七条**　单位和个人有本条例所列财政违法行为，弄虚作假骗取荣誉称号及其他有关奖励的，应当撤销其荣誉称号并收回有关奖励。

**第二十八条**　财政部门、审计机关、监察机关的工作人员滥用职权、玩忽职守、徇私舞弊的，给予警告、记过或者记大过处分；情节较重的，给予降级或者撤职处分；情节严重的，给予开除处分。构成犯罪的，依法追究刑事责任。

**第二十九条**　财政部门、审计机关、监察机关及其他有关监督检查机关对有关单位或者个人依法进行调查、检查后，应当出具调查、检查结论。有关监督检查机关已经作出的调查、检查结论能够满足其他监督检查机关履行本机关职责需要的，其他监督检查机关应当加以利用。

**第三十条**　财政部门、审计机关、监察机关及其他有关机关应当加强配合，对不属于其职权范围的事项，应当依法移送。受移送机关应当及时处理，并将结果书面告知移送机关。

**第三十一条**　对财政违法行为作出处理、处罚和处分决定的程序,依照本条例和《中华人民共和国行政处罚法》、《中华人民共和国行政监察法》等有关法律、行政法规的规定执行。

**第三十二条**　单位和个人对处理、处罚不服的,依照《中华人民共和国行政复议法》、《中华人民共和国行政诉讼法》的规定申请复议或者提起诉讼。

国家公务员对行政处分不服的,依照《中华人民共和国行政监察法》、《中华人民共和国公务员法》等法律、行政法规的规定提出申诉。

**第三十三条**　本条例所称"财政收入执收单位",是指负责收取税收收入和各种非税收入的单位。

**第三十四条**　对法律、法规授权的具有管理公共事务职能的组织以及国家行政机关依法委托的组织及其工勤人员以外的工作人员,企业、事业单位、社会团体中由国家行政机关以委任、派遣等形式任命的人员以及其他人员有本条例规定的财政违法行为,需要给予处分的,参照本条例有关规定执行。

**第三十五条**　本条例自2005年2月1日起施行。1987年6月16日国务院发布的《国务院关于违反财政法规处罚的暂行规定》同时废止。

## 审计机关审计听证规定

*2021年11月19日审计署令第14号公布施行*

**第一条**　为规范审计机关的审计处罚程序,保证审计质量,维护公民、法人或者其他组织的合法权益,根据《中华人民共和国行政处罚法》和《中华人民共和国审计法》及其实施条例,制定本规定。

**第二条**　审计机关进行审计听证应当遵循公正、公平、公开的原则。

**第三条**　审计机关对被审计单位和有关责任人员(以下统称当事人)拟作出下列审计处罚的,应当向当事人送达审计听证告知书,告知当事人有要求听证的权利,当事人要求听证的,审计机关应当举行审计听证会:

(一)对被审计单位处以十万元以上或者对个人处以一万元以上罚款的;

(二)对被审计单位处以没收十万元以上违法所得的;

(三)法律、法规、规章规定的其他情形。

**第四条**　审计听证告知书主要包括以下内容:

(一)当事人的名称或者姓名;

(二)当事人违法的事实和证据;

(三)审计处罚的法律依据;

(四)审计处罚建议;

(五)当事人有要求审计听证的权利;

(六)当事人申请审计听证的期限;

(七)审计机关的名称(印章)和日期。

**第五条**　当事人要求举行审计听证会的,应当自收到审计听证告知书之日起五个工作日内,向审计机关提出书面申请,列明听证要求,并由当事人签名或者盖章。逾期不提出书面申请的,视为放弃审计听证权利。

**第六条**　审计机关应当在举行审计听证会七个工作日前向当事人及有关人员送达审计听证会通知书,通知当事人举行审计听证会的时间、地点,审计听证主持人、书记员姓名,并告知当事人有申请主持人、书记员回避的权利。

**第七条**　除涉及国家秘密、商业秘密或者个人隐私依法予以保密外,审计听证会应当公开举行。

**第八条**　审计听证会的主持人由审计机关负责人指定的非本案审计人员担任,负责审计听证会的组织、主持工作。

书记员可以由一至二人组成,由主持人指定,负责审计听证的记录工作,制作审计听证笔录。

**第九条**　当事人认为主持人或者书记员与本案有直接利害关系的,有权申请其回避并说明理由。

当事人申请主持人回避应当在审计听证会举行之前提出;申请书记员回避可以在审计听证会举行时提出。

当事人申请回避可以以书面形式提出,也可以以口头形式提出。以口头形式提出的,由书记员记录在案。

**第十条**　主持人的回避,由审计机关负责人决定;书记员的回避,由主持人决定。

相关回避情况应当记入审计听证笔录。

**第十一条**　当事人可以亲自参加审计听证,也可以委托一至二人代理参加审计听证。委托他人代理参加审计听证会的,代理人应当出具当事人的授权委托书。

当事人的授权委托书应当载明代理人的代理权限。

**第十二条**　当事人接到审计听证通知书后,本人或者其代理人不能按时参加审计听证会的,应当及时告知审计机关并说明理由。

当事人及其代理人无正当理由拒不出席听证或者未经许可中途退出听证的,视为放弃听证权利,审计机关终止听证。终止听证的情况应当记入审计听证笔录。

**第十三条**　书记员应当将审计听证的全部活动记入审计听证笔录。审计机关认为有必要的，可以对审计听证会情况进行录音、录像。

审计听证笔录应当交听证双方确认无误后签字或者盖章。当事人或者其代理人如认为笔录有差错，可以要求补正。当事人或者其代理人拒绝签字或者盖章的，由听证主持人在笔录中注明。

**第十四条**　审计听证会参加人和旁听人员应当遵守以下听证纪律：

（一）审计听证会参加人应当在主持人的主持下发言、提问、辩论；

（二）未经主持人允许，审计听证会参加人不得提前退席；

（三）未经主持人允许，任何人不得录音、录像或摄影；

（四）旁听人员要保持肃静，不得发言、提问或者议论。

**第十五条**　主持人在审计听证会主持过程中，有以下权利：

（一）对审计听证会参加人的不当辩论或者其他违反审计听证会纪律的行为予以制止、警告；

（二）对违反审计听证会纪律的旁听人员予以制止、警告、责令退席；

（三）对违反审计听证纪律的人员制止无效的，提请公安机关依法处置。

**第十六条**　审计听证会应当按照下列程序进行：

（一）主持人宣读审计听证会的纪律和应注意的事项；

（二）主持人宣布审计听证会开始；

（三）主持人宣布案由并宣读参加审计听证会的主持人、书记员、听证参加人的姓名、工作单位和职务；

（四）主持人告知当事人或者其代理人有申请书记员回避的权利，并询问当事人或者其代理人是否申请回避；

（五）本案审计人员提出当事人违法的事实、证据和审计处罚的法律依据以及审计处罚建议；

（六）当事人进行陈述、申辩；

（七）在主持人允许下，双方进行质证、辩论；

（八）双方作最后陈述；

（九）书记员将所作的笔录交听证双方当场确认并签字或者盖章；

（十）主持人宣布审计听证会结束。

**第十七条**　有下列情形之一的，可以延期举行审计听证会：

（一）当事人或者其代理人有正当理由未到场的；

（二）需要通知新的证人到场，或者有新的事实需要重新调查核实的；

（三）主持人应当回避，需要重新确定主持人的；

（四）其他需要延期的情形。

**第十八条**　审计听证会结束后，主持人应当将审计听证笔录、案卷材料等一并报送审计机关。

审计机关根据审计听证笔录以及有关审理意见，区别以下情形作出决定：

（一）确有应受审计处罚的违法行为的，根据情节轻重及具体情况，作出审计处罚；

（二）违法事实不能成立的，不予审计处罚；

（三）违法行为轻微，依法依规可以不予审计处罚的，不予审计处罚。

违法行为涉嫌犯罪的，审计机关应当依法依规移送监察机关或者司法机关处理。

**第十九条**　审计机关不得因当事人要求审计听证、在审计听证中进行申辩和质证而加重处罚。

**第二十条**　审计听证文书和有关资料应当归入相应的审计项目档案。

**第二十一条**　审计听证文书送达适用《中华人民共和国民事诉讼法》的有关规定。

**第二十二条**　本规定由审计署负责解释。

**第二十三条**　本规定自发布之日起施行。审计署于2000年1月28日发布的《审计机关审计听证的规定》（2000年审计署第1号令）同时废止。

附件：（略）

## 财政部门实施会计监督办法

*2001年2月20日财政部令第10号公布施行*

### 第一章　总　　则

**第一条**　为规范财政部门会计监督工作，保障财政部门有效实施会计监督，保护公民、法人和其他组织的合法权益，根据《中华人民共和国会计法》（以下简称《会计法》）、《中华人民共和国行政处罚法》（以下简称《行政处罚法》）、《企业财务会计报告条例》等有关法律、行政法规的规定，制定本办法。

**第二条**　国务院财政部门及其派出机构和县级以上地方

各级人民政府财政部门（以下统称财政部门）对国家机关、社会团体、公司、企业、事业单位和其他组织（以下统称单位）执行《会计法》和国家统一的会计制度的行为实施监督检查以及对违法会计行为实施行政处罚，适用本办法。

当事人的违法会计行为依法应当给予行政处分的，执行有关法律、行政法规的规定。

**第三条**　县级以上财政部门负责本行政区域的会计监督检查，并依法对违法会计行为实施行政处罚。

跨行政区域行政处罚案件的管辖确定，由相关的财政部门协商解决；协商不成的，报请共同的上一级财政部门指定管辖。

上级财政部门可以直接查处下级财政部门管辖的案件，下级财政部门对于重大、疑难案件可以报请上级财政部门管辖。

**第四条**　财政部门对违法会计行为案件的处理，应当按照本办法规定的程序，经审查立案、组织检查、审理后，作出处理决定。

**第五条**　财政部门应当在内部指定专门的机构或者在相关机构中指定专门的人员负责会计监督检查和违法会计行为案件的立案、审理、执行、移送和案卷管理等工作。财政部门内部相关机构或者职责的设立，应当体现案件调查与案件审理相分离、罚款决定与罚款收缴相分离的原则。

**第六条**　财政部门应当建立健全会计监督制度，并将会计监督与财务监督和其他财政监督结合起来，不断改进和加强会计监督工作。

**第七条**　任何单位和个人对违法会计行为有权检举。

财政部门对受理的检举应当及时按照有关规定处理，不得将检举人姓名和检举材料转给被检举单位和被检举人个人。

**第八条**　财政部门及其工作人员对在会计监督检查工作中知悉的国家秘密和商业秘密负有保密义务。

## 第二章　会计监督检查的内容、形式和程序

**第九条**　财政部门依法对各单位设置会计账簿的下列情况实施监督检查：

（一）应当设置会计账簿的是否按规定设置会计账簿；

（二）是否存在账外设账的行为；

（三）是否存在伪造、变造会计账簿的行为；

（四）设置会计账簿是否存在其他违反法律、行政法规和国家统一的会计制度的行为。

**第十条**　财政部门依法对各单位会计凭证、会计账簿、财务会计报告和其他会计资料的真实性、完整性实施监督检查，内容包括：

（一）《会计法》第十条规定的应当办理会计手续、进行会计核算的经济业务事项是否如实在会计凭证、会计账簿、财务会计报告和其他会计资料上反映；

（二）填制的会计凭证、登记的会计账簿、编制的财务会计报告与实际发生的经济业务事项是否相符；

（三）财务会计报告的内容是否符合有关法律、行政法规和国家统一的会计制度的规定；

（四）其他会计资料是否真实、完整。

**第十一条**　财政部门依法对各单位会计核算的下列情况实施监督检查：

（一）采用会计年度、使用记账本位币和会计记录文字是否符合法律、行政法规和国家统一的会计制度的规定；

（二）填制或者取得原始凭证、编制记账凭证、登记会计账簿是否符合法律、行政法规和国家统一的会计制度的规定；

（三）财务会计报告的编制程序、报送对象和报送期限是否符合法律、行政法规和国家统一的会计制度的规定；

（四）会计处理方法的采用和变更是否符合法律、行政法规和国家统一的会计制度的规定；

（五）使用的会计软件及其生成的会计资料是否符合法律、行政法规和国家统一的会计制度的规定；

（六）是否按照法律、行政法规和国家统一的会计制度的规定建立并实施内部会计监督制度；

（七）会计核算是否有其他违法会计行为。

**第十二条**　财政部门依法对各单位会计档案的建立、保管和销毁是否符合法律、行政法规和国家统一的会计制度的规定实施监督检查。

**第十三条**　财政部门依法对公司、企业执行《会计法》第二十五条和第二十六条的情况实施监督检查。

**第十四条**　财政部门依法对各单位任用会计人员的下列情况实施监督检查：

（一）从事会计工作的人员是否持有会计从业资格证书；

（二）会计机构负责人（会计主管人员）是否具备法律、行政法规和国家统一的会计制度规定的任职资格。

**第十五条**　国务院财政部门及其派出机构和省、自治区、

直辖市财政部门依法对会计师事务所出具的审计报告的程序和内容实施监督检查。

**第十六条** 财政部门实施会计监督检查可以采用下列形式：

(一)对单位遵守《会计法》、会计行政法规和国家统一的会计制度情况进行全面检查；

(二)对单位会计基础工作、从事会计工作的人员持有会计从业资格证书、会计人员从业情况进行专项检查或者抽查；

(三)对有检举线索或者在财政管理工作中发现有违法嫌疑的单位进行重点检查；

(四)对经注册会计师审计的财务会计报告进行定期抽查；

(五)对会计师事务所出具的审计报告进行抽查；

(六)依法实施其他形式的会计监督检查。

**第十七条** 财政部门实施会计监督检查，应当执行《财政检查工作规则》(财政部财监字〔1998〕223号)和本办法规定的工作程序、要求，保证会计监督检查的工作质量。

**第十八条** 在会计监督检查中，检查人员应当如实填写会计监督检查工作记录。

会计监督检查工作记录应当包括下列内容：

(一)检查工作记录的编号；

(二)被检查单位违法会计行为发生的日期、记账凭证编号、会计账簿名称和编号、财务会计报告名称和会计期间、会计档案编号；

(三)被检查单位违法会计行为主要内容摘录；

(四)会计监督检查工作记录附件的主要内容和页数；

(五)其他应当说明的事项；

(六)检查人员签章及填制日期；

(七)检查组长签章及日期。

前款第(四)项所称会计监督检查工作记录附件应当包括下列材料：

(一)与被检查事项有关的会计凭证、会计账簿、财务会计报告等会计资料的复印件；

(二)与被检查事项有关的文件、合同、协议、往来函件等资料的复印件；

(三)注册会计师及其会计师事务所出具的审计报告、有关资料的复印件；

(四)其他有关资料。

**第十九条** 财政部门实施会计监督检查，可以在被检查单位的业务场所进行；必要时，经财政部门负责人批准，也可以将被检查单位以前会计年度的会计凭证、会计账簿、财务会计报告和其他有关资料调回财政部门检查，但须由组织检查的财政部门向被检查单位开具调用会计资料清单，并在三个月内完整退还。

**第二十条** 财政部门在被检查单位涉嫌违法的证据可能灭失或者以后难以取得的情况下，经财政部门负责人批准，可以对证据先行登记保存，并应当在七日内对先行登记保存的证据作出处理决定。

**第二十一条** 国务院财政部门及其派出机构在对有关单位会计资料的真实性、完整性实施监督检查过程中，发现重大违法嫌疑时，可以向与被检查单位有经济业务往来的单位或者被检查单位开立帐户的金融机构查询有关情况。向与被检查单位有经济业务往来的单位查询有关情况，应当经国务院财政部门或者其派出机构负责人批准，并持查询情况许可证明；向被检查单位开立帐户的金融机构查询情况，应当遵守《关于财政部及其派出机构查询被监督单位有关情况若干具体问题的通知》(财政部、中国人民银行财监字〔2000〕39号)的规定。

**第二十二条** 检查组应当在检查工作结束后十日内，将会计监督检查报告、会计监督检查工作记录及其附件、被检查当事人提出的书面意见提交组织检查的财政部门。

会计监督检查报告应当包括下列内容：

(一)检查的范围、内容、形式和时间；

(二)被检查单位的基本情况；

(三)检查组检查工作的基本情况；

(四)当事人的违法会计行为和确认违法事实的依据；

(五)对当事人给予行政处罚的建议；

(六)对当事人给予行政处分的建议；

(七)对涉嫌犯罪的当事人提出移送司法机关的建议；

(八)其他需要说明的内容；

(九)检查组组长签章及日期。

**第二十三条** 财政部门对于检查组提交的会计监督检查报告及其他有关材料应当按照本办法第四章的有关规定进行审理，并作出处理决定。

## 第三章 处理、处罚的种类和适用

**第二十四条** 财政部门在会计监督检查中实施行政处罚的种类包括：

(一)警告；

(二)罚款；

（三）吊销会计从业资格证书。

**第二十五条** 财政部门对违法会计行为查实后，应当责令当事人改正或者限期改正，并依法给予行政处罚。

**第二十六条** 当事人有下列情形之一的，财政部门应当依法从轻给予行政处罚：

（一）违法会计行为是初犯，且主动改正违法会计行为、消除危害后果的；

（二）违法会计行为是受他人胁迫进行的；

（三）配合财政部门查处违法会计行为有立功表现的；

（四）其它依法应当从轻给予行政处罚的。

**第二十七条** 当事人有下列情形之一的，财政部门应当依法从重给予行政处罚：

（一）无故未能按期改正违法会计行为的；

（二）屡查屡犯的；

（三）抗拒、阻挠依法实施的监督，不如实提供有关会计资料和情况的；

（四）胁迫他人实施违法会计行为的；

（五）违法会计行为对单位的财务状况和经营成果产生重大影响的；

（六）以虚假的经济业务事项或者资料为依据进行会计核算，造成会计信息严重失实的；

（七）随意改变会计要素确认标准、计量方法，造成会计信息严重失实的；

（八）违法会计行为是以截留、挪用、侵占、浪费国家财政资金为目的的；

（九）违法会计行为已构成犯罪但司法机关免予刑事处罚的。

**第二十八条** 财政部门在对本办法第九条、第十条、第十一条、第十二条、第十三条、第十四条规定的内容实施会计监督检查中，发现当事人有《会计法》第四十二条第一款所列违法会计行为的，应当依照《会计法》第四十二条的规定处理。

**第二十九条** 财政部门在对本办法第九条、第十条、第十一条、第十二条、第十三条规定的内容实施会计监督检查中，发现当事人有伪造、变造会计凭证、会计账簿或者编制虚假财务会计报告的，应当依照《会计法》第四十三条的规定处理。

**第三十条** 财政部门在对本办法第九条、第十条、第十一条、第十二条、第十三条规定的内容实施会计监督检查中，发现有隐匿或者故意销毁依法应当保存的会计凭证、会计账簿、财务会计报告的违法会计行为的，应当依照《会计法》第四十四条的规定处理。

**第三十一条** 财政部门在实施会计监督检查中，发现被检查单位的有关人员有授意、指使、强令会计机构、会计人员及其他人员伪造、变造或者隐匿、故意销毁依法应当保存的会计凭证、会计账簿，编制虚假财务会计报告行为的，应当依照《会计法》第四十五条的规定处理。

**第三十二条** 财政部门在会计监督检查中发现单位负责人对依法履行职责的会计人员实行打击报复的，应当依照《会计法》第四十六条的规定处理。

**第三十三条** 财政部门对本办法第十五条规定的内容实施监督检查时，发现注册会计师及会计师事务所出具审计报告的程序和内容违反《中华人民共和国注册会计师法》规定的，应当依照《中华人民共和国注册会计师法》的有关规定处理。

**第三十四条** 财政部门认为违法会计行为构成犯罪的，应当依照有关规定移送司法机关处理。

**第三十五条** 财政部门的工作人员在实施会计监督中，有下列行为之一的，依法给予行政处分；构成犯罪的，依法追究刑事责任：

（一）滥用职权的；

（二）玩忽职守、徇私舞弊的；

（三）索贿受贿的；

（四）泄露国家秘密、商业秘密的。

## 第四章　行政处罚程序

**第三十六条** 财政部门对违法会计行为实施行政处罚，应当按照本章规定的程序办理。

**第三十七条** 财政部门对公民、法人和其他组织检举的违法会计行为案件，应当予以审查，并在七日内决定是否立案。

**第三十八条** 财政部门对违法会计行为案件的下列内容予以审查：

（一）违法事实是否清楚；

（二）证据是否确凿；

（三）其他需要审查的内容。

**第三十九条** 财政部门对符合下列条件的违法会计行为案件应当予以立案：

（一）有明确的违法会计行为、违法会计行为人；

（二）有可靠的事实依据；

（三）当事人的违法会计行为依法应当给予行政处罚；

（四）属于本机关管辖。

**第四十条** 财政部门对违法会计行为案件审查后，认为不符合立案条件的，应当告知检举人，并将审查意见存档;认为案件依法应当由其他部门管辖的,及时将案件材料移送有关部门。

**第四十一条** 对下列违法会计行为案件,财政部门可以直接立案:

(一)在会计监督检查中发现的;

(二)在其它财政监督检查中发现的;

(三)在日常财政管理工作中发现的;

(四)上级财政部门指定办理、下级财政部门上报的;

(五)有关部门移送的。

**第四十二条** 财政部门对按照本办法第三十七条、第三十九条和第四十一条第(三)、(四)、(五)项规定立案的违法会计行为案件,应当按照本办法第二章规定的程序实施会计监督检查。

**第四十三条** 财政部门应当建立违法会计行为案件的审理制度。

财政部门应当指定专门的机构或者在相关机构中指定专门的人员,负责对已经立案并实施会计监督检查的案件按照本章规定的程序审核检查组提交的有关材料,以确定是否对当事人给予行政处罚以及对当事人的处罚种类和幅度。

**第四十四条** 财政部门对违法会计行为案件的审理应当依照有关法律、行政法规和规章的规定进行,并遵循实事求是、证据确凿、程序合法、错罚相当的原则。

**第四十五条** 案件审理人员应当对违法会计行为案件的下列内容进行审查:

(一)实施的会计监督检查是否符合法定程序;

(二)当事人的违法事实是否清楚;

(三)收集的证明材料是否真实、充分;

(四)认定违法会计行为所适用的依据是否正确;

(五)建议给予的行政处罚种类和幅度是否合法和适当;

(六)当事人陈述和申辩的理由是否成立;

(七)需要审理的其他事项。

**第四十六条** 案件审理人员对其审理的案件可以分别作出下列处理:

(一)对会计监督检查未履行法定程序的,经向财政部门负责人报告并批准后,采取必要的弥补措施;

(二)对违法事实不清、证据不充分的,中止审理,并通知有关检查人员予以说明或者补充、核实有关的检查材料。必要时,经财政部门负责人批准,可另行组织调查、取证;

(三)对认定违法会计行为所适用的依据、建议给予的行政处罚的种类和幅度不正确、不适当的,提出修改意见;

(四)对审理事项没有异议的,签署同意意见。

**第四十七条** 财政部门根据对违法会计行为案件的审理结果,分别作出下列处理决定:

(一)违法事实不能成立的,不得给予行政处罚;

(二)违法会计行为轻微,依法不予行政处罚的,不予行政处罚;

(三)违法事实成立,依法应当给予行政处罚的,作出行政处罚决定;

(四)违法会计行为应当给予行政处分的,将有关材料移送其所在单位或者有关单位,并提出给予行政处分的具体建议;

(五)按照有关法律、行政法规和规章的规定,违法行为应当由其他部门实施行政处罚的,将有关材料移送有关部门处理;

(六)认为违法行为构成犯罪的,将违法案件有关材料移送司法机关处理。

**第四十八条** 财政部门对当事人没有违法会计行为或者违法会计行为轻微依法不予行政处罚的,应当制作会计监督检查结论,送达当事人,并根据需要将副本抄送有关单位。

会计监督检查结论包括下列内容:

(一)财政部门的名称;

(二)检查的范围、内容、形式和时间;

(三)对检查事项未发现违法会计行为或者违法会计行为轻微依法不予行政处罚的说明;

(四)要求当事人限期改正违法会计行为的期限;

(五)其他需要说明的内容。

**第四十九条** 财政部门对违法会计行为依法作出行政处罚决定后,应当制作会计监督行政处罚决定书,送达当事人,并根据需要将副本抄送有关单位。

会计监督行政处罚决定书应当载明下列事项:

(一)当事人名称或者姓名、地址;

(二)违反法律、行政法规、国家统一的会计制度的事实和证据;

(三)要求当事人限期改正违法会计行为的期限;

(四)行政处罚决定及其依据;

(五)行政处罚的履行方式和期限;

(六)当事人不服行政处罚决定,申请行政复议或者提起行政诉讼的途径和期限;

(七)作出行政处罚决定的财政部门的名称、印章;

（八）作出行政处罚决定的日期、处罚决定文号；

（九）如果有附件应当说明附件的名称和数量。

**第五十条**　财政部门在作出行政处罚决定之前，应当告知当事人作出行政处罚决定的事实、理由及依据。当事人有权进行陈述和申辩。

财政部门应当充分听取当事人的意见，并应当对当事人提出的事实、理由和证据进行复核；当事人提出的事实、理由或者证据成立的，财政部门应当采纳。

财政部门不得因当事人申辩而加重处罚。

**第五十一条**　财政部门作出较大数额罚款、吊销会计从业资格证书的行政处罚决定之前，应当告知当事人有要求听证的权利；当事人要求听证的，应当按照《财政部门行政处罚听证程序实施办法》（财政部财法字〔1998〕18号）的规定组织听证。

**第五十二条**　听证程序终结后，财政部门应当根据本办法第四十七条的规定作出处理决定。

**第五十三条**　财政部门应当在接到会计监督检查报告之日起三十日内作出处理决定，并送达当事人；遇有特殊情况可延长至六十日内送达当事人。

**第五十四条**　财政部门依法作出行政处罚决定后，当事人应当在规定的期限内履行行政处罚决定。

当事人对行政处罚决定不服申请行政复议或者提起行政诉讼的，行政处罚不停止执行，但法律、行政法规另有规定的除外。

**第五十五条**　当事人逾期不申请行政复议或者不提起行政诉讼又不履行处罚决定的，由作出行政处罚决定的财政部门申请人民法院强制执行。

**第五十六条**　当事人到期不缴纳罚款的，作出处罚决定的财政部门可以按照《行政处罚法》的有关规定对当事人加处罚款。

当事人对加处罚款有异议的，应当先缴纳罚款和因逾期缴纳罚款所加处的罚款，再依法申请行政复议或者提起行政诉讼。

**第五十七条**　案件结案后，案件审理人员应当做好案件材料的立卷归档工作。

**第五十八条**　财政部门应当建立违法会计行为案件备案制度。

县级以上地方财政部门对适用听证程序、提起行政诉讼和上级财政部门指定办理的案件，应当在结案后三十日内向上一级财政部门备案。

### 第五章　附　　则

**第五十九条**　本办法所称"违法会计行为"，是指公民、法人和其它组织违反《会计法》和其他有关法律、行政法规、国家统一的会计制度的行为。

本办法所称"违法会计行为案件"，是指财政部门发现的或者受理的公民、法人和其它组织涉嫌有违法会计行为的案件。

**第六十条**　本办法所称"当事人"，是指财政部门实施会计监督检查的单位及其对会计行为直接负责的主管人员和其他直接责任人员。

**第六十一条**　本办法第五十一条所称"较大数额罚款"，是指对个人处以二千元以上罚款、对法人或者其他组织处以五万元以上罚款。

各省、自治区、直辖市通过的地方法规对"较大数额罚款"的限额另有规定的，可以不受上述数额的限制。

**第六十二条**　本办法所称"限期改正"的期限原则上为十五日。有特殊原因需要延长的，由组织检查的财政部门决定。

**第六十三条**　本办法所称的"日"，均指有效工作日。

**第六十四条**　各省、自治区、直辖市、计划单列市财政部门、新疆生产建设兵团可以依照本办法制定具体的实施办法，报国务院财政部门备案。

**第六十五条**　本办法自发布之日起施行。

## 财政检查工作办法

*1. 2006年1月26日财政部令第32号公布*
*2. 自2006年3月1日起施行*

**第一条**　为了规范财政检查工作，保障和监督财政部门有效实施财政检查，保护公民、法人和其他组织的合法权益，根据《中华人民共和国预算法》、《财政违法行为处罚处分条例》等法律、行政法规，制定本办法。

**第二条**　县级以上人民政府财政部门及省级以上人民政府财政部门的派出机构（以下统称财政部门）依法实施财政检查，适用本办法。

**第三条**　本办法所称财政检查，是指财政部门为履行财政监督职责，纠正财政违法行为，维护国家财政经济秩序，对单位和个人执行财税法规情况以及财政、财务、会计等管理事项进行检查的活动。

**第四条**　财政部门实施财政检查，应当遵循合法、客观、公正、公开的原则。

**第五条**　财政部门应当按照法律、法规、规章和本办法的规定，在规定的职权范围内，实施财政检查，依法作出检查结论或处理、处罚决定。

对财政检查工作管辖发生争议的，报请共同的上一级财政部门指定管辖。

**第六条** 财政部门应当制定年度财政检查计划，按计划组织开展财政检查，或者根据日常财政管理需要，组织开展财政检查。

**第七条** 财政部门组织开展财政检查应当组成检查组，并指定检查组组长。检查组实行组长负责制。

**第八条** 检查组检查人员由财政部门工作人员组成。检查人员应当具备下列条件：

（一）熟悉有关法律、法规、规章和政策；

（二）掌握相关的专业知识；

（三）具有一定的调查研究、综合分析和文字表达能力。

**第九条** 根据需要，财政部门可以聘请专门机构或者具有专门知识的人员协助检查人员开展检查工作。

**第十条** 检查人员与被检查单位或个人（以下统称被检查人）有直接利害关系的，应当回避。被检查人认为检查人员与自己有利害关系的，可以要求检查人员回避。

检查人员的回避，由财政部门负责人决定。

**第十一条** 检查人员应当遵守国家有关保密规定，不得泄露检查中知悉的国家秘密和商业秘密，不得将检查中取得的材料用于与检查工作无关的事项。

**第十二条** 检查组在实施财政检查前，应当熟悉与检查事项有关的法律、法规、规章和政策，了解被检查人的基本情况，编制财政检查工作方案。

**第十三条** 财政部门实施财政检查，一般应于3个工作日前向被检查人送达财政检查通知书。

财政部门认为实施财政检查的3个工作目前向被检查人送达检查通知书对检查工作有不利影响时，经财政部门负责人批准，检查通知书可在实施财政检查前适当时间下达。

财政检查通知书的内容包括：

（一）被检查人的名称；

（二）检查的依据、范围、内容、方式和时间；

（三）对被检查人配合检查工作的具体要求；

（四）检查组组长及检查人员名单、联系方式；

（五）财政部门公章及签发日期。

**第十四条** 实施财政检查时，检查人员不得少于两人，并应当向被检查人出示证件。

检查人员可以向被检查人询问有关情况，被检查人应当予以配合，如实回答询问、反映情况。询问应当制作笔录，并由被检查人签字或盖章。

**第十五条** 实施财政检查时，检查人员可以要求被检查人提供有关资料，并可以对有关资料进行复制。

提供的资料是外国文字或少数民族文字记录的，被检查人应当将资料译成中文。

**第十六条** 实施财政检查时，检查人员可以运用查账、盘点、查询及函证、计算、分析性复核等方法。

**第十七条** 实施财政检查时，经财政部门负责人批准，检查人员可以向与被检查人有经济业务往来的单位查询有关情况，可以依法向金融机构查询被检查单位的存款。

检查人员查询存款时，应当持有财政部门签发的查询存款通知书，并负有保密义务。

**第十八条** 实施财政检查时，在有关证据可能灭失或者以后难以取得的情况下，经财政部门负责人批准，可以先行登记保存，并应当在7个工作日内及时作出处理决定。在此期间，被检查人或者有关人员不得销毁或者转移证据。

**第十九条** 检查人员在检查中取得的证明材料，应当有提供者的签名或者盖章。

未取得提供者签名或盖章的材料，检查人员应当注明原因。

**第二十条** 实施财政检查时，检查人员应当将检查内容与事项予以记录和摘录，编制财政检查工作底稿，并由被检查人签字或者盖章。

**第二十一条** 检查组组长应当对本组其他检查人员的工作质量进行监督，并对有关事项进行必要的审查和复核。

**第二十二条** 检查组在实施检查中，遇到重大问题应当及时向财政部门请示汇报。

**第二十三条** 检查工作结束前，检查组应当就检查工作的基本情况、被检查人存在的问题等事项书面征求被检查人的意见。被检查人自收到书面征求意见函之日起5个工作日内，提出书面意见或说明；在规定期限内没有提出书面意见或说明的，视为无异议。

**第二十四条** 检查组应于检查结束10个工作日内，向财政部门提交书面财政检查报告；特殊情况下，经批准提交财政检查报告的时间可以延长，但最长不得超过30日。

检查组在提交财政检查报告时，还应当一并提交行政处理、处罚建议或者移送处理建议以及财政检查工作底稿等材料。

**第二十五条** 财政检查报告应当包括下列内容：

（一）被检查人的基本情况；

（二）检查范围、内容、方式和时间；

（三）被检查人执行财税法规情况以及财政、财务、会计等管理事项的基本情况；

（四）被检查人存在财政违法行为的基本事实以及认定依据、证据；

（五）被检查人的意见或说明；

（六）应当向财政部门报告的其他事项；

（七）检查组组长签名及财政检查报告日期。

**第二十六条** 财政部门应当建立健全财政检查的复核制度，指定内部有关职能机构或者专门人员，对检查组提交的财政检查报告以及其他有关材料予以复核。

复核人员与被检查人或者检查人员有直接利害关系的，应当回避。

**第二十七条** 负责复核的有关职能机构或者专门人员，应当从以下几个方面对财政检查报告以及其他有关材料进行复核：

（一）检查事项认定的事实是否清楚；

（二）取得的证据是否真实、充分；

（三）检查程序是否合法；

（四）认定财政违法行为的法律依据是否适当；

（五）提出的行政处理、处罚建议或者移送处理建议是否适当；

（六）其他需要复核的事项。

有关职能机构或者专门人员对财政检查报告复核后，应当提出复核意见。

**第二十八条** 财政部门对财政检查报告和复核意见进行审定后，应当根据不同情况作出如下处理：

（一）对未发现有财政违法行为的被检查人作出检查结论；

（二）对有财政违法行为的被检查人依法作出行政处理、处罚决定；

（三）对不属于本部门职权范围的事项依法移送。

财政检查报告与复核意见存在重大分歧的，财政部门应当责成检查组进一步核实、补正有关情况或者材料；必要时，应当另行派出检查组，重新实施财政检查。

**第二十九条** 财政部门作出行政处理、处罚决定的，应当制作行政处理、处罚决定书。行政处理、处罚决定书应当载明以下事项：

（一）当事人的姓名或者名称、地址；

（二）违反法律、法规或者规章的事实和证据；

（三）行政处理、处罚的种类和依据；

（四）行政处理、处罚履行的方式和期限；

（五）不服行政处理、处罚决定，申请行政复议或者提起行政诉讼的途径和期限；

（六）作出行政处理、处罚决定的财政部门名称和日期；

行政处理、处罚决定书必须盖有作出行政处理、处罚决定的财政部门印章。

**第三十条** 财政部门在作出行政处罚决定之前，应当告知当事人作出行政处罚的事实、理由及依据，并告知当事人依法享有的权利。

当事人有权进行陈述和申辩。财政部门必须充分听取当事人的意见，对当事人提出的事实、理由和证据，应当进行核查；当事人提出的事实、理由或者证据成立的，财政部门应当采纳。

**第三十一条** 财政部门作出应当告知听证权利的行政处罚决定之前，应当告知当事人有要求举行听证的权利；当事人要求听证的，财政部门应当组织听证。

财政部门举行听证的，依照《财政机关行政处罚听证实施办法》（财政部令第 23 号）的规定办理。

**第三十二条** 财政部门依法作出行政处理、处罚决定后，应当将行政处理、处罚决定书送达当事人。

行政处理、处罚决定书自送达之日起生效。

**第三十三条** 当事人对行政处理、处罚不服的，依照《中华人民共和国行政复议法》、《中华人民共和国行政诉讼法》的规定申请行政复议或者提起行政诉讼。

行政复议和行政诉讼期间，行政处理、处罚决定不停止执行，法律另有规定的除外。

**第三十四条** 财政部门应当依法对财政行政处理、处罚决定执行情况进行监督检查。

**第三十五条** 被检查人有财政违法行为的，财政部门可以公告其财政违法行为及行政处理、处罚、处分决定。

**第三十六条** 财政检查工作结束后，财政部门应当做好财政检查工作相关材料的立卷归档工作。

**第三十七条** 财政部门的工作人员在财政检查工作中，滥用职权、玩忽职守、徇私舞弊的，依法给予行政处分。构成犯罪的，依法追究刑事责任。

**第三十八条** 财政部门对财政检查工作中发现的影响财税政策、预算执行等方面的重要问题，应当及时向本级人民政府和上一级财政部门报告。

**第三十九条** 财政部门实施会计监督检查，适用本办法以及 2001 年 2 月 20 日财政部发布的《财政部门实施会计监督办法》（财政部令第 10 号）。

**第四十条** 本办法自 2006 年 3 月 1 日起施行。1998 年 10 月 8 日财政部发布的《财政检查工作规则》（财监字〔1998〕223 号）同时废止。

# 财政监督检查案件移送办法

*1. 2008年12月16日财政部令第53号公布*
*2. 自2009年2月1日起施行*

**第一条** 为了加强对财政监督检查案件移送工作的管理,规范财政监督检查案件移送,保障财政监督检查职责的履行,根据《财政违法行为处罚处分条例》、《行政执法机关移送涉嫌犯罪案件的规定》等有关规定,制定本办法。

**第二条** 本办法所称财政监督检查案件移送,是指县级以上人民政府财政部门和省级以上人民政府财政部门的派出机构(以下统称财政部门)在履行监督检查职责时,对不属于财政部门职权范围的案件和其他事项,依法依纪移送其他机关处理的行为。

**第三条** 财政部门依法依纪实施财政监督检查案件移送,适用本办法。

**第四条** 财政部门移送财政监督检查案件(以下简称案件移送),应当符合法律、法规、规章的规定,做到事实清楚、材料齐全、程序合法、手续完备。

属于财政部门职权范围的案件和其他事项,财政部门应当依法处理,不得移送其他机关。

**第五条** 财政部门履行监督检查职责时,对需要由税务、银行、证券、保险、海关、国有资产管理以及其他有关主管或者监管机关处理的案件,应当依法办理案件移送。

**第六条** 财政部门履行监督检查职责时,对依法依纪应当追究责任的公务员,财政部门无权处理的,应当将案件材料移送有关监察机关或者具有人事管理权限的任免机关处理。

对法律、法规授权的具有管理公共事务职能的组织以及国家行政机关依法委托的组织中除工勤人员以外的工作人员,企业、事业单位、社会团体中由国家行政机关以委任、派遣等形式任命的人员以及其他人员依法依纪应当追究责任的,参照前款规定执行。

**第七条** 财政部门履行监督检查职责时,认为有关单位或者个人涉嫌犯罪的,应当按照《行政执法机关移送涉嫌犯罪案件的规定》办理案件移送。

同一案件既涉嫌职务犯罪又涉嫌其他犯罪,检察机关与公安机关分别具有管辖权的,向案件所涉嫌主罪的管辖机关移送。

**第八条** 财政部驻各省、自治区、直辖市、计划单列市财政监察专员办事处认为应当移送的案件,凡涉嫌犯罪金额在1000万元以上的,或者责任人员涉及副厅(局)级以上领导干部的,以及其他性质、情节恶劣或者具有较大社会影响的案件,应当报送财政部决定移送机关。

省级财政部门派出机构的移送案件,性质、情节恶劣或者具有较大社会影响的,其具体情形及移送机关由省级财政部门确定。

**第九条** 财政部门向其他机关移送案件前已经作出的行政处理、行政处罚,不停止执行。移送案件时,应当将行政处理、行政处罚决定等案件材料一并移送其他机关。

不得以行政处理、行政处罚等方式代替案件移送。

**第十条** 财政部门履行监督检查职责时,承办机构或者承办人员认为需要案件移送的,应当向财政部门提出移送建议。

**第十一条** 财政部门应当指定2名以上工作人员或者内部有关机构对案件是否移送进行复核。

复核人员或者机构应当按照有关规定,对建议移送案件的事实是否清楚、材料是否齐全、程序是否合法、手续是否完备等情形进行复核,并提出移送处理意见,报本级财政部门负责人审批。

**第十二条** 财政部门应当自接到移送处理意见之日起7日内,作出案件移送或者不予移送的决定。

决定移送的,财政部门应当明确具体的受移送机关,办理移送手续,并将案件的有关材料及时、完整地移送受移送机关。

决定不予移送的,财政部门应当将决定的理由和依据记录在案,并依法进行处理。

**第十三条** 财政部门办理案件移送时,应当向受移送机关提交《财政监督检查案件移送通知书》,并附下列材料:

(一)案件基本情况;
(二)案件的检查报告或者调查报告;
(三)已作出处理处罚的情况以及处理处罚建议;
(四)有关证据;
(五)涉案款物清单;
(六)其他需要移送的材料。

**第十四条** 财政部门向受移送机关提交《财政监督检查案件移送通知书》时,应当附送案件移送通知书送达回证,并要求被移送机关在送达回证上签名或者盖章。

**第十五条** 财政部门应当及时了解、掌握移送案件的进展情况。案件移送后超过30日尚未收到送达回证的,或者受理后超过90日尚未收到书面处理结果的,财政部门应当制发《财政监督检查移送案件询问函》,向受移送机关询问移送案件进展情况。

**第十六条**　对受移送机关不接收或者不予受理的案件，财政部门仍有异议的，应当与受移送机关进行协商或者向有关部门反映，并将结果记录在案。

**第十七条**　对其他机关移送财政部门处理的案件，财政部门应当在7日内进行审核，并作出是否受理的决定。对不予受理的，财政部门应当在30日内书面向移送机关说明不予受理的理由，并退还移送的案件材料；对予以受理的，财政部门应当及时处理，并在90日内将处理结果书面通知移送机关。

**第十八条**　财政部门应当建立案件移送登记制度，完善档案管理，及时对案件移送情况、处理结果等进行统计分析，并将有关汇总分析报告报送上一级财政部门。

**第十九条**　上级财政部门应当加强对下级财政部门案件移送工作的指导和监督。

**第二十条**　财政部门应当加强与受移送机关的沟通和协调。受移送机关在查处移送案件过程中，需要财政部门配合的，财政部门应当予以协助。

**第二十一条**　财政部门及其工作人员在案件移送工作中，应当移送而不移送或者违反规定移送，造成严重后果的，应当依法依纪追究责任。

**第二十二条**　本办法自2009年2月1日起施行。

## 项目支出绩效评价管理办法

*1. 2020年2月25日财政部印发*
*2. 财预〔2020〕10号*

### 第一章　总　　则

**第一条**　为全面实施预算绩效管理，建立科学、合理的项目支出绩效评价管理体系，提高财政资源配置效率和使用效益，根据《中华人民共和国预算法》和《中共中央　国务院关于全面实施预算绩效管理的意见》等有关规定，制定本办法。

**第二条**　项目支出绩效评价（以下简称绩效评价）是指财政部门、预算部门和单位，依据设定的绩效目标，对项目支出的经济性、效率性、效益性和公平性进行客观、公正的测量、分析和评判。

**第三条**　一般公共预算、政府性基金预算、国有资本经营预算项目支出的绩效评价适用本办法。涉及预算资金及相关管理活动，如政府投资基金、主权财富基金、政府和社会资本合作（PPP）、政府购买服务、政府债务项目等绩效评价可参照本办法执行。

**第四条**　绩效评价分为单位自评、部门评价和财政评价三种方式。单位自评是指预算部门组织部门本级和所属单位对预算批复的项目绩效目标完成情况进行自我评价。部门评价是指预算部门根据相关要求，运用科学、合理的绩效评价指标、评价标准和方法，对本部门的项目组织开展的绩效评价。财政评价是财政部门对预算部门的项目组织开展的绩效评价。

**第五条**　绩效评价应当遵循以下基本原则：

（一）科学公正。绩效评价应当运用科学合理的方法，按照规范的程序，对项目绩效进行客观、公正的反映。

（二）统筹兼顾。单位自评、部门评价和财政评价应职责明确，各有侧重，相互衔接。单位自评应由项目单位自主实施，即“谁支出、谁自评”。部门评价和财政评价应在单位自评的基础上开展，必要时可委托第三方机构实施。

（三）激励约束。绩效评价结果应与预算安排、政策调整、改进管理实质性挂钩，体现奖优罚劣和激励相容导向，有效要安排、低效要压减、无效要问责。

（四）公开透明。绩效评价结果应依法依规公开，并自觉接受社会监督。

**第六条**　绩效评价的主要依据：

（一）国家相关法律、法规和规章制度；

（二）党中央、国务院重大决策部署，经济社会发展目标，地方各级党委和政府重点任务要求；

（三）部门职责相关规定；

（四）相关行业政策、行业标准及专业技术规范；

（五）预算管理制度及办法，项目及资金管理办法、财务和会计资料；

（六）项目设立的政策依据和目标，预算执行情况，年度决算报告、项目决算或验收报告等相关材料；

（七）本级人大审查结果报告、审计报告及决定，财政监督稽核报告等；

（八）其他相关资料。

**第七条**　绩效评价期限包括年度、中期及项目实施期结束后；对于实施期5年及以上的项目，应适时开展中期和实施期后绩效评价。

### 第二章　绩效评价的对象和内容

**第八条**　单位自评的对象包括纳入政府预算管理的所有项目支出。

**第九条**　部门评价对象应根据工作需要，优先选择部门履职的重大改革发展项目，随机选择一般性项目。原则上应以5年为周期，实现部门评价重点项目全覆盖。

**第十条**　财政评价对象应根据工作需要,优先选择贯彻落实党中央、国务院重大方针政策和决策部署的项目,覆盖面广、影响力大、社会关注度高、实施期长的项目。对重点项目应周期性组织开展绩效评价。

**第十一条**　单位自评的内容主要包括项目总体绩效目标、各项绩效指标完成情况以及预算执行情况。对未完成绩效目标或偏离绩效目标较大的项目要分析并说明原因,研究提出改进措施。

**第十二条**　财政和部门评价的内容主要包括:

(一)决策情况;

(二)资金管理和使用情况;

(三)相关管理制度办法的健全性及执行情况;

(四)实现的产出情况;

(五)取得的效益情况;

(六)其他相关内容。

## 第三章　绩效评价指标、评价标准和方法

**第十三条**　单位自评指标是指预算批复时确定的绩效指标,包括项目的产出数量、质量、时效、成本,以及经济效益、社会效益、生态效益、可持续影响、服务对象满意度等。

单位自评指标的权重由各单位根据项目实际情况确定。原则上预算执行率和一级指标权重统一设置为:预算执行率 10%、产出指标 50%、效益指标 30%、服务对象满意度指标 10%。如有特殊情况,一级指标权重可做适当调整。二、三级指标应当根据指标重要程度、项目实施阶段等因素综合确定,准确反映项目的产出和效益。

**第十四条**　财政和部门绩效评价指标的确定应当符合以下要求:与评价对象密切相关,全面反映项目决策、项目和资金管理、产出和效益;优先选取最具代表性、最能直接反映产出和效益的核心指标,精简实用;指标内涵应当明确、具体、可衡量,数据及佐证资料应当可采集、可获得;同类项目绩效评价指标和标准应具有一致性,便于评价结果相互比较。

财政和部门评价指标的权重根据各项指标在评价体系中的重要程度确定,应当突出结果导向,原则上产出、效益指标权重不低于 60%。同一评价对象处于不同实施阶段时,指标权重应体现差异性,其中,实施期间的评价更加注重决策、过程和产出,实施期结束后的评价更加注重产出和效益。

**第十五条**　绩效评价标准通常包括计划标准、行业标准、历史标准等,用于对绩效指标完成情况进行比较。

(一)计划标准。指以预先制定的目标、计划、预算、定额等作为评价标准。

(二)行业标准。指参照国家公布的行业指标数据制定的评价标准。

(三)历史标准。指参照历史数据制定的评价标准,为体现绩效改进的原则,在可实现的条件下应当确定相对较高的评价标准。

(四)财政部门和预算部门确认或认可的其他标准。

**第十六条**　单位自评采用定量与定性评价相结合的比较法,总分由各项指标得分汇总形成。

定量指标得分按照以下方法评定:与年初指标值相比,完成指标值的,记该指标所赋全部分值;对完成值高于指标值较多的,要分析原因,如果是由于年初指标值设定明显偏低造成的,要按照偏离度适度调减分值;未完成指标值的,按照完成值与指标值的比例记分。

定性指标得分按照以下方法评定:根据指标完成情况分为达成年度指标、部分达成年度指标并具有一定效果、未达成年度指标且效果较差三档,分别按照该指标对应分值区间 100% - 80%(含)、80% - 60%(含)、60% - 0% 合理确定分值。

**第十七条**　财政和部门评价的方法主要包括成本效益分析法、比较法、因素分析法、最低成本法、公众评判法、标杆管理法等。根据评价对象的具体情况,可采用一种或多种方法。

(一)成本效益分析法。是指将投入与产出、效益进行关联性分析的方法。

(二)比较法。是指将实施情况与绩效目标、历史情况、不同部门和地区同类支出情况进行比较的方法。

(三)因素分析法。是指综合分析影响绩效目标实现、实施效果的内外部因素的方法。

(四)最低成本法。是指在绩效目标确定的前提下,成本最小者为优的方法。

(五)公众评判法。是指通过专家评估、公众问卷及抽样调查等方式进行评判的方法。

(六)标杆管理法。是指以国内外同行业中较高的绩效水平为标杆进行评判的方法。

(七)其他评价方法。

**第十八条**　绩效评价结果采取评分和评级相结合的方式,具体分值和等级可根据不同评价内容设定。总分一般设置为 100 分,等级一般划分为四档:90(含) -

100 分为优、80(含) - 90 分为良、60(含) - 80 分为中、60 分以下为差。

## 第四章　绩效评价的组织管理与实施

**第十九条**　财政部门负责拟定绩效评价制度办法,指导本级各部门和下级财政部门开展绩效评价工作;会同有关部门对单位自评和部门评价结果进行抽查复核,督促部门充分应用自评和评价结果;根据需要组织实施绩效评价,加强评价结果反馈和应用。

**第二十条**　各部门负责制定本部门绩效评价办法,组织部门本级和所属单位开展自评工作,汇总自评结果,加强自评结果审核和应用;具体组织实施部门评价工作,加强评价结果反馈和应用。积极配合财政评价工作,落实评价整改意见。

**第二十一条**　部门本级和所属单位按照要求具体负责自评工作,对自评结果的真实性和准确性负责,自评中发现的问题要及时进行整改。

**第二十二条**　财政和部门评价工作主要包括以下环节:

(一)确定绩效评价对象和范围;

(二)下达绩效评价通知;

(三)研究制订绩效评价工作方案;

(四)收集绩效评价相关数据资料,并进行现场调研、座谈;

(五)核实有关情况,分析形成初步结论;

(六)与被评价部门(单位)交换意见;

(七)综合分析并形成最终结论;

(八)提交绩效评价报告;

(九)建立绩效评价档案。

**第二十三条**　财政和部门评价根据需要可委托第三方机构或相关领域专家(以下简称第三方,主要是指与资金使用单位没有直接利益关系的单位和个人)参与,并加强对第三方的指导,对第三方工作质量进行监督管理,推动提高评价的客观性和公正性。

**第二十四条**　部门委托第三方开展绩效评价的,要体现委托人与项目实施主体相分离的原则,一般由主管财务的机构委托,确保绩效评价的独立、客观、公正。

## 第五章　绩效评价结果应用及公开

**第二十五条**　单位自评结果主要通过项目支出绩效自评表的形式反映,做到内容完整、权重合理、数据真实、结果客观。财政和部门评价结果主要以绩效评价报告的形式体现,绩效评价报告应当依据充分、分析透彻、逻辑清晰、客观公正。

绩效评价工作和结果应依法自觉接受审计监督。

**第二十六条**　各部门应当按照要求随同部门决算向本级财政部门报送绩效自评结果。

部门和单位应切实加强自评结果的整理、分析,将自评结果作为本部门、本单位完善政策和改进管理的重要依据。对预算执行率偏低、自评结果较差的项目,要单独说明原因,提出整改措施。

**第二十七条**　财政部门和预算部门应在绩效评价工作完成后,及时将评价结果反馈被评价部门(单位),并明确整改时限;被评价部门(单位)应当按要求向财政部门或主管部门报送整改落实情况。

各部门应按要求将部门评价结果报送本级财政部门,评价结果作为本部门安排预算、完善政策和改进管理的重要依据;财政评价结果作为安排政府预算、完善政策和改进管理的重要依据。原则上,对评价等级为优、良的,根据情况予以支持;对评价等级为中、差的,要完善政策、改进管理,根据情况核减预算。对不进行整改或整改不到位的,根据情况相应调减预算或整改到位后再予安排。

**第二十八条**　各级财政部门、预算部门应当按照要求将绩效评价结果分别编入政府决算和本部门决算,报送本级人民代表大会常务委员会,并依法予以公开。

## 第六章　法 律 责 任

**第二十九条**　对使用财政资金严重低效无效并造成重大损失的责任人,要按照相关规定追责问责。对绩效评价过程中发现的资金使用单位和个人的财政违法行为,依照《中华人民共和国预算法》、《财政违法行为处罚处分条例》等有关规定追究责任;发现违纪违法问题线索的,应当及时移送纪检监察机关。

**第三十条**　各级财政部门、预算部门和单位及其工作人员在绩效评价管理工作中存在违反本办法的行为,以及其他滥用职权、玩忽职守、徇私舞弊等违法违纪行为的,依照《中华人民共和国预算法》、《中华人民共和国公务员法》、《中华人民共和国监察法》、《财政违法行为处罚处分条例》等国家有关规定追究相应责任;涉嫌犯罪的,依法移送司法机关处理。

## 第七章　附　　则

**第三十一条**　各地区、各部门可结合实际制定具体的管理办法和实施细则。

**第三十二条**　本办法自印发之日起施行。《财政支出绩效评价管理暂行办法》(财预〔2011〕285 号)同时废止。

附:(略)

## 财政部门监督办法

*1. 2012年3月2日财政部令第69号公布*
*2. 自2012年5月1日起施行*

### 第一章　总　　则

**第一条**　为了规范财政部门监督行为,加强财政管理,保障财政资金安全规范有效使用,维护国家财经秩序,根据国家有关财政管理法律法规,制定本办法。

**第二条**　县级以上人民政府财政部门(以下简称财政部门)依法对单位和个人(以下统称监督对象)涉及财政、财务、会计等事项实施监督适用本办法。

省级以上人民政府财政部门派出机构在规定职权范围内依法实施监督。

**第三条**　财政部门应当按照财政管理体制、财务隶属关系对财政、财务等事项实施监督;按照行政区域对会计事项实施监督。

上级财政部门应当加强对下级财政部门监督工作的指导;下级财政部门应当及时将监督中发现的重大问题向本级人民政府和上级财政部门报告。

**第四条**　财政部门实施监督应当坚持事前、事中和事后监督相结合,建立覆盖所有政府性资金和财政运行全过程的监督机制。

**第五条**　财政部门实施监督应当与财政管理相结合,将监督结果作为预算安排的重要参考依据;根据监督结果完善相关政策、加强财政管理。

**第六条**　财政部门应当加强绩效监督,提高财政资金使用效益。

**第七条**　财政部门应当加强信息化建设,充分运用现代技术手段实施监督,提高监督效率。

### 第二章　监督机构和人员

**第八条**　财政部门的监督职责由本部门专职监督机构和业务管理机构共同履行;由专职监督机构实行统一归口管理、统一组织实施、统一规范程序、统一行政处罚。

**第九条**　专职监督机构应当履行下列监督职责:

(一)制定本部门监督工作规划;

(二)参与拟定涉及监督职责的财税政策及法律制度;

(三)牵头拟定本部门年度监督计划;

(四)组织实施涉及重大事项的专项监督;

(五)向业务管理机构反馈监督结果及意见;

(六)组织实施本部门内部监督检查。

**第十条**　业务管理机构应当履行下列监督职责:

(一)在履行财政、财务、会计等管理职责过程中加强日常监督;

(二)配合专职监督机构进行专项监督;

(三)根据监督结果完善相关财政政策;

(四)向专职监督机构反馈意见采纳情况。

**第十一条**　专职监督机构和业务管理机构实施监督,应当协调配合、信息共享。

**第十二条**　实施监督的财政部门工作人员(以下简称监督人员)应当具备与财政监督工作相适应的专业知识和业务能力。

监督人员应当廉洁自律,秉公执法,保守秘密。

**第十三条**　监督人员与监督对象有利害关系的应当回避。

监督对象有权申请有利害关系的监督人员回避。

监督人员的回避,由财政部门负责人决定。

**第十四条**　监督人员依法履行监督职责受法律保护。

对财政部门依法实施的监督,监督对象应当予以配合、如实反映情况;不得拒绝、阻挠、拖延;不得对监督人员打击报复。

**第十五条**　财政部门可以根据需要,聘请有关专业机构或者专业人员协助监督工作。

财政部门应当加强对所聘机构和人员的统一管理。

### 第三章　监督范围和权限

**第十六条**　财政部门依法对下列事项实施监督:

(一)财税法规、政策的执行情况;

(二)预算编制、执行、调整和决算情况;

(三)税收收入、政府非税收入等政府性资金的征收、管理情况;

(四)国库集中收付、预算单位银行账户的管理使用情况;

(五)政府采购法规、政策的执行情况;

(六)行政、事业单位国有资产,金融类、文化企业等国有资产的管理情况;

(七)财务会计制度的执行情况;

(八)外国政府、国际金融组织贷款和赠款的管理情况;

(九)法律法规规定的其他事项。

对会计师事务所和资产评估机构设立及执业情况的监督,由省级以上人民政府财政部门依法实施。

**第十七条**　财政部门实施监督，可以依法采取下列措施：

（一）要求监督对象按照要求提供与监督事项有关的资料；

（二）调取、查阅、复制监督对象有关预算编制、执行、调整和决算资料，会计凭证和账簿、财务会计报告、审计报告、账户信息、电子信息管理系统情况，以及其他有关资料；

（三）经县级以上人民政府财政部门负责人批准，向与被监督单位有经济业务往来的单位查询有关情况，向金融机构查询被监督单位的存款；

（四）在证据可能灭失或者以后难以取得的情况下，经县级以上人民政府财政部门负责人批准，先行登记保存证据，并在7日内及时作出处理决定；

（五）对正在进行的财政违法行为，责令停止；拒不执行的，暂停财政拨款或者停止拨付与财政违法行为直接有关的款项；已经拨付的，责令暂停使用；

（六）法律法规规定的其他措施。

**第十八条**　财政部门实施监督过程中，发现监督对象制定或者执行的规定与国家相关规定相抵触的，可以根据职权予以纠正或者建议有权机关予以纠正。

**第十九条**　对监督对象财政违法行为作出的处理、处罚决定及其执行情况，除涉及国家秘密、商业秘密、个人隐私外，财政部门可以公开。

**第二十条**　对有关财政违法行为的举报，财政部门应当按照规定处理，并为举报人保密。

## 第四章　监督方式和程序

**第二十一条**　财政部门实施监督，可以采取监控、督促、调查、核查、审查、检查、评价等方法。

**第二十二条**　财政部门实施监督，可以采取专项监督和日常监督相结合的方式。

专项监督应当结合年度监督计划，按照规定程序组织实施。

日常监督应当结合履行财政、财务、会计等管理职责，按照规定程序组织实施。

**第二十三条**　财政部门实施监督，应当依法对财政违法行为作出处理处罚；对不属于本部门职权范围的事项，应当按照规定程序移送有权机关处理。

**第二十四条**　财政部门实施监督，应当加强与监察、审计等有关机关的沟通和协作。有关机关已经作出的调查、检查、审计结论能够满足本部门履行职责需要的，应当加以利用。

财政部门履行监督职责，可以提请有关机关予以协助。

## 第五章　法律责任

**第二十五条**　监督对象有下列情形之一的，由县级以上人民政府财政部门责令限期改正，并给予警告；直接负责的主管人员和其他直接责任人员属于国家工作人员的，建议有关主管部门依法给予处分；涉嫌犯罪的，依法移送司法机关：

（一）拒绝、阻挠、拖延财政部门依法实施的监督的；

（二）不如实提供有关资料的；

（三）对监督人员进行打击报复的。

**第二十六条**　监督人员实施监督过程中玩忽职守、滥用职权、徇私舞弊或者泄露国家秘密、商业秘密的，依法给予行政处分；涉嫌犯罪的，依法移送司法机关。

**第二十七条**　监督对象对处理、处罚决定不服的，可以依法申请行政复议或者提起行政诉讼。

国家工作人员对处分不服的，可以依照有关规定申请复核或者提出申诉。

## 第六章　附　　则

**第二十八条**　乡镇财政机构在规定职权范围内，或者受上级政府财政部门委托，依法实施监督工作，参照本办法执行。

**第二十九条**　本办法自2012年5月1日起施行。

# 违规发放津贴补贴行为处分规定

1. *2013年6月13日监察部、人力资源和社会保障部、财政部、审计署令第31号公布*
2. *自2013年8月1日起施行*

**第一条**　为维护收入分配秩序，严肃财经纪律，规范津贴补贴政策执行，根据《中华人民共和国行政监察法》、《中华人民共和国公务员法》、《行政机关公务员处分条例》及其他有关法律、行政法规，制定本规定。

**第二条**　本规定所称津贴补贴包括国家统一规定的津贴补贴和工作性津贴、生活性补贴、离退休人员补贴、改革性补贴以及奖金、实物、有价证券等。

**第三条**　有违规发放津贴补贴行为的单位，其负有责任的领导人员和直接责任人员，以及有违规发放津贴补贴行为的个人，应当承担纪律责任。属于下列人员的，由任免机关或者监察机关按照管理权限依法给予处分：

（一）行政机关公务员；

（二）法律、法规授权的具有公共事务管理职能的事业单位中经批准参照《中华人民共和国公务员法》

管理的工作人员。

法律、行政法规对违规发放津贴补贴行为的处分另有规定的，从其规定。

**第四条** 有下列行为之一的，给予警告处分；情节较重的，给予记过或者记大过处分；情节严重的，给予降级或者撤职处分：

（一）违反规定自行新设项目或者继续发放已经明令取消的津贴补贴的；

（二）超过规定标准、范围发放津贴补贴的；

（三）违反中共中央组织部、人力资源社会保障部有关公务员奖励的规定，以各种名义向职工普遍发放各类奖金的；

（四）在实施职务消费和福利待遇货币化改革并发放补贴后，继续开支相关职务消费和福利费用的；

（五）违反规定发放加班费、值班费和未休年休假补贴的；

（六）违反《中共中央纪委、中共中央组织部、监察部、财政部、人事部、审计署关于规范公务员津贴补贴问题的通知》（中纪发〔2006〕17号）等规定，擅自提高标准发放改革性补贴的；

（七）超标准缴存住房公积金的；

（八）以有价证券、支付凭证、商业预付卡、实物等形式发放津贴补贴的；

（九）违反规定使用工会会费、福利费及其他专项经费发放津贴补贴的；

（十）借重大活动筹备或者节日庆祝之机，变相向职工普遍发放现金、有价证券或者与活动无关的实物的；

（十一）违反规定向关联单位（企业）转移好处，再由关联单位（企业）以各种名目给机关职工发放津贴补贴的；

（十二）其他违反规定发放津贴补贴的。

**第五条** 将执收执罚工作与津贴补贴挂钩，使用行政事业性收费、罚没收入发放津贴补贴的，给予记大过处分；情节严重的，给予降级或者撤职处分。

**第六条** 以发放津贴补贴的形式，变相将国有资产集体私分给个人的，给予记大过处分；情节较重的，给予降级或者撤职处分；情节严重的，给予开除处分。

**第七条** 违反财政部关于行政事业单位工资津贴补贴有关会计核算的规定核算津贴补贴的，给予警告处分；情节较重的，给予记过或者记大过处分；情节严重的，给予降级或者撤职处分。

**第八条** 使用"小金库"款项发放津贴补贴的，给予警告处分；情节较重的，给予记过或者记大过处分；情节严重的，给予降级或者撤职处分。

**第九条** 利用职务上的便利或者职务影响，违反规定在其他单位领取津贴补贴的，给予记过或者记大过处分；情节较重的，给予降级或者撤职处分；情节严重的，给予开除处分。

**第十条** 以虚报、冒领等手段骗取财政资金发放津贴补贴的，给予记大过处分；情节较重的，给予降级或者撤职处分；情节严重的，给予开除处分。

以虚报、冒领等手段骗取财政资金，并以发放津贴补贴的形式合伙私分的，依照前款规定从重处分。

**第十一条** 在执行津贴补贴政策中不负责任，导致本地区、本部门、本系统和本单位发生严重违规发放津贴补贴行为的，给予记过或者记大过处分；情节较重的，给予降级或者撤职处分；情节严重的，给予开除处分。

**第十二条** 不制止、不查处本地区、本部门、本系统和本单位发生的严重违规发放津贴补贴行为的，给予记过或者记大过处分；情节较重的，给予降级或者撤职处分；情节严重的，给予开除处分。

**第十三条** 对违规发放的津贴补贴，应当按有关规定责令整改，并清退收回。

**第十四条** 经费来源由财政补助的事业单位工作人员有本规定所列行为的，参照本规定第四条至第十二条规定的违纪情节，依照《事业单位工作人员处分暂行规定》处理。

**第十五条** 处分的程序和不服处分的申诉，依照《中华人民共和国行政监察法》、《中华人民共和国公务员法》、《行政机关公务员处分条例》等有关法律法规的规定办理。

**第十六条** 有违规发放津贴补贴行为，应当给予党纪处分的，移送党的纪律检查机关处理；涉嫌犯罪的，移送司法机关处理。

**第十七条** 本规定由监察部、人力资源社会保障部、财政部、审计署负责解释。

**第十八条** 本规定自2013年8月1日起施行。

## 审计署关于内部审计工作的规定

*1. 2018年1月12日审计署令第11号公布*
*2. 自2018年3月1日起施行*

### 第一章 总 则

**第一条** 为了加强内部审计工作，建立健全内部审计制度，提升内部审计工作质量，充分发挥内部审计作用，根据《中华人民共和国审计法》《中华人民共和国审计法实施条例》以及国家其他有关规定，制定本规定。

**第二条**　依法属于审计机关审计监督对象的单位（以下统称单位）的内部审计工作，以及审计机关对单位内部审计工作的业务指导和监督，适用本规定。

**第三条**　本规定所称内部审计，是指对本单位及所属单位财政财务收支、经济活动、内部控制、风险管理实施独立、客观的监督、评价和建议，以促进单位完善治理、实现目标的活动。

**第四条**　单位应当依照有关法律法规、本规定和内部审计职业规范，结合本单位实际情况，建立健全内部审计制度，明确内部审计工作的领导体制、职责权限、人员配备、经费保障、审计结果运用和责任追究等。

**第五条**　内部审计机构和内部审计人员从事内部审计工作，应当严格遵守有关法律法规、本规定和内部审计职业规范，忠于职守，做到独立、客观、公正、保密。

内部审计机构和内部审计人员不得参与可能影响独立、客观履行审计职责的工作。

## 第二章　内部审计机构和人员管理

**第六条**　国家机关、事业单位、社会团体等单位的内部审计机构或者履行内部审计职责的内设机构，应当在本单位党组织、主要负责人的直接领导下开展内部审计工作，向其负责并报告工作。

国有企业内部审计机构或者履行内部审计职责的内设机构应当在企业党组织、董事会（或者主要负责人）直接领导下开展内部审计工作，向其负责并报告工作。国有企业应当按照有关规定建立总审计师制度。总审计师协助党组织、董事会（或者主要负责人）管理内部审计工作。

**第七条**　内部审计人员应当具备从事审计工作所需要的专业能力。单位应当严格内部审计人员录用标准，支持和保障内部审计机构通过多种途径开展继续教育，提高内部审计人员的职业胜任能力。

内部审计机构负责人应当具备审计、会计、经济、法律或者管理等工作背景。

**第八条**　内部审计机构应当根据工作需要，合理配备内部审计人员。除涉密事项外，可以根据内部审计工作需要向社会购买审计服务，并对采用的审计结果负责。

**第九条**　单位应当保障内部审计机构和内部审计人员依法依规独立履行职责，任何单位和个人不得打击报复。

**第十条**　内部审计机构履行内部审计职责所需经费，应当列入本单位预算。

**第十一条**　对忠于职守、坚持原则、认真履职、成绩显著的内部审计人员，由所在单位予以表彰。

## 第三章　内部审计职责权限和程序

**第十二条**　内部审计机构或者履行内部审计职责的内设机构应当按照国家有关规定和本单位的要求，履行下列职责：

（一）对本单位及所属单位贯彻落实国家重大政策措施情况进行审计；

（二）对本单位及所属单位发展规划、战略决策、重大措施以及年度业务计划执行情况进行审计；

（三）对本单位及所属单位财政财务收支进行审计；

（四）对本单位及所属单位固定资产投资项目进行审计；

（五）对本单位及所属单位的自然资源资产管理和生态环境保护责任的履行情况进行审计；

（六）对本单位及所属单位的境外机构、境外资产和境外经济活动进行审计；

（七）对本单位及所属单位经济管理和效益情况进行审计；

（八）对本单位及所属单位内部控制及风险管理情况进行审计；

（九）对本单位内部管理的领导人员履行经济责任情况进行审计；

（十）协助本单位主要负责人督促落实审计发现问题的整改工作；

（十一）对本单位所属单位的内部审计工作进行指导、监督和管理；

（十二）国家有关规定和本单位要求办理的其他事项。

**第十三条**　内部审计机构或者履行内部审计职责的内设机构应有下列权限：

（一）要求被审计单位按时报送发展规划、战略决策、重大措施、内部控制、风险管理、财政财务收支等有关资料（含相关电子数据，下同），以及必要的计算机技术文档；

（二）参加单位有关会议，召开与审计事项有关的会议；

（三）参与研究制定有关的规章制度，提出制定内部审计规章制度的建议；

（四）检查有关财政财务收支、经济活动、内部控制、风险管理的资料、文件和现场勘察实物；

（五）检查有关计算机系统及其电子数据和资料；

（六）就审计事项中的有关问题，向有关单位和个人开展调查和询问，取得相关证明材料；

（七）对正在进行的严重违法违规、严重损失浪费行为及时向单位主要负责人报告，经同意作出临时制止决定；

（八）对可能转移、隐匿、篡改、毁弃会计凭证、会计账簿、会计报表以及与经济活动有关的资料，经批准，有权予以暂时封存；

（九）提出纠正、处理违法违规行为的意见和改进管理、提高绩效的建议；

（十）对违法违规和造成损失浪费的被审计单位和人员，给予通报批评或者提出追究责任的建议；

（十一）对严格遵守财经法规、经济效益显著、贡献突出的被审计单位和个人，可以向单位党组织、董事会（或者主要负责人）提出表彰建议。

**第十四条** 单位党组织、董事会（或者主要负责人）应当定期听取内部审计工作汇报，加强对内部审计工作规划、年度审计计划、审计质量控制、问题整改和队伍建设等重要事项的管理。

**第十五条** 下属单位、分支机构较多或者实行系统垂直管理的单位，其内部审计机构应当对全系统的内部审计工作进行指导和监督。系统内各单位的内部审计结果和发现的重大违纪违法问题线索，在向本单位党组织、董事会（或者主要负责人）报告的同时，应当及时向上一级单位的内部审计机构报告。

单位应当将内部审计工作计划、工作总结、审计报告、整改情况以及审计中发现的重大违纪违法问题线索等资料报送同级审计机关备案。

**第十六条** 内部审计的实施程序，应当依照内部审计职业规范和本单位的相关规定执行。

**第十七条** 内部审计机构或者履行内部审计职责的内设机构，对本单位内部管理的领导人员实施经济责任审计时，可以参照执行国家有关经济责任审计的规定。

## 第四章 审计结果运用

**第十八条** 单位应当建立健全审计发现问题整改机制，明确被审计单位主要负责人为整改第一责任人。对审计发现的问题和提出的建议，被审计单位应当及时整改，并将整改结果书面告知内部审计机构。

**第十九条** 单位对内部审计发现的典型性、普遍性、倾向性问题，应当及时分析研究，制定和完善相关管理制度，建立健全内部控制措施。

**第二十条** 内部审计机构应当加强与内部纪检监察、巡视巡察、组织人事等其他内部监督力量的协作配合，建立信息共享、结果共用、重要事项共同实施、问题整改问责共同落实等工作机制。

内部审计结果及整改情况应当作为考核、任免、奖惩干部和相关决策的重要依据。

**第二十一条** 单位对内部审计发现的重大违纪违法问题线索，应当按照管辖权限依法依规及时移送纪检监察机关、司法机关。

**第二十二条** 审计机关在审计中，特别是在国家机关、事业单位和国有企业三级以下单位审计中，应当有效利用内部审计力量和成果。对内部审计发现且已经纠正的问题不再在审计报告中反映。

## 第五章 对内部审计工作的指导和监督

**第二十三条** 审计机关应当依法对内部审计工作进行业务指导和监督，明确内部职能机构和专职人员，并履行下列职责：

（一）起草有关内部审计工作的法规草案；

（二）制定有关内部审计工作的规章制度和规划；

（三）推动单位建立健全内部审计制度；

（四）指导内部审计统筹安排审计计划，突出审计重点；

（五）监督内部审计职责履行情况，检查内部审计业务质量；

（六）指导内部审计自律组织开展工作；

（七）法律、法规规定的其他职责。

**第二十四条** 审计机关可以通过业务培训、交流研讨等方式，加强对内部审计人员的业务指导。

**第二十五条** 审计机关应当对单位报送的备案资料进行分析，将其作为编制年度审计项目计划的参考依据。

**第二十六条** 审计机关可以采取日常监督、结合审计项目监督、专项检查等方式，对单位的内部审计制度建立健全情况、内部审计工作质量情况等进行指导和监督。

对内部审计制度建设和内部审计工作质量存在问题的，审计机关应当督促单位内部审计机构及时进行整改并书面报告整改情况；情节严重的，应当通报批评并视情况抄送有关主管部门。

**第二十七条** 审计机关应当按照国家有关规定对内部审计自律组织进行政策和业务指导，推动内部审计自律组织按照法律法规和章程开展活动。必要时，可以向内部审计自律组织购买服务。

## 第六章 责任追究

**第二十八条** 被审计单位有下列情形之一的，由单位党组织、董事会（或者主要负责人）责令改正，并对直接负责的主管人员和其他直接责任人员进行处理：

（一）拒绝接受或者不配合内部审计工作的；

（二）拒绝、拖延提供与内部审计事项有关的资料，或者提供资料不真实、不完整的；

（三）拒不纠正审计发现问题的；

（四）整改不力、屡审屡犯的；

（五）违反国家规定或者本单位内部规定的其他情形。

**第二十九条**　内部审计机构或者履行内部审计职责的内设机构和内部审计人员有下列情形之一的，由单位对直接负责的主管人员和其他直接责任人员进行处理；涉嫌犯罪的，移送司法机关依法追究刑事责任：

（一）未按有关法律法规、本规定和内部审计职业规范实施审计导致应当发现的问题未被发现并造成严重后果的；

（二）隐瞒审计查出的问题或者提供虚假审计报告的；

（三）泄露国家秘密或者商业秘密的；

（四）利用职权谋取私利的；

（五）违反国家规定或者本单位内部规定的其他情形。

**第三十条**　内部审计人员因履行职责受到打击、报复、陷害的，单位党组织、董事会（或者主要负责人）应当及时采取保护措施，并对相关责任人员进行处理；涉嫌犯罪的，移送司法机关依法追究刑事责任。

### 第七章　附　　则

**第三十一条**　本规定所称国有企业是指国有和国有资本占控股地位或者主导地位的企业、金融机构。

**第三十二条**　不属于审计机关审计监督对象的单位的内部审计工作，可以参照本规定执行。

**第三十三条**　本规定由审计署负责解释。

**第三十四条**　本规定自 2018 年 3 月 1 日起施行。审计署于 2003 年 3 月 4 日发布的《审计署关于内部审计工作的规定》（2003 年审计署第 4 号令）同时废止。

## 财政部门财政扶贫资金违规管理责任追究办法

*1．2019 年 6 月 30 日财政部印发*

*2．财监〔2019〕21 号*

### 第一章　总　　则

**第一条**　为进一步加强和规范财政部门财政扶贫资金管理，依法严肃责任追究，提高资金使用效益，确保高质量高标准完成脱贫攻坚任务，根据《中华人民共和国预算法》《财政违法行为处罚处分条例》以及相关法律法规规定，制定本办法。

**第二条**　本办法适用于违规管理财政扶贫资金应当受到责任追究的各级财政部门及其工作人员。

**第三条**　本办法所指财政扶贫资金包括以下范围：

中央本级的财政扶贫资金，是指《财政部关于全面加强脱贫攻坚期内各级各类扶贫资金管理的意见》（财办〔2018〕24 号）所界定的用于支持现行标准下脱贫攻坚目标的各类转移支付资金（含对个人和家庭的补助）。

地方各级财政结合本地实际，参照中央资金范围，确定地方各级财政扶贫资金的具体范围。

**第四条**　财政扶贫资金的违规管理责任追究，遵循依法依规、客观公正、权责一致、惩教结合的原则。

### 第二章　追责情形和追责形式

**第五条**　有以下情形之一的，应当对相关财政部门及其工作人员实施责任追究：

（一）以弄虚作假手段骗取、套取财政扶贫资金的；

（二）无故延迟拨付财政扶贫资金造成扶贫资金闲置的；

（三）贪污、挪用财政扶贫资金的；

（四）违反规定擅自改变财政扶贫资金使用计划、方式的；

（五）在招投标或者政府采购活动中弄虚作假谋取私利或不符合相关规定的；

（六）伪造、变造、销毁有关账簿表册凭证的；

（七）未按规定执行扶贫资金项目公告公示制度的；

（八）在财政扶贫资金管理中未按照规定执行财政扶贫资金相关政策和标准的；

（九）在履行财政扶贫资金管理监督职责过程中滥用职权谋取私利的；

（十）其他违反规定管理使用财政扶贫资金的行为。

**第六条**　对财政部门追责的形式包括：责令改正，调整有关会计账目，追回有关财政扶贫资金，限期退还违法所得，对单位给予警告或者通报批评等。

**第七条**　对财政部门工作人员追责的形式包括：

（一）政务处分或行政处分。对失职失责，应当给予政务处分或行政处分的，依照《中华人民共和国公务员法》《中华人民共和国监察法》《财政违法行为处罚处分条例》等有关规定追究相应责任。

（二）纪律处分。对失职失责，应当给予纪律处分的，依照《中国共产党纪律处分条例》《中国共产党问责条例》等有关规定追究相应责任。

上述追责方式可以单独使用，也可以合并使用。追责对象涉嫌犯罪的，应当及时移送司法机关依法处理。

## 第三章 移送程序

**第八条** 本级财政部门对依法依纪应当追究责任的人员无权处理的，应当移送有权部门处理。

**第九条** 本级财政部门承办机构认为需要移送案件、线索等，应提出移送建议，本级财政部门应当指定2名以上工作人员或者内部有关机构对是否移送进行复核，并提出移送处理意见，报本级财政部门负责人审批。

本级财政部门办理移送时，应当向受移送机关提交移送通知书，并附下列材料：

（一）基本情况；

（二）检查报告或者调查报告；

（三）已作出处理处罚的情况以及处理处罚建议；

（四）有关证据；

（五）问题款物清单；

（六）移送通知书送达回证；

（七）其他需要移送的材料。

**第十条** 本级财政部门应当及时掌握移送进展情况。移送后超过30日尚未收到送达回证的，或者受理后超过90日尚未收到书面处理结果的，应当向受移送机关函询移送进展情况。

## 第四章 附则

**第十一条** 地方各级财政部门可结合本地区实际，参照制定具体办法。

**第十二条** 本办法自公布之日起30日后施行。

# 五、财务管理

## 资料补充栏

# 1. 现金管理

## 现金管理暂行条例

*1. 1988年9月8日国务院令第12号发布*
*2. 根据2011年1月8日国务院令第588号《关于废止和修改部分行政法规的决定》修订*

### 第一章 总 则

**第一条** 为改善现金管理，促进商品生产和流通，加强对社会经济活动的监督，制定本条例。

**第二条** 凡在银行和其他金融机构（以下简称开户银行）开立账户的机关、团体、部队、企业、事业单位和其他单位（以下简称开户单位），必须依照本条例的规定收支和使用现金，接受开户银行的监督。

国家鼓励开户单位和个人在经济活动中，采取转账方式进行结算，减少使用现金。

**第三条** 开户单位之间的经济往来，除按本条例规定的范围可以使用现金外，应当通过开户银行进行转账结算。

**第四条** 各级人民银行应当严格履行金融主管机关的职责，负责对开户银行的现金管理进行监督和稽核。

开户银行依照本条例和中国人民银行的规定，负责现金管理的具体实施，对开户单位收支、使用现金进行监督管理。

### 第二章 现金管理和监督

**第五条** 开户单位可以在下列范围内使用现金：

（一）职工工资、津贴；

（二）个人劳务报酬；

（三）根据国家规定颁发给个人的科学技术、文化艺术、体育等各种奖金；

（四）各种劳保，福利费用以及国家规定的对个人的其他支出；

（五）向个人收购农副产品和其他物资的价款；

（六）出差人员必须随身携带的差旅费；

（七）结算起点以下的零星支出；

（八）中国人民银行确定需要支付现金的其他支出。

前款结算起点定为1000元。结算起点的调整，由中国人民银行确定，报国务院备案。

**第六条** 除本条例第五条第（五）、（六）项外，开户单位支付给个人的款项，超过使用现金限额的部分，应当以支票或者银行本票支付；确需全额支付现金的，经开户银行审核后，予以支付现金。

前款使用现金限额，按本条例第五条第二款的规定执行。

**第七条** 转账结算凭证在经济往来中，具有同现金相同的支付能力。

开户单位在销售活动中，不得对现金结算给予比转账结算优惠待遇；不得拒收支票、银行汇票和银行本票。

**第八条** 机关、团体、部队、全民所有制和集体所有制企业事业单位购置国家规定的专项控制商品，必须采取转账结算方式，不得使用现金。

**第九条** 开户银行应当根据实际需要，核定开户单位3天至5天的日常零星开支所需的库存现金限额。

边远地区和交通不便地区的开户单位的库存现金限额，可以多于5天，但不得超过15天的日常零星开支。

**第十条** 经核定的库存现金限额，开户单位必须严格遵守。需要增加或者减少库存现金限额的，应当向开户银行提出申请，由开户银行核定。

**第十一条** 开户单位现金收支应当依照下列规定办理：

（一）开户单位现金收入应当于当日送存开户银行。当日送存确有困难的，由开户银行确定送存时间；

（二）开户单位支付现金，可以从本单位库存现金限额中支付或者从开户银行提取，不得从本单位的现金收入中直接支付（即坐支）。因特殊情况需要坐支现金的，应当事先报经开户银行审查批准，由开户银行核定坐支范围和限额。坐支单位应当定期向开户银行报送坐支金额和使用情况；

（三）开户单位根据本条例第五条和第六条的规定，从开户银行提取现金，应当写明用途，由本单位财会部门负责人签字盖章，经开户银行审核后，予以支付现金；

（四）因采购地点不固定，交通不便，生产或者市场急需，抢险救灾以及其他特殊情况必须使用现金的，开户单位应当向开户银行提出申请，由本单位财会部门负责人签字盖章，经开户银行审核后，予以支付现金。

**第十二条** 开户单位应当建立健全现金账目，逐笔记载现金支付。账目应当日清月结，账款相符。

**第十三条** 对个体工商户、农村承包经营户发放的贷款，应当以转账方式支付。对确需在集市使用现金购买物资的，经开户银行审核后，可以在贷款金额内支付现金。

**第十四条** 在开户银行开户的个体工商户、农村承包经营户异地采购所需货款，应当通过银行汇兑方式支付。因采购地点不固定，交通不便必须携带现金的，由开户银行根据实际需要，予以支付现金。

未在开户银行开户的个体工商户、农村承包经营户异地采购所需货款，可以通过银行汇兑方式支付。凡加盖"现金"字样的结算凭证，汇入银行必须保证支付现金。

**第十五条** 具备条件的银行应当接受开户单位的委托，开展代发工资、转存储蓄业务。

**第十六条** 为保证开户单位的现金收入及时送存银行，开户银行必须按照规定做好现金收款工作，不得随意缩短收款时间。大中城市和商业比较集中的地区，应当建立非营业时间收款制度。

**第十七条** 开户银行应当加强柜台审查，定期和不定期地对开户单位现金收支情况进行检查，并按规定向当地人民银行报告现金管理情况。

**第十八条** 一个单位在几家银行开户的，由一家开户银行负责现金管理工作，核定开户单位库存现金限额。

各金融机构的现金管理分工，由中国人民银行确定。有关现金管理分工的争议，由当地人民银行协调、裁决。

**第十九条** 开户银行应当建立健全现金管理制度，配备专职人员，改进工作作风，改善服务设施。现金管理工作所需经费应当在开户银行业务费中解决。

## 第三章 法律责任

**第二十条** 银行工作人员违反本条例规定，徇私舞弊、贪污受贿、玩忽职守纵容违法行为的，应当根据情节轻重，给予行政处分和经济处罚；构成犯罪的，由司法机关依法追究刑事责任。

## 第四章 附 则

**第二十一条** 本条例由中国人民银行负责解释；施行细则由中国人民银行制定。

**第二十二条** 本条例自1988年10月1日起施行。1977年11月28日发布的《国务院关于实行现金管理的决定》同时废止。

# 中央国库现金管理暂行办法

*1. 2006年5月26日财政部、中国人民银行印发*
*2. 财库〔2006〕37号*
*3. 自2006年1月1日起施行*

## 第一章 总 则

**第一条** 为深化财政国库管理制度改革，规范中央国库现金管理行为，提高国库现金的使用效益，并加强财政政策与货币政策的协调配合，根据《中华人民共和国预算法》、《中华人民共和国国家金库条例》等有关规定，制定本办法。

**第二条** 本办法所称中央国库现金，是指财政部在中央总金库的活期存款。

中央国库现金管理（以下简称国库现金管理），是指在确保中央财政国库支付需要前提下，以实现国库现金余额最小化和投资收益最大化为目标的一系列财政管理活动。

**第三条** 国库现金管理遵循安全性、流动性和收益性相统一的原则，从易到难、稳妥有序地开展。

**第四条** 国库现金管理的操作方式包括商业银行定期存款、买回国债、国债回购和逆回购等。在国库现金管理初期，主要实施商业银行定期存款和买回国债两种操作方式。

**第五条** 财政部会同中国人民银行开展国库现金管理工作。

财政部主要负责国库现金预测并根据预测结果制定操作规划，中国人民银行主要负责监测货币市场情况，财政部与中国人民银行协商后签发操作指令；中国人民银行进行具体操作。

**第六条** 财政部、中国人民银行在明确相关职责分工的前提下，建立必要的协调机制，包括季度、月度例会制度以及在每期操作之前进行必要的沟通。

## 第二章 商业银行定期存款操作

**第七条** 本办法所称商业银行定期存款，是指将国库现金存放在商业银行，商业银行以国债为质押获得存款并向财政部支付利息的交易行为。

商业银行定期存款期限一般在1年（含1年）以内。

**第八条** 国库现金管理定期存款操作通过中国人民银行"中央国库现金管理商业银行定期存款业务系统"，面向国债承销团和公开市场业务一级交易商中的商业银行总行公开招标进行。

**第九条** 每期商业银行定期存款招标前,财政部依据月度例会拟定的计划,经与中国人民银行协商后签发操作指令,操作指令包括招标方式、招标时间、招标金额、存款期限等要素。

中国人民银行于招标日的三个工作日前,按照财政部操作指令以"中央国库现金管理操作室"名义向社会发布招标信息。

**第十条** 商业银行定期存款招标结束当日,中国人民银行以"中央国库现金管理操作室"名义向社会公布经财政部、中国人民银行确认的招标结果,包括总投标金额、中标利率、实际存款额等。

**第十一条** 为保证中央国库现金安全,国库现金管理存款银行(以下简称存款银行)在接受国库存款时,必须以可流通国债现券作为质押,质押国债的面值数额为存款金额的120%。

财政部会同中国人民银行可根据债券市场的变化情况调整质押比例。

**第十二条** 财政部依据国库现金定期存款招标结果,向中国人民银行开具"中央预算拨款电汇凭证",该凭证为划款指令。

中国人民银行于招标次一工作日,在足额冻结存款银行用于质押的国债后,根据划款指令向存款银行划拨资金。

**第十三条** 中国人民银行向存款银行划拨资金后,负责向财政部提供存款证明,存款证明应当记录存款银行名称、存款金额、利率以及期限等要素。

**第十四条** 在国库现金商业银行定期存款期限内,中国人民银行定期监测存款银行质押国债的市值变化,督促存款银行确保质押足额。

**第十五条** 国库现金商业银行定期存款到期后,存款银行应按照约定将存款本息划入中央总金库,款项入库时,存款证明自动失效,同时,存款银行质押的国债相应解冻。

存款银行未将到期定期存款本息足额划入中央总金库的,中国人民银行在催缴差额本息款项的同时,对存款银行收取罚息。

**第十六条** 财政部、中国人民银行与存款银行签定国库现金管理商业银行定期存款年度主协议,进一步明确各方的权利和义务。

**第十七条** 除法律法规另有规定外,任何单位不得扣划、冻结国库现金商业银行定期存款。

## 第三章 买回国债操作

**第十八条** 本办法所称买回国债,是指财政部利用国库现金从国债市场买回未到期的可流通国债并予以注销或持有到期的交易行为。

**第十九条** 买回国债操作由财政部通过公开招标的方式面向记账式国债承销团公开进行。

中国人民银行观察员在招标现场观察。

**第二十条** 每期买回国债招标,财政部提前五个工作日向社会发布招标信息,包括招标方式、招标时间、买回国债的期限、品种等要素。

**第二十一条** 买回国债招标结束当日,财政部向社会公布经财政部、中国人民银行确认的招标结果,包括总投标额、买回国债价格、实际买回额等。

**第二十二条** 财政部依据买回国债招标结果,以及中央国债登记结算有限责任公司(以下简称中央国债公司)对买回国债的冻结成功信息,向中国人民银行开具"中央预算拨款电汇凭证",该凭证为划款指令。

中国人民银行于招标次一工作日,根据划款指令向记账式国债承销团成员支付买回国债资金。

**第二十三条** 财政部在中央国债公司设立乙类债券账户,用于记录买回国债的债权。财政部交付买回国债资金后,即拥有买回国债的债权,并根据需要注销或继续持有买回国债。

**第二十四条** 买回国债操作应按照品种结构合理、规模适当的原则进行,以有利于国债市场稳定发展。

## 第四章 监督检查

**第二十五条** 财政部、中国人民银行负责对市场机构参与国库现金管理活动进行监督检查。

**第二十六条** 在商业银行定期存款操作中,存款银行出现以下行为,财政部将会同中国人民银行根据后果严重程度,给予警告、劝退、直至解除国库现金管理商业银行定期存款协议关系。

(一)出现重大违法违规情况或财务恶化;

(二)进行严重不正当投标;

(三)不能按照规定提供足额的质押国债;

(四)不能及时将到期存款本息足额缴入国库;

(五)其它妨害国库资金安全的行为。

**第二十七条** 在买回国债操作中,记账式国债承销团成员出现以下行为,财政部将会同中国人民银行根据后果严重程度,给予警告、劝退、直至解除记账式国债承销协议关系:

(一)本办法第二十六条规定的(一)、(二)及(五)款行为;

(二)不能按时足额向财政部交付卖出的国债额度。

### 第五章　附　　则

**第二十八条**　参与国库现金管理操作的市场机构须在财政部预留印鉴。

**第二十九条**　国库现金管理操作涉及的账务处理,继续按照现行有关规定和程序执行。

**第三十条**　国债回购、逆回购等其它国库现金管理操作方式另行规定。

**第三十一条**　本办法由财政部会同中国人民银行解释。

**第三十二条**　本办法自2006年1月1日起施行。

## 地方国库现金管理试点办法

*1．2014年12月10日财政部、中国人民银行印发*
*2．财库〔2014〕183号*

### 第一章　总　　则

**第一条**　为深化和完善国库集中收付制度改革,规范地方国库现金管理行为,提高财政资金使用效益,增强财政政策与货币政策协调性,根据《中华人民共和国预算法》《中华人民共和国国家金库条例》等法律法规及有关规定,制定本办法。

**第二条**　本办法所称地方国库现金,是指地方政府存放在同级国库的财政资金。

地方国库现金管理是指在确保国库现金安全和资金支付需要的前提下,为提高财政资金使用效益,运用金融工具有效运作库款的管理活动。

**第三条**　地方国库现金管理遵循以下三项原则:

(一)安全性、流动性、收益性相统一原则。在确保财政资金安全、财政支出支付流动性需求基础上,实现财政资金保值、增值。

(二)公开、公平、公正原则。地方国库现金管理应公开、公平、公正开展操作,确保资金安全。

(三)协调性原则。地方国库现金管理应充分考虑对市场流动性的影响,与货币政策操作保持协调性。

**第四条**　地方国库现金管理操作工具为商业银行定期存款,定期存款期限在1年期以内。

本办法所称商业银行定期存款,是指将暂时闲置的国库现金按一定期限存放商业银行,商业银行提供足额质押并向地方财政部门支付利息。

**第五条**　地方财政部门会同中国人民银行当地分支机构(以下简称人民银行分支机构)共同开展地方国库现金管理。

**第六条**　地方财政部门、人民银行分支机构应建立必要的协调机制,包括季度、月度例会制度以及每期操作前进行必要的沟通。

**第七条**　地方国库现金管理试点范围为省级(包括省、自治区、直辖市和计划单列市,下同)。地方国库现金管理应报经同级政府批准后实施。

### 第二章　商业银行定期存款操作

**第八条**　本办法所称商业银行,是指国有商业银行、股份制商业银行、城市商业银行、农村商业银行和邮政储蓄银行。

**第九条**　商业银行参与地方国库现金管理操作应符合下列条件:

(一)依法开展经营活动,近3年内在经营活动中无重大违法违规记录;

(二)财务稳健,资本充足率、不良贷款率、拨备覆盖率、流动性覆盖率、流动性比例等指标达到监管标准;

(三)内部管理机制健全,具有较强的风险控制能力,近3年内未发生金融风险及重大违约事件。

**第十条**　地方财政部门负责国库现金预测并根据预测结果商人民银行分支机构制定地方国库现金管理分月操作计划。每月25日前应将下月操作计划报财政部、中国人民银行总行备案,财政部、中国人民银行总行可根据宏观调控需要对操作计划提出建议。每次操作前5个工作日将具体操作信息上报财政部、中国人民银行总行备案。执行中有调整的,及时上报更新操作信息。

**第十一条**　地方国库现金管理应采取公开招标方式。地方国库现金管理招标应成立招标小组,小组成员由地方财政部门、人民银行分支机构等部门人员构成。

每次招标日前3个工作日,通过财政部门网站、人民银行网站公告信息,招标完成当日及时公布经招标小组成员一致确认的结果。

**第十二条**　地方国库现金管理商业银行定期存款(以下简称地方国库定期存款)利率按操作当日同期限金融机构人民币存款基准利率执行,由商业银行在中国人民银行规定的金融机构存款利率浮动区间内根据商业原则自主确定。

**第十三条**　地方国库现金管理应严格控制单一存款银行存款比例,防范资金风险。单期存款银行一般不得少于5家,单家存款银行当期存款金额不得超过当期存款总额的1/4。单一存款银行的地方国库定期存款余额一般不得超过该银行一般性存款余额的10%,不得超过地方财政国库定期存款余额的20%。

## 第三章 定期存款质押和资金划拨

**第十四条** 存款银行取得地方国库定期存款,应当以可流通国债为质押,质押的国债面值数额为存款金额的120%。

**第十五条** 省级财政部门应在中央国债登记结算有限责任公司开设省级国库现金管理质押账户,登记省级财政部门收到的存款银行质押品质权信息。人民银行分支机构负责办理具体质押操作。

**第十六条** 地方财政部门确认存款银行足额质押后,通知人民银行分支机构办理资金划拨。

**第十七条** 存款银行收款后,应向地方财政部门开具存款单,载明存款银行名称、存款金额、利率以及期限等要素。

**第十八条** 地方国库定期存款存续期内,地方财政部门负责对存款银行质押品实施管理,确保足额质押。

**第十九条** 存款银行应于存款到期日足额汇划存款本息。本金和利息应分别汇划,不得并笔。本息款项入库后,存款银行质押品相应解除。

**第二十条** 存款银行应设置"国库定期存款"一级负债类科目,科目下按国库级次分设账户,分别核算存入、归还中央和地方财政的国库定期存款。

存款银行应将增设"国库定期存款"科目变动情况报人民银行备案。该科目纳入一般存款范围缴纳存款准备金。

**第二十一条** 中国人民银行应设置"国库现金管理"资产类科目,核算商业银行定期存款操作、到期收回以及余额。该余额纳入国库库存表反映(格式见附1)。

**第二十二条** 人民银行分支机构根据国库现金管理资金划拨情况,于次一工作日向同级财政部门提供当期地方国库定期存款资金划出、存款到期本息划回明细表(格式见附2)。

**第二十三条** 人民银行分支机构应按月、按年向同级财政部门报送地方国库定期存款操作、存款到期和余额(分银行)以及利息收入等报表及电子信息(格式见附3),并进行对账。

**第二十四条** 中国人民银行总行按月、按年向财政部提供分省、分银行的地方国库定期存款操作、存款到期和余额以及利息收入等报表及电子信息(格式同附3)。

**第二十五条** 地方国库定期存款利息收入纳入同级财政预算管理,缴入同级国库。

**第二十六条** 地方国库定期存款属于地方政府财政库款。除法律另有规定外,任何单位不得扣划、冻结地方政府财政部门在存款银行的国库定期存款。

**第二十七条** 任何单位和个人不得借开展地方国库现金管理业务干预金融机构正常经营,不得将地方国库现金管理与银行贷款挂钩。

**第二十八条** 存款银行应加强对地方国库定期存款资金运用管理,防范资金风险,不得将地方国库定期存款资金投向国家有关政策限制的领域,不得以地方国库定期存款资金赚取高风险收益。

## 第四章 管理监督和法律责任

**第二十九条** 存款银行违反存款协议规定,未及时、足额汇划地方国库定期存款本息的,不予解除质押品并按有关规定执行。

**第三十条** 存款银行出现以下行为或情形,省级财政部门会同人民银行分支机构视情节轻重,决定暂停以至取消商业银行参与地方国库现金管理活动。

(一)未按规定足额质押或及时汇划到期本息违约两次以上,或涉及金额较大的;

(二)出现重大违法违规,导致财务恶化或引起信用危机的;

(三)存在弄虚作假等严重不正当竞争行为的;

(四)可能危及财政国库资金安全的其他情况。

**第三十一条** 地方财政部门会同人民银行分支机构对商业银行参与地方国库现金管理活动进行监督管理。财政部会同中国人民银行总行不定期对地方国库现金管理实施情况实施监督检查。

省级财政部门、人民银行分支机构应按季向财政部和中国人民银行总行报告地方国库现金管理开展情况,重大问题及时反映。

## 第五章 附 则

**第三十二条** 省级财政部门会同人民银行省级分支机构,根据本办法规定制定本地区国库现金管理操作细则,报同级政府批准,并报财政部、中国人民银行总行备案。

此前地方发布的国库现金管理制度与本办法不一致的,按本办法执行。各地不得通过财政专户实施国库现金管理操作。

**第三十三条** 本办法由财政部、中国人民银行总行负责解释。

**第三十四条** 本办法自印发之日起施行。

附件:(略)

## 2. 财务规则

### 事业单位财务规则

*1. 2022年1月7日财政部令第108号公布*
*2. 自2022年3月1日起施行*

#### 第一章 总 则

**第一条** 为了进一步规范事业单位的财务行为,加强事业单位财务管理和监督,提高资金使用效益,保障事业单位健康发展,制定本规则。

**第二条** 本规则适用于各级各类事业单位(以下简称事业单位)的财务活动。

**第三条** 事业单位财务管理的基本原则是:执行国家有关法律、法规和财务规章制度;坚持勤俭办一切事业的方针;正确处理事业发展需要和资金供给的关系,社会效益和经济效益的关系,国家、单位和个人三者利益的关系。

**第四条** 事业单位财务管理的主要任务是:合理编制单位预算,严格预算执行,完整、准确编制单位决算报告和财务报告,真实反映单位预算执行情况、财务状况和运行情况;依法组织收入,努力节约支出;建立健全财务制度,加强经济核算,全面实施绩效管理,提高资金使用效益;加强资产管理,合理配置和有效利用资产,防止资产流失;加强对单位经济活动的财务控制和监督,防范财务风险。

**第五条** 事业单位的财务活动在单位负责人的领导下,由单位财务部门统一管理。

**第六条** 事业单位的各项经济业务事项按照国家统一的会计制度进行会计核算。

#### 第二章 单位预算管理

**第七条** 事业单位预算是指事业单位根据事业发展目标和计划编制的年度财务收支计划。

事业单位预算由收入预算和支出预算组成。

**第八条** 国家对事业单位实行核定收支、定额或者定项补助、超支不补、结转和结余按规定使用的预算管理办法。

定额或者定项补助根据国家有关政策和财力可能,结合事业单位改革要求、事业特点、事业发展目标和计划、事业单位收支及资产状况等确定。定额或者定项补助可以为零。

非财政补助收入大于支出较多的事业单位,可以实行收入上缴办法。具体办法由财政部门会同有关主管部门制定。

**第九条** 事业单位参考以前年度预算执行情况,根据预算年度的收入增减因素和措施,以及以前年度结转和结余情况,测算编制收入预算草案;根据事业发展需要与财力可能,测算编制支出预算草案。

事业单位预算应当自求收支平衡,不得编制赤字预算。

**第十条** 事业单位应当根据国家宏观调控总体要求、年度事业发展目标和计划以及预算编制的规定,提出预算建议数,经主管部门审核汇总报财政部门(一级预算单位直接报财政部门,下同)。事业单位根据财政部门下达的预算控制数编制预算草案,由主管部门审核汇总报财政部门,经法定程序审核批复后执行。

**第十一条** 事业单位应当严格执行批准的预算。预算执行中,国家对财政补助收入和财政专户管理资金的预算一般不予调剂,确需调剂的,由事业单位报主管部门审核后报财政部门调剂;其他资金确需调剂的,按照国家有关规定办理。

**第十二条** 事业单位决算是指事业单位预算收支和结余的年度执行结果。

**第十三条** 事业单位应当按照规定编制年度决算草案,由主管部门审核汇总后报财政部门审批。

**第十四条** 事业单位应当加强决算审核和分析,保证决算数据的真实、准确,规范决算管理工作。

**第十五条** 事业单位应当全面加强预算绩效管理,提高资金使用效益。

#### 第三章 收入管理

**第十六条** 收入是指事业单位为开展业务及其他活动依法取得的非偿还性资金。

**第十七条** 事业单位收入包括:

(一)财政补助收入,即事业单位从本级财政部门取得的各类财政拨款。

(二)事业收入,即事业单位开展专业业务活动及其辅助活动取得的收入。其中:按照国家有关规定应当上缴国库或者财政专户的资金,不计入事业收入;从财政专户核拨给事业单位的资金和经核准不上缴国库或者财政专户的资金,计入事业收入。

(三)上级补助收入,即事业单位从主管部门和上级单位取得的非财政补助收入。

(四)附属单位上缴收入,即事业单位附属独立核算单位按照有关规定上缴的收入。

（五）经营收入，即事业单位在专业业务活动及其辅助活动之外开展非独立核算经营活动取得的收入。

（六）其他收入，即本条上述规定范围以外的各项收入，包括投资收益、利息收入、捐赠收入、非本级财政补助收入、租金收入等。

**第十八条** 事业单位应当将各项收入全部纳入单位预算，统一核算，统一管理，未纳入预算的收入不得安排支出。

**第十九条** 事业单位对按照规定上缴国库或者财政专户的资金，应当按照国库集中收缴的有关规定及时足额上缴，不得隐瞒、滞留、截留、占用、挪用、拖欠或坐支。

## 第四章 支出管理

**第二十条** 支出是指事业单位开展业务及其他活动发生的资金耗费和损失。

**第二十一条** 事业单位支出包括：

（一）事业支出，即事业单位开展专业业务活动及其辅助活动发生的基本支出和项目支出。基本支出，是指事业单位为保障其单位正常运转、完成日常工作任务所发生的支出，包括人员经费和公用经费；项目支出，是指事业单位为完成其特定的工作任务和事业发展目标所发生的支出。

（二）经营支出，即事业单位在专业业务活动及其辅助活动之外开展非独立核算经营活动发生的支出。

（三）对附属单位补助支出，即事业单位用财政补助收入之外的收入对附属单位补助发生的支出。

（四）上缴上级支出，即事业单位按照财政部门和主管部门的规定上缴上级单位的支出。

（五）其他支出，即本条上述规定范围以外的各项支出，包括利息支出、捐赠支出等。

**第二十二条** 事业单位应当将各项支出全部纳入单位预算，实行项目库管理，建立健全支出管理制度。

**第二十三条** 事业单位的支出应当厉行节约，严格执行国家有关财务规章制度规定的开支范围及开支标准；国家有关财务规章制度没有统一规定的，由事业单位规定，报主管部门和财政部门备案。事业单位的规定违反法律制度和国家政策的，主管部门和财政部门应当责令改正。

**第二十四条** 事业单位从财政部门和主管部门取得的有指定项目和用途的专项资金，应当专款专用、单独核算，并按照规定报送专项资金使用情况的报告，接受财政部门或者主管部门的检查、验收。

**第二十五条** 事业单位应当加强经济核算，可以根据开展业务活动及其他活动的实际需要，实行成本核算。成本核算的具体办法按照国务院财政部门相关规定执行。

**第二十六条** 事业单位应当严格执行国库集中支付制度和政府采购制度等有关规定。

**第二十七条** 事业单位应当依法加强各类票据管理，确保票据来源合法、内容真实、使用正确，不得使用虚假票据。

## 第五章 结转和结余管理

**第二十八条** 结转和结余是指事业单位年度收入与支出相抵后的余额。

结转资金是指当年预算已执行但未完成，或者因故未执行，下一年度需要按照原用途继续使用的资金。结余资金是指当年预算工作目标已完成，或者因故终止，当年剩余的资金。

经营收支结转和结余应当单独反映。

**第二十九条** 财政拨款结转和结余的管理，应当按照国家有关规定执行。

**第三十条** 非财政拨款结转按照规定结转下一年度继续使用。非财政拨款结余可以按照国家有关规定提取职工福利基金，剩余部分用于弥补以后年度单位收支差额；国家另有规定的，从其规定。

**第三十一条** 事业单位应当加强非财政拨款结余的管理，盘活存量，统筹安排、合理使用，支出不得超出非财政拨款结余规模。

## 第六章 专用基金管理

**第三十二条** 专用基金是指事业单位按照规定提取或者设置的有专门用途的资金。

专用基金管理应当遵循先提后用、专款专用的原则，支出不得超出基金规模。

**第三十三条** 专用基金包括职工福利基金和其他专用基金。

职工福利基金是指按照非财政拨款结余的一定比例提取以及按照其他规定提取转入，用于单位职工的集体福利设施、集体福利待遇等的资金。

其他专用基金是指除职工福利基金外，按照有关规定提取或者设置的专用资金。

**第三十四条** 事业单位应当将专用基金纳入预算管理，结合实际需要按照规定提取，保持合理规模，提高使用效益。专用基金余额较多的，应当降低提取比例或者暂停提取；确需调整用途的，由主管部门会同本级财政部门确定。

**第三十五条** 各项基金的提取比例和管理办法，国家有统一规定的，按照统一规定执行；没有统一规定的，由主管部门会同本级财政部门确定。

## 第七章 资产管理

**第三十六条** 资产是指事业单位依法直接支配的各类经济资源。

**第三十七条** 事业单位的资产包括流动资产、固定资产、在建工程、无形资产、对外投资、公共基础设施、政府储备物资、文物文化资产、保障性住房等。

**第三十八条** 事业单位应当建立健全单位资产管理制度，明确资产使用人和管理人的岗位责任，按照国家规定设置国有资产台账，加强和规范资产配置、使用和处置管理，维护资产安全完整，提高资产使用效率。涉及资产评估的，按照国家有关规定执行。

事业单位应当汇总编制本单位行政事业性国有资产管理情况报告。

事业单位应当定期或者不定期对资产进行盘点、对账。出现资产盘盈盘亏的，应当按照财务、会计和资产管理制度有关规定处理，做到账实相符和账账相符。

事业单位对需要办理权属登记的资产应当依法及时办理。

**第三十九条** 事业单位应当根据依法履行职能和事业发展的需要，结合资产存量、资产配置标准、绩效目标和财政承受能力配置资产。优先通过调剂方式配置资产。不能调剂的，可以采用购置、建设、租用等方式。

**第四十条** 流动资产是指可以在一年以内变现或者耗用的资产，包括现金、各种存款、应收及预付款项、存货等。

前款所称存货是指事业单位在开展业务活动及其他活动中为耗用或出售而储存的资产，包括材料、燃料、包装物和低值易耗品以及未达到固定资产标准的用具、装具、动植物等。

事业单位货币性资产损失核销，应当经主管部门审核同意后报本级财政部门审批。

**第四十一条** 固定资产是指使用期限超过一年，单位价值在1000元以上，并在使用过程中基本保持原有物质形态的资产。单位价值虽未达到规定标准，但是耐用时间在一年以上的大批同类物资，作为固定资产管理。

行业事业单位的固定资产明细目录由国务院主管部门制定，报国务院财政部门备案。

**第四十二条** 在建工程是指已经发生必要支出，但尚未达到交付使用状态的建设工程。

在建工程达到交付使用状态时，应当按照规定办理工程竣工财务决算和资产交付使用，期限最长不得超过1年。

**第四十三条** 无形资产是指不具有实物形态而能为使用者提供某种权利的资产，包括专利权、商标权、著作权、土地使用权、非专利技术以及其他财产权利。

事业单位转让无形资产取得的收入、取得无形资产发生的支出，应当按照国家有关规定处理。

**第四十四条** 对外投资是指事业单位依法利用货币资金、实物、无形资产等方式向其他单位的投资。

事业单位应当严格控制对外投资。利用国有资产对外投资应当有利于事业发展和实现国有资产保值增值，符合国家有关规定，经可行性研究和集体决策，按照规定的权限和程序进行。事业单位不得使用财政拨款及其结余进行对外投资，不得从事股票、期货、基金、企业债券等投资，国家另有规定的除外。

事业单位应当明确对外投资形成的股权及其相关权益管理责任，按照国家有关规定将对外投资形成的股权纳入经营性国有资产集中统一监管体系。

**第四十五条** 公共基础设施、政府储备物资、文物文化资产、保障性住房等资产管理的具体办法，由国务院财政部门会同有关部门制定。

**第四十六条** 事业单位资产处置应当遵循公开、公平、公正和竞争、择优的原则，严格履行相关审批程序。

事业单位出租、出借资产应当严格履行相关审批程序。

**第四十七条** 事业单位应当在确保安全使用的前提下，推进本单位大型设备等国有资产共享共用工作，可以对提供方给予合理补偿。

## 第八章 负债管理

**第四十八条** 负债是指事业单位所承担的能以货币计量，需要以资产或者劳务偿还的债务。

**第四十九条** 事业单位的负债包括借入款项、应付款项、暂存款项、应缴款项等。

应缴款项包括事业单位按照国家有关规定收取的应当上缴国库或者财政专户的资金、应缴税费，以及其他应当上缴的款项。

**第五十条** 事业单位应当对不同性质的负债分类管理，及时清理并按照规定办理结算，保证各项负债在规定期限内偿还。

**第五十一条** 事业单位应当建立健全财务风险预警和控制机制，规范和加强借入款项管理，如实反映依法举借债务情况，严格执行审批程序，不得违反规定融资或者提供担保。

## 第九章 事业单位清算

**第五十二条** 事业单位发生划转、改制、撤销、合并、分立时，应当进行清算。

**第五十三条** 事业单位清算，应当在主管部门和财政部门的监督指导下，对单位的财产、债权、债务等进行全面清理，编制财产目录和债权、债务清单，提出财产作价依据和债权、债务处理办法，做好资产和负债的移交、接收、划转和管理工作，并妥善处理各项遗留问题。

**第五十四条** 事业单位清算结束后，经主管部门审核并报财政部门批准，其资产和负债分别按照下列办法处理：

（一）因隶属关系改变，成建制划转的事业单位，全部资产和负债无偿移交，并相应划转经费指标。

（二）转为企业的事业单位，全部资产扣除负债后，转作国家资本金。

（三）撤销的事业单位，全部资产和负债由主管部门和财政部门核准处理。

（四）合并的事业单位，全部资产和负债移交接收单位或者新组建单位，合并后多余的资产由主管部门和财政部门核准处理。

（五）分立的事业单位，全部资产和负债按照有关规定移交分立后的事业单位，并相应划转经费指标。

## 第十章 财务报告和决算报告

**第五十五条** 事业单位应当按国家有关规定向主管部门和财政部门以及其他有关的报告使用者提供财务报告、决算报告。

事业单位财务会计和预算会计要素的确认、计量、记录、报告应当遵循政府会计准则制度的规定。

**第五十六条** 财务报告主要以权责发生制为基础编制，综合反映事业单位特定日期财务状况和一定时期运行情况等信息。

**第五十七条** 财务报告由财务报表和财务分析两部分组成。财务报表主要包括资产负债表、收入费用表等会计报表和报表附注。财务分析的内容主要包括财务状况分析、运行情况分析和财务管理情况等。

**第五十八条** 决算报告主要以收付实现制为基础编制，综合反映事业单位年度预算收支执行结果等信息。

**第五十九条** 决算报告由决算报表和决算分析两部分组成。决算报表主要包括收入支出表、财政拨款收入支出表等。决算分析的内容主要包括收支预算执行分析、资金使用效益分析和机构人员情况等。

## 第十一章 财务监督

**第六十条** 事业单位财务监督主要包括对预算管理、收入管理、支出管理、结转和结余管理、专用基金管理、资产管理、负债管理等的监督。

**第六十一条** 事业单位财务监督应当实行事前监督、事中监督、事后监督相结合，日常监督与专项监督相结合。

**第六十二条** 事业单位应当建立健全内部控制制度、经济责任制度、财务信息披露制度等监督制度，依法公开财务信息。

**第六十三条** 事业单位应当遵守财经纪律和财务制度，依法接受主管部门和财政、审计部门的监督。

**第六十四条** 各级事业单位、主管部门和财政部门及其工作人员存在违反本规则规定的行为，以及其他滥用职权、玩忽职守、徇私舞弊等违法违规行为的，依法追究相应责任。

## 第十二章 附则

**第六十五条** 事业单位基本建设投资的财务管理，应当执行本规则，但国家基本建设投资财务管理制度另有规定的，从其规定。

**第六十六条** 参照公务员法管理的事业单位财务制度的适用，由国务院财政部门另行规定。

**第六十七条** 接受国家经常性资助的社会力量举办的公益服务性组织和社会团体，依照本规则执行；其他社会力量举办的公益服务性组织和社会团体，可以参照本规则执行。

**第六十八条** 下列事业单位或者事业单位特定项目，执行企业财务制度，不执行本规则：

（一）纳入企业财务管理体系的事业单位和事业单位附属独立核算的生产经营单位；

（二）事业单位经营的接受外单位要求投资回报的项目；

（三）经主管部门和财政部门批准的具备条件的其他事业单位。

**第六十九条** 行业特点突出，需要制定行业事业单位财务管理制度的，由国务院财政部门会同有关主管部门根据本规则制定。

**第七十条** 省、自治区、直辖市人民政府财政部门可以根据本规则结合本地区实际情况制定事业单位具体财务管理办法。

**第七十一条** 本规则自 2022 年 3 月 1 日起施行。《事业单位财务规则》（财政部令第 68 号）同时废止。

# 企业财务会计报告条例

*1. 2000年6月21日国务院令第287号公布*
*2. 自2001年1月1日起施行*

## 第一章 总 则

**第一条** 为了规范企业财务会计报告,保证财务会计报告的真实、完整,根据《中华人民共和国会计法》,制定本条例。

**第二条** 企业(包括公司,下同)编制和对外提供财务会计报告,应当遵守本条例。

本条例所称财务会计报告,是指企业对外提供的反映企业某一特定日期财务状况和某一会计期间经营成果、现金流量的文件。

**第三条** 企业不得编制和对外提供虚假的或者隐瞒重要事实的财务会计报告。

企业负责人对本企业财务会计报告的真实性、完整性负责。

**第四条** 任何组织或者个人不得授意、指使、强令企业编制和对外提供虚假的或者隐瞒重要事实的财务会计报告。

**第五条** 注册会计师、会计师事务所审计企业财务会计报告,应当依照有关法律、行政法规以及注册会计师执业规则的规定进行,并对所出具的审计报告负责。

## 第二章 财务会计报告的构成

**第六条** 财务会计报告分为年度、半年度、季度和月度财务会计报告。

**第七条** 年度、半年度财务会计报告应当包括:

(一)会计报表;

(二)会计报表附注;

(三)财务情况说明书。

会计报表应当包括资产负债表、利润表、现金流量表及相关附表。

**第八条** 季度、月度财务会计报告通常仅指会计报表,会计报表至少应当包括资产负债表和利润表。国家统一的会计制度规定季度、月度财务会计报告需要编制会计报表附注的,从其规定。

**第九条** 资产负债表是反映企业在某一特定日期财务状况的报表。资产负债表应当按照资产、负债和所有者权益(或者股东权益,下同)分类分项列示。其中,资产、负债和所有者权益的定义及列示应当遵循下列规定:

(一)资产,是指过去的交易、事项形成并由企业拥有或者控制的资源,该资源预期会给企业带来经济利益。在资产负债表上,资产应当按照其流动性分类分项列示,包括流动资产、长期投资、固定资产、无形资产及其他资产。银行、保险公司和非银行金融机构的各项资产有特殊性的,按照其性质分类分项列示。

(二)负债,是指过去的交易、事项形成的现时义务,履行该义务预期会导致经济利益流出企业。在资产负债表上,负债应当按照其流动性分类分项列示,包括流动负债、长期负债等。银行、保险公司和非银行金融机构的各项负债有特殊性的,按照其性质分类分项列示。

(三)所有者权益,是指所有者在企业资产中享有的经济利益,其金额为资产减去负债后的余额。在资产负债表上,所有者权益应当按照实收资本(或者股本)、资本公积、盈余公积、未分配利润等项目分项列示。

**第十条** 利润表是反映企业在一定会计期间经营成果的报表。利润表应当按照各项收入、费用以及构成利润的各个项目分类分项列示。其中,收入、费用和利润的定义及列示应当遵循下列规定:

(一)收入,是指企业在销售商品、提供劳务及让渡资产使用权等日常活动中所形成的经济利益的总流入。收入不包括为第三方或者客户代收的款项。在利润表上,收入应当按照其重要性分项列示。

(二)费用,是指企业为销售商品、提供劳务等日常活动所发生的经济利益的流出。在利润表上,费用应当按照其性质分项列示。

(三)利润,是指企业在一定会计期间的经营成果。在利润表上,利润应当按照营业利润、利润总额和净利润等利润的构成分类分项列示。

**第十一条** 现金流量表是反映企业一定会计期间现金和现金等价物(以下简称现金)流入和流出的报表。现金流量表应当按照经营活动、投资活动和筹资活动的现金流量分类分项列示。其中,经营活动、投资活动和筹资活动的定义及列示应当遵循下列规定:

(一)经营活动,是指企业投资活动和筹资活动以外的所有交易和事项。在现金流量表上,经营活动的现金流量应当按照其经营活动的现金流入和流出的性质分项列示;银行、保险公司和非银行金融机构的经营活动按照其经营活动特点分项列示。

(二)投资活动,是指企业长期资产的购建和不包括在现金等价物范围内的投资及其处置活动。在现金流量表上,投资活动的现金流量应当按照其投资活动的现金流入和流出的性质分项列示。

（三）筹资活动,是指导致企业资本及债务规模和构成发生变化的活动。在现金流量表上,筹资活动的现金流量应当按照其筹资活动的现金流入和流出的性质分项列示。

**第十二条** 相关附表是反映企业财务状况、经营成果和现金流量的补充报表,主要包括利润分配表以及国家统一的会计制度规定的其他附表。

利润分配表是反映企业一定会计期间对实现净利润以及以前年度未分配利润的分配或者亏损弥补的报表。利润分配表应当按照利润分配各个项目分类分项列示。

**第十三条** 年度、半年度会计报表至少应当反映两个年度或者相关两个期间的比较数据。

**第十四条** 会计报表附注是为便于会计报表使用者理解会计报表的内容而对会计报表的编制基础、编制依据、编制原则和方法及主要项目等所作的解释。会计报表附注至少应当包括下列内容:

（一）不符合基本会计假设的说明;

（二）重要会计政策和会计估计及其变更情况、变更原因及其对财务状况和经营成果的影响;

（三）或有事项和资产负债表日后事项的说明;

（四）关联方关系及其交易的说明;

（五）重要资产转让及其出售情况;

（六）企业合并、分立;

（七）重大投资、融资活动;

（八）会计报表中重要项目的明细资料;

（九）有助于理解和分析会计报表需要说明的其他事项。

**第十五条** 财务情况说明书至少应当对下列情况作出说明:

（一）企业生产经营的基本情况;

（二）利润实现和分配情况;

（三）资金增减和周转情况;

（四）对企业财务状况、经营成果和现金流量有重大影响的其他事项。

## 第三章 财务会计报告的编制

**第十六条** 企业应当于年度终了编报年度财务会计报告。国家统一的会计制度规定企业应当编报半年度、季度和月度财务会计报告的,从其规定。

**第十七条** 企业编制财务会计报告,应当根据真实的交易、事项以及完整、准确的账簿记录等资料,并按照国家统一的会计制度规定的编制基础、编制依据、编制原则和方法。

企业不得违反本条例和国家统一的会计制度规定,随意改变财务会计报告的编制基础、编制依据、编制原则和方法。

任何组织或者个人不得授意、指使、强令企业违反本条例和国家统一的会计制度规定,改变财务会计报告的编制基础、编制依据、编制原则和方法。

**第十八条** 企业应当依照本条例和国家统一的会计制度规定,对会计报表中各项会计要素进行合理的确认和计量,不得随意改变会计要素的确认和计量标准。

**第十九条** 企业应当依照有关法律、行政法规和本条例规定的结账日进行结账,不得提前或者延迟。年度结账日为公历年度每年的 12 月 31 日;半年度、季度、月度结账日分别为公历年度每半年、每季、每月的最后一天。

**第二十条** 企业在编制年度财务会计报告前,应当按照下列规定,全面清查资产、核实债务:

（一）结算款项,包括应收款项、应付款项、应交税金等是否存在,与债务、债权单位的相应债务、债权金额是否一致;

（二）原材料、在产品、自制半成品、库存商品等各项存货的实存数量与账面数量是否一致,是否有报废损失和积压物资等;

（三）各项投资是否存在,投资收益是否按照国家统一的会计制度规定进行确认和计量;

（四）房屋建筑物、机器设备、运输工具等各项固定资产的实存数量与账面数量是否一致;

（五）在建工程的实际发生额与账面记录是否一致;

（六）需要清查、核实的其他内容。

企业通过前款规定的清查、核实,查明财产物资的实存数量与账面数量是否一致、各项结算款项的拖欠情况及其原因、材料物资的实际储备情况、各项投资是否达到预期目的、固定资产的使用情况及其完好程度等。企业清查、核实后,应当将清查、核实的结果及其处理办法向企业的董事会或者相应机构报告,并根据国家统一的会计制度的规定进行相应的会计处理。

企业应当在年度中间根据具体情况,对各项财产物资和结算款项进行重点抽查、轮流清查或者定期清查。

**第二十一条** 企业在编制财务会计报告前,除应当全面清查资产、核实债务外，还应当完成下列工作：

（一）核对各会计账簿记录与会计凭证的内容、金额等是否一致，记账方向是否相符；

（二）依照本条例规定的结账日进行结账，结出有关会计账簿的余额和发生额，并核对各会计账簿之间的余额；

（三）检查相关的会计核算是否按照国家统一的会计制度的规定进行；

（四）对于国家统一的会计制度没有规定统一核算方法的交易、事项，检查其是否按照会计核算的一般原则进行确认和计量以及相关账务处理是否合理；

（五）检查是否存在因会计差错、会计政策变更等原因需要调整前期或者本期相关项目。

在前款规定工作中发现问题的，应当按照国家统一的会计制度的规定进行处理。

**第二十二条**　企业编制年度和半年度财务会计报告时，对经查实后的资产、负债有变动的，应当按照资产、负债的确认和计量标准进行确认和计量，并按照国家统一的会计制度的规定进行相应的会计处理。

**第二十三条**　企业应当按照国家统一的会计制度规定的会计报表格式和内容，根据登记完整、核对无误的会计账簿记录和其他有关资料编制会计报表，做到内容完整、数字真实、计算准确，不得漏报或者任意取舍。

**第二十四条**　会计报表之间、会计报表各项目之间，凡有对应关系的数字，应当相互一致；会计报表中本期与上期的有关数字应当相互衔接。

**第二十五条**　会计报表附注和财务情况说明书应当按照本条例和国家统一的会计制度的规定，对会计报表中需要说明的事项作出真实、完整、清楚的说明。

**第二十六条**　企业发生合并、分立情形的，应当按照国家统一的会计制度的规定编制相应的财务会计报告。

**第二十七条**　企业终止营业的，应当在终止营业时按照编制年度财务会计报告的要求全面清查资产、核实债务、进行结账，并编制财务会计报告；在清算期间，应当按照国家统一的会计制度的规定编制清算期间的财务会计报告。

**第二十八条**　按照国家统一的会计制度的规定，需要编制合并会计报表的企业集团，母公司除编制其个别会计报表外，还应当编制企业集团的合并会计报表。

企业集团合并会计报表，是指反映企业集团整体财务状况、经营成果和现金流量的会计报表。

## 第四章　财务会计报告的对外提供

**第二十九条**　对外提供的财务会计报告反映的会计信息应当真实、完整。

**第三十条**　企业应当依照法律、行政法规和国家统一的会计制度有关财务会计报告提供期限的规定，及时对外提供财务会计报告。

**第三十一条**　企业对外提供的财务会计报告应当依次编定页数，加具封面，装订成册，加盖公章。封面上应当注明：企业名称、企业统一代码、组织形式、地址、报表所属年度或者月份、报出日期，并由企业负责人和主管会计工作的负责人、会计机构负责人（会计主管人员）签名并盖章；设置总会计师的企业，还应当由总会计师签名并盖章。

**第三十二条**　企业应当依照企业章程的规定，向投资者提供财务会计报告。

国务院派出监事会的国有重点大型企业、国有重点金融机构和省、自治区、直辖市人民政府派出监事会的国有企业，应当依法定期向监事会提供财务会计报告。

**第三十三条**　有关部门或者机构依照法律、行政法规或者国务院的规定，要求企业提供部分或者全部财务会计报告及其有关数据的，应当向企业出示依据，并不得要求企业改变财务会计报告有关数据的会计口径。

**第三十四条**　非依照法律、行政法规或者国务院的规定，任何组织或者个人不得要求企业提供部分或者全部财务会计报告及其有关数据。

违反本条例规定，要求企业提供部分或者全部财务会计报告及其有关数据的，企业有权拒绝。

**第三十五条**　国有企业、国有控股的或者占主导地位的企业，应当至少每年一次向本企业的职工代表大会公布财务会计报告，并重点说明下列事项：

（一）反映与职工利益密切相关的信息，包括：管理费用的构成情况，企业管理人员工资、福利和职工工资、福利费用的发放、使用和结余情况，公益金的提取及使用情况，利润分配的情况以及其他与职工利益相关的信息；

（二）内部审计发现的问题及纠正情况；

（三）注册会计师审计的情况；

（四）国家审计机关发现的问题及纠正情况；

（五）重大的投资、融资和资产处置决策及其原因的说明；

（六）需要说明的其他重要事项。

**第三十六条**　企业依照本条例规定向有关各方提供的财务会计报告，其编制基础、编制依据、编制原则和方法应当一致，不得提供编制基础、编制依据、编制原则和方法不同的财务会计报告。

第三十七条　财务会计报告须经注册会计师审计的，企业应当将注册会计师及其会计师事务所出具的审计报告随同财务会计报告一并对外提供。

第三十八条　接受企业财务会计报告的组织或者个人，在企业财务会计报告未正式对外披露前，应当对其内容保密。

## 第五章　法律责任

第三十九条　违反本条例规定，有下列行为之一的，由县级以上人民政府财政部门责令限期改正，对企业可以处3000元以上5万元以下的罚款；对直接负责的主管人员和其他直接责任人员，可以处2000元以上2万元以下的罚款；属于国家工作人员的，并依法给予行政处分或者纪律处分：

（一）随意改变会计要素的确认和计量标准的；

（二）随意改变财务会计报告的编制基础、编制依据、编制原则和方法的；

（三）提前或者延迟结账日结账的；

（四）在编制年度财务会计报告前，未按照本条例规定全面清查资产、核实债务的；

（五）拒绝财政部门和其他有关部门对财务会计报告依法进行的监督检查，或者不如实提供有关情况的。

会计人员有前款所列行为之一，情节严重的，由县级以上人民政府财政部门吊销会计从业资格证书。

第四十条　企业编制、对外提供虚假的或者隐瞒重要事实的财务会计报告，构成犯罪的，依法追究刑事责任。

有前款行为，尚不构成犯罪的，由县级以上人民政府财政部门予以通报，对企业可以处5000元以上10万元以下的罚款；对直接负责的主管人员和其他直接责任人员，可以处3000元以上5万元以下的罚款；属于国家工作人员的，并依法给予撤职直至开除的行政处分或者纪律处分；对其中的会计人员，情节严重的，并由县级以上人民政府财政部门吊销会计从业资格证书。

第四十一条　授意、指使、强令会计机构、会计人员及其他人员编制、对外提供虚假的或者隐瞒重要事实的财务会计报告，或者隐匿、故意销毁依法应当保存的财务会计报告，构成犯罪的，依法追究刑事责任；尚不构成犯罪的，可以处5000元以上5万元以下的罚款；属于国家工作人员的，并依法给予降级、撤职、开除的行政处分或者纪律处分。

第四十二条　违反本条例的规定，要求企业向其提供部分或者全部财务会计报告及其有关数据的，由县级以上人民政府责令改正。

第四十三条　违反本条例规定，同时违反其他法律、行政法规规定的，由有关部门在各自的职权范围内依法给予处罚。

## 第六章　附　　则

第四十四条　国务院财政部门可以根据本条例的规定，制定财务会计报告的具体编报办法。

第四十五条　不对外筹集资金、经营规模较小的企业编制和对外提供财务会计报告的办法，由国务院财政部门根据本条例的原则另行规定。

第四十六条　本条例自2001年1月1日起施行。

# 金融企业财务规则

*1. 2006年12月7日财政部令第42号公布*
*2. 自2007年1月1日起施行*

## 第一章　总　　则

第一条　为了加强金融企业财务管理，规范金融企业财务行为，促进金融企业法人治理结构的建立和完善，防范金融企业财务风险，保护金融企业及其相关方合法权益，维护社会经济秩序，根据有关法律、行政法规和国务院相关规定，制定本规则。

第二条　在中华人民共和国境内依法设立的国有及国有控股金融企业、金融控股公司、担保公司，城市商业银行、农村商业银行、农村合作银行、信用社（以下简称金融企业）适用本规则。

其他金融企业参照本规则执行。

第三条　金融企业应当根据本规则的规定，以及自身发展的需要，建立健全内部财务管理制度，设置财务管理职能部门，配备专业财务管理人员，综合运用规划、预测、计划、预算、控制、监督、考核、评价和分析等方法，筹集资金，营运资产，控制成本，分配收益，配置资源，反映经营状况，防范和化解财务风险，实现持续经营和价值最大化。

第四条　各级人民政府财政部门（以下简称财政部门）依法指导、管理和监督本级金融企业的财务管理工作。

省级以上人民政府财政部门的派出机构，应当在规定职责范围内依法履行指导、管理和监督金融企业财务管理工作的职责。

金融企业在完成工商登记后30日内，应当向同级财政部门提交设立批准证书、营业执照、验资证明、章程等文件的复印件。

金融企业发生分立、合并、设立分支机构，以及主要工商登记事项发生变更时，在依法完成工商变更登记后30日内，应当向同级财政部门提交有关的变更文件复印件。

**第五条** 金融企业应当依法纳税。金融企业财务处理与税收法律、行政法规规定不一致的，纳税时应当依法进行调整。

## 第二章 职责、职权

**第六条** 财政部门履行下列财务管理职责：

（一）监督金融企业执行本规则以及其他的财务管理规定，指导、督促金融企业建立健全内部财务管理制度；

（二）指导、督促金融企业建立健全财务风险控制体系，监测金融企业财务风险及其营运状况，监督金融企业的财务行为；

（三）加强金融企业财务信息管理，实施金融企业财务评价；

（四）监督金融企业接受社会审计和资产评估；

（五）制定并实施促进金融企业改革和发展的财政、财务政策，组织金融企业财务管理人员的业务培训；

（六）有关法律、行政法规规定的其他财务管理职责。

**第七条** 金融企业的投资者（以下简称投资者）一般通过股东（大）会、董事会或者其他形式的治理机构行使下列财务管理职权：

（一）执行并督促经营者执行国家有关金融企业财务管理的规定；

（二）决定内部财务管理制度，明确经营者的财务管理权限；

（三）决定财务管理职能部门的设置；

（四）决定财务计划和财务预算，决定筹资、投资、处置重大资产、依法提供除主营担保业务范围以外的担保、捐赠、重组、经营者报酬、利润分配等重大财务事项；

（五）对经营者实施财务监督和财务考核，决定聘任或者解聘财务负责人；

（六）决定聘用或者解聘承办社会审计和资产评估等业务的社会中介机构；

（七）按照章程的规定，行使其他财务管理职权。

投资者可以通过制度规范、章程约定等方式，将投资者财务管理职权全部或者部分授予经营者。

金融企业按规定可以向其控股的企业委派或者推荐财务总监。

**第八条** 金融企业的经营者（以下简称经营者）按照规定行使下列财务管理职权：

（一）执行国家有关金融企业财务管理的规定；

（二）拟订内部财务管理制度，经投资者议定后报同级财政部门备案，并具体组织实施；

（三）组织财务预测，编制财务计划和财务预算草案，实施财务控制、分析和考核；

（四）组织实施筹资、投资、处置重大资产、担保、捐赠、重组和利润分配等财务管理方案；

（五）组织财务事项审批；

（六）组织缴纳税金、规费；

（七）执行国家有关职工劳动报酬和劳动保护的规定，依法缴纳社会保险费、住房公积金等，保障职工合法权益；

（八）归集财务信息，依法组织编制和报送财务会计报告；

（九）提请聘任或者解聘财务负责人；

（十）配合有关机构依法实施的审计、评估和监督检查；

（十一）按照章程的规定，以及股东（大）会或者董事会的要求，行使其他财务管理职权。

## 第三章 财务风险

**第九条** 金融企业应当根据本规则的规定，以及内部财务管理制度的要求，建立健全包括识别、计量、监测和控制等内容的财务风险控制体系，明确财务风险管理的权限、程序、应急方案和具体措施，以及财务风险形成当事人应承担的责任，防范和化解财务风险。

**第十条** 金融企业应当建立规范有效的资本补充机制，保持业务规模与资本规模相适应，在资本充足率、偿付能力等方面满足有关法律、法规的要求。

从事商业银行业务的金融企业，资本充足率不得低于8%，核心资本充足率不得低于4%；从事保险业务的金融企业，偿付能力充足率不得低于规定的数额；从事证券业务的金融企业，净资本负债率应满足规定的数额要求。

**第十一条** 金融企业应当按照保障相关各方利益、保证支付能力、实现持续经营的原则，根据有关法律、法规的规定，控制资产负债比例，足额提留用于清偿债务的资金。

从事银行业务的金融企业，应按规定交存存款准备金,留足备付金;从事保险业务的金融企业,应按注册资本的20%提取资本保证金,存入指定银行,除清算时用于清偿债务外,不得动用;从事证券业务的金融企业,负债与净资产的比例应满足规定的数额要求。

**第十二条** 金融企业应当定期或者至少于每年年终对各类资产进行评价,并逐步实现动态评价,按照规定进行风险分类,对可收回金额低于账面价值的部分,按照国家有关规定计提资产减值准备。

金融企业对计提减值准备的资产,应当落实监管责任。对能够收回或者继续使用的,应当收回或者使用;对已经损失的,应当按照规定的程序核销;对已经核销的,应当实行账销案存管理。

**第十三条** 金融企业应当及时分析市场利率、汇率波动情况,预计可能发生的风险,并按照规定的程序,运用金融衍生工具,减少利率、汇率风险损失。

**第十四条** 金融企业发生关联交易,必须履行规定的程序,并按照规定控制总量和规模,遵循公开、公平、公正的原则,确定并及时结算资源、劳务或者义务的价款,不得利用关联交易操纵利润、逃避税收。

**第十五条** 金融企业委托其他机构理财或者从事其他业务,应当进行风险评估,依法签订书面合同,明确业务授权和具体操作程序,定期对账,制定风险防范的具体措施。

金融企业委托其他机构理财或者从事其他业务,投入的资金不得影响主营业务的开展,取得的收入应当纳入账内核算。

**第十六条** 金融企业依法受托发放贷款、经营衍生产品、进行证券期货交易、买卖黄金、管理资产以及开展其他业务,应当与自营业务分开管理,按照合同约定分配收益、承担责任,不得挪用客户资金,不得转嫁经营风险。

**第十七条** 金融企业对外提供担保应当符合法律、行政法规的规定,根据被担保对象的资信及偿债能力,采取相应的风险控制措施,并设立备查账簿登记,及时跟踪监督。

金融企业提供除主营担保业务范围以外的担保,应当由股东(大)会或者董事会决议;为金融企业投资者或者实际控制人提供担保的,应当由股东(大)会决议。

**第十八条** 金融企业应当根据资本规模控制表外业务总量。

金融企业应当按照风险程度对表外业务进行授权,并严格按照授权执行,禁止违规操作。

金融企业应当及时、完整记录所有表外业务,跟踪检查表外业务变动情况,预计可能发生的损失,并按照有关规定进行披露。

**第十九条** 金融企业设立分支机构,应当按照规定拨付与分支机构经营规模相适应的营运资金,并不得超过规定的限额。

金融企业应当对分支机构实行统一核算,统一调度资金,分级管理的财务管理制度。条件具备的,可以实行统一核算,统一调度资金,业务单元制管理的财务管理制度。

金融企业应当加强对分支机构的财务监管,关注资金异常变动,监督并跟踪分析分支机构财务指标的情况,督促境外分支机构遵守所在国家(地区)关于金融企业财务管理的规定。

## 第四章 资金筹集

**第二十条** 金融企业筹集资本金,应当符合国家有关资本金管理的规定,根据发展战略和经营规划拟定筹资方案,履行规定的程序。

金融企业在国家法律、行政法规允许的范围内,可以接受货币出资,也可以接受实物、知识产权、土地使用权等可以用货币估价并可以依法转让的非货币财产出资,或者采取发行股票等方式筹集资本金。

金融企业接受非货币财产出资,应当进行评估作价,核实财产,按照评估确认或者合同约定的价值计价;采取发行股票方式筹集的资本金,按照股票面值计价。

金融企业筹集资本金,应当聘请会计师事务所验资。办理工商登记后,应当向投资者出具出资证明书。

**第二十一条** 金融企业筹集的资本金,在持续经营期间,投资者除依法进行转让外,不得以任何方式抽走。

金融企业在筹集资本金活动中,投资者缴付的出资额超出资本金的差额(包括发行股票的溢价净收入),计入资本公积。

经投资者决议后,资本公积用于转增资本金。

**第二十二条** 金融企业以借款、吸收存款、发行债券、融资租赁、向人民银行再贷款等方式筹集资金,应当符合国家有关规定,明确筹资目的,考虑资金需求和债务风险,签订书面合同,不得擅自提高或者变相提高利率以及付费标准,并应适时合理调整负债结构,降低筹资成本。

**第二十三条** 金融企业取得国家投资、财政补助等财政资金,区分以下情况处理:

(一)属于国家直接投资的,按照国家有关规定增加国家资本金或者资本公积;

（二）属于投资补助的，增加资本公积或者资本金。国家拨款时对权属有规定的，按规定执行。没有规定的，由全体投资者共同享有；

（三）属于贷款贴息、专项经费补助的，作为收益处理；

（四）属于弥补亏损、救助损失或者其他用途的，作为收益处理；

（五）属于政府转贷、偿还性资助的，作为负债管理。

## 第五章 资产营运

**第二十四条** 金融企业应当统一管理资金账户，明确资金调度的条件、权限和程序。调度资金应当按照内部财务管理制度，依据有效合同和合法凭证办理手续，不得私存私放资金。

向境外调度资金必须符合国家外汇管理的有关规定，并履行相应的审批程序。

**第二十五条** 金融企业管理库存现金、库存金银、存放中央银行与同业的款项，以及其他形式的现金资产，应当满足流动性要求，并控制现金资产总量。

**第二十六条** 金融企业应当按照内部财务管理制度对合同进行财务审核，跟踪履约情况，明确债权，制定收账政策，及时清收应收款项。

**第二十七条** 金融企业在法律、法规允许的范围内，经股东（大）会或者董事会决议，可以用货币对外投资，也可以用实物、知识产权、土地使用权等可以用货币估价并可以依法转让的非货币财产对外投资，但不得以国家授予的特许经营权对外投资。

用非货币财产对外投资的，应当聘请资产评估机构进行评估并按评估确认后的价值计价。

对外投资应当签订书面合同，明确投资权益，按照内部财务管理制度规定的程序支付投资款项，所需资金纳入财务预算管理，不得在成本费用或者营业外支出中列支，并及时监控和考核投资项目的效益，落实项目决策者和实施者的责任。

向境外投资的，应当符合国家境外投资项目核准和外汇管理等相关规定。

**第二十八条** 金融企业收取、保管和处置抵债资产，应当按照内部财务管理制度规定的工作程序办理。

收取抵债资产应当按照规定确定接收价格，核实产权。

保管抵债资产应当按照安全、完整、有效的原则，及时进行账务处理，定期检查、账实核对。

处置抵债资产应当按照公开、透明的原则，聘请资产评估机构评估作价。一般采用公开拍卖的方式进行处置。采用其他方式的，应当引入竞争机制选择抵债资产买受人。

抵债资产不得转为自用。因客观条件需要转为自用的，应当履行规定的程序后，纳入相应的资产进行管理。

**第二十九条** 金融企业应当按照内部财务管理制度规定，定期清查核实各类固定资产，落实使用和管理责任。

购建重要固定资产、实施重大技术改造，应当进行可行性论证，并落实决策和执行责任。

固定资产折旧可以依据产业发展态势和技术进步的要求，结合固定资产经济寿命及其使用状况，确定折旧年限，选用折旧方法，按季（月）计提。固定资产折旧政策一经选用，一般不得变更，确需变更的，应当经股东（大）会或者董事会决议后执行。有关法律、行政法规规定必须披露变更理由的，应当及时披露。

已交付使用而未办理竣工决算的在建工程项目，应当比照固定资产进行管理。

金融企业固定资产账面价值和在建工程账面价值之和占净资产的比重，从事银行业务的最高不得超过40%，从事保险及其他非银行业务的最高不得超过50%。国家另有规定的，从其规定。

**第三十条** 金融企业通过自创、购买、接受投资等方式取得的商标权、著作权、专利权及专有技术等无形资产，应当依法明确权属，落实经营和管理责任。

变更无形资产权属时应当进行评估，并签订书面合同。

**第三十一条** 金融企业发生的资产损失，包括信贷资产损失、坏账损失、投资损失、固定资产及在建工程损失等，应当及时核实，查清责任，追偿损失，并按照国家有关规定进行处理。

金融企业以出售、出租、抵押、置换、报废等方式处置资产，应当根据有关法律、法规的规定，履行相应程序。

处置主营业务所用资产，涉及业务调整或者资产重组的，应当根据发展战略和经营规划，制订业务调整或者资产重组方案，履行规定的程序后执行。

金融企业对外捐赠应当符合有关法律、法规的规定，明确捐赠的范围和条件，落实执行责任，严格办理捐赠资产的交接手续。

## 第六章 成本、费用

**第三十二条** 金融企业应当结合自身特点，按照内部财务管理制度，强化成本费用预算约束，实行成本费用全员管理和全过程控制。

金融企业的成本费用支出应当按照国家规定纳入账内核算，不得违反规定进行调整。

**第三十三条**　金融企业在经营过程中发生的与经营有关的支出，包括各项利息支出（含贴息）扣除允许资本化的部分、手续费支出、佣金支出、业务给付支出、业务赔款支出、保护（保障、保险）基金支出、应计入损益的各种准备金和其他有关支出，应当按照国家有关规定计入当期损益。

**第三十四条**　金融企业的成本核算，应当严格区分本期成本与下期成本的界限、成本支出与营业外支出的界限、收益性支出与资本性支出的界限。

金融企业的成本核算，应当以季（月）、年为计算期。同一计算期内，核算成本和营业收入的起止日期、计算范围和口径应当一致。

**第三十五条**　金融企业应当注重费用支出与经济效益的配比，实行费用支出的归口、分级管理和预算控制，确定必要的费用支出范围、标准和报销审批程序。

除国家规定的专用账户外，金融企业每一独立核算单位分币种只能设立一个费用存款专户，除税金及附加、折旧、资产摊销、准备金和坏账损失以外的各项费用，应当从费用专户中开支。

金融企业应当强化费用支出约束，对业务宣传费、业务招待费、差旅费、会议费、通讯费、维修费、出国经费、董事会经费、捐赠等实行重点监控。

金融企业的业务宣传费、委托代办手续费、防预费、业务招待费一律按规定据实列支，不得预提。

**第三十六条**　金融企业技术研发和实施科技成果产业化所需经费应当纳入财务预算，形成的资产应当纳入相应的资产进行管理。

**第三十七条**　金融企业应当按照国家有关规定，以及与职工签订的劳动合同，核定和计发职工薪酬。

金融企业根据有关法律、法规和政策的规定，经股东（大）会或者董事会决议，可以对经营者、核心技术人员和核心管理人员实行与其他职工不同的薪酬办法。

金融企业经股东（大）会或者董事会决议，可以在工资计划中安排一定数额，对研发核心技术、促进安全营运、开拓市场等作出突出贡献的职工给予奖励。

**第三十八条**　金融企业根据有关法律、法规和政策的规定，为职工缴纳的基本医疗保险、基本养老保险、失业保险和工伤保险等社会保险费用，应当据实列入成本（费用）。

参加基本医疗保险、基本养老保险且按时足额缴费的金融企业，具有持续盈利能力和支付能力的，可以根据有关法律、法规的规定，为职工建立补充医疗保险和补充养老保险（企业年金）制度，相关费用应当按照国家有关规定列支。

**第三十九条**　金融企业为职工缴纳住房公积金以及职工住房货币化分配的处理，按照国家有关规定执行。

工会经费按照国家规定的比例提取，拨交工会使用。

职工教育经费按照国家规定的比例提取，用于职工教育和职业培训。

**第四十条**　金融企业应当依法缴纳行政事业性收费、政府性基金以及使用或者占用国有资源的费用等。

金融企业有权拒绝没有法律、法规和规章依据，或者超过法律、法规和规章规定范围和标准的收费。

**第四十一条**　金融企业根据经营情况支付必要的佣金、手续费等支出，应当签订合同，明确支出标准和执行责任。除对个人代理人外，不得以现金支付。

## 第七章　收益、分配

**第四十二条**　金融企业经营业务范围内的各项收入和其他营业收入、营业外收入，应当在依法设置的会计账簿上按照国家有关规定统一登记、核算，不得存放其他单位，或者以任何理由坐支。

投资者、经营者及其他职工履行本单位职务所得收入，包括业务收入以及对方给予的佣金、手续费等，全部属于金融企业，应当纳入账内核算，不得隐匿、转移、私存私放、坐支或者擅自用于职工福利。

**第四十三条**　金融企业发生年度亏损的，可以用下一年度的税前利润弥补；下一年度的税前利润不足以弥补的，可以逐年延续弥补；延续弥补期超过法定税前弥补期限的，可以用缴纳所得税后的利润弥补。

**第四十四条**　金融企业本年实现净利润（减弥补亏损，下同），应当按照提取法定盈余公积金、提取一般（风险）准备金、向投资者分配利润的顺序进行分配。法律、行政法规另有规定的从其规定。

法定盈余公积金按照本年实现净利润的10%提取，法定盈余公积金累计达到注册资本的50%时，可不再提取。

从事银行业务的，应当于每年年终根据承担风险和损失的资产余额的一定比例提取一般准备金，用于弥补尚未识别的可能性损失；从事其他业务的，应当按照国家有关规定从本年实现净利润中提取风险准备金，用于补偿风险损失。

以前年度未分配的利润，并入本年实现净利润向投资者分配。其中，股份有限公司按照下列顺序分配：

（一）支付优先股股利；

（二）提取任意盈余公积金；

（三）支付普通股股利；

（四）转作资本（股本）。

资本充足率、偿付能力充足率、净资本负债率未达到有关法律、行政法规规定标准的，不得向投资者分配利润。

任意盈余公积金按照公司章程或者股东（大）会决议提取和使用。

经股东（大）会决议，金融企业可以用法定盈余公积金和任意盈余公积金弥补亏损或者转增资本。法定盈余公积金转为资本时，所留存的该项公积金不得少于转增前金融企业注册资本的25%。

**第四十五条**　金融企业根据有关法律、法规的规定，经股东（大）会决议，可以对经营者和核心技术人员、核心管理人员实行股权激励。

经营者及其他职工以劳动、技术、管理等要素参与收益分配的，分配办法应当符合有关法律、法规和政策的规定，经股东（大）会决议后，区别以下情况处理：

（一）取得股权的，与其他投资者一同分配利润；

（二）没有取得股权的，在相关业务实现的利润限额和分配标准内，从当期费用中列支。

## 第八章　重组、清算

**第四十六条**　金融企业根据有关法律、法规的规定，可以通过分立、合并等方式进行重组。

实施重组应当进行可行性论证，履行规定程序，组织开展财产清查，聘请会计师事务所进行审计、资产评估机构进行资产评估，组织与债权人协商，制订债务处置或者承继、股权设置、资本重组的实施方案。

**第四十七条**　金融企业分立，应当按照资产相关性或者业务相关性原则分割财产、承担债务，并明确分立后的产权关系。

对不能分割的财产，在评估的基础上，经各方协商，由拥有财产的一方给予其他方经济补偿。

**第四十八条**　金融企业合并，应当由合并后存续的金融企业或者新设的金融企业承继合并各方的债权、债务，并明确合并后的产权关系。

金融企业合并净资产超出注册资本的部分，作为资本公积；少于注册资本的部分，应当变更注册资本或者由投资者补足出资。

对资不抵债金融企业以承担债务方式合并的，合并方应当采取重整措施，按照合并方案履行偿债义务。

**第四十九条**　金融企业实行托管经营，应当签订托管经营合同，明确被托管企业的财务状况、托管经营目标、托管财产处置权限以及收益分配办法等，并落实财务监管责任。

受托金融企业应当根据托管经营合同制定相关方案，重组托管金融企业的财产与债务、调整业务、安置职工。

托管经营合同没有约定且未经托管金融企业股东（大）会同意，受托金融企业不得擅自改组、改制、转让托管金融企业，不得非法转移托管金融企业的财产和业务，不得以托管金融企业名义或者以托管财产对外担保。

**第五十条**　金融企业进行重组时，对已占用的国有划拨土地应当按照有关规定进行评估，履行相关手续后，区别以下情况处理：

（一）继续采取划拨方式的，可以不纳入资产管理，但应当明确划拨土地使用权权益，并按规定用途使用，设立备查账簿登记；

（二）采取作价入股方式的，将应缴纳的土地出让金转作国家资本，形成的国有股权由重组前的国有资本持有单位或者财政部门确认的单位持有；

（三）采取出让方式的，由金融企业购买土地使用权，支付出让费用；

（四）采取租赁方式的，由金融企业租赁使用，租金水平参照银行同期贷款利率确定，并在租赁合同中约定。

金融企业进行重组时，对已占用的特许经营权等国有资源，依法可以转让的，比照前款处理。

**第五十一条**　金融企业重组过程中，对拖欠职工的工资和医疗、伤残补助、抚恤费用以及欠缴的基本社会保险费、住房公积金、工会经费等，应当以金融企业现有资产优先清偿。

**第五十二条**　金融企业被责令关闭、依法破产或者经营期限届满终止经营或者解散的，应当按照国家法律、行政法规和金融企业章程的规定实施清算。

金融企业自愿清算的，由金融企业股东（大）会决议后执行。

金融企业依法进行清算，应当对非货币财产进行资产评估。

**第五十三条**　金融企业的清算财产支付清算费用后，按照国家有关法律、行政法规规定的顺序清偿债务。

**第五十四条** 金融企业清算完毕，应当编制清算报告，聘用会计师事务所审计，并将清算报告和审计报告报投资者决议或者人民法院确认后，向相关部门、债权人以及其他利益相关人通告。

**第五十五条** 金融企业与职工解除劳动合同，应当按照国家有关规定支付职工经济补偿金，除正常经营期间发生的列入当期费用以外，应当区别以下情况处理：

（一）重组中发生的，依次从未分配利润、盈余公积、资本公积、实收资本中支付；

（二）清算时发生的，以扣除清算费用后的清算财产优先清偿。

## 第九章 财务信息

**第五十六条** 金融企业应当在会计电算化的基础上，整合业务和信息流程，推行财务管理信息化，逐步实现财务、业务相关信息一次性处理和实时共享。

**第五十七条** 金融企业应当根据有关法律、行政法规的规定，以及财政部的统一要求编制中期财务会计报告和年度财务会计报告，并通过内部审核，在规定期限内向财政部门以及其他与金融企业有关的使用者报送，不得拒绝、拖延财务信息的披露。

**第五十八条** 金融企业报送的年度财务会计报告应当经会计师事务所审计。

金融企业不得编制和对外提供虚假的或者隐瞒重要事实的财务信息。

金融企业负责人对本企业财务信息的真实性、完整性负责。

**第五十九条** 财政部门应当建立健全金融企业财务评价制度，对金融企业资本充足状况、偿付能力状况、资产质量状况、盈利状况和社会贡献等进行评价。评价结果作为制定有关金融企业财务管理政策和考核有关金融企业的依据。

金融企业应当按财务评价制度的要求，对财务状况和经营成果进行总结、评价和考核。

**第六十条** 财政部门及其工作人员应当履行保密义务，谨慎、合法地保管、使用金融企业提供的财务信息，不得利用未公开的财务信息牟取利益或者损害金融企业利益。

## 第十章 罚则

**第六十一条** 金融企业有下列情形之一的，由财政部门责令限期改正，或者予以通报批评：

（一）不按规定提交设立、变更文件的；

（二）财务风险控制未达到规定要求的；

（三）筹集和运用资金不符合规定要求的；

（四）不按规定开设和管理资金账户的；

（五）资产管理不符合规定，形成账外资产的；

（六）不按规定列支经营成本、费用的；

（七）不按规定确认经营收益的；

（八）不按规定计提减值准备、提留准备金、分配利润的；

（九）不按规定处理财政资金、国有资源的；

（十）不按规定顺序清偿债务、处理财产的；

（十一）不按规定处理职工社会保险费、经济补偿金的；

（十二）其他违反金融企业财务管理有关规定的。

**第六十二条** 金融企业有下列情形之一的，由财政部门责令限期改正，并对金融企业及其负责人和其他直接责任人员给予警告：

（一）不按照规定建立内部财务管理制度的；

（二）内部财务管理制度明显与国家法律、法规和统一的财务管理规章制度相抵触，且不按财政部门要求修改的；

（三）不按照规定提供财务信息的；

（四）拒绝、阻扰依法实施的财务监督的。

**第六十三条** 金融企业违反本规则，有关法律、法规另有规定的，依照其规定处理、处罚。

财政部门在依法实施财务监督中，对不属于本部门职责范围的事项，应当依法移送相关管理部门。

**第六十四条** 财政部门工作人员在履行财务管理职责过程中滥用职权、玩忽职守、徇私舞弊，或者泄露国家秘密、商业秘密的，依法进行处理。

## 第十一章 附则

**第六十五条** 各省、自治区、直辖市、计划单列市财政部门可以依据本规则和财政部的其他规定，结合本地区金融企业实际，制定具体的实施办法，报财政部备案。

**第六十六条** 本规则自2007年1月1日起施行，《金融保险企业财务制度》（〔93〕财商字第11号）、《保险公司财务制度》（财债字〔1999〕8号）、《证券公司财务制度》（财债字〔1999〕215号）、《金融资产管理公司财务制度（试行）》（财金〔2000〕17号）同时废止。

# 企业内部控制应用指引
# 第14号——财务报告

*1. 2010年4月15日财政部、中国证券监督管理委员会、审计署、中国银行业监督管理委员会、中国保险监督管理委员会发布*
*2. 财会〔2010〕11号*

## 第一章　总　　则

**第一条**　为了规范企业报告，保证报告的真实、完整，根据《中华人民共和国会计法》等有关法律法规和《企业内部控制基本规范》，制定本指引。

**第二条**　本指引所称报告，是指反映企业某一特定日期状况和某一会计期间经营成果、现金流量的文件。

**第三条**　企业编制、对外提供和分析利用报告，至少应当关注下列风险：

（一）编制报告违反会计法律法规和国家统一的会计准则制度，可能导致企业承担法律责任和声誉受损。

（二）提供虚假报告，误导报告使用者，造成决策失误，干扰市场秩序。

（三）不能有效利用报告，难以及时发现企业经营管理中存在的问题，可能导致企业和经营风险失控。

**第四条**　企业应当严格执行会计法律法规和国家统一的会计准则制度，加强对报告编制、对外提供和分析利用全过程的管理，明确相关工作流程和要求，落实责任制，确保报告合法合规、真实完整和有效利用。总会计师或分管会计工作的负责人负责组织领导报告的编制、对外提供和分析利用等相关工作。企业负责人对报告的真实性、完整性负责。

## 第二章　报告的编制

**第五条**　企业编制报告，应当重点关注会计政策和会计估计，对报告产生重大影响的交易和事项的处理应当按照规定的权限和程序进行审批。企业在编制年度报告前，应当进行必要的资产清查、减值测试和债权债务核实。

**第六条**　企业应当按照国家统一的会计准则制度规定，根据登记完整、核对无误的会计账簿记录和其他有关资料编制报告，做到内容完整、数字真实、计算准确，不得漏报或者随意进行取舍。

**第七条**　企业报告列示的资产、负债、所有者权益金额应当真实可靠。各项资产计价方法不得随意变更，如有减值，应当合理计提减值准备，严禁虚增或虚减资产。各项负债应当反映企业的现时义务，不得提前、推迟或不确认负债，严禁虚增或虚减负债。所有者权益应当反映企业资产扣除负债后由所有者享有的剩余权益，由实收资本、资本公积、留存收益等构成。企业应当做好所有者权益保值增值工作，严禁虚假出资、抽逃出资、资本不实。

**第八条**　企业报告应当如实列示当期收入、费用和利润。各项收入的确认应当遵循规定的标准，不得虚列或者隐瞒收入，推迟或提前确认收入。各项费用、成本的确认应当符合规定，不得随意改变费用、成本的确认标准或计量方法，虚列、多列、不列或者少列费用、成本。利润由收入减去费用后的净额、直接计入当期利润的利得和损失等构成。不得随意调整利润的计算、分配方法，编造虚假利润。

**第九条**　企业报告列示的各种现金流量由经营活动、投资活动和筹资活动的现金流量构成，应当按照规定划清各类交易和事项的现金流量的界限。

**第十条**　附注是报告的重要组成部分，对反映企业状况、经营成果、现金流量的报表中需要说明的事项，作出真实、完整、清晰的说明。企业应当按照国家统一的会计准则制度编制附注。

**第十一条**　企业集团应当编制合并报表，明确合并报表的合并范围和合并方法，如实反映企业集团的状况、经营成果和现金流量。

**第十二条**　企业编制报告，应当充分利用信息技术，提高工作效率和工作质量，减少或避免编制差错和人为调整因素。

## 第三章　报告的对外提供

**第十三条**　企业应当依照法律法规和国家统一的会计准则制度的规定，及时对外提供报告。

**第十四条**　企业报告编制完成后，应当装订成册，加盖公章，由企业负责人、总会计师或分管会计工作的负责人、财会部门负责人签名并盖章。

**第十五条**　报告须经注册会计师审计的，注册会计师及其所在的事务所出具的审计报告，应当随同报告一并提供。企业对外提供的报告应当及时整理归档，并按有关规定妥善保存。

## 第四章　报告的分析利用

**第十六条**　企业应当重视报告分析工作，定期召开分析会议，充分利用报告反映的综合信息，全面分析企业的经营管理状况和存在的问题，不断提高经营管理水平。

企业分析会议应吸收有关部门负责人参加。总会计师或分管会计工作的负责人应当在分析和利用工作中发挥主导作用。

**第十七条**　企业应当分析企业的资产分布、负债水平和所有者权益结构，通过资产负债率、流动比率、资产周转率等指标分析企业的偿债能力和营运能力；分析企业净资产的增减变化，了解和掌握企业规模和净资产的不断变化过程。

**第十八条**　企业应当分析各项收入、费用的构成及其增减变动情况，通过净资产收益率、每股收益等指标，分析企业的盈利能力和发展能力，了解和掌握当期利润增减变化的原因和未来发展趋势。

**第十九条**　企业应当分析经营活动、投资活动、筹资活动现金流量的运转情况，重点关注现金流量能否保证生产经营过程的正常运行，防止现金短缺或闲置。

**第二十条**　企业定期的分析应当形成分析报告，构成内部报告的组成部分。分析报告结果应当及时传递给企业内部有关管理层级，充分发挥报告在企业生产经营管理中的重要作用。

## 企业资产损失财务处理暂行办法

*1. 2003年9月3日财政部印发*
*2. 财企〔2003〕233号*
*3. 自2003年10月5日起施行*

**第一条**　为了建立、健全企业内部控制制度，规范企业资产损失财务管理行为，加强企业财务管理，根据《企业财务通则》的规定，制定本办法。

**第二条**　资产损失是指企业实际发生的各项资产的灭失，包括坏账损失、存货损失、固定资产及在建工程损失、担保损失、股权投资或者债权投资损失以及经营证券、期货、外汇交易损失等。

**第三条**　坏账损失是指企业确实不能收回的各种应收款项。企业坏账损失根据《财政部关于建立健全企业应收款项管理制度的通知》（财企〔2002〕513号）的规定确认。

**第四条**　存货、固定资产及在建工程等实物资产盘盈、盘亏净损失，依据完整、有效的清查盘点明细资料和企业内部有关责任部门审定结果确认。

存货、固定资产及在建工程等实物资产毁损、报废、霉烂变质、超过保质期且无转让价值，经过专业的质量检测或者技术鉴定的，扣除残值、保险赔偿和责任人员赔偿后的余额，根据质量检测结果、保险理赔资料等确认为资产损失。车辆、船舶、锅炉、电梯等资产毁损、报废，国家另有规定的，从其规定。

**第五条**　企业发生的股权投资损失，分别由以下情况确认：

（一）对不具有控制权的股权投资，投资期限届满或者投资期限已超过10年，且被投资单位因连续3年经营亏损导致资不抵债的，企业根据被投资单位经注册会计师审计的资产负债表、损益表确认投资损失；被投资单位破产、注销工商登记或者县级以上人民政府决定关闭等，企业根据取得的相关法律文件、资料确认投资损失。

（二）对具有控制权的股权投资，被投资企业由于经营亏损的，企业应当按照权益法核算投资损失；被投资企业由于违法经营或其他原因导致终止的，企业依据被投资企业注销工商登记或者被依法关闭、宣告破产等法律文件及其清算报告确认投资损失；如果转让股权投资，企业依据生效的股权转让协议、被投资企业董事会决议确认投资损益。

**第六条**　企业发生的债权投资损失，属于债券投资的，按照本办法第九条的规定确认；属于债券以外的其他债权投资的，区别以下情形确认：

（一）被投资方已经终止的，根据被投资方清算报告确认。

（二）被投资方尚未终止的，可以根据与有关当事方签订的债权转让或者清偿协议确认，但投资期限未满的，有关协议应当进行公证；如果涉诉，应当根据有关法律文件、资料确认。

**第七条**　由于自然灾害或者其他意外事故等不可抗力因素造成的资产损失，扣除残值、保险赔款或者其他责任赔偿后的余额，企业应当根据自然灾害或者意外事故的证据、保险理赔资料，确认为资产损失。

由于刑事犯罪造成的资产损失，企业应当根据司法机关结案材料，扣除残值、保险赔款或者其他责任赔偿后，将余额确认为资产损失。

**第八条**　企业对外担保承担连带责任导致资产损失，应当依法行使追索权，落实内部追债责任。对无法追回的债权，按照本办法第三条的规定确认坏账损失。

**第九条**　企业经营期货、证券、外汇交易发生的损失，根据企业内部业务授权资料，依据有关交易结算机构提供的合法的交易资金结算单据逐笔确认。超出内部业务授权范围的交易损失，企业应当追究业务人员的经济责任。

**第十条**　企业发生资产损失，应当按照以下内部程序处理：

（一）企业内部有关责任部门经过取证，提出报告，阐明资产损失的原因和事实；

（二）企业内部审计（监察）部门经过追查责任，提出结案意见；

（三）涉及诉讼的资产损失，企业应当委托律师出具法律意见书；

（四）企业财务管理部门经过审核后，对确认的资产损失提出财务处理意见，按照企业内部管理制度提交董事会或者经理（厂长）办公会审定。

**第十一条**　企业对属于违法、违纪行为造成的资产损失，应当按照有关法律、法规以及党纪、政纪和企业内部管理规章的规定，对负有直接责任的主管人员和其他直接责任人员予以处理；涉嫌犯罪的，应当移交司法机关追究其法律责任。

**第十二条**　企业在生产经营期间发生的资产损失，应当及时清查核实，作为本期损益处理，按照会计制度规定的方法进行核算。

企业处理的资产损失，注册会计师在审计企业财务报告时予以重点关注，并在财务会计报告中予以披露。

**第十三条**　企业由于以下情形而清查全部资产的，清查的资产损失可以核销所有者权益：

（一）企业合并或者分立；

（二）实施公司制改建；

（三）非公司制企业整体出售；

（四）根据有关规定清产核资；

（五）依法清理整顿或者变更管理关系；

（六）其他依法改变企业组织形式行为。

**第十四条**　国有企业涉及本办法第十三条规定可以核销所有者权益的资产损失，应当根据企业董事会或者经理（厂长）办公会审定的意见，上报企业国有资本持有单位按《企业国有资产监督管理条例》有关规定处理。

国有资产监督管理机构对由其履行出资人职责的国有企业审批核销国有权益，应当抄送企业的主管财政机关，其中审批处理的资产损失涉及企业损益的，应当事先征求主管财政机关的意见。

**第十五条**　依法宣告破产的企业，进入破产程序以后，不得自行核销资产损失。在人民法院受理破产案件前6个月至破产宣告之日的期间内，破产企业以下行为无效，由此造成损失的资产应当由清算机构依法追回：

（一）隐匿、私分或者无偿转让资产；

（二）非正常压价出售资产；

（三）对原来没有资产担保的债务提供资产担保；

（四）提前清偿未到期债务；

（五）放弃自己的债权。

**第十六条**　各省、自治区、直辖市、计划单列市财政厅（局）可以根据本办法，结合本地区具体情况制定实施细则。

**第十七条**　本办法自2003年10月5日起执行。

## 基本建设财务规则

*1. 2016年4月26日财政部令第81号公布*

*2. 根据2017年12月4日财政部令第90号《关于修改〈注册会计师注册办法〉等6部规章的决定》修正*

### 第一章　总　　则

**第一条**　为了规范基本建设财务行为，加强基本建设财务管理，提高财政资金使用效益，保障财政资金安全，制定本规则。

**第二条**　本规则适用于行政事业单位的基本建设财务行为，以及国有和国有控股企业使用财政资金的基本建设财务行为。

基本建设是指以新增工程效益或者扩大生产能力为主要目的的新建、续建、改扩建、迁建、大型维修改造工程及相关工作。

**第三条**　基本建设财务管理应当严格执行国家有关法律、行政法规和财务规章制度，坚持勤俭节约、量力而行、讲求实效，正确处理资金使用效益与资金供给的关系。

**第四条**　基本建设财务管理的主要任务是：

（一）依法筹集和使用基本建设项目（以下简称项目）建设资金，防范财务风险；

（二）合理编制项目资金预算，加强预算审核，严格预算执行；

（三）加强项目核算管理，规范和控制建设成本；

（四）及时准确编制项目竣工财务决算，全面反映基本建设财务状况；

（五）加强对基本建设活动的财务控制和监督，实施绩效评价。

**第五条**　财政部负责制定并指导实施基本建设财务管理制度。

各级财政部门负责对基本建设财务活动实施全过程管理和监督。

**第六条** 各级项目主管部门(含一级预算单位,下同)应当会同财政部门,加强本部门或者本行业基本建设财务管理和监督,指导和督促项目建设单位做好基本建设财务管理的基础工作。

**第七条** 项目建设单位应当做好以下基本建设财务管理的基础工作:

(一)建立、健全本单位基本建设财务管理制度和内部控制制度;

(二)按项目单独核算,按照规定将核算情况纳入单位账簿和财务报表;

(三)按照规定编制项目资金预算,根据批准的项目概(预)算做好核算管理,及时掌握建设进度,定期进行财产物资清查,做好核算资料档案管理;

(四)按照规定向财政部门、项目主管部门报送基本建设财务报表和资料;

(五)及时办理工程价款结算,编报项目竣工财务决算,办理资产交付使用手续;

(六)财政部门和项目主管部门要求的其他工作。

按照规定实行代理记账和项目代建制的,代理记账单位和代建单位应当配合项目建设单位做好项目财务管理的基础工作。

## 第二章 建设资金筹集与使用管理

**第八条** 建设资金是指为满足项目建设需要筹集和使用的资金,按照来源分为财政资金和自筹资金。其中,财政资金包括一般公共预算安排的基本建设投资资金和其他专项建设资金,政府性基金预算安排的建设资金,政府依法举债取得的建设资金,以及国有资本经营预算安排的基本建设项目资金。

**第九条** 财政资金管理应当遵循专款专用原则,严格按照批准的项目预算执行,不得挤占挪用。

财政部门应当会同项目主管部门加强项目财政资金的监督管理。

**第十条** 财政资金的支付,按照国库集中支付制度有关规定和合同约定,综合考虑项目财政资金预算、建设进度等因素执行。

**第十一条** 项目建设单位应当根据批准的项目概(预)算、年度投资计划和预算、建设进度等控制项目投资规模。

**第十二条** 项目建设单位在决策阶段应当明确建设资金来源,落实建设资金,合理控制筹资成本。非经营性项目建设资金按照国家有关规定筹集;经营性项目在防范风险的前提下,可以多渠道筹集。

具体项目的经营性和非经营性性质划分,由项目主管部门会同财政部门根据项目建设目的、运营模式和盈利能力等因素核定。

**第十三条** 核定为经营性项目的,项目建设单位应当按照国家有关固定资产投资项目资本管理的规定,筹集一定比例的非债务性资金作为项目资本。

在项目建设期间,项目资本的投资者除依法转让、依法终止外,不得以任何方式抽走出资。

经营性项目的投资者以实物、知识产权、土地使用权等非货币财产作价出资的,应当委托具有专业能力的资产评估机构依法评估作价。

**第十四条** 项目建设单位取得的财政资金,区分以下情况处理:

经营性项目具备企业法人资格的,按照国家有关企业财务规定处理。不具备企业法人资格的,属于国家直接投资的,作为项目国家资本管理;属于投资补助的,国家拨款时对权属有规定的,按照规定执行,没有规定的,由项目投资者享有;属于有偿性资助的,作为项目负债管理。

经营性项目取得的财政贴息,项目建设期间收到的,冲减项目建设成本;项目竣工后收到的,按照国家财务、会计制度的有关规定处理。

非经营性项目取得的财政资金,按照国家行政、事业单位财务、会计制度的有关规定处理。

**第十五条** 项目收到的社会捐赠,有捐赠协议或者捐赠者有指定要求的,按照协议或者要求处理;无协议和要求的,按照国家财务、会计制度的有关规定处理。

## 第三章 预算管理

**第十六条** 项目建设单位编制项目预算应当以批准的概算为基础,按照项目实际建设资金需求编制,并控制在批准的概算总投资规模、范围和标准以内。

项目建设单位应当细化项目预算,分解项目各年度预算和财政资金预算需求。涉及政府采购的,应当按照规定编制政府采购预算。

项目资金预算应当纳入项目主管部门的部门预算或者国有资本经营预算统一管理。列入部门预算的项目,一般应当从项目库中产生。

**第十七条** 项目建设单位应当根据项目概算、建设工期、年度投资和自筹资金计划、以前年度项目各类资金结转情况等,提出项目财政资金预算建议数,按照规定程序经项目主管部门审核汇总报财政部门。

项目建设单位根据财政部门下达的预算控制数编制预算,由项目主管部门审核汇总报财政部门,经法定程序审核批复后执行。

**第十八条**　项目建设单位应当严格执行项目财政资金预算。对发生停建、缓建、迁移、合并、分立、重大设计变更等变动事项和其他特殊情况确需调整的项目，项目建设单位应当按照规定程序报项目主管部门审核后，向财政部门申请调整项目财政资金预算。

**第十九条**　财政部门应当加强财政资金预算审核和执行管理，严格预算约束。

财政资金预算安排应当以项目以前年度财政资金预算执行情况、项目预算评审意见和绩效评价结果作为重要依据。项目财政资金未按预算要求执行的，按照有关规定调减或者收回。

**第二十条**　项目主管部门应当按照预算管理规定，督促和指导项目建设单位做好项目财政资金预算编制、执行和调整，严格审核项目财政资金预算、细化预算和预算调整的申请，及时掌握项目预算执行动态，跟踪分析项目进度，按照要求向财政部门报送执行情况。

## 第四章　建设成本管理

**第二十一条**　建设成本是指按照批准的建设内容由项目建设资金安排的各项支出，包括建筑安装工程投资支出、设备投资支出、待摊投资支出和其他投资支出。

建筑安装工程投资支出是指项目建设单位按照批准的建设内容发生的建筑工程和安装工程的实际成本。

设备投资支出是指项目建设单位按照批准的建设内容发生的各种设备的实际成本。

待摊投资支出是指项目建设单位按照批准的建设内容发生的，应当分摊计入相关资产价值的各项费用和税金支出。

其他投资支出是指项目建设单位按照批准的建设内容发生的房屋购置支出，基本畜禽、林木等的购置、饲养、培育支出，办公生活用家具、器具购置支出，软件研发和不能计入设备投资的软件购置等支出。

**第二十二条**　项目建设单位应当严格控制建设成本的范围、标准和支出责任，以下支出不得列入项目建设成本：

（一）超过批准建设内容发生的支出；

（二）不符合合同协议的支出；

（三）非法收费和摊派；

（四）无发票或者发票项目不全、无审批手续、无责任人员签字的支出；

（五）因设计单位、施工单位、供货单位等原因造成的工程报废等损失，以及未按照规定报经批准的损失；

（六）项目符合规定的验收条件之日起3个月后发生的支出；

（七）其他不属于本项目应当负担的支出。

**第二十三条**　财政资金用于项目前期工作经费部分，在项目批准建设后，列入项目建设成本。

没有被批准或者批准后又被取消的项目，财政资金如有结余，全部缴回国库。

## 第五章　基建收入管理

**第二十四条**　基建收入是指在基本建设过程中形成的各项工程建设副产品变价收入、负荷试车和试运行收入以及其他收入。

工程建设副产品变价收入包括矿山建设中的矿产品收入，油气、油田钻井建设中的原油气收入，林业工程建设中的路影材收入，以及其他项目建设过程中产生或者伴生的副产品、试验产品的变价收入。

负荷试车和试运行收入包括水利、电力建设移交生产前的供水、供电、供热收入，原材料、机电轻纺、农林建设移交生产前的产品收入，交通临时运营收入等。

其他收入包括项目总体建设尚未完成或者移交生产，但其中部分工程简易投产而发生的经营性收入等。

符合验收条件而未按照规定及时办理竣工验收的经营性项目所实现的收入，不得作为项目基建收入管理。

**第二十五条**　项目所取得的基建收入扣除相关费用并依法纳税后，其净收入按照国家财务、会计制度的有关规定处理。

**第二十六条**　项目发生的各项索赔、违约金等收入，首先用于弥补工程损失，结余部分按照国家财务、会计制度的有关规定处理。

## 第六章　工程价款结算管理

**第二十七条**　工程价款结算是指依据基本建设工程发承包合同等进行工程预付款、进度款、竣工价款结算的活动。

**第二十八条**　项目建设单位应当严格按照合同约定和工程价款结算程序支付工程款。竣工价款结算一般应当在项目竣工验收后2个月内完成，大型项目一般不得超过3个月。

**第二十九条**　项目建设单位可以与施工单位在合同中约定按照不超过工程价款结算总额的3%预留工程质量保证金，待工程交付使用缺陷责任期满后清算。资信好的施工单位可以用银行保函替代工程质量保证金。

**第三十条**　项目主管部门应当会同财政部门加强工程价

款结算的监督，重点审查工程招投标文件、工程量及各项费用的计取、合同协议、施工变更签证、人工和材料价差、工程索赔等。

## 第七章　竣工财务决算管理

**第三十一条**　项目竣工财务决算是正确核定项目资产价值、反映竣工项目建设成果的文件，是办理资产移交和产权登记的依据，包括竣工财务决算报表、竣工财务决算说明书以及相关材料。

项目竣工财务决算应当数字准确、内容完整。竣工财务决算的编制要求另行规定。

**第三十二条**　项目年度资金使用情况应当按照要求编入部门决算或者国有资本经营决算。

**第三十三条**　项目建设单位在项目竣工后，应当及时编制项目竣工财务决算，并按照规定报送项目主管部门。

项目设计、施工、监理等单位应当配合项目建设单位做好相关工作。

建设周期长、建设内容多的大型项目，单项工程竣工具备交付使用条件的，可以编报单项工程竣工财务决算，项目全部竣工后应当编报竣工财务总决算。

**第三十四条**　在编制项目竣工财务决算前，项目建设单位应当认真做好各项清理工作，包括账目核对及账务调整、财产物资核实处理、债权实现和债务清偿、档案资料归集整理等。

**第三十五条**　在编制项目竣工财务决算时，项目建设单位应当按照规定将待摊投资支出按合理比例分摊计入交付使用资产价值、转出投资价值和待核销基建支出。

**第三十六条**　项目竣工财务决算审核、批复管理职责和程序要求由同级财政部门确定。

**第三十七条**　财政部门和项目主管部门对项目竣工财务决算实行先审核、后批复的办法，可以委托预算评审机构或者有专业能力的社会中介机构进行审核。对符合条件的，应当在6个月内批复。

**第三十八条**　项目一般不得预留尾工工程，确需预留尾工工程的，尾工工程投资不得超过批准的项目概（预）算总投资的5%。

项目主管部门应当督促项目建设单位抓紧实施项目尾工工程，加强对尾工工程资金使用的监督管理。

**第三十九条**　已具备竣工验收条件的项目，应当及时组织验收，移交生产和使用。

**第四十条**　项目隶属关系发生变化时，应当按照规定及时办理财务关系划转，主要包括各项资金来源、已交付使用资产、在建工程、结余资金、各项债权及债务等的清理交接。

## 第八章　资产交付管理

**第四十一条**　资产交付是指项目竣工验收合格后，将形成的资产交付或者转交生产使用单位的行为。

交付使用的资产包括固定资产、流动资产、无形资产等。

**第四十二条**　项目竣工验收合格后应当及时办理资产交付使用手续，并依据批复的项目竣工财务决算进行账务调整。

**第四十三条**　非经营性项目发生的江河清障疏浚、航道整治、飞播造林、退耕还林（草）、封山（沙）育林（草）、水土保持、城市绿化、毁损道路修复、护坡及清理等不能形成资产的支出，以及项目未被批准、项目取消和项目报废前已发生的支出，作为待核销基建支出处理；形成资产产权归属本单位的，计入交付使用资产价值；形成资产产权不归属本单位的，作为转出投资处理。

非经营性项目发生的农村沼气工程、农村安全饮水工程、农村危房改造工程、游牧民定居工程、渔民上岸工程等涉及家庭或者个人的支出，形成资产产权归属家庭或者个人的，作为待核销基建支出处理；形成资产产权归属本单位的，计入交付使用资产价值；形成资产产权归属其他单位的，作为转出投资处理。

**第四十四条**　非经营性项目为项目配套建设的专用设施，包括专用道路、专用通讯设施、专用电力设施、地下管道等，产权归属本单位的，计入交付使用资产价值；产权不归属本单位的，作为转出投资处理。

非经营性项目移民安置补偿中由项目建设单位负责建设并形成的实物资产，产权归属集体或者单位的，作为转出投资处理；产权归属移民的，作为待核销基建支出处理。

**第四十五条**　经营性项目发生的项目取消和报废等不能形成资产的支出，以及设备采购和系统集成（软件）中包含的交付使用后运行维护等费用，按照国家财务、会计制度的有关规定处理。

**第四十六条**　经营性项目为项目配套建设的专用设施，包括专用铁路线、专用道路、专用通讯设施、专用电力设施、地下管道、专用码头等，项目建设单位应当与有关部门明确产权关系，并按照国家财务、会计制度的有关规定处理。

## 第九章　结余资金管理

**第四十七条**　结余资金是指项目竣工结余的建设资金，不包括工程抵扣的增值税进项税额资金。

**第四十八条**　经营性项目结余资金，转入单位的相关资产。

非经营性项目结余资金，首先用于归还项目贷款。如有结余，按照项目资金来源属于财政资金的部分，应当在项目竣工验收合格后3个月内，按照预算管理制度有关规定收回财政。

**第四十九条** 项目终止、报废或者未按照批准的建设内容建设形成的剩余建设资金中，按照项目实际资金来源比例确认的财政资金应当收回财政。

## 第十章 绩效评价

**第五十条** 项目绩效评价是指财政部门、项目主管部门根据设定的项目绩效目标，运用科学合理的评价方法和评价标准，对项目建设全过程中资金筹集、使用及核算的规范性、有效性，以及投入运营效果等进行评价的活动。

**第五十一条** 项目绩效评价应当坚持科学规范、公正公开、分级分类和绩效相关的原则，坚持经济效益、社会效益和生态效益相结合的原则。

**第五十二条** 项目绩效评价应当重点对项目建设成本、工程造价、投资控制、达产能力与设计能力差异、偿债能力、持续经营能力等实施绩效评价，根据管理需要和项目特点选用社会效益指标、财务效益指标、工程质量指标、建设工期指标、资金来源指标、资金使用指标、实际投资回收期指标、实际单位生产（营运）能力投资指标等评价指标。

**第五十三条** 财政部门负责制定项目绩效评价管理办法，对项目绩效评价工作进行指导和监督，选择部分项目开展重点绩效评价，依法公开绩效评价结果。绩效评价结果作为项目财政资金预算安排和资金拨付的重要依据。

**第五十四条** 项目主管部门会同财政部门按照有关规定，制定本部门或者本行业项目绩效评价具体实施办法，建立具体的绩效评价指标体系，确定项目绩效目标，具体组织实施本部门或者本行业绩效评价工作，并向财政部门报送绩效评价结果。

## 第十一章 监督管理

**第五十五条** 项目监督管理主要包括对项目资金筹集与使用、预算编制与执行、建设成本控制、工程价款结算、竣工财务决算编报审核、资产交付等的监督管理。

**第五十六条** 项目建设单位应当建立、健全内部控制和项目财务信息报告制度，依法接受财政部门和项目主管部门等的财务监督管理。

**第五十七条** 财政部门和项目主管部门应当加强项目的监督管理，采取事前、事中、事后相结合，日常监督与专项监督相结合的方式，对项目财务行为实施全过程监督管理。

**第五十八条** 财政部门应当加强对基本建设财政资金形成的资产的管理，按照规定对项目资产开展登记、核算、评估、处置、统计、报告等资产管理基础工作。

**第五十九条** 各级财政部门、项目主管部门和项目建设单位及其工作人员在基本建设财务管理过程中，存在违反本规则规定的行为，以及其他滥用职权、玩忽职守、徇私舞弊等违法违纪行为的，依照《中华人民共和国预算法》《中华人民共和国公务员法》《中华人民共和国行政监察法》《财政违法行为处罚处分条例》等国家有关规定追究相应责任；涉嫌犯罪的，依法移送司法机关处理。

## 第十二章 附 则

**第六十条** 接受国家经常性资助的社会力量举办的公益服务性组织和社会团体的基本建设财务行为，以及非国有企业使用财政资金的基本建设财务行为，参照本规则执行。

使用外国政府及国际金融组织贷款的基本建设财务行为执行本规则。国家另有规定的，从其规定。

**第六十一条** 项目建设内容仅为设备购置的，不执行本规则；项目建设内容以设备购置、房屋及其他建筑物购置为主并附有部分建筑安装工程的，可以简化执行本规则。

经营性项目的项目资本中，财政资金所占比例未超过50%的，项目建设单位可以简化执行本规则，但应当按照要求向财政部门、项目主管部门报送相关财务资料。国家另有规定的，从其规定。

**第六十二条** 中央项目主管部门和各省、自治区、直辖市、计划单列市财政厅（局）可以根据本规则，结合本行业、本地区的项目情况，制定具体实施办法并报财政部备案。

**第六十三条** 本规则自2016年9月1日起施行。2002年9月27日财政部发布的《基本建设财务管理规定》（财建〔2002〕394号）及其解释同时废止。

本规则施行前财政部制定的有关规定与本规则不一致的，按照本规则执行。《企业财务通则》（财政部令第41号）、《金融企业财务规则》（财政部令第42号）、《事业单位财务规则》（财政部令第68号）和《行政单位财务规则》（财政部令第71号）另有规定的，从其规定。

# 六、会计管理

## 资料补充栏

# 1. 一般规定

## 中华人民共和国会计法

*1. 1985年1月21日第六届全国人民代表大会常务委员会第九次会议通过*
*2. 根据1993年12月29日第八届全国人民代表大会常务委员会第五次会议《关于修改〈中华人民共和国会计法〉的决定》第一次修正*
*3. 1999年10月31日第九届全国人民代表大会常务委员会第十二次会议修订*
*4. 根据2017年11月4日第十二届全国人民代表大会常务委员会第三十次会议《关于修改〈中华人民共和国会计法〉等十一部法律的决定》第二次修正*

目　　录



### 第一章　总　　则

**第一条　【立法目的】**为了规范会计行为，保证会计资料真实、完整，加强经济管理和财务管理，提高经济效益，维护社会主义市场经济秩序，制定本法。

**第二条　【依法办理会计事务】**国家机关、社会团体、公司、企业、事业单位和其他组织（以下统称单位）必须依照本法办理会计事务。

**第三条　【设置帐簿】**各单位必须依法设置会计帐簿，并保证其真实、完整。

**第四条　【负责人责任】**单位负责人对本单位的会计工作和会计资料的真实性、完整性负责。

**第五条　【会计人员】**会计机构、会计人员依照本法规定进行会计核算，实行会计监督。

任何单位或者个人不得以任何方式授意、指使、强令会计机构、会计人员伪造、变造会计凭证、会计帐簿和其他会计资料，提供虚假财务会计报告。

任何单位或者个人不得对依法履行职责、抵制违反本法规定行为的会计人员实行打击报复。

**第六条　【奖励先进】**对认真执行本法，忠于职守，坚持原则，做出显著成绩的会计人员，给予精神的或者物质的奖励。

**第七条　【主管部门】**国务院财政部门主管全国的会计工作。

县级以上地方各级人民政府财政部门管理本行政区域内的会计工作。

**第八条　【会计制度】**国家实行统一的会计制度。国家统一的会计制度由国务院财政部门根据本法制定并公布。

国务院有关部门可以依照本法和国家统一的会计制度制定对会计核算和会计监督有特殊要求的行业实施国家统一的会计制度的具体办法或者补充规定，报国务院财政部门审核批准。

中国人民解放军总后勤部可以依照本法和国家统一的会计制度制定军队实施国家统一的会计制度的具体办法，报国务院财政部门备案。

### 第二章　会计核算

**第九条　【资料真实】**各单位必须根据实际发生的经济业务事项进行会计核算，填制会计凭证，登记会计帐簿，编制财务会计报告。

任何单位不得以虚假的经济业务事项或者资料进行会计核算。

**第十条　【办理会计手续事项】**下列经济业务事项，应当办理会计手续，进行会计核算：

（一）款项和有价证券的收付；
（二）财物的收发、增减和使用；
（三）债权债务的发生和结算；
（四）资本、基金的增减；
（五）收入、支出、费用、成本的计算；
（六）财务成果的计算和处理；
（七）需要办理会计手续、进行会计核算的其他事项。

**第十一条　【会计年度】**会计年度自公历1月1日起至12月31日止。

**第十二条　【本位币】**会计核算以人民币为记帐本位币。

业务收支以人民币以外的货币为主的单位，可以选定其中一种货币作为记帐本位币，但是编报的财务会计报告应当折算为人民币。

**第十三条　【会计资料符合规定】**会计凭证、会计帐簿、财务会计报告和其他会计资料，必须符合国家统一的会计制度的规定。

使用电子计算机进行会计核算的，其软件及其生成的会计凭证、会计帐簿、财务会计报告和其他会计资料，也必须符合国家统一的会计制度的规定。

任何单位和个人不得伪造、变造会计凭证、会计帐簿及其他会计资料，不得提供虚假的财务会计报告。

**第十四条　【会计凭证】**会计凭证包括原始凭证和记帐凭证。

办理本法第十条所列的经济业务事项，必须填制或者取得原始凭证并及时送交会计机构。

会计机构、会计人员必须按照国家统一的会计制度的规定对原始凭证进行审核，对不真实、不合法的原始凭证有权不予接受，并向单位负责人报告；对记载不准确、不完整的原始凭证予以退回，并要求按照国家统一的会计制度的规定更正、补充。

原始凭证记载的各项内容均不得涂改；原始凭证有错误的，应当由出具单位重开或者更正，更正处应当加盖出具单位印章。原始凭证金额有错误的，应当由出具单位重开，不得在原始凭证上更正。

记帐凭证应当根据经过审核的原始凭证及有关资料编制。

**第十五条　【会计帐簿登记】**会计帐簿登记，必须以经过审核的会计凭证为依据，并符合有关法律、行政法规和国家统一的会计制度的规定。会计帐簿包括总帐、明细帐、日记帐和其他辅助性帐簿。

会计帐簿应当按照连续编号的页码顺序登记。会计帐簿记录发生错误或者隔页、缺号、跳行的，应当按照国家统一的会计制度规定的方法更正，并由会计人员和会计机构负责人（会计主管人员）在更正处盖章。

使用电子计算机进行会计核算的，其会计帐簿的登记、更正，应当符合国家统一的会计制度的规定。

**第十六条　【统一登记、核算】**各单位发生的各项经济业务事项应当在依法设置的会计帐簿上统一登记、核算，不得违反本法和国家统一的会计制度的规定私设会计帐簿登记、核算。

**第十七条　【核对】**各单位应当定期将会计帐簿记录与实物、款项及有关资料相互核对，保证会计帐簿记录与实物及款项的实有数额相符、会计帐簿记录与会计凭证的有关内容相符、会计帐簿之间相对应的记录相符、会计帐簿记录与会计报表的有关内容相符。

**第十八条　【会计处理方法一致】**各单位采用的会计处理方法，前后各期应当一致，不得随意变更；确有必要变更的，应当按照国家统一的会计制度的规定变更，并将变更的原因、情况及影响在财务会计报告中说明。

**第十九条　【担保、未决诉讼】**单位提供的担保、未决诉讼等或有事项，应当按照国家统一的会计制度的规定，在财务会计报告中予以说明。

**第二十条　【会计报告】**财务会计报告应当根据经过审核的会计帐簿记录和有关资料编制，并符合本法和国家统一的会计制度关于财务会计报告的编制要求、提供对象和提供期限的规定；其他法律、行政法规另有规定的，从其规定。

财务会计报告由会计报表、会计报表附注和财务情况说明书组成。向不同的会计资料使用者提供的财务会计报告，其编制依据应当一致。有关法律、行政法规规定会计报表、会计报表附注和财务情况说明书须经注册会计师审计的，注册会计师及其所在的会计师事务所出具的审计报告应当随同财务会计报告一并提供。

**第二十一条　【签名、盖章】**财务会计报告应当由单位负责人和主管会计工作的负责人、会计机构负责人（会计主管人员）签名并盖章；设置总会计师的单位，还须由总会计师签名并盖章。

单位负责人应当保证财务会计报告真实、完整。

**第二十二条　【使用文字】**会计记录的文字应当使用中文。在民族自治地方，会计记录可以同时使用当地通用的一种民族文字。在中华人民共和国境内的外商投资企业、外国企业和其他外国组织的会计记录可以同时使用一种外国文字。

**第二十三条　【会计资料保管】**各单位对会计凭证、会计帐簿、财务会计报告和其他会计资料应当建立档案，妥善保管。会计档案的保管期限和销毁办法，由国务院财政部门会同有关部门制定。

## 第三章　公司、企业会计核算的特别规定

**第二十四条　【遵守本章】**公司、企业进行会计核算，除应当遵守本法第二章的规定外，还应当遵守本章规定。

**第二十五条　【业务事项记录】**公司、企业必须根据实际发生的经济业务事项，按照国家统一的会计制度的规定确认、计量和记录资产、负债、所有者权益、收入、费用、成本和利润。

**第二十六条　【禁止行为】**公司、企业进行会计核算不得有下列行为：

（一）随意改变资产、负债、所有者权益的确认标准或者计量方法，虚列、多列、不列或者少列资产、负债、所有者权益；

（二）虚列或者隐瞒收入，推迟或者提前确认收入；

（三）随意改变费用、成本的确认标准或者计量方法，虚列、多列、不列或者少列费用、成本；

（四）随意调整利润的计算、分配方法，编造虚假利润或者隐瞒利润；

（五）违反国家统一的会计制度规定的其他行为。

## 第四章 会计监督

**第二十七条 【内部监督制度】**各单位应当建立、健全本单位内部会计监督制度。单位内部会计监督制度应当符合下列要求：

（一）记帐人员与经济业务事项和会计事项的审批人员、经办人员、财物保管人员的职责权限应当明确，并相互分离、相互制约；

（二）重大对外投资、资产处置、资金调度和其他重要经济业务事项的决策和执行的相互监督、相互制约程序应当明确；

（三）财产清查的范围、期限和组织程序应当明确；

（四）对会计资料定期进行内部审计的办法和程序应当明确。

**第二十八条 【依法履行职责】**单位负责人应当保证会计机构、会计人员依法履行职责，不得授意、指使、强令会计机构、会计人员违法办理会计事项。

会计机构、会计人员对违反本法和国家统一的会计制度规定的会计事项，有权拒绝办理或者按照职权予以纠正。

**第二十九条 【不符事项】**会计机构、会计人员发现会计帐簿记录与实物、款项及有关资料不相符的，按照国家统一的会计制度的规定有权自行处理的，应当及时处理；无权处理的，应当立即向单位负责人报告，请求查明原因，作出处理。

**第三十条 【检举违法行为】**任何单位和个人对违反本法和国家统一的会计制度规定的行为，有权检举。收到检举的部门有权处理的，应当依法按照职责分工及时处理；无权处理的，应当及时移送有权处理的部门处理。收到检举的部门、负责处理的部门应当为检举人保密，不得将检举人姓名和检举材料转给被检举单位和被检举人个人。

**第三十一条 【审计报告】**有关法律、行政法规规定，须经注册会计师进行审计的单位，应当向受委托的会计师事务所如实提供会计凭证、会计帐簿、财务会计报告和其他会计资料以及有关情况。

任何单位或者个人不得以任何方式要求或者示意注册会计师及其所在的会计师事务所出具不实或者不当的审计报告。

财政部门有权对会计师事务所出具审计报告的程序和内容进行监督。

**第三十二条 【财政监督】**财政部门对各单位的下列情况实施监督：

（一）是否依法设置会计帐簿；

（二）会计凭证、会计帐簿、财务会计报告和其他会计资料是否真实、完整；

（三）会计核算是否符合本法和国家统一的会计制度的规定；

（四）从事会计工作的人员是否具备专业能力、遵守职业道德。

在对前款第（二）项所列事项实施监督，发现重大违法嫌疑时，国务院财政部门及其派出机构可以向与被监督单位有经济业务往来的单位和被监督单位开立帐户的金融机构查询有关情况，有关单位和金融机构应当给予支持。

**第三十三条 【其他部门监督】**财政、审计、税务、人民银行、证券监管、保险监管等部门应当依照有关法律、行政法规规定的职责，对有关单位的会计资料实施监督检查。

前款所列监督检查部门对有关单位的会计资料依法实施监督检查后，应当出具检查结论。有关监督检查部门已经作出的检查结论能够满足其他监督检查部门履行本部门职责需要的，其他监督检查部门应当加以利用，避免重复查帐。

**第三十四条 【保密】**依法对有关单位的会计资料实施监督检查的部门及其工作人员对在监督检查中知悉的国家秘密和商业秘密负有保密义务。

**第三十五条 【接受检查】**各单位必须依照有关法律、行政法规的规定，接受有关监督检查部门依法实施的监督检查，如实提供会计凭证、会计帐簿、财务会计报告和其他会计资料以及有关情况，不得拒绝、隐匿、谎报。

## 第五章 会计机构和会计人员

**第三十六条 【机构、人员设置】**各单位应当根据会计业务的需要，设置会计机构，或者在有关机构中设置会计人员并指定会计主管人员；不具备设置条件的，应当委托经批准设立从事会计代理记帐业务的中介机构代理记帐。

国有的和国有资产占控股地位或者主导地位的大、中型企业必须设置总会计师。总会计师的任职资格、任免程序、职责权限由国务院规定。

**第三十七条 【稽核制度】**会计机构内部应当建立稽核

制度。

出纳人员不得兼任稽核、会计档案保管和收入、支出、费用、债权债务帐目的登记工作。

**第三十八条 【从业资格】**会计人员应当具备从事会计工作所需要的专业能力。

担任单位会计机构负责人(会计主管人员)的,应当具备会计师以上专业技术职务资格或者从事会计工作三年以上经历。

本法所称会计人员的范围由国务院财政部门规定。

**第三十九条 【业务素质】**会计人员应当遵守职业道德,提高业务素质。对会计人员的教育和培训工作应当加强。

**第四十条 【限制人员】**因有提供虚假财务会计报告,做假帐,隐匿或者故意销毁会计凭证、会计帐簿、财务会计报告,贪污,挪用公款,职务侵占等与会计职务有关的违法行为被依法追究刑事责任的人员,不得再从事会计工作。

**第四十一条 【交接】**会计人员调动工作或者离职,必须与接管人员办清交接手续。

一般会计人员办理交接手续,由会计机构负责人(会计主管人员)监交;会计机构负责人(会计主管人员)办理交接手续,由单位负责人监交,必要时主管单位可以派人会同监交。

## 第六章 法律责任

**第四十二条 【行政处分】**违反本法规定,有下列行为之一的,由县级以上人民政府财政部门责令限期改正,可以对单位并处三千元以上五万元以下的罚款;对其直接负责的主管人员和其他直接责任人员,可以处二千元以上二万元以下的罚款;属于国家工作人员的,还应当由其所在单位或者有关单位依法给予行政处分:

(一)不依法设置会计帐簿的;

(二)私设会计帐簿的;

(三)未按照规定填制、取得原始凭证或者填制、取得的原始凭证不符合规定的;

(四)以未经审核的会计凭证为依据登记会计帐簿或者登记会计帐簿不符合规定的;

(五)随意变更会计处理方法的;

(六)向不同的会计资料使用者提供的财务会计报告编制依据不一致的;

(七)未按照规定使用会计记录文字或者记帐本位币的;

(八)未按照规定保管会计资料,致使会计资料毁损、灭失的;

(九)未按照规定建立并实施单位内部会计监督制度或者拒绝依法实施的监督或者不如实提供有关会计资料及有关情况的;

(十)任用会计人员不符合本法规定的。

有前款所列行为之一,构成犯罪的,依法追究刑事责任。

会计人员有第一款所列行为之一,情节严重的,五年内不得从事会计工作。

有关法律对第一款所列行为的处罚另有规定的,依照有关法律的规定办理。

**第四十三条 【伪造、变造】**伪造、变造会计凭证、会计帐簿,编制虚假财务会计报告,构成犯罪的,依法追究刑事责任。

有前款行为,尚不构成犯罪的,由县级以上人民政府财政部门予以通报,可以对单位并处五千元以上十万元以下的罚款;对其直接负责的主管人员和其他直接责任人员,可以处三千元以上五万元以下的罚款;属于国家工作人员的,还应当由其所在单位或者有关单位依法给予撤职直至开除的行政处分;其中的会计人员,五年内不得从事会计工作。

**第四十四条 【隐匿、销毁】**隐匿或者故意销毁依法应当保存的会计凭证、会计帐簿、财务会计报告,构成犯罪的,依法追究刑事责任。

有前款行为,尚不构成犯罪的,由县级以上人民政府财政部门予以通报,可以对单位并处五千元以上十万元以下的罚款;对其直接负责的主管人员和其他直接责任人员,可以处三千元以上五万元以下的罚款;属于国家工作人员的,还应当由其所在单位或者有关单位依法给予撤职直至开除的行政处分;其中的会计人员,五年内不得从事会计工作。

**第四十五条 【授意、指使、强令】**授意、指使、强令会计机构、会计人员及其他人员伪造、变造会计凭证、会计帐簿,编制虚假财务会计报告或者隐匿、故意销毁依法应当保存的会计凭证、会计帐簿、财务会计报告,构成犯罪的,依法追究刑事责任;尚不构成犯罪的,可以处五千元以上五万元以下的罚款;属于国家工作人员的,还应当由其所在单位或者有关单位依法给予降级、撤职、开除的行政处分。

**第四十六条 【打击报复】**单位负责人对依法履行职责、抵制违反本法规定行为的会计人员以降级、撤职、调离工作岗位、解聘或者开除等方式实行打击报复,构成犯罪的,依法追究刑事责任;尚不构成犯罪的,由其所在单位或者有关单位依法给予行政处分。对受打击报复的会计人员，应当恢复其名誉和原有职务、级别。

**第四十七条** 【**渎职**】财政部门及有关行政部门的工作人员在实施监督管理中滥用职权、玩忽职守、徇私舞弊或者泄露国家秘密、商业秘密，构成犯罪的，依法追究刑事责任；尚不构成犯罪的，依法给予行政处分。

**第四十八条** 【**违反三十条规定**】违反本法第三十条规定，将检举人姓名和检举材料转给被检举单位和被检举人个人的，由所在单位或者有关单位依法给予行政处分。

**第四十九条** 【**法条竞合**】违反本法规定，同时违反其他法律规定的，由有关部门在各自职权范围内依法进行处罚。

### 第七章 附 则

**第五十条** 【**用语含义**】本法下列用语的含义：

单位负责人，是指单位法定代表人或者法律、行政法规规定代表单位行使职权的主要负责人。

国家统一的会计制度，是指国务院财政部门根据本法制定的关于会计核算、会计监督、会计机构和会计人员以及会计工作管理的制度。

**第五十一条** 【**个体户**】个体工商户会计管理的具体办法，由国务院财政部门根据本法的原则另行规定。

**第五十二条** 【**施行日期**】本法自 2000 年 7 月 1 日起施行。

## 会计基础工作规范

*1. 1996 年 6 月 17 日财政部公布*

*2. 财会字〔1996〕19 号*

*3. 根据 2019 年 3 月 14 日财政部令第 98 号《关于修改〈代理记账管理办法〉等 2 部部门规章的决定》修正*

### 第一章 总 则

**第一条** 为了加强会计基础工作，建立规范的会计工作秩序，提高会计工作水平，根据《中华人民共和国会计法》的有关规定，制定本规范。

**第二条** 国家机关、社会团体、企业、事业单位、个体工商户和其他组织的会计基础工作，应当符合本规范的规定。

**第三条** 各单位应当依据有关法律、法规和本规范的规定，加强会计基础工作，严格执行会计法规制度，保证会计工作依法有序地进行。

**第四条** 单位领导人对本单位的会计基础工作负有领导责任。

**第五条** 各省、自治区、直辖市财政厅（局）要加强对会计基础工作的管理和指导，通过政策引导、经验交流、监督检查等措施，促进基层单位加强会计基础工作，不断提高会计工作水平。

国务院各业务主管部门根据职责权限管理本部门的会计基础工作。

### 第二章 会计机构和会计人员

#### 第一节 会计机构设置和会计人员配备

**第六条** 各单位应当根据会计业务的需要设置会计机构；不具备单独设置会计机构条件的，应当在有关机构中配备专职会计人员。

事业行政单位会计机构的设置和会计人员的配备，应当符合国家统一事业行政单位会计制度的规定。

设置会计机构，应当配备会计机构负责人；在有关机构中配备专职会计人员，应当在专职会计人员中指定会计主管人员。

会计机构负责人、会计主管人员的任免，应当符合《中华人民共和国会计法》和有关法律的规定。

**第七条** 会计机构负责人、会计主管人员应当具备下列基本条件：

（一）坚持原则，廉洁奉公；

（二）具备会计师以上专业技术职务资格或者从事会计工作不少于三年；

（三）熟悉国家财经法律、法规、规章和方针、政策，掌握本行业业务管理的有关知识；

（四）有较强的组织能力；

（五）身体状况能够适应本职工作的要求。

**第八条** 没有设置会计机构或者配备会计人员的单位，应当根据《代理记账管理办法》的规定，委托会计师事务所或者持有代理记账许可证书的代理记账机构进行代理记账。

**第九条** 大、中型企业、事业单位、业务主管部门应当根据法律和国家有关规定设置总会计师。总会计师由具有会计师以上专业技术资格的人员担任。

总会计师行使《总会计师条例》规定的职责、权限。

总会计师的任命（聘任）、免职（解聘）依照《总会计师条例》和有关法律的规定办理。

**第十条** 各单位应当根据会计业务需要配备会计人员，督促其遵守职业道德和国家统一的会计制度。

**第十一条** 各单位应当根据会计业务需要设置会计工作

岗位。

会计工作岗位一般可分为：会计机构负责人或者会计主管人员，出纳，财产物资核算，工资核算，成本费用核算，财务成果核算，资金核算，往来结算，总帐报表，稽核，档案管理等。开展会计电算化和管理会计的单位，可以根据需要设置相应工作岗位，也可以与其他工作岗位相结合。

**第十二条** 会计工作岗位，可以一人一岗、一人多岗或者一岗多人。但出纳人员不得兼管稽核、会计档案保管和收入、费用、债权债务帐目的登记工作。

**第十三条** 会计人员的工作岗位应当有计划地进行轮换。

**第十四条** 会计人员应当具备必要的专业知识和专业技能，熟悉国家有关法律、法规、规章和国家统一会计制度，遵守职业道德。

会计人员应当按照国家有关规定参加会计业务的培训。各单位应当合理安排会计人员的培训，保证会计人员每年有一定时间用于学习和参加培训。

**第十五条** 各单位领导人应当支持会计机构、会计人员依法行使职权；对忠于职守，坚持原则，做出显著成绩的会计机构、会计人员，应当给予精神的和物质的奖励。

**第十六条** 国家机关、国有企业、事业单位任用会计人员应当实行回避制度。

单位领导人的直系亲属不得担任本单位的会计机构负责人、会计主管人员。会计机构负责人、会计主管人员的直系亲属不得在本单位会计机构中担任出纳工作。

需要回避的直系亲属为：夫妻关系、直系血亲关系、三代以内旁系血亲以及配偶亲关系。

## 第二节 会计人员职业道德

**第十七条** 会计人员在会计工作中应当遵守职业道德，树立良好的职业品质、严谨的工作作风，严守工作纪律，努力提高工作效率和工作质量。

**第十八条** 会计人员应当热爱本职工作，努力钻研业务，使自己的知识和技能适应所从事工作的要求。

**第十九条** 会计人员应当熟悉财经法律、法规、规章和国家统一会计制度，并结合会计工作进行广泛宣传。

**第二十条** 会计人员应当按照会计法律、法规和国家统一会计制度规定的程序和要求进行会计工作，保证所提供的会计信息合法、真实、准确、及时、完整。

**第二十一条** 会计人员办理会计事务应当实事求是、客观公正。

**第二十二条** 会计人员应当熟悉本单位的生产经营和业务管理情况，运用掌握的会计信息和会计方法，为改善单位内部管理、提高经济效益服务。

**第二十三条** 会计人员应当保守本单位的商业秘密。除法律规定和单位领导人同意外，不能私自向外界提供或者泄露单位的会计信息。

**第二十四条** 财政部门、业务主管部门和各单位应当定期检查会计人员遵守职业道德的情况，并作为会计人员晋升、晋级、聘任专业职务、表彰奖励的重要考核依据。

会计人员违反职业道德的，由所在单位进行处理。

## 第三节 会计工作交接

**第二十五条** 会计人员工作调动或者因故离职，必须将本人所经管的会计工作全部移交给接替人员。没有办清交接手续的，不得调动或者离职。

**第二十六条** 接替人员应当认真接管移交工作，并继续办理移交的未了事项。

**第二十七条** 会计人员办理移交手续前，必须及时做好以下工作：

（一）已经受理的经济业务尚未填制会计凭证的，应当填制完毕。

（二）尚未登记的帐目，应当登记完毕，并在最后一笔余额后加盖经办人员印章。

（三）整理应该移交的各项资料，对未了事项写出书面材料。

（四）编制移交清册，列明应当移交的会计凭证、会计帐簿、会计报表、印章、现金、有价证券、支票簿、发票、文件、其他会计资料和物品等内容；实行会计电算化的单位，从事该项工作的移交人员还应当在移交清册中列明会计软件及密码、会计软件数据磁盘（磁带等）及有关资料、实物等内容。

**第二十八条** 会计人员办理交接手续，必须有监交人负责监交。一般会计人员交接，由单位会计机构负责人、会计主管人员负责监交；会计机构负责人、会计主管人员交接，由单位领导人负责监交，必要时可由上级主管部门派人会同监交。

**第二十九条** 移交人员在办理移交时，要按移交清册逐项移交；接替人员要逐项核对点收。

（一）现金、有价证券要根据会计帐簿有关记录进行点交。库存现金、有价证券必须与会计帐簿记录保持一致。不一致时，移交人员必须限期查清。

（二）会计凭证、会计帐簿、会计报表和其他会计资料必须完整无缺。如有短缺，必须查清原因，并在移交清册中注明,由移交人员负责。

(三)银行存款帐户余额要与银行对帐单核对,如不一致,应当编制银行存款余额调节表调节相符,各种财产物资和债权债务的明细帐户余额要与总帐有关帐户余额核对相符;必要时,要抽查个别帐户的余额,与实物核对相符,或者与往来单位、个人核对清楚。

(四)移交人员经管的票据、印章和其他实物等,必须交接清楚;移交人员从事会计电算化工作的,要对有关电子数据在实际操作状态下进行交接。

**第三十条** 会计机构负责人、会计主管人员移交时,还必须将全部财务会计工作、重大财务收支和会计人员的情况等,向接替人员详细介绍。对需要移交的遗留问题,应当写出书面材料。

**第三十一条** 交接完毕后,交接双方和监交人员要在移交注册上签名或者盖章。并应在移交注册上注明:单位名称,交接日期,交接双方和监交人员的职务、姓名,移交清册页数以及需要说明的问题和意见等。

移交清册一般应当填制一式三份,交接双方各执一份,存档一份。

**第三十二条** 接替人员应当继续使用移交的会计帐簿,不得自行另立新帐,以保持会计记录的连续性。

**第三十三条** 会计人员临时离职或者因病不能工作且需要接替或者代理的,会计机构负责人、会计主管人员或者单位领导人必须指定有关人员接替或者代理,并办理交接手续。

临时离职或者因病不能工作的会计人员恢复工作的,应当与接替或者代理人员办理交接手续。

移交人员因病或者其他特殊原因不能亲自办理移交的,经单位领导人批准,可由移交人员委托他人代办移交,但委托人应当承担本规范第三十五条规定的责任。

**第三十四条** 单位撤销时,必须留有必要的会计人员,会同有关人员办理清理工作,编制决算。未移交前,不得离职。接收单位和移交日期由主管部门确定。

单位合并、分立的,其会计工作交接手续比照上述有关规定办理。

**第三十五条** 移交人员对所移交的会计凭证、会计帐簿、会计报表和其他有关资料的合法性、真实性承担法律责任。

## 第三章 会计核算

### 第一节 会计核算一般要求

**第三十六条** 各单位应当按照《中华人民共和国会计法》和国家统一会计制度的规定建立会计帐册,进行会计核算,及时提供合法、真实、准确、完整的会计信息。

**第三十七条** 各单位发生的下列事项,应当及时办理会计手续、进行会计核算:

(一)款项和有价证券的收付;

(二)财物的收发、增减和使用;

(三)债权债务的发生和结算;

(四)资本、基金的增减;

(五)收入、支出、费用、成本的计算;

(六)财务成果的计算和处理;

(七)其他需要办理会计手续、进行会计核算的事项。

**第三十八条** 各单位的会计核算应当以实际发生的经济业务为依据,按照规定的会计处理方法进行,保证会计指标的口径一致、相互可比和会计处理方法的前后各期相一致。

**第三十九条** 会计年度自公历1月1日起至12月31日止。

**第四十条** 会计核算以人民币为记帐本位币。

收支业务以外国货币为主的单位,也可以选定某种外国货币作为记帐本位币,但是编制的会计报表应当折算为人民币反映。

境外单位向国内有关部门编报的会计报表,应当折算为人民币反映。

**第四十一条** 各单位根据国家统一会计制度的要求,在不影响会计核算要求、会计报表指标汇总和对外统一会计报表的前提下,可以根据实际情况自行设置和使用会计科目。

事业行政单位会计科目的设置和使用,应当符合国家统一事业行政单位会计制度的规定。

**第四十二条** 会计凭证、会计帐簿、会计报表和其他会计资料的内容和要求必须符合国家统一会计制度的规定,不得伪造、变造会计凭证和会计帐簿,不得设置帐外帐,不得报送虚假会计报表。

**第四十三条** 各单位对外报送的会计报表格式由财政部统一规定。

**第四十四条** 实行会计电算化的单位,对使用的会计软件及其生成的会计凭证、会计帐簿、会计报表和其他会计资料的要求,应当符合财政部关于会计电算化的有关规定。

**第四十五条** 各单位的会计凭证、会计帐簿、会计报表和其他会计资料,应当建立档案,妥善保管。会计档案建档要求、保管期限、销毁办法等依据《会计档案管理办法》的规定进行。

实行会计电算化的单位，有关电子数据、会计软件资料等应当作为会计档案进行管理。

**第四十六条**　会计记录的文字应当使用中文，少数民族自治地区可以同时使用少数民族文字。中国境内的外商投资企业、外国企业和其他外国经济组织也可以同时使用某种外国文字。

## 第二节　填制会计凭证

**第四十七条**　各单位办理本规范第三十七条规定的事项，必须取得或者填制原始凭证，并及时送交会计机构。

**第四十八条**　原始凭证的基本要求是：

（一）原始凭证的内容必须具备：凭证的名称；填制凭证的日期；填制凭证单位名称或者填制人姓名；经办人员的签名或者盖章；接受凭证单位名称；经济业务内容；数量、单价和金额。

（二）从外单位取得的原始凭证，必须盖有填制单位的公章；从个人取得的原始凭证，必须有填制人员的签名或者盖章。自制原始凭证必须有经办单位领导人或者其指定的人员签名或者盖章。对外开出的原始凭证，必须加盖本单位公章。

（三）凡填有大写和小写金额的原始凭证，大写与小写金额必须相符。购买实物的原始凭证，必须有验收证明。支付款项的原始凭证，必须有收款单位和收款人的收款证明。

（四）一式几联的原始凭证，应当注明各联的用途，只能以一联作为报销凭证。

一式几联的发票和收据，必须用双面复写纸（发票和收据本身具备复写纸功能的除外）套写，并连续编号。作废时应当加盖“作废”戳记，连同存根一起保存，不得撕毁。

（五）发生销货退回的，除填制退货发票外，还必须有退货验收证明；退款时，必须取得对方的收款收据或者汇款银行的凭证，不得以退货发票代替收据。

（六）职工公出借款凭据，必须附在记帐凭证之后。收回借款时，应当另开收据或者退还借据副本，不得退还原借款收据。

（七）经上级有关部门批准的经济业务，应当将批准文件作为原始凭证附件。如果批准文件需要单独归档的，应当在凭证上注明批准机关名称、日期和文件字号。

**第四十九条**　原始凭证不得涂改、挖补。发现原始凭证有错误的，应当由开出单位重开或者更正，更正处应当加盖开出单位的公章。

**第五十条**　会计机构、会计人员要根据审核无误的原始凭证填制记帐凭证。

记帐凭证可以分为收款凭证、付款凭证和转帐凭证，也可以使用通用记帐凭证。

**第五十一条**　记帐凭证的基本要求是：

（一）记帐凭证的内容必须具备：填制凭证的日期；凭证编号；经济业务摘要；会计科目；金额；所附原始凭证张数；填制凭证人员、稽核人员、记帐人员、会计机构负责人、会计主管人员签名或者盖章。收款和付款记帐凭证还应当由出纳人员签名或者盖章。

以自制的原始凭证或者原始凭证汇总表代替记帐凭证的，也必须具备记帐凭证应有的项目。

（二）填制记帐凭证时，应当对记帐凭证进行连续编号。一笔经济业务需要填制两张以上记帐凭证的，可以采用分数编号法编号。

（三）记帐凭证可以根据每一张原始凭证填制，或者根据若干张同类原始凭证汇总填制，也可以根据原始凭证汇总表填制。但不得将不同内容和类别的原始凭证汇总填制在一张记帐凭证上。

（四）除结帐和更正错误的记帐凭证可以不附原始凭证外，其他记帐凭证必须附有原始凭证。如果一张原始凭证涉及几张记帐凭证，可以把原始凭证附在一张主要的记帐凭证后面，并在其他记帐凭证上注明附有该原始凭证的记帐凭证的编号或者附原始凭证复印件。

一张原始凭证所列支出需要几个单位共同负担的，应当将其他单位负担的部分，开给对方原始凭证分割单，进行结算。原始凭证分割单必须具备原始凭证的基本内容：凭证名称、填制凭证日期、填制凭证单位名称或者填制人姓名、经办人的签名或者盖章、接受凭证单位名称、经济业务内容、数量、单价、金额和费用分摊情况等。

（五）如果在填制记帐凭证时发生错误，应当重新填制。

已经登记入帐的记帐凭证，在当年内发现填写错误时，可以用红字填写一张与原内容相同的记帐凭证，在摘要栏注明“注销某月某日某号凭证”字样，同时再用蓝字重新填制一张正确的记帐凭证，注明“订正某月某日某号凭证”字样。如果会计科目没有错误，只是金额错误，也可以将正确数字与错误数字之间的差额，另编一张调整的记帐凭证，调增金额用蓝字，调减金额用红字。发现以前年度记帐凭证有错误的，应当用蓝字填制一张更正的记帐凭证。

（六）记帐凭证填制完经济业务事项后，如有空行，应当自金额栏最后一笔金额数字下的空行处至合计数上的空行处划线注销。

**第五十二条** 填制会计凭证，字迹必须清晰、工整，并符合下列要求：

（一）阿拉伯数字应当一个一个地写，不得连笔写。阿拉伯金额数字前面应当书写货币币种符号或者货币名称简写和币种符号。币种符号与阿拉伯金额数字之间不得留有空白。凡阿拉伯数字前写有币种符号的，数字后面不再写货币单位。

（二）所有以元为单位（其他货币种类为货币基本单位，下同）的阿拉伯数字，除表示单价等情况外，一律填写到角分；无角分的，角位和分位可写"00"，或者符号"——"；有角无分的，分位应当写"0"，不得用符号"——"代替。

（三）汉字大写数字金额如零、壹、贰、叁、肆、伍、陆、柒、捌、玖、拾、佰、仟、万、亿等，一律用正楷或者行书体书写，不得用0、一、二、三、四、五、六、七、八、九、十等简化字代替，不得任意自造简化字。大写金额数字到元或者角为止的，在"元"或者"角"字之后应当写"整"字或者"正"字；大写金额数字有分的，分字后面不写"整"或者"正"字。

（四）大写金额数字前未印有货币名称的，应当加填货币名称，货币名称与金额数字之间不得留有空白。

（五）阿拉伯金额数字中间有"0"时，汉字大写金额要写"零"字；阿拉伯数字金额中间连续有几个"0"时，汉字大写金额中可以只写一个"零"字；阿拉伯金额数字元位是"0"，或者数字中间连续有几个"0"、元位也是"0"但角位不是"0"时，汉字大写金额可以只写一个"零"字，也可以不写"零"字。

**第五十三条** 实行会计电算化的单位，对于机制记帐凭证，要认真审核，做到会计科目使用正确，数字准确无误。打印出的机制记帐凭证要加盖制单人员、审核人员、记帐人员及会计机构负责人、会计主管人员印章或者签字。

**第五十四条** 各单位会计凭证的传递程序应当科学、合理，具体办法由各单位根据会计业务需要自行规定。

**第五十五条** 会计机构、会计人员要妥善保管会计凭证。

（一）会计凭证应当及时传递，不得积压。

（二）会计凭证登记完毕后，应当按照分类和编号顺序保管，不得散乱丢失。

（三）记帐凭证应当连同所附的原始凭证或者原始凭证汇总表，按照编号顺序，折叠整齐，按期装订成册，并加具封面，注明单位名称、年度、月份和起讫日期、凭证种类、起讫号码，由装订人在装订线封签外签名或者盖章。

对于数量过多的原始凭证，可以单独装订保管，在封面上注明记帐凭证日期、编号、种类，同时在记帐凭证上注明"附件另订"和原始凭证名称及编号。

各种经济合同、存出保证金收据以及涉外文件等重要原始凭证，应当另编目录，单独登记保管，并在有关的记帐凭证和原始凭证上相互注明日期和编号。

（四）原始凭证不得外借，其他单位如因特殊原因需要使用原始凭证时，经本单位会计机构负责人、会计主管人员批准，可以复制。向外单位提供的原始凭证复制件，应当在专设的登记簿上登记，并由提供人员和收取人员共同签名或者盖章。

（五）从外单位取得的原始凭证如有遗失，应当取得原开出单位盖有公章的证明，并注明原来凭证的号码、金额和内容等，由经办单位会计机构负责人、会计主管人员和单位领导人批准后，才能代作原始凭证。如果确实无法取得证明的，如火车、轮船、飞机票等凭证，由当事人写出详细情况，由经办单位会计机构负责人、会计主管人员和单位领导人批准后，代作原始凭证。

### 第三节 登记会计帐簿

**第五十六条** 各单位应当按照国家统一会计制度的规定和会计业务的需要设置会计帐簿。会计帐簿包括总帐、明细帐、日记帐和其他辅助性帐簿。

**第五十七条** 现金日记帐和银行存款日记帐必须采用订本式帐簿。不得用银行对帐单或者其他方法代替日记帐。

**第五十八条** 实行会计电算化的单位，用计算机打印的会计帐簿必须连续编号，经审核无误后装订成册，并由记帐人员和会计机构负责人、会计主管人员签字或者盖章。

**第五十九条** 启用会计帐簿时，应当在帐簿封面上写明单位名称和帐簿名称。在帐簿扉页上应当附启用表，内容包括：启用日期、帐簿页数、记帐人员和会计机构负责人、会计主管人员姓名，并加盖名章和单位公章。记帐人员或者会计机构负责人、会计主管人员调动工作时，应当注明交接日期、接办人员或者监交人员姓名，并由交接双方人员签名或者盖章。

启用订本式帐簿，应当从第一页到最后一页顺序编定页数，不得跳页、缺号。使用活页式帐页，应当按帐户顺序编号，并须定期装订成册。装订后再按实际使用的帐页顺序编定页码。另加目录，记明每个帐户的名称和页次。

**第六十条** 会计人员应当根据审核无误的会计凭证登记会计帐簿。登记帐簿的基本要求是：

（一）登记会计帐簿时，应当将会计凭证日期、编号、业务内容摘要、金额和其他有关资料逐项记入帐内，做到数字准确、摘要清楚、登记及时、字迹工整。

（二）登记完毕后，要在记帐凭证上签名或者盖章，并注明已经登帐的符号，表示已经记帐。

（三）帐簿中书写的文字和数字上面要留有适当空格，不要写满格；一般应占格距的二分之一。

（四）登记帐簿要用蓝黑墨水或者碳素墨水书写，不得使用圆珠笔（银行的复写帐簿除外）或者铅笔书写。

（五）下列情况，可以用红色墨水记帐：

1. 按照红字冲帐的记帐凭证，冲销错误记录；

2. 在不设借贷等栏的多栏式帐页中，登记减少数；

3. 在三栏式帐户的余额栏前，如未印明余额方向的，在余额栏内登记负数余额；

4. 根据国家统一会计制度的规定可以用红字登记的其他会计记录。

（六）各种帐簿按页次顺序连续登记，不得跳行、隔页。如果发生跳行、隔页，应当将空行、空页划线注销，或者注明“此行空白”、“此页空白”字样，并由记帐人员签名或者盖章。

（七）凡需要结出余额的帐户，结出余额后，应当在“借或贷”等栏内写明“借”或者“贷”等字样。没有余额的帐户，应当在“借或贷”等栏内写“平”字，并在余额栏内用“Q”表示。

现金日记帐和银行存款日记帐必须逐日结出余额。

（八）每一帐页登记完毕结转下页时，应当结出本页合计数及余额，写在本页最后一行和下页第一行有关栏内，并在摘要栏内注明“过次页”和“承前页”字样；也可以将本页合计数及金额只写在下页第一行有关栏内，并在摘要栏内注明“承前页”字样。

对需要结计本月发生额的帐户，结计“过次页”的本页合计数应当为自本月初起至本页末止的发生额合计数；对需要结计本年累计发生额的帐户，结计“过次页”的本页合计数应当为自年初起至本页末止的累计数；对既不需要结计本月发生额也不需要结计本年累计发生额的帐户，可以只将每页末的余额结转次页。

**第六十一条** 帐簿记录发生错误，不准涂改、挖补、刮擦或者用药水消除字迹，不准重新抄写，必须按照下列方法进行更正：

（一）登记帐簿时发生错误，应当将错误的文字或者数字划红线注销，但必须使原有字迹仍可辨认；然后在划线上方填写正确的文字或者数字，并由记帐人员在更正处盖章。对于错误的数字，应当全部划红线更正，不得只更正其中的错误数字。对于文字错误，可只划去错误的部分。

（二）由于记帐凭证错误而使帐簿记录发生错误，应当按更正的记帐凭证登记帐簿。

**第六十二条** 各单位应当定期对会计帐簿记录的有关数字与库存实物、货币资金、有价证券、往来单位或者个人等进行相互核对，保证帐证相符、帐帐相符、帐实相符。对帐工作每年至少进行一次。

（一）帐证核对。核对会计帐簿记录与原始凭证、记帐凭证的时间、凭证字号、内容、金额是否一致，记帐方向是否相符。

（二）帐帐核对。核对不同会计帐簿之间的帐簿记录是否相符，包括：总帐有关帐户的余额核对，总帐与明细帐核对，总帐与日记帐核对，会计部门的财产物资明细帐与财产物资保管和使用部门的有关明细帐核对等。

（三）帐实核对。核对会计帐簿记录与财产等实有数额是否相符。包括：现金日记帐帐面余额与现金实际库存数相核对；银行存款日记帐帐面余额定期与银行对帐单相核对；各种财物明细帐帐面余额与财物实存数额相核对；各种应收、应付款明细帐帐面余额与有关债务、债权单位或者个人核对等。

**第六十三条** 各单位应当按照规定定期结帐。

（一）结帐前，必须将本期内所发生的各项经济业务全部登记入帐。

（二）结帐时，应当结出每个帐户的期末余额。需要结出当月发生额的，应当在摘要栏内注明“本月合计”字样，并在下面通栏划单红线。需要结出本年累计发生额的，应当在摘要栏内注明“本年累计”字样，并在下面通栏划单红线；12月末的“本年累计”就是全年累计发生额。全年累计发生额下面应当通栏划双红线。年度终了结帐时，所有总帐帐户都应当结出全年发生额和年末余额。

（三）年度终了，要把各帐户的余额结转到下一会计年度,并在摘要栏注明"结转下年"字样;在下一会计年度新建有关会计帐簿的第一行余额栏内填写上年结转的余额,并在摘要栏注明"上年结转"字样。

### 第四节 编制财务报告

**第六十四条** 各单位必须按照国家统一会计制度的规定,定期编制财务报告。

财务报告包括会计报表及其说明。会计报表包括会计报表主表、会计报表附表、会计报表附注。

**第六十五条** 各单位对外报送的财务报告应当根据国家统一会计制度规定的格式和要求编制。

单位内部使用的财务报告,其格式和要求由各单位自行规定。

**第六十六条** 会计报表应当根据登记完整、核对无误的会计帐簿记录和其他有关资料编制,做到数字真实、计算准确、内容完整、说明清楚。

任何人不得篡改或者授意、指使、强令他人篡改会计报表的有关数字。

**第六十七条** 会计报表之间、会计报表各项目之间,凡有对应关系的数字,应当相互一致。本期会计报表与上期会计报表之间有关的数字应当相互衔接。如果不同会计年度会计报表中各项目的内容和核算方法有变更的,应当在年度会计报表中加以说明。

**第六十八条** 各单位应当按照国家统一会计制度的规定认真编写会计报表附注及其说明,做到项目齐全,内容完整。

**第六十九条** 各单位应当按照国家规定的期限对外报送财务报告。

对外报送的财务报告,应当依次编写页码,加具封面,装订成册,加盖公章。封面上应当注明:单位名称,单位地址,财务报告所属年度、季度、月度,送出日期,并由单位领导人、总会计师、会计机构负责人、会计主管人员签名或者盖章。

单位领导人对财务报告的合法性、真实性负法律责任。

**第七十条** 根据法律和国家有关规定应当对财务报告进行审计的,财务报告编制单位应当先行委托注册会计师进行审计,并将注册会计师出具的审计报告随同财务报告按照规定的期限报送有关部门。

**第七十一条** 如果发现对外报送的财务报告有错误,应当及时办理更正手续。除更正本单位留存的财务报告外,并应同时通知接受财务报告的单位更正。错误较多的,应当重新编报。

## 第四章 会计监督

**第七十二条** 各单位的会计机构、会计人员对本单位的经济活动进行会计监督。

**第七十三条** 会计机构、会计人员进行会计监督的依据是:

(一)财经法律、法规、规章;

(二)会计法律、法规和国家统一会计制度;

(三)各省、自治区、直辖市财政厅(局)和国务院业务主管部门根据《中华人民共和国会计法》和国家统一会计制度制定的具体实施办法或者补充规定;

(四)各单位根据《中华人民共和国会计法》和国家统一会计制度制定的单位内部会计管理制度;

(五)各单位内部的预算、财务计划、经济计划、业务计划等。

**第七十四条** 会计机构、会计人员应当对原始凭证进行审核和监督。

对不真实、不合法的原始凭证,不予受理。对弄虚作假、严重违法的原始凭证,在不予受理的同时,应当予以扣留,并及时向单位领导人报告,请求查明原因,追究当事人的责任。

对记载不准确、不完整的原始凭证,予以退回,要求经办人员更正、补充。

**第七十五条** 会计机构、会计人员对伪造、变造、故意毁灭会计帐簿或者帐外设帐行为,应当制止和纠正;制止和纠正无效的,应当向上级主管单位报告,请求作出处理。

**第七十六条** 会计机构、会计人员应当对实物、款项进行监督,督促建立并严格执行财产清查制度。发现帐簿记录与实物、款项不符时,应当按照国家有关规定进行处理。超出会计机构、会计人员职权范围的,应当立即向本单位领导报告,请求查明原因,作出处理。

**第七十七条** 会计机构、会计人员对指使、强令编造、篡改财务报告行为,应当制止和纠正;制止和纠正无效的,应当向上级主管单位报告,请求处理。

**第七十八条** 会计机构、会计人员应当对财务收支进行监督。

(一)对审批手续不全的财务收支,应当退回,要求补充、更正。

(二)对违反规定不纳入单位统一会计核算的财务收支,应当制止和纠正。

(三)对违反国家统一的财政、财务、会计制度规定的财务收支,不予办理。

(四)对认为是违反国家统一的财政、财务、会计制度规定的财务收支,应当制止和纠正;制止和纠正无效的,应当向单位领导人提出书面意见请求处理。

单位领导人应当在接到书面意见起十日内作出书面决定,并对决定承担责任。

(五)对违反国家统一的财政、财务、会计制度规定的财务收支,不予制止和纠正,又不向单位领导人提出书面意见的,也应当承担责任。

(六)对严重违反国家利益和社会公众利益的财务收支,应当向主管单位或者财政、审计、税务机关报告。

**第七十九条** 会计机构、会计人员对违反单位内部会计管理制度的经济活动,应当制止和纠正;制止和纠正无效的,向单位领导人报告,请求处理。

**第八十条** 会计机构、会计人员应当对单位制定的预算、财务计划、经济计划、业务计划的执行情况进行监督。

**第八十一条** 各单位必须依照法律和国家有关规定接受财政、审计、税务等机关的监督,如实提供会计凭证、会计帐簿、会计报表和其他会计资料以及有关情况,不得拒绝、隐匿、谎报。

**第八十二条** 按照法律规定应当委托注册会计师进行审计的单位,应当委托注册会计师进行审计,并配合注册会计师的工作,如实提供会计凭证、会计帐簿、会计报表和其他会计资料以及有关情况,不得拒绝、隐匿、谎报,不得示意注册会计师出具不当的审计报告。

## 第五章 内部会计管理制度

**第八十三条** 各单位应当根据《中华人民共和国会计法》和国家统一会计制度的规定,结合单位类型和内容管理的需要,建立健全相应的内部会计管理制度。

**第八十四条** 各单位制定内部会计管理制度应当遵循下列原则:

(一)应当执行法律、法规和国家统一的财务会计制度。

(二)应当体现本单位的生产经营、业务管理的特点和要求。

(三)应当全面规范本单位的各项会计工作,建立健全会计基础,保证会计工作的有序进行。

(四)应当科学、合理,便于操作和执行。

(五)应当定期检查执行情况。

(六)应当根据管理需要和执行中的问题不断完善。

**第八十五条** 各单位应当建立内部会计管理体系。主要内容包括:单位领导人、总会计师对会计工作的领导职责;会计部门及其会计机构负责人、会计主管人员的职责、权限;会计部门与其他职能部门的关系;会计核算的组织形式等。

**第八十六条** 各单位应当建立会计人员岗位责任制度。主要内容包括:会计人员的工作岗位设置;各会计工作岗位的职责和标准;各会计工作岗位的人员和具体分工;会计工作岗位轮换办法;对各会计工作岗位的考核办法。

**第八十七条** 各单位应当建立帐务处理程序制度。主要内容包括:会计科目及其明细科目的设置和使用;会计凭证的格式、审核要求和传递程序;会计核算方法;会计帐簿的设置;编制会计报表的种类和要求;单位会计指标体系。

**第八十八条** 各单位应当建立内部牵制制度。主要内容包括:内部牵制制度的原则;组织分工;出纳岗位的职责和限制条件;有关岗位的职责和权限。

**第八十九条** 各单位应当建立稽核制度。主要内容包括:稽核工作的组织形式和具体分工;稽核工作的职责、权限;审核会计凭证和复核会计帐簿、会计报表的方法。

**第九十条** 各单位应当建立原始记录管理制度。主要内容包括:原始记录的内容和填制方法;原始记录的格式;原始记录的审核;原始记录填制人的责任;原始记录签署、传递、汇集要求。

**第九十一条** 各单位应当建立定额管理制度。主要内容包括:定额管理的范围;制定和修订定额的依据、程序和方法;定额的执行;定额考核和奖惩办法等。

**第九十二条** 各单位应当建立计量验收制度。主要内容包括:计量检测手段和方法;计量验收管理的要求;计量验收人员的责任和奖惩办法。

**第九十三条** 各单位应当建立财产清查制度。主要内容包括:财产清查的范围;财产清查的组织;财产清查的期限和方法;对财产清查中发现问题的处理办法;对财产管理人员的奖惩办法。

**第九十四条** 各单位应当建立财务收支审批制度。主要内容包括:财务收支审批人员和审批权限;财务收支审批程序;财务收支审批人员的责任。

**第九十五条** 实行成本核算的单位应当建立成本核算制度。主要内容包括:成本核算的对象;成本核算的方法和程序;成本分析等。

**第九十六条** 各单位应当建立财务会计分析制度。主要内容包括:财务会计分析的主要内容;财务会计分析的基本要求和组织程序;财务会计分析的具体方法;财务会计分析报告的编写要求等。

### 第六章　附　　则

**第九十七条**　本规范所称国家统一会计制度,是指由财政部制定、或者财政部与国务院有关部门联合制定、或者经财政部审核批准的在全国范围内统一执行的会计规章、准则、办法等规范性文件。

本规范所称会计主管人员,是指不设置会计机构、只在其他机构中设置专职会计人员的单位行使会计机构负责人职权的人员。

本规范第三章第二节和第三节关于填制会计凭证、登记会计帐簿的规定,除特别指出外,一般适用于手工记帐。实行会计电算化的单位,填制会计凭证和登记会计帐簿的有关要求,应当符合财政部关于会计电算化的有关规定。

**第九十八条**　各省、自治区、直辖市财政厅(局)、国务院各业务主管部门可以根据本规范的原则,结合本地区、本部门的具体情况,制定具体实施办法,报财政部备案。

**第九十九条**　本规范由财政部负责解释、修改。

**第一百条**　本规范自公布之日起实施。1984 年 4 月 24 日财政部发布的《会计人员工作规则》同时废止。

## 会计人员管理办法

*1. 2018 年 12 月 6 日财政部发布*
*2. 财会〔2018〕33 号*
*3. 自 2019 年 1 月 1 日起施行*

**第一条**　为加强会计人员管理,规范会计人员行为,根据《中华人民共和国会计法》及相关法律法规的规定,制定本办法。

**第二条**　会计人员,是指根据《中华人民共和国会计法》的规定,在国家机关、社会团体、企业、事业单位和其他组织(以下统称单位)中从事会计核算、实行会计监督等会计工作的人员。

会计人员包括从事下列具体会计工作的人员:

(一)出纳;

(二)稽核;

(三)资产、负债和所有者权益(净资产)的核算;

(四)收入、费用(支出)的核算;

(五)财务成果(政府预算执行结果)的核算;

(六)财务会计报告(决算报告)编制;

(七)会计监督;

(八)会计机构内会计档案管理;

(九)其他会计工作。

担任单位会计机构负责人(会计主管人员)、总会计师的人员,属于会计人员。

**第三条**　会计人员从事会计工作,应当符合下列要求:

(一)遵守《中华人民共和国会计法》和国家统一的会计制度等法律法规;

(二)具备良好的职业道德;

(三)按照国家有关规定参加继续教育;

(四)具备从事会计工作所需要的专业能力。

**第四条**　会计人员具有会计类专业知识,基本掌握会计基础知识和业务技能,能够独立处理基本会计业务,表明具备从事会计工作所需要的专业能力。

单位应当根据国家有关法律法规和本办法有关规定,判断会计人员是否具备从事会计工作所需要的专业能力。

**第五条**　单位应当根据《中华人民共和国会计法》等法律法规和本办法有关规定,结合会计工作需要,自主任用(聘用)会计人员。

单位任用(聘用)的会计机构负责人(会计主管人员)、总会计师,应当符合《中华人民共和国会计法》《总会计师条例》等法律法规和本办法有关规定。

单位应当对任用(聘用)的会计人员及其从业行为加强监督和管理。

**第六条**　因发生与会计职务有关的违法行为被依法追究刑事责任的人员,单位不得任用(聘用)其从事会计工作。

因违反《中华人民共和国会计法》有关规定受到行政处罚五年内不得从事会计工作的人员,处罚期届满前,单位不得任用(聘用)其从事会计工作。

本条第一款和第二款规定的违法人员行业禁入期限,自其违法行为被认定之日起计算。

**第七条**　单位应当根据有关法律法规、内部控制制度要求和会计业务需要设置会计岗位,明确会计人员职责权限。

**第八条**　县级以上地方人民政府财政部门、新疆生产建设兵团财政局、中央军委后勤保障部、中共中央直属机关事务管理局、国家机关事务管理局应当采用随机抽取检查对象、随机选派执法检查人员的方式,依法对单位任用(聘用)会计人员及其从业情况进行管理和监督检查,并将监督检查情况及结果及时向社会公开。

**第九条**　依法成立的会计人员自律组织,应当依据有关法律法规和其章程规定，指导督促会员依法从事会计工作，对违反有关法律法规、会计职业道德和其章程的会员进行惩戒。

**第十条**　各省、自治区、直辖市、计划单列市财政厅（局），新疆生产建设兵团财政局，中央军委后勤保障部、中共中央直属机关事务管理局、国家机关事务管理局可以根据本办法制定具体实施办法，报财政部备案。

**第十一条**　本办法自2019年1月1日起施行。

# 2. 会计制度

## 政府会计准则——基本准则

*1. 2015年10月23日财政部令第78号公布*
*2. 自2017年1月1日起施行*

### 第一章　总　　则

**第一条**　为了规范政府的会计核算，保证会计信息质量，根据《中华人民共和国会计法》、《中华人民共和国预算法》和其他有关法律、行政法规，制定本准则。

**第二条**　本准则适用于各级政府、各部门、各单位（以下统称政府会计主体）。

前款所称各部门、各单位是指与本级政府财政部门直接或者间接发生预算拨款关系的国家机关、军队、政党组织、社会团体、事业单位和其他单位。

军队、已纳入企业财务管理体系的单位和执行《民间非营利组织会计制度》的社会团体，不适用本准则。

**第三条**　政府会计由预算会计和财务会计构成。

预算会计实行收付实现制，国务院另有规定的，依照其规定。

财务会计实行权责发生制。

**第四条**　政府会计具体准则及其应用指南、政府会计制度等，应当由财政部遵循本准则制定。

**第五条**　政府会计主体应当编制决算报告和财务报告。

决算报告的目标是向决算报告使用者提供与政府预算执行情况有关的信息，综合反映政府会计主体预算收支的年度执行结果，有助于决算报告使用者进行监督和管理，并为编制后续年度预算提供参考和依据。政府决算报告使用者包括各级人民代表大会及其常务委员会、各级政府及其有关部门、政府会计主体自身、社会公众和其他利益相关者。

财务报告的目标是向财务报告使用者提供与政府的财务状况、运行情况（含运行成本，下同）和现金流量等有关信息，反映政府会计主体公共受托责任履行情况，有助于财务报告使用者作出决策或者进行监督和管理。政府财务报告使用者包括各级人民代表大会常务委员会、债权人、各级政府及其有关部门、政府会计主体自身和其他利益相关者。

**第六条**　政府会计主体应当对其自身发生的经济业务或者事项进行会计核算。

**第七条**　政府会计核算应当以政府会计主体持续运行为前提。

**第八条**　政府会计核算应当划分会计期间，分期结算账目，按规定编制决算报告和财务报告。

会计期间至少分为年度和月度。会计年度、月度等会计期间的起讫日期采用公历日期。

**第九条**　政府会计核算应当以人民币作为记账本位币。发生外币业务时，应当将有关外币金额折算为人民币金额计量，同时登记外币金额。

**第十条**　政府会计核算应当采用借贷记账法记账。

### 第二章　政府会计信息质量要求

**第十一条**　政府会计主体应当以实际发生的经济业务或者事项为依据进行会计核算，如实反映各项会计要素的情况和结果，保证会计信息真实可靠。

**第十二条**　政府会计主体应当将发生的各项经济业务或者事项统一纳入会计核算，确保会计信息能够全面反映政府会计主体预算执行情况和财务状况、运行情况、现金流量等。

**第十三条**　政府会计主体提供的会计信息，应当与反映政府会计主体公共受托责任履行情况以及报告使用者决策或者监督、管理的需要相关，有助于报告使用者对政府会计主体过去、现在或者未来的情况作出评价或者预测。

**第十四条**　政府会计主体对已经发生的经济业务或者事项，应当及时进行会计核算，不得提前或者延后。

**第十五条**　政府会计主体提供的会计信息应当具有可比性。

同一政府会计主体不同时期发生的相同或者相似的经济业务或者事项，应当采用一致的会计政策，不得随意变更。确需变更的，应当将变更的内容、理由及其影响在附注中予以说明。

不同政府会计主体发生的相同或者相似的经济业务或者事项，应当采用一致的会计政策，确保政府会计信息口径一致，相互可比。

**第十六条**　政府会计主体提供的会计信息应当清晰明了，便于报告使用者理解和使用。

**第十七条**　政府会计主体应当按照经济业务或者事项的经济实质进行会计核算，不限于以经济业务或者事项的法律形式为依据。

### 第三章　政府预算会计要素

**第十八条**　政府预算会计要素包括预算收入、预算支出与预算结余。

**第十九条**　预算收入是指政府会计主体在预算年度内依法取得的并纳入预算管理的现金流入。

**第二十条**　预算收入一般在实际收到时予以确认，以实际收到的金额计量。

**第二十一条**　预算支出是指政府会计主体在预算年度内依法发生并纳入预算管理的现金流出。

**第二十二条**　预算支出一般在实际支付时予以确认，以实际支付的金额计量。

**第二十三条**　预算结余是指政府会计主体预算年度内预算收入扣除预算支出后的资金余额，以及历年滚存的资金余额。

**第二十四条**　预算结余包括结余资金和结转资金。

结余资金是指年度预算执行终了，预算收入实际完成数扣除预算支出和结转资金后剩余的资金。

结转资金是指预算安排项目的支出年终尚未执行完毕或者因故未执行，且下年需要按原用途继续使用的资金。

**第二十五条**　符合预算收入、预算支出和预算结余定义及其确认条件的项目应当列入政府决算报表。

## 第四章　政府财务会计要素

**第二十六条**　政府财务会计要素包括资产、负债、净资产、收入和费用。

### 第一节　资　　产

**第二十七条**　资产是指政府会计主体过去的经济业务或者事项形成的，由政府会计主体控制的，预期能够产生服务潜力或者带来经济利益流入的经济资源。

服务潜力是指政府会计主体利用资产提供公共产品和服务以履行政府职能的潜在能力。

经济利益流入表现为现金及现金等价物的流入，或者现金及现金等价物流出的减少。

**第二十八条**　政府会计主体的资产按照流动性，分为流动资产和非流动资产。

流动资产是指预计在1年内（含1年）耗用或者可以变现的资产，包括货币资金、短期投资、应收及预付款项、存货等。

非流动资产是指流动资产以外的资产，包括固定资产、在建工程、无形资产、长期投资、公共基础设施、政府储备资产、文物文化资产、保障性住房和自然资源资产等。

**第二十九条**　符合本准则第二十七条规定的资产定义的经济资源，在同时满足以下条件时，确认为资产：

（一）与该经济资源相关的服务潜力很可能实现或者经济利益很可能流入政府会计主体；

（二）该经济资源的成本或者价值能够可靠地计量。

**第三十条**　资产的计量属性主要包括历史成本、重置成本、现值、公允价值和名义金额。

在历史成本计量下，资产按照取得时支付的现金金额或者支付对价的公允价值计量。

在重置成本计量下，资产按照现在购买相同或者相似资产所需支付的现金金额计量。

在现值计量下，资产按照预计从其持续使用和最终处置中所产生的未来净现金流入量的折现金额计量。

在公允价值计量下，资产按照市场参与者在计量日发生的有序交易中，出售资产所能收到的价格计量。

无法采用上述计量属性的，采用名义金额（即人民币1元）计量。

**第三十一条**　政府会计主体在对资产进行计量时，一般应当采用历史成本。

采用重置成本、现值、公允价值计量的，应当保证所确定的资产金额能够持续、可靠计量。

**第三十二条**　符合资产定义和资产确认条件的项目，应当列入资产负债表。

### 第二节　负　　债

**第三十三条**　负债是指政府会计主体过去的经济业务或者事项形成的，预期会导致经济资源流出政府会计主体的现时义务。

现时义务是指政府会计主体在现行条件下已承担的义务。未来发生的经济业务或者事项形成的义务不属于现时义务，不应当确认为负债。

**第三十四条**　政府会计主体的负债按照流动性，分为流动负债和非流动负债。

流动负债是指预计在1年内（含1年）偿还的负债，包括应付及预收款项、应付职工薪酬、应缴款项等。

非流动负债是指流动负债以外的负债，包括长期应付款、应付政府债券和政府依法担保形成的债务等。

**第三十五条**　符合本准则第三十三条规定的负债定义的义务，在同时满足以下条件时，确认为负债：

（一）履行该义务很可能导致含有服务潜力或者经济利益的经济资源流出政府会计主体；

（二）该义务的金额能够可靠地计量。

**第三十六条**　负债的计量属性主要包括历史成本、现值和公允价值。

在历史成本计量下，负债按照因承担现时义务而实际收到的款项或者资产的金额，或者承担现时义务的合同金额，或者按照为偿还负债预期需要支付的现金计量。

在现值计量下，负债按照预计期限内需要偿还的未来净现金流出量的折现金额计量。

在公允价值计量下，负债按照市场参与者在计量日发生的有序交易中，转移负债所需支付的价格计量。

**第三十七条**　政府会计主体在对负债进行计量时，一般应当采用历史成本。

采用现值、公允价值计量的，应当保证所确定的负债金额能够持续、可靠计量。

**第三十八条**　符合负债定义和负债确认条件的项目，应当列入资产负债表。

### 第三节　净　资　产

**第三十九条**　净资产是指政府会计主体资产扣除负债后的净额。

**第四十条**　净资产金额取决于资产和负债的计量。

**第四十一条**　净资产项目应当列入资产负债表。

### 第四节　收　　入

**第四十二条**　收入是指报告期内导致政府会计主体净资产增加的、含有服务潜力或者经济利益的经济资源的流入。

**第四十三条**　收入的确认应当同时满足以下条件：

（一）与收入相关的含有服务潜力或者经济利益的经济资源很可能流入政府会计主体；

（二）含有服务潜力或者经济利益的经济资源流入会导致政府会计主体资产增加或者负债减少；

（三）流入金额能够可靠地计量。

**第四十四条**　符合收入定义和收入确认条件的项目，应当列入收入费用表。

### 第五节　费　　用

**第四十五条**　费用是指报告期内导致政府会计主体净资产减少的、含有服务潜力或者经济利益的经济资源的流出。

**第四十六条**　费用的确认应当同时满足以下条件：

（一）与费用相关的含有服务潜力或者经济利益的经济资源很可能流出政府会计主体；

（二）含有服务潜力或者经济利益的经济资源流出会导致政府会计主体资产减少或者负债增加；

（三）流出金额能够可靠地计量。

**第四十七条**　符合费用定义和费用确认条件的项目，应当列入收入费用表。

## 第五章　政府决算报告和财务报告

**第四十八条**　政府决算报告是综合反映政府会计主体年度预算收支执行结果的文件。

政府决算报告应当包括决算报表和其他应当在决算报告中反映的相关信息和资料。

政府决算报告的具体内容及编制要求等，由财政部另行规定。

**第四十九条**　政府财务报告是反映政府会计主体某一特定日期的财务状况和某一会计期间的运行情况和现金流量等信息的文件。

政府财务报告应当包括财务报表和其他应当在财务报告中披露的相关信息和资料。

**第五十条**　政府财务报告包括政府综合财务报告和政府部门财务报告。

政府综合财务报告是指由政府财政部门编制的，反映各级政府整体财务状况、运行情况和财政中长期可持续性的报告。

政府部门财务报告是指政府各部门、各单位按规定编制的财务报告。

**第五十一条**　财务报表是对政府会计主体财务状况、运行情况和现金流量等信息的结构性表述。

财务报表包括会计报表和附注。

会计报表至少应当包括资产负债表、收入费用表和现金流量表。

政府会计主体应当根据相关规定编制合并财务报表。

**第五十二条**　资产负债表是反映政府会计主体在某一特定日期的财务状况的报表。

**第五十三条**　收入费用表是反映政府会计主体在一定会计期间运行情况的报表。

**第五十四条**　现金流量表是反映政府会计主体在一定会计期间现金及现金等价物流入和流出情况的报表。

**第五十五条**　附注是对在资产负债表、收入费用表、现金流量表等报表中列示项目所作的进一步说明，以及对未能在这些报表中列示项目的说明。

**第五十六条**　政府决算报告的编制主要以收付实现制为基础，以预算会计核算生成的数据为准。

政府财务报告的编制主要以权责发生制为基础，以财务会计核算生成的数据为准。

## 第六章　附　　则

**第五十七条**　本准则所称会计核算，包括会计确认、计量、记录和报告各个环节，涵盖填制会计凭证、登记会计账簿、编制报告全过程。

**第五十八条**　本准则所称预算会计，是指以收付实现制为基础对政府会计主体预算执行过程中发生的全部收入和全部支出进行会计核算，主要反映和监督预算收支执行情况的会计。

**第五十九条**　本准则所称财务会计，是指以权责发生制为基础对政府会计主体发生的各项经济业务或者事项进行会计核算，主要反映和监督政府会计主体财务状况、运行情况和现金流量等的会计。

**第六十条**　本准则所称收付实现制，是指以现金的实际收付为标志来确定本期收入和支出的会计核算基础。凡在当期实际收到的现金收入和支出，均应作为当期的收入和支出；凡是不属于当期的现金收入和支出，均不应当作为当期的收入和支出。

**第六十一条**　本准则所称权责发生制，是指以取得收取款项的权利或支付款项的义务为标志来确定本期收入和费用的会计核算基础。凡是当期已经实现的收入和已经发生的或应当负担的费用，不论款项是否收付，都应当作为当期的收入和费用；凡是不属于当期的收入和费用，即使款项已在当期收付，也不应当作为当期的收入和费用。

**第六十二条**　本准则自2017年1月1日起施行。

## 关于进一步做好政府会计准则制度新旧衔接和加强行政事业单位资产核算的通知

*1. 2018年12月6日财政部发布*
*2. 财会〔2018〕34号*

党中央有关部门，国务院各部委、各直属机构，全国人大常委会办公厅，全国政协办公厅，高法院，高检院，各民主党派中央，有关人民团体，各省、自治区、直辖市、计划单列市财政厅（局），新疆生产建设兵团财政局：

为了确保政府会计准则制度自2019年1月1日起在全国各级各类行政事业单位全面有效实施，夯实政府综合财务报告、部门决算报告和行政事业性国有资产报告的核算基础，现就政府会计准则制度新旧衔接有关问题以及加强行政事业单位（以下简称单位）资产核算工作的要求通知如下：

**一、关于政府会计准则制度新旧衔接有关问题**

（一）关于准则制度实施范围。

未纳入部门预决算管理范围的事业单位，可以不执行《政府会计制度——行政事业单位会计科目和报表》（以下称新制度）中的预算会计内容，只执行财务会计内容。

原参照执行《中小学校会计制度》《高等学校会计制度》《医院会计制度》《基层医疗卫生机构会计制度》等行业事业单位会计制度的非政府会计主体，可参照执行新制度。

原执行《工会会计制度》的各级工会组织，暂不执行政府会计准则制度，继续执行《工会会计制度》。

属于政府会计准则制度实施范围、但财政部未针对其原执行的会计制度专门制定新旧衔接规定的事业单位，应当参照《〈政府会计制度——行政事业单位会计科目和报表〉与〈事业单位会计制度〉有关衔接问题的处理规定》（财会〔2018〕3号）做好新旧衔接工作。

（二）关于预算会计的核算范围。

单位应当按照部门综合预算管理的要求，对纳入部门预算管理的全部现金收支业务进行预算会计核算。未纳入年初批复的预算但纳入决算报表编制范围的非财政拨款收支，应当进行预算会计核算。

（三）关于尚未入账的存量公共基础设施。

单位应当按照《政府会计准则第5号——公共基础设施》的规定，以2019年1月1日为初始入账日，做好尚未入账的存量公共基础设施的登记入账工作。

1. 关于公共基础设施的记账主体。

按照“谁承担管理维护职责、由谁入账”的原则确定公共基础设施的记账主体。由多个政府会计主体共同管理维护的公共基础设施，可暂按现有分管比例各自登记入账。公共基础设施的管理维护职责尚不明确的，由本级政府尽快予以明确。

对于企业控制的公共基础设施，由企业按照企业会计准则进行核算；对于政府将其特许经营权授予企业的存量公共基础设施，其会计处理由财政部另行规定。

2. 关于公共基础设施分类。

单位应当在对公共基础设施进行分级分类的基础上，按照合适的计量单元将存量公共基础设施分门别类登记入账。国务院有关行业主管部门对公共基础设施已规定分级分类标准的，从其规定；尚无明确规定的，单位在公共基础设施首次入账时可按照现行管理实务进行分级分类，待统一分类规定出台后再行调整。

单位对公共基础设施至少应当按照市政基础设施、交通基础设施、水利基础设施和其他公共基础设施四个类别进行明细核算，其他明细核算应当遵循政府会计准则制度，并满足编制行政事业性国有资产报告的需要。

3. 关于公共基础设施折旧（摊销）。

在国务院财政部门对公共基础设施折旧（摊销）年限作出规定之前，单位在公共基础设施首次入账时暂不考虑补提折旧（摊销），初始入账后也暂不计提折旧（摊销）。单位在 2019 年 1 月 1 日之前已经核算公共基础设施且计提折旧（摊销）的，在新旧衔接时以及执行政府会计准则制度后可继续沿用之前的折旧（摊销）政策。

4. 关于存量公共基础设施的入账成本。

（1）单位应当首先按照公共基础设施的初始购建成本确定存量公共基础设施的初始入账成本。对于初始购建投入使用后至执行政府会计准则制度前发生的后续支出，无需追溯确认为公共基础设施的初始入账成本；对于执行政府会计准则制度后发生的后续支出，应当按照《政府会计准则第 5 号——公共基础设施》的规定处理。

单位在确定存量公共基础设施的初始购建成本时，应当以与存量公共基础设施购建及交付使用有关的原始凭据为依据，包括项目竣工财务决算资料、项目移交资料、项目投资预算、项目投资概算及建设成本资料等。单位无法取得与存量公共基础设施初始购建有关的原始凭据的，应当在财务报表附注中对无法取得原始凭据的事实及理由予以披露。

（2）对于无法取得与存量公共基础设施初始购建有关的原始凭据，但已按照有关规定对公共基础设施进行评估，或者按照《中华人民共和国资产评估法》等法律法规和国家有关规定要求对公共基础设施进行评估的，单位应当按照评估价值确定存量公共基础设施的初始入账成本。

以评估价值确定存量公共基础设施的初始入账成本的，应当以评估机构出具的评估报告等作为原始凭据。

（3）对于无法取得与存量公共基础设施初始购建有关的原始凭据且在首次入账前未要求或未进行过资产评估的，单位应当按照重置成本确定存量公共基础设施的初始入账成本。单位在具体确定存量公共基础设施的重置成本时，可参考以下步骤进行：

第一步，对存量公共基础设施进行分级分类。

第二步，确定各项存量公共基础设施的建造或使用时间、具体数量（如里程、面积等）以及各项资产的成新率（即新旧程度系数）。

第三步，确定现行条件下每项公共基础设施的单位（如单位里程、单位面积等）资产价值。通常情况下，单位资产价值的确定应当以行业定额标准或由各地行业主管部门组织确定的定额标准为基础。

第四步，根据第二步和第三步的结果，计算确定每项具体公共基础设施的入账成本。

经履行内部报批程序后，单位可将重置成本计算的依据作为存量公共基础设施初始入账的原始凭据。

此外，单位在新旧制度转换时，对于应当确认为公共基础设施、但已确认为固定资产的，应当将该项固定资产按其账面价值重分类为公共基础设施。如果该项固定资产是以名义金额计量的，应当按照以上规定重新确定公共基础设施的入账成本。

（四）关于文物文化资产。

新制度设置了“文物文化资产”科目，核算单位为满足社会公共需求而控制的文物文化资产的成本。其中，对于成本无法可靠取得的文物文化资产，单位应当设置备查簿进行登记，待成本能够可靠确定后按照规定及时入账。

单位在新旧制度转换时，应当将原账“固定资产”科目中核算的符合新制度“文物文化资产”科目核算内容的“文物和陈列品”，按其相关明细科目的余额转入新账的“文物文化资产”科目。如原账中核算的“文物和陈列品”有以名义金额计量的，应当按照转入新账“文物文化资产”科目中的“文物和陈列品”名义金额的合计数，借记新账的“累计盈余”科目，贷记新账的“文物文化资产”科目，同时将这些文物文化资产在备查簿中进行登记，并按照新制度的规定进行后续处理。

（五）关于按照名义金额计量的资产。

根据政府会计准则制度，可以按照名义金额计量的资产只包括接受捐赠的库存物品、固定资产、无形资产，以及无法确定成本的盘盈库存物品、固定资产和无形资产。

单位在新旧制度转换时，对于原账中在相应资产科目核算的以名义金额计量的库存物品、固定资产和无形资产，应当仍然按名义金额转入新账的相应资产科目；对于原未入账的上述资产，仅当没有相关凭据且未经资产评估、同类或类似资产的市场价格也无法可靠取得时，才能按照名义金额入账。

（六）关于长期股权投资。

单位在新旧制度转换时按照权益法调整长期股权投资账面余额的，如无法获取被投资单位 2018 年 12

月31日资产负债表中所有者权益账面余额，可以依据被投资单位2017年12月31日资产负债表中所有者权益账面余额，以及单位持有被投资单位的股权比例，计算应享有或应分担的被投资单位所有者权益的份额，据此调整新账中长期股权投资的账面余额。在以后各年度，单位均可依据被投资单位上年资产负债表中所有者权益的年末数计算调整长期股权投资的账面余额。

（七）关于固定资产折旧。

单位按照原制度已经计提固定资产折旧的，在新旧制度转换时，应当按照新制度规定开始计提折旧的时点起至2018年12月31日止应计提的累计折旧金额与已计提的累计折旧金额的差额，借记新账中“累计盈余”科目，贷记新账中“固定资产累计折旧”科目。

单位按照原制度已经计提固定资产折旧，但原确定的固定资产折旧年限与新制度所规定的折旧年限不一致的，在新旧制度转换时无需追溯调整2018年12月31日前已经计提的折旧金额，而应当自执行新制度起，以2019年1月1日该项资产的账面价值（原价减去已提折旧后的金额）作为应计提折旧额，在新制度规定的折旧年限扣除已计提折旧年限的剩余年限内计提折旧。

（八）关于在建工程。

单位在新旧制度转换时，对于2018年12月31日前发生的已经计入支出、但按照政府会计准则制度应当计入在建工程成本的固定资产更新、改造等费用，无需追溯调整在建工程账面价值。

（九）关于研发支出。

单位在新旧制度转换时，对于2018年12月31日前发生的已经计入支出、但按照政府会计准则制度应当计入自行研究开发项目成本的开发阶段的费用，无需追溯调整研发支出账面价值。

（十）关于应付职工薪酬。

新制度设置了“应付职工薪酬”科目，核算单位按照有关规定应付给职工及为职工支付的各种薪酬，包括基本工资、国家统一规定的津贴补贴、规范津贴补贴（绩效工资）、改革性补贴、社会保险费（如职工基本养老保险费、职业年金、基本医疗保险费等）、住房公积金等。单位在新旧制度转换时，应当将2018年12月31日前未入账的应付未付职工以及应为职工支付但尚未支付的有关薪酬记入新账，按照确定的应付未付金额，借记新账中“累计盈余”科目，贷记新账中“应付职工薪酬”科目下的相关明细科目。

（十一）关于应付福利费。

新制度未设置“应付福利费”科目，单位按规定发生福利费开支时，应当在计提标准内据实计入费用（同时计入预算支出）。单位在新旧制度转换时，应当对原账的“应付福利费”科目余额进行分析，在财务会计下，将其中属于职工福利基金的金额转入新账的“专用基金——职工福利基金”科目，将其他余额转入新账的“累计盈余”科目。在预算会计下，对于其中属于从财政拨款中提取的金额，应当在确定新账的“财政拨款结余”科目余额时作为调增项处理，对于其中属于职工福利基金（从非财政拨款结余中提取形成）的金额，应当在确定新账的“专用结余”科目余额时作为调增项处理，对于其他余额，应当在确定新账的“非财政拨款结余”科目余额时作为调增项处理；同时，按照相同的金额登记新账的“资金结存——货币资金”科目借方。

（十二）关于事业单位“非财政拨款结余”科目的新旧衔接。

单位在新旧制度转换时，按照《〈政府会计制度——行政事业单位会计科目和报表〉与〈事业单位会计制度〉有关衔接问题的处理规定》的有关要求，在第2个步骤对新账“非财政拨款结余”科目及“资金结存”科目余额进行调整时，还应考虑以下调整项目：

（1）调整长期股权投资对非财政拨款结余的影响

单位应当对原账的“长期投资”科目余额中属于股权投资的余额进行分析，区分其中用现金资产取得的金额和用非现金资产及其他方式取得的金额，按照用现金资产取得的金额，借记“非财政拨款结余”科目，贷记“资金结存——货币资金”科目。按照原制度核算长期投资、并且对应科目为“非流动资产基金——长期投资”的，不作此项调整。

（2）调整长期债券投资对非财政拨款结余的影响

单位应当按照原账的“长期投资”科目余额中属于债券投资的余额，借记“非财政拨款结余”科目，贷记“资金结存——货币资金”科目。按照原制度核算长期投资、并且对应科目为“非流动资产基金——长期投资”的，不作此项调整。

（3）调整专用基金对非财政拨款结余的影响

单位应当对原账的“专用基金”科目余额进行分析，划分出按照收入比例列支提取的专用基金，按照列支提取的专用基金的金额，借记“资金结存——货币资金”科目，贷记“非财政拨款结余”科目。

单位按照《〈政府会计制度——行政事业单位会

计科目和报表〉与〈事业单位会计制度〉有关衔接问题的处理规定》中 1、2 两个步骤难以准确调整出“非财政拨款结余”科目及对应的“资金结存”科目余额的，在新旧制度转换时，可以在新账的“库存现金”、“银行存款”、“其他货币资金”、“财政应返还额度”科目借方余额合计数基础上，对不纳入单位预算管理的资金进行调整（如减去新账中货币资金形式的受托代理资产、应缴财政款、已收取将来需要退回资金的其他应付款，加上已支付将来需要收回资金的其他应收款），按照调整后的金额减去新账的“财政拨款结转”、“财政拨款结余”、“非财政拨款结转”、“专用结余”科目贷方余额合计数，加上“经营结余”科目借方余额后的金额，登记新账的“非财政拨款结余”科目贷方；同时，按照相同的金额登记新账的“资金结存——货币资金”科目借方。

（十三）关于按合同完成进度确认事业收入。

单位以合同完成进度确认事业收入时，应当根据业务实质，选择累计实际发生的合同成本占合同预计总成本的比例、已经完成的合同工作量占合同预计总工作量的比例、已经完成的时间占合同期限的比例、实际测定的完工进度等方法，合理确定合同完成进度。

单位在新旧制度转换时，对于已经开始执行尚未执行完毕的合同，无需按照新制度规定的会计核算基础对已经确认的收入进行调整。

（十四）关于受托代理资产和受托代理负债。

为了全面核算和反映政府会计主体发生的经济业务或事项，新制度设置了“受托代理资产”科目，本科目核算单位接受委托方委托管理的各项资产，包括受托指定转赠的物资、受托存储保管的物资和罚没物资等的成本。单位对受托代理资产不拥有控制权，因此“受托代理资产”并不符合《政府会计准则——基本准则》所规定的资产的定义及其确认标准。

“受托代理负债”因单位接受受托代理资产而产生，应当按照相对应的受托代理资产的金额予以确认和计量。单位收取的押金、存入保证金等负有偿还义务的暂收款项，应当通过“其他应付款”科目核算。

单位在新旧制度转换时，应当按照上述原则正确确定应转入新账或登记新账的“受托代理资产”科目和“受托代理负债”科目的内容。

（十五）关于非同级财政拨款（预算）收入。

单位取得的非同级财政拨款收入包括两大类，一类是从同级财政以外的同级政府部门取得的横向转拨财政款，另一类是从上级或下级政府（包括政府财政和政府部门）取得的各类财政款。在具体核算时，事业单位对于因开展专业业务活动及其辅助活动取得的非同级财政拨款收入，应当通过“事业收入——非同级财政拨款”科目核算；对于其他非同级财政拨款收入，应当通过“非同级财政拨款收入”科目核算。

事业预算收入和非同级财政拨款预算收入的核算口径也比照前款规定处理。

单位在新旧制度转换时，应当按照上述规定确定新账的相关科目的核算口径。

**二、关于加强单位资产核算工作的要求**

编制行政事业性国有资产报告是建立国务院向全国人大常委会报告国有资产管理情况制度的重要内容，会计账簿生成的信息是编制行政事业性国有资产报告的重要数据来源。各单位应当以执行新政府会计准则制度、做好新旧制度衔接工作为契机，健全会计机构，充实会计人员，提升会计信息化水平，进一步规范和加强各类资产的会计核算，夯实资产核算的各项基础工作，强化资产账实相符，确保资产信息的全面性、完整性和准确性。

各单位应当在 2016 年资产清查核实的基础上，按照落实国务院向全国人大常委会报告国有资产管理情况制度和政府会计准则制度的要求，扎实开展以下工作：

一是进一步清理核实和归类统计固定资产、无形资产、库存物品、对外投资等资产数据，为准确计提折旧、摊销费用、确定权益等提供基础信息。

二是进一步规范和加强往来款项的管理，全面开展往来款项专项清理和账龄分析，及时报批处理往来挂账，做好坏账准备计提的相关工作。

三是进一步清理基本建设会计账务，及时将已交付使用的建设项目转为固定资产、无形资产等，按规定及时办理基本建设项目竣工财务决算手续，为将基本建设投资业务纳入单位统一账簿进行会计核算做好准备。

四是进一步明晰资产占有、使用和维护管理的责任主体，按规定将单位控制的公共基础设施、政府储备物资、保障性住房等资产以及单位受托管理的资产登记入账，确保国有资产信息全面完整。

有关行业主管部门要加强对单位资产核算工作的指导；各级财政部门要加强对单位资产核算工作的监督检查，对未按照政府会计准则制度进行核算的，应依法依规予以处理。

# 企业会计准则——基本准则

*1. 2006年2月15日财政部令第33号公布*
*2. 根据2014年7月23日财政部令第76号《关于修改〈企业会计准则——基本准则〉的决定》修正*

## 第一章　总　　则

**第一条**　为了规范企业会计确认、计量和报告行为,保证会计信息质量,根据《中华人民共和国会计法》和其他有关法律、行政法规,制定本准则。

**第二条**　本准则适用于在中华人民共和国境内设立的企业(包括公司,下同)。

**第三条**　企业会计准则包括基本准则和具体准则,具体准则的制定应当遵循本准则。

**第四条**　企业应当编制财务会计报告(又称财务报告,下同)。财务会计报告的目标是向财务会计报告使用者提供与企业财务状况、经营成果和现金流量等有关的会计信息,反映企业管理层受托责任履行情况,有助于财务会计报告使用者作出经济决策。

财务会计报告使用者包括投资者、债权人、政府及其有关部门和社会公众等。

**第五条**　企业应当对其本身发生的交易或者事项进行会计确认、计量和报告。

**第六条**　企业会计确认、计量和报告应当以持续经营为前提。

**第七条**　企业应当划分会计期间,分期结算账目和编制财务会计报告。

会计期间分为年度和中期。中期是指短于一个完整的会计年度的报告期间。

**第八条**　企业会计应当以货币计量。

**第九条**　企业应当以权责发生制为基础进行会计确认、计量和报告。

**第十条**　企业应当按照交易或者事项的经济特征确定会计要素。会计要素包括资产、负债、所有者权益、收入、费用和利润。

**第十一条**　企业应当采用借贷记账法记账。

## 第二章　会计信息质量要求

**第十二条**　企业应当以实际发生的交易或者事项为依据进行会计确认、计量和报告,如实反映符合确认和计量要求的各项会计要素及其他相关信息,保证会计信息真实可靠、内容完整。

**第十三条**　企业提供的会计信息应当与财务会计报告使用者的经济决策需要相关,有助于财务会计报告使用者对企业过去、现在或者未来的情况作出评价或者预测。

**第十四条**　企业提供的会计信息应当清晰明了,便于财务会计报告使用者理解和使用。

**第十五条**　企业提供的会计信息应当具有可比性。

同一企业不同时期发生的相同或者相似的交易或者事项,应当采用一致的会计政策,不得随意变更。确需变更的,应当在附注中说明。

不同企业发生的相同或者相似的交易或者事项,应当采用规定的会计政策,确保会计信息口径一致、相互可比。

**第十六条**　企业应当按照交易或者事项的经济实质进行会计确认、计量和报告,不应仅以交易或者事项的法律形式为依据。

**第十七条**　企业提供的会计信息应当反映与企业财务状况、经营成果和现金流量等有关的所有重要交易或者事项。

**第十八条**　企业对交易或者事项进行会计确认、计量和报告应当保持应有的谨慎,不应高估资产或者收益、低估负债或者费用。

**第十九条**　企业对于已经发生的交易或者事项,应当及时进行会计确认、计量和报告,不得提前或者延后。

## 第三章　资　　产

**第二十条**　资产是指企业过去的交易或者事项形成的、由企业拥有或者控制的、预期会给企业带来经济利益的资源。

前款所指的企业过去的交易或者事项包括购买、生产、建造行为或其他交易或者事项。预期在未来发生的交易或者事项不形成资产。

由企业拥有或者控制,是指企业享有某项资源的所有权,或者虽然不享有某项资源的所有权,但该资源能被企业所控制。

预期会给企业带来经济利益,是指直接或者间接导致现金和现金等价物流入企业的潜力。

**第二十一条**　符合本准则第二十条规定的资产定义的资源,在同时满足以下条件时,确认为资产:

(一)与该资源有关的经济利益很可能流入企业;

(二)该资源的成本或者价值能够可靠地计量。

**第二十二条**　符合资产定义和资产确认条件的项目,应当列入资产负债表;符合资产定义、但不符合资产确认条件的项目,不应当列入资产负债表。

## 第四章　负　　债

**第二十三条**　负债是指企业过去的交易或者事项形成的、预期会导致经济利益流出企业的现时义务。

现时义务是指企业在现行条件下已承担的义务。未来发生的交易或者事项形成的义务，不属于现时义务，不应当确认为负债。

**第二十四条**　符合本准则第二十三条规定的负债定义的义务，在同时满足以下条件时，确认为负债：

（一）与该义务有关的经济利益很可能流出企业；

（二）未来流出的经济利益的金额能够可靠地计量。

**第二十五条**　符合负债定义和负债确认条件的项目，应当列入资产负债表；符合负债定义、但不符合负债确认条件的项目，不应当列入资产负债表。

## 第五章　所有者权益

**第二十六条**　所有者权益是指企业资产扣除负债后由所有者享有的剩余权益。

公司的所有者权益又称为股东权益。

**第二十七条**　所有者权益的来源包括所有者投入的资本、直接计入所有者权益的利得和损失、留存收益等。

直接计入所有者权益的利得和损失，是指不应计入当期损益、会导致所有者权益发生增减变动的、与所有者投入资本或者向所有者分配利润无关的利得或者损失。

利得是指由企业非日常活动所形成的、会导致所有者权益增加的、与所有者投入资本无关的经济利益的流入。

损失是指由企业非日常活动所发生的、会导致所有者权益减少的、与向所有者分配利润无关的经济利益的流出。

**第二十八条**　所有者权益金额取决于资产和负债的计量。

**第二十九条**　所有者权益项目应当列入资产负债表。

## 第六章　收　　入

**第三十条**　收入是指企业在日常活动中形成的、会导致所有者权益增加的、与所有者投入资本无关的经济利益的总流入。

**第三十一条**　收入只有在经济利益很可能流入从而导致企业资产增加或者负债减少、且经济利益的流入额能够可靠计量时才能予以确认。

**第三十二条**　符合收入定义和收入确认条件的项目，应当列入利润表。

## 第七章　费　　用

**第三十三条**　费用是指企业在日常活动中发生的、会导致所有者权益减少的、与向所有者分配利润无关的经济利益的总流出。

**第三十四条**　费用只有在经济利益很可能流出从而导致企业资产减少或者负债增加、且经济利益的流出额能够可靠计量时才能予以确认。

**第三十五条**　企业为生产产品、提供劳务等发生的可归属于产品成本、劳务成本等的费用，应当在确认产品销售收入、劳务收入等时，将已销售产品、已提供劳务的成本等计入当期损益。

企业发生的支出不产生经济利益的，或者即使能够产生经济利益但不符合或者不再符合资产确认条件的，应当在发生时确认为费用，计入当期损益。

企业发生的交易或者事项导致其承担了一项负债而又不确认为一项资产的，应当在发生时确认为费用，计入当期损益。

**第三十六条**　符合费用定义和费用确认条件的项目，应当列入利润表。

## 第八章　利　　润

**第三十七条**　利润是指企业在一定会计期间的经营成果。利润包括收入减去费用后的净额、直接计入当期利润的利得和损失等。

**第三十八条**　直接计入当期利润的利得和损失，是指应当计入当期损益、会导致所有者权益发生增减变动的、与所有者投入资本或者向所有者分配利润无关的利得或者损失。

**第三十九条**　利润金额取决于收入和费用、直接计入当期利润的利得和损失金额的计量。

**第四十条**　利润项目应当列入利润表。

## 第九章　会 计 计 量

**第四十一条**　企业在将符合确认条件的会计要素登记入账并列报于会计报表及其附注（又称财务报表，下同）时，应当按照规定的会计计量属性进行计量，确定其金额。

**第四十二条**　会计计量属性主要包括：

（一）历史成本。在历史成本计量下，资产按照购置时支付的现金或者现金等价物的金额，或者按照购置资产时所付出的对价的公允价值计量。负债按照因承担现时义务而实际收到的款项或者资产的金额，或者承担现时义务的合同金额，或者按照日常活动中为偿还负债预期需要支付的现金或者现金等价物的金额计量。

（二）重置成本。在重置成本计量下，资产按照现在购买相同或者相似资产所需支付的现金或者现金等价物的金额计量。负债按照现在偿付该项债务所需支付的现金或者现金等价物的金额计量。

（三）可变现净值。在可变现净值计量下，资产按照其正常对外销售所能收到现金或者现金等价物的金额扣减该资产至完工时估计将要发生的成本、估计的销售费用以及相关税费后的金额计量。

（四）现值。在现值计量下，资产按照预计从其持续使用和最终处置中所产生的未来净现金流入量的折现金额计量。负债按照预计期限内需要偿还的未来净现金流出量的折现金额计量。

（五）公允价值。在公允价值计量下，资产和负债按照市场参与者在计量日发生的有序交易中，出售资产所能收到或者转移负债所需支付的价格计量。

**第四十三条**　企业在对会计要素进行计量时，一般应当采用历史成本，采用重置成本、可变现净值、现值、公允价值计量的，应当保证所确定的会计要素金额能够取得并可靠计量。

## 第十章　财务会计报告

**第四十四条**　财务会计报告是指企业对外提供的反映企业某一特定日期的财务状况和某一会计期间的经营成果、现金流量等会计信息的文件。

财务会计报告包括会计报表及其附注和其他应当在财务会计报告中披露的相关信息和资料。会计报表至少应当包括资产负债表、利润表、现金流量表等报表。

小企业编制的会计报表可以不包括现金流量表。

**第四十五条**　资产负债表是指反映企业在某一特定日期的财务状况的会计报表。

**第四十六条**　利润表是指反映企业在一定会计期间的经营成果的会计报表。

**第四十七条**　现金流量表是指反映企业在一定会计期间的现金和现金等价物流入和流出的会计报表。

**第四十八条**　附注是指对在会计报表中列示项目所作的进一步说明，以及对未能在这些报表中列示项目的说明等。

## 第十一章　附　　则

**第四十九条**　本准则由财政部负责解释。

**第五十条**　本准则自2007年1月1日起施行。

# 小企业会计准则

*1. 2011年10月18日财政部发布*

*2. 财会〔2011〕17号*

*3. 自2013年1月1日起施行*

## 第一章　总　　则

**第一条**　为了规范小企业会计确认、计量和报告行为，促进小企业可持续发展，发挥小企业在国民经济和社会发展中的重要作用，根据《中华人民共和国会计法》及其他有关法律和法规，制定本准则。

**第二条**　本准则适用于在中华人民共和国境内依法设立的、符合《中小企业划型标准规定》所规定的小型企业标准的企业。

下列三类小企业除外：

（一）股票或债券在市场上公开交易的小企业。

（二）金融机构或其他具有金融性质的小企业。

（三）企业集团内的母公司和子公司。

前款所称企业集团、母公司和子公司的定义与《企业会计准则》的规定相同。

**第三条**　符合本准则第二条规定的小企业，可以执行本准则，也可以执行《企业会计准则》。

（一）执行本准则的小企业，发生的交易或者事项本准则未作规范的，可以参照《企业会计准则》中的相关规定进行处理。

（二）执行《企业会计准则》的小企业，不得在执行《企业会计准则》的同时，选择执行本准则的相关规定。

（三）执行本准则的小企业公开发行股票或债券的，应当转为执行《企业会计准则》；因经营规模或企业性质变化导致不符合本准则第二条规定而成为大中型企业或金融企业的，应当从次年1月1日起转为执行《企业会计准则》。

（四）已执行《企业会计准则》的上市公司、大中型企业和小企业，不得转为执行本准则。

**第四条**　执行本准则的小企业转为执行《企业会计准则》时，应当按照《企业会计准则第38号——首次执行企业会计准则》等相关规定进行会计处理。

## 第二章　资　　产

**第五条**　资产，是指小企业过去的交易或者事项形成的、由小企业拥有或者控制的、预期会给小企业带来经济利益的资源。

小企业的资产按照流动性，可分为流动资产和非流动资产。

**第六条**　小企业的资产应当按照成本计量，不计提资产减值准备。

## 第一节　流 动 资 产

**第七条**　小企业的流动资产，是指预计在1年内（含1年，下同）或超过1年的一个正常营业周期内变现、出售或耗用的资产。

小企业的流动资产包括：货币资金、短期投资、应收及预付款项、存货等。

**第八条**　短期投资，是指小企业购入的能随时变现并且持有时间不准备超过1年（含1年，下同）的投资，如小企业以赚取差价为目的从二级市场购入的股票、债券、基金等。

短期投资应当按照以下规定进行会计处理：

（一）以支付现金取得的短期投资，应当按照购买价款和相关税费作为成本进行计量。

实际支付价款中包含的已宣告但尚未发放的现金股利或已到付息期但尚未领取的债券利息，应当单独确认为应收股利或应收利息，不计入短期投资的成本。

（二）在短期投资持有期间，被投资单位宣告分派的现金股利或在债务人应付利息日按照分期付息、一次还本债券投资的票面利率计算的利息收入，应当计入投资收益。

（三）出售短期投资，出售价款扣除其账面余额、相关税费后的净额，应当计入投资收益。

**第九条**　应收及预付款项，是指小企业在日常生产经营活动中发生的各项债权。包括：应收票据、应收账款、应收股利、应收利息、其他应收款等应收款项和预付账款。

应收及预付款项应当按照发生额入账。

**第十条**　小企业应收及预付款项符合下列条件之一的，减除可收回的金额后确认的无法收回的应收及预付款项，作为坏账损失：

（一）债务人依法宣告破产、关闭、解散、被撤销，或者被依法注销、吊销营业执照，其清算财产不足清偿的。

（二）债务人死亡，或者依法被宣告失踪、死亡，其财产或者遗产不足清偿的。

（三）债务人逾期3年以上未清偿，且有确凿证据证明已无力清偿债务的。

（四）与债务人达成债务重组协议或法院批准破产重整计划后，无法追偿的。

（五）因自然灾害、战争等不可抗力导致无法收回的。

（六）国务院财政、税务主管部门规定的其他条件。

应收及预付款项的坏账损失应当于实际发生时计入营业外支出，同时冲减应收及预付款项。

**第十一条**　存货，是指小企业在日常生产经营过程中持有以备出售的产成品或商品、处在生产过程中的在产品、将在生产过程或提供劳务过程中耗用的材料和物料等，以及小企业（农、林、牧、渔业）为出售而持有的、或在将来收获为农产品的消耗性生物资产。

小企业的存货包括：原材料、在产品、半成品、产成品、商品、周转材料、委托加工物资、消耗性生物资产等。

（一）原材料，是指小企业在生产过程中经加工改变其形态或性质并构成产品主要实体的各种原料及主要材料、辅助材料、外购半成品（外购件）、修理用备件（备品备件）、包装材料、燃料等。

（二）在产品，是指小企业正在制造尚未完工的产品。包括：正在各个生产工序加工的产品，以及已加工完毕但尚未检验或已检验但尚未办理入库手续的产品。

（三）半成品，是指小企业经过一定生产过程并已检验合格交付半成品仓库保管，但尚未制造完工成为产成品，仍需进一步加工的中间产品。

（四）产成品，是指小企业已经完成全部生产过程并已验收入库，符合标准规格和技术条件，可以按照合同规定的条件送交订货单位，或者可以作为商品对外销售的产品。

（五）商品，是指小企业（批发业、零售业）外购或委托加工完成并已验收入库用于销售的各种商品。

（六）周转材料，是指小企业能够多次使用、逐渐转移其价值但仍保持原有形态且不确认为固定资产的材料。包括：包装物、低值易耗品、小企业（建筑业）的钢模板、木模板、脚手架等。

（七）委托加工物资，是指小企业委托外单位加工的各种材料、商品等物资。

（八）消耗性生物资产，是指小企业（农、林、牧、渔业）生长中的大田作物、蔬菜、用材林以及存栏待售的牲畜等。

**第十二条**　小企业取得的存货，应当按照成本进行计量。

（一）外购存货的成本包括：购买价款、相关税费、运输费、装卸费、保险费以及在外购存货过程发生的其他直接费用，但不含按照税法规定可以抵扣的增值税进项税额。

（二）通过进一步加工取得存货的成本包括：直接材料、直接人工以及按照一定方法分配的制造费用。

经过1年期以上的制造才能达到预定可销售状态的存货发生的借款费用，也计入存货的成本。

前款所称借款费用，是指小企业因借款而发生的利息及其他相关成本。包括：借款利息、辅助费用以及因外币借款而发生的汇兑差额等。

（三）投资者投入存货的成本，应当按照评估价值确定。

（四）提供劳务的成本包括：与劳务提供直接相关的人工费、材料费和应分摊的间接费用。

（五）自行栽培、营造、繁殖或养殖的消耗性生物资产的成本，应当按照下列规定确定：

1. 自行栽培的大田作物和蔬菜的成本包括：在收获前耗用的种子、肥料、农药等材料费、人工费和应分摊的间接费用。

2. 自行营造的林木类消耗性生物资产的成本包括：郁闭前发生的造林费、抚育费、营林设施费、良种试验费、调查设计费和应分摊的间接费用。

3. 自行繁殖的育肥畜的成本包括：出售前发生的饲料费、人工费和应分摊的间接费用。

4. 水产养殖的动物和植物的成本包括：在出售或入库前耗用的苗种、饲料、肥料等材料费、人工费和应分摊的间接费用。

（六）盘盈存货的成本，应当按照同类或类似存货的市场价格或评估价值确定。

**第十三条**　小企业应当采用先进先出法、加权平均法或者个别计价法确定发出存货的实际成本。计价方法一经选用，不得随意变更。

对于性质和用途相似的存货，应当采用相同的成本计算方法确定发出存货的成本。

对于不能替代使用的存货、为特定项目专门购入或制造的存货以及提供的劳务，采用个别计价法确定发出存货的成本。

对于周转材料，采用一次转销法进行会计处理，在领用时按其成本计入生产成本或当期损益；金额较大的周转材料，也可以采用分次摊销法进行会计处理。出租或出借周转材料，不需要结转其成本，但应当进行备查登记。

对于已售存货，应当将其成本结转为营业成本。

**第十四条**　小企业应当根据生产特点和成本管理的要求，选择适合于本企业的成本核算对象、成本项目和成本计算方法。

小企业发生的各项生产费用，应当按照成本核算对象和成本项目分别归集。

（一）属于材料费、人工费等直接费用，直接计入基本生产成本和辅助生产成本。

（二）属于辅助生产车间为生产产品提供的动力等直接费用，可以先作为辅助生产成本进行归集，然后按照合理的方法分配计入基本生产成本；也可以直接计入所生产产品发生的生产成本。

（三）其他间接费用应当作为制造费用进行归集，月度终了，再按一定的分配标准，分配计入有关产品的成本。

**第十五条**　存货发生毁损，处置收入、可收回的责任人赔偿和保险赔款，扣除其成本、相关税费后的净额，应当计入营业外支出或营业外收入。

盘盈存货实现的收益应当计入营业外收入。

盘亏存货发生的损失应当计入营业外支出。

## 第二节　长期投资

**第十六条**　小企业的非流动资产，是指流动资产以外的资产。

小企业的非流动资产包括：长期债券投资、长期股权投资、固定资产、生产性生物资产、无形资产、长期待摊费用等。

**第十七条**　长期债券投资，是指小企业准备长期（在1年以上，下同）持有的债券投资。

**第十八条**　长期债券投资应当按照购买价款和相关税费作为成本进行计量。

实际支付价款中包含的已到付息期但尚未领取的债券利息，应当单独确认为应收利息，不计入长期债券投资的成本。

**第十九条**　长期债券投资在持有期间发生的应收利息应当确认为投资收益。

（一）分期付息、一次还本的长期债券投资，在债务人应付利息日按照票面利率计算的应收未收利息收入应当确认为应收利息，不增加长期债券投资的账面余额。

（二）一次还本付息的长期债券投资，在债务人应付利息日按照票面利率计算的应收未收利息收入应当增加长期债券投资的账面余额。

（三）债券的折价或者溢价在债券存续期间内于确认相关债券利息收入时采用直线法进行摊销。

**第二十条**　长期债券投资到期，小企业收回长期债券投资,应当冲减其账面余额。

处置长期债券投资,处置价款扣除其账面余额、相关税费后的净额,应当计入投资收益。

**第二十一条** 小企业长期债券投资符合本准则第十条所列条件之一的,减除可收回的金额后确认的无法收回的长期债券投资,作为长期债券投资损失。

长期债券投资损失应当于实际发生时计入营业外支出,同时冲减长期债券投资账面余额。

**第二十二条** 长期股权投资,是指小企业准备长期持有的权益性投资。

**第二十三条** 长期股权投资应当按照成本进行计量。

(一)以支付现金取得的长期股权投资,应当按照购买价款和相关税费作为成本进行计量。

实际支付价款中包含的已宣告但尚未发放的现金股利,应当单独确认为应收股利,不计入长期股权投资的成本。

(二)通过非货币性资产交换取得的长期股权投资,应当按照换出非货币性资产的评估价值和相关税费作为成本进行计量。

**第二十四条** 长期股权投资应当采用成本法进行会计处理。

在长期股权投资持有期间,被投资单位宣告分派的现金股利或利润,应当按照应分得的金额确认为投资收益。

**第二十五条** 处置长期股权投资,处置价款扣除其成本、相关税费后的净额,应当计入投资收益。

**第二十六条** 小企业长期股权投资符合下列条件之一的,减除可收回的金额后确认的无法收回的长期股权投资,作为长期股权投资损失:

(一)被投资单位依法宣告破产、关闭、解散、被撤销,或者被依法注销、吊销营业执照的。

(二)被投资单位财务状况严重恶化,累计发生巨额亏损,已连续停止经营3年以上,且无重新恢复经营改组计划的。

(三)对被投资单位不具有控制权,投资期限届满或者投资期限已超过10年,且被投资单位因连续3年经营亏损导致资不抵债的。

(四)被投资单位财务状况严重恶化,累计发生巨额亏损,已完成清算或清算期超过3年以上的。

(五)国务院财政、税务主管部门规定的其他条件。

长期股权投资损失应当于实际发生时计入营业外支出,同时冲减长期股权投资账面余额。

### 第三节 固定资产和生产性生物资产

**第二十七条** 固定资产,是指小企业为生产产品、提供劳务、出租或经营管理而持有的,使用寿命超过1年的有形资产。

小企业的固定资产包括:房屋、建筑物、机器、机械、运输工具、设备、器具、工具等。

**第二十八条** 固定资产应当按照成本进行计量。

(一)外购固定资产的成本包括:购买价款、相关税费、运输费、装卸费、保险费、安装费等,但不含按照税法规定可以抵扣的增值税进项税额。

以一笔款项购入多项没有单独标价的固定资产,应当按照各项固定资产或类似资产的市场价格或评估价值比例对总成本进行分配,分别确定各项固定资产的成本。

(二)自行建造固定资产的成本,由建造该项资产在竣工决算前发生的支出(含相关的借款费用)构成。

小企业在建工程在试运转过程中形成的产品、副产品或试车收入冲减在建工程成本。

(三)投资者投入固定资产的成本,应当按照评估价值和相关税费确定。

(四)融资租入的固定资产的成本,应当按照租赁合同约定的付款总额和在签订租赁合同过程中发生的相关税费等确定。

(五)盘盈固定资产的成本,应当按照同类或者类似固定资产的市场价格或评估价值,扣除按照该项固定资产新旧程度估计的折旧后的余额确定。

**第二十九条** 小企业应当对所有固定资产计提折旧,但已提足折旧仍继续使用的固定资产和单独计价入账的土地不得计提折旧。

固定资产的折旧费应当根据固定资产的受益对象计入相关资产成本或者当期损益。

前款所称折旧,是指在固定资产使用寿命内,按照确定的方法对应计折旧额进行系统分摊。应计折旧额,是指应当计提折旧的固定资产的原价(成本)扣除其预计净残值后的金额。预计净残值,是指固定资产预计使用寿命已满,小企业从该项固定资产处置中获得的扣除预计处置费用后的净额。已提足折旧,是指已经提足该项固定资产的应计折旧额。

**第三十条** 小企业应当按照年限平均法(即直线法,下同)计提折旧。小企业的固定资产由于技术进步等原因,确需加速折旧的,可以采用双倍余额递减法和年数总和法。

小企业应当根据固定资产的性质和使用情况,并考虑税法的规定,合理确定固定资产的使用寿命和预计净残值。

固定资产的折旧方法、使用寿命、预计净残值一经确定,不得随意变更。

**第三十一条** 小企业应当按月计提折旧,当月增加的固定资产,当月不计提折旧,从下月起计提折旧;当月减少的固定资产,当月仍计提折旧,从下月起不计提折旧。

**第三十二条** 固定资产的日常修理费,应当在发生时根据固定资产的受益对象计入相关资产成本或者当期损益。

**第三十三条** 固定资产的改建支出,应当计入固定资产的成本,但已提足折旧的固定资产和经营租入的固定资产发生的改建支出应当计入长期待摊费用。

前款所称固定资产的改建支出,是指改变房屋或者建筑物结构、延长使用年限等发生的支出。

**第三十四条** 处置固定资产,处置收入扣除其账面价值、相关税费和清理费用后的净额,应当计入营业外收入或营业外支出。

前款所称固定资产的账面价值,是指固定资产原价(成本)扣减累计折旧后的金额。

盘亏固定资产发生的损失应当计入营业外支出。

**第三十五条** 生产性生物资产,是指小企业(农、林、牧、渔业)为生产农产品、提供劳务或出租等目的而持有的生物资产。包括:经济林、薪炭林、产畜和役畜等。

**第三十六条** 生产性生物资产应当按照成本进行计量。

(一)外购的生产性生物资产的成本,应当按照购买价款和相关税费确定。

(二)自行营造或繁殖的生产性生物资产的成本,应当按照下列规定确定:

1. 自行营造的林木类生产性生物资产的成本包括:达到预定生产经营目的前发生的造林费、抚育费、营林设施费、良种试验费、调查设计费和应分摊的间接费用等必要支出。

2. 自行繁殖的产畜和役畜的成本包括:达到预定生产经营目的前发生的饲料费、人工费和应分摊的间接费用等必要支出。

前款所称达到预定生产经营目的,是指生产性生物资产进入正常生产期,可以多年连续稳定产出农产品、提供劳务或出租。

**第三十七条** 生产性生物资产应当按照年限平均法计提折旧。

小企业(农、林、牧、渔业)应当根据生产性生物资产的性质和使用情况,并考虑税法的规定,合理确定生产性生物资产的使用寿命和预计净残值。

生产性生物资产的折旧方法、使用寿命、预计净残值一经确定,不得随意变更。

小企业(农、林、牧、渔业)应当自生产性生物资产投入使用月份的下月起按月计提折旧;停止使用的生产性生物资产,应当自停止使用月份的下月起停止计提折旧。

## 第四节 无形资产

**第三十八条** 无形资产,是指小企业为生产产品、提供劳务、出租或经营管理而持有的、没有实物形态的可辨认非货币性资产。

小企业的无形资产包括:土地使用权、专利权、商标权、著作权、非专利技术等。

自行开发建造厂房等建筑物,相关的土地使用权与建筑物应当分别进行处理。外购土地及建筑物支付的价款应当在建筑物与土地使用权之间按照合理的方法进行分配;难以合理分配的,应当全部作为固定资产。

**第三十九条** 无形资产应当按照成本进行计量。

(一)外购无形资产的成本包括:购买价款、相关税费和相关的其他支出(含相关的借款费用)。

(二)投资者投入的无形资产的成本,应当按照评估价值和相关税费确定。

(三)自行开发的无形资产的成本,由符合资本化条件后至达到预定用途前发生的支出(含相关的借款费用)构成。

**第四十条** 小企业自行开发无形资产发生的支出,同时满足下列条件的,才能确认为无形资产:

(一)完成该无形资产以使其能够使用或出售在技术上具有可行性;

(二)具有完成该无形资产并使用或出售的意图;

(三)能够证明运用该无形资产生产的产品存在市场或无形资产自身存在市场,无形资产将在内部使用的,应当证明其有用性;

(四)有足够的技术、财务资源和其他资源支持,以完成该无形资产的开发,并有能力使用或出售该无形资产;

(五)归属于该无形资产开发阶段的支出能够可靠地计量。

**第四十一条** 无形资产应当在其使用寿命内采用年限平均法进行摊销,根据其受益对象计入相关资产成本或者当期损益。

无形资产的摊销期自其可供使用时开始至停止使用或出售时止。有关法律规定或合同约定了使用年限的,可以按照规定或约定的使用年限分期摊销。

小企业不能可靠估计无形资产使用寿命的,摊销期不得低于10年。

**第四十二条**　处置无形资产,处置收入扣除其账面价值、相关税费等后的净额,应当计入营业外收入或营业外支出。

前款所称无形资产的账面价值,是指无形资产的成本扣减累计摊销后的金额。

### 第五节　长期待摊费用

**第四十三条**　小企业的长期待摊费用包括:已提足折旧的固定资产的改建支出、经营租入固定资产的改建支出、固定资产的大修理支出和其他长期待摊费用等。

前款所称固定资产的大修理支出,是指同时符合下列条件的支出:

(一)修理支出达到取得固定资产时的计税基础50%以上;

(二)修理后固定资产的使用寿命延长2年以上。

**第四十四条**　长期待摊费用应当在其摊销期限内采用年限平均法进行摊销,根据其受益对象计入相关资产的成本或者管理费用,并冲减长期待摊费用。

(一)已提足折旧的固定资产的改建支出,按照固定资产预计尚可使用年限分期摊销。

(二)经营租入固定资产的改建支出,按照合同约定的剩余租赁期限分期摊销。

(三)固定资产的大修理支出,按照固定资产尚可使用年限分期摊销。

(四)其他长期待摊费用,自支出发生月份的下月起分期摊销,摊销期不得低于3年。

## 第三章　负　　债

**第四十五条**　负债,是指小企业过去的交易或者事项形成的,预期会导致经济利益流出小企业的现时义务。

小企业的负债按照其流动性,可分为流动负债和非流动负债。

### 第一节　流动负债

**第四十六条**　小企业的流动负债,是指预计在1年内或者超过1年的一个正常营业周期内清偿的债务。

小企业的流动负债包括:短期借款、应付及预收款项、应付职工薪酬、应交税费、应付利息等。

**第四十七条**　各项流动负债应当按照其实际发生额入账。

小企业确实无法偿付的应付款项,应当计入营业外收入。

**第四十八条**　短期借款应当按照借款本金和借款合同利率在应付利息日计提利息费用,计入财务费用。

**第四十九条**　应付职工薪酬,是指小企业为获得职工提供的服务而应付给职工的各种形式的报酬以及其他相关支出。

小企业的职工薪酬包括:

(一)职工工资、奖金、津贴和补贴。

(二)职工福利费。

(三)医疗保险费、养老保险费、失业保险费、工伤保险费和生育保险费等社会保险费。

(四)住房公积金。

(五)工会经费和职工教育经费。

(六)非货币性福利。

(七)因解除与职工的劳动关系给予的补偿。

(八)其他与获得职工提供的服务相关的支出等。

**第五十条**　小企业应当在职工为其提供服务的会计期间,将应付的职工薪酬确认为负债,并根据职工提供服务的受益对象,分别下列情况进行会计处理:

(一)应由生产产品、提供劳务负担的职工薪酬,计入产品成本或劳务成本。

(二)应由在建工程、无形资产开发项目负担的职工薪酬,计入固定资产成本或无形资产成本。

(三)其他职工薪酬(含因解除与职工的劳动关系给予的补偿),计入当期损益。

### 第二节　非流动负债

**第五十一条**　小企业的非流动负债,是指流动负债以外的负债。

小企业的非流动负债包括:长期借款、长期应付款等。

**第五十二条**　非流动负债应当按照其实际发生额入账。

长期借款应当按照借款本金和借款合同利率在应付利息日计提利息费用,计入相关资产成本或财务费用。

## 第四章　所有者权益

**第五十三条**　所有者权益,是指小企业资产扣除负债后由所有者享有的剩余权益。

小企业的所有者权益包括:实收资本(或股本,下同)、资本公积、盈余公积和未分配利润。

**第五十四条**　实收资本,是指投资者按照合同协议约定或相关规定投入到小企业、构成小企业注册资本的部分。

（一）小企业收到投资者以现金或非货币性资产投入的资本，应当按照其在本企业注册资本中所占的份额计入实收资本，超出的部分，应当计入资本公积。

（二）投资者根据有关规定对小企业进行增资或减资，小企业应当增加或减少实收资本。

**第五十五条** 资本公积，是指小企业收到的投资者出资额超过其在注册资本或股本中所占份额的部分。

小企业用资本公积转增资本，应当冲减资本公积。小企业的资本公积不得用于弥补亏损。

**第五十六条** 盈余公积，是指小企业按照法律规定在税后利润中提取的法定公积金和任意公积金。

小企业用盈余公积弥补亏损或者转增资本，应当冲减盈余公积。小企业的盈余公积还可以用于扩大生产经营。

**第五十七条** 未分配利润，是指小企业实现的净利润，经过弥补亏损、提取法定公积金和任意公积金、向投资者分配利润后，留存在本企业的、历年结存的利润。

## 第五章 收 入

**第五十八条** 收入，是指小企业在日常生产经营活动中形成的、会导致所有者权益增加、与所有者投入资本无关的经济利益的总流入。包括：销售商品收入和提供劳务收入。

**第五十九条** 销售商品收入，是指小企业销售商品（或产成品、材料，下同）取得的收入。

通常，小企业应当在发出商品且收到货款或取得收款权利时，确认销售商品收入。

（一）销售商品采用托收承付方式的，在办妥托收手续时确认收入。

（二）销售商品采取预收款方式的，在发出商品时确认收入。

（三）销售商品采用分期收款方式的，在合同约定的收款日期确认收入。

（四）销售商品需要安装和检验的，在购买方接受商品以及安装和检验完毕时确认收入。安装程序比较简单的，可在发出商品时确认收入。

（五）销售商品采用支付手续费方式委托代销的，在收到代销清单时确认收入。

（六）销售商品以旧换新的，销售的商品作为商品销售处理，回收的商品作为购进商品处理。

（七）采取产品分成方式取得的收入，在分得产品之日按照产品的市场价格或评估价值确定销售商品收入金额。

**第六十条** 小企业应当按照从购买方已收或应收的合同或协议价款，确定销售商品收入金额。

销售商品涉及现金折扣的，应当按照扣除现金折扣前的金额确定销售商品收入金额。现金折扣应当在实际发生时，计入当期损益。

销售商品涉及商业折扣的，应当按照扣除商业折扣后的金额确定销售商品收入金额。

前款所称现金折扣，是指债权人为鼓励债务人在规定的期限内付款而向债务人提供的债务扣除。商业折扣，是指小企业为促进商品销售而在商品标价上给予的价格扣除。

**第六十一条** 小企业已经确认销售商品收入的售出商品发生的销售退回（不论属于本年度还是属于以前年度的销售），应当在发生时冲减当期销售商品收入。

小企业已经确认销售商品收入的售出商品发生的销售折让，应当在发生时冲减当期销售商品收入。

前款所称销售退回，是指小企业售出的商品由于质量、品种不符合要求等原因发生的退货。销售折让，是指小企业因售出商品的质量不合格等原因而在售价上给予的减让。

**第六十二条** 小企业提供劳务的收入，是指小企业从事建筑安装、修理修配、交通运输、仓储租赁、邮电通信、咨询经纪、文化体育、科学研究、技术服务、教育培训、餐饮住宿、中介代理、卫生保健、社区服务、旅游、娱乐、加工以及其他劳务服务活动取得的收入。

**第六十三条** 同一会计年度内开始并完成的劳务，应当在提供劳务交易完成且收到款项或取得收款权利时，确认提供劳务收入。提供劳务收入的金额为从接受劳务方已收或应收的合同或协议价款。

劳务的开始和完成分属不同会计年度的，应当按照完工进度确认提供劳务收入。年度资产负债表日，按照提供劳务收入总额乘以完工进度扣除以前会计年度累计已确认提供劳务收入后的金额，确认本年度的提供劳务收入；同时，按照估计的提供劳务成本总额乘以完工进度扣除以前会计年度累计已确认营业成本后的金额，结转本年度营业成本。

**第六十四条** 小企业与其他企业签订的合同或协议包含销售商品和提供劳务时，销售商品部分和提供劳务部分能够区分且能够单独计量的，应当将销售商品的部分作为销售商品处理，将提供劳务的部分作为提供劳务处理。

销售商品部分和提供劳务部分不能够区分，或虽能区分但不能够单独计量的，应当作为销售商品处理。

## 第六章 费 用

**第六十五条** 费用,是指小企业在日常生产经营活动中发生的、会导致所有者权益减少、与向所有者分配利润无关的经济利益的总流出。

小企业的费用包括:营业成本、营业税金及附加、销售费用、管理费用、财务费用等。

(一)营业成本,是指小企业所销售商品的成本和所提供劳务的成本。

(二)营业税金及附加,是指小企业开展日常生产经营活动应负担的消费税、营业税、城市维护建设税、资源税、土地增值税、城镇土地使用税、房产税、车船税、印花税和教育费附加、矿产资源补偿费、排污费等。

(三)销售费用,是指小企业在销售商品或提供劳务过程中发生的各种费用。包括:销售人员的职工薪酬、商品维修费、运输费、装卸费、包装费、保险费、广告费、业务宣传费、展览费等费用。

小企业(批发业、零售业)在购买商品过程中发生的费用(包括:运输费、装卸费、包装费、保险费、运输途中的合理损耗和入库前的挑选整理费等)也构成销售费用。

(四)管理费用,是指小企业为组织和管理生产经营发生的其他费用。包括:小企业在筹建期间内发生的开办费、行政管理部门发生的费用(包括:固定资产折旧费、修理费、办公费、水电费、差旅费、管理人员的职工薪酬等)、业务招待费、研究费用、技术转让费、相关长期待摊费用摊销、财产保险费、聘请中介机构费、咨询费(含顾问费)、诉讼费等费用。

(五)财务费用,是指小企业为筹集生产经营所需资金发生的筹资费用。包括:利息费用(减利息收入)、汇兑损失、银行相关手续费、小企业给予的现金折扣(减享受的现金折扣)等费用。

**第六十六条** 通常,小企业的费用应当在发生时按照其发生额计入当期损益。

小企业销售商品收入和提供劳务收入已予确认的,应当将已销售商品和已提供劳务的成本作为营业成本结转至当期损益。

## 第七章 利润及利润分配

**第六十七条** 利润,是指小企业在一定会计期间的经营成果。包括:营业利润、利润总额和净利润。

(一)营业利润,是指营业收入减去营业成本、营业税金及附加、销售费用、管理费用、财务费用,加上投资收益(或减去投资损失)后的金额。

前款所称营业收入,是指小企业销售商品和提供劳务实现的收入总额。投资收益,由小企业股权投资取得的现金股利(或利润)、债券投资取得的利息收入和处置股权投资和债券投资取得的处置价款扣除成本或账面余额、相关税费后的净额三部分构成。

(二)利润总额,是指营业利润加上营业外收入,减去营业外支出后的金额。

(三)净利润,是指利润总额减去所得税费用后的净额。

**第六十八条** 营业外收入,是指小企业非日常生产经营活动形成的、应当计入当期损益、会导致所有者权益增加、与所有者投入资本无关的经济利益的净流入。

小企业的营业外收入包括:非流动资产处置净收益、政府补助、捐赠收益、盘盈收益、汇兑收益、出租包装物和商品的租金收入、逾期未退包装物押金收益、确实无法偿付的应付款项、已作坏账损失处理后又收回的应收款项、违约金收益等。

通常,小企业的营业外收入应当在实现时按照其实现金额计入当期损益。

**第六十九条** 政府补助,是指小企业从政府无偿取得货币性资产或非货币性资产,但不含政府作为小企业所有者投入的资本。

(一)小企业收到与资产相关的政府补助,应当确认为递延收益,并在相关资产的使用寿命内平均分配,计入营业外收入。

收到的其他政府补助,用于补偿本企业以后期间的相关费用或亏损的,确认为递延收益,并在确认相关费用或发生亏损的期间,计入营业外收入;用于补偿本企业已发生的相关费用或亏损的,直接计入营业外收入。

(二)政府补助为货币性资产的,应当按照收到的金额计量。

政府补助为非货币性资产的,政府提供了有关凭据的,应当按照凭据上标明的金额计量;政府没有提供有关凭据的,应当按照同类或类似资产的市场价格或评估价值计量。

(三)小企业按照规定实行企业所得税、增值税、消费税、营业税等先征后返的,应当在实际收到返还的企业所得税、增值税(不含出口退税)、消费税、营业税时,计入营业外收入。

**第七十条** 营业外支出,是指小企业非日常生产经营活动发生的、应当计入当期损益、会导致所有者权益减少、与向所有者分配利润无关的经济利益的净流出。

小企业的营业外支出包括：存货的盘亏、毁损、报废损失，非流动资产处置净损失，坏账损失，无法收回的长期债券投资损失，无法收回的长期股权投资损失，自然灾害等不可抗力因素造成的损失，税收滞纳金，罚金，罚款，被没收财物的损失，捐赠支出，赞助支出等。

通常，小企业的营业外支出应当在发生时按照其发生额计入当期损益。

**第七十一条**　小企业应当按照企业所得税法规定计算的当期应纳税额，确认所得税费用。

小企业应当在利润总额的基础上，按照企业所得税法规定进行纳税调整，计算出当期应纳税所得额，按照应纳税所得额与适用所得税税率为基础计算确定当期应纳税额。

**第七十二条**　小企业以当年净利润弥补以前年度亏损等剩余的税后利润，可用于向投资者进行分配。

小企业（公司制）在分配当年税后利润时，应当按照公司法的规定提取法定公积金和任意公积金。

## 第八章　外币业务

**第七十三条**　小企业的外币业务由外币交易和外币财务报表折算构成。

**第七十四条**　外币交易，是指小企业以外币计价或者结算的交易。

小企业的外币交易包括：买入或者卖出以外币计价的商品或者劳务、借入或者借出外币资金和其他以外币计价或者结算的交易。

前款所称外币，是指小企业记账本位币以外的货币。记账本位币，是指小企业经营所处的主要经济环境中的货币。

**第七十五条**　小企业应当选择人民币作为记账本位币。业务收支以人民币以外的货币为主的小企业，可以选定其中一种货币作为记账本位币，但编报的财务报表应当折算为人民币财务报表。

小企业记账本位币一经确定，不得随意变更，但小企业经营所处的主要经济环境发生重大变化除外。

小企业因经营所处的主要经济环境发生重大变化，确需变更记账本位币的，应当采用变更当日的即期汇率将所有项目折算为变更后的记账本位币。

前款所称即期汇率，是指中国人民银行公布的当日人民币外汇牌价的中间价。

**第七十六条**　小企业对于发生的外币交易，应当将外币金额折算为记账本位币金额。

外币交易在初始确认时，采用交易发生日的即期汇率将外币金额折算为记账本位币金额；也可以采用交易当期平均汇率折算。

小企业收到投资者以外币投入的资本，应当采用交易发生日即期汇率折算，不得采用合同约定汇率和交易当期平均汇率折算。

**第七十七条**　小企业在资产负债表日，应当按照下列规定对外币货币性项目和外币非货币性项目进行会计处理：

（一）外币货币性项目，采用资产负债表日的即期汇率折算。因资产负债表日即期汇率与初始确认时或者前一资产负债表日即期汇率不同而产生的汇兑差额，计入当期损益。

（二）以历史成本计量的外币非货币性项目，仍采用交易发生日的即期汇率折算，不改变其记账本位币金额。

前款所称货币性项目，是指小企业持有的货币资金和将以固定或可确定的金额收取的资产或者偿付的负债。货币性项目分为货币性资产和货币性负债。货币性资产包括：库存现金、银行存款、应收账款、其他应收款等；货币性负债包括：短期借款、应付账款、其他应付款、长期借款、长期应付款等。非货币性项目，是指货币性项目以外的项目。包括：存货、长期股权投资、固定资产、无形资产等。

**第七十八条**　小企业对外币财务报表进行折算时，应当采用资产负债表日的即期汇率对外币资产负债表、利润表和现金流量表的所有项目进行折算。

## 第九章　财务报表

**第七十九条**　财务报表，是指对小企业财务状况、经营成果和现金流量的结构性表述。小企业的财务报表至少应当包括下列组成部分：

（一）资产负债表；

（二）利润表；

（三）现金流量表；

（四）附注。

**第八十条**　资产负债表，是指反映小企业在某一特定日期的财务状况的报表。

（一）资产负债表中的资产类至少应当单独列示反映下列信息的项目：

1. 货币资金；
2. 应收及预付款项；
3. 存货；
4. 长期债券投资；
5. 长期股权投资；
6. 固定资产；

7. 生产性生物资产;
8. 无形资产;
9. 长期待摊费用。

(二)资产负债表中的负债类至少应当单独列示反映下列信息的项目:
1. 短期借款;
2. 应付及预收款项;
3. 应付职工薪酬;
4. 应交税费;
5. 应付利息;
6. 长期借款;
7. 长期应付款。

(三)资产负债表中的所有者权益类至少应当单独列示反映下列信息的项目:
1. 实收资本;
2. 资本公积;
3. 盈余公积;
4. 未分配利润。

(四)资产负债表中的资产类应当包括流动资产和非流动资产的合计项目;负债类应当包括流动负债、非流动负债和负债的合计项目;所有者权益类应当包括所有者权益的合计项目。

资产负债表应当列示资产总计项目,负债和所有者权益总计项目。

**第八十一条**　利润表,是指反映小企业在一定会计期间的经营成果的报表。

费用应当按照功能分类,分为营业成本、营业税金及附加、销售费用、管理费用和财务费用等。

利润表至少应当单独列示反映下列信息的项目:

(一)营业收入;
(二)营业成本;
(三)营业税金及附加;
(四)销售费用;
(五)管理费用;
(六)财务费用;
(七)所得税费用;
(八)净利润。

**第八十二条**　现金流量表,是指反映小企业在一定会计期间现金流入和流出情况的报表。

现金流量表应当分别经营活动、投资活动和筹资活动列报现金流量。现金流量应当分别按照现金流入和现金流出总额列报。

前款所称现金,是指小企业的库存现金以及可以随时用于支付的存款和其他货币资金。

**第八十三条**　经营活动,是指小企业投资活动和筹资活动以外的所有交易和事项。

小企业经营活动产生的现金流量应当单独列示反映下列信息的项目:

(一)销售产成品、商品、提供劳务收到的现金;
(二)购买原材料、商品、接受劳务支付的现金;
(三)支付的职工薪酬;
(四)支付的税费。

**第八十四条**　投资活动,是指小企业固定资产、无形资产、其他非流动资产的购建和短期投资、长期债券投资、长期股权投资及其处置活动。

小企业投资活动产生的现金流量应当单独列示反映下列信息的项目:

(一)收回短期投资、长期债券投资和长期股权投资收到的现金;
(二)取得投资收益收到的现金;
(三)处置固定资产、无形资产和其他非流动资产收回的现金净额;
(四)短期投资、长期债券投资和长期股权投资支付的现金;
(五)购建固定资产、无形资产和其他非流动资产支付的现金。

**第八十五条**　筹资活动,是指导致小企业资本及债务规模和构成发生变化的活动。

小企业筹资活动产生的现金流量应当单独列示反映下列信息的项目:

(一)取得借款收到的现金;
(二)吸收投资者投资收到的现金;
(三)偿还借款本金支付的现金;
(四)偿还借款利息支付的现金;
(五)分配利润支付的现金。

**第八十六条**　附注,是指对在资产负债表、利润表和现金流量表等报表中列示项目的文字描述或明细资料,以及对未能在这些报表中列示项目的说明等。

附注应当按照下列顺序披露:

(一)遵循小企业会计准则的声明。
(二)短期投资、应收账款、存货、固定资产项目的说明。
(三)应付职工薪酬、应交税费项目的说明。
(四)利润分配的说明。
(五)用于对外担保的资产名称、账面余额及形成的原因;未决诉讼、未决仲裁以及对外提供担保所涉及的金额。

(六)发生严重亏损的,应当披露持续经营的计划、未来经营的方案。

(七)对已在资产负债表和利润表中列示项目与企业所得税法规定存在差异的纳税调整过程。

(八)其他需要在附注中说明的事项。

**第八十七条** 小企业应当根据实际发生的交易和事项,按照本准则的规定进行确认和计量,在此基础上按月或者按季编制财务报表。

**第八十八条** 小企业对会计政策变更、会计估计变更和会计差错更正应当采用未来适用法进行会计处理。

前款所称会计政策,是指小企业在会计确认、计量和报告中所采用的原则、基础和会计处理方法。会计估计变更,是指由于资产和负债的当前状况及预期经济利益和义务发生了变化,从而对资产或负债的账面价值或者资产的定期消耗金额进行调整。前期差错包括:计算错误、应用会计政策错误、应用会计估计错误等。未来适用法,是指将变更后的会计政策和会计估计应用于变更日及以后发生的交易或者事项,或者在会计差错发生或发现的当期更正差错的方法。

## 第十章 附 则

**第八十九条** 符合《中小企业划型标准规定》所规定的微型企业标准的企业参照执行本准则。

**第九十条** 本准则自2013年1月1日起施行。财政部2004年发布的《小企业会计制度》(财会〔2004〕2号)同时废止。

附录:会计科目、主要账务处理和财务报表(略)

# 小企业执行《小企业会计准则》有关问题衔接规定

*1. 2012年12月29日财政部印发*
*2. 财会〔2012〕20号*

为促进小企业严格遵循《中华人民共和国会计法》及《小企业会计准则》的规定,做好自《小企业会计制度》(以下简称原制度)向《小企业会计准则》(以下简称新准则)转换的衔接工作,现对小企业执行新准则有关问题衔接规定如下:

**一、总体要求**

首次执行新准则的小企业应当认真做好内部会计核算办法修订、资产和负债清查、科目转换与账务调整、会计信息系统改造等工作,确保新旧制度的顺利衔接和平稳过渡。

(一)及时修订内部会计核算办法。小企业应当根据新准则的规定,结合自身实际情况,确定会计政策和会计估计,修订小企业内部会计核算办法,细化会计核算内容,确保会计确认、计量和报告行为制度化、规范化。

(二)认真做好资产负债清查工作。小企业应当在执行新准则前全面清查各项资产和负债,如实反映其状况及潜在风险。对于清查出的损益,应先记入“待处理财产损溢”科目,经批准后,调整相关所有者权益。

(三)认真做好有关账务衔接工作。小企业应当根据新准则的规定,结合自身实际情况,设置会计科目并进行相应的账务处理。对于一级科目,在不违反新准则确认、计量和报告规定的前提下,可以根据本企业的实际情况自行增设、分拆与合并;对于明细科目,可以根据本企业的实际情况自行设置。首次执行新准则时,应当对原制度有关科目按新准则要求进行余额转换,确保新旧会计科目顺利衔接。

(四)及时调整会计信息系统。小企业应当对原有会计核算软件和会计信息系统进行及时更新和调试,正确实现数据转换,确保新旧账套的有序衔接。

**二、账目调整**

(一)资产类

1.“现金”、“银行存款”、“其他货币资金”和“短期投资”科目

新准则设置了“库存现金”、“银行存款”、“其他货币资金”和“短期投资”科目,其核算内容与原制度相应科目的核算内容基本相同。转账时,应将原账中上述科目的余额直接转入新账中相应科目,也可沿用原账。

2.“应收票据”、“应收股息”、“应收账款”和“其他应收款”科目

新准则设置了“应收票据”、“应收账款”和“其他应收款”科目,其核算内容与原制度相应科目的核算内容基本相同。原制度和新准则均规定,预付款项不多的小企业可以将预付款项直接记入“应付账款”科目借方,预付款项较多的小企业也可单独设置“预付账款”科目核算。转账时,应将原账中上述科目的余额直接转至新账,也可沿用原账。

新准则设置了“应收股利”和“应收利息”科目,这两个科目的核算内容与原账中“应收股息”科目的核

算内容基本相同。转账时,应对原账中"应收股息"科目的余额进行分析,将应收取现金股利或利润的金额转入新账中"应收股利"科目,将应收取利息的金额转入新账中"应收利息"科目。

3."短期投资跌价准备"、"坏账准备"和"存货跌价准备"科目

新准则没有设置"短期投资跌价准备"、"坏账准备"和"存货跌价准备"科目。转账时,应将上述资产减值准备科目的余额转入"利润分配——未分配利润"科目。

4."在途物资"、"材料"、"低值易耗品"、"库存商品"、"商品进销差价"、"委托加工物资"、"委托代销商品"科目

新准则设置了"在途物资"、"原材料"、"库存商品"、"商品进销差价"、"委托加工物资"科目,采用支付手续费方式委托其他单位代销商品的小企业还可以单独设置"委托代销商品"科目,这些科目的核算内容与原制度相应科目的核算内容基本相同。原制度规定,采用计划成本进行材料日常核算的小企业,可以增设"物资采购"和"材料成本差异"科目;新准则相应设置了"材料采购"和"材料成本差异"科目,其核算内容也基本相同。转账时,应将原账中上述科目的余额直接转入新账中相应科目,也可沿用原账。

新准则设置了"周转材料"科目,用于核算小企业库存的周转材料的成本,包括包装物、低值易耗品,以及小企业(建筑业)的钢模板、木模板、脚手架等。转账时,应将原账中"低值易耗品"科目的余额转入新账中"周转材料"科目。新准则下单独设置了"包装物"和"低值易耗品"科目的小企业,转账时,应对原账中"低值易耗品"等科目的余额进行分析,分别转入新账中的相应科目。

针对小企业(农、林、牧、渔业),新准则专门设置了"消耗性生物资产"科目,用于核算小企业持有的消耗性生物资产的实际成本。转账时,小企业(农、林、牧、渔业)应对原账中存货类科目的余额进行分析,将其中属于消耗性生物资产的部分转入新账中"消耗性生物资产"科目。

5."待摊费用"科目

新准则没有设置"待摊费用"科目,但允许小企业根据需要自行增设相应科目用于日常核算。新准则下不再增设"待摊费用"科目的小企业,转账时,应对原账中"待摊费用"科目的余额进行分析,转入新账中"预付账款"等科目。新准则下增设了"待摊费用"科目的小企业,转账时,应将原账中"待摊费用"科目的余额直接转至新账,也可沿用原账,并在以后期间按原摊销期限继续摊销。资产负债表日,对于新旧转换时转入的尚未摊销完毕的待摊费用余额,或者执行新准则后发生的尚未摊销完毕的待摊费用余额,应根据其性质进行分析,在资产负债表"预付账款"、"其他流动资产"等项目中填列。

6."长期股权投资"科目

新准则设置了"长期股权投资"科目,其核算内容与原制度相应科目的核算内容基本相同,但核算方法有所不同。新准则要求小企业对长期股权投资一律采用成本法核算。转账时,应将原账中"长期股权投资"科目的余额直接转至新账,也可沿用原账。

对于原制度下采用权益法核算的长期股权投资,因以前期间投资收益确认导致长期股权投资账面余额大于其投资成本的,在以后期间被投资单位宣告分派现金股利或利润时,应按照应分得的金额冲减长期股权投资账面余额,直至该项投资账面余额冲减至原投资成本。

7."长期债权投资"科目

新准则设置了"长期债券投资"科目,其核算内容与原制度相应科目的核算内容基本相同。转账时,应将原账中"长期债权投资"科目的余额转入新账中"长期债券投资"科目,也可沿用原账。

8."固定资产"、"累计折旧"、"在建工程"、"工程物资"和"固定资产清理"科目

新准则设置了"固定资产"、"累计折旧"、"在建工程"、"工程物资"和"固定资产清理"科目,其核算内容与原制度相应科目的核算内容基本相同。转账时,应将原账中上述科目的余额直接转至新账,也可沿用原账。

针对小企业(农、林、牧、渔业),新准则专门设置了"生产性生物资产"和"生产性生物资产累计折旧"科目,分别核算小企业持有的生产性生物资产的原价(成本)及成熟生产性生物资产的累计折旧。转账时,小企业(农、林、牧、渔业)应对原账中"固定资产"和"累计折旧"科目的余额进行分析,将属于生产性生物资产的部分转入新账中"生产性生物资产"和"生产性生物资产累计折旧"科目。

9."无形资产"科目

新准则设置了"无形资产"和"累计摊销"科目,分别核算小企业持有的无形资产成本及其计提的累计摊销。转账时,应对原账中"无形资产"科目的余额进行分析,将无形资产成本的金额转入新账中"无形资产"科目,将无形资产已计提的累计摊销额转入新账中

"累计摊销"科目;如上述调整不切实可行的,应将原账中"无形资产"科目的余额直接转入新账中"无形资产"科目,也可沿用原账。

10."长期待摊费用"科目

新准则设置了"长期待摊费用"科目,其核算内容与原制度相应科目的核算内容略有不同。转账时,应对原账中"长期待摊费用"科目的余额进行分析,将小企业筹建期间内发生的尚未摊销完毕的开办费冲减"利润分配——未分配利润"科目;将其他尚未摊销完毕的长期待摊费用直接转入新账中"长期待摊费用"科目,以后期间按原摊销期限继续摊销。

(二)负债类

1."短期借款"、"应付票据"、"应付账款"、"预收账款"、"应付工资"、"应付福利费"、"应付利润"、"应交税金"、"其他应交款"和"其他应付款"科目

新准则设置了"短期借款"、"应付票据"、"应付账款"、"应付利润"和"其他应付款"科目,其核算内容与原制度相应科目的核算内容基本相同。原制度和新准则均规定,预收款项不多的小企业可以将预收款项直接记入"应收账款"科目贷方,预收款项较多的小企业也可单独设置"预收账款"科目核算。转账时,应将原账中上述科目的余额直接转至新账,也可沿用原账。

新准则设置了"应付职工薪酬"科目,用于核算小企业根据有关规定应付给职工的各种薪酬,小企业(外商投资)按照规定从净利润中提取的职工奖励及福利基金也通过该科目核算。转账时,应将原账中"应付工资"和"应付福利费"科目的余额一并转入新账中"应付职工薪酬"科目。

新准则设置了"应交税费"科目,用于核算小企业按照税法等规定计算应交纳的各种税费。转账时,应将原账中"应交税金"和"其他应交款"科目的余额一并转入新账中"应交税费"科目。

2."预提费用"科目

新准则没有设置"预提费用"科目,但允许小企业根据需要自行增设相应科目用于日常核算。新准则下不再增设"预提费用"科目的小企业,转账时,应对原账中"预提费用"科目的余额进行分析,转入新账中"应付利息"、"其他应付款"等科目。新准则下增设"预提费用"科目的小企业,转账时,应将原账中"预提费用"科目的余额直接转至新账,也可沿用原账,并在以后期间实际支付时予以冲销。资产负债表日,对于新旧转换时转入的尚未冲减完毕的预提费用余额,或者执行新准则后发生的尚未冲减完毕的预提费用余额,应根据其性质进行分析,在资产负债表"应付利息"、"其他应付款"、"其他流动负债"等项目中填列。

3."待转资产价值"科目

新准则没有设置"待转资产价值"科目。转账时,应将原账中"待转资产价值"科目的余额转入"利润分配——未分配利润"科目。

4."长期借款"和"长期应付款"科目

新准则设置了"长期借款"和"长期应付款"科目,其核算内容与原制度相应科目的核算内容基本相同。转账时,应将原账中上述科目的余额直接转至新账,也可沿用原账。

(三)所有者权益类

1."实收资本"科目

新准则设置了"实收资本"科目,其核算内容与原制度相应科目的核算内容相同。转账时,应将原账中"实收资本"科目的余额直接转至新账,也可沿用原账。

2."资本公积"科目

新准则设置了"资本公积"科目,其核算内容较原制度有所减少。转账时,应将原账中"资本公积"科目的金额在冲减有关损失后的余额转至新账,也可沿用原账。

3."盈余公积"科目

新准则设置了"盈余公积"科目,其核算内容与原制度相应科目的核算内容相同。转账时,应将原账中"盈余公积"科目的金额在冲减有关损失后的余额转至新账,也可沿用原账。

4."本年利润"科目

新准则设置了"本年利润"科目,其核算内容与原制度相应科目的核算内容相同。由于"本年利润"科目年末无余额,不需要进行转账处理。

5."利润分配"科目

新准则设置了"利润分配"科目,其核算内容与原制度相应科目的核算内容相同。

转账时,应首先结转执行新准则前各项资产和负债所清查出的损益,经批准后,从"待处理财产损溢"科目转入"利润分配——未分配利润"科目。同时,将相关资产减值准备科目的余额以及"待转资产价值"科目的余额转入"利润分配——未分配利润"科目,将小企业筹建期间内发生的尚未摊销完毕的开办费冲减"利润分配——未分配利润"科目。

经上述调整后,"利润分配——未分配利润"科目如为借方余额的,属于按规定提取盈余公积的小企业或者"资本公积"科目有贷方余额的小企业,还应依次冲减盈余公积和资本公积。

最后，应将“利润分配——未分配利润”科目的金额在进行相关调整后的余额转至新账，也可沿用原账。

（四）成本类

1.“生产成本”和“制造费用”科目

新准则设置了“生产成本”和“制造费用”科目，其核算内容与原制度相应科目的核算内容相同。转账时，应将原账中“生产成本”科目的余额直接转至新账，也可沿用原账。对于季节性生产性小企业之外的小企业，“制造费用”科目年末无余额，不需要进行转账处理。对于季节性生产性小企业，“制造费用”科目年末有余额的，应在转账时将原账中该科目的余额直接转至新账，也可沿用原账。

2.“研发支出”、“工程施工”和“机械作业”科目

原制度没有设置“研发支出”科目，且不允许研发支出资本化，因此不需要进行转账处理。

针对小企业（建筑业），新准则专门设置了“工程施工”和“机械作业”科目，分别核算小企业（建筑业）实际发生的各种工程成本，小企业（建筑业）及其内部独立核算的施工单位、机械站和运输队使用自有施工机械和运输设备进行机械作业（含机械化施工和运输作业等）所发生的各项费用。转账时，应将原账中相关科目的余额转入新账中“工程施工”科目。

（五）损益类

原制度设置了“主营业务收入”、“其他业务收入”、“投资收益”、“营业外收入”、“主营业务成本”、“主营业务税金及附加”、“其他业务支出”、“营业费用”、“管理费用”、“财务费用”、“营业外支出”和“所得税”科目。新准则设置了“主营业务收入”、“其他业务收入”、“投资收益”、“营业外收入”、“主营业务成本”、“营业税金及附加”、“其他业务成本”、“销售费用”、“管理费用”、“财务费用”、“营业外支出”和“所得税费用”科目，其核算内容与原制度相应科目的核算内容相比有所调整。由于原账中上述损益类科目年末无余额，不需要进行转账处理。

## 三、会计报表

（一）资产负债表

小企业执行新准则当年年末“资产负债表”的“年初余额”栏内各项目数字，应根据上年末“资产负债表”的“期末数”栏内所列数字按照新准则的规定进行调整后填列。调整方法根据上述有关规定处理。执行新准则当年的“资产负债表”应按新准则的规定编制。

（二）利润表

小企业执行新准则当年“利润表”的“上年金额”栏内各项目数字，应根据上年“利润表”的“本年累计数”栏内各项目数字经调整后填列，即原制度下“利润表”项目与新准则规定的“利润表”项目如有不同，应将原制度下“利润表”各项目数字按照新准则规定的项目进行调整后填列。执行新准则当年的“利润表”应按新准则的规定编制。

（三）现金流量表

小企业执行新准则当年“现金流量表”的“上年金额”栏内各项目数字，应根据上年“现金流量表”（如果小企业编制的话）的“本年数”栏内各项目数字经调整后填列，即原制度下“现金流量表”项目与新准则规定的“现金流量表”项目如有不同，应将原制度下“现金流量表”各项目数字按照新准则规定的项目进行调整后填列。如果小企业上年没有编制现金流量表或者上述调整不切实可行的，小企业执行新准则当年“现金流量表”的“上年金额”栏可以不予填列。执行新准则当年的“现金流量表”应按新准则的规定编制。

## 四、其他有关问题

执行《工业企业会计制度》、《企业会计制度》等其他会计制度的小企业，在首次执行新准则时应比照本规定执行。

附：小企业会计制度与小企业会计准则会计科目转换对照表（略）

## 3. 会计师管理

# 中华人民共和国注册会计师法

*1. 1993年10月31日第八届全国人民代表大会常务委员会第四次会议通过*

*2. 根据2014年8月31日第十二届全国人民代表大会常务委员会第十次会议《关于修改〈中华人民共和国保险法〉等五部法律的决定》修正*

## 目　　录



## 第一章　总　　则

**第一条　【立法目的】**为了发挥注册会计师在社会经济活动中的鉴证和服务作用,加强对注册会计师的管理,维护社会公共利益和投资者的合法权益,促进社会主义市场经济的健康发展,制定本法。

**第二条　【含义】**注册会计师是依法取得注册会计师证书并接受委托从事审计和会计咨询、会计服务业务的执业人员。

**第三条　【会计师事务所】**会计师事务所是依法设立并承办注册会计师业务的机构。

注册会计师执行业务,应当加入会计师事务所。

**第四条　【注册会计师协会】**注册会计师协会是由注册会计师组成的社会团体。中国注册会计师协会是注册会计师的全国组织,省、自治区、直辖市注册会计师协会是注册会计师的地方组织。

**第五条　【监督、指导部门】**国务院财政部门和省、自治区、直辖市人民政府财政部门,依法对注册会计师、会计师事务所和注册会计师协会进行监督、指导。

**第六条　【守法】**注册会计师和会计师事务所执行业务,必须遵守法律、行政法规。

注册会计师和会计师事务所依法独立、公正执行业务,受法律保护。

## 第二章　考试和注册

**第七条　【统一考试】**国家实行注册会计师全国统一考试制度。注册会计师全国统一考试办法,由国务院财政部门制定,由中国注册会计师协会组织实施。

**第八条　【考试资格】**具有高等专科以上学校毕业的学历、或者具有会计或者相关专业中级以上技术职称的中国公民,可以申请参加注册会计师全国统一考试;具有会计或者相关专业高级技术职称的人员,可以免予部分科目的考试。

**第九条　【注册】**参加注册会计师全国统一考试成绩合格,并从事审计业务工作二年以上的,可以向省、自治区、直辖市注册会计师协会申请注册。

除有本法第十条所列情形外,受理申请的注册会计师协会应当准予注册。

**第十条　【不予注册】**有下列情形之一的,受理申请的注册会计师协会不予注册:

(一)不具有完全民事行为能力的;

(二)因受刑事处罚,自刑罚执行完毕之日起至申请注册之日止不满五年的;

(三)因在财务、会计、审计、企业管理或者其他经济管理工作中犯有严重错误受行政处罚、撤职以上处分,自处罚、处分决定之日起至申请注册之日止不满二年的;

(四)受吊销注册会计师证书的处罚,自处罚决定之日起至申请注册之日止不满五年的;

(五)国务院财政部门规定的其他不予注册的情形的。

**第十一条　【备案】**注册会计师协会应当将准予注册的人员名单报国务院财政部门备案。国务院财政部门发现注册会计师协会的注册不符合本法规定的,应当通知有关的注册会计师协会撤销注册。

注册会计师协会依照本法第十条的规定不予注册的,应当自决定之日起十五日内书面通知申请人。申请人有异议的,可以自收到通知之日起十五日内向国务院财政部门或者省、自治区、直辖市人民政府财政部门申请复议。

**第十二条　【证书】**准予注册的申请人,由注册会计师协会发给国务院财政部门统一制定的注册会计师证书。

**第十三条　【撤销注册】**已取得注册会计师证书的人员,除本法第十一条第一款规定的情形外,注册后有下列情形之一的,由准予注册的注册会计师协会撤销注册,收回注册会计师证书:

(一)完全丧失民事行为能力的;

（二）受刑事处罚的；

（三）因在财务、会计、审计、企业管理或者其他经济管理工作中犯有严重错误受行政处罚、撤职以上处分的；

（四）自行停止执行注册会计师业务满一年的。

被撤销注册的当事人有异议的，可以自接到撤销注册、收回注册会计师证书的通知之日起十五日内向国务院财政部门或者省、自治区、直辖市人民政府财政部门申请复议。

依照第一款规定被撤销注册的人员可以重新申请注册，但必须符合本法第九条、第十条的规定。

## 第三章 业务范围和规则

**第十四条 【审计业务范围】**注册会计师承办下列审计业务：

（一）审查企业会计报表，出具审计报告；

（二）验证企业资本，出具验资报告；

（三）办理企业合并、分立、清算事宜中的审计业务，出具有关的报告；

（四）法律、行政法规规定的其他审计业务。

注册会计师依法执行审计业务出具的报告，具有证明效力。

**第十五条 【其他业务】**注册会计师可以承办会计咨询、会计服务业务。

**第十六条 【承办业务】**注册会计师承办业务，由其所在的会计师事务所统一受理并与委托人签订委托合同。

会计师事务所对本所注册会计师依照前款规定承办的业务，承担民事责任。

**第十七条 【权利】**注册会计师执行业务，可以根据需要查阅委托人的有关会计资料和文件，查看委托人的业务现场和设施，要求委托人提供其他必要的协助。

**第十八条 【回避】**注册会计师与委托人有利害关系的，应当回避；委托人有权要求其回避。

**第十九条 【保密】**注册会计师对在执行业务中知悉的商业秘密，负有保密义务。

**第二十条 【拒绝出具报告】**注册会计师执行审计业务，遇有下列情形之一的，应当拒绝出具有关报告：

（一）委托人示意其作不实或者不当证明的；

（二）委托人故意不提供有关会计资料和文件的；

（三）因委托人有其他不合理要求，致使注册会计师出具的报告不能对财务会计的重要事项作出正确表述的。

**第二十一条 【执业禁止行为】**注册会计师执行审计业务，必须按照执业准则、规则确定的工作程序出具报告。

注册会计师执行审计业务出具报告时，不得有下列行为：

（一）明知委托人对重要事项的财务会计处理与国家有关规定相抵触，而不予指明；

（二）明知委托人的财务会计处理会直接损害报告使用人或者其他利害关系人的利益，而予以隐瞒或者作不实的报告；

（三）明知委托人的财务会计处理会导致报告使用人或者其他利害关系人产生重大误解，而不予指明；

（四）明知委托人的会计报表的重要事项有其他不实的内容，而不予指明。

对委托人有前款所列行为，注册会计师按照执业准则、规则应当知道的，适用前款规定。

**第二十二条 【禁止行为】**注册会计师不得有下列行为：

（一）在执行审计业务期间，在法律、行政法规规定不得买卖被审计单位的股票、债券或者不得购买被审计单位或者个人的其他财产的期限内，买卖被审计单位的股票、债券或者购买被审计单位或者个人所拥有的其他财产；

（二）索取、收受委托合同约定以外的酬金或者其他财物，或者利用执行业务之便，谋取其他不正当的利益；

（三）接受委托催收债款；

（四）允许他人以本人名义执行业务；

（五）同时在两个或者两个以上的会计师事务所执行业务；

（六）对其能力进行广告宣传以招揽业务；

（七）违反法律、行政法规的其他行为。

## 第四章 会计师事务所

**第二十三条 【合伙所】**会计师事务所可以由注册会计师合伙设立。

合伙设立的会计师事务所的债务，由合伙人按照出资比例或者协议的约定，以各自的财产承担责任。合伙人对会计师事务所的债务承担连带责任。

**第二十四条 【合作所】**会计师事务所符合下列条件的，可以是负有限责任的法人：

（一）不少于三十万元的注册资本；

（二）有一定数量的专职从业人员，其中至少有五名注册会计师；

（三）国务院财政部门规定的业务范围和其他条件。

负有限责任的会计师事务所以其全部资产对其债

务承担责任。

**第二十五条　【申请】**设立会计师事务所，由省、自治区、直辖市人民政府财政部门批准。

申请设立会计师事务所，申请者应当向审批机关报送下列文件：

（一）申请书；

（二）会计师事务所的名称、组织机构和业务场所；

（三）会计师事务所章程，有合伙协议的并应报送合伙协议；

（四）注册会计师名单、简历及有关证明文件；

（五）会计师事务所主要负责人、合伙人的姓名、简历及有关证明文件；

（六）负有限责任的会计师事务所的出资证明；

（七）审批机关要求的其他文件。

**第二十六条　【批准】**审批机关应当自收到申请文件之日起三十日内决定批准或者不批准。

省、自治区、直辖市人民政府财政部门批准的会计师事务所，应当报国务院财政部门备案。国务院财政部门发现批准不当的，应当自收到备案报告之日起三十日内通知原审批机关重新审查。

**第二十七条　【分支机构】**会计师事务所设立分支机构，须经分支机构所在地的省、自治区、直辖市人民政府财政部门批准。

**第二十八条　【纳税基金、保险】**会计师事务所依法纳税。

会计师事务所按照国务院财政部门的规定建立职业风险基金，办理职业保险。

**第二十九条　【地域、行业】**会计师事务所受理业务，不受行政区域、行业的限制；但是，法律、行政法规另有规定的除外。

**第三十条　【独立】**委托人委托会计师事务所办理业务，任何单位和个人不得干预。

**第三十一条　【适用】**本法第十八条至第二十一条的规定，适用于会计师事务所。

**第三十二条　【禁止行为】**会计师事务所不得有本法第二十二条第（一）项至第（四）项、第（六）项、第（七）项所列的行为。

## 第五章　注册会计师协会

**第三十三条　【入会】**注册会计师应当加入注册会计师协会。

**第三十四条　【章程】**中国注册会计师协会的章程由全国会员代表大会制定，并报国务院财政部门备案；省、自治区、直辖市注册会计师协会的章程由省、自治区、直辖市会员代表大会制定，并报省、自治区、直辖市人民政府财政部门备案。

**第三十五条　【拟订准则、规则】**中国注册会计师协会依法拟订注册会计师执业准则、规则，报国务院财政部门批准后施行。

**第三十六条　【义务】**注册会计师协会应当支持注册会计师依法执行业务，维护其合法权益，向有关方面反映其意见和建议。

**第三十七条　【检查】**注册会计师协会应当对注册会计师的任职资格和执业情况进行年度检查。

**第三十八条　【社团法人】**注册会计师协会依法取得社会团体法人资格。

## 第六章　法律责任

**第三十九条　【违反二十、二十一条】**会计师事务所违反本法第二十条、第二十一条规定的，由省级以上人民政府财政部门给予警告，没收违法所得，可以并处违法所得一倍以上五倍以下的罚款；情节严重的，并可以由省级以上人民政府财政部门暂停其经营业务或者予以撤销。

注册会计师违反本法第二十条、第二十一条规定的，由省级以上人民政府财政部门给予警告；情节严重的，可以由省级以上人民政府财政部门暂停其执行业务或者吊销注册会计师证书。

会计师事务所、注册会计师违反本法第二十条、第二十一条的规定，故意出具虚假的审计报告、验资报告，构成犯罪的，依法追究刑事责任。

**第四十条　【违法承办业务】**对未经批准承办本法第十四条规定的注册会计师业务的单位，由省级以上人民政府财政部门责令其停止违法活动，没收违法所得，可以并处违法所得一倍以上五倍以下的罚款。

**第四十一条　【救济措施】**当事人对行政处罚决定不服的，可以在接到处罚通知之日起十五日内向作出处罚决定的机关的上一级机关申请复议；当事人也可以在接到处罚决定通知之日起十五日内直接向人民法院起诉。

复议机关应当在接到复议申请之日起六十日内作出复议决定。当事人对复议决定不服的，可以在接到复议决定之日起十五日内向人民法院起诉。复议机关逾期不作出复议决定的，当事人可以在复议期满之日起十五日内向人民法院起诉。

当事人逾期不申请复议，也不向人民法院起诉，又不履行处罚决定的，作出处罚决定的机关可以申请人民法院强制执行。

**第四十二条** 【侵权赔偿】会计师事务所违反本法规定，给委托人、其他利害关系人造成损失的，应当依法承担赔偿责任。

### 第七章 附 则

**第四十三条** 【注册审计师】在审计事务所工作的注册审计师，经认定为具有注册会计师资格的，可以执行本法规定的业务，其资格认定和对其监督、指导、管理的办法由国务院另行规定。

**第四十四条** 【涉外】外国人申请参加中国注册会计师全国统一考试和注册，按照互惠原则办理。

外国会计师事务所需要在中国境内临时办理有关业务的，须经有关的省、自治区、直辖市人民政府财政部门批准。

**第四十五条** 【实施条例】国务院可以根据本法制定实施条例。

**第四十六条** 【施行日期】本法自1994年1月1日起施行。1986年7月3日国务院发布的《中华人民共和国注册会计师条例》同时废止。

## 总会计师条例

*1. 1990年12月31日国务院令第72号公布*

*2. 根据2011年1月8日国务院令第588号《关于废止和修改部分行政法规的决定》修订*

### 第一章 总 则

**第一条** 为了确定总会计师的职权和地位，发挥总会计师在加强经济管理、提高经济效益中的作用，制定本条例。

**第二条** 全民所有制大、中型企业设置总会计师；事业单位和业务主管部门根据需要，经批准可以设置总会计师。

总会计师的设置、职权、任免和奖惩，依照本条例的规定执行。

**第三条** 总会计师是单位行政领导成员，协助单位主要行政领导人工作，直接对单位主要行政领导人负责。

**第四条** 凡设置总会计师的单位，在单位行政领导成员中，不设与总会计师职权重叠的副职。

**第五条** 总会计师组织领导本单位的财务管理、成本管理、预算管理、会计核算和会计监督等方面的工作，参与本单位重要经济问题的分析和决策。

**第六条** 总会计师具体组织本单位执行国家有关财经法律、法规、方针、政策和制度，保护国家财产。

总会计师的职权受国家法律保护。单位主要行政领导人应当支持并保障总会计师依法行使职权。

### 第二章 总会计师的职责

**第七条** 总会计师负责组织本单位的下列工作：

（一）编制和执行预算、财务收支计划、信贷计划，拟订资金筹措和使用方案，开辟财源，有效地使用资金；

（二）进行成本费用预测、计划、控制、核算、分析和考核，督促本单位有关部门降低消耗、节约费用、提高经济效益；

（三）建立、健全经济核算制度，利用财务会计资料进行经济活动分析；

（四）承办单位主要行政领导人交办的其他工作。

**第八条** 总会计师负责对本单位财会机构的设置和会计人员的配备、会计专业职务的设置和聘任提出方案；组织会计人员的业务培训和考核；支持会计人员依法行使职权。

**第九条** 总会计师协助单位主要行政领导人对企业的生产经营、行政事业单位的业务发展以及基本建设投资等问题作出决策。

总会计师参与新产品开发、技术改造、科技研究、商品（劳务）价格和工资奖金等方案的制定；参与重大经济合同和经济协议的研究、审查。

### 第三章 总会计师的权限

**第十条** 总会计师对违反国家财经法律、法规、方针、政策、制度和有可能在经济上造成损失、浪费的行为，有权制止或者纠正。制止或者纠正无效时，提请单位主要行政领导人处理。

单位主要行政领导人不同意总会计师对前款行为的处理意见的，总会计师应当依照《中华人民共和国会计法》的有关规定执行。

**第十一条** 总会计师有权组织本单位各职能部门、直属基层组织的经济核算、财务会计和成本管理方面的工作。

**第十二条** 总会计师主管审批财务收支工作。除一般的财务收支可以由总会计师授权的财会机构负责人或者其他指定人员审批外，重大的财务收支，须经总会计师审批或者由总会计师报单位主要行政领导人批准。

**第十三条** 预算、财务收支计划、成本和费用计划、信贷计划、财务专题报告、会计决算报表，须经总会计师签署。

涉及财务收支的重大业务计划、经济合同、经济协议等，在单位内部须经总会计师会签。

**第十四条** 会计人员的任用、晋升、调动、奖惩，应当事先征求总会计师的意见。财会机构负责人或者会计主管人员的人选，应当由总会计师进行业务考核，依照有关规定审批。

## 第四章 任免与奖惩

**第十五条** 企业的总会计师由本单位主要行政领导人提名，政府主管部门任命或者聘任；免职或者解聘程序与任命或者聘任程序相同。

事业单位和业务主管部门的总会计师依照干部管理权限任命或者聘任；免职或者解聘程序与任命或者聘任程序相同。

**第十六条** 总会计师必须具备下列条件：

（一）坚持社会主义方向，积极为社会主义建设和改革开放服务；

（二）坚持原则，廉洁奉公；

（三）取得会计师任职资格后，主管一个单位或者单位内一个重要方面的财务会计工作时间不少于三年；

（四）有较高的理论政策水平，熟悉国家财经法律、法规、方针、政策和制度，掌握现代化管理的有关知识；

（五）具备本行业的基本业务知识，熟悉行业情况，有较强的组织领导能力；

（六）身体健康，能胜任本职工作。

**第十七条** 总会计师在工作中成绩显著，有下列情形之一的，依照国家有关企业职工或者国家行政机关工作人员奖惩的规定给予奖励：

（一）在加强财务会计管理，应用现代化会计方法和技术手段，提高财务管理水平和经济效益方面，取得显著成绩的；

（二）在组织经济核算，挖掘增产节约、增收节支潜力，加速资金周转，提高资金使用效果方面，取得显著成绩的；

（三）在维护国家财经纪律，抵制违法行为，保护国家财产，防止或者避免国家财产遭受重大损失方面，有突出贡献的；

（四）在廉政建设方面，事迹突出的；

（五）有其他突出成就或者模范事迹的。

**第十八条** 总会计师在工作中有下列情形之一的，应当区别情节轻重，依照国家有关企业职工或者国家行政机关工作人员奖惩的规定给予处分：

（一）违反法律、法规、方针、政策和财经制度，造成财会工作严重混乱的；

（二）对偷税漏税，截留应当上交国家的收入，滥发奖金、补贴，挥霍浪费国家资财，损害国家利益的行为，不抵制、不制止、不报告，致使国家利益遭受损失的；

（三）在其主管的工作范围内发生严重失误，或者由于玩忽职守，致使国家利益遭受损失的；

（四）以权谋私，弄虚作假，徇私舞弊，致使国家利益遭受损失，或者造成恶劣影响的；

（五）有其他渎职行为和严重错误的。

总会计师有前款所列行为，情节严重，构成犯罪的，由司法机关依法追究刑事责任。

**第十九条** 单位主要行政领导人阻碍总会计师行使职权的，以及对其打击报复或者变相打击报复的，上级主管单位应当根据情节给予行政处分。情节严重，构成犯罪的，由司法机关依法追究刑事责任。

## 第五章 附 则

**第二十条** 城乡集体所有制企业事业单位需要设置总会计师的，参照本条例执行。

**第二十一条** 各省、自治区、直辖市，国务院各部门可以根据本条例的规定，结合本地区、本部门的实际情况制定实施办法。

**第二十二条** 本条例由财政部负责解释。

**第二十三条** 本条例自发布之日起施行。1963 年 10 月 18 日国务院批转国家经济委员会、财政部《关于国营工业、交通企业设置总会计师的几项规定（草案）》、1978 年 9 月 12 日国务院发布的《会计人员职权条例》中有关总会计师的规定同时废止。

# 注册会计师注册办法

*1. 2005 年 1 月 22 日财政部令第 25 号公布*
*2. 根据 2017 年 12 月 4 日财政部令第 90 号《关于修改〈注册会计师注册办法〉等 6 部规章的决定》第一次修正*
*3. 根据 2019 年 3 月 15 日财政部令第 99 号《关于修改〈注册会计师注册办法〉的决定》第二次修正*

**第一条** 为了规范注册会计师注册工作，根据《中华人民共和国注册会计师法》及相关法律，制定本办法。

**第二条** 申请注册成为注册会计师适用本办法。

**第三条** 省、自治区、直辖市注册会计师协会（以下简称“省级注册会计师协会”）负责本地区注册会计师的注册及相关管理工作。中国注册会计师协会对省级注册会计师协会的注册管理工作进行指导。

注册会计师依法执行业务，应当取得财政部统一制定的中华人民共和国注册会计师证书（以下简称“注册会计师证书”）。

**第四条** 具备下列条件之一，并在中国境内从事审计业务工作2年以上者，可以向省级注册会计师协会申请注册：

（一）参加注册会计师全国统一考试成绩合格；

（二）经依法认定或者考核具有注册会计师资格。

**第五条** 申请人有下列情形之一的，不予注册：

（一）不具有完全民事行为能力的；

（二）因受刑事处罚，自刑罚执行完毕之日起至申请注册之日止不满5年的；

（三）因在财务、会计、审计、企业管理或者其他经济管理工作中犯有严重错误受行政处罚、撤职以上处分，自处罚、处分决定生效之日起至申请注册之日止不满2年的；

（四）受吊销注册会计师证书的处罚，自处罚决定生效之日起至申请注册之日止不满5年的；

（五）因以欺骗、贿赂等不正当手段取得注册会计师证书而被撤销注册，自撤销注册决定生效之日起至申请注册之日止不满3年的；

（六）不在会计师事务所专职执业的；

（七）年龄超过70周岁的。

**第六条** 申请人申请注册，应当通过其所在的会计师事务所，向会计师事务所所在地的省级注册会计师协会提交注册会计师注册申请表（附表1）：

（一）申请人基本情况；

（二）申请人出具的符合注册条件的承诺；

（三）申请人所在会计师事务所出具的申请人在该会计师事务所专职从业的承诺。

申请人为香港、澳门特别行政区和台湾地区居民的，应当提交港澳台居民居住证信息或者港澳台居民出入境证件信息。

申请人为外国人的，应当同时提交护照和签证信息以及《外国人工作许可证》信息。

经依法认定或者考核具有注册会计师资格的，应当提交相关文件和符合认定或者考核条件的相关材料。

**第七条** 申请人和所在的会计师事务所应当分别对申请材料内容的真实性负责。

**第八条** 省级注册会计师协会应当在受理申请的办公场所将申请注册应当提交的材料目录及要求、准予注册的程序及期限，以及不予注册的情形予以公示。

**第九条** 省级注册会计师协会收到申请人提交的申请材料后，应当对其进行形式审查。

申请材料不齐全或者不符合法定形式的，应当当场或者在5个工作日内一次告知需要补正的材料及内容。

申请材料齐全、符合法定形式的，应当受理其注册申请。

**第十条** 省级注册会计师协会受理或者不予受理注册申请，应当向申请人出具加盖本单位专用印章和注明日期的书面凭证。

**第十一条** 省级注册会计师协会应当对申请材料的内容进行审查，并自受理注册申请之日起20个工作日内作出准予或者不予注册的决定。20个工作日内不能作出决定的，经省级注册会计师协会负责人批准，可以延长10个工作日，并应当将延长期限的理由告知申请人。

**第十二条** 省级注册会计师协会作出准予注册决定的，应当自作出决定之日起10个工作日内向申请人颁发注册会计师证书。

省级注册会计师协会应当自作出准予注册决定之日起20个工作日内，将准予注册的决定和注册会计师注册备案表（附表2）报送财政部、中国注册会计师协会备案，抄报所在地的省、自治区、直辖市人民政府财政部门（以下简称“省级财政部门”）并将准予注册人员的名单在全国性报刊或者相关网站上予以公告。

**第十三条** 省级注册会计师协会作出不予注册决定的，应当自作出决定之日起15个工作日内书面通知申请人。书面通知中应当说明不予注册的理由，并告知申请人享有依法申请行政复议或者提起行政诉讼的权利。

**第十四条** 财政部依法对省级注册会计师协会的注册工作进行检查，发现注册不符合本办法规定的，应当通知省级注册会计师协会撤销注册。

**第十五条** 中国注册会计师协会和省级注册会计师协会应当对注册会计师的任职资格和执业情况进行监督检查，必要时可以进行实地检查。

**第十六条** 注册会计师有下列情形之一的，由所在地的省级注册会计师协会撤销注册，收回注册会计师证书：

（一）完全丧失民事行为能力的；

（二）受刑事处罚的；

（三）自行停止执行注册会计师业务满1年的；

（四）以欺骗、贿赂等不正当手段取得注册会计师证书的。

对因前款第（四）项被撤销注册、收回注册会计师证书的人员，由省级财政部门给予警告，并向社会公告。

**第十七条** 申请人及其所在会计师事务所出具虚假申请材料的，由省级财政部门对申请人、会计师事务所首席合伙人（主任会计师）给予警告，并向社会公告。

**第十八条** 省级注册会计师协会工作人员滥用职权、玩忽职守准予注册的，或者对不具备申请资格或不符合法定条件的申请人准予注册的，由省级注册会计师协会撤销注册，收回注册会计师证书。

**第十九条** 被撤销注册的人员可以重新申请注册，但必须符合本办法第四条规定条件，并且没有本办法第五条规定所列情形。

**第二十条** 注册会计师有下列情形之一的，由所在地的省级注册会计师协会注销注册：

（一）依法被撤销注册，或者吊销注册会计师证书的；

（二）不在会计师事务所专职执业的。

**第二十一条** 省级注册会计师协会应当将注销注册的决定抄报财政部和所在地的省级财政部门、中国注册会计师协会，并自作出决定之日起10个工作日内将注销注册人员的名单在全国性报刊或者相关网站上予以公告。

**第二十二条** 注册会计师违反《中华人民共和国注册会计师法》第二十条、第二十一条规定，由财政部或者所在地的省级财政部门给予警告；情节严重的，可以由财政部或者所在地的省级财政部门暂停其执行业务或者吊销注册会计师证书。

财政部和省级财政部门应当按照《中华人民共和国行政处罚法》及有关规定实施行政处罚，并将行政处罚决定抄送中国注册会计师协会和注册会计师所在地的省级注册会计师协会。

**第二十三条** 受到行政处罚，或者被撤销注册或注销注册的当事人有异议的，可以依法申请行政复议或者提起行政诉讼。

**第二十四条** 各省级注册会计师协会及其工作人员在开展注册会计师注册工作中，存在违反本办法规定的行为，以及其他滥用职权、玩忽职守、徇私舞弊等违法违纪行为的，依照《中华人民共和国注册会计师法》《中华人民共和国行政许可法》《中华人民共和国监察法》《财政违法行为处罚处分条例》等国家有关规定追究相应责任；涉嫌犯罪的，依法移送司法机关处理。

**第二十五条** 香港、澳门特别行政区和台湾地区居民以及按照互惠原则确认的外国人申请注册，依照本办法办理。

**第二十六条** 本办法自2005年3月1日起施行。

自本办法施行之日起，《注册会计师注册审批暂行办法》［（93）财会协字第122号］、《外籍中国注册会计师注册审批暂行办法》（财协字〔1998〕9号）、《〈外籍中国注册会计师注册审批暂行办法〉的补充规定》（财会〔2003〕34号）同时废止。

附表：（略）

## 注册会计师全国统一考试办法

*1. 2009年3月23日财政部令第55号公布*

*2. 根据2014年4月23日财政部令第75号《关于修改〈注册会计师全国统一考试办法〉的决定》修正*

**第一条** 为规范注册会计师全国统一考试工作，根据《中华人民共和国注册会计师法》，制定本办法。

**第二条** 财政部成立注册会计师考试委员会（以下简称财政部考委会），组织领导注册会计师全国统一考试工作。财政部考委会设立注册会计师考试委员会办公室（以下简称财政部考办），组织实施注册会计师全国统一考试工作。财政部考办设在中国注册会计师协会。

各省、自治区、直辖市财政厅（局）成立地方注册会计师考试委员会（以下简称地方考委会），组织领导本地区注册会计师全国统一考试工作。地方考委会设立地方注册会计师考试委员会办公室（以下简称地方考办），组织实施本地区注册会计师全国统一考试工作。地方考办设在各省、自治区、直辖市注册会计师协会。

**第三条** 财政部考委会确定考试组织工作原则，制定考试工作方针、政策，审定考试大纲，确定考试命题原则，处理考试组织工作的重大问题，指导地方考委会工作。

地方考委会贯彻、实施财政部考委会的决定，处理本地区考试组织工作的重大问题。

**第四条** 符合下列条件的中国公民，可以报名参加注册会计师全国统一考试：

（一）具有完全民事行为能力；

（二）具有高等专科以上学校毕业学历、或者具有会计或者相关专业中级以上技术职称。

**第五条** 有下列情形之一的人员,不得报名参加注册会计师全国统一考试:

(一)被吊销注册会计师证书自处罚决定之日起至报名截止日止不满5年者;

(二)参加注册会计师全国统一考试违规受到停考处理,期限未满者。

**第六条** 考试划分为专业阶段考试和综合阶段考试。考生在通过专业阶段考试的全部科目后,才能参加综合阶段考试。

专业阶段考试设会计、审计、财务成本管理、公司战略与风险管理、经济法、税法6个科目;综合阶段考试设职业能力综合测试1个科目。

每科目考试的具体时间,在各年度财政部考委会发布的报名简章中明确。

考试范围在各年度财政部考委会发布的考试大纲中确定。

**第七条** 考试为闭卷,采用计算机化考试方式或者纸笔考试方式。

**第八条** 报名参加考试的人员报名时需要交纳考试报名费。报名费标准按各省、自治区、直辖市价格主管部门、财政部门制定的相关规定执行。

**第九条** 报名的具体时间在各年度财政部考委会发布的报名简章中规定,地方考委会应当据此确定本地区具体报名日期,并向社会公告。

**第十条** 报名人员可以在一次考试中同时报考专业阶段考试6个科目,也可以选择报考部分科目。

**第十一条** 具有会计或者相关专业高级技术职称的人员,可以申请免予专业阶段考试1个专长科目的考试。

**第十二条** 应考人员答卷由财政部考办集中组织评阅,考试成绩由财政部考委会负责认定,由财政部考办发布。

每科考试均实行百分制,60分为成绩合格分数线。

考生对考试成绩有异议的,可向报名地的地方考办提出成绩复核申请,由财政部考办统一组织成绩复核。

**第十三条** 专业阶段考试的单科考试合格成绩5年内有效。对在连续5个年度考试中取得专业阶段考试全部科目考试合格成绩的考生,财政部考委会颁发注册会计师全国统一考试专业阶段考试合格证书。

对取得综合阶段考试科目考试合格成绩的考生,财政部考委会颁发注册会计师全国统一考试全科考试合格证书。

注册会计师全国统一考试专业阶段考试合格证书由考生向参加专业阶段考试最后一科考试所在地的地方考办领取。注册会计师全国统一考试全科考试合格证书由考生向参加职业能力综合测试科目考试所在地的地方考办领取。

**第十四条** 参加注册会计师全国统一考试的人员及组织考试相关人员,必须遵守注册会计师全国统一考试的相关规则、守则等,违者按照《注册会计师全国统一考试违规行为处理办法》予以处理。

**第十五条** 注册会计师全国统一考试的试题、参考答案和评分标准按照国家秘密管理。

每科目考试的试题、参考答案和评分标准的保密期限,从该科目当年命题开始至该科目考试结束前允许考生离开考场的时间止。

命题人和评卷人信息,以及经评阅的考生答卷,属于工作过程中的内部管理信息,按照工作秘密管理,不对外公开。

**第十六条** 香港特别行政区、澳门特别行政区、台湾地区居民及外国人参加注册会计师全国统一考试办法,由财政部另行规定。

**第十七条** 本办法自公布之日起施行。2001年8月1日财政部发布的《注册会计师全国统一考试办法》(财会〔2001〕1053号)同时废止。

本办法公布前,已经参加注册会计师全国统一考试并取得2005年度至2008年度任一考试科目合格成绩的考生,以及已经获准免试或者豁免注册会计师全国统一考试部分考试科目的考生,参加2009年注册会计师全国统一考试的办法,由财政部另行规定。

## 注册会计师全国统一考试<br>违规行为处理办法

1. *2010年2月25日财政部令第57号公布*
2. *自2010年3月1日起施行*

### 第一章 总 则

**第一条** 为加强注册会计师全国统一考试(以下简称注册会计师考试)管理,严肃考试纪律,规范注册会计师考试违规行为的处理,保证注册会计师考试的公平、公正,根据《中华人民共和国注册会计师法》,制定本办法。

**第二条** 对注册会计师考试应考人员、考试工作人员及其他相关人员违规行为的处理适用本办法。

**第三条** 本办法所称违规行为，是指应考人员、考试工作人员及其他相关人员违反考试纪律和考试工作有关规定的行为。

**第四条** 本办法所称应考人员，是指参加注册会计师考试的人员。

本办法所称考试工作人员，是指参加组织注册会计师考试报名、命（审）题、印送试卷、监考、试卷评阅、成绩核查、发放成绩或者考试合格证书等工作的人员。

本办法所称其他相关人员，是指应考人员、考试工作人员以外的，与注册会计师考试相关的人员。

**第五条** 处理违规行为，应当做到事实清楚、证据确凿、程序规范、适用规定准确。

**第六条** 中国注册会计师协会（以下简称中注协）和省、自治区、直辖市注册会计师协会（以下简称省级注协），依据本办法对应考人员、考试工作人员及其他相关人员的违规行为进行处理。

监考人员依据本办法对应考人员的违规行为进行当场处理，应当及时向中注协和省级注协报告。

## 第二章 应考人员违规行为的处理措施

**第七条** 应考人员有伪造或者涂改证件或者证明，或者以其他不正当手段获取考试资格行为的，由中注协给予取消其当年所参加的全部考试科目考试成绩的处理。

**第八条** 考试实施期间，应考人员有下列行为之一的，由监考人员给予口头警告，并责令改正。经警告仍不改正的，监考人员按照本办法第二十二条规定的程序，终止其本场考试，并责令退出考场；由省级注协给予取消本场考试成绩的处理：

（一）携带规定以外的物品进入考场未按照规定放在指定位置的；

（二）考试开始30分钟后仍未按照规定填写（填涂）姓名、身份证件号、准考证号，或者粘贴条形码的；

（三）使用规定以外的笔和纸答题的；

（四）未在规定考场座位参加考试，或者在考试期间擅自离开座位的；

（五）在考场内喧哗等影响考场秩序的；

（六）考试开始信号发出前答题，或者考试结束信号发出后继续答题的；

（七）在答题卡、答题卷上作提示标记或者在非署名处署名的；

（八）在规定时间未办理交卷手续离开考场的。

**第九条** 考试实施期间，应考人员有下列行为之一的，监考人员按照本办法第二十二条规定的程序终止其本场考试，并责令退出考场；由省级注协给予其取消本场考试成绩和不得参加以后连续5个年度注册会计师考试的处理：

（一）抄袭或者协助他人抄袭答案或者其他与考试内容有关资料的；

（二）以口头或者打手势等方式传递考试信息的；

（三）考试开始后被查出携带电子作弊设备、通讯工具以及使用规定以外物品的；

（四）交换答题卡、答题卷或者试题卷的；

（五）故意损毁答题卡、答题卷或者试题卷，或者将答题卡、答题卷或者试题卷以及草稿纸带出考场的；

（六）在允许考生离开考场的时间前强行退出考场的；

（七）故意妨碍监考人员履行职责的。

**第十条** 考试实施期间，应考人员有下列行为之一的，监考人员按照本办法第二十二条规定的程序终止其本场考试，并责令退出考场；由省级注协给予其取消本场考试成绩和终身不得参加注册会计师考试的处理：

（一）由他人在考场外协助答题的；

（二）利用电子设备、通讯工具等接收或者发送与考试内容相关信息的；

（三）由他人冒名代替或者代替他人参加考试的；

（四）参与有组织舞弊的；

（五）有其他严重扰乱考试秩序行为的。

**第十一条** 试卷评阅期间，经评卷专家组认定，应考人员试卷有下列情形之一的，由中注协给予其取消本场考试成绩和不得参加以后连续5个年度注册会计师考试的处理：

（一）同一试卷答题笔迹前后不一致的；

（二）同一科目两份以上（含两份）答卷答案文字表述、主要错点一致的。

**第十二条** 伪造或者涂改证件或者证明，或者以其他不正当手段获取免予考试资格的，由中注协给予其取消考试成绩或者免予考试的资格和不得参加以后连续5个年度注册会计师考试的处理。

**第十三条** 伪造注册会计师全国统一考试专业阶段合格证书和注册会计师全国统一考试全科合格证书的，由中注协给予其终身不得参加注册会计师考试的处理。

## 第三章 考试工作人员和其他相关人员违规行为的处理措施

**第十四条** 在组织报名、编排考场或者发放准考证期间，考试工作人员有下列行为之一的，由省级注协给予其停止参加当年及以后年度注册会计师考试工作的处理，并视情节轻重给予或者建议所在单位给予相应处分：

（一）为不具备参加考试资格的人员提供虚假证明或者证件，使其取得考试资格的；

（二）因编排考场或者发放准考证等工作失误，致使应考人员未能如期参加考试，或者使考试工作受到重大影响的。

**第十五条**　在注册会计师考试试题命制期间以及试题、参考答案和评分标准的保密期限内，考试工作人员有下列行为之一的，由中注协给予其停止参加当年及以后年度注册会计师考试工作的处理，并视情节轻重给予或者建议所在单位给予相应处分：

（一）应当回避考试工作而隐瞒不报的；

（二）丢失、泄露、盗窃或者损毁试题、参考答案和评分标准的；

（三）截留、窃取、擅自开拆、外传未开考试题、参考答案和评分标准的。

**第十六条**　在考试实施期间，考试工作人员有下列行为之一的，由省级注协给予其停止参加当年及以后年度注册会计师考试工作的处理，并视情节轻重给予或者建议所在单位给予相应处分：

（一）擅自为应考人员调换考场或者座位的；

（二）未按照规定时间拆启试题的；

（三）发现应考人员有违规行为不予制止的；

（四）因未认真履行职责，造成所负责的考场秩序混乱的；

（五）擅自将答题卡、答题卷、试题卷、考试用纸或者与考试有关内容带出考场或者传递给他人的；

（六）强迫或者唆使他人违规，或者参与考场内外串通违规的；

（七）应当回避考试工作而隐瞒不报的；

（八）考试后擅自拆启已密封的答题卡、答题卷或者试题卷的；

（九）擅自变更考试时间、地点或者其他考试安排的。

**第十七条**　在试卷评阅期间，考试工作人员有下列行为之一的，由中注协给予其停止参加当年及以后年度注册会计师考试工作的处理，并视情节轻重给予或者建议所在单位给予相应处分：

（一）有应当回避考试工作情形而未回避的；

（二）在评卷中擅自更改评分标准，或者不按评分标准进行评卷的；

（三）偷换或者涂改应考人员答卷、考试成绩或者考场原始记录材料的；

（四）盗窃或者损毁应考人员答题卡、答题卷的；

（五）泄漏有关考试信息的。

**第十八条**　在考试的日常管理工作中，考试工作人员有下列行为之一的，由中注协或者省级注协给予其停止参加当年及以后年度注册会计师考试工作的处理，并视情节轻重给予或者建议所在单位给予相应处分：

（一）擅自更改或者编造考试数据或者信息的；

（二）未经批准向社会提供有关考试评卷信息的；

（三）以不正当手段协助他人获得免试资格，或者取得单科合格成绩凭证或者全科合格证书的；

（四）利用考试工作之便，索贿、受贿或者谋取其他不正当利益的；

（五）利用考试工作之便，以权谋私或者打击报复应考人员的；

（六）销毁、藏匿或者伪造证据的；

（七）阻止他人揭发检举或者提供证据资料的；

（八）对揭发检举人打击报复的；

（九）干扰或者妨碍中注协或者省级注协调查核实有关情况的。

**第十九条**　考试工作人员有其他对考试工作造成不良影响行为的，由中注协视情节轻重给予相应处理。

**第二十条**　考点管理混乱，影响考试工作的，由中注协取消该考点承办注册会计师考试的资格，并视情节轻重，对考点负责人给予或者建议所在单位给予相应处分。

**第二十一条**　其他相关人员有下列行为之一的，由中注协给予其终身不得参加注册会计师考试的处理，并建议所在单位或相关部门给予相应处分；已经取得注册会计师全国统一考试专业阶段合格证书或者全科合格证书的，由财政部注册会计师考试委员会予以撤销：

（一）组织或者参与有组织的集体舞弊行为的；

（二）利用电子设备、通讯工具等传送、接收考试信息的；

（三）故意破坏、干扰考场监控设施的；

（四）妨碍考试工作人员履行职责，或者诬陷、威胁、殴打考试工作人员或应考人员的；

（五）组织替考或代替他人参加考试的；

（六）蓄意散布有关考试的虚假信息，造成严重后果的；

（七）其他严重扰乱考试秩序的行为。

## 第四章 违规行为的处理程序

**第二十二条** 监考人员对应考人员当场作出终止本场考试,并责令退出考场处理的,应当由2名监考人员对其违规行为进行认定,在应考人员违规情况报告单中记录其违规情况,并在其答题卡和答题卷页首空白处签注"违规"字样。记录的内容应当当场告知应考人员。

**第二十三条** 监考人员对应考人员的违规证据,应按有关规定采取必要的保全措施。其中对应考人员违规使用的物品进行暂扣的,应当填写清单,并在7日内退还应考人员。

**第二十四条** 考试结束后,监考人员应当将应考人员违规情况报告单,连同应考人员的答题卡、答题卷及有关证据按照有关规定一并报送考试所在地省级注协。

**第二十五条** 省级注协应当依据本办法和应考人员违规情况报告单记录的情况及相关证据,对违规行为给予处理。

省级注协在对应考人员给予不得参加以后连续5个年度注册会计师考试或者终身不得参加注册会计师考试的处理之前,应当报经中注协核准。

省级注协作出的全部处理决定应当报中注协备案。

**第二十六条** 考试工作人员在试卷评阅期间发现有异常试卷的,应当填写异常试卷报告单,并按照工作程序核实后,提交中注协。

中注协应当按照规定的程序提交评卷专家组进行认定。

**第二十七条** 中注协和省级注协在对应考人员、考试工作人员和其他相关人员违规行为作出处理决定前,应当告知当事人作出处理决定的事实、理由及依据,并告知当事人有权进行陈述和申辩。

作出不得参加以后连续5个年度注册会计师考试或者终身不得参加注册会计师考试决定之前,应当告知当事人有要求举行听证的权利;当事人要求听证的,应当组织听证。

**第二十八条** 中注协和省级注协对违规行为作出处理决定的,应当制作违规行为处理决定书,并将处理决定书及时送达被处理人。

直接送达有困难的,可以采取委托送达、邮寄送达或公告送达等方式送达。

**第二十九条** 违规行为处理决定书应当载明下列事项:

(一)被处理人姓名、身份证件号及准考证号;

(二)违规的事实和证据;

(三)处理的依据和结果;

(四)不服处理决定,申请行政复议或者提起行政诉讼的途径和期限;

(五)作出处理决定的单位名称和日期。

处理决定书应当盖有作出处理决定单位的印章。

**第三十条** 中注协和省级注协应当受理对违规行为的举报,并进行核实、处理。

**第三十一条** 中注协对应考人员、考试工作人员和其他相关人员违规行为进行处理的,应当向社会公布相关信息并向受到处理的人员所在单位通报有关情况。

**第三十二条** 财政部注册会计师考试委员会作出撤销注册会计师全国统一考试专业阶段合格证书或者全科合格证书决定的程序,按照行政处罚法的规定执行。

**第三十三条** 应考人员、考试工作人员及其他相关人员有本办法规定的违规行为,涉嫌违反治安管理规定的,移送公安机关处理;涉嫌犯罪的,移送司法机关处理。

## 第五章 附　　则

**第三十四条** 本办法自2010年3月1日起施行。2006年8月9日财政部发布的《注册会计师全国统一考试违规行为处理办法》(财政部令第40号)同时废止。

# 4. 会计师事务所管理

## 国有企业、上市公司选聘会计师事务所管理办法

*1. 2023年2月20日财政部、国务院国资委、证监会公布*
*2. 财会〔2023〕4号*

**第一条**　为规范国有企业、上市公司选聘会计师事务所行为，促进注册会计师行业公平竞争，推动提升审计质量，维护利益相关方和会计师事务所的合法权益，根据《中华人民共和国公司法》、《中华人民共和国会计法》、《中华人民共和国注册会计师法》及相关法律法规，制定本办法。

**第二条**　本办法适用于国有企业和上市公司。本办法所称国有企业，是指国务院和地方人民政府代表国家履行出资人职责的国有独资企业、国有独资公司、国有全资公司，以及国有控股公司。本办法所称上市公司，是指其股票在境内证券交易所上市交易的股份有限公司。

国有控股上市公司应当同时符合本办法中关于国有企业和上市公司的规定。

**第三条**　本办法所称选聘会计师事务所，是指国有企业、上市公司根据相关法律法规要求，聘任会计师事务所对财务会计报告发表审计意见、出具审计报告的行为。

国有企业、上市公司聘任会计师事务所从事除财务会计报告审计之外的其他法定审计业务的，可以比照本办法执行。

**第四条**　国有企业选聘会计师事务所，应当由董事会审计委员会（或者类似机构，下同）提出建议后，由股东（大）会或者董事会决定。

对于未设股东（大）会或者董事会的国有企业，由履行出资人职责的机构决定或者授权国有企业决定相关事项。

根据工作需要，履行出资人职责的机构可以直接选聘会计师事务所，对其出资的国有企业进行审计。

**第五条**　上市公司聘用或解聘会计师事务所，应当由审计委员会审议同意后，提交董事会审议，并由股东大会决定。

**第六条**　国有企业、上市公司选聘会计师事务所应当采用竞争性谈判、公开招标、邀请招标以及其他能够充分了解会计师事务所胜任能力的选聘方式，保障选聘工作公平、公正进行。

采用竞争性谈判、公开招标、邀请招标等公开选聘方式的，应当通过企业官网等公开渠道发布选聘文件，选聘文件应当包含选聘基本信息、评价要素、具体评分标准等内容。企业应当依法确定选聘文件发布后会计师事务所提交应聘文件的响应时间，确保会计师事务所有充足时间获取选聘信息、准备应聘材料。企业不得以不合理的条件限制或者排斥潜在拟应聘会计师事务所，不得为个别会计师事务所量身定制选聘条件。选聘结果应当及时公示，公示内容应当包括拟选聘会计师事务所和审计费用。

**第七条**　国有企业、上市公司应当细化选聘会计师事务所的评价标准，对会计师事务所的应聘文件进行评价，并对参与评价人员的评价意见予以记录并保存。

选聘会计师事务所的评价要素，至少应当包括审计费用报价、会计师事务所的资质条件、执业记录、质量管理水平、工作方案、人力及其他资源配备、信息安全管理、风险承担能力水平等。

选聘方应当对每个有效的应聘文件单独评价、打分，汇总各评价要素的得分。其中，质量管理水平的分值权重应不低于40%，审计费用报价的分值权重应不高于15%。

**第八条**　国有企业、上市公司评价会计师事务所的质量管理水平时，应当重点评价质量管理制度及实施情况，包括项目咨询、意见分歧解决、项目质量复核、项目质量检查、质量管理缺陷识别与整改等方面的政策与程序。

**第九条**　国有企业、上市公司评价会计师事务所审计费用报价时，应当将满足选聘文件要求的所有会计师事务所审计费用报价的平均值作为选聘基准价，按照下列公式计算审计费用报价得分：

审计费用报价得分＝（1－｜选聘基准价－审计费用报价｜/选聘基准价）×审计费用报价要素所占权重分值

**第十条**　国有企业、上市公司选聘会计师事务所原则上不得设置最高限价，确需设置的，应当在选聘文件中说明该最高限价的确定依据及合理性。

**第十一条**　聘任期内，国有企业、上市公司和会计师事务所可以根据消费者物价指数、社会平均工资水平变化，以及业务规模、业务复杂程度变化等因素合理调整审计费用。

审计费用较上一年度下降20%以上(含20%)的,上市公司应当按要求在信息披露文件中说明本期审计费用的金额、定价原则、变化情况和变化原因,国有企业应当及时向履行出资人职责的机构报送有关情况说明。

**第十二条** 国有企业连续聘任同一会计师事务所原则上不超过8年。国有企业因业务需要拟继续聘用同一会计师事务所超过8年的,应当综合考虑会计师事务所前期审计质量、股东评价、监管部门意见等情况,在履行法人治理程序及内部决策程序后,可适当延长聘用年限,但连续聘任期限不得超过10年。

**第十三条** 审计项目合伙人、签字注册会计师累计实际承担同一国有企业、上市公司审计业务满5年的,之后连续5年不得参与该国有企业、上市公司的审计业务。

审计项目合伙人、签字注册会计师由于工作变动,在不同会计师事务所为同一国有企业、上市公司提供审计服务的期限应当合并计算。

国有企业、上市公司发生重大资产重组、子公司分拆上市,为其提供审计服务的审计项目合伙人、签字注册会计师未变更的,相关审计项目合伙人、签字注册会计师在该重大资产重组、子公司分拆上市前后提供审计服务的期限应当合并计算。

审计项目合伙人、签字注册会计师在公司上市前后审计服务年限应当合并计算。审计项目合伙人、签字注册会计师承担首次公开发行股票或者向不特定对象公开发行股票并上市审计业务的,上市后连续执行审计业务的期限不得超过两年。

**第十四条** 国有企业、上市公司应当在年度财务决算报告或者年度报告中披露会计师事务所、审计项目合伙人、签字注册会计师的服务年限、审计费用等信息。

上市公司每年应当按要求披露对会计师事务所履职情况评估报告和审计委员会对会计师事务所履行监督职责情况报告,涉及变更会计师事务所的,还应当披露前任会计师事务所情况及上年度审计意见、变更会计师事务所的原因、与前后任会计师事务所的沟通情况等。国有企业应当按照履行出资人职责的机构要求报送有关情况说明。

国有企业、上市公司更换会计师事务所的,应当在被审计年度第四季度结束前完成选聘工作。

**第十五条** 国有企业、上市公司审计委员会负责选聘会计师事务所工作,并监督其审计工作开展情况。审计委员会应当切实履行下列职责:

(一)按照董事会的授权制定选聘会计师事务所的政策、流程及相关内部控制制度;

(二)提议启动选聘会计师事务所相关工作;

(三)审议选聘文件,确定评价要素和具体评分标准,监督选聘过程;

(四)提出拟选聘会计师事务所及审计费用的建议,提交决策机构决定;

(五)监督及评估会计师事务所审计工作;

(六)定期(至少每年)向董事会提交对受聘会计师事务所的履职情况评估报告及审计委员会履行监督职责情况报告;

(七)负责法律法规、章程和董事会授权的有关选聘会计师事务所的其他事项。

**第十六条** 国有企业、上市公司审计委员会应当对下列情形保持高度谨慎和关注:

(一)在资产负债表日后至年度报告出具前变更会计师事务所,连续两年变更会计师事务所,或者同一年度多次变更会计师事务所;

(二)拟聘任的会计师事务所近3年因执业质量被多次行政处罚或者多个审计项目正被立案调查;

(三)拟聘任原审计团队转入其他会计师事务所的;

(四)聘任期内审计费用较上一年度发生较大变动,或者选聘的成交价大幅低于基准价;

(五)会计师事务所未按要求实质性轮换审计项目合伙人、签字注册会计师。

**第十七条** 国有企业、上市公司和受聘会计师事务所对选聘、应聘、评审、受聘文件和相关决策资料应当妥善归档保存,不得伪造、变造、隐匿或者销毁。文件资料的保存期限为选聘结束之日起至少10年。

**第十八条** 国有企业、上市公司和会计师事务所应当提高信息安全意识,严格遵守国家有关信息安全的法律法规,认真落实监管部门对信息安全的监管要求,切实担负起信息安全的主体责任和保密责任。国有企业、上市公司在选聘时要加强对会计师事务所信息安全管理能力的审查,在选聘合同中应设置单独条款明确信息安全保护责任和要求,在向会计师事务所提供文件资料时加强对涉密敏感信息的管控,有效防范信息泄露风险。会计师事务所应履行信息安全保护义务,依法依规依合同规范信息数据处理活动。

**第十九条** 财政部门负责对会计师事务所参与应聘有关行为实施监督管理,履行出资人职责的机构以及证券监督管理机构按职责负责对国有企业、上市公司选聘行为实施监督管理。

财政部门可以对违反本办法规定的会计师事务所依法采取责令改正、监管谈话、出具问询函、出具警示函、责令公开说明、责令定期报告等管理措施。

履行出资人职责的机构可以对违反本办法规定的国有企业依法采取通报批评、考核扣分、责任追究、撤销选聘结果、责令更换审计机构等管理措施。

证券监督管理机构可以对违反本办法规定的上市公司依法采取责令改正、监管谈话、出具警示函等管理措施。

**第二十条** 国有金融企业选聘会计师事务所可以参照本办法执行,国务院财政部门另有规定的,从其规定。

**第二十一条** 本办法由财政部、国务院国资委、证监会负责解释。

**第二十二条** 本办法自印发之日起施行。《委托会计师事务所审计招标规范》(财会〔2006〕2 号)、《关于会计师事务所承担中央企业财务决算审计有关问题的通知》(财会〔2011〕24 号)有关规定与本办法不一致的,以本办法为准。

国有企业当前执行的会计师事务所轮换规定与本办法第十二条规定不一致的,或者没有规定的,由履行出资人职责的机构统筹安排,自本办法施行之日起两年内完成衔接工作。

## 会计师事务所监督检查办法

*1. 2022 年 4 月 29 日财政部印发*
*2. 财办〔2022〕23 号*
*3. 自 2022 年 7 月 1 日起施行*

### 第一章 总 则

**第一条** 为加强财会监督,进一步规范注册会计师行业管理,持续提升注册会计师审计质量,有效发挥注册会计师审计鉴证作用,根据《中华人民共和国注册会计师法》、《中华人民共和国会计法》、《国务院办公厅关于进一步规范财务审计秩序促进注册会计师行业健康发展的意见》(国办发〔2021〕30 号)、《会计师事务所执业许可和监督管理办法》(财政部令第 97 号),制定本办法。

**第二条** 财政部及各地监管局和省级(含深圳市、新疆生产建设兵团)财政部门(以下统称省级以上财政部门)对会计师事务所开展监督检查,按照《中华人民共和国注册会计师法》、《会计师事务所执业许可和监督管理办法》(财政部令第 97 号)和本办法的规定执行。

省级以上财政部门监督检查的方式、程序等按照《财政部门监督办法》(财政部令第 69 号)、《财政检查工作办法》(财政部令第 32 号)、《财政部门实施会计监督办法》(财政部令第 10 号)等规定执行。

**第三条** 财政部负责组织、指导、统筹全国会计师事务所监督检查工作,加强对省级财政部门监督、指导会计师事务所和注册会计师工作的监督检查。

省级财政部门按照本办法的规定,负责对本行政区域内会计师事务所进行监督检查。

**第四条** 省级以上财政部门应当健全重点检查和日常监管相结合的会计师事务所监管机制,随机抽取检查对象,随机选派执法人员,及时公开抽查情况和查处结果,严格依法行政,确保监督检查的公平、公正、公开。

**第五条** 财政部建设注册会计师行业统一监管平台,为备案的审计报告赋予验证码,在全国范围内推广使用。

省级以上财政部门应当通过统一监管平台办理注册会计师行业审批备案等管理业务,发放会计师事务所和注册会计师电子证照,接受会计师事务所业务报备,通过监管大数据分析等方式,对会计师事务所和注册会计师执业行为加强日常监测,提高监管的及时性和精准性。

省级以上财政部门应当在统一监管平台上公开会计师事务所的组织形式、人员规模、行政处理处罚、行业惩戒、一体化管理、省级以上财政部门表彰荣誉等信息,供社会公众查询,增强会计师事务所透明度,强化行业诚信约束。

**第六条** 省级财政部门按照财政部的规定建立信息报告制度,及时上报会计师事务所监督检查及处理处罚情况、会计师事务所和注册会计师重大违法违规案件。

**第七条** 省级以上财政部门在监督检查工作中,应当加强与相关监管机构的工作协同,统筹做好监管工作,形成监管合力。

**第八条** 注册会计师协会依法对注册会计师的任职资格和执业情况进行年度检查并接受财政部和同级财政部门的指导和监督。

### 第二章 监督检查的分级分类

**第九条** 财政部各地监管局根据财政部授权监督检查其监管区域内会计师事务所从事证券服务业务和经法律、行政法规规定的关系公众利益的其他特定业务的执业质量,以及上述业务涉及的注册会计师执业情况。

**第十条** 省级财政部门负责监督检查本行政区域内会计师事务所从事除第九条之外业务的执业质量、注册会计师执业情况，以及执业许可条件、一体化管理、独立性保持、信息安全、职业风险防范等情况。

**第十一条** 对符合下列条件之一的会计师事务所，原则上每年检查一次。

（一）上年度合计为100家（含）以上的中央企业（按国资委公布的央企名录，下同）、中央金融企业（按财政部公布的中央金融企业名录，下同）、境内上市公司（不含新三板，下同）等单位提供年报审计服务的会计师事务所；

（二）上年度业务收入超过10亿元的会计师事务所；

（三）上年末注册会计师数量超过1000人的会计师事务所；

（四）其他有重大影响的会计师事务所。

**第十二条** 对符合下列条件之一的会计师事务所，原则上每三年检查一次。

（一）上年度合计为50家以上、100家以下的中央企业、中央金融企业、境内上市公司等单位提供年报审计服务的会计师事务所；

（二）上年度业务收入5亿元以上、10亿元以下的会计师事务所；

（三）上年末注册会计师数量为500人以上、1000人以下的会计师事务所。

**第十三条** 对新备案从事证券服务业务的会计师事务所，自其首次承接上市公司审计业务起，原则上前三年内每年检查一次，此后每五年检查一次，如符合第十一条、第十二条规定的，按照第十一条、第十二条规定执行。

**第十四条** 对本办法第十一条、第十二条、第十三条之外的会计师事务所，原则上每五年检查一次。

**第十五条** 省级以上财政部门应当将存在下列情形的会计师事务所列为重点检查对象，加大检查力度：

（一）因执业行为被投诉或举报，且经核属实的；

（二）因执业行为五年内（检查当年按一年计算）受到两次（含）以上行政处罚的；

（三）以不正当竞争方式承揽业务，或审计收费明显低于合理成本的；

（四）审计报告数量、被审计单位规模与会计师事务所和注册会计师的执业能力、承担风险能力不相称，且明显超出服务能力的；

（五）未按规定进行报备的。

**第十六条** 省级以上财政部门可采取全面检查或专项检查方式，对会计师事务所开展检查。省级以上财政部门检查会计师事务所时，可延伸检查相关被审计单位的会计信息质量。

省级以上财政部门发现单位违反会计法律法规导致会计信息质量失真的，可延伸检查为其出具相关审计报告的会计师事务所。

**第十七条** 省级财政部门可以组织设区的市级以上地方人民政府财政部门开展会计师事务所监督检查，由省级财政部门作出处理处罚决定。

## 第三章 监督检查的重点内容

**第十八条** 省级以上财政部门重点对会计师事务所执业质量、执业许可条件、一体化管理、独立性保持、信息安全、职业风险防范，以及注册会计师执业情况等进行监督检查。

**第十九条** 省级以上财政部门对会计师事务所执业质量开展监督检查，应当重点检查会计师事务所是否存在下列违法违规行为：

（一）在未履行必要的审计程序，未获取充分适当的审计证据的情况下出具审计报告；

（二）除纠正错误审计意见重新出具审计报告以外，对同一委托单位的同一事项，依据相同的审计证据出具不同结论的审计报告；

（三）隐瞒审计中发现的问题，发表不恰当的审计意见；

（四）为被审计单位编造或伪造事由，出具虚假或不实的审计报告；

（五）未对被审计单位舞弊迹象或异常情况保持职业怀疑；

（六）从事证券服务业务未依法依规进行备案；

（七）违反执业准则、规则的其他行为。

**第二十条** 省级以上财政部门对会计师事务所执业质量开展监督检查，应当重点关注会计师事务所是否针对审计高风险领域采取以下措施：

（一）进驻被审计单位前，通过市场、媒体、分析师、监管部门网站、前任注册会计师等多方渠道，收集企业财务、经营等方面的风险信息，进行风险分析研判，形成客户风险分析和应对报告；

（二）进驻被审计单位后，对相应风险点强化审计程序、扩大抽查比例、增加审计证据，有效防范和控制审计风险，提升审计质量。

**第二十一条** 省级财政部门对会计师事务所执业许可条

件情况开展监督检查,应当重点检查以下内容:

（一）合伙人（有限责任会计师事务所为股东,下同）是否符合任职条件;

（二）合伙人人数是否符合条件;

（三）合伙人信息是否与工商登记一致;

（四）注册会计师人数是否符合条件;

（五）是否存在允许其他单位、其他单位团队或个人挂靠在本所,以本所名义承办业务的情形;

（六）是否存在借用、冒用其他会计师事务所名义承办业务的情形;

（七）是否存在会计师事务所、合伙人或注册会计师发生变更、终止等情况未按规定备案的情形;

（八）是否存在被非注册会计师实际控制的情形;

（九）是否存在违反注册会计师行业管理政策的其他行为。

**第二十二条** 省级财政部门对会计师事务所一体化管理情况开展监督检查,应当按照会计师事务所一体化管理有关规定,对会计师事务所人员管理、财务管理、业务管理、技术标准和质量管理、信息化建设等方面情况进行检查。

**第二十三条** 省级财政部门对会计师事务所及其从业人员独立性保持情况开展监督检查,应当重点检查以下内容:

（一）是否同时为被审计单位提供可能损害其独立性且未采取有效应对措施的非鉴证业务;

（二）审计收费是否采取或有收费方式,如,被审计单位根据审计意见类型、是否能够实现上市、发债等支付部分或全部审计费用;

（三）项目组人员（含项目合伙人,下同）、质量复核人员是否与被审计单位董事、高级管理人员存在主要近亲属关系以及其他可能损害其独立性的利害关系;

（四）项目组人员、质量复核人员是否存在索取、收受被审计单位合同约定以外的酬金或其他财物的行为;

（五）项目组人员、质量复核人员是否持有被审计单位股票;

（六）项目组人员、质量复核人员是否兼任被审计单位董事、监事或高管;

（七）是否未按规定轮换有关审计人员。

**第二十四条** 省级财政部门对会计师事务所信息安全情况开展监督检查,应当重点检查以下内容:

（一）存储业务工作、被审计单位资料的数据服务器和信息技术应用服务器是否架设在中国境内,是否设置安全隔离或备份;

（二）对本条第（一）项所列服务器的访问以及相关数据调用是否在法定期限内保存清晰完整的日志;

（三）审计数据保存是否符合国家保密工作规定及被审计单位信息保密要求;

（四）是否建立审计工作底稿出境涉密筛查制度及程序;

（五）是否对境外网络成员所或合作所访问会计师事务所信息系统设有隔离、限制、权限管理等措施。

**第二十五条** 省级财政部门对会计师事务所职业风险防范情况开展监督检查,应当重点检查以下内容:

（一）职业风险基金计提、使用情况;

（二）职业责任保险购买、赔付情况。

**第二十六条** 省级财政部门应当加强对本行政区域内未经批准承办《中华人民共和国注册会计师法》第十四条规定的注册会计师业务的单位和个人的检查,并依法予以处罚。

## 第四章 附 则

**第二十七条** 省级以上财政部门根据本办法对会计师事务所及其注册会计师进行监督检查,对于存在违法违规行为的会计师事务所及相关注册会计师,应当依法作出处理处罚。

**第二十八条** 省级以上财政部门工作人员在监督检查过程中,滥用职权、玩忽职守、徇私舞弊或泄露国家秘密、商业秘密的,按照《中华人民共和国公务员法》等国家有关规定追究相应责任;涉嫌犯罪的,依法移送有关机关处理。

**第二十九条** 本办法所称执业,是指注册会计师执行《中华人民共和国注册会计师法》第十四条规定的业务。

**第三十条** 本办法由财政部负责解释,自2022年7月1日起施行。

# 会计师事务所一体化管理办法

*1. 2022年5月12日财政部印发*

*2. 财会〔2022〕12号*

*3. 自2022年10月1日起执行*

## 第一章 总 则

**第一条** 为了提高会计师事务所一体化管理水平,强化内部治理，促进审计质量提升，根据《中华人民共和国注册会计师法》、《会计师事务所执业许可和监督管理办法》（财政部令第97号文件修改发布），制定本办法。

**第二条** 会计师事务所一体化管理，是指会计师事务所在人员管理、财务管理、业务管理、技术标准和质量管理、信息化建设等方面，建立并有效实施实质统一的管理体系。

**第三条** 会计师事务所应对设立的分支机构、内设部门、业务团队进行一体化管理。

**第四条** 会计师事务所应当建立健全一体化管理制度体系并确保有效实施，在合伙协议（公司章程）中明确一体化管理要求。首席合伙人（主任会计师）对会计师事务所实行一体化管理负主要责任。

**第五条** 财政部和省级（含深圳市、新疆生产建设兵团）财政部门（以下统称省级以上财政部门）将会计师事务所一体化管理情况作为对会计师事务所监督检查的重要内容，有效开展会计师事务所一体化管理水平综合评价，督促会计师事务所通过提升一体化管理水平提高审计质量。

## 第二章 基本要求

**第六条** 会计师事务所应当建立实施统一的人员管理制度，制定统一的人员聘用、定级、晋升、业绩考核、薪酬、培训等方面的政策与程序并确保有效执行。会计师事务所的人员业绩考核、晋升和薪酬政策应当坚持以质量为导向，将质量因素作为人员考评、晋升和薪酬的重要因素。

**第七条** 设立分支机构的会计师事务所应当对分支机构负责人和质量管理负责人、财务负责人等关键管理人员实施统一委派、监督和考核，在全所范围内实施统一的人力资源调度和配置。

**第八条** 会计师事务所应当实施统一的财务管理制度，制定统一的业务收费、预算管理、资金管理、费用和支出管理、会计核算、利润分配、职业风险补偿机制并确保有效执行。业务收费应当以项目工时预算和人员级差费率为基础，严禁不正当低价竞争。

职业风险补偿机制，是指会计师事务所应对职业风险建立的制度、程序，包括职业责任保险购买、职业风险基金提取与使用等。

**第九条** 会计师事务所应当坚持以质量为导向，对合伙人实施业绩评价、考核晋升和利润分配。会计师事务所应当实施统一的合伙人业绩考核政策与标准，确保全体合伙人在统一的“利润池”中分配，禁止以费用报销代替利润分配，不得以承接和执行业务的收入或利润作为首要指标，禁止“各自为政”、“分灶吃饭”。

“各自为政”、“分灶吃饭”是指分支机构、业务分部、业务团队或合伙人给会计师事务所上交管理费后，其余业务收入自行分配的行为。

**第十条** 会计师事务所应当实施统一的业务管理制度，制定统一的客户与业务风险评估分类标准、业务承接与保持、业务执行、独立性与职业道德管理、报告签发、印章管理等方面的政策与程序并确保有效执行。会计师事务所应当为每个审计项目投入充足的资源，保证不同层级员工工作负荷合理适当。

**第十一条** 会计师事务所应当实行矩阵式管理，即结合所服务客户的行业特点和业务性质，以及本会计师事务所分支机构的地域分布，对业务团队进行专业化设置，以团队专业能力的匹配度为依据分派业务。

**第十二条** 会计师事务所应当实施统一的技术标准与质量管理制度，制定项目咨询、意见分歧解决、项目质量复核、项目质量检查、质量管理缺陷识别与整改等方面的政策与程序并确保有效执行。技术标准应当依据有关法律法规和注册会计师执业准则制定并统一施行。注册会计师应当按照本所统一的技术标准执行业务并出具报告。

**第十三条** 会计师事务所应当明确项目质量复核人员资格条件并建立合格人员清单，确保项目质量复核人员独立于项目组，并在全所范围内统一委派项目质量复核人员。

质量复核人员的人选，以及相关人员的业绩考评、晋升与薪酬不受被复核或检查的项目组的干预或影响。

会计师事务所应当统一安排质量检查抽取的项目和执行质量检查的人员。

**第十四条** 会计师事务所应当统一开展信息系统的规划、建设、运行与维护，通过持续有效的投入，维护信息系统的安全性、实用性，以信息技术手段提高审计作业效率与质量，提升独立性与职业道德管理水平，保障一体化管理体系有效实施。

**第十五条** 会计师事务所信息系统核心功能或子系统包括但不限于：审计作业管理、工时管理、客户管理、人力资源管理、独立性与职业道德管理、电子邮件、会计核算与财务管理等。会计师事务所的系统服务器应当架设在境内，数据信息应当在境内存储，并符合国家安全保密等规定。

会计师事务所应当持续增强信息化管理能力，服务一体化管理和治理决策。

## 第三章 评价与检查

**第十六条** 会计师事务所应当定期按照本办法的规定和会计师事务所一体化管理评估指标具体评分标准进行自我评价，形成自评报告。会计师事务所首席合伙人（主任会计师）应当对自评报告的真实性、准确性、完整性负责，并按照年度报备工作有关要求于每年5月31日前向所在地省级财政部门报送。

会计师事务所一体化管理评估指标具体评分标准由财政部另行制定。

**第十七条** 省级以上财政部门、注册会计师协会在对会计师事务所监督检查、自律检查过程中，应当对会计师事务所一体化管理情况进行检查，按照本办法的规定和会计师事务所一体化管理评估指标具体评分标准对会计师事务所一体化管理情况进行评价。省级以上财政部门和注册会计师协会应加强信息共享、开展联合监管，避免对会计师事务所一体化管理情况重复检查评价。

**第十八条** 会计师事务所、注册会计师应当配合省级以上财政部门和注册会计师协会的检查评价，如实提供工作底稿、相关资料及电子数据，不得拒绝、延误、阻挠、逃避检查，不得谎报、隐匿、销毁相关证据材料。

**第十九条** 会计师事务所一体化管理情况自评结果和省级以上财政部门及注册会计师协会检查评价结果以适当方式向社会公开。一体化管理情况检查评价过程中发现的会计师事务所违法违规问题，依法予以处理处罚。

## 第四章 评价结果运用

**第二十条** 会计师事务所应当将一体化管理的自评结果和检查评价结果作为一体化管理整改提升的重要依据，认真做好自查自纠和检查整改工作，不断提升一体化管理水平。会计师事务所不得将一体化管理评价结果用于广告、宣传、营销等商业目的。

**第二十一条** 进一步完善会计师事务所综合排名机制，将一体化管理检查评估结果作为排名的重要依据，引导会计师事务所依法加强内部管理。

**第二十二条** 会计师事务所一体化管理检查评价结果作为财政部门审批会计师事务所分支机构的依据，并作为监管部门配置监管资源、确定检查方式等的参考。

**第二十三条** 省级以上财政部门及其工作人员，在会计师事务所一体化检查评价工作中，违反规定存在滥用职权、玩忽职守、徇私舞弊等违法违规行为的，依法追究相应责任。

## 第五章 附 则

**第二十四条** 本办法由财政部负责解释，自2022年10月1日起施行。

# 会计师事务所综合评价和排名办法

*2020年9月22日中国注册会计师协会发布施行*

**第一条** 为综合反映与科学评价会计师事务所（以下简称事务所）发展水平，引导事务所坚持质量导向、树立风险意识、加强诚信建设，根据《中华人民共和国注册会计师法》《中国注册会计师协会章程》，制定本办法。

**第二条** 中国注册会计师协会（以下简称中注协）以注册会计师行业管理信息系统为依托，组织开展事务所综合评价工作，并发布事务所综合评价前百家排名信息。

**第三条** 事务所综合评价和前百家排名每年开展一次。一般在每年6月底前公布前百家排名信息。

**第四条** 经批准设立的事务所，除具有下列情形之一者之外，应当参加综合评价，并自愿选择参加前百家排名信息发布工作：

（一）未持续达到规定的设立条件。

（二）未履行会员义务。

**第五条** 涉及合并、分立事项的事务所，在上年度12月31日前办结以下所有手续的，应当以合并、分立后的事务所参加综合评价和前百家排名信息发布：

（一）形成合并、分立相关会议决议及合伙人（股东）协议，签订合并、分立协议。

（二）完成工商变更登记手续。

（三）完成事务所变更备案；需要变更名称的，应取得新的事务所执业证书。

（四）完成注册会计师行业管理信息系统变更备案，领取变更后的中注协单位会员证书。

**第六条** 事务所综合评价所需事务所信息取自注册会计师行业管理信息系统。

**第七条** 为保证事务所综合评价工作的公平、公正，第六条规定的事务所信息的时期指标为上年度或3年内数据，时点指标以上年度12月31日为基准日。

**第八条** 事务所应当及时填列和更新本所在注册会计师行业管理信息系统中的信息，并对所填报信息的真实性负责。

**第九条** 各省、自治区、直辖市注册会计师协会（以下简称地方注协）应当督导本地区事务所（含分所，下同）填报和更新注册会计师行业管理信息系统相关信息，并结合事务所执业质量检查和注册会计师任职资格检查对事务所填报信息进行检查。

**第十条**　中注协根据注册会计师行业管理信息系统的数据，按照本办法规定，计算并确认事务所的评价得分，将自愿参加前百家排名的事务所，按得分由高到低排序，发布事务所综合评价前百家排名信息，并同时公布以下信息：

（一）年度业务收入。

（二）与事务所统一经营的其他专业机构业务收入。

（三）在事务所执业的注册会计师数量及执业超过5年且年龄在60周岁以下的注册会计师数量。

（四）事务所的分所数量。

（五）事务所所属的同一国际会计网络或国际会计联盟的成员数量（按国别或地区为单位进行统计，不按国别或地区内的分所为单位进行统计）。

（六）处罚和惩戒情况，即，最近3个年度内，事务所及其注册会计师因执业行为受到刑事处罚、行政处罚、行政监管措施和行业惩戒的情况。

上述信息以上年度12月31日为基准。

发布综合评价前百家排名信息时，同时发布为其提供审计服务的事务所名单。

**第十一条**　事务所综合评价指标从事务所收入规模、内部治理、资源、处理处罚四个方面，反映事务所状况，共9个指标，包括：

（一）收入。指事务所经过审计的上年度主营业务收入金额。

（二）最近3年内内部晋升合伙人比率。指事务所最近3个年度内晋升的合伙人（股东）数量占3年前执业超过5年且年龄在60周岁以下的注册会计师数量的比率。

内部晋升合伙人，是指在该事务所执业超过3年后被晋升为合伙人的。

（三）注册会计师中党员比率。指事务所中中共党员注册会计师占事务所全部注册会计师的比率。

（四）执业超过5年且年龄在60周岁以内的注册会计师人数。

（五）信息化支出水平。指事务所财务报表中的“信息化支出”占事务所年度主营业务收入的比率。

（六）人才培养支出水平。指事务所财务报表中的“人才培养支出”占事务所年度主营业务收入的比率。

（七）注册会计师合伙人杠杆率。指事务所全部注册会计师数量与事务所全部合伙人（股东）数量的比率。

（八）品牌延续时间。指事务所现用名称的使用年限。

（九）处理处罚。指最近3个年度内事务所及其注册会计师因为执业行为受到刑事处罚、行政处罚、行政监管措施和行业惩戒的情况，按处理处罚的类型及处理处罚时点的远近扣除相应分值。

**第十二条**　事务所综合评价前百家排名依据第十一条9个指标计算评分，总分共计1000分，其中：

（一）收入指标，权重为40%，满分为400分。

（二）最近3年内内部晋升合伙人比率指标，权重为5%，满分为50分。

（三）注册会计师中党员比率指标，权重为3%，满分为30分。

（四）执业超过5年且年龄在60周岁以内的注册会计师人数指标，权重为6%，满分为60分。

（五）信息化支出水平指标，权重为3%，满分为30分。

（六）人才培养支出水平指标，权重为3%，满分为30分。

（七）注册会计师合伙人杠杆率指标，权重为5%，满分为50分。

（八）品牌延续时间指标，权重为5%，满分为50分。

（九）处理处罚指标，权重为30%。无任何处理处罚，可得满分300分。

**第十三条**　事务所综合评价前百家排名信息发布中，如发现事务所填报信息不实，中注协将在综合评价前百家排名信息中的处理处罚指标项下中扣减相应分值，并责令相关事务所限期公告更正，对没有按期公告更正的相关事务所，将给予公开批评；对所填报信息严重失实的事务所，将给予公开批评，撤回所发布的事务所相关信息，并撤销参加下一年度前百家排名的资格。

对相关事务所财务报表信息严重失实负有审计责任的事务所，按照《中国注册会计师协会会员执业违规行为惩戒办法》作出惩戒；该事务所为综合评价前百家排名信息发布范围内的，则在综合评价前百家排名信息中处理处罚指标项下扣减相应分值。

发布综合评价前百家排名信息时，同时发布为其提供审计服务的事务所名单。

**第十四条**　中注协注册管理委员会负责研究处理在综合

评价和排名工作中出现的投诉举报及严重争议等重大问题。

**第十五条**　注册会计师协会工作人员在开展综合评价和排名工作中，存在违反本办法规定的行为，以及其他滥用职权、玩忽职守、徇私舞弊等违法违纪行为的，依照国家有关规定追究相应责任；涉嫌犯罪的，依法移送司法机关处理。

**第十六条**　地方注协可以参照本办法制定本地区会计师事务所综合评价和排名办法。

**第十七条**　本办法自2020年9月22日起施行。自本办法发布之日起，中注协印发的《会计师事务所综合评价办法》（会协〔2015〕42号）及《年度业务收入前100家会计师事务所信息发布办法》（会协〔2018〕1号）同时废止。

## 会计师事务所执业许可和监督管理办法

*1. 2017年8月20日财政部令第89号公布*

*2. 根据2019年1月2日财政部令第97号《关于修改〈会计师事务所执业许可和监督管理办法〉等2部部门规章的决定》修正*

### 第一章　总　　则

**第一条**　为规范会计师事务所及其分所执业许可，加强对会计师事务所的监督管理，促进注册会计师行业健康发展，根据《中华人民共和国注册会计师法》（以下简称《注册会计师法》）、《中华人民共和国合伙企业法》、《中华人民共和国公司法》等法律、行政法规，制定本办法。

**第二条**　财政部和省、自治区、直辖市人民政府财政部门（以下简称省级财政部门）对会计师事务所和注册会计师进行管理、监督和指导，适用本办法。

**第三条**　省级财政部门应当遵循公开、公平、公正、便民、高效的原则，依法办理本地区会计师事务所执业许可工作，并对本地区会计师事务所进行监督管理。

财政部和省级财政部门应当加强对会计师事务所和注册会计师的政策指导，营造公平的会计市场环境，引导和鼓励会计师事务所不断完善内部治理，实现有序发展。

省级财政部门应当推进网上政务，便利会计师事务所执业许可申请和变更备案。

**第四条**　会计师事务所、注册会计师应当遵守法律、行政法规，恪守职业道德，遵循执业准则、规则。

**第五条**　会计师事务所、注册会计师依法独立、客观、公正执业，受法律保护，任何单位和个人不得违法干预。

**第六条**　会计师事务所可以采用普通合伙、特殊普通合伙或者有限责任公司形式。

会计师事务所从事证券服务业务和经法律、行政法规规定的关系公众利益的其他特定业务，应当采用普通合伙或者特殊普通合伙形式，接受财政部的监督。

### 第二章　会计师事务所执业许可的取得

**第七条**　会计师事务所应当自领取营业执照之日起60日内，向所在地的省级财政部门申请执业许可。

未取得会计师事务所执业许可的，不得以会计师事务所的名义开展业务活动，不得从事《注册会计师法》第十四条规定的业务（以下简称注册会计师法定业务）。

**第八条**　普通合伙会计师事务所申请执业许可，应当具备下列条件：

（一）2名以上合伙人，且合伙人均符合本办法第十一条规定条件；

（二）书面合伙协议；

（三）有经营场所。

**第九条**　特殊普通合伙会计师事务所申请执业许可，应当具备下列条件：

（一）15名以上由注册会计师担任的合伙人，且合伙人均符合本办法第十一条、第十二条规定条件；

（二）60名以上注册会计师；

（三）书面合伙协议；

（四）有经营场所；

（五）法律、行政法规或者财政部依授权规定的其他条件。

**第十条**　有限责任会计师事务所申请执业许可，应当具备下列条件：

（一）5名以上股东，且股东均符合本办法第十一条规定条件；

（二）不少于人民币30万元的注册资本；

（三）股东共同制定的公司章程；

（四）有经营场所。

**第十一条**　除本办法第十二条规定外，会计师事务所的合伙人（股东），应当具备下列条件：

（一）具有注册会计师执业资格；

（二）成为合伙人（股东）前3年内没有因为执业行为受到行政处罚；

（三）最近连续3年在会计师事务所从事审计业

务且在会计师事务所从事审计业务时间累计不少于10年或者取得注册会计师执业资格后最近连续5年在会计师事务所从事审计业务；

（四）成为合伙人（股东）前3年内没有因欺骗、贿赂等不正当手段申请会计师事务所执业许可而被省级财政部门作出不予受理、不予批准或者撤销会计师事务所执业许可的决定；

（五）在境内有稳定住所，每年在境内居留不少于6个月，且最近连续居留已满5年。

因受行政处罚、刑事处罚被吊销、撤销注册会计师执业资格的，其被吊销、撤销执业资格之前在会计师事务所从事审计业务的年限，不得计入本条第一款第三项规定的累计年限。

**第十二条** 不符合本办法第十一条第一款第一项和第三项规定的条件，但具有相关职业资格的人员，经合伙协议约定，可以担任特殊普通合伙会计师事务所履行内部特定管理职责或者从事咨询业务的合伙人，但不得担任首席合伙人和执行合伙事务的合伙人，不得以任何形式对该会计师事务所实施控制。具体办法另行制定。

**第十三条** 普通合伙会计师事务所和特殊普通合伙会计师事务所应当设立首席合伙人，由执行合伙事务的合伙人担任。

有限责任会计师事务所应当设立主任会计师，由法定代表人担任，法定代表人应当是有限责任会计师事务所的股东。

首席合伙人（主任会计师）应当符合下列条件：

（一）在境内有稳定住所，每年在境内居留不少于6个月，且最近连续居留已满10年；

（二）具有代表会计师事务所履行合伙协议或者公司章程授予的管理职权的能力和经验。

**第十四条** 会计师事务所应当加强执业质量控制，建立健全合伙人（股东）、签字注册会计师和其他从业人员在执业质量控制中的权责体系。

首席合伙人（主任会计师）对会计师事务所的执业质量负主体责任。审计业务主管合伙人（股东）、质量控制主管合伙人（股东）对会计师事务所的审计业务质量负直接主管责任。审计业务项目合伙人（股东）对组织承办的具体业务项目的审计质量负直接责任。

**第十五条** 注册会计师担任会计师事务所的合伙人（股东），涉及执业关系转移的，该注册会计师应当先在省、自治区、直辖市注册会计师协会（以下简称省级注册会计师协会）办理从原会计师事务所转出的手续。若为原会计师事务所合伙人（股东）的，还应当按照有关法律、行政法规，以及合伙协议或者公司章程的规定，先办理退伙或者股权转让手续。

**第十六条** 会计师事务所的名称应当符合国家有关规定。未经同意，会计师事务所不得使用包含其他已取得执业许可的会计师事务所字号的名称。

**第十七条** 申请会计师事务所执业许可，应当向其所在地的省级财政部门提交下列材料：

（一）会计师事务所执业许可申请表；

（二）会计师事务所合伙人（股东）执业经历等符合规定条件的材料；

（三）拟在该会计师事务所执业的注册会计师情况汇总表；

（四）统一社会信用代码。

合伙人（股东）是境外人员或移居境外人员的，还应当提交符合本办法第十一条第一款第五项、第十三条第三款第一项条件的材料及承诺函。

因合并或者分立新设会计师事务所的，申请时还应当提交合并协议或者分立协议。

申请人应当对申请材料内容的真实性、准确性、完整性负责。

**第十八条** 省级财政部门应当对申请人提交的申请材料进行审查。对申请材料不齐全或者不符合法定形式的，应当当场或者在接到申请材料后5日内一次性告知申请人需要补正的全部内容。对申请材料齐全、符合法定形式，或者申请人按照要求提交全部补正申请材料的应当受理。受理申请或者不予受理申请，应当向申请人出具加盖本行政机关专用印章和注明日期的书面凭证。

省级财政部门受理申请的，应当将申请材料中有关会计师事务所名称以及合伙人（股东）执业资格及执业时间等情况在5日内予以公示。

**第十九条** 省级财政部门应当通过财政会计行业管理系统对申请人有关信息进行核对，并自受理申请之日起30日内作出准予或者不予会计师事务所执业许可的决定。

**第二十条** 省级财政部门作出准予会计师事务所执业许可决定的，应当自作出准予决定之日起10日内向申请人出具准予行政许可的书面决定、颁发会计师事务所执业证书，并予以公告。准予许可决定应当载明下列事项：

（一）会计师事务所的名称和组织形式；

（二）会计师事务所合伙人（股东）的姓名；

（三）会计师事务所首席合伙人（主任会计师）的姓名；

（四）会计师事务所的业务范围。

**第二十一条**　省级财政部门作出准予会计师事务所执业许可决定的，应当自作出准予决定之日起30日内将准予许可决定报财政部备案。

财政部发现准予许可不当的，应当自收到准予许可决定之日起30日内通知省级财政部门重新审查。

省级财政部门重新审查后发现申请人不符合本办法规定的申请执业许可的条件的，应当撤销执业许可，并予以公告。

**第二十二条**　省级财政部门作出不予会计师事务所执业许可决定的，应当自作出决定之日起10日内向申请人出具书面决定，并通知工商行政管理部门。

书面决定应当说明不予许可的理由，并告知申请人享有依法申请行政复议或者提起行政诉讼的权利。

会计师事务所执业许可申请未予准许，企业主体继续存续的，不得从事注册会计师法定业务，企业名称中不得继续使用“会计师事务所”字样，申请人应当自收到不予许可决定之日起20日内办理工商变更登记。

**第二十三条**　会计师事务所的合伙人（股东）应当自会计师事务所取得执业证书之日起30日内办理完成转入该会计师事务所的手续。

注册会计师在未办理完成转入手续以前，不得在拟转入的会计师事务所执业。

**第二十四条**　会计师事务所应当完善职业风险防范机制，建立职业风险基金，办理职业责任保险。具体办法由财政部另行制定。

特殊普通合伙会计师事务所的合伙人按照《合伙企业法》等法律法规的规定及合伙协议的约定，对会计师事务所的债务承担相应责任。

## 第三章　会计师事务所分所执业许可的取得

**第二十五条**　会计师事务所设立分支机构应当依照本办法规定申请分所执业许可。

**第二十六条**　会计师事务所分所的名称应当采用“会计师事务所名称＋分支机构所在行政区划名＋分所”的形式。

**第二十七条**　会计师事务所应当在人事、财务、业务、技术标准、信息管理等方面对其设立的分所进行实质性的统一管理，并对分所的业务活动、执业质量和债务承担法律责任。

**第二十八条**　会计师事务所申请分所执业许可，应当自领取分所营业执照之日起60日内，向分所所在地的省级财政部门提出申请。

**第二十九条**　申请分所执业许可的会计师事务所，应当具备下列条件：

（一）取得会计师事务所执业许可3年以上，内部管理制度健全；

（二）不少于50名注册会计师（已到和拟到分所执业的注册会计师除外）；

（三）申请设立分所前3年内没有因为执业行为受到行政处罚。

跨省级行政区划申请分所执业许可的，会计师事务所上一年度业务收入应当达到2000万元以上。

因合并或者分立新设的会计师事务所申请分所执业许可的，其取得会计师事务所执业许可的期限，可以从合并或者分立前会计师事务所取得执业许可的时间算起。

**第三十条**　会计师事务所申请分所执业许可，该分所应当具备下列条件：

（一）分所负责人为会计师事务所的合伙人（股东），并具有注册会计师执业资格；

（二）不少于5名注册会计师，且注册会计师的执业关系应当转入分所所在地省级注册会计师协会；由总所人员兼任分所负责人的，其执业关系可以不作变动，但不计入本项规定的5名注册会计师；

（三）有经营场所。

**第三十一条**　会计师事务所申请分所执业许可，应当向分所所在地的省级财政部门提交下列材料：

（一）分所执业许可申请表；

（二）会计师事务所合伙人会议或者股东会作出的设立分所的书面决议；

（三）注册会计师情况汇总表（会计师事务所和申请执业许可的分所分别填写）；

（四）分所统一社会信用代码；

（五）会计师事务所对该分所进行实质性统一管理的承诺书，该承诺书由首席合伙人（主任会计师）签署，并加盖会计师事务所公章。

跨省级行政区划申请分所执业许可的，还应当提交上一年度会计师事务所业务收入情况。

**第三十二条**　省级财政部门审批分所执业许可的程序比照本办法第十八条至第二十二条第二款的规定办理。

会计师事务所跨省级行政区划设立分所的，准予分所执业许可的省级财政部门还应当将准予许可决定抄送会计师事务所所在地的省级财政部门。

省级财政部门作出不予分所执业许可决定的，会计师事务所应当自收到不予许可决定之日起20日内办理该分所的工商注销手续。

## 第四章 会计师事务所及其分所的变更备案和执业许可的注销

**第三十三条** 会计师事务所下列事项发生变更的，应当自作出决议之日起20日内向所在地的省级财政部门备案；涉及工商变更登记的，应当自办理完工商变更登记之日起20日内向所在地的省级财政部门备案：

（一）会计师事务所的名称；

（二）首席合伙人（主任会计师）；

（三）合伙人（股东）；

（四）经营场所；

（五）有限责任会计师事务所的注册资本。

分所的名称、负责人或者经营场所发生变更的，该会计师事务所应当同时向会计师事务所和分所所在地的省级财政部门备案。

**第三十四条** 会计师事务所及其分所变更备案的，应当提交变更事项情况表，以及变更事项符合会计师事务所和分所执业许可条件的材料。

**第三十五条** 会计师事务所及其分所变更名称的，应当同时向会计师事务所和分所所在地的省级财政部门交回原会计师事务所执业证书或者分所执业证书，换取新的会计师事务所执业证书或者分所执业证书。

省级财政部门应当将会计师事务所及其分所的名称变更情况予以公告。

**第三十六条** 会计师事务所跨省级行政区划迁移经营场所的，应当在办理完迁入地工商登记手续后10日内向迁入地省级财政部门备案，并提交会计师事务所跨省级行政区划迁移表和合伙人（股东）情况汇总表。

迁入地省级财政部门应当在收到备案材料后10日内，及时核实该会计师事务所有关情况，收回原会计师事务所执业证书，换发新的会计师事务所执业证书，并予以公告，同时通知迁出地省级财政部门。

迁出地省级财政部门收到通知后，将该会计师事务所迁移情况予以公告。

**第三十七条** 迁入地省级财政部门应当对迁入的会计师事务所持续符合执业许可条件的情况予以审查。未持续符合执业许可条件的，责令其在60日内整改，未在规定期限内整改或者整改期满仍未达到执业许可条件的，由迁入地省级财政部门撤销执业许可，并予以公告。

**第三十八条** 跨省级行政区划迁移经营场所的会计师事务所设有分所的，会计师事务所应当在取得迁入地省级财政部门换发的执业证书后15日内向其分所所在地的省级财政部门备案，并提交新的执业证书信息。分所所在地省级财政部门应当收回原分所执业证书，换发新的分所执业证书。

**第三十九条** 会计师事务所未在规定时间内办理迁出和迁入备案手续的，由迁出地省级财政部门自发现之日起15日内公告该会计师事务所执业许可失效。

**第四十条** 省级财政部门应当在受理申请的办公场所将会计师事务所、会计师事务所分所申请执业许可的条件、变更、注销等应当提交的材料目录及要求、批准的程序及期限予以公示。

**第四十一条** 会计师事务所发生下列情形之一的，省级财政部门应当办理会计师事务所执业许可注销手续，收回会计师事务所执业许可证书：

（一）会计师事务所依法终止的；

（二）会计师事务所执业许可被依法撤销、撤回或者执业许可证书依法被吊销的；

（三）法律、行政法规规定的应当注销执业许可的其他情形。

会计师事务所分所执业许可注销的，比照本条第一款规定办理。

会计师事务所或者分所依法终止的，应当自办理工商注销手续之日起10日内，告知所在地的省级财政部门。

**第四十二条** 会计师事务所执业许可被依法注销，企业主体继续存续的，不得从事注册会计师法定业务，企业名称中不得继续使用“会计师事务所”字样，并应当自执业许可被注销之日起10日内，办理工商变更登记。

分所执业许可被依法注销的，应当自注销之日起20日内办理工商注销手续。

**第四十三条** 省级财政部门应当将注销会计师事务所或者分所执业许可的有关情况予以公告，并通知工商行政管理部门。

**第四十四条** 会计师事务所及其分所在接受财政部或者省级财政部门（以下简称省级以上财政部门）检查、整改及整改情况核查期间，不得办理以下手续：

（一）首席合伙人（主任会计师）、审计业务主管合伙人（股东）、质量控制主管合伙人（股东）和相关签字

注册会计师的离职、退伙(转股)或者转所;

(二)跨省级行政区划迁移经营场所。

## 第五章　监督检查

**第四十五条**　省级以上财政部门依法对下列事项实施监督检查:

(一)会计师事务所及其分所持续符合执业许可条件的情况;

(二)会计师事务所备案事项的报备情况;

(三)会计师事务所和注册会计师的执业情况;

(四)会计师事务所的风险管理和执业质量控制制度建立与执行情况;

(五)会计师事务所对分所实施实质性统一管理的情况;

(六)法律、行政法规规定的其他监督检查事项。

**第四十六条**　省级以上财政部门依法对会计师事务所实施全面或者专项监督检查。

省级以上财政部门对会计师事务所进行监督检查时,可以依法对被审计单位进行延伸检查或者调查。财政部门开展其他检查工作时,发现被检查单位存在违规行为而会计师事务所涉嫌出具不实审计报告及其他鉴证报告的,可以由省级以上财政部门延伸检查相关会计师事务所。

省级以上财政部门在开展检查过程中,可以根据工作需要,聘用一定数量的专业人员协助检查。

**第四十七条**　在实施监督检查过程中,检查人员应当严格遵守财政检查工作的有关规定。

**第四十八条**　财政部应当加强对省级财政部门监督、指导会计师事务所和注册会计师工作的监督检查。

省级财政部门应当按照财政部要求建立信息报告制度,将会计师事务所和注册会计师发生的重大违法违规案件及时上报财政部。

**第四十九条**　省级以上财政部门在开展会计师事务所监督检查时,要随机抽取检查对象、随机选派执法检查人员并及时公开抽查情况和查处结果。

省级以上财政部门结合会计师事务所业务分布、质量控制和内部管理等情况,分类确定对会计师事务所实施监督检查的频次和方式,建立定期轮查制度和随机抽查制度。

**第五十条**　省级以上财政部门应当将发生以下情形的会计师事务所列为重点检查对象,实施严格监管:

(一)审计收费明显低于成本的;

(二)会计师事务所对分所实施实质性统一管理薄弱的;

(三)以向委托人或者被审计单位有关人员、中间人支付回扣、协作费、劳务费、信息费、咨询费等不正当方式承揽业务的;

(四)有不良执业记录的;

(五)被实名投诉或者举报的;

(六)业务报告数量明显超出服务能力的;

(七)被非注册会计师实际控制的;

(八)需要实施严格监管的其他情形。

**第五十一条**　会计师事务所应当在出具审计报告及其他鉴证报告后30日内,通过财政会计行业管理系统报备签字注册会计师、审计意见、审计收费等基本信息。

会计师事务所应当在出具审计报告后60日内,通过财政会计行业管理系统报备其出具的年度财务报表审计报告,省级财政部门不得自行增加报备信息,不得要求会计师事务所报送纸质材料,并与注册会计师协会等实行信息共享。

**第五十二条**　省级以上财政部门可以对会计师事务所依法进行实地检查,或者将有关材料调到本机关或者检查人员办公地点进行核查。

调阅的有关材料应当在检查工作结束后1个月内送还并保持完整。

**第五十三条**　省级以上财政部门在实施监督检查过程中,有权要求会计师事务所和注册会计师说明有关情况,调阅会计师事务所工作底稿及相关资料,向相关单位和人员调查、询问、取证和核实有关情况。

**第五十四条**　会计师事务所和注册会计师应当接受省级以上财政部门依法实施的监督检查,如实提供中文工作底稿及相关资料,不得拒绝、延误、阻挠、逃避检查,不得谎报、隐匿、销毁相关证据材料。

会计师事务所或者注册会计师有明显转移、隐匿有关证据材料迹象的,省级以上财政部门可以对证据材料先行登记保存。

**第五十五条**　对会计师事务所和注册会计师的违法违规行为,省级以上财政部门依法作出行政处罚决定的,应当自作出处罚决定之日起10日内将相关信息录入财政会计行业管理系统,并及时予以公告。

**第五十六条**　会计师事务所应当于每年5月31日之前,按照财政部要求通过财政会计行业管理系统向所在地的省级财政部门报备下列信息:

(一)持续符合执业许可条件的相关信息;

(二)上一年度经营情况;

(三)内部治理及会计师事务所对分所实施实质性统一管理情况;

（四）会计师事务所由于执行业务涉及法律诉讼情况。

会计师事务所与境外会计师事务所有成员所、联系所或者业务合作关系的，应当同时报送相关信息，说明上一年度与境外会计师事务所合作开展业务的情况。

会计师事务所在境外发展成员所、联系所或者设立分支机构的，应当同时报送相关信息。

会计师事务所跨省级行政区划设有分所的，应当同时将分所有关材料报送分所所在地的省级财政部门。

**第五十七条**　省级财政部门收到会计师事务所按照本办法第五十六条的规定报送的材料后，应当对会计师事务所及其分所持续符合执业许可条件等情况进行汇总，于6月30日之前报财政部，并将持续符合执业许可条件的会计师事务所及其分所名单及时予以公告。

**第五十八条**　会计师事务所未按照本办法第五十一条、第五十六条规定报备的，省级以上财政部门应当责令限期补交报备材料、约谈首席合伙人（主任会计师），并视补交报备材料和约谈情况组织核查。

**第五十九条**　会计师事务所及其分所未能持续符合执业许可条件的，会计师事务所应当在20日内向所在地的省级财政部门报告，并在报告日后60日内自行整改。

省级财政部门在日常管理、监督检查中发现会计师事务所及其分所未持续符合执业许可条件的，应当责令其在60日内整改。

整改期满，会计师事务所及其分所仍未达到执业许可条件的，由所在地的省级财政部门撤销执业许可并予以公告。

**第六十条**　会计师事务所和注册会计师必须按照执业准则、规则的要求，在实施必要的审计程序后，以经过核实的审计证据为依据，形成审计意见，出具审计报告，不得有下列行为：

（一）在未履行必要的审计程序，未获取充分适当的审计证据的情况下出具审计报告；

（二）对同一委托单位的同一事项，依据相同的审计证据出具不同结论的审计报告；

（三）隐瞒审计中发现的问题，发表不恰当的审计意见；

（四）为被审计单位编造或者伪造事由，出具虚假或者不实的审计报告；

（五）未实施严格的逐级复核制度，未按规定编制和保存审计工作底稿；

（六）未保持形式上和实质上的独立；

（七）违反执业准则、规则的其他行为。

**第六十一条**　注册会计师不得有下列行为：

（一）在执行审计业务期间，在法律、行政法规规定不得买卖被审计单位的股票、债券或者不得购买被审计单位或者个人的其他财产的期限内，买卖被审计单位的股票、债券或者购买被审计单位或者个人所拥有的其他财产；

（二）索取、收受委托合同约定以外的酬金或者其他财物，或者利用执行业务之便，谋取其他不正当利益；

（三）接受委托催收债款；

（四）允许他人以本人名义执行业务；

（五）同时在两个或者两个以上的会计师事务所执行业务；

（六）同时为被审计单位编制财务会计报告；

（七）对其能力进行广告宣传以招揽业务；

（八）违反法律、行政法规的其他行为。

**第六十二条**　会计师事务所不得有下列行为：

（一）分支机构未取得执业许可；

（二）对分所未实施实质性统一管理；

（三）向省级以上财政部门提供虚假材料或者不及时报送相关材料；

（四）雇用正在其他会计师事务所执业的注册会计师，或者允许本所人员以他人名义执行业务，或者明知本所的注册会计师在其他会计师事务所执业而不予制止；

（五）允许注册会计师在本所挂名而不在本所执行业务，或者明知本所注册会计师在其他单位从事获取工资性收入的工作而不予制止；

（六）借用、冒用其他单位名义承办业务；

（七）允许其他单位或者个人以本所名义承办业务；

（八）采取强迫、欺诈、贿赂等不正当方式招揽业务，或者通过网络平台或者其他媒介售卖注册会计师业务报告；

（九）承办与自身规模、执业能力、风险承担能力不匹配的业务；

（十）违反法律、行政法规的其他行为。

## 第六章　法律责任

**第六十三条**　会计师事务所或者注册会计师违反法律法规及本办法规定的，由省级以上财政部门依法给予行政处罚。

违法情节轻微，没有造成危害后果的，省级以上财政部门可以采取责令限期整改、下达监管关注函、出具管理建议书、约谈、通报等方式进行处理。

**第六十四条** 会计师事务所采取隐瞒有关情况、提供虚假材料等手段拒绝提供申请执业许可情况的真实材料的，省级财政部门不予受理或者不予许可，并对会计师事务所和负有责任的相关人员给予警告。

会计师事务所采取欺骗、贿赂等不正当手段获得会计师事务所执业许可的，由省级财政部门予以撤销，并对负有责任的相关人员给予警告。

**第六十五条** 会计师事务所及其分所已办理完工商登记手续但未在规定时间内申请执业许可的，以及违反本办法第二十二条第三款、第三十二条第三款、第四十二条规定的，由省级财政部门责令限期改正，逾期不改正的，通知工商行政管理部门依法进行处理，并予以公告，对其执行合伙事务合伙人、法定代表人或者分所负责人给予警告，不予办理变更、转所手续。

**第六十六条** 会计师事务所有下列情形之一的，由省级以上财政部门责令限期改正，逾期不改正的可以按照本办法第六十三条第二款的规定进行处理：

（一）未按照本办法第二十三条规定办理转所手续的；

（二）分所名称不符合本办法第二十六条规定的；

（三）未按照本办法第三十三条至三十五条第一款规定办理有关变更事项备案手续的。

**第六十七条** 会计师事务所违反本办法第六十条第一项至第四项规定的，由省级以上财政部门给予警告，没收违法所得，可以并处违法所得1倍以上5倍以下的罚款；情节严重的，并可以由省级以上财政部门暂停其执业1个月到1年或者吊销执业许可。

会计师事务所违反本办法第六十条第五项至第七项规定，情节轻微，没有造成危害后果的，按照本办法第六十三条第二款的规定进行处理；情节严重的，由省级以上财政部门给予警告，没收违法所得。

**第六十八条** 会计师事务所违反本办法第二十四条、第六十二条第二项至第十项规定的，由省级以上财政部门责令限期整改，未按规定期限整改的，对会计师事务所给予警告，有违法所得的，可以并处违法所得1倍以上3倍以下罚款，最高不超过3万元；没有违法所得的，可以并处1万元以下的罚款。对会计师事务所首席合伙人（主任会计师）等相关管理人员和直接责任人员可以给予警告，情节严重的，可以并处1万元以下罚款；涉嫌犯罪的，移送司法机关，依法追究刑事责任。

**第六十九条** 会计师事务所违反本办法第四十四条、第五十四条规定的，由省级以上财政部门对会计师事务所给予警告，可以并处1万元以下的罚款；对会计师事务所首席合伙人（主任会计师）等相关管理人员和直接责任人员给予警告，可以并处1万元以下罚款。

**第七十条** 注册会计师违反本办法第六十条第一项至第四项规定的，由省级以上财政部门给予警告；情节严重的，可以由省级以上财政部门暂停其执行业务1个月至1年或者吊销注册会计师证书。

注册会计师违反本办法第六十条第五项至第七项规定的，情节轻微，没有造成危害后果的，按照本办法第六十三条第二款的规定进行处理；情节严重的，由省级以上财政部门给予警告。

**第七十一条** 注册会计师违反本办法第六十一条规定，情节轻微，没有造成危害后果的，按照本办法第六十三条第二款的规定进行处理；情节严重的，由省级以上财政部门给予警告，有违法所得的，可以并处违法所得1倍以上3倍以下的罚款，最高不超过3万元；没有违法所得的，可以并处1万元以下罚款。

**第七十二条** 法人或者其他组织未获得执业许可，或者被撤销、注销执业许可后继续承办注册会计师法定业务的，由省级以上财政部门责令其停止违法活动，没收违法所得，可以并处违法所得1倍以上5倍以下的罚款。

会计师事务所违反本办法第六条第二款规定的，适用前款规定处理。

**第七十三条** 会计师事务所或者注册会计师违反本办法的规定，故意出具虚假的审计报告、验资报告，涉嫌犯罪的，移送司法机关，依法追究刑事责任。

**第七十四条** 省级以上财政部门在作出较大数额罚款、暂停执业、吊销注册会计师证书或者会计师事务所执业许可的决定之前，应当告知当事人有要求听证的权利；当事人要求听证的，应当按规定组织听证。

**第七十五条** 当事人对省级以上财政部门审批和监督行为不服的，可以依法申请行政复议或者提起行政诉讼。

**第七十六条** 省级以上财政部门的工作人员在实施审批和监督过程中，滥用职权、玩忽职守、徇私舞弊或者泄露国家秘密、商业秘密的，按照《公务员法》等国家有关规定追究相应责任；涉嫌犯罪的，移送司法机关，依法追究刑事责任。

## 第七章 附 则

**第七十七条** 本办法所称“注册会计师”是指中国注册会计师；所称“注册会计师执业资格”是指中国注册会

计师执业资格。

本办法所称“以上”、“以下”均包括本数或者本级。本办法规定的期限以工作日计算，不含法定节假日。

**第七十八条** 具有注册会计师执业资格的境外人员可以依据本办法申请担任会计师事务所合伙人（股东）。

其他国家或者地区对具有该国家或者地区注册会计师执业资格的中国境内居民在当地设立会计师事务所、担任会计师事务所合伙人（股东）或者执业有特别规定的，我国可以采取对等管理措施。

**第七十九条** 本办法施行前已经取得的会计师事务所及其分所执业许可继续有效，发生变更事项的，其变更后的情况应当符合本办法的规定。

会计师事务所申请转制为普通合伙或者特殊普通合伙会计师事务所的，转制办法另行制定。

**第八十条** 注册会计师协会是由会计师事务所和注册会计师组成的社会团体，依照《注册会计师法》履行相关职责，接受财政部和省级财政部门的监督、指导。

**第八十一条** 本办法自2017年10月1日起施行。财政部2005年1月18日发布的《会计师事务所审批和监督暂行办法》（财政部令第24号）同时废止。

## 会计师事务所执业质量检查制度

*1. 2011年7月16日中国注册会计师协会发布*
*2. 会协〔2011〕39号*
*3. 自2011年7月16日起施行*

### 第一章 总 则

**第一条** 为了规范和指导注册会计师协会对会计师事务所（以下简称事务所）的执业质量检查工作，引导和督促事务所强化质量控制体系建设，防范系统风险，提升事务所及其注册会计师的职业道德水平和执业质量，维护公众利益，根据《中华人民共和国注册会计师法》和《中国注册会计师协会章程》的有关规定，制定本制度。

**第二条** 本制度所称执业质量检查，是指注册会计师协会组织开展的对事务所、注册会计师遵循会计师事务所质量控制准则、中国注册会计师业务准则、职业道德守则等情况的检查，包括检查工作的组织实施，以及检查结果的评价和处理。

**第三条** 执业质量检查应当遵循风险导向的理念，对事务所的系统风险进行检查。系统风险检查的内容包括质量控制体系检查和业务项目检查。质量控制体系检查涉及事务所的职业道德规范，质量控制环境，合伙人机制，客户关系和具体业务的接受与保持，人力资源，业务规范，业务执行，监控，总分所管理和信息系统等要素。

执业质量检查应当坚持事务所质量控制体系检查与业务项目检查并重，以质量控制体系检查结果指导业务项目检查，以业务项目检查结果支持质量控制体系检查的结论，并对事务所质量控制体系设计和运行的有效性，以及事务所的执业质量水平作出整体评价。

**第四条** 执业质量检查应当坚持公平、公正的原则，以事实为依据，以准则为标准，严格检查，严格惩戒，切实实现帮助、教育、督促、提高的目的。

**第五条** 执业质量检查应当注意区分会计责任和审计责任，充分尊重注册会计师的职业判断。

**第六条** 注册会计师协会可以根据事务所执业质量的整体评价结果，对事务所进行分类分级监管，加强与有关监管部门的沟通协调和信息共享，以优化配置监管资源，提高监管效能。

**第七条** 注册会计师协会建立执业质量检查公告制度。

### 第二章 检查的职责分工

**第八条** 中国注册会计师协会（以下简称中注协）负责全国事务所执业质量检查标准和政策的制定以及组织协调工作，并对各省、自治区、直辖市注册会计师协会（以下简称省级协会）的执业质量检查工作进行指导和监督。

**第九条** 中注协直接组织对具有从事证券期货相关业务资格会计师事务所（包括分所，以下简称证券所）进行执业质量检查，并根据检查结果对存在执业违规行为的证券所实施惩戒。各省级协会按照中注协的统一部署，组织对本行政区域内的事务所进行执业质量检查。各级协会应加强沟通协调，安排好证券所的检查工作。

**第十条** 省级协会对本行政区域内事务所跨区域执行的业务进行执业质量检查，必要时可商请业务所在地省级协会协助检查。省级协会发现外地事务所在本行政区域内执行业务涉嫌存在违规问题的，可以提请事务所所在地省级协会进行查处。

### 第三章 检 查 周 期

**第十一条** 注册会计师协会应当每年组织开展事务所执业质量检查。

证券所每3年内应当至少接受一次执业质量检

查,其他事务所每5年内应当至少接受一次执业质量检查。

中注协每年应当对获准从事H股企业审计业务的事务所实施抽查。

**第十二条** 对存在下列情形的事务所,注册会计师协会可以考虑在一个检查周期内安排两次或两次以上的检查:

(一)受到行业惩戒或行政处罚的;

(二)在以往的执业质量检查中存在问题较多,执业质量整体评价结果较差的;

(三)未按照注册会计师协会的要求进行整改或者整改不力的;

(四)注册会计师协会认为需要检查的其他情形。

## 第四章 检查计划

**第十三条** 注册会计师协会应当制定年度检查计划或检查方案,明确检查依据、检查目的、检查对象、检查内容、检查方式、检查工作安排和要求等。

**第十四条** 省级协会的年度检查计划或检查方案,应当报送中注协备案。

**第十五条** 在确定被检查事务所名单时,注册会计师协会应当对存在下列情形的事务所予以重点考虑:

(一)新承接的业务可能存在重大审计风险的;

(二)股东(合伙人)之间纠纷较大,可能影响执业质量的;

(三)采用不正当竞争手段承揽业务的;

(四)诋毁同行、损害同行利益的;

(五)受到投诉举报较多且反映问题严重的;

(六)业务收费违反收费管理办法或显著低于行业平均收费水平的;

(七)新批准设立的;

(八)承接业务数量与事务所人力资源、规模明显不匹配的;

(九)存在第十二条规定情形的。

## 第五章 检查人员和咨询专家

**第十六条** 注册会计师协会应当合理选择和确定检查人员,组成检查组。检查组应当由不少于3名的检查人员组成,实行组长负责制。

检查组受注册会计师协会的委派,在注册会计师协会授权范围内开展检查工作。

**第十七条** 检查人员应当由职业道德好、专业素质高、实践经验丰富的注册会计师和注册会计师协会工作人员担任。

**第十八条** 担任检查人员的注册会计师应当同时具备下列基本条件:

(一)担任或曾经担任事务所项目负责人以上的职务;

(二)在事务所从事审计工作5年以上;

(三)熟悉会计、审计等专业理论和实务;

(四)最近3年没有因执业违规行为受到行业惩戒或行政处罚。

**第十九条** 注册会计师协会应当建立相对稳定的兼职检查人员队伍,有条件的可以建立专职检查人员队伍。注册会计师协会应对检查人员进行必要的培训。

**第二十条** 检查人员的权利主要包括下列内容:

(一)对被检查事务所的质量控制制度及相关的内部治理、内部管理制度,业务档案,财务会计资料,以及其他与检查相关的资料进行查阅、记录和复印,包括对相关信息系统的查阅和记录;

(二)对事务所有关人员进行询问或发放调查问卷;

(三)必要时,可对涉嫌严重违规或双方争议较大的业务报告和相关工作底稿调回注册会计师协会查阅。

**第二十一条** 检查人员的义务主要包括下列内容:

(一)对检查中了解到的国家机密、事务所及其客户的涉密信息应当保密,不得用于与检查工作无关的任何用途,也不得泄露给与检查工作无关的任何人员;

(二)与被检查事务所有利害关系的,应当主动回避;

(三)保持客观公正、廉洁自律,不得接受被检查事务所的宴请、礼品或礼金等。

**第二十二条** 注册会计师协会建立专家咨询制度,成立专家咨询组。

专家咨询组主要由事务所负责技术或质量控制的合伙人和注册会计师协会负责监管工作的人员组成。

**第二十三条** 咨询专家负责在执业质量现场检查、检查结果论证、惩戒过程中提供技术指导和援助。在现场检查期间,咨询专家对检查组遇到的重大疑难问题提供技术咨询,为检查组开展检查工作提供技术支持。检查结束后,咨询专家参与检查结果论证工作,复核检查结论、检查工作底稿、检查报告和整改建议书等。

咨询专家应遵守第二十一条规定的义务。

**第二十四条** 检查人员和咨询专家参加执业质量检查的时间可按照《中国注册会计师继续教育制度》和《中国注册会计师协会非执业会员继续教育暂行办法》的规

定折合为本年度的继续教育学时。

**第二十五条**　注册会计师协会可向检查人员、咨询专家所在单位及个人支付一定的费用，并对表现优秀的检查人员予以表彰、奖励和重点培养，对违反检查纪律的上述人员予以相应的处分。

**第二十六条**　事务所应当积极推荐符合条件的相关人员参加检查，并支持其工作。

事务所应当保证检查人员、咨询专家在参加注册会计师协会的执业质量检查期间的业绩考核与评价、薪酬待遇等不因参加检查工作而受到影响。

## 第六章　现 场 检 查

**第二十七条**　在实施现场检查前，注册会计师协会应当提前15个工作日公布被检查事务所名单，并提前5个工作日以书面形式通知被检查事务所。

**第二十八条**　被检查事务所应当在接受检查前进行自查，形成自查报告，并按照检查通知要求做好接受检查的准备工作。

**第二十九条**　被检查事务所应当依据下列要求积极配合检查工作：

（一）及时全面地提交检查所需的全部资料，并保证所提交资料的完整性和真实性；

（二）为检查组提供必要的工作场所和办公条件；

（三）确定专人负责与检查组的联络；

（四）妥善安排股东（合伙人）、注册会计师和其他相关人员配合检查组开展工作；

（五）如实回答检查人员的询问，准时参加检查组召集的会议，及时进行意见反馈。

对于被检查事务所及其注册会计师不配合检查工作，不按时提供相关资料，经提醒或敦促没有效果的，检查组在请示注册会计师协会并经其同意后，可以撤出被检查事务所。注册会计师协会将对相关事务所予以公告并给予相应的惩戒。

**第三十条**　注册会计师协会应当制定检查纪律并传达到检查人员。检查组进驻检查现场时要向被检查事务所告知检查纪律。检查人员、被检查事务所及注册会计师应当遵守检查纪律。

**第三十一条**　检查组一般应对事务所进行现场检查，必要时也可调阅事务所有关资料进行非现场检查。

**第三十二条**　检查组应当在对事务所质量控制体系检查的基础上，确定业务项目检查的重点。在实施业务项目检查时，一般应当抽取事务所当年度执行的业务。对于自上次接受检查后执行的以往年度或期间的业务，可以按照一定比例进行抽查。抽样时应当考虑事务所质量控制体系检查的结果，并考虑样本选取的充分性和代表性。

**第三十三条**　检查组应当就检查中发现的问题与被检查事务所和注册会计师进行充分沟通，听取并吸收其合理意见。

**第三十四条**　检查组应当收集检查证据，保证检查证据的充分性和适当性，并根据检查证据形成检查意见，向事务所出具检查意见书。事务所应在规定的时间内向检查组提交反馈意见。检查组从事务所获取的检查证据、反馈意见和重要的沟通事项及结果，应由事务所盖章和相关人员签名确认。对于事务所及其相关人员拒不盖章或签名确认的，检查组应及时向注册会计师协会报告，由注册会计师协会作出相应处理。

**第三十五条**　检查组应当及时向注册会计师协会汇报检查进展情况以及检查中遇到的重大问题，接受注册会计师协会的指导和监督。

**第三十六条**　检查组应当按照注册会计师协会确定的检查标准实施执业质量检查，编制检查工作底稿。

**第三十七条**　检查组应当在完成检查工作后向注册会计师协会提交执业质量检查报告。

执业质量检查报告的内容主要包括：

（一）被检查事务所概况；

（二）检查工作的开展情况；

（三）被检查事务所执业质量整体评价结果；

（四）质量控制体系检查情况及发现的问题；

（五）业务项目检查情况及发现的问题；

（六）被检查事务所的反馈意见。

**第三十八条**　检查组应当在检查工作结束后，及时归整检查工作底稿，形成检查档案（包括电子档案），统一交注册会计师协会。

注册会计师协会应当组织专家验收检查档案。检查档案的所有权属于注册会计师协会。

## 第七章　检查结果的处理

**第三十九条**　注册会计师协会应当从以下方面对检查组提交的检查报告和检查工作底稿进行复核：

（一）执业违规事实是否清楚，检查证据是否确凿，事实的认定是否有充分、适当的检查证据；

（二）检查工作是否符合检查程序；

（三）适用的法律、法规、职业准则是否恰当。

**第四十条**　注册会计师协会应当组织专家对检查组的工作结果进行论证。

**第四十一条**　注册会计师协会应当建立相应的惩戒制度，设立惩戒委员会或相应机构，对检查中发现存在严重问题的事务所和注册会计师给予相应的惩戒。

**第四十二条**　注册会计师协会实施惩戒，应当以事实为依据，与执业违规行为的性质、情节以及社会影响程度相当，并遵循独立、客观、公正的原则，坚持惩戒与教育相结合。

**第四十三条**　注册会计师协会应当维护事务所和注册会计师的合法权益，保障其陈述申辩和申诉的权利。

**第四十四条**　注册会计师协会应当责成受到惩戒以及其他存在质量控制缺陷的被检查事务所在规定时间内整改并提交整改报告。注册会计师协会应当对事务所整改情况跟踪检查，督促其切实整改。

**第四十五条**　注册会计师协会应当对年度检查工作进行总结。省级协会应当在年度检查工作结束后，在规定时间内向中注协报送年度检查工作总结。

**第四十六条**　注册会计师协会应当向社会公告每年检查的事务所数量、检查对象、检查内容、检查重点、检查处理结果以及检查发现的主要问题。

### 第八章　附　　则

**第四十七条**　注册会计师协会开展专案检查、专项检查等其他检查工作，可参照本制度的规定执行。

**第四十八条**　注册会计师协会应当将年度检查总体情况及检查结果录入中注协行业管理信息系统。

**第四十九条**　各省级协会可以按照本制度，制定本地区的实施办法，并报中注协备案。

**第五十条**　本制度自2011年7月16日起施行。

## 会计师事务所审计档案管理办法

*1．2016年1月11日财政部、国家档案局发布*
*2．财会〔2016〕1号*
*3．自2016年7月1日起施行*

### 第一章　总　　则

**第一条**　为规范会计师事务所审计档案管理，保障审计档案的真实、完整、有效和安全，充分发挥审计档案的重要作用，根据《中华人民共和国档案法》《中华人民共和国注册会计师法》《中华人民共和国档案法实施办法》及有关规定，制定本办法。

**第二条**　在中华人民共和国境内依法设立的会计师事务所管理审计档案，适用本办法。

**第三条**　本办法所称审计档案，是指会计师事务所按照法律法规和执业准则要求形成的审计工作底稿和具有保存价值、应当归档管理的各种形式和载体的其他历史记录。

**第四条**　审计档案应当由会计师事务所总所及其分所分别集中管理，接受所在地省级财政部门和档案行政管理部门的监督和指导。

**第五条**　会计师事务所首席合伙人或法定代表人对审计档案工作负领导责任。

会计师事务所应当明确一名负责人（合伙人、股东等）分管审计档案工作，该负责人对审计档案工作负分管责任。

会计师事务所应当设立专门岗位或指定专人具体管理审计档案并承担审计档案管理的直接责任。审计档案管理人员应当接受档案管理业务培训，具备良好的职业道德和专业技能。

**第六条**　会计师事务所应当结合自身经营管理实际，建立健全审计档案管理制度，采用可靠的防护技术和措施，确保审计档案妥善保管和有效利用。

会计师事务所从事境外发行证券与上市审计业务的，应当严格遵守境外发行证券与上市保密和档案管理相关规定。

### 第二章　归档、保管与利用

**第七条**　会计师事务所从业人员应当按照法律法规和执业准则的要求，及时将审计业务资料按审计项目整理立卷。

审计档案管理人员应当对接收的审计档案及时进行检查、分类、编号、入库保管，并编制索引目录或建立其他检索工具。

**第八条**　会计师事务所不得任意删改已经归档的审计档案。按照法律法规和执业准则规定可以对审计档案作出变动的，应当履行必要的程序，并保持完整的变动记录。

**第九条**　会计师事务所自行保管审计档案的，应当配置专用、安全的审计档案保管场所，并配备必要的设施和设备。

会计师事务所可以向所在地国家综合档案馆寄存审计档案，或委托依法设立、管理规范的档案中介服务机构（以下简称中介机构）代为保管。

**第十条**　会计师事务所应当按照法律法规和执业准则的规定，结合审计业务性质和审计风险评估情况等因素合理确定审计档案的保管期限，最低不得少于十年。

**第十一条**　审计档案管理人员应当定期对审计档案进行检查和清点，发现损毁、遗失等异常情况，应当及时向分管负责人或经其授权的其他人员报告并采取相应的补救措施。

**第十二条** 会计师事务所应当严格执行审计档案利用制度,规范审计档案查阅、复制、借出等环节的工作。

**第十三条** 会计师事务所对审计档案负有保密义务,一般不得对外提供;确需对外提供且符合法律法规和执业准则规定的,应当严格按照规定办理相关手续。手续不健全的,会计师事务所有权不予提供。

## 第三章 权属与处置

**第十四条** 审计档案所有权归属会计师事务所并由其依法实施管理。

**第十五条** 会计师事务所合并的,合并各方的审计档案应当由合并后的会计师事务所统一管理。

**第十六条** 会计师事务所分立后原会计师事务所存续的,在分立之前形成的审计档案应当由分立后的存续方统一管理。

会计师事务所分立后原会计师事务所解散的,在分立之前形成的审计档案,应当根据分立协议,由分立后的会计师事务所分别管理,或由其中一方统一管理,或向所在地国家综合档案馆寄存,或委托中介机构代为保管。

**第十七条** 会计师事务所因解散、依法被撤销、被宣告破产或其他原因终止的,应当在终止之前将审计档案向所在地国家综合档案馆寄存或委托中介机构代为保管。

**第十八条** 会计师事务所分所终止的,应当在终止之前将审计档案交由总所管理,或向所在地国家综合档案馆寄存,或委托中介机构代为保管。

**第十九条** 会计师事务所交回执业证书但法律实体存续的,应当在交回执业证书之前将审计档案向所在地国家综合档案馆寄存或委托中介机构代为保管。

**第二十条** 有限责任制会计师事务所及其分所因组织形式转制而注销,并新设合伙制会计师事务所及分所的,转制之前形成的审计档案由新设的合伙制会计师事务所及分所分别管理。

**第二十一条** 会计师事务所及分所委托中介机构代为保管审计档案的,应当签订书面委托协议,并在协议中约定审计档案的保管要求、保管期限以及其他相关权利义务。

**第二十二条** 会计师事务所及分所终止或会计师事务所交回执业证书但法律实体存续的,应当在交回执业证书时将审计档案的处置和管理情况报所在地省级财政部门备案。委托中介机构代为保管审计档案的,应当提交书面委托协议复印件。

## 第四章 鉴定与销毁

**第二十三条** 会计师事务所档案部门或档案工作人员所属部门(以下统称档案管理部门)应当定期与相关业务部门共同开展对保管期满的审计档案的鉴定工作。

经鉴定后,确需继续保存的审计档案应重新确定保管期限;不再具有保存价值且不涉及法律诉讼和民事纠纷的审计档案应当登记造册,经会计师事务所首席合伙人或法定代表人签字确认后予以销毁。

**第二十四条** 会计师事务所销毁审计档案,应当由会计师事务所档案管理部门和相关业务部门共同派员监销。销毁电子审计档案的,会计师事务所信息化管理部门应当派员监销。

**第二十五条** 审计档案销毁决议或类似决议、审批文书和销毁清册(含销毁人、监销人签名等)应当长期保存。

## 第五章 信息化管理

**第二十六条** 会计师事务所应当加强信息化建设,充分运用现代信息技术手段强化审计档案管理,不断提高审计档案管理水平和利用效能。

**第二十七条** 会计师事务所对执业过程中形成的具有保存价值的电子审计业务资料,应当采用有效的存储格式和存储介质归档保存,建立健全防篡改机制,确保电子审计档案的真实、完整、可用和安全。

**第二十八条** 会计师事务所应当建立电子审计档案备份管理制度,定期对电子审计档案的保管情况、可读取状况等进行测试、检查,发现问题及时处理。

## 第六章 监督管理

**第二十九条** 会计师事务所从业人员转所执业的,离所前应当办理完结审计业务资料交接手续,不得将属于原所的审计业务资料带至新所。

禁止会计师事务所及其从业人员损毁、篡改、伪造审计档案,禁止任何个人将审计档案据为己有或委托个人私存审计档案。

**第三十条** 会计师事务所违反本办法规定的,由省级以上财政部门责令限期改正。逾期不改的,由省级以上财政部门予以通报、列为重点监管对象或依法采取其他行政监管措施。

会计师事务所审计档案管理违反国家保密和档案管理规定的,由保密行政管理部门或档案行政管理部门分别依法处理。

## 第七章 附则

**第三十一条** 会计师事务所从事审阅业务和其他鉴证业

务形成的业务档案参照本办法执行。有关法律法规另有规定的，从其规定。

**第三十二条** 本办法自2016年7月1日起施行。

## 最高人民法院关于审理涉及会计师事务所在审计业务活动中民事侵权赔偿案件的若干规定

*1. 2007年6月4日最高人民法院审判委员会第1482次会议通过*
*2. 2007年6月11日公布*
*3. 法释〔2007〕12号*
*4. 自2007年6月15日起施行*

为正确审理涉及会计师事务所在审计业务活动中民事侵权赔偿案件，维护社会公共利益和相关当事人的合法权益，根据《中华人民共和国民法通则》、《中华人民共和国注册会计师法》、《中华人民共和国公司法》、《中华人民共和国证券法》等法律，结合审判实践，制定本规定。

**第一条** 利害关系人以会计师事务所在从事注册会计师法第十四条规定的审计业务活动中出具不实报告并致其遭受损失为由，向人民法院提起民事侵权赔偿诉讼的，人民法院应当依法受理。

**第二条** 因合理信赖或者使用会计师事务所出具的不实报告，与被审计单位进行交易或者从事与被审计单位的股票、债券等有关的交易活动而遭受损失的自然人、法人或者其他组织，应认定为注册会计师法规定的利害关系人。

会计师事务所违反法律法规、中国注册会计师协会依法拟定并经国务院财政部门批准后施行的执业准则和规则以及诚信公允的原则，出具的具有虚假记载、误导性陈述或者重大遗漏的审计业务报告，应认定为不实报告。

**第三条** 利害关系人未对被审计单位提起诉讼而直接对会计师事务所提起诉讼的，人民法院应当告知其对会计师事务所和被审计单位一并提起诉讼；利害关系人拒不起诉被审计单位的，人民法院应当通知被审计单位作为共同被告参加诉讼。

利害关系人对会计师事务所的分支机构提起诉讼的，人民法院可以将该会计师事务所列为共同被告参加诉讼。

利害关系人提出被审计单位的出资人虚假出资或者出资不实、抽逃出资，且事后未补足的，人民法院可以将该出资人列为第三人参加诉讼。

**第四条** 会计师事务所因在审计业务活动中对外出具不实报告给利害关系人造成损失的，应当承担侵权赔偿责任，但其能够证明自己没有过错的除外。

会计师事务所在证明自己没有过错时，可以向人民法院提交与该案件相关的执业准则、规则以及审计工作底稿等。

**第五条** 注册会计师在审计业务活动中存在下列情形之一，出具不实报告并给利害关系人造成损失的，应当认定会计师事务所与被审计单位承担连带赔偿责任：

（一）与被审计单位恶意串通；

（二）明知被审计单位对重要事项的财务会计处理与国家有关规定相抵触，而不予指明；

（三）明知被审计单位的财务会计处理会直接损害利害关系人的利益，而予以隐瞒或者作不实报告；

（四）明知被审计单位的财务会计处理会导致利害关系人产生重大误解，而不予指明；

（五）明知被审计单位的会计报表的重要事项有不实的内容，而不予指明；

（六）被审计单位示意其作不实报告，而不予拒绝。

对被审计单位有前款第（二）至（五）项所列行为，注册会计师按照执业准则、规则应当知道的，人民法院应认定其明知。

**第六条** 会计师事务所在审计业务活动中因过失出具不实报告，并给利害关系人造成损失的，人民法院应当根据其过失大小确定其赔偿责任。

注册会计师在审计过程中未保持必要的职业谨慎，存在下列情形之一，并导致报告不实的，人民法院应当认定会计师事务所存在过失：

（一）违反注册会计师法第二十条第（二）、（三）项的规定；

（二）负责审计的注册会计师以低于行业一般成员应具备的专业水准执业；

（三）制定的审计计划存在明显疏漏；

（四）未依据执业准则、规则执行必要的审计程序；

（五）在发现可能存在错误和舞弊的迹象时，未能追加必要的审计程序予以证实或者排除；

（六）未能合理地运用执业准则和规则所要求的重要性原则；

（七）未根据审计的要求采用必要的调查方法获

取充分的审计证据；

（八）明知对总体结论有重大影响的特定审计对象缺少判断能力，未能寻求专家意见而直接形成审计结论；

（九）错误判断和评价审计证据；

（十）其他违反执业准则、规则确定的工作程序的行为。

**第七条**　会计师事务所能够证明存在以下情形之一的，不承担民事赔偿责任：

（一）已经遵守执业准则、规则确定的工作程序并保持必要的职业谨慎，但仍未能发现被审计的会计资料错误；

（二）审计业务所必须依赖的金融机构等单位提供虚假或者不实的证明文件，会计师事务所在保持必要的职业谨慎下仍未能发现其虚假或者不实；

（三）已对被审计单位的舞弊迹象提出警告并在审计业务报告中予以指明；

（四）已经遵照验资程序进行审核并出具报告，但被验资单位在注册登记后抽逃资金；

（五）为登记时未出资或者未足额出资的出资人出具不实报告，但出资人在登记后已补足出资。

**第八条**　利害关系人明知会计师事务所出具的报告为不实报告而仍然使用的，人民法院应当酌情减轻会计师事务所的赔偿责任。

**第九条**　会计师事务所在报告中注明“本报告仅供年检使用”、“本报告仅供工商登记使用”等类似内容的，不能作为其免责的事由。

**第十条**　人民法院根据本规定第六条确定会计师事务所承担与其过失程度相应的赔偿责任时，应按照下列情形处理：

（一）应先由被审计单位赔偿利害关系人的损失。被审计单位的出资人虚假出资、不实出资或者抽逃出资，事后未补足，且依法强制执行被审计单位财产后仍不足以赔偿损失的，出资人应在虚假出资、不实出资或者抽逃出资数额范围内向利害关系人承担补充赔偿责任。

（二）对被审计单位、出资人的财产依法强制执行后仍不足以赔偿损失的，由会计师事务所在其不实审计金额范围内承担相应的赔偿责任。

（三）会计师事务所对一个或者多个利害关系人承担的赔偿责任应以不实审计金额为限。

**第十一条**　会计师事务所与其分支机构作为共同被告的，会计师事务所对其分支机构的责任部分承担连带赔偿责任。

**第十二条**　本规定所涉会计师事务所侵权赔偿纠纷未经审判，人民法院不得将会计师事务所追加为被执行人。

**第十三条**　本规定自公布之日起施行。本院过去发布的有关会计师事务所民事责任的相关规定，与本规定相抵触的，不再适用。

在本规定公布施行前已经终审，当事人申请再审或者按照审判监督程序决定再审的会计师事务所民事侵权赔偿案件，不适用本规定。

在本规定公布施行后尚在一审或者二审阶段的会计师事务所民事侵权赔偿案件，适用本规定。

## 财政部办公厅关于做好会计师事务所执业许可管理工作的通知

*1. 2017年9月28日发布*

*2. 财办会〔2017〕19号*

各省、自治区、直辖市财政厅（局），深圳市财政委员会：

《会计师事务所执业许可和监督管理办法》（财政部令第89号，以下简称《办法》）将于2017年10月1日起实施。为做好《办法》的贯彻实施，提高会计师事务所行政许可管理水平，现就有关事项通知如下：

一、为规范会计师事务所执业许可管理，提升行政许可标准化水平，财政部制定了用于会计师事务所执业许可申请和变更备案等事项的表格（见附件），请各省、自治区、直辖市财政厅（局），深圳市财政委员会（以下简称省级财政部门）自《办法》实施之日起使用新表格。

二、各省级财政部门应当及时调整完善本地区会计师事务所执业许可管理制度，更新会计师事务所执业许可办理指南等公开文件，依据《办法》在受理申请的办公场所公示新的执业许可条件、变更、注销等应当提交的材料目录及相关要求等。

三、各省级财政部门已受理但预计将于2017年10月1日后作出决定的会计师事务所及分所执业许可申请，应当依据新《办法》进行审查，作出决定。已提交的材料不需要按新申请表格进行调整；需要申请人对相关情况进行补充说明的，请做好政策解释和沟通工作。

四、自《办法》实施之日起启用新版会计师事务所执业证书和会计师事务所分所执业证书。之前发放的会计师事务所执业证书和会计师事务所分所执业证书可继续使用至2018年5月31日。统一换发时间另行通知。

五、各省级财政部门应当以《办法》实施为契机，切实转变管理理念，严格落实“谁审批谁监管、谁主管谁监管”的要求，进一步强化会计师事务所事中事后监管并优化服务，激发会计服务市场活力，促进公平竞争。

六、自《办法》实施之日起，《关于印发〈财政部关于科学引导小型会计师事务所规范发展的暂行规定〉的通知》（财会〔2010〕13 号）、《关于做好会计师事务所工商登记后置审批改革政策衔接工作的通知》（财会〔2014〕30 号）同时废止。《办法》公布前制定的有关规定与《办法》不一致的，以《办法》为准。

七、各省级财政部门要密切跟踪《办法》实施情况，加大《办法》宣传力度，指导注册会计师协会、会计师事务所和注册会计师做好实施工作。督促会计师事务所不断优化内部治理、提高执业水平。实施中遇到有关问题，请及时反馈财政部。

附件：（略）

# 附录①

**政府会计准则**

政府会计准则第 1 号——存货(2016.7.6)

政府会计准则第 2 号——投资(2016.7.6)

政府会计准则第 3 号——固定资产(2016.7.6)

政府会计准则第 4 号——无形资产(2016.7.6)

政府会计准则第 5 号——公共基础设施(2017.4.17)

政府会计准则第 6 号——政府储备物资(2017.7.28)

政府会计准则第 7 号——会计调整(2018.10.21)

政府会计准则第 8 号——负债(2018.11.9)

政府会计准则第 9 号——财务报表编制和列报(2018.12.26)

政府会计准则第 10 号——政府和社会资本合作项目合同(2019.12.17)

政府会计准则第 11 号——文物资源(2023.10.20)

政府会计准则制度解释第 1 号(2019.7.16)

政府会计准则制度解释第 2 号(2019.12.17)

政府会计准则制度解释第 3 号(2020.10.20)

政府会计准则制度解释第 4 号(2021.12.22)

政府会计准则制度解释第 5 号(2022.9.21)

政府会计准则制度解释第 6 号(2023.10.20)

**企业会计准则**

企业会计准则第 1 号——存货(2006.2.15)

企业会计准则第 2 号——长期股权投资(2014.3.13)

企业会计准则第 3 号——投资性房地产(2006.2.15)

企业会计准则第 4 号——固定资产(2006.2.15)

企业会计准则第 5 号——生物资产(2006.2.15)

企业会计准则第 6 号——无形资产(2006.2.15)

企业会计准则第 7 号——非货币性资产交换(2019.5.9)

企业会计准则第 8 号——资产减值(2006.2.15)

企业会计准则第 9 号——职工薪酬(2014.1.27)

企业会计准则第 10 号——企业年金基金(2006.2.15)

企业会计准则第 11 号——股份支付(2006.2.15)

企业会计准则第 12 号——债务重组(2019.5.16)

企业会计准则第 13 号——或有事项(2006.2.15)

企业会计准则第 14 号——收入(2017.7.5)

企业会计准则第 15 号——建造合同(2006.2.15)

企业会计准则第 16 号——政府补助(2017.5.10)

企业会计准则第 17 号——借款费用(2006.2.15)

企业会计准则第 18 号——所得税(2006.2.15)

企业会计准则第 19 号——外币折算(2006.2.15)

企业会计准则第 20 号——企业合并(2006.2.15)

企业会计准则第 21 号——租赁(2018.12.7)

企业会计准则第 22 号——金融工具确认和计量(2017.3.31)

企业会计准则第 23 号——金融资产转移(2017.3.31)

企业会计准则第 24 号——套期会计(2017.3.31)

企业会计准则第 25 号——原保险合同(2006.2.15)

企业会计准则第 25 号——保险合同(2020.12.19)

企业会计准则第 26 号——再保险合同(2006.2.15)

企业会计准则第 27 号——石油天然气开采(2006.2.15)

企业会计准则第 28 号——会计政策、会计估计变更和差错更正(2006.2.15)

企业会计准则第 29 号——资产负债表日后事项(2006.2.15)

企业会计准则第 30 号——财务报表列报(2014.1.26)

企业会计准则第 31 号——现金流量表(2006.2.15)

企业会计准则第 32 号——中期财务报告(2006.2.15)

企业会计准则第 33 号——合并财务报表(2014.2.17)

企业会计准则第 34 号——每股收益(2006.2.15)

① 因篇幅所限,该部分只列出目录,具体内容请扫描目录下方二维码,在线查询和下载。

企业会计准则第 35 号——分部报告(2006.2.15)

企业会计准则第 36 号——关联方披露(2006.2.15)

企业会计准则第 37 号——金融工具列报(2017.5.2)

企业会计准则第 38 号——首次执行企业会计准则(2006.2.15)

企业会计准则第 39 号——公允价值计量(2014.1.26)

企业会计准则第 40 号——合营安排(2014.2.17)

企业会计准则第 41 号——在其他主体中权益的披露(2014.3.14)

企业会计准则第 42 号——持有待售的非流动资产、处置组和终止经营(2017.4.28)

企业会计准则解释第 1 号(2007.11.16)

企业会计准则解释第 2 号(2008.8.7)

企业会计准则解释第 3 号(2009.6.11)

企业会计准则解释第 4 号(2010.7.14)

企业会计准则解释第 5 号(2012.11.5)

企业会计准则解释第 6 号(2014.1.17)

企业会计准则解释第 7 号(2015.11.4)

企业会计准则解释第 8 号(2015.12.16)

企业会计准则解释第 9 号——关于权益法下有关投资净损失的会计处理(2017.6.12)

企业会计准则解释第 10 号——关于以使用固定资产产生的收入为基础的折旧方法(2017.6.12)

企业会计准则解释第 11 号——关于以使用无形资产产生的收入为基础的摊销方法(2017.6.12)

企业会计准则解释第 12 号——关于关键管理人员服务的提供方与接受方是否为关联方(2017.6.12)

企业会计准则解释第 13 号(2019.12.10)

企业会计准则解释第 14 号(2021.1.26)

企业会计准则解释第 15 号(2021.12.30)

企业会计准则解释第 16 号(2022.11.30)

企业会计准则解释第 17 号(2023.10.25)